dicionário francês-português
português-francês

Lexikon | *obras de referência*

PAULO RÓNAI

dicionário
francês-português
português-francês

4ª edição revista e atualizada | 3ª impressão

© 2018, by Condomínio dos proprietários dos direitos intelectuais de Paulo Rónai

Direitos de edição da obra em língua portuguesa adquiridos pela Lexikon Editora Digital Ltda. Todos os direitos reservados.
Nenhuma parte desta obra pode ser apropriada e estocada em sistema de banco de dados ou processo similar, em qualquer forma ou meio, seja eletrônico, de fotocópia, gravação etc., sem a permissão do detentor do copirraite.

LEXIKON EDITORA DIGITAL LTDA.
Rua Luís Câmara, 280 – Ramos
21031-175 Rio de Janeiro – RJ – Brasil
Tel.: (21) 22560 2601 | 2221 8740
www.lexikon.com.br – sac@lexikon.com.br

Veja também www.aulete.com.br – seu dicionário na internet.

3ª edição | 2007
4ª edição | 2012
4ª edição – 2ª reimpressão | 2015

EDITOR
Paulo Geiger

PRODUÇÃO
Sonia Hey

REVISÃO
Eduardo Carneiro Monteiro

PROJETO GRÁFICO E DIAGRAMAÇÃO
Nathanael Souza

CAPA
Luis Saguar

IMAGEM DA CAPA
Fragmento da pintura "A Liberdade guiando o povo" (1830).
Eugène Delacroix - Museu do Louvre – Paris/França

CIP-BRASIL. CATALOGAÇÃO NA FONTE
SINDICATO NACIONAL DOS EDITORES DE LIVROS, RJ

R675d

Rónai, Paulo, 1907-1992
Dicionário francês-português, português-francês / Paulo Rónai. – [4.ed.]. - Rio de Janeiro : Lexikon, 2012.
616p.

ISBN 978-85-86368-72-1

1. Língua francesa - Dicionários – Português.
2. Língua portuguesa – Dicionários - Francês. I. Título.

CDD: 443.69
CDU: 811.133.1'374

SUMÁRIO

Advertência	VII
Abreviaturas empregadas	VIII
Regras principais da pronúncia francesa	IX
Francês-Português	1
Verbos	XVII
Português-Francês	295

ADVERTÊNCIA

Das duas partes deste dicionário, essencialmente prático e destinado sobretudo ao público brasileiro, a primeira, de francês-português, deriva do *Dicionário Francês-Português (com o vocabulário francês vivo)*, publicado em 1978 e, desde então, cuidadosamente revisto e consideravelmente aumentado. A segunda parte, de português-francês, saiu pela primeira vez em 1989.

O autor agradece de antemão toda colaboração que o possa ajudar a melhorar o seu trabalho. Eis alguns reparos para o manuseio desta primeira parte:

As locuções são registradas, de preferência, no verbete do substantivo que delas faz parte: assim, *il verra de quel bois je me chauffe* se encontra no verbete *bois*.

Havendo dois substantivos, procure-se a locução no verbete do primeiro; assim, *tirer son épingle du jeu*, no de *épingle*.

Não havendo nenhum substantivo, procure-se a locução no verbete do adjetivo; assim, *se faire fort*, no de *fort*.

Não havendo nem substantivo, nem adjetivo, o registro se faz no verbete do verbo: *de quoi écrire* em *écrire*.

O dicionário francês-português é precedido das regras principais da pronúncia francesa e seguido da conjugação dos verbos.

As formas mais frequentes das conjugações irregulares – como, por exemplo, *dois lu, puisse, sache, tu* – encontram-se também dentro da ordem alfabética do dicionário, com remissão ao respectivo infinitivo.

Os números que seguem os verbos completa ou parcialmente irregulares remetem ao modelo da conjugação. Os verbos regulares terminados em *-er* e em *-ir* não seguidos de número conjugam-se, respectivamente, pelos modelos *parler/aimer* ou *finir/unir*.

Dos topônimos e dos adjetivos pátrios foram incluídos os mais frequentes, sobretudo os de identificação duvidosa.

Os advérbios terminados em *-ment* são registrados apenas quando apresentam alguma particularidade de forma ou de significação. Nos demais casos, seu sentido deriva-se facilmente do adjetivo correspondente.

O autor apresenta seus melhores agradecimentos aos bons amigos que generosamente o honraram com sua colaboração. Os professores João Paulo Juruena de Matos, René Gouédic e Roberto Cortes de Lacerda puseram sua competência ao serviço de uma leitura completa dos originais. Por sua vez, Ana Maria Falcão, Aurélio Buarque de Holanda Ferreira, Elias Davidovich, Ítalo Carone, Georges Neu e Jean Rose contribuíram com muitas observações valiosas. Agradecimentos cabem ainda ao corpo de revisores da editora, especialmente a Catherine Vandermeulendebroucke, Paula Maria Rosas, Marília Pessoa e Maria Braga Neiva Moreira.

Paulo Rónai

ABREVIATURAS EMPREGADAS

adj.	adjetivo	*irôn.*	irônico
adv.	advérbio, adverbial	*Litu.*	Liturgia
Alp.	Alpinismo	*loc.*	locução
Anat.	Anatomia	*m.*	masculino
ant.	antigo	*Mar.*	Marinha
aprox.	aproximadamente	*Med.*	Medicina
Arquit.	Arquitetura	*Met.*	Meteorologia
Biol.	Biologia	*mil.*	militar
Bot.	Botânica	*mod.*	Moderno
Caval.	Cavalaria	*Mús.*	Música
Cin.	Cinema	*num.*	numeral
Com.	Comércio	*onom.*	onomatopeia
conj.	Conjugação	*part.*	particípio
Contab.	Contabilidade	*pátr.*	pátrio
depr.	Depreciativo	*pej.*	pejorativo
Des.	Desenho	*pl.*	plural
Dir.	Direito	*poét.*	poético
esc.	escolar	*pop.*	popular
Esp.	Esporte	*poss.*	possessivo
Exérc.	Exército	*prep.*	preposição, preposicional
f.	feminino		
fam.	familiar	*pron.*	pronome, pronominal
fig.	figuradamente	*qualif.*	qualificativo
Fís.	Física	*reg.*	regional
Fut.	Futebol	*rel.*	relatório
Geol.	Geologia	*Ret.*	Retórica
Geom.	Geometria	*s.*	substantivo
gír.	gíria	*sing.*	singular
Gram.	Gramática	*t.*	transitivo
Hist.	História	*Técn.*	Técnico
impess.	impessoal	*Tip.*	Tipografia
indef.	indefinido	*v.*	verbo
infant.	infantil	V.	Ver
int.	intransitivo	*Vet.*	Veterinária
interj.	interjeição	*vulg.*	vulgar
interr.	interrogativo	*Zool.*	Zoologia

REGRAS PRINCIPAIS DA PRONÚNCIA FRANCESA

VOGAIS PURAS E NASAIS
GRUPOS VOCÁLICOS

a pronuncia-se *a*: *car, part*. Não é pronunciado em *août* (pron. *u*), *Saone, saoul* (pron. *su*).
à pronuncia-se da mesma forma. O acento é meramente diferencial, para distinguir *à* preposição de *a* verbo, *là* advérbio de *la* artigo, *çà* advérbio de *ça* pronome.
â é um *a* prolongado: *pâte*.
ai = geralmente *e* aberto: *lait*. Pronuncia-se fechado em *gai, je sais, quai*, e quando é terminação verbal: *je parlai*. Pronuncia-se œ[1] breve nos tempos de *faire* antes de s + sílaba tônica: *faisons, faisant*.
aim = *e* nasal: *faim*.
ain = *e* nasal: *plaindre*.
am = *ã* antes de consoante: *ambre*; *am* antes de vogal: *amer*, antes de *n*: *amnistie*, e no fim de nomes próprios: *Amsterdam, Rotterdam, Siam*, assim como na sílaba inicial de *tramway*.
an = *ã* antes de consoante ou em fim de palavra: *banque, Sedan*; *an* antes de vogal: *canaille*.
au geralmente *o* fechado: *haut, jaune*; *o* aberto em *j'aurai, aurore, autel, authentique, autorité, mauvais, je saurai*, no prefixo *auto-*, e no nome próprio *Paul*.
ay geralmente *e* aberto: *payement, Buenos Ayres*; às vezes *ai*: *mayonnaise, La Haye*; ou *ei*, com *i* semivogal, antes de *a* e *o*: *paya, payons*.
e não se pronuncia em fim de palavra depois de vogal (*plaie*), consoante simples (*jeune*) ou grupo de consoantes não terminado por *r* ou *l* (*verte*). Pronuncia-se *e* aberto antes de duas consoantes ou consoante dobrada; *presse, perte* (exceções: *dessus, dessous*); nas terminações *-el* e *-et*: *colonel, complet*; em *fier* (adjetivo); soa como œ fraco em sílaba inicial não fechada (*venez*); nos monossílabos que termina (*je, ne, te*) e quando enquadrado por três consoantes: *appartenez*; soa como *e* fechado nas terminações *-er* e *-ez*, e na conjugação *et*.
è = *e* aberto: *la règle*.
é = *e* fechado: *pénible*. Exceções: *événement* (com o segundo *e* aberto), *céderai*.
ê = *e* aberto: *fête*.
eau = *o* fechado: *eau, peau*.
ei = *ei*, antes de *l* ou *ll* com *i* semivogal: *vermeil, vieille*.
ein = *e* nasal: *peindre*.
em = *ã* antes de grupo consonântico: *embryon*, e antes de *m*: *emmener*; *a* em *femme* e na terminação *-emment*: *prudemment*; *em* em *indemne, idem* e *requiem*.

---
[1] Transcrevemos por œ uma vogal simples, característica do francês e inexistente em português.

en = *ã* antes de um grupo de consoantes e antes de *n*: *entre, ennui; e* nasal em *examen, appendice, pensum: a* em *solennel; en* com *e* aberto em *ennemi, abdomen, amen, éden, gluten, lichen, mémento, pollen, spécimen.*
ent = *ã*: *souvent, terriblement;* não se pronuncia quando é desinência verbal da 3ª pessoa do plural: *ils parlent.*
eu = *œ* fechado: *victorieux, feu;* aberto antes de *r, l, f* e *v*: *fleur, seul, veuf, neuve;* *ü*[2] em *gageure* e nas formas do verbo *avoir: j'eus* etc., *eu, eue.*
eui = *œi*, antes de *l* e *ll* com i semivogal: *deuil, orgueilleux.*
i = *i*: *utile, il fit.*
î = *i* longo: *qu'il fît, épître.*
im = *e* nasal: *simple;* pronuncia-se *im* no fim de *intérim*, e de nomes estrangeiros, como *Ibrahim.*
in = *e* nasal: *fin;* pronuncia-se *in* em palavras de origem estrangeira, como *gin, in-octavo.*
o = *o* aberto antes de consoante (menos *s*): *moi, montre; o* fechado antes de *s*: *rose,* e em fim de palavra: *numéro, gros; u* semivogal antes de *i*: *roi, boîte.*
ô = *o* fechado: *nôtre, apôtre.*
œ = *e* fechado em *fœtus* e em começo de palavra, antes de consoante: *œcuménique,* e em *œil, ua* com *u* semivogal em *moelle.*
oê = *uá*, com *u* semivogal: *poêle.*
oi = geralmente *uá*, com *u* semivogal como em *roi, toise; o* em *oignon, encoignure; oi* em *égoïste.*
om = *o* nasal: *sombre, complet.*
on = *o* nasal: *on, contre: œ* aberto em *monsieur.*
ou = *u*: *sou, fourrer.*
oy = geralmente *uai*, com *u* e i semivocálicos: *voyons; ua*, com *u* semivogal, em fim de nome próprio: *Jouffroy; oi* em *goyave.*
u = *ü*: *futur, jus, tumulte.* Mudo quando precedido de *q*: *quand, que*, mas pronunciado em *aquatique, équateur, quadruple, questeur, quinquagénaire, quinquagésime, quinquennal, quintuple.* Mudo nos grupos *gue* e *gui*: *guérir, guipure,* salvo em *aiguille, aiguiser, arguer, inguinal, linguiste.*
û = *ü*: *fût, mourût.*
uei = *œi*, antes de *l* e *ll*; com i semivogal: *recueil, feuille.*
ui = *ui*, com *i* semivogal: *nuit, fruit.*
um = *om*, com *o* breve: *album, circumnavigation, rhum; œ* nasal só em *parfum.*
un = *œ* nasal: *un, brun; ün* antes de vogal: *une, réunir.*
y = *i*: *style, yeux.*
ym = *e* nasal: *sympathie.*
yn = *e* nasal: *synthèse.*

CONSOANTES E GRUPOS CONSONÂNTICOS

b = *b*: *beau*. Mudo em *plomb, aplomb.*
c = *ç* antes de *e* e *i*: *cène, cil; k* antes *de a, o, œ, ou* e *u*: *camp, colère, cœur, couleur, cure,* e em fim de palavra: *bec, parc*, com exceção de *accroc, banc, blanc, broc, cautchouc, clerc, donc, estomac, flanc, porc, tabac, tronc*, em que não se pronuncia. Mudo também antes de *q* (*acquérir*) e em *instinct, respect* e na segunda sílaba em *succinct.* Pronuncia-se *g* em *second* e derivados.
ç = *ss*: *façon.*
ch = *k* antes de consoante: *chlore, chronique; ch* antes de vogal: *cher, charme*. Há,

---

[2] Transcrevemos por ü contra outra vogal simples, característica do francês e inexistente em português.

porém, grande número de palavras de origem grega em que mantém o som de *k* mesmo antes de vogal: *archaïsme, charisme, chiromancie, chœur, choléra, orchestre*; dá-se isto em vocábulos cujo equivalente português se grafa com *ca, co, que, qui*: *arcaísmo, carisma, coro, orquestra, quiromancia*, e em *orchidée*. Mudo em *almanach*.

d = *d*: *sud, nord-est, bled, plaider*. Mudo em *pied*. Em ligação é pronunciado *t*: *quand on* = *quantõ*.

f = *f*: *œuf, fin, coiffer*. Mudo em *œufs, bœufs, chef-d'œuvre, clef* e *nerf*. Em ligação, é pronunciado *v*: *neuf ans* = *noevã*.

g = *g* gutural antes de *a, o, ou, u* e consoante: *ganglion, gond, goutte, guttural, gland* e *gras*; *j* antes de *e* e *i*: *geste, gîte*. Mudo em fim de palavra: *long, hareng, sang*, e em *doigt, longtemps, sangsue, vingt* e *vingtième*. Em ligação é pronunciado *k*: *sang impur* = *sã-kẽpür*.

gn = *nh*: *Charlemagne, baigner*. Pronuncia-se *gn* em *cognition, diagnostic, gnome, gnostique, ignition, inexpugnable, magnolia, stagnant*.

h nunca é pronunciado; por isso a distinção entre "*h* mudo" e "*h* aspirado", usual nas gramáticas, não deve ser entendida ao pé da letra. Chama-se aspirado o *h* de início de palavra que não admite ligação com a palavra anterior nem exige elisão. Assim, *le héros, la hauteur*, por oposição a *l'héroïne, l'hôte*. Neste dicionário é indicada a aspiração por meio de um asterisco anteposto à palavra.

j = *j*: *jeune, juste*.

k = *k*: *kilomètre, képi*. Só aparece em palavras de origem estrangeira.

l = *l* não vocalizado: *fil, soulier, falsifier*. Mudo no final de *baril, chenil, coutil, cul, fusil, gentil, gril, outil, persil, soûl*; mudo em *fils* e em *gentilshommes*. Todo o grupo de *l* + consoante emudece em *aulx* (pl. de *ail*), *La Rochefoucauld, pouls*.

ll = *l*: *aller, belligérant, collusion*. Quando precedido de *i*, pronuncia-se semivocálico: *chenille, fille, piller*; nas seguintes palavras, porém, tem o som de *l*: *capillaire, codicille, distiller, imbécillité, instiller, Lille, maxillaire, mille, pupille, tranquille, vaudeville, ville*.

m = *m*: *mère, lame*. Em final de sílaba é pronunciado: *amnistie, hymne, indemnité*, mas é mudo em *automne, condamner* e *damner*. Em final de palavra, mudo, nasaliza a vogal que o precede: *faim, daim*.

n *n*: *nul, venir*. Mudo em *monsieur* (pronunciar *mœssiœ*, com *i* semivogal). Em final de sílaba ou palavra emudece também, mas nasaliza a vogal anterior: *bien, bon*.

p = *p*: *pied, couper*. Mudo em *baptême, Baptiste, compter* (e derivados), *corps, dompter, exempt, longtemps, prompt, rompt, sculpter* (e derivados), *sept, temps*, e no fim das palavras *beaucoup, camp, coup, drap, galop, loup, sirop* e *trop*.

ph = *f*: *philosophie, bibliophile*. Encontra-se em palavras de origem grega.

q = *k*: *quatre, cinquième*. Geralmente aparece acompanhado de *u*; sem *u* em *coq* e em *cinq* (nesta última palavra pronunciado unicamente quando em ligação).

r = *r* dorsal: *force, raie, feront*. É pronunciado em fim de palavra: *cher, enter, mer*, salvo quando faz parte da desinência *-er* do infinitivo: *aimer*, em *monsieur* e no plural deste, *messieurs*, ou dos sufixos *-ier, -ger* e *-cher*: *premier, étranger* e *porcher*.

s = *ç* em princípio de palavra: *sain, statistique* e em *Christ*. Em fim de palavra não é pronunciado, salvo em *albatros, albinos, aloès, as, atlas, bis, blocus, cactus, cassis, cens, ès, fils* (e compostos), *gratis, hélas, hiatus, humus, jadis, lys, maïs, mars, métis, motus, omnibus, ours, papyrus, pathos, plus* (quando sinal de adição e em *plus-que-pairfait*), *prospectus, rhinocéros, sens, tétanos, tous* (pronome), *typhus*. Não se pronuncia antes de *c*: *science, descente*, nem em *il est, lesquels, desquels, mesdames, mesdemoiselles, Descartes, Destouches, Nesle, Vosges*; soa como *z* entre vogais: *raser, vision*, salvo em palavras compostas do tipo de *asymétrie, monosyllabique*; pronuncia-se *z* ainda nas palavras *Alsace, transit, transitif* (e derivados), *transaction, transatlantique, transiger, transitoire*.

sch = *ch*: *schème, schisme*. É encontrado em palavras de origem estrangeira.

sh = *ch*: *sherry, short*. É encontrado em palavras de origem estrangeira.

t = *t* em começo e, geralmente, em meio de palavra: *toi, treize, latin, amitié, veston*. Não se pronuncia em fim de palavra: *complet, érudit*, mas soa em *abrupt, brut, compact, concept, correct, Christ* (*Jésus-Christ*, porém, se pronuncia *Jezu Kri*), *déficit, direct, dot, est* ("oriente"), *exact, huit, incorrect, indirect, inexact, intact, intellect, net, prétérit, sept, strict, tact*, assim como em *vingt* dos numerais de 21 a 29; pronuncia-se *s* nas palavras em cujos equivalentes portugueses se escreve *c* ou *ç*: *nation, démocratie, partiel, initier* etc.

th = *t*: *théâtre, mythe*. Aparece geralmente em palavras de origem grega. Não se pronuncia em *asthme* e *isthme*.

v = *v*: *veuf, neuve*.

w = *u* semivogal: *watt, week-end*, salvo em *wagon* e em palavras de origem alemã: *Wehrmacht*, onde soa como *v*.

x = se pronuncia geralmente *ks*: *lexique, exprès, xénophobe, fixer, index*; *gz* nas palavras começadas por *ex* ou *inex-* seguidos de vogal ou *h* mudo: *examen, exhiber, inexact*; *ç* em *soixante, Bruxelles*, e em *six* e *dix* quando não seguidas de outra palavra; *z* em *dix-huit, dix-neuf, deuxième, sixième, dixième*, e em *deux, six* e *dix*, quando seguidos de vogal ou *h* mudo. Não soa em *crucifix, flux, prix, perdix, auxquels, auxquelles*; nas terminações *-aix, -aux, -eux, -oix, -oux*; em *deux, six* e *dix*, quando seguidos de consoante.

z = *z*: *zénith, vizir*. Mudo na terminação *-ez*: *nez, formez, venez*.

CONSOANTES DUPLAS

Na maioria dos casos são meras sobrevivências visuais e se pronunciam como consoantes simples: assim em *bonne, trappe, charrue, vallée, sotte* etc. Em *cesser, passer, visser* etc., os dois *ss* representam apenas – como em português – uma grafia do *ç*. Em *emmener* e *ennui*, o primeiro *m* ou *n* indica a nasalização da vogal anterior. Ouvem-se dois *rr* somente no futuro e no futuro do pretérito de *courir, mourir* e *acquérir, conquérir*. Em palavras como *accès, succès*, os dois *cc* representam dois sons diferentes: *k* e *ç*. A respeito de *ll*, ver página XI.

LIGAÇÃO

Fenômeno característico da fonética francesa é a ligação (*liaison*), que consiste em pronunciar a consoante final normalmente muda de uma palavra, quando esta é seguida de outra, iniciada por vogal. A consoante final passa então a iniciar a segunda palavra: *de bons enfants* (pron. *dœ bõzãfã*), *vient-il* (pron. *viẽ-til*).

Várias consoantes finais mudam de pronúncia em ligação: *f* toma-se *v* (*neuf hommes*), *d* torna-se *t* (*un grand enfant*), *s* e *x* passam a *z* (*les élèves, six amis*); *g* a *k* (*de long en large*).

Nunca se liga o *t* da conjugação *et*.

O *n* do artigo indefinido e de alguns adjetivos liga-se à vogal anterior permanecendo nasal; *un enfant* (*aẽ-nãfã*), *un vain espoir* (*aẽ vẽ-nes-puar*); mas em *un bon ami* o *o* se desnasaliza: *bo-nami*.

A ligação é obrigatória no interior de uma palavra fonética: *les arbres, un cher ami, ils écoutent, parlesen, ils ont écouté, dans un village, très intéressant* etc. Nos outros casos é facultativa: *Nous sommes à Paris* (pron.: *Nu çom-za Pari* ou *nu çom a Pari*), e está se tornando rara entre as pessoas cultas. O excesso de ligações é característico da linguagem de pessoas sem instrução, que às vezes ligam até palavras sem consoante final: *entre quatre-z-yeux*.

ELISÃO

A vogal final elide-se e é substituída por apóstrofo:
em *je, me, te, se, le, la, ce, que, de* e *ne* antes de vogal e *h* "mudo" (*j'aime, l'amour*);
em *si* antes de *il, ils* (*s'il vient*);

em *lorsque, puisque, quoique* antes de *il, ils, elle, elles, un, une, on (lorsqu'il)*;
em *jusque* antes de *à, ou, aux, alors* e *ici (jusqu'a)*;
no meio das seguintes palavras: *entr'acte, entr'ouvir* etc.; *presqu'éle*; *quelqu'un* e *quelqu'une*.

FRANCÊS | PORTUGUÊS

a V. *avoir*.
à *prep*. a: — *sept heures* às sete horas; de: *chambre* — *coucher* quarto de dormir; em: — *Paris* em Paris.
abaissement *s.m.* abaixamento; diminuição; humilhação.
abaisser *v.t.* abaixar, humilhar; *s'*— *v.pron.* abaixar-se, humilhar-se.
abandon *s.m.* abandono; renúncia, cessão; desamparo.
abandonner *v.t.* abandonar, deixar; desistir de.
abasourdir *v.t.* atroar; aturdir, atordoar, estontear.
abâtardir *v.t.* abastardar.
abat-jour *s.m.* abajur.
abattage *s.m.* **1.** abate; **2.** derrubada; **3.** *fig. avoir de l'*— ter garra.
abattement *s.m.* **1.** abatimento; desânimo; **2.** desconto.
abattre *v.t.* abater; matar; desanimar. (*Conj.* 60)
abattoir *s.m.* matadouro.
abattu e *adj.* triste; (*fam.*) jururu.
abbaye *s.f.* abadia.
abbé *s.m.* abade, padre.
abbesse *s.f.* abadessa.
abcès *s.m.* abscesso.
abdication *s.f.* abdicação.
abdiquer *v.t.* e *int.* abdicar.
abdomen *s.m.* abdome.
abdominal e aux *adj.* abdominal.
abécédaire *s.m.* abecedário, cartilha.
abeille *s.f.* abelha.
aberrant e *adj.* aberrante.
aberration *s.f.* aberração.
abhorrer *v.t.* odiar, detestar.
abîme *s.m.* abismo.
abîmer *v.t.* (*fam.*) estragar, deteriorar; *s'*— *v.pron.* **1.** abismar-se; **2.** (*fam.*) estragar-se.

abject e *adj.* abjeto.
abjection *s.f.* abjeção.
abjurer *v.t.* abjurar.
ablation *s.f.* ablação.
ablution *s.f.* ablução.
abnégation *s.f.* abnegação.
abois *s.m.pl.* ladridos; *être aux* — estar encurralado, acossado; (*fig.*) *aux* — em apuros.
aboiement *s.m.* latido.
abolir *v.t.* abolir.
abolition *s.f.* abolição.
abominable *adj.* abominável.
abondance *s.f.* abundância, fartura; *parler avec* — falar com fluência; *parler d'*— improvisar.
abonder *v.int.* abundar; — *dans le sens de* compartilhar a opinião de.
abonné e *s.* assinante.
abonnement *s.m.* assinatura.
abonner, s' *v.pron.* assinar; *s'*— *à un journal* tomar assinatura de um jornal.
abord *s.m.* acesso; *pl.* cercanias; *loc.adv. d'*— em primeiro lugar; *de prime* — à primeira vista; *tout d'*— antes de mais nada.
aborder *v.t.* abordar.
aborigène *adj.; s.* aborígine.
abortif ive *adj.* abortivo; *s.m.* abortivo.
aboucher *v.t.* pôr em contato; *s'*— *avec v.pron.* entender-se com; estar de conluio com.
aboulie *s.f.* abulia.
aboulique *adj.; s.* abúlico.
aboutir *v.int.* **1.** levar a, redundar em; **2.** chegar a um acordo.
aboutissement *s.m.* resultado, desfecho.
aboyer *v. int.* ladrar, latir; (*fig.*) berrar. (*Conj. 21*)
abracadabrant e *adj.* abracadabrante.
abrégé *s.m.* resumo, compêndio.

abréger *v.t.* abreviar, encurtar. (*Conj. 13 e 19*)
abreuver *v.t.* **1.** dar de beber a; molhar, ensopar; **2.** acabrunhar.
abreuvoir *s.m.* bebedouro.
abréviation *s.f.* abreviatura.
abri *s.m.* abrigo, refúgio; *loc.prep. à l'— de* a salvo de.
abricot *s.m.* damasco.
abricotier *s.m.* damasqueiro.
abriter *v.t.* abrigar, proteger.
abroger *v.t.* ab-rogar. (*Conj. 19*)
abrupt e *adj.* abrupto; (*fig.*) grosseiro.
abruti e *adj.* (*fam.*) imbecil, estúpido.
abrutir *v.t.* embrutecer, imbecilizar; *s'— v.pron.* embrutecer-se, imbecilizar-se.
abscons e *adj.* absconso.
absence *s.f.* ausência; momento de distração.
absent e *adj.* ausente.
absenter, s' *v.pron.* ausentar-se.
abside *s.f.* abside.
absinthe *s.f.* absinto.
absolu e *adj.* absoluto.
absolument *adv.* **1.** absolutamente; **2.** completamente.
absolution *s.f.* absolvição.
absolutisme *s.m.* absolutismo.
absolvait, absolvions etc. V. *absoudre*.
absorber *v.t.* absorver; engolir.
absorption *s.f.* absorção.
absoudre *v.t.* absolver. (*Conj. 88*)
absous, absoute V. *absoudre*.
abstenir, s' *v.pron.* abster-se. (*Conj. 41 e 88*)
abstention *s.f.* abstenção.
abstinence *s.f.* abstinência.
abstinent e *adj.; s.* abstinente, abstêmio.
abstraction *s.f.* abstração; *faire — de* não levar em conta.
abstraire *v.t.* abstrair. (*Conj. 93*)
abstrait e *adj.* abstrato.
absurde *adj.; s.m.* absurdo.
abus *s.m.* abuso.
abuser *v.int.* abusar; *v.t.* enganar.
abusif ive *adj.* abusivo.
acabit *s.m.* laia, índole, casta.
acacia *s.m.* acácia.
académicien *s.m.* acadêmico.
académie *s.f.* **1.** academia; **2.** representação de modelo nu; **3.** (*aprox.*) inspetoria seccional.
académique *adj.* acadêmico.
acajou *s.m.* acaju, mogno.
acariâtre *adj.* rabugento, ranzinza.

accablant e *adj.* acabrunhante.
accablement *s.m.* abatimento, prostração.
accabler *v.t.* acabrunhar, estafar; (*fig.*) *vous m'accablez* o senhor me confunde (com a sua gentileza).
accalmie *s.f.* acalmia, bonança.
accaparer *v.t.* açambarcar, monopolizar.
accéder *v.int.à* chegar a; consentir a, aceder a, atender. (*Conj. 13*)
accélérateur *s.m.* acelerador.
accélération *s.f.* aceleração.
accélérer *v.t.* e *int.* acelerar. (*Conj. 13*)
accent *s.m.* acento; sotaque; som: *aux —s de la Marseillaise* ao som da Marselhesa.
accentuation *s.f.* acentuação.
accentuer *v.t.* acentuar.
acceptable *adj.* aceitável.
acceptation *s.f.* **1.** aceitação; **2.** aceite.
accepter *v.t.* aceitar; tolerar.
acception *sf.* acepção.
accès[1] *s.m.* acesso, entrada.
accès[2] *s.m.* crise (de febre, tosse etc.).
accessible *adj.* acessível.
accessoire *adj.; s.m.* acessório.
accident *s.m.* acidente; *par —* acidentalmente.
accidentel elle *adj.* acidental, casual.
accidenter *v.t.* acidentar.
acclamer *v.t.* aclamar.
acclimater *v.t.* aclimar, aclimatar; *s'— v.pron.* aclimar-se, aclimatar-se.
accointance *s.f.* familiaridade, contato, relações.
accommodant e *adj.* acomodatício, condescendente, conciliador.
accommodement *s.m.* acordo, arranjo, jeito.
accommoder *v.t.* acomodar, conciliar; *s'— v.pron.* adaptar-se.
accompagnateur trice *s.* acompanhador, acompanhante.
accompagner *v.t.* acompanhar.
accompli e *adj.* **1.** terminada, consumado; **2.** perfeito.
accomplir *v.t.* cumprir, levar a cabo.
accomplissement *s.m.* cumprimento, execução, desempenho.
accord *s.m.* **1.** acordo, ajuste, aprovação; **2.** acorde; **3.** concordância; *tomber d'—* chegar a um acordo.
accordéon *s.m.* acordeão.
accordéoniste *s.* acordeonista.
accorder *v.t.* **1.** conciliar, conceder, outorgar, deferir; **2.** afinar (instrumentos musicais).

accordeur *s.m.* afinador.
accoster *v.t.* acostar, abordar; *v.int.* atracar.
accouchement *s.m.* parto.
accoucher *v.int.* dar à luz; — *d'une fille* dar à luz uma menina; (*fam.*) *accouche!* desembucha!; *v.t.* assistir (uma parturiente), partejar.
accoucheur *adj.; s.m.* parteiro, obstetra.
accouder, s' *v.pron.* debruçar-se.
accoudoir *s.m.* 1. parapeito, peitoril; 2. braço de cadeira.
accouplement *s.m.* 1. acoplamento; 2. acasalamento.
accoupler *v.t.* acoplar, jungir.
accourir *v.int.* acorrer, acudir. (*Conj. 27*)
accoutrement *s.m.* traje ridículo.
accoutrer *v.t.* (*fam.*) enfarpelar; *s'* — *v.pron.* vestir-se grotescamente.
accoutumance *s.f.* familiaridade, hábito.
accoutumer *v.t.* acostumar; *s'* — *v.pron.* acostumar-se.
accroc *s.m.* 1. rasgão; 2. (*fig.*) dificuldade, contratempo.
accrochage *s.m.* escaramuça.
accroche-cœur *s.m.* pega-rapaz.
accrocher *v.t.* 1. enganchar, agarrar; 2. bater de leve (um automóvel em outro); 3. (*fam.*) obter.
accroire *v.t. faire* — fazer crer; *en faire* — *à* embair.
accroître *v.t.* acrescer, aumentar. (*Conj. 69*)
accroissement *s.m.* crescimento, aumento.
accroupir, s' *v.pron.* acocorar-se, agachar-se.
accueil *s.m.* acolhimento, acolhida.
accueillant e *adj.* acolhedor.
accueillir *v.t.* acolher; deferir. (*Conj. 28*)
acculer *v.t.* acuar, encurralar.
accumulation *s.f.* acumulação.
accumuler *v.t.* acumular, amontoar.
accusateur trice *adj.* e *s.* acusador.
accusation *s.f.* acusação.
accusé e *adj.; s.* acusado, réu.
accuser *v.t.* 1. acusar, inculpar; 2. acusar, acentuar.
acerbe *adj.* acerbo, mordaz.
acéré e *adj.* acerado, afiado.
achalandé e *adj.* afreguesado; abastecido.
acharné e *adj.* encarniçado, obstinado; renhido.
acharnement *s.m.* encarniçamento; obstinação.
acharner, s' *sur* ou *contre v.pron.* perseguir sem trégua; *s'* — *à* teimar em, obstinar-se em.
achat *s.m.* compra.
ache *s.f.* aipo.
acheminer *v.t.* encaminhar; *s'* — *v.pron.* encaminhar-se.
acheter *v.t. comprar.* (*Conj. 9*)
acheteur euse *s.* comprador.
achever *v.t.* acabar, terminar, matar; *s'* — *v.pron.* acabar-se, terminar. (*Conj. 9*)
achoppement *s.m. pierre d'* — dificuldade, ponto difícil.
acide *adj.; s.m.* ácido; (*fig.*) contundente.
acidité *s.f.* acidez.
acier *s.m.* aço.
aciérie *s.f.* aciaria, aceria.
acné *s.f.* acne.
à-côté *s.m.* 1. acessório; 2. ganho acessório.
à-coup *s.m.* parada brusca, tranco.
acoustique *adj.* acústico; *s.f.* acústica.
acquéreur *s.m.* adquiridor, comprador.
acquérir *v.t.* adquirir. (*Conj. 24*)
acquiescement *s.m.* aquiescência.
acquiescer *v.t.* e *int.* aquiescer. (*Conj. 13*)
acquis e *adj.* adquirido. V. *acquérir.*
acquisition *s.f.* aquisição, compra.
acquit *s.m.* recibo; *pour* — (escrito em faturas) recebi; como quitação; *par* — *de conscience* por desencargo de consciência.
acquittement *s.m.* 1. quitação; 2. absolvição.
acquitter *v.t.* 1. quitar, saldar, passar recibo; 2. absolver; *s'* — *v.pron. de* saldar.
âcre *adj.* acre; (*fig.*) acerbo, áspero.
acrimonie *s.f.* acrimônia.
acrobate *s.* acrobata.
acrobatie *s.f.* acrobacia.
acrobatique *adj.* acrobático.
acte *s.m.* 1. ato; ação; 2. *pl.* atas; 3. auto; — *d'accusation* libelo; *dont* — tomei nota, nota registrada; *prendre* — *de* tomar nota, consignar; 4. ato (no teatro).
acteur *s.m.* ator.
actif ive *adj.; s.m.* ativo.
action *s.f.* ação.
actionnaire *s.* acionista.
actionner *v.t.* acionar, fazer funcionar.
activer *v.t.* ativar.
activiste *adj.; s.* ativista.
activité *s.f.* atividade.
actrice *s.f.* atriz.
actualiser *v.t.* atualizar.

actualité *s.f.* atualidade.
actuel elle *adj.* atual.
acuité *s.f.* acuidade, agudeza.
acupuncture *s.f.* acupuntura.
adage *s.m.* adágio, rifão, ditado.
adaptateur trice *s.* adaptador.
adaptation *s.f.* adaptação.
adapter *v.t.* adaptar.
addition *s.f.* 1. adição, soma; 2. acréscimo; 3. conta (de restaurante).
additionner *v.t.* adicionar, somar.
adepte *s.* adepto.
adéquat e *adj.* adequado.
adéquation *s.f.* adequação.
adhérer *v.int.* 1. aderir, dar adesão a; 2. aderir, colar. (*Conj. 13*)
adhésif ive *adj.; s.m.* adesivo.
adhésion *s.f.* adesão.
adiante *s.m.* avenca.
adieu eux *interj.* adeus; *s.m.* adeus, despedida.
adipeux euse *adj.* adiposo.
adjacent e *adj.* adjacente.
adjectif *s.m.* adjetivo.
adjoindre *v.t.* ajuntar, associar. (*Conj. 74*)
adjoint e *adj.; s.* adjunto.
adjonction *s.f.* adjunção.
adjudant *s.m.* suboficial.
adjudication *s.f.* adjudicação, arrematação.
adjuger *v.t.* adjudicar. (*Conj. 19*)
admettre *v.t.* 1. admitir; 2. supor; 3. permitir. (*Conj. 76*)
administrateur *s.m.* administrador.
administratif ive *adj.* administrativo.
administratrice *s.f.* administradora.
administrer *v.t.* 1. administrar; 2. ministrar, aplicar.
admirable *adj.* admirável.
admirateur *adj.; s.m.* admirador.
admiratif ive *adj.* admirativo.
admiration *s.f.* admiração.
admiratrice *adj.; s.f.* admiradora.
admirer *v.t.* admirar.
admission *s.f.* admissão.
admonition *s.f.* admoestação.
adolescence *s.f.* adolescência.
adolescent e *adj.; s.* adolescente.
adonner, s' *v.pron.* dedicar-se, aplicar-se.
adopter *v.t.* adotar; tomar (atitude).
adoptif ive *adj.* adotivo.
adoption *s.f.* adoção.
adorable *adj.* adorável.
adorateur *s.m.* adorador.
adoration *s.f.* adoração.
adoratrice *s.f.* adoradora.
adorer *v.t.* adorar.
adosser *v.t.* encostar; *s'— v.pron.* encostar-se, recostar-se.
adoucir *v.t.* adoçar; atenuar, abrandar, suavizar.
adresse *s.f.* 1. endereço; 2. moção (em assembleia); 3. destreza, habilidade.
adresser *v.t.* dirigir, endereçar, enviar; *s'— v.pron.* dirigir-se.
adulateur *adj.; s.m.* adulador.
adulation *s.f.* adulação.
adulatrice *adj.; s.f.* aduladora.
aduler *v.t.* adular.
adulte *adj.; s.* adulto.
adultère *adj.* adúltero; *s.m.* adultério.
adultérer *v.t.* adulterar. (*Conj. 13*)
adultérin e *adj.* adulterino.
advenir *v.int.* advir, suceder, acontecer. (*Conj. 42*); *advienne que pourra* aconteça o que acontecer.
adverbe *s.m.* advérbio.
adversaire *s.* adversário.
adverse *adj.* adverso, hostil.
adversité *s.f.* adversidade, desgraça.
aération *s.f.* arejamento, ventilação.
aérer *v.t.* arejar. (*Conj. 13*)
aérien enne *adj.* aéreo.
aérodynamique *adj.* aerodinâmico.
aéromodélisme *s.m.* aeromodelismo.
aéronef *s.f.* aeronave.
aéroplane *s.m.* aeroplano.
aéroport *s.m.* aeroporto.
affabilité *s.f.* afabilidade.
affable *adj.* afável.
affaiblir *v.t.* enfraquecer.
affaiblissement *s.m.* enfraquecimento.
affaire *s.f.* negócio, assunto; *avoir — à* ter de se haver com; *faire l'—* servir, dar para o gasto; *faire son — de* encarregar-se de; *se tirer d'—* sair-se bem; *l'Affaire* (*Dreyfus*) o Caso Dreyfus.
affairé e *adj.* azafamado, atarefado.
affairement *s.m.* lufa-lufa, azáfama.
affairer, s' *v.pron.* ocupar-se, afobar-se.
affairiste *s.* negocista.
affaissement *s.m.* aluimento, queda, abatimento, prostração.
affaisser *v.t.* aluir, fazer ceder; *s'— v.pron.* ceder, cair.
affaler *v.t.* empurrar para a costa; *s'— v.pron.* dar à costa; (*fig.*) deixar-se cair.
affamé e *adj.* esfomeado, faminto.

affectation *s.f.* **1.** afetação, falta de naturalidade; **2.** designação, nomeação.
affecter *v.t.* **1.** fingir; **2.** afligir; afetar, abalar; **3.** destinar, nomear.
affectif ive *adj.* afetivo.
affection *s.f.* **1.** afeto, afeição; **2.** afecção, doença.
affectivité *s.f.* afetividade.
affectueux euse *adj.* afetuoso.
affichage *s.m.* afixação.
affiche *s.f.* cartaz.
afficher *v.t.* afixar, exibir.
affilée, d' *loc.adv.* sem parar, ininterruptamente.
affiler *v.t.* afiar, amolar.
affilier, s' *v.pron.* afiliar-se. (*Conj.* 23 e 8)
affiloir *s.m.* rebolo.
affiner *v.t.* afinar, refinar.
affinité *s.f.* afinidade.
affirmatif ive *adj.* afirmativo.
affirmation *s.f.* afirmação.
affirmer *v.t.* afirmar.
affleurer *v.t.* nivelar; *v.int.* vir à tona.
afflictif ive *adj.* aflitivo.
affliction *s.f.* aflição.
affligeant e *adj.* aflitivo.
affliger *v.t.* afligir. (*Conj.* 19)
affluence *s.f.* afluência.
affluent e *adj.; s.m.* afluente.
affluer *v.int.* afluir.
affoler *v.t.* **1.** enlouquecer; **2.** apavorar, assustar.
affranchi e *adj.* **1.** liberto, forro; **2.** isento, franqueado.
affranchir *v.t.* **1.** libertar, aforrar; **2.** franquear.
affranchissement *s.m.* **1.** libertação, alforria, aforramento; **2.** franqueamento, franquia.
affres *s.f.pl.* tormentos.
affréter *v.t.* fretar.
affreux euse *adj.* horrível, horrendo; *s.m.* mercenário branco servindo num exército da África.
affront *s.m.* afronta, ultraje.
affubler *v.t.* vestir de modo ridículo.
affût[1] *s.m.* reparo (carreta de peça de artilharia).
affût[2] *s.m.* espreita, *être à l'— de* tocaiar.
affûter *v.t.* afiar, amolar.
affûteur *v.t.* afiador, amolador.
afin de *loc.conj.* a fim de, na intenção de.
africain e *adj.; s.pátr.* africano.
Afrique *s.f.* África.

agacement *s.m.* irritação, agastamento.
agacer *v.t.* irritar, amolar, provocar, implicar com; — *les dents* embotar os dentes. (*Conj.* 14)
agate *s.f.* ágata.
agavé ou **agave** *s.m.* agave; pita, piteira.
âge *s.m.* idade; época; *entre deux —s* de meia-idade.
âgé e *adj.* idoso; com a idade de.
agence *s.f.* agência.
agencement *s.m.* arranjo.
agencer *v.t.* arranjar, ajeitar, dispor. (*Conj.* 14)
agenda *s.m.* agenda.
agenouiller, s' *v.pron.* ajoelhar-se.
agent *s.m.* agente; — *de police* guarda-civil, policial.
agglomération *s.f.* aglomeração.
agglomérer *v.t.* aglomerar; (*Conj.* 13) *s'*— *v.pron.* aglomerar-se.
agglutination *s.f.* aglutinação.
agglutiner *v.t.* aglutinar.
aggravation *s.f.* agravação.
aggraver *v.t.* agravar.
agile *adj.* ágil, ligeiro.
agilité *s.f.* agilidade.
agir *v.t.* agir, proceder, intervir; *v.pron. impess. il s'agit de* **1.** trata-se de; **2.** convém.
agissements *s.m.pl.* procedimentos condenáveis, atividades suspeitas.
agitateur trice *s.* agitador.
agitation *s.f.* agitação.
agiter *v.t.* agitar; preocupar; ventilar (uma questão); *s'*— *v.pron.* agitar-se.
agneau eaux *s.m.* cordeiro.
agnosticisme *s.m.* agnosticismo.
agnostique *adj.; s.* agnóstico.
agonie *s.f.* agonia.
agoniser *v.int.* agonizar.
agouti *s.m.* cutia, aguti.
agrafe *s.f.* colchete, grampo.
agrafer *v.t.* grampear.
agrafeuse *s.f.* grampeador.
agraire *adj.* agrário.
agrandir *v.t.* ampliar; engrandecer; *s'*— *v.pron.* crescer.
agrandissement *s.m.* **1.** engrandecimento; **2.** ampliação.
agréer *v.t.* acolher, aprovar, aceitar.
agrégation *s.f.* (*aprox.*) concurso de ingresso no ensino superior.
agrégé *s.m.* (*aprox.*) professor concursado, que pode ensinar em faculdade.

agrément *s.m.* **1.** aprovação, consentimento; **2.** atrativo, enfeite.
agrémenter *v.t.* ornar, guarnecer, enfeitar.
agrès *s.m.pl.* **1.** aparelhagem (de navio); **2.** aparelhos (de ginástica).
agresser *v.t.* agredir, assaltar.
agresseur *s.m.* agressor.
agressif ive *adj.* agressivo.
agression *s.f.* agressão.
agressivité *s.f.* agressividade.
agricole *adj.* agrícola.
agriculteur *s.m.* agricultor.
agriculture *s.f.* agricultura.
agripper *v.t.* agarrar, arrebatar.
agronome *s.m.* agrônomo.
agronomie *s.f.* agronomia.
agrumes *s.m.pl.* frutas cítricas.
aguerrir *v.t.* aguerrir.
aguets *aux — loc. adv.* à espreita.
aguicher *v.t.* excitar, provocar (diz-se de mulher).
ahaner *v.int.* fazer grandes esforços, afadigar-se.
ahuri e *adj.* pasmo, estarrecido; *s. (fam.)* deslumbrado, basbaque.
ahurissement *s.m.* assombro, pasmo.
ai V. *avoir.*
aï *s.m.* preguiça (animal).
aide[1] *s.f.* ajuda, auxílio.
aide[2] *s.m.* ajudante, assistente.
aider *v.t.* ajudar.
aie, aient V. *avoir.*
aïe *interj.* ai.
aïeul *s.m.* avô.
aïeule *s.f.* avó.
aïeux *s.m.pl.* antepassados.
aigle *s.m.* **1.** águia; **2.** *(pop.)* crânio.
aigre *adj.* **1.** acre; **2.** gritante.
aigre-doux *adj.* agridoce.
aigrefin *s.m.* embusteiro.
aigreur *s.f.* acidez, azedume, azia.
aigrir *v.t.* azedar.
aigu ë *adj.* agudo.
aigue-marine *s.f.* água-marinha.
aiguille *s.f.* **1.** agulha; **2.** fiel (de balança); **3.** ponteiro (de relógio).
aiguillon *s.m.* **1.** aguilhão; **2.** ferrão.
aiguiser *v.t.* aguçar, amolar, afiar.
ail *s.m.* alho.
aile *s.f.* **1.** asa; *battre d'une —* andar mal, aos arrancos; **2.** ala (de exército, de edifício); **3.** aba.
ailé e *adj.* alado.
aileron *s.m.* barbatana.

ailier *s.m.* *(Fut.)* ponta; *— droit* ponta-direita; *— gauche* ponta-esquerda.
aille, ailles V. *aller.*
ailleurs *adj.* alhures, em outro lugar; *d'—* aliás, de resto.
ailloli *s.m.* maionese *f.* de alho e azeite.
aimable *adj.* amável.
aimant[1] *adj.* amante, afetuoso.
aimant[2] *s.m.* ímã.
aimanter *v.t.* imantar.
aimer *v.t.* amar, gostar de; *— mieux* preferir.
aine *s.f.* virilha.
aîné e *adj.; s.* primogênito; mais velho.
ainsi *conj.* assim; portanto; *adv.* assim, desta maneira.
air *s.m.* **1.** ar; vento; *en plein —* ao ar livre; *grand —* ar puro; **2.** a expressão; *avoir l'— de* parecer; *se donner des —s* bancar o importante; **3.** ária.
airain *s.m.* bronze.
aire *s.f.* eira, área, zona.
aisance *s.f.* naturalidade.
aise *s.f.* satisfação; *à l'—* à vontade.
aisé e *adj.* **1.** fácil; **2.** abastado, folgado, remediado.
aisselle *s.f.* axila, sovaco.
ajonc *s.m.* junco.
ajourer *v.t.* rendilhar, perfurar.
ajourner *v.t.* **1.** adiar, suspender (sessão); **2.** reprovar.
ajouter *v.t.* acrescentar.
ajuster *v.t.* **1.** ajustar, adaptar; **2.** apontar.
alambic *s.m.* alambique.
alanguir *v.t.* enlanguescer.
alarme *s.f.* alarme, inquietude.
alarmer *v.t.* alarmar; *s'— v.pron.* alarmar-se.
Albanie *s.f.* Albânia.
albâtre *s.m.* alabastro.
albatros *s.m.* albatroz.
albinos *adj.; s.* albino; *mulâtre —* sarará.
album *s.m.* álbum.
albumen *s.m.* albume, clara de ovo.
alcali *s.m.* álcali.
alchimie *s.f.* alquimia.
alchimiste *s.m.* alquimista.
alcool *s.m.* álcool.
alcoolique *adj.* alcoólico.
alcôve *s.f.* alcova.
aléa *s.m.* acaso, risco.
aléatoire *adj.* aleatório.
alentours *s.m.pl.* arredores, cercanias, imediações.
alerte *s.f.* alerta; *adj.* esperto, lépido.

alerter *v.t.* alertar, prevenir.
alexandrin e *adj.* alexandrino; *s.m.* verso alexandrino.
algarade *s.f.* escaramuça.
algèbre *s.f.* álgebra.
algébrique *adj.* algébrico.
Alger *s.m.* Argel.
Algérie *s.f.* Argélia.
algérien enne *adj.; s.pátr.* argelino.
algérois e *adj.; s.pátr.* argelense.
algue *s.f.* alga.
alibi *s.m.* álibi.
aliéné e *adj.; s.* alienado.
aliéner *v.t.* alienar. (*Conj. 13*)
aliéniste *s.m.* alienista.
alignement *s.m.* alinhamento, adaptação.
aligner *v.t.* alinhar, adaptar; *s'— v.pron.* adaptar-se.
aliment *s.m.* alimento.
alimentation *s.f.* alimentação.
alimenter *v.t.* alimentar.
alinéa *s.m.* alínea, parágrafo.
aliquote *s.f.* alíquota.
aliter, s' *v.pron.* acamar-se.
alizé *adj.; s.m.* (vento) alísio.
allaiter *v.t.* aleitar, amamentar, lactar.
allécher *v.t.* aliciar, atrair. (*Conj. 13*)
allée *s.f.* 1. ida; 2. alameda.
allégation *s.f.* alegação.
alléger *v.t.* aliviar. (*Conj. 10*)
allégorie *s.f.* alegoria.
allégorique *adj.* alegórico.
allégresse *s.f.* alegria, júbilo.
alléguer *v.t.* alegar, invocar. (*Conj. 13*)
Allemagne *s.f.* Alemanha.
allemand e *adj.; s.* alemão.
aller *v.int.* ir; andar, caminhar, passar (de saúde); *allons donc!* de jeito algum!; *ça va* (sem irritação na voz) está certo; (com irritação na voz) basta; *comment ça va?* como vai?;
ce chapeau vous va bien ficar; ajustar-se (bem ou mal);
cela va sans dire é escusado dizer;
il y va de votre fortune a sua fortuna está em jogo; (*Conj. 11*) *s.m.* ida;
s'en — v.pron. ir-se embora; *interj.* va, *allons, allez* ora.
allergie *s.f.* alergia.
allergique *adj.* alérgico.
alliage *s.m.* aliagem, liga.
alliance *s.f.* aliança.
allié e *adj.; s.* aliado.

allier *v.t.* aliar, ligar; (*Conj. 23*) *s'— v.pron.* aliar-se.
alligator *s.m.* aligátor.
allô *interj.* alô.
allocation *s.f.* gratificação; — *familiale* salário-família.
allocution *s.f.* alocução.
allonger *v.t.* alongar; (*Conj. 11*) *s'— v.pron.* estirar-se.
allopathe *adj.; s.* alopata.
allopathie *s.f.* alopatia.
allouer *v.t.* conceder, atribuir.
allumer *v.t.* acender.
allumette *s.f.* fósforo.
allure *s.f.* modo de andar; marcha; atitude, ar.
allusif ive *adj.* alusivo.
allusion *s.f.* alusão.
alluvion *s.f.* aluvião.
almanach *s.m.* almanaque.
aloès *s.m.* aloés, babosa.
aloi *s.m.* quilate; (*fig.*) qualidade.
alors *adj.* então; — *que loc.conj.* ao passo que.
alouate *s.m.* guariba.
alouette *s.f.* cotovia.
alourdir *v.t.* tornar pesado.
aloyau aux *s.m.* lombo de boi.
alpaga *s.m.* 1. alpaca; 2. lã de alpaca.
alpestre *adj.* alpestre.
alphabet *s.m.* alfabeto.
alphabétique *adj.* alfabético.
alpinisme *s.m.* alpinismo.
alpiniste *s.m.* alpinista.
altérer *v.t.* alterar; provocar sede em (*Conj. 13*)
alternance *s.f.* alternância.
alternatif ive *adj.* alternativo; *s.f.* alternativa.
alterner *v.t.* alternar.
altesse *s.f.* alteza.
altier ière *adj.* altivo, altaneiro.
altitude *s.f.* altitude.
alto *s.m.* alto, contralto.
altruisme *s.m.* altruísmo.
altruiste *adj.; s.* altruísta.
aluminium *s.m.* alumínio.
alun *s.m.* alume.
alunir *v.int.* alunissar.
alvéole *s.m.* alvéolo.
amabilité *s.f.* amabilidade.
amadou *s.m.* isca (para fazer fogo).
amadouer *v.t.* ganhar, captar.
amalgame *s.m.* amálgama.

amande *s.f.* amêndoa.
amandier *s.m.* amendoeira.
amarre *s.f.* amarra.
amarrer *v.t.* amarrar.
amas *s.m.* montão, monte (de coisas), acervo; amontoado.
amasser *v.t.* amontoar; entesourar.
amateur *s.m.* amador.
amazone *s.f.* 1. amazona, mulher que monta a cavalo; 2. amazona, vestido de saia longa.
ambages *s.f.pl.* rodeios, circunlóquios.
ambassade *s.f.* embaixada.
ambassadeur *s.m.* embaixador.
ambassadrice *s.f.* embaixatriz.
ambiance *s.f.* ambiente.
ambidextre *adj.* ambidestro.
ambigu ë *adj.* ambíguo.
ambiguïté *s.f.* ambiguidade.
ambitieux euse *adj.* ambicioso.
ambition *s.f.* ambição.
ambitionner *v.t.* ambicionar.
ambivalent e *adj.* ambivalente.
ambre *s.m.* âmbar.
ambulance *s.f.* ambulância.
ambulancier ière *s.* enfermeiro de ambulância.
ambulant e *adj.* ambulante.
ambulatoire *adj.* ambulatório.
âme *s.f.* alma; *rendre l'*— expirar, entregar a alma ao Criador.
amélioration *s.f.* 1. melhoramento; 2. melhora.
améliorer *v.t.* melhorar.
aménagement *s.m.* arrumação, arranjo, ordenação, urbanização.
aménager *v.t.* rearrumar, dispor, urbanizar; transformar (para melhor). (*Conj.* 19)
amende *s.f.* multa; — *honorable* confissão pública de culpa.
amendement *s.m.* 1. emenda; 2. beneficiamento.
amender *v.t.* 1. melhorar; 2. adubar.
amène *adj.* ameno, afável.
amener *v.t.* trazer. (*Conj.* 18)
aménité *s.f.* amenidade.
amenuiser *v.t.* adelgaçar, desbastar.
amer ère *adj.* amargo.
américain e *adj.; s.pátr.* americano.
amérindien enne *adj.; s.pátr.* ameríndio.
Amérique *s.f.* América.
amerrir *v.int.* amerissar.
amerrissage *s.m.* amerissagem.
amertume *s.f.* amargor, amargura.
améthyste *s.f.* ametista.

ameublement *s.m.* mobília, mobiliário.
ameuter *v.t.* amotinar, sublevar.
ami e *adj.; s.* amigo.
amiable *adj.* amigável; *à l'*— amigavelmente.
amibe *s.f.* ameba.
amibiase *s.f.* (*Med.*) amebíase.
amibien enne *adj.* amebiano.
amical e aux *adj.* amistoso, amigável, cordial.
amidon *s.m.* amido.
amidonner *v.t.* engomar.
amincir *v.t.* adelgaçar.
amiral aux *s.m.* almirante.
amirauté *s.f.* almirantado.
ammoniac *s.m.* amoníaco.
amnésie *s.f.* amnésia.
amnistie *s.f.* anistia.
amnistier *v.t.* anistiar. (*Conj.* 23)
amoindrir *v.t.* diminuir.
amollir *v.t.* amolecer; enfraquecer.
amonceler *v.t.* amontoar. (*Conj.* 12)
amont *s.m.* nascente; *en* — em direção da nascente.
amoral e aux *adj.* amoral.
amorce *s.f.* 1. isca; 2. esboço; 3. espoleta.
amorcer *v.t.* começar, esboçar. (*Conj.* 14)
amorphe *adj.* amorfo.
amortir[1] *v.t.* amortecer.
amortir[2] *v.t.* amortizar.
amortisseur *s.m.* amortecedor.
amour *s.m.* amor; *faire l'*— fazer amor, ter relações sexuais.
amouracher, s' *v.pron.* apaixonar-se, embeiçar-se.
amourette *s.f.* namorico.
amoureux euse *adj.* apaixonado; *s.* namorado.
amour-propre *s.m.* amor-próprio.
amovible *adj.* amovível.
ampère *s.m.* ampère.
amphigourique *adj.* anfigúrico, deliberadamente ininteligível.
amphithéâtre *s.m.* anfiteatro; sala (de aula, em faculdades).
amphore *s.f.* ânfora.
amphytrion *s.m.* anfitrião.
ample *adj.* amplo.
ampleur *s.f.* amplidão; largueza.
amplification *s.f.* amplificação.
amplifier *v.t.* amplificar, ampliar. (*Conj.* 23)
amplitude *s.f.* amplitude, amplidão.
ampoule[1] *s.f.* empola (bolha na pele).

ampoule² *s.f.* (*recipiente de vidro*) **1.** ampola; **2.** — *électrique* lâmpada.
amputation *s.f.* amputação.
amputer *v.t.* amputar.
amulette *s.f.* amuleto.
amuse-gueule *s.m.* biscoitos, salgadinhos (servidos como aperitivo).
amuser *v.t.* divertir; *s'*— *v.pron.* divertir-se.
amygdale *s.f.* amígdala.
amygdalite *s.m.* amigdalite.
an *s.m.* ano; *bon — mal* — em média uns anos pelos outros; *s'en moquer comme del'— quarante* não ligar a mínima.
anacarde *s.f.* caju.
anacardier *s.m.* cajueiro.
anachorète *s.* anacoreta.
anachronique *adj.* anacrônico.
anachronisme *s.m.* anacronismo.
anagramme *s.f.* anagrama.
anal e aux *adj.* anal.
analgésique *adj.; s.m.* analgésico.
analogie *s.m.* analogia.
analogue *adj.* análogo.
analphabète *adj.* analfabeto.
analyse *s.f.* análise.
analyser *v.t.* analisar.
analyste *s.* analista.
analytique *adj.* analítico.
ananas *s.m.* abacaxi, ananás.
anarchie *s.f.* anarquia.
anarchique *adj.* anárquico.
anarchisme *s.m.* anarquismo.
anarchiste *s.* anarquista.
anathème *s.m.* anátema.
anatomie *s.f.* anatomia.
anatomique *adj.* anatômico.
ancestral e aux *adj.* ancestral.
ancêtre *s.m.* antepassado.
anche *s.f.* (*Mús.*) palheta.
anchois *s.m.* enchova.
ancien enne *adj.* antigo.
ancienneté *s.f.* ancianidade.
ancrage *s.m.* ancoragem.
ancre *s.f.* âncora; *jeter l'*— deitar ferro, fundear; *lever l'*— levantar âncora; (*fig.*) partir.
andalou e *adj.; s.pátr.* andaluz.
andouille *s.f.* **1.** chouriço; **2.** (*pop.*) imbecil.
androgyne *adj.* androgínico, andrógino; *s.m.* andrógino.
androïde *s.m.* androide.
âne *s.m.* asno, burro; (*fig.*) — *bâté* besta quadrada.

anéantir *v.t.* aniquilar.
anéantissement *s.m.* aniquilamento.
anecdote *s.f.* anedota.
anecdotique *adj.* anedótico.
anémie *s.f.* anemia.
anémique *adj.; s.* anêmico.
ânerie *s.f.* asneira, burrada.
anesthésie *s.f.* anestesia.
anesthésier *v.t.* anestesiar. (*Conj. 23*)
anévrisme *s.m.* aneurisma.
ange *s.m.* anjo; — *gardien* anjo de guarda; *être aux* —*s* estar em êxtase; *rire aux* —*s* rir com as folhas.
angélus *s.m.* ave-marias.
angine *s.f.* angina.
angiologie *s.f.* angiologia.
anglais e *adj.; s.pátr.* inglês; *filer à l'*—*e* sair à francesa.
angle *s.m.* ângulo, canto, quina; (*fig.*) ponto de vista.
Angleterre *s.f.* Inglaterra.
anglican e *adj.* anglicano.
anglicanisme *s.m.* anglicanismo.
anglicisme *s.m.* anglicismo.
angoisse *s.f.* angústia.
angoisser *v.t.* angustiar.
angora *adj.; s.m.* angorá.
anguille *s.f.* enguia; *il y a — sous roche* tem dente de coelho.
anguleux euse *adj.* anguloso.
anicroche *s.f.* empecilho.
aniline *s.f.* anilina.
animal e aux *adj.; s.m.* animal.
animateur, trice *s.* animador, orientador.
animation *s.f.* animação.
animer *v.t.* animar, excitar, espertar.
animosité *s.f.* animosidade.
anis *s.m.* anis, erva-doce.
ankyloser *v.t.* ancilosar.
annales *s.f.pl.* anais.
anneau eaux *s.m.* **1.** anel; **2.** anilho; **3.** argola.
année *s.f.* ano; — *scolaire* ano letivo; *d'— en —* de ano para ano.
année-lumière *s.f.* ano-luz.
annexe *adj.; s.f.* anexo.
annexer *v.t.* anexar, juntar.
annexion *s.f.* anexação.
annihiler *v.t.* aniquilar.
anniversaire *adj.; s.m.* aniversário.
annonce *s.f.* anúncio.
annoncer *v.t.* anunciar. (*Conj. 14*)
annonceur *s.m.* anunciante.
annoter *v.t.* anotar, notar.

annuaire *s.m.* anuário; — *téléphonique* lista telefônica.
annuel elle *adj.* anual.
annuité *s.f.* 1. anuidade; 2. ano de serviço.
annulaire *s.m.* (dedo) anular.
annuler *v.t.* anular.
annoblir *v.t.* enobrecer, nobilitar.
anodin e *adj.* anódino.
anomalie *s.f.* anomalia.
anone *s.f.* anona, fruta-de-conde.
ânonner *v.t.* gaguejar, tartamudear, ler mal.
anonymat *s.m.* anonimato.
anonyme *adj.* anônimo.
anorak *s.m.* anoraque.
anorexie *s.f.* anorexia.
anormal e aux *adj.* anormal.
anse *s.f.* asa (de jarro etc.); *faire danser l'— du panier* roubar nas contas da feira.
antagonique *adj.* antagônico.
antagonisme *s.m.* antagonismo.
antagoniste *s.* antagonista.
antan *s.m.* antanho, outrora.
antarctique *adj.* antártico.
antécédent *s.m.* antecedente.
antéchrist *s.m.* anticristo.
antédiluvien enne *adj.* antediluviano.
antenne *s.f.* antena.
antérieur e *adj.* anterior.
antériorité *s.f.* anterioridade.
anthologie *s.f.* antologia.
anthracite *s.m.* antracite.
anthropologie *s.f.* antropologia.
anthropologue *s.* antropólogo.
anthropophage *adj.; s.* antropófago.
anthropophagie *s.f.* antropofagia.
antiaérien enne *adj.* antiaéreo.
antialcoolique *adj.* antialcoólico.
antibiotique *adj.; s.m.* antibiótico.
antichambre *s.f.* antessala.
anticipation *s.f.* antecipação; *littérature d'—* ficção científica; *par —* com antecipação.
anticiper *v.t.* antecipar.
anticonceptionnel elle *adj.; s.m.* anticoncepcional.
antidater *v.t.* antedatar.
antidote *s.m.* antídoto.
antigel *adj.* anticongelante.
antillais e *adj.; s.pátr.* antilhano.
Antilles *s.f.pl.* Antilhas.
antilope *s.f.* antílope.
antimite *adj.; s.m.* inseticida contra traças.

antipathie *s.f.* antipatia.
antipathique *adj.* antipático.
antipode *s.m.* antípoda.
antiquaire *s.m.* antiquário.
antique *adj.* antigo.
antiquité *s.f.* antiguidade.
antisémite *adj.; s.* antissemita.
antisémitisme *s.m.* antissemitismo.
antithèse *s.f.* antítese.
antithétique *adj.* antitético.
antivol *s.m.* pega-ladrão.
antonyme *adj.; s.m.* antônimo.
antre *s.m.* antro, covil.
anus *s.m.* ânus.
Anvers *s.m.* Antuérpia.
anxiété *s.f.* ansiedade.
anxieux euse *adj.* ansioso.
aorte *s.f.* aorta.
août *s.m.* agosto.
apache *s.m.* 1. apache (índio do Texas); 2. (*gír.ant.*) malandro, gatuno.
apaisement *s.m.* apaziguamento.
apaiser *v.t.* apaziguar, abrandar.
apanage *s.m.* apanágio.
aparté *s.m.* aparte.
apathie *s.f.* apatia.
apathique *adj.* apático.
apatride *adj.; s.* apátrida.
apercevoir *v.t.* perceber, dar por; *s'— de* *v.pron.* notar.
aperçu e *part.* de *apercevoir; s.m.* apanhado, olhada.
apéritif *s.m.* aperitivo.
apeuré e *adj.* amedrontado.
aphonie *s.f.* afonia.
aphonique *adj.* afônico.
aphorisme *s.m.* aforismo.
aphrodisiaque *adj.; s.m.* afrodisíaco.
aphte *s.m.* afta.
aphteux euse *adj.* aftoso.
apiculteur *s.m.* apicultor.
apiculture *s.f.* apicultura.
apitoyer *v.t.* apiedar; *s'—* *v.pron.* apiedar-se. (*Conj. 22*)
aplanir *v.t.* aplanar, aplainar.
aplatir *v.t.* achatar.
aplomb *s.m.* 1. verticalidade, equilíbrio; prumada; *d'—* a prumo, (*fig.*) bem; 2. autoconfiança, arrogância.
apocalypse *s.f.* apocalipse.
apocalyptique *adj.* apocalíptico.
apocryphe *adj.; s.m.* apócrifo.
apogée *s.m.* apogeu.
apolitique *adj.* apolítico.

apologie *s.f.* apologia.
apologiste *s.* apologista.
apoplectique *adj.* apopléctico.
apoplexie *s.f.* apoplexia.
apostasie *s.f.* apostasia.
apostasier *v.int.* apostasiar. (*Conj. 23*)
apostat *s.m.* apóstata.
apostolat *s.m.* apostolado.
apostolique *adj.* apostólico.
apostrophe *s.f.* 1. apóstrofo; 2. apóstrofe, interpelação, invectiva.
apostropher *v.t.* apostrofar.
apothéose *s.f.* apoteose.
apôtre *s.m.* apóstolo; *faire le bon —* fazer-se de santo.
apparaître *v.int.* aparecer, surgir. (*Conj. 63*)
apparat *s.m.* aparato.
appareil *s.m.* aparelho, máquina; *dans le plus simple —* em trajes menores.
appareillage *s.m.* aparelhagem.
apparemment *adj.* aparentemente.
apparence *s.f.* aparência.
apparent e *adj.* aparente.
apparenter *v.t.* aparentar.
apparition *s.f.* aparição.
appartement *s.m.* apartamento.
appartenance *s.f.* o fato de pertencer (a um grupo etc.); vinculação.
appartenir *v.int.* pertencer. (*Conj. 41*)
appât *s.m.* isca, engodo.
appauvrir *v.t.* empobrecer; *s'— v.pron.* empobrecer-se.
appauvrissement *s.m.* empobrecimento.
appel *s.m.* 1. apelo, chamada; 2. apelação, recurso; (*fig.*) *— de pied* cantada.
appeler *v.t.* 1. chamar; 2. designar; 3. convocar; 4. reclamar, exigir; *en — à* invocar; *en — de* apelar de; *s'— v.pron.* chamar-se.
appellation *s.f.* qualificativo, denominação.
appendice *s.m.* apêndice.
appendicite *s.f.* apendicite.
appendiculaire *adj.* apendicular.
appentis *s.m.* telheiro, meia-água.
appesantir *v.t.* tomar mais pesado; *s'— sur v.pron.* insistir em.
appétissant e *adj.* apetitoso.
appétit *s.m.* apetite; *l'— vient en mangeant* o comer e o coçar tudo está em começar.
applaudir *v.t.* aplaudir.
applaudissement *s.m.* aplauso, palmas.
applicable *adj.* aplicável.
application *s.f.* aplicação.

applique *s.f.* aplique, lâmpada de parede.
appliquer *v.t.* aplicar; *s'— v.pron.* aplicar-se, esmerar-se.
appointements *s.m.pl.* ordenado, vencimentos.
apport *s.m.* contribuição.
apporter *v.t.* trazer.
apposer *v.t.* apor, colocar.
appréciable *adj.* apreciável.
appréciation *s.f.* apreciação.
apprécier *v.t.* apreciar, avaliar.
appréhender *v.t.* 1. apreender, deter, prender; 2. recear, temer.
appréhension *s.f.* apreensão, receio.
apprendre *v.t.* 1. aprender; 2. vir a saber; 3. informar; 4. ensinar; *je vais lui — à vivre* vou-lhe dar uma boa lição. (*Conj. 83*)
apprenti *s.m.* aprendiz; *— sorcier* aprendiz de feiticeiro.
apprentissage *s.m.* aprendizado, aprendizagem, tirocínio.
apprêter *v.t.* aprestar, aprontar, preparar; *s'— v.pron.* aprontar-se.
apprivoisement *s.m.* domesticação.
apprivoiser *v.t.* domesticar, amansar.
approbateur trice *adj.; s.* aprovador.
approbation *s.f.* aprovação.
approche *s.f.* aproximação.
approcher *v.t.* aproximar; *s'— v.pron.* aproximar-se.
approfondir *v.t.* tornar mais fundo, aprofundar.
approprier, s' *v.pron.* apropriar-se. (*Conj. 23 e 8*)
approuver *v.t.* aprovar.
approvisionnement *s.m.* abastecimento.
approvisionner *v.t.* abastecer.
approximation *s.f.* aproximação.
appui *s.m.* 1. apoio; 2. suporte, base; *— de croisée* peitoril.
appuyer *v.t.* apoiar, encostar; *v.int. — sur* enfatizar; *s'— v.pron.* apoiar-se. (*Conj. 16*)
âpre *adj.* 1. áspero; 2. violento, ávido; *— au gain* ganancioso.
après *prep.* 1. depois de, após; 2. atrás de, em busca de; *— tout* afinal de contas; *et — ?* e daí; *d'— loc.prep.* segundo, conforme; *— que loc.conj.* logo que; *adv.* depois.
après-demain *adj.* depois de amanhã.
après-guerre *s.m.* após-guerra.
après-midi *s.m. ou f.* tarde.
à-propos *s.m.* coisa dita ou feita no momento oportuno; *le sens de l'—* o senso da oportunidade.

apte *adj.* apto.
aptitude *s.f.* aptidão.
aquarelle *s.f.* aquarela.
aquarelliste *s.* aquarelista.
aquarium *s.m.* aquário.
aquatique *adj.* aquático.
aqueduc *s.m.* aqueduto.
aqueux euse *adj.* aquoso.
aquilin e *adj.* aquilino.
ara *s.m.* arara.
arabe *adj.; s.pátr.* árabe.
arabesque *s.f.* arabesco.
arable *adj.* arável.
arachide *s.f.* amendoim.
arachnéen enne *adj.* aracnídeo.
araignée *s.f.* aranha; *avoir une — au plafond* ter macacos no sótão.
arbitrage *s.m.* arbitragem.
arbitraire *adj.* arbitrário; *s.m.* arbitrariedade.
arbitral e aux *adj.* arbitral.
arbitre *s.m.* 1. árbitro; 2. arbítrio.
arbitrer *v.t.* e *int.* arbitrar.
arborer *v.t.* arvorar, hastear, ostentar.
arboriser *v.t.* arborizar.
arbouse *sf.* medronho.
arbre *s.m.* 1. árvore; *— à caoutchouc* seringueira; *— à pain* fruta-pão; 2. eixo (de máquina); *— de transmission* eixo de transmissão.
arbrisseau eaux *s.m.* árvore pequena, arbúsculo.
arbuste *s.m.* arbusto.
arc *s.m.* arco.
arcade *s.f.* arcada.
arcane *s.m.* arcano.
arc-boutant *s.m.* arcobotante.
arc-en-ciel *s.m.* arco-íris.
archaïque *adj.* arcaico.
archaïsme *s.m.* arcaísmo.
archange *s.m.* arcanjo.
arche *s.f.* arca.
archéologie *s.f.* arqueologia.
archéologique *adj.* arqueológico.
archéologue *s.m.* arqueólogo.
archer *s.m.* arqueiro.
archet *s.m.* arco (de violino).
archevêché *s.m.* arcebispado.
archevêque *s.m.* arcebispo.
archipel *s.m.* arquipélago.
architecte *s.* arquiteto.
architecture *s.f.* arquitetura.
archives *s.f.pl.* arquivos.
archiviste *s.* arquivista.

arctique *adj.* ártico.
ardemment *adv.* ardentemente.
ardent e *adj.* ardente.
ardeur *s.f.* ardor.
ardoise *s.f.* ardósia, lousa.
ardu e *adj.* árduo.
arène *s.f.* arena.
arête *s.f.* 1. espinha de peixe; 2. aresta.
argent *s.m.* 1. prata; 2. dinheiro; *— de poche* mesada.
argenter *v.t.* pratear.
argenterie *s.f.* prataria, baixela de prata.
argile *s.f.* argila.
argileux euse *adj.* argiloso.
argot *s.m.* gíria, calão.
argotique *adj.* de gíria.
arguer *v.t.* inferir, concluir; *v.int.* argumentar.
argument *s.m.* argumento.
argumentation *s.f.* argumentação.
argumenter *v.t.* argumentar.
argus *s.m.* argos.
argutie *s.f.* argúcia.
aride *adj.* árido.
aridité *s.f.* aridez.
aristocrate *s.* aristocrata.
aristocratie *s.f.* aristocracia.
aristocratique *adj.* aristocrático.
arithmétique *adj.* aritmético; *s.f.* aritmética.
arlequin *s.m.* arlequim.
armateur *s.m.* armador (de navio).
arme *s.f.* arma; *— à feu* arma de fogo; *— blanche* arma branca; *— de trait* arma de arremesso; *être sous les —s* servir no exército; *faire ses premières —s* iniciar-se numa profissão; *l'— au pied* pronto para agir; *passer l'— à gauche* (pop.) morrer, passar desta para melhor; *passer par les —s* fuzilar.
armée *s.f.* exército; *— de l'Air* Aeronáutica; *— de Mer* Marinha de Guerra; *— de Terre* Exército.
arménien enne *adj.; s.pátr.* armênio.
armer *v.t.* 1. armar; 2. equipar (navio); 3. guarnecer.
armistice *s.m.* armistício.
armoire *s.f.* armário.
armoiries *s.f.pl.* armas, brasão.
armure *s.f.* armadura.
arnica *s.f.* arnica.
aromatique *adj.* aromático.
aromatiser *v.t.* aromatizar.
arôme ou **arome** *s.m.* aroma.

arpège s.m. (Mús.) arpejo.
arpenter v.t. medir (terreno); (fig.) percorrer a passos largos.
arpenteur s.m. agrimensor.
arrachement s.m. arrancamento, extirpação, ablação.
arrache-pied, d' loc.adv. ininterruptamente; com afinco.
arracher v.t. arrancar; *on se m'arrache todos* me disputam, não chego para as encomendas; **s'— à** v.pron. sair a contragosto de.
arrangement s.m. arranjo, acomodação.
arranger v.t. 1. arranjar, arrumar; 2. consertar; 3. (pop.) maltratar; **s'—** v.pron. acomodar-se, resolver a situação sozinho. (Conj. 19)
arrérages s.m.pl. atrasados.
arrestation s.f. detenção, prisão.
arrêt s.m. 1. parada (de ônibus); 2. interrupção; *sans —* sem interrupção; 3. detenção; *maison d'—* prisão; 4. sentença, julgamento.
arrêté s.m. portaria.
arrêter v.t. 1. deter, reter; 2. aprisionar; 3. interromper; 4. fixar (data).
arrhes s.f.pl. arras, sinal.
arrière adv. atrás, para trás; s.m. 1. parte de trás; 2. retaguarda; 3. (Fut.) zagueiro.
arriéré e adj. atrasado, retardado.
arrière-boutique s.f. quarto contíguo a uma loja.
arrière-garde s.f. retaguarda.
arrière-goût s.m. travo, ressaibo.
arrière-grand-mère s.f. bisavó.
arrière-grand-père s.m. bisavô.
arrière-grands-parents s.m.pl. bisavós.
arrière-pays s.m. hinterlândia.
arrière-pensée sf. pensamento reservado; segunda intenção.
arrière-petite-fille s.f. bisneta.
arrière-petit-fils s.m. bisneto.
arrière-petits-enfants s.m.pl. bisnetos.
arrière-plan s.m. segundo plano.
arrière-saison s.f. fim de estação.
arrière-train s.m. traseiro (de animal).
arrimage s.m. estiva.
arrimeur s.m. estivador.
arrivage s.m. chegada (de mercadorias).
arrivée sf. chegada.
arriver v.int. 1. chegar; *en — à* acabar por; 2. acontecer; 3. vencer na vida.
arrivisme s.m. arrivismo.
arriviste s. arrivista.
arrobe s.f. arroba.
arrogamment adv. arrogantemente.
arrogance s.f. arrogância.
arrogant e adj. arrogante.
arroger, s' v.pron. arrogar, reivindicar, usurpar. (Conj. 19 e 8)
arrondir v.t. arredondar.
arrondissement s.m. distrito.
arrosable adj. irrigável.
arrosage s.m. rega.
arroser v.t. 1. regar; 2. molhar; 3. (fam.) beber a, beber por ocasião de, brindar.
arrosoir s.m. regador.
arrow-root s.m. araruta.
arsenal aux s.m. arsenal.
arsenic s.m. arsênio, arsênico.
art s.m. arte; *l'— pour l'—* a arte pela arte.
artère s.f. artéria.
artériel elle adj. arterial.
artériosclérose s.f. arteriosclerose.
artésien enne adj. artesiano.
arthrite s.f. artrite.
arthritique adj.; s. artrítico.
arthritisme s.m. artritismo.
artichaud s.m. alcachofra.
article s.m. 1. artigo (de jornal); *— de fond* editorial, artigo de fundo; 2. (Gram.) artigo; 3. verbete (de dicionário); 4. artigo, mercadoria; *faire l'—* gabar a mercadoria; 5. *à l'— de la mort* no momento da morte.
articulation s.f. articulação.
articuler v.t. articular, pronunciar.
artifice s.m. artifício.
artificieux euse adj. artificioso.
artillerie s.f. artilharia.
artilleur s.m. artilheiro.
artisan s.m. artesão, artífice.
artisanal e aux adj. artesanal.
artisanat s.m. artesanato.
artiste adj.; s. artista.
artistique adj. artístico.
artocarpe s.m. artocarpo, fruta-pão.
as[1] V. avoir.
as[2] s.m. ás; (pop.) *être plein aux —* estar cheio de erva.
asbeste s.m. asbesto.
ascendance s.f. ascendência.
ascendant e adj. ascendente; s.m. ascendência, influência.
ascenseur s.m. elevador.
ascension s.f. ascensão.
ascensionniste s.m. ascensionista.

ascète s. asceta.
ascétique adj. ascético.
ascétisme s.m. ascetismo.
aseptique adj. asséptico.
asexué e adj. assexuado.
asiatique adj.; s.pátr. asiático.
Asie s.f. Ásia.
asile s.m. asilo; hospício.
aspect s.m. aspecto.
asperge s.f. aspargo, espargo.
asperger v.t. aspergir, borrifar. (Conj. 19)
asperité s.f. aspereza.
aspersion s.f. aspersão.
asphalte s.m. asfalto.
asphalter v.t. asfaltar.
asphyxie s.f. asfixia.
asphyxier v.t. asfixiar. (Conj. 23)
aspirant e adj.; s. aspirante.
aspirateur s.m. aspirador.
aspiration s.f. aspiração.
aspirer v.t. e int. aspirar.
aspirine s.f. aspirina.
assagir v.t. tornar sensato, acalmar; s'— v.pron. criar juízo.
assaillant e s. assaltante.
assaillir v.t. assaltar. (Conj. 25)
assainir v.t. sanear.
assainissement s.m. saneamento.
assaisonner v.t. condimentar, temperar.
assassin e adj.; s. assassino.
assassinat s.m. assassinato, assassínio.
assassiner v.t. assassinar.
assaut s.m. assalto; faire — de rivalizar em.
assèchement s.m. drenagem.
assécher v.t. drenar; esvaziar.
assemblage s.m. junção, reunião.
assemblée s.f. assembleia.
assembler v.t. reunir; s'— v.pron. reunir-se.
assener v.t. desferir. (Conj. 9)
assentiment s.m. assentimento, anuência.
asseoir v.t. 1. sentar; 2. assentar; s'— v.pron. sentar-se. (Conj. 44 e 8)
assermenté e adj. juramentado.
assertion s.f. asserção, afirmação.
asservir v.t. escravizar, subjugar. (Conj. 39)
assesseur s.m. assessor.
asseye, asseyions etc. V. asseoir.
assez adj. bastante, passavelmente; en avoir — estar farto; interj. basta!
assidu e adj. assíduo.
assiduité s.f. assiduidade.

assied, assieds V. asseoir.
assiégeant e s. sitiante.
assiéger v.t. sitiar, assediar; (fig.) molestar.
assiéra, assiéras V. asseoir.
assiette s.f. 1. estado de espírito, disposição; ne pas être dans son — não estar à vontade; 2. prato; — anglaise prato de frios; — creuse prato fundo; — plate prato raso; 3. (fig.) l'— au beurre uma mamata.
assiettée s.f. pratada.
assigner v.t. 1. destinar; 2. notificar, convocar.
assimilation s.f. assimilação.
assimiler v.t. assimilar.
assis e adj. sentado; place —e lugar sentado.
assise s.f. 1. fiada de pedras; 2. (fig.) base, alicerce.
assises s.f.pl. sessões.
assistant e adj.; s. assistente; — social assistente social.
assister v.int. assistir a, ver; v.t. assistir, dar assistência a, socorrer.
association s.f. associação.
associé e s. associado, sócio.
associer v.t. associar; s'— v.pron. associar-se. (Conj. 23)
assoie, assoient V. asseoir.
assoiffé e adj. sedento, sequioso.
assolement s.m. afolhamento, rotação.
assoler v.t. afolhar.
assombrir v.t. escurecer, ensombrar.
assommant e adj. maçante, chato.
assommer v.t. 1. desancar; 2. chatear.
assorti e adj. 1. adequado; 2. abastecido; pl. variados.
assortiment s.m. sortimento.
assortir v.t. combinar, juntar.
assoupir v.t. 1. adormecer, sopitar; 2. acalmar; s'— v.pron. cochilar.
assoupissement s.m. entorpecimento, modorra.
assouplir s.m. amaciar, tornar flexível.
assourdir v.t. ensurdecer.
assourdissant e adj. ensurdecedor.
assouvir v.t. saciar.
assujettir v.t. sujeitar, submeter.
assumer v.t. assumir.
assurance s.f. 1. segurança, confiança; 2. seguro; — sur la vie seguro de vida.
assurément adv. certamente.
assurer v.t. certificar, assegurar; garantir; segurar.

assureur *s.m.* segurador.
astérisque *s.m.* asterisco.
asthmatique *adj.* asmático.
asthme *s.m.* asma.
asticot *s.m.* larva de inseto para isca.
asticoter *v.t.* (*fam.*) azucrinar, apoquentar, amofinar.
astigmatique *adj.* astigmático.
astigmatisme *s.m.* astigmatismo.
astrakan *s.m.* astracã.
astral e aux *adj.* astral.
astre *s.m.* astro.
astreindre *v.t.* adstringir, forçar. (*Conj. 80*)
astrologie *s.f.* astrologia.
astrologique *adj.* astrológico.
astrologue *s.m.* astrólogo.
astronaute *s.m.* astronauta.
astronautique *s.f.* astronáutica.
astronome *s.m.* astrônomo.
astronomie *s.f.* astronomia.
astronomique *adj.* astronômico.
astuce *s.f.* astúcia, manha; macete, jeito.
astucieux euse *adj.* astucioso, manhoso.
asymétrie *s.f.* assimetria.
asymétrique *adj.* assimétrico.
atavique *adj.* atávico.
atavisme *s.m.* atavismo.
atelier *s.m.* oficina, ateliê.
atermoyer *v.int.* hesitar, tergiversar. (*Conj. 22*)
athée *adj.; s.* ateu.
athéisme *s.m.* ateísmo.
Athènes *s.f.pl.* Atenas.
athlète *s.* atleta.
athlétique *adj.* atlético.
athlétisme *s.m.* atletismo.
atlas *s.m.* atlas.
atmosphère *s.f.* atmosfera.
atmosphérique *adj.* atmosférico.
atoll *s.m.* atol.
atome *s.m.* átomo.
atomique *adj.* atômico.
atonie *s.f.* (*Med.*) atonia.
atours *s.m.pl.* adornos, adereços.
atout *s.m.* trunfo.
atrabilaire *adj.* atrabiliário.
âtre *s.m.* parte da lareira onde se faz o fogo; lareira.
atroce *adj.* atroz.
atrocité *s.f.* atrocidade.
atrophie *s.f.* atrofia.
atrophier *v.t.* atrofiar.
attabler, s' *v.pron.* sentar-se à mesa, amesendar-se.

attache *s.f.* liame.
attaché e *adj.; s.* adido.
attachement *s.m.* apego.
attacher *v.t.* 1. atar, ligar, amarrar; 2. atribuir; *s'— v.pron.* dedicar-se.
attaque *s.f.* ataque.
attaquer *v.t.* atacar; *s'— à v.pron.* criticar.
attarder *v.t.* atrasar, demorar; *s'— v.pron.* demorar-se.
atteindre *v.t.* 1. atingir; 2. acometer; 3. abalar. (*Conj. 80*)
atteint e V. *atteindre*.
atteinte *s.f.* 1. alcance; 2. ofensa, prejuízo.
atteler *v.t.* atrelar. (*Conj. 12*)
attendre *v.t.* esperar; *s'— à v.pron.* contar com. (*Conj. 84*)
attendrir *v.t.* enternecer, amaciar.
attendrissant e *adj.* enternecedor.
attendrissement *s.m.* enternecimento.
attendu *adv.* visto; *loc.adv. — que* visto como.
attentat *s.m.* atentado.
attenter *v.t.* atentar.
attentif ive *adj.* atento.
attention *s.f.* atenção; *faire —* prestar atenção.
atténuant e *adj.* atenuante.
atténuer *v.t.* atenuar.
atterrer *v.t.* aterrorizar, consternar.
atterrir *v.int.* aterrar, aterrissar.
atterissage *s.m.* aterrissagem.
attestation *s.f.* 1. atestação; 2. atestado; *— de complaisance* atestado gracioso.
attester *v.t.* 1. atestar; 2. invocar testemunho de.
attiédir *v.t.* amornar.
attirail *s.m.* petrechos, tralhas.
attirance *s.f.* atração.
attirer *v.t.* atrair.
attiser *v.t.* atiçar.
attitré e *adj.* titular, habitual.
attitude *s.f.* atitude.
attractif ive *adj.* atrativo, atraente.
attraction *s.f.* atração; atrativos.
attrait *s.m.* atrativo, encanto.
attrape *s.f.* armadilha, engodo.
attraper *v.t.* 1. apanhar; 2. burlar; 3. admoestar; 4. contrair (doença).
attrayant e *adj.* atraente.
attribuer *v.t.* atribuir, imputar.
attribut *s.m.* 1. atributo; 2. (*Gram.*) predicativo.
attribution *s.f.* atribuição.
attrister *v.t.* entristecer.

attroupement *s.m.* ajuntamento.
aubaine *s.f.* sorte inesperada, maná.
aube *s.f.* madrugada, alva, alvorecer.
aubépine *s.f.* estrepeiro, pilriteiro.
auberge *s.f.* estalagem, albergue, casa de pouso.
aubergine *s.f.* berinjela.
aucun e *adj.* 1. algum; 2. nenhum; *pron.* ninguém.
audace *s.f.* audácia.
audacieux euse *adj.* audacioso.
au-dehors *adj.* fora, por fora.
au-delà *adj.* além; *s.m.* o além, o outro mundo.
au-dessous *adj.* embaixo; — *de loc.prep.* abaixo de.
au-dessus *adv.* acima; — *de loc.prep.* acima de.
audible *adj.* audível.
audience *s.f.* audiência.
auditeur *s.m.* 1. ouvinte; 2. ouvidor, auditor.
auditif ive *adj.* auditivo.
audition *s.f.* audição.
auditoire *s.m.* auditório (= público).
auditorium *s.m.* auditório (= salão).
auge *s.m.* manjedoura.
augmentation *s.f.* aumento, aumentação.
augmenter *v.t.* aumentar.
augure[1] *s.m.* agouro, augúrio, presságio; *de bon* — auspicioso; *de mauvais* — agourento, ominoso.
augure[2] *s.m.* (*ant.*) áugure, adivinho.
augurer *v.t.* augurar.
auguste *adj.* augusto.
aujourd'hui *adv.* hoje.
aulique *adj.* áulico.
aumône *s.f.* esmola.
aumônier *s.m.* esmoler; capelão militar.
auparavant *adv.* anteriormente, antes, dantes.
auprès *adv.* perto; — *de loc.prep.* ao lado de; em comparação com.
auquel *pron.* ao qual; V. *lequel.*
aura, auras etc. V. *avoir.*
auréole *s.f.* auréola.
auriculaire *adj.* auricular.
aurochs *s.m.* auroque, bisão europeu.
aurore *s.f.* aurora.
ausculter *v.t.* auscultar.
auspice *s.m.* auspício.
aussi *adv.* também, tão, tanto; *conj.* por isso.
aussitôt *adv.* logo, imediatamente — *dit,* — *fait* dito e feito.

austère *adj.* austero.
austérité *s.f.* austeridade.
austral e aux *adj.* austral.
Australie *s.f.* Austrália.
australien enne *adj.; s.pátr.* australiano.
autant *adv.* tanto.
autarcie *s.f.* autarquia, autarcia.
autarcique *adj.* autárquico, autárcico.
autel *s.m.* altar.
auteur *s.m.* autor; escritor; *femme* — escritora.
authenticité *s.f.* autenticidade.
authentifier *v.t.* autenticar. (*Conj. 23*)
authentique *adj.* autêntico.
auto *s.m.* automóvel, auto.
autobiographie *s.f.* autobiografia.
autobus *s.m.* ônibus.
autocar *s.m.* ônibus (escolar, de turismo etc.).
autochtone *adj.* autóctone.
autocrate *s.m.* autocrata.
autocritique *s.f.* autocrítica.
autodafé *s.m.* auto de fé.
autodidacte *adj.; s.* autodidata.
auto-école *s.f.* escola de motoristas.
autographe *adj.; s.m.* autógrafo.
automate *s.m.* autômato.
automation *s.f.* automação.
automatique *adj.* automático.
automnal e aux *adj.* outonal.
automne *s.m.* outono.
automobile *adj.* automobilístico; *s.m.* automóvel.
automobilisme *s.m.* automobilismo.
automobiliste *s.* automobilista.
autonome *adj.* autônomo.
autonomie *s.f.* autonomia.
autonomiste *adj.; s.* autonomista.
autopsie *s.f.* autópsia.
autopsier *v.t.* autopsiar. (*Conj. 23*)
autorisation *s.f.* autorização.
autoriser *v.t.* autorizar; *s'*— *v.pron.* valer-se.
autoritaire *adj.* autoritário.
autorité *s.f.* autoridade.
autoroute *s.f.* estrada de rodagem, rodovia.
auto-stop *s.m.* pedido de carona; *faire de l'*— pedir carona.
autostrade *s.f.* estrada de rodagem, rodovia.
autosuggestion *s.f.* autossugestão.
autour[1] *adv.* em redor; *tout* — de todos os lados; — *de loc.prep.* em volta de.

autour² *s.m.* açor.
autre *adj.* outro; — *part* noutro lugar; *d'* — *part* por outro lado; *de temps à* — de tempos em tempos; *à d'—s!* comigo não!; essa não!
autrefois *adv.* outrora.
autrement *adj.* de outra maneira; em caso contrário; muito mais.
Autriche *s.f.* Áustria.
autrichien enne *adj.; s.pátr.* austríaco.
autrui *pron.* outrem; o próximo.
auvent *s.m.* alpendre, toldo.
auxquelles, auxquels *pron.* às quais, aos quais; V. *lequel*.
avachi e *adj.* deformado, desfibrado.
avalanche *s.f.* avalancha, alude.
avaler *v.t.* engolir; (*fig.*) devorar (um livro).
avaliser *v.t.* avalizar, abonar.
avaliseur *s.m.* avalista.
avance *s.f.* 1. avanço, dianteira; *d'* — antecipadamente; 2. adiantamento (em dinheiro); 3. *pl.* (*fig.*) *faire des —s* dar os primeiros passos (junto a alguém).
avancement *s.m.* promoção.
avancer *v.t.* adiantar; *v.int.* avançar, progredir. (*Conj. 14*)
avanie *s.f.* avania, afronta.
avant *prep.* antes; *adv.* antes, adiante, primeiro; *s.m.* 1. dianteira; 2. (*Fut.*) dianteiro, atacante.
avantage *s.m.* vantagem; honra, prazer.
avantageux euse *adj.* vantajoso, profícuo.
avant-bras *s.m.* antebraço.
avant-centre *s.m.* (*Fut.*) centroavante.
avant-coureur *s.m.* precursor.
avant-dernier ière *adj.* penúltimo.
avant-garde *s.f.* vanguarda.
avant-goût *s.m.* antegosto; antegozo.
avant-hier *adv.* anteontem.
avant-poste *s.m.* posto avançado.
avant-première *s.f.* pré-estreia.
avant-propos *s.m.* prefácio, preâmbulo.
avant-scène *s.f.* proscênio.
avant-veille *s.f.* antevéspera; *l'* — na antevéspera.
avare *adj.* avarento, avaro.
avarice *s.f.* avareza.
avarie *s.f.* avaria.
avarier *v.t.* avariar. (*Conj. 23*)
avatar *s.m.* avatar.
avec *prep.* com; — *elle* com ela; — *elles* com elas; — *eux* com eles; — *lui* com ele; — *moi* comigo; — *nous* conosco; — *soi* consigo; — *toi* contigo; — *vous* convosco; com o senhor, com a senhora; com os senhores, com as senhoras; *adv.* junto, também.
avenant¹ e *adj.* afável.
avenant², à l' *loc.adv.* à altura.
avenir *s.m.* futuro, porvir; *à l'* — daqui em diante, doravante.
aventure *s.f.* aventura; *à l'* — ao acaso; *d'* — por acaso.
aventurer *v.t.* aventurar, expor; *s'* — *v.pron.* aventurar-se, arriscar-se.
aventureux euse *adj.* aventuroso.
aventurier ière *s.* aventureiro.
avenu e *adj. non* — nulo.
avenue *s.f.* avenida.
avérer, s' *v.pron.* mostrar-se, revelar-se. (*Conj. 13 e 8*)
averse *s.f.* aguaceiro, chuvarada.
aversion *s.f.* aversão, ojeriza.
averti e *adj.* avisado, experiente.
avertir *v.t.* advertir, avisar, prevenir.
avertissement *s.m.* advertência.
aveu eux *s.m.* confissão; *sans* — sem eira nem beira; de moralidade duvidosa.
aveugle *adj.; s.* cego; *à l'* — às cegas.
aveuglement *s.m.* cegueira; obcecação.
aveuglément *s.m.* cegamente.
aveugler *v.t.* cegar; ofuscar, obcecar.
aveuglette, à l' *loc.adv.* às cegas.
aviateur *s.m.* aviador.
aviation *s.f.* aviação.
aviatrice *s.f.* aviadora.
aviculteur *s.m.* avicultor.
aviculture *s.f.* avicultura.
avide *adj.* ávido.
avidité *s.f.* avidez.
avilir *v.t.* aviltar.
avilissement *s.m.* aviltamento.
aviné e *adj.* avinhado.
avion *s.m.* avião.
aviron *s.m.* remo.
avis *s.m.* 1. aviso; 2. opinião, alvitre; *à mon* — no meu entender.
avisé e *adj.* avisado, esperto.
aviser *v.t.* 1. advertir, avisar, prevenir; 2. avistar; 3. tomar providências; *s'* — *de v.pron.* 1. lembrar-se de; 2. ter a coragem de.
aviso *s.m.* aviso (navio de guerra auxiliar).
aviver *v.t.* avivar.
avocat¹ *s.m.* advogado.
avocat² *s.m.* abacate.
avocatier *s.m.* abacateiro.

avoine s.f. aveia.
avoir 1. v.aux. haver, ter; v.t. **2.** possuir, ter; **3.** vencer, lograr; *il nous a eus* ele nos enganou; *on les aura* eles vão nos pagar; **4.** — *à* ter que; — *de quoi* ter com que; — *pour* ter na conta de; *en* — *à* estar zangado com; **5.** *y* — v.impess. há, existe, tem; faz; *il y a trois mois* faz três meses; *il y en a qui* não falta quem, há os que; *il n'y a que* basta. (*Conj. 1*)
avoisinant e adj. circunvizinho.
avortement s.m. abortamento, aborto; (*fig.*) malogro.
avorter v.int. abortar.
avorton s.m. **1.** aborto; **2.** monstro, monstrengo.
avoué s.m. (*aprox.*) solicitador.
avouer v.t. confessar; reconhecer, admitir.
avril s.m. abril.
axe s.m. **1.** eixo; **2.** linha, orientação.
axiome s.m. axioma.
ayant, ayez, ayons V. *avoir*.
azalée s.f. azálea.
azimut s.m. azimute; *loc.adj. tous* — de todas as direções.
aztèque adj.; s.pátr. asteca.
azur s.m. azul (claro).
azyme adj. ázimo.

B

baba¹ *s.m.* babá (bolo ao rum).
baba² *adj.* estupefato.
babil *s.m.* tagarelice.
babillage *s.m.* tagarelice.
babiller *v.int.* palrar, tagarelar.
babine *s.f.* beiçada.
babiole *s.f.* 1. berloque, penduricalho; 2. ninharia.
bâbord *s.m.* bombordo.
babouche *s.f.* babucha.
babouin *s.m.* babuíno.
bac¹ *s.m.* balsa, barcaça.
bac² *s.m.* (*gír.esc.*) o mesmo que *baccalauréat*.
baccalauréat *s.m.* exame de bacharelado (exame final do curso secundário).
bacchanale *s.f.* bacanal.
bacchante¹ *s.f.* bacante.
bacchante² (*fam.*) bigode.
bâche *s.f.* lona, toldo.
bachelier *s.m.* estudante aprovado no exame de bacharelado.
bachot *s.m.* (*gír.esc.*) o mesmo que *bac*.
bachotage *s.m.* (*aprox.*) decoreba.
bachoter *v.int.* estudar às pressas para um exame.
baccile *s.m.* bacilo.
bâcle *s.f.* tranca.
bâcler *v.t.* fazer apressadamente, matar (um serviço).
bactéricide *adj.; s.m.* bactericida.
bactérie *s.f.* bactéria.
bactériologie *s.f.* bacteriologia.
bactériologique *adj.* bacteriológico.
badaud e *adj.; s.* curioso, desocupado.
baderne *s.f. vieille* — (*fam.*) cangalhão, traste velho.
badigeon *s.m.* oca, ocre.
badigeonner *v.t.* untar, caiar.
badin e *adj.* folgazão, engraçado, brincalhão.

badinage *s.m.* brincadeira, conversa leve.
badine *s.f.* chibata.
badiner *v.int.* brincar, gracejar.
baffe *s.f.* (*pop.*) tapa, tabefe.
bafouer *v.t.* espezinhar, vilipendiar.
bafouiller *v.t.* (*fam.*) tartamudear.
bagage *s.m.* bagagem; *plier* — partir levando a sua bagagem.
bagarre *s.f.* tumulto, distúrbio, arruaça, zaragata.
bagarreur *s.m.* arruaceiro.
bagatelle *s.f.* bagatela.
bagnard *s.m.* forçado, grilheta.
bagne *s.m.* trabalhos forçados (em degredo).
bagnole *s.f.* (*fam.*) calhambeque, carro.
bagout *s.m.* (*fam.*) lábia.
baguage *s.m.* anilhamento.
bague *s.f.* anel.
baguenauder *v.t.* (*fam.*) perambular, flanar, fazer hora.
baguette *s.f.* 1. varinha; — *de fée* varinha de condão; 2. batuta; 3. bengalinha, bisnaga de pão comprida e fina.
bah! *interj.* tanto faz!
bahut *s.m.* 1. baú; 2. aparador; 3. (*gír.esc.*) colégio.
bai e *adj.* baio.
baie¹ *s.f.* baía, enseada.
baie² *s.f.* baga.
baie³ *s.f.* vão (de porta ou janela).
baignade *s.f.* banho (em rio, lago etc.).
baigner *v.t.* banhar; *se* — *v.pron.* banhar-se, tomar banho.
baigneur *s.m.* 1. banhista; 2. alugador de banhos.
baignoire *s.f.* 1. banheira; 2. frisa (no teatro).
bail *s.m.* arrendamento.
bâillement *s.m.* bocejo.
bâiller *v.int.* 1. bocejar; 2. estar entreaberto.

bailleur s.m. — de fonds comanditário.
bâillon s.m. mordaça.
bâilloner v.t. amordaçar.
bain s.m. banho; — de soleil banho de sol; (fam.) envoyer au — mandar ir tomar banho; être dans le — estar envolvido num negócio; estar comprometido.
bain-marie s.m. banho-maria.
baïonnette s.f. baioneta.
baiser[1] s.m. beijo.
baiser[2] v.t. 1. beijar; 2. (pop.) copular com.
baisse s.f. baixa.
baisser v.t. baixar.
bajoue s.f. bochecha caída.
bal s.m. baile.
balade s.f. (pop.) passeio.
balader, se v.pron. (pop.) passear.
baladin s.m. saltimbanco.
balafre s.f. lanho.
balafrer v.t. lanhar.
balai s.m. vassoura; (fig.) rôtir le — viver na farra.
balance s.f. 1. balança; 2. balanço.
balancement s.m. balanço; equilíbrio.
balancer v.t. 1. balançar; 2. examinar, pesar (comparando). (Conj. 14)
balancier s.m. maromba.
balançoire s.f. gangorra; retouça, balanço.
balayage s.m. varredura.
balayer v.t. varrer. (Conj. 22)
balayeur s.m. varredor.
balbutiement s.m. balbucio.
balbutier v.t. e int. balbuciar. (Conj. 23)
balcon s.m. balcão, sacada.
baldaquin s.m. baldaquino, dossel.
Bâle s.f. Basileia.
baleine s.f. 1. baleia; 2. vareta de guarda--chuva; 3. barbatana (de roupa).
baleinier s.m. baleeiro.
balisage s.m. balizamento.
balise s.f. baliza.
balistique adj. balístico; s.f. balística.
baliverne s.f. futilidade, frioleira.
ballade s.f. balada.
ballant e adj. pendente.
balle s.f. 1. bala; 2. bola; enfant de la — filho que segue a profissão (dos) pai(s) ator(es); renvoyer la — responder à altura; saisir la — au vol aproveitar a deixa.
ballerine s.f. 1. bailarina; 2. sapatilha.
ballet s.m. bailado, balé.
ballon s.m. balão; bola (de futebol).

ballot s.m. fardo, pacote; (fam.) imbecil, cretino.
ballotage s.m. empate (em eleição); scrutin de — eleição em segundo escrutínio.
bâlois e adj.; s.pátr. (habitante) da Basileia.
balourdise s.f. asneira, rata, mancada.
balsamine s.f. balsamina, maria-sem-vergonha.
balte adj.; s.pátr. báltico.
baluchon s.m. trouxa de roupa.
balustrade s.f. balaustrada.
balustre s.m. balaústre.
bambin s.m. meninozinho.
bambocher v.int. farrear.
bambou s.m. bambu.
ban s.m. 1. (ant.) proclamação pública; pl. banhos (proclamas de casamento); 2. desterro.
banal e als adj. banal, trivial.
banalité s.f. banalidade.
banane s.f. banana.
bananeraie s.f. bananal.
bananier s.m. bananeira.
banc[1] s.m. banco, assento; — de sable restinga.
banc[2] s.m. (de poissons) cardume.
bancaire adj. bancário, de banco.
bancal e adj. cambaio.
bandage s.m. bandagem, enfaixamento; venda; cinta.
bandagiste s.m. fabricante de produtos ortopédicos.
bande[1] s.f. 1. faixa, fita; —s dessinées histórias em quadrinhos; 2. (de livro) cinta.
bande[2] s.f. bando; faire — à part fazer rancho à parte.
bandeau eaux s.m. 1. faixa, venda; 2. turbante, diadema; 3. bandó.
bander v.t. 1. enfaixar; 2. vendar (os olhos); 3. retesar.
banderille s.f. bandarilha.
banderole s.f. bandeirola.
bandit s.m. bandido, salteador.
banditisme s.m. banditismo.
bandoulière s.f. loc. en — a tiracolo.
banlieue s.f. arrabalde, subúrbio.
banlieusard e s. (fam.) suburbano.
bannière s.f. pendão, estandarte.
bannir v.t. banir.
banque s.f. banco; — du sang banco de sangue.
banquet s.m. banquete.
banquette s.f. banqueta, assento.
banquier s.m. banqueiro.

banquise *s.f.* banquisa, campo de gelo.
baptême *s.m.* batismo.
baptiser *v.t.* batizar.
baptismal e aux *adj.* batismal.
baptiste *adj.; s.* batista.
baquet *s.m.* tina, cuba.
bar[1] *s.m.* bar.
bar[2] *s.m.* robalo.
baragouin *s.m.* algaravia.
baragouiner *v.t.* e *int.* algaraviar.
baraque *s.f.* barraca.
baratin *s.m.* (*fam.*) lábia, conversa fiada.
barbacane *s.f.* barbacã.
barbant e *adj.* (*fam.*) chato.
barbare *adj.; s.* bárbaro.
barbarie *s.f.* barbárie.
barbe *s.f.* 1. barba; 2. (*pop.*) chateação; *la* —*!* Basta!
barbelé e *adj.* farpado.
barbiche *s.f.* barbicha.
barbier *s.m.* barbeiro.
barboter *v.int.* patinhar.
barboteuse *s.f.* roupinha leve de criança.
barbouiller *v.t.* 1. borrar, lambuzar; 2. nausear; *se* — *v.pron.* lambuzar-se.
barbu e *adj.* barbudo.
barder *v.int.* (*gír.*) *ça va* — a coisa vai ficar preta.
barème *s.m.* tabela.
baril *s.m.* barril.
bariolé e *adj.* multicor.
baromètre *s.m.* barômetro.
barométrique *adj.* barométrico.
baron onne *s.* barão.
baroque *adj.* barroco, esquisito, bizarro.
baroud *s.m.* (*pop.*) briga, combate; — *d'honneur* combate fingido (antes da rendição).
baroudeur *s.m.* brigão.
barque *s.f.* barca, barco.
barquette *s.f.* pequena torta em forma de barco.
barrage *s.m.* barragem.
barre *s.f.* barra.
barreau eaux *s.m.* 1. barrote, grade *f.*; 2. banca de advogados; 3. ordem dos advogados.
barrer *v.t.* barrar, obstruir, impedir, riscar; cruzar (cheque); *se* — *v.pron.* (*fam.*) dar o fora.
barrette[1] *s.f.* barrete.
barrette[2] *s.f.* fivela, broche *m.*
barricade *s.f.* barricada.
barricader *v.t.* barricadar.

barrière *s.f.* barreira.
barrique *s.f.* barrica.
barrir *v.int.* barrir.
baryton *s.m.* barítono.
bas[1] **basse** *adj.* baixo; *adv.* baixo; *ici* — neste mundo; *là* — lá; *mettre* — parir.
bas[2] *s.m.* meia; — *bleu* mulher pedante, sabichona; — *de laine* pé-de-meia.
basalte *s.m.* basalto.
basané e *adj.* bronzeado, trigueiro.
bas-côté *s.m.* 1. acostamento; 2. nave lateral (de igreja).
bascule *s.m.* báscula, gangorra.
basculer *v.t.* virar, derrubar; passar; transferir, incluir; (*fig.*) mudar de opinião.
base *s.f.* base.
baser *v.t.* basear, assentar.
bas-fonds *s.m.pl.* ralé.
basilic[1] *s.m.* manjericão.
basilic[2] *s.f.* basilisco.
basilique *s.f.* basílica.
basique *adj.* básico.
bas-relief *s.m.* baixo-relevo.
basse *s.f.* (*Mús.*) baixo.
basse-cour *s.f.* galinheiro, capoeira.
bassesse *s.f.* baixeza.
basset *s.m.* bassê.
bassin *s.m.* 1. bacia; — *de lit* comadre; 2. piscina.
bassine *s.f.* tacho.
basson *s.m.* fagote.
bastingage *s.f.* amurada.
bastonnade *s.f.* surra, sova.
bât *s.m.* sela; *savoir où le* — *blesse* saber onde o sapato aperta.
bataclan *s.m.* (*fam.*) trastes.
bataille *s.f.* batalha.
batailler *v.int.* batalhar.
bataillon *s.m.* batalhão.
bâtard e *adj.* bastardo.
bateau eaux *s.m.* navio; *monter un* — *à* ou *mener en* — pregar uma peça a.
batée *s.f.* bateia.
batelier *s.m.* barqueiro.
bath *adj.* (*fam.*) formidável, bacana.
batifoler *v.int.* brincar, gracejar.
bâtiment *s.m.* 1. edifício, casa; 2. indústria de construção; *quand le* — *va, tout va* quando a indústria de construção prospera, tudo vai bem; 3. navio, embarcação.
bâtir *v.t.* construir.
bâtisse *s.f.* 1. alvenaria; 2. casarão.
batiste *s.f.* cambraia de linho.
bâton *s.m.* bastão; — *de rouge* batom; *à* —*s*

rompus atabalhoadamente; *mettre des —s dans les roues* criar obstáculos.
bâtonnier *s.m.* presidente da ordem dos advogados.
battage *s.m.* debulha.
battant *s.m.* batente.
battement *s.m.* batido, bater; pulsação.
batteur *s.m.* 1. batedeira (de cozinha); 2. baterista.
batteuse *s.f.* debulhadora.
battre *v.t.* bater, espancar, malhar; baralhar cartas; percorrer; *v.int.* pulsar. (*Conj. 60*)
baudet *s.m.* asno.
baudrier *s.m.* boldrié.
bauge *s.f.* covil, chiqueiro.
baume *s.m.* bálsamo.
bauxite *s.f.* bauxita.
bavard e *adj.; s.* tagarela.
bavardage *s.m.* tagarelagem.
bavarder *v.int.* tagarelar.
bave *s.f.* baba.
baver *v.int.* babar; *en —* (*fam.*) sofrer, ver o que é bom.
bavette *s.f.* babadouro; (*fig.*) *tailler une —* bater um papo.
bavoir *s.m.* babador.
bavure *s.f.* rebarba; (*fig.*) *sans —s* impecavel(mente).
bazar *s.m.* bazar.
béant e *adj.* escancarado.
béat e *adj.* beato; parvo.
béatitude *s.f.* beatitude.
beau ou **bel, belle, beaux** *adj.* belo, formoso; *bel et bien* efetivamente, realmente; *de plus belle* cada vez mais; *l'échapper belle* escapar de boa; *tout —!* devagar!; *vous avez — parler* não adianta você falar, por mais que você fale; *a — mentir qui vient de loin* quem vem de longe pode mentir sossegado.
beaucoup *adv.* e *pron.* muito; *— de* muito.
beau-fils *s.m.* 1. enteado; 2. genro.
beau-frère *s.m.* cunhado.
beau-père *s.m.* 1. padrasto; 2. sogro.
beauté *s.f.* 1. beleza; *se faire une —* maquilar-se; 2. beldade; *en —* magnificamente.
beaux-arts *s.m.pl.* belas-artes.
beaux-parents *s.m.pl.* sogros.
bébé *s.m.* bebê; *— éprouvette* bebê de proveta.
bec *s.m.* 1. bico; 2. beiço, boca; 3. extremidade; (*fig.*) *tomber sur un —* quebrar a cara.
bécane *s.f.* (*fam.*) bicicleta.

bécasse *s.f.* galinhola.
bêche *s.f.* pá de cavar.
bêcher *v.t.* cavar.
bec-de-cane *s.m.* trinco.
bec-de-lièvre *s.m.* lábio leporino.
becquée *s.f.* biscato, bicada.
becqueter *v.t.* 1. bicar; 2. (*fam.*) comer.
bedaine *s.f.* (*fam.*) pança.
bedeau eaux *s.m.* sacristão.
bedonnant e *adj.* barrigudo.
bédouin e *adj.; s.pátr.* beduíno.
bée *adj.f. bouche —* boquiaberto.
beffroi *s.m.* atalaia, torre de vigia.
bégaiement *s.m.* gaguez, gagueira.
bégayer *v.int.* e *t.* gaguejar, tartamudear. (*Conj. 22*)
bégonia *s.m.* begônia.
bègue *adj.* gago.
bégueule *s.f.* santa do pau oco, santarrona.
béguin *s.m.* 1. toca; 2. (*pop.*) xodó.
béguine *s.f.* beguina.
beige *adj.* bege.
beigne *s.f.* (*pop.*) bofetão, tabefe.
beignet *s.m.* sonho (espécie de bolo).
bêlement *s.m.* balido.
bêler *v.int.* balar, balir.
belette *s.f.* doninha.
belge *adj.; s.pátr.* belga.
Belgique *s.f.* Bélgica.
bélier *s.m.* 1. carneiro reprodutor; 2. (antiga máquina de guerra) aríete; 3. (*Técn.*) carneiro hidráulico, aríete.
bellâtre *s.m.* bonitão presumido.
belle V. *beau.*
belle-fille *s.f.* 1. enteada; 2. nora.
belle-mère *s.f.* 1. madrasta; 2. sogra.
belle-sœur *s.f.* cunhada.
bellifontain e *adj.; s.pátr.* fontainebleauense, (habitante) de Fontainebleau.
belligérant e *adj.* beligerante.
belliqueux euse *adj.* belicoso.
belote *s.f.* certo jogo de cartas.
belvédère *s.m.* mirante, belvedere.
bénédiction *s.f.* bênção.
bénéfice *s.m.* benefício; *sous —d'inventaire* dependendo de verificação.
benêt *s.m.* tolo, pacóvio.
bénévole *adj.* benévolo.
bénignité *s.f.* benignidade.
bénin igne *adj.* benigno.
bénir *v.t.* abençoar.
bénitier *s.m.* pia de água benta.
benjamin *s.m.* benjamim, caçula.

benne s.f. 1. vagonete; 2. parte basculante de caminhão.
benzine s.f. benzina.
béquille s.f. muleta.
bercail s.m. redil.
berceau eaux s.m. berço.
bercer v.t. embalar, acalentar. (*Conj. 14*)
berceuse s.f. cantiga de ninar, acalento.
béret s.m. boina.
berger s.m. pastor, pegureiro.
bergère[1] s.f. pastora.
bergère[2] s.f. poltrona estofada.
bergerie s.f. aprisco, redil.
bergeronnette s.f. alvéola, lavandisca.
Berlin s.m. Berlim.
berlingot s.m. 1. caramelo, confeito; 2. embalagem para leite.
berlue s.f. ofuscamento; ilusão, alucinação.
Berne s.f. Berna.
berne *en — loc.adv.* a meio pau.
berner v.t. 1. embair, iludir; 2. enrolar, ludibriar.
berrichon onne *adj. s.pátr.* (natural ou habitante da província) do Berry.
béryl s.m. berilo.
besace s.f. alforje.
besaiguë s.f. enxó.
bésef (*gír.*) muito, bastante.
besogne s.f. trabalho, serviço; *abattre de la —* trabalhar firme; *aller vite en —* agir com precipitação.
besogner v.int. trabalhar, ocupar-se (em serviço penoso).
besogneux euse s. necessitado.
besoin s.m. necessidade; *au —* em caso de necessidade; *avoir — de* precisar.
bestial e aux *adj.* bestial.
bétail s.m. gado.
bête s.f. animal, besta, bicho; *— à bon dieu* joaninha; *— noire* ovelha negra, pessoa detestada; *— de somme* besta de carga; *adj.* besta, tolo.
bêtise s.f. besteira, tolice.
béton s.m. concreto; *— armé* concreto armado.
bétonner v.t. betonar, concretar; (*fig.*) reforçar, consolidar.
bétonnière s.f. betoneira.
betterave s.f. beterraba.
beugler v.int. mugir.
beurre s.m. manteiga.
beurrer v.t. pôr manteiga em.
beurrier s.m. manteigueiro.
bévue s.f. despautério, rata, mancada.

biais s.m. viés; *de —* de viés; *en —* de soslaio.
biaiser v.int. enviesar; (*fig.*) tergiversar.
bibelot s.m. bibelô.
biberon s.m. mamadeira.
biberonner v.t. dar de mamar; v.int. bebericar.
biberonneur euse s. beberrão.
bibi[1] s.m. (*fam.*) pequeno chapéu de mulher.
bibi[2] s.m. (*pop.*) eu; o degas.
Bible s.f. Bíblia.
bibliographe s.m. bibliógrafo.
bibliographie s.f. bibliografia.
bibliographique *adj.* bibliográfico.
bibliophile *adj.* bibliófilo.
bibliophilie s.f. bibliofilia.
bibliothécaire s. bibliotecário.
bibliothèque s.f. biblioteca.
biblique *adj.* bíblico.
bic s.m. caneta esferográfica.
bicarbonate s.m. bicarbonato.
biceps s.m. bíceps.
biche s.f. corça.
bichon s.m. cãozinho fraldiqueiro.
bicoque s.f. casinhola.
bicot s.m. (*fam.*) 1. cabrito; 2. árabe.
bicyclette s.f. bicicleta.
bidasse s.f. (*fam.*) soldado raso.
bide s.m. 1. (*pop.*) ventre, pança; 2. (*fig.*) malogro, fiasco.
bidet s.m. bidê.
bidon s.m. vasilha, lata; *adj.* (*gír.*) falso, simulado.
bidonville s.m. (*aprox.*) favela.
bidule s.f. (*fam.*) coisa, negócio, troço.
bielle s.f. biela.
bien *adv.* bem, muito; *— de* muito; s.m. bem; *—s au soleil* bens imóveis; *grand — lui fasse* bom proveito lhe faça; *— que loc. conj.* se bem que, ainda que.
bien-être s.m. bem-estar.
bienfaisance s.f. beneficência.
bienfaisant e *adj.* benfazejo, benéfico.
bienfait s.m. benefício.
bienfaiteur trice s. benfeitor.
bien-fondé s.m. conformidade ao direito, à razão.
bienheureux euse *adj.* bem-aventurado.
biennal e aux *adj.* bienal.
biennale s.f. bienal.
bienséance s.f. decência, decoro.
bientôt *adv.* logo, dentro em breve; *à —* até logo; *cela est — dit* é mais fácil dizer que fazê-lo.

bienveillance *s.f.* benevolência.
bienveillant e *adj.* benévolo.
bienvenu e *adj.* bem-vindo.
bienvenue *s.f.* boas-vindas.
bière¹ *s.f.* cerveja; — *à la pression* chope; — *brune* cerveja preta.
bière² *s.f.* ataúde, caixão.
biffer *v.t.* riscar, cancelar.
biffin *s.m.* (*gír.*) soldado de infantaria.
bifteck *s.m.* bife.
bifurcation *s.f.* bifurcação.
bigame *adj.* bígamo.
bigamie *s.f.* bigamia.
bigarré e *adj.* variegado, pintalgado.
bigler *v.t.* (*fam.*) 1. envesgar; 2. olhar de esguelha.
bigot e *adj.; s.* beato, carola.
bigoterie *s.f.* beatice, carolice.
bigoudi *s.m.* rolo (para cabelos).
bigre *interj.* (*fam.*) puxa!
bihebdomadaire *adj.* bissemanal.
bijou oux *s.m.* joia.
bijouterie *s.f.* bijuteria.
bijoutier *s.m.* joalheiro.
bikini *s.m.* biquíni.
bilan *s.m.* balanço; *déposer son* — abrir falência; — *de santé* check-up.
bilatéral e aux *adj.* bilateral.
bilboquet *s.m.* bilboquê.
bile *s.f.* 1. bílis; 2. ira, cólera; *échauffer la* — apoquentar; *se faire de la* — amofinar-se.
bilieux euse *adj.* bilioso.
bilingue *adj.* bilíngue.
bilinguisme *s.m.* bilinguismo.
billard *s.m.* bilhar.
bille *s.f.* 1. bola de bilhar; 2. bolinha (de gude).
billet *s.m.* 1. bilhete; — *doux* carta de amor; 2. passagem (de trem etc.); 3. cédula; 4. — *à ordre* promissória; 5. atestado; *je te fiche mon* — (*fam.*) garanto.
billion *s.m.* trilhão.
billot *s.m.* cepo.
bimensuel le *adj.* bimensal.
binette 1. *s.f.* enxada para binar; 2. (*pop.*) cara.
binocle *s.m.* lornhão (espécie de luneta).
biochimie *s.f.* bioquímica.
biochimique *adj.* bioquímico.
biographe *s.m.* biógrafo.
biographie *s.f.* biografia.
biographique *adj.* biográfico.
biologie *s.f.* biologia.

biologique *adj.* biológico.
biologiste *s.* biólogo.
biométrie *s.f.* biometria.
biophysique *adj.* biofísico; *s.f.* biofísica.
biopsie *s.f.* biopsia.
bipède *adj.; s.* bípede.
bique *s.f.* (*fam.*) cabra.
bis¹ **e** *adj.* trigueiro.
bis² *adv.* e *interj.* bis.
bisaïeul e *s.* bisavô.
biscornu e *adj.* extravagante, estrambótico.
biscuit *s.m.* biscoito; — *à la cuillère* palito francês.
bise¹ *s.f.* vento norte, nortada.
bise² *s.f.* (*pop.*) beijo, beijinho.
bismuth *s.m.* bismuto.
bison *s.m.* bisão; *Bison Futé s.m.* Bisão Astuto, nome de um serviço rodoviário de informação.
bisontin e *adj.; s.pátr.* besançonense, (habitante) de Besançon.
bisser *v.int.* bisar.
bissextile *adj.f.* bissexto, bissêxtil.
bistouri *s.m.* bisturi.
bistre *s.m.* bistre.
bistrot *s.m.* (*pop.*) 1. botequim; 2. botequineiro.
bitume *s.m.* betume.
bivouac *s.m.* bivaque.
bizarre *adj.* bizarro, esquisito, estranho.
bizarrerie *s.f.* bizarria, extravagância, esquisitice.
bizut ou **bizuth** *s.m.* (*gír.esc.*) calouro; bicho.
blafard e *adj.* lívido, baço.
blague *s.f.* (*fam.*) piada, brincadeira.
blaguer *v.int.* brincar, dizer piadas.
blagueur *s.m.* piadista.
blaireau eaux *s.m.* 1. texugo; 2. pincel de barba.
blairer *v.t.* (*pop.*) ir com a cara de, topar.
blâmable *adj.* repreensível, censurável.
blâme *s.m.* repreensão, censura, vitupério.
blâmer *v.t.* repreender, censurar.
blanc che *adj.; s.* branco; *de but en* — à queima-roupa; *nuit blanche* noite em claro; *voix blanche* voz embargada; *s.m.* clara (de ovo), carne de peito (de ave).
blanchâtre *adj.* esbranquiçado.
blanche¹ V. *blanc.*
blanche² *s.f.* mínima (em música).
blanche³ *s.f.* (*gír.*) heroína.

blanchir *v.t.* branquear, lavar.
blanchisserie *s.f.* lavanderia.
blanchisseuse *s.f.* lavadeira.
blasé e *adj.* embotado, saciado, insensível.
blason *s.m.* 1. brasão; 2. heráldica.
blasphème *s.m.* blasfêmia.
blasphémer *v.int.* blasfemar.
blatte *s.f.* barata.
blé *s.m.* trigo; *manger son — en herbe* gastar um bem antes do tempo.
bled *s.m.* (*fam.*) lugarejo, buraqueira *f.*
blême *adj.* lívido.
blennorragie *s.f.* blenorragia.
blessant e *adj.* ofensivo, contundente.
blessé e *adj.; s.* ferido, ofendido.
blesser *v.t.* 1. ferir; 2. magoar, ofender.
blessure *s.f.* ferida.
blet te *adj.* sorvado.
bleu e *adj.* azul; malpassado (bife); *s.m.* 1. recruta; 2. equimose.
bleuâtre *adj.* azulado.
bleuet *s.m.* escovinha, centáurea (flor).
bleuir *v.t. e int.* azular.
blindage *s.m.* blindagem.
blinder *v.t.* blindar.
bloc *s.m.* bloco; *à —* a fundo.
blocage *s.m.* bloqueamento; *— des prix* congelamento de preços.
bloc-notes *s.m.* bloco de anotações.
blocus *s.m.* bloqueio.
blond e *adj.* louro, amarelo-claro.
bloquer *v.t.* bloquear.
blottir, se *v.pron.* agachar-se, acaçapar-se.
blouse[1] *s.f.* 1. blusa; 2. bata.
blouse[2] *s.f.* caçapa (no bilhar).
blouser *v.t.* (*fam.*) enganar, embair.
blouson *s.m.* jaqueta; *— s noirs* jovens desordeiros.
bluet *s.m.* V. *bleuet*.
bluffer *v.int.* blefar.
boa constricteur *s.m.* jiboia.
bobard *s.m.* balela, boato.
bobeche *s.f.* arandela.
bobine *s.f.* bobina, carretel.
bobiner *v.t.* dobar.
bobo *s.m.* (*infant.*) dodói.
bocal *s.m.* vidro de boca larga.
boche *adj.; s.pátr.* (*depr.*) boche (alemão).
bock *s.m.* caneco (de cerveja).
bœuf *s.m.* boi.
bohémien ne *adj.; s.pátr.* boêmio; cigano.
boire *v.t.* beber. (*Conj.* 61)
bois *s.m.* 1. madeira, lenha; *il verra de quel — je me chauffe* vou lhe mostrar com quantos paus se faz uma canoa; *je ne suis pas de —* não sou de ferro; *toucher du —* isolar; 2. bosque; *le Bois* o Bosque de Bolonha, perto de Paris.
boiser *v.t.* 1. forrar de madeira; 2. arborizar.
boisson *s.f.* bebida.
boîte *s.f.* 1. caixa, estojo; 2. boate; 3. (*depr.*) lugar de trabalho; (*fam.*) *mettre en —* mangar, debochar de.
boiter *v.int.* coxear, manquejar; (*fig.*) claudicar.
boiteux euse *adj.* coxo.
boive, boivent V. *boire*.
bol *s.m.* tigela; *en avoir ras le —* (*fam. e fig.*) estar cheio.
bolchévisme *s.m.* bolchevismo.
bolchévique *adj.; s.* bolchevique.
bolchéviste *s.m.* bolchevista.
bolide *s.f.* bólide; carro que corre com velocidade.
Bologne *s.f.* Bolonha.
bombardement *s.m.* bombardeio.
bombarder *v.t.* bombardear.
bombe *s.f.* 1. bomba; 2. (*fam.*) farra.
bomber *v.t.* abaular, arquear; *— le torse* (*fig.*) emproar-se.
bon bonne *adj.* bom; *vous en avez de bonnes* você está brincando; *adv.* bem; *sentir —* cheirar bem; *tenir —* resistir; *loc. pour de —* no duro, para valer; *s.m.* 1. vale; 2. *— à tirer* prova tipográfica final.
bonace *s.f.* bonança.
bonasse *adj.* bonacheirão.
bonbon *s.m.* bala.
bond *s.m.* pulo; *— en avant* progresso súbito e rápido; (*fam.*) *faire faux —* dar bolo, roer a corda.
bonde *s.f.* tampa, batoque *m.*
bonder *v.t.* abarrotar.
bondir *v.t.* pular.
bonheur *s.m.* sorte, felicidade; *porter —* dar sorte; *au petit —* ao acaso.
bonheur-du-jour *s.m.* (*ant.*) escrivaninha de gavetas, contador.
bonhomie *s.f.* (*fam.*) bonomia, cordialidade.
bonhomme *s.m.* (*fam.*) sujeito, homenzinho, velhote.
boniche *s.f.* (*depr.*) empregadinha.
boniment *s.m.* 1. arenga, anúncio mentiroso; 2. mentira.

bonjour *s.m.* bom-dia; *c'est simple comme* — nada mais simples.
bonne[1] *adj.* V. *bon*.
bonne[2] *s.f.* empregada.
bonne-maman *s.f.* vovozinha.
bonnement *adj.* francamente, com simplicidade, sem circunlóquios.
bonnet *s.m.* barrete, gorro, carapuça; *gros* — figurão.
bonneterie *s.f.* malharia.
bon-papa *s.m.* vovozinho.
bonsoir *s.m.* boa-noite.
bonté *s.m.* bondade.
bonze *s.m.* bonzo.
borborygme *s.m.* borborigmo.
bord *s.m.* **1.** bordo; *être du même* — ter a mesma opinião; **2.** beira, extremidade; **3.** aba.
Bordeaux *s.m.* Bordéus.
bordée *s.f.* **1.** (*Mar.*) bordada; **2.** (*fam.*) escapada, farsa.
bordel *s.m.* **1.** bordel; **2.** (*fig.*) polvorosa.
bordelais e *adj.; s.pátr.* bordelês, (habitante) de Bordéus.
border *v.t.* bordar, guarnecer; — *un lit* prender o lençol sob o colchão.
bordereau eaux *s.m.* lista, rol.
bordure *s.f.* orla, debrum.
boréal e *adj.* boreal.
borgne *adj.; s.* **1.** caolho; **2.** suspeito (hotel etc.).
borne *s.m.* marco, termo; frade de pedra.
borné e *adj.* tacanho, bitolado.
borner *v.t.* limitar, delimitar; *se* — *v.pron.* limitar-se.
bosquet *s.m.* pequena floresta.
bosse *s.f.* **1.** bossa; **2.** corcunda; giba; *rouler sa* — viajar sem parar, correr mundo; **3.** galo (na cabeça); **4.** (*fam.*) dom, talento.
bosseler *v.t.* **1.** trabalhar em relevo; **2.** deformar com bossas.
bosser *v.t.* **1.** aboçar; **2.** (*pop.*) trabalhar firme.
bossu e *adj.* corcunda.
bot e *adj.* aleijado (pé ou mão).
botanique *adj.; s.m.* botânico; *s.f.* botânica.
botaniste *s.* botânico.
botte[1] *s.f.* molho, feixe.
botte[2] *s.f.* bota; (*fig.*) *à propos de* —*s* sem quê sem para quê.
boteller *v.t.* enfeixar.
botter *v.t.* **1.** calçar; **2.** (*pop.*) *cela me botte* isso me convém; **3.** dar um pontapé em.

bottier *s.m.* sapateiro (que faz sapatos sob medida).
bottine *s.f.* botina.
bouc *s.m.* bode; (*fig.*) — *émissaire* bode expiatório.
boucan *s.m.* (*fam.*) balbúrdia, bagunça.
boucaner *v.t.* moquear.
boucanier *s.m.* bucaneiro.
bouche *s.f.* **1.** boca; *de* — *à oreille* à boca pequena; *faire la petite* — ser exigente, fazer-se de rogado; *garder pour la bonne* — reservar (o melhor) para o fim; **2.** abertura; — *d'égout* bueiro.
bouchée *s.f.* bocado.
boucher[1] *v.t.* tapar, arrolhar.
boucher[2] **ère** *s.* açougueiro.
boucherie *s.f.* **1.** açougue; **2.** carnificina.
bouche-trou *s.m.* tapa-buraco; suplente, substituto.
bouchon *s.m.* **1.** tampão, rolha; **2.** engarrafamento.
boucle *s.f.* **1.** fivela; **2.** anel de cabelo.
boucler *v.t.* **1.** afivelar; **2.** (*pop.*) fechar; *la* — (*gír.*) calar a boca; **3.** anelar.
bouclier *s.m.* escudo, broquel.
bouddhique *adj.* búdico.
bouddhisme *s.m.* budismo.
bouddhiste *s.* budista.
bouder *v.int.* ficar amuado; *v.t.* zangar-se com.
bouderie *s.f.* amuo; *m.*, zanga.
boudin *s.m.* **1.** chouriço; **2.** (*gír.*) bofe, mulher feia.
boudoir *s.m.* toucador.
boue *s.f.* lama, lodo.
bouée *s.f.* boia; — *de sauvetage* salva-vidas.
boueux euse *adj.* lamacento, enlameado.
bouffant e *adj.* tufado, fofo.
bouffe[1] *adj.* bufo, burlesco.
bouffe[2] *s.f.* (*pop.*) comida, comilança.
bouffée *s.f.* tragada.
bouffer *v.int.* (*pop.*) comer, empanturrar-se.
bouffir *v.int.* inchar.
bouffon onne *adj.* burlesco; *s.* bobo, truão.
bougeoir *s.m.* castiçal.
bougeotte *s.f.* (*fam.*) *avoir la* — ter bicho carpinteiro.
bouger *v.t.* mexer; *v.int.* mexer-se. (*Conj.* 19)
bougie *s.f.* vela.
bougnat *s.m.* (*fam.*) carvoeiro.
bougon onne *adj.; s.* resmungão.

bougre *s.m.* (*fam.*) sujeito, cara.
bougrement *adv.* (*fam.*) muito.
boui-boui *s.m.* (*fam.*) poeira, pulgueira, boteco.
bouillabaisse *s.f.* sopa de peixe à provençal.
bouille *s.f.* alcofa; (*fam.*) cara, cabeça.
bouillie *s.f.* papa, mingau.
bouillir *v.t.* e *int.* ferver (*Conj.* 26)
bouilloire *s.f.* chaleira.
bouillon *s.m.* caldo.
bouillonner *v.int.* borbulhar, ferver.
bouillons *s.m.pl.* encalhes.
bouillotte *s.f.* escalfeta, botija de água quente.
boulanger[1] **ère** *s.* padeiro.
boulanger[2] *v.int.* panificar, amassar e cozer o pão.
boulangerie *s.f.* padaria.
boule *s.f.* bola, esfera; (*fam.*) cabeça; *perdre la* — fundir a cuca; *se mettre en* — encolerizar-se.
bouleau eaux *s.m.* bétula.
bouledogue *s.m.* buldogue.
bouler *v.int.* rolar; *envoyer* — (*fam.*) mandar às favas.
boulet *s.m.* 1. bola de canhão; 2. grilheta.
boulette *s.f.* 1. bolinha; 2. almôndega.
boulevard *s.m.* bulevar.
bouleversement *s.m.* transtorno, perturbação.
bouleverser *v.t.* transtornar.
boulier *s.m.* ábaco.
boulimie *s.f.* (*Med.*) bulimia.
boulon *s.m.* cavilha.
boulonner *v.t.* cavilhar, encavilhar; *v.int.* (*fam.*) trabalhar, dar um duro.
boulot[1] *s.m.* (*fam.*) trabalho, batente.
boulot[2] **otte** *adj.* rechonchudo.
bouquet *s.m.* 1. ramo (de flores); *c'est le* —*!* (*fam.*) é o cúmulo! era só o que faltava; 2. aroma, perfume.
bouquin *s.m.* (*fam.*) livro usado, alfarrábio; livro.
bouquiner *v.int.* buquinar.
bouquiniste *s.m.* alfarrabista, vendedor de livros usados.
bourbe *s.f.* lodo.
bourbier *s.m.* lodaçal.
bourde *s.f.* (*fam.*) peta, carapetão.
bourdon *s.m.* zangão.
bourdonnement *s.m.* zumbido.
bourdonner *v.int.* zumbir.
bourg *s.m.* burgo, lugarejo.

bourgade *s.f.* aldeola.
bourgeois e *adj.; s.* burguês.
bourgeoise *s.f.* (*fam.*) *ma* — a minha patroa (= mulher, esposa).
bourgeoisie *s.f.* burguesia.
bourgeon *s.m.* broto.
bourgeonner *v.int.* brotar.
bourguignon onne *adj.; s.pátr.* borguinhão, borgonhês.
bourlinguer *v.int.* 1. avançar contra o vento; levar vida aventurosa.
bourrade *s.f.* pancada, tapa.
bourrage *s.m.* enchimento; — *de crâne* propaganda insistente e mentirosa.
bourrasque *s.f.* borrasca.
bourre[1] *s.f.* chumaço.
bourre[2] *s.m.* (*gír.*) policial à paisana.
bourreau eaux *s.m.* carrasco; (*fig.*) — *de travail* pé de boi.
bourrer *v.t.* estofar, encher.
bourrelet *s.m.* 1. almofada circular, rodilha; 2. prega, dobra na pele.
bourriche *s.f.* jacá, cesta.
bourrique *s.f.* 1. asna; 2. (*fam.*) besta.
bourru e *adj.* rabugento.
bourse *s.f.* 1. bolsa; 2. Bolsa.
bourses *s.f.pl.* escroto.
boursier[1] **ière** *s.* bolsista (estudante que ganhou bolsa).
boursier[2] **ière** *s.* bolsista (pessoa que especula na Bolsa).
boursouflé e *adj.* inchado, empolado.
bousculer *v.t.* 1. acotovelar, empurrar; 2. abagunçar.
bouse *s.f.* bosta.
bouseux *adj.* (*fam.* e *pej.*) camponês.
bousier *s.m.* escaravelho, bosteiro.
bousiller *v.t.* 1. taipar; 2. matar (serviço), emporcalhar, estragar.
boustifaille *s.f.* (*fam.*) comilança.
boussole *s.f.* bússola.
bout[1] *s.m.* 1. extremidade, ponta; 2. pedaço; *à* — *portant* à queima-roupa; *à tout* — *de champ* a cada passo; *du* — *des lèvres* da boca para fora; *être à* — estar exausto; *être au* — *de son rouleau* estar mais para lá do que para cá; *mener par le* — *du nez* levar pelo cabresto; *mettre les* —*s* partir; *montrer le* — *de l' oreille* trair-se; *pousser à* — exasperar; *savoir sur le* — *du doigt* saber na ponta da língua; *venir à* — *de* triunfar de.
bout[2] V. *bouillir*.
boutade *s.f.* repente espirituoso.

boute-en-train s.m. animador.
bouteille s.f. garrafa; *c'est la — à l'encre* é o caos; *prendre de la —* envelhecer (vinho).
boutique s.f. loja; butique; (*fam.*) loja ou casa malcuidada.
boutiquier ière s. lojista, comerciante.
boutoir s.m. 1. focinho de javali; 2. puxavante.
bouton s.m. 1. broto; 2. pústula; 3. botão.
boutonner v.t. abotoar.
boutonneux se adj. borbulhoso.
boutonnière s.f. casa de botão, botoeira.
bouture s.f. estaca, muda.
bouvier s.m. boieiro, boiadeiro.
bouvreuil s.m. pisco (pássaro).
bovidé s.m. bovídeo.
bovin e adj. bovino.
boxe s.f. boxe.
boxer v.int. boxear; v.t. (*fam.*) esmurrar.
boxeur s.m. boxeador.
boyau aux s.m. tripa.
boycottage s.m. boicotagem.
boycotter v.t. boicotar.
bracelet s.m. bracelete; pulseira.
braconner v.int. praticar caça ou pesca furtiva.
braconnier s.m. caçador (ou pescador) furtivo.
brader v.t. torrar, queimar, vender por qualquer preço.
braderie s.f. liquidação de saldos.
braguette s.f. braguilha.
brahmane s.m. brâmane.
brahmanique adj. bramânico.
brahmanisme s.m. bramanismo.
brailler v.t. e int. berrar.
braiment s.m. ornejo, zurro.
braire v.int. zurrar. (*Conj. 93*)
braise s.f. brasa; (*gír.*) dinheiro; grana, gaita, tutu.
braiser v.t. assar sobre brasas.
bramer v.int. bramar, dar bramidos.
brancard s.m. 1. maca, padiola; 2. varal (de carruagem).
brancardier s.m. padioleiro.
branche s.f. galho, ramo.
brancher v.t. ligar.
branchies s.f.pl. brânquias, guelras.
branle s.m. oscilação; impulso; *mettre en — pôr* em movimento.
branle-bas s.m. azáfama f., rebuliço.
branler v.t. sacudir, balançar; v.int. oscilar, vacilar.

braquage s.m. (*gír.*) assalto armado.
braquer v.t. apontar (arma); (*gír.*) assaltar.
bras s.m. braço; *— dessus — dessous* de braço dado; *— d'honneur* banana (gesto obsceno); *à tour de —* com toda a força; *en — de chemise* em mangas de camisa; *les — m'en tombent* fiquei bobo.
brasier s.m. braseiro.
bras-le-corps, *à —* loc.adv. pelo meio do corpo.
brassard s.m. 1.braçadeira; 2. *— de deuil* fumo.
brasse s.f. 1. braça; 2. nado de peito.
brassée s.f. braçada.
brasserie s.f. cervejaria.
brasseur s.m. cervejeiro; *— d'affaires* homem de negócios; executivo.
brassière s.f. camisa de bebê.
bravade s.f. bravata.
brave adj. honesto, corajoso.
braver v.t. desafiar, afrontar.
bravoure s.f. bravura.
brebis s.f. ovelha; *— galeuse* ovelha negra.
brèche s.f. brecha; *battre en —* bombardear (para abrir brecha); (*fig.*) atacar.
brèche-dent adj.; s. banguela.
bredouiller v.int. gaguejar.
bredouilleur adj. tatibitate.
bref brève adj. breve, curto; adv. brevemente.
brelan s.m. trinca f. (no jogo de cartas).
breloque s.f. teteia.
Brésil s.m. Brasil.
brésil s.m. pau-brasil.
brésilien enne adj.; s.pátr. brasileiro.
Bretagne s.f. Bretanha.
bretelle s.f. 1. bandoleira; 2. pl. suspensórios; 3. pl. alças de sutiã, de vestido; 4. trevo (entroncamento de vias de tráfego).
breton onne adj.; s.pátr. bretão.
bretteur s.m. espadachim.
breuvage s.m. beberagem.
brevet s.m. 1. diploma; 2. patente.
breveter v.t. patentear. (*Conj. 17*)
bréviaire s.m. breviário.
bric-à-brac s.m. bricabraque.
bricoler v.int. 1. ocupar-se em casa com trabalhos miúdos, fazer biscates; 2. consertar provisoriamente.
bricoleur s.m. 1. homem dos sete instrumentos; 2. biscateiro.
bride s.f. brida, rédea; *à — abattue* à rédea solta; *à toute —* a toda a brida.
brièvement adv. brevemente.

brièveté *s.f.* brevidade.
brigade *s.f.* brigada.
brigadier *s.m.* cabo (de polícia).
brigand *s.m.* bandido, salteador.
brigandage *s.m.* banditismo.
briguer *v.t.* solicitar, disputar.
brillamment *adv.* brilhantemente.
brillant e *adj.* brilhante; *s.m.* **1.** brilho; **2.** brilhante.
brillantine *s.f.* brilhantina.
briller *v.int.* brilhar.
brimades *s.f.pl.* trote.
brimbaler, brinquebaler *v.int.* (*fam.*) avançar aos solavancos; *v.t.* sacolejar.
brin *s.m.* haste, talo; (*fig.*) *un beau — de fille* um pedaço de mulher.
brindille *s.f.* raminho.
brio *s.m.* brilho, vivacidade.
brioche *s.f.* brioche.
brique *s.f.* tijolo.
briquet *s.m.* isqueiro.
briqueterie *s.f.* olaria.
brise *s.f.* brisa.
brisées *s.f.pl. aller sur les — de* rivalizar com.
briser *v.t.* quebrar.
bristol *s.m.* brístol; cartão.
britannique *adj.* britânico.
broc *s.m.* jarro.
brocante *s.f.* comércio de bricabraque.
brocanteur euse *s.* belchior, comerciante de bricabraque.
brocarder *v.t.* achincalhar.
brocart *s.m.* brocado.
broche[1] *s.f.* espeto.
broche[2] *s.f.* broche.
brochette *s.f.* espetinho.
brocheuse *s.f.* grampeador.
brochure *s.f.* gravura.
brocoli *s.m.* brócolos.
brodequin *s.m.* borzeguim.
broder *v.t.* e *int.* bordar.
broderie *s.f.* bordado.
brome *s.m.* bromo.
bronche *s.f.* (*Anat.*) brônquio.
broncher *v.int.* **1.** tropeçar; **2.** falhar; **3.** murmurar.
bronze *s.m.* bronze.
bronzer *v.t.* bronzear.
brosse *s.f.* escova.
brosser *v.t.* **1.** escovar; **2.** esboçar (um quadro).
brou *s.m.* casca verde (de noz); *— de noix* extrato de nogueira.

brouette *s.f.* carrinho de mão.
brouhaha *s.m.* algazarra, rebuliço, bulício.
brouillage *s.m.* interferência (em comunicação radiofônica).
brouillard[1] *s.m.* nevoeiro, neblina.
brouillard[2] *s.m.* borrador, borrão.
brouille *s.f.* rusga, zanga.
brouiller *v.t.* **1.** baralhar; **2.** desunir; *se — v.pron.* brigar.
brouillon[1] **onne** *adj.* trapalhão.
brouillon[2] *s.m.* rascunho.
broussaille *s.f.* mato.
brousse *s.f.* savana, cerrado.
brouter *v.t.* pastar.
broutille *s.f.* ninharia, bagatela.
broyer *v.t.* moer, triturar. (*Conj. 21*)
broyeuse *s.f.* moenda.
bru *s.f.* nora.
bruine *s.f.* chuvisco, garoa.
bruiner *v.impess.* chuviscar.
bruire *v.int.* sussurrar, ramalhar.
bruissant V. *bruire.*
bruissement *s.m.* ramalhar, marulho.
bruit *s.m.* **1.** ruído, barulho; **2.** (*fig.*) rumor.
bruitage *s.m.* sonoplastia.
brûlé *s.m.* queimado, cheiro de queimado; *ça sent le —* a coisa está preta.
brûle-pourpoint, à *loc.adv.* à queima-roupa.
brûler *v.t.* queimar; *v.int.* arder.
brûlis *s.m.* queimada.
brûlure *s.f.* queimadura.
brume *s.f.* bruma.
brumeux euse *adj.* brumoso.
brun e *adj.* pardo, moreno, castanho-escuro.
brunir *v.t.* brunir.
brusque *adj.* brusco.
brusquer *v.t.* **1.** tratar de modo brusco, destratar; **2.** precipitar, apressar.
brusquerie *s.f.* brusquidão.
brut e *adj.* bruto.
brutal e aux *adj.* brutal.
brutaliser *v.t.* maltratar.
brutalité *s.f.* brutalidade.
brute *s.f.* bruto, grosseirão.
bruyant e *adj.* ruidoso, esfuziante.
bruyère *s.f.* urze.
bu V. *boire.*
buanderie *s.f.* lavanderia.
bubon *s.m.* íngua.
buccal e aux *adj.* bucal.
bûche *s.f.* acha de lenha; *— de Noël* bolo tronco.

bûcher¹ s.m. fogueira, pira.
bûcher² v.int. e t. (fam.) estudar com afinco.
bûcheron s.m. lenhador.
budget s.m. orçamento.
budgétaire adj. orçamentário.
buée s.f. vapor úmido, bafo.
buffet s.m. bufê, aparador.
buffle s.m. búfalo.
buis s.m. buxo (arbusto).
buisson s.m. moita, sarça.
bulbe s.m. bulbo.
bulbeux euse adj. bulboso.
bulgare adj.; s.pátr. búlgaro.
Bulgarie s.f. Bulgária.
bulle¹ s.f. bula.
bulle² s.f. bolha.
bulle³ adj. papier — papel de embrulho.
bulletin s.m. boletim; — de vote cédula.
bupreste s.m. broca, caruncho.
buraliste s.m. bilheteiro, vendedor de fumo.
bure s.f. burel.
bureau eaux s.m. 1. escrivaninha; 2. escritório; — de poste agência do correio; Deuxième Bureau Serviço Secreto do Exército.
bureaucrate s.f. burocrata.
bureaucratie s.f. burocracia.
bureaucratique adj. burocrático.
burent V. boire.
burette s.f. galheta, garrafinha.
burin s.m. buril.
buriner v.t. burilar.
burlesque adj. burlesco.
bus¹ V. boire.
bus² s.m. (fam.) o mesmo que autobus.
busqué e adj. acavaletado (nariz).
buste s.m. busto.
but¹ s.m.1. alvo, mira, meta; de — en blanc diretamente, bruscamente; 2. objetivo; 3. (Fut.) gol.
but² bût V. boire.
buté e adj. teimoso.
buter v.int. tropeçar; se — v.pron. empacar.
butin s.m. despojo, presa.
butiner v.t. apanhar, respingar, colher.
butoir s.m. para-choque.
butor s.m. 1. alcaravão (ave); 2. (fig.) boçal.
butte s.f. 1. morro, colina; 2. alvo; être en — à estar exposto a.
buvable adj. bebível, potável.
buvant V. boire.
buvard s.m. mata-borrão.
buvette s.f. bar (de estação ou teatro).
buveur s.m. bebedor, beberrão.
byzantin e adj.; s.pátr. bizantino.
Byzance s.f. Bizâncio.

C

ça *pron.* isto, isso, aquilo; *c'est* — é isso mesmo; *comme* — assim; *comme ci comme* — mais ou menos.
çà *adv.* aqui.
cabale *s.f.* cabala.
cabaler *v.t.* cabalar.
cabaliste *s.* cabalista.
cabalistique *adj.* cabalístico.
caban *s.m.* japona.
cabane *s.f.* cabana.
cabanon *s.m.* 1. choça; 2. casa de campo (no sul da França); 3. cela (de paredes acolchoadas, para loucos furiosos).
cabas *s.m.* cabaz; sacola, cesta.
cabaret *s.m.* 1. bar, botequim; 2. cabaré.
cabestan *s.m.* cabrestante.
cabiai *s.m.* capivara.
cabine *s.f.* cabina.
cabinet *s.m.* 1. gabinete (saleta); 2. escritório; 3. consultório; 4. gabinete (governo); 5. — *d'aisance* privada; — *de toilette* banheiro, quarto de vestir, toalete.
câble *s.m.* 1. amarra; 2. cabo; 3. cabograma.
câbler *v.t.* e *int.* telegrafar.
cabochard e *adj.* cabeçudo.
caboche *s.f.* (*fam.*) cabeça, cachola.
cabosser *v.t.* amassar, amolgar.
cabot[1] *s.m.* cabotino.
cabot[2] *s.m.* (*fam.*) cachorro.
cabot[3] *s.m.* (*gír. militar*) cabo.
cabotage *s.m.* cabotagem.
cabotin e *s.* cabotino, canastrão.
cabotinage *s.m.* cabotinismo.
cabrer, se *v.pron.* empinar-se; (*fig.*) rebelar-se.
cabri *s.m.* cabrito.
cabriole *s.f.* cabriola, cambalhota.
caca *s.m.* cocô.
cacahouète ou **cacahuète** *s.f.* amendoim.
cacao *s.m.* cacau.

cacaoyer *s.m.* cacaueiro.
cacatoès *s.m.* cacatua.
cachalot *s.m.* cachalote.
cache-cache *s.m.* esconde-esconde.
cache-col *s.m.* cachecol, manta.
cachemire *s.m.* cachemira.
cache-poussière *s.m.* guarda-pó.
cacher *v.t.* esconder.
cache-sexe *s.m.* tanga.
cachet *s.m.* 1. sinete, carimbo; 2. cunho, marca, chancela; 3. lacre; 4. comprimido; 5. cachê; *courir le* — procurar dar aulas em domicílio; 6. originalidade, graça.
cacheter *v.t.* lacrar, fechar. (*Conj. 17*)
cachette *s.f.* esconderijo; *en* — às escondidas.
cachot *s.m.* calabouço, masmorra, enxovia.
cachotterie *s.f.* segredinho.
cachottier ière *adj.* segredista.
cacique *s.m.* cacique.
cacochyme *adj.* valetudinário.
cacophonie *s.f.* cacofonia.
cactus *s.m.* cacto.
cadastral e aux *adj.* cadastral.
cadastre *s.m.* cadastro.
cadavérique *adj.* cadavérico.
cadavre *s.m.* cadáver.
cadeau eaux *s.m.* presente, brinde.
cadenas *s.m.* cadeado.
cadenasser *v.t.* fechar a cadeado.
cadence *s.f.* cadência.
cadet ette *adj.*; *s.* secundogênito; caçula; cadete; (*fig.*) *c'est le* — *des mes soucis* é o que menos me preocupa.
cadran *s.m.* 1. mostrador (de relógio); 2. quadrante; 3. disco (de telefone).
cadre[1] *s.m.* 1. moldura; 2. ambiência, meio.

cadre[2] *s.m.* **1.** quadro de altos funcionários; **2.** alto funcionário, executivo.
cadrer *v. int.* convir, ajustar-se.
caduc uque *adj.* caduco.
caducité *s.f.* caducidade.
cafard[1] *s.m.* barata.
cafard[2] *s.m.* (*fam.*) tristeza, banzo, chateação; *avoir le* — estar na fossa.
cafard'e *s.* (*fam.*) delator, alcaguete; dedo-duro.
cafardage *s.m.* (*fam.*) delação.
cafarder *v.t.* e *int.* (*fam.*) alcaguetar, delatar, dedurar.
café *s.m.* **1.** café (bebida); — *au lait* café com leite; (*fig.* e *pop.*) *c'est un peu fort de* — é difícil de engolir; **2.** café, bar.
café crème *s.m.* média (com creme).
caféier *s.m.* cafeeiro.
caféine *s.f.* cafeína.
cafetier *s.m.* dono do café.
cafetière *s.f.* cafeteira; (*fig.* e *pop.*) cabeça.
cafouiller *v.int.* (*fam.*) desandar, andar às tontas.
caftan *s.m.* cafetã.
cafter *v.t.* (*gír.esc.*) delatar, dedo-durar.
cage *s.f.* **1.** gaiola, jaula; — *à poules* galinheiro; (*fig.*) trepa-macaco; **2.** — *d'ascenseur* poço de elevador; — *d'escalier* caixa de escada; — *thoracique* caixa torácica.
cageot *s.m.* engradado.
cagibi *s.m.* (*fam.*) cubículo.
cagne *s.m.* (*gír.esc.*) classe preparatória à *École Normale Supérieure.*
cagneux, euse *adj.* zambro, cambaio; *s.* (*gír.esc.*) candidato à *École Normale Supérieure.*
cagnotte *s.f.* bolo (no jogo de cartas).
cagot e *adj.; s.* carola.
cagoule *s.f.* **1.** cogula; **2.** capuz.
cahier *s.m.* caderno; — *des charges* caderno de encargos.
cahin-caha *loc.adv.* **1.** aos trancos e barrancos; **2.** assim-assim; nem bem nem mal.
cahot *s.m.* solavanco, tranco.
cahoter *v.int.* dar solavancos.
cahute *s.f.* choça.
caïd *s.m.* **1.** juiz muçulmano; **2.** (*fam.*) bamba, maioral, chefão.
caille *s.m.* codorniz.
caillebotte *s.f.* requeijão.
cailler *v.t.* coalhar, coagular.
caillot *s.m.* coágulo.
caillou oux *s.m.* calhau, seixo; (*fig.* e *pop.*) crânio.
caillouteux euse *adj.* pedregoso.
cailloutis *s.m.* cascalho.
caïman *s.m.* caimão; (*gír.esc.*) professor explicador da *École Normale Supérieure.*
Caire, Le *s.m.* Cairo.
caisse *s.f.* **1.** caixa, caixote; **2.** *grosse* — bombo; **3.** caixa, cofre; *tenir la* — ser caixa; **4.** caixa (= repartição de pagamentos); *Caisse d'Épargne* Caixa Econômica; **5.** (*pop.*) peito, *partir de la* — morrer tuberculoso.
caissier *s.m.* caixa (= empregado que trabalha no caixa).
caissière *s.f.* caixa (= empregada que trabalha no caixa).
caisson *s.m.* **1.** caixão; **2.** carro de munições.
cajoler *v.t.* mimar.
cajolerie *s.f.* **1.** mimos; **2.** adulação.
cal *s.m.* calo.
calamité *s.f.* calamidade.
calamiteux euse *adj.* calamitoso.
calandre *s.f.* grade (de radiador).
calanque *s.f.* angra alcantilada.
calcaire *adj.; s.m.* calcário.
calciner *v.t.* calcinar.
calcium *s.m.* cálcio.
calcul *s.m.* cálculo.
calculateur trice *s.* e *adj.* calculador.
calculatrice *s.f.* máquina calculadora.
calculer *v.t.* calcular.
caldoche *adj.; s.pátr.* (colono) francês da Nova Caledônia.
cale[1] *s.f.* calço, cunha.
cale[2] *s.f.* porão; *à fond de* — (*fig.*) na última lona.
calé e *adj.* (*fam.*) **1.** bamba, afiado, cobra; **2.** difícil.
calebasse *s.f.* cabaça.
calebassier *s.m.* cabaceiro.
calèche *s.f.* caleça.
caleçon *s.m.* cueca; — *long* ceroulas.
calembour *s.m.* trocadilho.
calendrier *s.m.* calendário.
calepin *s.m.* caderninho de anotações, agenda.
caler[1] *v.t.* calçar, pôr um calço em; *se* — *les joues* (*pop.*) comer bem.
caler[2] *v.t.* arriar (vela).
caler[3] *v.int.* **1.** parar de repente; **2.** desistir.
caleter, se *v.pron.* (*pop.*) fugir, bater asa.
calfat *s.m.* calafate.
calfater *v.t.* calafetar.

calfeutrer *v.t.* calafetar.
calibre *s.m.* calibre.
calibrer *v.t.* calibrar.
calice *s.m.* cálice; *boire le — jusqu'à la lie* beber o cálice da amargura.
calicot *s.m.* calicó, pano de algodão.
calife *s.m.* califa.
califourchon *loc.adv. à —* a cavalo.
câlin e *adj.* terno, meigo, insinuante.
câliner *v.t.* papariçar, afagar.
calleux, euse *adj.* caloso.
calligraphe *s.* calígrafo.
calligraphie *s.f.* caligrafia.
calligraphier *v.t.* caligrafiar. (*Conj. 23*)
callosité *s.f.* calosidade.
calmant e *adj.; s.m.* calmante.
calmar *s.m.* calamar, lula.
calme *adj.* calmo; *s.m.* calma; *— plat* calmaria.
calmer *v.t.* acalmar.
calomniateur trice *s.* caluniador.
calomnie *s.f.* calúnia.
calomnier *v.t.* caluniar. (*Conj. 23*)
calomnieux euse *adj.* calunioso.
calorie *s.f.* caloria.
calorifère *adj.; s.* calorífero.
calot *s.m.* **1.** gorro; **2.** (*pop.*) olho.
calotin e *s.* (*depr.*) carola.
calotte *s.f.* **1.** calota; **2.** solidéu; **3.** (*fam.*) cascudo, cocorote, bofetada.
calotter *v.t.* (*fam.*) **1.** esbofetear; **2.** roubar.
calque *s.m.* decalque, imitação, cópia.
calquer *v.t.* decalcar.
calter, se V. *caleter, se.*
calumet *s.m.* cachimbo de índio.
calvaire *s.m.* calvário.
calvinisme *s.m.* calvinismo.
calviniste *adj.; s.* calvinista.
calvitie *s.f.* calvície.
camaïeu eux *s.m.* camafeu.
camarade *s.* camarada.
camaraderie *s.f.* camaradagem, companheirismo.
camard e *adj.* chato (nariz); *s.f. la camarde* a morte.
Cambodge *s.m.* Camboja.
cambouis *s.m.* graxa.
cambrer *v.t.* arquear.
cambriolage *s.m.* arrombamento.
cambrioler *v.t.* escrunchar, arrombar.
cambrioleur *s.m.* ladrão arrombador, escrunchante.
cambrousse *s.f.* (*pop.*) roça, mato *m.*

cambuse *s.f.* (*Mar.*) despensa; (*fig.* e *pop.*) casa imunda, pocilga.
came *s.f.* (*gír.*) cocaína.
camée *s.f.* camafeu.
caméléon *s.m.* camaleão.
camélia *s.m.* camélia.
camelot *s.m.* **1.** camelô; **2.** vendedor ambulante de jornal; *— du roi* militante monarquista.
camelote *s.f.* trabalho *m.* malfeito, mercadoria ordinária.
caméra *s.f.* câmara (fotográfica).
camion *s.m.* caminhão.
camion-citerne *s.m.* caminhão-tanque.
camionnette *s.f.* caminhonete.
camionneur *s.m.* motorista de caminhão.
camisole *s.f. — de force* camisa de força.
camomille *s.f.* camomila, macela.
camouflage *s.m.* camuflagem.
camoufler *v.t.* camuflar; (*fig.*) disfarçar.
camouflet *s.m.* **1.** fornilho de mina; **2.** (*fam.*) afronta.
camp *s.m.* acampamento; *lever le —* (*fam.*), *foutre le —* (*gír.*) dar o fora.
campagnard e *adj.* e *s.* camponês, aldeão.
campagne *s.f.* **1.** campo, roça; *battre la —* desvairar, divagar; *rase —* descampado; **2.** campanha.
campanile *s.m.* campanário.
campanule *s.f.* campânula (flor).
campement *s.m.* acampamento.
camper *v.t.* acampar, instalar provisoriamente; colocar de maneira provocadora.
camphre *s.m.* cânfora.
camping *s.m.* camping.
campus *s.m.* campus.
camus e *adj.* o mesmo que *camard.*
Canada *s.m.* Canadá.
canadien enne *adj.; s.pátr.* canadense.
canaille *s.f.* canalha; *adj.* acanalhado.
canaillerie *s.f.* canalhice.
canal aux *s.m.* canal.
canalisation *s.f.* canalização.
canaliser *v.t.* canalizar.
canapé *s.m.* **1.** canapé; **2.** canapé (fatia de pão com condimentos).
canard *s.m.* **1.** pato; **2.** (*fam.*) barriga, notícia falsa em jornal; **3.** jornaleco; **4.** torrão de açúcar molhado no café ou em álcool.
canarder *v.t.* atirar de emboscada em; *v.int.* desafinar.
canari *s.m.* canário.
canarien enne *adj.; s.pátr.* canarino, habitante das Canárias.

Canaries s.f.pl. Canárias.
canasson s.m. pangaré, cavalo reles.
canaux V. canal.
cancan[1] s.m. diz que diz que, mexerico.
cancan[2] s.m. cancã (dança).
cancanier ère adj. xereta.
cancer s.m. câncer.
cancéreux euse adj. canceroso.
cancre s.m. (fam.) mau aluno, gazeteiro, cábula.
cancrelat s.m. barata f.
candélabre s.m. candelabro.
candeur s.f. candura.
candidat e s. candidato, examinando; se porter — candidatar-se.
candidature s.f. candidatura; poser sa — candidatar-se.
candide adj. cândido.
cane s.f. pata (ave).
caner v.int. (pop.) acovardar-se; recuar, encolher.
caneton s.m. patinho.
canette s.f. garrafa de cerveja.
canevas s.m. 1. talagarça; 2. esboço.
caniche s.m. canicho.
canicule s.f. canícula.
canif s.m. canivete.
canine s.f. (dente) canino.
caniveau eaux s.m. calha, sarjeta.
cannaie s.f. canavial.
canne s.f. 1. cana; — à sucre cana-de-açúcar; 2. vara; bengala; — à pêche vara de pescar.
cannelier s.m. caneleira.
cannelle s.f. canela.
cannelure s.f. canelura.
canner v.t. empalhar (cadeira).
cannetille s.f. canutilho.
cannibale s. canibal.
canoë s.m. canoa.
canon[1] s.m. 1. canhão; 2. cano.
canon[2] s.m. cânon; (pop.) copo de vinho.
canonnade s.f. canhoneio.
canonnière s.f. canhoneira.
canonisation s.f. canonização.
canoniser v.t. canonizar.
canot s.m. canoa, lancha, escaler.
canotage s.m. canoagem.
canotier s.m. 1. barqueiro, remador; 2. chapéu de palha.
cantate s.f. cantata.
cantatrice s.f. cantora.
cantine s.f. cantina.
cantique s.m. cântico.

canton s.m. cantão.
cantonade s.f. bastidores de teatro; parler à la — falar à parte, sem se dirigir a nenhum outro ator.
cantonner v.t. acantonar.
cantonnier s.m. cantoneiro.
canular s.m. (gír.esc.) mistificação, trote.
caoutchouc s.m. 1. borracha; arbre à — seringueira; 2. galocha.
caoutchouter v.t. embeber em ou revestir de borracha.
cap s.m. 1. cabo, ponta, promontório; 2. direção (de navio); mettre le — sur dirigir-se para.
capable adj. capaz.
capacité s.f. capacidade.
cape s.f. capa; rire sous — rir à socapa.
capillaire adj. capilar.
capitaine s.m. capitão.
capital[1] **aux** s.m. capital; cabedal.
capital[2] **ale aux** adj. capital.
capitale[1] s.f. capital.
capitale[2] s.f. (Tip.) versal; petite — versalete.
capitalisation s.f. capitalização.
capitaliser v.t. capitalizar.
capitalisme s.m. capitalismo.
capitaliste adj.; s. capitalista.
capiteux euse adj. capitoso.
capitonnage s.m. estofamento.
capitonner v.t. estofar, acolchoar.
capitulation s.f. capitulação.
capituler v.int. capitular.
caporal aux s.m. 1. (Exérc.) cabo; 2. fumo ordinário.
capot s.m. capô.
capote s.f. 1. capote; — anglaise camisa de vênus; 2. capota (de automóvel).
capoter v.int. capotar.
câpre s.f. alcaparra.
caprice s.m. capricho.
capricieux euse adj. caprichoso.
capsule s.f. cápsula.
captation s.f. captação.
capter v.t. captar.
captieux euse adj. capcioso.
captif ive adj.; s. cativo, preso.
captiver v.t. cativar.
captivité s.f. cativeiro.
capture s.f. captura.
capturer v.t. capturar, prender.
capuchon s.m. 1. capuz; 2. tampa de caneta.
capucin s.m. capuchinho (frade).

capucine *s.f.* capuchinha (flor).
caque *s.f.* barrica; *la — sent toujours le hareng* pau que nasce torto não endireita.
caquet *s.m.* cacarejo.
caqueter *v.int.* cacarejar. (*Conj. 17*)
car[1] *s.m. conj.* porque, pois.
car[2] *s.m.* ônibus de excursão.
carabine *s.f.* carabina.
carabinier *s.m.* carabineiro.
caracoler *v.int.* caracolar.
caractère *s.m.* caráter, índole, gênio.
caractériser *v.t.* caracterizar.
caractéristique *adj.* característico; *s.f.* característica.
carafe *s.f.* garrafa.
carafon *s.m.* garrafinha.
caraïbe *adj.; s.pátr.* caraíba.
carambolage *s.m.* 1. (Bilhar) carambola; 2. série de colisões (de veículos).
caramboler *v.t.* carambolar, bater (um carro em outro).
caramel *s.m.* caramelo.
carapace *s.f.* carapaça.
carat *s.m.* quilate.
caravane *s.f.* caravana.
caravelle *s.f.* caravela.
carbone *s.m.* carbônio, carbono.
carboniser *v.t.* carbonizar.
carburant *s.m.* carburante; combustível (para motor de explosão).
carburateur *s.m.* carburador.
carburer *v.t.* carburar.
carcan *s.m.* (*ant.*) golilha.
carcasse *s.f.* carcaça.
carder *v.t.* cardar.
cardiaque *adj.; s.* cardíaco.
cardigan *s.m.* cardigã.
cardinal *s.m.* 1. cardeal (prelado); 2. cardeal (pássaro); *adj.* 1. cardeal; 2. cardinal.
cardiologie *s.f.* cardiologia.
cardiologue *s.m.* cardiologista.
carême *s.m.* quaresma; *arriver comme marée en —* vir como sopa no mel.
carénage *s.m.* limpeza de carena.
carence *s.f.* carência.
carene *s.f.* carena, querena, quilha.
caresse *s.f.* carícia.
caresser *v.t.* 1. acariciar, afagar; 2. — *du regard* contemplar com enlevo.
cargaison *s.f.* carga, carregamento.
cargo *s.m.* cargueiro.
caricatural e aux *adj.* caricatural.
caricature *s.f.* caricatura.

caricaturer *v.t.* caricaturar.
caricaturiste *s.* caricaturista.
carie *s.f.* cárie.
carillon *s.m.* carrilhão.
carillonner *v.int.* tocar carrilhão; *v.t.* (*fig.*) espalhar aos quatro ventos.
carlingue *s.f.* carlinga.
carme *s.m.* carmelita; — *déchaussé* carmelita descalço.
carmelite *s.f.* carmelita.
carmin *s.m.; adj.* carmim.
carnage *s.m.* carnificina.
carnassier ière *adj.; s.* carnívoro.
carnaval als *s.m.* carnaval.
carne *s.f.* 1. carne ordinária; 2. carniça.
carnet *s.m.* caderninho, agenda; — *de chèques* talão de cheques; — *mondain* coluna social.
carnivore *adj.; s.* carnívoro.
carotide *s.f.* (*Anat.*) carótida.
carotte *s.f.* cenoura; (*fig.* e *fam.*) *tirer une — à* passar calote em.
carotter *v.t.* calotear, entrujar, tapear.
caroube *s.f.* alfarroba.
caroubier *s.m.* alfarrobeira.
carpe *s.f.* carpa.
carpette *s.f.* tapete fino.
carquois *s.m.* carcás, aljava.
carré[1] *e adj.* 1. quadrado; 2. franco, nítido.
carré[2] *s.m.* 1. quadrado; 2. canteiro; 3. — *des officiers* sala dos oficiais.
carreau eaux *s.m.* 1. ladrilho; 2. chão; 3. vidro de janela; 4. ouros (naipe); *se tenir à —* estar de sobreaviso.
carrée *s.f.* (*pop.*) quarto.
carrefour *s.m.* encruzilhada.
carrelage *s.m.* lajeamento.
carreler *v.t.* ladrilhar. (*Conj. 12*)
carreleur *s.m.* ladrilheiro.
carrément *adv.* sem rodeios, francamente.
carrière[1] *s.f.* pedreira.
carrière[2] *s.f.* carreira.
carriole *s.f.* carriola.
carrossable *adj.* transitável.
carrosse *s.m.* carruagem.
carrosserie *s.f.* carroceria.
carrure *s.f.* largura dos ombros.
cartable *s.m.* pasta (de aluno).
carte[1] *s.f.* carta (de baralho); *abattre ses —s* abrir o jogo.
carte[2] *s.f.* cartão; — *d'électeur* título de eleitor; — *de visite* cartão de visita; — *d'identité* carteira de identidade; — *postale* cartão-postal.

carte³ s.f. cardápio; *manger à la* — comer (num restaurante) escolhendo os pratos do cardápio.
carte⁴ s.f. carta (geográfica), mapa.
cartilage s.m. cartilagem.
cartomancie s.f. cartomancia.
cartomancien ienne s. cartomante.
carton s.m. 1. papelão; caixa de papelão; cartolina; 2. alvo; *faire un* — atirar ao alvo.
cartonner v.t. cartonar.
cartouche¹ s.m. cartela.
cartouche² s.f. cartucho.
cartouchière s.f. cartucheira.
cas s.m. caso; — *d'espèce* caso particular; *loc. au* — *où* caso; *le* — *échéant* se for o caso, em caso de necessidade.
casanier ière adj. 1. caseiro; 2. sedentário.
casaque s.f. jaquetão, jaqueta, casacão; *tourner* — virar a casaca.
cascade s.f. cascata.
cascadeur s.m. dublê, acrobata que substitui um ator nas cenas perigosas.
case s.f. 1. cabana; 2. casa (de tabuleiro); 3. escaninho.
caser v.t. (*fam.*) arrumar, colocar, empregar (alguém).
caserne s.f. caserna, quartel.
casier s.m. armário de divisões, de escaninhos; — *judiciaire* folha corrida.
casino s.m. cassino.
casque s.m. 1. capacete; 2. secador de cabelos.
casquer v.t. (*gír.*) pagar.
casquette s.f. boné.
cassant e adj. 1. quebradiço; 2. contundente.
cassate s.f. cassata.
cassation s.f. cassação; *cour de* — supremo tribunal.
casse s.f. quebra; s.m. (*gír.*) roubo, assalto.
casse-cou s.m. 1. passagem perigosa; 2. pessoa imprudente.
casse-croûte s.m. refeição ligeira.
casse-noix s.m. quebra-nozes.
casse-pieds s.m. (*fam.*) importuno, maçador.
casser v.t. 1. quebrar; (*fig.*) *ne rien* — não ser grande coisa; 2. cassar; *se* — v.pron. (*gír.*) 1. ir-se embora; 2. cansar-se.
casserole s.f. caçarola.
casse-tête s.m. 1. cassetete (= cacete); 2. quebra-cabeça.
cassette s.f. escrínio; fita sonora; (*fig.*) tesouro.
cassis s.m. cassis.
cassonade s.f. açúcar mascavo.
cassoulet s.m. prato de feijão-branco com carne.
cassure s.f. fenda.
castagnettes s.f.pl. castanholas.
caste s.f. casta.
castillan e adj.; s.pátr. castelhano.
Castille s.f. Castilha.
castor s.m. castor.
castrer v.t. castrar; capar.
casualité s.f. casualidade.
casuel elle adj. casual.
casuiste s.m. casuísta.
casuistique s.f. casuística.
cataclysme s.m. cataclismo.
catacombe s.f. catacumba.
catadioptre s.m. olho de gato.
catafalque s.f. catafalco
catalan e adj.; s.pátr. catalão.
catalepsie s.f. (*Med.*) catalepsia.
Catalogne s.f. Catalunha.
catalogue s.m. catálogo.
cataloguer v.t. catalogar.
cataplasme s.m. cataplasma.
catapulte s.f. catapulta.
cataracte¹ s.f. catarata, cachoeira.
cataracte² s.f. catarata (doença dos olhos).
catarrhe s.m. catarro.
catastrophe s.f. catástrofe.
catastrophique adj. catastrófico.
catch s.m. *catch*, luta livre.
catcheur s.m. lutador de *catch*.
catéchèse s.f. catequese.
catéchiser v.t. catequizar.
catéchisme s.m. catecismo.
catégorie s.f. categoria.
catégorique adj. categórico.
cathédrale s.f. catedral.
catholicisme s.m. catolicismo.
catholique adj. católico.
catimini en loc.adv. às escondidas, de mansinho.
catin s.f. (*fam.*) marafona, mulher da vida.
cauchemar s.m. pesadelo.
causal e adj. causal.
causalité s.f. causalidade.
cause s.f. 1. causa, razão, motivo; *à* — *de* por causa de; 2. causa, caso, processo; *et pour* — pudera!, com toda a razão; *être en* — ser objeto de discussão, estar envolvido; *mettre en* — trazer à baila, envolver; *remettre en* — trazer à baila de novo.

causer[1] *v.t.* causar.
causer[2] *v.int.* conversar, palestrar.
causerie *s.f.* conversação, conversa, palestra.
causeur *s.m.* conversador.
causeuse *s.f.* 1. conversadora; 2. conversadeira (= móvel).
caustique *adj.* cáustico.
cauteleux euse *adj.* hipócrita, sonso.
cautère *s.m.* cautério; *c'est un — sur une jambe de bois* é cataplasmo em cabeça de defunto; é malhar em ferro frio.
cautériser *v.t.* cauterizar.
caution *s.f.* caução, fiança; *sujet à —* indigno de confiança; meio suspeito.
cautionnement *s.m.* caução, fiança.
cautionner *v.t.* caucionar, afiançar.
cavalcade *s.f.* cavalgada.
cavale[1] *s.f.* égua de raça.
cavale[2] *s.f.* (*gír.*) fuga, evasão.
cavalerie *s.f.* cavalaria.
cavalier ière *s.* 1. cavaleiro; 2. par; *s.m.* 3. cavalo (peça de xadrez); *adj.* insolente.
cavalièrement *adj.* 1. bruscamente; 2. insolentemente.
cave[1] *s.f.* adega.
cave[2] *adj.* cavo; *s.m.* (*fam.*) palerma, pato.
caveau eaux *s.m.* cabaré literário (em adega).
caverne *s.f.* caverna.
caverneux euse *adj.* cavernoso.
caviar *s.m.* caviar.
cavité *s.f.* cavidade.
ce[1], **cet, cette, ces** *adj.* este, esse.
ce[2] *pron. neutro* isto, isso, aquilo; *sur —* nisto.
céans *adv.* aqui, cá.
ceci *pron. neutro* isto.
cécité *s.f.* cegueira.
céder *v.t.* e *int.* ceder. (*Conj.* 13)
cédille *s.f.* cedilha.
cèdre *s.m.* cedro.
cédule *s.f.* cédula (de imposto).
ceindre *v.t.* cingir. (*Conj.* 80)
ceinture *s.f.* cinto; *— de sauvetage* salva-vidas; *— de sécurité* cinto de segurança.
cela *pron. neutro* isso, aquilo.
célébration *s.f.* celebração.
célèbre *adj.* célebre.
célébrer *v.t.* celebrar. (*Conj.* 13)
célébrité *s.f.* celebridade.
celer *v.t.* ocultar, esconder. (*Conj.* 20)
céleri *s.m.* aipo.
célérité *s.f.* celeridade.
céleste *adj.* celeste.
célibat *s.m.* celibato.
célibataire *adj.; s.* celibatário, solteiro.
celle *pron. f.* a; *la maison de Jean et — de François* a casa de João e a de Francisco; *— ci* esta aqui; *— là* essa aí.
cellier *s.m.* celeiro.
cellophane *s.f.* celofane.
cellulaire *adj.* celular.
cellule *s.f.* 1. cédula; 2. cela.
cellulite *s.f.* (*Med.*) celulite.
celluloïd *s.m.* celuloide.
cellulose *s.f.* celulose.
celui ceux *pron. m.* o; *le livre de Paul et — de François* o livro de Paulo e o de Francisco; *— ci* este aqui; *— là* esse aí.
cénacle *s.m.* cenáculo.
cendre *s.f.* cinza.
cendré e *adj.* cendrado.
cendrier *s.m.* cinzeiro.
cendrillon *s.f.* gata borralheira.
cène *s.f.* ceia.
cens *s.m.* censo.
censé e *adj.* considerado como; *nul n'est — ignorer la loi* ninguém pode ser tido por ignorante da lei.
censément *adv.* por assim dizer; em aparência.
censeur *s.m.* 1. censor; 2. chefe de disciplina (num colégio).
censurable *adj.* censurável.
censure *s.f.* censura.
censurer *v.t.* censurar.
cent *num.* cem; *s.m.* cento; *— pour —* cem por cento.
centaine *s.f.* centena, cento.
centenaire *adj.; s.* centenário.
centième *num.* e *s.m.* centésimo.
centime *s.m.* cêntimo.
centimètre *s.m.* centímetro.
central e aux *adj.* central; *s.m.* central; *— téléphonique* central telefônica.
centraliser *v.t.* centralizar.
centre *s.m.* centro.
centrifuge *adj.* centrífugo.
centripète *adj.* centrípeto.
centriste *adj.; s.* centrista.
centuple *adj.; s.* cêntuplo.
centupler *v.t.* centuplicar.
cep *s.m.* cepa, videira.
cèpe *s.m.* boleto.
cependant *adv.* e *conj.* entretanto.
céphalique *adj.* cefálico.
céramique *adj.* cerâmico; *s.f.* cerâmica.

céramiste s. ceramista.
cerceau aux s.m. bambolê.
cercle s.m. 1. círculo; 2. clube.
cercleux s.m. (depr.) frequentador de clubes.
cercueil s.m. ataúde, caixão, esquife.
céréale s.f. cereal.
cérébral e aux adj. cerebral.
cérémonie s.f. cerimônia.
cérémonieux euse adj. cerimonioso.
cerf s.m. cervo, veado.
cerfeuil s.m. cerefólio.
cerf-volant s.m. 1. escaravelho; 2. pipa, pandorga.
cerise s.f. cereja.
cerisier s.m. cerejeira.
cerne s.m. olheiras.
cerner v.t. cercar; *avoir les yeux cernés* ter olheiras.
certain e adj. certo, seguro; —s.pron.pl. alguns.
certes adv. certamente.
certificat s.m. certificado, diploma; — *de bonnes vie et mœurs* atestado de bons antecedentes.
certifier v.t. certificar.
certitude s.f. certeza.
cérumen s.m. cerume.
cerveau eaux s.m. cérebro; (fig.) — *brûlé* indivíduo exaltado.
cervelas s.m. salsichão.
cervelle s.f. miolos; cérebro; *se brûler la* — meter uma bala na cabeça.
ces V. *ce*.
césarienne s.f. cesariana.
cessation s.f. cessação.
cesse loc.adv.; *sans* — sem cessar.
cesser v.t. e int. terminar; cessar.
cessez-le-feu s.m. cessar-fogo.
cession s.f. cessão.
c'est-à-dire loc.conj. quer dizer; isto é.
cet, cette V. *ce*[1].
ceux V. *celui*.
C.G.T. s.f. sigla da *Confédération Générale du Travail* (Confederação Geral do Trabalho).
chacal als s.m. chacal.
chacun e pron. cada um; *tout un* — todo mundo; qualquer pessoa.
chagrin[1] **e** adj. triste, melancólico, soturno, sombrio.
chagrin[2] s.m. aflição, desgosto.
chagrin[3] s.m. chagrém.
chagriner v.t. afligir, desgostar.
chahut s.m. bagunça, pândega.
chahuter v.int. fazer bagunça; v.t. (gír.esc.) fazer bagunça na aula de, apupar.
chai s.m. armazém térreo para vinhos.
chaîne s.f. 1. cadeia, corrente; 2. série; — *de montage* fabricação em série.
chaînon s.m. elo.
chair s.f. carne, polpa; — *à canon* carne para canhão (= os soldados expostos a morrer); *avoir la* — *de poule* arrepiar-se; *n'être ni* — *ni poisson* ser indeciso.
chaire s.f. cadeira, cátedra.
chaise s.f. cadeira; — *à porteurs* cadeirinha; — *longue* espreguiçadeira.
chaland[1] s.m. bateira.
chaland[2] e s. freguês.
châle s.m. xale, manta.
chalet s.m. chalé.
chaleur s.f. calor.
chaleureux euse adj. caloroso.
chaloir v.imp. *peu me chaut* pouco me importa. (Conj. 57)
chaloupe s.f. chalupa.
chalumeau eaux s.m. cálamo, flauta pastoril.
chalutier s.m. barco pesqueiro.
chamade s.f. toque de recolher; (fig.) *battre la* — ficar perturbado.
chamailler, se v.pron. brigar, disputar.
chamarrer v.t. agaloar.
chambardement s.m. confusão, tropelia.
chambarder v.t. revirar, saquear.
chambouler v.t. (fam.) abagunçar.
chambranle s.m. marco (de porta ou janela).
chambre s.f. 1. quarto; — *à coucher* quarto de dormir; — *d'amis* quarto de hóspede; câmara; 2. *Chambre des Députés* Câmara dos Deputados; — *à air* câmara de ar.
chambrée s.f. 1. os ocupantes de um dormitório; 2. dormitório.
chambrer v.t. 1. dar (ao vinho) a temperatura ambiente; 2. isolar.
chameau eaux s.m. camelo; (fig. e pop.) peste (termo de injúria).
chamois s.m. camurça.
champ s.m. campo; — *de blé* trigal; *de maïs* milharal; *sur le* — imediatamente, incontinenti.
Champagne s.f. Champanha.
champagne s.m. vinho de Champanha; espumante, champanha.
champenois e adj.; s.pátr. (natural ou habitante) da Champanha.
champêtre adj. campestre.

champignon s.m. 1. fungo, cogumelo; 2. (fam.) pedal de acelerador.
champion onne s. campeão, paladino.
championnat s.m. campeonato.
chançard s.m. felizardo.
chance s.f. 1. sorte; 2. chance, oportunidade.
chanceler v.t. vacilar, cambalear. (Conj. 12)
chancelier s.m. chanceler.
chancellerie s.f. chancelaria.
chanceux euse adj. felizardo.
chancre s.m. cancro.
chandail s.m. pulôver.
chandelier s.m. castiçal.
chandelle s.f. vela; *brûler la — par les deux bouts* esbanjar o que se tem; *devoir une fière — à* dever um grande favor a; *en voir trente-six —s* ver estrelas ao meio-dia; *tenir la — à* segurar a vela para, servir de alcoviteiro a.
chandeleur s.f. candelária (festa celebrada em 2 de fevereiro).
change s.m. 1. troca; 2. câmbio; 3. *donner le — à* enganar.
changeant e adj. 1. variável, inconstante; 2. furta-cor.
changement s.m. mudança, alteração, modificação.
changer v.t. e int. mudar; *se — v.pron* mudar de roupa.
Chang-haï s.m. Xangai.
chanoine s.m. cônego.
chanson s.f. canção; (fig.) conversa fiada, palavrório.
chant s.m. canto.
chantage s.m. chantagem.
chanter v.t. e int. *cantar; faire —* extorquir dinheiro a.
chanterelle s.f. (Mús.) prima (corda mais fina); *appuyer sur la —* insistir num ponto delicado.
chanteur s.m. cantor; *maître —* chantagista.
chantier s.m. estaleiro; obra, canteiro de obras.
chantonner v.t. e int. cantarolar.
chantre s.m. chantre.
chanvre s.m. cânhamo.
chaos s.m. caos.
chaotique adj. caótico.
chaparder v.t. (fam.) surripiar, larapiar.
chapeau eaux s.m. chapéu; *— bas!* é de tirar o chapéu!; *— melon* chapéu-coco; (fig.) cabeçalho (em jornal).
chapelain s.m. capelão.
chapelet s.m. rosário; (fig. e fam.) *défiler son —* contar tudo tim-tim por tim-tim.
chapelier s.m. chapeleiro.
chapelle s.f. capela.
chapelure s.f. farinha de rosca.
chaperon s.m. acompanhante, dama de companhia.
chapiteau eaux s.m. capitel.
chapitre s.m. 1. capítulo; 2. cabido; (fig.) *avoir voix au —* ter o direito de falar.
chapitrer v.t. repreender.
chapon s.m. capão.
chaponner v.t. capar.
chaque adj. indef. cada.
char s.m. carro; *— d'assaut* tanque (de guerra).
charabia s.f. algaravia.
charade s.f. charada.
charançon s.m. gorgulho, caruncho.
charbon s.m. 1. carvão; *être sur des —s ardents* pisar em brasa; 2. carbúnculo.
charbonnage s.m. mina de carvão.
charbonnier s.m. carvoeiro; *la foi du —* a fé do carvoeiro.
charcuterie s.f. salsicharia, loja de frios.
charcutier s.m. salsicheiro.
chardon s.m. cardo.
chardonneret s.m. pintassilgo.
charge s.f. 1. carga; 2. cargo; 3. caricatura; 4. acusação; 5. *être à la — de* viver a expensas de; *prendre en —* tomar conta de, encarregar-se de; *revenir à la —* repisar o mesmo assunto.
chargé e adj.; s. encarregado; *— d'affaires* encarregado de negócios; *— de cours* professor contratado.
chargement s.m. carregamento, carga.
charger v.t. 1. carregar; 2. encarregar; 3. acusar; *se — de v.pron.* encarregar-se de. (Conj. 19)
chargeur s.m. portuário.
chariot s.m. 1. carro; 2. carrinho.
charisme s.m. carisma.
charitable adj. caridoso.
charité s.f. caridade, esmola.
charivari s.m. charivari, tumulto.
charlatan s.m. charlatão.
charlatanisme s.m. charlatanismo.
Charlot s.m. Carlitos (Chaplin).
charmant e adj. encantador, fascinante, charmoso.
charme[1] s.m. encanto, feitiço; *se porter comme un —* vender saúde.

charme² s.m. carpa (árvore).
charmer v.t. encantar, enfeitiçar.
charnel elle adj. carnal.
charnier s.m. carneiro, ossuário.
charnière s.f. dobradiça; articulação, junção.
charnu e adj. carnudo, carnoso.
charognard s.m. abutre.
charogne s.f. cadáver de animal, carniça.
charpente s.f. arcabouço, madeiramento, armação.
charpentier s.m. carpinteiro.
charpie s.f. fios de linho para feridas.
charretier s.m. carroceiro.
charrette s.f. charrete.
charrier v.t. carrear.
charroi s.m. carreto.
charrue s.f. charrua.
charte s.f. carta, diploma, estatuto.
chartreuse s.f. 1. cartuxa (convento de cartuxos); 2. tipo de licor.
chartreux s.m. cartuxo (monge).
chas s.m. fundo de agulha.
chasse¹ s.f. caça; caçada.
chasse² s.f. — *d'eau* descarga.
châsse s.f. relicário.
chasse-mouches s.m. enxota-moscas.
chasser v.t. caçar; expulsar; despedir; v.int. derrapar.
chasseur s.m. 1. caçador; 2. *groom*, mensageiro (de hotel).
chassie s.f. remela.
châssis s.m. armação; chassi.
chaste adj. casto.
chasteté s.f. castidade.
chasuble s.f. casula.
chat s.m. gato; — *échaudé craint l'eau froide* gato escaldado tem medo de água fria; (*fig.*) *à bon — bon rat* a resposta está à altura da pergunta; *acheter — en poche* comprar nabos em sacos; *appeler un — un* — dar nome aos bois; *avoir un — dans la gorge* estar com pigarro; *il n'y avait pas un —* não havia ninguém; *avoir d'autres —s à fouetter* ter mais o que fazer; *jouer au — perché* brincar de pique.
châtaigne s.f. castanha; — *du Brésil* castanha-do-pará; (*pop.*) soco.
châtain e adj. castanho.
château eaux s.m. castelo; — *d'eau* reservatório de água. *bâtir des —x en Espagne* erguer castelos no ar.
châtier v.t. castigar.
chatière s.f. gateira.

châtiment s.m. castigo, punição.
chatoiement s.m. reflexo cambiante, irisação.
chaton¹ s.m. gatinho.
chaton² s.m. engaste de anel.
chatouillement s.m. cócegas.
chatouiller v.t. fazer cócegas em.
chatouilleux euse adj. coceguento; suscetível, irritadiço.
chatoyer s.f. cambiar, mudar de cor. (*Conj. 21*)
châtrer v.t. castrar, capar.
chatte s.f. gata.
chaud e adj. quente; *cela ne me fait ni — ni froid* isso pouco se me dá; *il fait —* faz calor; s.m. calor; adj. quente.
chaudeau eaux s.m. gemada, caldo.
chaudière s.f. caldeira.
chaudron s.m. caldeirão.
chaudronnier s.m. caldeireiro.
chauffage s.m. aquecimento, calefação.
chauffard s.m. barbeiro (= mau motorista).
chauffe-bain s.m. aquecedor de banho.
chauffe-eau s.m. aquecedor de água.
chauffer v.t. aquecer, esquentar.
chauffeur s.m. 1. foguista, chegador; 2. motorista, chofer.
chauler v.t. 1. adubar com cal; 2. caiar.
chaume s.m. colmo, sapê.
chaumière s.f. cabana, choupana.
chaussée s.f. pista (de rua), leito de estrada.
chausse-pied s.m. calçadeira.
chausser v.t. calçar; (*fam.*) pôr (óculos).
chaussette s.f. soquete, meia curta.
chausson s.m. 1. chinelo; 2. sapatilha; 3. sapatinho de neném; 4. luta a pontapés; 5. pastelão.
chaut V. *chaloir*.
chauve adj. calvo, careca.
chauve-souris s.f. morcego.
chauvin e adj. patrioteiro.
chauvinisme s.m. ufanismo.
chaux s.f. cal.
chavirer v.int. virar de lado (navio); v.t. revirar (olho), remexer.
chef s.m. 1. chefe; — *d'orchestre* regente, maestro; 2. cabeça; *au premier —* essencialmente; *de son —* por autoridade própria.
chef-d'œuvre s.m. obra-prima.
chef-lieu s.m. sede de distrito.
chemin s.m. caminho; — *de fer* estrada de ferro; — *faisant* durante a caminhada, no caminho; *le — des écoliers* o caminho

mais longo; *ne pas y aller par quatre —s* deixar-se de rodeios, falar português claro.
chemineau eaux *s.m.* andarilho.
cheminée *s.f.* 1. chaminé; 2. lareira.
cheminer *v.int.* caminhar.
cheminot *s.m.* ferroviário.
chemise *s.f.* 1. camisa; *— de nuit* camisa de dormir, camisola; 2. pasta (para documentos).
chemisier *s.m.* camiseiro.
chenal *s.m.* 1. canal; 2. levada *f.*
chenapan *s.m.* vagabundo, malandro.
chêne *s.m.* carvalho.
chêne-liège *s.m.* sobreiro.
chenil *s.m.* canil.
chenille *s.f.* lagarta.
chèque *s.m.* cheque; *— barré* cheque cruzado; *— sans provision* cheque sem fundo.
chéquier *s.m.* talão de cheques.
cher chère *adj.* 1. caro, custoso; 2. caro, querido; *adv.* caro.
chercher *v.t.* procurar, buscar.
chercheur *s.m.* 1. buscador; 2. pesquisador.
chercheuse *adj.; s.f.* 1. buscadora; 2. pesquisadora.
chère *s.f.* alimentação; *faire bonne —* comer do bom e do melhor, regalar-se.
chéri e *adj.* querido.
chérir *v.t.* querer, adorar.
cherté *s.f.* carestia.
chérubin *s.m.* querubim.
chétif ive *adj.* enfezado, raquítico.
cheval aux *s.m.* cavalo; *(fig.) — de retour* recidivista; *(fig.) être à — sur* apegar-se a; *faire du —* andar a cavalo; *monter sur ses grands chevaux* subir à serra, dar o cavaco.
chevaleresque *adj.* cavalheiresco.
chevalerie *s.f.* cavalaria.
chevalet *s.m.* cavalete.
chevalier *s.m.* cavaleiro; *(fig.) — d'industrie* escroque; *— errant* cavalheiro andante.
chevalière *s.f.* anel de monograma.
chevalin e *adj.* de cavalo; cavalar.
cheval-vapeur *s.m.* cavalo-vapor.
chevauchée *s.f.* cavalgada.
chevaucher *v.t.* montar; *v.int.* cavalgar.
chevelu e *adj.* cabeludo.
chevelure *s.f.* cabeleira.
chevet *s.m.* cabeceira (de cama).
cheveu eux *s.m.* cabelo; *avoir mal aux —x* estar de ressaca; *couper les —x en quatre* procurar sutilezas; *en —x* de cabelos soltos; *il s'en faut d'un —* está por um fio; *ne tenir qu'à un —* estar por um fio.
cheveu-de-Vénus *s.m.* avenca (planta).
cheville *s.f.* 1. cavilha; 2. cavelha; 3. tornozelo.
chèvre *s.f.* cabra; *(fig.) ménager la — et le chou* contentar gregos e troianos.
chevreau eaux *s.m.* cabrito.
chevron *s.m.* galão.
chevronné e *adj.* 1. agaloado; 2. experimentado, veterano.
chevroter *v.int.* falar em voz trêmula.
chevrotin *s.m.* pelica.
chevrotine *s.f.* chumbo grosso.
chez *prep.* em casa de; *il n'est pas — lui* não está em casa; no país de, em, entre.
chialer *v.int.* (*pop.*) chorar.
chic *s.m.* elegância; *adj.* chique, elegante; (*fam.*) prestativo, generoso, legal.
chicane *s.f.* chicana.
chicaner *v.int.* chicanear.
chiche[1] *adj.* sovina, somítico.
chiche[2] *interj.* (*exclamação de desafio*) duvido!
chichis *s.m.pl. faire des —* inventar modas, fazer cerimônia.
chicorée *s.m.* chicória.
chicot *s.m.* 1. toco de árvore; 2. arnela, resto de dente na gengiva.
chien *s.m.* cachorro; *avoir du —* ter encanto, ser atraente; *(fig.) bon — chasse de race* quem sai aos seus não degenera; *entre — et loup* ao lusco-fusco; *je lui garde un — de ma chienne* (*fam.*) não perde por esperar; *recevoir comme un — dans un jeu de quilles* receber com quatro pedras na mão; *rompre les —* mudar de assunto; *un temps de —* um tempo detestável.
chiendent *s.m.* 1. alpiste; 2. (*fig.*) dificuldade, busílis.
chienlit *s.m.* 1. máscara; 2. bagunça; ralé.
chier *v.t.* cagar, obrar, defecar; *faire —* (*vulg.*) chatear, encher o saco de.
chiffon *s.m.* trapo, retalho, pano de pó; *parler —s* falar da moda.
chiffonnier[1] *s.m.* gaveteiro.
chiffonnier[2] *s.m.* trapeiro.
chiffre *s.m.* 1. algarismo; 2. total, montante; cifra; *— d'affaires* faturamento; 3. código, linguagem cifrada; 4. monograma.
chignole *s.f.* (*fam.*) calhambeque *m.*
chignon *s.m.* cocó, coque; *se crêper le —* engalfinhar-se.

Chili *s.m.* Chile.
chilien ienne *adj.; s.pátr.* chileno.
chimère *s.f.* quimera.
chimérique *adj.* quimérico.
chimie *s.f.* química.
chimique *adj.* químico.
chimiste *s.* químico.
chimpanzé *s.m.* chimpanzé.
Chine *s.f.* China.
chiner *v.t.* sarapintar; (*fig.* e *fam.*) zombar de.
chinois e *adj.; s.pátr.* chinês; *s.m.* passador, coador.
chinoiserie *s.f.* chinesice.
chiot *s.m.* cachorrinho.
chiottes *s.f.pl.* (*vulg.*) banheiro, privada.
chiper *v.t.* (*fam.*) 1. furtar, afanar; 2. pegar (doença).
chipie *s.f.* megera, bruaca.
chipoter *v.t.* debicar.
chiqué *s.m.* (*fam.*) blefe, fingimento, bazófia; *faire du* — arrotar importância, fazer farol.
chiquenaude *s.f.* piparote.
chiquer *v.int.* e *t.* mascar (fumo).
chiromancie *s.f.* quiromancia.
chiromancien ienne *s.* quiromante.
chirurgical e aux. *adj.* cirúrgico.
chirurgie *s.f.* cirurgia.
chirurgien *s.m.* cirurgião.
chiure *s.f.* sujeira de mosca.
chlore *s.m.* cloro.
chlorer *v.t.* clorar.
chloroforme *s.m.* clorofórmio.
chlorophylle *s.f.* clorofila.
chlorose *s.f.* clorose.
choc *s.m.* choque; embate, conflito; *de — loc.adj.* enérgico.
chocolat *s.m.* chocolate.
chœur *s.m.* coro.
choir *v.int.* cair; *laisser* — abandonar, largar.
choisir *v.t.* escolher.
choix *s.m.* escolha; *de* — seleto.
choléra *s.m.* cólera (doença).
cholestérol *s.m.* colesterol.
chômage *s.m.* desemprego.
chômer *v.int.* estar desempregado.
chômeur *s.m.* desempregado.
chope *s.f.* chope.
choper *v.t.* (*fam.*) 1. roubar; 2. pegar, apanhar.
chopine *s.f.* (*fam.*) garrafa.
choquant e *adj.* chocante, ofensivo.
choquer *v.t.* chocar.

choral e als *adj.* coral, em coro; *s.m.* coral.
chorégraphie *s.f.* coreografia.
choriste *s.* corista.
chose *s.f.* coisa, negócio, assunto; *s.m.* troço; *adj.* perturbado; *adj. être tout* — estar constrangido.
chou choux *s.m.* 1. couve; 2. (*fam.* e *fig.*) queridinho; 3. *adj.* gentil.
chouchou *s.m.* (*fam.*) preferido, queridinho.
choucroute *s.f.* chucrute.
chouette *s.f.* 1. coruja; 2. (*fam.*) bacana, chique.
chou-fleur *s.m.* couve-flor.
choyer *v.t.* mimar. (*Conj.* 21)
chrétien enne *adj.; s.* cristão.
chrétienté *s.f.* cristandade.
christianisme *s.m.* cristianismo.
chrome *s.m.* cromo.
chronique *adj.* crônico; *s.f.* crônica.
chroniqueur *s.m.* 1. historiador (antigo, na França); 2. cronista.
chronologie *s.f.* cronologia.
chronologique *adj.* cronológico.
chronomètre *s.m.* cronômetro.
chrysalide *s.f.* crisálida.
chrysanthème *s.m.* crisântemo.
chuchoter *v.t.* e *int.* cochichar.
chuinter *v.int.* piar (coruja).
chut *interj.* psiu!; silêncio!; moita!
chute *s.f.* queda; — *d'eau* cascata; — *de neige* nevada.
chuter *v.int.* cair, fracassar.
Chypre *s.m.* Chipre.
ci *adv.* aqui; *comme — comme ça.* V. *ça.*
cible *s.f.* alvo.
ciboire *s.m.* cibório.
ciboulette *s.f.* cebolinha-galega.
ciboulot *s.m.* (*pop.*) cabeça.
cicatrice *s.f.* cicatriz.
cicatriser *v.t.* cicatrizar; *se — v.pron.* cicatrizar-se.
ci-dessous *adv.* abaixo.
ci-dessus *adv.* acima.
cidre *s.m.* sidra.
ciel[1] *s.m.* céu, firmamento.
ciel[2] *s.m.* — *de lit* dossel.
ciel cieux *s.m.* 1. céu; *tomber du* — cair das nuvens; 2. clima.
cierge *s.m.* círio.
cigale *s.f.* cigarra.
cigare *s.m.* charuto.
cigarette *s.f.* cigarro.
cigogne *s.f.* cegonha.
ciguë *s.f.* cicuta.

ci-joint e *adj.* anexo.
cil *s.m.* pestana, cílio.
cilice *s.m.* cilício.
ciller *v.int.* pestanejar.
cime *s.f.* cimo, cume, ápice.
ciment *s.m.* cimento.
cimetière *s.m.* cemitério.
cinéaste *s.m.* cineasta, cinegrafista.
ciné-club *s.m.* cineclube.
cinéma *s.m.* cinema.
cinémathèque *s.f.* cinemateca, filmoteca.
cinématographique *adj.* cinematográfico.
cinglant *adj.* rude, áspero, cortante.
cinglé e *adj.* (*pop.*) maluco, biruta.
cingler *v.t.* açoitar.
cinnamome *s.m.* cinamomo (arbusto).
cinq *num.* cinco; *en — sec* muito rapidamente.
cinquantaine *s.f.* 1. uns cinquenta; 2. idade de cinquenta anos.
cinquante *num.* cinquenta.
cinquantenaire *adj.; s.* cinquentenário.
cinquantième *num.* quinquagésimo; *s.m.* a quinquagésima parte.
cinquième *num.* quinto; *s.m.* 1. quinto, a quinta parte; 2. quinto andar.
cintre[1] *s.m.* 1. arco de abóbada; 2. cimbre.
cintre[2] *s.m.* cabide.
cintrer *v.t.* cimbrar.
cirage *s.m.* graxa no sapato; engraxamento; (*fam.*) *être dans le —* estar baratinado.
circoncis e *adj.* circuncidado.
circoncision *s.f.* circuncisão.
circonférence *s.f.* circunferência.
circonflexe *adj.* circunflexo.
circonlocution *s.f.* circunlóquio.
circonscrire *v.t.* circunscrever. (*Conj. 72*)
circonspect e *adj.* circunspecto.
circonstance *s.f.* circunstância.
circonstancié e *adj.* circunstanciado.
circonstanciel elle *adj.* circunstancial.
circuit *s.m.* circuito.
circulaire *adj.; s.f.* circular.
circulation *s.f.* circulação.
circuler *v.int.* 1. circular; 2. locomover-se, perambular.
cire *s.f.* cera.
ciré e *adj.* encerado, engraxado; *s.m.* impermeável.
cirer *v.t.* 1. encerar; 2. engraxar.
cireur *s.m.* 1. encerador; 2. engraxate.
cireuse *s.f.* enceradeira.
cirque *s.m.* circo.
cirre *s.m.* (*Zool.*) cirro.

cirrhose *s.f.* (*Med.*) cirrose.
cisaille *s.f.* 1. cisalha, aparas de metal; 2. *pl.* tesoura grossa (para cortar folhas de metal).
ciseau eaux *s.m.* cinzel; *pl.* tesoura.
ciseler *v.t.* e *int.* cinzelar. (*Conj. 20*)
ciselure *s.f.* cinzeladura.
citadelle *s.f.* cidadela.
citadin e *adj.* citadino.
citation *s.f.* citação.
cité *s.f.* cidade; *— universitaire* cidade universitária; *Cité* ilha do Sena em Paris.
citer *v.t.* citar.
citerne *s.f.* cisterna.
cithare *s.f.* cítara.
citoyen enne *s.* cidadão.
citrique *adj.* cítrico.
citron *s.m.* limão.
citronnade *s.f.* limonada.
citronnier *s.m.* limoeiro.
citrouille *s.f.* abóbora.
civet *s.m.* guisado.
civière *s.f.* padiola, maca.
civil e *adj.* civil.
civilisation *s.f.* civilização.
civiliser *v.t.* civilizar.
civisme *s.m.* civismo.
civique *adj.* cívico.
claie *s.f.* grade, engradado.
clair e *adj.* claro; *s.m.* claridade; *— de lune* luar; *tirer au —* tirar a limpo.
clair-obscur *s.m.* claro-escuro, meia-luz.
claire-voie *s.f.* claraboia.
clairière *s.f.* clareira.
clairon *s.m.* clarim.
clairsemé e *adj.* raro, esparso.
clairvoyance *s.m.* clarividência.
clairvoyant e *adj.* clarividente.
clameur *s.f.* clamor, grita.
clamser *v.int.* (*pop.*) morrer; desencarnar, apagar.
clan *s.m.* clã.
clandestin e *adj.* clandestino.
clandestinité *s.f.* clandestinidade.
clapet *s.m.* chapeleta; (*fam.*) boca.
clapier *s.m.* coelheira.
clapoter *v.int.* marulhar.
clapotis *s.m.* marulho.
clappement *s.m.* estalo com a língua, muxoxo.
claque *s.f.* 1. bofetada; *en avoir sa —* estar farto; 2. claque (no teatro).
claquemurer *v.t.* trancafiar.
claquer *v.int.* 1. estalar, rebentar; 2. mor-

rer; 3. bater; — *des dents* bater os dentes; *v.t.* bater (a porta).
clarine *s.f.* cincerro.
clarinette *s.f.* clarineta.
clarté *s.f.* 1. claridade; 2. clareza.
classe *s.f.* 1. classe; 2. aula; *donner des —s* lecionar; *—s de rattrapage* aulas de recuperação; 3. turma; 4. contingente (militar).
classement *s.m.* 1. classificação; 2. arquivamento.
classer *v.t.* 1. classificar; 2. arquivar.
classeur *s.m.* classificador, fichário.
classification *s.f.* classificação.
classifier *v.t.* classificar. (*Conj. 23*)
classique *adj.; s.* clássico.
clause *s.f.* cláusula.
claustrophobie *s.f.* claustrofobia.
clavecin *s.m.* cravo, clavecino.
clavelée *s.f.* (*Vet.*) morrinha.
clavicule *s.f.* (*Anat.*) clavícula.
clavier *s.m.* teclado.
clé *s.f.* 1. chave; 2. clave; *prendre la — des champs* safar-se, escapulir-se; 3. *— de voûte* pedra angular.
clebs *s.m.* (*pop.*) cachorro.
clef *s.f.* o mesmo que *clé.*
clématite *s.f.* clematite.
clémence *s.f.* clemência.
cleptomane *s.; adj.* cleptômano.
cleptomanie *s.f.* cleptomania.
clerc *s.m.* 1. clérigo; 2. intelectual; 3. auxiliar de cartório; *faire un pas de —* cometer uma gafe.
clergé *s.m.* clero.
clérical e aux *adj.* clerical.
cliché *s.m.* clichê; (*fig.*) chavão.
client e *s.* 1. cliente; 2. paciente; 3. freguês; 4. (*fam.* e *pej.*) sujeito, indivíduo.
clientèle *s.f.* clientela.
clignement *s.m.* piscadela.
cligner *v.t.* piscar; *v.int. — de l'œil* piscar o olho, os olhos.
clignotant ou **clignoteur** *s.m.* pisca-pisca (de automóvel).
climat *s.m.* clima.
climatique *adj.* climático.
clin *s.m. en un — d'œil* num abrir e fechar de olhos.
clinicien *s.m.* clínico.
clinique *adj.* clínico; *s.f.* clínica.
clique *s.f.* camarilha, súcia; patota; *emporter ses —s et ses claques* levar todos os seus pertences.
cliqueter *v.int.* tinir.
cliquetis *s.m.* tinido.
cloaque *s.m.* cloaca.
clochard *s.* (*pop.*) vagabundo.
cloche[1] *s.f.* 1. sino; *déménager à la — de bois* mudar-se às escondidas; *qui n'entend qu'une — n'entend qu'un son* quem só ouve uma das partes, só sabe parte da verdade; *sonner les —s à* (*fam.* e *fig.*) dar uma chamada em; 2. redoma.
cloche[2] *adj.* (*fam.*) desajeitado, bobo.
cloche-pied *à — loc.adv.* num pé só.
clocher[1] *s.m.* campanário.
clocher[2] *v.int.* mancar, coxear; claudicar; (*fig.*) andar mal.
clochette *s.f.* campainha.
cloison *s.f.* tabique.
cloisonner *v.t.* separar com tabique; seccionar.
cloître *s.m.* claustro.
cloîtrer *v.t.* enclausurar.
clopin-clopant *adv.* (*fam.*) manquejando.
clopiner *v.int.* manquejar.
cloporte *s.m.* bicho-de-conta.
cloque *s.f.* empola, bolha.
clore *v.t.* fechar. (*Conj. 62*)
clos e *adj.* fechado; *s.m.* cercado, sítio.
clôture *s.f.* 1. cerca; 2. encerramento.
clou *s.m.* 1. prego; (*fig.*) *river son — à* rebater rispidamente; 2. (*fig.* e *fam.*) casa de penhor; 3. ponto mais sensacional (de um espetáculo).
clouer *v.t.* pregar.
clouté e *adj.* guarnecido de pregos; *passage —* faixa para pedestres.
clown *s.m.* palhaço.
club *s.m.* clube.
clystère *s.m.* clister.
coaguler *v.t.* e *int.* coagular.
coaliser, se *v. pron.* coalizar-se.
coalition *s.f.* coalizão.
coasser *v.int.* coaxar.
coati *s.m.* quati.
coauteur *s.m.* coautor.
cobalt *s.m.* cobalto.
cobaye *s.f.* cobaia.
cobra *s.m.* naja.
coca *s.f.* ou *m.* coca.
cocagne *s.f.* cocanha; *mât de —* mastro de cocanha, pau de sebo; *pays de —* país de abundância, Pasárgada.
cocaïne *s.f.* cocaína.
cocarde *s.f.* insígnia, cocar, roseta distintiva.

cocasse *adj.* (*pop.*) gozado, engraçado.
coccinelle *s.f.* coccinélida, joaninha.
coche *s.f.* coche, carruagem; *manquer le —* dormir no ponto.
cochenille *s.f.* cochinilha.
cocher[1] *s.m.* cocheiro.
cocher[2] *v.t.* ticar, dar baixa (em uma relação).
cochon *s.m.* porco; *— d'Inde* porquinho-da-índia, cobaia; *— de lait* leitão; (*pop.*) *nous n'avons pas gardé les —s ensemble* não sou da sua laia.
cochonner *v.t.* (*fam.*) fazer porcamente, sapecar, matar (um trabalho).
coco[1] *s.m.* coco.
coco[2] *s.f.* (*fam.*) cocaína.
cocon *s.m.* casulo.
cocorico *s.m.* cocoricó, cocorocó.
cocotier *s.m.* coqueiro.
cocotte *s.f.* 1. (*infant.*) galinha; *— en papier* papel dobrado em forma de pássaro; 2. cocote, meretriz.
cocu *adj.; s.m.* (*pop.*) corno (marido enganado pela mulher).
code *s.m.* código; *adj. phare —* farol baixo.
codifier *v.t.* codificar. (*Conj.* 23)
coéducation *s.f.* coeducação.
coefficient *s.m.* coeficiente.
coéquipier *s.m.* companheiro de equipe.
coercition *s.f.* coerção.
cœur *s.m.* 1. coração; *en avoir le — net* tirar a limpo; *faire contre mauvaise fortune bon —* fazer das tripas coração; *par — de cor*; *si le — vous en dit* se lhe apetece; 2. estômago; *avoir le — sur le bord des lèvres, avoir mal au —* ter engulhos; 3. cerne (de árvore); 4. copas (naipe).
coexistence *s.f.* coexistência.
coexister *v.int.* coexistir.
coffre *s.m.* cofre; *— arrière* mala traseira (de carro) (*fig.* e *fam.*) peito.
coffrer *v.t.* (*fam.*) engaiolar, prender.
coffret *s.m.* cofrezinho, caixinha.
cogitation *s.f.* cogitação.
cogiter *v.int.* (*irôn.*) cogitar.
cognac *s.m.* conhaque.
cognassier *s.m.* marmeleiro.
cognée *s.f.* machado.
cogner *v.t.* bater; *se — v.pron.* esbarrar.
cohabitation *s.f.* coabitação.
cohabiter *v. int.* coabitar.
cohérence *s.f.* coerência.
cohérent e *adj.* coerente.
cohéritier ière *s.* coerdeiro.

cohésion *s.f.* coesão.
cohue *s.f.* multidão, balbúrdia.
coi coite *adj.* (*ant.*) quieto, queto, quedo.
coiffé e *adj.* penteado; *il est né —* nasceu empelicado.
coiffer *v.t.* 1. cobrir a cabeça; 2. pentear; (*fig.*) *— Sainte Catherine* ficar para tia.
coiffeur *s.m.* barbeiro; cabeleireiro.
coiffeuse *s.f.* 1. cabeleireira; 2. toucador, penteadeira.
coiffure *s.f.* penteado.
coin[1] *s.m.* cunha.
coin[2] *s.m.* ângulo, canto; recanto; *aller au petit —* (*fam.*) ir à privada; *en boucher un — à* (*fam.*) deixar boquiaberto; *regarder du — de l'œil* olhar de soslaio.
coincer *v.t.* sujeitar, imobilizar; (*fig.*) imprensar. (*Conj. 14*)
coïncidence *s.f.* coincidência.
coïncider *v.int.* coincidir.
coing *s.m.* marmelo.
coït *s.m.* coito, cópula.
coke *s.m.* coque.
col[1] *s.m.* colo.
col[2] *s.m.* colarinho, gola; *faux —* colarinho de camisa, amovível.
col[3] *s.m.* desfiladeiro.
colère *s.f.* cólera, ira; *se mettre en —* encolerizar-se, zangar-se.
coléreux euse *adj.* colérico.
colibri *s.m.* beija-flor, colibri.
colifichet *s.m.* bugiganga.
colimaçon *s.m.* caracol.
colin-maillard *s.m.* cabra-cega.
colique *s.f.* cólica, diarreia.
colis *s.m.* pacote, embrulho; *— postal* pequena encomenda (postal).
colistier *s.m.* companheiro de cédula (em eleição).
colite *s.f.* (*Med.*) colite.
collaborateur *s.m.* colaborador.
collaboration *s.f.* colaboração.
collaborationnisme *s.m.* colaboracionismo.
collaborationniste *adj. s.* colaboracionista (= quem colaborou com o inimigo, especialmente durante a Segunda Guerra Mundial).
collaboratrice *s.f.* colaboradora.
collaborer *v.int.* colaborar.
collage *s.m.* 1. colagem; 2. (*fig.* e *fam.*) amigação.
collant[1] **e** *adj.* colante, apertado, justo; *s.m.* malha.
collant[2] *adj.; s.* (*fam.*) maçador, traça.

collapsus *s.m.* (*Med.*) colapso.
collation *s.f.* 1. colação (ato de conferir um título); 2. colação (refeição leve).
collationner *v.t.* colacionar, conferir.
colle *s.f.* 1. cola, grude; 2. (*gír.esc.*) pergunta de algibeira; 3. (*gír.esc.*) detenção.
collecte *s.f.* coleta.
collecter *v.t.* coletar.
collecteur *s.m.* coletor.
collectif ive *adj.* coletivo.
collection *s.f.* coleção.
collectionner *v.t.* colecionar.
collectionneur euse *s.* colecionador.
collectiviser *v.t.* coletivizar.
collectivité *s.f.* coletividade.
collège *s.m.* colégio, estabelecimento municipal de ensino secundário; *Collège de France* Colégio de França (universidade livre, em Paris); — *électoral* colégio eleitoral.
collégien enne *adj.; s.* colegial.
collègue *s.* colega.
coller *v.t.* e *int.* 1. colar, grudar; 2. (*fam.*) reprovar (em exame); 3. *ça colle?* combinado?
collet *s.m.* gola; (*fig.*) — *monté* pessoa que exibe austeridade.
collier *s.m.* 1. colar; 2. coleira.
colline *s.f.* colina, outeiro.
collision *s.f.* colisão.
collocation *s.f.* colocação.
colloque *s.m.* colóquio.
collyre *s.m.* colírio.
colmater *v.t.* colmatar; vedar, tapar.
colombe *s.f.* pomba.
Colombie *s.f.* Colômbia.
colombien enne *adj.; s.pátr.* colombiano.
colombier *s.m.* pombal.
colon *s.m.* colono.
côlon *s.m.* (*Anat.*) cólon.
colonel *s.m.* coronel.
colonial e aux *adj.* colonial.
colonialisme *s.m.* colonialismo.
colonie *s.f.* colônia; — *de vacances* colônia de férias.
colonisation *s.f.* colonização.
coloniser *v.t.* colonizar.
colonnade *s.f.* colunata.
colonne *s.f.* coluna.
colorant e *adj.; s.m.* corante.
coloration *s.f.* coloração.
colorer *v.t.* colorir.
colorier *v.t.* colorir artisticamente, de várias cores.

coloris *adj.; s.m.* colorido.
colossal e aux *adj.* colossal.
colosse *s.m.* colosso.
colporter *v.t.* 1. mascatear; 2. divulgar.
colporteur *s.m.* 1. mascate, bufarinheiro; 2. anunciador.
coltiner *v.t.* carregar; *se — v.pron.* (*fig.* e *pop.*) ter que descascar um abacaxi.
colza *s.m.* colza.
coma *s.m.* (*Med.*) coma.
combat *s.m.* combate.
combatif ive *adj.* combativo.
combativité *s.f.* combatividade.
combattant *s.m.* combatente; *ancien* — ex-combatente.
combattre *v.int.* e *t.* combater. (*Conj. 60*)
combien *adv.* 1. quanto; 2. como.
combinaison *s.f.* 1. combinação, arranjo; 2. combinação (vestimenta); 3. macacão.
combine *s.f.* (*gír.*) arranjo, macete, jeito; negociata.
combiné *s.m.* 1. combinação; 2. fone.
combiner *v.t.* combinar.
comble[1] *s.m.* excesso; 2. remate, auge; *c'est le —!* era só o que faltava!; 3. cumeeira.
comble[2] *adj.* cheio.
combler *v.t.* 1. encher; — *la mesure* passar da medida; 2. cumular; 3. tapar, cobrir.
combustible *adj.; s.m.* combustível.
combustion *s.f.* combustão.
comédie *s.f.* comédia.
comédien enne *s.* comediante.
comestible *adj.; s.m.* comestível.
comète *s.f.* cometa; *vin de la* — vinho do ano 1811.
comics *s.m.pl.* desenhos animados.
comique *adj.; s.* cômico.
comité *s.m.* comitê, comissão; *en petit* — numa roda de amigos.
commandant *s.m.* comandante.
commande *s.f.* 1. encomenda; *sur* — por encomenda; 2. controle, comando.
commandement *s.m.* comando.
commander *v.int.* e *t.* 1. encomendar; 2. comandar.
commanditer *v.t.* comanditar.
commando *s.m.* comando, tropa de choque.
comme *conj.* (assim) como; *adv.* como, quanto; — *ci* — *ça* assim-assim; (*fam.*) — *il faut* bem; como manda o figurino; — *tout* a não poder mais; *c'est tout* — é a mesma coisa.
commémoration *s.f.* comemoração.

commémorer *v.t.* comemorar.
commençant e *adj.* incipiente; *s.* debutante.
commencement *s.m.* começo, princípio, início.
commencer *v.t.* e *int.* começar. (*Conj. 14*)
commensal e aux *s.* comensal.
comment *adv.* como; *interj.* como!
commentaire *s.m.* comentário; — *de journal* tópico.
commentateur trice *s.* comentador, comentarista.
commenter *v.t.* comentar.
commérage *s.m.* (*fam.*) mexerico.
commerçant *s.m.* comerciante, negociante.
commerce *s.m.* 1. comércio; — *de détail* comércio a varejo; — *en gros* comércio por atacado; 2. relações, trato.
commercer *v.t.* e *int.* comerciar.
commercial ale aux *adj.* comercial.
commercialiser *v.t.* comercializar.
commère *s.f.* comadre, mexeriqueira.
commettre *v.t.* cometer. (*Conj. 76*)
commis *s.m.* empregado (de comércio), caixeiro; — *voyageur* caixeiro-viajante.
commisération *s.f.* comiseração.
commissaire *s.m.* comissário; — *de police* delegado.
commissaire-priseur *s.m.* leiloeiro.
commissariat *s.m.* comissariado, delegacia.
commission *s.f.* 1. comissão (= mandato); 2. comissão (= percentagem); 3. recado, incumbência; 4. (*fam.*) compras diárias; *faire des* — fazer compras.
commissionnaire *s.* representante.
commissure *s.f.* comissura.
commode[1] *adj.* cômodo.
commode[2] *s.f.* cômoda.
commodité *s.f.* comodidade.
commotion *s.f.* comoção.
commuer *v.t.* comutar.
commun e *adj.* comum; *peu* — invulgar; *s.m.pl.* dependências de serviço.
communal ale aux *adj.* comunal.
communard *s.m.* participante da Comuna de Paris (em 1871).
communauté *s.f.* 1. comunidade; 2. comunhão de bens.
communautaire *adj.* comunitário.
commune *s.f.* comuna.
communicatif ive *adj.* comunicativo, expansivo.
communication *s.f.* comunicação.
communier *v.int.* comungar. (*Conj. 23*)
communion *s.f.* comunhão.
communiqué *s.m.* comunicado, aviso.
communiquer *v.t.* comunicar.
communisme *s.m.* comunismo.
communiste *adj.; s.* comunista.
commutateur *s.m.* interruptor.
commutation *s.f.* comutação.
compact e *adj.* compacto.
compagne *s.f.* companheira.
compagnie *s.f.* 1. companhia (= presença junto a); *de* — juntos; *être de bonne* — ter educação; *fausser* — *à* deixar na mão; *tenir* — *a* fazer companhia a; 2. companhia (= associação); — *d'assurances* companhia de seguros; 3. companhia (= grupo teatral); 4. (*Exérc.*) companhia.
compagnon *s.m.* companheiro.
comparable *adj.* comparável.
comparaison *s.f.* comparação, confronto.
comparaître *v.int.* comparecer. (*Conj. 65*)
comparatif ive *adj.* comparativo.
comparer *v.t.* comparar.
comparse *s.* comparsa.
compartiment *s.m.* compartimento.
comparution *s.f.* comparecimento.
compas *s.m.* 1. compasso; 2. bússola.
compassion *s.f.* compaixão.
compatible *adj.* compatível.
compatibilité *s.f.* compatibilidade.
compatir *v.int.* compadecer-se.
compatissant e *adj.* compassivo.
compatriote *s.* compatriota, patrício.
compensable *adj.* compensável.
compensation *s.f.* compensação.
compenser *v.t.* compensar.
compérage *s.m.* 1. compadrio; 2. (*fig.*) cumplicidade, conivência.
compère *s.m.* 1. compadre; 2. (*fig.*) comparsa, cúmplice (de prestidigitador, trapaceiro).
compétence *s.f.* competência.
compétent e *adj.* competente.
compétiteur trice *s.* competidor, contendor.
compétition *s.f.* competição.
compilation *s.f.* compilação.
compiler *v.t.* compilar.
complainte *s.f.* nênia.
complaire *v.int.* agradar. (*Conj. 82*)
complaisance *s.f.* complacência, favor; *de* — gracioso.
complaisant e *adj.* complacente.
complément *s.m.* complemento.

complémentaire *adj.* complementar.
complet¹ ète *adj.* completo; *au grand —* em peso.
complet² *s.m.* terno.
compléter *v.t.* completar. (*Conj. 13*)
complexe *adj.* complexo; *s.m.* complexo; *faire un —* criar um complexo.
complexion *s.f.* compleição.
complexité *s.f.* complexidade.
complication *s.f.* complicação.
complice *s.* cúmplice.
complicité *s.f.* cumplicidade; conivência.
compliment *s.m.* cumprimento.
complimenter *v.t.* cumprimentar.
compliqué e *adj.* complicado.
compliquer *v.t.* complicar.
complot *s.m.* complô; conspiração.
comploter *v.int.* conspirar.
componction *s.f.* compunção.
comportement *s.m.* comportamento.
comporter *v.t.* comporter; *se — v.pron.* comportar-se.
composer *v.t.* 1. compor; 2. discar (número de telefone); *v.int.* transigir; *se —* compor-se.
compositeur *s.m.* compositor.
composition *s.f.* 1. composição; *être de bonne —* ser de índole acomodatícia. 2. redação (escolar).
compote¹ *s.f.* compota; *en — loc.adv.* em pedaços; machucado.
compote² *s.f.* (*gír.esc.*) o mesmo que *composition 2.*
compotier *s.m.* compoteira.
compréhensible *adj.* compreensível.
compréhensif ive *adj.* compreensivo.
compréhension *s.f.* compreensão.
comprendre *v.t.* 1. compreender; *se faire —* falar com clareza; 2. abranger. (*Conj. 81*)
compresseur *adj.; s.m.* compressor.
compresse *s.f.* compressa.
compression *s.f.* compressão.
comprimé e *adj.; s.m.* comprimido.
comprimer *v.t.* comprimir.
compris e *adj.* 1. compreendido; 2. incluído.
compromettant e *adj.* comprometedor.
compromettre *v.t.* comprometer. (*Conj. 76*)
compromis *s.m.* compromisso.
compromission *s.f.* (*depr.*) compromisso, comprometimento.
comptabiliser *v.t.* contabilizar, escriturar.
comptabilité *s.f.* contabilidade.

comptable *s.m.* guarda-livros, contador.
comptant *s.m.; loc.; au —* à vista.
compte *s.m.* 1. conta, cálculo; *— courant* conta corrente; *à bon —* barato; *avoir son —* ter o que merece; *en fin de —* afinal de contas; *être loin de —* enganar-se muito; *son — est bon* não perde por esperar; *tenir — de* levar em conta; *trouver son —* não perder nada (num negócio); 2. *— rendu* relatório, resenha; *rendre — de* resenhar, relatar, analisar.
compte-gouttes *s.m.* conta-gotas.
compter *v.t.* e *int.* contar; *— sur* contar com.
compteur *s.m.* medidor; *— de vitesse* velocímetro.
comptine *s.f.* fórmula cantada ou falada de seleção em jogo infantil.
comptoir *s.m.* 1. balcão (de loja, de bar); 2. escritório (comercial), agência, sucursal.
comte *s.m.* conde.
comtesse *s.f.* condessa.
con *s.m.* (*chulo*) 1. vagina (órgão sexual feminino); 2. (*fig.*) idiota; *s.m.* estúpido.
concasser *v.t.* britar.
concave *adj.* côncavo.
concavité *s.f.* concavidade.
concéder *v.t.* conceder. (*Conj. 13*)
concentration *s.f.* concentração.
concentrer *v.t.* concentrar, condensar.
concentrique *adj.* concêntrico.
concept *s.m.* conceito.
conception *s.f.* concepção.
concerner *v.t.* concernir, dizer respeito a.
concert *s.m.* concerto; *de —* de comum acordo.
concertation *s.f.* chegada a um acordo.
concerter *v.t.* concertar, ajustar, combinar.
concertiste *s.* concertista.
concerto *s.m.* concerto (espécie de composição musical).
concessif ive *adj.* concessivo.
concession *s.f.* concessão.
concessionnaire *s.* concessionário.
concevable *adj.* concebível.
concevoir *v.t.* conceber. (*Conj. 53*)
concierge *s.m.* porteiro, zelador; *s.f.* porteira, zeladora.
concile *s.m.* concílio.
conciliable *adj.* conciliável.
conciliabule *s.m.* conciliábulo.
conciliation *s.f.* conciliação.
conciliateur trice *adj.* conciliador.

concilier v.t. conciliar; *se — v.pron.* conquistar. (*Conj. 23*)
concis e adj. conciso.
concision s.f. concisão.
concitoyen enne s. concidadão.
concluant e adj. concludente, categórico.
conclure v.t. concluir, finalizar. (*Conj. 63*)
conclusion s.f. conclusão.
conçois, conçoit, conçoive V. *concevon.*
concombre s.m. pepino.
concomitance s.f. concomitância.
concomitant e adj. concomitante.
concordance s.f. concordância.
concordat s.m. concordata.
concorde s.f. concórdia.
concorder v.int. concordar.
concourir v.int. concorrer. (*Conj. 27*)
concours s.m. concurso; afluência; ajuda; encontro; competição.
concret ète adj. concreto.
concrétion s.f. concreção.
concrétiser v.t. concretizar.
conçu e *part. pass.* de *concevoir.*
concubine s.f. concubina.
conçûmes V. *concevoir.*
concupiscence s.f. concupiscência.
conçurent V. *concevoir.*
concurrence s.f. concorrência; *jusqu'à — de,* até o limite de.
concurrencer v.t. fazer concorrência a, competir com.
concurrent e adj.; s. concorrente.
conçus, conçut V. *concevoir.*
concussion s.f. concussão.
condamner v.t. condenar.
condensation s.f. condensação.
condenser v.t. condensar; resumir.
condescendance s.f. condescendência.
condescendant e adj. condescendente.
condescendre v.int. condescender.
condiment s.m. condimento, tempero.
condisciple s. condiscípulo.
condition s.f. condição; estado; *à — que* contanto que.
conditionnel elle adj. condicional; s.m. condicional, futuro do pretérito.
conditionnement s.m. condicionamento.
conditionner v.t. condicionar.
condoléances s.f.pl. condolências, pêsames.
condor s.m. condor.
conducteur adj.; s. condutor.
conduire v.t. conduzir; v.int. dirigir (automóvel). (*Conj. 64*)

conduit s.m. 1. conduto; 2. condutor.
conduite[1] s.f. 1. comando, direção; 2. conduta, procedimento.
conduite[2] s.f. cano, duto.
cone s.m. cone.
confection s.f. 1. confecção, preparo; 2. confecção, fabricação de roupas em série.
confectionner v.t. confeccionar, fabricar.
confédération s.f. confederação.
conférence s.f. conferência; *— au sommet* conferência de cúpula.
conférencier ière s. conferencista.
conférer v.t. conferir. (*Conj. 13*)
confesser v.t. confessar, proclamar.
confesseur s.m. confessor.
confession s.f. confissão.
confessionnal s.m. confessionário.
confessionnel elle adj. confessional.
confetti s.m. confete.
confiance s.f. confiança; *faire — à* depositar confiança em.
confidence s.f. confidência.
confident e s. confidente.
confidentiel elle adj. confidencial.
confier v.t. e int. confiar. (*Conj. 23*)
configuration s.f. configuração.
confiner v.t. confinar.
confins s.m.pl. confins.
confire v.t. confeitar. (*Conj. 91*)
confirmation s.f. confirmação.
confirmer v.t. confirmar.
confiscation s.f. confisco.
confiserie s.f. confeitaria.
confiseur s.m. confeiteiro.
confisquer v.t. confiscar.
confit e V. *confire.*
confiture s.f. geleia (de frutas).
conflagration s.f. conflagração.
conflit s.m. conflito.
confluence s.f. confluência.
confondre v.t. confundir; embaraçar, envergonhar. (*Conj. 87*)
conformer v.t. conformar; *se — v.pron.* conformar-se.
conformité s.f. conformidade.
conformisme s.m. conformismo.
conformiste adj. conformista.
confort s.m. conforto.
confortable adj. confortável.
confrère s.m. confrade.
confrérie s.f. confraria.
confrontation s.f. 1. confrontação; confronto, cotejo; 2. acareação.

confronter *v.t.* confrontar; acarear.
confus e *adj.* confuso; encabulado.
congé *s.m.* **1.** licença; **2.** férias; **3.** despedida; *prendre — de* despedir-se de; **4.** distrato, rescisão de contrato; *donner — à* despedir, dispensar.
congédier *v.t.* despedir. (*Conj. 23*)
congélateur *s.m.* congelador.
congeler *v.t.* congelar. (*Conj. 20*)
congénère *adj.* congênere.
congénital ale aux *adj.* congenital.
congestion *s.f.* congestão.
congestionner *v.t.* congestionar.
Congo *s.m.* Congo.
congolais e *adj.; s.pátr.* congolês.
congratuler *v.t.* felicitar; *se — v.pron.* congratular-se.
congre *s.m.* congro (peixe).
congrégation *s.f.* congregação.
congrès *s.m.* congresso.
congressiste *s.* congressista.
conifère *s.m.* conífera.
conique *adj.* cônico.
conjecture *s.f.* conjetura.
conjecturer *v.t.* conjeturar.
conjonction *s.f.* conjunção.
conjoint e *s.* cônjuge.
conjonctive *s.f.* (*Anat.*) conjuntiva.
conjonctivite *s.f.* conjuntivite.
conjoncture *s.f.* conjuntura.
conjugaison *s.f.* conjugação.
conjugal e aux *adj.* conjugal.
conjuguer *v.t.* conjugar.
conjuration *s.f.* **1.** conjuração; **2.** conjuro.
conjuré e *s.* conjurado.
conjurer *v.int.* conjurar.
connaissance *s.f.* **1.** conhecimento; *faire la — de* travar conhecimento com; **2.** conhecido; **3.** consciência; *perdre —* desmaiar; *reprendre —* voltar a si.
connaissement *s.m.* conhecimento; nota de despacho de mercadorias.
connaisseur euse *s.* conhecedor, entendido.
connaître *s.m.* conhecer; *je ne le connais ni d'Eve ni d'Adam* nunca o vi mais gordo; *se — en* ou *à v.pron.* ser entendedor de, entender muito de.
connexité *s.f.* conexidade.
connexion *s.f.* conexão, nexo.
connivence *s.f.* conivência.
connivent e *adj.* conivente.
connu, connûres, connurent, connus, connut V. *connaître.*

conquérant *s.m.* conquistador.
conquérir *v.t.* conquistar. (*Conj. 24*)
conquête *s.f.* conquista.
consacrer *v.t.* consagrar.
consanguin e *adj.* consanguíneo.
consanguinité *s.f.* consanguinidade.
consciemment *adv.* conscientemente.
conscience *s.f.* consciência.
consciencieux euse *adj.* conscencioso.
conscient e *adj.* consciente.
conscription *s.f.* alistamento, conscrição.
conscrit *s.m.* conscrito.
consécration *s.f.* consagração, confirmação.
consécutif ive *adj.* consecutivo.
conseil *s.m.* **1.** conselho; *— de révision* comissão de recrutamento; **2.** conselheiro; *— judiciaire* tutor, curador.
conseiller[1] *v.t.* aconselhar.
conseiller[2] **ère** *s.* conselheiro.
consensus *s.m.* consenso.
consentement *s.m.* consentimento.
consentir *v.int.* consentir. (*Conj. 38*)
conséquence *s.f.* consequência; *ne pas tirer à —* não ter importância.
conséquent e *adj.* consequente.
conservateur trice *s.* conservador.
conservation *s.f.* conservação.
conservatisme *s.m.* conservantismo, conservadorismo.
conservatoire *s.m.* conservatório.
conserve *s.f.* **1.** conserva, enlatado; **2.** *de — juntos; agir de —* agir de acordo.
conserver *v.t.* conservar.
considérable *adj.* considerável.
considérant *s.m.* considerando.
considération *s.f.* consideração.
considérer *v.t.* considerar. (*Conj. 13*)
consignation *s.f.* consignação.
consigne *s.f.* **1.** senha; **2.** ordem, instrução; **3.** depósito de bagagens (nas estações).
consigner *v.t.* **1.** consignar; **2.** proibir; reter por castigo; *— sa porte à* proibir a entrada de; **3.** mandar em consignação.
consistance *s.f.* consistência.
consistant e *adj.* consistente.
consister *v.int.* consistir.
consistoire *s.m.* consistório.
consolateur trice *adj.; s.* consolador.
consolation *s.f.* consolação.
console *s.f.* (*Arquit.* e *Mús.*) consolo.
consoler *v.t.* consolar.
consolidation *s.f.* consolidação.
consolider *v.t.* consolidar.

consommateur trice s. **1.** consumidor; **2.** freguês (de restaurante, café).
consommation s.f. **1.** consumação; **2.** consumo (de comida ou bebida em café, restaurante).
consommé[1] **e** adj. perfeito, consumado.
consommé[2] s.m. caldo de carne.
consommer v.t. **1.** consumir; **2.** consumar.
consomption s.f. consunção, definhamento.
consonance s.f. consonância.
consonne s.f. consoante.
consort adj.; s.m. consorte.
consortium s.m. consórcio.
conspirateur trice s. conspirador.
conspiration s.f. conspiração.
conspirer v.int. conspirar.
conspuer v.t. vaiar.
constamment adv. constantemente.
constance s.f. constância.
constant e adj. constante.
constatation s.f. constatação, verificação.
constater v.t. constatar, verificar, notar, comprovar.
constellation s.f. constelação.
consternation s.f. consternação.
consterner v.t. consternar.
constipation s.f. constipação; prisão de ventre.
constiper v.t. constipar, causar prisão de ventre a.
constituant e adj.; s. constituinte.
constituer v.t. constituir.
constitution s.f. constituição.
constitutionnel elle adj. constitucional.
constructeur trice s. construtor.
constructif ive adj. construtivo.
construction s.f. construção. (Conj. 64)
consul s.m. cônsul.
consulaire adj. consular.
consulat s.m. consulado.
consultant e adj.; s. consultor.
consultatif ive adj. consultativo.
consultation s.f. **1.** consulta; **2.** parecer.
consulter v.t. e int. consultar.
consumer v.t. consumir.
contact s.m. contato.
contacter v.t. entrar em contato com, contatar.
contagieux euse adj. contagioso.
contagion s.f. contágio.
contamination s.f. contaminação.
contaminer v.t. contaminar.
conte s.m. conto; — *de fées* conto da carochinha.

contemplateur trice s. contemplador.
contemplatif ive adj. contemplativo.
contemplation s.f. contemplação.
contempler v.t. contemplar.
contemporain e adj.; s. contemporâneo.
contempteur trice s. contemptor, denigridor, denigrador.
contenance s.f. atitude, postura; *faire bonne* — manter a linha; *perdre* — ficar sem graça; *se donner une* — disfarçar o próprio embaraço.
contenir v.t. conter. (Conj. 41)
content e adj. contente.
contentement s.m. contentamento.
contenter v.t. contentar, satisfazer.
contentieux euse adj.; s.m. contencioso.
contenu s.m. conteúdo.
conter v.t. contar, narrar; *en* — *à* enganar, embair.
contestable adj. contestável.
contestataire adj.; s. contestatário.
contestation s.f. contestação.
conteste *sans* — loc. adv. incontestavelmente.
contester v.t. contestar, impugnar; v.int. discutir.
conteur s.m. narrador.
contexte s.m. contexto; (fig.) situação.
contigu ë adj. contíguo.
contiguïté s.f. contiguidade.
continence s.f. continência, abstinência.
continent[1] s.m. continente.
continent[2] **e** adj. casto; (fig.) sóbrio.
continental e aux adj. continental.
contingence s.f. contingência.
contingent adj. contingente.
contingentement s.m. contingenciamento.
contingenter v.t. contingenciar.
continu e adj. contínuo.
continuateur trice s. continuador.
continuation s.f. continuação.
continuel elle adj. continuado, contínuo.
continuer v.t. e int. continuar.
continuité s.f. continuidade.
contondant e adj. contundente.
contorsion s.f. contorção.
contour s.m. contorno.
contourner v.t. contornar.
contraceptif ive adj.; s.m. contraceptivo.
contraception s.f. contracepção.
contractant e adj.; s. contraente.
contracter v.t. **1.** contrair; **2.** contratar.
contractuel elle adj. contratual.
contraction s.f. contratação.

contradiction s.f. contradição.
contradictoire adj. contraditório.
contraindre v.t. constranger, obrigar. (*Conj. 67*)
contrainte s.f. constrangimento, sujeição, coação.
contraire adj. contrário; *au* — pelo contrário.
contrarier v.t. contrariar. (*Conj. 23*)
contrariété s.f. contrariedade, aborrecimento.
contraste s.m. contraste.
contraster v.int. e t. contrastar.
contrat s.m. contrato, convenção, pacto; — *d'assurance* contrato de seguro.
contravention s.f. 1. contravenção; 2. multa.
contre prep., adv. e s.m. contra, em troca de; *par* — pelo contrário; *tout* — pegadinho.
contre-amiral aux s.m. contra-almirante.
contre-attaque s.f. contra-ataque.
contrebalancer v.t. contrabalançar. (*Conj. 14*)
contrebande s.f. contrabando.
contrebandier ière s. contrabandista.
contrebas *en* — loc.adv. em nível mais baixo.
contrebasse s.f. contrabaixo.
contrecarrer v.t. opor-se a, contrariar.
contrecœur *à* — a contragosto.
contre-coup s.m. efeito indireto, consequência, reação.
contre-courant s.m. contracorrente f.
contredanse s.f. 1. contradança; 2. (*fam.*) contravenção.
contredire v.t. contradizer. (*Conj. 71*)
contredit *sans* — loc. adv. incontestavelmente.
contrée s.f. região.
contre-espionnage s.m. contraespionagem.
contrefaçon s.f. contrafação, falsificação.
contrefaire v.t. contrafazer, imitar, arremedar. (*Conj. 73*)
contrefait e adj. contrafeito.
contreficher, se v.pron. (*pop.*) zombar de, não ligar a mínima.
contrefort s.m. contraforte.
contrefoutre, se v.pron. (*pop.*) o mesmo que *contreficher, se.*
contre-indiquer v.t. contraindicar.
contre-jour s.m. contraluz; *à* — de costas para a luz.
contremaître s.m. contramestre.

contremarque s.f. 1. contramarca; 2. senha.
contre-mine s.f. contramina.
contre-offensive s.f. contraofensiva.
contrepartie s.f. contrapartida.
contre-pied *prendre le* — *de* fazer exatamente o contrário de.
contre-plaqué s.m. folheado, compensado.
contre-point s.m. contraponto.
contrepoids s.m. contrapeso.
contrepoison s.m. contraveneno.
contrer v.t. 1. desafiar (em jogo de cartas); 2. enfrentar.
contre-révolution s.f. contrarrevolução.
contresigner v.t. rubricar, referendar.
contretemps s.m. contratempo, contrariedade.
contre-torpilleur s.m. contratorpedeiro.
contre-valeur s.f. equivalente, compensação.
contrevenant s.m. transgressor, infrator.
contrevenir v.int. transgredir, infringir.
contrevent s.m. contravento, persiana f.
contrevoie s.f. contramão.
contribuable s.m. contribuinte.
contribuer v.int. contribuir.
contribution s.f. contribuição; *mettre à* — recorrer a, explorar.
contrit e adj. contrito.
contrition s.f. contrição.
contrôle s.m. controle, fiscalização, aferição; *le* — *des naissances* o controle da natalidade; *perdre le* — *de soi-même* descontrolar-se.
contrôler v.t. controlar, fiscalizar.
contrôleur s.m. inspetor, fiscal.
contrordre s.m. contraordem; contra-aviso.
controverse s.f. controvérsia.
controverser v.t. controverter, discutir.
controuvé e adj. inventado, forjado.
contusion s.f. contusão.
convaincre v.t. convencer. (*Conj. 94*)
convalescence s.f. convalescência.
convalescent e adj. convalescente.
convenable adj. conveniente.
convenance s.f. conveniência.
convenir v.int. convir. (*Conj. 42*)
convention s.f. convenção.
conventionnel elle adj. convencional; s.m. convencional, membro da Convenção Nacional (1792).
convergence s.f. convergência.
convergent e adj. convergente.

converger *v.int.* convergir. (*Conj. 19*)
convers e *adj.* converso.
conversation *s.f.* conversação, conversa.
converser *v.int.* conversar, palestrar.
conversion *s.f.* conversão.
convertible *adj.* conversível.
convertir *v.t.* converter.
convexe *adj.* convexo.
convexité *s.f.* convexidade.
conviction *s.f.* convicção, certeza.
convier *v.t.* convidar. (*Conj. 23*)
convive *s.* conviva.
convocation *s.f.* convocação.
convoi *s.m.* 1. comboio; 2. cortejo fúnebre.
convoiter *v.t.* cobiçar.
convoitise *s.f.* cobiça.
convoler *v.int.* — *en justes noces* (*fam.* e irônico) contrair casamento.
convoquer *v.t.* convocar.
convoyer *v.t.* comboiar, escoltar. (*Conj. 21*)
convulsif ive *adj.* convulsivo.
convulsion *s.f.* convulsão.
coolie *s.m.* cule.
coopérant *s.m.* cooperador (jovem voluntário que, em vez de serviço militar, executa serviço civil no estrangeiro).
coopération *s.f.* cooperação.
coopérative *s.f.* cooperativa.
coopérer *v.int.* cooperar. (*Conj. 13*)
coordination *s.f.* coordenação.
coordonner *v.t.* coordenar.
copain *s.m.* (*fam.*) companheiro, chapa.
coparticipation *s.f.* coparticipação.
copayer *s.m.* copaíba.
copeau eaux *s.m.* apara, lasca.
copiage *s.m.* cola (cópia feita clandestinamente em exame escrito).
copie *s.f.* 1. cópia; 2. original (para ser impresso); 3. trabalho escolar.
copier *v.t.* 1. copiar; 2. colar (em exame). (*Conj. 23*)
copieux euse *adj.* copioso, abundante; lauto.
copilote *s.m.* copiloto.
copine *s.f.* (*fam.*) companheira, amiga.
copiste *s.* copista.
copropriétaire *s.* coproprietário, condômino.
copropriété *s.f.* copropriedade, condomínio.
copte *adj.; s.pátr.* copta.
copulation *s.f.* copulação, cópula.
coq *s.m.* galo; *vivre comme un — en pâte* ser mimado, estar como peixe na água.

coq-à-l'âne *s.m.* transição absurda, disparate.
coque *s.f.* 1. casca (de ovo, noz); 2. concha; 3. coque (de cabelos); 4. casco (de navio).
coquelicot *s.m.* papoula.
coqueluche *s.f.* coqueluche.
coquet te *adj.* coquete, provocante; (*fam.*) considerável (importância); de bom gosto, agradável à vista.
coqueter *v.int.* ser coquete, flertar.
coquetier *s.m.* oveiro (vasilha de servir ovos à mesa).
coquetterie *s.f.* coquetismo, garridice, faceirice.
coquillage *s.m.* 1. marisco; 2. concha.
coquillard *s.m.* (*gír.*) olho; *s'en tamponner le* — não ligar a mínima.
coquille[1] *s.f.* 1. concha; — *Saint-Jacques* vieira; 2. casca.
coquille[2] *s.f.* erro tipográfico, gralha.
coquin e *adj.* e *s.* patife.
cor[1] *s.m.* (*Mús.*) trompa; — *anglais* corne-inglês.
cor[2] *s.m.* calo.
corail aux *s.m.* coral.
corbeau eaux *s.m.* corvo.
corbeille *s.f.* cesta, corbelha.
corbillard *s.m.* carro fúnebre, rabecão.
cordage *s.m.* corda; cordame.
corde *s.f.* 1. corda; *avoir plusieurs —s à son arc* ser homem de sete instrumentos; 2. fio, trama; *montrer la* — ser surrado (traje).
cordeau eaux *s.m.* cordel, fio, cordão.
cordée *s.f.* cordel, enfiada.
cordial e aux *adj.; s.m.* cordial.
cordialité *s.f.* cordialidade.
cordier *s.m.* cordoeiro.
cordillère *s.f.* cordilheira.
cordon *s.m.* cordão.
cordon-bleu *s.m.* cozinheira excelente.
cordonnier *s.m.* sapateiro; *les —s sont les plus mal chaussés* casa de ferreiro, espeto de pau.
coreligionnaire *s.* correligionário.
coriace *adj.* coriáceo.
coriandre *s.f.* coentro.
cornac *s.m.* cornaca.
corne *s.f.* 1. corno, chifre; *prendre le taureau par les* — enfrentar galhardamente uma dificuldade; 2. orelha (em página de livro); 3. — *à chaussures* calçadeira.
cornée *s.f.* (*Anat.*) córnea.

corneille *s.f.* gralha.
cornemuse *s.f.* cornamusa, gaita de foles.
corner[1] *v.int.* buzinar.
corner[2] *v.t.* dobrar (o canto de cartão de visita).
cornet[1] *s.m.* cartucho, invólucro de papel; casquinha (de sorvete).
cornet[2] *s.m.* (*Mús.*) 1. corneta; 2. corneteiro.
corniche *s.f.* cornija.
cornichon *s.m.* pepino em conserva; (*fig.*) bobo.
cornue *s.f.* retorta.
corollaire *s.m.* corolário.
corolle *s.f.* corola.
coronaire *adj.; s.f.* coronária.
coronarite *s.f.* lesão das artérias coronárias.
corporal e aux *adj.* corporal.
corporatif ive *adj.* corporativo.
corporation *s.f.* corporação.
corporel elle *adj.* corporal, corpóreo.
corps *s.m.* corpo; — *de logis* parte principal de uma construção; *à — perdu* com impetuosidade; *à son — défendant* contra a vontade.
corpulence *s.f.* corpulência.
corpulent e *adj.* corpulento.
corpuscule *s.m.* corpúsculo.
correct e *adj.* correto.
correcteur *s.m.* revisor tipográfico.
correction *s.f.* correção.
correctionnel elle *adj.* correcional.
corrélation *s.f.* correlação.
correspondance *s.f.* correspondência.
correspondant e *adj.; s.* correspondente.
correspondre *v.int.* corresponder. (*Conj.* 87)
corrigé *s.m.* correção.
corriger *v.t.* corrigir. (*Conj.* 19)
corroborer *v.t.* corroborar.
corroder *v.t.* corroer.
corrompre *v.t.* corromper. (*Conj.* 90)
corrosif ive *adj.* corrosivo.
corrosion *s.f.* corrosão.
corrupteur trice *adj.; s.* corruptor.
corruption *s.f.* corrupção.
corsage *s.m.* corpete, corpinho.
corsaire *s.m.* corsário.
Corse *s.f.* Córsega.
corse *adj.; s.pátr.* corso.
corsé e *adj.* 1. capitoso; 2. escabroso.
corser *v.t.* avolumar, encorpar; *se — v.pron.* tomar corpo, complicar-se.
corset *s.m.* espartilho, corpete.
cortège *s.m.* cortejo, séquito.
cortisone *s.m.* cortisona.
corvée *s.f.* corveia; (*fig.*) maçada, espeto.
corvette *s.f.* corveta.
coryza *s.m.* coriza.
cosaque *adj.; s.pátr.* cossaco.
cosinus *s.m.* cosseno.
cosmétique *adj.; s.f.* cosmético.
cosmique *adj.* cósmico.
cosmogonie *s.f.* cosmogonia.
cosmographie *s.f.* cosmografia.
cosmonaute *s.m.* cosmonauta.
cosmopolite *adj.; s.* cosmopolita.
cosmos *s.m.* cosmo.
cosse[1] *s.f.* casca, vagem.
cosse[2] (*fam.*) preguiça.
cossu e *adj.* abastado, suntuoso.
costard *s.m.* (*pop.*) terno de homem.
Costa Rica *s.m.* Costa Rica.
costaricien enne *adj.; s.pátr.* costa-riquenho.
costaud e *adj.* atarracado.
costière *s.f.* alçapão (de teatro).
costume *s.m.* costume, traje.
costumer, se *v.pron.* fantasiar-se.
cote *s.f.* 1. cota, quota; 2. cotação.
côte *s.f.* 1. costela; 2. encosta; 3. costa; — *à* — lado a lado; 4. gomo.
côté *s.m.* lado; *à — de* ao lado de; *mettre de* — pôr de lado, guardar.
coteau eaux *s.m.* encosta, outeiro.
côtelette *s.f.* costeleta.
coter *v.t.* cotar.
coterie *s.f.* panelinha, grupinho, curriola.
côtier ière *adj.* costeiro, de cabotagem.
cotisation *s.f.* cotização.
cotiser, se *v.pron.* cotizar-se.
coton *s.m.* algodão; *élever dans du —* criar com mimo; (*fig.*) *filer un mauvais —* estar com a saúde comprometida ou em situação perigosa.
cotonnier *s.m.* algodoeiro.
côtoyer *v.t.* costejar, margear. (*Conj.* 21)
cotte *s.f.* 1. (*ant.*) saia; 2. — *à bretelles,* — *de travail* jardineira.
cou *s.m.* pescoço.
couchage *s.m.* 1. possibilidade de deitar-se, dormida; 2. relações sexuais.
couchant *s.m.* poente.
couche *s.f.* 1. cama, leito; 2. camada; 3. *pl.* parto; *fausse —* aborto; 4. fralda, cueiro.
coucher *v.t.* 1. deitar; 2. assentar, inscrever; *se — v. pron.* deitar-se.

couchette *s.f.* leito (de cabina de trem), beliche.
coucheur *s.m. mauvais* — pessoa de convívio difícil.
coucou *s.m.* **1.** cuco; **2.** relógio de cuco; **3.** prímula (flor); **4.** avião antigo.
coude *s.m.* cotovelo; *jouer des* — *s* abrir caminho a cotoveladas; (*fam.* e *fig.*) *lever le* — encher a cara.
coudée *s.f. avoir les* —*s franches* ter liberdade de ação.
coudoyer *v.t.* acotovelar. (*Conj. 21*)
coudre *v.t.* coser, costurar. (*Conj. 66*)
coudrier *s.m.* aveleira, avelaneira.
couenne *s.f.* couro de porco, raspado.
couille *s.f.* (*chulo*) colhão, testículo, bago.
couillon onne *adj.; s.* cretino, imbecil.
couiner *v.int.* guinchar.
coulage *s.m.* **1.** moldagem; escoamento; **2.** esbanjamento, desperdício.
couler[1] *v.int.* **1.** correr, fluir; *se la* — *douce* ter sombra e água fresca; **2.** ir a pique; *v.t.* afundar.
couler[2] *v.t.* moldar, escoar.
couleur *s.f.* **1.** cor; **2.** tinta; **3.** naipe; *sous* — *de* sob pretexto de; (*fig.*) *en faire voir de toutes les* —*s à* irritar, exasperar; *haut en* — muito corado.
couleuvre *s.f.* cobra (não venenosa); (*fig.*) *avaler des* —*s* engolir sapos, sofrer humilhações.
coulisse *s.f.* **1.** corrediça; **2.** bastidor (de teatro).
coulissier *s.m.* corretor imobiliário.
couloir *s.m.* corredor.
coup *s.m.* **1.** golpe, pancada, tiro; *à* — *de* com o auxílio de; *ça vaut le* — vale a pena; *du* — desta vez; *faire les quatre cents* —*s* levar vida desregrada; pintar o sete; *rouer de* —*s* moer de pancadas; *sale* — safadeza; *sans* — *férir* sem encontrar resistência; *tenir le* — aguentar firme; **2.** tiro; *à* — *sûr* infalivelmente; **3.** movimento brusco; **4.** vez; *après* — ulteriormente; *boire un* — beber um copo de vinho; — *sur* — sem interrupção; *du* — desta vez; *encore un* — mais uma vez; *pour le* — por hora; **5.** — *d'archet* arcada; — *d'aviron* remada; — *de baïonnette* baionetada; — *de balai* vassourada; — *de bâton* bengalada; — *de bec* bicada; — *de boutoir* dito brutal; — *de brosse* escovadela; — *de canon* canhonaço; — *de chapeau* barretada; — *de ciseaux* tesourada; — *de corne* marrada; — *de coude* cotovelada; — *de couteau* facada; — *de crosse* coronhada; — *de dent* dentada; — *de dés* lance de dados; — *de fer* passada de ferro de engomar; — *de feu* tiro; — *de fil* telefonema; — *de filet* lanço de rede; — *de foudre* amor à primeira vista; — *de fouet* chicotada, vergastada; — *de frein* freada; — *de fusil* **1.** tiro; **2.** (*fig.*) conta extorsiva de restaurante; — *de grâce* golpe de misericórdia; — *de griffe* unhada; — *de hache* machadada; — *de Jarnac* ataque traiçoeiro; — *de langue* maledicência; — *de l'étrier* último gole; — *de main* **1.** ajuda; **2.** ataque de surpresa, golpe; — *de marteau* martelada; — *de masse* martelada; — *d'épaule* auxílio; — *d'épée* estocada; — *d'épée dans l'eau* esforço inútil; — *de patte* patada; indireta; — *de pied* pontapé; — *de pinceau* pincelada; — *d'épingle* alfinetada; — *de poignard* punhalada; — *de poing* murro; — *de pompe* bombada; (*fig.*) esgotamento; — *de pouce* mãozinha, última demão; — *de sabre* sabraço; — *de sang* congestão; — *de soleil* insolação; — *d'essai* primeira tentativa; — *d'Etat* golpe de Estado; — *de téléphone* telefonema; — *de tête* cabeçada; — *de théâtre* lance teatral; — *de trompe* trompaço; — *de vent* lufada; — *d'œil* olhadela, relance; — *franc* pênalti; *être dans le* — tomar parte na ação; *tenir le* — aguentar a mão.
coupable *adj.; s.* culpado.
coupant e *adj.* cortante; *s.m.* gume, fio.
coupe[1] *s.f.* **1.** taça; **2.** (*Esp.*) copa, competição esportiva.
coupe[2] *s.f.* corte; *être sous la* — *de* depender de.
coupe-circuit *s.m.* disjuntor.
coupe-feu *s.m.* aceiro.
coupe-file *s.m.* passe.
coupe-gorge *s.m.* valhacouto de ladrões.
coupe-papier *s.m.* espátula.
couper *v.t.* **1.** cortar; **2.** misturar (vinho); **3.** (*fam.*) — *à* escapar-se; *se* — *v.pron.* **1.** cortar-se; **2.** (*fam.*) contradizer-se; trair-se.
couperet *s.m.* trinchante.
couperose *s.f.* (*Med.*) **1.** caparrosa; **2.** acne, roséola.
couperosé e *adj.* atacado de roséola.
couple *s.m.* **1.** parelha; **2.** par, casal.
couplet *s.m.* copla, quadra.
coupole *s.f.* cúpula; *sous la Coupole* na Academia Francesa.

coupon *s.m.* 1. cupom; 2. retalho (de tecido).
coupure *s.f.* corte; — *de journal* recorte.
cour[1] *s.f.* quintal, pátio; *n'en jetez plus, la — est pleine* (*fam.*) basta isto, sobre este assunto.
cour[2] *s.f.* corte (de rei etc.); *faire la — à* cortejar; *la — du roi pétaud* casa da sogra.
cour[3] *s.f.* corte, tribunal; — *d'assises* tribunal do júri; — *des comptes* tribunal de contas.
courage *s.m.* coragem; *prendre son — à deux mains* fazer das tripas coração.
courageux euse *adj.* corajoso.
couramment *adv.* correntemente.
courant[1] **e** *adj.* corrente.
courant[2] *s.m.* corrente; *tenir au —* manter a par.
courbaril *s.m.* jatobá.
courbature *s.f.* quebrantamento, prostração.
courbe[1] *adj.* curvo.
courbe[2] *s.f.* curva.
courber *v.t.* curvar, dobrar.
courbette *s.f.* curveta; *pl.* reverências, mesuras.
courbure *s.f.* curvatura.
coureur *s.m.* 1. corredor; 2. competidor em corrida; 3. — *de filles* femeeiro, mulherengo.
coureuse *s.f.* marafona.
courge *s.f.* abóbora.
courgette *s.f.* abobrinha.
courir *v.int.* correr; *v.t.* perseguir, disputar. (*Conj. 27*)
couronne *s.f.* coroa.
couronnement *s.m.* coroamento.
couronner *v.t.* coroar.
courre *v.t.* (*ant.*) perseguir a caça; *chasse à —* caça a cavalo, com galgos.
courrier *s.m.* 1. correio; 2. correspondência (do dia).
courriériste *s.* cronista.
courroie *s.f.* correia.
courroucer *v.t.* encolerizar, enfurecer.
courroux *s.m.* cólera, ira.
cours *s.m.* 1. curso; *reprendre son —* recomeçar; 2. aula; 3. cotação (na Bolsa); 4. alameda.
course *s.f.* 1. carreira, corrida; — *de taureaux* tourada; 2. *pl.* compras.
coursier *s.m.* corcel.
court[1] **e** *adj.* curto, breve; *adv.* curto; *couper — à* interromper; *demeurer —* ficar sem palavra; *tourner —* dar uma guinada; *tout —* sem mais nada; *loc.adv. à — de* sem.
court[2] *s.m.* quadra (de tênis).
courtage *s.m.* corretagem.
court-circuit *s.m.* curto-circuito.
courtepointe *s.f.* colcha bordada.
courtier *s.m.* corretor.
courtisan *s.m.* cortesão, áulico; adulador.
courtisan e *s.f.* cortesã.
courtiser *v.t.* 1. cortejar; 2. bajular; 3. namorar.
courtois e *adj.* cortês.
courtoisie *s.f.* cortesia.
couru e *adj.* (*fam.*) previsto, certo; *c'est —* são favas contadas.
cousais, couse etc. V. *coudre*.
couscous *s.m.* cuscuz (marroquino).
cousette *s.f.* costureirinha.
cousin[1] *s.m.* primo.
cousin[2] *s.m.* pernilongo.
cousine *s.f.* prima.
coussin *s.m.* almofada, coxim.
coussinet *s.m.* 1. pequena almofada; 2. dormente (de estrada de ferro).
cousu e *adj.* (*part.* de *coudre*) cosido; *c'est — de fil blanc* é manjado.
coût *s.m.* custo.
couteau eaux *s.m.* faca; cutelo; *être à —x tirés avec* estar de ponta com.
coutelas *s.m.* cutela, cutelo.
coutelier *s.m.* cuteleiro.
coutellerie *s.f.* cutelaria.
coûter *v.t.* e *int.* custar; *coûte que coûte* custe o que custar.
coûteux euse *adj.* custoso, dispendioso.
coutil *s.m.* cotim, brim.
coutume *s.f.* costume, hábito; *de —* habitualmente.
coutumier ière *adj.* acostumado, costumeiro.
couture *s.f.* costura; *sur toutes les —s* em todos os sentidos; *battre à plate —* vencer completamente; derrotar.
couturier *s.m.* costureiro.
couturière *s.f.* modista.
couvée *s.f.* ninhada.
couvent *s.m.* convento.
couver *v.t.* chocar, incubar; premeditar; *v.int.* existir às escondidas.
couvercle *s.m.* tampa.
couvert[1] **e** *adj.* coberto; encoberto; *à mots —s* em termos velados.
couvert[2] *s.m.* talher.

couverture *s.f.* 1. cobertura, coberta, cobertor; 2. capa (de livro ou caderno).
couveuse *s.f.* 1. galinha choca; 2. chocadeira, incubadora.
couvre-feu *s.m.* toque de recolher.
couvre-lit *s.m.* colcha.
couvreur *s.m.* telhador.
couvrir *v.t.* cobrir (*Conj. 36*)
coyote *s.m.* coiote (mamífero).
crabe *s.m.* caranguejo.
crachat *s.m.* 1. escarro; 2. crachá.
cracher *v.t.* escarrar, cuspir; (*fam.*) pagar.
crachin *s.m.* chuvisco, garça.
crachoir *s.m.* escarradeira; *tenir le —* (*fam.*) falar sem parar.
crack *s.m.* craque.
craie *s.f.* 1. giz; 2. cré.
craignais, craignions etc. V. *craindre*.
craindre *v.t.* recear, temer. (*Conj. 67*)
crainte *s.f.* receio, temor.
craintif ive *adj.* medroso.
cramer *v.t.* (*fam.*) queimar.
cramoisi e *adj.; s.m.* carmesim.
crampe *s.f.* cãibra.
crampon onne *s.* 1. grampo; 2. (*fig.* e *fam.*) maçante, chato.
cramponner, se *v.pron.* agarrar-se.
cran *s.m.* 1. entalhe; 2. (*fig.*) grau; 3. (*fam.*) coragem, audácia.
crâne¹ *s.m.* crânio.
crâne² *adj.* valente.
crâner *v.int.* (*fam.*) blasonar, bancar o valente.
crânerie *s.f.* (*fam.*) jactância, bazófia.
crâneur *adj.; s.* (*fam.*) gabola, valentão.
crapaud *s.m.* 1. sapo; 2. homem feio, moleque; 3. defeito em pedra preciosa.
crapule *s.f.* crápula, pulha.
crapuleux euse *adj.* crapuloso.
craquement *s.m.* estalido.
craquer *v.int.* estalar.
craqueter *v.int.* estalejar, crepitar.
crasse *s.f.* sujidade, sujeira, safadeza; *adj.* crasso, grosseiro.
crasseux euse *adj.* sujo, imundo.
cratère *s.m.* cratera.
cravache *s.f.* chibata.
cravate *s.f.* gravata.
crayeux euse *adj.* gredoso.
crayon *s.m.* 1. lápis; 2. creiom.
créance *s.f.* 1. crédito; 2. fé; *donner — à* acreditar.
créancier ière *s.* credor.
créateur trice *s.* criador.

création *s.f.* criação.
créativité *s.* criatividade.
créature *s.f.* criatura.
crécelle *s.f.* matraca.
crèche *s.f.* 1. manjedoura, presépio; 2. creche.
crécher *v.int.* (*pop.*) morar.
crédibilité *s.f.* credibilidade.
crédit *s.m.* crédito, influência.
créditer *v.t.* creditar.
créditeur trice *adj.; s.* credor.
crédule *adj.* crédulo, ingênuo.
crédulité *s.f.* credulidade.
créer *v.t.* criar.
crémaillère *s.f.* cremalheira; *pendre la —* inaugurar a nova residência com um jantar.
crématoire *adj.* crematório.
crème *s.f.* 1. creme, nata; 2. nata, fina flor.
crémerie *s.f.* 1. leiteria; 2. comércio de leite e laticínios.
crémeux euse *adj.* cremoso.
crémier *s.m.* dono de leiteria.
créneau eaux *s.m.* ameia.
créole *adj.; s.* crioulo.
crêpe¹ *s.m.* 1. crepe (= tecido transparente); 2. crepe, fumo (= fita de crepe preto em sinal de luto).
crêpe² *s.f.* panqueca.
crêper *v.t.* frisar.
crépi *s.m.* emboço.
crépir *v.t.* emboçar.
crépitation *s.f.* crepitação.
crépitement *s.m.* crepitação.
crépiter *v.int.* crepitar.
crépon *s.m.* crepom.
crépu e *adj.* crespo, encrespado, encarapinhado.
crépuscule *s.m.* crepúsculo.
cresson *s.m.* agrião; *— alénois* mastruço.
crête *s.f.* crista.
crétin e *adj.; s.* cretino.
cretonne *s.f.* cretone.
creuser *v.t.* cavar, escavar; *se — la tête* quebrar a cabeça, dar tratos à bola.
creuset *s.m.* cadinho, crisol.
creux creuse *adj.* oco, vazio; cavo; *s.m.* cavidade.
crevaison *s.f.* estouro; (*pop.*) morte.
crevasse *s.f.* 1. greta, fenda; 2. frieira.
crève *s.f.* (*fam.*) morte; *attraper la —* pegar um resfriado.
crève-cœur *s.m.* dissabor, desgosto, mágoa.

crever v.t. arrebentar; v.int. rebentar, morrer. (Conj. 18)
crevette s.f. camarão.
cri s.m. grito; (fig.) dernier — última novidade; jeter les hauts —s protestar em altos brados.
criailler v.t. dar gritos, berrar.
criard e adj. berrante, chamativo.
crible s.m. peneira, ciranda, crivo.
cribler v.t. 1. crivar, peneirar; 2. crivar, furar em vários pontos; criblé de dettes crivado de dívidas; criblé de coups moído de pancadas.
cric s.m. macaco, carlequim, guincho.
cricri s.m. grilo.
criée s.f. leilão.
crier v.t. e int. gritar; — à l'injustice denunciar a injustiça. (Conj. 23)
crime s.m. crime.
criminalité s.f. criminalidade.
criminel elle adj. criminal, criminoso; s.m. criminoso.
criminologie s.f. criminologia.
crin s.m. crina.
crinière s.f. 1. crina; 2. juba; 3. crineira.
crique s.f. angra, calheta.
criquet s.m. gafanhoto.
crise s.f. crise.
crisper v.t. crispar.
crissement s.m. rangido, chiado.
crisser v.int. ranger, chiar.
cristal aux s.m. cristal.
cristallin e adj.; s.m. cristalino.
cristalliser v.t. e int. cristalizar; se — v.pron. cristalizar-se.
critère s.m. critério.
critique[1] s.f. crítica; s.m. crítico.
critique[2] adj. crítico, perigoso.
critiquer v.t. criticar.
critiqueur adj. criticador.
croasser v.int. crocitar.
croc s.m. croque.
croc-en-jambe s.m. cambapé, rasteira.
croche s.f. colcheia.
crochet s.m. 1. gancho, gazua; vivre aux —s de viver à custa de; 2. crochê; 3. colchete.
crocheter v.t. abrir (com gazua), arrombar. (Conj. 18)
crochu e adj. curvo, ganchoso, adunco.
crocodile s.m. crocodilo.
croire v.int. e t. crer; acreditar; en — à confiar em; dar crédito a. (Conj. 68)
croisade s.f. cruzada.

croisé s.m. (Hist.) cruzado.
croisée s.f. janela.
croisement s.m. cruzamento, encruzilhada.
croiseur s.m. cruzador.
croisière s.f. cruzeiro (viagem de navio).
croissance s.f. crescimento.
croissant s.m. 1. crescente; 2. pãozinho (em forma de meia-lua).
croître v.t. crescer. (Conj. 69)
croix s.f. cruz.
croquant e adj. estalante.
croque-madame s.m. sanduíche misto-quente, com ovo frito.
croque-mitaine s.m. bicho-papão.
croque-monsieur s.m. sanduíche misto-quente.
croque-mort s.m. empregado de funerária.
croquer v.t. 1. trincar; 2. (fig.) dilapidar.
croquis s.m. croqui, esboço.
crosse s.f. coronha.
crosses s.f.pl. chercher des — à procurar briga com.
crotale s.m. crótalo.
crotte s.f. bosta.
crotter v.t. sujar, emporcalhar.
crottin s.m. excremento de cavalo, bosta.
croulant e adj. 1. desmoronadiço; 2. (pop.) decrépito, coroca; coroa.
crouler v.int. desabar.
croup s.m. (Med.) crupe, garrotilho.
croupe s.f. garupa.
croupetons à — loc. adv. de cócoras.
croupier s.m. crupiê.
croupion s.m. rabadilha f. mitra f.; (fam.) cu, traseiro.
croupir v.int. estagnar.
croustillant e adj. que estala sob os dentes; (fig.) licencioso.
croûte s.f. 1. côdea, crosta; casser la — (pop.) comer; casser une — (pop.) tomar uma refeição ligeira; 2. (fam.) quadro ruim.
croyable adv. crível, acreditável.
croyais, croyant, croyions etc. V. croire.
croyance s.f. crença.
croyant e adj.; s. crente.
cru[1] e (part.pass. de croire) acreditado.
cru[2] e adj. cru.
cru[3] s.m. produção, safra, colheita; de son — de sua lavra.
crû e (part. pass. de croître) crescido.
cruauté s.f. crueldade.
cruche s.f. 1. moringa, cântaro, bilha; 2. (fig. e fam.) tolo, bobalhão.

crucial e aux *adj.* crucial.
crucifier *v.t.* crucificar. (*Conj. 23*)
crucifix *s.m.* crucifixo.
cruciverbiste *s.* cruzadista.
crudité *s.f.* 1. crueza; 2. *pl.* frutas e legumes crus.
crue *s.f.* enchente.
cruel elle *adj.* cruel.
crurent, crusse, crut etc. V. *croire*.
crûrent, crûsse, crût etc. V. *croître*.
crustacé *s.m.* crustáceo.
crypte *s.f.* cripta.
cryptogramme *s.m.* criptograma.
cryptographe *s.* criptógrafo.
Cuba *s.m.* Cuba.
cubain e *adj.; s.pátr.* cubano.
cube *s.m.* cubo.
cubique *adj.* cúbico.
cubisme *s.m.* cubismo.
cubiste *adj.; s.* cubista.
cueillette *s.f.* colheita, apanha.
cueillir *v.t.* colher; (*fam.*) pegar. (*Conj. 28*)
cuiller ou **cuillère** *s.f.* colher.
cuillerée *s.f.* colherada.
cuir *s.m.* 1. couro; 2. (*fam.*) erro de pronúncia (especialmente de ligação desnecessária de duas palavras).
cuirasse *s.f.* couraça.
cuirasser *v.t.* couraçar.
cuire *v.t.* cozer, cozinhar; *v.impess.* (*fam.*) en — à causar dissabores a, arrepender-se. (*Conj. 64*)
cuisant e *adj.* pungente.
cuisine *s.f.* cozinha.
cuisiner *v.int.* e *t.* cozinhar.
cuisinier *s.m.* cozinheiro.
cuisinière[1] *s.f.* cozinheira.
cuisinière[2] *s.f.* fogareiro.
cuisse *s.f.* coxa.
cuisson *s.f.* cozedura, cozimento, cocção.
cuistot *s.m.* (*fam.*) mestre-cuca.
cuistre *s.m.* pedante.
cuit e (*part. pass.* de *cuire*) cozido.
cuite *s.f.* pifão, porre, pileque, carraspana.
cuivre *s.m.* cobre.
cul *s.m.* 1. (*chulo*) cu, ânus, bunda; — *par-dessus tête* de cabeça para baixo; *en avoir plein le* — estar com o saco cheio; *être comme — et chemise* ser unha e carne; *lécher le* — à puxar o saco de; *péter plus haut que son* — ter o olho maior que a barriga; 2. *adj.* (*chulo*) idiota, cretino; 3. *s.m.* parte inferior; — *de bouteille* fundo de garrafa; *faire — sec* esvaziar o copo.

culasse *s.f.* culatra.
culbute *s.f.* cambalhota.
culbuter *v.int.* dar uma cambalhota, um trambolhão; *v.t.* derribar, derrubar.
cul-de-jatte *s.m.* homem estropiado das pernas.
cul-de-sac *s.m.* beco sem saída.
culinaire *adj.* culinário.
culminer *v.int.* culminar.
culot *s.m.* 1. borra, sarro; 2. (*fam.*) audácia, topete.
culotte *s.f.* calcinha; calção.
culpabilité *s.f.* culpabilidade.
culte *s.m.* culto.
cul-terreux *s.m.* (*fam.*) camponês.
cultivateur *s.m.* cultivador, agricultor.
cultiver *v.t.* cultivar.
culture *s.f.* 1. cultura; 2. cultivo; — *du blé* triticultura; — *du café* cafeicultura.
culturel elle *adj.* cultural.
cumin *s.m.* cominho.
cumul *s.m.* acumulação (de empregos).
cumulard *s.m.* (*fam.*) cabide de empregos.
cumulatif ive *adj.* acumulativo.
cumuler *v.t.* acumular.
cumulus *s.m.* cúmulo (nuvem).
cupide *adj.* cupido, cobiçoso.
curable *adj.* curável.
curateur *s.m.* curador.
cure[1] *s.f.* cura, tratamento.
cure[2] *s.f.* curato, paróquia.
curé *s.m.* cura, pároco.
cure-dent *s.m.* palito.
curer *v.t.* limpar, esgravatar, palitar.
curetage *s.m.* curetagem.
cureter *v.t.* curetar.
curieux euse *adj.* curioso.
curiosité *s.f.* curiosidade.
curiste *s.* curista.
cutané e *adj.* cutâneo.
cuve *s.f.* cuva, tina, doma.
cuver *v.int.* ficar fermentando; *v.t.* (*fig.* e *fam.*) — *son vin* curtir a bebedeira.
cuvette *s.f.* bacia.
cyanure *s.m* cianureto, cianeto.
cybernétique *s.f.* cibernética.
cyclamate *s.m.* ciclamato.
cyclamen *s.m.* ciclâmen.
cycle *s.m.* ciclo.
cyclique *adj.* cíclico.
cyclisme *s.m.* ciclismo.
cycliste *s.* ciclista.
cyclomoteur *s.m.* bicicleta de motor; velosolex.

cyclone *s.m.* ciclone.
cyclope *s.m.* ciclope.
cygne *s.m.* cisne.
cylindre *s.m.* cilindro.
cylindrique *adj.* cilíndrico.
cymbale *s.f.* (*Mús.*) címbalo *m.*

cynique *adj.* cínico.
cynisme *s.m.* cinismo.
cynocéphale *s.m.* cinocéfalo.
cyprès *s.m.* cipreste.
cypriote *adj.; s.pátr.* cipriota.
cystite *s.f.* (*Med.*) cistite.

D

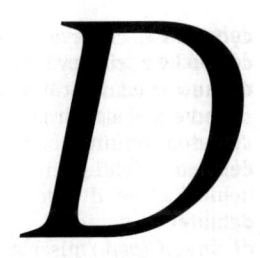

dactylo ou **dactylographe** s. datilógrafo.
dactylographie s.f. datilografia.
dactylographier v.t. datilografar. (*Conj. 23*)
dactyloscopie s.f. datiloscopia.
dada s.m. **1.** (*infant.*) cavalo; **2.** (*fig.*) ideia fixa, mania; **3.** dadaísmo.
dadais s.m. bobo.
dague s.f. adaga.
dahlia s.m. dália.
daigner v.t. dignar-se.
daim s.m. **1.** gamo; **2.** camurça.
dais s.m. dossel; pálio.
dalle s.f. laje; (*pop.*) garganta; *se rincer la* — beber.
daller v.t. lajear.
daltonien enne adj. daltônico.
daltonisme s.m. daltonismo.
damas s.m. damasco.
Damas s.m. Damasco.
dame s.f. dama, senhora; — *d'atour* açafata; — *d'honneur* dama de honor; *interj.* ora!; nossa!
dame-jeanne s.f. garrafão.
damer v.t. fazer dama; — *le pion à* (*fig.*) dar quinau em.
damier s.m. tabuleiro (para o jogo de damas).
damner v.t. condenar (às penas do inferno); (*fig. e fam.*) *faire* — danar, irritar ao extremo.
dandiner, se v.pron. gingar, bambolear.
dandy s.m. dândi.
dandysme s.m. dandismo.
Danemark s.m. Dinamarca.
danger s.m. perigo, risco.
dangereux euse adj. perigoso; nocivo.
danois e adj.; s.pátr. dinamarquês.
dans prep. em, dentro de; — *les cent francs* cerca de cem francos.
danse s.f. dança.
danser v.t. dançar.

danseur euse s. dançarino.
dard s.m. dardo.
darder v.t. dardejar, lançar.
dare-dare loc.adv. a toda pressa.
darne s.f. posta de peixe.
dartre s.f. dartro.
date s.f. data; *faire* — fazer época.
dater v.t. datar; v.int. **1.** datar, existir desde; **2.** estar fora da moda.
datte s.f. tâmara.
dattier s.m. tamareira.
dauphin s.m. **1.** delfim, golfinho; **2.** delfim (= filho primogênito do rei).
dauphine s.f. delfina, esposa do delfim.
daurade s.f. dourado (peixe).
davantage adv. mais; mais tempo.
de prep. de, desde.
dé s.m. **1.** — *à coudre* dedal; **2.** dado (de jogar).
déambuler v.int. deambular; passear.
débâcle s.f. **1.** ruptura do gelo de um rio, degelo; **2.** (*fig.*) debandada, desmoronamento.
déballage s.m. desempacotamento.
déballer v.t. **1.** desempacotar, desembrulhar; **2.** (*fam.*) expor, contar.
débandade s.f. debandada.
débander, se v.pron. debandar.
débarbouiller v.t. lavar (o rosto).
débarcadère s.m. desembarcadouro.
débardeur s.m. estivador.
débarquement s.m. desembarque.
débarquer v.t. **1.** descarregar; **2.** (*fig.*) livrar-se de; v.int. desembarcar.
débarras s.m. **1.** desafogo, alívio; **2.** quarto de despejo; *bon* —! que alívio!; até que enfim!
débarrasser v.t. desembaraçar; desimpedir; *se* — v.pron. livrar-se de.
débat s.m. debate.
débattre v.t. debater, discutir. (*Conj. 60*)

débauche *s.f.* 1. devassidão; 2. excesso.
débauché e *adj.* devasso.
débaucher *v.t.* 1. tirar do trabalho, incitar a greve; 2. despedir por falta de trabalho; 3. desencaminhar.
débile *adj.* débil.
débilité *s.f.* debilidade.
débiliter *v.t.* debilitar.
débine *s.f.* (*pop.*) miséria.
débiner *v.t.* (*pop.*) denegrir, malhar, atassalhar; *se — v.pron.* (*pop.*) dar o fora, mandar-se.
débit[1] *s.m.* 1. venda, loja; — *de tabac* tabacaria; 2. corte de madeira; 3. vazão.
débit[2] *s.m.* elocução.
débit[3] *s.m.* débito.
débitant *s.m.* vendedor.
débiter[1] *v.t.* 1. cortar madeira em tábuas; 2. vender; 3. fornecer.
débiter[2] *v.t.* (*pop.*) recitar (de forma decorada e monótona).
débiter[3] *v.t.* debitar.
débiteur *s.m.* devedor.
débitrice *s.f.* devedora.
déblatérer *v.int.* deblaterar.
déblayer *v.t.* desentulhar. (*Conj. 22*)
débloquer 1. *v.t.* desbloquear; 2. *v.int.* (*pop.*) divagar, dizer besteiras.
déboire *s.m.* dissabor, decepção.
déboisement *s.m.* desflorestamento, desmatamento.
déboiser *v.t.* desflorestar, desmatar.
déboîtement *s.m.* luxação.
déboîter *v.t.* luxar.
débonnaire *adj.* bonacheirão, indulgente.
déborder *v.int.* transbordar, extravasar; — *de santé* estar vendendo saúde; *v.t.* transpor, ultrapassar.
débouché *s.m.* 1. saída; 2. (*fig.*) mercado.
déboucher *v.int.* sair, ir dar a, desembocar.
déboucler *v.t.* desafivelar.
débourser *v.t.* desembolsar.
debout *adv.* em pé, de pé; *interj.* de pé!; *cela ne tient pas* — isto não faz sentido; *une histoire à dormir* — (*fam.*) história para boi dormir; conversa mole.
débouter *v.t.* indeferir.
déboutonner *v.t.* desabotoar.
débraillé e *adj.* desalinhado; *s.m.* desalinho, desleixo.
débrancher *v.t.* desligar.
débrayer *v.t.* desembrear.
débris *s.m.pl.* restos, escombros, aparas.

débrouillard e *adj.* (*fam.*) esperto, despachado.
débrouiller *v.t.* desemaranhar; desembaraçar; *se* — (*fam.*) dar um jeito.
débroussailler *v.t.* capinar.
débusquer *v.t.* desentocar.
début *s.m.* começo, estreia.
débutant e *s.* estreante.
débuter *v.int.* estrear, começar.
deçà *prep. en* — deste lado, para cá; — *delà* para lá, para cá.
décacheter *v.t.* deslacrar, desselar. (*Conj. 17*)
décade *s.f.* década.
décadence *s.f.* decadência.
décadent e *adj.* decadente.
décalage *s.m.* defasagem, descompasso, desnível.
décalcomanie *s.f.* decalcomania.
décaler *v.t.* deslocar.
décalquer *v.t.* decalcar.
décamper *v.int.* (*fam.*) pirar, dar o fora.
décaniller *v. int.* (*fam.*) pirar, safar-se.
décanter *v.t.* 1. decantar; 2. (*fig.*) esclarecer.
décaper *v.t.* decapar.
décapiter *v.t.* decapitar.
décapotable *adj.* conversível (automóvel).
décapsuleur *s.m.* abridor de garrafa.
décapsuler *v.t.* destampar.
décéder *v.int.* falecer, morrer. (*Conj. 13*)
déceler *v.t.* descobrir, revelar, desvendar. (*Conj. 20*)
décembre *s.m.* dezembro.
décemment *adv.* decentemente.
décence *s.f.* decência.
décennie *s.f.* decênio.
décent e *adj.* decente.
décentraliser *v.t.* descentralizar.
déception *s.f.* decepção.
décerner *v.t.* conferir, atribuir.
décès *s.m.* óbito, falecimento.
décevoir *v.t.* decepcionar. (*Conj. 53*)
déchaînement *s.m.* desencadeamento.
déchaîner *v.t.* desencadear.
déchanter *v.int.* (*fam.*) baixar o tom, reduzir as pretensões.
décharge[1] *s.f.* descarga.
décharge[2] *s.f.* desculpa; *témoin à* — testemunha da defesa.
décharge[3] *s.f.* quitação.
décharger *v.t.* descarregar, aliviar; *v.int.* desbotar, largar a cor. (*Conj. 19*)

décharné e *adj.* descarnado.
déchausser *v.t.* descalçar.
dèche *s.f.* (*pop.*) miséria; apuros, pindaíba.
déchéance *s.f.* **1.** perda de trono; **2.** perda de um direito; **3.** decadência.
déchet *s.m.* resíduo, resto; apara.
déchiffrement *s.m.* decifração.
déchiffrer *v.t.* decifrar.
déchiqueter *v.t.* recortar, picar. (*Conj.* 17)
déchirant e *adj.* lancinante.
déchirer *v.t.* **1.** rasgar; **2.** afligir.
déchirure *s.f.* rasgão.
déchoir *v.int.* decair, descair. (*Conj.* 45)
déchu V. *déchoir*.
décibel *s.m.* decibel.
décidé e *adj.* decidido.
décidément *adv.* decididamente, na certa.
décider *v.t.* e *int.* decidir.
décimal e aux *adj.* decimal.
décimer *v.t.* dizimar.
décisif ive *adj.* decisivo.
décision *s.f.* decisão.
déclamation *s.f.* declamação.
déclamer *v.t.* e *int.* declamar.
déclaration *s.f.* declaração.
déclarer *v.t.* declarar.
déclasser *v.t.* desclassificar.
déclencher *v.t.* desencadear.
déclencheur *s.m.* disparador.
déclic *s.m.* **1.** desengate; **2.** disparador; disparo.
déclin *s.m.* declínio.
déclinaison *s.f.* declinação.
décliner *v.int.* e *t.* declinar.
déclivité *s.f.* declividade.
déclouer *v.t.* despregar.
décocher *v.t.* arremessar, disparar, vibrar.
décoction *s.f.* decocção.
décoder *v.t.* decifrar, traduzir em linguagem clara.
décoiffer *v.t.* despentear.
déçois, déçoit V. *décevoir*.
décollage *s.m.* decolagem.
décollement *s.m.* descolamento; — *de la rétine* descolamento da retina.
décoller¹ *v.t.* decolar.
décoller² *v.int.* descolar.
décolleter *v.t.* decotar. (*Conj.* 17)
décolonisation *s.f.* descolonização.
décolorer *v.t.* descolorir.
décombres *s.m.pl.* escombros.
décommander *v.t.* **1.** cancelar (uma encomenda); **2.** desmarcar (encontro com hora marcada).
décomposer *v.t.* decompor; — *le visage* alterar as feições.
décomposition *s.f.* decomposição.
décompression *s.f.* descompressão.
décompte *s.m.* desconto, abatimento.
décompter *v.t.* descontar.
déconcertant e *adj.* desconcertante, desnorteante.
déconfit e *adj.* sem jeito, perplexo.
déconfiture *s.f.* **1.** falência completa, quebra; **2.** derrota.
déconner *v.int.* (*vulg.*) dizer besteiras.
déconseiller *v.t.* dizer besteiras.
déconsideration *s.f.* desconsideração.
déconsidérer *v.t.* desconsiderar. (*Conj.* 13)
décontenancer *v.t.* embaraçar, desnortear. (*Conj.* 14)
décontracter *v.t.* descontrair.
déconvenue *s.f.* vexame, desapontamento.
décor *s.m.* decoração, cenário.
décorateur *s.m.* decorador.
décoratif ive *adj.* decorativo.
décoration *s.f.* **1.** decoração; **2.** condecoração.
décoratrice *s.f.* decoradora.
décorer *v.t.* **1.** decorar; **2.** condecorar.
décortiquer *v.t.* decorticar, descortiçar.
décorum *s.m.* **1.** compostura, brio; **2.** etiqueta.
découcher *v.int.* dormir fora de casa.
découdre *v.t.* descosturar, descoser; *en* — *v.int.* brigar, chegar às vias de fato. (*Conj.* 66)
découler *v.int.* **1.** escorrer; **2.** decorrer, originar-se.
découper *v.t.* cortar, recortar.
découragement *s.m.* desânimo, desalento.
décourager *v.t.* desencorajar, desanimar. (*Conj.* 19)
découverte *s.f.* descoberta, descobrimento, invenção.
découvrir *v.t.* descobrir, perceber.
décrépit e *adj.* decrépito.
décrépitude *s.f.* decrepitude.
décret *s.m.* decreto.
décréter *v.t.* decretar. (*Conj.* 19)
décrier *v.t.* desabonar.
décrire *v.t.* descrever. (*Conj.* 72)
décrocher *v.t.* tirar do gancho (fone); (*fam.*) obter (merecidamente) um prêmio.
décroissement *s.m.* decrescimento, decréscimo.

décroître *v.int.* decrescer, minguar. (*Conj. 69*)
décrotter *v.t.* desenlamear, tirar a lama de.
décrottoir *s.m.* limpa-pés.
décrue *s.f.* baixa do nível das águas.
déçu déçumes V. *décevoir*.
décuple *adj.; s.m.* décuplo.
décupler *v.t.* decuplicar.
déçurent, déçus etc. V. *décevoir*.
dédaigner *v.t.* desdenhar.
dédaigneux euse *adj.* desdenhoso.
dédain *s.m.* desdém, desprezo.
dédale *s.m.* dédalo, labirinto.
dedans *adv.* dentro; (*fam.*) *mettre* — lograr, enganar, passar a perna em; *s.m.* interior, íntimo.
dédicace *s.f.* dedicatória.
dédicacer *v.t.* dedicar, pôr dedicatória em. (*Conj. 14*)
dédicataire *s.* destinatário de dedicatória.
dédire, se *v.pron.* desdizer-se. (*Conj. 71 e 8*)
dédommager *v.t.* ressarcir. (*Conj. 10*)
dédouaner *v.t.* desembaraçar da alfândega.
dédoublement *s.m.* desdobramento.
dédoubler *v.t.* 1. desdobrar; 2. tirar o forro a.
déductif ive *adj.* dedutivo.
déduction *s.f.* dedução.
déduire *v.t.* deduzir; depreender.
déesse *s.f.* deusa.
défaillance *s.f.* desfalecimento, enfraquecimento.
défaillir *v.int.* 1. desfalecer; 2. enfraquecer-se.
défaire *v.t.* 1. desfazer; 2. prostrar; 3. livrar; (*Conj. 72*) *se* — *v.pron.* desfazer-se, livrar-se.
défaite *s.f.* derrota.
défaitisme *s.m.* derrotismo.
défaitiste *adj.; s.* derrotista.
défaut *s.m.* 1. defeito, pecha, senão; 2. falta; *faire* — faltar; *à* — *de* na falta de; 3. contumácia; *par* — à revelia.
défaveur *s.f.* desfavor.
défavorable *adj.* desfavorável.
défavoriser *v.t.* desfavorecer.
défectif ive *adj.* defectivo.
défection *s.f.* defecção.
défectueux euse *adj.* defeituoso.
défendre *v.int.* 1. defender; 2. proibir. (*Conj. 84*)

défense *s.f.* 1. defesa; 2. proibição; 3. colmilho *m.*, presa, dente canino.
défenseur *s.m.* defensor.
défensif ive *adj.* defensivo; *s.f.* defensiva; *être sur la* — ficar na defensiva.
déféquer *v.int.* defecar.
déférence *s.f.* deferência.
déférent e *adj.* deferente, obsequioso.
déférer *v.t.* deferir; *v.int.* mostrar deferência a. (*Conj. 13*)
déferlement *s.m.* arrebentação, esboroamento (da onda).
déferler *v.t.* desfraldar, soltar ao vento; *v.int.* arrebentar.
défi *s.m.* desafio; *mettre au* — desafiar.
défiance *s.f.* desconfiança.
défiant e *adj.* desconfiado, suspicaz.
déficience *s.f.* deficiência.
déficient e *adj.* deficiente.
déficitaire *adj.* deficitário.
défier *v.t.* desafiar; *se* — *v.pron.* desconfiar. (*Conj. 23*)
défigurer *v.t.* desfigurar.
défilé *s.m.* 1. desfiladeiro; 2. desfile.
défiler[1] *v.t.* desfiar.
défiler[2] *v.int.* desfilar; *se* — *v.pron.* (*fam.*) escapulir-se.
défîmes V. *défaire*.
définir *v.t.* definir.
définissable *adj.* definível.
définitif ive *adj.* definitivo.
définition *s.f.* definição.
défirent, défis, défit V. *défaire*.
déflagration *s.f.* deflagração.
déflation *s.f.* deflação.
déflorer *v.t.* 1. deflorar, desflorar; 2. desvirginar, estuprar.
défoncer *v.t.* 1. arrombar, arrebentar; 2. escavar, esburacar. (*Conj. 14*)
déformation *s.f.* deformação.
déformer *v.t.* deformar.
défoulement *s.m.* desrecalcamento.
défouler, se *v.pron.* desrecalcar-se.
défraîchir *v.t.* desbotar.
défrayer *v.t.* 1. custear; 2. (*fig.*) sustentar (a conversação sozinho); 3. fornecer assunto exclusivo ou principal. (*Conj. 22*)
défrichement *s.m.* arroteamento.
défricher *v.t.* arrotear, desbravar; (*fig.*) deslindar.
défriser *v.t.* 1. alisar (os cabelos); 2. (*fam.*) contrariar.
défroque *s.f.* roupa velha.
défroqué *adj.; s.* desfradado; ex-padre.

défunt e *adj.; s.* defunto.
dégager *v.t.* 1. desafogar, desembaraçar; 2. exalar; 3. deduzir. (*Conj. 19*)
dégaine *s.f.* (*fam.*) atitude ridícula.
dégainer *v.t.* e *int.* desembainhar (a espada).
déganter *v.t.* desenluvar.
dégât *s.m.* estrago.
dégel *s.m.* degelo.
dégénérer *v.int.* degenerar. (*Conj. 13*)
dégénérescence *s.f.* degenerescência.
dégingandé e *adj.* desengonçado.
dégivrer *v.t.* derreter a geada de.
déglacer *v.t.* 1. tirar o gelo de; 2. tirar o brilho de.
déglinguer *v.t.* escangalhar.
déglutir *v.t.* deglutir.
déglution *s.f.* deglutição.
dégobiller *v.t.* (*fam.*) vomitar.
dégoiser *v.int.* e *t.* (*fam.*) palrar, charlar.
dégonfler *v.t.* desinchar, murchar; *se — v.pron.* encolher-se; acovardar-se.
dégorger *v.t.* despejar; *v.int.* despejar-se.
dégoter *v.t.* (*fam.*) descobrir, achar.
dégouliner *v.int.* gotejar, pingar.
dégourdi e *adj.* (*fam.*) esperto, vivo.
dégourdir *v.t.* desacanhar, tornar esperto.
dégoût *s.m.* asco, nojo; aversão.
dégoûtant e *adj.* repugnante, nojento, revoltante.
dégoûter *v.t.* enfastiar, aborrecer.
dégradant e *adj.* degradante.
dégradation *s.f.* degradação.
dégrader *v.t.* degradar; *se — v.pron.* degradar-se.
dégrafer *v.t.* desacolchetar.
dégraisser *v.t.* desengordurar.
degré *s.m.* degrau; grau.
dégringoler *v.int.* despencar, degringolar.
dégriser *v.t.* desembriagar; (*fig.*) desiludir.
dégrossir *v.t.* desbastar.
dégueniller *v.t.* esfarrapar.
déguerpir *v.int.* (*fam.*) safar-se.
dégueulasse *adj.* (*gír.*) nojento, asqueroso.
déguisement *s.m.* disfarce.
déguiser *v.t.* disfarçar; *se — v.pron.* mascarar-se.
dégustation *s.f.* degustação.
déguster *v.t.* degustar; petiscar.
déhanchement *s.m.* rebolado, requebro.
déhancher, se *v.pron.* rebolar-se, requebrar-se, saracotear.

dehors *adv.* fora; *loc. en — de* fora de; *s.m.pl.* aparências, exterioridades.
déisme *s.m.* deísmo.
déiste *adj.; s.* deísta.
déjà *adv.* já.
déjeté *adj.* empenado, torto; perrengue.
déjeuner[1] *s.m.* almoço; *petit — café* da manhã.
déjeuner[2] *v.int.* almoçar.
déjouer *v.t.* baldar, frustrar.
déjuger, se *v.pron.* desdizer-se, retratar-se. (*Conj. 19*)
delà *loc.prep. au — de* além de.
délabré *adj.* escangalhado, deteriorado.
délacer *v.t.* desatar, desapertar. (*Conj. 14*)
délai *s.m.* 1. demora; 2. prazo.
délaisser *v.t.* abandonar.
délassement *s.m.* descanso, distração.
délasser *v.t.* descansar; recrear; *se — v.pron.* descansar.
délateur *s.m.* delator.
délation *s.f.* delação.
délatrice *s.f.* delatora.
délaver *v.t.* deslavar.
délayage *s.m.* diluição.
délayer *v.t.* diluir. (*Conj. 22*)
délectable *adj.* delicioso.
délectation *s.f.* deleitação, deleitamento.
délecter *v.t.* deleitar, deliciar.
délégation *s.f.* delegação.
délégué *s.m.* delegado; representante.
déléguer *v.t.* delegar. (*Conj. 13*)
délester *v.t.* deslastrar, aliviar; (*fam.*) roubar.
délétère *adj.* deletério.
délibératif ive *adj.* deliberativo.
délibération *s.f.* deliberação.
délibéré e *adj.* deliberado.
délibérément *adv.* deliberadamente, decididamente.
délibérer *v.int.* deliberar. (*Conj. 13*)
délicat e *adj.* delicado.
délicatesse *s.f.* delicadeza.
délice *s.m.; s.f.pl.* delícia; deleite, prazer.
délicieux euse *adj.* delicioso.
délié *s.m.* parte fina da letra.
délier *v.t.* 1. desatar; (*fig.*) — *la langue* mandar falar; 2. desligar; desobrigar. (*Conj. 23*)
délimiter *v.t.* delimitar.
délinéer *v.t.* delinear.
délinquance *s.f.* delinquência.
délinquant *s.m.* delinquente.
délire *s.m.* delírio.

délirer *v.int.* delirar.
délit *s.m.* delito.
délivrance *s.f.* 1. libertação; 2. entrega; 3. parto.
délivrer *v.t.* 1. libertar; 2. entregar.
déloger *v.t.* e *int.* 1. desalojar; 2. ir-se embora. (*Conj. 19*)
déloyal e aux *adj.* desleal.
déloyauté *s.f.* deslealdade.
delta *s.m.* delta.
déluge *s.m.* dilúvio.
déluré e *adj.* esperto, despachado; atrevido, enxerido.
délustrer *v.t.* deslustrar.
démagogie *s.f.* demagogia.
démagogique *adj.* demagógico.
démagogue *s.* demagogo.
démailloter *v.t.* tirar a fralda de.
demain *adj.* amanhã; *à —* até amanhã.
démancher *v.t.* desencabar, deslocar, luxar; *se — v.pron.* redobrar de esforços, esmerar-se.
demande *s.f.* 1. pedido; 2. encomenda; 3. procura; 4. demanda; 5. pergunta.
demander *v.t.* 1. pedir; 2. mandar vir, encomendar; 3. demandar; 4. perguntar; *je vous le demande un peu!* (*fam.*) veja se pode!
démangeaison *s.f.* comichão, coceira, prurido.
démanger *v.int.* comichar. (*Conj. 19*)
démanteler *v.t.* desmantelar. (*Conj. 20*)
démantibuler *v.t.* deslocar; *se — v.pron.* deteriorar-se.
démaquiller *v.t.* tirar a maquiagem a.
démarcation *s.f.* demarcação.
démarche *s.f.* 1. marcha, andar; 2. diligência, tentativa, método, medida, iniciativa.
démarcheur *s.m.* intermediário; vendedor ambulante.
démarquer[1] *v.t.* 1. desmarcar; 2. baixar o preço de; 3. deixar livre (jogador adversário no futebol); *se — v.pron.* escapar à marcação (de jogador adversário); distanciar-se, desvincular-se.
démarquer[2] *v.t.* copiar, plagiar (disfarçando).
démarrage *s.m.* arrancada; início, começo.
démarrer *v.t.* desamarrar; *v.int.* arrancar.
démarreur *s.m.* dispositivo de arranque.
démasquer *v.t.* desmascarar.
démêlé *s.m.* questão, briga.

démêler *v.t.* 1. desenredar, deslindar; 2. discernir.
démembrer *v.t.* desmembrar.
démembrement *s.m.* desmembramento.
déménagement *s.m.* mudança (de casa).
déménager *v.t.* mudar; *v.int.* mudar-se; (*fig.*) tresvariar. (*Conj. 19*)
déménageur *s.m.* encarregado de mudança.
démence *s.f.* demência; loucura, insensatez.
démener, se *v.pron.* agitar-se. (*Conj. 18 e 7*)
dément e *adj.* demente.
démenti *s.m.* desmentido.
démentir *v.t.* desmentir. (*Conj. 35*)
démerder, se *v.pron.* (*pop.*) safar-se.
démériter *v.int.* desmerecer.
démesure *s.f.* descomedimento.
démesuré e *adj.* desmedido.
démettre *v.t.* 1. deslocar, luxar; 2. demitir. (*Conj. 76*)
démeubler *v.t.* desmobiliar.
demeurant au *loc.adv.* de resto.
demeure *s.f.* permanência, residência; *à —* permanentemente; *mettre en —* intimar; *mise en —* intimação.
demeuré e *adj.* retardado.
demeurer *v.int.* 1. ficar; 2. morar.
demi e *adj.* meio; *s.m.* 1. metade; 2. chope; *s.f.* 1. metade; 2. meia (hora).
demi-dieu eux *s.m.* semideus.
demi-finale *s.f.* semifinal.
demi-heure *s.f.* meia hora.
démilitariser *v.t.* desmilitarizar.
demi-mesure *s.f.* meia medida.
demi-monde *s.m.* ambiente de mulheres de reputação duvidosa.
demi-mort e *adj.* meio morto, semivivo.
demi-mot à *loc.adv.* por meias palavras.
demi-pension *s.f.* meia pensão, semi-internato.
demi-pensionnaire *adj.; s.* semi-interno.
demi-place *s.f.* meia entrada, meia passagem.
démis e *part.pass.* de *démettre*.
demi-solde *s.f.* meio-soldo; *s.m.* oficial a meio soldo.
démission *s.f.* demissão; *donner sa —* pedir demissão, demitir-se.
démissionnaire *adj.* demissionário.
démissionner *v.int.* demitir-se, renunciar (a cargo ou função).
demi-tarif *s.m.* meia tarifa.

demi-tour s.m. meia-*volta; faire* — dar meia--volta.
démobilisation s.f. desmobilização.
démobiliser v.t. desmobilizar.
démocrate adj.; s. democrata.
démocratie s.f. democracia.
démocratique adj. democrático.
démocratiser v.t. democratizar.
démodé e adj. fora de moda, passado de moda.
démoder, se v.pron. passar de moda.
démographie s.f. demografia.
démographique adj. demográfico.
demoiselle[1] s.f. senhorita, donzela.
demoiselle[2] s.f. libélula, lavadeira.
démolir v.t. demolir; (*fig.*) desacreditar.
démolisseur adj.; s.m. demolidor.
démolition s.f. demolição.
démon s.m. demônio.
démoniaque adj. demoníaco.
démonstration s.f. demonstração.
démontage s.m. desmonte.
démonter v.t. desmontar; (*fig.*) desconcertar.
démontrer v.t. demonstrar.
démoraliser v.t. desmoralizar.
démordre v.int. desistir (de uma opinião); *il n'en démord pas* não dá o braço a torcer.
démunir v.t. despojar.
démystification s.f. desmistificação.
dénatalité s.f. diminuição da natalidade.
dénationaliser v.t. desnacionalizar.
dénaturer v.t. desnaturar.
dénazification s.f. desnazificação.
dénégation s.f. denegação.
dengue s.f. (*Med.*) dengue.
dénicher v.t. 1. desaninhar, desalojar; 2. descobrir.
denier s.m. 1. denário; 2. (*fig.*) dinheiro.
dénier v.t. denegar; recusar. (*Conj. 21*)
dénigrement s.m. difamação.
dénigrer v.t. denegrir, difamar.
dénombrement s.m. 1. enumeração, contagem; 2. recenseamento.
dénombrer v.t. enumerar; recensear.
dénominateur s.m. denominador.
dénomination s.f. denominação.
dénommer v.t. dar um nome a, chamar.
dénoncer v.t. 1. denunciar; 2. anunciar o rompimento de. (*Conj. 19*)
dénonciateur adj.; s.m. denunciador.
dénonciation s.f. denúncia.
dénoter v.t. denotar, indicar.

dénouement s.m. desfecho, desenlace.
dénouer v.t. desatar, desmanchar.
denrée s.f. gênero (alimentício).
dense s.f. denso.
densité s.f. densidade.
dent s.f. dente; — *de sagesse* dente de siso; *avoir la* — (*pop.*) ter fome; *avoir la* — *dure* ser maldizente; *avoir une* — ter ressentimentos; *être sur les* —*s* estar estafado, exausto.
dentaire adj. dentário.
dental e aux adj. dental.
denteler v.t. dentear, dentar. (*Conj. 12*)
dentelle s.f. renda.
dentelure s.f. dentículo, dentilhão.
denter v.t. dentear, dentar.
dentier s.m. dentadura postiça.
dentifrice adj.; s.m. dentifrício.
dentiste s. dentista.
dentition s.f. dentição.
denture s.f. dentadura.
dénuder v.t. desnudar.
dénué e adj. desprovido.
déodorant s.m. desodorante.
dépannage s.m. desenguiço; ajuda.
dépanner v.t. desenguiçar, ajudar.
dépanneur s.m. técnico que desenguiça (automóveis).
dépanneuse s.f. guincho (automóvel com guindaste).
dépacoter v.t. desempacotar. (*Conj. 17*)
dépareiller v.t. desemparelhar, desacasalar.
déparer v.t. desadornar, enfear.
départ s.m. partida.
département s.m. departamento (= divisão administrativa da França).
départemental e aux adj. departamental.
départir, se v.pron. se — *de* abandonar (uma atitude). (*Conj. 37 e 8*)
dépassement s.m. 1. ultrapassagem; 2. autossuperação.
dépasser v.t. 1. ultrapassar, exceder; (*fam.*) *cela me dépasse* é difícil demais para mim; 2. superar.
dépatouiller v.t. (*fam.*) desenlamear; *se* — v.pron. (*fam.*) safar-se de uma situação difícil.
dépaver v.t. tirar o calçamento de.
dépayser v.t. 1. expatriar; 2. desambientar; desorientar.
dépecer v.t. despedaçar, esquartejar. (*Conj. 18 e 11*)
dépêche s.f. telegrama.

dépêcher v.t. despachar, expedir; *se* — v.pron. apressar-se.
dépeigner v.t. despentear.
dépeindre v.t. pintar, descrever.
dépenaillé e adj. esfarrapado.
dépendance s.f. dependência.
dépendant e adj.; s. dependente.
dépendre¹ v.int. depender.
dépendre² v.t. despendurar.
dépens aux — *de loc.prep.* à custa de.
dépense¹ s.f. despesa; *ne pas regarder à la* — ser mão-aberta.
dépense² s.f. despensa.
dépenser v.t. despender, gastar.
dépensier ière s. 1. despenseiro, ecônomo; 2. adj. gastador, dissipador.
dépérir v.int. deperecer.
dépérissement s.m. deperecimento, desfalecimento gradual.
dépersonnaliser v.t. despersonalizar.
dépétrer v.t. desentravar, desembaraçar; *se* — v.pron. (*fam.*) safar-se.
dépeupler v.t. despovoar.
déphasage s.m. defasagem.
dépiautage s.m. esfoladura, esfolamento.
dépiauter v.t. esfolar.
dépilation s.f. depilação.
dépiler v.t. depilar.
dépistage s.m. rastejamento, descoberta.
dépister v.t. seguir o rasto de; descobrir rastreando.
dépit s.m. despeito; *en* — *de* a despeito de.
dépiter v.t. despeitar.
déplacé e adj. 1. deslocado; 2. descabido.
déplacement s.m. deslocamento, mudança.
déplacer v.t. deslocar; *se* — v.pron, locomover-se. (*Conj. 14*)
déplaire v.int. desagradar; *ne vous en déplaise* você que me perdoe. (*Conj. 82*)
déplaisant e adj. desagradável.
déplaisir s.m. desprazer.
déplâtrer v.t. tirar a argamassa de.
dépliant s.m. folheto desdobrável.
déplier v.t. desdobrar. (*Conj. 23*)
déploiement s.m. desdobramento, exibição f.
déplorable adj. deplorável.
déplorer v.t. deplorar, lastimar.
déployer v.t. desenrolar, desenvolver. (*Conj. 21*)
déplumer v.t. depenar; *se* — v.pron. (*fam.*) perder os cabelos.
dépoitraillé e adj. espandongado, desalinhado.

dépolir v.t. despolir, deslustrar.
dépolitiser v.t. despolitizar.
déponent e adj. (*Gram.*) depoente.
dépopulation s.f. despovoamento.
déportation s.f. deportação, degredo.
déporter v.t. deportar, degredar.
déposer v.t. 1. depositar; — *son bilan* abrir falência; 2. registrar (marca de fábrica); 3. destituir; v.int. depor, prestar testemunho.
dépositaire s. depositário.
déposition s.f. 1. depoimento, testemunho; 2. deposição.
déposséder v.t. desapossar, despojar.
dépôt s.m. 1. depósito (em banco); 2. depósito, armazém; 3. prisão preventiva.
dépotoir s.m. vazadouro.
dépouille s.f. despojo.
dépouillement s.m. 1. despojamento; 2. apuração (de votos).
dépouiller v.t. 1. despojar; 2. examinar (contas); 3. apurar votos.
dépourvu e adj. desprovido; *au* — *loc.adv.* de improviso; *prendre au* — pegar desprevenido.
dépravation s.f. depravação.
dépravé e adj. depravado.
dépraver v.t. depravar.
dépréciation s.f. depreciação.
déprécier v.t. depreciar. (*Conj. 21*)
déprédation s.f. depredação, saque.
déprendre, se v.pron. desprender-se. (*Conj. 83*)
dépression s.f. depressão.
déprimant e adj. deprimente.
déprime s.f. (*fam.*) depressão nervosa.
déprimer v.t. deprimir.
dépuceler s.f. (*pop.*) desvirginar.
depuis prep. desde; adv. desde então, depois.
dépuration s.f. depuração.
dépurer v.t. depurar.
députation s.f. deputação.
député s.m. deputado.
députer v.t. deputar.
déraciner v.t. desarraigar, desenraizar.
déraillement s.m. descarrilamento.
dérailler v.int. descarrilar; (*fig.*) disparatar, desvairar.
déraisonnable adj. despropositado, insensato.
déraisonner v.int. disparatar.
dérangement s.m. transtorno.
déranger v.t. desarranjar; incomodar, perturbar; desregular. (*Conj. 19*)

dérapage *s.m.* derrapagem.
déraper *v.int.* derrapar.
dératiser *v.t.* desratizar.
derechef *adv.* de novo.
déréglé e *adj.* desregrado, devasso.
dérèglement *s.m.* desregramento.
dérider *v.t.* 1. desenrugar; 2. (*fig.*) alegrar.
dérision *s.f.* derrisão, escárnio, desdém; *tourner en* — zombar de, debochar de.
dérisoire *adj.* 1. irrisório; 2. ridículo.
dérivatif *s.m.* derivativo.
dérivation *s.f.* derivação, desvio.
dérive *s.f.* deriva.
dériver *v.int.* e *t.* derivar.
dermatologie *s.f.* dermatologia.
dermatologiste *s.* dermatologista.
dermatose *s.f.* (*Med.*) dermatose.
dernier ière *adj.* 1. último, derradeiro; — *né* caçula; 2. extremo.
dérobade *s.f.* corcovo, pinote; 2. esquiva, evasiva, escapatória.
dérobée, à la — *loc.adv.* furtivamente, à sorrelfa.
dérober *v.t.* 1. furtar; 2. dissimular; *se* — *v.pron.* escapulir, fugir; faltar.
dérouillée *s.f.* (*fam.*) sova.
dérouiller *v.t.* desenferrujar.
déroulement *s.m.* desenrolamento, o desenrolar-se.
dérouler *v.t.* desenrolar; *se* — *v.pron.* desenrolar-se.
déroutant e *adj.* desorientador, desconcertante.
déroute *s.f.* derrota.
dérouter *v.t.* 1. desviar; 2. desconectar.
derrière *prep.* atrás de; *adv.* atrás; *s.m.* traseiro.
des *art.contraído* dos, das; uns, umas.
dès *prep.* desde; — *lors* desde aquele momento; por conseguinte.
désabonner *v.t.* suspender a assinatura de.
désabusement *s.m.* desengano, desilusão.
désabuser *v.t.* desenganar; desiludir.
désaccord *s.m.* desacordo, dissonância.
désaccoutumer *v.t.* desacostumar.
désaffecter *v.t.* mudar a destinação (de um imóvel).
désagréable *adj.* desagradável.
désagrégation *s.f.* desagregação.
désagréger *v.t.* desagregar. (*Conj. 13 e 19*)
désagrément *s.m.* dissabor, contrariedade.
désaltérer *v.t.* desalterar, matar a sede de. (*Conj. 19*)
désamorcer *v.t.* desligar. (*Conj. 14*)

désappointement *s.m.* desapontamento.
désappointer *v.t.* desapontar, decepcionar.
désapprendre *v.t.* desaprender. (*Conj. 83*)
désapprobateur trice *adj.* desaprovador.
désapprobation *s.f.* desaprovação.
désapproprier *v.t.* desapropriar.
désapprouver *v.t.* desaprovar.
désarçonner *v.t.* 1. desmontar, tirar do cavalo; 2. (*fig.*) desconcertar, confundir.
désarmement *s.m.* desarmamento.
désarmer *v.t.* desarmar.
désarroi *s.m.* desassossego, perturbação, confusão.
désarticuler *v.t.* desarticular.
désassorti e *adj.* desfalcado.
désastre *s.m.* desastre.
désastreux euse *adj.* desastroso, calamitoso.
désavantage *s.m.* desvantagem.
désavantager *v.t.* desfavorecer.
désavantageux euse *adj.* desvantajoso.
désavouer *v.t.* 1. desdizer, retratar; 2. desaprovar.
désaxer *v.t.* deseixar, tirar o eixo de.
desceller *v.t.* desselar, desprender.
descendance *s.f.* descendência.
descendant e *s.* descendente.
descendre *v.int.* 1. descer; 2. alojar-se; 3. descender; *v.t.* trazer para baixo, fazer descer. (*Conj. 70*)
descente *s.f.* 1. descida; 2. irrupção; 3. vistoria; 4. — *de lit* tapetinho.
descriptif ive *adj.* descritivo.
description *s.f.* descrição.
désemparé e *adj.* 1. avariado; 2. (*fig.*) desconcertado, desavorado, desorientado.
désemparer *v.t.* abandonar; *sans* — sem interrupção.
désemplir *v.t.* desencher.
désenchantement *s.m.* desencantamento, desencanto.
désenchanter *v.t.* desencantar.
désencombrer *v.t.* desobstruir.
désengorger *v.t.* desentupir.
désennuyer *v.t.* desenfadar, distrair.
désensibiliser *v.t.* dessensibilizar.
déséquilibre *s.m.* desequilíbrio.
déséquilibrer *v.t.* desequilibrar.
désert e *adj.; s.m.* deserto.
déserter *v.t.* e *int.* desertar.
déserteur *s.m.* desertor.
désertion *s.f.* deserção.
désertique *adj.* desértico.
désespérer *v.t.* e *int.* desesperar. (*Conj. 13*)

désespoir *s.m.* desespero, desesperação; *en — de cause* em último recurso.
déshabillé *s.m.* camisola, roupão.
déshabiller *v.t.* despir; *se — v.pron.* despir-se.
déshabituer *v.t.* desabituar.
désherber *v.t.* capinar.
déshériter *v.t.* deserdar.
déshonnête *adj.* indecente.
déshonneur *s.m.* desonra.
déshonorant e *adj.* desonroso.
déshonorer *v.t.* desonrar.
déshydratation *s.f.* desidratação.
déshydrater *v.t.* desidratar.
désignation *s.f.* designação.
désigner *v.t.* designar.
désillusion *s.f.* desilusão, desengano.
désincarné e *adj.* desencarnado; (*fig.*) desligado.
désinfecter *v.t.* desinfetar.
désinfection *s.f.* desinfeção.
désintégration *s.f.* desintegração.
désintégrer *v.t.* desintegrar.
désintéressé e *adj.* desinteressado.
désinteressement *s.m.* desinteresse.
désintéresser *v.t.* desinteressar; *se — v.pron.* desinteressar-se.
désintoxiquer *v.t.* desintoxicar.
désinvolte *adj.* desenvolto, desembaraçado.
désinvolture *s.f.* desenvoltura, desembaraço.
désir *s.m.* desejo.
désirable *adj.* desejável.
désirer *v.t.* desejar.
désireux euse *adj.* desejoso.
désistement *s.m.* desistência, renúncia.
désister, se *v.pron.* desistir, renunciar.
désobéir *v.int.* desobedecer.
désobéissance *s.f.* desobediência.
désobligeant e *adj.* descortês, desatencioso.
désobliger *v.t.* indispor, contrariar. (*Conj. 19*)
désodorisant e *adj.*; *s.m.* desodorante.
désœuvré e *adj.* desocupado, ocioso.
désœuvrement *s.m.* ociosidade.
désolant e *adj.* desolador.
désolation *s.f.* desolação.
désopilant e *adj.* desopilante.
désopiler *v.t.* desopilar; (*fig.*) desanuviar, alegrar.
désordonné *adj.* desordenado, desalinhado.
désordre *s.m.* **1.** desordem, desalinho; **2.** desregramento.
désorganiser *v.t.* desorganizar, perturbar.
désorienter *v.t.* desorientar, perturbar.
désormais *adj.* doravante, daqui em diante.
désosser *v.t.* desossar.
despote *s.m.* déspota.
despotisme *s.m.* despotismo.
despotique *adj.* despótico.
desquelles, desquels *pron.* das quais, dos quais.
dessaisir, se *v.pron.* desfazer-se.
dessaler *v.t.* dessalgar; (*fig.*) desasnar, tornar esperto.
dessèchement *s.m.* dessecação.
dessécher *v.t.* dessecar. (*Conj. 13*)
dessein *s.m.* desígnio, intenção; *à —* propositadamente.
desserrer *v.t.* descerrar, desapertar.
dessert *s.m.* sobremesa.
desserte *s.f.* aparador.
desservir[1] *v.int.* tirar a mesa; *v.t.* desembaraçar (a mesa). (*Conj. 30*)
desservir[2] *v.t.* **1.** estar (padre) a serviço de (uma igreja); **2.** ir (ônibus) a (um bairro). (*Conj. 30*)
desservir[3] *v.t.* desservir, prejudicar. (*Conj. 30*)
dessiller *v.t. — les yeux à* abrir os olhos de.
dessin *s.m.* desenho.
dessinateur trice *s.* desenhista.
dessiner *v.t.* e *int.* desenhar; descrever.
dessouder *v.t.* dessoldar.
dessoûler *v.t.* desembebedar; *v.int.* desembebedar-se.
dessous *adv.* debaixo; *loc.adv. au — de* debaixo de; *au — de 16 ans* de menos de 16 anos; *par —* por baixo; *s.m.* **1.** parte de baixo; **2.** lado secreto, segredo; **3.** *avoir le —* entrar pelo cano.
dessus *adv.* acima; *loc.adv. au — de* acima de; *s.m.* parte de cima; *avoir le —* levar a melhor; *le — du panier* a nata, o que há de melhor.
dessus-de-lit *s.m.* colcha.
destalinisation *s.f.* desestalinização.
destin *s.m.* destino, sina.
destinataire *s.* destinatário.
destination *s.f.* **1.** destinação; **2.** lugar de destino, endereço.
destinée *s.f.* destino, destinação.
destiner *v.t.* destinar.
destituer *v.t.* destituir.
destitution *s.f.* destituição.

destroyer *s.m.* destroier.
destructeur trice *adj.; s.* destrutor, destruidor.
destructif ive *adj.* destrutivo.
désuet ète *adj.* desusado, insueto.
désunion *s.f.* desunião, desacordo.
désunir *v.t.* desunir.
détachant *s.m.* tira-manchas, removedor.
détaché e *adj.* solto.
détachement[1] *s.m.* destacamento (grupamento de unidades do exército).
détachement[2] *s.m.* desapego, desligamento.
détacher[1] *v.t.* tirar as manchas de.
détacher[2] *v.t.* retirar, separar; **2.** destacar, salientar; **3.** destacar, delegar, expedir.
détail *s.m.* detalhe, pormenor.
détaillant e *s.* retalhista, varejista.
détailler *v.t.* **1.** detalhar; **2.** retalhar.
détaxe *s.f.* abatimento, supressão ou restituição de taxa.
détecter *v.t.* detectar.
détecteur *s.m.* detector.
détection *s.f.* detecção.
détective *s.m.* detetive.
déteindre *v.t.* desbotar; *v.int.* deixar mancha em; *(fig.)* exercer influência.
dételer *v.t.* desatrelar; *sans —* sem parar.
détendre *v.t.* distender, dilatar, afrouxar; *se — v.pron.* distender-se, relaxar-se. *(Conj. 84)*
détenir *v.t.* **1.** reter; **2.** deter. *(Conj. 41)*
détente[1] *s.f.* distensão, relaxamento.
détente[2] *s.f.* gatilho.
détenteur trice *s.* detentor.
détention *s.f.* **1.** retensão; **2.** detenção.
détenu e *adj.; s.* detento, preso.
détergent e *adj.; s.m.* detergente.
détérioration *s.f.* deterioração, estrago.
détériorer *v.t.* deteriorar, estragar.
détermination *s.f.* determinação.
déterminer *v.t.* determinar; *se — à v.pron.* decidir-se a.
déterminisme *s.m.* determinismo.
déterrer *v.t.* desenterrar, desencavar.
détersif ive *adj.; s.m.* detergente.
détestable *adj.* detestável.
détester *v.t.* detestar.
détonation *s.f.* detonação.
détoner *v.int.* detonar.
détonner *v.int.* destoar.
détour *s.m.* desvio, virada; subterfúgio, rodeio.
détournement *s.m.* **1.** desvio (das águas de um rio); **2.** desvio (de fundos), desfalque; **3.** sedução; **4.** sequestro; *— de mineur* corrupção de menor; *— d'avion* sequestro de avião.
détourner *v.t.* **1.** desviar, desencaminhar; **2.** dissuadir; **3.** virar para o outro lado.
détracteur *s.m.* difamador, detrator.
détraqué e *adj.; s.* perturbado, biruta.
détraquer *v.t.* desarranjar, escangalhar; perturbar.
détrempe *s.f.* têmpera.
détremper *v.t.* diluir.
détresse *s.f.* **1.** desespero, aflição; **2.** situação crítica.
détriment *loc.prep. au — de* em detrimento de.
détritus *s.m.* detrito.
détroit *s.m.* braço de mar, estreito.
détromper *v.t.* desenganar, desiludir.
détrôner *v.t.* destronar.
détrousser *v.t.* (*fam.*) assaltar, roubar.
détruire *v.t.* destruir. *(Conj. 64)*
dette *s.f.* dívida.
deuil *s.m.* **1.** luto; (*fam.*) *faire son — de* dar adeus a, resignar-se a ficar sem; **2.** nojo.
deux *num.* dois; *tous —* ambos; *s.m.* dois; *à nous —* vamos à obra (nós dois); terás de te haver comigo!; *ça fait —* são outros quinhentos; *en moins de —* num instante.
deuxième *num.* segundo; *s.m.* segundo andar; *s.f.* segunda classe (de trem).
deuxièmement *adv.* em segundo lugar.
deux-pièces *s.m.* **1.** vestimenta de duas peças; **2.** sala e quarto.
dévaler *v.int.* descer, despencar.
dévaliser *v.t.* roubar, furtar tudo a; saquear.
dévalorisation *s.f.* desvalorização.
dévaloriser *v.t.* desvalorizar.
dévaluation *s.f.* desvalorização.
dévaluer *v.t.* desvalorizar.
devancer *v.t.* **1.** ultrapassar; **2.** chegar antes de; **3.** prevenir (objeção). *(Conj. 14)*
devancier ière *s.* predecessor.
devant *prép.* diante de; *adv.* adiante; *s.m.* dianteira; *prendre les —s* tomar a dianteira.
devanture *s.f.* vitrine.
dévastateur trice *adj.; s.* devastador.
dévastation *s.f.* devastação.
dévaster *v.t.* devastar.
déveinard e *s.* (*fam.*) caipora.
déveine *s.f.* (*fam.*) urucubaca, caiporismo.
développement *s.m.* desenvolvimento, desdobramento.

développer *v.t.* **1.** desenvolver, desdobrar; **2.** revelar (fotografia).
devenir[1] *v.int.* tornar-se, vir a ser, ficar; *que devenez-vous?* que é feito de você.
devenir[2] *s.m.* devir.
dévergondage *s.m.* libertinagem, devassidão; sem-vergonhice, sacanagem.
déverser *v.t.* derramar, expandir.
devêtir *v.t.* despir. (*Conj. 43*)
déviation *s.f.* desvio.
dévider *v.t.* desenrolar; (*fig.*) — *son chapelet* desfiar o rosário.
dévier *v.t.* desviar. (*Conj. 23*)
devin *s.m.* adivinho.
deviner *v.t.* adivinhar.
devineresse *s.f.* adivinha.
devinette *s.f.* adivinhação.
devis *s.m.* orçamento.
dévisager *v.t.* encarar. (*Conj. 19*)
devise *s.f.* **1.** divisa, sentença, *slogan*; **2.** emblema; **3.** divisa, câmbio.
deviser *v.int.* palestrar, cavaquear.
dévisser *v.t.* desaparafusar.
dévoiler *v.t.* tirar o véu a, revelar, desvelar.
devoir[1] *v.t.* **1.** dever (dinheiro etc.); **2.** dever, ter que, estar obrigado a. (*Conj. 46*)
devoir[2] *s.m.* **1.** dever, obrigação; *se faire un — de* considerar como um dever; *se mettre en — de* dispor-se a; **2.** *pl.* homenagem; *rendre les derniers —s à* acompanhar o enterro de; **3.** trabalho escolar.
dévolu *s.m. jeter son — sur* voltar a vista para.
dévorateur trice *s.* devorador.
dévorer *v.t.* devorar.
dévot ote *adj.; s.* devoto.
dévotion *s.f.* devoção.
dévouer *v.t.* devotar; *se — v.pron.* devotar-se.
dévoyer *v.t.* desencaminhar, desviar. (*Conj. 21*)
dextérité *s.f.* destreza.
dextre *s.m.* (*irônico*) mão direita, direita.
diabète *s.m.* diabetes.
diabétique *adj.; s.* diabético.
diable *s.m.* diabo; *à la —* de qualquer maneira; matando (um trabalho); *au — longe; au — vauvert* onde o diabo perdeu as botas; *avoir le — au corps* estar com o diabo no corpo; *c'est le —* está difícil; *du —* excessivo, do diabo; *en —* como o diabo, muito, demais; *faire le — à quatre* fazer coisas do outro mundo; *tirer le — par la queue* matar cachorro a grito; *interj.* diabo! com os diabos!
diablement *adv.* (*fam.*) excessivamente, demais.
diabolique *adj.* diabólico.
diabolo *s.m.* **1.** diabolô (brinquedo); **2.** limonada com licor ou xarope.
diacre *s.m.* diácono.
diadème *s.m.* diadema.
diagnostic *s.m.* diagnóstico.
diagnostiquer *v.t.* diagnosticar.
diagonal ale aux *adj.; s.m.* diagonal.
diagramme *s.m.* diagrama.
dialecte *s.m.* dialeto.
dialecticien enne *s.* dialetólogo.
dialectique *adj.* dialético; *s.f.* dialética.
dialogue *s.m.* diálogo.
dialoguer *v.int.* dialogar.
diamant *s.m.* diamante.
diamantaire *s.m.* diamantista.
diamétral e aux *adj.* diametral.
diamètre *s.m.* diâmetro.
diane *s.f.* alvorada.
diapason *s.m.* diapasão.
diaphane *adj.* diáfano.
diaphragme *s.m.* diafragma.
diapositive *s.f.* diapositivo.
diaprer *v.t.* matizar.
diarrhée *s.f.* diarreia.
diatribe *s.f.* diatribe, crítica acerba.
dictaphone *s.m.* ditafone.
dictateur *s.m.* ditador.
dictatorial e aux *adj.* ditatorial.
dictature *s.f.* ditadura.
dictée *s.f.* ditado.
dicter *v.t.* ditar.
diction *s.f.* dicção.
dictionnaire *s.m.* dicionário.
dicton *s.m.* ditado, anexim.
didactique *adj.* didático; *s.f.* didática.
dièse *s.m.* (*Mús.*) sustenido.
diète[1] *s.f.* dieta, regime alimentar.
diète[2] *s.f.* dieta (assembleia política).
diététicien *s.m.* nutricionista.
diététique *adj.* dietético; *s.f.* dietética.
dieu dieux *s.m.* **1.** adeus; — *merci* graças a Deus; — *sait* sabe Deus; — *sait comme* ao deus-dará; *à — ne plaise* Deus me livre; **2.** comunhão, hóstia; *on lui donnerait le bon — sans confession* dar-lhe-iam a hóstia sem confissão (falando de um hipócrita), é santo de pau oco.
diffamateur *adj.; s.m.* difamador.
diffamation *s.f.* difamação.

diffamatrice *adj.; s.f.* difamadora.
diffamer *v.t.* difamar.
différemment *adv.* diferentemente.
différence *s.f.* diferença.
différencier *v.t.* diferençar, diferenciar. (*Conj. 23*)
différend *s.m.* desacordo, discussão.
différent e *adj.* diferente.
différentiel elle *adj.; s.m.* diferencial.
différer[1] *v.t.* diferir, adiar. (*Conj. 13*)
différer[2] *v.int.* diferir, ser diferente (*Conj. 13*)
difficile *adj.* difícil.
difficulté *s.f.* dificuldade.
difforme *adj.* disforme.
difformité *s.f.* disformidade, deformidade.
diffus e *adj.* difuso; prolixo.
diffusion *s.f.* difusão.
digérer *v.t. e int.* digerir; (*fig.*) suportar.
digestible *adj.* digerível.
digestif ive *adj.* digestivo.
digestion *s.f.* digestão.
digital e aux *adj.* digital.
digne *adj.* digno, condigno; — *de foi* fidedigno.
dignitaire *s.m.* dignitário.
dignité *s.f.* dignidade.
digression *s.f.* digressão.
digue *s.f.* dique.
diktat *s.m.* imposição, exigência imperiosa.
dilapider *v.t.* dilapidar.
dilatation *s.f.* dilatação.
dilater *v.t.* dilatar.
dilemme *s.m.* dilema.
dilettante *s.* diletante.
dilettantisme *s.m.* diletantismo.
diligence[1] *s.f.* diligência, cuidado; *faire —* apressar-se.
diligence[2] *s.f.* diligência, mala-posta.
diligent e *adj.* diligente, aplicado, ativo.
diluer *v.t.* diluir.
dilution *s.f.* diluição.
dimanche *s.m.* domingo.
dimension *s.f.* dimensão.
diminuer *v.t. e int.* diminuir.
diminutif ive *adj.; s.m.* diminutivo.
diminution *s.f.* diminuição.
dinde *s.f.* perua; (*fam.*) bobalhona.
dindon *s.m.* peru; *être le — de la farce* ser o pato da história.
dîner[1] *v.int.* jantar.
dîner[2] *s.m.* jantar.
dînette *s.f.* **1.** jantarzinho; **2.** louça de brinquedo.

dingo *adj.; s.* (*gír.*) maluco.
dingue *adj.* (*fam.*) maluco, louco.
dinguer *v.int.* (*fam.*) *envoyer —* mandar plantar batatas.
diocèse *s.m.* diocese.
diocèsain e *adj.; s.* diocesano.
dioptrie *s.f.* dioptria.
diphtérie *s.f.* (*Med.*) difteria.
diphtérique *adj.; s.* diftérico.
diplomate *s.* diplomata.
diplomatie *s.f.* diplomacia.
diplomatique *adj.* diplomático; *s.f.* diplomática.
diplôme *s.m.* diploma.
diplômer *v.t.* diplomar.
dire *v.t.* dizer; *cela va sans —* é escusado dizer; *c'est tout —* não preciso dizer mais nada; *dites donc* escute; *je ne vous dis que cela* baste dizer-lhe isto; *je ne vous le fais pas —* é o senhor que diz; *pour tout —* em resumo; *vous dites?* como?; *vous m'en direz tant* agora compreendo tudo! (*Conj. 71*)
direct e *adj.* direto.
directeur *s.m.* diretor.
direction *s.f.* direção.
directive *s.f.* diretriz.
directorialisme *s.m.* gerencialismo.
directrice *s.f.* diretora; *adj.* diretriz.
dirigeable *adj.; s.m.* dirigível.
dirigeant e *adj.; s.* dirigente.
diriger *v.t.* dirigir; *se — v.pron.* dirigir-se. (*Conj. 19*)
dirigisme *s.m.* dirigismo.
dis, disait, disant V. *dire.*
discernement *s.m.* discernimento, tino.
discerner *v.t.* discernir.
disciple *s.* discípulo.
disciplinaire *adj.* disciplinar.
discipline *s.f.* disciplina.
discipliner *v.t.* disciplinar.
discontinu e *adj.* descontínuo.
discontinuer *v.t.* descontinuar, interromper.
discontinuité *s.f.* descontinuidade.
disconvenir *v.int.* desconvir, discordar.
discordant e *adj.* discordante, dissonante.
discorde *s.f.* discórdia.
discorder *v.int.* discordar, divergir.
discothèque *s.f.* discoteca.
discourir *v.int.* discorrer. (*Conj. 27*)
discours *s.m.* discurso.
discourtois e *adj.* descortês.
discourtoisie *s.f.* descortesia.

discrédit s.m. descrédito.
discréditer v.t. desacreditar, desabonar.
discret ète adj. discreto.
discrétion s.f. discrição; *à la* — à discrição, à vontade.
discrétionnaire adj. discricionário.
discrimination s.f. discriminação.
disculper v.t. desculpar.
discursif ive adj. discursivo.
discussion s.f. discussão.
discutable adj. discutível.
discutailler v.int. (*pej.*) discutir.
discuter v.t. e int. discutir.
disert e adj. diserto, eloquente.
disette s.f. escassez de víveres.
diseur euse s. dizedor, declamador; — *de bons mots* piadista; *diseuse de bonne aventure* cartomante.
disgrâce s.f. desvalimento.
disgracié e adj.; s. desvalido, disforme, aleijado.
disgracier v.t. desvaler, repudiar. (*Conj. 23*)
disgracieux euse adj. desgracioso, desajeitado.
disjoindre v.t. disjungir, desajuntar. (*Conj. 74*)
disjoncteur s.m. disjuntor, chave automática.
dislocation s.f. deslocamento; luxação.
disloquer v.t. 1. deslocar, separar; 2. luxar.
disons V. *dire*.
disparaître v.int. desaparecer, sumir. (*Conj. 65*)
disparate adj. disparatado.
disparité s.f. disparidade.
disparition s.f. desaparecimento.
disparu e V. *disparaître*.
dispendieux euse adj. dispendioso.
dispensaire s.m. dispensário.
dispensateur trice s. dispensador, distribuidor.
dispensable adj. dispensável.
dispenser v.t. 1. dispensar, isentar; 2. dispensar, distribuir.
disperser v.t. dispersar.
dispersif ive adj. dispersivo.
dispersion s.f. dispersão.
disponibilité s.f. disponibilidade.
disponible adj. disponível.
dispos e adj. bem-disposto.
disposer v.t. 1. dispor, arrumar; 2. dispor, predispor; v.int. dispor, ter à sua disposição; *se* — v.pron. dispor-se, decidir-se.

dispositif s.m. dispositivo.
disposition s.f. disposição, aptidão.
disproportion s.f. desproporção.
disproportionné e adj. desproporcionado.
dispute s.f. disputa.
disputer v.int. e t. disputar; *se* — v.pron. brigar.
disquaire s. comerciante de discos.
disqualifier v.t. desqualificar, desacreditar, desonrar. (*Conj. 23*)
disque s.m. disco.
dissection s.f. dissecção, dissecação.
dissemblable adj. dessemelhante.
dissemblance s.f. dessemelhança.
dissémination s.f. disseminação.
disséminer v.t. disseminar.
dissension s.f. dissensão, desavença.
dissentiment s.m. dissentimento.
disséquer v.t. dissecar. (*Conj. 13*)
dissertation s.f. 1. dissertação; 2. (Escola) redação.
disserter v.int. dissertar.
dissidence s.f. dissidência.
dissident e adj.; s. dissidente.
dissimulation s.f. dissimulação.
dissimuler v.t. dissimular.
dissipateur trice adj.; s. dissipador, perdulário.
dissipation s.f. dissipação.
dissiper v.t. dissipar; levar à indisciplina.
dissociable adj. dissociável.
dissociabilité s.f. dissociabilidade.
dissociation s.f. dissociação.
dissocier v.t. dissociar. (*Conj. 23*)
dissolu e adj. dissoluto, devasso.
dissoluble adj. dissolúvel.
dissolubilité s.f. dissolubilidade.
dissolution s.f. dissolução.
dissolvais, dissolvait etc. V. *dissoudre*.
dissolvant adj. dissolvente.
dissonance s.f. dissonância.
dissonant e adj. dissonante, desafinado.
dissoudre v.t. dissolver. (*Conj. 88*)
dissous oute V. *dissoudre*.
dissuader v.t. dissuadir, demover.
dissuasion s.f. dissuasão.
dissyllabe adj. dissilábico.
dissymétrie s.f. dissimetria.
dissymétrique adj. dissimétrico.
distance s.f. distância.
distancer v.t. ultrapassar.
distant e adj. distante.
distendre v.t. distender. (*Conj. 85*)
distension s.f. distensão.

distillation *s.f.* destilação.
distiller *v.t.* destilar.
distillerie *s.f.* destilaria.
distinct e *adj.* distinto, separado.
distinctif ive *adj.* distintivo.
distinction *s.f.* distinção.
distingué e *adj.* distinto, fino, educado.
distinguer *v.t.* distinguir.
distinguo *s.m.* (*fam.*) distinção; nuança fina.
distique *s.m.* dístico, grupo de dois versos.
distordre *v.t.* destorcer.
distraction *s.f.* 1. distração, falta de atenção; 2. distração, passatempo.
distraire *v.t.* distrair. (*Conj. 93*)
distrait e *adj.* distraído.
distribuer *v.t.* distribuir.
distributeur *adj.; s.* distribuidor.
distributif ive *adj.* distributivo.
distribution *s.f.* distribuição.
distributrice *adj.; s.f.* distribuidora.
district *s.m.* distrito.
dit, dites V. *dire.*
diurétique *adj.; s.m.* diurético.
diurne *adj.* diurno.
divagation *s.f.* divagação.
divaguer *v.int.* divagar.
divan *s.m.* divã.
divergence *s.f.* divergência.
diverger *v.int.* divergir. (*Conj. 19*)
divers e *adj.* diverso; *pl.* diversos, vários.
diversifier *v.t.* diversificar. (*Conj. 23*)
diversion *s.f.* diversão.
diversité *s.f.* diversidade.
divertir *v.t.* divertir, distrair; *se — v.pron.* divertir-se, distrair-se.
divertissant e *adj.* divertido.
divertissement *s.m.* divertimento.
dividende *s.m.* dividendo.
divin e *adj.* divino.
divination *s.f.* adivinhação.
divinisation *s.f.* divinização.
diviniser *v.t.* divinizar.
divinité *s.f.* divindade.
diviser *v.t.* dividir; desunir.
diviseur *s.m.* divisor.
divisibilité *s.f.* divisibilidade.
divisible *adj.* divisível.
division *s.f.* 1. divisão, separação; 2. divisão (operação matemática); 3. divisão (grande unidade militar).
divorce *s.m.* divórcio.
divorcer *v.int.* divorciar-se. (*Conj. 14*)

divulgateur *adj.; s.m.* divulgador.
divulgation *s.f.* divulgação.
divulgatrice *adj.; s.f.* divulgadora.
divulguer *v.t.* divulgar, noticiar.
dix *num.* dez.
dix-huit *num.* dezoito.
dix-huitième *num.* décimo oitavo; *s.m.* 1. dezoito avos, a décima oitava parte; 2. décimo oitavo andar.
dixième *num.* décimo; *s.m.* 1. décimo, a décima parte; 2. décimo andar.
dix-neuf *num.* dezenove.
dix-neuvième *num.* décimo nono; *s.m.* 1. dezenove avos, a décima nona parte; 2. décimo nono andar.
dix-sept *num.* dezessete.
dix-septième *num.* décimo sétimo; *s.m.* 1. dezessete avos, a décima sétima parte; 2. décimo sétimo andar.
dizaine *s.f.* dezena.
do *s.m.* (*Mús.*) dó.
docile *adj.* dócil.
docilité *s.f.* docilidade.
dock *s.m.* doca, armazém.
docker *s.m.* doqueiro, estivador.
docte *adj.* douto; (*depr.*) pedante.
docteur *s.m.* doutor, médico; — *ès lettres* doutor em letras; — *ès sciences* doutor em ciências.
doctoral e aux *adj.* doutoral.
doctorat *s.m.* doutorado, doutoramento.
doctrinaire *adj.; s.* doutrinário.
doctrinal e aux *adj.* doutrinal.
doctrine *s.f.* doutrina.
document *s.m.* documento.
documentaire *adj.* documentário; *s.m.* (filme) documentário.
documentation *s.f.* documentação.
documenter *v.t.* documentar.
dodeliner *v.int.* balouçar; — *de la tête* menear a cabeça.
dodo *s.m.* (*infant.*) cama; sono; *faire —* nanar.
dodu e *adj.* (*fam.*) gorducho, rechonchudo.
dogmatique *adj.* dogmático.
dogmatisme *s.m.* dogmatismo.
dogme *s.m.* dogma.
dogue *s.m.* buldogue.
doigt *s.m.* dedo; *faire toucher du —* convencer com provas palpáveis; *mettre le — sur* pôr o dedo em, encontrar; *petit —* mindinho; *savoir sur le bout du —* saber na ponta da língua; *s'en mordre les —s* arrepender-se; *se fourrer le — dans l'oeil*

enganar-se grosseiramente; *toucher du* — ver claramente, estar perto de descobrir.
doigté *s.m.* (*Mús.*) dedilhado; (*fig.*) tato, jeito.
dois, doit V. *devoir*.
dol *s.m.* dolo.
doléances *s.f.pl.* queixas, reclamações.
dolent e *adj.* dolente, lastimoso.
dollar *s.m.* dólar.
domaine *s.m.* domínio, propriedade; *tomber dans le — public* cair no domínio público.
dôme *s.m.* domo, zimbório.
domesticité *s.f.* 1. domesticidade; 2. criadagem.
domestique *adj.* doméstico; *s.m.* criado.
domestiquer *v.t.* domesticar.
domicile *s.m.* domicílio.
domiciliaire *adj.* domiciliar.
dominateur *adj.; s.m.* dominador.
domination *s.f.* dominação.
dominatrice *adj.; s.f.* dominadora.
dominer *v.t.* dominar.
dominicain e *adj.; s.* dominicano (= da ordem de S. Domingos); *adj.; s.pátr.* natural de S. Domingos.
dominical e aux *adj.* dominical.
domino *s.m.* 1. dominó (traje); 2. dominó (jogo) ; *jouer aux —s* jogar dominó.
dommage *s.m.* dano, prejuízo; *c'est —* é pena.
dommages-intérêts *s.m.pl.* indenização por perdas e danos.
dompter *v.t.* domar.
dompteur *s.m.* domador.
don *s.m.* dom, dádiva.
donataire *s.m.* donatário.
donateur *adj.; s.* doador.
donation *s.f.* doação.
donatrice *adj.; s.f.* doadora.
donc *conj.* pois, então.
dondon *s.f.* (*fam.*) mulherona, mulheraça.
donjon *s.m.* torreão.
donnant donnant *loc.adv.* toma lá, dá cá.
donner *v.t.* 1. dar; 2. atribuir, conceder; 3. transmitir; 4. representar (peça); 5. causar, produzir; *— pour* dar como; *je vous le donne en mille* (aposto um contra mil), sei que não vai adivinhar; *v.int.* 1. ir ter; *ne savoir où — de la tête* não ter mãos a medir; 2. cair; *— dans un piège* cair numa armadilha; 3. entregar-se; *— dans un défaut* entregar-se a um vício; *se — v.pron.*

1. entregar-se; 2. trocar; *s'en —* divertir-se a valer.
donneur *s.m.* 1. dador, doador; *— de sang* doador de sangue; 2. (*pop.*) alcaguete.
dont *pron.* de que, de quem, do qual, da qual, dos quais, das quais; cujo, cuja, cujos, cujas; *— acte* está registrado; ciente.
donzelle *s.f.* mulher de vida desregrada, loureira, mulher-solteira.
dopage *s.m.* dopagem.
doper *v.t.* dopar.
doping *s.m.* dopagem.
doré e *adj.* dourado.
dorénavant *adv.* daqui em diante.
dorer *v.t.* dourar.
doreur *s.m.* dourador.
dorloter *v.t.* minar.
dormeur *s.m.* 1. dormidor; 2. dorminhoco.
dormir *v.int.* dormir; *laisser —* deixar em paz, esquecer. (*Conj. 29*)
dorsal e aux *adj.* dorsal.
dortoir *s.m.* dormitório.
dorure *s.f.* douradura, douração.
dos *s.m.* 1. costas, dorso; *en avoir plein le —* estar farto; *faire le gros —* arquear o corpo (gato); *il a bon —* tem as costas largas; *l'avoir dans le —* não obter o que queria; *mettre sur le — de* responsabilizar; 2. espaldar (de cadeira); 3. verso (de papel escrito); 4. lombada (de livro).
dosage *s.m.* dosagem.
dose *s.f.* dose.
doser *v.t.* dosar.
dossard *s.m.* número de competidor (ostentado nas costas).
dosse *s.f.* costaneira (de tronco).
dossier *s.m.* 1. encosto (de cadeira), espaldar; 2. pasta; 3. processo, autos.
dot *s.f.* dote.
dotal e aux *adj.* dotal.
doter *v.t.* dotar.
douairière *s.f.* velha senhora da aristocracia.
douane *s.f.* alfândega.
douanier ière *s.* aduaneiro; *adj.* alfandegário.
doublage *s.m.* dublagem.
double *adj.; s.* 1. dobro; 2. duplo; 3. cópia (de documento); 4. duplicata (de moeda, selo).
doublé e *adj. — de* que é ao mesmo tempo.
doubler *v.t.* 1. dobrar; 2. forrar; 3. dublar (filme); 4. ultrapassar (veículo); 5. repetir o ano (em colégio).

doublure *s.f.* forro.
douce V. *doux.*
douceâtre *adj.* adocicado.
doucement *adv.* **1.** de mansinho; **2.** devagar; **3.** baixinho.
doucereux euse *adj.* adocicado, dulçuroso.
douceur *s.f.* doçura, brandura; *pl.* doces, gulodices; *en* — devagar.
douche *s.f.* ducha, chuveiro.
doué e *adj.* Talentoso.
douelle *s.f.* aduela.
douille *s.f.* porta-lâmpada; — *voleuse* benjamim.
douillet ette *adj.* **1.** fofo; **2.** ultrassensível.
douillette *s.f.* capa acolchoada.
douleur *s.f.* dor; *être dans les* —*s* estar nos trabalhos do parto.
douloureux euse *adj.* doloroso.
doute *s.m.* dúvida; *sans* — provavelmente; *sans aucun* — seguramente, sem dúvida.
douter *v.t.* duvidar; *se* — *de v.pron.* desconfiar de.
douteux euse *adj.* duvidoso, dúbio.
douve *s.f.* **1.** fossa, valeta; **2.** aduela.
doux douce *adj.* doce, suave; agradável (tempo); *en* — em silêncio, discretamente; *adv. filer* — obedecer incondicionalmente.
douzaine *s.f.* dúzia.
douze *num.* doze.
douzième *num.* duodécimo, décimo segundo; *s.m.* **1.** duodécimo, a duodécima parte; **2.** duodécimo andar.
doyen *s.m.* **1.** decano; **2.** deão; **3.** diretor de faculdade.
dragage *s.m.* dragagem.
dragée *s.f.* confeito de amêndoa; (*fig.*) *tenir la* — *haute à* fazer alguém esperar muito tempo.
drageoir *s.m.* caixinha para confeitos.
drageon *s.m.* (*Bot.*) gomeleira, ladrão.
dragon *s.m.* **1.** dragão (animal fabuloso); **2.** dragão (soldado de cavalaria).
dragonne *s.f.* **1.** dragona; **2.** fiador, descanso da espingarda ou da espada.
dragonnier *s.m.* dragoeiro (planta).
drague *s.f.* draga.
draguer *v.t.* **1.** dragar; **2.** (*gír.*) paquerar.
draille *s.f.* adriça.
drain *s.m.* dreno.
drainage *s.m.* drenagem.
drainer *v.t.* drenar.
draisine *s.f.* dresina.
dramatique *adj.* dramático.
dramatiser *v.t.* dramatizar.
dramaturge *s.m.* dramaturgo.
drame *s.m.* drama.
drap *s.m.* **1.** tecido de lã; **2.** lençol; — *mortuaire* mortalha; *être dans de beaux* —*s* estar em maus lençóis.
drapeau eaux *s.m.* bandeira; *être sous les* —*x* prestar serviço militar; *planter un* — passar um calote; sair sem pagar.
draper *v.t.* drapejar, revestir; *se* — *v.pron. se* — *dans sa dignité* afetar dignidade.
draperie *s.f.* **1.** tecelagem; **2.** drapejamento, panejamento.
drapier ière *s.* fabricante ou comerciante de tecidos de lã.
drastique *adj.* drástico.
dravidien enne *adj.; s.pátr.* drávida, dravídico.
dressage *s.m.* **1.** arrumação (culinária); **2.** treinamento, adestramento.
dresser *v.t.* **1.** endireitar; — *les oreilles* estar de orelha em pé; **2.** levantar; **3.** preparar (projeto); **4.** amestrar; *se* — *v.pron.* erguer-se.
dresseur *s.m.* adestrador, amestrador, domador.
dressoir *s.m.* aparador.
dreyfusard e *adj.; s.* dreyfusista (= partidário da revisão do processo do capitão Dreyfus).
dribbler *v.t.* driblar.
drille *s.m. joyeux* — boa-praça.
drogue *s.f.* droga.
droguiste *s.m.* droguista.
droit[1] **e** *adj.* reto, direito; *adv.* direito.
droit[2] *s.m.* direito; — *de suite* direito de sequela; *à bon* — com toda a razão.
droitier ère *adj.* direitista.
droiture *s.f.* retidão.
drolatique *adj.* engraçado.
drôle *adj.* engraçado, gozado; *un* — *de type* um sujeito esquisito; *la* — *de guerre* a guerra engraçada (nome dado ao primeiro ano da Segunda Guerra Mundial devido à calma que reinava na frente de batalha).
drôlerie *s.f.* **1.** chiste; **2.** graça.
dromadaire *s.m.* dromedário.
drosse *s.f.* cabo do leme.
drosser *v.t.* arrastar para o litoral.
dru e *adj.* basto, espesso; *adv.* abundantemente.
druide *s.m.* (*Hist.*) druida.
drupe *s.f.* drupa.

du *art.contraído* do.
dû e particípio de *devoir*; *adj.* devido; *s.m.* débito.
dualisme *s.m.* dualismo.
dualité *s.f.* dualidade.
dubitatif ive *adj.* dubitativo.
duc *s.m.* duque.
ducal e aux *adj.* ducal.
ducat *s.m.* ducado (moeda).
duché *s.m.* ducado.
duchesse *s.f.* duquesa.
ductile *adj.* dúctil.
duègne *s.f.* duenha, aia.
duel[1] *s.m.* duelo.
duel[2] *s.m.* (*Gram.*) dual.
duettiste *s.* duetista.
dulcifier *v.t.* dulcificar.
dûment *adv.* devidamente.
dûmes V. *devoir*.
dune *s.f.* duna.
dunette *s.f.* (*Mar.*) tombadilho.
duo *s.m.* duo.
duodenum *s.m.* (*Anat.*) duodeno.
dupe *s.f.* otário; *adj.* enganado, crédulo.
duper *v.t.* ludibriar, lograr, tapear, enrolar.
duperie *s.f.* logro, mistificação.
duplicata *s.m.* cópia, segunda via.
duplicateur *s.m.* mimeógrafo.
duplicité *s.f.* duplicidade, doblez.
duquel *pron.* do qual; V. *lequel*.

dur e *adj.* duro; — *d'oreille* surdo; — *à cuire* duro na queda; *s.m.* pessoa corajosa, valente; *adv.* duramente.
durabilité *s.f.* durabilidade.
durable *adj.* durável, duradouro.
durant *prep.* durante.
durcir *v.t.* e *int.* endurecer.
durcissement *s.m.* endurecimento.
durée *s.f.* duração.
durent V. *devoir* e *durer*.
durer *v.int.* durar.
dureté *s.f.* dureza.
durillon *s.m.* joanete.
dus, dusse, dut, dûtes V. *devoir*.
duvet *s.m.* penugem, lanugem, buço.
dynamique *adj.* dinâmico; *s.f.* dinâmica.
dynamisme *s.m.* dinamismo.
dynamite *s.f.* dinamite.
dynamiter *v.t.* dinamitar.
dynamo *s.f.* dínamo.
dynamomètre *s.m.* dinamômetro.
dynastie *s.f.* dinastia.
dynastique *adj.* dinástico.
dysenterie *s.f.* disenteria — *amibienne* disenteria amebiana.
dysentérique *adj.; s.* disentérico.
dysharmonie *s.f.* desarmonia.
dyslexie *s.f.* (*Med.*) dislexia.
dyspepsie *s.f.* (*Med.*) dispepsia.
dyspnée *s.f.* (*Med.*) dispneia.
dysurie *s.f.* (*Med.*) disúria.

E

eau eaux *s.f.* **1.** água; — *de Javel* água sanitária; — *lourde* água pesada; *faire de l'—* abastecer-se de água potável; *faire —* fazer água; *il n'est pire — que l'— qui dort* as águas calmas são as mais perigosas; *mettre à l'—* lançar ao mar; *naviguer dans les —x de* compartilhar das opiniões de; **2.** chuva; **3.** suor; *être tout en —* estar suando; **4.** urina; *lâcher l'—* verter urina; **5.** *pl.* estância de águas; **6.** grau de transparência; *de la plus belle —* de primeira água.
eau-de-vie *s.f.* cachaça.
ébahir *v.t.* pasmar, embasbacar.
ébahissement *s.m.* pasmo, assombro.
ébarber *v.t.* aparar, rebarbar.
ébarbeuse *s.f.* rebarbador.
ébats *s.m.pl.* folgança; brincadeira, traquinice.
ébattre, s' *v.pron.* foliar, divertir-se.
ébaubi e *adj.* boquiaberto, pasmado.
ébauche *s.f.* esboço, bosquejo.
ébaucher *v.t.* esboçar, bosquejar.
ébène *s.f.* ébano (madeira).
ébénier *s.m.* ébano (árvore).
ébéniste *s.m.* ebanista, marceneiro.
ébénisterie *s.f.* marcenaria.
éberlué e *adj.* pasmado, estarrecido.
éblouir *v.t.* ofuscar, deslumbrar.
éblouissant e *adj.* ofuscante, deslumbrante.
éblouissement *s.m.* deslumbramento.
éborgner *v.t.* **1.** tirar um olho a, tornar zarolho; **2.** tirar olhos a (uma planta).
éboueur *s.m.* lixeiro.
ébouillanter *v.t.* escaldar.
éboulement *s.m.* desabamento, desmoronamento.
ébouler, s' *v.pron.* desabar.
éboulis *s.m.* entulho.
ébouriffer *v.t.* **1.** desgrenhar; **2.** (*fig.*) espantar.

ébranlement *s.m.* abalo.
ébranler *v.t.* abalar, *s'— v.pron.* pôr-se em movimento.
ébrécher *v.t.* cegar (uma faca); esbeiçar (uma xícara).
ébriété *s.f.* embriaguez, ebriedade.
ébrouer, s' *v.pron.* resfolegar; sacudir-se, agitar-se.
ébruiter *v.t.* propalar, espalhar.
ébullition *s.f.* ebulição.
écaille *s.f.* **1.** escama; **2.** valva; **3.** tartaruga (casco); *lunettes d'—* óculos de tartaruga.
écailler *v.t.* escamar, descascar.
écailleux euse *adj.* escamoso.
écale *s.f.* casca (de noz).
écaler *v.t.* descascar.
écanguer *v.t.* espadelar.
écarlate *s.f.; adj.* escarlate.
écarquiller *v.t.* arregalar, esbugalhar.
écart *s.m.* **1.** afastamento, desvio, distanciamento; **2.** desregramento, falta; *à l'—* à parte; *à l'— de* fora de.
écarteler *v.t.* **1.** esquartejar; **2.** esquartelar. (*Conj. 20*)
écarter *v.t.* afastar, desviar.
ecchymose *s.f.* equimose.
ecclésiastique *adj.; s.* eclesiástico.
écervelé e *adj.; s.* desmiolado, estouvado.
échafaud *s.m.* cadafalso.
échafaudage *s.m.* **1.** madeiramento; **2.** andaime.
échafauder *v.t.* **1.** levantar andaime; **2.** (*fig.*) construir, esboçar.
échalas *s.m.* estaca; (*fig.*) varapau.
échalote *s.f.* echalota, chalota (planta).
échancrer *v.t.* chanfrar.
échancrure *s.f.* chanfradura.
échange *s.m.* troca; intercâmbio.
échanger *v.t.* trocar. (*Conj. 19*)
échanson *s.m.* escanção.
échantillon *s.m.* amostra, espécime.

échantillonner *v.t.* escolher para amostra.
échappatoire *s.f.* escapatória.
échappée *s.f.* espaço livre, aberto; vista, perspectiva; — *de lumière* clarão.
échappement *s.m.* 1. escapamento; 2. escapo.
échapper *v.int.* escapar; *nous l'avons échappé belle* escapamos de boa; *s'*— *v.pron.* fugir.
écharde *s.f.* lasca, farpa, estilhaço.
écharpe *s.f.* 1. faixa, charpa, xale; 2. tipoia; 3. *en* — *loc.adv.* obliquamente.
écharper *v.t.* mutilar, despedaçar.
échasse *s.f.* 1. alcaravão, garça; 2. *pl.* andas, pernas de pau.
échassier *s.m.* pernalta.
échauder *v.t.* escaldar.
échauffer *v.t.* 1. aquecer; 2. excitar; *s'*— *v.pron.* animar-se, exaltar-se.
échaufourrée *s.f.* escaramuça, arruaça, tumulto.
échéance *s.f.* vencimento; *à brève* — a prazo curto; *à longue* — a prazo longo.
échéant le cas — *loc.adv.* se for o caso, em caso de necessidade.
échec[1] *s.m.* malogro, fracasso, insucesso.
échec[2] *s.m.* xeque; — *et mat* xeque-mate; *tenir en* — empatar; *pl.* (jogo de) xadrez; *joer aux* — *s* jogar xadrez.
échelle *s.f.* 1. escada; (*fig.*) *faire la courte* — *à* ajudar a subir; *monter à l'*— levar a sério uma brincadeira, subir à serra; *il n'y a plus qu'à tirer l'*— não se pode fazer melhor; 2. escala.
échelon *s.m.* 1. degrau; 2. escalão.
échelonner *v.t.* escalonar.
écheniller *v.t.* eslagartar; (*fig.*) escoimar (texto).
écheveau eaux *s.m.* meada.
écheveler *v.t.* desgrenhar, descabelar. (*Conj.* 12)
échevin *s.m.* escabino (magistrado municipal antes de 1789).
échine *s.f.* coluna vertebral, espinha; *courber l'*— submeter-se.
échiner, s' *v.pron.* estafar-se.
échiquier *s.m.* 1. tabuleiro de xadrez; 2. campo de manobras; 3. *chancelier de l'Échiquier* ministro da Fazenda (na Inglaterra).
écho *s.m.* eco, repercussão; *pl.* crônica social (em jornal); *se faire l'*— *de* repetir.
échoir *v.int.* 1. caber; 2. vencer (duplicata). (*Conj.* 47)

échoppe[1] *s.f.* birosca, barraca; tenda.
échoppe[2] *s.f.* escopro, cinzel.
échotier *s.m.* cronista social.
échouer *v.int.* 1. encalhar; 2. fracassar; (*fam.*) entrar pelo cano; 3. ser reprovado (em exame).
échu V. *échoir*.
éclabousser *v.t.* enlamear, respingar.
éclaboussure *s.f.* salpico.
éclair[1] *s.m.* 1. relâmpago; 2. *flash*; *adj. guerre* — guerra relâmpago.
éclair[2] *s.m.* bomba (doce de confeitaria).
éclairage *s.m.* iluminação.
éclaircie *s.f.* 1. clareira; 2. aberta, breve melhora de tempo.
éclaircir *v.t.* 1. tornar mais claro, aclarar; 2. esclarecer; *s'*— aclarar-se, ficar claro.
éclaircissement *s.m.* esclarecimento.
éclaireur euse *s.* 1. batedor, explorador; 2. escoteiro.
éclampsie *s.f.* (*Med.*) eclampsia.
éclat *s.m.* 1. estilhaço; 2. ruído violento: — *de voix*; — *de rire* gargalhada; 3. estardalhaço, escândalo; *action d'*— feito brilhante.
éclatant[1] **e** *adj.* ruidoso, estridente; de grande repercussão.
éclatant[2] **e** *adj.* brilhante, radioso.
éclatement *s.m.* estouro.
éclater[1] *v.int.* estourar, quebrar-se; ressoar.
éclater[2] *v.int.* brilhar; manifestar-se, saltar aos olhos.
éclectique *adj.* eclético.
éclectisme *s.m.* ecletismo.
éclipse *s.f.* eclipse.
éclipser *v.t.* eclipsar; (*fig.*) ofuscar; *s'*— *v.pron.* retirar-se discretamente.
éclisse *s.f.* tala.
éclisser *v.t.* entalar.
éclopé e *adj.* coxo, capenga.
éclore *v.int.* 1. sair do ovo; 2. desabrochar; 3. raiar. (*Conj.* 62)
éclosion *s.f.* eclosão, desabrochamento.
éclusage *s.m.* represamento.
écluse *s.f.* represa.
écluser *v.t.* represar.
écœurant e *adj.* enjoativo, repugnante.
écœurement *s.m.* repulsão, nojo.
écœurer *v.t.* enjoar, repugnar.
école *s.f.* escola; *faire* — fazer escola; *faire l'*— *buissonnière* matar aula, fazer gazeta; *École des Chartes* Escola de Arquivismo; *École des Ponts et Chaussées* Escola de Engenharia Civil.

écolier ière s. aluno (do ensino primário); principiante.
écologie s.f. ecologia.
écologique adj. ecológico.
éconduire v.t. pôr para fora, mandar embora. (Conj. 64)
économe s.m. ecônomo.
économie s.f. economia.
économique adj. econômico.
économiser v.t. e int. economizar.
économiste s. economista.
écoper v.int (fam.) apanhar, levar surra.
écorce s.f. casca, cortiça.
écorché e adj.; s.m. esfolado.
écorchure s.f. escoriação, arranhão.
écorner v.t. 1. dobrar os cantos (de uma folha de livro); 2. desfalcar.
écornifleur s.m. (fam.) filante, parasita.
écossais e adj.; s.pátr. escocês.
Ecosse s.f. Escócia.
écosser v.t. debulhar; (pop.) gastar.
écot s.m. cota-parte.
écoulement s.m. escoamento, vazão.
écouler v.t. vender (até acabar); s'— v.pron. escoar-se.
écourter v.t. encurtar.
écoute s.f. escuta, detecção; derivação telefônica; être aux —s ficar à escuta.
écouter v.t. escutar.
écouteur s.m. fone.
écoutille s.f. escotilha.
écran s.m. 1. guarda-fogo; 2. tela (de cinema); (fig.) a arte cinematográfica; 3. vídeo; 4. — de fumée cortina de fumaça.
écrabouiller v.t. esborrachar, esmagar.
écrasant e adj. esmagador.
écrasement s.m. esmagamento.
écraser v.t. esmagar; en — (pop.) dormir a sono solto.
écrémer v.t. desnatar; (fig.) tirar a melhor parte de. (Conj. 13)
écrevisse s.f. pitu, espécie de camarão de água doce.
écrier, s' v.pron. exclamar.
écrin s.m. escrínio, guarda-joias.
écrire v.t. e int. escrever; de quoi — papel, caneta etc. (o que é preciso para escrever). (Conj. 72)
écrit e adj. escrito; s.m. escrito; par — por escrito; mettre par — exarar.
écriteau eaux s.m. letreiro.
écritoire s.f. estojo de artigos para escrever.
écriture s.f. 1. escrita, letra; 2. estilo; 3. pl. escrituração; employé aux —s auxiliar de contador; 4. Écriture (Sainte) Escritura (Santa).
écrivailler v.t. e int. (depr.) escrevinhar.
écrivailleur s.m. (depr.) escrevinhador, rabiscador.
écrivain s.m. escritor.
écrivassier s.m. (fam.) escrevedor, escrevinhador.
écrou^1 s.m. porca de parafuso.
écrou^2 s.m. registro carcerário; levée d'— soltura.
écrouelles s.f.pl. escrófulas.
écrouer v.t. encarcerar, prender.
écroulement s.m. desabamento, desmoronamento.
écrouler, s' v.pron. desabar, desmoronar-se, vir abaixo.
ectoplasme s.m. ectoplasma.
écu s.m. escudo.
écueil s.m. escolho.
écuelle s.f. escudela, tigela.
éculé e adj. acalcanhado, cambaio (sapato); (fam.) manjado (história).
éculer v.t. acalcanhar, cambar (o sapato).
écume s.f. espuma, escuma; escumalha.
écumer v.t. e int. escumar; v.t. saquear.
écumeux euse adj. escumoso.
écumoire s.f. escumadeira.
écureuil s.m. esquilo, caxinguelê.
écurie s.f. cavalariça, estrebaria.
écusson s.m. escudo de armas, brasão.
écuyer s.m. cavaleiro; professor de equitação.
écuyère s.f. amazona, mulher que monta a cavalo.
eczéma s.m. eczema.
Eden s.m. Éden.
édénique adj. edênico.
édenté e adj. desdentado.
édenter v.t. desdentar, tirar ou quebrar os dentes a.
édicule s.m. edícula, quiosque.
édifiant e adj. edificante.
édification s.f. edificação.
édifice s.m. edifício.
édifier v.t. 1. edificar, construir; 2. edificar, levar à virtude; 3. esclarecer. (Conj. 23)
édile s.m. edil; vereador.
édit s.m. edito, decreto.
éditer v.t. editar; lançar (disco).
éditeur trice s. editor.
édition s.f. edição; l'— a indústria editorial.

éditorial e aux *adj.; s.m.* editorial.
éditorialiste *s.m.* editorialista.
édredon *s.m.* edredom, acolchoado.
éducable *adj.* educável.
éducateur *s.m.* educador.
éducatif ive *adj.* educativo.
éducation *s.f.* educação.
éducatrice *s.f.* educadora.
édulcorer *v.t.* edulcorar, suavizar.
éduquer *v.t.* educar.
effaçable *adj.* apagável.
effacement *s.m.* 1. apagamento; 2. retraimento.
effacer *v.t.* apagar; *s'— v.pron.* apagar-se. (*Conj. 14*)
effarement *s.m.* espanto, estupefação, estarrecimento.
effarer *v.t.* estarrecer.
effaroucher *v.t.* intimidar, amedrontar, assustar.
effectif ive *adj.; s.m.* efetivo.
effectuer *v.t.* efetuar.
efféminement *s.m.* efeminação.
efféminer *v.t.* efeminar.
effervescence *s.f.* efervescência.
effervescent e *adj.* efervescente.
effet[1] *s.m.* efeito; *à cet* — para este fim; *en* — de fato, com efeito; *faire l'— de* dar a impressão de.
effet[2] *s.m.* letra de câmbio; *pl.* pertences.
effeuiller *v.t.* desfolhar.
efficace *adj.* eficaz, eficiente.
efficacité *s.f.* eficácia, eficiência.
effigie *s.f.* efígie.
effiler *v.t.* 1. desfiar; 2. tornar afiado.
effilocher *v.t.* desfiar.
efflanqué e *adj.* magro, esgalgado.
effleurer *v.t.* 1. roçar, tocar de leve; 2. tratar por alto, aflorar.
effluve *s.m.* eflúvio.
effondrement *s.m.* desmoronamento.
effondrer *v.t.* 1. escavar; 2. fazer desmoronar; *s'— v.pron.* desmoronar, desabar.
efforcer, s' *v.pron.* esforçar-se. (*Conj. 14 e 8*)
effort *s.m.* esforço.
effraction *s.f.* arrombamento.
effraie *s.f.* coruja-das-torres.
effrayant e *adj.* assustador.
effrayer *v.t.* assustar, espantar; *s'—v.pron.* assustar-se.
effréné e *adj.* desenfreado.
effritement *s.m.* esboroamento.
effriter *s'— v.pron.* esboroar-se.

effroi *s.m.* susto, pavor.
effronté e *adj.* desaforado, insolente, atrevido.
effronterie *s.f.* desaforo, desfaçatez.
effroyable *adj.* assustador.
effusif ive *adj.* efusivo.
effusion *s.f.* efusão.
égailler, s' *v.pron.* dispersar-se.
égal e aux *adj.; s.* igual; indiferente: *cela m'est* — não me importa, tanto faz.
égalable *adj.* igualável.
égaler *v.t.* igualar.
égaliser *v.t.* igualar.
égalitaire *adj.* igualitário.
égalité *s.f.* igualdade.
égard *s.m.* consideração, respeito; *à cet* — a esse respeito; *à mon* — em relação a mim, para comigo; *à tous* (*les*) *—s* sob todos os pontos de vista; *avoir* — *à* levar em consideração; *manquer d'—s à* faltar ao respeito a.
égarement *s.m.* desvario, alucinação.
égarer *v.t.* 1. extraviar, perder; 2. desvairar; *s'— v.pron.* perder-se, extraviar-se.
égayer *v.t.* 1. alegrar, divertir; 2. tornar agradável. (*Conj. 22*)
égide *s.f.* égide.
églantier *s.m.* roseira-brava.
églantine *s.f.* rosa-brava.
église *s.f.* igreja; *l'Église* a Igreja (católica).
églogue *s.f.* égloga.
égocentrique *adj.* egocêntrico.
égocentrisme *s.m.* egocentrismo.
égoïsme *s.m.* egoísmo.
égoïste *adj.; s.* egoísta.
égorger *v.t.* degolar. (*Conj. 19*)
égosiller, s' *v.pron.* esganiçar-se.
égout *s.m.* 1. esgoto; 2. calha; 3. cloaca.
égoutier *s.m.* limpador de esgoto.
égoutter *v.t.* escorrer, escoar.
égouttoir *s.m.* escorredor.
égratigner *v.t.* arranhar.
égratignure *s.f.* arranhão, raspão.
égrenage *s.m.* debulha.
égrener *v.t.* desfiar, debulhar; — *son chapelet* desfiar o seu rosário (de lamentações). (*Conj. 18*)
égrillard e *adj.* brejeiro.
Egypte *s.f.* Egito.
égyptien enne *adj.; s.pátr.* egípcio.
eh *interj.* é, ora; — *bien* pois bem.
éhonté e *adj.* desavergonhado.
éjaculation *s.f.* ejaculação.

éjaculer *v.t.* ejacular.
éjectable *adj.* ejetável.
éjecter *v.t.* ejetar.
éjaction *s.f.* ejecção.
élaboration *s.f.* elaboração.
élaborer *v.t.* elaborar.
élaguer *v.t.* podar.
élan[1] *s.m.* arrojo, ímpeto; rasgo, movimento afetuoso.
élan[2] *s.m.* alce (mamífero).
élancé e *adj.* alto, esguio.
élancement *s.m.* dor lancinante.
élancer *v.t.* lançar, arremessar; *s'—v.pron.* arremeter, erguer-se. (*Conj. 14*)
élargir[1] *v.t.* alargar.
élargir[2] *v.t.* soltar (preso).
élargissement[1] *s.m.* alargamento.
élargissement[2] *s.m.* soltura (de preso).
élasticité *s.f.* elasticidade.
élastique *adj.; s.m.* elástico.
électeur trice *s.* eleitor.
électif ive *adj.* eletivo.
élection *s.f.* eleição.
électoral e aux *adj.* eleitoral.
électorat *s.m.* eleitorado.
électricien *s.m.* eletricista.
électricité *s.f.* eletricidade.
électrification *s.f.* eletrificação.
électrifier *v.t.* eletrificar. (*Conj. 22*)
électrique *adj.* elétrico.
électriser *v.t.* eletrizar.
électro-aimant *s.m.* eletroímã.
électrocardiogramme *s.m.* eletrocardiograma.
électrochoc *s.m.* eletrochoque.
électrocuter *v.t.* eletrocutar.
électrocution *s.f.* eletrocussão.
électrode *s.f.* eletrodo.
électro-encéphalogramme *s.m.* eletroencefalograma.
électrolyse *s.f.* eletrólise.
électroménager ère *adj.* eletrodoméstico.
électron *s.m.* elétron.
électronicien enne *s.; adj.* engenheiro eletrônico, técnico de eletrônica.
électronique *adj.* eletrônico; *s.f.* eletrônica.
électrophone *s.m.* toca-discos.
élégamment *adv.* elegantemente.
élégance *s.f.* elegância.
élégant e *adj.* elegante.
élégie *s.f.* elegia.
élément *s.m.* elemento.
élémentaire *adj.* elementar.

éléphant *s.m.* elefante.
éléphantiasis *s.m.* elefantíase.
élevage *s.m.* criação de gado, pecuária.
élévation *s.f.* elevação.
élévateur *s.m.* monta-cargas.
élève *s.* aluno.
élever[1] *v.t.* levantar, erguer. (*Conj. 18*)
élever[2] *v.t.* 1. educar; 2. criar (animais). (*Conj. 18*)
éleveur *s.m.* criador (de aves, suínos, caprinos, gado).
elfe *s.m.* elfo.
élider *v.t.* elidir.
éligibilité *s.f.* elegibilidade.
éligible *adj.* elegível.
élimer *v.t.* puir.
élimination *s.f.* eliminação.
éliminatoire *adj.* eliminatório; *s.f.* eliminatória.
éliminer *v.t.* eliminar.
élire *v.t.* eleger. (*Conj. 75*)
élision *s.f.* elisão.
élite *s.f.* escol, elite.
élixir *s.m.* elixir.
elle *pron.f.* ela.
ellipse *s.f.* elipse.
elliptique *adj.* elíptico.
élocution *s.f.* elocução, dicção.
éloge *s.m.* elogio.
élogieux euse *adj.* elogioso.
éloignement *s.m.* afastamento.
éloigner *v.t.* afastar.
élongation *s.f.* elongação.
éloquence *s.f.* eloquência.
éloquent e *adj.* eloquente.
élu e *adj.* (*part.pass.* de *élire*); *s.* eleito.
élucider *v.t.* elucidar.
élucubration *s.f.* elucubração, lucubração.
eluder *v.t.* eludir.
Elysée *s.m.* Eliseu, palácio de Paris, sede da Presidência da República.
émacié e *adj.* emaciado.
émail aux *s.m.* esmalte.
émailler *v.t.* esmaltar; (*fig.*) salpicar, enfeitar: *— son discours de citations* entremear de citações o seu discurso.
émanation *s.f.* emanação.
émancipation *s.f.* emancipação.
émanciper *v.t.* emancipar.
émaner *v.t.* emanar.
émasculer *v.t.* emascular.
emballage *s.m.* embalagem.
emballement *s.m.* entusiasmo repentino.

emballer¹ *v.t.* embalar, empacotar, embrulhar.
emballer² *v.t.* (*fam.*) passar uma descompostura em.
emballer³ *v.t.* entusiasmar; acelerar (motor); *s'— v.pron.* arrebatar-se; (*pop.*) tarar.
embarcadère *s.m.* embarcadouro.
embarcation *s.f.* embarcação.
embardée *s.f.* guinada, desvio.
embargo *s.m.* 1. proibição de sair do porto (uma nave); 2. apreensão.
embarquement *s.m.* embarque.
embarquer *v.t.* embarcar, envolver; *v.int.* embarcar; *s'— v.pron.* embarcar, envolver-se.
embarras *s.m.* embaraço, atrapalhação, enleio; *— du choix* dificuldade de escolher; *se tirer d'—* safar-se.
embarrassant e *adj.* embaraçoso.
embarrasser *v.t.* embaraçar, tolher, atrapalhar.
embauchage *s.m.* engajamento, contratação.
embauche *s.f.* o mesmo que *embauchage*.
embaucher *v.t.* engajar, contratar.
embauchoir *s.m.* fôrma para sapato.
embaumer *v.t.* embalsamar, perfumar.
embellie *s.f.* aberta, estiada.
embellir *v.t.* embelezar; *v.int.* tornar-se belo.
embellissement *s.m.* embelezamento.
embêtant e *adj.* aborrecido, chato.
embêtement *s.m.* aborrecimento, chateação.
embêter *v.t.* (*fam.*) aborrecer, chatear; *s'— v.pron.* aborrecer-se, chatear-se.
emblée, d' *loc.adv.* na hora, de golpe.
emblême *s.m.* emblema.
embobiner *v.t.* enrolar numa bobina; (*fam.*) levar na conversa.
emboîter *v.t.* encaixar, embutir.
embolie *s.f.* embolia.
embonpoint *s.m.* gordura; *prendre de l'—* engordar.
embouche *s.f.* (pasto para) engorda (de bovinos).
emboucher *v.t.* embocar; *mal embouché* desbocado.
embouchure *s.f.* embocadura; foz.
embourber *v.t.* atolar; *s'— v.pron.* atolar-se.
embourgeoiser, s' *v.pron.* aburguesar-se.
embout *s.m.* ponteira.

embouteillage *s.m.* engarrafamento.
embouteiller *v.t.* engarrafar.
emboutir *v.t.* chapear.
embranchement *s.m.* ramificação; entroncamento.
embrasement *s.m.* abrasamento.
embraser *v.t.* incendiar, inflamar.
embrassade *s.f.* abraço.
embrasse *s.f.* embrace, braçadeira.
embrassement *s.m.* abraço.
embrasser *v.t.* 1. abraçar, beijar; 2. adotar; 3. abranger, englobar.
embrasure *s.f.* vão (de janela).
embrayage *s.m.* embreagem.
embrayer *v.t.* embrear. (*Conj. 22*)
embrigader *v.t.* alistar, recrutar.
embrocher *v.t.* espetar.
embrouille *s.f.* embrulhada.
embrouiller *v.t.* embrulhar, complicar, perturbar.
embroussaillé e *adj.* abrolhoso, emaranhado.
embrumer *v.t.* enuviar.
embruns *s.m.pl.* borrifos de ondas.
embryon *s.m.* embrião.
embryonnaire *adj.* embrionário.
embûche *s.f.* emboscada, cilada.
embuer *v.t.* embaçar.
embuscade *s.f.* emboscada.
éméché e *adj.* (*fam.*) levemente embriagado.
émeraude *s.f.* esmeralda.
émerger *v.int.* emergir.
émeri *s.m.* esmeril.
émérite *adj.* emérito.
émersion *s.f.* emersão.
émerveillement *s.m.* assombro, pasmo.
émerveiller *v.t.* maravilhar.
émetteur *s.m.* 1. emitente, sacador; 2. emissora.
émettre *v.t.* 1. emitir (sons), externar (uma opinião); 2. emitir, irradiar; 3. emitir, pôr em circulação. (*Conj. 76*)
émeu *s.m.* ema (ave).
émeus, émeut V. *émouvoir*.
émeute *s.f.* motim.
émeutier *s.m.* amotinado, amotinador.
émiettement *s.m.* esmigalhadura, esfarelamento.
émietter *v.t.* esmigalhar, esfarelar.
émigrant e *adj.* emigrante.
émigration *s.f.* emigração.
émigré e *adj.* emigrado.
émigrer *v.int.* emigrar.

émincer *v.t.* cortar em fatias finas.
éminemment *adv.* eminentemente.
éminence *s.f.* eminência; — *grise* eminência parda.
éminent e *adj.* eminente.
émir *s.m.* emir.
émirat *s.m.* emirado.
émissaire *s.m.* emissário.
émission *s.f.* emissão.
emmagasinement *s.m.* armazenagem.
emmagasiner *v.t.* armazenar.
emmailloter *v.t.* enfaixar.
emmancher *v.t.* encabar.
emmanchure *s.f.* cava de manga.
emmêler *v.t.* embaraçar, embaralhar.
emménager *v.int.* mudar-se para. (*Conj. 19*)
emmener *v.t.* levar consigo. (*Conj. 18*)
emmerdant e *adj.* (*vulg.*) chato.
emmerdement *s.m.* (*vulg.*) encrenca.
emmerder *v.t.* (*vulg.*) chatear.
emmitoufler *v.t.* agasalhar.
emmurer *v.t.* emparedar.
émoi *s.m.* emoção, comoção.
émolument *s.m.* emolumento.
émonder *s.m.* podar.
émotif ive *adj.* emotivo.
émotion *s.f.* emoção.
émotionnel elle *adj.* emocional.
émoudre *v.t.* amolar, afiar. (*Conj. 78*)
émolu e (*part.pass.* de *émoudre*) *frais — de l'école* mal saído da escola.
émousser *v.t.* embotar.
émoustiller *v.t.* animar, excitar.
émouvant e *adj.* emocionante, comovedor, comovente.
émouvoir *v.t.* comover. (*Conj. 49*)
empailler *v.t.* empalhar.
empailleur *s.m.* empalhador.
empalement *s.m.* empalação.
empaler *v.t.* empalar.
empanaché e *adj.* empenachado.
empaqueter *v.t.* empacotar. (*Conj. 17*)
emparer, s' *v.pron.* apoderar-se.
empâter *v.t.* empastar.
empathie *s.f.* empatia.
empattement *s.m.* distância entre eixos de um carro.
empaumer *v.t.* embair.
empêchement *s.m.* impedimento, obstáculo.
empêcher *v.t.* impedir, estorvar; *s'— de* *v.pron.* deixar de, furtar-se a.
empêcheur euse *s.* *— de danser en rond* (*fam.*) desmancha-prazeres.

empeigne *s.f.* gáspea.
empereur *s.m.* imperador.
empesage *s.m.* engomadura.
empeser *v.t.* engomar. (*Conj. 18*)
empester *v.t.* empestar.
empêtrer *v.t.* embrulhar, comprometer, embaraçar.
emphase *s.f.* ênfase.
emphatique *adj.* enfático.
emphysème *s.m.* enfisema.
empiècement *s.m.* pala.
empierrer *v.t.* empedrar.
empiètement *s.m.* usurpação.
empiéter *v.t. sur* usurpar em prejuízo de. (*Conj. 13*)
empiffrer, s' *v.pron.* empanturrar-se.
empiler *v.t.* empilhar.
empire *s.m.* **1.** império; *Premier —* Primeiro Império (= o de Napoleão I, de 1804 a 1814); *Second —* Segundo Império (= o de Napoleão III, de 1852 a 1870); **2.** domínio.
empirer *v.t.* e *int.* piorar.
empirique *adj.* empírico.
empirisme *s.m.* empirismo.
empiriste *s.m.* empirista.
emplacement *s.m.* local (consagrado a).
emplâtre *s.m.* emplastro.
emplette *s.f.* compra; *faire l'— de* comprar.
emplir *v.t.* encher; invadir.
emploi *s.m.* **1.** emprego, uso; *— du temps* horário; *faire double —* constituir repetição inútil; *mode d'—* modo de usar; **2.** papel (de ator).
employé e *adj.* empregado.
employer *v.t.* empregar. (*Conj. 21*)
employeur *s.m.* empregador.
emplumer *v.t.* emplumar.
empocher *v.t.* embolsar.
empoignade *s.f.* (*fam.*) altercação, bate-boca.
empoignant e *adj.* empolgante, comovedor.
empoigne *s.f. acheter à la foire d'—* (*pop.*) roubar, afanar.
empoigner *v.t.* **1.** empunhar; **2.** empolgar.
empois *s.m.* goma, cola de amido.
empoisonnement *s.m.* envenenamento.
empoisonner *v.t.* envenenar; (*fam.*) chatear.
empoisonneur euse *adj.; s.* envenenador.
emporté e *adj.* irritadiço.
emportement *s.m.* arrebatamento, fúria súbita.

emporter *v.t.* **1.** levar consigo; **2.** arrebatar; *l'*— levar a melhor, vencer; *s'*— *v.pron.* irritar-se, zangar-se.
empoté e *adj.* (*fam.*) desajeitado, desastrado.
empourprer *v.t.* purpurar, purpurear.
empreint e *adj.* marcado.
empreinte *s.f.* impressão, marca; mossa.
empressé e *adj.* **1.** apressado; **2.** solícito, pressuroso.
empressement *s.m.* solicitude, zelo.
empresser, s' *v.pron.* **1.** apressar-se; **2.** desvelar-se.
emprise *s.f.* influência, ascendente, predomínio.
emprisonnement *s.m.* aprisionamento, prisão.
emprisonner *v.t.* encarcerar.
emprunt *s.m.* empréstimo (pedido).
emprunter *v.t.* **1.** pedir emprestado; **2.** seguir (caminho).
emprunteur euse *s.* devedor.
ému, émus etc. V. *émouvoir*.
émulation *s.f.* emulação.
émule *s.* êmulo.
émulsion *s.f.* emulsão.
en¹ *prep.* **1.** em; **2.** durante; **3.** como; *je vous parle — ami* eu lhe falo como amigo; **4.** (faz parte do gerúndio) — *parlant* falando; *l'appétit vient — mangeant* o apetite chega enquanto se come.
en² *adv.* de lá; dele(s), dela(s), disso, daquilo; por causa disso.
E.N.A. abreviatura de *École Nationale d'Administration*.
énarque *s.* diplomado da *École Nationale d'Administration*.
encadrement *s.m.* enquadramento.
encadrer *v.t.* enquadrar, emoldurar.
encaissement *s.m.* **1.** encaixotamento; **2.** cobrança.
encaisser *v.t.* **1.** encaixar, cobrar, receber; **2.** (*fam.*) apanhar.
encaisseur *s.m.* cobrador.
encan, à l' *loc.adv.* em leilão.
encanailler *v.t.* acanalhar; *s'*— *v.pron.* acanalhar-se.
encapuchonner *v.t.* embiocar; *s'*— *v.pron.* embiocar-se.
encarter *v.t.* inserir (em livro ou caderno).
en-cas *s.m.* **1.** lanche; **2.** guarda-chuva.
encastrer *v.t.* encastrar, encaixar.
encaustique *s.f.* encáustica.
enceinte¹ *s.f.* recinto.

enceinte² *adj.f.* grávida.
encensement *s.m.* incensamento.
encens *s.m.* incenso.
encenser *v.t.* incensar, defumar com incenso; incensar, adular.
encensoir *s.m.* incensório, turíbulo.
encéphalite *s.f.* encefalite.
encéphale *s.m.* encéfalo.
encéphalogramme *s.m.* encefalograma.
encercler *v.t.* cercar.
enchaînement *s.m.* encadeamento, concatenação.
enchaîner *v.t.* **1.** acorrentar; **2.** concatenar; *v.int.* reiniciar a conversação.
enchantement *s.m.* **1.** feitiço; **2.** encantamento.
enchanter *v.t.* **1.** enfeitiçar; **2.** encantar.
enchanteresse *adj.f.* encantadora; *s.f.* feiticeira.
enchanteur *adj.m.* encantador; *s.m.* feiticeiro.
enchâsser *v.t.* encaixar; encastoar.
enchère *s.f.* licitação; *vente aux —s* leilão.
enchevêtrement *s.m.* emaranhamento, confusão.
enchevêtrer *v.t.* emaranhar, embaralhar.
enclave *s.f.* encravamento, território encravado noutro.
enclaver *v.t.* encravar.
enclenchement *s.m.* engate.
enclencher *v.t.* engatar.
enclin e *adj.* inclinado, propenso.
enclos *s.m.* cerca, recinto, quinta.
enclume *s.f.* bigorna.
encoche *s.f.* entalhe.
encoignure *s.f.* **1.** ângulo (interior, formado pelo encontro de duas paredes); **2.** cantoneira.
encoller *v.t.* encolar.
encolure *s.f.* **1.** pescoço (do cavalo); **2.** pescoço, decote; **3.** medida do colarinho.
encombrement *s.m.* atravancamento, engarrafamento.
encombrer *v.t.* entulhar, atravancar, obstruir.
encontre à l' — *loc.prep.* contra, contrariamente a.
encore *adv.* ainda; mais uma vez; *et —!* quando muito.
encorner *v.t.* escornear, chifrar.
encourageant e *adj.* encorajador.
encouragement *s.m.* encorajamento.
encourager *v.t.* encorajar, incentivar. (*Conj. 19*)

encourir *v.t.* expor-se a, incorrer em. (*Conj. 27*)
encrage *s.m.* tintagem.
encrasser *v.t.* emporcalhar, enodoar.
encre *s.f.* tinta; — *de Chine* nanquim.
encrier *s.m.* tinteiro.
encroûter *v.t.* encrostar.
encyclique *s.f.* encíclica.
encyclopédie *s.f.* enciclopédia.
encyclopédique *adj.* enciclopédico.
encyclopédiste *s.m.* enciclopedista (colaborador da Enciclopédia de Diderot e D'Alembert, no séc. XVIII).
endémie *s.f.* endemia.
endémique *adj.* endêmico.
endettement *s.m.* endividamento.
endetter, s' *v.pron.* endividar-se.
endiablé e *adj.* endiabrado.
endiguer *v.t.* represar.
endimancher, s' *v.pron.* endomingar-se.
endive *s.f.* endívia, escarola.
endocrinologie *s.f.* endocrinologia.
endoctrinement *s.m.* doutrinação.
endoctriner *v.t.* doutrinar.
endolori e *adj.* dolorido, machucado.
endolorir *v.t.* machucar.
endommager *v.t.* danificar. (*Conj. 19*)
endormant e *adj.* soporífico.
endormir *v.t.* adormecer, acalentar; *s'*— *v.pron.* adormecer, pegar no sono. (*Conj. 29*)
endos *s.m.* endosso.
endosser *v.t.* 1. endossar; 2. enfiar, vestir.
endroit *s.m.* 1. lugar, local; *petit* — (*fam.*) banheiro, privada; 2. trecho, passagem; 3. lado direito (oposto ao avesso); 4. *à l'*— *de* a respeito de.
enduire *v.t.* besuntar, untar, lubrificar. (*Conj. 64*)
enduit *s.m.* revestimento, camada.
endurance *s.f.* resistência.
endurcir *v.t.* endurecer.
endurcissement *s.m.* endurecimento.
endurer *v.t.* aguentar, suportar.
energétique *adj.* energético; *s.f.* energética.
énergie *s.f.* energia.
énergique *adj.* enérgico.
énergumène *s.m.* energúmeno.
énervement *s.m.* enervamento.
énerver *v.t.* enervar.
enfance *s.f.* infância.
enfant *s.m.* criança; — *de chœur* coroinha; — *gâté* criança mimada; — *prodige* criança-prodígio; *faire l'*— fazer crianciçes; *s.* filho ou filha; — *de la balle* filho que segue a profissão dos pais atores; — *de l'amour* filho natural; — *trouvé* enjeitado.
enfantement *s.m.* parto.
enfanter *v.t.* gerar, produzir.
enfantillage *s.m.* infantilidade, criancice.
enfantin e *adj.* infantil.
enfariner *v.t.* enfarinhar.
enfer *s.m.* 1. inferno; 2. inferno, seção de livros licenciosos numa biblioteca.
enfermer *v.t.* encerrar, fechar; prender; meter.
enferrer *v.t.* trespassar; *s'*— *v.pron* (*fig.*) enredar-se.
enfiévrer *v.t.* enfebrecer; (*fig.*) excitar. (*Conj. 13*)
enfilade *s.f.* enfiada, fieira.
enfiler *v.t.* 1. enfiar; 2. vestir ou calçar; 3. enveredar por.
enfin *adv.* enfim, afinal.
enflammer *v.t.* inflamar.
enfler *v.t.* inflar, inchar.
enflure *s.f.* inchação.
enfoncement *s.m.* reentrância.
enfoncer *v.t.* 1. cravar, afundar; (*fam.*) *enfoncez-vous ça bien dans la tête* meta isso na cabeça; 2. arrombar; 3. (*fam.*) bater, infligir uma derrota a; *s'*— *v.pron.* afundar, penetrar. (*Conj. 14*)
enfouir *v.t.* enterrar.
enfourcher *v.t.* montar em; (*fig.*) encasquetar.
enfourner *v.t.* enfornar.
enfreindre *v.t.* infringir. (*Conj. 80*)
enfuir, s' *v.pron.* fugir (*Conj. 31 e 8*)
enfumer *v.t.* enfumar, defumar.
engageant e *adj.* insinuante, atraente.
engagement *s.m.* 1. compromisso; 2. alistamento.
engager[1] *v.t.* 1. fazer entrar; 2. começar; 3. incitar. (*Conj. 19*)
engager[2] *v.t.* 1. empenhar; 2. contratar; 3. investir; 4. engajar; *s'*— *v.pron.* 1. comprometer-se a; 2. alistar-se, entrar ao serviço de; 3. entrar, enveredar; 4. começar; 5. aventurar-se.
engeance *s.f.* (*pej.*) raça, laia.
engelure *s.f.* frieira.
engendrer *v.t.* engendrar, gerar.
engin *s.m.* engenho, máquina, instrumento.

englober v.t. englobar.
engloutir v.t. engolir, tragar, submergir.
engluer v.t. enviscar.
engoncer v.t. apertar demais (o pescoço na gola).
engorgement s.m. entupimento.
engorger v.t. entupir. (*Conj. 19*)
engouement s.m. admiração excessiva, paixonite.
engouer, s' v.pron. apaixonar-se.
engouffrer v.t. tragar; (*fam.*) devorar.
engourdir v.t. entorpecer, embotar.
engourdissement s.m. dormência, entorpecimento; (*fig.*) torpor, embotamento.
engrais s.m. adubo.
engraisser v.t. 1. cevar; v.int. engordar; 2. adubar; s'— v.pron. engordar.
engrenage s.m. engrenagem.
engrener v.t. engrenar.
engrosser v.t. (*vulg.*) emprenhar.
engueulade s.f. (*fam.*) repreensão, sabão, xingação.
engueuler v.t. (*pop.*) xingar, passar uma descompostura em.
enguirlander v.t. 1. engrinaldar; 2. (*pop.*) descompor, esculhambar.
enhardir v.t. encorajar; s'— v.pron. atrever-se.
enharmonie s.f. enarmonia.
énième adj. enésimo.
énigmatique adj. enigmático.
énigme s.f. enigma.
enivrement s.m. embriaguez.
enivrer v.t. embriagar; (*fig.*) exaltar.
enjambée s.f. pernada.
enjambement s.m. cavalgamento, encadeamento, quebra de verso, terminação falsa.
enjamber v.t. transpor com uma pernada.
enjeu eux s.m. cacife, risco.
enjoindre v.t. injungir, impor. (*Conj. 74*)
enjôler v.t. embair, engodar.
enjôleur s.m. embaidor, sedutor.
enjoliver v.t. enfeitar, adornar.
enjolivement s.m. adorno, ornato, enfeite.
enjoliveur s.m. calota (de automóvel).
enjolivure s.f. enfeite.
enjoué e adj. jovial, bem-humorado.
enjouement s.m. jovialidade, disposição alegre.
enlacer v.t. enlaçar. (*Conj. 14*)
enlaidir v.t. afear, enfear; s'— v.pron. afear-se, enfear-se.
enlaidissement s.m. afeamento.

enlèvement s.m. 1. retirada; 2. conquista; 3. rapto, sequestro.
enlever v.t. 1. enlevar, arrebatar; 2. tirar, retirar; 3. conquistar de assalto; raptar, sequestrar. (*Conj. 18*)
enlisement s.m. afundamento (em areia ou pântano).
enliser v.t. afundar (em areia ou pântano); s'— v.pron. afundar-se.
enluminure s.f. iluminura.
enneiger v.t. cobrir de neve. (*Conj. 19*)
ennemi e s. inimigo; desafeto; adj. inimigo, adverso.
ennoblir v.t. enobrecer.
ennoblissement s.m. enobrecimento.
ennui s.m. 1. aborrecimento, tédio; 2. desgosto, contratempo.
ennuyer v.t. 1. contrariar, preocupar; 2. entediar, enfadar, aborrecer; (*Conj. 16*); s'— v.pron. entediar-se, aborrecer-se.
ennuyeux euse adj. aborrecido, enfadonho.
énoncé s.m. enunciado.
énoncer v.t. enunciar. (*Conj. 14*)
énonciation s.f. enunciação.
enorgueillir v.t. orgulhar; s'— v.pron. orgulhar-se.
énorme adj. enorme, ingente; (letra) garrafal.
énormité s.f. 1. enormidade; 2. disparate.
enquérir, s' v.pron. de informar-se de, indagar. (*Conj. 24 e 8*)
enquête s.f. inquérito, devassa, sindicância.
enquêter v.int. proceder a um inquérito, investigar.
enquêteur trice s. 1. inquiridor, sindicante; 2. encarregado de inquérito.
enquiquiner v.t. (*fam.*) chatear.
enracinement s.m. enraizamento.
enraciner v.t. enraizar; s'— v.pron. enraizar-se.
enragé e adj. 1. hidrófobo, raivoso; 2. enraivecido, apaixonado.
enrager v.int. enraivecer-se; *faire —* enraivecer, irritar. (*Conj. 19*)
enrayer v.t. travar; conter, circunscrever. (*Conj. 22*)
enrégimenter v.t. arregimentar, alistar.
enregistrement s.m. registro; gravação (em disco ou fita).
enregistrer v.t. registrar, tomar a termo; gravar (em disco ou fita).
enregistreur adj.; s.m. registrador.
enregistreuse adj.; s.f. registradora.

enrhumer, s' *v.pron.* resfriar-se, constipar--se, gripar-se.
enrichir *v.t.* enriquecer, tornar rico; *s'— v.pron.* enriquecer, ficar rico.
enrichissement *s.m.* enriquecimento.
enrober *v.t.* 1. envolver, cobrir; 2. (*fig.*) disfarçar.
enrôlement *s.m.* alistamento.
enrôler *v.t.* alistar.
enroué e *adj.* rouco.
enrouement *s.m.* rouquidão.
enrouer *v.t.* enrouquecer, tornar rouco; *s'— v.pron.* enrouquecer, ficar rouco.
enrouiller *v.t.* enferrujar.
enroulement *s.m.* enrolamento.
enrouler *v.t.* enrolar.
ensablement *s.m.* assoreamento.
ensabler *v.t.* assorear.
ensacher *v.t.* ensacar.
ensanglanter *v.t.* ensanguentar.
enseignant e *adj.* que ensina, docente; *le corps* — o corpo docente; *s.* docente.
enseigne[1] *s.f.* 1. tabuleta; (*fig.*) *être logé à la même* — estar no mesmo barco; 2. sinal, símbolo; 3. bandeira.
enseigné[2] *s.m.* — *de vaisseau* tenente da Marinha.
enseignement *s.m.* 1. ensinamento; 2. ensino.
enseigner *v.t.* ensinar.
ensemble *adv.* junto(s); *s.m.* conjunto.
ensemblier *s.m.* decorador.
ensemencement *s.m.* semeadura.
ensemencer *v.t.* semear.
enserrer *v.t.* encerrar.
ensevelir *v.t.* enterrar; soterrar.
ensoleillé e *adj.* assoalhado, ensolarado, soalheiro.
ensoleillement *s.m.* insolação, assoalhamento.
ensoleiller *v.t.* assoalhar, expor ao sol.
ensorceler *v.t.* embruxar, enfeitiçar. (*Conj. 20*)
ensorceleur euse *adj.; s.* 1. feiticeiro; 2. sedutor.
ensuite *adv.* depois.
ensuivre, s' *v.pron.* resultar, seguir-se. (*Conj. 93 e 8*)
entacher *v.t.* macular, inquinar.
entaille *s.f.* entalhe, corte, incisão.
entailler *v.t.* entalhar.
entamer *v.t.* 1. entalhar, cortar (a primeira fatia), tirar (a primeira parte); 2. atingir.

entassement *s.m.* 1. empilhamento; 2. amontoado.
entasser *v.t.* empilhar, amontoar.
entendement *s.m.* entendimento, compreensão.
entendeur *s.m.* entendedor; *à bon — salut* a bom entendedor meia palavra basta.
entendre *v.t.* 1. tencionar, querer; 2. entender, compreender; *laisser* — dar a entender, insinuar; *ne pas* — desentender; 3. ouvir, escutar; — *raison* deixar-se convencer; *s'— v.pron.* entender-se; aplicar-se; *cela s'entend* é evidente. (*Conj. 84*)
entendu e *adj.* 1. entendido; *bien* — naturalmente; *c'est* — estou de acordo; 2. competente.
entente *s.f.* 1. compreensão; 2. acordo, entendimento; *Entente Cordiale, Triple Entente* ou simplesmente *l'Entente*: aliança da França, Inglaterra e Rússia contra a Alemanha e seus aliados em 1914.
enter *v.t.* enxertar.
entériner *v.t.* homologar.
entérite *s.f.* enterite.
enterrement *s.m.* enterro.
enterrer *v.t.* enterrar.
en-tête *s.m.* cabeçalho (de papel de carta, de folha de livro).
entêté e *adj.* cabeçudo.
entêtement *s.m.* teimosia, obstinação.
entêter, s' *v.pron.* teimar; obstinar-se.
enthousiasme *s.m.* entusiasmo.
enthousiasmer *v.t.* entusiasmar; *s'—v.pron.* entusiasmar -se.
enthousiaste *adj.* entusiasta; entusiástico.
enticher, s' *v.pron.* apaixonar-se, embeiçar-se.
entier ière *adj.* inteiro, íntegro; intato; *s.m.* totalidade, íntegra; *en* — na íntegra.
entité *s.f.* entidade.
entôler *v.t.* (*pop.*) aplicar um suadouro em.
entomologie *s.f.* entomologia.
entomologique *adj.* entomológico.
entomologiste *s.* entomologista.
entonner[1] *v.t.* envasilhar.
entonner[2] *v.t.* entoar.
entonnoir *s.m.* funil.
entorse *s.f.* entorse; (*fig.*) distorção.
entortiller *v.t.* 1. envolver, enrodilhar; 2. embaralhar.
entour à l'— *de loc.adv.* ao redor de.

entourage s.m. ambiente, meio, roda.
entourer v.t. cercar, rodear.
entourloupette s.f. (fam.) peça (pregada em alguém), embuste.
entournure s.f. cava (de paletó); (fig.) être gêné aux —s sentir-se pouco à vontade.
entracte s.m. entreato, intervalo.
entraide s.f. auxílio mútuo.
entraider, s' v.pron. ajudar-se mutuamente.
entrailles s.f.pl. entranhas.
entrain s.m. vivacidade, animação, entusiasmo.
entraînement[1] s.m. arrebatamento.
entraînement[2] s.m. treino.
entraîner[1] v.t. 1. arrastar; 2. arrebatar; 3. ocasionar.
entraîner[2] v.t. treinar, adestrar; s'— v.pron. treinar, exercitar-se.
entraîneur s.m. 1. treinador; 2. animador.
entraîneuse s.f. (aprox.) taxi-girl.
entrave s.f. entrave.
entraver v.t. entravar, pear; (gír.) compreender, pegar.
entre prep. entre.
entrebâiller v.t. entreabrir.
entrechoquer, s' v.pron. entrechocar-se.
entrecôte s.f. entrecosto.
entrecouper v.t. entrecortar.
entrecroiser v.t. entrecruzar; s'— v.pron. entrecruzar -se.
entredévorer, s' v.pron. entredilacerar-se.
entrée s.f. 1. entrada, ação de entrar; 2. entrada, porta; 3. acesso; 4. ingresso, bilhete; 5. verbete (de dicionário); 6. entrada, prato que segue a sopa ou o antepasto.
entrefaites s.f.pl. sur ces — neste momento.
entrefilet s.m. tópico (de jornal).
entregent s.m. jeito, finura.
entre-jambes s.m. entrepernas.
entrelacer v.t. entrelaçar. (Conj. 14)
entrelarder v.t. lardear; (fig.) entremear.
entremêler v.t. misturar.
entremets s.m. doce(s), sobremesa.
entremetteur euse s. alcoviteiro.
entremettre, s' v.pron. entremeter-se, intrometer-se.
entremise s.f. mediação, intermédio.
entrepont s.m. trapiche, porão.
entrepôt s.m. entreposto, depósito, armazém; empório.
entreprenant e adj. 1. empreendedor, arrojado; 2. atrevido (junto a mulheres), conquistador.
entreprendre v.t. 1. empreender, começar; 2. tentar convencer ou seduzir. (Conj. 83)
entrepreneur s.m. empreiteiro.
entreprise s.f. 1. empreendimento, empresa; — de construction empresa construtora; 2. empreitada.
entrer v.int. 1. entrar; 2. caber; 3. (fig.) — dans compartilhar (sentimentos, opiniões).
entresol s.m. sobreloja.
entre-temps adv. entrementes, nesse entretempo.
entretenir v.t. 1. entreter, conversar com; 2. manter; 3. sustentar (amante); 4. distrair; s'— avec v.pron. conversar com.
entretien[1] s.m. conservação, manutenção.
entretien[2] s.m. conversação.
entretoile s.f. entretela.
entretuer, s' v.pron. entrematar-se.
entrevoir v.t. entrever, vislumbrar, lobrigar. (Conj. 58)
entrevue s.f. entrevista.
entropie s.f. entropia.
entrouvert e adj. entreaberto.
entrouvrir v.t. entreabrir. (Conj. 36)
énumératif ive adj. enumerativo.
énumération s.f. enumeração.
énumérer v.t. enumerar. (Conj. 13)
envahir v.t. invadir.
envahissement s.m. invasão.
envahisseur s.m. invasor.
enveloppe s.f. envelope, envoltório, invólucro.
envelopper v.t. 1. envolver; 2. ocultar, disfarçar; 3. englobar, incluir; 4. envelopar, embrulhar, empacotar.
envenimer v.t. agravar, irritar, azedar.
envergure s.f. envergadura.
enverra, enverrons etc. V. envoyer.
envers prep. para com; s.m. avesso; à l'— às avessas.
envi à l' — loc.adv. à porfia.
enviable adj. invejável.
envie s.f. 1. inveja; faire — à causar inveja a; 2. vontade.
envier v.t. invejar, cobiçar. (Conj. 23)
envieux euse adj. invejoso.
environ adv. cerca de; s.m.pl. arredores.
environnement s.m. meio ambiente.
environner v.t. rodear, cercar.
envisager v.t. encarar; considerar a possibilidade de. (Conj. 19)

envoi s.m. remessa.
envol s.m. 1. decolagem; 2. arroubo.
envolée s.f. arroubo, enlevo.
envoler, s' v.pron. levantar voo.
envoûtement s.m. enfeitiçamento, levantamento.
envoûter v.t. enfeitiçar.
envoyer v.t. mandar, enviar; — *promener* mandar às favas; *ne pas l'*— *dire* dizer na cara; v.pron. (*pop.*) *s'*— *une femme* possuir uma mulher; *s'*— *un verre de vin* tragar um copo de vinho. (*Conj. 15*)
envoyeur s.m. remetente.
enzyme s.f. enzima.
éolien enne *adj.; s.pátr.* eólio.
épagneul s.m. *cocker spaniel* (cão).
épais aisse *adj.* espesso, encorpado, denso.
épaisseur s.f. espessura, espessidão.
épaissir v.t. espessar.
épanchement s.m. 1. escoamento; 2. efusão.
épancher v.t. expandir; *s'*— v.pron. expandir-se.
épandre v.t. espalhar. (*Conj. 86*)
épanouir v.t. e *int.* Desabrochar.
épanouissement s.m. desabrochamento.
épargne s.f. economia, poupança.
épargner v.t. economizar, poupar.
éparpiller v.t. espalhar, espargir.
épars e *adj.* esparso, espalhado.
épatant e *adj.* (*fam.*) maravilhoso, fabuloso.
épater v.t. embasbacar, pasmar.
épaule s.f. espádua, ombro; *hausser les* —*s* dar de ombros.
épauler v.t. 1. apoiar contra o ombro; 2. ajudar.
épaulette s.f. 1. dragona; 2. ombreira.
épave s.f. destroço de navio.
épée s.f. espada.
épeler v.t. soletrar. (*Conj. 12*)
éperdu e *adj.* perturbado, desvairado.
éperdument *adv.* loucamente, perdidamente.
éperon s.m. espora, esporão.
éperonner v.t. esporear.
épervier[1] s.m. gavião.
épervier[2] s.m. tarrafa.
éphémère *adj.* efêmero.
éphéméride s.f. efeméride, diário, folhinha; *pl.* efemérides (relação de fatos ocorridos no mesmo dia, em diversos anos).

épi s.m. espiga.
épice s.f. especiaria, condimento.
épicer v.t. condimentar. (*Conj. 14*)
épicerie s.f. mercearia, armazém.
épicier s.m. merceeiro, dono de armazém.
épicière s.f. merceeira, dona de armazém.
épicurien enne *adj.; s.* epicurista.
épicurisme s.m. epicurismo.
épidémie s.f. epidemia.
épidémiologie s.f. epidemiologia.
épidémique *adj.* epidêmico.
épiderme s.m. epiderme.
épidermique *adj.* epidérmico.
épier v.t. espiar, espreitar. (*Conj. 23*)
épieu eux s.m. chuça.
épiglotte s.f. (*Anat.*) epiglote.
épigone s.m. epígono.
épigrammatique *adj.* epigramático.
épigramme s.f. epigrama.
épigraphe s.f. epígrafe.
épigraphie s.f. epigrafia.
épilation s.f. epilação, depilação.
épilepsie s.f. epilepsia.
épileptique *adj.; s.* epiléptico.
épiler v.t. depilar.
épilogue s.m. epílogo.
épiloguer v.int. fazer comentários; epilogar, recapitular.
épinard s.m. espinafre.
épine s.f. espinho; —*dorsale* espinha dorsal.
épineux euse *adj.* espinhoso.
épingle s.f. alfinete; — *à cheveux* grampo; — *de nourrice* alfinete de segurança; *être tiré à quatre* —*s* vestir com apuro; *monter en* — pôr em evidência; *tirer son* — *du jeu* esquivar-se, tirar o corpo fora.
épingler v.t. alfinetar.
épique *adj.* épico.
épiscopal e aux *adj.* episcopal.
épiscopat s.m. episcopado.
épisode s.m. episódio.
épisodique *adj.* episódico.
épistémologie s.f. epistemologia.
épistémologique *adj.* epistemológico.
épistolaire s.f. epistolar.
épistolier ière s. epistológrafo.
épitaphe s.f. epitáfio.
épithalame s.m. epitalâmio.
épithélium s.m. (*Anat.*) epitélio.
épithète s.f. epíteto.
épitoge s.f. epítoga.
épitomé s.m. epítome.
épître s.f. epístola.

épizootie *s.f.* epizootia.
éploré e *adj.* choroso, desolado.
éplucher *v.t.* **1.** limpar, descascar; **2.** (*fig.*) esmiuçar.
épluchure *s.f.* alimpadura, apara; casca (retirada) de fruta.
éponge *s.f.* esponja; *passer l'— sur* perdoar.
éponger *v.t.* apagar com esponja, esponjar. (*Conj. 19*)
épopée *s.f.* epopeia.
époque *s.f.* época; *la Belle Époque* os primeiros anos do século XX.
épouiller *v.t.* catar, espiolhar; *s'— v.pron.* catar-se.
époumoner, s' *v.pron.* esfalfar-se.
épousailles *s.f.pl.* (*iron.*) esponsais.
épouse *s.f.* esposa.
épouser *v.t.* desposar.
épouseur *s.m.* (*fam.*) candidato a marido, pretendente.
épousseter *v.t.* espanar. (*Conj. 17*)
époussette *s.f.* espanador.
époustoufler *v.t.* (*fam.*) assombrar, estarrecer.
épouvantable *adj.* espantoso, pavoroso.
épouvantail *s.m.* espantalho.
épouvante *s.f.* espanto, pavor.
épouvanter *v.t.* aterrar, horrorizar.
époux *s.m.* esposo.
éprendre, s' *v.pron.* apaixonar-se. (*Conj. 83 e 8*)
épreuve *s.f.* **1.** prova; *à l'— de* à prova de; **2.** experiência penosa.
épris e *adj.* apaixonado. V. *s'éprendre*.
éprouver *v.t.* **1.** pôr à prova; **2.** experimentar.
éprouvette *s.f.* proveta.
épuisement *s.m.* esgotamento.
épuiser *v.t.* esgotar.
épuisette *s.f.* jereré; puçá.
épuration *s.f.* depuração.
épurer *v.t.* depurar.
équarrir[1] *v.t.* esquadrar, esquadriar.
équarrir[2] *v.t.* esquartejar (um animal morto).
équateur *s.m.* equador.
Équateur *s.m.* Equador.
équation *s.f.* equação.
équatorial e aux *adj.* equatorial.
équatorien enne *adj.; s.pátr.* equatoriano.
équerre *s.f.* esquadro.
équestre *adj.* equestre.
équidistance *s.f.* equidistância.

équidistant e *adj.* equidistante.
équilibre *s.m.* equilíbrio.
équilibré e *adj.* equilibrado.
équilibrer *v.t.* equilibrar.
équilibriste *s.* equilibrista.
équin e *adj.* equino.
équinoxe *s.m.* equinócio.
équipage *s.m.* **1.** equipagem, tripulação; **2.** equipamento, bagagem.
équipée *s.f.* aventura; empresa temerária.
équipement *s.m.* equipamento.
équiper *v.t.* equipar.
équipier ière *s.* membro de equipe.
équitable *adj.* equitativo; imparcial.
équitation *s.f.* equitação.
équité *s.f.* equidade.
équivalence *s.f.* equivalência.
équivalent e *adj.* equivalente.
équivaloir *v.int.* equivaler. (*Conj. 57*)
équivoque *adj.; s.f.* equívoco.
équivoquer, s' *v.pron.* equivocar-se.
érable *s.m.* bordo (árvore).
érafler *v.t.* arranhar.
éraflure *s.f.* arranhão, escoriação.
éraillé e *adj.* **1.** esgarçado; **2.** rouco (voz).
érailler *v.t.* **1.** esgarçar; **2.** tornar rouco.
ère *s.f.* era, época.
érection *s.f.* ereção.
éreintement *s.m.* **1.** desancamento; **2.** esgotamento.
éreinter *v.t.* **1.** desancar, derrear; **2.** espinafrar.
ergot *s.m.* esporão; (*fig.*) *monter sur ses —s* tomar atitude agressiva.
ergotage *s.m.* ergotismo, chicana.
ergoter *v.int.* chicanear.
ergoteur euse *adj.; s.* chicaneiro, chicanista.
ériger *v.t.* erigir. (*Conj. 19*)
ermitage *s.m.* eremitério.
ermite *s.m.* eremita.
éroder *v.t.* corroer.
érosif ve *adj.* corrosivo.
érosion *s.f.* erosão.
érotique *adj.* erótico.
érotisme *s.m.* erotismo.
errant e *adj.* erradio, errante; *chien —* cão abandonado.
errata *s.m.* errata.
erratique *adj.* errático.
errer *v.int.* vaguear, deambular.
erreur *s.f.* erro; *il n'y a pas d'—* não há engano, é isso mesmo.
erroné e *adj.* errôneo, falso.

éructation s.f. eructação, arroto.
éructer v.int. arrotar.
érudit e adj.; s. erudito.
érudition s.f. erudição.
éruptif ive adj. eruptivo.
éruption s.f. erupção.
érysipèle s.m. (*Med.*) erisipela.
ès (= *en les*) prep. em; *docteur — sciences* doutor em ciências.
esbigner, s' v.pron. (*fam.*) safar-se, escafeder-se.
esbroufe s.f. (*pop.*) bazófia, fanfarronice,
escabeau eaux s.m. 1. escabelo; 2. escadinha.
escadre s.f. esquadra.
escadrille s.f. esquadrilha.
escadron s.m. esquadrão.
escalade s.f. escalada.
escalader v.t. escalar, subir a.
escalator s.m. escada rolante.
escale s.f. escala.
escalier s.m. escada.
escalope s.f. escalope.
escamotage s.m. escamoteação.
escamoter v.t. escamotear, surripiar.
escamoteur euse s. escamoteador, pelotiqueiro.
escampette s.f. V. *poudre*.
escapade s.f. escapadela.
escarbille s.f. fagulha.
escarbot s.m. escaravelho.
escarboucle s.f. carbúnculo, granada almandina.
escargot s.m. caracol.
escarmouche s.f. escaramuça.
escarpe s.f. escarpa.
escarpé e adj. escarpado, alcantilado.
escarpement s.m. escarpamento.
escarpin s.m. escarpim.
escarpolette s.f. balanço, retouça.
escarre s.f. escarra.
eschatologie s.f. escatologia (estudo dos fins últimos do homem).
escient à *bon* — loc.adv. com perfeito conhecimento de causa; com discernimento.
esclaffer, s' v.pron. soltar gargalhadas.
esclandre s.m. escândalo.
esclavage s.m. 1. escravidão; 2. escravatura.
esclavagisme s.m. escravatura, escravismo.
esclavagiste adj.; s. escravista, escravocrata.
esclave s.; adj. escravo.
escogriffe s.m. varapau.
escompte s.m. desconto.
escompter v.t. descontar; (*fig.*) contar com.
escorte s.f. escolta, séquito.
escorter v.t. escoltar.
escouade s.f. (*Exérc.*) destacamento.
escrime s.f. esgrima.
escrimer, s' v.pron. aplicar-se.
escrimeur euse s. esgrimista.
escroc s.m. escroque.
escroquer v.t. calotear.
escroquerie s.f. calote, vigarice.
esgourde s.f. (*gír.*) orelha.
ésotérisme s.m. esoterismo.
ésotérique adj. esotérico.
espace s.m. espaço.
espacer v.t. espaçar. (*Conj. 14*)
espanon s.m. peixe-espada.
espadrille s.f. alpargata.
Espagne s.f. Espanha.
espagnol e adj.; s.pátr. espanhol.
espagnolette s.f. carmona, cremona.
espalier s.m. espaldeira.
espèce s.f. espécie; *payer en —s* pagar em dinheiro; (*fig.*) (reforça uma injúria): — *d'idiot!* seu cretino!; *en l'—* neste caso.
espérance s.f. esperança.
espéranto s.m. esperanto.
espérer v.t. esperar; v.int. confiar. (*Conj. 13*)
espiègle adj. travesso, levado, traquinas.
espièglerie s.f. travessura, diabrura, reinação, traquinice.
espingouin adj.; s.pátr. (*gír.*) espanhol.
espion onne s. espião.
espionnage s.m. espionagem.
espionner v.t. espionar, espiar.
esplanade s.f. esplanada.
espoir s.m. esperança.
espolette s.f. espoleta.
esprit s.m. 1. espírito, alma; *perdre l'—* enlouquecer; *perdre ses —s* perder os sentidos; *reprendre ses —s* voltar a si; *rendre l'—* entregar a alma, morrer; 2. fantasma, espectro; *une vue de l'—* teoria abstrata, quimera; 3. pensamento, imaginação; — *de suite* capacidade de raciocinar; — *de l'escalier* pensamento de soleira; 4. espírito, graça; *avoir de l'—* ter espírito; *faire de l'—* bancar o espirituoso.
esprit-de-vin s.m. álcool etílico.
esquif s.m. esquife.

esquimau aude aux *adj.; s.pátr.* esquimó; *s.m.* picolé com cobertura de chocolate.
esquinter *v.t.* (*fam.*) desancar, meter o pau em; demolir, espinafrar.
esquisse *s.f.* esboço, risco.
esquisser *v.t.* esboçar.
esquiver *v.t.* esquivar; *s'— v.pron.* esquivar-se, furtar-se.
essai *s.m.* ensaio; *mettre à l'—* pôr à prova.
essaim *s.m.* enxame.
essaimer *v.int.* enxamear.
essayage *s.m.* prova (de roupa).
essayer *v.t.* 1. ensaiar, provar 2. tentar. (*Conj. 22*)
essayiste *s.m.* ensaísta.
essence *s.f.* 1. essência; 2. gasolina.
essentiel elle *adj.* essencial.
esseulé e *adj.* solitário, abandonado.
essieu eux *s.m.* eixo de carro.
essor *s.m.* 1. voo, impulso; 2. desenvolvimento rápido; *prendre de l'—* desenvolver-se rapidamente.
essorage *s.m.* secagem, evaporação.
essorer *v.t.* evaporar, secar.
essoreuse *s.f.* evaporadeira.
essoufflé e *adj.* esbaforido, ofegante.
essoufflement *s.m.* ofego, esfalfamento.
essouffler *v.t.* fazer perder a respiração, sufocar; *s'— v.pron.* esbaforir-se, ofegar.
essuie-glace *s.m.* limpador de para-brisas.
essuie-main *s.m.* toalha de mão.
essuyage *s.m.* enxugo.
essuyer *v.t.* 1. enxugar, secar; 2. experimentar, sofrer. (*Conj. 16*)
est *s.m.* este, leste.
estacade *s.f.* estacada, estacaria.
estafette *s.f.* estafeta; agente de ligação.
estafilade *s.f.* cutilada, gilvaz.
estaminet *s.m.* botequim.
estampe *s.f.* estampa.
estamper *v.t.* estampar.
estampille *s.f.* estampilha.
estampiller *v.t.* estampilhar.
esthète *s.* esteta.
esthéticien *s.m.* esteta, esteticista.
esthétique *adj.* estético; *s.f.* estética.
esthétisme *s.m.* esteticismo.
estimable *adj.* estimável.
estimatif ive *adj.* estimativo.
estimation *s.f.* estimação, estimativa.
estime *s.f.* estima; *succès d'—* sucesso de crítica.
estimer *v.t.* 1. estimar, avaliar; 2. estimar, respeitar; 3. considerar.
estival e aux *adj.* estival.
estivant e *s.* veranista.
estoc *s.m.* estoque (= espada comprida e reta, de lâmina triangular ou quadrangular, que só fere de ponta).
estocade *s.f.* estocada.
estomac *s.m.* estômago; *avoir l'— dans les talons* estar com fome, estar com a barriga dando horas; (*fam.* e *fig.*) coragem.
estomaquer *v.t.* (*fam.*) surpreender, espantar.
estompe *s.f.* esfuminho.
estomper *v.t.* esbater.
Estonie *s.f.* Estônia.
estonien enne *adj.; s.pátr.* estoniano.
estrade *s.f.* estrado, tablado.
estragon *s.m.* estragão.
estropié e *adj.; s.* estropiado, aleijado.
estropier *v.t.* estropiar. (*Conj. 23*)
estuaire *s.m.* estuário.
estudiantin e *adj.* estudantil.
esturgeon *s.m.* esturjão.
et *conj.* e.
étable *s.f.* estábulo.
établi *s.m.* banco de carpinteiro.
établir *v.t.* 1. estabelecer, estabilizar; fundar, assentar; 2. casar; *s'— v.pron.* 1. estabelecer-se, alojar-se; 2. casar.
établissement *s.m.* 1. estabelecimento, instauração; 2. estabelecimento, empresa.
étage *s.m.* 1. andar, pavimento; 2. categoria, classe.
étager *v.t.* dispor em camadas, escalonar. (*Conj. 19*)
étagère *s.f.* prateleira, aparador.
étai *s.m.* escora, esteio.
étain *s.m.* estanho.
étais, était V. *être*.
étal als *s.m.* balcão de açougue.
étalage *s.m.* 1. exposição (de mercadorias), vitrina; 2. exibição, ostentação.
étalagiste *s.m.* vitrinista.
étaler *v.t.* 1. expor (mercadorias); 2. ostentar.
étalon[1] *s.m.* estalão, padrão.
étalon[2] *s.m.* garanhão.
étalonner *v.t.* estalonar.
étamer *v.t.* estanhar.
étamine *s.f.* 1. estame; 2. estamenha.
étanche *adj.* estanque.
étanchéité *s.f.* estanquidade, impermeabilidade.

étancher *v.t.* estancar, vedar, impermeabilizar; — *la soif* matar a sede.
étang *s.m.* lago, tanque, lagoa.
étape *s.f.* etapa; (*fig.*) *brûler les* —*s* queimar as etapas.
état *s.m.* **1.** estado, maneira de ser; *être dans tous ses* —*s* estar fora de si; **2.** condição; *de son* — de profissão; *être en* — *de* ter condições para; *mettre en* — dispor; **3.** conjuntura, situação; *en tout* — *de cause* de qualquer maneira; **4.** *faire* — *de* **1.** estimar; **2.** alegar, lembrar, destacar; **5.** relação, rol; **6.** ofício; *État Civil* registro civil; **7.** —*s généraux* assembleia nacional francesa (em 1789); **8.** atestado; — *des lieux* atestado de condição de imóvel; — *de services* atestado de serviços; **9.** *État* Estado.
étatique *adj.* estatal.
étatisation *s.f.* estatização.
étatiser *v.t.* estatizar.
étatisme *s.m.* estatismo.
étatsunien enne *adj.; s.pátr.* estadunidense.
États-Unis d'Amérique *s.m.pl.* Estados Unidos da América.
étau aux *s.m.* torno.
étayage *s.m.* escoramento, sustentação.
étayer *v.t.* escorar. (*Conj.* 22)
été[1] *part.pass.* de *être*.
été[2] *s.m.* verão.
éteigne, éteignons V. *éteindre*.
éteignoir *s.m.* apagador; (*fig.*) desmancha-prazeres.
éteindre *v.t.* extinguir; apagar. (*Conj.* 80)
étendage *s.m.* estendedura.
étendard *s.m.* estandarte, bandeira.
étendre *v.t.* estender. (*Conj.* 84)
étendue *s.f.* extensão, duração.
éternel elle *adj.* eterno.
éternité *s.f.* eternidade.
éternuement *s.m.* espirro.
éternuer *v.t.* espirrar.
étêter *v.t.* desramar, copar.
éther *s.m.* éter.
éthéré e *adj.* etéreo.
Ethiopie *s.f.* Etiópia.
éthiopien enne *adj.; s.pátr.* etíope.
éthique *adj.* ético; *s.f.* ética.
ethnie *s.f.* etnia.
ethnique *adj.* étnico.
ethnographe *s.* etnógrafo.
ethnographie *s.f.* etnografia.
ethnographique *adj.* etnográfico.
ethnologie *s.f.* etnologia, antropologia.
ethnologique *adj.* etnológico, antropológico.
ethnologue *s.* etnólogo, antropólogo.
éthologie *s.f.* etologia (estudo do comportamento dos animais).
étiage *s.m.* estiagem.
étiez V. *être*.
étincelant e *adj.* resplandecente.
étinceler *v.int.* resplandecer, cintilar. (*Conj.* 12)
étincelle *s.f.* centelha, fagulha, chispa.
étioler *v.t.* estiolar; *s'*— *v.pron.* estiolar-se.
étions V. *être*.
étique *adj.* héctico; macérrimo.
étiquetage *s.m.* etiquetagem.
étiqueter *v.t.* etiquetar, rotular. (*Conj.* 17)
étiquette *s.f.* **1.** etiqueta, rótulo; **2.** etiqueta, cerimonial.
étirer *v.t.* estirar; *s'*— *v.pron.* espreguiçar-se.
étoffe *s.f.* estofo, pano, fazenda.
étoffer *v.t.* dar consistência a, enriquecer.
étoile *s.f.* estrela; — *du berger* estrela-d'alva, Vênus; — *filante* estrela cadente; *à la belle* — ao relento.
étoiler *v.t.* estrelar.
étonnamment *adv.* espantosamente.
étonnant e *adj.* espantoso.
étonnement *s.m.* espanto, assombro.
étonner *v.t.* espantar, assombrar.
étouffant e *adj.* sufocante.
étouffement *s.m.* sufocação.
étouffer *v.t.* sufocar, abafar; (*fig.*) abafar, roubar; *v.int.* sufocar-se.
étoupe *s.f.* estopa.
étourderie *s.f.* estouvamento, irreflexão.
étourdi e *adj.* estouvado, irrefletido.
étourdir *v.t.* atordoar.
étourdissement *s.m.* **1.** atordoamento, tontura; **2.** estonteamento, espanto.
étourneau eaux *s.m.* estorninho.
étrange *adj.* estranho; *trouver* — estranhar.
étranger ère *adj.; s.* estrangeiro, forasteiro; estranho.
étrangeté *s.f.* estranheza.
étranglement *s.m.* estrangulamento.
étrangler *v.t.* estrangular, esganar.
étrangleur euse *s.* estrangulador.
étrangloir *s.m.* carregadeira, cabo principal de uma vela.
étrave *s.f.* roda de proa.

être¹ v.int. 1. existir: *je pense donc je suis* penso, logo existo; 2. haver: *il est des gens* há pessoas; *il n'est que de* (+*inf.*) basta; *toujours est-il que* de qualquer maneira; 3. ser: *comme si de rien n'était* com indiferença; *ne fût-ce que* quando mais não fosse; 4. estar: — *chez soi* estar em casa; *n'y — pour rien* não ter nada com isso; *savoir où l'on en est* saber a quantas se anda; 5. ir: *comment êtes-vous ce matin?* como vai o senhor hoje de manhã?; 6. *en — pour son argent* ter feito despesas em vão; *y être* adivinhar; *vous n'y êtes pas* você está por fora; 7. pertencer: *ce livre est à moi* este livro é meu; *je suis à vous* estou a seu dispor; 8. — *de* fazer parte de; 9. *est-ce que* (serve para introduzir perguntas) *est-ce que tu viens?* você vem?; 10. *il est à* (+*inf.*) é de; *il est à craindre* é de temer. (*Conj. 2*)
être² *s.m.* ser.
étreindre *v.t.* apertar, estreitar. (*Conj. 80*)
étreinte *s.f.* abraço, aperto.
étrenner *v.t.* estrear; usar pela primeira vez.
étrenne *s.f.* 1. presente do primeiro dia do ano; 2. gratificação de fim de ano.
étrier *s.m.* estribo; (*fig.*) *avoir le pied à l'—* estar com o pé no estribo; entrar numa carreira com boas perspectivas; *vider les —s* cair do cavalo.
étrille *s.f.* almofaça.
étriller *v.t.* almofaçar; surrar.
étriper *v.t.* extirpar.
étriqué e *adj.* estreito; tacanho.
étriquer *v.t.* estreitar.
étroit e *adj.* estreito; acanhado, limitado.
étroitesse *s.f.* estreiteza, exiguidade.
Étrurie *s.f.* Etrúria.
etrusque *adj.; s.pátr.* etrusco.
étude *s.f.* 1. estudo, exame; 2. estudo, tratado, esboço; 3. sala de estudo; 4. gabinete de advogado; cartório.
étudiant e *s.* estudante (universitário).
étudier *v.t.* estudar. (*Conj. 23*)
étui *s.m.* estojo.
étuve *s.f.* estufa.
étuver *v.t.* estufar.
étymologie *s.f.* etimologia.
étymologique *adj.* etimológico.
eu V. *avoir*.
eucalyptus *s.m.* eucalipto.
eucharistie *s.f.* eucaristia.
eue V. *avoir*.

eugénique *adj.* eugênico; *s.f.* eugênica.
eûmes V. *avoir*.
eunecte *s.m.* sucuri, anaconda.
eunuque *s.m.* eunuco.
euphémisme *s.m.* eufemismo.
euphonie *s.f.* eufonia.
euphonique *adj.* eufônico.
euphorie *s.f.* euforia.
euphorique *adj.* eufórico.
eurasien enne *adj.; s.pátr.* eurásico.
eurent V. *avoir*.
européaniser *v.t.* europeizar.
Europe *s.f.* Europa.
européen enne *adj.; s.pátr.* europeu.
eus V. *avoir*.
eustache *s.m.* faca com cabo de madeira.
eut, eût V. *avoir*.
euthanasie *s.f.* eutanásia.
eux *pron.m.pl.* eles.
évacuation *s.f.* evacuação.
évacuer *v.t.* evacuar.
évader, s' *v.pron.* evadir-se.
évaluation *s.f.* avaliação.
évaluer *v.t.* avaliar.
évanescence *s.f.* evanescência.
évanescent e *adj.* evanescente.
évangélique *adj.; s.* evangélico.
évangéliser *v.t.* evangelizar.
évangéliste *s.m.* evangelista.
évangile *s.m.* evangelho.
évanoui e *adj.* desacordado.
évanouir, s' *v.pron.* 1. desaparecer; 2. perder os sentidos, desmaiar.
évanouissement *s.m.* desmaio, esvaecimento.
évaporation *s.f.* evaporação.
évaporer *v.t.* evaporar; *s'— v.pron.* evaporar-se.
évaser *v.t.* alargar (um orifício).
évasif ive *adj.* evasivo.
évasion *s.f.* evasão.
évêché *s.m.* bispado.
éveil *s.m.* despertar; *donner l'— à* alertar, despertar.
éveillé e *adj.* 1. acordado; 2. vivo, esperto.
éveiller *v.t.* 1. acordar, despertar; 2. estimular; *s'— v.pron.* acordar-se, acordar.
événement *s.m.* acontecimento.
event *s.m.* respiradouro.
éventail *s.m.* leque.
éventaire *s.m.* cesta de vime, tabuleiro (de vendedor ambulante).
éventer *v.t.* 1. abanar; 2. arejar; 3. seguir (pista); 4. descobrir; *s'— v.pron.* 1. aba-

nar-se; **2.** alterar-se, evaporar-se (vinho, perfume).
éventrer *v.t.* eventrar, estripar.
éventreur *s.m.* estripador.
éventualité *s.f.* eventualidade.
éventuel elle *adj.* eventual.
évêque *s.m.* bispo.
évertuer, s' *v.pron.* esforçar-se muito.
éviction *s.f.* evicção, eliminação.
évidemment *adv.* evidentemente.
évidence *s.f.* evidência.
évident e *adj.* evidente.
évider *v.t.* esvaziar.
évier *s.m.* tanque (de cozinha).
évincer *v.t.* evencer, desapossar, despojar.
évitable *adj.* evitável.
éviter *v.t.* evitar.
évocateur trice *adj.; s.* evocador.
évocation *s.f.* evocação.
évoluer *v.int.* evoluir.
évolution *s.f.* evolução.
évolutionnisme *s.m.* evolucionismo.
évolutionniste *adj.; s.* evolucionista.
évoquer *v.t.* evocar.
exacerbation *s.f.* exacerbação.
exacerber *v.t.* exacerbar, exasperar; avivar.
exact e *adj.* exato.
exaction *s.f.* exação, cobrança rigorosa.
exactitude *s.f.* exatidão.
ex aequo *loc.adj.* de classificação igual.
exagérateur trice *adj.; s.* exagerador.
exagération *s.f.* exageração, exagero.
exagérer *v.t.* e *int.* exagerar. (*Conj. 13*)
exaltation *s.f.* exaltação.
exalter *v.t.* exaltar.
examen *s.m.* exame.
examinateur trice *s.* examinador.
examiner *v.t.* examinar.
exaspération *s.f.* exasperação.
exaspérer *v.t.* exasperar. (*Conj. 13*)
exaucement *s.m.* atendimento, deferimento; acolhimento favorável.
exaucer *v.t.* atender, deferir; acolher favoravelmente. (*Conj. 14*)
excavation *s.f.* escavação.
excaver *v.t.* escavar.
excédent *s.m.* **1.** superávit; **2.** excedente.
excéder *v.t.* **1.** exceder, ultrapassar; **2.** exasperar, esgotar. (*Conj. 13*)
excellence *s.f.* excelência; *par* — por excelência.
excellent e *adj.* excelente.
exceller *v.int.* exceler, distinguir-se.
excentration *s.f.* descentração.

excentrer *v.t.* descentrar.
excentricité *s.f.* excentricidade.
excentrique *adj.* excêntrico.
excepté e *adj.* com exceção de, exceto.
excepter *v.t.* excetuar.
exception *s.f.* exceção.
exceptionnel elle *adj.* excepcional.
excès *s.m.* excesso, desmando; *à l'*— em excesso.
excessif ive *adj.* excessivo, demasiado.
exciper *v.int.* alegar.
exciser *v.t.* extirpar, amputar.
excision *s.f.* excisão.
excitabilité *s.f.* excitabilidade.
excitable *adj.* excitável.
excitant e *adj.* excitante.
excitateur trice *adj.; s.* excitador.
excitation *s.f.* excitação.
exciter *v.t.* excitar.
exclamation *s.f.* exclamação.
exclamer, s' *v.pron.* exclamar.
exclure *v.t.* excluir. (*Conj. 63*)
exclusif ive *adj.* exclusivo.
exclusion *s.f.* exclusão.
exclusivisme *s.m.* exclusivismo.
exclusivité *s.f.* exclusividade.
excommunication *s.f.* excomunhão.
excommunier *v.t.* excomungar.
excoriation *s.f.* escoriação.
excrément *s.m.* excremento.
excrétion *s.f.* excreção.
excroissance *s.f.* excrescência.
excursion *s.f.* excursão.
excursionniste *s.* excursionista.
excusable *adj.* desculpável.
excuse *s.f.* escusa, desculpa; pretexto.
excuser *v.t.* escusar, desculpar.
exécrable *adj.* execrável.
exécration *s.f.* execração.
exécrer *v.t.* execrar. (*Conj. 13*)
exécutant e *s.* executante.
exécuter *v.t.* executar; *s'*— *v.pron.* resolver-se a agir (em situação difícil).
exécuteur trice *s.* executor; — *des hautes œuvres* carrasco.
exécutif ive *adj.; s.m.* executivo.
exécution *s.f.* execução.
exégèse *s.f.* exegese.
exégète *s.* exegeta.
exemplaire *adj.; s.m.* exemplar.
exemplarité *s.f.* exemplaridade.
exemple *s.m.* exemplo; *à l'*— *de* por imitação de; *par* — *loc.adv.* por exemplo; *interj.* ora essa!

exempt e *adj.* isento.
exemption *s.f.* isenção.
exercer *v.t.* exercitar, exercer, praticar; *s'*— *v.pron.* exercitar-se. (*Conj. 14*)
exercice *s.m.* exercício.
exergue *s.m.* exergo; (*fig.*) *mettre en* — pôr em destaque.
exhalaison *s.f.* exalação.
exhaler *v.t.* exalar.
exhausser *v.t.* altear.
exhaustif ive *adj.* exaustivo.
exhaustion *s.f.* exaustão.
exhiber *v.t.* exibir; *s'*— *v.pron.* exibir-se.
exhibition *s.f.* exibição.
exhibitionnisme *s.m.* exibicionismo.
exhibitionniste *s.* exibicionista.
exhortation *s.f.* exortação.
exhorter *v.t.* exortar.
exhumation *s.f.* exumação.
exhumer *v.t.* exumar, desenterrar.
exigeant e *adj.* exigente.
exigence *s.f.* exigência.
exiger *v.t.* exigir. (*Conj. 19*)
exigible *adj.* exigível.
exigu ë *adj.* exíguo.
exiguïté *s.f.* exiguidade.
exil *s.m.* exílio, degredo, desterro.
exilé e *adj.; s.* exilado.
exiler *v.t.* exilar, desterrar.
existence *s.f.* existência.
existentialisme *s.m.* existencialismo.
existentialiste *adj.; s.* existencialista.
existentiel elle *adj.* existencial.
exister *v.int.* existir.
exode *s.m.* êxodo.
exonération *s.f.* exoneração.
exonérer *v.t.* exonerar. (*Conj. 13*)
exorbitant e *adj.* exorbitante.
exorciser *v.t.* exorcizar, exorcismar.
exorcisme *s.m.* exorcismo.
exorciste *s.* exorcista.
exorde *s.m.* exórdio, introdução, preâmbulo.
exotique *adj.* exótico.
exotisme *s.m.* exotismo.
expansif ive *adj.* expansivo.
expansion *s.f.* expansão.
expansionnisme *s.m.* expansionismo.
expansionniste *adj.; s.* expansionista.
expatrier *v.t.* expatriar; *s'*— *v.pron.* expatriar-se. (*Conj. 23*)
expectative *s.f.* expectativa.
expectorer *v.t.* expectorar.
expédient e *adj.* expediente; *s.m.pl.* expedientes (meios ilícitos).

expédier *v.t.* 1. expedir, despachar; 2. mandar tirar cópia de. (*Conj. 23*)
expéditeur trice *s.* remetente.
expéditif ive *adj.* expedito, desembaraçado.
expédition *s.f.* 1. expedição, despacho; 2. expedição (militar); campanha, exploração; 3. traslado.
expéditionnaire 1. *adj.; s.* expedicionário; 2. *s.m.* escrevente.
expérience *s.f.* experiência; experimento.
expérimental e aux *adj.* experimental.
expérimentateur *s.m.* experimentador.
expérimenter *v.t.* experimentar.
expert *s.m.* perito.
expertise *s.f.* vistoria, perícia, laudo.
expertiser *v.t.* vistoriar.
expiateur trice *adj.; s.* expiador.
expiation *s.f.* expiação.
expiatoire *adj.* expiatório.
expier *v.t.* expiar. (*Conj. 23*)
expiration *s.f.* expiração.
expirer *v.int.* expirar.
explétif ive *adj.* expletivo.
explicable *adj.* explicável.
explicatif ive *adj.* explicativo.
explication *s.f.* explicação.
explicite *adj.* explícito.
expliciter *v.t.* explicitar.
expliquer *v.t.* explicar.
exploit *s.m.* 1. proeza, façanha; 2. intimação.
exploitation *s.f.* exploração (de uma mina, um comércio etc.; *fig.* de uma pessoa).
exploiter *v.t.* explorar.
exploiteur euse *s.* explorador.
explorateur trice *s.* explorador, aproveitador.
exploration *s.f.* exploração (de uma região).
explorer *v.t.* explorar.
explosif ive *adj.; s.m.* explosivo.
explosion *s.f.* explosão.
exponentiel elle *adj.* exponencial.
exportateur trice *s.* exportador.
exportation *s.f.* exportação.
exporter *v.t.* exportar.
exposant *s.m.* 1. exponente; 2. expositor.
exposé *s.m.* exposição, narrativa; *— des motifs* exposição de motivos.
exposer *v.t.* 1. expor; 2. enjeitar; *s'*— *v.pron.* expor-se, arriscar-se.
exposition *s.f.* exposição.
exprès[1] **esse** *adj.* 1. expresso; 2. explícito.
exprès[2] *adv.* de propósito.
express *adj.; s.m.* expresso.

expressif ive *adj.* expressivo.
expression *s.f.* expressão.
expressionnisme *s.m.* expressionismo.
expressionniste *adj.; s.* expressionista.
exprimable *adj.* exprimível.
exprimer *v.t.* exprimir; **s'—** *v.pron.* exprimir-se.
expropriation *s.f.* expropriação.
exproprier *v.t.* expropriar. (*Conj. 23*)
expulser *v.t.* expulsar.
expulsion *s.f.* expulsão.
expurger *v.t.* expurgar. (*Conj. 19*)
exquis e *adj.* 1. delicado; 2. delicioso.
exsangue *adj.* exangue.
exsudation *s.f.* exsudação.
exsuder *v.t.* exsudar.
extase *s.f.* êxtase.
extasier, s' *v.pron.* extasiar-se. (*Conj. 23 e 8*)
extatique *adj.* extático.
extemporané e *adj.* 1. extemporâneo; 2. instantâneo.
extenseur *s.m.* extensor.
extensible *adj.* extensível.
extensif ive *adj.* extensivo.
extension *s.f.* extensão.
exténuer *v.t.* extenuar, esgotar.
extérieur e *adj.; s.m.* exterior.
extériorisation *s.f.* exteriorização.
extérioriser *v.t.* exteriorizar.
extériorité *s.f.* exterioridade.
exterminateur *adj.; s.m.* exterminador.
extermination *s.f.* extermínio.
exterminer *v.t.* exterminar.
externat *s.m.* externato.
externe *adj.; s.* externo.
exterritorialité *s.f.* exterritorialidade.

extincteur *s.m.* extintor.
extinction *s.f.* extinção.
extinguible *adj.* extinguível.
extirper *v.t.* extirpar.
extorquer *v.t.* extorquir.
extorsion *s.f.* extorsão.
extra *adv.; s.m.* extra.
extraction *s.f.* 1. extração; 2. origem; *une personne de basse* — uma pessoa de origem baixa.
extrader *v.t.* extraditar.
extradition *s.f.* extradição.
extraire *v.t.* extrair. (*Conj. 93*)
extrait *s.m.* extrato, resumo; trecho; *— de naissance* certidão de nascimento.
extraordinaire *adj.* extraordinário.
extrapoler *v.t.* extrapolar.
extravagance *s.f.* extravagância.
extravagant e *adj.* extravagante.
extravaguer *v.int.* extravagar.
extravaser, s' *v.pron.* extravasar.
extraverti e *adj.* extravertido.
extrême *adj.* extremo.
extrême-onction *s.f.* extrema-unção.
Extrême-Orient *s.m.* Extremo Oriente.
extrémisme *s.m.* extremismo.
extrémiste *adj.; s.* extremista.
extrémité *s.f.* 1. extremidade; 2. excesso, violência.
extrinsèque *adj.* extrínseco.
exubérance *s.f.* exuberância.
exubérant e *adj.* exuberante.
exultation *s.f.* exultação.
exulter *v.int.* exultar.
exutoire *s.m.* exutório.
ex-voto *s.m.* ex-voto.

F

fa *s.m.* (*Mús.*) fá.
fable *s.f.* **1.** fábula; *être la* — ser objeto de chacota para; **2.** invenção, mentira; **3.** *la Fable* a mitologia.
fabricant e *s.* fabricante.
fabrication *s.f.* fabricação.
fabrique *s.f.* fábrica.
fabriquer *v.t.* fabricar.
fabuleux euse *adj.* fabuloso.
fabuliste *s.* fabulista.
façade *s.f.* fachada.
face *s.f.* **1.** rosto, face, cara, aspecto; *faire* — *à* ser fronteiro a; enfrentar; *perdre la* — perder o prestígio; *sauver la* — salvar a aparência; *loc.prep.* — *à* frente de, *de* — de frente; *en* — *de* em frente a; — *à* — *loc.adv.* frente a frente; **2.** verso (de medalha).
face-à-main *s.m.* luneta de cabo, lornhão.
facétie *s.f.* facécia, pilhéria, chiste.
facétieux euse *adj.* facecioso, faceto, brincalhão, gozador, galhofeiro.
facette *s.f.* faceta.
facetter *v.t.* facetar.
fâcher *v.t.* indispor, irritar, escabrear; *se* — *v.pron.* indispor-se, aborrecer-se.
fâcheux euse *adj.* desagradável, deplorável.
facial e aux ou **als** *adj.* facial.
facile *adj.* fácil; *un homme* — *à vivre* boa-praça, afável, amistoso.
facilité *s.f.* facilidade.
faciliter *v.t.* facilitar.
façon *s.f.* **1.** fabricação; **2.** feitura, feitio; **3.** feição; **4.** maneira; *à la* — *de* à maneira de; *de* — *que* de maneira que; *de toute* — de qualquer maneira; **5.** *pl.* maneiras, cerimônias; *sans* —*s* simplesmente.
façonner *v.t.* modelar, afeiçoar.
fac-similé *s.m.* fac-símile.
facteur[1] *s.m.* fator.
facteur[2] *s.m.* carteiro.
factice *adj.* factício, artificial.

factieux euse *adj.* faccioso, parcial, tendencioso.
faction *s.f.* **1.** facção; **2.** sentinela.
factotum *s.m.* factótum.
facture[1] *s.f.* feitura.
facture[2] *s.f.* fatura.
facturer *v.t.* faturar.
facultatif ive *adj.* facultativo.
faculté *s.f.* **1.** faculdade, capacidade; **2.** *Faculté* faculdade, escola superior.
fada *s.m.* (*fam.*) tolo, boboca.
fadaise *s.f.* parvoíce, frioleira, bobeira, brincadeira sem graça.
fade *adj.* **1.** insípido; **2.** monótono.
fadeur *s.f.* sensaboria, insipidez.
fafiot *s.m.* (*fam.*) cédula, nota.
fagot *s.m.* feixe de lenha; *sentir le* — cheirar a herege, cheirar a hereisia, cheirar mal – no sentido figurado.
fagoter *v.t.* arrumar, amanhar, ataviar.
faible *adj.* fraco, débil; escasso; *s.m.* **1.** homem fraco, fracalhão; **2.** fraqueza, defeito; **3.** gosto, inclinação.
faiblesse *s.f.* fraqueza, debilidade.
faiblir *v.t.* e *int.* enfraquecer.
faille *s.f.* **1.** fenda; **2.** falha.
faillibilité *s.f.* falibilidade.
faillible *adj.* falível.
faillir *v.int.* falhar; *j'ai failli crier* por pouco não gritei. (*Conj.* 30)
faillite *s.f.* falência; *faire* — falir.
faim *s.m.* fome; *manger à sa* — matar a fome; *rester sur sa* — continuar com fome.
fainéant e *adj.; s.* preguiçoso, mandrião, vadio, indolente.
fainéanter *v.int.* mandriar, preguiçar, vadiar.
fainéantise *s.f.* madraçaria, vadiação, indolência, vagabundagem.
faire[1] *v.t.* **1.** fazer, criar; *qu'est-ce que cela peut vous* —? que é que o senhor tem com

isso?; **2.** engendrar; **3.** defecar; **4.** abastecer-se; **5.** (*fam.*) roubar; **6.** perfazer; **7.** ser; **8.** fazer, executar; **9.** exercer; **10.** cometer; *on ne la lui fait pas* não se deixa enganar; **11.** dizer; **12.** (*+inf.*) mandar; *v.int.* **1.** agir; — *comme chez soi* ficar à vontade (sentir-se em casa); — *du bien, du mal* fazer bem, fazer mal; *cela ne me fait rien* não me importa; **2.** representar (papel); **3.** sofrer (doença); *se* — *v.pron.* tornar-se; *se* — *à* habituar-se a; *s'en* — preocupar-se; *c'en est fait de* acabou-se. (*Conj.73*)
faire² *s.m.* modo de agir, fazer.
faire-part *s.m.* participação (de casamento, nascimento ou óbito).
fais V. *faire.*
faisable *adj.* fazível, factível.
faisan *s.m.* **1.** faisão; **2.** (*fam.*) espertalhão, embusteiro.
faisander *v.t.* macerar (carne: deixar a carne iniciar o processo de decomposição antes de cozinhá-la para, dessa forma, intensificar o sabor).
faisceau eaux *s.m.* feixe, molho, sarilho (de armas).
faiseur *s.m.* fazedor, trapalhão.
fait¹ e *adj.* (*part.pass.* de *faire*) feito, maduro, pronto; *tout* — pronto; (*fam.*) apanhado.
fait² *pres.ind.* de *faire.*
fait³ *s.m.* **1.** fato, proeza; **2.** característica; **3.** *dire son* — *à* dizer algumas verdades a; **4.** fato, acontecimento; **5.** —*s divers* fatos do dia (em jornal); *en* — *de* em matéria de; *être sûr de son* — ter certeza do que afirma; *mettre au* — pôr a par; *tout à* — completamente.
faîte *s.m.* cume, cumeeira.
faites V. *faire.*
fait-tout ou **faitout** *s.m.* caçarola.
faix *s.m.* (*ant.*) peso, fardo, carga.
fakir *s.m.* faquir.
falaise *s.f.* falésia.
fallacieux euse *adj.* falacioso, enganador, ardiloso.
falloir *v.impess.* ser preciso; *il le faut* é preciso; *comme il faut loc.adv.* convenientemente; *loc.adj.* da boa sociedade; *s'en* — *v.pron.* faltar; *il s'en faut de beaucoup* falta muito; *peu s'en faut* quase; *tant s'en faut* pelo contrário. (*Conj.* 48)
falot¹ ote *adj.* insignificante.
falot² *s.m.* lanterna.
falsificateur trice *s.* falsificador.
falsification *s.f.* falsificação.
falsifier *v.t.* falsificar. (*Conj. 23*)
falzar *s.m.* (*gír.*) calça.
famé e *adj. mal* — mal-afamado, famigerado, de má reputação.
famélique *adj.* famélico, faminto.
fameux euse *adj.* **1.** famoso; **2.** extaordinário; *pas* — (*fam.*) medíocre.
familial e aux *adj.* familial.
familiariser *v.t.* familiarizar.
familiarité *s.f.* familiaridade; *pl.* intimidades grosseiras.
familier ère *adj.; s.* familiar.
famille *s.f.* família.
famine *s.f.* fome; miséria; *crier* — queixar-se de sua pobreza, chorar miséria.
fan *s.m.* fã.
fanal aux *s.m.* fanal (farol).
fanatique *adj.; s.* fanático.
fanatiser *v.t.* fanatizar.
fanatisme *s.m.* fanatismo.
faner *v.t.* fanar, murchar; *se* — *v.pron.* fanar-se, murchar-se, decair, perder a vitalidade.
fanfare *s.f.* fanfarra.
fanfaron onne *adj.; s.* fanfarrão.
fanfaronnade *s.f.* fanfarronada, fanfarronice.
fanfreluche *s.f.* fanfreluche.
fange *s.f.* lama, lodo.
fangeux euse *adj.* lodoso; (*fig.*) desprezível, de baixo nível.
fanion *s.m.* bandeirola, flâmula.
fanon *s.m.* barbela.
fantaisie *s.f.* fantasia.
fantaisiste *adj.; s.* fantasista.
fantasmagorie *s.f.* fantasmagoria.
fantasmagorique *adj.* fantasmagórico.
fantasme *s.m.* fantasia, visão, ilusão.
fantasque *adj.* fantasioso, esquisito.
fantassin *s.m.* soldado de infantaria.
fantastique *adj.* fantástico.
fantoche *s.m.* fantoche, títere.
fantôme *s.m.* fantasma.
faon *s.m.* cria de veado, veadinho.
faramineux euse *adj.* (*fam.*) fantástico, formidável.
farandole *s.f.* farândola.
faraud e *adj.; s.* presumido, fanfarrão; prosa.
farce *s.* farsa.
farceur *s.m.* farsante; maganão, ardiloso.
farcir *v.t.* rechear; *se* — *de v.pron.* (*pop.*) obter, conceder-se; *il faut se le* — é preciso aguentá-lo.

fard *s.m.* maquiagem; *piquer un* — corar.
fardeau eaux *s.m.* fardo, carga.
farder *v.t.* 1. maquiar; 2. disfarçar; *se* — *v.pron.* maquiar-se.
farfadet *s.m.* duende.
farfelu e *adj.* escalafobético, estrambótico.
farfouiller *v.t.* remexer.
faribole *s.f.* bobagem, frivolidade.
farine *s.f.* farinha; (*fig.*) *de la même* — da mesma laia.
farineux euse *adj.* farinhoso, farinhento.
farouche *adj.* 1. selvagem; 2. esquivo; 3. encarniçado.
fascicule *s.m.* fascículo.
fascinateur trice *adj.; s.* fascinador, fascinante.
fascination *s.f.* fascinação.
fasciner *v.t.* fascinar, deslumbrar.
fascisme *s.m.* fascismo.
fasciste *adj.; s.* fascista.
fasse, fassions etc. V. *faire.*
faste *s.m.* fausto.
fastidieux euse *adj.* fastidioso, enfadonho.
fastueux euse *adj.* fastoso, fastuoso, luxuoso, suntuoso.
fat e *adj.* fátuo, presumido, convencido.
fatal e als *adj.* fatal.
fatalisme *s.m.* fatalismo.
fataliste *adj.; s.* fatalista.
fatalité *s.f.* fatalidade.
fatidique *adj.* fatídico.
fatigant e *adj.* fatigante.
fatigue *s.f.* fadiga, cansaço.
fatigué e *adj.* fatigado, cansado.
fatiguer *v.t.* fatigar, cansar.
fatras *s.m.* mistifório, mixórdia; (*pop.*) salada.
fatuité *s.f.* fatuidade.
faubourg *s.m.* arrabalde; subúrbio, bairro.
faubourien enne *adj.* suburbano.
fauche *s.f.* (*fam.*) coisa roubada, muamba.
fauché e *adj.* (*fam.*) pronto, liso, teso (= sem dinheiro).
faucher *v.t.* ceifar; (*fam.*) roubar.
fauchet *s.m.* ancinho.
faucheur euse *s.* ceifador.
faucheuse *s.f.* máquina de ceifar, segadora.
faucille *s.f.* foice (de cabo curto).
faucon *s.m.* falcão.
faufil *s.m.* alinhavo.
faufiler *v.t.* alinhavar; *se* — *v.pron.* introduzir-se sorrateiramente, insinuar-se.
faune[1] *s.m.* fauno.
faune[2] *s.f.* fauna.
fausser *v.t.* 1. falsear; 2. torcer.
fausset *s.m.* falsete.
fausseté *s.f.* falsidade.
faut V. *falloir.*
faute *s.f.* 1. falta; *faire* — fazer falta; *ne pas se faire* — *de* não deixar de; — *de loc.prep.* na falta de; 2. erro, pecado; — *de frappe* erro de datilografia; — *d'impression* erro tipográfico; — *d'ortographe* erro ortográfico; 3. culpa; *c'est sa* — a culpa é dele.
fauteuil *s.m.* poltrona; *dans un* — *loc.adv.* sem esforço; com um pé nas costas.
fauteur trice *s.* fautor, fomentador.
fautif ive *adj.* faltoso.
fauve *adj.* fulvo, selvagem; *s.* fera, felino.
fauvette *s.f.* toutinegra.
fauvisme *s.m.* fovismo.
faux[1] **fausse** *adj.* falso, mentiroso, postiço, artificial; *s.m.* falsificação; *s'inscrire en* — *contre* desmentir.
faux[2] *s.f.* foice.
faux-bourdon *s.m.* fabordão.
faux-col *s.m.* colarinho.
faux-filet *s.m.* contrafilé.
faux-fuyant *s.m.* subterfúgio.
faux-monnayeur *s.m.* moedeiro falso.
faveur[1] *s.f.* favor; *pl.* marcas de preferência dadas por uma mulher; *loc.prep. à la* — *de* aproveitando-se de, graças a; *en* — *de* em consideração de; em proveito de.
faveur[2] *s.f.* fita, fitinha.
favorable *adj.* favorável.
favori ite *adj.* favorito, preferido; *s.f.* favorita.
favoris *s.m.pl.* suíças.
favoriser *v.t.* favorecer.
favoritisme *s.m.* favoritismo.
fayot *s.m.* (*pop.*) 1. feijão seco; 2. (*gír.*) militar excessivamente zeloso; 3. puxa-saco.
fayotter *v.t.* (*pop.*) puxar o saco de.
fébrile *adj.* febril.
fécal e als *adj.* fecal.
fèces *s.f.pl.* fezes.
fécond e *adj.* fecundo.
fécondation *s.f.* fecundação.
féconder *v.t.* fecundar.
fécondité *s.f.* fecundidade.
fécule *s.f.* fécula.
fédéral e aux *adj.* federal.
fédéraliser *v.t.* federalizar.
fédéralisme *s.m.* federalismo.
fédéraliste *adj.; s.* federalista.
fédératif ive *adj.* federativo.

fédération s.f. federação.
fée s.f. fada; *la — du logis* dona de casa exímia.
féerie s.f. espetáculo feérico.
féerique adj. feérico, maravilhoso, mágico.
feignant e adj.; s. (pop.) preguiçoso, vadio.
feindre v.t. fingir. (*Conj. 80*)
feinte s.f. fingimento, finta.
feldspath s.m. feldspato.
fêlé e adj. 1. fendido; 2. (*fig.* e *fam.*) maluco.
fêler v.t. rachar, fender, estalar.
félicitations s.f.pl. parabéns.
félicité s.f. felicidade.
féliciter v.t. felicitar.
félin e adj.; s. felino.
félonie s.f. felonia.
fêlure s.f. fenda, rachadura.
femelle adj.; s.f. fêmea.
féminin e adj. feminino.
féminiser v.t. feminizar.
féminisme s.m. feminismo.
féministe adj.; s. feminista.
femme s.f. 1. mulher; *— auteur* escritora; *— de chambre* arrumadeira; *— de lettres* literata; *— de ménage* faxineira; *— du monde* mulher da sociedade; 2. esposa.
femmelette s.f. 1. mulherzinha; 2. maricas.
fémur s.m. fêmur.
fendre v.t. fender, rachar; *— la foule* abrir caminho no meio da multidão; *— le cœur* partir o coração; *se — v.pron.* fender-se; (*fam.*) bancar o coronel, ser o pagão.
fenaison s.f. fenação.
fendiller v.t. rachar, fender.
fenêtre s.f. janela; *fausse —* janela falsa.
fenil s.m. palheiro.
fenouil s.m. funcho.
fente s.f. fenda.
féodal e aux adj. feudal.
féodalisme s.m. feudalismo.
féodalité s.f. regime feudal.
fer s.m. ferro; qualquer instrumento de ferro, especialmente: ferro de engomar; *— à cheval* ferradura; *croiser le —* bater-se em duelo à espada; *mettre aux —s* acorrentar; *tomber les quatre —s en l'air* levar um trambolhão; *pl.* fórceps.
fera, ferai etc. V. *faire*.
fer-blanc s.m. lata; folha de flandres.
ferblanterie s.f. latoaria, funilaria.
ferblantier s.m. latoeiro, funileiro.

férié e adj. feriado.
feriez, ferions V. *faire*.
férir v.t. *sans coup —* sem encontrar resistência.
ferme[1] adj. firme, imóvel, enérgico; *adv.* com forças, com intensidade.
ferme[2] s.f. fazenda, granja.
ferment s.m. fermento.
fermentation s.f. fermentação.
fermenter v.int. fermentar.
fermer v.t. fechar, encerrar; *v.int.* fechar, estar fechado; *se — v.pron.* fechar-se.
fermeté s.f. firmeza.
fermeture s.f. 1. fecho; *— éclair* fecho ecler, zíper; 2. encerramento, fechamento.
fermier s.m. granjeiro.
fermoir s.m. fecho.
féroce adj. feroz.
férocité s.f. ferocidade.
ferons, feront V. *faire*.
ferraille s.f. sucata.
ferrailleur s.m. 1. ferro-velho; 2. duelista, espadachim.
ferré e adj. 1. ferrado, guarnecido de ferro; 2. (*fig.*) afiado, perspicaz.
ferrer v.t. 1. ferrar; 2. guarnecer de ferragens; 3. fisgar.
ferret s.m. agulheta.
ferreur s.m. ferrador.
ferreux euse adj. ferroso.
ferronnerie s.f. ferraria.
ferroviaire adj. ferroviário.
ferrugineux euse adj. ferruginoso.
ferrure s.f. ferragem, ferração.
fertile adj. fértil.
fertilisant e adj.; s.m. fertilizante.
fertilisation s.f. fertilização.
fertiliser v.t. fertilizar.
fertilité s.f. fertilidade.
féru e adj. apaixonado.
férule s.f. férula.
fervent e adj. fervente, candente.
ferveur s.f. fervor.
fescennin e adj. fescenino.
fesse s.f. nádega.
fessée s.f. palmadas (nas nádegas).
fesse-mathieu s.m. avarento, pão-duro.
fesser v.t. dar palmada (nas nádegas).
fessier s.m. (*fam.*) traseiro.
festin s.m. festim.
festival als s.m. festival.
festivité s.f. festividade.
feston s.m. festão.
festoyer v.int. farrear.

fête *s.f.* 1. festa; 2. dia do santo cujo nome se tem; dia onomástico.
fêter *v.t.* festejar.
fétiche *s.m.* fetiche, manipanso.
fétichisme *s.m.* fetichismo.
fétichiste *adj.; s.* fetichista.
fétide *adj.* fétido.
fétu *s.m.* argueiro.
feu[1] **feux** *s.m.* 1. fogo, fogueira; calor, incêndio; *à petit —* a fogo lento; *— follet* fogo-fátuo; *— grégeois* fogo greguês; *faire la part du —* resignar-se a perder o que não se pode salvar, para conservar o resto; *faire long —* negar fogo, falhar; *(fig.)* não atingir o alvo; *il n'y a pas le —* não é sangria desatada; *n'avoir ni — ni lieu* não ter eira nem beira; *ne pas faire long —* não durar muito; *n'y voir que du —* não ver, não entender nada; 2. sinal de trânsito.
feu[2] **e** *adj.* falecido.
feudataire *adj.* feudatário.
feuillage *s.m.* folhagem.
feuillaison *s.f.* foliação.
feuillant *s.m.* frade cisterciense.
feuille *s.f.* 1. folha (de planta); *— de vigne* parra; 2. folha, jornal; *— de chou* jornaleco; 3. *bonnes —s* últimas provas tipográficas; 4. *(pop.)* orelha.
feuillet *s.m.* folha (de papel).
feuilleter *v.t.* folhear. *(Conj. 17)*
feuilleton *s.m.* folhetim, novela de rádio ou de televisão.
feuilletoniste *s.m.* folhetinista.
feuillette *s.f.* barril.
feuler *v.int.* rosnar.
feutre *s.m.* feltro.
feutré e *adj.* feltrado; *à pas —s* a passos silenciosos.
feutrer *v.t.* feltrar.
fève *s.f.* fava.
février *s.m.* fevereiro.
fez *s.m.* fez.
fi *interj.* xi!, arre!; *faire — de* desprezar.
fiacre *s.m.* fiacre.
fiançailles *s.f.pl.* noivado.
fiancé e *s.* noivo.
fiancer *v.t.* noivar; *(Conj. 14); se — v.pron.* noivar.
fiasco *s.m.* fiasco.
fiasque *s.f.* garrafão.
fibre *s.f.* fibra.
fibreux euse *adj.* fibroso.
fibrillation *s.f.* fibrilação.
fibrille *s.f.* fibrila.

fibrome *s.m.* fibroma.
fibule *s.f.* fíbula.
ficelé e *adj. (fam.)* vestido, esfarpelado.
ficeler *v.t.* amarrar com barbante. *(Conj. 12)*
ficelle *s.f.* barbante; cordel; *(fig.) connaître les —s du métier* ser esperto, entender do riscado.
fiche[1] *s.f.* ficha.
fiche[2] ou **ficher** *v.t.* 1. cravar, fincar; 2. *(fam.)* fazer, dar, botar; *se — de v.pron.* zombar de; *— le camp* safar-se; *— la paix à* deixar em paz; *je te fiche mon billet* garanto.
fichier *s.m.* fichário.
fichtre *interj.* puxa!
fichu[1] *s.m.* fichu, lenço.
fichu[2] **e** *adj. (fam.)* 1. danado; 2. acabado; 3. *— de* capaz de.
fictif ive *adj.* fictício.
fiction *s.f.* ficção.
fidèle *adj.* fiel.
fidélité *s.f.* fidelidade.
fief *s.f.* 1. feudo; 2. domínio, especialidade.
fieffé e *adj.* refinado, completo, perfeito.
fiel *s.m.* fel, bílis.
fielleux euse *adj.* 1. féleo; 2. *(fig.)* bilioso.
fiente *s.f.* titica, excremento de aves.
fier[1] **fière** *adj.* orgulhoso, altivo; *(fam.)* belo, famoso.
fier[2], **se** *v.pron.* fiar-se a. *(Conj. 23 e 8)*
fierté *s.f.* altivez, orgulho.
fièvre *s.f.* febre; *— jaune* febre amarela; *avoir de la —* ter febre.
fiévreux euse *adj.* febril.
fifre *s.m.* 1. pífaro; 2. tocador de pífaro.
figer *v.t.* coagular, congelar; *(fig.)* petrificar. *(Conj. 19)*
fignoler *v.t.* caprichar.
figue *s.f.* figo.
figuier *s.m.* figueira.
figurant e *s.* figurante.
figuratif ive *adj.* figurativo.
figure *s.f.* 1. figura; *faire —* desempenhar papel importante; *faire — de* passar por; 2. rosto, cara; *se casser la —* machucar-se (em acidente); *casser la — à* quebrar a cara de; 3. ilustração.
figuré e *adj.* figurado.
figurer *v.t.* figurar, representar.
figurine *s.f.* estatueta.
fil *s.m.* 1. fio, fio telefônico; *— à plomb* fio de prumo; *— de fer* arame; *— de fer barbelé* arame farpado; *au bout du —* ao telefone; *c'est cousu de — blanc* é manjado;

ne tenir qu'à un — estar por um fio; *il n'a pas inventé le — à couper le beurre* não é lá muito inteligente; **2.** gume; *passer au — de l'épée* exterminar; **3.** linha; *de — en aiguille* de conversa em conversa; *donner du — à retordre* dar pano para mangas; **4.** *— de la Vierge* flocos (de teia de aranha que esvoaçam no ar).
filament *s.m.* filamento.
filant e *adj. étoile —e* estrela cadente.
filasse *s.f.* filaça.
filature¹ *s.f.* fiação.
filature² *s.f.* **1.** espionagem, ação de trazer alguém de olho; **2.** marcação.
file *s.f.* fila.
filer *v.t.* **1.** fiar, tecer; **2.** *— doux* obedecer cegamente; **3.** seguir, espionar; *v.int.* escorrer, correr; (*gír.*) safar-se.
filet *s.m.* **1.** rede; **2.** filé; **3.** filete.
fileur euse *s.* fiandeiro.
filial e aux *adj.* filial.
filiale *s.f.* filial.
filiation *s.f.* filiação.
filière *s.f.* fieira.
filigrane *s.f.* filigrana.
filin *s.m.* cordame.
fille *s.f.* **1.** filha; **2.** menina; **3.** moça; *jeune — mocinha; vieille —* solteirona; *— de salle* servente de restaurante; **4.** prostituta; *— en carte* prostituta registrada.
fille-mère *s.f.* mãe solteira.
fillette *s.f.* meninazinha.
filleul e *s.* afilhado.
film *s.m.* filme, fita; *— en épisodes* seriado.
filmer *v.t.* filmar.
filon *s.m.* filão.
filou *s.m.* gatuno, larápio.
filouter *v.t.* roubar, escamotear.
filouterie *s.f.* ladroeira.
fils *s.m.* filho; *— à papa* filhinho do papai.
filtrage *s.m.* filtragem.
filtre *s.m.* filtro, coador.
filtrer *v.t.* e *int.* filtrar.
fîmes V. *faire*.
fin¹ *s.f.* fim; *— de non recevoir* recusa; *à la —* afinal; *à toutes —s utiles* para qualquer fim; *c'est la — des haricots!* é o fim da picada; *faire une —* assentar a cabeça, tomar juízo (casando-se); *mettre — à* pôr fim a; *prendre —* acabar.
fin² **e** *adj.* **1.** fino, delicado; **2.** esperto, tênue, sutil; *jouer au plus —* bancar o esperto.
final e als *adj.* final; *s.m.* final (de ópera); *s.f.* final (de sílaba, prova esportiva).

finalité *s.f.* finalidade.
finance *s.f.* finança; *pl.* finanças públicas, fazenda; *Ministère des Finances* Ministério da Fazenda.
financement *s.m.* financiamento.
financer *v.t.* financiar. (*Conj. 14*)
financier ière *adj.* financeiro; *s.* financista.
finasserie *s.f.* trapaça.
finaud e *adj.* finório, esperto.
finauderie *s.f.* esperteza.
fine¹ V. *fin*.
fine² *s.f.* aguardente de qualidade superior.
finesse *s.f.* **1.** finura; **2.** fineza; **3.** clarividência.
finette *s.f.* baetilha.
fini *adj.* finito, acabado; *s.m.* acabamento.
finir *v.t.* e *int.* acabar; *en — avec* ver-se livre de; *ne pas en —* não acabar mais.
finition *s.f.* acabamento.
Finlande *s.f.* Finlândia.
finnois e *adj.; s.pátr.* finlandês.
fiole *s.f.* frasco, garrafinha.
fion *s.m. coup de —* arremate, arrematação.
fioriture *s.f.* fioritura.
firent V. *faire*.
firmament *s.m.* firmamento.
firme *s.f.* firma.
fis V. *faire*.
fisc *s.m.* fisco.
fiscal e aux *adj.* fiscal.
fisse V. *faire*.
fissile *adj.* físsil.
fission *s.f.* fissão.
fissiparité *s.f.* fissiparidade.
fissure *s.f.* fissura.
fiston *s.m.* (*pop.*) filho.
fistule *s.f.* fístula.
fit, fît V. *faire*.
fixation *s.f.* fixação.
fixateur *s.m.* fixador.
fixe *adj.* fixo.
fixer *v.t.* fixar; *— les yeux sur* fitar; *être fixé* estar informado.
fixité *s.f.* fixidez.
fjord *s.m.* fiorde.
flacon *s.m.* frasco.
flagellation *s.f.* flagelação.
flageller *v.t.* flagelar.
flageoler *v.int.* cambalear.
flageolet *s.m.* **1.** pífaro; **2.** feijão-branco.
flagorner *v.t.* bajular, chalear, engrossar.
flagornerie *s.f.* bajulação, engrossamento.

flagorneur *s.m.* bajulador.
flagrance *s.f.* flagrância.
flagrant e *adj.* flagrante.
flair *s.m.* faro, olfato.
flairer *v.t.* farejar.
flamand e *adj.; s.pátr.* flamengo.
flamant *s.m.* flamingo, ganso-cor-de-rosa.
flambé e *adj.* 1. flambado; 2. (*gír.*) arruinado, perdido.
flambeau eaux *s.m.* archote, tocha.
flambée *s.f.* fogo, fogueira; acesso (de paixão).
flamber *v.t.* flambar, chamuscar; *v.int.* arder.
flamberge *s.f.* (*ant.*) montante, espada; *mettre — au vent* sair em campo.
flamboyant e *adj.* flamejante; *s.m. flamboyant* (planta).
flamboyer *v.t.* flamejar.
flamingant e *adj.; s.* autonomista flamengo.
flamme¹ *s.f.* flama, chama, labareda.
flamme² *s.f.* flâmula.
flan *s.m.* 1. pudim de leite e ovos; 2. flã; 3. (*gír.*) brincadeira, coisa pouco séria; *à la* — sem valor, de araque.
flanc *s.m.* flanco; ilharga, lado; *se battre les —s* fazer esforços inúteis; *être sur le — estar esgotado;* (*pop.*) *tirer au —* fingir ocupação.
flancher *v.int.* (*fam.*) ceder, acovardar-se.
Flandre *s.f.* Flandres.
flanelle *s.f.* flanela.
flâner *v.int.* flanar, perambular ociosamente.
flânerie *s.f.* passeio ocioso.
flâneur *s.m.* passeante, flanador.
flanquer¹ *v.t.* flanquear.
flanquer² *v.t.* arremessar, jogar, pespegar; *— à la porte* pôr no olho da rua.
flaque *s.f.* poça.
flasque *adj.* flácido, fraco, mole, frouxo.
flatter *v.t.* lisonjear; afagar, acariciar; *se — v.pron.* vangloriar-se, gostar de crer.
flatterie *s.f.* lisonja, afago.
flatteur euse *adj.* lisonjeiro; *s.* lisonjeador.
flatulence *s.f.* flatulência.
fléau aux *s.m.* 1. mangal; 2. (*fig.*) flagelo; 3. fiel (de balança).
flèche *s.f.* 1. flecha, seta; *faire — de tout bois* empregar todos os meios; *monter en —* subir direto, crescer rapidamente; 2. varal; 3. (*fig.*) sarcasmo.
flécher *v.t.* sinalizar.

fléchir *v.t.* 1. curvar, dobrar; 2. abrandar; *v.int.* dobrar-se, ceder.
fléchissement *s.m.* 1. arqueamento; 2. baixa.
flegmatique *adj.* fleumático.
flegme *s.m.* flegma, fleuma.
flémard ou **flemmard e** *adj.* (*fam.*) frouxo, pachorrento, preguiçoso, indolente; *s.m.* molengão.
flemme *s.f.* (*fam.*) pachorra, fleuma.
flétrir *v.t.* 1. descolorir, murchar; 2. alterar, enrugar; 3. aviltar, deslustrar; 4. ferretear, estigmatizar.
flétrissure *s.f.* ferrete, labéu, estigma.
fleur *s.f.* 1. flor; (*fig.*) *à la — de l'âge* na flor da idade; *la — des pois* pessoa elegante, de grande distinção; *a fina flor, nata;* 2. flor, superfície; *à — de* à flor de.
fleurer *v.int.* recender, trescalar.
fleuret *s.m.* florete.
fleurette *s.f. conter — à* galantear.
fleurir *v.int.* florescer, desabrochar; *v.t.* florear, cobrir de flores.
fleuriste *s.* florista.
fleuron *s.m.* florão.
fleuve *s.m.* rio.
flexibilité *s.f.* flexibilidade.
flexible *adj.* flexível.
flexion *s.f.* flexão.
flibustier *s.m.* flibusteiro.
flic *s.m.* (*pop.*) tira (= guarda civil).
flingue *s.m.* (*pop.*) fuzil.
flinguer *v.t.* (*pop.*) atirar com arma de fogo em.
flirt *s.m.* flerte.
flirter *v.int.* flertar.
flocon *s.m.* floco.
floconneux euse *adj.* flocoso.
flonflons *s.m.pl.* ária trivial; estribilho.
flopée *s.f.* (*pop.*) porção, montão.
floraison *s.f.* florescência, floração.
floral e aux *adj.* floral.
flore *s.f.* flora.
floriculture *s.f.* floricultura.
florilège *s.m.* florilégio.
florin *s.m.* florim.
florissant e *adj.* florescente, próspero.
flot *s.m.* 1. onda, vaga; maré; *à —s* aos borbotões; *être à — * voltar à tona; *remettre à — * desencalhar, salvar; 2. (*fig.*) multidão.
flottaison *s.f.* flutuação.
flotte¹ *s.f.* frota, armada.
flotte² *s.f.* (*fam.*) chuva, água.
flottement *s.m.* flutuação; (*fig.*) hesitação.

flotter v.int. 1. flutuar, boiar; 2. (pop.) chover.
flotteur s.m. flutuador, boia.
flotille s.f. flotilha.
flou e adj. vaporoso, indeciso, fora de foco.
flouer v.t. (fam.) roubar, furtar, intrujar.
fluctuant e adj. flutuante.
fluctuation s.f. flutuação.
fluet ette adj. franzino, delgado.
fluide adj.; s.m. fluido.
fluidifier v.t. fluidificar.
fluidité s.f. fluidez.
fluor s.m. flúor.
fluorescence s.f. fluorescência.
fluorescent e adj. fluorescente.
fluorure s.m. fluoreto.
flûte s.f. 1. flauta; — à bec flauta doce; — traversière flauta transversa; 2. pão em forma de tubo; 3. taça; 4. (fam.) perna; jouer des —s safar-se; 5. interj. ora bolas!
flûté e adj. aflautado.
flûtiste s. flautista.
fluvial e aux adj. fluvial.
flux s.m. fluxo.
fluxion s.f. fluxão.
fluxmètre s.m. fluxômetro.
foc s.m. giba, bujarrona.
focal e aux adj. focal.
focaliser v.t. focalizar.
fœtal e aux adj. fetal.
fœtus s.m. feto.
foi s.f. fé; crença, religião; la — du charbonnier fé ingênua; interj. ma —! para dizer a verdade; palavra!; par ma — palavra!; digne de — fidedigno.
foie s.m. fígado; — gras patê de fígado (de ganso); pl. (pop.) medo.
foin s.m. 1. feno; 2. pelo (de alcachofra); 3. faire du — (fam.) armar um escândalo; interj. — de ...! ao diabo ...!
foire s.f. feira; — d'empoigne marmelada, mamata; faire la — fazer farra.
foirer v.int. 1. (vulg.) ter caganeira; 2. (fig.) falhar.
fois s.f. vez; à la — ao mesmo tempo; bien des — muitas vezes; cette — desta vez; des — às vezes; si des — (pop.) se por acaso; une bonne —, une — pour toutes de vez; une — que desde.
foison s.f. à — a mancheias.
foisonner v.int. pulular.
fol V. fou.
folâtrer v.int. folgar, brincar, divertir-se.
folichon onne adj. divertido, alegre.

folie s.f. 1. loucura; capricho; — des grandeurs megalomania; à la — loucamente; 2. (ant.) casa de campo luxuosa.
folklore s.m. folclore.
folklorique adj. folclórico.
folkloriste s. folclorista.
folle V. fou.
follement adv. loucamente.
folliculaire s.m. foliculário (= mau jornalista).
follicule s.m. folículo.
fomenter v.t. fomentar.
foncé e adj. escuro.
foncer[1] v.t. tornar mais escuro. (Conj. 14)
foncer[2] v.int. 1. carregar (a cor); 2. untar o fundo (de uma vasilha); 3. atacar com ímpeto, investir.
foncier[1] **ère** adj. predial, territorial.
foncier[2] **ère** adj. básico, fundamental.
fonction s.f. função; faire — de desempenhar o papel de; servir de.
fonctionnaire s. funcionário.
fonctionnel elle adj. funcional.
fonctionnement s.m. funcionamento.
fonctionner v.int. funcionar.
fond s.m. 1. fundo; profundeza; base; — de teint base (de maquiagem); 2. fundilho; à — chegando ao fundo, completamente; à — de train à rédea solta; au — no fundo; de — en comble de alto a baixo, completamente; faire — sur apoiar-se em, depositar confiança em.
fondamental e aux adj. fundamental.
fondant e adj. fundente; s.m. bombom de açúcar.
fondateur trice s.m. fundador.
fondation s.f. fundação.
fondé e adj. fundamentado; mal — improcedente; s. — de pouvoir procurador.
fondement s.m. fundamento.
fonder v.t. fundar, basear; fundamentar.
fonderie s.f. fundição.
fondeur s.m. fundidor.
fondre v.t. fundir, derreter, dissolver; v.int. fundir; — en larmes debulhar-se em lágrimas; — sur investir contra; (Conj. 87); se — v.pron. 1. liquefazer-se, fundir-se; 2. juntar-se, unir-se.
fondrière s.f. charco.
fonds s.m. 1. solo, terreno; 2. fundo, capital; 3. dinheiro à vista; être en — dispor de dinheiro; mise de — investimento; importância em dinheiro; prêter à — perdu emprestar a um devedor insolvável.

fondue s.f. queijo derretido com vinho branco.
fongus s.m. fungosidade.
fontaine s.f. fonte.
fontanelle s.f. (*Anat.*) fontanela.
fonte s.f. fundição; ferro fundido, ferro--gusa.
fonts baptismaux s.m.pl. pia batismal.
foot s.m. (*fam.*) o mesmo que *football*.
football s.m. futebol.
footballeur s.m. jogador de futebol.
for s.m. *dans son — intérieur* em seu foro íntimo.
forage s.m. perfuração.
forain e s. feirante; camelô.
forban s.m. pirata; (*fig.*) cafajeste.
forçat s.m. grilheta, forçado.
force[1] s.f. força; — *de frappe* força de dissuasão; *à — de* à força de, a poder de; *à — de nager* de tanto nadar; *à toute —* na raça; *de —* pela força; *par la — des choses* fatalmente.
force[2] s.f. quantidade (quando seguido de substantivo); — *discours* muitos discursos.
forcé e adj. forçado, obrigatório.
forcené e adj. furioso; s.m. energúmeno.
forceps s.m. fórceps.
forcer v.t. forçar; — *la main à* obrigar a agir contra a vontade; *se — v.pron.* forçar-se. (*Conj. 14*)
forcir v.int. engordar.
forclore v.t. prescrever. (*Conj. 62*)
forclusion s.f. prescrição.
forer v.t. brocar, perfurar.
forestier ière adj. florestal.
foret s.m. verruma.
forêt s.f. floresta.
foreur s.m. perfurador.
foreuse s.f. perfuradora.
forfait[1] s.m. crime grave.
forfait[2] s.m. empreitada.
forfait[3] s.m. multa (pelo não cumprimento de uma obrigação).
forfaitaire adj. por empreitada.
forfaiture s.f. prevaricação.
forfanterie s.f. bazófia, fanfarronice.
forge s.f. forja; usina metalúrgica.
forger v.t. forjar. (*Conj. 19*)
forgeron s.m. ferreiro.
forgeur s.m. forjador.
formaliser v.t. formalizar; *se — v.pron.* formalizar-se, melindrar-se, abespinhar-se.
formalisme s.m. formalismo.

formaliste adj.; s. formalista.
formalité s.f. formalidade.
format s.m. formato.
formateur trice adj.; s. formador.
formatif ive adj. formativo.
formation s.f. formação.
forme s.f. 1. forma; *en bonne et due —* na devida forma; *pour la —* pro forma, por formalidade; *sans autre — de procès* sem mais nada; 2. forma, molde.
formel elle adj. formal.
former v.t. formar.
formica s.m. fórmica.
formication s.f. formigamento.
formidable adj. formidável, estupendo.
formol s.m. formol.
formulaire s.m. formulário.
formule s.f. fórmula.
formuler v.t. formular.
fornication s.f. fornicação.
forniquer v.t. fornicar.
fort[1] e adj. forte; — *de* valendo-se de, certo de; *se faire — de* declarar-se capaz de; *c'est un peu —!* esta é boa!
fort[2] s.m. 1. o (lado) forte, a parte forte; 2. (pessoa) forte; 3. carregador; 4. forte, fortaleza (militar).
fort[3] adv. com força, fortemente, muito; *y aller —* exagerar.
forteresse s.f. fortaleza.
fortifiant e adj.; s.m. fortificante.
fortification s.f. fortificação.
fortifier v.t. fortificar. (*Conj. 21*)
fortin s.m. fortim.
fortuit e adj. fortuito.
fortune s.f. 1. fortuna, sorte; *bonne —* aventura galante; *faire contre mauvaise — bon cœur* fazer das tripas coração; *homme à bonnes —s* leão, conquistador; *manger à la — du pot* comer o que se tem em casa, pôr mais água no feijão; 2. fortuna, bens.
fortuné e adj. afortunado.
forure s.f. furo.
fosse s.f. 1. fossa, cavidade; — *d'aisances* latrina; 2. fossa, túmulo; — *commune* vala comum.
fossé s.m. fosso.
fossette s.f. covinha.
fossile adj. fóssil.
fossiliser v.t. fossilizar.
fossoyeur s.m. coveiro.
fou (ou **fol**) **folle** adj.; s. 1. louco, doido, bobo; *devenir —* endoidecer; *la folle du logis* a imaginação; *pas si —* não é nada

bobo; é sabido; **2.** bispo (jogo de xadrez); **3.** bobo da corte; **4.** atobá, mergulhão (ave).
foucade *s.f.* paixonite.
foudre *s.m.* raio.
foudroyant e *adj.* fulminante.
foudroyer *v.t.* fulminar. (*Conj. 21*)
fouet *s.m.* chicote.
fouettard e *adj.* chicoteador; *père* — V. *père*.
fouetter *v.t.* chicotear, açoitar.
fougère *s.f.* feto (planta).
fougue *s.f.* ardor, ímpeto.
fougueux euse *adj.* impetuoso.
fouille *s.f.* **1.** escavação; **2.** revista.
fouiller *v.t.* **1.** escavar; **2.** vasculhar, revistar; *v.int.* remexer; *se* — *v.pron.* procurar nos bolsos; (*fig.* e *pop.*) esperar em vão; *il peut se* — pode esperar sentado.
fouillis *s.m.* mixórdia, misturada.
fouine *s.f.* fuinha.
fouineur euse *adj.* metediço.
foulard *s.m.* lenço de pescoço.
foule *s.f.* multidão.
foulée *s.f.* pegada, passo, passada.
fouler *v.t.* **1.** apisoar; **2.** pisar; **3.** — *aux pieds* pisotear; **4.** *se* — *le pied* luxar o pé; *se* — *v.pron.* (*fam.*) cansar-se.
foulon *s.m.* pisoeiro.
foulure *s.f.* entorse.
fourbe *adj.; s.* velhaco.
fourberie *s.f.* artimanha, tratantada.
fourbi *s.m.* equipamento militar; (*fam.*) coisas, negócios, joça.
fourbu e *adj.* estafado.
fourche *s.f.* forcado; *passer sous les* —*s caudines* passar sob as forcas caudinas, sofrer humilhação.
fourcher *v.int.; la langue m'a fourché* troquei as bolas; por engano disse uma palavra por outra.
fourchette *s.f.* garfo; *avoir un joli coup de* — ser um bom garfo.
fourchu e *adj.* fendido.
fourgon *s.m.* furgão.
fourgonnette *s.f.* caminhonete, perua.
fourguer *v.t.* (*gír.*) vender a preço baixo, torrar; vender a um receptador.
fourmi *s.f.* formiga.
fourmilier *s.m.* tamanduá.
fourmilière *s.f.* formigueiro.
fourmillement *s.m.* formigamento.
fourmiller *v.int.* **1.** formigar; **2.** abundar.
fournaise *s.f.* fornalha.
fourneau eaux *s.m.* **1.** forno; *haut* — alto--forno; **2.** fogão.

fournée *s.f.* fornada.
fourni e *adj.* **1.** abastecido; **2.** espesso, denso.
fournir *v.t.* fornecer, abastecer; produzir, dar.
fournisseur *s.m.* fornecedor.
fourniture *s.f.* **1.** fornecimento; **2.** aviamento.
fourrage *s.m.* forragem.
fourrager *v.t.* remexer, vasculhar. (*Conj. 19*)
fourré e *adj.* **1.** forrado; **2.** recheado; *s.m.* cerrado.
fourreau eaux *s.m.* **1.** bainha; **2.** vestido justo.
fourrer[1] *v.t.* forrar.
fourrer[2] *v.t.* meter, botar; *se* — *v.pron.* meter-se, introduzir-se; *ne plus savoir où se* — não saber em que buraco se meter.
fourre-tout *s.m.* **1.** quarto de despejo; **2.** saco de viagem.
fourreur *s.m.* peleiro.
fourrier *s.m.* furriel.
fourrière *s.f.* depósito (de animais ou veículos apreendidos).
fourrure *s.f.* pele, peliça.
fourvoyer *v.t.* desviar, extraviar; *se* — *v.pron.* errar o caminho, entrar por engano. (*Conj. 16*)
foutaise *s.f.* (*pop.*) ninharia, nonada.
foutoir *s.m.* (*vulg.*) bagunça.
foutre *v.t.* (*pop.*) fazer, meter, jogar; — *à la porte* botar fora; — *le camp* safar-se, dar o fora; *se* — *v.pron.* zombar; *je m'en fous* pouco me importa; e eu com isso?
foyer *s.m.* **1.** lareira; **2.** lar, casa, família; **3.** saguão; **4.** foco; **5.** centro.
frac *s.m.* fraque.
fracas *s.m.* fracasso, estrondo.
fracasser *v.t.* fracassar, despedaçar.
fraction *s.f.* fração.
fractionnaire *s.f.* fracionário.
fractionnement *s.m.* fracionamento.
fractionner *v.t.* fracionar.
fracture *s.f.* fratura.
fracturer *v.t.* fraturar.
fragile *adj.* **1.** quebradiço; **2.** frágil.
fragilité *s.f.* fragilidade.
fragment *s.m.* fragmento.
fragmentation *s.f.* fragmentação.
fragmenter *v.t.* fragmentar.
frai *s.m.* **1.** desova; **2.** ova de peixe.
fraîche V. *frais*[1].
fraîchement *adv.* **1.** friamente, com frieza; **2.** recentemente.

frais¹ fraîche *adj.; s.m.* **1.** fresco, frio; *prendre le* — respirar o ar fresco, espairecer; **2.** recente: *de fraîche date* de data recente; **3.** viçoso; **4.** (*fam.*) frito; *nous sommes —* estamos fritos.
frais² *s.m.pl.* custas, despesas; *aux — de* à custa de; *en être pour ses* — ter feito gastos em vão; *faire les — de* custear; *faire les — de la conversation* monopolizar a conversação; *se mettre en —* fazer esforços.
fraise¹ *s.f.* **1.** morango; (*fig.*) *sucrer les —s* ter as mãos trêmulas; **2.** (*pop.*) cara, rosto; **3.** colarinho plissado.
fraise² *s.f.* fresa, frese.
fraisier *s.m.* morangueiro.
framboise *s.f.* framboesa.
framboiser *s.m.* morangueiro.
franc¹ che *adj.* franco, sincero; *une franche canaille* uma verdadeira canalha.
franc² *s.m.* franco (antiga unidade monetária francesa).
français e *adj.; s.pátr.* francês.
France *s.f.* França.
franchir *v.t.* transpor, passar, atravessar.
franchise *s.f.* **1.** franquia; **2.** franqueza.
franciscain e *adj.; s.* franciscano.
franciser *v.t.* afrancesar.
franc-maçon *s.m.* maçom; pedreiro-livre.
franc-maçonnerie *s.f.* maçonaria.
franco *adv.* com porte pago.
francophile *adj.; s.* francófilo.
francophobe *adj.; s.* francófobo.
francophone *adj.; s.* francófono.
francophonie *s.f.* francofonia, conjunto dos países de língua francesa.
franc-tireur *s.m.* franco-atirador.
frange *s.f.* franja.
franger *v.t.* franjar. (*Conj.* 19)
frangin e *s.* (*pop.*) irmão, mano.
franquette *à la bonne — loc.adv.* francamente, sem cerimônia.
frappant e *adj.* impressionante; evidente.
frappe *s.f.* cunhagem; batida.
frappé e *adj.* gelado.
frapper *v.t.* **1.** bater, golpear; **2.** ferir, fibrar; **3.** atingir; **4.** impressionar; **5.** cunhar (moeda); *se — v.pron.* (*fam.*) ficar preocupado.
frasque *s.f.* estroinice, travessura.
fraternel elle *adj.* fraterno.
fraterniser *v.int.* fraternizar.
fraternité *s.f.* fraternidade.
fratricide *adj.* fratricida; *s.m.* fratricídio.
fraude *s.f.* fraude, burla.

frauder *v.t.* fraudar.
fraudeur *s.m.* fraudador.
frauduleux euse *adj.* fraudulento.
frayer¹ *v.int.* **1.** desovar; **2.** conviver. (*Conj.* 22)
frayer² *v.t.* abrir, praticar.
frayeur *s.f.* pavor, terror.
fredaine *s.f.* estroinice.
fredonner *v.int.* e *t.* trautear.
freezer *s.m.* congelador.
frégate *s.f.* fragata.
frein *s.m.* freio; *ronger son —* roer-se por dentro.
freinage *s.m.* freada.
freiner *v.t.* frear.
freinte *s.f.* perda de peso ou de volume de uma mercadoria.
frelater *v.t.* alterar, falsificar, manipular (vinho).
frêle *adj.* frágil.
frelon *s.m.* vespão.
freluquet *s.m.* (*fam.*) rapaz frívolo e pretensioso.
frémir *v.int.* fremir, tremer.
frémissant e *adj.* fremente, palpitante.
frémissement *s.m.* frêmito.
frêne *s.m.* freixo (árvore).
frénésie *s.f.* frenesi.
frénétique *adj.* frenético.
fréquence *s.f.* frequência.
fréquent e *adj.* frequente.
fréquentation *s.f.* frequentação.
fréquenter *v.t.* frequentar.
frère *s.m.* **1.** irmão; *faux —* traidor, amigo-urso, amigo da onça; **2.** frei.
frérot *s.m.* (*fam.*) irmãozinho, mano.
fresque *s.f.* afresco.
fressure *s.f.* fressura.
frêt *s.m.* frete.
frêter *v.t.* fretar. (*Conj.* 13)
frétiller *v.int.* bulir, agitar-se.
frétin *s.m.* peixe miúdo; (*fig.*) *menu —* insignificância, pessoa sem importância.
frette *s.f.* virola.
friabilité *s.f.* friabilidade.
friable *adj.* friável.
friand¹ e *adj.* guloso, ávido.
friand² *s.m.* **1.** pastel de carne; **2.** bolo de amendoim.
friandise *s.f.* gulodice, petisco, pitéu, quitute.
fric *s.m.* (*pop.*) dinheiro; tutu, grana, gaita.
fricassé *s.m.* guisado.
fric-frac *s.m.* (*pop.*) escruncho.

friche *s.f.* pousio, terreno maninho; *en —* sem cultivo.
fricot *s.m.* (*fam.*) guisado.
fricoter *v.t.* guisar; (*fig.*) manipular, fuxicar.
friction *s.f.* fricção; atrito.
frictionner *v.t.* friccionar.
frigidaire *s.m.* geladeira.
frigide *adj.* frígido.
frigidité *s.f.* frigidez.
frigo *s.m.* (*fam.*) 1. carne congelada; 2. geladeira.
frigorifier *v.t.* frigorificar.
frigorifique *adj.; s.m.* frigorífico.
frileux euse *adj.* friorento.
frimas *s.m.* geada.
frime *s.m.* (*fam.*) aparência, fachada; *pour la —* para inglês ver; *c'est de la —* é mentira.
frimousse *s.f.* (*fam.*) cara, carinha, rostinho.
fringale *s.f.* (*fam.*) fome canina; lazeira.
fringant e *adj.* lépido, buliçoso, vivo.
fringuer *v.t.* (*pop.*) vestir, esfarpelar.
fringues *s.f.pl.* (*pop.*) roupas.
friper *v.t.* amarrotar.
friperie *s.f.* loja de roupas usadas.
fripier ière *s.f.* adeleiro.
fripon onne *adj.* malandro.
friponnerie *s.f.* tratantada.
fripouille *s.f.* pulha.
frire *v.t.* frigir, fritar. (*Conj. 84*)
frise *s.f.* friso.
frisé e *adj.* frisado, encaracolado.
friser *v.t.* 1. frisar, encaracolar; 2. roçar.
frisquet ette *adj.; s.* friozinho.
frisson *s.m.* arrepio, estarrecimento.
frissonner *v.int.* arrepiar-se, estremecer.
frit e *adj.* frito.
frite *s.f.* batata frita.
friteuse *s.f.* frigideira.
friture *s.f.* fritura.
fritz *s.m.* (*fam.*) 1. soldado alemão; 2. alemão.
frivole *adj.* frívolo.
frivolité *s.f.* frivolidade.
froc *s.m.* 1. hábito (de frade); 2. (*pop.*) calça; *jeter le — aux orties* desfradar-se.
froid e *adj.; s.m.* frio; *avoir —* sentir frio; *battre — a* tratar com frieza.
froideur *s.f.* frieza; (*fig.*) impassibilidade.
froissement *s.m.* amarrotamento; (*fig.*) choque, atrito.
froisser *v.t.* 1. amarrotar; 2. melindrar, vexar; 3. luxar.

frôlement *s.m.* roçadura; ruge-ruge.
frôler *v.t.* roçar, tocar de leve.
frôleur *s.m.* bolinador.
fromage *s.m.* queijo; *— blanc* ricota; (*fig.*) sinecura.
fromager *s.m.* queijeiro.
fromagerie *s.f.* queijaria.
froment *s.m.* trigo.
fronce *s.f.* franzido, prega.
froncement *s.m.* franzimento.
froncer *v.t.* franzir. (*Conj. 14*)
frondaison *s.f.* folhagem.
fronde[1] *s.f.* funda, estilingue, atiradeira.
fronde[2] *s.f. la Fronde* Fronda (sedição de fidalgos contra Mazarin no séc. XVII); (*fig.*) sedição, revolta.
fronder *v.t.* criticar, censurar.
frondeur euse *s.* reclamador, crítico.
front *s.m.* 1. fronte, testa; 2. (*fig.*) atrevimento; 3. frente; *— de bataille* frente de batalha; *faire — à* enfrentar; *mener de —* conduzir ao mesmo tempo.
frontalier ière *adj.; s.* fronteiriço.
frontière *s.f.* fronteira.
frontispice *s.m.* frontispício.
fronton *s.m.* frontão.
frottement *s.m.* 1. fricção; 2. atrito.
frotter *v.t.* 1. esfregar; 2. friccionar; 3. lustrar; 4. riscar (fósforo); 5. (*pop.*) puxar (orelha) *se — v.pron.* 1. começar a frequentar; 2. conhecer pelo aroma; 3. atacar.
frotteur *s.m.* calafate.
frottis *s.m.* esfregaço.
frottoir *s.m.* esfregador, esfregão.
froufrou *s.m.* ruge-ruge.
froussard e *adj.; s.* (*pop.*) poltrão, covarde.
frousse *s.f.* (*pop.*) susto, cagaço.
fructification *s.f.* frutificação.
fructifier *v.int.* frutificar. (*Conj. 23*)
fructueux euse *adj.* frutuoso.
frugal e aux *adj.* frugal.
frugalité *s.f.* frugalidade.
fruit *s.m.* 1. fruto; *— de la passion* maracujá; *—s de mer* prato de mariscos e crustáceos; fruta; (*fig.*) *— sec* fracassado; 2. produto, proveito; *avec —* com proveito; *sans —* sem proveito.
fruiterie *s.f.* quitanda.
fruitier ière *adj.* frutífero; *s.* fruteiro, quitandeiro.
fruste *adj.* rude, tosco, rudimentar.
frustration *s.f.* frustração.
frustrer *v.t.* frustrar.
fuchsia *s.m.* brinco-de-princesa.

fuel *s.m.* óleo cru.
fugace *adj.* fugaz.
fugacité *s.f.* fugacidade.
fugitif ive *adj.; s.* fugidio, fugitivo.
fugue *s.f.* 1. fuga, escapulida; 2. (*Mús.*) fuga.
fuir *v.int.* 1. fugir; 2. escapar, vazar; *v.t.* fugir a, esquivar. (*Conj. 31*)
fuite *s.f.* 1. fuga; *prendre la* — pôr-se em fuga; 2. vazamento.
fulgurant e *adj.* fulgurante.
fulguration *s.f.* fulguração.
fuligineux euse *adj.* fuliginoso.
fulminant e *adj.* fulminante.
fulminer *v.t.* fulminar.
fumage *s.m.* defumação.
fumant e *adj.* fumegante; *s.* fumante.
fume-cigare *s.m.* piteira.
fume-cigarette *s.m.* piteira.
fumée *s.f.* fumaça.
fumer[1] *v.int.* fumegar; *v.t.* 1. defumar; 2. fumar; 3. estourar.
fumer[2] *v.t.* adubar.
fumerie *s.f.* fumaria.
fumerolle *s.f.* fumarola.
fumeron *s.m.* 1. tição fumegante; 2. (*pop.*) perna.
fumet *s.m.* aroma (de carne); cheiro (de caça).
fumeur euse *s.* fumante.
fumeux euse *adj.* 1. fumoso; 2. esfumado; 3. confuso, obscuro.
fumier *s.m.* 1. estrume, esterco; 2. estrumeira, esterqueira; 3. (*pop.*) crápula, cafajeste.
fumigation *s.f.* fumigação.
fumiger *v.t.* fumigar, defumar.
fumiste *s.m.* 1. encanador; 2. mistificador, farsante.
fumisterie *s.f.* mistificação.
fumoir *s.m.* 1. fumeiro; 2. sala de fumar.
funambule *s.m.* funâmbulo.
funèbre *adj.* fúnebre, tétrico.
funérailles *s.f.pl.* funeral.
funéraire *adj.* funerário.
funeste *adj.* funesto.
funiculaire *adj.; s.m.* funicular.
fur *s.m. au — et à mesure de* à medida que.
furent V. *être.*
furet *s.m.* furão.
fureter *v.int.* remexer, revistar. (*Conj. 17*)
fureur *s.f.* furor.
furibond e *adj.* furibundo.
furie *s.f.* fúria.
furieux euse *adj.* furioso.
furoncle *s.m.* furúnculo.
furonculose *s.f.* furunculose.
furtif ive *adj.* furtivo.
fus V. *être.*
fusain *s.m.* 1. lápis de carvão; 2. desenho a carvão.
fuseau eaux *s.m.* 1. fuso, bilro; 2. calça afunilada.
fusée *s.f.* foguete.
fuselage *s.m.* fuselagem.
fuselé e *adj.* afusado, afuselado.
fuseler *v.t.* afusar. (*Conj. 12*)
fuser *v.int.* 1. fundir; 2. espocar.
fusette *s.f.* carretel.
fusibilité *s.f.* fusibilidade.
fusible *adj.* fusível, fundível; *s.m.* fusível.
fusil *s.m.* 1. fuzil, espingarda; — *à répétition* rifle; (*fam.*) *changer son — d'épaule* mudar de opinião; 2. isqueiro.
fusilier *s.m.* fuzileiro; — *marin* fuzileiro naval.
fusillade *s.f.* fuzilaria, tiroteio.
fusillement *s.m.* fuzilamento.
fusiller *v.t.* fuzilar.
fusion *s.f.* fusão.
fusionner *v.t.* fundir; *v.int.* fundir-se, fusionar.
fusse V. *être.*
fustiger *v.t.* fustigar. (*Conj. 19*)
fût[1] V. *être.*
fût[2] *s.m.* 1. fuste, tronco; 2. carcaça.
fût[3] *s.m.* pipa, barril.
futaie *s.f.* mata, bosque.
futaille *s.f.* pipa, tonel.
futaine *s.f.* fustão.
futé e *adj.* sabido, esperto.
futile *adj.* fútil.
futilité *s.f.* futilidade.
futur e *adj.* futuro.
futurisme *s.m.* futurismo.
futuriste *adj.; s.* futurista.
futurologie *s.f.* futurologia.
futurologue *s.* futurólogo.
fuyant e *adj.* fugitivo; *adj.* fugente.
fuyard e *adj.* fugitivo, desertor.
fuyez, fuyons V. *fuire.*

G

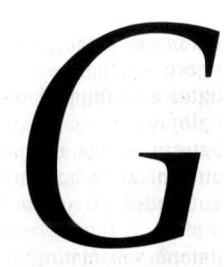

gabardine *s.f.* gabardina.
gabarit *s.m.* gabarito.
gabegie *s.f.* má gestão, esbanjamento, casa da sogra.
gabelle *s.f.* gabela.
gâcher *v.t.* estragar, matar (um serviço).
gâchette *s.f.* gatilho.
gâcheur euse *s.* desperdiçador, desleixado.
gâchis *s.m.* argamassa; (*fam.*) confusão.
gadget *s.m.* dispositivo (engenhoso), invento, engenhoca.
gadin *s.m.* (*pop.*) queda, tombo; *ramasser un —* levar um tombo.
gadoue *s.f.* 1. esterco; 2. lama.
gaffe *s.f.* 1. croque; 2. gafe, rata, mancada; (*pop.*) *faire —* prestar atenção.
gaffer *v.int.* cometer gafes.
gaffeur *s.m.* fazedor de gafes.
gag *s.m.* (*Cin.*) rápido efeito cômico.
gaga *adj.; s.* (*fam.*) gagá, decrépito.
gage *s.m.* 1. penhor, garantia; *mettre en —* empenhar; 2. prenda (em jogo); 3. *pl.* ordenado.
gageure *s.f.* desafio.
gagnant e *adj.* ganhador.
gagne-pain *s.m.* ganha-pão.
gagner *v.t.* e *int.* ganhar; adquirir; seduzir, vencer; *— la porte* chegar à porta, sair.
gai e *adj.* alegre.
gaieté ou **gaîté** *s.f.* alegria.
gaillard¹ *s.m.* castelo (de proa ou de popa); *— d'avant* castelo de proa; *— d'arrière* castelo de popa.
gaillard² *adj.* 1. robusto; 2. licencioso; 3. rapagão, maganão.
gaillardise *s.f.* dito licencioso, anedota livre.
gain *s.m.* ganho; *avoir — de cause* ganhar a causa; lucro, ordenado.
gaine *s.f.* 1. bainha; 2. cinta.

gala *s.f.* gala.
galamment *adj.* galantemente.
galant e *adj.* galante; libertino; *femme —e* mulher de costumes fáceis e que vive disso; *— homme* (*ant.*) cavalheiro.
galanterie *s.f.* galantaria.
galantine *s.f.* galantina.
galaxie *s.f.* galáxia.
galbe *s.m.* contorno, perfil.
gale *s.f.* 1. sarna; 2. (*fig.*) pessoa maldizente ou maldosa, peste.
galéjade *s.f.* pilhéria, trote.
galère *s.f.* galera; galé; *vogue la —!* deixe o barco correr; aconteça o que acontecer.
galerie *s.f.* 1. galeria; 2. espectadores; *pour la —* para os basbaques.
galérien *s.m.* galé, grilheta, forçado.
galerne *s.f.* (vento) galerno.
galet *s.m.* seixo.
galetas *s.m.* pardieiro.
galette *s.f.* bolacha; (*pop.*) tutu, grana (= dinheiro).
galeux euse *adj.* sarnento.
Galice *s.f.* Galiza.
Galicie *s.f.* Galícia.
Galilée¹ *s.f.* Galileia.
Galilée² *s.m.* Galileu.
galimatias *s.m.* galimatias, aranzel, lenga-lenga.
galipette *s.f.* (*fam.*) cambalhota.
Galles *s.f.* Gales.
gallican e *adj.; s.* galicano.
gallicanisme *s.m.* galicanismo.
gallicisme *s.m.* 1. galicismo, construção peculiar à língua francesa; 2. galicismo, francesismo, construção de tipo francês em outra língua.
gallinacé *s.m.* galináceo.
gallois *adj.; s.pátr.* galês.
gallon *s.m.* (medida de capacidade) galão.
galoche *s.f.* tamanco.

galon s.m. galão; *prendre du* — ser promovido.
galop s.m. galope.
galoper v.int. galopar.
galurin s.m. (*pop.*) chapéu.
galvaniser v.t. galvanizar.
galvauder v.t. aviltar; v.int. vadiar, mandriar.
galopin s.m. criança levada.
gambade s.f. pulo (de alegria).
gamelle s.f. gamela, marmita.
gamin e s. garoto (esperto, levado), moleque.
gaminerie s.f. criancice, molecagem.
gammare s.m. pitu.
gamme s.f. gama, escala.
ganache s.f. ganacha; (*pop.*) maxila; (*fig.*) cretino, quadrado.
gandin s.m. o mesmo que *dandy;* salta-pocinhas.
ganglion s.m. gânglio.
gangrène s.f. gangrena.
gangréner v.t. gangrenar.
gangue s.f. ganga.
ganse s.f. alamar.
gant s.m. luva; *aller comme un* — assentar como uma luva; *mettre des —s* agir com precaução; *prendre des —s avec* tratar com consideração; *retourner comme un* — fazer com que mude completamente de opinião; *se donner les —s de* reivindicar sem razão.
ganté e *adj.* enluvado; de luvas.
ganter v.t. enluvar.
garage s.m. garagem.
garagiste s.m. garagista.
garant e *adj.* fiador; *se porter* — certificar.
garantie s.f. garantia, fiança.
garantir v.t. garantir.
garce s.f. (*fam.*) meretriz, prostituta.
garçon s.m. 1. menino; 2. jovem; *vieux* — solteirão; 3. filho; 4. garçom; 5. — *de bureau* contínuo; — *de salle* servente.
garçonne s.f. moça de vida livre.
garçonnière s.f. apartamento de solteiro; *garçonnière*.
garde[1] s.f. 1. guarda, conservação; 2. vigilância; 3. plantão; 4. *mettre en* — advertir; *n'avoir* — *de* nem pensar em; *prendre* — *à* tomar cuidado com; *se mettre sur ses —s* precaver-se, desconfiar, pôr as barbas de molho.
garde[2] s.f. guarda (força militar); — *municipale* ou *républicaine* polícia.
garde[3] s.m. guarda, vigia, sentinela; — *des sceaux* ministro da Justiça.
garde[4] s.f. copo (de espada).
garde-à-vous *interj.* sentido!; s.m. posição de sentido.
garde-barrière s.m. guarda-cancela.
garde-boue s.m. para-lama.
garde-chasse s.m. couteiro.
garde-chiourme s.m. guarda de cárcere, carcereiro.
garde-feu s.m. guarda-fogo.
garde-fou s.m. parapeito.
garde-frein s.m. guarda-freio.
garde-malade s. enfermeiro.
garde-manger s.m. guarda-comida.
garde-meuble s.m. guarda-móveis.
garde-nappe s.m. descanso para prato.
gardénia s.m. gardênia, jasmim-do-cabo.
garder v.t. 1. guardar, vigiar; 2. guardar, conservar, ficar com (o troco); 3. não deixar (quarto); 4. observar (silêncio).
garderie s.f. creche.
garde-robe s.f. 1. guarda-roupa, guarda-vestidos (armário); 2. guarda-roupa (conjunto de roupas).
garde-voie s.m. guarda-linha.
garde-vue s.m. guarda-vista; viseira.
gardien enne s. 1. guarda; — *de la paix* policial (de Paris); — *de nuit* guarda noturno; 2. guardador; 3. — *du but* (*Fut.*) arqueiro, goleiro.
gardon s.m. mugem (*peixe*); *frais comme un* — são como um pero.
gare[1] s.f. estação de estrada de ferro.
gare[2] *interj.* atenção!; — *à* cuidado com; — *à toi* toma cuidado; *sans crier* — sem dizer água vai.
garenne s.f. 1. coutada, tapada; 2. criação de coelhos.
garer v.t. recolher, abrigar (veículo); *se* — v.pron. estacionar o carro; (*fig.*) *se* — *de* tentar evitar.
gargariser, se v.pron. gargarejar, bochechar; (*fig.*) deleitar-se com.
gargarisme s.m. gargarejo.
gargote s.f. (*depr.*) boteco, birosca.
gargotier ière s. botequineiro, birosqueiro.
gargouille s.f. gárgula, carranca.
gargouiller v.int. gorgolejar.
garnement s.m. maroto, tratante; *c'est un bon* — é uma boa bisca.
garni s.m. (*depr.*) pensão ou quarto mobiliado.

garnir *v.t.* 1. guarnecer; 2. encher; 3. mobiliar; 4. ornar.
garnison *s.f.* guarnição (tropa para a defesa de uma praça).
garniture *s.f.* guarnição, enfeite, adorno; — *de lit* armação e roupa de cama.
garrigue *s.f.* charneca.
garrot[1] *s.m.* garrote.
garrot[2] *s.m.* cernelha.
garrotter *v.t.* ligar, prender com cordas; amordaçar.
gars *s.m.* (*fam.*) rapaz, moço.
Gascogne *s.f.* Gasconha.
gascon onne *adj.; s.pátr.* gascão.
gasconnade *s.f.* gasconada, fanfarrice.
gaspillage *s.m.* desperdício, esbanjamento.
gaspiller *v.t.* desperdiçar, esbanjar, malbaratar.
gaspilleur euse *s.* dissipador, desperdiçador, perdulário.
gastrique *adj.* gástrico.
gastrite *s.f.* gastrite.
gastronome *s.* gastrônomo.
gastronomie *s.f.* gastronomia.
gastronomique *adj.* gastronômico.
gâté e *adj.* mimado; estragado.
gâteau[1] **eaux** *s.m.* bolo; — *sec* biscoito; *ce n'est pas du* — (*fam.*) não é mole.
gâteau[2] **eaux** *adj.* (*fam.*) (pai ou mãe) excessivamente indulgente.
gâte-métier *s.m.* trabalhador que trabalha barato demais, desprestigiando a profissão.
gâter *v.t.* 1. estragar, deteriorar; 2. mimar; *se* — *v.pron.* avariar-se, ficar feio.
gâterie *s.f.* mimo; presentinho.
gâte-sauce *s.m.* auxiliar de cozinheiro.
gâteux euse *adj.; s.* (*fam.*) gagá, decrépito.
gâtisme *s.m.* senilidade, decrepitude, caduquice.
gauche *adj.* 1. esquerdo; 2. acanhado, contrafeito; *s.f.* esquerda.
gauchement *adv.* canhestramente.
gaucher ère *adj.; s.* canhoto.
gaucherie *s.f.* falta de jeito, acanhamento.
gauchi e *adj.* torto, capenga; perrengue.
gauchir *v.int.* empenar; *v.t.* deformar.
gauchisme *s.m.* esquerdismo.
gauchiste *adj.; s.* esquerdista.
gaucho *s.m.* gaúcho.
gaudriole *s.f.* (*fam.*) graçola, chalaça, piada grossa.
gaufre *s.f.* filhó, coscorão; (*pop.*) cara, rosto.
gaufrer *v.t.* gofrar.

gaufrette *s.f.* filhó seco.
gaule *s.f.* vara.
Gaule *s.f.* Gália.
gaullisme *s.m.* movimento e partido político favorável ao general De Gaulle.
gaulliste *adj.; s.* partidário do general De Gaulle.
gaulois e *adj.; s.pátr.* gaulês.
gauloise *s.f.* cigarro de fumo negro.
gauloiserie *s.f.* graçola (licenciosa).
gausser, se *v.pron.* troçar, zombar.
gaver *v.t.* engordar, cevar.
gavroche *s.m.* (*aprox.*) moleque (tipo do garoto de Paris).
gaz *s.m.* gás; *à plein* — com toda a força; *il y a de l'eau dans le* — alguma coisa vai mal; *mettre les* — fugir, safar-se.
gaze *s.f.* gaze.
gazéifier *v.t.* gaseificar.
gazelle *s.f.* gazela.
gazer *v.t.* intoxicar por gás letal; *v.int.* (*fam.*) andar bem; *ça gaze* o negócio está indo bem.
gazette *s.f.* gazeta.
gazeux euse *adj.* gasoso.
gazomètre *s.m.* gasômetro.
gazon *s.m.* relva, grama.
gazouillement *s.m.* chilreio.
gazouiller *v.int.* chilrear, gorjear.
gazouillis *s.m.* chilreio.
geai *s.m.* gaio (pássaro).
géant e *adj.* gigante, gigantesco; *s.* gigante.
gecko *s.m.* osga (réptil).
geignard e *adj.* (*fam.*) chorão, choramingas.
geindre *v.int.* choramingar. (*Conj.* 80)
geisha *s.f.* gueixa.
gel *s.m.* congelação; tempo de gelo.
gélatine *s.f.* gelatina.
gélatineux euse *adj.* gelatinoso.
gelée *s.f.* 1. gelo; 2. geleia; 3. — *blanche* geada.
geler *v.t.* congelar, enregelar; *v.int.* gelar, sofrer de frio. (*Conj.* 20)
gémir *v.int.* gemer.
gémissement *s.m.* gemido.
gemme *s.f.* 1. gema, pedra preciosa; 2. resina.
gémonies *s.f.pl. vouer aux* — apontar à execração pública.
gênant e *adj.* incômodo, vexatório, molesto.
gencive *s.f.* gengiva.
gendarme *s.m.* gendarme; (*fig.*) quebra-molas.

gendarmer, se *v.pron.* irritar-se, protestar.
gendarmerie *s.f.* gendarmaria, polícia militar.
gendre *s.m.* genro.
gêne *s.f.* 1. mal-estar; 2. embaraço, constrangimento; *sans* — sem-cerimônia, falta de educação; 3. falta de dinheiro.
gène *s.m.* (*Biol.*) gene.
gêné e *adj.* 1. incomodado; 2. pouco à vontade; 3. apertado (= sem dinheiro, desprevenido).
généalogie *s.f.* genealogia.
généalogique *adj.* genealógico.
généalogiste *s.m.* genealogista.
gêner *v.t.* 1. embaraçar, incomodar; 2. constranger, apertar; 3. importunar; *se* — *v.pron.* constranger-se, fazer cerimônia.
général[1] **e aux** *adj.* geral.
général[2] **aux** *s.m.* general (alto oficial).
général[3] **aux** *s.m.* geral, superior de uma ordem religiosa.
générale[1] *s.f.* generala (mulher de general).
générale[2] *s.f.* ensaio geral.
généralat *s.m.* generalato.
généraliser *v.t.* e *int.* generalizar.
généralisation *s.f.* generalização.
généraliste *adj.; s.* clínico geral.
généralissime *s.m.* generalíssimo.
généralité *s.f.* generalidade.
générateur *s.m.* gerador.
génération *s.f.* geração.
généreux euse *adj.* generoso.
générique[1] *adj.* genérico.
générique[2] *s.m.* crédito (de filme).
générosité *s.f.* generosidade.
Gênes *s.f.* Gênova.
genèse *s.f.* gênese.
genêt *s.f.* giesta.
généticien enne *s.* geneticista.
génétique *adj.* genético; *s.f.* genética.
gêneur euse *s.* maçador, cacete, chato.
Genève *s.f.* Genebra.
genevois e *adj.; s.pátr.* genebrês, genebrino.
genévrier *s.m.* zimbro (árvore).
génial e aux *adj.* genial.
génie[1] *s.m.* 1. gênio; 2. demônio, duende.
génie[2] *s.m.* engenharia militar.
genièvre *s.f.* zimbro; genebra (fruta).
génisse *s.f.* bezerra, novilha.
génital e aux *adj.* genital.
génitif *s.m.* genitivo.
génocide *s.m.* genocídio.

génois e *adj.; s.pátr.* genovês.
genou oux *s.m.* joelho; *être sur les —x* (*fam.*) estar exausto.
genouillère *s.f.* joelheira.
genre *s.m.* gênero, espécie; maneiras.
gens *s.m.* ou *f.pl.* gente, pessoas; — *d'affaires* homens de negócios; — *d'église* eclesiásticos; — *de lettres* letrados, literatos; — *de robe* magistrados; *braves* — boa gente; *ces* — *lá* essa gente; *jeunes* — moços; *peu de* — pouca gente; *vieilles* — velhos.
gentil[1] **ille** *adj.* gentil.
gentil[2] *s.m.* gentio.
gentilhomme *s.m.* gentil-homem, fidalgo.
gentilité *s.f.* gentilidade, os gentios.
gentillesse *s.f.* gentileza.
gentiment *adv.* gentilmente.
génuflexion *s.f.* genuflexão.
géo *s.f.* (*fam., esc.*) geografia.
géodésie *s.f.* geodésia.
géographe *s.* geógrafo.
géographie *s.f.* geografia.
géographique *adj.* geográfico.
geôle *s.f.* prisão, masmorra.
geôlier *s.m.* carcereiro.
géologie *s.f.* geologia.
géologique *adj.* geológico.
géologue *s.m.* geólogo.
géomètre *s.* geômetra.
géométrie *s.f.* geometria.
géométrique *adj.* geométrico.
gérance *s.f.* gerência.
géranium *s.m.* gerânio.
gerbe *s.f.* 1. paveia, aveia; feixe, molho; 2. girândola.
gercer *v.t.* e *int.* gretar. (*Conj. 14*)
gerçure *s.f.* 1. frieira; 2. greta, fenda.
gérer *v.t.* gerir, administrar. (*Conj. 13*)
gerfaut *s.m.* gerifalte (ave).
gériatrie *s.f.* geriatria.
germain e *adj.* germano.
germanique *adj.pátr.* germânico.
germaniser *v.t.* germanizar.
germaniste *s.* germanista.
germe *s.m.* germe, gérmen.
germer *v.int.* germinar.
germination *s.f.* germinação.
gérondif *s.m.* gerúndio.
gérontocratie *s.f.* gerontocracia.
gérontologie *s.f.* gerontologia.
gésier[1] *s.m.* moela.
gésier[2] *v.int.* jazer; *ci-gît* aqui jaz.
gestation *s.f.* gestação.
geste[1] *s.m.* gesto.

geste² *s.f.* canção de gesta; *pl.* façanhas.
gesticulation *s.f.* gesticulação.
gesticuler *v.int.* gesticular.
gestion *s.f.* gestão, gerência.
geyser *s.m.* gêiser.
Ghana *s.m.* Gana.
ghanéen enne *adj.; s.pátr.* ganense.
ghetto *s.m.* gueto.
gibbosité *s.f.* gibosidade.
gibecière *s.f.* sacola de caça.
giberne *s.f.* cartucheira, patrona.
gibet *s.m.* patíbulo, cadafalso, forca.
gibier *s.m.* caça.
giboulée *s.f.* aguaceiro.
giboyeux euse *adj.* abundante em caça.
gibus *s.m.* claque (= cartola de molas).
giclée *s.f.* jorro; salva de metralhadora.
gicler *v.int.* jorrar.
gifle *s.f.* bofetada.
gifler *v.t.* esbofetear.
gigantesque *adj.* gigantesco.
gigantisme *s.m.* gigantismo.
gigogne *s.f.* mulher de prole numerosa; personagem dos contos de fada, símbolo de fecundidade; *adj. lit* — cama encaixante.
gigolo *s.m.* gigolô, rufião.
gigot *s.m.* 1. gigô, gigote (= perna de carneiro); 2. (*pop.*) coxa.
gigoter *v.int.* espernear.
gilet *s.m.* colete; *venir pleurer dans le* — *de* vir queixar-se a... esperando ser confortado.
gin *s.m.* gim.
gingembre *s.m.* gengibre.
gingivite *s.f.* gengivite.
girafe *s.f.* girafa; *faire ça ou peigner la —* (*fam.*) fazer trabalho demorado e inútil.
giratoire *adj.* giratório.
girofle *s.m.* cravo-da-índia, cravo-de-defunto.
giroflée *s.f.* goivo.
giron *s.m.* regaço.
girond e *adj.* (*pop.*) bem-feito de corpo.
girouette *s.f.* 1. cata-vento, ventoinha; 2. vira-casaca.
gis V. *gésir*.
gisement *s.m.* jazida.
gisent, gisons V. *gésir*.
gît V. *gésir*.
gitan e *s.; adj.* gitano, cigano.
gitane *s.f.* cigarro de fumo negro.
gîte *s.m.* 1. morada, pousada; toca; 2. parte inferior da coxa do boi; 3. (Marinha) inclinação lateral, adernação.

givre *s.m.* geada.
givré e *adj.* coberto de geada; (*fam.*) louco.
glabre *adj.* glabro, imberbe.
glace¹ *s.f.* 1. gelo; 2. sorvete.
glace¹ *s.f.* 1. vidraça; 2. espelho.
glacé e *adj.* gelado; glacê.
glacer *v.t.* 1. congelar; 2. intimidar; 3. cobrir de açúcar; 4. lustrar. (*Conj. 14*)
glacial e aux *adj.* glacial.
glacier¹ *s.m.* geleira.
glacier² *s.m.* sorveteiro.
glacière *s.f.* 1. geleira; 2. geladeira.
glaçon *s.m.* pedaço de gelo.
gladiateur *s.m.* gladiador.
glaïeul *s.m.* gladíolo, palma-de-santa-rita.
glaire *s.f.* clara de ovo crua.
glaise *s.f.* argila.
glaive *s.m.* gládio.
gland *s.m.* 1. glande, bolota; 2. borla.
glande *s.f.* glândula.
glandulaire *adj.* glandular.
glane *s.f.* respigadura, respiga.
glaner *v.t.* respigar.
glaneur euse *s.* respigador.
glapir *v.int.* ganir, regougar; guinchar.
glapissement *s.m.* regougo, ganido.
glas *s.m.* dobre.
glaucome *s.m.* glaucoma.
glauque *adj.* glauco, esverdeado.
glèbe *s.f.* gleba.
glissade *s.f.* escorregadela.
glissant e *adj.* escorregadio, resvaladiço.
glissement *s.m.* deslizamento, resvalamento.
glisser *v.int.* escorregar, deslizar; — *sur* não insistir em; *v.t.* introduzir, insinuar; *se* — *v.pron.* penetrar, introduzir-se.
glissière *s.f.* corrediça.
global e aux *adj.* global.
globe *s.m.* globo, redoma.
globule *s.m.* glóbulo.
globuleux euse *adj.* globuloso.
gloire *s.f.* glória; *se faire* — *de* vangloriar-se; (*fig.*) auréola.
glorieux euse *adj.* glorioso; *s.f. les trois Glorieuses* os dias 28, 29 e 30 de julho de 1830 (da revolução que derrubou Carlos X e levou ao poder Luís Filipe).
glorification *s.f.* glorificação.
glorifier *v.t.* glorificar; (*Conj. 23*); *se* — *v.pron.* gloriar-se, ufanar-se.
gloriole *s.f.* gloríola; *par* — para se mostrar.

glose *s.f.* glosa; comentário malévolo.
gloser *v.t.* glosar.
glossaire *s.m.* glossário.
glotte *s.f.* (*Anat.*) glote.
glouglou *s.m.* glu-glu.
gloussement *s.m.* cacarejo.
glousser *v.int.* cacarejar.
glouton onne *adj.* glutão.
gloutonnerie *s.f.* glutonaria, gula.
glu *s.f.* visco.
gluant e *adj.* viscoso, gosmento.
glucose *s.f.* glucose.
gluten *s.m.* glute.
glycérine *s.f.* glicerina.
glycine *s.f.* glicínia.
glycol *s.m.* glicol.
gnangnan *adj.; s.* (*fam.*) molenga.
gneiss *s.m.* gnaisse.
gnôle *s.f.* (*pop.*) aguardente, bagaceira.
gnome *s.m.* gnomo.
gnon *s.m.* (*pop.*) pancada.
gnosticisme *s.m.* gnosticismo.
gnostique *adj.; s.* gnóstico.
gnou *s.m.* gnu (mamífero).
go *loc.adv.; tout de* — sem rodeios, imediatamente.
gobelet *s.m.* copinho.
gober *v.t.* engolir, tragar; (*fig.*) 1. aceitar como verdadeiro; 2. gostar de.
godasse *s.f.* (*pop.*) sapato, pisante.
godet[1] *s.m.* godê (corte do tecido em viés, em forma de leque).
godet[1] *s.m.* copinho (de pintor).
godillot *s.m.* (*fam.*) botina de soldado, sapato, pisante.
goéland *s.m.* alcatraz.
goélette *s.f.* goleta.
goémon *s.m.* sargaço.
gogo *loc.adj.; à* — à beça.
goguenard e *adj.* chocarreiro, zombeteiro.
goguenarder *v.int.* chocarrear, chalacear.
goguette *s.f.* (*fam.*) être en — estar alegre, tocado.
goinfre *adj.; s.* glutão.
goinfrer, se *v.pron.* empanturrar-se.
goinfrerie *s.f.* glutonaria.
goitre *s.m.* papeira, bócio.
golf *s.m.* golfe.
golfe *s.m.* golfo.
gombo *s.m.* quiabo.
gomme *s.f.* 1. goma-arábica; 2. borracha (para apagar); 3. — *à mâcher* chiclete; 4. *à la* — (*pop.*) chinfrim, reles; 5. *mettre la* — acelerar.

gommer *v.t.* 1. gomar; 2. apagar (com borracha).
gommeux euse *adj.* 1. gomoso; 2. (*fam.*) grã-fino.
gond *s.m.* gonzo, dobradiça; (*fig.*) *sortir de ses* —*s* perder as estribeiras.
gondole *s.f.* gôndola.
gondoler *v.int.; se* — *v.pron.* envergar; *se* — *de rire* rir a bandeiras despregadas.
gondolier *s.m.* gondoleiro.
gonflement *s.m.* inchação.
gonfler *v.t.* encher, inchar; *se* — *v.pron.* inchar, encher-se de vaidade.
gong *s.m.* gongo.
gonzesse *s.f.* (*gír.*) mulher.
goret *s.m.* bácoro, leitão; (*fig.* e *fam.*) porquinho (= criança suja).
gorge *s.f.* 1. garganta; *se racler la* — limpar a garganta; 2. seio, colo; 3. desfiladeiro; 4. *faire des* —*s chaudes de* escarnecer de; *prendre à la* — constranger com ameaças; *rendre* — 1. vomitar; 2. devolver (o que adquiriu por meios ilícitos); *rire à* — *déployée* rir a bandeiras despregadas; *tendre la* — deixar-se matar.
gorgée *s.f.* gole, trago, sorvo.
gorger *v.t.* fartar, encher. (*Conj. 19*)
gorille *s.m.* 1. gorila, gorilha; 2. (*fig.* e *fam.*) capanga.
gosier *s.m.* goela.
gosse *s.* (*fam.*) criança, garoto.
goth *adj.; s.m.pátr.* (*Hist.*) godo.
gothique *adj.* gótico.
gouache *s.f.* guache.
gouailler *v.int.* dizer zombarias; gozar.
gouaillerie *s.f.* zombaria, mofa.
gouailleur *adj.m.* zombeteiro.
goudron *s.m.* pez, piche.
goudronner *v.t.* pichar.
gouffre *s.m.* abismo, sorvedouro.
gouine *s.f.* (*pop.*) lésbica, sapatão.
goujat *s.m.* grosseirão.
goulée *s.f.* (*fam.*) bocado.
goulet *s.m.* goleta, estreito.
goulot *s.m.* gargalo.
goulu e *adj.* glutão, comilão; sôfrego.
goupille *s.f.* pino.
goupiller *v.t.* 1. fixar com pino; 2. (*pop.*) arrumar, dar um jeito em.
goupillon *s.m.* aspersório.
gourd e *adj.* entorpecido.
gourde *s.f.* cabaça, cantil; (*fam.*) bobalhão, bobalhona.
gourdin *s.m.* cacete, bordão.

gourer, se *v.pron.* (*pop.*) enganar-se.
gourgandine *s.f.* (*fam.*) mulher à toa.
gourmand e *adj.* guloso.
gourmander *v.t.* repreender.
gourmandise *s.f.* 1. gula; 2. guloseima.
gourme *s.f.* (*Med.*) 1. impetigem, usagre; *jeter sa* — fazer as primeiras farras; 2. gurma.
gourmé e *adj.* afetado.
gourmet *s.m.* apreciador de comidas e bebidas; gastrônomo.
gourmette *s.f.* barbela.
gousse *s.f.* 1. vagem; 2. dente (de alho).
gousset *s.m.* bolsinho do colete.
goût *s.m.* 1. gosto, sabor; 2. gosto, capacidade de distinção; *tous les —s sont dans la nature* há gosto para tudo; 3. opinião; *à mon* — no meu entender.
goûter[1] *s.m.* lanche.
goûter[2] *v.t.* provar; degustar, petiscar; *v.int.* lanchar.
goutte[1] *s.f.* gota; *ne — loc.adv.* nada, absolutamente; *n'y voir* — não enxergar nada.
goutte[2] *s.f.* gota, podagra.
gouttelette *s.f.* gotinha.
goutter *v.int.* pingar.
goutteux euse *adj.* gotoso.
gouttière *s.f.* goteira.
gouvernail *s.m.* leme.
gouvernant e *adj.* governante; *s.f.* governanta.
gouverne *s.f.* regra de conduta; *pour votre* — para seu governo.
gouvernement *s.m.* governo.
gouvernemental e aux *adj.* governamental.
gouverner *v.t.* e *int.* governar.
gouverneur *s.m.* governador.
goyave *s.f.* goiaba.
goyavier *s.m.* goiabeira.
grabat *s.m.* catre.
grabuge *s.m.* (*fam.*) bagunça, baderna; *faire du* — causar escândalo.
grâce *s.f.* 1. graça, benefício, favor; *rentrer en — auprès de* reencontrar o favor de; *trouver — auprès de* agradar a; 2. graça, favor divino; *an de* — ano da graça; *à la — de Dieu* ao deus-dará; *de* — por favor; 3. graça, perdão, misericórdia; *faire — de* dispensar; 4. *mauvaise* — má vontade; — *à loc.prep.* graças a.
gracier *v.t.* indultar. (*Conj.* 23)
gracieuseté *s.f.* gentileza, amabilidade.
gracieux euse *adj.* 1. gracioso, gentil; 2. gratuito.
gracile *adj.* grácil, delgado, airoso.
gracilité *s.f.* gracilidade.
gradation *s.f.* gradação.
grade *s.m.* grau, patente.
gradé *s.m.* graduado, suboficial.
gradin *s.m.* degrau; assento de arquibancada.
graduation *s.f.* graduação.
gradué e *adj.* graduado; progressivo.
graduel elle *adj.* gradual.
graduer *v.t.* graduar.
graillon[1] *s.m.* 1. restos de comida; 2. cheiro de gordura queimada.
graillon[2] *s.m.* pigarro.
graillonner *v.int.* pigarrear.
grain[1] *s.m.* 1. grão; 2. bago; 3. grânulo; *— de beauté* pinta; *avoir un* — ser meio louco; *mettre son — de sel* meter o bedelho; 4. superfície granulosa, aspecto granuloso; 5. porçãozinha; 6. *pl.* cereais.
grain[2] *s.m.* rajada, aguaceiro; *veiller au* — ser precavido.
graine *s.f.* semente; *— de lin* linhaça; (*fig.*) *monter en* — ficar velhusca, ficar para tia; *prenez en de la* — imite este exemplo, mire-se neste espelho; *mauvaise* — peste.
graissage *s.m.* lubrificação.
graisse *s.f.* 1. gordura; 2. graxa.
graisser *v.t.* engraxar, lubrificar; (*fig.*) — *la patte à* subornar.
graisseux euse *adj.* gorduroso.
grammaire *s.f.* gramática.
grammairien *s.m.* gramático.
grammatical e aux *adj.* gramatical.
gramme *s.m.* grama.
grammophone *s.m.* gramofone, fonógrafo.
grand e *adj.* grande, alto; adulto; importante; principal.
grand-duc *s.m.* grão-duque.
grand-duché *s.m.* grão-ducado.
Grande-Bretagne *s.f.* Grã-Bretanha.
grande-duchesse *s.f.* grã-duquesa.
grandeur *s.f.* 1. grandeza; 2. tamanho; — *nature* tamanho natural.
grand-guignol *s.m.* teatro de horrores.
grandiloquence *s.f.* grandiloquência.
grandiloquent e *adj.* grandiloquente.
grandiose *adj.* grandioso.
grandir *v.int.* crescer; *v.t.* ampliar, aumentar, engrandecer.
grandissant e *adj.* crescente.
grand-maman *s.f.* vovó.
grand-mère *s.f.* avó.
grand-messe *s.f.* missa cantada.

grand-oncle *s.m.* tio-avô.
grand-papa *s.m.* vovô.
grand-père *s.m.* avô.
grands-parents *s.m.pl.* avós (= o avô e a avó).
grand-route *s.f.* estrada principal.
grand-tante *s.f.* tia-avó.
grange *s.f.* celeiro, granja.
granit ou **granite** *s.m.* granito.
granitique *adj.* granítico.
granule *s.m.* grânulo.
granuleux euse *adj.* granuloso.
granuler *v.t.* granular.
graphie *s.f.* grafia.
graphique *adj.; s.m.* gráfico.
graphisme *s.m.* grafismo.
graphite *s.m.* grafita.
graphologie *s.f.* grafologia.
graphologue *s.* grafólogo.
grappe *s.f.* cacho.
grappiller *v.t.* **1.** recolher (os cachos sobrados após a colheita); **2.** (*fig.*) recolher (pequenas vantagens ilícitas); **3.** catar.
grappin *s.m.* arpéu, fateixa; (*fig.*) *mettre le — sur* apoderar-se de, agarrar.
gras grasse *adj.* **1.** gordo; **2.** gorduroso; *faire —* comer carne; **3.** pastoso (voz); **4.** (*Tip.*) negrito.
gras-double *s.m.* dobradinha.
grasseyer *v.int.* rolar os rr.
grassouillet ette *adj.* gorducho.
gratification *s.f.* gratificação.
gratifier *v.t.* gratificar, dotar. (*Conj. 23*)
gratin *s.m.* **1.** raspa (de fundo de panela); **2.** *au —* tostado; **3.** (*fig.* e *fam.*) alta-roda, fina flor.
gratiné e *adj.* tostado no forno; (*fam.*) extraordinário, excelente.
gratiner *v.t.* tostar no forno.
gratis *adv.* grátis.
gratitude *s.f.* gratidão.
grattage *s.m.* raspadura, rasura.
gratte-ciel *s.m.* arranha-céu.
gratte-papier *s.m.* (*fam.*) burocrata, manga de alpaca, barnabé.
gratter *v.t.* **1.** raspar, arranhar; **2.** coçar.
grattoir *s.m.* raspadeira.
gratuit e *adj.* gratuito.
gratuité *s.f.* gratuidade.
gravats *s.m.pl.* entulho.
grave *adj.* grave; sério; rígido, severo.
graveleux euse *adj.* muito licencioso.
graver *v.t.* gravar.
graveur *s.m.* gravador.

gravier *s.m.* saibro.
gravir *v.t.* galgar.
gravitation *s.f.* gravitação.
gravité *s.f.* gravidade.
graviter *v.int.* gravitar.
gravure *s.f.* gravura; *— sur bois* xilogravura.
gré *s.m.* gosto, vontade, opinião; *à mon —* no meu entender; *à votre —* como queira; *au — de* ao sabor de; *de bon —* de boa vontade; *bon — mal —* por bem ou por mal; *savoir bon — à* estar agradecido a.
grec grecque *adj.; s.pátr.* grego.
Grèce *s.f.* Grécia.
grecque *adj.* V. *grec*; *s.f.* **1.** (*Arquit.*) grega; **2.** serrote de encanador.
gredin *s.m.* patife, tratante.
gréement *s.m.* (*Mar.*) enxárcia.
gréer *v.t.* aparelhar (navio).
greffe[1] *s.f.* enxerto.
greffe[2] *s.f.* arquivo de cartório ou de tribunal.
greffer *v.t.* enxertar; *se — v.pron.* introduzir-se.
greffier *s.m.* escrivão; arquivista de cartório ou de tribunal.
grégaire *adj.* gregário.
grège *s.f.* seda crua.
grégeois *adj.* V. *feu*.
grêle[1] *adj.* grácil, delgado, fino.
grêle[2] *s.f.* granizo.
grêler *v.imp.* granizar.
grêlon *s.m.* granizo.
grelot *s.m.* guizo.
grelotter *v.int.* tiritar.
grenade[1] *s.f.* romã.
grenade[2] *s.f.* granada.
grenadier[1] *s.m.* romãzeiro.
grenadier[2] *s.m.* granadeiro.
grenadine *s.f.* **1.** granadina (tecido); **2.** suco de romã.
grenaille *s.f.* granalha.
grenat *s.m.; adj.* granada.
grenier *s.m.* sótão, água-furtada.
grenouille *s.f.* rã, jia; (*fig.*) *manger la —* dar um desfalque.
grenu e *adj.* granuloso.
grès *s.m.* arenito.
grésil *s.m.* saraiva, granizo.
grésiller *v.int.* crepitar; *v.imp.* saraivar.
grève[1] *s.f.* praia (coberta de cascalho).
grève[2] *s.f.* greve; *— perlée* operação tartaruga; *déclencher une —* desencadear uma greve.
grever *v.t.* onerar, gravar. (*Conj. 18*)

gréviste *adj.; s.* grevista.
gribouillage *s.m.* garatujas, rabiscos, garranchos.
gribouiller *v.t.* e *int.* garatujar, rabiscar.
grief *s.m.* motivo de queixa.
grièvement *adj.* gravemente.
griffe *s.f.* **1.** unha, garra, gadanho; *montrer les —s* ameaçar; *rentrer ses —s* aplacar-se, serenar-se; **2.** chancela.
griffon *s.m.* grifo (animal fabuloso).
griffonner *v.t.* rabiscar.
griffure *s.f.* arranhão.
grignoter *v.t.* mordiscar, lambiscar; (*fig.*) ganhar.
grigou *s.m.* sovina, pão-duro.
gril *s.m.* grelha; *être sur le —* estar na maior aflição.
grillade *s.f.* grelhado.
grillage[1] *s.m.* grade.
grillage[2] *s.m.* grelhamento.
grillager *v.t.* gradear. (*Conj. 19*)
grille *s.f.* **1.** grade; **2.** grelha; **3.** quadro para a decifração de mensagens cifradas; **4.** quadro para a confecção de palavras cruzadas.
grille-pain *s.m.* torradeira de pão.
griller[1] *v.t.* gradear.
griller[2] *v.t.* grelhar, tostar, fumar; (*fam.*) ultrapassar.
grillon *s.m.* grilo.
grimace *s.f.* careta, esgar.
grimacer *v.int.* caretear. (*Conj. 14*)
grimer *v.t.* maquilar, caracterizar (o rosto de um ator).
grimoire *s.f.* **1.** livro de magia; **2.** escrita ilegível.
grimpant e *adj.* trepador.
grimper *v.int.* trepar, subir.
grincement *s.m.* rangido, chiado.
grincer *v.int.* ranger. (*Conj. 14*)
grincheux euse *adj.; s.* caturra, rabugento.
griotte *s.f.* ginja.
grippe *s.f.* **1.** gripe; **2.** *prendre en —* embirrar com.
grippé e *adj.* gripado.
gripper *v.t.* agarrar, emperrar.
gris e *adj.* **1.** cinzento, gris; *matière —e* massa cinzenta; **2.** monótono; **3.** tocado, alegre.
grisâtre *adj.* acinzentado, grisalho.
grisé *s.m.* (*Des.*) grisê, grisado.
griser *v.t.* embriagar, inebriar.
griserie *s.f.* embriaguez.
grisette *s.f.* costureirinha (de costumes fáceis).

gris-gris *s.m.* grigri, amuleto.
grisonner *v.int.* encanecer.
grisou *s.m.* grisu.
grive *s.f.* tordo (pássaro).
griveler *v.t.* e *int.* calotear (em restaurante); pendurar.
grivelerie *s.f.* calote (em restaurante etc.), pendura.
grivois e *adj.* licencioso, malicioso.
grivoiserie *s.f.* palavra ou anedota licenciosa.
grognard *s.m.* soldado de Napoleão; veterano da velha guarda.
grognement *s.m.* grunhido.
grogner *v.int.* grunhir, resmungar, rosnar.
grognon onne *adj.* rabugento; *s.* resmungão.
groin *s.m.* fuça, focinho de porco.
grommeler *v.t.* (*fam.*) resmungar, rosnar. (*Conj. 12*)
grondement *s.m.* ribombo.
gronder *v.int.* **1.** resmungar; **2.** troar; *v.t.* repreender.
gronderie *s.f.* repreensão.
groom *s.m.* criadinho (de hotel ou restaurante), moço de recados, recadeiro.
gros grosse *adj.* **1.** grosso, grande; **2.** gordo; **3.** grávida; *femme —se* gestante; **4.** grosseiro; **5.** agitado (mar); *s.m.* parte principal; *commerce en —* comércio por atacado.
groseille *s.f.* groselha.
grosse[1] V. *gros.*
grosse[2] *s.f.* pública-forma.
grosse[3] *s.f.* grosa (= 12 dúzias).
grosserie *s.f.* grosseria.
grossesse *s.f.* gravidez.
grosseur *s.f.* grossura.
grossier ière *adj.* grosseiro, ríspido; tosco.
grossièreté *s.f.* grosseria.
grossir *v.t.* **1.** engrossar, ampliar; **2.** engordar; *v.int.* crescer, inchar, engordar.
grossissant e *adj.* que aumenta; *verre —* lente de aumento.
grossissement *s.m.* engrossamento; ampliação.
grossiste *adj.; s.* atacadista, grossista.
grossoyer *v.t.* expedir cópia de. (*Conj. 21*)
grotesque *adj.* grotesco.
grotte *s.f.* grota, gruta.
grouillant e *adj.* fervilhante.
grouiller *v.int.* formigar, fervilhar; *se — v.pron.* (*fam.*) apressar-se.
groupe *s.m.* grupo.
groupement *s.m.* agrupamento.

grouper *v.t.* agrupar; *se — v.pron.* agrupar-se.
gruau aux *s.m.* sêmola.
grue *s.f.* 1. grou; *faire le pied de —* esperar demoradamente em pé, ficar mofando; 2. (*pop.*) prostituta; 3. grua.
gruger *v.t.* trincar; (*fig.*) enganar. (*Conj. 19*)
grumeau eaux *s.m.* grumo.
grumeler, se *v.pron.* grumar-se, coagular-se. (*Conj. 12 e 7*)
grutier *s.m.* mecânico de grua.
gruyère *s.m.* queijo de Gruyère.
guano *s.m.* guano.
gué *s.m.* vau.
guéable *adj.* vadeável.
guenille *s.f.* andrajo.
guenon *s.f.* macaca.
guépard *s.m.* guepardo.
guêpe *s.f.* vespa; marimbondo; (*loc.fam.*) *pas folle, la —!* ele (ou ela) não é besta!
guêpier *s.m.* vespeiro; *tomber dans un —* mexer em casa de marimbondos.
guère *adv.* ne... nada, quase nada.
guéridon *s.m.* mesa de pé de galo.
guérilla *s.f.* guerrilha.
guérillero *s.m.* guerrilheiro.
guérir *v.t.* curar.
guérison *s.f.* cura.
guérissable *adj.* curável.
guérisseur *s.m.* curandeiro.
guérite *s.f.* guarita.
guerre *s.f.* guerra; *à la — comme à la —* guerra é guerra; *de — lasse* cansado de lutar.
guerrier ère *adj.; s.* guerreiro.
guerroyer *v.int.* guerrear. (*Conj. 21*)
guet *s.m.* ronda; *faire le —* espreitar.
guet-apens *s.m.* emboscada; tocaia, cilada.
guêtre *s.f.* polaina.
gueulante *s.f.* (*gír.esc.*) manifestação de protesto ou de aclamação.
gueule *s.f.* 1. goela; 2. (*pop.*) boca; *avoir la — de bois* estar de ressaca; 3. (*pop.*) cara; cuca; *casser la — à* quebrar a cara de; *— cassée* mutilado de guerra ferido no rosto; *faire la —* fazer cara feia; *loc.* (*pop.*) *ta —!* cala a boca!
gueuler *v.t.* e *int.* (*pop.*) gritar, berrar.

gueuleton *s.m.* comilança.
gueuse[1] *adj.f.* de *gueux; s.f.* prostituta.
gueuse[2] *s.f.* gusa, ferro-gusa.
gueux gueuse *adj.; s.* mendigo, pobre.
gui *s.m.* visco.
guichet *s.m.* guichê.
guide[1] *s.f.* rédea; (*fig.*) *mener la vie à grandes —s* viver à larga.
guide[2] *s.m.* 1. guia, cicerone; 2. livro para turistas; *s.f.* escoteira, bandeirante.
guider *v.t.* guiar, dirigir.
guidon *s.m.* guidom.
guignard e *adj.; s.* azarado, pé-frio.
guigne[1] *s.f.* (*fam.*) azar.
guigne[2] *s.f.* ginja; (*pop.*) *je m'en moque comme d'une —* não ligo a mínima.
guigner *v.t.* e *int.* olhar de esguelha; cobiçar.
guignol *s.m.* 1. marionete, fantoche; (*fig.*) pessoa ridícula; teatro de marionetes; 3. (*pop.*) gendarme.
guillemets *s.m.pl.* aspas.
guilleret ette *adj.* vivo e alegre, lépido.
guillotine *s.f.* guilhotina.
guillotiner *v.t.* guilhotinar.
guimauve *s.f.* malvaísco; *adj.* tolo, sentimentalão.
guimbarde *s.f.* (*pop.*) calhambeque.
guindé e *adj.* guindado, afetado.
guindeau *s.m.* molinete, bolinete.
guinder *v.t.* guindar.
guingois *loc.adv. de —* através.
guinguette *s.f.* café-dançante ao ar livre.
guipure *s.f.* guipura.
guirlande *s.f.* grinalda.
guise *s.f.* guisa, maneira, feição; *à sa —* a seu bel-prazer; *en — de* à guisa de.
guitare *s.f.* violão.
gus *s.m.* (*gír.mil.*) indivíduo, sujeito.
guttural e aux *adj.* gutural.
guyanais e *adj.; s.pátr.* guianense.
Guyane *s.f.* Guiana.
gymnaste *s.m.* ginasta.
gymnastique *adj.* ginástico; *s.f.* ginástica.
gynécée *s.m.* gineceu.
gynécologie *s.f.* ginecologia.
gynécologue *s.m.* ginecologista.
gypse *s.m.* gipsita.

H

As palavras marcadas com asterisco começam com h aspirado. (Ver as regras da pronúncia francesa no começo do livro.)

habile *adj.* hábil, ágil; astuto, esperto.
habileté *s.f.* habilidade, destreza.
habilitation *s.f.* habilitação.
habilité *s.f.* habilidade, capacidade legal.
habiliter *v.t.* habilitar.
habillement *s.m.* vestuário; traje.
habiller *v.t.* **1.** vestir; **2.** convir a; **3.** envolver; **4.** preparar para venda (carne, peixe); *s'— v.pron.* vestir-se.
habilleur euse *s.* guarda-roupa (= o encarregado do guarda-roupa no teatro).
habit *s.m.* **1.** hábito (de eclesiástico); **2.** fraque; — *vert* fraque verde, fardão da Academia Francesa; **3.** *pl.* roupas.
habitable *adj.* habitável.
habitacle *s.m.* **1.** habitáculo, morada; **2.** bitácula (de navio); **3.** cabine (de avião).
habitant e *s.* habitante, morador.
habitat *s.m. habitat.*
habitation *s.f.* habitação, residência.
habiter *v.t.* habitar; *v.int.* habitar, morar.
habitude *s.f.* hábito, costume; *avoir l'— de* costumar; *d'—* usualmente.
habitué e *s.* frequentador (assíduo).
habituel elle *adj.* habitual.
habituellement *adv.* por via de regra.
habituer *v.t.* habituar; *s'— v.pron.* habituar-se.
*hâblerie *s.f.* fanfarronada.
*hâbleur euse *adj.; s.* fanfarrão.
*hache *s.f.* machado.
*haché e *adj.* picado (carne), entrecortado.
*hacher *v.t.* **1.** picar; **2.** recortar; **3.** hachurar; **4.** entrecortar.
*hachette *s.f.* machadinha.
*hachis *s.m.* picadinho.

*hachoir *s.m.* **1.** cutela; **2.** tábua de cortar carne.
*hachure *s.f.* hachura.
*hachurer *v.t.* hachurar.
*hagard e *adj.* desvairado, esgazeado.
hagiographie *s.f.* hagiografia.
*haie *s.f.* **1.** sebe, cerca; **2.** ala (de pessoas).
*haillon *s.m.* farrapo, andrajo.
*haillonneux euse *adj.* andrajoso, maltrapilho.
*haine *s.f.* ódio, rancor, aversão.
*haineux euse *adj.* odiento.
*haïr *v.t.* odiar. (*Conj. 32*)
*haïssable *adj.* odioso.
Haïti *s.m.* Haiti.
haïtien enne *adj.; s.pátr.* haitiano.
*halage *s.m.* sirgagem.
*hâle *s.m.* bronzeado da pele.
*hâlé e *adj.* queimado de sol, bronzeado.
haleine *s.f.* hálito, fôlego; *reprendre —* tomar fôlego; *tenir en —* manter com a atenção suspensa.
*haler *v.t.* sirgar.
*hâler *v.t.* bonzear.
*haletant e *adj.* arquejante, ofegante.
*haleter *v.t.* arquejar, ofegar. (*Conj. 17*)
*haleur euse *s.* sirgador.
hall *s.m. hall*, vestíbulo.
hallali *s.m.* halali.
*halle *s.f.* mercado (coberto); *les Halles* o antigo mercado de Paris.
*hallebarde *s.f.* alabarda; *il pleut des —s* chove a cântaros.
*hallier *s.m.* sarçal, silvado, matagal.
hallucination *s.f.* alucinação.
hallucinatoire *adj.* alucinatório.
halluciné e *adj.; s.* alucinado, desvairado.
halluciner *v.int.* alucinar.
*halo *s.m.* halo.
*halte *s.f.* alto, parada; etapa; *interj.* alto!
haltère *s.m.* haltere.

haltérophilie *s.f.* halterofilia, halterofilismo.
*****hamac** *s.m.* rede (para se deitar).
*****hameau eaux** *s.m.* vila, lugarejo.
hameçon *s.m.* anzol.
*****hampe** *s.f.* **1.** haste, pau de bandeira; **2.** haste, caule.
hanche *s.f.* anca, quadril.
*****handicap** *s.m.* **1.** *handicap*; **2.** (*fig.*) obstáculo.
*****hangar** *s.m.* hangar, galpão.
*****hanneton** *s.m.* besouro; *loc.* (*fam.*) *qui n'est pas piqué des —s* que não é brincadeira.
*****hanté e** *adj.* mal-assombrado.
*****hanter** *v.t.* **1.** frequentar; **2.** perseguir, obsedar.
*****hantise** *s.f.* obsessão.
*****happer** *v.t.* abocanhar, agarrar.
hara-kiri *s.m.* haraquiri.
*****harangue** *s.f.* arenga.
*****haranguer** *v.t.* discursar para.
*****haras** *s.m.* haras, coudelaria.
*****harasser** *v.t.* extenuar, esfalfar.
*****harceler** *v.t.* aperrear; esfalfar.
*****hardes** *s.f.pl.* trapos, roupas velhas.
*****hardi e** *adj.* atrevido, ousado.
*****hardiesse** *s.f.* atrevimento, ousadia.
*****harem** *s.m.* harém.
*****hareng** *s.m.* arenque.
hargne *s.f.* rabugice.
*****hargneux euse** *adj.* rabugento.
*****haricot** *s.m.* feijão; *courir sur le —* (*pop.*) importunar.
harmonica *s.m.* harmônica, gaita de boca.
harmonie *s.f.* harmonia.
harmonieux euse *adj.* harmonioso.
harmoniser *v.t.* harmonizar.
harmonium *s.m.* harmônio.
*****harnacher** *v.t.* ajaezar, arrear; (*fig.*) enfarpelar.
*****harnais** *s.m.* arnês, arreios.
*****haro** *s.m. crier — sur* vaiar.
*****harpe** *s.f.* harpa.
*****harpie** *s.f.* harpia.
*****harpiste** *s.* harpista.
*****harpon** *s.m.* arpão.
*****harponner** *v.t.* arpoar.
*****hasard** *s.m.* acaso; *à tout —* por via das dúvidas; *jeux de —* jogo de azar; *par —* por acaso, eventualmente.
*****hasarder** *v.t.* arriscar.
*****hasardeux euse** *adj.* ousado, arriscado.
*****haschisch** *s.m.* haxixe.

*****hase** *s.f.* lebre fêmea.
*****hâte** *s.f.* pressa; *à la —* às pressas.
*****hâter** *v.t.* apressar; *se — v.pron.* apressar-se.
*****hâtif ive** *adj.* prematuro; apressado.
*****hauban** *s.m.* ovém.
*****hausse** *s.f.* alta (dos preços).
*****haussement** *s.m.* alçamento; — *d'épaules* encolher de ombros.
*****hausser** *v.t.* altear, aumentar; — *les épaules* encolher os ombros.
*****haut e** *adj.* alto; altivo; *s.m.* o ponto mais alto; *adv.* alto; *le prendre de —* reagir com arrogância.
*****hautain e** *adj.* altivo.
*****hautbois** *s.m.* oboé.
hautboïste *s.* oboísta.
*****haut-de-chausse(s)** *s.m.* (*ant.*) calça curta.
*****haut-de-forme** *s.m.* cartola.
*****hauteur** *s.f.* altura; altivez, arrogância.
*****haut-fond** *s.m.* alto-fundo.
*****haut-le-cœur** *s.m.* vômito, náusea.
*****haut-le-corps** *s.m.* sobressalto, estremecimento.
*****Haute-Volta** *s.f.* Alto-Volta.
*****haut-parleur** *s.m.* alto-falante.
*****haut-relief** *s.m.* alto-relevo.
*****Havane, La** *s.f.* Havana.
*****havane** *s.m.* charuto de Havana; *adj.* castanho-claro.
*****hâve** *adj.* macilento, pálido.
*****haveur** *s.m.* mineiro talhador.
*****havre** *s.m.* enseada.
*****havresac** *s.m.* mochila.
Hawaii *s.m.* Havaí.
hawaiien *adj.; s.pátr.* havaiano.
*****Haye, La** *s.f.* Haia.
*****heaume** *s.m.* elmo.
hebdomadaire *adj.* hebdomadário, semanal; *s.m.* semanário.
hébergement *s.m.* hospedagem, alojamento.
héberger *v.t.* albergar, hospedar, alojar. (*Conj. 19*)
hébété e *adj.* hebetado, aparvalhado.
hébéter *v.t.* hebetar, aparvalhar.
hébétude *s.f.* hebetude, torpor.
hébraïque *adj.; s.pátr.* hebraico.
hébreu eux *adj.; s.m.* hebreu.
hécatombe *s.f.* hecatombe.
hectare *s.m.* hectare.
hectique *adj.* héctico.
hédonisme *s.m.* hedonismo.
hédoniste *adj.; s.* hedonista.

hégémonie *s.f.* hegemonia.
hégire *s.f.* hégira.
*****hein** *interj.* hem.
hélas! *interj.* ai de mim!
*****héler** *v.t.* chamar de longe. (*Conj. 13*)
hélice *s.f.*; *m.* hélice.
hélicoptère *s.m.* helicóptero.
héliogravure *s.f.* heliogravura.
héliport *s.m.* heliporto.
hélium *s.m.* hélio.
helléniser *v.t.* e *int.* helenizar.
hellénique *adj.pátr.* helênico.
hellénisme *s.m.* helenismo.
helvétique *adj.pátr.* helvético.
hem *interj.* hem!; ei!
hématome *s.m.* hematoma.
hémicycle *s.m.* hemiciclo.
hémiplégie *s.f.* hemiplegia.
hémiplégique *adj.* hemiplégico.
hémisphère *s.m.* hemisfério.
hémisphérique *adj.* hemisférico.
hémophilie *s.f.* hemofilia.
hémoptysie *s.f.* hemoptise.
hémorragie *s.f.* hemorragia.
hémorroïdes *s.f.pl.* hemorroidas.
hémostatique *adj.*; *s.m.* hemostático.
*****henné** *s.m.* henê.
*****hennir** *v.int.* relinchar.
*****hennissement** *s.m.* relincho.
*****hep** *interj.* eh! ei!
hépatique *adj.* hepático.
hépatite *s.f.* hepatite.
héraldique *adj.* heráldico; *s.f.* heráldica.
*****héraut** *s.m.* arauto.
herbage *s.m.* pastagem.
herbe *s.f.* erva; grama; —*s folles* ervas crescidas sem cultivo; *mauvaise* — erva daninha; *loc. en* — em perspectiva, futuro; *couper l'*— *sous les pieds de* passar a perna em; *manger son blé en* — gastar (um bem) antes do tempo.
herbeux euse *adj.* ervoso, herboso.
herbicide *s.m.* herbicida.
herbier *s.m.* herbário.
herbivore *adj.* herbívoro.
herboriste *s.* herborista, ervanário.
herculéen enne *adj.* hercúleo.
*****hère** *s.m. un pauvre* — um pobre-diabo.
héréditaire *adj.* hereditário.
hérédité *s.f.* hereditariedade.
hérésie *s.f.* heresia.
hérétique *adj.*; *s.* herético, herege.
*****hérisser** *v.t.* eriçar, arrepiar.
*****hérisson** *s.m.* ouriço.

héritage *s.m.* herança.
hériter *v.t.* e *v.int.* herdar.
héritier ière *s.* herdeiro.
hermaphrodite *adj.*; *s.* hermafrodito.
hermétique *adj.* hermético.
hermine *s.f.* arminho.
*****hernie** *s.f.* hérnia.
héroïne[1] *s.f.* heroína (*fem.* de *héros*).
héroïne[2] *s.f.* heroína (droga).
héroïque *adj.* heroico.
héroïsme *s.m.* heroísmo.
*****héron** *s.m.* garça-real.
*****héros** *s.m.* herói.
herpès *s.m.* herpes.
*****herse** *s.f.* grade, rastelo.
*****herser** *v.t.* gradar, gradear.
hésitation *s.f.* hesitação.
hésiter *v.int.* hesitar.
hétaïre *s.f.* hetera.
hétéroclite *adj.* heteróclito.
hétérogène *adj.* heterogêneo.
hétérogénéité *s.f.* heterogeneidade.
hétéronyme *s.m.* heterônimo.
hétérosexuel elle *adj.* heterossexual.
*****hêtre** *s.m.* faia.
heure *s.f.* hora; — *d'été* hora de verão; *à la bonne* — ainda bem; *de bonne* — cedinho; *être à l'*— estar na hora; *mettre à l'*— acertar (o relógio); *quelle* — *est-il?* que horas são?; *sur l'*— imediatamente; *tout à l'*— 1. daqui a pouco; 2. há pouco.
heureux euse *adj.* feliz.
*****heurt** *s.m.* choque, encontrão.
*****heurter** *v.t.* chocar, topar com; *se*— *v.pron.* chocar-se.
*****heurtoir** *s.m.* aldrava.
hévéa *s.m.* hévea.
hexagonal e *adj.* hexagonal.
hexagone *s.m.* hexágono; (*fig.*) *l'*— a França.
hibernal e aux *adj.* hibernal, invernal.
hibernation *s.f.* hibernação.
hiberner *v.int.* hibernar.
hibiscus *s.m.* hibisco.
*****hibou oux** *s.m.* mocho.
*****hic** *s.m.* (*fam.*) busílis.
*****hideux euse** *adj.* hediondo, nojento, torpe.
hiémal e aux *adj.* hiemal.
hier *adv.* ontem.
*****hiérarchie** *s.f.* hierarquia.
hiéroglyphe *s.m.* hieróglifo.
*****hi-han** *s.m.* zurro (de asno).
hilare *adj.* hílare.
hilarité *s.f.* hilaridade.

hindi ou **hindoustani** *adj.; s.pátr.* hindi.
hindou e *adj.; s.pátr.* hindu.
hippique *adj.* hípico.
hippisme *s.m.* hipismo.
hippocampe *s.m.* hipocampo, cavalo-marinho.
hippodrome *s.m.* hipódromo.
hippopotame *s.m.* hipopótamo.
hirondelle *s.f.* andorinha.
hirsute *adj.* hirsuto.
hispanique *adj.* hispânico.
hispano-américain e *adj.* hispano-americano.
*****hisser** *v.t.* içar; *se — v.pron.* alçar-se.
histoire *s.f.* história; *loc. (fam.) faire des —s* criar dificuldades; *— de rire* apenas para rir.
historien *s.m.* historiador.
historique *adj.* histórico; *s.m.* histórico, relato, notícia histórica.
histrion *s.m.* histrião.
hitlérien enne *adj.; s.* hitlerista.
hiver *s.m.* inverno.
hivernal e aux *adj.* hibernal, invernal.
hiverner *v.int.* hibernar, invernar.
H.L.M. abreviatura de *habitations à loyer modéré (aprox.)*: conjunto habitacional.
*****hobereau eaux** *s.m.* **1.** falcão; **2.** fidalgo provinciano.
*****hochement** *s.m.* meneio, sacudida; aceno com a cabeça.
*****hochequeue** *s.m.* alvéola, lavandisca, levandisca.
*****hocher** *v.t.* abanar, menear.
*****hochet** *s.m.* **1.** chocalho, brinquedo para criancinha; **2.** ninharia, futilidade.
*****hockey** *s.m.* hóquei.
*****holà** *interj.* olá; *mettre le — à* pôr um paradeiro a.
*****hold-up** *s.m.* assalto à mão armada (contra banco, trem etc.).
*****hollandais e** *adj.; s.pátr.* holandês.
*****Hollande** *s.f.* Holanda.
*****hollande** *s.m.* **1.** queijo de Holanda; **2.** papel holandês.
holocauste *s.m.* holocausto.
*****homard** *s.m.* lagavante.
homélie *s.f.* homilia.
homéopathe *adj.; s.* homeopata.
homéopathie *s.f.* homeopatia.
homéopathique *adj.* homeopático.
homérique *adj.* homérico.
homicide *adj.* homicida; *s.* **1.** homicida; **2.** homicídio.

hominien enne *s.* hominídeo.
hommage *s.m.* homenagem; *pl.* respeitos; *rendre —* prestar homenagem.
homasse *adj.fem. (depr.)* machona.
homme *s.m.* homem; *— à femmes* femeeiro, mulherengo; *— de guerre* militar; *— de lettres* literato; *— de main* capanga; *— de paille* testa-de-ferro; *— de peine* criado, trabalhador braçal; *— de qualité* fidalgo; *— d'État* estadista; *— du monde* homem de sociedade; *être — à* ser capaz de.
homme-grenouille *s.m.* homem-rã.
homo *adj.; s. (pop.)* homossexual.
homogène *adj.* homogêneo.
homogénéité *s.f.* homogeneidade.
homologation *s.f.* homologação.
homologue *adj.* homólogo; *s.* colega.
homologuer *v.t.* homologar.
homonyme *adj.; s.m.* homônimo.
homonymie *s.f.* homonimia.
homosexualité *s.f.* homossexualismo, homossexualidade.
homosexuel elle *adj.* homossexual.
*****Honduras** *s.m.* Honduras.
*****hondurien ienne** *adj.; s.pátr.* hondurenho.
*****hongre** *adj.* capão.
*****Hongrie** *s.f.* Hungria.
*****hongrois e** *adj.; s.pátr.* húngaro.
honnête *adj.* **1.** honesto; **2.** razoável.
honnêteté *s.f.* **1.** honestidade; **2.** delicadeza, cortesia.
honneur *s.m.* **1.** honra; *faire — à* honrar, *(fig.)* comer muito (de um prato); *se faire — de* orgulhar-se de; **2.** honraria, grandeza, privilégio.
*****honnir** *v.t.* infamar.
honorabilité *s.f.* honorabilidade, honradez.
honorable *adj.* **1.** honroso; **2.** estimável, honrado; **3.** suficiente; **4.** bastante bom.
honoraire *adj.* honorário; *s.pl.* honorários, proventos.
honorer *v.t.* **1.** honrar; **2.** pagar, saldar.
honorifique *adj.* honorífico.
*****honte** *s.f.* vergonha; *avoir — de* pejar-se; *faire — à* envergonhar.
*****honteux euse** *adj.* **1.** vergonhoso; **2.** envergonhado.
*****hop!** *interj.* upa!
hôpital aux *s.m.* hospital.
*****hoquet** *s.m.* soluço.
*****hoqueter** *v.int.* soluçar, dar soluços. *(Conj. 9)*
horaire *adj.; s.m.* horário.

*****horde** *s.f.* horda.
*****horion** *s.m.* murro.
horizon *s.m.* horizonte.
horizontal e aux *adj.* horizontal.
horloge *s.f.* relógio (público, de rua, de torre, de edifício).
horloger *s.m.* relojoeiro.
horlogerie *s.f.* relojoaria.
*****hormis** *prep.* exceto, afora.
hormonal e aux *adj.* hormonal.
hormone *s.f.* hormônio.
horodateur *s.m.* relógio datador.
horoscope *s.m.* horóscopo, horoscópio.
horreur *s.f.* horror; *avoir en* — ter horror a; *prendre en* — criar horror a.
horrible *adj.* horrível.
horrifier *v.t.* horrorizar. (*Conj. 23*)
horrifique *adj.* horrífico, horrendo.
horripilant e *adj.* horripilante.
horripiler *v.t.* horripilar.
*****hors** *prep.* fora, afora.
*****hors-bord** *s.m.* lancha.
*****hors-concours** *s.m.* (obra de arte) exposto numa exposição, mas que não pode concorrer a prêmio.
*****hors-d'œuvre** *s.m.* acepipes, frios, petiscos.
*****hors-la-loi** *s.m.* marginal.
hortensia *s.m.* hortênsia.
horticulteur *s.m.* horticultor.
horticulture *s.f.* horticultura.
hospice *s.m.* 1. asilo; 2. — *d'aliénés* hospício.
hospitalier ière *adj.* 1. hospitalizar; 2. hospitaleiro.
hospitalisation *s.f.* hospitalização, internamento.
hospitaliser *v.t.* hospitalizar, internar.
hospitalité *s.f.* hospitalidade.
hostie *s.f.* hóstia.
hostile *adj.* hostil.
hostilité *s.f.* hostilidade.
hosto *s.m.* (*fam.*) hospital.
hôte *s.m.* 1. hospedeiro; 2. hóspede.
hôtel *s.m.* 1. hotel; 2. palácio; — *de la Monnaie* Casa da Moeda; — *des Ventes* salão de leilões; — *de Ville* prefeitura; — *Dieu* (*aprox.*) Santa Casa da Misericórdia.
hôtelier ière *adj.; s.* hoteleiro.
hôtellerie *s.f.* indústria hoteleira.
hôtesse *s.f.* hospedeira; — *de l'air* comissária de bordo, aeromoça.
*****hotte** *s.f.* alcofa (cesta de vime).
*****hou** *interj. para vaiar* uu!

*****houblon** *s.m.* lúpulo.
*****houe** *s.f.* enxada.
*****houille** *s.f.* hulha; — *blanche* hulha-branca, energia hidráulica.
*****houiller ère** *adj.* hulhífero.
*****houillère** *s.f.* hulheira.
*****houle** *s.f.* marulho; *pl.* vagalhões.
*****houlette** *s.f.* cajado.
*****houleux euse** *adj.* encapelado, encrespado; (*fig.*) agitado.
*****houp** *interj.* upa!
*****houppe** *s.f.* 1. borla; 2. poupa.
*****houppelande** *s.f.* opalanda, capote, casacão.
*****hourra** *s.m.* e *interj.* hurra!
*****houspiller** *v.t.* apoquentar, aperrear.
*****housse** *s.f.* capa (de móveis).
*****houx** *s.m.* azevinho (arbusto).
*****hoyau aux** *s.m.* enxada.
*****hublot** *s.m.* vigia (= janelinha de camarote).
*****huche** *s.f.* ucha, arca de pão.
*****huées** *s.f.pl.* apupos, vaias.
*****huer** *v.t.* apupar, vaiar.
*****huguenot e** *adj.; s.* huguenote, calvinista.
huile *s.f.* azeite; *jeter de l'* — *sur le feu* pôr lenha na fogueira; *sentir l'* — revelar o esforço; *pl.* (*pop.*) figurões, autoridades.
huilerie *s.f.* fábrica de azeite.
huileux euse *adj.* oleoso.
huis *s.m.* (*ant.*) porta; — *clos* audiência privada.
huisserie *s.f.* esquadria.
huissier *s.m.* contínuo, bedel, porteiro.
*****huit** *num.* oito.
*****huitaine** *s.f.* 1. uns oito; 2. oito dias; uma semana.
*****huitième** *num.* oitavo; 2. oitava parte; oitavo andar; — *de finale* (*Esp.*) oitava de final.
*****huit-reflets** *s.m.* cartola.
huître *s.f.* 1. ostra; 2. (*fig.* e *fam.*) indivíduo estúpido.
*****hulotte** *s.f.* coruja-do-mato.
humain e *adj.* humano; *s.m.pl.* os homens.
humaniser *v.t.* humanizar.
humanisme *s.m.* humanismo.
humaniste *adj.; s.* humanista.
humanitaire *adj.* humanitário.
humanité *s.f.* humanidade; compaixão, benevolência, clemência; *pl.* estudo das línguas e literaturas greco-latinas.
humble *adj.* humilde.
humecter *v.t.* umectar.

*humer *v.t.* aspirar, sorver.
humérus *s.m.* úmero.
humeur *s.f.* humor; disposição do espírito; temperamento; mau humor.
humide *adj.* úmido.
humidifier *v.t.* umedecer.
humidité *s.f.* umidade.
humiliation *s.f.* humilhação.
humilier *v.t.* humilhar. (*Conj. 23*)
humilité *s.f.* humildade.
humorisme *s.m.* humorismo.
humoriste *s.* humorista.
humoristique *adj.* humorístico.
humour *s.m.* humor.
hun e *adj.; s.pátr.* huno.
*hune *s.f.* gávea.
*huppe *s.f.* poupa.
*huppé *adj.* 1. munido de poupa; 2. (*fig.* e *fam.*) grã-fino.
*hure *s.f.* cabeça de porco ou de javali.
*hurlement *s.m.* uivo, urro.
*hurler *v.int.* e *t.* uivar, urrar.
hurluberlu *s.m.* (*fam.*) doidivanas, pancada.
*hussard *s.m.* hussardo.
*hutte *s.f.* choça, choupana.
hyacinthe *s.f.* jacinto.
hybride *adj.* híbrido.
hybridité *s.f.* hibridez.
hydrate *s.m.* hidrato.
hydrater *v.t.* hidratar.
hydraulique *adj.* hidráulico; *s.f.* hidráulica.
hydravion *s.m.* hidravião.
hydre *s.f.* hidra.
hydrocarbure *s.m.* hidrocarboneto.
hydrocéphalie *s.f.* hidrocefalia.
hydro-électrique *adj.* hidrelétrico.
hydro-électricité *s.f.* hidreletricidade.
hydrogène *s.m.* hidrogênio.
hydrogéner *v.t.* hidrogenar. (*Conj. 13*)
hydroglisseur *s.m.* hidrodeslizador.
hydrologie *s.f.* hidrologia.
hydrologique *adj.* hidrológico.
hydrophile *adj.* hidrófilo.
hydrophobe *adj.* hidrófobo.
hydrophobie *s.f.* (*Med.*) hidrofobia; raiva.
hydropique *adj.; s.* hidrópico.
hydropisie *s.f.* (*Med.*) hidropisia.
hydroplane *s.m.* hidroplano.
hyène *s.f.* hiena.
hygiène *s.f.* higiene.
hygiénique *adj.* higiênico.
hygiéniste *s.* higienista, sanitarista.
hymen *s.m.* 1. hímen (membrana); 2. himeneu (casamento).
hymne *s.m.; f.* hino.
hyperbole *s.f.* 1. (*Ret.*) hipérbole, exageração; 2. (*Geom.*) hipérbole.
hyperbolique *adj.* hiperbólico.
hyperesthesie *s.f.* hiperestesia.
hypermétropie *s.f.* hipermetropia.
hypertension *s.f.* hipertensão.
hypertrophie *s.f.* hipertrofia.
hypertrophier *v.t.* hipertrofiar. (*Conj. 23*)
hypnose *s.f.* hipnose.
hypnotique *adj.* hipnótico.
hypnotiser *v.t.* hipnotizar.
hypnotiseur *s.m.* hipnotizador.
hypnotisme *s.m.* hipnotismo.
hypocondriaque *adj.; s.* hipocondríaco.
hypocondrie *s.f.* hipocondria.
hypocrisie *s.f.* hipocrisia.
hypocrite *adj.; s.* hipócrita.
hypotension *s.f.* hipotensão.
hypoténuse *s.f.* hipotenusa.
hypothèque *s.f.* hipoteca.
hypothéquer *v.t.* hipotecar. (*Conj. 13*)
hypothétique *adj.* hipotético.
hyssope *s.f.* hissopo.
hystérie *s.f.* histeria.
hystérique *adj.; s.* histérico.

I

ibère *adj.; s.pátr.* ibero.
ibérique *adj.; s.pátr.* ibérico.
Ibérie *s.f.* Ibéria.
ibis *s.m.* íbis.
iceberg *s.m.* iceberg.
ichtyologie *s.f.* ictiologia.
ichtyosaure *s.m.* ictiossauro.
ici *adv.* aqui; — *bas* neste mundo; *jusqu'—* até agora.
icône *s.f.* ícone.
iconoclaste *s.m.* iconoclasta.
iconographie *s.f.* iconografia.
iconostase *s.f.* iconostase.
ictère *s.m.* icterícia.
idéal e als ou **aux** *adj.; s.m.* ideal.
idéalisation *s.f.* idealização.
idéaliser *v.t.* idealizar.
idéalisme *s.m.* idealismo.
idéaliste *adj.; s.* idealista.
idée *s.f.* ideia; opinião, pensamento; *se faire des —s* imaginar coisas.
identification *s.f.* identificação.
identifier *v.t.* identificar. (*Conj. 21*)
identique *adj.* idêntico.
identité *s.f.* identidade.
idéogramme *s.m.* ideograma.
idéologie *s.f.* ideologia.
idéologique *adj.* ideológico.
idéologue *s.* ideólogo.
idiomatique *adj.* idiomático.
idiome *s.m.* idioma.
idiosyncrasie *s.f.* idiossincrasia.
idiot e *adj.; s.* idiota.
idiotie *s.f.* 1. idiotia; 2. idiotice.
idiotisme *s.m.* (*Gram.*) idiotismo, idiomatismo.
idoine *adj.* (*fam.*) idôneo.
idolâtre *adj.; s.* idólatra.
idolâtrer *v.t.* idolatrar.
idolâtrie *s.f.* idolatria.
idole *s.f.* ídolo.
idylle *s.f.* idílio.
idyllique *adj.* idílico.
if *s.m.* teixo (árvore).
I.F.O.P. abreviatura de *Institut Français d'Opinion Publique,* equivalente ao Ibope do Brasil.
igloo ou **iglu** *s.m.* iglu.
igname *s.f.* inhame.
ignare *adj.* ignaro.
ignifuge *adj.* ignífugo.
ignition *s.f.* ignição.
ignoble *adj.* ignóbil.
ignominie *s.f.* ignomínia.
ignominieux euse *adj.* ignominioso.
ignorance *s.f.* ignorância.
ignorant e *adj.; s.* ignorante.
ignorer *v.t.* ignorar, desconhecer.
iguane *s.m.* iguana.
iguanodon *s.m.* iguanodonte.
il *pron.m.* ele.
île *s.f.* ilha.
iléon ou **ileum** *s.m.* (*Anat.*) íleo.
iliaque *adj.* (*Anat.*) ilíaco.
illégal e aux *adj.* ilegal.
illégalité *s.f.* ilegalidade.
illégitime *adj.* ilegítimo.
illégitimité *s.f.* ilegitimidade.
illettré e *adj.; s.* analfabeto, iletrado.
illicite *adj.* ilícito.
illico *adv.* (*fam.*) imediatamente.
illimité e *adj.* ilimitado.
illisibilité *s.f.* ilegibilidade.
illisible *adj.* ilegível.
illogique *adj.* ilógico.
illogisme *s.m.* ilogismo.
illumination *s.f.* iluminação.
illuminé e *adj.; s.* iluminado.
illuminer *v.t.* iluminar.
illuminisme *s.m.* iluminismo.
illusion *s.f.* ilusão.
illusionner, s' *v.pron.* iludir-se.

illusionniste *s.m.* ilusionista, prestidigitador.
illusoire *adj.* ilusório.
illustrateur *s.m.* ilustrador.
illustration *s.f.* ilustração.
illustre *adj.* ilustre.
illustré e *adj.* ilustrado.
illustrer *v.t.* ilustrar.
îlot *s.m.* 1. ilhota; 2. quarteirão.
ilote *s.m.* (*Hist.*) hilota.
ilotier *s.m.* guarda-civil encarregado de um quarteirão.
image *s.f.* imagem; — *d'Épinal* litografia, cromo; — *pieuse* santinho.
imagé e *adj.* rico em imagens; metafórico, figurado.
imagerie *s.f.* fabricação de imagens; imagística; iconografia.
imaginable *adj.* imaginável.
imaginaire *adj.* imaginário.
imaginatif ive *adj.* imaginativo.
imagination *s.f.* imaginação.
imaginer *v.t.* imaginar, afigurar; *s'*— *v.pron.* imaginar, afigurar-se.
imbattable *adj.* imbatível.
imbécile *adj.* imbecil.
imbécillité *s.f.* imbecilidade.
imberbe *adj.* imberbe.
imbiber *v.t.* embeber, impregnar, empapar.
imbrication *s.f.* imbricação.
imbriquer *v.t.* imbricar.
imbroglio *s.m.* imbróglio, embrulhada.
imbu e *adj.* imbuído, impregnado.
imbuvable *adj.* intragável, impotável.
imitable *adj.* imitável.
imitateur trice *s.* imitador.
imitatif ive *adj.* imitativo.
imitation *s.f.* imitação.
imiter *v.t.* imitar, arremedar.
immaculé e *adj.* imaculado.
immanence *s.f.* imanência.
immanent e *adj.* imanente.
immangeable *adj.* incomível.
immanquable *adj.* infalível, fatal.
immatériel elle *adj.* imaterial.
immatriculation *s.f.* matrícula, registro; emplacamento (de automóvel).
immaturité *s.f.* imaturidade.
immédiat e *adj.* imediato.
immémorial e aux *adj.* imemorial.
immense *adj.* imenso.
immensité *s.f.* imensidade.
immerger *v.int.* imergir.
immérité e *adj.* imerecido.
immersion *s.f.* imersão.
immeuble *adj.* imóvel; *s.m.* imóvel, prédio.
immigrant e *adj.; s.* imigrante.
immigration *s.f.* imigração.
immigrer *v.int.* imigrar.
imminence *s.f.* iminência.
imminent e *adj.* iminente.
immiscer, s' *v.pron.* imiscuir-se, intrometer-se.
immixtion *s.f.* ingerência, intromissão.
immobile *adj.* imóvel, parado.
immobilier ière *adj.* imobiliário.
immobiliser *v.t.* imobilizar.
immobilisme *s.m.* imobilismo.
immobilité *s.f.* imobilidade.
immodéré e *adj.* imoderado.
immodeste *adj.* imodesto.
immodestie *s.f.* imodéstia.
immolation *s.f.* imolação.
immoler *v.t.* imolar.
immonde *adj.* imundo.
immondice *s.f.* imundície.
immoral e aux *adj.* imoral.
immoralité *s.f.* imoralidade.
immortaliser *v.t.* imortalizar.
immortalité *s.f.* imortalidade.
immortel elle *adj.* imortal; *s.f.* sempre-viva (planta).
immotivé e *adj.* imotivado.
immuable *adj.* imutável.
immunisation *s.f.* imunização.
immuniser *v.t.* imunizar.
immunité *s.f.* imunidade.
immunologie *s.f.* imunologia.
immutabilité *s.f.* imutabilidade.
impact *s.m.* impacto; colisão.
impair e *adj.* ímpar; *s.m.* rata, gafe.
impalpable *adj.* impalpável.
impardonnable *adj.* imperdoável.
imparfait e *adj.; s.m.* imperfeito.
imparité *s.f.* imparidade.
impartageable *adj.* impartível, impartilhável.
impartial e aux *adj.* imparcial.
impartialité *s.f.* imparcialidade.
impasse *s.f.* 1. beco sem saída; 2. impasse.
impassibilité *s.f.* impassibilidade.
impassible *adj.* impassível.
impatiemment *adv.* impacientemente.
impatience *s.f.* impaciência.
impatient e *adj.* impaciente; *s.f.* maria-sem-vergonha.

impatienter *v.int.* impacientar; *s'* — *v.pron.* impacientar-se.
impavide *adj.* impávido.
impayable *adj.* impagável; (*fig.*) muito engraçado.
impeccable *adj.* impecável.
impedimenta *s.m.pl.* impedimentos (veículos e bagagem).
impénétrabilité *s.f.* impenetrabilidade.
impénétrable *adj.* impenetrável.
impénitence *s.f.* impenitência.
impénitente e *adj.* impenitente.
impensable *adj.* impensável.
imper *s.m.* (*fam.*) impermeável, capa de chuva.
impératif ive *adj.; s.m.* imperativo.
impératrice *s.f.* imperatriz.
imperceptible *adj.* imperceptível.
imperdable *adj.* imperdível.
imperfectible *adj.* imperfectível.
imperfection *s.f.* imperfeição.
impérial e aux *adj.* imperial.
impériale *s.f.* teto de veículo, tejadilho.
impérialisme *s.m.* imperialismo.
impérialiste *adj.; s.* imperialista.
impérieux euse *adj.* imperioso.
impérissable *adj.* imperecível.
impéritie *s.f.* imperícia.
imperméabilisation *s.f.* impermeabilização.
imperméabiliser *v.t.* impermeabilizar.
imperméable *adj.* impermeável; *s.m.* impermeável, capa de chuva.
impersonnalité *s.f.* impersonalidade, impessoalidade.
impersonnel elle *adj.* impessoal.
impertinence *s.f.* impertinência.
impertinent e *adj.* impertinente.
imperturbable *adj.* imperturbável.
impétigo *s.m.* (*Med.*) impetigem.
impétueux euse *adj.* impetuoso.
impétuosité *s.f.* impetuosidade.
impie *adj.; s.* ímpio.
impiété *s.f.* impiedade.
impitoyable *adj.* impiedoso.
implacabilité *s.f.* implacabilidade.
implacable *adj.* implacável.
implant *s.m.* implanto.
implantation *s.f.* implantação.
implanter *v.t.* implantar.
implication *s.f.* implicação.
implicite *adj.* implícito.
impliquer *v.t.* implicar.
implorer *v.t.* implorar.

implosion *s.f.* implosão.
impoli e *adj.* impolido, descortês.
impolitesse *s.f.* impolidez, indelicadeza; má-criação.
impondérable *adj.; s.m.* imponderável.
impopulaire *adj.* impopular.
impopularité *s.f.* impopularidade.
importable *adj.* importável.
importance *s.f.* importância; *attacher de l'* — *à* ligar importância a; *d'* — *loc.adv.* muito.
importateur trice *s.* importador.
importation *s.f.* importação.
importer[1] *v.int.* importar, ter importância; *n'importe comment* de qualquer maneira; *n'importe où* em qualquer lugar; *n'importe que* qualquer; *n'importe qui* qualquer um; *n'importe quoi* qualquer coisa.
importer[2] *v.t.* importar, fazer importação de.
importun e *adj.* importuno.
importuner *v.t.* importunar.
importunité *s.f.* importunidade, importunação.
imposable *adj.* tributável.
imposant e *adj.* imponente.
imposer *v.t.* 1. impor, infligir; *en* — *à* impor respeito a; 2. tributar, impor tributo a.
imposition *s.f.* imposição.
impossibilité *s.f.* impossibilidade.
impossible *adj.* impossível.
imposteur *s.m.* impostor.
imposture *s.f.* impostura.
impôt *s.m.* imposto; — *sur le revenu* imposto de renda.
impotent e *adj.* aleijado.
impraticabilité *s.f.* impraticabilidade.
impraticable *adj.* 1. impraticável; 2. intransitável.
imprécation *s.f.* imprecação, praga.
imprécis e *adj.* impreciso, vago.
imprécision *s.f.* imprecisão.
imprégnation *s.f.* impregnação.
imprégner *v.t.* impregnar. (*Conj. 13*)
imprenable *adj.* inexpugnável.
imprescriptible *adj.* imprescritível.
impression *s.f.* impressão.
impressionnabilité *s.f.* impressionabilidade.
impressionnable *adj.* impressionável.
impressionner *v.t.* impressionar.
impressionnisme *s.m.* impressionismo.
impressionniste *adj.; s.* impressionista.

imprévisibilité s.f. imprevisibilidade.
imprévisible adj. imprevisível.
imprévoyance s.f. imprevidência.
imprévoyant e adj. imprevidente.
imprévu e adj. imprevisto.
imprimé e adj.; s.m. impresso.
imprimerie s.f. 1. imprensa; 2. tipografia.
imprimeur s.m. impressor.
improbabilité s.f. improbabilidade.
improbable adj. improvável.
improbité s.f. improbidade.
improductif ive adj. improdutivo.
impromptu s.m. peça ou composição com caráter de improviso; *impromptu*.
imprononçable adj. impronunciável.
impropre adj. impróprio.
impropriété s.f. impropriedade.
improvisateur s.m. improvisador.
improvisation s.f. improvisação.
improviser v.t. improvisar.
improviste à l'— loc.adv. de improviso; inesperadamente.
imprudemment adv. imprudentemente.
imprudence s.f. imprudência.
imprudent e adj. imprudente, desavisado.
impubère adj. impúbere.
impublicable adj. impublicável.
impudemment adv. impudentemente.
impudence s.f. impudência, impudor, descaramento.
impudent e adj. impudente.
impudeur s.f. impudor.
impudique adj. impudico.
impuissance s.f. impotência.
impuissant e adj. impotente.
impulsif ive adj. impulsivo.
impulsion s.f. impulsão.
impunément adv. impunemente.
impuni e adj. impunido, impune.
impunité s.f. impunidade.
impur e adj. impuro.
impureté s.f. impureza.
imputable adj. imputável.
imputation s.f. imputação.
imputer v.t. imputar.
imputrescible adj. imputrescível.
inabordable adj. inabordável.
inaccentué e adj. não acentuado.
inacceptable adj. inaceitável.
inaccessible adj. inacessível, inatingível.
inaccoutumé e adj. insólito.
inachevé e adj. inacabado.
inachèvement s.m. falta de acabamento.
inactif ive adj. inativo.

inaction s.f. inação.
inactivité s.f. inatividade.
inadaptation s.f. inadaptação.
inadapté e adj. inadaptado.
inadéquat e adj. inadequado.
inadmissible adj. inadmissível.
inadmissibilité s.f. inadmissibilidade.
inadvertance s.f. inadvertência, descuido.
inajournable adj. inadiável.
inaliénabilité s.f. inalienabilidade.
inaliénable adj. inalienável.
inaltérabilité s.f. inalterabilidade.
inaltérable adj. inalterável.
inaltéré e adj. inalterado.
inamical e aux adj. inamistoso.
inamovibilité s.f. inamovibilidade.
inamovible adj. inamovível, irremovível.
inanimé e adj. inanimado.
inanité s.f. inanidade.
inanition s.f. inanição.
inaperçu e adj. despercebido.
inappétence s.f. inapetência.
inapplicable adj. inaplicável.
inappréciable adj. inapreciável, inestimável.
inapte adj. inapto.
inaptitude s.f. inaptidão.
inarticulé e adj. inarticulado.
inassouvi e adj. insaciado.
inassouvissable adj. insaciável.
inattaquable adj. inatacável.
inattendu e adj. inesperado.
inattentif ive adj. desatento.
inattention s.f. falta de atenção, desatenção.
inaudible adj. inaudível.
inaugural e aux adj. inaugural.
inauguration s.f. inauguração.
inaugurer v.t. inaugurar.
inauthenticité s.f. inautenticidade.
inauthentique adj. inautêntico.
inavouable adj. inconfessável.
inca s.pátr. inca; adj. incaico.
incalculable adj. incalculável.
incandescence s.f. incandescência.
incandescent e adj. incandescente.
incantation s.f. encantação, sortilégio.
incapable adj. incapaz.
incapacité s.f. incapacidade.
incarcération s.f. encarceramento.
incarcérer v.t. encarcerar. (*Conj. 13*)
incarnat e adj. encarnado.
incarnation s.f. encarnação.
incarner v.t. encarnar; s'— v.pron. encarnar-se.

incartade *s.f.* estrepulia, pecadilho.
incassable *adj.* inquebrável.
incendiaire *adj.; s.* incendiário.
incendie *s.m.* incêndio.
incendier *v.t.* incendiar. (*Conj. 23*)
incertain e *adj.* incerto.
incertitude *s.f.* incerteza.
incessamment *adv.* imediatamente, sem demora.
incessant e *adj.* incessante.
inceste *s.m.* incesto.
incestueux euse *adj.* incestuoso.
inchangé e *adj.* não mudado, invariável.
incidemment *adv.* incidentemente.
incidence *s.f.* incidência.
incident e *adj.; s.m.* incidente.
incinération *s.f.* incineração.
incinérer *v.t.* incinerar. (*Conj. 13*)
incirconcis *adj.; s.m.* incircuncidado.
inciser *v.t.* incisar, fazer incisão em.
incisif ive *adj.* incisivo.
incision *s.f.* incisão.
incitation *s.f.* incitação, incitamento.
inciter *v.t.* incitar.
incivil e *adj.* incivil.
inclassable *adj.* inclassificável.
inclémence *s.f.* inclemência.
inclément e *adj.* inclemente.
inclinaison *s.f.* (*Astr.*) inclinação.
inclination *s.f.* inclinação, propensão.
incliner *v.t.* inclinar; *s'— v.pron.* inclinar-se.
inclure *v.t.* incluir. (*Conj. 63*)
inclus e *adj.* incluso.
inclusion *s.f.* inclusão.
incoercible *adj.* incoercível.
incognito *adv.; s.m.* incógnito.
incohérence *s.f.* incoerência.
incohérent e *adj.* incoerente, desconexo.
incollable *adj.* (*fam.*) (aluno) que não pode ser reprovado.
incolore *adj.* incolor.
incomber *v.int.* incumbir, caber a; recair em.
incombustibilité *s.f.* incombustibilidade.
incombustible *adj.* incombustível.
incommensurable *adj.* incomensurável.
incommode *adj.* incômodo.
incommoder *v.t.* incomodar, importunar.
incommunicabilité *s.f.* incomunicabilidade.
incommunicable *adj.* incomunicável.
incomparable *adj.* incomparável.
incompatibilité *s.f.* incompatibilidade.
incompatible *adj.* incompatível.

incompétence *s.f.* incompetência.
incompétent e *adj.* incompetente.
incomplet ète *adj.* incompleto.
incompréhensibilité *s.f.* incompreensibilidade.
incompréhensible *adj.* incompreensível.
incompréhension *s.f.* incompreensão.
incompris e *adj.* incompreendido.
inconcevable *adj.* inconcebível.
inconciliable *adj.* inconciliável.
inconditionnel elle *adj.* incondicional.
inconduite *s.f.* desregramento, devassidão.
inconfort *s.m.* desconforto.
incongru e *adj.* incongruente.
incongruité *s.f.* incongruidade, incongruência.
inconnaissable *adj.* incognoscível.
inconnu e *adj.; s.* desconhecido, incógnito.
inconsciemment *adv.* inconscientemente.
inconscience *s.f.* inconsciência.
inconscient e *adj.; s.m.* inconsciente.
inconséquence *s.f.* inconsequência.
inconséquent e *adj.* inconsequente.
inconsidéré e *adj.* inconsiderado, temerário, leviano.
inconsistance *s.f.* inconsistência.
inconsistant e *adj.* inconsistente.
inconsolable *adj.* inconsolável.
inconsolé e *adj.* desconsolado.
inconstance *s.f.* inconstância.
inconstant e *adj.* inconstante.
inconstitutionnalité *s.f.* inconstitucionalidade.
inconstitutionnel elle *adj.* inconstitucional.
incontestable *adj.* incontestável.
incontesté e *adj.* incontestado.
incontinence *s.f.* incontinência.
incontinent e *adj.* incontinente; imoderado, sensual.
incontrôlable *adj.* incontrolável.
inconvenance *s.f.* inconveniência.
inconvenant e *adj.* inconveniente.
inconvénient *s.m.* inconveniente; *je n'y vois pas d'—* não vejo nisso nenhum inconveniente.
incoordination *s.f.* incoordenação.
incorporation *s.f.* incorporação.
incorporer *v.t.* incorporar.
incorrect e *adj.* incorreto.
incorrection *s.f.* incorreção.
incorrigibilité *s.f.* incorrigibilidade.
incorrigible *adj.* incorrigível.
incorruptibilité *s.f.* incorruptibilidade.

incorruptible adj. incorruptível.
incrédibilité s.f. incredibilidade.
incrédule adj. incrédulo.
incrédulité s.f. incredulidade.
increvable adj. (pneu) que não fura; indestrutível.
incriminer v.t. incriminar.
incroyable adj. incrível, inacreditável.
incroyance s.f. descrença.
incroyant e adj.; s. incréu, descrente.
incrustation s.f. incrustação.
incruster v.t. incrustar.
incubateur adj.m. incubador; s.m. incubadora, chocadeira.
incubation s.f. incubação.
incube s.m. íncubo.
inculpation s.f. inculpação.
inculpé e adj.; s. incriminado, indiciado.
inculper v.t. inculpar.
inculquer v.t. inculcar, incutir.
inculte adj. inculto.
incurabilité s.f. incurabilidade.
incurable adj. incurável.
incurie s.f. incúria.
incurieux euse adj. incurioso.
incuriosité s.f. incuriosidade, falta de curiosidade.
incursion s.f. incursão.
incurver v.t. encurvar.
Inde s.f. Índia.
indécence s.f. indecência.
indécent e adj. indecente.
indéchiffrable adj. indecifrável.
indécis e adj. indeciso; vago.
indécision s.f. indecisão.
indécrottable adj. que não pode ser desenlameado; (fig.) incorrigível.
indéfectible adj. indefectível.
indéfendable adj. indefensável.
indéfini e adj. indefinido.
indéfinissable adj. indefinível.
indéformable adj. indeformável.
indéfrichable adj. incultivável.
indéfrisable adj. indefrisável, permanente (ondulação).
indélébile adj. indelével.
indélicat e adj. indelicado; desonesto.
indélicatesse s.f. desonestidade.
indémaillable adj. indesfiável.
indemne adj. indene.
indemnisation s.f. indenização.
indemniser v.t. indenizar.
indemnité s.f. indenização.
indéniable adj. inegável.

indépendamment adj. independentemente.
indépendance s.f. independência.
indépendant e adj. independente.
indescriptible adj. indescritível.
indésirable adj. indesejável.
indestructibilité s.f. indestrutibilidade.
indestructible adj. indestrutível.
indétermination s.f. indeterminação.
indéterminé e adj. indeterminado.
index s.m. **1.** índex (catálogo de livros proibidos pela Igreja); **2.** índice; **3.** dedo indicador.
indexation s.f. correção monetária.
indexer v.t. aplicar correção monetária a; submeter à correção monetária.
indic s.m. (gír.) dedo-duro, delator.
indicateur s.m. **1.** delator; **2.** guia, horário; **3.** indicador.
indicatif ive adj.; s.m. indicativo.
indication s.f. indicação.
indice s.m. **1.** indício; **2.** índice.
indicible adj. indizível, inefável.
indien enne adj.; s.pátr. **1.** índio (autóctone das Américas); **2.** indiano, índico, índio (da Índia).
indienne s.f. chita estampada.
indifférence s.f. indiferença.
indifférent e adj. indiferente.
indigence s.f. indigência.
indigène adj.; s. indígena.
indigent e adj.; s. indigente.
indigeste adj. indigesto.
indigestion s.f. indigestão.
indignation s.f. indignação.
indigne adj. indigno.
indigner v.t. indignar; s'— v.pron. indignar-se.
indignité s.f. indignidade.
indigo s.m. índigo, anil.
indiquer v.t. indicar.
indirect e adj. indireto.
indiscernable adj. indiscernível.
indiscipline s.f. indisciplina.
indiscipliné e adj. indisciplinado.
indiscret ète adj. indiscreto; metediço.
indiscrétion s.f. indiscrição.
indiscutable adj. indiscutível.
indispensable adj. indispensável, imprescindível.
indisponible adj. indisponível.
indisposé adj. indisposto, incomodado.
indisposer v.t. indispor; malquistar, inimizar.

indisposition *s.f.* indisposição; menstruação.
indissolubilité *s.f.* indissolubilidade.
indissoluble *adj.* indissolúvel.
indistinct e *adj.* indistinto.
individu *s.m.* indivíduo.
individualiser *v.t.* individualizar.
individualisme *s.m.* individualismo.
individualiste *adj.; s.* individualista.
individualité *s.f.* individualidade.
individuel elle *adj.* individual.
indivisibilité *s.f.* indivisibilidade.
indivisible *adj.* indivisível.
Indochine *s.f.* Indochina.
indochinois e *adj.; s.pátr.* indochinês.
indocile *adj.* indócil.
indolemment *adv.* indolentemente.
indolence *s.f.* indolência, desídia.
indolent e *adj.* indolente.
indolore *adj.* indolor.
indomptable *adj.* indomável.
Indonésie *s.f.* Indonésia.
indonésien ne *adj.; s.pátr.* indonésio.
indu e *adj.* indevido; *à une heure —e* fora de horas.
indubitable *adj.* indubitável.
inductif ive *adj.* indutivo.
induction *s.f.* indução.
induire *v.t.* induzir. (*Conj.* 64)
indulgence *s.f.* indulgência.
indulgent e *adj.* indulgente.
indult *s.m.* indulto.
indûment *adv.* indevidamente.
industrialisation *s.f.* industrialização.
industrialiser *v.t.* industrializar.
industrie *s.f.* 1. indústria; 2. (*ant.*) habilidade.
industriel elle *adj.; s.* industrial.
industrieux euse *adj.* industrioso, laborioso.
inébranlable *adj.* inabalável.
inédit e *adj.; s.m.* inédito.
ineffable *adj.* inefável, indizível.
ineffaçable *adj.* inapagável, indelével.
inefficace *adj.* ineficaz.
inefficacité *s.f.* ineficácia.
inégal e aux *adj.* desigual.
inégalité *s.f.* desigualdade.
inélégance *s.f.* deselegância.
inélégant e *adj.* deselegante, inelegante.
inéligibilité *s.f.* inelegibilidade.
inéligible *adj.* inelegível.
inéluctable *adj.* inelutável.
inemployé e *adj.* não empregado, sem emprego.

inénarrable *adj.* inenarrável, ridículo.
inepte *adj.* inepto.
ineptie *s.f.* inépcia.
inépuisable *adj.* inesgotável.
inerte *adj.* inerte.
inertie *s.f.* inércia.
inespéré e *adj.* inesperado.
inestimable *adj.* inestimável.
inévitable *adj.* inevitável.
inexact e *adj.* inexato, impontual.
inexactitude *s.f.* inexatidão, impontualidade.
inexcusable *adj.* indesculpável.
inexécutable *adj.* inexequível.
inexécution *s.f.* inexecução; não execução.
inexigible *adj.* inexigível.
inexistant e *adj.* inexistente.
inexistence *s.f.* inexistência.
inexorabilité *s.f.* inexorabilidade.
inexorable *adj.* inexorável.
inexpérience *s.f.* inexperiência.
inexpérimenté e *adj.* inexperiente.
inexpiable *adj.* inexpiável.
inexplicable *adj.* inexplicável.
inexpliqué e *adj.* inexplicado.
inexplorable *adj.* inexplorável.
inexploré e *adj.* inexplorado.
inexpressif ive *adj.* inexpressivo.
inexprimable *adj.* inexprimível.
inexpugnable *adj.* inexpugnável.
inextinguible *adj.* inextinguível, inapagável.
inextricable *adj.* inextricável.
infaillibilité *s.f.* infalibilidade.
infaillible *adj.* infalível.
infaisable *adj.* infactível, inexequível.
infamant e *adj.* infamante.
infâme *adj.* infame.
infamie *s.f.* infâmia.
infant *s.m.* infante.
infanterie *s.f.* infantaria.
infanticide 1. *adj.; s.* infanticida; 2. *s.m.* infanticídio.
infantil *adj.* infantil.
infantilisme *s.m.* infantilismo.
infarctus *s.m.* enfarte.
infatigable *adj.* infatigável, incansável.
infatuation *s.f.* enfatuação.
infatué e *adj.* enfatuado, cheio de si, presumido.
infatuer *v.t.* enfatuar.
infécond e *adj.* infecundo.
infécondité *s.f.* infecundidade.

infect e *adj.* infeto.
infecter *v.t.* infeccionar.
infectieux euse *adj.* infeccioso.
infection *s.f.* infecção.
inférer *v.t.* inferir, depreender. (*Conj. 13*)
inférieur e *adj.* inferior.
infériorité *s.f.* inferioridade.
infernal e aux *adj.* infernal.
infertile *adj.* infértil.
infertilité *s.f.* infertilidade.
infester *v.t.* infestar.
infidèle *adj.* infiel.
infidélité *s.f.* infidelidade.
infiltration *s.f.* infiltração.
infiltrer, s' *v.pron.* infiltrar-se.
infime *adj.* ínfimo.
infini e *adj.; s.m.* infinito.
infinité *s.f.* infinidade.
infinitif *s.m.* infinitivo.
infirme *adj.* enfermo, inválido.
infirmer *v.t.* enfraquecer, anular.
infirmerie *s.f.* enfermaria.
infirmier ière *s.* enfermeiro.
infirmité *s.f.* enfermidade, invalidez.
inflammabilité *s.f.* inflamabilidade.
inflammable *adj.* inflamável.
inflammation *s.f.* inflamação.
inflation *s.f.* inflação.
infléchir *v.t.* inflectir.
inflexibilité *s.f.* inflexibilidade.
inflexible *adj.* inflexível.
inflexion *s.f.* inflexão.
infliger *v.t.* infligir. (*Conj. 19*)
influence *s.f.* influência.
influencer *v.t.* influenciar. (*Conj. 14*)
influent e *adj.* influente.
influenza *s.f. influenza.*
influer *v.t.* influir.
informateur trice *s.* informador, informante.
informaticien enne *adj.; s.* especialista em informática.
information *s.f.* informação.
informatique *s.f.* informática.
informe *adj.* informe.
informé e *adj.* informado; *s.m.* informação.
informer *v.t.* informar; *s'— v.pron.* informar-se.
infortune *s.f.* infortúnio, desgraça.
infortuné e *adj.* desaventurado, infeliz.
infracteur *s.m.* infrator.
infraction *s.f.* infração.
infranchissable *adj.* intransponível.

infrangible *adj.* infrangível, inquebrável.
infrarouge *adj.* infravermelho.
infrastructure *s.f.* infraestrutura.
infréquentable *adj.* que não se pode frequentar.
infroissable *adj.* (tecido) que não amarrota.
infructueux euse *adj.* infrutuoso.
infus e *adj.* infuso.
infuser *v.t.* infundir; fazer infusão de.
infusibilité *s.f.* infusibilidade.
infusible *adj.* infusível.
infusion *s.f.* infusão, tisana.
infusoire *s.m.* infusório.
ingambe *adj.* lépido.
ingénier, s' *v.pron.* esforçar-se, dar tratos à bola. (*Conj. 23 e 8*)
ingénieur *s.m.* engenheiro; *— des ponts et chaussées* engenheiro civil.
ingénieux euse *adj.* engenhoso.
ingéniosité *s.f.* engenho, habilidade.
ingénu e *adj.* ingênuo.
ingénuité *s.f.* ingenuidade.
ingérence *s.f.* ingerência.
ingérer[1] *v.t.* ingerir. (*Conj. 13*)
ingérer[2]**, s'** *v.pron.* interferir. (*Conj. 13 e 8*)
ingestion *s.f.* ingestão.
ingouvernable *adj.* ingovernável.
ingrat e *adj.* ingrato.
ingratitude *s.f.* ingratidão.
ingrédient *s.m.* ingrediente.
inguérissable *adj.* incurável.
inguinal e aux *adj.* inguinal; relativo à virilha.
ingurgiter *v.t.* ingurgitar.
inhabile *adj.* **1.** inábil; **2.** (juridicamente) incapaz.
inhabileté *s.f.* inabilidade, inaptidão.
inhabilité *s.f.* incapacidade (jurídica).
inhabitable *adj.* inabitável.
inhabité e *adj.* inabitado, desabitado.
inhabituel elle *adj.* incomum, inusitado.
inhalation *s.f.* inalação.
inhaler *v.t.* inalar.
inhérent e *adj.* inerente.
inhiber *v.t.* inibir.
inhibition *s.f.* inibição.
inhospitalier ière *adj.* inospitaleiro, inóspito.
inhumain e *adj.* inumano, desumano.
inhumanité *s.f.* desumanidade.
inhumation *s.f.* inumação.
inhumer *v.t.* inumar.
inimaginable *adj.* inimaginável.

inimitable *adj.* inimitável.
inimitié *s.f.* inimizade.
ininflammable *adj.* ininflamável.
inintelligence *s.f.* ininteligência.
inintelligent e *adj.* ininteligente.
inintelligibilité *s.f.* ininteligibilidade.
inintelligible *adj.* ininteligível.
inintéressant e *adj.* desinteressante.
ininterrompu e *adj.* ininterrupto, contínuo.
inique *adj.* iníquo.
iniquité *s.f.* iniquidade.
initial e aux *adj.* inicial.
initiale *s.f.* inicial.
initiateur trice *s.* iniciador.
initiation *s.f.* iniciação.
initiative *s.f.* iniciativa.
initié e *s.* iniciado.
initier *v.t.* iniciar. (*Conj. 23*)
injecter *v.t.* injetar.
injecteur *adj.; s.m.* injetor.
injection *s.f.* injeção.
injonction *s.f.* injunção.
injouable *adj.* irrepresentável.
injure *s.f.* injúria.
injurier *v.t.* injuriar. (*Conj. 23*)
injurieux euse *adj.* injurioso.
injuste *s.f.* injusto.
injustice *s.f.* injustiça; *crier à l'*— denunciar a injustiça.
injustifiable *adj.* injustificável.
inlassable *adj.* incansável.
inné e *adj.* inato.
innéité *s.f.* inatismo.
innerver *v.t.* inervar.
innocemment *adv.* inocentemente.
innocence *s.f.* inocência.
innocent e *adj.* inocente.
innocenter *v.t.* inocentar.
innocuité *s.f.* inocuidade.
innombrable *adj.* inumerável.
innommable *adj.* inominável.
innommé e *adj.* inominado, não designado.
innominé e *adj.* inominado.
innovateur trice *s.* inovador.
innovation *s.f.* inovação.
innover *v.t.* inovar.
inobservable *adj.* inobservável.
inobservance *s.f.* inobservância.
inobservation *s.f.* inobservação.
inoccupé e *adj.* desocupado, vago.
inoculable *adj.* inoculável.
inoculation *s.f.* inoculação.
inoculer *v.t.* inocular.
inodore *adj.* inodoro.
inoffensif ive *adj.* inofensivo.
inondable *adj.* inundável.
inondation *s.f.* inundação.
inonder *v.t.* inundar.
inopérable *adj.* inoperável.
inopérant e *adj.* inoperante.
inopiné e *adj.* inopinado, não esperado.
inopportun e *adj.* inoportuno.
inopportunité *s.f.* inoportunidade.
inorganique *adj.* inorgânico.
inorganisé e *adj.* inorganizado; não sindicalizado.
inoubliable *adj.* inesquecível, inolvidável.
inouï e *adj.* inaudito, incrível, espantoso.
inox *adj.* (*fam.*) inoxidável.
inoxydable *adj.* inoxidável.
in-pace *s.m.* prisão, cela.
inqualifiable *adj.* inqualificável.
inquiet ète *adj.* inquieto; preocupado, ansioso.
inquiétant e *adj.* inquietante, inquietador.
inquiéter *v.t.* inquietar; *s'*— *v.pron.* inquietar-se. (*Conj. 12*)
inquiétude *s.f.* inquietação, inquietude.
inquisiteur *adj.* inquiridor; *s.m.* inquisidor.
inquisition *s.f.* inquisição.
inquisitorial e aux *adj.* inquisitorial.
insaisissable *adj.* que não pode ser apanhado; imperceptível.
insalissable *adj.* insujável.
insalubre *adj.* insalubre.
insalubrité *s.f.* insalubridade.
insane *adj.* insano.
insanité *s.f.* insanidade, insânia.
insatiabilité *s.f.* insaciabilidade.
insatiable *adj.* insaciável.
insatisfaction *s.f.* insatisfação.
insatisfait e *adj.* insatisfeito.
inscriptible *adj.* inscriptível.
inscription *s.f.* inscrição; matrícula; transcrição.
inscrire *v.t.* inscrever, matricular; *s'*— *v.pron.* inscrever-se, matricular-se; *s'*— *en faux contre* desmentir. (*Conj. 72*)
inscrit e *adj.* inscrito.
insecte *s.m.* inseto.
insecticide *s.m.* inseticida.
insectivore *adj.* insetívoro.
insécurité *s.f.* insegurança.
insémination *s.f.* inseminação.
inséminer *v.t.* inseminar.

insensé e *adj.* insensato.
insensibilisation *s.f.* insensibilização.
insensibiliser *v.t.* insensibilizar.
insensibilité *s.f.* insensibilidade.
insensible *adj.* insensível.
inséparable *adj.* inseparável.
insérer *v.t.* inserir. (*Conj. 13*)
insertion *s.f.* inserção.
insidieux euse *adj.* insidioso.
insigne[1] *adj.* insigne.
insigne[2] *s.m.* insígnia.
insignifiance *s.f.* insignificância.
insignifiant e *adj.* insignificante.
insincère *adj.* insincero.
insincérité *s.f.* insinceridade.
insinuant e *adj.* insinuante.
insinuation *s.f.* insinuação.
insinuer *v.t.* insinuar; *s'*— *v.pron.* insinuar-se.
insipide *adj.* insípido, desenxabido, insosso.
insipidité *s.f.* insipidez, sensaboria.
insistance *s.f.* insistência.
insistant e *adj.* insistente.
insister *v.int.* insistir.
insociabilité *s.f.* insociabilidade.
insociable *adj.* insociável.
insolation *s.f.* insolação.
insolemment *adv.* insolentemente.
insolence *s.f.* insolência.
insolent e *adj.* insolente, desabusado.
insoler *v.t.* insolar.
insolite *adj.* insólito.
insolubilité *s.f.* insolubilidade.
insoluble *adj.* insolúvel.
insolvabilité *s.f.* insolvabilidade, insolvência.
insolvable *adj.* insolvente.
insomniaque *adj.; s.* insone.
insomnie *s.f.* insônia.
insomnieux euse *adj.* insone.
insondable *adj.* insondável.
insonore *adj.* insonoro.
insonorisation *s.f.* insonorização.
insonoriser *v.t.* insonorizar.
insouciance *s.f.* displicência, preocupação.
insouciant e *adj.* displicente, despreocupado.
insoumis e *adj.* insubmisso.
insoumission *s.f.* insubmissão.
insoupçonnable *adj.* insuspeito.
insoupçonné e *adj.* 1. insuspeito; 2. não suspeitado.
insoutenable *adj.* insustentável.
inspecter *v.t.* inspecionar.
inspecteur trice *s.* inspetor.
inspection *s.f.* inspeção.
inspirateur trice *s.* inspirador.
inspiration *s.f.* inspiração.
inspirer *v.t.* inspirar.
instabilité *s.f.* instabilidade.
instable *adj.* instável.
installateur *s.m.* instalador.
installation *s.f.* instalação.
installer *v.t.* instalar.
instamment *adv.* instantemente, encarecidamente.
instance *s.f.* 1. instância; 2. insistência.
instant[1] **e** *adj.* instante, premente.
instant[2] *s.m.* instante; *à l'*— neste instante, imediatamente; *pour l'*— por enquanto.
instantané e *adj.; s.m.* instantâneo.
instantanéité *s.f.* instantaneidade.
instar à l' — *de loc.prep.* à semelhança de.
instauration *s.f.* instauração.
instaurer *v.t.* instaurar, inaugurar, instituir.
instigateur trice *s.* instigador.
instigation *s.f.* instigação, incitação.
instillation *s.f.* instilação.
instiller *v.t.* instilar.
instinct *s.m.* instinto; *d'*— instintivamente.
instinctif ive *adj.* instintivo.
instituer *v.t.* instituir.
institut *s.m.* instituto; *l'Institut* (*de France*) o Instituto de França.
instituteur trice *s.* professor primário.
institution *s.f.* instituição.
institutionnel elle *adj.* institucional.
instructeur *s.m.* instrutor.
instruire *v.t.* instruir. (*Conj. 63*)
instruit e *adj.* instruído.
instrument *s.m.* instrumento; —*s à clavier* instrumentos de teclado; — *à cordes* instrumentos de cordas; —*s à percussion* instrumentos de percussão; —*s à vent* instrumentos de sopro; — *en cuivre* metais.
instrumental e aux *adj.* instrumental.
instrumentation *s.f.* instrumentação.
instrumenter *v.t.* instrumentar.
instrumentiste *s.* instrumentista.
insu à l' — *de loc.prep.* à revelia de; *à mon* — à minha revelia.
insubmersible *adj.* insubmersível.
insubordination *s.f.* insubordinação.
insubordonné e *adj.* insubordinado.

insuccès s.m. insucesso.
insuffisance s.f. insuficiência.
insuffisant e adj. insuficiente; escasso.
insufflation s. insuflação.
insuffler v.t. insuflar.
insulaire adj.; s. insular, insulano.
insularité s.f. insularidade.
insuline s.f. insulina.
insultant e adj. insultuoso.
insulte s.f. insulto, injúria, ofensa.
insulter v.t. insultar, ofender.
insulteur s.m. insultador.
insupportable adj. insuportável.
insurgé e adj.; s. insurreto.
insurger, s' v.pron. insurgir-se; sublevar-se (Conj. 19 e 8)
insurmontable adj. insuperável, invencível.
insurrection s.f. insurreição.
insurrectionnel elle adj. insurrecional.
intact e adj. intato.
intangibilité s.f. intangibilidade.
intangible adj. intangível.
intarissable adj. inesgotável, inexaurível.
intégral e aux adj. integral; s.f. integral.
intégrant e adj. integrante.
intégration s.f. integração.
intègre adj. íntegro.
intégrer v.t. integrar. (Conj. 13)
intégrité s.f. integridade.
intellect s.m. intelecto.
intellectualisme s.m. intelectualismo.
intellectualité s.f. intelectualidade.
intellectuel elle adj.; s. intelectual.
intelligence s.f. 1. inteligência; 2. entendimento, compreensão; 3. entendimento, paz; *vivre en bonne — avec* viver em boa paz com; 4. entendimento secreto, conivência; 5. pl. conivência, conluio.
intelligent e adj. inteligente.
intelligentsia s.f. a classe dos intelectuais (na Rússia tzarista).
intelligibilité s.f. inteligibilidade.
intelligible adj. inteligível.
intempérance s.f. intemperância.
intempérant e adj. intemperante.
intempérie s.f. intempérie.
intempestif ive adj. intempestivo.
intenable adj. insustentável.
intendance s.f. intendência.
intendant s.m. intendente.
intense adj. intenso.
intensément adv. intensamente.
intensif ive adj. intensivo.

intensification s.f. intensificação.
intensifier v.t. intensificar. (Conj. 23)
intensité s.f. intensidade.
intenter v.t. intentar.
intention s.f. intenção; *à l'—* de loc.prep. para.
intentionnalité s.f. intencionalidade.
intentionel elle adj. intencional.
inter s.m. (Fut.) — *droit* meia-direita; — *gauche* meia-esquerda.
intercalaire adj. intercalar.
intercalation s.f. intercalação.
intercaler v.t. intercalar.
intercéder v. interceder. (Conj. 13)
intercepter v.t. interceptar.
interception s.f. intercepção.
intercesseur s.m. intercessor.
intercession s.f. intercessão.
interchangeable adj. intercambiável.
interclasse s.m. (esc.) intervalo vigiado.
intercontinental e aux adj. intercontinental.
intercostal e aux adj. intercostal.
interdépendance s.f. interdependência.
interdépendant e adj. interdependente.
interdiction s.f. interdição, proibição.
interdire v.t. interditar, proibir, impedir. (Conj. 71)
interdit e adj.; s.m. interdito.
intéressant e adj. interessante.
intéressé e adj.; s. interessado.
intéressement s.m. participação nos lucros.
intéresser v.t. 1. interessar, despertar o interesse de; 2. dizer respeito a.
intérêt s.m. 1. interesse, 2. juro.
interférence s.f. interferência.
interférer v.int. interferir. (Conj. 13)
intérieur e adj.; s.m. interior.
intérim s.m. interinidade; *par —* interinamente.
intérimaire adj. interino.
interjection s.f. interjeição.
interjeter v.t. interpor. (Conj. 17)
interligne s.m. entrelinha.
interligner v.t. entrelinhar.
interlocuteur trice s. interlocutor.
interlope adj. suspeito, equívoco.
interloquer v.t. embaraçar, perturbar.
interlude s.m. interlúdio.
intermède s.m. entreato.
intermédiaire adj. intermediário; s.m. 1. mediador; 2. mediação.
interminable adj. interminável, inacabável.

interministériel elle *adj.* interministerial.
intermittence *s.f.* intermitência.
intermittent e *adj.* intermitente.
internat *s.m.* internato.
international e aux *adj.* internacional.
internationalisation *s.f.* internacionalização.
internationaliser *v.t.* internacionalizar.
internationalisme *s.m.* internacionalismo.
internationaliste *adj.; s.* internacionalista.
internationalité *s.f.* internacionalidade.
interne *adj.; s.* **1.** interno; **2.** estudante de Medicina, assistente do chefe de serviço de um hospital.
internement *s.m.* internação, internamento.
interner *v.t.* internar.
interpellateur *adj.; s.m.* interpelante, interpelador.
interpellation *s.f.* interpelação.
interpeller *v.t.* interpelar.
interphone *s.m.* interfone.
interplanétaire *adj.* interplanetário.
interpolation *s.f.* interpolação.
interpoler *v.t.* interpolar.
interposer *v.t.* interpor.
interprétatif ive *adj.* interpretativo.
interprétation *s.f.* interpretação.
interprète *s.m.* intérprete.
interpréter *v.t.* interpretar. (*Conj. 13*)
interrègne *s.m.* interregno.
interrogateur trice *adj.* interrogativo; *s.* interrogador.
interrogatif ive *adj.* interrogativo.
interrogation *s.f.* interrogação.
interrogatoire *s.m.* interrogatório.
interroger *v.t.* interrogar. (*Conj. 19*)
interrompre *v.t.* interromper. (*Conj. 90*)
interrupteur trice *s.* interruptor.
interruption *s.f.* interrupção.
intersection *s.m.* interseção.
interstice *s.m.* interstício; fenda, frincha.
interurbain e *adj.* interurbano.
intervalle *s.m.* intervalo.
intervenir *v.int.* intervir. (*Conj. 42*)
intervention *s.f.* intervenção.
interventionnisme *s.m.* intervencionismo.
interventionniste *adj.; s.* intervencionista.
intervertir *v.t.* interverter.
interview *s.f.* entrevista.
interviewer *v.t.* entrevistar.
intervieweur euse *s.* entrevistador.
intestat e *adj.* intestado.

intestin e *adj.; s.m.* intestino.
intestinal e aux *adj.* intestinal.
intimation *s.f.* intimação.
intime *adj.; s.* íntimo.
intimer *v.t.* intimar.
intimidateur trice *adj.; s.* intimidador.
intimidation *s.f.* intimidação.
intimider *v.t.* intimidar.
intimiste *adj.* intimista.
intimité *s.f.* intimidade.
intituler *v.t.* intitular.
intolérable *adj.* intolerável.
intolérance *s.f.* intolerância.
intolérant e *adj.* intolerante.
intonation *s.f.* entonação.
intouchable *adj.* **1.** intocável; **2.** sem fundo (cheque); *s.m.* intocável, pária.
intoxication *s.f.* intoxicação.
intoxiquer *v.t.* intoxicar.
intraduisible *adj.* intraduzível.
intraitable *adj.* intratável.
intramusculaire *adj.* intramuscular.
intransigeance *s.f.* intransigência.
intransigeant e *adj.* intransigente.
intransitif ive *adj.* intransitivo.
intransmissible *adj.* intransmissível.
intransportable *adj.* intransportável.
intraveineux euse *adj.* intravenoso.
intrépide *adj.* intrépido, denodado.
intrépidité *s.f.* intrepidez, denodo.
intrigant e *adj.; s.* intrigante.
intrigue *s.f.* **1.** intriga; **2.** enredo (de peça ou romance); **3.** ligação amorosa secreta.
intriguer *v.int.* intrigar, futricar.
intrinsèque *adj.* intrínseco.
introducteur trice *s.* introdutor.
introductif ive *adj.* introdutivo.
introduction *s.f.* introdução; apresentação, adoção.
introduire *v.t.* introduzir. (*Conj. 64*)
intromission *s.f.* intromissão, intrometimento.
introniser *v.t.* entronizar.
introspection *s.f.* introspecção.
introuvable *adj.* inencontrável.
introverti e *adj.* introvertido.
intrus e *adj.; s.* intruso.
intuitif ive *adj.* intuitivo.
intuition *s.f.* intuição; pressentimento.
intumescence *s.f.* intumescência.
inusable *adj.* **1.** inutilizável; **2.** ingastável.
inusité e *adj.* inusitado, desusado.
inutile *adj.* inútil.

inutilisable *adj.* inutilizável.
inutilité *s.f.* inutilidade.
invaincu e *adj.* invicto.
invalide *adj.; s.* inválido.
invariabilité *s.f.* invariabilidade.
invariable *adj.* invariável.
invasion *s.f.* invasão.
invective *s.f.* invectiva, doesto, insulto.
invectiver *v.t.* e *int.* invectivar, injuriar, increpar.
invendable *adj.* invendável.
invendu e *adj.* não vendido.
inventaire *s.m.* inventário.
inventer *v.t.* inventar, excogitar.
inventeur trice *adj.* inventor.
inventif ive *adj.* inventivo.
invention *s.f.* invenção; imaginação, ficção.
inventorier *v.t.* inventoriar. (*Conj. 23*)
invérifiable *adj.* inverificável.
inverse *adj.* inverso.
inverser *v.t.* inverter.
inversion *s.f.* inversão.
invertébré e *adj.* invertebrado.
inverti *s.m.* invertido, homossexual.
invertir *v.t.* inverter.
investigateur trice *s.* investigador.
investigation *s.f.* investigação.
investir *v.t.* **1.** investir, acometer (uma fortaleza); **2.** investir, dar posse a; **3.** investir, empregar (um capital).
investissement *s.m.* investimento.
investisseur *s.m.* investidor.
investiture *s.f.* investidura.
invétéré e *adj.* inveterado.
invincibilité *s.f.* invencibilidade.
invincible *adj.* invencível.
inviolabilité *s.f.* inviolabilidade.
inviolable *adj.* inviolável.
invisibilité *s.f.* invisibilidade.
invisible *adj.* invisível.
invitation *s.f.* convite.
invite *s.f.* convite disfarçado.
invité e *adj.; s.* convidado.
inviter *v.t.* convidar.
invivable *adj.* insuportável.
invocation *s.f.* invocação.
involontaire *adj.* involuntário.
involucre *s.m.* invólucro.
involution *s.* involução.
invoquer *v.t.* invocar.
invraisemblable *adj.* inverossímil.
invraisemblance *s.f.* inverossimilhança.
invulnérabilité *s.f.* invulnerabilidade.

invulnérable *adj.* invulnerável.
iode *s.m.* iodo.
iodure *s.m.* iodeto.
ionique *adj. pátr.* iônio.
iota *s.m.* iota.
ipéca(cuana) *s.m.* ipecacuanha.
ira, irai, irais V. *aller.*
Irak *s.m.* Iraque.
irakien enne *adj.; s.pátr.* iraquiano.
Iran *s.m.* Irã.
iranien enne *adj.; s.pátr.* iraniano.
irascibilité *s.f.* irascibilidade.
irascible *adj.* irascível.
iridium *s.m.* irídio.
iriez, irions V. *aller.*
iris[1] *s.m.* íris (planta).
iris[2] *s.m.* íris (membrana do olho).
irisation *s.f.* irisação.
iriser *v.t.* irisar.
Irlande *s.f.* Irlanda.
irlandais e *adj.; s.pátr.* irlandês.
ironie *s.f.* ironia.
ironique *adj.* irônico.
ironiser *v.int.* ironizar.
irons, iront V. *aller.*
irradiation *s.f.* irradiação.
irradier *v.t.* e *int.* irradiar.
irraisonné e *adj.* desarrazoado.
irrationnel elle *adj.* irracional.
irréalisable *adj.* irrealizável.
irréalisme *s.m.* irrealismo.
irréalité *s.f.* irrealidade.
irrecevable *adj.* inadmissível.
irréconciliable *adj.* irreconciliável.
irrécouvrable *adj.* incobrável.
irrécupérable *adj.* irrecuperável.
irrécusable *adj.* irrecusável.
irrédentisme *s.m.* irredentismo.
irrédentiste *adj.* irredentista.
irréductibilité *s.f.* irredutibilidade.
irréductible *adj.* irredutível.
irréel elle *adj.* irreal.
irréfléchi e *adj.* irrefletido.
irréflexion *s.f.* irreflexão.
irréfragable *adj.* irrefragável, irrefutável.
irréfutable *adj.* irrefutável.
irrégularité *s.f.* irregularidade.
irrégulier ère *adj.* irregular.
irréligieux euse *adj.* irreligioso.
irréligion *s.f.* irreligião.
irréligiosité *s.f.* irreligiosidade.
irrémédiable *adj.* irremediável.
irrémissible *adj.* irremissível.
irremplaçable *adj.* insubstituível.

irréparable *adj.* irreparável.
irrépressible *adj.* irreprimível.
irréprochable *adj.* irrepreensível.
irrésistible *adj.* irresistível.
irrésolu e *adj.* irresoluto.
irrésolution *s.f.* irresolução.
irrespect *s.m.* desrespeito, falta de respeito.
irrespectueux euse *adj.* desrespeitoso, desrespeitador.
irrespirable *adj.* irrespirável.
irresponsabilité *s.f.* irresponsabilidade.
irresponsable *adj.* irresponsável.
irrévérence *s.f.* irreverência.
irrévérencieux euse *adj.* irreverencioso.
irréversibilité *s.f.* irreversibilidade.
irréversible *adj.* irreversível.
irrévocabilité *s.f.* irrevocabilidade.
irrévocable *adj.* irrevogável.
irrigable *adj.* irrigável.
irrigation *s.f.* irrigação.
irriguer *v.t.* irrigar.
irritabilité *s.f.* irritabilidade.
irritable *adj.* irritável.
irritant e *adj.; s.m.* irritante.
irritation *s.f.* irritação.
irriter *v.t.* irritar.
irruption *s.f.* irrupção.
isard *s.m.* camurça-dos-pireneus.
isba *s.f.* isbá.
islam *s.m.* islã.
islamique *adj.* islâmico.
islandais e *adj.; s.pátr.* islandês.
Islande *s.f.* Islândia.
isocèle *adj.* isóscele.
isolant e *adj.; s.m.* isolante.
isolationnisme *s.m.* isolacionismo.
isolationniste *adj.; s.* isolacionista.
isolement *s.m.* isolamento, isolação.
isoler *v.t.* isolar, ilhar, insular.
isoloir *s.m.* cabina indevassável (para o eleitor depositar o seu voto).
isomère *adj.* isômero.
isomorphe *adj.* isomorfo.
isotope *adj.; s.m.* isótopo.
Israel *s.m.* Israel.
israélien enne *adj.; s.pátr.* israelense.
israélite *adj.; s.* israelita.
issu e *adj.* oriundo, procedente.
issue *s.f.* saída, conclusão; *à l'— de* no fim de.
isthme *s.m.* istmo.
Italie *s.f.* Itália.
italien enne *adj.; s.pátr.* italiano.
italique *adj.* (*Hist.*) itálico; (*Tip.*) *adj.; s.m.* grifo.
item *adv.* item, da mesma forma.
itinéraire *adj.; s.m.* itinerário.
itinérant e *adj.* itinerante.
itou *adv.* (*pop.*) também.
ivoire *s.m.* marfim.
ivoirien enne *adj.; s.pátr.* marfinense; da Costa do Marfim.
ivoirin e *adj.* ebúrneo.
ivraie *s.f.* joio.
ivre *adj.* ébrio, embriagado.
ivresse *s.f.* embriaguez.
ivrogne *adj.* bêbedo; *s.m.* beberrão.
ivrognerie *s.f.* bebedeira, carraspana, pifão.

J

jabot *s.m.* 1. papo (de ave); 2. jabô, gravata de babados.
jacaranda *s.m.* jacarandá.
jacasser *v.int.* palrar (a pega); tagarelar, papaguear.
jacasserie *s.f.* tagarelice.
jacasseur *adj.; s.m.* tagarela.
jachère *s.f.* pousio.
jacinthe *s.f.* jacinto.
jacobin e *adj.; s.* jacobino.
jacobinisme *s.m.* jacobinismo.
jacquerie *s.f.* revolta camponesa.
jacquet *s.m.* gamão.
jactance *s.f.* jactância.
jacter *v.int.* (*pop.*) palrar, tagarelar.
jade *s.m.* jade.
jadis *adv.* outrora; *adj. au temps —* de antigamente; noutros tempos.
jaguar *s.m.* jaguar, onça-pintada.
jaillir *v.int.* brotar, jorrar, esguichar.
jaillissement *s.m.* jorro.
jais *s.m.* azeviche.
jalon *s.m.* baliza, marco.
jalonnement *s.m.* balizamento.
jalonner *v.t.* balizar.
jalousement *adv.* ciosamente.
jalouser *v.t.* ter ciúme de; invejar.
jalousie[1] *s.f.* ciúme, inveja.
jalousie[2] *s.f.* gelosia, rótula.
jaloux ouse *adj.* ciumento; cioso.
jamais *adv.* nunca, jamais; sempre; *à —* para sempre; *— de la vie* nunca; jamais.
jambage *s.m.* 1. ombreira, umbral; 2. perna de letra.
jambe *s.f.* perna; *cela me fait une belle —!* grande vantagem!; *n'aller que d'une —* ir mal, estar em petição de miséria; *ne pas se tenir sur les —* não se aguentar em pé; *par-dessus la —* com uma perna às costas; *prendre ses —s à son cou, s'enfuir à toutes —s* fugir em desabalada carreira; *tirer dans les —s de* prejudicar.
jambière *s.f.* grevas, perneira.
jambon *s.m.* presunto.
jambonneau eaux *s.m.* pernil.
jambose *s.m.* jambo.
jambosier *s.m.* jambeiro.
jangada *s.f.* jangada.
janissaire *s.m.* janízaro.
jante *s.f.* aro (de roda).
janvier *s.m.* janeiro.
Japon *s.m.* Japão.
japonais e *adj.; s.pátr.* japonês.
jappement *s.m.* ganido, ladrido.
jaque *s.f.* jaca.
jaquette *s.f.* 1. jaquetão; 2. jaqueta, revestimento de dente; 3. jaqueta, sobrecapa de livro.
japper *v.int.* ganir, ladrar.
jardin *s.m.* jardim; *— d'enfants* jardim de infância; *— potager* horto.
jardinage *s.m.* jardinagem.
jardiner *v.int.* jardinar.
jardinet *s.m.* jardinzinho.
jardinier *s.m.* jardineiro.
jardinière *s.f.* 1. jardineira (mulher que trata de jardins); 2. jardineira, mesa ou móvel para plantas; 3. jardineira (de legumes); 4. empregada de jardim de infância.
jargon *s.m.* gíria; jargão.
jarre *s.f.* jarra, bilha.
jarret *s.m.* jarrete.
jarretelle *s.f.* prendedor de meia.
jarretière *s.f.* jarreteira, liga.
jars *s.m.* ganso.
jaser *v.int.* tagarelar, bisbilhotar; *— de* falar mal de.
jaseur *s.m.* indivíduo tagarela, bisbilhoteiro.

jasmin *s.m.* jasmim.
jaspe *s.m.* jaspe.
jasper *v.t.* jaspear.
jaspiner *v.t.* (*pop.*) tagarelar, cavaquear.
jaspure *s.f.* jaspeado.
jatte *s.f.* tigela.
jauge *s.f.* medida, capacidade.
jauger *v.t.* avaliar, medir capacidade (em litros); *v.int.* ter uma capacidade de. (*Conj. 19*)
jaunâtre *adj.* amarelado.
jaune *adj.; s.* amarelo; *s.m.* 1. amarelo; 2. gema de ovo; 3. (*fig.*) furador de greve.
jaunir *v.t.* e *int.* amarelar, amarelecer.
jaunisse *s.f.* icterícia.
Java *s.f.* Java.
java *s.f.* java (*dança*); *faire la* — (*pop.*) fazer farra.
javanais *adj.; s.pátr.* 1. javanês; 2. jargão, língua do pê.
Javel, eau de *f.* lixívia, barrela, água sanitária.
javeler *v.t.* engavelar.
javelle *s.f.* gavela.
javelot *s.m.* azagaia; dardo.
je *pron.* eu.
jean *s.m.* calça *jean*.
jean-foutre *s.m.* (*pop.*) bobo, incapaz.
jeannette[1] *s.f.* cruzinha de ouro pendente de um cordão.
jeannette[2] *s.f.* tábua de engomar.
jeep *s.f.* jipe *m.*
je m'en-fichisme *s.m.* indiferentismo.
je m'en-fichiste *adj.; s.* desligado, alheado.
jérémiade *s.f.* jeremiada, lamúria.
jéroboam *s.m.* garrafão de seis litros.
jersey *s.m.* jérsei.
jésuite *adj.; s.* jesuíta.
jésuitique *adj.* jesuítico.
jet *s.m.* 1. jato, lanço; — *de pierre* pedrada; *d'un seul* — de um jato; *premier* — esboço; 2. — *d'eau* repuxo; 3. rebento, botão.
jeté *s.m.* passo de balé.
jetée *s.f.* quebra-mar.
jeter *v.t.* atirar, lançar; pôr; jogar fora; (*Conj. 17*) *se* — *v.pron.* atirar-se, lançar-se; desembocar.
jeton *s.m.* tento (no jogo), *jeton*; ficha de telefone; *faux* — (*fig.*) pessoa falsa; (*pop.*) *avoir les* —*s* estar com medo.
jeu jeux *s.m.* 1. jogo, brincadeira; — *de billes* gude; — *de cartes* baralho; — *de clefs* molho de chaves; —*x de hasard* jogos de azar; — *de l'oie* jogo da glória, oca; — *de mots* trocadilho; *ce n'est pas de* — não estava na escrita; *être en* — estar em questão; *être vieux* — estar fora de moda; *faire le* — *de* servir aos interesses de; *jouer double* — jogar com pau de dois bicos; *mettre en* — empregar, usar; *se faire un* — *de* vencer facilmente; *se piquer au* — obstinar-se; 2. desempenho (no teatro); 3. coleção, conjunto; 4. movimento (de mecanismo).
jeudi *s.m.* quinta-feira.
jeun *loc.adv. à* — em jejum.
jeune *adj.* novo; jovem; júnior, filho.
jeûne *s.m.* jejum.
jeûner *v.int.* jejuar.
jeunesse *s.f.* juventude, mocidade.
jeûneur *s.m.* jejuador.
jeunot *s.m.* (*fam.*) mocinho.
jiu-jitsu *s.m.* jiu-jítsu.
joaillerie *s.f.* joalheria.
joaillier *s.m.* joalheiro.
job *s.m.* (*fam.*) emprego, bico.
jobard e *adj.; s.* pateta, trouxa.
jobarderie *s.f.* patetice.
jockey *s.m.* jóquei.
jocrisse *s.m.* paspalhão.
joie *s.f.* alegria, satisfação; júbilo; *ne pas se sentir de* — não caber em si de contente.
joignez, joignons V. *joindre*.
joindre *v.t.* 1. juntar; 2. acrescentar; 3. alcançar. (*Conj. 74*)
joint e *adj.* junto; *s.m.* junta, juntura; *trouver le* — encontrar um jeito.
jointure *s.f.* juntura.
joker *s.m.* curinga.
joli e *adj.* lindo, bonito, guapo; *c'est du* —! (*fig.*) está péssimo! estamos fritos!
joliesse *s.f.* lindeza.
jonc *s.m.* junco.
jonchée *s.f.* flores e ramos espalhados no chão, tapete de flores.
joncher *v.t.* juncar, cobrir (o chão).
jonction *s.f.* junção.
jongler *v.int.* fazer peloticas, malabarismos.
jonglerie *s.f.* pelotica, prestidigitação.
jongleur *s.m.* pelotiqueiro, prestidigitador, malabarista; jogral.
jonque *s.f.* junco, veleiro chinês.
jonquille *s.f.* junquilho.
jouable *adj.* representável.
joubarbe *s.f.* saião (planta).
joue *s.f.* face, bochecha; *coucher en* — apontar arma de fogo contra.

jouer *v.int.* 1. brincar; 2. — *de* tocar (instrumento musical); 3. empenar; *v.t.* 1. jogar, apontar; 2. representar; 3. bancar; *se* — *v.pron.* escarnecer.
jouet *s.m.* 1. brinquedo; 2. joguete.
joueur euse *s.* 1. jogador; 2. tocador (de instrumento musical); — *d'échecs* enxadrista.
joufflu e *adj.* rechonchudo, bochechudo.
joug *s.m.* jugo; canga.
jouir *v.int.* gozar; fruir, desfrutar; descortinar.
jouissance *s.f.* gozo, prazer, posse, fruição.
jouisseur euse *adj.* gozador.
joujou *s.m.* (*infant.*) brinquedo.
jour *s.m.* 1. dia; — *des Morts* Finados; *de* — *en* — dia a dia; *du* — *au lendemain* de um dia para o outro; *mettre à* — pôr em dia, atualizar; *mettre au* — dar à luz, publicar, divulgar; *par* — por dia; *percer à* — pôr a descoberto, desvendar; *vivre au* — *le* — não pensar no dia de amanhã, viver do que se ganha; 2. luz, claridade; *il fait* — amanhece; *donner le* — claridade; *donner le* — *à* dar à luz; *venir au* — nascer; 3. abertura, janelinha; 4. ponto aberto (em costura).
journal aux *s.m.* jornal; diário; — *du matin* matutino; — *du soir* vespertino.
journalier ière *adj.* diário, quotidiano.
journalisme *s.m.* jornalismo.
journaliste *s.* jornalista.
journalistique *adj.* jornalístico.
journée *s.f.* dia, jornada.
journellement *adj.* diariamente.
joute *s.f.* justa.
jouvenceau eaux *s.m.* mocinho.
jovial e aux *adj.* jovial.
jovialité *s.f.* jovialidade.
joyau aux *s.m.* joia.
joyeux euse *adj.* alegre.
jubilé *s.m.* jubileu.
jubiler *v.int.* regozijar-se.
jucher, se *v.pron.* empoleirar-se.
juchoir *s.m.* poleiro.
judaïque *adj.* judaico.
judaïsant e *adj.; s.* judaizante.
judaïser *v.int.* judaizar.
judaïsme *s.m.* judaísmo.
judas *s.m.* 1. judas, traidor; 2. olho mágico (numa porta).
judiciaire *adj.* 1. judiciário; 2. judicial.
judicieux euse *adj.* judicioso, criterioso.
judo *s.m.* judô.
juge *s.m.* juiz; *être* — *et partie* ser juiz em causa própria; (*Fut.*) — *de touche* bandeirinha.
**jugé au* — *loc.adv.* por estimação, aproximadamente.
jugement *s.m.* juízo, julgamento; *le* — *dernier* o juízo final.
jugeote *s.f.* (*fam.*) tino, juízo.
juger *v.t.* julgar. (*Conj. 19*)
jugeur euse *s.* julgador.
jugulaire *adj.; s.f.* jugular.
juguler *v.t.* jugular.
juif juive *adj.; s.* judeu.
juillet *s.m.* julho.
juin *s.m.* junho.
juive V. *juif.*
juiverie *s.f.* judiaria.
jujube *s.m.* jujuba.
jujubier *s.m.* jujubeira.
jules *s.m.* 1. (*pop.*) penico; 2. (*fam.*) marido, amante.
julienne *s.f.* juliana, sopa de legumes.
jumeau elle eaux *adj.; s.* gêmeo.
jumelage *s.m.* irmanação (de duas cidades).
jumeler *v.t.* geminar, emparelhar. (*Conj. 12*)
jumelles *s.f.pl.* binóculo.
jument *s.f.* égua.
jungle *s.f.* jângal; (*fig.*) selva.
junte *s.f.* junta.
jupe *s.f.* saia.
jupe-culotte *s.f.* saia-calça.
jupon *s.m.* anágua.
juré *s.m.* jurado.
jurer *v.int.* 1. jurar; 2. praguejar, blasfemar; 3. não combinar.
juridiction *s.f.* jurisdição.
juridique *adj.* jurídico.
jurisconsulte *s.m.* jurisconsulto.
jurisprudence *s.f.* jurisprudência.
juriste *s.m.* jurista.
juron *s.m.* praga, blasfêmia.
jury *s.m.* júri.
jus *s.m.* 1. sumo, suco, molho; — *de viande* caldo de carne; 2. (*fam.*) café; 3. (*pop.*) água, banho; 4. (*gír.esc.*) dissertação; 5. (*pop.*) corrente elétrica; *court* — curto-circuito.
jusant *s.m.* jusante.
jusqu'au-boutisme *s.m.* extremismo, intransigência.
jusqu'au-boutiste *adj.; s.* extremista, intransigente.
jusque *prep.* até; *jusqu'à demain* até amanhã.

jusquiame *s.f.* meimendro, hioscíamo, velenho (planta).
juste *adj.* justo; *adv.* exatamente; *à 6 heures* — às seis em ponto; *au* — ao certo; *comme de* — como era de esperar.
justesse *s.f.* justeza, exatidão; *de* — por pouco.
justice *s.f.* justiça; *faire* — *de* recusar, refutar; *rendre* — *à* fazer justiça a; *se faire* — vingar-se.
justicier[1] **ière** *s.* justiceiro.
justicier[2] *v.t.* justiçar. (*Conj. 23*)
justificateur trice *s.* justificador.
justificatif ive *adj.* justificativo.
justification *s.f.* justificação.
justifier *v.t.* justificar. (*Conj. 23*)
jute *s.m.* juta.
juteux euse *adj.* sumarento.
juvénile *adj.* juvenil.
juxtaposer *v.t.* justapor.
juxtaposition *s.f.* justaposição.

K

kakemono *s.m.* caquemono, pintura japonesa em papel ou seda.
kaki[1] *s.m.* caqui (fruta).
kaki[2] *adj.* cáqui (cor).
kaléidoscope *s.m.* caleidoscópio.
kamikaze *s.m.* camicase, piloto suicida.
kangourou *s.m.* canguru.
kaolin *s.m.* caulim.
kapoke *s.m.* paina.
kapokier *s.m.* paineira.
karaté *s.m.* caratê.
kascher *adj.* cascher, ritualmente puro.
kayac ou **kayak** *s.m.* caiaque.
kéfir *s.m.* quefir.
képi *s.m.* quepe.
kermesse *s.f.* quermesse.
kérosène *s.m.* querosene.
khâgne, khâgneux V. *cagne, cagneux.*
kibboutz *s.m.* kibutz.
kidnappage *s.m.* sequestro.
kidnapper *v.t.* raptar, sequestrar (para exigir resgate).
kif *s.m.* (*gír.*) haxixe.
kif-kif *adj.* (*fam.*) *c'est* — dá na mesma.
kiki *s.m.* (*gír.*) seio, colo.
kil *s.m.* (*gír.*) quilo; litro.
kilo *s.m.* quilo.
kilogramme *s.m.* quilograma.
kilométrage *s.m.* quilometragem.
kilomètre *s.m.* quilômetro.
kilométrer *v.t.* quilometrar. (*Conj. 13*)
kilométrique *adj.* quilométrico.
kilowatt *s.m.* quilowatt.
kilt *s.m.* saia dos escoceses.
kimono *s.m.* quimono.
kinésithérapeute *s.* cinesiterapeuta.
kinesthésie *s.f.* cinestesia.
kiosque *s.m.* 1. quiosque; 2. coreto, retreta; 3. banca de jornal.
kirsch *s.m.* aguardente de cereja.
kitchenette *s.f.* sala e quarto conjugado; quitinete
klaxon *s.m.* buzina (de automóvel).
klaxonner *v.int.* buzinar.
kleptomane *s.m.* cleptomaníaco, cleptômano.
kleptomanie *s.f.* cleptomania.
knout *s.m.* cnute; suplício do chicote.
koala *s.m.* coala.
kolkhoze *s.m.* colcós.
kopeck *s.m.* copeque (moeda russa).
koran *s.m.* alcorão.
koulak *s.m.* culaque, camponês rico.
krach *s.m.* falência, quebra.
kurde *adj.; s.pátr.* curdo.
Kurdistan *s.m.* (*top.*) Curdistão.
kyrielle *s.f.* (*fam.*) enfiada, ladainha; *une — de plaintes* um rosário de queixas.
kyste *s.m.* quisto.

L

l' *artigo m.* e *f.* o, a; *pron. m.* e *f.* o, a.
la¹ *artigo f.* a; *pron f.* a.
la² *s.m.* lá (nota musical).
là *adv.* aí, ali, lá; *d'ici* — até então (no futuro); *en être* — ter chegado a esse ponto; *être* — estar presente; *être un peu* — (*fam.*) mandar um bocado, estar por cima da carne-seca; *tout est* — tudo está nisso.
là-bas *adv.* embaixo, ali.
label *s.m.* rótulo, etiqueta.
labelle *s.m.* labelo.
labeur *s.m.* labor, faina.
labiale e aux *adj.* labial; *s.f.* labial.
laboratoire *s.m.* laboratório.
laborieux euse *adj.* operoso, laborioso.
laborantin e *s.* auxiliar de laboratório.
labour *s.m.* lavra, lavoura.
labourage *s.m.* lavoura.
labourer *v.t.* lavrar, arar; cavar.
laboureur *s.m.* lavrador.
labre (*Zool.*) *s.m.* labro.
labyrinthe *s.m.* labirinto.
lac *s.m.* lago.
lacer *v.t.* laçar, enlaçar. (*Conj. 14*)
lacérer *v.t.* lacerar. (*Conj. 13*)
lacet *s.m.* 1. laço; cordão; cadarço; 2. trecho de estrada em zigue-zague.
lâche *adj.* 1. frouxo, fraco; 2. covarde.
lâcher *v.t.* 1. afrouxar, soltar; largar; 2. deixar escapar, soltar, proferir.
lâcheté *s.f.* frouxidão; covardia.
lâcheur *s.m.* (*fam.*) amigo relapso.
lacis *s.m.* rede (de fios, veias, ruas).
laconique *adj.* lacônico.
laconisme *s.m.* laconismo.
lacrymal e aux *adj.* lacrimal.
lacrymogène *adj.* lacrimogêneo.
lacs *s.m.* laço, armadilha de caça.
lactation *s.f.* lactação.
lacté *adj.* lácteo.

lacune *s.f.* lacuna.
lacustre *adj.* lacustre.
lad *s.m.* criado de estrebaria.
là-dedans *adv.* naquilo.
là-dessous *adv.* ali abaixo.
là-dessus *adv.* nisso; a esse respeito.
ladite V. *ledit.*
ladre *s.m.* avarento, pão-duro.
lagune *s.f.* laguna.
là-haut *adv.* em cima.
laïc laïque *adj.; s.* leigo, laico.
laïciser *v.t.* laicizar.
laïcité *s.f.* laicidade, laicismo.
laid e *adj.* feio.
laideron onne *s.* estrepe, mulher muito feia.
laideur *s.f.* fealdade, feiura.
laie *s.f.* javalina, gironda.
lainage *s.m.* (objeto manufaturado em) lã.
laine *s.f.* lã.
laineuse *s.f.* aveludadora.
laineux euse *adj.* lanoso.
laïque V. *laïc.*
laisse *s.f.* trela, coleira.
laisser *v.t.* deixar; abandonar; *ne pas* — *de* não deixar de; — *faire* não interferir; *se* — *faire* não opor resistência.
laisser-aller *s.m.* displicência, desleixo.
laisser-passer *s.m.* salvo-conduto.
lait *s.m.* leite; *boire du* (*petit*) — (*fig.*) babar-se de contente; — *de poule* gemada.
laitage *s.m.* laticínio.
laiteux euse *adj.* leitoso.
laitier ière *s.m.* leiteiro.
laiton *s.m.* latão.
laitue *s.f.* alface.
laïus *s.m.* (*fam.*) discurso.
lama¹ *s.m.* lhama (quadrúpede).
lama² *s.m.* lama (sacerdote).
lamaïsme *s.m.* lamaísmo.

lambeau eaux *s.m.* trapo, farrapo.
lambin e *adj.; s.* (*fam.*) frouxo, moleirão.
lambiner *v.int.* (*fam.*) remanchar, fazer cera.
lambourde *s.f.* baldrame.
lambrequin *s.m.* lambrequim.
lambris *s.m.* lambril, lambris; rodapé.
lambrisser *v.t.* lambrisar.
lame[1] *s.f.* lâmina.
lame[2] *s.f.* lama, onda.
lamé *s.m.* lamê, lhama.
lamelle *s.f.* lamela.
lamentable *adj.* lamentável.
lamentation *s.f.* lamentação, lamúria.
lamenter, se *v.pron.* lamentar-se, lamuriar-se.
laminage *s.m.* laminação *f.*
laminer *v.t.* laminar.
laminoir *s.m.* laminador; (*fig.*) *passer au —* ser maltratado.
lampadaire *s.m.* lampadário.
lampe *s.f.* lâmpada; (*fam.*) *s'en mettre plein la —* comer e beber com excesso.
lampée *s.f.* golada, tragada.
lamper *v.t.* tragar.
lampion *s.m.* lanterna veneziana; luminária de papel.
lampiste *s.m.* eletricista de teatro; (*fig.*) funcionário subalterno, barnabé.
lamproie *s.f.* lampreia (peixe).
lance *s.f.* 1. lança; *rompre des —s avec* discutir com; *rompre des —s pour* quebrar lanças por; 2. agulheta (de mangueira).
lancée *s.f.* lance, ímpeto; *sur sa —* aproveitando o embalo.
lance-flamme *s.m.* lança-chamas.
lance-pierres *s.m.* estilingue.
lancer[1] *v.t.* lançar, jogar, arremessar; *se — v.pron.* lançar-se, atirar-se. (*Conj. 14*)
lancer[2] *s.m.* arremesso, lançamento.
lanceur *s.m.* lançador.
lancier *s.m.* lanceiro.
lancinant e *adj.* lancinante.
lanciner *v.t.* lancinar.
landau aus *s.m.* 1. landau, landô; 2. carrinho de bebê.
lande *s.f.* landa, charneca.
langage *s.m.* linguagem.
lange *s.m.* cueiro.
langoureux euse *adj.* langoroso, lânguido.
langouste *s.f.* lagosta.
langoustine *s.f.* lagostim.
langue *s.f.* língua; *avoir la — bien pendue* ser tagarela; *donner sa — au chat* confessar-se incapaz de encontrar uma solução, entregar os pontos; *— verte* gíria; *ne pas savoir tenir sa —* não saber ficar calado; *prendre — avec* estabelecer contato com; *se mordre la —* arrepender-se de ter falado.
languette *s.f.* lingueta.
langueur *s.f.* languidez.
languir *v.int.* 1. languescer, languir; 2. suspirar por; 3. perder a animação, estiolar-se.
languissant e *adj.* languescente, lânguido, frouxo.
lanière *s.f.* correia.
lanoline *s.f.* lanolina.
lanterne *s.f.* lanterna; *— rouge* (*Esp.*) lanterninha (último colocado numa competição).
lanterner *v.int.* vadiar, remanchar, embromar.
lapalissade *s.f.* truísmo.
laper *v.t.* beber com a língua.
lapidaire[1] *s.m.* lapidário.
lapidaire[2] *adj.* lapidar.
lapider *v.t.* lapidar, apedrejar.
lapin *s.m.* coelho; (*fig.* e *fam.*) sujeitão, cabra; (*fig.*) *poser un —* dar o bolo em.
lapon e *adj.; s.pátr.* lapão.
laps *s.m.* lapso de tempo.
lapsus *s.m.* lapso, erro cometido por descuido.
laquais *s.m.* lacaio.
laque *s.f.* laca.
laquelle V. *lequel*.
laquer *v.t.* laquear.
laqueur *s.m.* laqueador, envernizador.
larbin *s.m.* (*fam.*) lacaio, criado.
larcin *s.m.* furto.
lard *s.m.* toucinho.
larder *v.t.* lardear, picar; crivar.
lardon *s.m.* 1. pedaço de toucinho; 2. (*pop.*) criancinha.
large *adj.* largo; amplo; *être au —* estar à vontade; *il n'en mène pas —* está em apuros; *voir —* ter uma visão ampla; *s.m.* alto-mar.
largesse *s.f.* largueza, liberalidade, prodigalidade.
largeur *s.f.* 1. largura; 2. largueza.
larguer *v.t.* largar, soltar.
larme *s.f.* lágrima; *fondre en —s* abrir o choro; *pleurer à chaudes —s* debulhar-se em pranto; *rire aux —s* chorar de tanto rir.

larmoiement *s.m.* **1.** lacrimação; **2.** lamúria.
larmoyer *v.int.* lacrimejar; choramingar. (*Conj. 21*)
larron *s.m.* ladrão.
larvaire *adj.* larvar.
larve *s.f.* larva.
larvé e *adj.* larvado, insidioso; disfarçado.
laryngite *s.f.* laringite.
laryngologiste ou **laryngologue** *s.m.* laringologista.
larynx *s.m.* laringe.
las lasse *adj.* lasso, cansado.
lascar *s.m.* (*fam.*) valentão; indivíduo, sujeito.
lascif ive *adj.* lascivo.
lascivité *s.f.* lascívia.
lasser *v.t.* lassar, cansar, fatigar.
lassitude *s.f.* lassitude, lassidão.
lasso *s.m.* laço.
latent e *adj.* latente.
latéral e aux *adj.* lateral.
latex *s.m.* látex; *cueilleur de* — seringueiro.
latifundium ia *s.m.* latifúndio.
latin e *adj.* latino; *s.m.* latim; — *de cuisine* latim macarrônico; *y perdre son* — gastar o latim.
latiniste *s.* latinista.
latitude *s.f.* latitude.
latrines *s.f.pl.* latrina.
latte *s.f.* ripa, sarrafo.
lauréat ate *adj.; s.* laureado.
laurier *s.m.* **1.** loureiro; louro; **2.** *pl.* (*fig.*) laurel.
laurier-rose *s.m.* espirradeira, oleandro.
lavable *adj.* lavável.
lavabo *s.m.* lavabo, pia.
lavage *s.m.* lavagem.
lavallière *s.f.* gravata ampla e frouxa.
lavande *s.f.* alfazema.
lavandière *s.f.* lavadeira.
lave *s.f.* lava.
lave-glace *s.m.* lava-vidros.
lavement *s.m.* lavagem.
laver *v.t.* lavar; *se* — *v.pron.* lavar-se; *se* — *les mains* lavar as mãos.
laverie *s.f.* lavanderia.
lavette *s.f.* **1.** esfregão; **2.** (*fam.* e *fig.*) molengão, molambo, banana; **3.** (*pop.*) língua.
laveur euse *s.* lavador.
layon *s.m.* senda, pista.
laxatif ive *adj.; s.m.* laxativo.

laxisme *s.m.* tendência para o relaxamento, tolerância excessiva.
layette *s.f.* enxoval (de recém-nascido).
lazaret *s.m.* lazareto.
lazzi *s.m.pl.* gracejos burlescos.
le *artigo m.* o; *pron.m.* o.
lèche-cul *s.m.* puxa-saco.
lèche-frites *s.m.* pingadeira.
lécher *v.t.* lamber. (*Conj. 13*)
lèche-vitrines *s.m.* contemplação abismada de vitrines.
leçon *s.f.* lição, aula; *donner des* —*s* dar aulas.
lecteur trice *s.* leitor, ledor.
lecture *s.f.* leitura.
ledit ladite *pron.* o dito.
légal e aux *adj.* legal.
légalisation *s.f.* legalização.
légaliser *v.t.* legalizar.
légaliste *adj.; s.* legalista.
légalité *s.f.* legalidade.
légat *s.m.* legato.
légataire *s.* legatário.
légation *s.f.* legação.
légendaire *adj.* lendário.
légende *s.f.* **1.** lenda; **2.** legenda (texto explicativo de ilustração).
léger ère *adj.* leve, ligeiro; leviano; *à la légère* levianamente, superficialmente.
légèreté *s.f.* **1.** leveza, ligeireza; **2.** leviandade.
légiférer *v.t.* legislar. (*Conj. 13*)
légion *s.f.* legião.
légionnaire *s.m.* legionário.
législation *s.f.* legislação.
législature *s.f.* legislatura.
légiste *adj.; s.* legista.
légitime *adj.* legítimo, lídimo; *s.f.* (*pop.*) patroa, mulher legítima.
légitimer *v.t.* legitimar, perfilhar.
légitimisme *s.m.* legitimismo.
légitimiste *adj.; s.* legitimista.
légitimité *s.f.* legitimidade.
legs *s.m.* legado.
léguer *v.t.* legar. (*Conj. 13*)
légume *s.m.* legume, verdura; *s.f.* (*pop.*) *grosse* — medalhão.
légumineux euse *adj.; s.m.* leguminoso.
lendemain *s.m.* dia seguinte; *le* — no dia seguinte.
lénitif ive *adj.* lenitivo.
lent e *adj.* lento.
lente *s.f.* lêndea.
lenteur *s.f.* lentidão.

lentisque *s.f.* aroeira-brava.
léonin e *adj.* leonino.
léopard *s.m.* leopardo.
lèpre *s.f.* lepra.
lépreux euse *adj.; s.* leproso.
léproserie *s.f.* leprosário.
lequel laquelle *pron.* o qual, a qual, que.
lerche *adv.* (*gír.*) muito.
les *artigo pl.* os, as; *pron.pl.* os, as.
lesbien enne *adj.* lésbico.
lèse-majesté *s.f.* lesa-majestade.
léser *v.t.* lesar. (*Conj. 13*)
lésiner *v.int.* mesquinhar, regatear.
lésion *s.f.* lesão.
lesquels lesquelles *pron.pl.* os quais, as quais; V. *lequel.*
lessive *s.f.* lixívia; lavagem de roupa.
lessivé e *adj.* lavado; (*fig.* e *fam.*) exausto.
lessiver *v.t.* 1. lixiviar, lavar; 2. (*fig.* e *fam.*) depenar, eliminar.
lest *s.m.* lastro.
leste *adj.* 1. lesto, lépido; 2. licencioso, inconveniente.
lester *v.t.* lastrar.
léthargie *s.f.* letargia.
léthargique *adj.* letárgico.
lettre *s.f.* 1. letra; *à la —* ao pé da letra; *avant la —* antes de assinada pelo autor (gravura), antes de ganhar a forma definitiva; *en toutes —s* por extenso; 2. carta; *— recommandée* carta registrada; 3. *— de change* promissória; *—s de cachet* (*Hist.*) ordem de exílio ou de prisão; 4. *pl.* letras, literatura.
lettré e *adj.; s.* letrado, literato.
leucémie *s.f.* leucemia.
leur *pron.pl.pess.* lhes; *adj.* e *pron.poss.* seu (= deles, delas).
leurre *s.m.* chamariz; (*fig.*) negaça, isca, engodo.
leurrer *v.t.* engodar; *se — v.pron.* iludir-se.
leurs *pron.poss.pl.* seus, suas, deles, delas.
levain *s.m.* levedura, fermento.
levant e *adj.; s.m.* levante.
levantin e *adj.* levantino.
levée *s.f.* 1. dique, molhe; 2. levantamento; *— d'écrou* soltura; 3. suspensão; 4. recolhimento, retirada; 5. vaza (em jogo).
lever *v.t.* 1. levantar, erguer; 2. fazer partir; 3. retirar; 4. suprimir; *se — v.pron.* levantar-se; *s.m. — de rideau* cortina (pequena peça de teatro). (*Conj. 18*)
levier *s.m.* alavanca.
lévitation *s.f.* levitação.
léviter *v.int.* levitar.
lèvre *s.f.* lábio; *du bout des —s* da boca para fora.
lévrier *s.m.* lebréu, galgo.
levure *s.f.* lêvedo, levedura.
lexicographie *s.f.* lexicografia.
lexique *s.m.* léxico.
lézard *s.m.* 1. lagartixa; 2. lagarto.
lézarde *s.f.* greta, fenda.
lézarder *v.int.* lagartear, expor-se ao sol.
liaison *s.f.* 1. ligação, liga, união; 2. argamassa; 3. ligação amorosa.
liane *s.f.* liana, cipó.
liant e *adj.* afável, flexível; *s.m.* afabilidade, flexibilidade.
liard *s.m.* moeda antiga de pouco valor; tostão.
liasse *s.f.* pelega.
Liban *s.m.* Líbano.
libanais e *adj.; s.pátr.* libanês.
libation *s.f.* libação.
libelle *s.m.* libelo.
libellé *s.m.* termos (de um documento).
libeller *v.t.* redigir.
libellule *s.f.* libélula, lavadeira.
libéral e aux *adj.; s.* liberal.
libéralisation *s.f.* liberalização.
libéraliser *v.t.* liberalizar.
libéralisme *s.m.* liberalismo.
libéralité *s.f.* liberalidade.
libérateur trice *s.* libertador.
libération *s.f.* libertação.
libérer *v.t.* liberar, libertar. (*Conj. 13*)
Libéria *s.m.* Libéria.
libérién iene *adj.; s.pátr.* liberiano.
libertaire *adj.* libertário.
liberté *s.f.* liberdade.
liberticide *adj.* liberticida.
libertin e *adj.; s.* libertino.
libertinage *s.m.* libertinagem, devassidão.
libidineux euse *adj.* libidinoso.
libraire *s.m.* livreiro.
librairie *s.f.* 1. livraria; 2. comércio de livros.
libre *adj.* livre; isento.
libre-échange *s.m.* livre-câmbio.
libre-service *s.m.* autosserviço.
librettiste *s.* libretista.
libretto *s.m.* libreto.
Libye *s.f.* Líbia.
libyen enne *adj.; s.pátr.* líbio.
lice *s.f.* liça.
licence *s.f.* 1. licença, permissão, liberdade; 2. licenciatura; 3. (*ant.*) licenciosidade.

licencié e *adj.; s.* licenciado.
licenciement *s.m.* dispensa (de empregado).
licencier *v.t.* licenciar, despedir (um empregado). (*Conj. 23*)
licencieux euse *adj.* licencioso.
lichen *s.m.* líquen.
licher *v.t.* (*pop.*) beber.
licitation *s.f.* licitação.
licite *adj.* lícito.
liciter *v.t.* licitar.
licol *s.m.* cabresto.
licou *s.m.* cabresto.
lie *s.f.* borra; (*fig.*) *la — dupeuple* a ralé.
liège *s.m.* cortiça.
lien *s.m.* **1.** laço; **2.** ligação; **3.** vínculo, liame.
lier *v.t.* **1.** ligar, unir, juntar; — *amitié* contrair amizade; — *conversation* entabular conversação; **2.** acorrentar; *se* — *v.pron.* ligar-se de amizade. (*Conj. 23*)
lierre *s.m.* hera.
liesse *s.f.* alegria, júbilo.
lieu eux *s.m.* lugar; — *commun* lugar-comum; — *public* logradouro; —*x d'aisance* sanitários; *au — de, au — que* em vez de; *avoir —* acontecer, realizar-se; *avoir — de* + *inf.* ter motivo para; *donner — à* ocasionar; *il y a — de* convém; *tenir — de* fazer as vezes de, substituir.
liese *s.f.* légua.
lieuse *s.f.* enfeixadora.
lieutenant *s.m.* tenente.
lièvre *s.m.* lebre; *lever un —* levantar a lebre.
liftier *s.m.* ascensorista.
ligament *s.m.* ligamento.
ligature *s.f.* **1.** (*atadura, faixa*) ligadura; **2.** (*junção de letras*) ligatura.
lignage *s.m.* linhagem.
ligne *s.f.* **1.** linha; *avoir (de) la —* ser alinhado, elegante; *garder sa —* manter a linha, não engordar; *hors —* excepcional; **2.** fio, corda, barbante; — *de plomb* fio de prumo; *pêcher à la —* pescar de caniço; **3.** linha (de escrita ou composição tipográfica); *à la —* em parágrafo novo; **4.** *ne pas entrer en — de compte* não ser levado em consideração.
lignée *s.f.* linhagem, descendência, prosápia.
ligner *v.t.* pautar.
ligneux euse *adj.* lenhoso, lígneo.
lignite *s.f.* linhita.

ligoter *v.t.* amarrar.
ligue *s.f.* liga, aliança, coligação; *Ligue* Liga (*Hist.*) durante as guerras de religião, partido católico adversário dos protestantes.
liguer *v.t.* ligar, aliar; *se — v.pron.* coligar-se.
lilas *s.m.* lilás.
liliputien enne *adj.* liliputiano.
limace *s.f.* **1.** lesma; **2.** (*pop.*) camisa.
limaçon *s.m.* caracol.
limaille *s.f.* limalha.
limande *s.f.* solha (peixe).
limbes *s.m.pl.* limbo.
lime *s.f.* lima.
limer *v.t.* limar.
limettier *s.m.* limeira *f.*
limier *s.m.* sabujo, cão de caça; (*fig.*) policial, tira.
liminaire *adj.* liminar, preliminar.
limitation *s.f.* limitação.
limite *s.f.* limite.
limiter *v.t.* limitar.
limitrophe *adj.* limítrofe.
limogeage *s.m.* (*fam.*) colocação em disponibilidade; demissão, destituição.
limoger *v.t.* (*fam.*) pôr em disponibilidade; demitir, destituir. (*Conj. 19*)
limon *s.m.* limo, aluvião.
limonade *s.f.* limonada.
limpide *adj.* límpido.
limpidité *s.f.* limpidez.
lin *s.m.* linho.
linceul *s.m.* mortalha, sudário.
linéaire *adj.* linear.
linge *s.m.* roupa branca; *lingerie.*
lingère *s.f.* roupeira.
lingerie *s.f.* fábrica ou depósito de roupa branca; roupa branca.
lingot *s.m.* lingote.
linguiste *s.* linguista.
linguistique *adj.* linguístico; *s.f.* linguística.
linette *s.f.* linhaça.
liniment *s.m.* linimento.
linoléum *s.m.* linóleo.
linotte *s.f.* pintarroxo.
linotype *s.f.* linotipo.
linotypiste *s.m.* linotipista.
lion *s.m.* leão.
lionceau eaux *s.m.* filhote de leão.
lionne *s.f.* leoa.
lipide *s.m.* lipídio.
lippe *s.f.* beiço.

lippu e *adj.* beiçudo.
liquéfier *v.t.* liquefazer. (*Conj. 23*)
liquette *s.f.* (*fam.*) camisa.
liqueur *s.f.* licor.
liquidateur trice *adj.; s.* liquidante, liquidatário.
liquidation *s.f.* liquidação.
liquide *adj.; s.m.* líquido.
liquider *v.t.* liquidar.
liquidité *s.f.* liquidez.
liquoreux euse *adj.* licoroso.
lire[1] *v.t.* e *int.* ler; decifrar. (*Conj. 75*)
lire[2] *s.f.* lira (unidade monetária da Itália).
lis[1] *s.m.* lírio.
lis[2] V. *lire*.
lisais, lisait *lire*.
Lisbonne *s.f.* Lisboa.
lisbonnin e *adj.; s.pátr.* lisboeta.
liséré *s.m.* debrum, galão, barra.
lisérer *v.t.* debruar.
liseron *s.m.* (flor) campainha.
liseur *s.m.* ledor.
liseuse *s.f.* 1. ledora; 2. espátula; 3. coberta móvel de livro (sobrecapa).
lisibilité *s.f.* legibilidade.
lisible *adj.* legível.
lisière *s.f.* borda, orla; ourela; *tenir en —s* tutelar.
lisons V. *lire*.
lissage *s.m.* alisamento, polimento.
lisse *adj.* liso.
lisser *v.t.* alisar.
liste *s.f.* lista, relação, catálogo.
lister *v.t.* arrolar.
lit[1] *s.m.* leito, cama; *comme on fait son —, on se couche* cada um colhe o que planta; *faire le —* preparar a cama; (*fig.*) *faire le — de* preparar o caminho de; *garder le —* ficar de cama; (*fig.*) casamento.
lit[2] V. *lire*.
litanie *s.f.* ladainha.
literie *s.f.* pertences de uma cama, o que compõe uma cama.
lithographie *s.f.* litografia.
lithographique *adj.* litográfico.
litige *s.m.* litígio, demanda, lide.
litigieux euse *adj.* litigioso.
litière *s.f.* 1. (*ant.*) liteira; 2. cama de palha (gado); 3. *faire — de* (*fig.*) não fazer caso de, desprezar.
litre *s.m.* litro.
litron *s.m.* (*pop.*) litro de vinho.
littéraire *adj.* literário.

littéral e aux *adj.* literal.
littérateur *s.m.* literato.
littérature *s.f.* literatura; *— engagée* literatura comprometida.
littoral e aux *adj.* litorâneo; *s.m.* litoral.
liturgie *s.f.* liturgia.
liturgique *adj.* litúrgico.
livide *adj.* lívido.
livraison *s.f.* 1. entrega; 2. fascículo.
livre[1] *s.m.* livro; *à — ouvert* correntemente; *grand —* livro-razão; *— de poche* livro de bolso.
livre[2] *s.f.* libra.
livrée *s.f.* libré.
livrer *v.t.* 1. entregar, dar; 2. revelar (segredo); *se — v.pron.* entregar-se, consagrar-se.
livresque *adj.* livresco.
livret *s.m.* 1. livrinho; *— scolaire* caderneta escolar; 2. libreto.
livreur euse *s.* entregador.
lobe *s.m.* lobo.
lobule *s.m.* lóbulo.
local e aux *adj.; s.m.* local.
localisation *s.f.* localização.
localiser *v.t.* localizar.
localité *s.f.* localidade.
locataire *s.m.* locatário, inquilino.
locatif ive *adj.* locativo.
location *s.f.* 1. locação; 2. reserva (de passagem, ingresso de teatro).
loche *s.f.* lesma.
locomotion *s.f.* locomoção; *moyens de —* meios de condução.
locomotive *s.f.* locomotiva.
locution *s.f.* locução.
loden *s.m.* tecido de lã grossa.
logarithme *s.m.* logaritmo.
loge *s.f.* 1. cubículo de porteiro; 2. camarote; 3. camarim; 4. loja maçônica.
logement *s.m.* alojamento, habitação, moradia.
loger *v.t.* alojar; *v.int.* morar, residir. (*Conj. 19*)
logeur euse *s.* alugador, locador.
logicien *s.m.* lógico.
logique *adj.* lógico; *s.f.* lógica.
logis *s.m.* casa, habitação.
logotype *s.m.* logotipo.
loi *s.f.* lei; *faire la —* mandar; *se faire une — de* impor-se.
loin *adv.* longe; *— de là* pelo contrário.
lointain e *adj.* longínquo.
loir *s.m.* arganaz, leirão.

loisible *adj.* lícito, permitido.
loisir *s.m.* prazer, ócio; *à* — à vontade, sem pressa.
lombaire *adj.* lombar.
lombes *s.m.pl.* lombo.
lombric *s.m.* lombriga, bicha.
londonien *adj.; s.pátr.* londrino.
Londres *s.m.* Londres.
long gue *adj.* longo, comprido; *à la longue* com o tempo; *aller de — en large* andar para cima e para baixo; *être — à* levar muito tempo a; *le — de* ao longo de; *s.m.* comprimento; *de tout son —* (*loc.adv.*) ao comprido; *adv.* muito; *en savoir —* saber muita coisa.
longanimité *s.f.* longanimidade, indulgência.
long-courrier *s.m.* navio ou avião de longo curso.
longe¹ *s.f.* lombo de vitela.
longe² *s.f.* correia, corda, arreata.
longer *v.t.* costear, ladear. (*Conj.* 19)
longeron *s.m.* longarina.
longévité *s.f.* longevidade.
longitude *s.f.* longitude.
longitudinal e aux *adj.* longitudinal.
longtemps *adv.* muito tempo; longamente.
longueur *s.f.* comprimento; duração.
longue-vue *s.f.* óculo de alcance.
lopin *s.m.* pedaço (de terra).
loquace *adj.* loquaz.
loquacité *s.f.* loquacidade.
loque *s.f.* farrapo.
loquet *s.m.* ferrolho, tramela.
loqueteux euse *adj.* andrajoso.
lorgner *v.t.* olhar com óculos, olhar de soslaio; (*fig.*) cobiçar.
lorgnette *s.f.* binóculo.
lorgnon *s.m.* lornhão, pincenê.
loriot *s.m.* verdelhão (pássaro).
lorrain e *adj.; s.pátr.* loreno.
Lorraine *s.f.* Lorena.
lors *loc.adv. — de* quando de; *dès —* desde então; *— même que* ainda que.
lorsque *adv.* quando.
losange *s.m.* losango.
lot *s.m.* 1. lote; 2. destino; *gros —* sorte grande.
loterie *s.f.* loteria.
loti e *adj.* aquinhoado.
lotion *s.f.* loção.
lotir *v.t.* 1. lotear; 2. empossar.
lotissement *s.m.* loteamento.
lotisseur *s.m.* lotador, repartidor.

loto *s.m.* víspora.
lotte *s.f.* xarroco (peixe).
lotus *s.m.* loto.
louable¹ *adj.* louvável.
louable² *adj.* que pode ser alugado.
louage *s.m.* arrendamento, locação.
louange *s.m.* louvor.
louanger *v.t.* louvar, elogiar.
loubard *s.m.* jovem delinquente.
louche¹ *adj.* 1. vesgo; 2. escuso, equívoco, suspeito.
louche² *s.f.* colher de sopa, concha (colher grande para servir sopa).
loucher *v.int.* envesgar; (*fam.* e *fig.*) *— sur* cobiçar; *faire —* provocar a inveja de.
louer¹ *v.t.* louvar; *se — de v.pron.* declarar-se satisfeito com, felicitar-se de.
louer² *v.t.* alugar, arrendar; *— sa place* reservar o seu lugar.
loufiat *s.m.* (*pop.*) garçom de café.
loufoque *adj.* (*fam.*) desmiolado, maluco, tantã, lelé da cuca.
louis *s.m.* luís (antiga moeda de ouro).
loulou *s.m.* cachorrinho; (*fig.*) bichinho, benzinho.
loup *s.m.* 1. lobo; *à pas de —* na ponta dos pés; *quand on parle du —, on en voit la queue* fala no mau, prepara-lhe o pau; *connu comme le — blanc* conhecidíssimo; 2. *— de mer* velho marinheiro; 3. (peixe) barbo; 4. meia-máscara.
loup-cervier *s.m.* lobo-cerval, lince.
loupe *s.f.* 1. lupa, instrumento de óptica; 2. tumor.
louper *v.t.* (*fam.*) perder (trem); falhar.
loup-garou *s.m.* lobisomem.
loupiot te *s.* (*fam.*) criança.
lourd e *adj.* pesado; penoso, opressivo; desajeitado.
lourdaud e *adj.; s.* pesadão, grosseirão.
lourde *s.f.* (*pop.*) porta.
lourdeur *s.f.* peso; falta de finura.
loustic *s.m.* farsista, farsante.
loutre *s.f.* lontra.
louve *s.f.* loba.
louveteau eaux *s.m.* 1. lobinho; 2. lobinho, escoteiro de menos de 12 anos.
louvoiement *s.m.* bordejo; (*fig.*) manobra.
louvoyer *v.int.* bordejar; (*fam.*) manobrar, tergiversar. (*Conj.* 22)
loyal e aux *adj.* leal.
loyalisme *s.m.* lealismo.
loyaliste *adj.* fiel ao governo; *s.* partidário do governo.

loyauté *adj.* lealdade.
loyer *s.m.* aluguel; dia de vencimento do aluguel.
lu V. *lire.*
lubie *s.f.* mania.
lubricité *s.f.* lubricidade.
lubrifiant e *adj.* lubrificante.
lubrification *s.f.* lubrificação.
lubrifier *v.t.* lubrificar. (*Conj.* 23)
lubrique *adj.* lúbrico.
lucarne *s.f.* lucarna.
lucide *adj.* lúcido.
lucidité *s.f.* lucidez.
luciole *s.f.* pirilampo.
lucratif ive *adj.* lucrativo.
lucre *s.m.* lucro.
ludique *adj.* lúdico.
lueur *s.f.* clarão, fulgor; vislumbre, centelha.
luge *s.f.* pequeno trenó.
lugubre *adj.* lúgubre.
lui[1] *pron.s.* ele; lhe.
lui[2] V. *luire.*
luire *v.int.* luzir, brilhar. (*Conj.* 64)
luisant e *adj.* resplandecente; luzidio.
lumbago *s.m.* lumbago.
lûmes V. *lire.*
lumière *s.f.* luz; *mettre en* — esclarecer; *le siècle des* — o século das luzes (séc. XVIII).
lumignon *s.m.* luzinha.
luminescence *s.f.* luminescência.
luminescent e *adj.* luminescente.
lumineux euse *adj.* luminoso.
luminosité *s.f.* luminosidade.
lunaire *adj.* lunar.
lunaison *s.f.* lunação.
lunatique *adj.; s.* lunático.
lunch *s.m.* lanche.
lundi *s.m.* segunda-feira.
lune *s.f.* lua; — *de miel* lua de mel.
luné e *adj.* *bien* — bem-disposto; *mal* — indisposto.
lunette *s.f.* óculo, luneta; vidro traseiro (de carro); *pl.* óculos.
lunule *s.f.* lúnula (da unha).
lupanar *s.m.* lupanar.
lurent V. *lire.*

lurette *il y a belle* — (*fam.*) faz um tempão.
luron onne *s.* (*fam.*) pândego, folgazão.
lus V. *lire.*
lustrage *s.m.* lustração.
lustral e aux *adj.* lustral.
lustre[1] *s.m.* lustro, quinquênio.
lustre[2] *s.m.* 1. lustre, brilho, polimento; 2. lustre, luminária de vários braços.
lustrer *v.t.* lustrar, polir, purificar.
lustrine *s.f.* lustrina.
lut, lût V. *lire.*
Lutèce *s.f.* (*Hist.*) Lutécia (burgo da Gália situado no lugar do centro atual de Paris); (*fam.*) Paris.
luth *s.m.* alaúde.
luthéranisme *s.m.* luteranismo.
luthérien enne *adj.; s.* luterano.
lutin e *adj.* buliçoso, traquinas; *s.m.* duende, trasgo.
lutiner *v.t.* tomar liberdades com (mulher).
lutrin *s.m.* estante de coro, facistol.
lutte *s.f.* luta; — *des classes* luta de classes; *de haute* — com toda a força.
lutter *v.int.* lutar.
lutteur *s.m.* lutador.
luxe *s.m.* 1. luxo; 2. profusão.
Luxembourg *s.m.* Luxemburgo.
luxembourgeois e *adj.; s.pátr.* luxemburguês.
luxer *v.t.* luxar.
luxueux euse *adj.* luxuoso.
luxure *s.f.* luxúria, lascívia.
luxuriant e *adj.* luxuriante, viçoso.
luxurieux euse *adj.* luxurioso.
luzerne *s.f.* luzerna, alfafa.
lycée *s.m.* liceu, ginásio.
lycéen enne *s.* colegial.
lymphatique *adj.* linfático.
lymphe *s.f.* linfa.
lynchage *s.m.* linchamento.
lyncher *v.t.* linchar.
lynx *s.m.* lince, lobo-cerval.
Lyon *s.m.* Lião.
lyonnais *adj.; s.pátr.* lionês.
lyre *s.f.* lira.
lyrique *adj.* lírico.
lyrisme *s.m.* lirismo.
lys ou **lis** *s.m.* lírio.

M

M. abreviatura de *Monsieur*.
ma *adj.poss.* minha.
maboul e *adj.* (*fam.*) maluco.
mac (*gír.*) o mesmo que *maquereau*.
macabre *adj.* macabro.
macache *adv.* (*pop.*) neres, nicles.
macadam *s.m.* macadame.
macadamiser *v.t.* macadamizar.
macaque *s.m.* macaco; (*fig.* e *fam.*) pessoa muito feia.
macaron *s.m.* maçapão.
macaroni *s.m.* macarrão.
macchabée *s.m.* (*pop.*) cadáver, presunto.
Macédoine *s.f.* Macedônia.
macédoine *s.f.* salada mista; salada de frutas.
macédonien enne *adj.*; *s.pátr.* macedônio, macedônico.
macération *s.f.* 1. maceração; 2. mortificação.
macérer *v.t.* 1. macerar, marinar; 2. mortificar. (*Conj. 13*)
mâche *s.f.* valeriana (erva).
mâcher *v.t.* mastigar, mascar; *ne pas — ses mots* não ter papas na língua.
machiavélique *adj.* maquiavélico.
machiavélisme *s.m.* maquiavelismo.
machin *s.m.* (*pop.*) 1. fulano; 2. joça, troço.
machinal e aux *adj.* automático.
machination *s.f.* maquinação.
machine *s.f.* máquina, engenho; — *à coudre* máquina de costura; — *à écrire* máquina de escrever; — *à sous* caça-níqueis; *faire — arrière* fazer marcha a ré.
machiner *v.t.* maquinar, tramar.
machinerie *s.f.* maquinaria.
machinisme *s.m.* maquinismo.
machiniste *s.m.* maquinista, contrarregra.
mâchoire *s.f.* maxilar.

mâchonnement *s.m.* mastigação.
mâchonner *v.t.* mastigar, engrolar.
maçon *s.m.* 1. pedreiro; 2. maçom.
maçonner *v.t.* trabalhar em alvenaria, fazer a alvenaria de.
maçonnerie *s.f.* 1. maçonaria; 2. alvenaria.
maçonnique *adj.* maçônico.
maculature *s.f.* maculatura.
maculer *v.t.* macular.
Madagascar *s.m.* Madagascar.
madame *s.f.* senhora; dona; madama.
madapolam *s.m.* madapolão, morim (tecido).
Madeleine *s.f.* Madalena; *pleurer comme une —* desfazer-se em lágrimas.
madeleine *s.f.* madalena, bolinho seco feito de farinha, ovos e açúcar; (*aprox.*) mãe-benta.
mademoiselle *s.f.* senhorita.
madère *s.m.* madeira (vinho).
madone *s.f.* madona.
madras *s.m.* madrasto, morim (tecido).
madré e *adj.* matreiro, esperto.
madrépore *s.m.* madrépora.
madrier *s.m.* pranchão.
maffia *s.f.* máfia.
magasin *s.m.* armazém, loja; — *de chaussures* sapataria.
magasinage *s.m.* armazenamento.
magazine *s.m.* magazine, revista ilustrada.
mage *s.m.* mago.
magicien enne *s.* mágico.
magie *s.f.* magia.
magique *adj.* mágico.
magistère *s.m.* magistério.
magistral e aux *adj.* magistral.
magistrat *s.m.* magistrado.
magistrature *s.f.* magistratura.

magma *s.m.* magma.
magnan *s.m.* bicho-da-seda.
magnanerie *s.f.* criação de bichos-da-seda; sericicultura.
magnanime *adj.* magnânimo.
magnanimité *s.f.* magnanimidade.
magnat *s.m.* magnata.
magnésie *s.f.* magnésia.
magnésium *s.m.* magnésio
magnétique *adj.* magnético.
magnétiser *v.t.* magnetizar.
magnétiseur euse *s.* magnetizador.
magnétisme *s.m.* magnetismo.
magnéto *s.m.* gravador.
magnétophone *s.m.* gravador, toca-fitas.
magnétoscope *s.m.* videoteipe.
magnificence *s.f.* magnificência.
magnifique *adj.* magnífico.
magnolia *s.m.* magnólia.
magot *s.m.* 1. macaco; 2. figurinha de porcelana; 3. pé-de-meia.
magyar *adj.; s.pátr.* magiar.
mahométan e *adj.; s.* maometano.
mai *s.m.* maio.
maïeutique *s.f.* maiêutica.
maigre *adj.; s.m.* magro, pobre; *faire —* abster-se de carne; *repas —* refeição sem carne.
maigrelet ette *adj.* magricela.
maigreur *s.f.* magreza.
maigrir *v.t.* e *int.* emagrecer.
mail *s.m.* 1. malha (jogo); 2. passeio público.
maille[1] *s.f.* malha.
maille[2] *s.f. avoir — à partir avec* ter contas a ajustar com, ter uma disputa com.
mailloche *s.f.* baqueta.
maillot *s.m.* maiô, cueiro; *— de corps* camiseta.
main *s.f.* mão; *— courante* corrimão; *avoir la haute — sur* comandar; *avoir sous la —* ter ao alcance da mão; *battre des —s* bater palmas; *de la — à la —* sem intermediário; *en venir aux —s* chegar às vias de fato; *être pris la — dans le sac* ser apanhado com a boca na botija; *faire — basse sur* apropriar-se, saquear; *forcer la — à* obrigar a agir contra a vontade; *haut la —* facilmente, com um pé nas costas; *haut la —* mãos ao alto; *mettre la dernière — sur* ultimar; *ne pas y aller de — morte* atacar rijo; *passer la — dans le dos de* lisonjear; *petite —* ajudante de costureira; *préparé de longue —* preparado longa-

mente; *prêter la — à* tornar-se cúmplice de; *sous —* em segredo.
main-d'œuvre *s.f.* mão de obra.
main-forte *s.f.* mão forte, ajuda.
mainmise *s.f.* embargo, penhora.
maint e *adj.sing.* vários; *pl.* muitos.
maintenant *adv.* agora.
maintenir *v.t.* manter. (*Conj.* 41)
maintien *s.m.* 1. manutenção, preservação; 2. atitude.
maire *s.m.* prefeito; (em Paris, *aprox.*) administrador regional.
mairie *s.f.* (edifício da) administração regional, prefeitura; (em Paris, *aprox.*) subprefeitura.
mais *conj.* mas, porém; *— non!* essa não!; *n'en pouvoir —* estar exausto, não poder fazer mais nada.
maïs *s.m.* milho.
maison *s.f.* casa; *— close, — de passe, — de rendez-vous* randevu, casa de tolerância; *— de santé* casa de saúde; *— mère* matriz; *à la —* em casa; *adj.* feito em casa.
maisonnée *s.f.* família.
maisonnette *s.f.* casinha.
maître, maîtresse *s.f.* patrão, senhor; *être — de* ter liberdade de; 2. dono; *— de maison* dono de casa; *maîtresse de maison* dona de casa; 3. mestre; *— à penser* modelo intelectual; *— chanteur* chantagista; *— d'armes* mestre de esgrima; *— d'étude* inspetor escolar; *— des requêtes* referendário; *— d'hôtel* garçom que superintende o serviço dos colegas; *— Jacques* factótum. 4. (*só no feminino*) amante; 5. (título dado a advogados e tabeliões, *aprox.*) doutor; *adj.* principal; *maîtresse poutre* viga mestra.
maîtrise *s.f.* 1. dominação, supremacia; *— de soi* autodomínio; *— de l'air, de la mer* supremacia aérea, marítima; 2. mestria; 3. escola de canto (para os meninos do coro).
maîtriser *v.t.* dominar.
majesté *s.f.* majestade.
majestueux euse *adj.* majestoso.
majeur[1] *e adj.* maior.
majeur[2] *s.m.* dedo médio, pai de todos.
major *s.m.* major.
majorat *s.m.* morgadio.
majoration *s.f.* majoração, aumentação; aumento.
majordome *s.m.* mordomo.
majorer *v.t.* majorar.

majorette *s.f.* baliza (em bloco carnavalesco).
majoritaire *adj.* majoritário.
majorité *s.f.* 1. maioridade; 2. maioria.
majuscule *adj.; s.f.* maiúscula.
mal *adv.* mal; *de — en pis* de mal a pior; *faire —* doer; *pas —* nada mal, bastante; *prendre —* levar a mal, agastar-se com; *s.m.* mal, dor; *— au cœur* náusea; *— aux cheveux* ressaca; *— de mer* enjoo; *— de tête* dor de cabeça; *— du pays* nostalgia; *avoir du — à* encontrar dificuldade em; *être en — de* sentir falta de; *adj.* mau; *bon an — an* uns anos pelos outros; *bon gré — gré* por bem ou por mal, queira ou não queira.
malabar *adj.; s.* (*gír.*) parrudo.
malade *adj.* doente.
maladie *s.f.* doença.
maladif ive *adj.* doentio.
maladresse *s.f.* inabilidade, falta de jeito, imperícia.
maladroit e *adj.* inábil, desajeitado, desastrado.
malaga *s.m.* málaga.
malais e *adj.; s.pátr.* malaio.
malaise *s.m.* 1. mal-estar; 2. apuros.
malaisé e *adj.* difícil, árduo, trabalhoso.
Malaisie *s.f.* Malásia.
malandre *s.f.* 1. malandres; 2. apodrecimento na madeira.
malappris e *adj.* mal-educado, malcriado.
malaria *s.f.* malária.
malavisé e *adj.* imprudente, estouvado.
malaxer *v.t.* malaxar, amassar.
malchance *s.f.* má sorte.
malchanceux euse *adj.* azarado.
malcommode *adj.* incômodo.
maldonne *s.f.* distribuição errada (de cartas no jogo); *il y a — (fam.)* há um mal-entendido.
mâle *adj.* macho, másculo; *s.m.* macho.
malédiction *s.f.* maldição.
maléfice *s.m.* malefício.
maléfique *adj.* maléfico.
malembouché e *adj.* desembocado.
malencontreux euse *adj.* desastrado, importuno.
mal-en-point *adv.* em mau estado, doente.
malentendu *s.m.* mal-entendido, equívoco.
malévole *adj.* malevolente, malévolo.
malfaçon *s.f.* defeito (em construção).
malfaisance *s.f.* maleficência.
malfaisant e *adj.* malfazejo.

malfaiteur *s.m.* malfeitor, facínora, criminoso.
malformation *s.f.* malformação, má-formação.
malgache *adj.; s.pátr.* malgaxe.
malgré *prep.* contra a vontade de; apesar de; *— moi* contra a minha vontade; *— lui* a contragosto.
malhabile *adj.* desajeitado, inábil.
malheur *s.m.* infelicidade, desgraça, infortúnio, desdita; *à quelque chose — est bon* há males que vêm para bem; *jouer de —* ser azarado, caipora; *porter —* dar azar.
malheureusement *adv.* infelizmente, desgraçadamente.
malheureux euse *adj.* infeliz, desgraçado, desafortunado.
malhonnête *adj.* 1. desonesto; 2. descortês.
malhonnêteté *s.f.* desonestidade.
malice *s.f.* malícia, maldade; *ne pas entendre — à* não ver nada ruim em.
malicieux euse *adj.* malicioso.
malignité *s.f.* 1. malignidade; 2. ruindade, malvadez.
malin maligne *adj.* 1. malicioso, astucioso, escovado; *ce n'est pas —* não é complicado; *ce n'est pas plus — que ça* é apenas isto; *faire le —* bancar o sabido; 2. pernicioso.
malines *s.f.pl.* renda fina (fabricada em ou à moda de Malines).
malingre *adj.* enfezado, franzino.
malle *s.f.* mala.
malléable *adj.* maleável.
malléabilité *s.f.* maleabilidade.
malle-poste *s.f.* mala-posta.
mallette *s.f.* maleta.
malmener *v.t.* maltratar. (*Conj. 18*)
malodorant e *adj.* malcheiroso.
malotru *s.m.* boçal.
malpropre *adj.* sujo, imundo.
malpropreté *s.f.* sujeira, imundície.
malsain e *adj.* malsão, perigoso.
malséant e *adj.* indecoroso, inconveniente.
malsonnant e *adj.* malsoante, indecoroso.
malt *s.m.* malte.
maltais *adj.; s.pátr.* maltês.
Malte *s.f.* Malta.
malter *v.t.* maltar.
malthusianisme *s.m.* malthusianismo.
malthusien enne *adj.* maltusiano.
maltraiter *v.t.* maltratar, seviciar.
malveillance *s.f.* malevolência.
malveillant e *adj.* malévolo.
malversation *s.f.* malversação, dilapidação.

malvoisie *s.f.* malvasia.
maman *s.f.* mamãe.
mamelle *s.f.* mama.
mamelon *s.m.* 1. mamilo; 2. colina, outeiro.
mammaire *adj.* mamário.
mammifère *adj.; s.* mamífero.
mamours *s.m.pl.* (*fam.*) carícias.
mammouth *s.m.* mamute.
manager *s.m.* empresário.
manant *s.m.* (*ant.*) labrego.
manche[1] *s.m.* 1. cabo (de instrumento); *branler dans le —* estar pouco sólido; *jeter le — après la cognée* perder o ânimo; 2. (*fig.* e *pop.*) incapaz, incompetente.
manche[2] *s.f.* 1. manga; *avoir dans sa —* dispor completamente de; *je l'ai dans ma —* (*aprox.*) é gente minha; *c'est une autre paire de —s* são outros quinhentos; *tirer par la —* atrair a atenção; 2. mangueira.
Manche, La *s.f.* (*pop.*) Canal da Mancha.
manchette *s.f.* 1. punho; 2. manchete, título principal.
manchon *s.m.* regalo.
manchot e *adj.; s.* 1. maneta; 2. (*fam.*) bobo, pateta.
mandarin *s.m.* mandarim.
mandarinat *s.m.* mandarinato.
mandarine *s.f.* tangerina.
mandarinier *s.m.* tangerineira.
mandat *s.m.* mandado; ordem, mandato, procuração; *— d'amener* intimação; *— d'arrêt* ordem de prisão; *— postal* vale postal.
mandataire *adj.; s.* mandatário.
mandater *v.t.* 1. remeter por vale postal; 2. outorgar procuração a.
mander *v.t.* mandar vir.
mandibule *s.f.* mandíbula.
mandoline *s.f.* bandolim.
mandragore *s.f.* mandrágora.
mandrin *s.m.* mandril.
manécanterie *s.f.* escola de canto coral.
manége *s.m.* 1. picadeiro; 2. adestramento; 3. manobra, artimanha.
manes *s.m.pl.* (espíritos dos mortos).
manette *s.f.* manete, alavanca.
manganèse *s.m.* manganês.
mangeaille *s.f.* (*fam.*) pitança; comes e bebes.
mangeoire *s.f.* manjedoura.
mangeotter *v.t.* lambiscar, debicar.
manger[1] *v.t.* comer; roer; gastar. (*Conj. 19*)
manger[2] *s.m. le —* a comida.
mangouste *s.f.* mangusto.
mangue *s.f.* manga.

manguier *s.m.* mangueira.
maniable *adj.* manejável.
maniaque *adj.* maníaco.
manie *s.f.* mania.
maniement *s.m.* manejo, manuseio.
manier *v.t.* manejar, manusear. (*Conj. 13*)
manière *s.f.* maneira, modo; *à la — de* à feição de, imitando; *de la belle —* com rudeza; *de — à* de modo que; *de toute(s) —(s)* em todo o caso; *en quelque —* por assim dizer; *pl.* maneiras, modos; *faire des —s* fazer fita.
maniéré e *adj.* amaneirado.
manifestant e *s.* manifestante.
manifestation *s.f.* manifestação.
manifeste *adj.; s.m.* manifesto.
manifester *v.t.* manifestar.
manigance *s.f.* manigância.
manigancer *v.t.* tramar. (*Conj. 14*)
manille *s.f.* manilha.
manioc *s.m.* mandioca.
manipulateur trice *s.* manipulador.
manipulation *s.f.* manipulação.
manipuler *v.t.* manipular.
manivelle *s.f.* manivela.
manne *s.f.* maná.
mannequin *s.m.* manequim; (*fig.*) fantoche, autômato.
manœuvre[1] *s.f.* manobra.
manœuvre[2] *s.m.* trabalhador braçal, servente, operário não especializado.
manœuvrer *v.t.* e *int.* manobrar.
manœuvrier *s.m.* manobreiro.
manoir *s.m.* herdade, quinta, solar.
manque *s.m.* falta; *à la —* (*loc.adj.*) defeituoso, ordinário; *— d'égards* descaso.
manqué e *adj.* falho, defeituoso; frustrado.
manquer *v.int.* 1. faltar; *il ne manquait plus que cela* era só o que faltava; 2. falhar; *— à* não cumprir; 3. não alcançar, perder; *il n'en manque pas une!* (*fam.*) não dá uma dentro; *ne pas — de* não deixar de.
mansarde *s.f.* mansarda, água-furtada.
mansuétude *s.f.* mansuetude, mansidão.
mante (emnegrit) *s.f.* louva-a-deus.
manteau eaux *s.m.* capa, manto.
mantille *s.f.* mantilha.
manucure *s.* manicura.
manuel elle *adj.; s.m.* manual.
manufacture *s.f.* manufatura, fábrica.
manufacturer *v.t.* manufaturar, fabricar.
manufacturier ière *adj.* manufatureiro.
manuscrit e *adj.; s.m.* manuscrito, texto, original datilografado ou digitado.

manutention s.f. manutenção.
mappemonde s.f. mapa-múndi.
maquereau[1] **eaux** s.m. cavala.
maquereau[2] **eaux elle** s. (*pop.*) cáften.
maquette s.f. maqueta.
maquillage s.m. maquiagem, maquilagem.
maquiller v.t. maquiar, maquilar.
maquignon s.m. negociante de cavalos; (*pej.*) traficante.
maquis s.m. 1. maqui, mato (na Córsega); 2. movimento clandestino de resistência (na França durante a ocupação alemã de 1940-1944); organização de resistência armada.
maquisard s.m. membro do *maquis* (exército clandestino da Resistência na França, durante a Segunda Guerra Mundial).
marabout s.m. 1. marabu (= eremita); 2. marabu (= cegonha); 3. pena de marabu.
maraîcher ère s. hortelão; *adj.* hortense, de hortaliças.
marais s.m. 1. pântano, brejo; — *salant* salina. 2. horta.
marasme s.m. marasmo.
marasque s.f. marasca (fruta).
marasquin s.m. marasquino.
marathon s.m. maratona.
marâtre s.f. madrasta.
maraude s.f. roubo de frutos ou legumes, pilhagem; (*fig.*) *en* — (táxi) rodando à procura de freguês.
marauder v.t. pilhar, saquear; (*fig.*) procurar freguês.
maraudeur euse *adj.* saqueador.
marbre s.m. mármore; *sur le* — no prelo.
marbrer v.t. marmorear, marmorizar; manchar (a pele).
marbrier s.m. marmorista.
marbrière s.f. marmoreira.
marbrure s.f. marmoreação (desenho que imita o do mármore).
marc[1] s.m. marco.
marc[2] s.m. aguardente.
marcassin s.m. filhote de javali.
marcassite s.f. marcassita.
marcescence s.f. marcescência.
marcescent e *adj.* marcescente.
marchand e *adj.*; *s.* comerciante; — *à la sauvette* camelô (sem licença); — *de bétail* marchante; — *de bois* madeireiro; — *des quatre saisons* vendedor ambulante de frutas e legumes; — *de sable* joão-pestana; *le* — *de sable a passé* (*aprox.*) as crianças estão com sono, ou, está na hora de dormir; — *de soupe* (*deprec.*) diretor de internato; — *d'habits* adeleiro; *marchande à la toilette* (*ant.*) vendedora de vestidos e prestamista.
marchandage s.m. regateio.
marchander v.t. regatear.
marchandise s.f. mercadoria.
marche s.f. 1. marcha, movimento, progresso; 2. degrau de escada; 3. pedal; 4. marcha (música).
marché s.m. 1. mercado, praça; — *aux puces* (*aprox.*) feira de belchiores (mercado das pulgas); — *noir* mercado negro; *pardessus le* — *loc.adv.* além disso, ainda por cima; 2. convenção, ajuste; (*à*) *bon* — *loc. adv.*; *adj.* barato; (*à*) *meilleur* — por menos; *faire bon* — *de* não dar valor a.
marchepied s.m. banquinho; degrau; estribo (de veículo).
marcher v.int. 1. marchar, andar; 2. funcionar; 3. progredir; 4. — *sur* pisar em; 5. (*fam.*) concordar; *faire* — conseguir a adesão de, levar na conversa.
Marches, les s.f.pl. as Marcas (região da Itália).
marcheur s.m. caminheiro, andarilho; (*depr.*) *vieux* — velho mulherengo.
marcottage s.m. mergulhia.
marcotte s.m. mergulhão.
mardi s.m. terça-feira; — *gras* terça-feira gorda.
mare s.f. charco; — *de sang* poça de sangue.
marécage s.m. pântano, paul.
marécageux euse *adj.* pantanoso.
maréchal s.m. 1. marechal; 2. ou — *ferrant* ferrador; 3. — *des logis* sargento de cavalaria.
maréchale s.f. esposa de marechal.
marée s.f. maré; frutos do mar; *arriver comme* — *en carême* vir a calhar.
marelle s.f. amarelinha (jogo de crianças).
marengo s.m. lã mescla.
margarine s.f. margarina.
marge s.f. margem; latitude; possibilidade.
margelle s.f. bocal (de poço), parapeito.
marginal e aux *adj.* marginal.
margouillis s.m. (*fam.*) imundície, chiqueiro.
margoulette s.f. (*pop.*) boca.
margoulin ine s. comerciante inescrupuloso; traficante.
margrave s.m. margrave.
marguerite s.f. margarida.

mari *s.m.* marido.
mariage *s.m.* casamento, matrimônio; — *de la main gauche* concubinato; (*fig.*) combinação.
marié e *adj.; s.* casado.
marier *v.t.* 1. casar; 2. juntar; *se — v.pron.* casar-se. (*Conj. 23*)
marie-salope *s.f.* 1. batelão de descarga; 2. (*fam.*) mulher suja.
marieur euse *s.* (*fam.*) casamenteiro.
marigot *s.m.* marimbu.
marijuana *s.f.* maconha, diamba.
marin e *adj.* marítimo, marinho; *s.m.* marinheiro, marujo.
marinade *s.f.* escabeche; vinha-d'alho.
marine *s.f.* marinha.
mariner *v.t.* marinar.
maringouin *s.m.* mosquito-do-mangue, maruim.
marinière *à la* — (*loc.adv.*) com salsa e cebola.
mariol ou **mariolle** *s.m.* sabido, mariola, velhaco.
marionnette *s.f.* títere, fantoche.
marital e aux *adj.* marital.
maritime *adj.* marítimo.
marivaudage *s.m.* afetação; galanteria requintada.
marjolaine *s.f.* manjerona.
marmaille *s.f.* criançada, filharada.
marmelade *s.f.* doce pastoso de frutas; (*fig.*) *être dans la* — estar encalacrado.
marmite *s.f.* marmita.
marmiton *s.m.* serviçal de cozinha, auxiliar de cozinha.
marmonner *v.t.* resmungar.
marmoréen enne *adj.* marmóreo.
marmot *s.m.* garoto, pirralho; (*fig.*) *croquer le* — esperar.
marmotte *s.f.* marmota.
marmotter *v.t.* resmungar.
marne *s.f.* marga.
Maroc *s.m.* Marrocos.
marocain e *adj.*; *s.pátr.* marroquino.
maroquin *s.m.* marroquim.
maroquiner *v.t.* marroquinar.
maroquinerie *s.f.* fabricação ou comércio de objetos de marroquim.
marotte *s.f.* mania, *hobby*.
marquant e *adj.* marcante, notável.
marque *s.f.* 1. marca, sinal; *de* — de grande distinção; 2. prestígio; 3. lembrete.
marquer *v.t.* 1. marcar; 2. deixar marca em; 3. indicar; 4. registrar, anotar; 5. vigiar de perto; 6. exprimir; 7. caracterizar; *v.int.* deixar uma marca, deixar impressão durável.
marqueterie *s.f.* marchetaria.
marquis e *s.* marquês.
marquise *s.f.* marquise (cobertura saliente).
marraine *s.f.* madrinha.
marrant e *adj.* (*fam.*) gozado, divertido.
marre *adv. en avoir* — estar cheio.
marrer, se *v.pron.* (*fam.*) rir, divertir-se.
marron[1] *s.m.* castanha.
marron[2] **onne** *adj.* 1. castanho; 2. falso, fraudulento.
mars *s.m.* março; *arriver comme — en carême* cair a sopa no mel.
marseillais e *adj.*; *s.pátr.* marselhês.
Marseillaise *s.f.* Marselhesa, o hino nacional francês.
marsouin *s.m.* marsuíno (espécie de boto).
marsupial e aux *adj.*; *s.m.* marsupial.
marte *s.f.* marta.
marteau[1] **eaux** *s.m.* martelo.
marteau[2] **eaux** *adj.* maluco, doido.
martel *s.m. se mettre* — *en tête* preocupar-se, apoquentar-se.
martèlement *s.m.* martelagem.
marteler *v.t.* martelar. (*Conj. 20*)
martial e aux *adj.* marcial.
martien enne *adj.*; *s.* marciano.
martinet[1] *s.m.* martinete (martelo grande).
martinet[2] *s.m.* martinete (andorinha de asas compridas).
martingale *s.f.* 1. gamarra; 2. martingale; 3. sistema de jogar na roleta ou em outro jogo.
martin-pêcheur *s.m.* martim-pescador, pica-peixe.
martre *s.f.* marta.
martyr *s.m.* mártir.
martyre *s.m.* martírio, suplício, tormento.
martyriser *v.t.* martirizar.
marxisme *s.m.* marxismo.
marxiste *adj.*; *s.* marxista.
mas *s.m.* chácara, sítio (no sul da França).
mascarade *s.f.* 1. mascarada; 2. disfarce, fingimento.
mascaret *s.m.* macaréu, pororoca.
mascaron *s.m.* mascarão, carranca.
mascotte *s.f.* (*fam.*) mascote.
masculin e *adj.* masculino.
masculiniser *v.t.* masculinizar.
masculinité *s.f.* masculinidade.

masochisme *s.m.* masoquismo.
masochiste *adj.; s.* masoquista.
masque *s.f.* máscara; (*fig.*) disfarce.
masqué e *adj.* disfarçado; *bal* — baile de máscaras.
masquer *v.t.* **1.** mascarar, disfarçar; **2.** dissimular, ocultar.
massacre *s.m.* carnificina, morticínio, chacina.
massacrer *v.t.* **1.** chacinar, trucidar; **2.** (*fam.*) estragar, matar (um trabalho).
massage *s.m.* massagem.
masse¹ *s.f.* massa.
masse² *s.f.* maço; maça, clava.
massepain *s.m.* maçapão.
masser¹ *v.t.* dar massagens em.
masser² *v.t.* juntar, reunir; dispor em massas.
masséter *s.m.* masseter (músculo).
massette *s.f.* marra, marrão.
masseur euse *s.* massagista.
massicot *s.m.* **1.** (*Quím.*) massicote; **2.** guilhotina de papel.
massif ive *adj.* maciço, compacto, pesado; *s.m.* maciço.
massivement *adv.* maciçamente, em massa.
massue *s.f.* maça, clava.
mastic *s.m.* **1.** almécega, mástique; **2.** massa de vidraceiro; **3.** (*Tip.*) empastelamento.
mastication *s.f.* mastigação.
mastiff *s.m.* mastim.
mastiquer¹ *v.t.* mastigar.
mastiquer² *v.t.* prender com mástique.
mastoc *adj.* pesadão.
mastodonte *s.m.* mastodonte.
mastoïde *adj.* mastoide.
mastroquet *s.m.* (*pop.*) **1.** botequineiro, tasqueiro, taverneiro, dono de bar; **2.** botequim.
masturbation *s.f.* masturbação.
masturber, se *v.pron.* masturbar-se.
m'as-tu-vu *s.m.* (*fam.*) faroleiro.
masure *s.f.* casebre.
mat¹ *s.m.* mate (no jogo de xadrez).
mat² **e** *adj.* mate, fosco.
mât *s.m.* mastro; — *de cocagne* mastro de cocanha, pau de sebo.
matamore *s.m.* mata-mouros, bravateador.
match *s.m. match*, partida; — *nul* empate.
maté *s.m.* **1.** erva-mate; **2.** mate.
matelas *s.m.* colchão.
matelasser *v.t.* acolchoar.
matelot *s.m.* marinheiro, marujo.
matelotage *s.m.* marinharia.
matelote *s.f.* prato de peixe com vinho e cebola.
mater *v.t.* **1.** domar, castigar; **2.** dar xeque-mate em.
matérialisation *s.f.* materialização.
matérialiser *v.t.* materializar.
matérialisme *s.m.* materialismo.
matérialiste *s.m.* materialista.
matérialité *s.f.* materialidade.
matériaux *s.m.pl.* materiais.
matériel elle *adj.; s.m.* material.
maternel elle *adj.* maternal, materno.
maternelle *s.f.* jardim de infância, escola pré-primária.
maternité *s.f.* maternidade.
math(s) *s.f.pl.* (*fam.*) matemática.
mathématicien enne *s.* matemático.
mathématique *adj.* matemático.
mathématiques *s.f.pl.* matemática.
matière *s.f.* **1.** matéria; — *grise* massa cinzenta; — *première* matéria-prima; **2.** matéria, disciplina (em escola).
matin *s.m.* manhã; *au* — de manhãzinha; *de grand* — muito cedo; *du* — *au soir* o dia todo; *un de ces quatre* —*s* qualquer dia desses; *adv.* de manhã.
mâtin *s.m.* mastim; *interj.* puxa!
matinal e aux *adj.* **1.** matinal; **2.** madrugador.
mâtiné e *adj.* cruzado, mestiço (cachorro ou outro animal).
matinée *s.f.* **1.** manhã; *faire la grasse* — dormir até tarde; **2.** matinê, vesperal.
matines *s.f.pl.* matinas.
matois e *adj.* astuto, matreiro.
maton onne *s.* (*gír.*) guarda de prisão.
matou *s.m.* gato não castrado, gatão.
matraque *s.f.* cacete, cassetete.
matraquer *v.t.* esbordoar.
matriarcal e aux *adj.* matriarcal.
matriarcat *s.m.* matriarcado.
matrice *s.m.* matriz, útero.
matricide *s.m.* **1.** matricídio; **2.** matricida.
matricule¹ *s.f.* matrícula.
matricule² *s.m.* número de matrícula.
matrimonial e aux *adj.* matrimonial.
matrone *s.f.* matrona.
maturation *s.f.* maturação.
mâture *s.f.* mastreação.
maturité *s.f.* maturidade, madureza.
maudire *v.int.* amaldiçoar. (*Conj.* 71)
maudit e *adj.* maldito, amaldiçoado.
maugréer *v.int.* praguejar.

maure *adj.*; *s.pátr.* mouro.
mauresque *adj.* mourisco.
mausolée *s.m.* mausoléu.
maussade *adj.* desabrido, resmungão.
maussaderie *s.f.* mau humor, rabugice.
mauvais e *adj.* mau, ruim; (*fam.*) *pas —* bastante bom; *adv.; s.* mal; *sentir —* feder; *trouver —* achar ruim; *il fait —* faz mau tempo.
mauvaiseté *s.f.* ruindade.
mauve *s.f.* malva; *adj.* cor de malva; lilás.
mauviette *s.f.* cotovia; (*fig.*) magricela.
maxillaire *adj.*; *s.m.* maxilar.
maximal e *adj.* máximo.
maxime *s.f.* máxima.
maximum *s.*; *adj.* máximo.
mayonnaise *s.f.* maionese.
mazagran *s.m.* mazagrão.
mazette *s.f.* pexote; *interj.* puxa!
mazout *s.m.* óleo diesel.
me *pron.* me.
méandre *s.m.* meandro.
mec *s.m.* (*gír.*) sujeito, cara.
mécanicien ienne *s.* mecânico; maquinista (de trem).
mécanique *adj.* mecânico; *s.f.* mecânica.
mécanisation *s.f.* mecanização.
mécaniser *v.t.* mecanizar.
mécanisme *s.m.* mecanismo.
mécano *s.m.* (*fam.*) mecânico.
mécénat *s.m.* mecenato.
mécène *s.m.* mecenas.
méchanceté *s.f.* maldade, ruindade.
méchant e *adj.* ruim, malvado; malcomportado; levado.
mèche *s.f.* 1. mecha, torcida; (*fig.*) *être de — avec* ser cúmplice de; *éventer la —* descobrir o segredo; *vendre la —* dar o serviço; 2. mecha, madeixa.
mécompte *s.m.* erro de cálculo, decepção.
méconnaissable *adj.* irreconhecível.
méconnaître *v.t.* não reconhecer, ignorar. (*Conj.* 65)
méconnu e *adj.* desconhecido, ignorado.
mécontent e *adj.* descontente.
mécontentement *s.m.* descontentamento.
mécontenter *v.t.* descontentar.
mécréant e *s.* incréu, incrédulo, ateu, infiel.
médaille *s.f.* medalha.
médaillon *s.m.* medalhão.
médecin *s.m.* médico.
médecine *s.f.* medicina.
médial e aux *adj.* mediato.

médian e *adj.* mediano.
médiateur trice *s.* mediador.
médiatrice *s.f.* (*Geom.*) mediatriz.
médical e aux *adj.* medical.
médicamenteux euse *adj.* medicamentoso.
médicament *s.m.* medicamento.
médication *s.f.* medicação.
médicinal e aux *adj.* medicinal.
médiéval e aux *adj.* medieval.
médiocre *adj.* medíocre; sofrível.
médiocrité *s.f.* mediocridade.
médire *v.int.* falar mal de, denegrir. (*Conj.* 71)
méditatif ive *adj.* meditativo.
méditation *s.f.* meditação.
méditer *v.t.* e *int.* meditar.
Méditerranée *s.f.* Mediterrâneo.
médium *s.m.* médium.
médius *s.m.* dedo médio.
médullaire *adj.* medular.
méduse *s.f.* medusa.
méduser *v.t.* estupefazer.
meeting *s.m.* comício.
méfait *s.m.* malefício, má ação.
méfiance *s.f.* desconfiança.
méfiant e *adj.* desconfiado, ressabiado.
méfier, se *v.pron.* desconfiar. (*Conj.* 21 e 8)
mégalomane *adj.*; *s.* megalômano.
mégalomanie *s.f.* megalomania.
mégaphone *s.m.* megafone.
mégarde *par — loc.adv.* por descuido, inadvertidamente.
mégère *s.f.* megera.
mégot *s.m.* bagana; guimba; ponta de charuto ou de cigarro que se acaba de fumar.
mégoter *v.int.* (*fam.*) mesquinhar.
meilleur e *adj.* melhor; *j'en passe et des —es* (*aprox.*) ainda não contei a melhor.
méjuger *v.t.* julgar mal, subestimar. (*Conj.* 19)
mélancolie *s.f.* melancolia.
mélancolique *adj.* melancólico.
mélange *s.m.* mistura, mescla.
mélanger *v.t.* misturar. (*Conj.* 19)
mélasse *s.f.* 1. melaço; 2. (*fam.*) entaladela.
mêlé e *adj.* misto.
mêlée *s.f.* luta, conflito, briga, refrega.
mêler *v.t.* misturar; *se — v.pron.* misturar-se; *se — de* interromper-se, meter-se em; *mêlez-vous de vos affaires* trate de sua vida; lembrar-se de.
mélèze *s.m.* lariço (árvore).
méli-mélo *s.m.* barafunda, trapalhada.

mélisse s.f. melissa, erva-cidreira.
mellification s.f. melificação.
mélodie s.f. melodia.
mélodieux euse adj. melodioso.
mélodique adj. melódico.
mélodramatique adj. melodramático.
mélodrame s.m. melodrama.
mélomane adj.; s. melômano, melomaníaco.
melon s.m. melão; — *d'eau* melancia; (*chapeau*) — chapéu-coco.
membrane s.f. membrana.
membraneux euse adj. membranoso.
membre s.m. membro.
même adj. mesmo; (*depois de subst. ou pronome*) próprio; *pron. le* — o mesmo, a mesma coisa; *adv.* mesmo; *ça revient au* — dá na mesma; *de* — da mesma forma; *être à* — *de* estar em condições de; *quand* — *loc. adv.* apesar de tudo; *quand* —! *interj.* vê se pode! *tout de* — *loc.adv.* apesar de tudo.
mémé s.f. (*fam.*) vovó.
mémento s.m. 1. lembrete; 2. agenda; 3. compêndio.
mémère s.f. (*fam.*) 1. vovó; 2. mulherona.
mémoire[1] s.f. memória, lembrança; recordação; *avoir bonne* — ter boa memória; *de* — *d'homme* tanto quanto a memória alcança.
mémoire[2] s.m. 1. memorando; 2. conta (de empreiteiro, fornecedor); 3. dissertação; 4. *pl.* memórias.
mémorable adj. memorável.
mémorandum s.m. memorando.
mémorial aux s.m. memorial.
mémorialiste s. memorialista.
mémoriser v.t. memorizar.
menaçant e adj. ameaçador.
menace s.f. ameaça.
menacer v.t. ameaçar. (*Conj. 14*)
ménage s.m. 1. trabalhos domésticos; *faire le* — arrumar a casa; *femme de* — arrumadeira, faxineira; 2. vida de casal; *faire bon* — *avec* entender-se bem com; 3. casal; — *à trois* casal de três, triângulo amoroso.
ménagement s.m. deferência, consideração; *sans* — sem contemplação.
ménager[1] **ère** adj. caseiro, doméstico.
ménager[2] v.t. 1. dispor, reservar; 2. poupar, tratar com deferência; *se* — *v.pron.* poupar-se. (*Conj. 19*)
ménagère[1] V. *ménager*.
ménagère[2] s.f. dona de casa.
ménagère[3] s.f. faqueiro.

ménagerie s.f. coleção de animais para exposição.
mendiant e adj.; s. mendigo; *les quatre* —*s* sobremesa de amêndoas, figos, avelãs e passas.
mendier v.t. mendigar. (*Conj. 23*)
mendigot s.m. (*pop.*) mendigo.
menées s.f.pl. tramoias, conluio.
mener v.t. 1. levar consigo, conduzir; 2. dirigir; — *à bien* levar a termo; 3. transportar. (*Conj. 18*)
meneur s.m. dirigente, chefe; agitador.
méninge s.f. meninge.
méningite s.f. meningite.
ménisque s.m. menisco.
ménopause s.f. menopausa.
menotte s.f. 1. mãozinha; 2. algema.
mensonge s.m. mentira; (*fam.*) peta, lorota.
mensonger ère adj. mentiroso, falso.
menstruation s.f. mênstruo, menstruação.
menstrues s.f.pl. mênstruo, regras.
mensualité s.f. mensalidade.
mensuel elle adj. mensal.
mensuration s.f. mensuração, medição.
mental e aux adj. mental.
mentalité s.f. mentalidade.
menterie s.f. (*fam.*) mentira, lorota.
menteur euse adj.; s. mentiroso.
menthe s.f. menta, hortelã.
menthol s.m. mentol.
mention s.f. menção.
mentionner v.t. mencionar.
mentir v.t. e *int.* mentir. (*Conj. 38*)
menton s.m. mento, queixo; — *en galoche* queixo de rabeca; *double* — papada.
mentonnière s.f. queixeira.
mentor s.m. mentor.
menu[1] e adj. miúdo; *raconter par le* — contar tim-tim por tim-tim; *adv.* em pedacinhos.
menu[2] s.m. cardápio.
menuet s.m. minuete, minueto.
méplat e adj. mais largo que espesso; s.m. plano.
menuisier s.m. marceneiro.
méprendre, se v.pron. errar, enganar-se, equivocar-se. (*Conj. 83 e 8*)
mépris s.m. desprezo, desdém; *au* — *de loc. prep.* sem levar em conta.
méprisable adj. desprezível.
méprise s.f. engano.
mépriser v.t. desprezar.
mer s.f. mar; *ce n'est pas la* — *à boire* não é bicho de sete cabeças.

mercantile *adj.* mercantil.
mercantilisme *s.m.* mercantilismo.
mercenaire *adj.; s.* mercenário.
mercerie *s.f.* armarinho, retrosaria.
merci *s.f.* mercê; *à la — de* à mercê de; *Dieu — graças* a Deus; *s.m.* agradecimento; *interj.* obrigado!
mercier ière *s.* armarinheiro, retroseiro.
mercredi *s.m.* quarta-feira; *— des cendres* quarta-feira de cinzas.
mercure *s.m.* mercúrio.
mercuriale *s.f.* mercurial, repreensão.
merde *s.f.* e *interj.* merda.
merdeux euse *s.* (*gír.*) criança, fedelho.
merdier *s.m.* (*fam.*) bagunça, trapalhada.
mère *s.f.* 1. mãe; *— patrie* mãe-pátria; 2. madre.
méridien enne *adj.* meridiano; *s.m.* meridiano; *s.f.* meridiana.
méridional e aux *adj.; s.* meridional.
meringue *s.f.* merengue.
mérinos *s.m.* merino; *laisser pisser le —* (*fam.*) deixar que as coisas aconteçam.
mérise *s.f.* cereja-brava.
méritant e *adj.* merecedor.
mérite *s.m.* mérito, merecimento.
mériter *v.t.* e *int.* merecer; *bien — de la patrie* ser benemérito da pátria.
méritoire *adj.* meritório.
merlan *s.m.* peixada; (*pop.*) barbeiro.
merle *s.m.* melro.
merluche *s.f.* bacalhau seco.
merveille *s.f.* maravilha; *à —* às mil maravilhas; *faire —* realizar prodígios.
merveilleux euse *adj.* maravilhoso.
mes *adj.poss.pl.* meus, minhas.
mésalliance *s.f.* casamento desigual.
mésange *s.f.* chapim, canário-da-terra.
mésaventure *s.f.* aventura desagradável; infortúnio.
mesdames *pl.* de *madame.*
mesdemoiselles *pl.* de *mademoiselle.*
mésentente *s.f.* desentendimento, desacordo.
mésestime *s.f.* menosprezo.
mésestimer *v.t.* menosprezar, menoscabar.
mésintelligence *s.f.* falta de concordância, desacordo.
mesquin e *adj.* mesquinho, tacanho.
mesquinerie *s.f.* mesquinharia, mesquinhez, tacanhice.
mess *s.m.* cantina de oficiais e de suboficiais.
message *s.m.* mensagem, recado.

messager *s.m.* mensageiro.
messagerie *s.f.* empresa de transporte, transportadora.
messe *s.f.* missa; *— basse* missa baixa; (*fig.* e *fam.*) cochicho.
messianique *adj.* messiânico.
messianisme *s.m.* messianismo.
messie *s.m.* messias.
messieurs *pl.* de *monsieur.*
messin e *adj.*; *s.pátr.* metzense, habitante de Metz.
messire *s.m.* monsenhor.
mesurable *adj.* mensurável.
mesurage *s.m.* medição, mensuração, medida.
mesure *s.f.* medida; *combler la —* exceder os limites; *dans une certaine —* até certo ponto; *donner sa —* mostrar a sua capacidade; *être en — de* estar em condições de; *outre —* de maneira excessiva; *vêtement sur —* roupa sob medida.
mesurer *v.t.* medir.
métabolisme *s.m.* metabolismo.
métairie *s.f.* granja (arrendada a meias).
métal aux *s.m.* metal.
métallique *adj.* metálico.
métallo *s.m.* (*fam.*) metalúrgico.
métallurgie *s.f.* metalurgia.
métallurgique *adj.* metalúrgico.
métallurgiste *s.* metalurgista, metalúrgico.
métamorphose *s.f.* metamorfose.
métaphore *s.f.* metáfora.
métaphysique *s.f.* metafísica.
métatarse *s.m.* metatarso.
métayage *s.m.* arrendamento a meias.
métayer ère *s.* meeiro.
météore *s.m.* meteoro.
météorique *adj.* meteórico.
météorologie *s.f.* meteorologia.
météorologique *adj.* meteorológico.
météorologiste *s.* meteorologista.
météorologue *s.* meteorologista.
métèque *s.m.* meteco, gringo.
méthode *s.f.* método.
méthodique *adj.* metódico.
méthodisme *s.m.* metodismo.
méthodiste *adj.; s.* metodista.
méticuleux euse *adj.* meticuloso.
méticulosité *s.f.* meticulosidade.
métier[1] *s.m.* 1. ofício, profissão; *gâter le —* trabalhar abaixo de preço; *il n'est point de sot —* não há profissão ruim; 2. habilidade.
métier[2] *s.m.* tear.

métis isse *adj.; s.* mestiço.
métissage *s.m.* mestiçagem.
métrage *s.m.* metragem.
mètre *s.m.* metro; — *à ruban* trena.
métrique *adj.* métrico; *s.f.* métrica.
métro *s.m.* metrô.
métronome *s.m.* metrônomo.
métropole *s.f.* metrópole.
métropolitain e *adj.* metropolitano.
mets *s.m.* comida, prato; — *fin* iguaria.
mettable *adj.* (vestido, roupa) que pode ser usado ainda.
metteur *s.m.* — *en pages* paginador; — *en scène* encenador.
mettre *v.t.* 1. pôr, colocar, botar; postar, vestir; *elle se plaint de n'avoir rien à se* — queixa-se de não ter o que vestir; 2. instalar, estabelecer; 3. levar (tempo); 4. gastar; 5. supor; 6. escrever; 7. traduzir; 8. — *à même de* pôr em condições de; — *dedans* enganar; *y* — *du sien* mostrar boa vontade, fazer concessões; *v.int.* acertar; *se* — *v.pron.* colocar-se, pôr-se; *se* — *à* começar a; *se* — *en quatre* fazer tudo o que pode.
meuble *s.m.* móvel; — *de style* móvel de estilo antigo.
meubler *v.t.* mobiliar.
meuglement *s.m.* mugido.
meugler *v.int.* mugir.
meule[1] *s.f.* mó, pedra de moinho.
meule[2] *s.f.* meda, montão.
meulière *s.f.* pedra de mó.
meunier ière *s.* moleiro.
meure, meurs, meurt V. *mourir*.
meurtre *s.m.* assassínio, homicídio.
meurtrier ière *adj.; s.* assassino.
meurtrière[1] V. *meurtrier*.
meurtrière[2] *s.f.* seteira.
meurtrir *v.t.* machucar, magoar.
meurtrissure *s.f.* pisadura, marca, machucadura.
meus, meut V. *mouvoir*.
meute *s.f.* 1. matilha; 2. malta.
meuvent V. *mouvoir*.
mévente *s.f.* baixa das vendas.
mexicain e *adj.; s.pátr.* mexicano.
Mexique *s.m.* México.
mézigue *pron.* (*gír.*) eu, o degas.
mi[1] *s.m.* (*Mús.*) mi.
mi[2] *adj.* meio-.
miasme *s.m.* miasma.
miaulement *s.m.* miado.
miauler *v.int.* miar.

mica *s.m.* mica, malacacheta.
mi-carême *s.f.* quarta-feira da terceira semana da quaresma.
miche *s.f.* pão (redondo).
miché *s.m.* (*gír.*) michê, freguês de prostituta, otário.
micmac *s.m.* embrulhada, futrica.
micro *s.m.* microfone.
microbe *s.m.* micróbio; (*fam.* e *fig.*) anão, aborto.
microbiologie *s.f.* microbiologia.
microbus *s.m.* (*aprox.*) lotação.
microcosme *s.m.* microcosmo.
microfilm *s.m.* microfilme.
microfilmer *v.t.* microfilmar.
micron *s.m.* micro, mícron.
microphone *s.m.* microfone.
microphotographie *s.f.* microfotografia.
microscope *s.m.* microscópio.
microscopique *adj.* microscópico.
microsillon *s.m.* (disco de) microssulco, *long-play*.
miction *s.f.* micção.
midi *s.m.* 1. meio-dia (12 horas do dia); 2. meio-dia, sul; *chercher* — *à quatorze heures* procurar dificuldades onde não as há, fazer de um argueiro um cavaleiro.
midinette *s.f.* costureirinha.
mie[1] *s.f.* miolo (de pão); *à la* — *de pain* (*fam.*) sem nenhum valor.
mie[2] *s.f.* amiga.
miel *s.m.* 1. mel; 2. eufemismo popular para *merde*.
miellé e *adj.* melado.
mielleux euse *adj.* meloso.
mien enne *adj.poss.* meu, minha.
miette *s.f.* migalha.
mieux *adv.* melhor; *au* — da melhor maneira; *être au* — *avec* estar em ótimos termos com; *faire de son* — agir da melhor maneira possível; *pour le* — da melhor maneira possível; *à qui* — à porfia; *de* — *en* — cada vez melhor.
mièvre *adj.* afetado, amaneirado; piegas.
mièvrerie *s.f.* afetação, pieguice.
mignardise *s.f.* delicadeza; graça afetada.
mignon onne *adj.* lindo, mimoso, gentil.
mignoter *v.t.* mimar, acariciar.
migraine *s.f.* enxaqueca.
migrateur *adj.m.* migrador.
migration *s.f.* migração.
migratoire *adj.* migratório.
mijaurée *s.f.* moça afetada, dengosa; sirigaita, lambisgoia.

mijoter *v.t.* cozinhar a fogo lento; (*fig.*) tramar; *v.int.* ferver devagar.
mil[1] *num.* mil.
mil[2] *s.m.* maça (de ginástica).
milan *s.m.* milhafre.
Milan *s.m.* Milão.
milice *s.f.* milícia.
milicien enne *s.* miliciano.
milieu eux *s.m.* 1. meio, centro; *juste —* meio-termo; 2. meio, ambiente; *le —* ambiente de marginais, *bas-fonds*.
militaire *adj.; s.* militar.
militant e *adj.; s.* militante.
militarisation *s.f.* militarização.
militariser *v.t.* militarizar.
militarisme *s.m.* militarismo.
militariste *adj.; s.* militarista.
militer *v.int.* combater, militar.
mille[1] *num.* mil; (*fam.*) *des —s et des cents* uma nota; *je vous le donne en —* dou-lhe um doce se adivinhar; *s.m. gagner des —s et des cents* ganhar rios de dinheiro; *mettre dans le —* acertar em cheio.
mille[2] *s.m.* milha.
mille-feuille[1] *s.f.* milefólio, mil-em-rama (planta).
mille-feuille[2] *s.m.* mil-folhas (doce de massa folhada).
millénaire *adj.* milenário; *s.m.* milênio.
mille-pattes *s.m.* lacraia; centopeia.
millésime *s.m.* data, ano (de moeda, vinho).
millésimé e *adj.* datado.
millet *s.m.* milhete; painço.
milliard *s.m.* bilhão.
milliardaire *s.m.* multimilionário.
millième *num.* milésimo; *s.m.* milésimo, a milésima parte.
millier *s.m.* milhar.
miligramme *s.m.* miligrama.
milimètre *s.m.* milímetro.
million *s.m.* milhão.
millionnaire *s.m.* milionário.
mime *s.m.* mimo, mímico.
mimer *v.t. e int.* mimicar, arremedar.
mîmes V. *mettre.*
mimétisme *s.m.* mimetismo.
mimi *s.m.* (*infant.*) beijo, *carícia; faire —* acariciar.
mimique *adj.* mímico; *s.f.* mímica.
mimosa *s.m.* mimosa.
minable *adj.* 1. lastimável; 2. chinfrim, reles.
minaret *s.m.* minarete, almádena.
minauder *v.int.* fazer trejeitos, denguices.
minauderie *s.f.* trejeito, momice, denguice.
mince[1] *adj.* fino, delgado, miúdo.
mince[2] *interj.* puxa!
minceur *s.f.* finura, pouca espessura.
mine[1] *s.f.* cara, rosto, aspecto, aparência; *faire bonne — à* acolher bem; *faire grise — à* acolher com frieza; *faire — de* fingir; *faire triste —* ter aparência decepcionada; *— de rien* com cara de quem não quer nada; *ne pas payer de —* não ter boa aparência.
mine[2] *s.f.* 1. mina, jazida; 2. grafite de lápis.
mine[3] *s.f.* (engenho de guerra camuflado) mina.
miner *v.t.* minar.
minéral[1] **aux** *s.m.* minério.
minéral[2] **e aux** *adj.* mineral.
minéraliser *v.t.* mineralizar.
minéralogique *adj.* mineralógico; V. *número*.
minéralogiste *s.* mineralogista.
minet *s.m.* (*fam.*) bichano, gatinho; (*fig.*) jovem elegante.
mineur[1] **e** *adj.* menor.
mineur[2] *s.m.* mineiro (trabalhador em mina).
miniature *s.f.* miniatura.
miniaturiste *adj.; s.* miniaturista.
minibus *s.m.* micro-ônibus.
minier ière *adj.* mineiro (relativo às minas).
mini-jupe *s.f.* minissaia.
minimal e aux *adj.* minimal.
minime *adj.; s.* mínimo.
minimiser *v.t.* minimizar.
minimum *adj.; s.m.* mínimo.
ministère *s.m.* ministério; *— de l'Air* ministério da Aeronáutica; *— de l'Environnement* ministério do Meio Ambiente; *— des Finances* ministério da Fazenda; *— public* procuradoria.
ministériel elle *adj.* ministerial.
ministre *s.m.* ministro.
minois *s.m.* rosto bonito.
minoritaire *adj.* minoritário.
minorité *s.f.* 1. menoridade; 2. minoria.
minoterie *s.f.* indústria de farinha.
minou *s.f.* (*fam.*) gato, bichano.
minuit *s.m.* meia-noite.
minus (habens) *s.* retardado.
minute *s.f.* 1. minuto; *à la —* (feito) na hora; 2. minuta; *interj.* espere!
minuter *v.t.* 1. minutar (redigir um documento); 2. calcular exatamente.
minuterie *s.f.* minuteria (interruptor automático de corrente).

minutie *s.f.* 1. minúcia; 2. minudência.
minutieux euse *adj.* minucioso.
mioche *s.m.* (*fam.*) pirralho.
mirabelle *s.f.* mirabela.
miracle *s.m.* milagre; *tenir du* — ser um verdadeiro milagre.
miraculeux euse *adj.* miraculoso, milagroso.
mirador *s.m.* belvedere, mirante.
mirage *s.m.* miragem.
mire *s.f.* mira.
mirent V. *mettre*.
mirer *v.t.* olhar.
mirettes *s.f.pl.* (*pop.*) olhos.
mirifique *adj.* mirífico.
mirliton *s.m. vers de* — versos ruins.
mirobolant e *adj.* (*fam.*) mirabolante; espalhafatoso.
miroir *s.m.* espelho; — *aux alouettes* armadilha de espelhos para passarinhos; *œufs au* — ovos estrelados.
miroiter *v.t.* reverberar; *faire* — prometer.
miroiterie *s.f.* espelharia.
miroton *s.m.* roupa-velha (fatias de carne bovina cozidas com vinho e cebola).
mis V. *mettre*.
misaine *s.f.* traquete.
misanthrope *s.m.* misantropo.
misanthropie *s.f.* misantropia.
misanthropique *adj.* misantrópico.
mise *s.f.* 1. colocação; — *à pied* suspensão (do emprego); — *à prix* preço inicial; — *au point* retificação, explicação, atualização, nota oficial, desmentido; — *bas* parto (de animal); — *de fonds* investimento; — *en place* colocação; — *en demeure* intimação; — *en œuvre* aproveitamento; — *en page* paginação; — *en plis, mise-en-plis* enrolamento do cabelo; — *en scène, mise-en-scène* encenação; 2. parada (aposta em jogo); 3. moda, acepção; *ne pas être de* — não ficar bem.
miser *v.t.* — *sur* apostar em.
misérable *adj.; s.* miserável; deplorável; vil, abjeto.
misère *s.f.* miséria, calamidade; *faire des* —*s* arreliar com, atazanar.
miséreux euse *adj.* mísero.
miséricorde *s.f.* misericórdia.
miséricordieux euse *adj.* misericordioso.
misogyne *adj.* misógino.
misogynie *s.f.* misoginia.
misse V. *mettre*.
missel *s.m.* missal.

mission *s.f.* missão.
missionnaire *s.* missionário.
missile *s.m.* míssil.
missive *s.f.* missiva.
mistral *s.m.* (vento do norte) mistral.
mit, mît V. *mettre*.
mitaine *s.f.* mitene.
mitard *s.m.* (*gír.*) cela de prisão.
mite *s.f.* traça; *mangé aux* —*s* bichado, esfarrapado.
mité e *adj.* comido pelas traças, bichado.
mi-temps *s.f.* 1. meio expediente; 2. (*Esp.*) intervalo (no meio do jogo).
miteux euse *adj.* lamentável, miserável.
mitigation *s.f.* mitigação, alívio.
mitiger *v.t.* mitigar. (*Conj. 19*)
mitoyen enne *adj.* mediano; de permeio.
mitraille *s.f.* metralha.
mitrailler *v.t.* metralhar.
mitraillette *s.f.* metralhadora leve.
mitrailleur *s.m.* metralhador.
mittrailleuse *s.f.* metralhadora.
mitre *s.f.* mitra.
mitron *s.m.* empregado de padaria ou confeitaria.
mi-voix *loc.adv. à* — a meia-voz.
mixage *s.m.* (*Cin.*) sincronização.
mixeur *s.m.* liquidificador.
mixte *adj.* misto.
mixture *s.f.* mistura.
Mlle abreviatura de *Mademoiselle*.
MM abreviatura de *Messieurs*.
Mme abreviatura de *Madame*.
mnémotechnique *adj.* mnemotécnico; *s.f.* mnemotécnica.
mobile^1 *adj.* móvel, móbil.
mobile^2 *s.m.* móbil, causa.
mobilier *s.m.* mobília, mobiliário.
mobilier ère *adj.* mobiliário; móvel; *biens* —*s* bens móveis.
mobilisable *adj.* mobilizável.
mobilisation *s.f.* mobilização.
mobiliser *v.t.* mobilizar.
mobilité *s.f.* mobilidade.
mobylette *s.f.* ciclomotor.
mocassin *s.m.* mocassim.
moche *adj.* (*pop.*) feio.
modalité *s.f.* modalidade.
mode^1 *s.f.* moda; *à la* — *de* preparado à moda de.
mode^2 *s.m.* modo, maneira.
modelage *s.m.* modelagem.
modèle *s.m.* 1. modelo; 2. maqueta.
modeler *v.t.* modelar, moldar. (*Conj. 20*)

modéliste *s.m.* desenhista de modas; modelista.
modérateur trice *adj.; s.m.* moderador.
modération *s.f.* moderação.
modéré e *adj.; s.* moderado.
modérer *v.t.* moderar; *se* — *v.pron.* moderar-se (*Conj. 13*)
moderne *adj.* moderno.
modernisation *s.f.* modernização.
moderniser *v.t.* modernizar.
modernisme *s.m.* modernismo.
moderniste *adj.; s.* modernista.
modernité *s.f.* modernidade.
modeste *adj.* modesto, recatado, módico.
modestie *s.f.* modéstia, recato.
modicité *s.f.* modicidade.
modification *s.f.* modificação.
modifier *v.t.* modificar. (*Conj. 23*)
modique *adj.* módico.
modiste *s.f.* chapeleira.
modulation *s.f.* modulação.
module *s.m.* módulo.
moduler *v.t.* modular.
moelle *s.f.* medula, tutano; — *épinière* medula espinhal.
moelleux euse *adj.* fofo, macio, aveludado.
moellon *s.m.* pedra de construção.
mœurs *s.f.pl.* costumes, usos, hábitos.
mohair *s.m.* pelo de cabra angorá.
moi *pron.* eu, mim; *avec* — comigo.
moignon *s.m.* 1. coto (de braço ou de perna); 2. toco (árvore, galho).
moindre *adj.* menor.
moine *s.m.* monge.
moineau eaux *s.m.* pardal; (*fig.*) sujeito, indivíduo.
moins *adv.* e *s.m.* e *prep.* menos; *à* — *que* a não ser que; *au* — pelo menos; *de* — *en* — cada vez menos; *du* — pelo menos; *pas le* — *du monde* de maneira alguma; *rien de* — *que* nada mais, nada menos que.
moire *s.f.* chamalote.
moiré e *adj.* achamalotado.
mois *s.m.* mês.
moisi e *adj.* mofado; *s.m.* bolor, mofo; *sentir le* — cheirar a mofo.
moisir *v.int.* criar mofo, mofar; (*fig.*) esperar, mofar.
moisissure *s.f.* bolor.
moisson *s.f.* messe, colheita, safra.
moissonner *v.t.* ceifar.
moissonneur euse *s.* ceifeiro, segador.
moite *adj.* úmido.
moiteur *s.f.* umidade.

moitié *s.f.* metade; (*fam.*) cara-metade; *à* — por metade; *à* — *prix* pela metade do preço; *de* — a meias.
moka *s.m.* moca.
mol V. *mou.*
molaire *adj.; s.f.* molar.
môle *s.m.* molhe, quebra-mar.
moléculaire *adj.* molecular.
molécule *s.f.* molécula.
molester *v.t.* molestar, maltratar.
molette *s.f.* carretilha.
mollard *s.m.* (*vulg.*) escarro.
mollasse *adj.* mole, molenga.
mollet[1] *s.m.* barriga da perna, panturrilha.
mollet[2] **ette** *adj.* algo mole; *œuf* — ovo quente.
mollir *v.int.* amolecer, começar a ceder.
mollo *interj.* (*pop.*) devagar.
mollusque *s.m.* molusco.
molosse *s.m.* molosso.
môme *s.* (*fam.*) criança; *s.f.* (*pop.*) moça.
moment *s.m.* momento; *à tout* — a cada instante; *dans un* — daqui a pouco; *du* — *que* já que, desde que; *pour le* — por enquanto.
momentané e *adj.* momentâneo.
momie *s.f.* múmia.
momifier *v.t.* mumificar.
mon *adj.poss.* meu, minha.
monacal e aux *adj.* monacal.
monarchie *s.f.* monarquia.
monarchique *adj.* monárquico.
monarchisme *s.m.* monarquismo.
monarchiste *adj.; s.* monarquista.
monarque *s.m.* monarca.
monastère *s.m.* mosteiro.
monastique *adj.* monástico.
monceau eaux *s.m.* amontoado, montão.
mondain e *adj.;* 1. mundano; 2. social; da sociedade elegante; *vie* — vida social; *s.m.* grã-fino.
mondaine *s.f.* delegacia de costumes e drogas.
mondanité *s.f.* 1. mundanidade; 2. mundanismo.
monde *s.m.* 1. mundo (em que vivemos); *ce bas* — este mundo, esta vida; *mettre au* — dar à luz; 2. sociedade, vida social; *le grand* — a alta sociedade; 3. mundo, as pessoas; *tout le* — todo mundo; convidados; *avoir du* — *chez soi* ter convidados em casa; *il y a du* — (*fam.*) tem (muita) gente.
monder *v.t.* mondar, limpar.
mondial e aux *adj.* mundial.

monétaire *adj.* monetário.
mongol e *adj.; s.pátr.* mongol.
mongolisme *s.m.* mongolismo.
moniteur *s.m.* monitor, instrutor.
monnaie *s.f.* 1. moeda; 2. troco; *faire de la* — trocar; *(fig.) payer en — de singe* recompensar por promessas vagas; *rendre la — de sa pièce à* pagar na mesma moeda.
monnayer *v.t.* amoedar; converter em dinheiro; cunhar (moeda). (*Conj.* 22)
monnayeur *s.m. faux* — moedeiro falso.
monocle *s.m.* monóculo.
monoculture *s.f.* monocultura.
monogame *adj.* monógamo.
monogamie *s.f.* monogamia.
monogamique *adj.* monogâmico.
monogramme *s.m.* monograma.
monographie *s.f.* monografia.
monographique *adj.* monográfico.
monologue *s.m.* monólogo.
monologuer *v.int.* monologar.
monomane *adj.; s.* monômano.
monomanie *s.f.* monomania.
monôme *s.m.* 1. (*Mat.*) monômio; 2. (*esc.*) desfile de estudantes em fila indiana.
monoplan *s.m.* monoplano.
monopole *s.m.* monopólio.
monopoliser *v.t.* monopolizar; (*fam.*) açambarcar.
monothéisme *s.m.* monoteísmo.
monothéiste *adj.; s.* monoteísta.
monotone *adj.* monótono.
monotonie *s.f.* monotonia.
monotype *s.f.* monotipo.
monseigneur *s.m.* monsenhor.
monsieur *s.m.* senhor; (*fam.*) marido, patrão.
monstre *s.m.* monstro; *adj.* (*fam.*) monstruoso, muito grande.
monstrueux euse *adj.* monstruoso, muito grande.
monstruosité *s.f.* monstruosidade.
mont *s.m.* monte; *promettre —s et merveilles* prometer mundos e fundos.
montage *s.m.* montagem.
montagnard e *s.* montanhês.
montagne *s.f.* montanha.
Montagne *s.f.* Montanha (durante a Revolução Francesa, grupo de deputados de esquerda na Assembleia Nacional).
montagneux euse *adj.* montanhoso.
montant[1] *s.m.* montante, importância.
montant[2] *s.m.* gosto, sabor.
mont-de-piété *s.m.* casa de penhores, prego.

monte-charge *s.m.* monta-cargas, elevador de carga.
montée *s.f.* subida.
monter *v.int.* 1. subir; 2. montar (a cavalo); 3. embarcar; *v.int.* aumentar; dar corda (a relógio), pôr a funcionar; aprontar; *se — v.pron.* elevar-se.
montgolfière *s.f.* balão dirigível.
monticule *s.m.* montículo.
montre[1] *s.f.* relógio de bolso.
montre[2] *s.f.* exibição, vitrine.
montrer *v.t.* mostrar, indicar; — *du doigt* apontar; aparentar; representar; ensinar, exibir; *se — v.pron.* mostrar-se.
montueux euse *adj.* montuoso, montanhoso.
monture *s.f.* 1. montaria; 2. armação de óculos.
monument *s.m.* monumento.
monumental e aux *adj.* monumental.
moquer, se *v.pron.* rir-se, escarnecer; mofar, zombar.
moquerie *s.f.* mofa, zombaria.
moquette *s.f.* moqueta.
moqueur euse *adj.* zombeteiro; *s.* zombador.
moraine *s.f.* (*Geol.*) morena.
moral e aux *adj.; s.m.* moral.
morale *s.f.* 1. moral; 2. moralidade, moral.
moralement *adv.* moralmente; no plano espiritual.
moralisateur trice *adj.; s.* moralizador.
moralisation *s.f.* moralização.
moraliser *v.t.* e *int.* moralizar.
moraliste *s.* moralista.
moratoire *adj.* moratório; *s.f.* moratória.
morbide *adj.* mórbido.
morbidité *s.f.* morbidez.
morbifique *adj.* morbífico.
morbleu *interj.* irra!
morceau eaux *s.m.* pedaço, bocado, fragmento; (*fam.*) *manger le* — confessar, denunciar, dedurar.
morceler *v.t.* retalhar, fragmentar. (*Conj.* 12)
mordacité *s.f.* mordacidade.
mordant e *adj.* mordente, corrosivo; mordaz; *s.m.* 1. mordente; 2. vivacidade, vigor.
mordicus *adv.* tenazmente; *soutenir — son opinion* defender a sua opinião com unhas e dentes.
mordiller *v.t.* mordiscar.
mordoré e *adj.* de um castanho-avermelhado; de reflexos dourados.
mordre *v.t.* e *int.* morder. (*Conj.* 77)

mordu e *adj.* mordido; (*fam.*) apaixonado, gamado, caído.
morfondre, se *v.pron.* ficar mofando. (*Conj. 87 e 8*)
morgue[1] *s.f.* arrogância, desdém, altivez.
morgue[2] *s.f.* necrotério.
moribond e *adj.* moribundo.
morigéner *v.t.* repreender. (*Conj. 13*)
mormon e *adj.; s.* mórmon.
morne[1] *adj.* triste, sombrio.
morne[2] *s.m.* morro.
morose *adj.* carrancudo, rabugento, sorumbático.
morosité *s.f.* melancolia, tristeza.
morphine *s.f.* morfina.
morphinomane *adj.; s.* morfinômano.
morphologie *s.f.* morfologia.
morpion *s.m.* (*pop.*) 1. chato, piolho do púbis; 2. moleque.
mors *s.m.* freio (de cavalo); *prendre le — aux dents* tomar o freio nos dentes, insubordinar-se.
morse *s.m.* morsa.
morsure *s.f.* mordedura.
mort[1] *s.f.* morte; *à — mortalmente; la — dans l'âme* com o coração partido; *se donner la —* matar-se.
mort[2] **e** *adj.* morto; *faire le —* fingir-se de morto.
mortadelle *s.f.* mortadela.
mortaise *s.f.* mortagem.
mortalité *s.f.* mortalidade; mortandade.
mort-aux-rats *s.m.* veneno para ratos.
mortel elle *adj.* mortal.
morte-saison *s.f.* baixa estação.
mortier[1] *s.m.* argamassa.
mortier[2] *s.m.* almofariz.
mortier[3] *s.m.* canhão de tiro curto.
mortifère *adj.* mortífero.
mortification *s.f.* mortificação.
mortifier *v.t.* mortificar, humilhar. (*Conj. 23*)
mort-née *adj.* natimorto.
mortuaire *adj.* mortuário.
morue *s.f.* 1. bacalhau; 2. (*vulg.*) prostituta.
morve *s.f.* 1. mormo; 2. muco.
morveux euse *adj.* ranhoso; *s.m.* moleque metido.
mosaïque *s.f.* mosaico.
mosquée *s.f.* mesquita.
mot *s.m.* 1. palavra; 2. frase; *avoir toujours le — pour rire* brincar a respeito de tudo; *placer son —* intervir numa discussão; *se payer de —s* ficar apenas em palavras; 3. carta, bilhete; 4. *— à —* palavra por palavra, literal(mente); *— de passe* santo e senha; *au bas —* ao preço mais baixo; *bon —* frase de espírito; *gros —* palavrão.
motard *s.m.* (*fam.*) guarda motorizado.
moteur *adj.; s.m.* motor.
motif *s.m.* motivo.
motilité *s.f.* motilidade.
motion *s.f.* moção.
motivation *s.f.* motivação.
motiver *v.t.* motivar.
moto *s.f.* o mesmo que *motocyclette*.
motocyclette *s.f.* motocicleta.
motocycliste *s.* motociclista, motoqueiro.
motoriser *v.t.* motorizar.
motrice *s.f.* motriz.
motte *s.f.* torrão.
motus *interj.* psiu! silêncio!
mou ou **mol molle** *adj.* mole, frouxo; *s.m.* bofe; *rentrer dans le — de* (*pop.*) bater, sovar.
mouchard *s.m.* (*fam.*) caguete, delator, informante.
moucharder *v.t.* (*fam.*) espionar, dedurar.
mouche *s.f.* 1. mosca; *fine —* sujeito esperto; 2. centro de alvo; *prendre la —* encolerizar-se; *quelle — te pique?*; que bicho te mordeu? 3. mosca (pequena porção de barba sob o lábio inferior); 4. o mesmo que *mouchard*.
moucher *v.t.* 1. assoar; 2. repreender; *se — v.pron.* assoar-se; *il ne se mouche pas du coude* ou *du pied* pensa que tem o rei na barriga.
moucheron *s.m.* mosquinha.
moucheter *v.t.* mosquear, salpicar. (*Conj. 17*)
mouchoir *s.m.* lenço.
moudre *v.t.* moer. (*Conj. 79*)
moue *s.f.* careta, trejeito.
mouette *s.f.* gaivota.
moufle *s.f.* luva inteiriça, com separação apenas para o polegar.
mouillage *s.m.* 1. ancoragem; 2. molhadura.
mouiller *v.t.* molhar; *v.int.* fundear, ancorar; *se — v.pron.* molhar-se; (*fam.* e *fig.*) comprometer-se.
mouillette *s.f.* fatia de pão (que se molha nos ovos quentes).
mouise *s.f.* (*pop.*) miséria, pendura.
moujik *s.m.* mujique.
moukère *s.f.* (*gír.*) mulherzinha.
moulage *s.m.* moldagem, molde.
moulais, moulait V. *moudre*.

moule¹ *s.f.* mexilhão.
moule² *s.m.* molde, forma.
mouler *v.t.* moldar, modelar.
moulez, mouliez V. *moudre* e *mouler*.
moulin *s.m.* **1.** moinho; *apporter de l'eau au —* trazer argumentos para alguém; *on ne peut être à la fois au — et au four* (aprox.) não se pode chupar cana e assobiar ao mesmo tempo; **2.** (*fam.*) motor de automóvel.
moulinet *s.m.* molinete.
moulu V. *moudre*.
moulure *s.f.* relevo.
mourant e *adj.* moribundo; mortiço.
mourir *v.int.* morrer; *se — v.pron.* agonizar. (*Conj.* 33)
mouron *s.m.* morrião; *se faire du —* (*pop.*) preocupar-se, amofinar-se.
mousquet *s.m.* mosquete.
mousquetaire *s.m.* mosqueteiro.
mousqueton *s.m.* mosquetão.
mousse¹ *s.f.* musgo.
mousse² *s.f.* **1.** escuma; **2.** colarinho (de cerveja); **3.** *— au chocolat* creme de chocolate.
mousse³ *s.m.* grumete.
mousseline *s.f.* musselina.
mousser *v.int.* espumar.
mousseux euse *adj.* espumoso; *s.m.* vinho espumante.
mousson *s.m.* monção.
moussu e *adj.* musgoso, musguento.
moustache *s.f.* bigode.
moustachu e *adj.* bigodudo.
moustiquaire *s.f.* mosquiteiro.
moustique *s.m.* mosquito.
moût *s.m.* mosto.
moutard *s.m.* (*pop.*) garoto, guri.
moutarde *s.f.* mostarda; *la — lui monte au nez* começa a irritar-se.
moutardier *s.m.* mostardeira.
mouton *s.m.* **1.** carneiro; *revenons à nos —s* voltemos ao assunto, à vaca-fria; (*gír.*) espião (introduzido pela polícia numa prisão); **2.** espuma de onda, floco de poeira, nuvenzinha.
moutonner *v.int.* encrespar-se.
mouture *s.f.* moagem.
mouvement *s.m.* movimento.
mouvementé e *adj.* movimentado.
mouvementer *v.t.* movimentar.
mouvoir *v.t.* mover; *se — v.pron.* mover-se. (*Conj.* 49)
moxa *s.m.* moxa.

moyen enne *adj.* médio; *s.m.* meio; *— de locomotion* condução; *se débrouiller par les — du bord* safar-se de dificuldade com os meios disponíveis na ocasião; *s.f.* média.
Moyen Âge *s.m.* Idade Média.
moyenâgeux euse *adj.* medieval.
moyeu eux *s.m.* cubo (de roda).
mu V. *mouvoir*.
mucosité *s.f.* mucosidade.
mucus *s.m.* muco.
mue¹ *s.f.* muda (do pelo, das penas).
mue² *s.f.* capoeira, galinheiro.
mue³ V. *mouvoir*.
muer *v.int.* mudar (a pele).
muet ette *adj.* mudo.
mufle *s.m.* ponta do focinho; (*fig.* e *fam.*) cafajeste, boçal.
muflerie *s.f.* (*fam.*) cafajestice, boçalidade.
mugir *s.m.* mugir.
mugissement *s.m.* mugido.
muguet *s.m.* lírio-convale.
mulâtre esse *adj.; s.* mulato.
mule¹ *s.f.* mula.
mule² *s.f.* chinelo (de salto alto).
mulet¹ *s.m.* mulo, mu.
mulet² *s.m.* tainha (peixe).
mulot *s.m.* arganaz (pequeno mamífero).
multicolore *adj.* multicor.
multiforme *adj.* multiforme.
multilatéral e aux *adj.* multilateral.
multimillionnaire *adj.; s.* multimilionário.
multinational e aux *adj.* multinacional.
multiple *adj.* múltiplo.
multiplicité *s.f.* multiplicidade.
multiplier *v.t.* multiplicar; *se — v.pron.* multiplicar-se. (*Conj.* 23)
multitude *s.f.* multidão.
mûmes V. *mouvoir*.
municipal e aux *adj.* municipal.
municipalité *s.f.* municipalidade.
munificence *s.f.* munificência.
munir *v.t.* munir.
munition *s.f.* munição.
muqueuse *s.f.* mucosa.
muqueux euse *adj.* mucoso.
mur *s.m.* muro, parede; *mettre au pied du —* encostar na parede.
mûr e *adj.* maduro.
muraille *s.f.* muralha.
mural e aux *adj.* mural.
mûre¹ *adj.; fem.* de *mûr*.
mûre² *s.f.* amora.
murent V. *mouvoir* e *murer*.

murer *v.t.* murar, emurar.
muret *s.m.* murinho.
mûrier *s.m.* amoreira.
mûrir *v.t.* e *int.* amadurecer.
mûrissement *s.m.* amadurecimento, maturação.
murmure *s.m.* murmúrio.
murmurer *v.t.* e *int.* murmurar.
mus V. *mouvoir*.
musard e *adj.* entretido com ninharias, basbaque.
musarder *v.int.* zanzar.
musc *s.m.* almíscar.
muscade *s.f.* 1. noz-moscada; 2. bolinha do pelotiqueiro.
muscat *s.m.* moscatel.
muscle *s.m.* músculo.
musculaire *adj.* muscular.
musculature *s.f.* musculatura.
musculeux euse *adj.* musculoso.
muse *s.f.* musa.
museau eaux *s.m.* 1. focinho; 2. (*fam.*) rosto, cara.
musée *s.m.* museu.
museler *v.t.* açaimar, amordaçar. (*Conj. 20*)
muselière *s.f.* focinheira, açaimo.
musette *s.f.* embornal.
Muséum *s.m.* o Museu de Ciências Naturais de Paris.
musical e aux *adj.* musical.
music-hall *s.m.* teatro de revista.
musicien enne *s.* músico.
musicologie *s.f.* musicologia.
musicologue *s.* musicólogo.
musique *s.f.* música; — *de chambre* música de câmara; *mettre en* — musicar.
musulman e *adj.; s.* muçulmano.
mut V. *mouvoir*.

mutabilité *s.f.* mutabilidade.
mutation *s.f.* mutação.
muter *v.t.* transferir, remover (funcionário).
mutilation *s.f.* mutilação.
mutilé e *adj.; s.* mutilado.
mutiler *v.t.* mutilar.
mutin e *adj.* rebelde; malicioso.
mutiner, se *v.pron.* amotinar-se.
mutisme *s.m.* mutismo.
mutité *s.f.* mudez.
mutualité *s.f.* conjunto de associações de beneficência e montepios.
mutuel elle *adj.* mútuo.
mycose *s.f.* micose.
mygale *s.f.* migale, aranha-caranguejeira.
myocarde *s.m.* miocárdio.
myope *adj.* míope.
myopie *s.f.* miopia.
myosotis *s.m.* miosótis.
myriade *s.f.* miríade.
myrrhe *s.f.* mirra.
myrte *s.m.* mirto, murta.
myrtille *s.f.* mirtilo.
mystère *s.m.* mistério.
mystérieux euse *adj.* misterioso.
mysticisme *s.m.* misticismo.
mysticité *s.f.* misticidade.
mystificateur trice *s.* mistificador.
mystification *s.f.* mistificação.
mystifier *v.t.* mistificar. (*Conj. 23*)
mystique *adj.* místico.
mythe *s.m.* mito.
mythique *adj.* mítico.
mythologie *s.f.* mitologia.
mythologique *adj.* mitológico.
mythomane *adj.; s.* mitômano.
mythomanie *s.f.* mitomania.

N

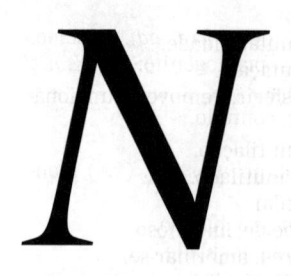

nabab s.m. nababo.
nabot s.m. (pej.) nanico, tampinha.
nacelle s.f. barquinha (de aerostato).
nacre s.f. nácar, madrepérola.
nacrer v.t. nacarar.
nage s.f. nado, natação; *à la* — nadando; *être en* — nadar em suor.
nageoire s.f. nadadeira, barbatana.
nager v.int. nadar; — *dans le sang* estar coberto de sangue; (fam.) boiar, estar por fora de. (Conj. 19)
nageur euse s. nadador.
naguère adv. há pouco, recentemente.
naïade s.f. náiade.
naïf naïve adj. ingênuo; natural; crédulo, simplório.
nain e adj.; s. anão.
naissais, naissait V. *naître*.
naissance s.f. 1. nascença; 2. nascimento; 3. origem, princípio; *prendre* — originar-se.
naissiez, naissions V. *naître*.
naître v.int. nascer; começar a existir; aparecer. (Conj. 79)
naïveté s.f. ingenuidade, candura, credulidade.
naja s.f. naja.
nana s.f. (pop.) amante; mulher.
nanan s.m. (fam.) *c'est du* —! é joia!
nancéien enne adj. e s.pátr. nanciense, habitante de Nancy.
nandou s.m. nhandu, ema.
nanisme s.m. nanismo.
nankin s.m. nanquim.
nanti e adj. rico.
nantir v.t. prover, munir.
nantissement s.m. garantia, penhor.
napalm s.m. napalm.
naphtaline s.f. naftalina.
naphte s.m. nafta.

Naples s.f. Nápoles.
napolitain e adj.; s.pátr. napolitano.
nappage s.m. roupa de mesa.
nappe s.f. toalha de mesa; — *d'eau* lençol de água; — *phréatique* lençol freático.
naquîmes, naquis, naquit V. *naître*.
narcisse s.m. narciso.
narcissisme s.m. narcisismo.
narcose s.f. narcose.
narcotique adj.; s.m. narcótico.
narcotiser v.t. narcotizar.
nard s.m. nardo.
narguer v.t. desafiar com insolência, debochar de.
narguilé s.m. narguilé.
narine s.f. narina.
narquois e adj. zombeteiro, escarninho, irônico.
narrateur trice s. narrador.
narratif ive adj. narrativa.
narration s.f. narração.
narrer v.t. narrar.
narval als s.m. narval.
nasal e aux adj. nasal.
nasale s.f. nasal (som).
nase s.f. (gír.) nariz.
naseau eaux s.m. venta (de animal).
nasillard e adj. fanhoso.
nasiller v.int. fanhosear.
nasse s.f. nassa.
natal e als adj. natal.
natalité s.f. natalidade.
natation s.f. natação.
natif ive adj. nativo.
nation s.f. nação.
national e aux adj. nacional.
nationalisation s.f. nacionalização.
nationaliser v.t. nacionalizar, encampar.
nationalisme s.m. nacionalismo.
nationaliste adj.; s. nacionalista.

nationalité *s.f.* nacionalidade; cidadania.
national-socialisme *s.m.* nacional-socialismo, nazismo.
national-socialiste *adj.; s.* nacional-socialista, nazista.
nativité *s.f.* natividade.
natte *s.f.* **1.** esteira; **2.** trança (de cabelos).
naturalisation *s.f.* naturalização.
naturalisé e *adj.; s.* naturalizado.
naturaliser *v.t.* naturalizar; *il s'est fait — français* naturalizou-se francês.
naturalisme *s.m.* naturalismo.
naturaliste *adj.; s.* naturalista.
naturalité *s.f.* naturalidade.
nature *s.f.* natureza; temperamento; *— morte* natureza-morta; *d'après —* do natural; *de — à* capaz de; por natureza; *payer en —* pagar em gêneros, em bens; *adj.* natural; *grandeur —* tamanho natural; *adj.* (*pop.*) naturalmente.
naturel elle *adj.* natural; *s.m.* índole, caráter.
naturisme *s.m.* naturismo.
naturiste *adj.* naturista.
naufrage *s.m.* naufrágio; *faire —* naufragar.
naumachie *s.f.* naumaquia.
nauséabond e *adj.* nauseabundo, nojento.
nausée *s.f.* náusea.
nautile *s.m.* náutilo (molusco).
nautique *adj.* náutico.
naval e als *adj.* naval.
navarin *s.m.* ensopado de carneiro.
navet *s.m.* **1.** nabo; **2.** (*fig.*) pintura ruim, filme ou peça ruim.
navette[1] *s.f.* nabo ordinário.
navette[2] *s.f.* naveta, lançadeira; *faire la —* andar de um lado para outro.
navigabilité *s.f.* navegabilidade.
navigable *adj.* navegável.
navigateur *s.m.* navegador, navegante.
navigation *s.f.* navegação.
naviguer *v.int.* navegar.
navire *s.m.* navio.
navrant e *adj.* aflitivo, pungente, desolador.
navrer *v.t.* afligir, confranger, desolar, contrariar vivamente.
nazi e *adj.* nazista.
nazisme *s.m.* nazismo.
ne ou **n'** *adv.* não; *— guère* não muito; *— pas* não; *— plus* não mais; *— point* absolutamente não; *— que* somente; (nem sempre se traduz) *je crains qu'il ne nous quitte* temo que ele nos deixe.

né e *part.pass.* de *naître; adj.* nascido, nato; *premier —* primogênito; *Mme X, née* sr^a X, em solteira...
néanmoins *conj.* contudo.
néant *s.m.* nada.
nébuleuse *s.f.* **1.** nebulosa; **2.** (*fig.*) montão.
nébuleux euse *adj.* nebuloso.
nébulosité *s.f.* nebulosidade.
nécessaire *adj.* necessário; *s.m.* frasqueira.
nécessité *s.f.* necessidade.
nécessiter *v.t.* necessitar, precisar.
nécessiteux euse *adj.* necessitado.
nécrologie *s.f.* necrologia.
nécrologique *adj.* necrológico.
nécromancie *s.f.* necromancia.
nécromancien enne *s.* necromante.
nécropole *s.f.* necrópole.
nécrose *s.f.* necrose.
nécroser *v.t.* necrosar.
nectaire *s.m.* nectário.
néerlandais e *adj.; s.pátr.* neerlandês, holandês.
nef *s.f.* **1.** nau, navio; **2.** nave (de igreja).
néfaste *adj.* nefasto.
nèfle *s.f.* nêspera; *des —s! interj.* (*fam.*) negativo!
néflier *s.m.* nespereira.
négateur trice *adj.; s.* negador.
négatif ive *adj.* negativo; *s.m.* negativo; *s.f.* negativa.
négation *s.f.* negação.
négativisme *s.m.* negativismo.
négativiste *adj.* negativista.
négligeable *adj.* insignificante, desdenhável.
négligé e *adj.* desalinhado; *s.m.* desalinho, roupão.
négligence *s.f.* negligência, descuido.
négligent e *adj.* negligente, descuidado.
négliger *v.t.* descuidar-se de; descurar, negligenciar. (*Conj. 19*)
négociable *adj.* negociável.
négociant e *s.* negociante.
négociateur trice *s.* negociador.
négocier *v.t.* negociar. (*Conj. 23*)
nègre esse *adj.; s.* negro, preto; *— blanc* albino de raça negra; *— en chemise* pudim de chocolate com creme; *petit —* francês estropiado; (*aprox.*) caçanje.
négrier *s.m.* negreiro.
négritude *s.f.* negritude.
négrillon *s.m.* moleque.
négus *s.m.* negus.

neige s.f. neve; (gír.) cocaína.
neiger v.impess. nevar. (Conj. 19)
neigeux euse adj. nevoso.
nélumbo s.m. o mesmo que lótus.
néné s.m. (pop.) seio de mulher.
nénies s.f.pl. nênias.
nenni adv. (ant. e dialetal) não.
nénuphar s.m. nenúfar.
néo-grec grecque adj. grego moderno.
néolithique adj.; s.m. neolítico.
néologisme s.m. neologismo.
néon s.m. néon, neônio.
néophyte s. neófito.
néoprène s.m. borracha sintética.
néo-zélandais e adj.; s.pátr. neozelandês.
nèpe s.f. nepa, percevejo aquático.
néphrétique adj. nefrítico.
néphrite[1] s.f. (Med.) nefrite.
néphrite[2] s.f. (min.) nefrita.
népotisme s.m. nepotismo.
néréide s.f. nereida.
nerf s.m. nervo; *avoir les —s en pelote* estar agastado; *avoir ses —s* estar nervoso; *taper sur les —s de* irritar; *du —!* força!
nerprun s.m. ramno (árvore).
nerveux euse adj. nervoso.
nervin e adj. nervino, nerval.
nervosité s.f. nervosidade, nervosismo.
nervure s.f. nervura.
net nette adj. claro, nítido, límpido; explícito; líquido; *mettre au —* passar a limpo; adj. de repente; com clareza.
netteté s.f. nitidez, clareza.
nettoiement s.m. limpeza.
nettoyage s.m. limpeza.
nettoyer v.t. limpar; esvaziar. (Conj. 21)
neuf[1] num. nove.
neuf[2] **neuve** adj. novo, recente; s.m. novidade; *quoi de —?* quais são as novidades?
neume s.f. neuma.
neurasthénie s.f. neurastenia.
neurasthénique adj. neurastênico.
neurologie s.f. neurologia.
neurologique adj. neurológico.
neurologiste s. neurologista.
neurone s.m. neurônio.
neutralisation s.f. neutralização.
neutraliser v.t. neutralizar.
neutralité s.f. neutralidade.
neutre adj.; s. neutro, neutral.
neutron s.m. nêutron.
neuvaine s.f. novena.
neuvième num. nono; s.m. 1. nono, a nona parte; 2. nono andar; s.f. (Mús.) nona.

neveu eux s.m. sobrinho.
névralgie s.f. neuralgia.
névralgique adj. neurálgico.
névropathe s. neuropata, nevropata.
névrose s.f. neurose.
névrosé e adj. neurótico.
nez s.m. nariz; (pop.) *avoir dans le —* detestar; *avoir du —* ter faro, ser finório; *montrer son —* aparecer; *ne pas mettre le — dehors* não sair de casa; *piquer du —* dormir sentado, de cabeça caída; *se trouver à — avec* encontrar-se cara a cara com.
ni conj. nem.
niable adj. negável.
niais e adj.; s. parvo, tolo, simplório.
niaiserie s.f. parvoíce, necedade, tolice.
Nicaragua s.m. Nicarágua.
nicaraguayen enne adj.; s.pátr. nicaraguense.
niche[1] s.f. peça (pregada em alguém), burla.
niche[2] s.f. 1. nicho; 2. casinha de cachorro.
nichée s.f. ninhada.
nickel s.m. níquel.
nickelage s.m. niquelagem.
nickeler v.t. niquelar. (Conj. 12)
nicotine s.f. nicotina.
nid s.m. ninho.
nidifier v.int. nidificar. (Conj. 23)
nièce s.f. sobrinha.
nielle s.m. nigelo.
nieller v.t. nigelar.
nier v.t. negar, contestar, recusar. (Conj. 23)
nigaud e s. pateta.
Nigéria s.m. Nigéria.
nigérien enne adj.; s.pátr. nigeriano.
nihilisme s.m. niilismo.
nihiliste adj.; s. niilista.
nimbus s.m. nimbo.
ninas s.m. cigarrilha.
nipper v.t. (fam.) vestir.
nippes s.f.pl. roupas velhas.
nippon one ou **onne** adj.; s.pátr. japonês, nipônico.
nique s.f. *faire la — à* zombar de.
nirvana s.m. nirvana.
nitouche s.f. *sainte —* santa de pau oco.
nitrate s.m. nitrato.
nitroglycérine s.f. nitroglicerina.
nival e als adj. niveal.
niveau eaux s.m. nível.
niveler v.t. nivelar. (Conj. 12)
nivellement s.m. nivelamento.
nobiliaire adj. nobiliárquico; s.m. nobiliário, nobiliarquia.

noble *adj.; s.* nobre.
noblesse *s.f.* nobreza.
noce *s.f.* (*pop.*) farra; *faire la* — farrear, viver na farra; *n'être pas à la* — estar em péssima situação; *pl.* núpcias.
noceur *s.m.* (*pop.*) pândego, farrista.
nocif ive *adj.* nocivo.
nocivité *s.f.* nocividade.
noctambule *s.* noctâmbulo.
nocturne *adj.* noturno.
nodosité *s.f.* nodosidade.
nodule *s.m.* nódulo.
noduleux euse *adj.* noduloso.
Noël *s.m.* Natal.
nœud *s.m.* nó; — *coulant* nó corredio; — *gordien* nó górdio; laço; anel (de cobra).
noie, noiera V. *noyer.*
noir e *adj.* negro, preto; *pousser les choses au* — ver tudo com pessimismo; (*pop.*) bêbedo, de pileque; *s.m.* 1. negro, preto; 2. (*pop.*) tristeza, fossa; *broyer du* — estar na fossa; 3. xícara de café.
noirâtre *adj.* anegrado, negrusco.
noiraud e *adj.* moreno, pretinho.
noirceur *s.f.* negrura; perfídia.
noircir *v.t.* 1. enegrecer; 2. difamar.
noire *s.f.* (*Mús.*) semínima.
noise *s.f. chercher* — *à* procurar encrenca com.
noisetier *s.m.* aveleira.
noisette *s.f.* avelã; *adj.* cor de avelã.
noix *s.f.* noz; — *du Brésil* castanha-do-pará; (*fam.* e *fig.*) imbecil; *à la* — *de coco* (*fam.*) imprestável, reles, malfeito.
nom *s.m.* 1. nome; — *d'emprunt* pseudônimo; *au* — *de* em nome de; 2. sobrenome; 3. renome, nomeada; 4. substantivo; 5. (*gír.*) — *de Dieu!* — *d'un chien!* — *de* —*!* com os diabos!
nomade *adj.* nômade.
nombre *s.m.* número; *au* — *de* ao todo; *du* — do meio; *en* — em massa; — *de* muito.
nombreux euse *adj.* numeroso.
nombril *s.m.* umbigo.
nomenclature *s.f.* nomenclatura.
nominal e aux *adj.* nominal.
nomination *s.f.* nomeação.
nommé e *adj.* nomeado, chamado; *à point* — a propósito, na hora exata.
nommer *v.t.* nomear.
nommément *adj.* 1. designando pelo nome; 2. especialmente.
non *adj.* não; — *plus* tampouco.
nonagénaire *adj.; s.* nonagenário.
nonagésime *adj.; s.m.* nonagésimo.
nonante *num.* (*reg.*) noventa.
nonchalamment *adj.* displicentemente.
nonchalance *s.f.* negligência, displicência.
nonchalant e *adj.* negligente, displicente.
non-lieu *s.m.* impronúncia.
nono *adj.* em nono lugar.
nonobstant *prep.* não obstante, apesar de.
non-sens *s.m.* contrassenso.
nord *s.m.* norte; *perdre le* — ficar desnorteado.
nord-africain e *adj.*; *s.pátr.* norte-africano.
nord-américain e *adj.*; *s.pátr.* norte-americano.
nordique *adj.* nórdico.
nordiste *adj.; s.* nortista (especialmente, partidário dos estados do Norte na Guerra de Secessão norte-americana, de 1861 a 1865).
normal e aux *adj.* normal.
normalien *s.m.* aluno da École Normale Supérieure, de Paris.
normalisation *s.f.* normalização.
normaliser *v.t.* normalizar.
normalité *s.f.* normalidade.
normand e *adj.*; *s.pátr.* normando.
norme *s.f.* norma.
norrois e *adj.* nórdico.
Norvège *s.f.* Noruega.
norvégien enne *adj.*; *s.pátr.* norueguês.
nos *adj. poss.pl.* nossos, nossas. V. *notre.*
nostalgie *s.f.* nostalgia, saudade.
nostalgique *adj.* nostálgico.
notabilité *s.f.* notabilidade.
notable *adj.; s.* notável.
notaire *s.m.* notário, tabelião.
notairesse *s.f.* tabelioa.
notamment *adv.* especialmente, particularmente.
notarial e aux *adj.* notarial.
notation *s.f.* notação.
note *s.f.* 1. nota, anotação; *prendre* — tomar nota; 2. conta; *régler une* — pagar uma conta; 3. nota (musical); *forcer la* — exagerar; 4. nota, média; 5. comentário.
noter *v.t.* notar, anotar.
notice *s.f.* nota, resumo.
notification *s.f.* notificação.
notifier *v.t.* notificar. (*Conj. 23*)
notion *s.f.* noção.
notoire *adj.* notório.
notoriété *s.f.* notoriedade.
notre *adj. poss.* nosso, nossa.
nôtre *pron. poss.* o nosso, a nossa.

nouba *s.f.* (*pop.*) festa, farra.
nouer *v.t.* **1.** atar, ligar; **2.** travar.
noueux euse *adj.* nodoso.
nougat *s.m.* nugá; *c'est du —* (*fam.*) é ótimo!
nouille *s.f.* **1.** aletria; **2.** (*fig.* e *pop.*) molengão.
nounou *s.f.* (*infant.*) ama, babá.
nourrice *s.f.* ama; *— sèche* ama-seca, babá, pajem.
nourricerie *s.f.* lactário.
nourricier ière *adj.* nutritivo; *père —* pai adotivo.
nourrir *v.t.* alimentar, nutrir.
nourrissant e *adj.* nutritivo.
nourrisson *s.m.* criança de peito, lactente.
nourriture *s.f.* alimentação.
nous *pron.pl.* nós, nos; *avec —* conosco; *ce que c'est que de —* eis o que somos!
nouveau ou **nouvel, elle, eaux** *adj.* novo, recente; *s.m.* **1.** novidade; **2.** calouro; *à — de —* novamente.
nouveau-né e *adj.; s.* recém-nascido.
nouveauté *s.f.* novidade.
nouveau-venu e *adj.; s.* recém-chegado.
nouvel V. *nouveau.*
nouvelle[1] V. *nouveau.*
nouvelle[2] *s.f.* **1.** notícia, novidade; *vous aurez de mes —s* isto não vai ficar assim!; **2.** novela.
nouvelliste *s.* novelista.
novateur trice *adj.; s.* novador.
novembre *s.m.* novembro.
novice *adj.; s.* noviço; novato.
noviciat *s.m.* noviciado.
noyade *s.f.* afogamento.
noyau aux *s.m.* **1.** caroço; **2.** núcleo.
noyauter *v.t.* infiltrar, introduzir elementos hostis (numa instituição, num partido).
noyé e *adj.* afogado, inundado; *s.* afogado.
noyer[1] *s.m.* nogueira.
noyer[2] *v.t.* afogar; *des yeux noyés de larmes* olhos rasos de água; *se — v.pron.* afogar-se. (*Conj. 21*)
nu e *adj.* nu, despido, pelado; *mettre à —* desnudar; *s.m.* nu.
nuage *s.m.* nuvem.

nuageux euse *adj.* nublado.
nuance *s.f.* nuança, matiz, cambiante.
nuancé e *adj.* matizado.
nuancer *v.t.* matizar. (*Conj. 14*)
nubile *adj.* núbil.
nucléaire *adj.* nuclear.
nudisme *s.m.* nudismo.
nudiste *adj.; s.* nudista.
nudité *s.f.* nudez.
nue[1] *adj.* V. *nu.*
nue[2] *s.f.* nuvem; *porter aux —s* levar às nuvens.
nuée *s.f.* nuvem.
nuire *v.int.* prejudicar. (*Conj. 64*)
nuisance *s.f.* incômodo, prejuízo.
nuisible *adj.* nocivo, daninho.
nuit *s.f.* noite; *à la — tombante* ao cair da noite.
nuitamment *adv.* de noite.
nul nulle *adj.* **1.** nenhum, nulo; **2.** empatado (jogo, partida); *pron.m.* ninguém.
nullement *adv.* de modo nenhum.
nullité *s.f.* nulidade.
numéraire *s.m.* numerário.
numéral e aux *adj.; s.m.* numeral.
numérateur *s.m.* numerador.
numération *s.f.* numeração.
numérique *adj.* numérico.
numéro *s.m.* número; *— minéralogique* número de matrícula de um veículo.
numéroter *v.t.* numerar.
numismate *s.* numismata.
numismatique *adj.* numismático; *s.f.* numismática.
nu-pieds *adj.* descalço.
nuptial e aux *adj.* nupcial.
nuque *s.f.* nuca.
nurse *s.f.* babá, governanta.
nutritif ive *adj.* nutritivo.
nutrition *s.f.* nutrição.
nutritionniste *s.* nutricionista.
nylon *s.m.* náilon.
nymphe *s.f.* ninfa.
nymphéa *s.f.* ninfeia, nenúfar.
nymphomane *adj. f.* ninfomaníaca; *s.f.* ninfômana.
nymphomanie *s.f.* (*Med.*) ninfomania.

O

oasis s.f. oásis.
obéir v.int. obedecer.
obéissance s.f. obediência.
obéissant e adj. obediente.
obélisque s.m. obelisco.
obérer v.t. oberar, endividar. (Conj. 13)
obèse adj. obeso.
obésité s.f. obesidade.
objecter v.t. objetar.
objecteur s.m. objetante; — de conscience aquele que, por motivos religiosos ou morais, se recusa a prestar serviço militar.
objectif ive adj. objetivo; s.m. 1. objetivo, alvo, mira; 2. objetiva.
objection s.f. objeção; — de conscience recusa, por motivos religiosos ou morais, a prestar o serviço militar.
objectivation s.f. objetivação.
objectiver v.t. objetivar.
objectivité s.f. objetividade.
objet s.m. 1. objeto; 2. alvo; 3. assunto.
objurgation s.f. objurgação, censura violenta.
obligation s.f. 1. obrigação; 2. ação (nominativa ou ao portador).
obligatoire adj. obrigatório.
obligeamment adv. obsequiosamente, cortesmente.
obligeance s.f. gentileza, cortesia.
obligeant e adj. obsequioso, cortês.
obliger v.t. 1. obrigar, forçar; 2. obrigar, prestar um serviço a. (Conj. 19)
oblique adj. oblíquo.
obliquer v.int. obliquar.
obliquité s.f. obliquidade.
oblitérer v.t. obliterar. (Conj. 13)
oblong ue adj. oblongo.
obnubiler v.t. obnubilar, obcecar.
obole s.f. óbolo.
obscène adj. obsceno.

obscénité s.f. obscenidade.
obscur e adj. 1. obscuro; 2. escuro.
obscurantisme s.m. obscurantismo.
obscurantiste adj.; s. obscurantista.
obscurcir v.t. 1. escurecer; 2. obscurecer.
obscurité s.f. 1. escuridão; 2. obscuridade.
obsédant e adj. obsessivo.
obséder v.t. obsediar, obsedar. (Conj. 13)
obsèques s.f.pl. exéquias.
obséquieux euse adj. bajulador.
obséquiosité s.f. bajulação.
observable adj. observável.
observance s.f. observância.
observateur trice s. observador.
observation s.f. 1. observância; 2. observação.
observatoire s.m. observatório.
observer v.t. observar; s'— v.pron. observar-se; controlar-se.
obsession s.f. obsessão.
obsolète adj. obsoleto.
obstacle s.m. obstáculo, óbice.
obstétrical e aux adj. obstétrico.
obstétricien s.m. obstetra, parteiro.
obstétrique s.f. obstetrícia.
obstination s.f. obstinação.
obstiné e adj. obstinado.
obstiner, s' v.pron. obstinar-se, teimar.
obstruction s.f. obstrução.
obstructionnisme s.m. obstrucionismo.
obstructionniste adj.; s. obstrucionista.
obstruer v.t. obstruir.
obtempérer v.int. obtemperar. (Conj. 13)
obtenir v.t. obter. (Conj. 41)
obtention s.f. obtenção, conseguimento.
obturation s.f. obturação.
obturer v.t. obturar.
obtus e adj. obtuso.
obus s.m. obus; granada.

obvier *v.int.* obviar.
oc *adv. langue d'—* língua de oc, provençal.
ocarina *s.m.* ocarina.
occase *s.f.* (*pop.*) ocasião, circunstância favorável.
occasion *s.f.* ocasião, azo, ensejo; *à l'—* havendo ocasião; *à la première —* assim que possível; *sauter sur l'—* aproveitar logo a ocasião; *à l'— de* quando de; *d'—*; **1.** ocasional; **2.** usado, de segunda mão; *par —* por acaso.
occasionnel elle *adj.* ocasional.
occasionner *v.t.* ocasionar.
occident *s.m.* ocidente.
occidental e aux *adj.; s.* ocidental.
occidentaliser *v.t.* ocidentalizar.
occiput *s.m.* occipício, occipital, toutiço.
occire *v.t.* (*ant.* ou *irônico*) matar.
occitan e *adj.*; *s.pátr.* provençal.
occlusion *s.f.* oclusão.
occultation *s.f.* ocultação.
occulte *adj.* oculto.
occultisme *s.m.* ocultismo.
occultiste *adj.; s.* ocultista.
occupant e *adj.; s.* ocupante.
occupation *s.f.* ocupação, *l'occupation* a ocupação alemã da França, de 1940 a 1945.
occuper *v.t.* ocupar; *s'— v.pron.* ocupar-se.
occurrence *s.f.* ocorrência; *en l'—* no caso em foco.
océan *s.m.* oceano.
océanique *adj.* oceânico.
océanographie *s.f.* oceanografia.
ocelle *s.m.* ocelo.
ocelot *s.m.* jaguatirica, maracajá.
ocre *s.f.* ocra, ocre.
octante *adj.num.* (*reg.*) oitenta.
octave *s.f.* oitava.
octobre *s.m.* outubro.
octogénaire *adj.; s.* octogenário.
octogonal e aux *adj.* octogonal.
octogone *s.m.* octógono.
octroi *s.m.* **1.** outorga; **2.** posto fiscal, alfândega municipal.
octroyer *v.t.* outorgar. (*Conj.* 21)
oculaire *adj.* ocular.
oculiste *adj.; s.* oculista.
odalisque *s.f.* odalisca.
ode *s.f.* ode.
odeur *s.f.* odor, cheiro; *— de sainteté* odor de santidade.
odieux euse *adj.* odioso.
odontologie *s.f.* odontologia.
odontologique *adj.* odontológico.
odorant e *adj.* odorante, cheiroso.
odorat *s.m.* olfato.
odyssée *s.f.* odisseia.
œcuménique *adj.* ecumênico.
œdemateux euse *adj.* edematoso.
œdème *s.m.* edema.
œil yeux *s.m.* olho; vista, visão; *à l'—* (*fam.*) de graça; *coûter les yeux de la tête* estar pela hora da morte; *crever les yeux* entrar pelos olhos; *entre quatre yeux* a sós; *faire de l'— à* piscar para; *manger des yeux* não tirar os olhos de; *mauvais —* mau-olhado; *mon —! interj.* (*fam.*) duvido; *ne pas avoir les yeux dans sa poche* ser bom observador; *ne pas en croire ses yeux* não crer no que vê; *— au beurre noir* olho roxo, contundido; *ouvrir de grands yeux* arregalar os olhos; *rouler les yeux* revirar os olhos; *sauter aux yeux* saltar à vista; *s'en battre l'—* (*pop.*) nem ligar; *se rincer l'—* (*fam.*) deleitar-se; *tourner de l'—* desmaiar.
œil-de-bœuf *s.m.* olho de boi.
œillade *s.f.* olhadela.
œillères *s.f.pl.* anteolhos, antolhos; *avoir des —* ser quadrado.
œillet *s.m.* **1.** cravo; **2.** ilhó.
œilleton *s.m.* **1.** gomo, rebento; **2.** olhal de mira.
œnologie *s.f.* enologia.
œsophage *s.m.* (*Anat.*) esôfago.
œuf *s.m.* ovo; *— à la coque* ovo quente; *— dur* ovo cozido; *— sur le plat* ovos estrelados; *tondre un —* ser pão-duro; *tuer dans l'—* esmagar no ovo, na origem; *va te faire cuire un —* (*fam.*) vá tomar banho.
œuvre *s.f.* obra, trabalho; *— d'art* obra de arte; *— de chair* contato carnal; *bonnes —s* obras de caridade; *être le fils de ses —s* ter-se feito por si; *mettre en —* empregar; *s.m.* obra completa (de um artista).
œuvrer *v.int.* obrar, trabalhar.
offensant e *adj.* ofensivo.
offense *s.f.* ofensa, desfeita.
offenser *v.t.* ofender, desfeitear.
offenseur *s.m.* ofensor.
offensif ive *adj.* ofensivo.
offensive *s.f.* ofensiva.
offert V. *offrir.*
offertoire *s.m.* ofertório.
office[1] *s.m.* **1.** ofício, emprego, profissão; escritório; **2.** ofício (divino); **3.** serviço prestado; *d'—* automaticamente.
office[2] *s.f.* copa.

officialiser *v.t.* oficializar.
officialisation *s.f.* oficialização.
officiel elle *adj.* oficial.
officier[1] *v.t.* oficiar. (*Conj. 23*)
officier[2] *s.m.* oficial.
officieux euse *adj.* oficioso.
officinal e aux *adj.* oficinal.
officine *s.f.* farmácia; (*fig.*) oficina.
offrande *s.f.* oferenda, oblata, donativo.
offre *s.f.* oferta, oferecimento.
offrir *v.t.* oferecer. (*Conj. 34*)
offusquer *v.t.* 1. ofuscar; 2. melindrar; *s'*— *v.pron.*; 1. ofuscar-se; 2. melindrar-se.
ogival e aux *adj.* ogival.
ogive *s.f.* ogiva.
ogre esse *s.* papão, ogro.
ohé *interj.* olá!; olé!
oie *s.f.* ganso; (*fig.*) pateta, bobalhão.
oignait, oigne V. *oindre*.
oignon *s.m.* 1. cebola; *occupez-vous de vos —s* (*fam.*) trate de sua vida; 2. tubérculo, batata; 3. joanete; 4. cebolão, patacão (relógio).
oïl *langue d'*— língua de *oïl*, francês.
oindre *v.t.* untar, ungir. (*Conj. 74*)
oiseau eaux *s.m.* pássaro, ave; — *de proie* ave de rapina; *petit à petit l'— fait son nid* de grão em grão a galinha enche o papo; (*fam.* e *depr.*) sujeito, tipo; — *rare* ave rara.
oiseau-mouche *s.m.* colibri, beija-flor.
oiselet *s.m.* passarinho.
oiseleur *s.m.* passarinheiro, caçador de pássaros.
oiselier *s.m.* passarinheiro, comerciante de pássaros.
oiseux euse *adj.* inútil, desinteressante.
oisif ive *adj.* ocioso.
oisillon *s.m.* passarinho.
oisiveté *s.f.* ociosidade, ócio.
oison *s.m.* filhote de ganso.
oléagineux euse *adj.* oleaginoso.
oléoduc *s.m.* oleoduto.
olfactif ive *adj.* olfativo.
olibrius *s.m.* (*fam.* e *depr.*) sujeito, indivíduo.
olifant *s.m.* olifante.
oligarchie *s.f.* oligarquia.
oligarchique *adj.* oligárquico.
oligarque *s.m.* oligarca.
olivacé e *adj.* olisáceo.
olivaie *s.f.* olival.
olivâtre *adj.* azeitonado.
olive *s.f.* oliva, azeitona.
olivier *s.m.* oliveira.

olympiade *s.f.* olimpíada.
olympique *adj.* olímpico.
ombilical e aux *adj.* umbilical.
ombrage *s.m.* 1. folhagem; 2. sombra; 3. desconfiança; *prendre de l'*— ficar com ciúme.
ombrager *v.t.* sombrear, dar sombra a. (*Conj. 19*)
ombrageux euse *adj.* 1. espantadiço, assustadiço; 2. desconfiado.
ombre *s.f.* sombra, obscuridade.
ombrelle *s.f.* sombrinha.
Ombrie *s.f.* Úmbria.
ombrien enne *adj.*; *s.pátr.* umbro.
omelette *s.f.* omeleta, fritada de ovos; *on ne fait pas d'— sans casser les œufs* não se anda na chuva sem se molhar.
omettre *v.t.* omitir. (*Conj. 76*)
omission *s.f.* omissão.
omnibus *adj. train* — trem parador.
omnipotence *s.f.* onipotência.
omnipraticien enne *adj.*; *s.* clínico geral.
omniprésence *s.f.* onipresença.
omniprésent e *adj.* onipresente.
omniscience *s.f.* onisciência.
omniscient e *adj.* onisciente.
omnivore *adj.* onívoro.
omoplate *s.f.* omoplata.
on *pron.impess.* a gente; se; — *parle anglais* fala-se inglês.
onagre *s.m.* onagro.
onanisme *s.m.* onanismo.
once[1] *s.f.* onça (medida de peso, moeda).
once[2] *s.f.* onça, jaguar.
oncle *s.m.* tio.
onction *s.f.* unção.
onctueux euse *adj.* untuoso.
onde *s.f.* onda.
ondée *s.f.* chuvarada.
ondine *s.f.* deusa das ondas.
on-dit *s.m.* diz-que, falatório, fofoca.
ondoyant e *adj.* ondeante.
ondoyer *v.int.* ondear. (*Conj. 21*)
ondulant e *adj.* ondulante.
ondulation *s.f.* ondulação.
ondulatoire *adj.* ondulatório.
ondulé e *adj.* ondulado, ondeado.
onduler *v.int.* e *t.* ondular.
onéreux euse *adj.* oneroso.
ongle *s.m.* unha; *faire les —s* cortar ou fazer cortar as unhas; *savoir sur le bout des —s* saber na ponta da língua.
onglet *s.m.* 1. unha; 2. tira de papel para encaixar ilustrações num livro.

onglée *s.f.* entorpecimento doloroso da ponta das unhas causado pelo frio.
onguent *s.m.* unguento.
ongulé e *adj.* ungulado.
onirique *adj.* onírico.
onomastique *adj.* onomástico; *s.f.* onomástica.
onomatopée *s.f.* onomatopeia.
ont V. *avoir.*
ontologie *s.f.* ontologia.
ontologique *adj.* ontológico.
onyx *s.m.* ônix.
onze *num.* onze.
onzième *num.* undécimo, décimo primeiro; *s.m.* 1. onze avos, a undécima parte; 2. undécimo andar.
opacité *s.f.* opacidade.
opale *s.f.* opala.
opalescence *s.f.* opalescência.
opalescent e *adj.* opalescente.
opalin e *adj.* opalino.
opaque *adj.* opaco.
opéra *s.m.* ópera; — *bouffe* ópera-buffa; — *comique* ópera-cômica.
opérable *adj.* operável.
opérateur trice *s.* operador.
opération *s.f.* operação.
opérationnel elle *adj.* operacional.
opératoire *adj.* operatório.
opéré e *adj.; s.* operado.
opérer *v.t.* operar. (*Conj. 13*)
opérette *s.f.* opereta.
ophidien *adj.; s.m.* ofídio.
ophtalmie *s.f.* oftalmia, inflamação do olho.
ophtalmique *adj.* oftálmico.
ophtalmologiste *s.* oftalmologista.
opiacé e *adj.* opiáceo.
opiner *v.int.* opinar.
opiniâtre *adj.* obstinado, teimoso.
opiniâtrer, s' *v.pron.* obstinar-se, teimar.
opiniâtreté *s.f.* obstinação, teimosia.
opinion *s.f.* opinião.
opiomane *s.* opiômano.
opium *s.m.* ópio.
opportun e *adj.* oportuno.
opportunisme *s.m.* oportunismo.
opportuniste *adj.; s.* oportunista.
opportunité *s.f.* oportunidade.
opposant e *adj.* opoente, oposicionista; *s.* opositor.
opposer *v.t.* opor; *s'— v.pron.* opor-se.
opposite *à l'— de* em frente de.
opposition *s.f.* oposição.
oppresser *v.t.* oprimir; sufocar.
oppresseur *adj.; s.m.* opressor.
oppressif ive *adj.* opressivo.
oppression *s.f.* opressão.
opprimé e *adj.; s.* oprimido.
opprimer *v.t.* oprimir.
opprobre *s.m.* opróbrio.
opter *v.int.* optar.
opticien enne *s.* óptico, oculista.
optimisme *s.m.* otimismo.
optimiste *adj. s.* otimista.
optimum *s.m.* resultado ótimo; *adj.* ótimo.
option *s.f.* opção.
optique *adj.* óptico; *s.f.* óptica.
opulence *s.f.* opulência.
opulent e *adj.* opulento.
opuscule *s.m.* opúsculo.
or[1] *s.m.* ouro; *cousu d'—* podre de rico; *parler d'—* falar com acerto; *pour tout l'— du monde* por nada deste mundo; *rouler sur l'—* nadar em ouro; *adj.* de ouro.
or[2] *conj.* ora.
oracle *s.m.* oráculo.
orage *s.m.* temporal, tempestade.
orageux euse *adj.* tempestuoso.
oraison *s.f.* oração, sermão; — *dominicale* padre-nosso.
oral e aux *adj.* oral.
orange *s.f.; adj.* laranja.
orangeade *s.f.* laranjada.
orangé e *adj.* alaranjado.
oranger *s.m.* laranjeira.
orangeraie *s.f.* laranjal.
orangerie[1] *s.f.* laranjal.
orangerie[2] *s.f.* estufa para laranjeiras.
orang-outang *s.m.* orangotango.
orateur *s.m.* orador.
oratoire *adj.; s.m.* oratório.
orbital e aux *adj.* orbital.
orbite *s.f.* órbita.
orchestral e aux *adj.* orquestral.
orchestre *s.m.* orquestra; (parte da) plateia (perto da orquestra).
orchestrer *v.t.* orquestrar.
orchidée *s.f.* orquídea.
ordinaire *adj.* habitual, comum; *à l'—* comumente; *s.m.* passadio, trivial.
ordinateur *s.m.* computador.
ordonnance *s.f.* 1. ordenação, ordem; 2. lei, decreto; 3. ordem de pagamento; 4. prescrição (médica), receita; 5. ordenança (subalterno a serviço de um oficial).
ordonnancer *v.t.* mandar pagar. (*Conj. 14*)
ordonner *v.t.* 1. ordenar; 2. receitar.
ordre *s.m.* ordem; — *du jour* ordem do dia;

c'est dans l'— é normal; *entrer dans les —s* fazer-se religioso; *tout est rentré dans l'—* a situação voltou à normalidade.
ordure *s.f.* imundície, lixo; (*pop.*) canalha, miserável.
ordurier ière *adj.* sujo, obsceno.
orée *s.f.* orla.
oreille *s.f.* **1.** orelha, ouvido; *avoir de l'—* ter bom ouvido; *avoir l'— de* ser ouvido por; *casser les —s à* importunar; *dormir sur ses deux —s* dormir a sono solto; *dresser l'—* apurar o ouvido; *échauffer les —s à* aborrecer; *faire la sourde —* fazer ouvidos de mercador; *les —s ont dû lui tinter* as orelhas dele devem estar ardendo; *n'écouter que d'une —* ouvir mal; *ne pas entendre de cette —* não concordar; *prêter l'— à* dar atenção a; *rougir jusqu'aux —s* corar até a raiz dos cabelos; *se faire tirer l'—* fazer-se de rogado; **2.** asa (parte saliente de certos utensílios).
oreiller *s.m.* travesseiro.
oreillette *s.f.* (*Anat.*) aurícula.
oreillons *s.m.pl.* orelhão, caxumba, papeira.
ores *adv.* d'*— et déjà loc.adv.* desde já.
orfèvre *s.m.* ourives. *Vous êtes —, M.Josse* (*aprox.*) você está puxando a brasa para a sua sardinha.
orfèvrerie *s.f.* ourivesaria.
organdi *s.m.* organdi.
organe *s.m.* **1.** órgão (meio, instrumento); **2.** órgão, voz; **3.** órgão, meio de comunicação.
organigramme *s.m.* organograma.
organique *adj.* orgânico.
organisateur trice *s.* organizador.
organisation *s.f.* organização.
organiser *v.t.* organizar.
organisme *s.m.* organismo.
organiste *s.* organista.
orgasme *s.m.* orgasmo.
orge *s.f.* cevada; *— perlée* cevadinha.
orgeat *s.m.* orchata.
orgelet *s.m.* terçol.
orgiaque *adj.* orgíaco.
orgie *s.f.* orgia.
orgue *s.m.* órgão; *— de Barbarie* realejo.
orgueil *s.m.* orgulho.
orgueilleux euse *adj.* orgulhoso.
orient *s.m.* oriente.
oriental e aux *adj.; s.* oriental.
orientalisme *s.m.* orientalismo.
orientaliste *s.* orientalista.
orientation *s.f.* orientação.
orienter *v.t.* orientar.
orienteur *s.m.* orientador (profissional).
orifice *s.m.* orifício.
oriflamme *s.f.* auriflama.
origan *s.m.* orégano.
originaire *adj.* originário, oriundo.
original e aux *adj.; s.m.* original.
originalité *s.f.* originalidade.
origine *s.f.* origem.
originel elle *adj.* original.
oripeau eaux *s.m.* ouropel.
orlon *s.m.* orlom.
orme *s.m.* olmo (árvore); *attendez-moi sous l'orme* pode esperar-me sentado.
ornement *s.m.* ornamento, ornato.
ornemental e aux *adj.* ornamental.
ornementation *s.f.* ornamentação.
ornementer *v.t.* ornamentar.
orner *v.t.* ornar, enfeitar.
ornière *s.f.* rodeira, relheira; (*fig.*) rotina.
ornithologie *s.f.* ornitologia.
ornithologique *adj.* ornitológico.
ornithologue *s.* ornitólogo.
ornithorynque *s.m.* ornitorrinco.
orphelin e *adj.; s.* órfão.
orphelinat *s.m.* orfanato.
orphéon *s.m.* órfão.
orteil *s.m.* **1.** dedo do pé; *gros —* dedo grande do pé.
O.R.T.F. abreviatura de *Office de Radiodiffusion et de Télévision Française.*
orthodoxe *adj.* ortodoxo.
orthodoxie *s.f.* ortodoxia.
ortographe *s.f.* ortografia.
orthographier *v.t.* ortografar. (*Conj.* 23)
ortographique *adj.* ortográfico.
orthopédie *s.f.* ortopedia.
orthopédique *adj.* ortopédico.
orthopédiste *s.* ortopedista.
ortie *s.f.* urtiga.
ortolan *s.m.* hortulana (ave).
orvet *s.m.* cobra-de-vidro.
os *s.m.* osso; *il ne fera pas de vieux —* há de morrer jovem; *l'avoir dans l'—* (*fam.*) não obter o que se procurava; ir buscar lã e ser tosquiado; *tomber sur un —* encontrar um obstáculo.
oscillation *s.f.* oscilação.
oscillatoire *adj.* oscilatório.
osciller *v.int.* oscilar.
osé e *adj.* ousado, atrevido.
oseille *s.f.* azeda, azeda-miúda (planta); (*pop.*) tutu, grana; *la faire à l'—* (*pop.*) enganar.
oser *v.t.* ousar, atrever-se a.

oseraie *s.f.* vimeiro, terreno plantado de vimes.
osier *s.m.* vimeiro, salgueiro, vime.
osmose *s.f.* osmose.
ossature *s.f.* ossatura, ossada.
osselet *s.m.* ossinho; *pl.* jogo que consiste em lançar no ar e apanhar uma porção de ossinhos.
ossements *s.m.pl.* ossada.
osseux euse *adj.* 1. ósseo; 2. ossudo.
ossification *s.f.* ossificação.
ossifier *v.t.* ossificar. (*Conj.* 23)
ossuaire *s.m.* ossuário.
ostensible *adj.* ostensível, ostensivo.
ostentation *s.f.* ostentação.
ostentatoire *adj.* ostentativo, ostentoso.
ostéologie *s.f.* osteologia.
ostracisme *s.m.* ostracismo.
ostréiculture *s.f.* ostreicultura, cultura de ostras.
ostrogot *s.m.* (*Hist.*) ostrogodo do oriente; (*fig.*) vândalo, boçal.
otage *s.m.* refém.
otarie *s.f.* otária (mamífero marinho).
ôter *v.t.* tirar, retirar.
otite *s.f.* otite.
oto-rhino-laryngologie *s.f.* otorrinolaringologia.
oto-rhino-laryngologiste *s.* otorrinolaringologista.
ottomane *adj.*; *s.pátr.* otomano.
ottomane *s.f.* otomana (sofá sem costas).
ou *conj.* ou; — *bien* ou então, ou antes.
ouaille *s.f.* ovelha (o cristão em relação ao sacerdote).
ouais *interj.irôn.* sim!
ouate *s.f.* 1. algodão em rama, algodão hidrófilo; 2. chumaço.
ouater *v.t.* enchumaçar, acolchoar.
oubli *s.m.* esquecimento, olvido.
oubliable *adj.* esquecível.
oublie *s.f.* obreia.
oublier *v.t.* esquecer; *s'— v.pron.* esquecer-se. (*Conj.* 23)
oubliette *s.f.* calabouço.
oublieux euse *adj.* esquecido, esquecidiço.
ouest *s.m.* oeste.
ouf *interj.* ufa!
Ouganda *s.m.* Uganda.
ougandais e *adj.*; *s.pátr.* ugandense.
oui *adv.* sim.
ouï-dire *s.m.* boato, diz que diz que; *par —* por ouvir dizer, de oitiva.
ouïr *v.t.* (*ant.*) ouvir. (*Conj.* 35)

ouïe *s.f.* 1. ouvido (um dos cinco sentidos); 2. *pl.* guelra, brânquias.
ouistiti *s.m.* sagui.
oukase *s.m.* ucasse.
ouragan *s.m.* furacão.
Oural *s.m.* Ural.
ouralien enne *adj.*; *s.pátr.* uraliano.
ourdir *v.t.* urdir, tramar.
ourler *v.t.* orlar, debruar.
ourlet *s.m.* debrum.
ours *s.m.* urso; — *mal léché* grosseirão, casca-grossa; *vendre la peau de l'—* contar com o ovo no cu da galinha.
oursin *s.m.* ouriço-do-mar.
ourson *s.m.* ursinho.
ouste *interj.* ande!
outarde *s.f.* abetarda (ave).
outil *s.m.* ferramenta, utensílio.
outiller *v.t.* munir de ferramentas, apetrechar.
outrage *v.t.* ultraje, agravo.
outrager *v.t.* ultrajar. (*Conj.* 19)
outrance *s.f. à —* desmedidamente, a todo o transe.
outre[1] *s.f.* odre.
outre[2] *prep.* além de; *en —* além disso.
outré e *adj.* exagerado.
outrecuidant e *adj.* presunçoso, presumido.
outre-mer *adv.* além-mar.
outrepasser *v.t.* ultrapassar.
outrer *v.t.* 1. exagerar; 2. indignar.
ouvert e *adj.* aberto; *grand —* escancarado, franco, manifesto.
ouverture *s.f.* 1. abertura; 2. proposta.
ouvrable *adj. jour —* dia útil.
ouvrage *s.m.* 1. obra; 2. trabalho.
ouvrager *v.t.* lavrar, enfeitar.
ouvre-boîte(s) *s.m.* abridor de lata.
ouvreuse *s.f.* vaga-lume, lanterninha (no teatro e no cinema).
ouvrier ière *adj.*; *s.* operário; (*fig.*) obreiro; — *professional* operário qualificado; — *spécialisé* operário não qualificado.
ouvrir *v.t.* abrir; *v.int.* 1. ser aberto; 2. abrir, dar vista sobre; *s'— v.pron.* abrir-se. (*Conj.* 36)
ouvroir *s.m.* instituição beneficente onde se faz costura para os pobres.
ovaire *s.m.* ovário.
ovarien enne *adj.* ovariano.
ovation *s.f.* ovação.
ovationner *v.t.* ovacionar.
ovin e *adj.* ovino.
ovipare *adj.* ovíparo.

ovoïde adj. ovoide.
ovulaire adj. ovular.
ovulation s.f. ovulação.
ovule s.m. óvulo.
oxydable adj. oxidável.
oxydation s.f. oxidação.
oxyde s.m. óxido.

oxyder v.t. oxidar.
oxygénation s.f. oxigenação.
oxygène s.m. oxigênio.
oxygéner v.t. oxigenar (*Conj. 12*).
ozone s.m. ozônio.
ozonisation s.f. ozonização.
ozoniser v.t. ozonizar.

P

pacha *s.m.* paxá.
pachyderme *adj.; s.m.* paquiderme.
pacificateur trice *s.* pacificador.
pacification *s.f.* pacificação.
pacifier *v.t.* pacificar. (*Conj. 23*)
pacifique *adj.* pacífico.
Pacifique *s.m.* Pacífico.
pacifisme *s.m.* pacifismo.
pacifiste *adj.; s.* pacifista.
pacotille *s.f.* pacotilha; (*fig.*) fancaria; *roman de —* (*aprox.*) romance de cordel.
pacte *s.m.* pacto.
pactiser *v.int.* pactuar.
paddock *s.m.* 1. *paddock*; 2. (*pop.*) cama.
padouan e *adj.* e *s.pátr.* paduano.
Padoue *s.f.* Pádua.
paf *interj.* bumba!; *adj.* (*pop.*) bêbedo.
pagaïe ou **pagaille** *s.f.* (*fam.*) bagunça.
paganisme *s.m.* paganismo.
page[1] *s.f.* página; *— de garde* guarda (página em branco, entre a cobertura e o título de um livro); *belle —* página ímpar; *être à la —* estar em dia, estar atualizado; *fausse —* página par; *mettre en —s* paginar.
page[2] *s.m.* pajem.
pagination *s.f.* paginação.
paginer *v.t.* paginar.
pagne *s.m.* tanga.
pagode *s.f.* pagode.
pagure *s.m.* paguro.
pale V. *payer*.
paiement *s.m.* pagamento.
païen enne *adj.; s.* pagão.
paient, paies V. *payer*.
paillard e *adj.* devasso.
paillardise *s.f.* 1. devassidão; 2. anedota licenciosa.
paillasse[1] *s.f.* 1. enxergão; 2. parte plana lateral da pia; 3. (*pop.*) ventre.
paillasse[2] *s.m.* palhaço.

paillasson *s.m.* capacho.
paille *s.f.* 1. palha; *— de fer* palha de aço; *être sur la —* estar na miséria; *tirer à la courte —* tirar à sorte (com palhinhas); 2. canudo; 3. (*fig.* e *fam.*) insignificância, ninharia.
pailler *v.t.* cobrir de palha.
paillet *adj.m.* cor de palha, palhete.
paillette *s.f.* lantejoula.
paillote *s.f.* palhoça, palhota, cabana.
pain *s.m.* pão; *— à cacheter* obreia; *— azyme* pão ázimo; *— de ménage* pão caseiro; *— d'épice* pão de mel; *— perdu* rabanada; *petit —* pãozinho; *avoir du — sur la planche* não ter mãos a medir; *mettre au — sec* deixar a pão e água.
pair e *adj.; s.m.* semelhante, igual, par; *au —* (trabalhar) por casa e comida (sem receber salário).
paire *s.f.* par, casal; *c'est une autre — de manches* são outros quinhentos; *se faire la —* (*pop.*) sumir-se, dar o fora.
pairie *s.f.* pariato.
paisible *adj.* calmo, pacífico, sossegado.
paître *v.t.* e *int* pastar; *envoyer —* mandar às favas. (*Conj. 85*)
paix *s.f.* paz; *faire la —* reconciliar-se; *fichez-moi la —* ou *foutez-moi la —* deixe-me em paz, não me amole; *interj.* silêncio!
Pakistan *s.m.* Paquistão.
pakistanais e *adj.; s.pátr.* paquistanês.
pal *s.m.* estaca pontiaguda.
palabre *s.m.* ou *f.* lenga-lenga, palavrório, discussão interminável.
palace *s.m.* hotel de luxo.
palais[1] *s.m.* 1. palácio; 2. palácio da Justiça; *le —* a justiça.
palais[2] *s.m.* palato, paladar.
palan *s.m.* talha.

pale *s.f.* pá (de remo, de hélice).
pâle *s.f.* pálido.
palefrenier *s.m.* palafreneiro.
paléographe *s.* paleógrafo.
paléographie *s.f.* paleografia.
paléographique *adj.* paleográfico.
paléontologie *s.f.* paleontologia.
paléontologique *adj.* paleontológico.
paléontologiste *s.* paleontólogo.
palet *s.m.* conca (pedra ou pedaço de tijolo para jogar malha).
paletot *s.m.* paletó, casaco.
palette *s.f.* 1. paleta, palheta (de pintor); 2. paleta, omoplata de animal.
pâleur *s.f.* palidez.
pâlichon onne *adj.* (*fam.*) um pouco pálido.
palier *s.m.* patamar.
palimpseste *s.m.* palimpsesto.
palinodie *s.f.* palinódia; retratação.
pâlir *v.int.* empalidecer.
palissade *s.f.* paliçada.
palissandre *s.m.* palissandra.
palliatif ive *adj.; s.m.* paliativo.
pallier *v.t.* paliar; encobrir, atenuar, aliviar. (*Conj. 23*)
palmarès *s.m.* lista de premiados, quadro de honra.
palme[1] *s.f.* palma.
palme[2] *s.m.* palmo.
palmé e *adj.* palmado.
palmeraie *s.f.* palmeiral.
palmier *s.m.* 1. palmeira; 2. bolo amanteigado, achatado.
palmipède *adj.; s.* palmípede.
palmiste *s.m.* palmiteiro, açaí.
palmite *s.m.* palmito.
palombe *s.f.* pombo-bravo.
pâlot otte *adj.* um pouco pálido.
palourde *s.f.* palurda (espécie de marisco).
palpable *adj.* palpável; real.
palper *v.t.* palpar, apalpar.
palpitant e *adj.* palpitante; *s.m.* (*pop.*) coração.
palpitation *s.f.* palpitação.
palpiter *v.int.* palpitar.
paltoquet *s.m.* (*fam.*) grosseirão, pessoa impertinente.
paluche *s.f.* (*pop.*) mão.
paludier *s.m.* salineiro.
paludisme *s.m.* impaludismo, malária.
palustre *adj.* palustre.
pamer, se *v.pron.* desfalecer, desmaiar; *se — de joie* não caber em si de contente.
pamphlet *s.m.* panfleto.

pamphlétaire *s.m.* panfletário.
pamplemousse *s.m.* toranja.
pampre *s.m.* pâmpano.
pan[1] *s.m.* aba (de casaco); face, lado; lanço de muro.
pan[2] *interj.* zás!
panacée *s.f.* panaceia.
panache *s.m.* penacho; (*fig.*) brilho, ostentação.
panacher *v.t.* 1. ornar de cores várias; 2. misturar.
panade *s.f.* açorda; *tomber dans la —* (*fam.*) cair na miséria.
Panama *s.m.* Panamá.
panama *s.m.* chapéu-panamá.
Paname *s.f.* (*pop.*) Paris.
panaméen enne *adj.; s.pátr.* panamenho, panamense.
panaméricain e *adj.* pan-americano.
panaméricanisme *s.m.* pan-americanismo.
panarabisme *s.m.* pan-arabismo.
panard e *adj.* cambaio; *s.m.* (*pop.*) pé.
panaris *s.m.* panarício.
pancarte *s.f.* cartaz, aviso, letreiro, impresso.
pancréas *s.m.* pâncreas.
pancréatite *s.f.* pancreatite.
pandémonium *s.m.* pandemônio.
pandore *s.m.* (*fam.*) gendarme.
panégyrique *s.m.* panegírico, encômio.
panégyriste *s.* panegirista.
pangermanisme *s.m.* pangermanismo.
pangermaniste *adj.; s.* pangermanista.
panic *s.m.* painço.
panier *s.m.* cesto, cesta; *— à salade* 1. escorredor para salada; 2. (*fam.*) tintureiro, viúva-alegre; *— percé* mão-aberta.
panière *s.f.* grande cesta de asas.
panification *s.f.* panificação.
panifier *v.t.* panificar. (*Conj. 23*)
panique *adj.; s.f.* pânico.
panne *s.f.* pane, enguiço.
panneau eaux *s.m.* 1. painel; 2. almofada de porta; 3. armadilha; *tomber dans le —* cair na esparrela, deixar-se lograr.
panonceau eaux *s.m.* placa, tabuleta.
panoplie *s.f.* panóplia.
panorama *s.m.* panorama.
panoramique *adj.* panorâmico.
panse *s.f.* pança.
pansement *s.m.* curativo, penso.
panser *v.t.* pensar, tratar de, curar.
panslavisme *s.m.* pan-eslavismo.
panslaviste *adj.; s.* pan-eslavista.

pansu e *adj.* pançudo, bojudo.
pantalon *s.m.* calça.
pantelant e *adj.* ofegante.
panteler *v.int.* ofegar, latejar. (*Conj. 12*)
panthéisme *s.m.* panteísmo.
panthéiste *adj.; s.* panteísta.
panthéon *s.m.* panteão.
panthère *s.f.* pantera.
pantin *s.m.* boneco de engonço, fantoche, títere.
pantois e *adj.* atônito, pasmado, boquiaberto.
pantomime *s.f.* pantomima; *s.m.* pantomimo.
pantouflard e *adj.; s.* caseiro (que não gosta de sair de casa).
pantoufle *s.f.* pantufa, chinelo.
panure *s.f.* farinha de rosca.
paon onne *s.* pavão.
papa *s.m.* (*infant.*) papai.
papal e aux *adj.* papal.
papauté *s.f.* papado.
papaye *s.f.* mamão.
papayer *s.m.* mamoeiro.
pape *s.m.* papa.
papelard[1] **e** *adj.* beato, fingido, carola.
papelard[2] *s.m.* (*fam.*) papel, papelucho.
paperasse *s.f.* papelório.
paperassier ière *adj.* papelocrata.
papesse *s.f.* papisa.
papeterie *s.f.* 1. papelaria; 2. fábrica de papel.
papetier *s.m.* papeleiro.
papier *s.m.* papel; folha; documento; artigo; letra de câmbio; — *buvard* mata-borrão; — *d'émeri*, — *de verre* lixa; — *hygiénique* papel sanitário; — *peint* papel de parede; — *réglé* papel pautado; *être dans les petits* —*s de* estar nas boas graças de.
papille *s.f.* papila.
papilleux euse *adj.* papilhoso.
papillome *s.m.* papiloma.
papillon *s.m.* borboleta.
papillonner *v.int.* borboletear.
papillotage *s.m.* ofuscação, pestanejo.
papillote *s.f.* papelote.
papilloter *v.int.* pestanejar, piscar os olhos.
papisme *s.m.* papismo.
papiste *adj.; s.* papista.
papotage *s.m.* tagarelice.
papoter *v.int.* tagarelar, parolar.
papyrus *s.m.* papiro.
Pâque *s.f.* Páscoa dos judeus; *Pâques s.f.pl.* Páscoa dos cristãos; —*s fleuries* domingo de ramos; *île de Pâques* ilha de Páscoa; *à* —*s ou à la Trinité* no dia de São Nunca.
paquebot *s.m.* paquete.
paquerette *s.f.* margarida.
paquet *s.m.* pacote, embrulho; maço, carteira (de cigarros); *faire son* — arrumar a trouxa; *lâcher son* — *à* (*fam.*) dar uma bronca em; *mettre le* — (*fam.*) meter os peitos; *un* — *de nerfs* uma pilha de nervos.
paquetage *s.m.* equipamento.
par *prep.* por; — *ci* por aqui; — *là* por aí; *de* — por ordem de.
para *s.m.* (*fam.*) paraquedista.
parabole *s.f.* (*geom.*) parábola; parábole, narração alegórica.
parabolique *adj.* parabólico.
paraboloïde *s.m.* paraboloide.
parachever *v.t.* rematar. (*Conj. 18*)
parachute *s.m.* paraquedas.
parachuter *v.t.* lançar de paraquedas.
parachutisme *s.m.* paraquedismo.
parachutiste *s.m.* paraquedista.
parade *s.f.* 1. exibição, ostentação; *faire* — *de* exibir; 2. parada.
parader *v.int.* pavonear.
paradis *s.m.* paraíso; *il ne l'emportera pas en* — vai pagar caro por isso.
paradisiaque *adj.* paradisíaco.
paradisier *s.m.* ave-do-paraíso.
paradoxal e aux *adj.* paradoxal.
paradoxe *s.m.* paradoxo.
parafe *s.m.* rubrica (assinatura abreviada).
parafer *v.t.* rubricar.
paraffine *s.f.* parafina.
parage *s.m.* sítio, lugar, paragem.
paragraphe *s.m.* parágrafo.
paraître *v.int.* aparecer, parecer; *v.impess.* parece. (*Conj. 65*)
parallèle *adj.; s.m.* paralelo.
parallélépipède *s.m.* paralelepípedo.
paralélisme *s.m.* paralelismo.
paralyser *v.t.* paralisar.
paralysie *s.f.* paralisia.
paralytique *adj.; s.* paralítico.
paramilitaire *adj.* paramilitar.
parangon *s.m.* modelo; diamante sem jaça.
paranoïa *s.f.* paranoia.
paranoïaque *adj.; s.* paranoico.
parapet *s.m.* parapeito.
paraphe *s.m.* o mesmo que *parafe.*
parapher *v.t.* o mesmo que *parafer.*

paraphrase *s.f.* paráfrase.
paraphraser *v.t.* parafrasear.
paraplégie *s.f.* paraplegia.
paraplégique *adj.; s.* paraplégico.
parapluie *s.m.* guarda-chuva, chapéu (de chuva).
parapsychologie *s.f.* parapsicologia.
parasitaire *adj.* parasitário.
parasite *adj.; s.m.* parasito.
parasiter *v.t.* parasitar, viver à custa de.
parasitisme *s.m.* parasitismo.
parasol *s.m.* guarda-sol.
paratonnerre *s.m.* para-raios.
paravent *s.m.* biombo, para-vento, guarda-vento.
parbleu *interj.* mas é claro!
parc *s.m.* parque; — *à bébé* cercado.
parcelle *s.f.* parcela.
parchemin *s.m.* pergaminho.
parcimonie *s.f.* parcimônia.
parcimonieux euse *adj.* parcimonioso.
parcourir *v.t.* percorrer. (*Conj. 27*)
parcours *s.m.* percurso.
par-dessus *loc.prep.* acima de, por cima de.
pardessus *s.m.* sobretudo, capa.
par-devant *loc.prep.* perante, ante.
pardi *interj.* por Deus!; claro!
pardon *s.m.* perdão, desculpa; *interj.* desculpe!, perdão!
pardonner *v.t. e int.* perdoar, desculpar.
pardonnable *adj.* perdoável.
pare-brise *s.m.* para-brisa.
pare-chocs *s.m.* para-choque.
pareil eille *adj.* parecido, semelhante; igual, mesmo; *c'est du — au même* é a mesma coisa; é o mesmo para variar; *s.f. rendre la pareille* pagar na mesma moeda.
parement *s.m.* adorno, enfeite; *pl.* paramentos.
parent e *s.* parente; *pl.* pais.
parental e aux *adj.* parental.
parenté *s.f.* 1. parentela; 2. parentesco.
parenthèse *s.f.* parêntese.
paréo *s.m.* pareô.
parer[1] *v.t.* ornar, enfeitar.
parer[2] *v.int.* conjurar, prevenir.
paresse *s.f.* preguiça.
paresseux euse *adj.; s.* preguiçoso; *s.m.* preguiça (mamífero).
parfaire *v.t.* perfazer, completar. (*Conj. 73*)
parfait e *adj.* perfeito, completo; *c'est —* está bem!; ótimo; *s.m.* creme gelado.
parfois *adv.* às vezes.

parfum *s.m.* perfume; *être au — de* (*pop.*) estar informado de.
parfumer *v.t.* perfumar.
parfumerie *s.f.* perfumaria.
parfumeur *s.m.* perfumista.
pari *s.m.* aposta.
paria *s.m.* pária.
parier *v.t.* apostar; *il y a gros à — que* pode-se apostar que.
pariétaire *s.f.* parietária (planta).
parieur *s.m.* apostador.
parigot e *adj.; s.pátr.* (*fam.*) parisiense.
Paris *s.m.* Paris.
parisien enne *adj.; s.pátr.* parisiense.
parité *s.f.* paridade.
parjure *adj.; s.* perjuro; *s.m.* perjúrio.
parjurer, se *v.pron.* perjurar.
parking *s.m.* (lugar de) estacionamento.
parlement *s.m.* parlamento.
parlementaire *adj.; s.m.* parlamentário, parlamentar.
parlementarisme *s.m.* parlamentarismo.
parlementer *v.int.* parlamentar.
parler *v.int.* falar; *parlez-moi d'un ami comme ça* (*fam.*) já se viu um amigo como este!; *tu parles* (*fam.*) claro!; *v.t.* falar de; *— politique* falar de política.
parleur euse *s.* falador.
parloir *s.m.* locutório, falatório.
parlote *s.f.* (*fam.*) 1. conferência, assembleia; 2. charla, conversa à toa.
parmesan e *adj.; s.* parmesão; *s.m.* (queijo) parmesão.
parolier *s.m.* libretista.
parmi *prep.* entre, no meio de.
parodie *s.f.* paródia.
parodier *v.t.* parodiar. (*Conj. 23*)
paroi *s.f.* parede.
paroisse *s.f.* paróquia.
paroissien enne *s.* paroquiano; *s.m.* missal.
parole *s.f.* 1. palavra; *—! ou ma —!* palavra de honra; *sur —* sob palavra; 2. *pl.* letra (de uma canção).
paroxysme *s.m.* paroxismo.
parpaing *s.m.* perpianho.
parquer *v.t.* 1. prender (gado); 2. estacionar (carro), parquear.
parquet *s.m.* 1. parquete, assoalho; 2. *le Parquet* o ministério público (no tribunal).
parqueter *v.t.* assoalhar. (*Conj. 17*)
parrain *s.m.* padrinho.
parrainage *s.m.* 1. qualidade de padrinho; 2. apadrinhamento.

parrainer v.t. apadrinhar.
parricide[1] adj.; s. parricida.
parricide[2] s.m. parricídio.
parsemer v.t. semear, cobrir, salpicar. (Conj. 18)
part s.f. 1. parte; à — à parte; à — moi aqui comigo, com os meus botões; de — en — de um lado a outro; de — et d'autre de ambos os lados; de la — de qui? quem quer falar?; faire — de comunicar; pour ma — quanto a mim; prendre — à tomar parte em; prendre en mauvaise — achar ruim; 2. lugar; autre — noutro lugar; nulle — em lugar algum; quelque — em algum lugar; 3. quinhão; à — entière completamente; faire la — de levar em consideração; faire la — du feu sacrificar parte para salvar outra.
partage s.m. partilha.
partager v.t. partilhar; compartilhar. (Conj. 19)
partance s.f. partida; en — de partida marcada.
partant adv. portanto.
partenaire s. parceiro.
parterre[1] s.m. canteiro.
parterre[2] s.m. plateia (de teatro).
parti[1] s.m. 1. partido; 2. resolução; — pris prevenção, opinião preconcebida.
parti[2] e adj. desaparecido, ausente; (fam.) alto, um tanto embriagado.
partial e aux adj. parcial.
partialité s.f. parcialidade.
participant e adj.; s. participante.
participation s.f. participação.
participe s.m. particípio.
participer v.t. tomar parte; participar em.
particulariser v.t. particularizar.
particularisme s.m. particularismo.
particularité s.f. particularidade, peculiaridade.
particule s.f. partícula.
particulier ière adj.; s. particular.
partie s.f. 1. parte; — prenante parte recebedora; faire — de pertencer a; prendre à — responsabilizar; 2. especialidade, profissão; 3. partida; — de campagne excursão; — de plaisir divertimento; — fine patuscada, farra; ce n'est que — remise é apenas uma questão de tempo; être de la — tomar parte no divertimento; 4. les —s (fam.) órgãos genitais.
partiel elle adj. parcial.
partir v.int. partir; à — de loc.adv. a partir de. (Conj. 37)

partisan e adj. partidário; s. partidário, sequaz; guerrilheiro.
partitif ive adj. partitivo.
partition s.f. partitura.
partouse s.f. (pop.) orgia.
partout adv. por toda parte; un peu — quase por toda parte.
parturiente s.f. parturiente.
parturition s.f. parto.
parure s.f. enfeite, joia, adereço.
parution s.m. aparecimento (de um livro).
parvenir v.int. chegar; triunfar, vencer. (Conj. 42)
parvenu e s. novo-rico.
parvis s.m. adro.
pas[1] s.m. 1. passo; à — de loup pé ante pé; de ce — imediatamente; emboîter le — à seguir de perto; ir no encalço de; faire les cent — andar de um lado para outro; faire un — de clerc dar uma rata; faux — falha, erro; marquer le — bater o pé em cadência; (fig.) diminuir a marcha; mettre au — forçar a obediência; salle des — perdus hall (de gare, tribunal etc.); 2. pegada; 3. (modo de) andar; 4. passagem; mauvais — situação difícil, apertura; se tirer d'un mauvais — sair de uma enrascada; 5. — de la porte soleira.
pas[2] adv. ou ne — não; — du tout absolutamente; — possible! impossível!; — un nem um, nenhum; ce n'est — que não que.
pascal e aux adj. pascal.
pascuan e adj.; s.pátr. da ilha de Páscoa.
passable adj. sofrível, suportável, razoável.
passablement adv. sofrivelmente; bastante.
passade s.f. paixoneta, capricho.
passage s.m. passagem; travessia; galeria; — à niveau passagem de nível; — à tabac (fam.) espancamento; — clouté faixa para pedestres.
passager ère adj. passageiro, transitório, fugaz; s. passageiro.
passagèrement adv. provisoriamente.
passant e adj. frequentado, movimentado; s. 1. transeunte; 2. anel de cinto.
passe[1] s.f. passagem, passe; en — de na iminência de; mot de — senha; maison de — randevu.
passe[2] s.m. o mesmo que passe-partout[1].
passé e adj.; s.m. passado.
passe-droit s.m. 1. privilégio; 2. preterição.

passéisme s.m. saudosismo.
passéiste adj.; s. saudosista.
passe-lacet s.m. passador de fitas.
passement s.m. passamanes.
passementerie s.f. passamanaria.
passe-montagne s.m. boné de lã.
passe-partout[1] s.m. chave-mestra, gazua.
passe-partout[2] s.m. caixilho (para fotografias).
passe-passe s.m. logro, trapaça.
passe-plat s.m. guichê (por onde passam os pratos da cozinha para a sala de jantar).
passeport s.m. passaporte.
passer v.int. 1. passar (= cruzar por); — *avant* ser mais importante; — *sous* ser atropelado por; — *sur* esquecer; *en passant* de passagem; *en* — *par là* ceder; *passe encore!* vá lá!; *passons!* não insistamos!; *y* — morrer; 2. passar (= ir); *passez me prendre* venha apanhar-me; *y* — ser gasto; 3. transformar-se; *ce mot est passé en proverbe* esta frase virou provérbio; 4. passar (= deixar de ser); *tout passe* tudo passa; 5. (*fam.*) morrer; 6. murchar; v.t. 1. passar (atravessar); — *un mauvais quart d'heure* passar por um mau momento; 2. passar (= empregar o tempo); 3. superar; 4. permitir; perdoar; 5. fazer passar, dar, entregar; 6. submeter; 7. contagiar com; *se* — *v.pron.* — *de* 1. passar (= escoar); 2. passar-se, acontecer; *se* — *de* dispensar.
passerage s.m. mastruço.
passereaux s.m.pl. passeriformes.
passerelle s.f. 1. pinguela; 2. passadiço.
passe-temps s.m. passatempo.
passeur euse s. barqueiro, passador, contrabandista.
passible adj. passível.
passif ive adj. passivo; s.m. passivo.
passiflore s.f. maracujazeiro.
passion s.f. paixão.
passionné e adj. apaixonado.
passionnel elle adj. passional.
passionner v.t. apaixonar.
passivité s.f. passividade.
passoire s.f. coador.
pastel s.m. pastel.
pastelliste s. pastelista.
pastèque s.f. melancia.
pasteur s.m. 1. pastor (= guardador de rebanho); 2. pastor (= sacerdote protestante).
pasteurisation s.f. pasteurização.

pasteuriser v.t. pasteurizar.
pastiche s.m. pasticho.
pasticher v.t. pastichar.
pastille s.f. pastilha.
pastis s.m. anisete; (*pop.*) enrascada, entalação.
pastoral e aux adj. pastoral.
pastorale s.f. 1. pastoral, idílio; 2. carta pastoral.
pastoureau s.m. pastorzinho.
patachon s.m. (*ant.*) condutor de patacho; (*fam.*) *mener une vie de* — levar vida desregrada.
patapouf adj. gorducho, gordão; *interj.* zás!
pataquès s.m. ligação errada na pronúncia.
patate s.f. 1. batata-doce; (*fam.*) batata (inglesa); 2. (*fig.* e *fam.*) bobo; 3. (*pop.*) *en avoir gros sur la* — estar aflito.
patati-patata onom. e mais isto e mais aquilo.
patatras! interj. zás!
pataud e adj. pesadão.
patauger v.int. 1. chafurdar; 2. atrapalhar-se (num discurso).
pâte s.f. pasta, massa; (*fig.*) *une bonne* — uma boa-praça.
pâté s.m. 1. pastel, patê; 2. borrão (de tinta); 3. — *de maisons* quarteirão.
pâtée s.f. 1. papa, ração; 2. (*pop.*) sova.
patelin[1] e adj. insinuante, bajulador.
patelin[2] s.m. (*pop.*) lugarejo, cidadezinha; terrinha.
patelinage s.m. bajulação, rapapés.
patène s.f. patena.
patenôtre s.f. 1. padre-nosso, oração dominical; 2. (*fam.*) lenga-lenga; 3. (*fig.*) elevador sem portas, de movimento contínuo.
patent e adj. patente; evidente, manifesto.
patente s.f. imposto profissional.
pater s.m. padre-nosso.
patère s.f. patera, cabide.
paternalisme s.m. paternalismo.
paternaliste adj. paternalista.
paternel elle adj. 1. paterno; 2. paternal; 3. s.m. (*fam.*) pai.
paternité s.f. paternidade.
pâteux euse adj. pastoso.
pathétique adj. patético.
pathologie s.f. patologia.
pathologique adj. patológico.
pathologiste adj.; s. patologista.

patibulaire *adj.* patibular.
patiemment *adv.* pacientemente.
patience *s.f.* paciência; *interj.* paciência!
patient e *adj.; s.* paciente.
patienter *v.int.* pacientar, ter paciência.
patin *s.m.* patim; — *à roulettes* patim de rodas.
patinage *s.m.* patinação.
patine *s.f.* pátina.
patiner *v.int.* patinar.
patinette *s.f.* patinete.
patineur euse *s.* patinador.
patinoire *s.f.* rinque.
pâtir *v.int.* sofrer, padecer.
pâtisserie *s.f.* 1. confeitaria; 2. doce.
pâtissier ière *s.* confeiteiro.
patois *s.m.* dialeto, patuá.
patouiller *v.int.* chafurdar.
patraque *s.f.* cangalho; *adj.* (*fam.*) indisposto.
pâtre *s.m.* pastor.
patriarcal e aux *adj.* patriarcal.
patriarcat *s.m.* patriarcado.
patriarche *s.m.* patriarca.
patricien enne *adj.; s.* patrício.
patrie *s.f.* pátria.
patrimoine *s.m.* patrimônio.
patrimonial e aux *adj.* patrimonial.
patriotard e *adj.; s.* (*fam.*) patrioteiro.
patriote *s.* patriota.
patriotique *adj.* patriótico.
patriotisme *s.m.* patriotismo; — *de clocher* bairrismo.
patron[1] *s.m.* 1. patrão; 2. patrono; 3. padroeiro; 4. patrocinador.
patron[2] *s.m.* padrão, molde.
patronage *s.m.* 1. patronato, pensionato; 2. patrocínio.
patronal e aux *adj.* patronal.
patronat *s.m.* 1. patronato; 2. classe empresarial.
patronne *s.f.* 1. patroa; 2. padroeira.
patronner *v.t.* 1. patrocinar; 2. paraninfar.
patronnesse *s.f.* patrocinadora.
patronyme *s.m.* patronímico.
patrouiller *v.t.* patrulhar.
patrouilleur *s.m.* patrulheiro.
patte *s.f.* 1. pata; 2. (*fam.*) perna; *faire* — *de velours* dissimular uma intenção má sob modos gentis; esconder as garras; *graisser la* — *à* subornar; *marcher à quatre* —*s* andar de gatinhas; andar de quatro; *montrer* — *blanche* mostrar a senha; 3. presilha; 4. *pl.* costeletas, suíças; 5. — *de mouche* garatuja.
patte d'oie *s.f.* 1. encruzilhada; 2. pé de galinha (ruga no canto externo dos olhos).
pattemouille *s.f.* pano molhado para passar roupa.
pâturage *s.m.* pasto, pastagem.
pâture *s.f.* pasto.
paturon *s.m.* 1. quartela; 2. (*fam.*) pé.
paume *s.m.* 1. planta da mão; 2. jogo da pela.
paumé e *adj.* (*gír.*) perdido, desarvorado.
paumer *v.t.* (*pop.*) 1. prender (ladrão); 2. perder.
paupérisme *s.m.* pauperismo.
paupière *s.f.* pálpebra.
paupiette *s.f.* carne enrolada.
pauvre *adj.; s.* pobre; coitado.
pauvresse *s.f.* mulher pobre, mendiga.
pauvreté *s.f.* pobreza.
pavane *s.f.* pavana.
pavaner, se *v.pron.* pavonear.
pavé[1] *s.m.* 1. laje, paralelepípedo; calçada, rua; *battre le* — perambular, zanzar; *brûler le* — passar em grande velocidade; *être sur le* — estar sem casa nem emprego; *tenir le haut du* — estar por cima da carne-seca; 2. artigo maciço de jornal.
pavé[2] **e** *adj.* pavimentado.
paver *v.t.* pavimentar.
pavillon *s.m.* 1. pavilhão, quiosque; 2. pavilhão, bandeira; *amener* — render-se; *baisser* — *devant* ceder a.
pavois *s.m.* pavês; *hisser sur le* — glorificar.
pavoiser *v.t.* embandeirar.
pavot *s.m.* papoula.
payable *adj.* pagável.
payant e *adj.* 1. pagante, pagador; 2. pago, que se paga; *entrée* —*e* entrada paga; 3. (*fam.*) remunerador, compensador.
paye *s.f.* 1. paga, pagamento; 2. intervalo entre dois pagamentos.
payer *v.t.* pagar; *être payé pour savoir* ter aprendido por experiência própria; *ne pas* — *de mine* não ter cara atraente; — *d'audace* mostrar audácia; — *de retour* pagar na mesma moeda; — *de sa personne* arriscar-se. (*Conj. 22*)
payeur euse *s.* pagador.
pays[1] *s.m.* 1. país; 2. terra, região, terrinha; *battre le* — percorrer a região; *mal du* — nostalgia, saudade (da terra); *voir du* — viajar bastante; *me voici en* —

de connaissance (*aprox.*) aqui tudo é gente minha.
pays² *s.* (*fam.*) patrício, conterrâneo.
paysage *s.m.* paisagem.
paysagiste *adj.; s.* paisagista.
paysan anne *adj.; s.* camponês, campônio.
paysannerie *s.f.* a classe dos camponeses.
péage *s.m.* pedágio.
peau peaux *s.f.* **1.** pele; *avoir dans la —* (*pop.*) estar gamado por; *— d'âne* (*fam.*) diploma; *vendre la — de l'ours* dispor de uma coisa que não se possui; **2.** aparência, personalidade; *faire — neuve* transformar-se; **3.** (*fam.*) vida; *faire la — à* matar; *risquer sa —* arriscar a vida; **4.** (*pop.*) prostituta; **5.** casca (de frutas); **6.** (*pop.*) *— de balle* nada; *la —!, — de zébie!* uma oval!
peaufiner *v.t.* passar camurça em.
peausserie *s.f.* peleteria.
pécari *s.m.* caititu.
peccadille *s.f.* pecadilho.
pêche¹ *s.f.* **1.** pêssego; **2.** (*pop.*) sopapo, bofetada.
pêche² *s.f.* pesca.
péché *s.m.* pescado; *— mignon* pecado venial, desculpável.
pêcher *v.int.* pecar. (*Conj. 13*)
pêcher¹ *s.m.* pessegueiro.
pêcher² *v.t.* pescar; *— à la ligne* pescar de caniço.
pêcheur eresse *adj.; s.* pecador.
pêcheur *s.m.* pescador.
pécore *s.f.* paspalhona.
pectoral e aux *adj.* peitoral, pectoral.
péculat *s.m.* peculato.
pécule *s.m.* pecúlio.
pécuniaire *adj.* pecuniário.
pédagogie *s.f.* pedagogia.
pédagogique *adj.* pedagógico.
pédagogue *s.m.* pedagogo.
pédale *s.f.* pedal; *perdre les —s* (*fam.*) perder as estribeiras.
pédaler *v.t.* pedalar.
pédalier *s.m.* pedaleiro.
pédalo *s.m.* pedalinho.
pédant e *adj.; s.* pedante.
pédanterie *s.f.* pedantismo.
pédantesque *adj.* pedantesco.
pédantisme *s.m.* pedantismo.
pédé *s.m.* (*pop.*) pederasta.
pédéraste *s.m.* pederasta.
pédérastie *s.f.* pederastia.
pédestre *adj.* pedestre.

pédiatre *s.m.* pediatra.
pédiatrie *s.f.* pediatria.
pédicule *s.m.* pedículo.
pédicure *s.* pedicuro.
pedzouille *s.* (*gír.*) camponês, labrego.
pègre *s.f.* ralé, canalha.
peigne¹ *s.m.* **1.** pente; **2.** pécten (molusco).
peigne² V. *peigner* e *peindre*.
peignée *s.f.* **1.** cardada; **2.** (*gír.*) sova, tunda.
peigner *v.t.* pentear; cardar; *se — v.pron.* pentear-se.
peignoir *s.m.* penteador, penhoar.
peignons V. *peigner* e *peindre*.
peinard e *adj.* (*pop.*) sossegado; *s.* (*pop.*) boa-vida.
peindre *v.t.* pintar. (*Conj. 80*)
peine *s.f.* **1.** pena, castigo; **2.** sofrimento; *faire de la — à* magoar; **3.** trabalho; *ce n'est pas la —* é inútil; *en être pour sa —* ter perdido o seu trabalho; *prendre la — de* dignar-se; *se donner beaucoup de —* esforçar-se muito; *à —* apenas.
peiner *v.t.* afligir; *v.int.* labutar.
peintre *s.m.* pintor.
peinture *s.f.* **1.** pintura; **2.** tinta.
peinturlurer *v.t.* pintar com cores berrantes.
péjoratif ive *adj.* pejorativo.
Pékin *s.m.* Pequim.
pékin *s.m.* (*gír.mil.*) paisano.
pékinois e *adj.; s.pátr.* pequinês.
pelage *s.m.* pelame.
pélagique *adj.* pelágico, pélágio.
pelé e *adj.* pelado; *quatre —s et un tondu* meia dúzia de gatos pingados.
pêle-mêle *adv.* em confusão; de roldão.
peler *v.t.* pelar; *v.int.* descascar-se.
pèlerin ine *s.* peregrino.
pèlerinage *s.m.* peregrinação.
pèlerine *s.f.* pelerine.
pélican *s.m.* pelicano.
pélisse *s.f.* peliça.
pellagre *s.f.* pelagra.
pellagreux euse *adj.* pelagroso.
pelle *s.f.* pá; *à la — em grande quantidade; *ramasser une —* (*fam.*) levar um tombo.
pelletée *s.f.* parada.
pelleterie *s.f.* pelaria, peleteria.
pellicule *s.f.* **1.** película; **2.** *pl.* caspa; **3.** filme.
pelote *s.f.* **1.** novelo; pelota; *avoir les nerfs en —* estar enervado; *faire sa —* fazer o seu pé-de-meia; **2.** *— d'épingles* alfineteira; (*fig.*) pessoa desagradável; **3.** bola.

peloter *v.t.* 1. enovelar; 2. (*fam.*) bajular; 3. (*fam.*) bolinar.
peloton *s.m.* pelotão.
pelotonner *v.t.* enovelar; *se — v.pron.* enroscar-se.
pelouse *s.f.* relvado.
peluche *s.f.* pelúcia.
peluché e *adj.* felpudo.
pelure *s.f.* casca (de fruta); (*fam.*) capa, sobretudo; *adj. papier* — papel de seda.
pelvis *s.m.* (*Anat.*) pélvis.
pénal e aux *adj.* penal.
pénalité *s.f.* penalidade.
penalty *s.m.* pênalti.
pénates *s.m.pl.* penates.
penaud e *adj.* encafifado, encabulado.
penchant *s.m.* inclinação, propensão, pendor, queda.
pencher *v.t.* inclinar; *v.int.* inclinar-se; *se — v.pron.* inclinar-se, debruçar-se.
pendable *adj.* que merece ser enforcado.
pendaison *s.f.* enforcamento.
pendant[1] e *adj.* pendente.
pendant[2] *s.m.* par, complemento; —*d'oreille* brinco; *faire — à* figurar simetricamente com.
pendant[3] *prep.* durante; *— que conj.* enquanto; *— que j'y suis* enquanto estou com a mão na massa.
pendard e *adj.* velhaco.
pendeloque *s.f.* penduricalho.
pendentif *s.m.* berloque, pingente.
penderie *s.f.* rouparia.
pendiller *v.int.* balançar-se no ar.
pendouiller *v.int.* (*fam.*) estar dependurado.
pendre *v.t.* 1. pendurar; 2. enforcar; *aller se faire — ailleurs* ir para o raio que o parta; *v.int.* pender; *se — v.pron.* enforcar-se. (*Conj. 84*)
pendule[1] *s.m.* pêndulo.
pendule[2] *s.f.* relógio de parede, pêndula.
pendulette *s.f.* pêndula pequena.
pêne *s.m.* lingueta (de fechadura).
pénétrant e *adj.* penetrante.
pénétration *s.f.* penetração.
pénétrer *v.int.* e *t.* penetrar. (*Conj. 13*)
pénible *adj.* penoso.
péniche *s.f.* barcaça.
pénicilline *s.f.* penicilina.
péninsulaire *adj.* peninsular.
péninsule *s.f.* península.
pénis *s.m.* pênis.
pénitence *s.f.* penitência.
pénitencier *s.m.* penitenciária.
pénitent e *adj.; s.* penitente.
pénitentiaire *adj.* penitenciário.
penne *s.f.* pena comprida (das aves).
pénombre *s.f.* penumbra.
pensant e *adj.* pensante, pensador; *bien —* (*irôn.*) conformista.
pense-bête *s.m.* lembrete.
pensé *s.f.* 1. pensamento; 2. amor-perfeito.
penser *v.t.* pensar; (*fam.*) *y pensez-vous!* que ideia!
penseur *s.m.* pensador.
pensif ive *adj.* pensativo.
pension *s.f.* 1. pensão (aposentadoria); 2. pensão (hotel familiar); 3. colégio interno.
pensionnaire *adj.; s.* pensionista.
pensionnat *s.m.* pensionato.
pensionner *v.t.* aposentar.
pensum *s.m.* castigo (escola).
pentagone *s.m.* pentágono.
pente *s.f.* declive, pendor.
Pentecôte *s.f.* Pentecostes.
penture *s.f.* leme (de porta), ferragem.
pénultième *adj.* penúltimo.
pénurie *s.f.* penúria, inópia.
péon *s.m.* peão.
pépé *s.m.* o mesmo que *pépère*.
pépée *s.f.* (*infant.*) boneca; (*pop.*) moça.
pépère *s.m.* 1. (*infant.*) vovô; 2. homem bonacheirão; *adj.* sossegado.
pépiement *s.m.* pipilo, pio.
pépier *v.int.* pipilar.
pépin *s.m.* pevide; (*fam.*) guarda-chuva; (*pop.*) contratempo.
pépinière *s.f.* viveiro.
pépite *s.f.* pepita.
péquenot *s.m.* (*pop.*) camponês.
percale *s.f.* percal.
percement *s.m.* perfuração.
perce-neige *s.m.* fura-neve (flor).
perce-oreille *s.f.* forfículo, lacrainha.
percepteur *s.m.* recebedor.
perceptibilité *s.f.* perceptibilidade.
perceptible *adj.* perceptível; percebível.
perception *s.f.* 1. recebimento; 2. percepção.
percer *v.t.* perfurar, furar; (*fig.*) descobrir, desvendar; *v.int.* abrir; manifestar-se. (*Conj. 14*)
perceuse *s.f.* perfuratriz.
percevoir *v.t.* 1. cobrar, receber; 2. perceber, notar. (*Conj. 53*)
perche[1] *s.f.* vara; (*fig.*) *tendre une — à* estender a mão a.
perche[2] *s.f.* perca (peixe).

percher v.t. ou *se* — v.pron. empoleirar-se, encarapitar-se.
percheron ne adj. (*caval.*) percherão.
perchoir s.m. poleiro.
perclus e adj. entrevado.
perçois, perçoit V. *percevoir*.
percolateur s.m. cafeteira.
perçûmes, perçurent V. *percevoir*.
percussion s.f. percussão.
perçut, perçût V. *percevoir*.
percuter v.t. percutir.
percuteur s.m. percussor.
perdant e adj.; s. perdedor.
perdition s.f. perdição.
perdre v.t. perder; *se* — v.pron. perder-se. (*Conj. 81*)
perdreau eaux s.m. perdigoto, filho de perdiz.
perdrix s.f. perdiz.
perdu e adj. perdido; *un de* —, *dix de retrouvés* é fácil substituí-lo.
père s.m. 1. pai; 2. padre; — *fouettard* bicho-papão; — *Noël* Papai Noel.
pérégrination s.f. peregrinação.
péremption s.f. perempção.
péremptoire adj. peremptório.
pérennité s.f. perenidade.
perfectibilité s.f. perfectibilidade.
perfectible adj. perfectível.
perfection s.f. perfeição.
perfectionnement s.m. aperfeiçoamento.
perfectionner v.t. aperfeiçoar.
perfide adj. pérfido.
perfidie s.f. perfídia.
perforation s.f. perfuração.
perforer v.t. perfurar.
performance s.f. desempenho, realização.
perfusion s.f. perfusão.
péricliter v. int. periclitar, perigar.
péril s.m. perigo; *au* — *de* com risco de.
périlleux euse adj. perigoso; *saut* — salto-mortal.
périmé e adj. prescrito, em desuso.
périmer, se v.pron. prescrever.
périmètre s.m. perímetro.
périnée s.m. (*Anat.*) períneo.
période s.f. período.
périodicité s.f. periodicidade.
périodique adj.; s.m. periódico.
périoste s.m. (*Anat.*) periósteo.
périostite s.f. periostite.
péripétie s.f. peripécia.
périphérie s.f. periferia.
périphérique adj. periférico.

périphrase s.f. perífrase.
périple s.m. périplo.
périr v.int. perecer.
périscope s.m. periscópio.
périssable adj. perecível.
péristyle s.m. peristilo.
périssoire s.m. guiga (barco esguio, para regatas).
péritoine s.m. (*Anat.*) peritônio.
péritonite s.f. peritonite.
perle s.f. pérola; (*fig.*) erro, bobagem.
perler v.t. perlar, orvalhar.
permanence s.f. permanência.
permanent e adj. permanente.
perme s.f. (*fam.*) abreviatura de *permission*: licença.
perméabilité s.f. permeabilidade.
perméable adj. permeável.
permettre v.t. permitir. (*Conj. 76*)
permis e adj. permitido; s.m. autorização, licença; — *de conduire* carteira de motorista.
permission s.f. permissão, licença.
permissionnaire adj. licenciado; em gozo de licença.
permutable adj. permutável.
permutation s.f. permutação, permuta.
permuter v.t. permutar.
pernicieux euse adj. pernicioso.
péroné s.m. (*Anat.*) perônio.
péronnelle s.f. sirigaita.
pérorer v.int. perorar.
Pérou s.m. Peru.
Pérouse s.f. Perúsia.
perpendiculaire adj. perpendicular.
perpète *à* — (*pop.*) (abreviatura de *à perpétuité*) para sempre.
perpétration s.f. perpetração.
perpétrer v.t. perpetrar. (*Conj. 13*)
perpétuation s.f. perpetuação.
perpétuel elle adj. perpétuo.
perpétuer v.t. perpetuar.
perpétuité s.f. perpetuidade; *condamnation à* — condenação à prisão perpétua.
perplexe adj. perplexo.
perplexité s.f. perplexidade.
perquisition s.f. varejamento (de uma casa pela polícia).
perquisitionner v.int. revistar, varejar uma casa.
perron s.m. escadaria exterior (com patamar).
perroquet s.m. 1. papagaio; 2. (*fam.*) copo de absinto, aperitivo.

perruque s.f. peruca.
persan e adj.; s.pátr. persa.
Perse s.f. Pérsia.
persécuter v.t. perseguir.
persécuteur trice s. perseguidor.
persécution s.f. perseguição.
persévérance s.f. perseverança.
persévérant e adj. perseverante.
persévérer v.int. perseverar. (Conj. 13)
persienne s.f. persiana.
persiflage s.f. zombaria, troça.
persifler v.t. escarnecer, mofar.
persil s.m. salsa.
persistance s.f. persistência.
persistant e adj. persistente.
persister v.int. persistir, substituir.
personnage s.m. personagem.
personnaliser v.t. personalizar.
personnalité s.f. personalidade.
personne s.f. **1.** pessoa; *payer de sa —* arriscar-se; *être bien de sa —* ser bem-apessoado; **2.** *— ou ne... —* ninguém.
personnel elle adj.; s.m. pessoal.
personnification s.f. personificação.
personnifier v.t. personificar. (Conj. 23)
perspective s.f. perspectiva.
perspicace adj. perspicaz.
perspicacité s.f. perspicácia, descortino.
persuader v.t. persuadir, convencer.
persuasif ive adj. persuasivo.
persuasion s.f. persuasão.
perte s.f. perda; *— sèche* perda total; *à — de vue* a perder de vista; *en pure —* sem proveito nenhum.
pertinemment adv. pertinentemente.
pertinence s.f. pertinência.
pertinent e adj. pertinente.
perturbateur trice adj.; s. perturbador.
perturbation s.f. perturbação.
perturber v.t. perturbar.
pérugin e adj.; s.pátr. perusino.
péruvien enne adj.; s.pátr. peruano.
pervenche s.f. pervinca (planta).
pervers e adj. perverso, pervertido.
perversion s.f. perversão.
perversité s.f. perversidade.
pervertir v.t. perverter, corromper; *se —* v.pron. perverter-se.
pervertisseur s.m. pervertidor.
pesage s.m. pesagem.
pesamment adv. pesadamente.
pesant e adj. pesado; s.m. *valoir son — d'or* valer o seu peso em ouro.
pesanteur s.f. gravidade, peso.

pèse-bébé s.m. balança para crianças.
pesée s.f. pesagem.
pèse-lettre s.m. pesa-cartas.
peser v.int. e t. pesar. (Conj. 18)
peseur euse s. pesador.
pessaire s.m. pessário.
pessimisme s.m. pessimismo.
pessimiste adj.; s. pessimista.
peste s.f. peste; praga.
pester v.int. praguejar, vociferar.
pestiféré e adj.; s. pestífero, pestoso.
pestilence s.f. pestilência.
pestilentiel elle adj. pestilencial.
pestilent e adj. pestilento.
pet s.m. peido; *ça ne vaut pas un — de lapin* isto não vale nada; *il va y avoir du —* (fam.) vai haver escândalo.
pétale s.m. pétala.
pétanque s.f. (jogo) bocha.
pétant e adj. (pop.) exato.
pétarader v.t. **1.** peidar; **2.** pipocar.
pétard s.m. **1.** petardo; **2.** (pop.) escarcéu, escândalo, barulho.
pétaudière s.f. bagunça, casa de orates.
pet-de-nonne s.m. (bolo) sonho.
péter v.int. **1.** peidar; **2.** estalar. (Conj.13)
pète-sec s.m. (fam.) mandão, de poucas palavras.
péteux se adj. (fam.) covarde.
pétillement s.m. **1.** crepitação; **2.** cintilação.
pétiller v.int. **1.** crepitar, espumar, borbulhar; **2.** cintilar.
pétiole s.m. pecíolo.
petiot e s. (fam.) criancinha.
petit e adj. pequeno, miúdo; loc.adv. *— à —* aos poucos.
petit-beurre s.m. biscoito (feito de farinha e manteiga).
petit-bourgeois, petite-bourgeoise s. pequeno-burguês, pequeno-burguesa.
petite-fille s.f. neta.
petite-maîtresse s.f. peralvilha, casquilha.
petite-nièce s.f. sobrinha-neta.
petitesse s.f. pequenez.
petit-fils s.m. neto.
petit-four s.m. biscoito fino.
pétition s.f. petição.
pétitionnaire s. peticionário.
petit-lait s.m. leitelho.
petit-maître s.m. petimetre, peralvilho, janota.
petit-nègre s.m. algaravia, caçanje.
petit-neveu s.m. sobrinho-neto.

petits-enfants *s.m.pl.* netos.
petits-pois *s.m.pl.* ervilha (descascada).
petit-suisse *s.m.* queijo cremoso.
pétoche *s.f.* (*pop.*) medo.
pétoire *s.f.* (*fam.*) espingarda ruim.
peton *s.m.* (*fam.*) pezinho.
pétri e *adj.* cheio, impregnado.
pétrifier *v.t.* petrificar. (*Conj. 23*)
pétrin *s.m.* amassadeira; (*fig.* e *fam.*) aperto.
pétrir *v.t.* amassar, moldar.
pétrissage *s.m.* amassadura.
pétrochimie *s.f.* petroquímica.
pétrolier ière *adj.; s.m.* petroleiro.
pétrole *s.m.* petróleo.
pétrolette *s.f.* motoneta.
pétrolifère *adj.* petrolífero.
pétulance *s.f.* petulância, insolência.
pétulant e *adj.* petulante, insolente.
peu *adv.* pouco; — *à* — aos poucos; — *de* pouco(s); — *au prou* mais ou menos; *ce n'est pas* — *dire* e não digo pouco; *depuis* — desde há pouco; *être un* — *là* (*gír.*) servir para o que for preciso; *quelque* — bastante; *sous* — dentro em pouco; *tant soit* — um pouquinho.
peuh *interj.* ih!
peuplade *s.f.* tribo.
peuple *s.m.* povo.
peuplement *s.m.* povoamento.
peupler *v.t.* povoar.
peuplier *s.m.* choupo.
peur *s.f.* medo, temor, receio; — *bleue* pavor; *en être quitte pour la* — sofrer apenas o susto.
peureux euse *adj.* medroso.
peut-être *adv.* talvez.
pèze *s.m.* (*gír.*) dinheiro; grana, gaita.
phalange *s.f.* falange.
phalangiste *s.* falangista.
phalanstère *s.m.* falanstério.
phalène *s.f.* falena, borboleta noturna.
phallique *adj.* fálico.
phallus *s.m.* falo.
pharaon *s.m.* faraó.
pharaonique *adj.* faraônico.
phare *s.m.* farol.
pharisaïque *adj.* farisaico.
pharisaïsme *s.m.* farisaísmo.
pharisien enne *s.* fariseu.
pharmaceutique *adj.* farmacêutico.
pharmacie *s.f.* farmácia.
pharmacien enne *s.* farmacêutico.
pharmacologie *s.f.* farmacologia.
pharmacologique *adj.* farmacológico.

pharmacopée *s.f.* farmacopeia.
pharyngite *s.f.* faringite.
pharynx *s.m.* faringe.
phase *s.f.* fase.
phénique *adj.* fênico.
phénix *s.m.* fênix.
phénol *s.m.* fenol.
phénoménal e aux *adj.* fenomenal.
phénomène *s.m.* fenômeno.
phénoménologie *s.f.* fenomenologia.
phénoménologique *adj.* fenomenológico.
philanthrope *s.m.* filantropo.
philanthropie *s.f.* filantropia.
philanthropique *adj.* filantrópico.
philatélie *s.f.* filatelia.
philatélique *adj.* filatélico.
philatéliste *s.* filatelista.
philharmonique *adj.* filarmônico.
philippique *s.f.* filípica, discurso violento e injurioso.
philistin e *adj.; s.pátr.* e *fig.* filisteu.
philologie *s.f.* filologia.
philologique *adj.* filológico.
philologue *s.* filólogo.
philosophe *s.* filósofo.
philosopher *v.int.* filosofar.
philosophie *s.f.* filosofia.
philosophique *adj.* filosófico.
philtre *s.m.* filtro, beberagem, elixir.
phimosis *s.m.* fimose.
phlébite *s.f.* flebite.
phlegmon *s.m.* fleimão, flegmão.
phlox *s.m.* flox.
phobie *s.f.* fobia.
phonème *s.m.* fonema.
phonéticien enne *s.* foneticista.
phonétique *adj.* fonético; *s.f.* fonética.
phonographe *s.m.* fonógrafo, vitrola.
phonologie *s.f.* fonologia.
phonologique *adj.* fonológico.
phoque *s.m.* foca.
phosphate *s.m.* fosfato.
phosphater *v.t.* fosfatar.
phosphore *s.m.* fósforo.
phosphorescence *s.f.* fosforescência.
phosphorescent e *adj.* fosforescente.
photo *s.f.* foto.
photocopie *s.f.* fotocópia, cópia fotostática.
photocopier *v.t.* fotocopiar. (*Conj. 23*)
photogénique *adj.* fotogênico.
photographe *s.* fotógrafo; — *ambulant* lambe-lambe.
photographier *v.t.* fotografar. (*Conj. 23*)

photographique *adj.* fotográfico.
photogravure *s.f.* fotogravura.
phrase *s.f.* frase; *faire des —s* falar com grandiloquência.
phraséologie *s.f.* fraseologia.
phraséologique *adj.* fraseológico.
phraseur euse *s.* falastrão.
phtisie *s.f.* tísica.
phtisique *adj.; s.* tísico.
phylactère *s.m.* filactério.
phylloxéra *s.m.* filoxera.
physicien ienne *s.* físico.
physiologie *s.f.* fisiologia.
physiologique *adj.* fisiológico.
physiologiste *s.* fisiologista.
physionomie *s.f.* fisionomia.
physionomique *adj.* fisionômico.
physionomiste *s.* fisionomista.
physiothérapie *s.f.* fisioterapia.
physique *adj.* físico; *s.f.* física.
piaf *s.m.* (*pop.*) pardal.
piaffer *v.t.* escavar o chão, patear.
piailler *v.int.* gritar, chiar.
piaillerie *s.f.* gritaria, chio.
pianiste *s.m.* pianista.
piano¹ *s.m.* piano; *— à queue* piano de cauda; *— droit* piano de armário; *— mécanique* pianola.
piano² *adv.* piano, suavemente.
pianoter *v.int.* tocar mal o piano; batucar.
piastre *s.f.* piastra.
piaule *s.f.* (*pop.*) quarto.
piauler *v.int.* pipiar, piar; (*fam.*) berrar.
pic¹ *s.m.* pica-pau.
pic² *s.m.* picareta.
pic³ *s.m.* pico, cume; *à —* a pique; (*fam.*) *tomber à —* vir a calhar.
piccolo *s.m.* flautim.
pichenette *s.f.* piparote.
pichet *s.m.* pichel.
pickles *s.m.pl.* picles.
pickpocket *s.m.* batedor de carteira, punguista.
pick-up *s.m.* toca-discos.
picoler *v.int.* (*pop.*) beber.
picorer *v.int.* ciscar (a galinha).
picotement *s.m.* comichão, formigamento.
picoter *v.t.* bicar, mordiscar; comichar.
picotin *s.m.* medida de aveia; ração.
picrate *s.m.* vinho de má qualidade.
pictural e aux *adj.* pictural, pictórico.
pie *s.f.* pega.
pièce *s.f.* 1. pedaço; *— d'eau* tanque; *— de vin* tonel de vinho; *mettre en —s* despedaçar; *travailler à la —, aux —s* trabalhar por empreitada; 2. peça (de roupa, mobiliário); *— d'artillerie* boca de fogo; *inventer de toutes —s* forjar, forjicar; 3. unidade; 4. peça, quarto; 5. pedra (de jogo); 6. papel, documento; *—s d'identité* papéis de identidade; *— à conviction* elemento de prova; 7. peça teatral; *— à tiroirs* peça com cenas independentes da ação principal; 8. obra musical; 9. remendo; 10. moeda.
pied *s.m.* pé; *— bot* pé torto; *—s et poings liés* reduzido à impotência; *à —* de pé; *à — d'œuvre* pronto para trabalhar; *au — levé* em cima da perna, de improviso; *avoir —* tocar o fundo com o pé; *avoir le — marin* andar firme a bordo de um navio, não enjoar; *avoir les — nickelés* (*fig.* e *fam.*) custar a decidir-se; *bête comme un —* muito burro; *de — en cap* da cabeça aos pés; *être sur —* estar levantado; *faire des —s et des mains* debater-se, usar todos os *meios; faire le — de grue* (*fam.*) esperar muito tempo em pé; *lâcher —* recuar, ceder; *lever le —* fugir com o dinheiro; *mettre à —* demitir; *mettre les —s dans le plat* cometer uma gafe; meter os pés pelas mãos; *mettre — à terre* descer (de cavalo); *mettre sur —* levantar, instalar; *ne pas savoir sur quel — danser* não saber o que fazer.
pied-à-terre *s.m.* pousada, apartamento ocasional.
pied-de-biche *s.m.* alavanca, pé de cabra.
pied-de-poule *s.m.* tecido axadrezado.
piédestal aux *s.m.* pedestal.
pied-noir *s.m.* francês da Argélia.
piédouche *s.m.* peanha.
piège *s.m.* armadilha, cilada.
piéger *v.t.* encher de armadilhas, transformar em armadilha.
pie-grièche *s.f.* 1. (ave) pega; 2. (*fig.*) megera.
pierraille *s.f.* pedregulho.
pierre *s.f.* pedra; *— à fusil* pederneira; *— d'achoppement* uma pedra no meio do caminho; *— de touche* pedra de toque; *— levée* monumento druídico, menir, dólmen; *— philosophale* pedra filosofal; *— ponce* pedra-pomes; *faire d'une — deux coups* matar dois coelhos de uma cajadada.
pierreries *sf.pl.* pedrarias, quantidade de pedras preciosas.

pierreuse *s.f.* prostituta, mulher da vida.
pierreux euse *adj.* pedregoso.
pierrot *s.m.* **1.** pierrô; **2.** pardal.
piété *s.f.* piedade, devoção.
piétiner *v.int.* bater os pés, sapatear; (*fig.*) arrastar-se, marcar passo; *v.t.* calçar, pisar.
piéton onne *s.m.* pedestre.
piétonnier ière *adj.* V. *rue*.
piètre *adj.* pífio, lastimável.
pieu[1] **eux** *s.m.* estaca, moirão.
pieu[2] **eux** *s.m.* (*fam.*) cama.
pieuter *v.pron.* (*pop.*) deitar-se.
pieuvre *s.f.* polvo.
pieux[1] **euse** *adj.* piedoso, pio.
pieux[2] *pl.* de *pieu*.
pif *s.m.* (*gír.*) nariz.
pifer *v.t.* (*pop.*) cheirar.
piffard e *adj.* (*gír.*) narigudo.
pifomètre *s.m.* (*fam.*) *au —* a olho, aproximadamente.
pige *s.f.* medida, gabarito; (*pop.*) ano.
pigeon *s.m.* pombo; *— voyageur* pombo-correio; (*fam.*) pato (vítima de logro).
pigeonnier *s.m.* pombal.
piger *v.t.* (*pop.*) **1.** olhar, admirar, espiar; **2.** compreender, pegar, manjar, morar; *ne rien —* não compreender patavina. (*Conj. 19*)
pigment *s.m.* pigmento.
pigne *s.f.* pinha.
pignocher *v.int.* debicar.
pignon *s.m.* empena; (*fig.*) *avoir — sur rue* ter casa própria; ter situação material sólida.
pilastre *s.m.* pilastra.
pile[1] *s.f.* pilha, montão.
pile[2] *s.f.* *— ou face* cara ou coroa.
pile[3] *s.f.* pilha (de rádio etc.).
pile[4] *adv.* (*fam.*) *s'arrêter —* parar bruscamente; *tomber —* chegar na hora.
piler *v.t.* pilar, moer.
pileux euse *adj.* piloso.
pilier *s.m.* pilar.
pillage *s.m.* pilhagem, saque.
pillard e *s.* ladrão, saqueador.
piller *v.t.* pilhar, saquear.
pilon *s.m.* pilão.
pilori *s.m.* pelourinho.
pilote *s.m.* piloto.
piloter *v.t.* pilotar.
pilotis *s.m.* estaca, piloti.
pilou *s.f.* flanela de algodão.
pilule *s.f.* pílula.

pimbèche *s.f.* lambisgoia.
piment *s.m.* pimenta.
pimenter *v.t.* apimentar.
pimpant e *adj.* garrido, elegante.
pin *s.m.* pinheiro.
pinacle *s.m.* pináculo.
pinacothèque *s.f.* pinacoteca, museu de pintura.
pinard *s.m.* (*pop.*) vinho.
pince *s.f.* pinça; (*pop.*) mão, pé; *à —s* a pé.
pinceaux eaux *s.m.* pincel; (*pop.*) pé.
pincée *s.f.* pitada.
pince-monseigneur *s.f.* gazua.
pince-nez *s.m.* pincenê.
pincer *v.t.* apertar, pilhar; imprensar; beliscar; (*fam.*) pegar, agarrar. (*Conj. 14*)
pince-sans-rire *s.* gracejador com ar sério, cara de sonso.
pincette *s.f.* **1.** pinça pequena; **2.** atiçador; **3.** (*fam.*) *n'être pas à prendre avec des —s* estar desagradável, intratável.
pinçon *s.m.* marca deixada por beliscão, na pele.
pinède *s.f.* pinhal, pinheiral.
pingouin *s.m.* pinguim.
ping-pong *s.m.* pingue-pongue.
pingre *s.; adj.* sovina, unha de fome.
pin-pon! *interj.* sinal de alarme dos bombeiros.
pinson *s.m.* tentilhão (pássaro).
pintade *s.f.* pintada, galinha-d'angola.
pioche *s.f.* picareta.
piocher *v.t.* cavar com picareta; (*fam.*) estudar com afinco, queimar as pestanas.
pion *s.m.* **1.** peão (no jogo de xadrez); *damer le —* trocar o peão por dama (no jogo de xadrez); (*fig.*) pôr no chinelo; **2.** (*depr.*) inspetor escolar, vigilante.
pioncer *v.int.* (*fam.*) dormir. (*Conj. 14*)
pionnier *s.m.* pioneiro.
pioupiou *s.m.* (*fam.*) soldado de infantaria.
pipe *s.f.* cachimbo; (*pop.*) *casser sa —* bater a bota; esticar a canela; *se fendre la —* (*fam.*) rir às gargalhadas; (*pop.*) cigarro.
pipeaux *s.m.* reclamo, flauta.
pipelet ette *s.m.* (*fam.*) porteiro.
pipe-line *s.m.* oleoduto.
piper *v.t.* **1.** caçar pássaros; **2.** marcar (dados).
pipette *s.f.* pipeta.
pipi *s.m.* (*fam.*) xixi.
piquant e *adj.* **1.** picante; **2.** mordaz; **3.** engraçado, divertido; *s.m.* nota engraçada.

pique¹ s.f. lança.
pique² s.m. espadas (naipe de baralho).
piqué e adj. (fam.) biruta.
pique-assiette s.m. papa-jantares, parasita.
pique-nique s.m. piquenique.
piquer v.t. 1. picar; 2. espicaçar; 3. furar; 4. ferir, ofender; — *au vif* irritar o amor-próprio de; 5. (fam.) pegar, apanhar; 6. (fam.) roubar; 7. pespontar; v.int. cair, descer bruscamente; *se* — v.pron. 1. picar-se; 2. injetar-se (uma droga); 3. irritar-se.
piquet s.m. 1. estaca, piqueta; *mettre au* — pôr de castigo (de cara para a parede); 2. piquete (porção de tropa).
piquette s.f. vinho medíocre, ácido.
piqueur s.m. picador.
piqûre s.f. 1. picada; 2. pesponto; 3. injeção.
pirate s.m. pirata.
pire adj. pior; s. *le* — o pior.
pirogue s.f. piroga.
pirouette s.f. pirueta; (fig.) reviravolta.
pirouetter v.int. piruetar.
pis¹ adv. pior; *au* — *aller* no pior dos casos, na pior das hipóteses; *ce qui est* — o que é pior ainda; *le* — o pior.
pis² s.m. mama, teta (de vaca).
pis-aller s.m. o pior que pode acontecer; *au* — em último caso.
pisciculteur s.m. piscicultor.
pisciculture s.f. piscicultura.
piscine s.f. piscina.
pisse s.f. (vulg.) mijo.
pisse-froid s.m. (fam.) chato.
pissenlit s.m. dente-de-leão; (fam. e fig.) *manger les —s par la racine* estar morto e enterrado.
pisser v.int. e t. mijar.
pissoire s.m. (fam.) mictório.
pissotière s.f. (fam.) mictório (público).
pistache s.f. pistácia.
pistachier s.m. pistaceira.
piste s.f. pista, rastro, indicação.
pister v.t. seguir a pista de.
pistil s.m. pistilo.
pistolet s.m. pistola, garrucha.
piston s.m. pistão, êmbolo; (fam.) pistolão.
pistonner v.t. (fam.) apadrinhar; *se faire* — recorrer a um pistolão.
pitance s.f. pitança, ração.
piteux euse adj. lastimável.

pitié s.f. 1. piedade; 2. pena, dó, comiseração; *faire* — dar pena.
piton s.m. 1. pico, cume; 2. armela.
pitoyable adj. lastimável, miserável.
pitre s.m. palhaço.
pitrerie s.f. palhaçada.
pittoresque adj. pitoresco, pinturesco.
pituite s.f. pituíta.
pivert s.m. picanço.
pivoine s.f. peônia.
pivot s.m. eixo; suporte; (fig.) móbil.
pivoter v.int. girar.
placage s.m. folheado.
placard¹ s.m. 1. cartaz, anúncio; 2. granel, paquê (prova tipográfica não paginada).
placard² s.m. armário embutido.
placarder v.t. afixar.
place s.f. 1. praça; 2. lugar; *faire* — *à* ser substituído por; *faire* — *nette* desocupar o lugar; *prendre* — sentar-se; *remettre à sa* — chamar à ordem; *sur* — no próprio lugar; *rester sur* — ficar imóvel.
placement s.m. 1. investimento; 2. colocação.
placenta s.m. placenta.
placer v.t. 1. colocar, dispor; 2. empregar, obter emprego para; 3. localizar, situar; 4. introduzir; 5. investir; *se* — v.pron. colocar-se, obter emprego. (Conj. 14)
placide adj. plácido.
placidité s.f. placidez.
placier s.m. pracista, zangão.
plafond s.m. 1. teto; 2. máximo; 3. limite superior; 4. (pop.) crânio, cérebro.
plafonnier s.m. aparelho de iluminação fixo no teto.
plage s.f. 1. praia; 2. espaço gravado em disco.
plagiaire s.; adj. plagiário.
plagiat s.m. plágio, plagiato.
plagier v.t. plagiar. (Conj. 23)
plaid s.m. cobertor, manta.
plaider v.int. e t. pleitear, defender, demandar.
plaideur euse s. litigante, pleiteante.
plaidoirie s.f. ou **plaidoyer** s.m. discurso de defesa.
plaie s.f. chaga, ferida.
plaignant e adj. queixoso; s. querelante.
plain e adj. plano, liso.
plain-chant s.m. cantochão.
plaindre v.t. lastimar, ter pena de (Conj. 67); *se* — v.pron. queixar-se de.
plaine s.f. planície.

plain-pied *de* — *loc.adv.* do mesmo nível.
plainte *s.f.* queixa.
plaintif ive *adj.* plangente, queixoso.
plaire *v.int.* agradar, ser agradável; *s'il vous plaît* por favor; *plaît-il?* como?, o quê? (pedindo repetição do que não se ouviu bem); *à Dieu ne plaise* Deus nos livre; *plût à Dieu* tomara (*Conj. 82*); *se* — *v.pron.* à gostar de.
plaisamment *adv.* engraçadamente.
plaisance *s.f. de* — *loc.adv.* de recreio, de divertimento.
plaisant e *adj.* 1. agradável; 2. divertido; *s.m.* gracioso, engraçado; *un mauvais* — um gaiato.
plaisanter *v.t.* mofar de; *v.int.* brincar.
plaisanterie *s.f.* gracejo, brincadeira, pilhéria; *ne pas entendre la* — não ser de brincadeiras.
plaisantin *s.m.* engraçadinho.
plaisir *s.m.* prazer; divertimento; vontade; à vontade; *au* —*!* até logo!; *faire le* — *de* ter a bondade de; *il se fera un* — *de nous recevoir* há de receber-nos com muito gosto.
plan¹ e *adj.* plano, liso, chato.
plan² *s.m.* plano; projeto, planta; *laisser en* — deixar na mão.
planche *s.f.* 1. prancha, tábua; *avoir du pain sur la* — ter de que viver sem trabalhar; 2. lâmina, chapa, estampa; — *à dessin* prancheta; 3. *pl.* cena (de teatro); 4. *faire la* — boiar de costas; 5. (*gír. esc.*) quadro-negro, questionário no quadro-negro; *avoir du travail sur la* — estar com um trabalho em andamento.
planchéiage *s.m.* assoalhamento, assoalhadura.
planchéier *v.t.* assoalhar.
plancher *s.m.* soalho, assoalho; *débarrasser le* — (*fam.*) sumir.
plancton *s.m.* plâncton.
planer *v.int.* planar, pairar.
planétaire *adj.* planetário.
planétarium *s.m.* planetário.
planète *s.f.* planeta.
planeur *s.m.* planador.
planification *s.f.* planificação.
planifier *v.t.* planificar. (*Conj. 23*)
planisphère *s.m.* planisfério.
planing *s.m.* planejamento; — *familial* planejamento familiar.
planque *s.f.* (*pop.*) esconderijo; (*fig.*) sinecura, mordomia.

planquer *v.t.* (*pop.*) esconder; *se* — *v.pron.* esconder-se.
plant *s.m.* muda (de planta).
plantaire *adj.* (*Anat.*) plantar.
plantation *s.f.* 1. plantação; 2. fazenda, engenho.
plante¹ *s.f.* planta (= vegetal); —*s potagères* hortaliças.
plante² *s.f.* planta (face inferior do pé).
planter *v.t.* plantar, fixar; — *là* largar.
planteur *s.m.* plantador, senhor de engenho.
plantigrade *adj.; s.* plantígrado.
planton *s.m.* plantão.
plantureux euse *adj.* planturoso.
plaque *s.f.* placa, chapa; — *de propreté* espelho de fechadura.
plaqué *s.m.* plaquê.
plaquemine *s.f.* caqui.
plaquer *v.t.* 1. chapear; folhear; 2. (*pop.*) abandonar, largar.
plaquette *s.f.* plaqueta, plaquete.
plasma *s.m.* plasma.
plastic *s.m.* explosivo plástico.
plasticité *s.f.* plasticidade.
plastifier *v.t.* plastificar. (*Conj. 23*)
plastique *adj.* plástico; *s.f.* plástica; *s.m.* (objeto de) matéria plástica.
plastiqueur *s.m.* terrorista.
plastron *s.m.* 1. couraça; 2. peitilho de camisa.
plastonner *v.int.* pavonear-se.
plat¹ e *adj.* chato, liso; *à* — *loc.adv.* horizontalmente; *être à* — estar deprimido; *s.m.* parte chata.
plat² *s.m.* 1. prato; 2. travessa; — *de résistance* prato principal de uma refeição.
platane *s.m.* plátano.
plateau eaux *s.m.* 1. prato de balança; 2. bandeja; 3. planalto.
plate-bande *s.f.* platibanda; (*fig.*) *marcher sur les* —*s* de meter o bedelho nos negócios de.
plate-forme *s.f.* plataforma.
platine¹ *s.f.* platina (prato pequeno).
platine² *s.m.* platina (elemento químico).
platitude *s.f.* 1. banalidade, insipidez; 2. baixeza.
platonique *adj.* platônico.
plâtras *s.m.* caliça, entulho.
plâtre *s.m.* gesso; *essuyer les* —*s* entrar primeiro num apartamento novo; (*fig.*) ser o primeiro a sofrer as consequências desagradáveis.

plâtrer *v.t.* gessar, engessar.
plausibilité *s.f.* plausibilidade.
plausible *adj.* plausível.
plèbe *s.f.* plebe.
plébéien enne *adj.; s.* plebeu.
plébiscite *s.m.* plebiscito.
plébisciter *v.t.* ratificar, aprovar (por meio de plebiscito).
pléiade *s.f.* plêiade.
plein e *adj.* cheio, pleno, repleto, completo; (*fam.*) bêbado; — *de soi* convencido; *en —e mer* ao largo; *en —e rue* no meio da rua; *en —* exatamente; *être — aux as* (*fam.*) estar cheio de dinheiro; *s.m. battre son —* chegar ao ponto culminante; *faire le — de* encher o reservatório de; *s'en mettre — la lampe* (*fam.*) comer e beber abundantemente; *en mettre — la vue à* (*pop.*) deslumbrar.
plénier ère *adj.* plenário.
plénipotentiaire *adj.* plenipotenciário.
plénitude *s.f.* plenitude.
pléonasme *s.m.* pleonasmo.
pléonastique *adj.* pleonástico.
pléthore *s.f.* pletora.
pleur *s.m.* (*ant.*) lágrima; *pl.* choro.
pleurard e *adj.; s.* chorão.
pleurer *v.int.* e *t.* chorar; *— à chaudes larmes* chorar lágrimas de sangue.
pleurésie *s.f.* pleuris, pleurisia.
pleureuse *s.f.* carpideira.
pleurnicher *v.int.* choramingar.
pleurnicherie *s.f.* choradeira.
pleurnicheur *adj.; s.m.* choramingas, chorão.
pleutre *s.m.* poltrão, pessoa frouxa.
pleuvoir *v.impess.* chover; *il pleut à verse* chove a cântaros; *il pleut des balles* chove balas. (*Conj. 30*)
plèvre *s.f.* (*Anat.*) pleura.
plexus *s.m.* (*Anat.*) plexo.
pli *s.m.* 1. prega, dobra, vinco; *cela ne fait pas un —* nada mais fácil; 2. sobrescrito; 3. hábito, costume; *prendre le —* tomar o hábito.
pliant e *adj.* dobradiço; *s.m.* cadeira dobrável.
plier *v.t.* vergar, dobrar; *— bagage* arrumar a trouxa, partir; *v.pron.* ceder.
plinthe *s.m.* plinto.
plisser *v.t.* plissar, franzir, preguear.
pliure *s.f.* dobragem.
ploiement *s.m.* dobramento.
plomb *s.m.* chumbo; *fil à —* fio de prumo;
avoir du — dans l'aile estar ferido; *ne pas avoir de — dans la cervelle* ser estouvado.
plombagine *s.f.* plumbagina.
plomber *v.t.* 1. chumbar; 2. (dente) obturar.
plombier *s.m.* encanador.
plonge *s.f.* lavagem de louça.
plongée *s.f.* mergulho.
plongeoir *s.m.* trampolim.
plongeon[1] *s.m.* mergulho; salto ornamental.
plongeon[2] *s.m.* mergulhão (ave).
plonger *v.t.* e *int.* mergulhar. (*Conj. 19*)
plongeur *s.m.* 1. mergulhador; 2. lavador de pratos (em café, restaurante).
plosive *s.f.* oclusiva.
plouf! *interj.* plaf!
ploutocrate *s.m.* plutocrata.
ploutocratie *s.f.* plutocracia.
ployable *adj.* dobrável, flexível.
ployer *v.t.* e *int.* dobrar, vergar. (*Conj. 21*)
plu V. *plaire* e *pleuvoir.*
pluches *s.f.pl.* (*fam.*) descascamento de legumes.
pluie *s.f.* chuva; *faire la — et le beau temps* ser muito influente; ser o mandachuva; *ne pas être tombé de la dernière —* não ter nascido ontem; *parler de la — et du beau temps* dizer banalidades.
plumage *s.m.* plumagem.
plumard *s.m.* (*pop.*) cama.
plume *s.f.* pena, pluma; *voler dans les —s de* atirar-se contra; *y laisser des —s* levar prejuízo num negócio.
plumeau eaux *s.m.* espanador de plumas.
plumer *v.t.* depenar.
plumier *s.m.* estojo escolar.
plumet *s.m.* penacho.
plupart *s.f. dans la — des cas* quase sempre; *la — de* a maior parte; *pour la —* em sua maioria.
pluralité *s.f.* pluralidade.
pluriel elle *adj.; s.m.* plural.
plus[1] *adv.* mais; *— de* mais; *— ... —* quanto mais ... tanto mais; *— ou moins* mais ou menos; *d'autant —* tanto mais; *de — a* mais; *de — en —* cada vez mais; *ne ... —* não mais; *ni — ni moins* sem tirar nem pôr; *non —* tampouco; *rien de — mais* nada; *tout au —* no máximo.
plus[2] V. *plaire.*
plusieurs *adj.* e *pron.indef.* vários, diversos.
plus-que-parfait *s.m.* mais-que-perfeito.

plus-value *s.f.* mais-valia.
plut, plût V. *plaire* e *pleuvoir*.
plutôt *adv.* antes, de preferência.
pluvial e aux *adj.* pluvial.
pluvieux euse *adj.* chuvoso.
pneu *s.m.* forma abreviada de *pneumatique*, 1 e 2.
pneumatique *adj.* pneumático; *s.m.* 1. pneumático (aro de borracha para rodas); 2. carta expressa (remetida por tubo pneumático).
pneumocoque *s.m.* pneumococo.
pneumonie *s.f.* pneumonia.
pochade *s.f.* esboço.
pochard *s.m.* (*fam.*) beberrão.
poche *s.f.* bolso; *c'est dans la —* (*fam.*) está no papo; *connaître comme sa —* conhecer como a palma da mão; *en être de sa —* (*fam.*) sofrer um prejuízo; *faire les —s à tomar a ...* o que tem nos bolsos; revistar; *les mains dans les —* sem nada fazer; *mettre dans sa —* (*fam.*) pôr no chinelo; *se remplir les —s* (*fig.*) enriquecer por meios desonestos.
pocher *v.t.* pisar (olho); escalfar (ovos).
pochette *s.f.* 1. bolsinho; 2. estojo de desenho; 3. lenço de enfeite.
pochoir *s.m.* normógrafo.
podagre[1] *adj.; s.* gotoso.
podagre[2] *s.f.* podagra, gota dos pés.
podium *s.m.* pódio.
poêle[1] *s.m.* mortalha.
poêle[2] *s.m.* aparelho de aquecimento, estufa.
poêle[3] *s.f.* frigideira.
poêlon *s.m.* panela.
poème *s.m.* poema; (*fam.*) *c'est tout un —!* é fabuloso!
poésie *s.f.* poesia.
poète *s.m.* poeta.
poétesse *s.f.* poetisa.
poétique *adj.* poético; *s.f.* poética.
poétiser *v.t.* poetizar; *v.int.* poetizar, poetar.
pogne *s.f.* (*pop.*) mão.
pognon *s.m.* (*pop.*) gaita (= dinheiro).
pogrom *s.m.* *pogrom*.
poids *s.m.* peso; *— mort* peso morto.
poignant e *adj.* pungente, lancinante.
poignard *s.m.* punhal.
poignarder *v.t.* apunhalar.
poigne *s.f.* pulso, força; *à —* (*loc.adj.*) enérgico, autoritário; *avoir de la —* ter pulso firme.

poignée *s.f.* 1. punhado; 2. punho, cabo, maçaneta; 3. *— de main* aperto de mão.
poignet *s.m.* pulso, punho; munheca; *à la force du —* (*fig.*) por esforço pessoal.
poil *s.m.* pelo; *— de carotte* (*loc.adj.*) ruivo; *à —* (*fam.*) em pelo, pelado, nuzinho; *à un — près* por pouco; *au —* (*fam.*) formidável; bacana; *au quart de —* por um triz; *avoir un — dans la main* ser muito preguiçoso; *reprendre du — de la bête* refazer-se, reagir; *tomber sur le — de* (*pop.*) agredir, cair sobre.
poilant e *adj.* (*pop.*) gozado.
poiler, se *v.pron.* (*pop.*) morrer de rir.
poilu[1] **e** *adj.* peludo.
poilu[2] *s.m.* soldado (da Primeira Guerra Mudial).
poinçon *s.m.* punção.
poinçonner *v.t.* picotar, furar.
poindre *v.int.* romper, apontar. (*Conj.* 74)
poing *s.m.* punho; *dormir à —s fermés* dormir a sono solto; *montrer le — à* (*fig.*) ameaçar.
point[1] *s.m.* 1. ponto; *— de mire* ponto de mira; (*fig.*) centro da atenção; *— de vue* ponto de vista; 2. lugar; *— de repère* ponto de referência; 3. posição de um navio em mar; *faire le —* determinar as coordenadas; (*fig.*) determinar o lugar certo em que se está; 4. situação (de um navio); *— mort* ponto morto; 5. *mettre au —* regular (mecanismo); (*fig.*) dar os esclarecimentos necessários; 6. *— de côté* pontada; 7. momento oportuno; *à —* ao ponto (culinária); *à — nommé* no momento exato; *être sur le — de* estar prestes a; 8. grau, ponto; *être au —* estar no ponto (conveniente); *à ce —* a esse ponto; *à tel —* de tal forma; *au — de* a ponto de; 9. apontar, surgir; *le — du jour* o romper do dia; 10. ponto (de costura); 11. vantagem; *rendre des —s* dar lambujem; 12. ponto (sinal de pontuação); *mettre les —s sur les i* pôr os pingos nos ii; *un — c'est tout* ponto final; *—s de suspension* reticências; 13. capítulo, trecho; 14. questão; *— d'honneur* questão de honra.
point[2] *adv.* (*ne*) *—* não; absolutamente (não).
pointage *s.m.* 1. pontaria; 2. verificação.
pointe *s.f.* 1. ponta, extremidade; 2. parte avançada, avanço; 3. pequena quantidade; 4. dito irônico, mordaz; 5. vanguarda; 6. *— sèche* ponta-seca.

pointer *v.int.* surgir, nascer; *v.t.* apontar; *se — v.pron.* assinar o ponto.
pointeuse *s.f.* relógio de ponto.
pointillé *s.m.* ponteado.
pointiller *v.t.* pontear, pontilhar.
pontilleux euse *adj.* cheio de melindres.
pointu e *adj.* pontiagudo.
pointure *s.f.* medida (de chapéu, calçado etc.).
poire *s.f.* **1.** pera; *c'est une — pour la soif* é uma reserva para necessidades futuras; *entre la — et le fromage* no fim da refeição; **2.** (*fig.* e *fam.*) trouxa; **3.** (*pop.*) cara, cabeça.
poireau eaux *s.m.* alho-poró.
poireauter *v.t.* (*gír.*) esperar (por alguém).
poirier *s.m.* pereira; (*fig.*) *faire le —* plantar bananeira.
pois *s.m.* **1.** ervilha; — *chiche* grão-de-bico; — *de senteur* ervilha-de-cheiro; **2.** pastilha (em tecido).
poison *s.m.* peçonha, veneno; (*fig.*, falando de uma pessoa) *c'est un —* é uma peste.
poissarde *s.f.* grosseirona.
poisse *s.f.* (*pop.*) cábula, azar.
poisser *v.t.* **1.** besuntar; **2.** (*pop.*) prender, encanar.
poisseux euse *adj.* pegajoso.
poisson *s.m.* peixe; — *d'avril* brincadeira de 1º de abril; — *électrique* poraquê; *comme un — dans l'eau* como o peixe na água; *engueuler comme du — pourri* passar uma descompostura em.
poissonnerie *s.f.* peixaria.
poissonneux euse *adj.* piscoso.
poissonnier ière *s.* peixeiro.
poitevin e *adj.; s.pátr.* (habitante da província) de Poitou.
poitrail *s.m.* peitoral.
poitrinaire *s.; adj.* tísico, tuberculoso.
poitrine *s.f.* peito.
poivre *s.m.* pimenta; — *et sel* (*loc.adj.*) grisalho.
poivrer *v.t.* apimentar.
poivrier *s.m.* **1.** pimenteira; **2.** lata de pimenta.
poivron *s.m.* pimentão.
poivrot *s.m.* beberrão.
poix *s.f.* pez.
polaire *adj.* polar.
polarisation *s.f.* polarização.
polariser *v.t.* polarizar.
polarité *s.f.* polaridade.
pôle *s.m.* polo [ó].

polémique *adj.* polêmico; *s.f.* polêmica.
polémiste *s.* polemista.
poli e *adj.* polido, cortês; *s.m.* brilho; *c'est trop — pour être honnête* é cortesia demais.
police[1] *s.f.* polícia; **2.** policiamento.
police[2] *s.f.* apólice.
policer *v.t.* policiar, civilizar.
polichinelle *s.m.* polichinelo.
policier ière *adj.* policial; *s.m.* polícia, guarda.
polio *s.f.* o mesmo que *poliomyélite*.
poliomyélite *s.f.* poliomielite.
polir *v.t.* polir.
polissage *s.m.* polimento.
polisson onne *adj.; s.* gaiato, moleque; devasso.
polissonnerie *s.f.* brejeirice.
politesse *s.f.* polidez, cortesia, delicadeza.
politicard *s.m.* (*pej.*) politiqueiro.
politicien *s.m.* político.
politique *adj.* político; *un homme —* um político; *s.f.* política.
politiquer *v.int.* politicar.
politisation *s.f.* politização.
politiser *v.t.* politizar.
polka *s.f.* polca.
pollen *s.m.* pólen.
polluer *v.t.* poluir.
pollution *s.f.* poluição.
polo[1] *s.m.* polo [ó] (da Terra).
polo[2] *s.m.* polo [ó], espécie de hóquei.
polochon *s.m.* (*pop.*) travesseiro.
Pologne *s.f.* Polônia.
polonais e *adj.; s.m.* polaco, polonês.
poltron onne *s.* poltrão.
polychromie *s.f.* policromia.
polyclinique *s.f.* policlínica.
polycopier *v.t.* mimeografar. (*Conj. 23*)
polyèdre *s.m.* poliedro.
polygame *adj.* polígamo.
polygamie *s.f.* poligamia.
polyglotte *adj.; s.* poliglota.
polygone *s.m.* polígono.
polygraphe *s.m.* polígrafo.
polynome *s.m.* polinômio.
polype *s.m.* pólipo.
polysémie *s.f.* polissemia.
polytechnique *adj.* politécnico.
polytechnicien *s.m.* estudante da Escola Politécnica de Paris.
polythéisme *s.m.* politeísmo.
polythéiste *adj.; s.* politeísta.
polyvalent e *adj.* polivalente.

pomélo *s.m.* toranja.
pomiculteur *s.m.* pomicultor.
pomiculture *s.f.* pomicultura.
pommade *s.f.* pomada.
pomme *s.f.* maçã; — *d'Adam* pomo de Adão; — *d'arrosoir* crivo de regador; — *de canne* castão de bengala; — *de pin* pinha; — *de terre* batata; (*fam.*) *tomber dans les —s* perder os sentidos; *ma* — (*pop.*) eu, o degas.
pommé e *adj.* 1. redondo; 2. (*fig.* e *fam.*) completo, perfeito.
pommeau eaux *s.m.* 1. castão; 2. cepilho (a parte mais alta da sela).
pommette *s.f.* maçã do rosto.
pommier *s.m.* macieira.
pompage *s.m.* bombeamento.
pompe[1] *s.f.* bomba; — *à essence* bomba de gasolina; — *à incendie* bomba de (água, contra) incêndio; (*pop.*) sapato, calçado.
pompe[2] *s.f.* pompa; (*services de*) *—s funèbres* empresa funerária.
pomper *v.t.* 1. bombear; (*gír. esc.*); 2. colar, copiar; 3. (*pop.*) beber; 4. (*pop.*) esfalfar.
pompette *adj.* (*fam.*) um pouco embriagado.
pompeux euse *adj.* pomposo.
pompier[1] *s.m.* bombeiro.
pompier[2] **ière** *adj.* enfático, empolado.
pompiste *s.m.* dono de posto de gasolina.
pompon *s.m.* pompom; (*fig.*) *avoir le —* vencer.
pomponner *v.t.* enfeitar.
ponant *s.m.* poente.
poncer *v.t.* estresir; polir com pedra-pomes.
poncho *s.m.* poncho.
poncif *s.f.* 1. desenho estresido; 2. (*fig.*) lugar-comum; convenção consagrada.
ponction *s.f.* punção.
ponctualité *s.f.* pontualidade.
ponctuation *s.f.* pontuação.
ponctuel elle *adj.* pontual.
ponctuer *v.t.* pontuar.
pondérable *adj.* ponderável.
pondération *s.f.* ponderação.
pondéré e *adj.* ponderado.
pondérer *v.t.* ponderar. (*Conj. 13*)
pondéreux euse *adj.* ponderoso, pesado.
pondeuse *s.f.* poedeira.
pondre *v.t.* pôr, botar ovos; (*fam.* e *depr.*) produzir. (*Conj. 87*)
poney *s.m.* pônei.

pongiste *s.* jogador de pingue-pongue.
pont *s.m.* ponte; — *suspendu* ponte pênsil; *faire le —* enforcar um dia entre dois feriados.
ponte[1] *s.f.* postura (de ovos).
ponte[2] *s.m.* 1. apostador contra a banca (em jogo de azar); 2. (*fam.*) bamba, bambambã.
ponter *v.t.* apostar (em jogo); *v.int.* jogar contra a banca.
pontife *s.m.* 1. pontífice; 2. *le souverain —* o sumo pontífice (= o papa); 3. (*fam.*) medalhão.
pontifical e aux *adj.* pontifical.
pontificat *s.m.* pontificado.
pontifier *v.int.* pontificar.
pont-levis *s.m.* levadiça.
ponton *s.m.* pontão.
pontonnier *s.m.* pontoneiro.
pool *s.m.* pool (organização de produtores).
pope *s.m.* pope.
popeline *s.f.* popeline.
popote *s.f.* (*fam.*) 1. cozinha; 2. rancho.
popotin *s.m.* (*pop.*) traseiro; *se manier le —* apressar-se.
populace *s.f.* populacho.
populacier ière *adj.* baixo, vulgar.
populaire *adj.* popular.
populariser *v.t.* popularizar.
popularité *s.f.* popularidade.
population *s.f.* população.
populeux euse *adj.* populoso.
populisme *s.m.* populismo.
populiste *adj.; s.* populista.
populo *s.m.* (*fam.*) populacho, multidão.
porc *s.m.* porco.
porc-épic *s.m.* porco-espinho.
porcelaine *s.f.* porcelana.
porcelet *s.m.* bacorinho.
porche *s.m.* pórtico, alpendre.
porcher ère *s.* porqueiro.
porcherie *s.f.* pocilga, curral de porcos.
porcin e *adj.; s.m.* suíno.
pore *s.m.* poro.
poreux euse *adj.* poroso.
porion *s.m.* contramestre (em mina).
pornocratie *s.f.* pornocracia.
pornographe *s.* pornógrafo.
pornographie *s.f.* pornografia.
pornographique *adj.* pornográfico.
porosité *s.f.* porosidade.
port[1] *s.m.* porto; *arriver à bon —* chegar sem acidente.

port² *s.m.* porte postal.
portable *adj.* 1. portátil; 2. usável.
portail *s.m.* portal, portada.
portatif ive *adj.* portátil.
porte *s.f.* porta; — *cochère* portão para carros; — *de secours* saída de emergência; *la Porte, la Sublime Porte* a Porta (outrora, palácio ou governo do sultão, na Turquia); *claquer la — au nez de* pôr no olho da rua; *enfoncer une — ouverte* chover no molhado; *gagner, prendre la —* sair; *mettre à la —* pôr no olho da rua.
porté e *adj.* inclinado.
porte-à-faux *s.m.* disposição fora de prumo.
porte-avions *s.m.* porta-aviões.
porte-bagages *s.m.* porta-malas.
porte-bonheur *s.m.* amuleto, mascote.
porte-cigarettes *s.m.* cigarreira.
porte-clefs *s.m.* chaveiro.
porte-documents *s.m.* pasta.
portée¹ *s.f.* ninhada.
portée² *s.f.* alcance.
portée³ *s.f.* pauta musical.
porte-fenêtre *s.f.* porta de sacada.
portefeuille *s.m.* 1. carteira (de bolso); 2. pasta; *(fig.) ministre sans —* ministro sem pasta.
porte-hélicoptères *s.m.* porta-helicópteros.
portemanteau eaux *s.m.* cabide.
porte-mine *s.m.* lapiseira.
porte-monnaie *s.m.* porta-níqueis.
porte-parole *s.m.* (*fig.*) porta-voz.
porte-plume *s.m.* caneta.
porter *v.t.* 1. sustentar, suportar; 2. produzir (frutos); 3. trazer em si; 4. usar (roupa); 5. carregar, levar; 6. dirigir; 7. trazer, dar; *être porté à* ser inclinado, levado a; *être porté sur* ter um fraco por; *v.int.* 1. pesar; 2. *— sur* ter como objeto; 3. ter alcance (arma); 4. ter efeito; *se — v.pron.* 1. sentir-se (bem ou mal); 2. ser usado, ser de moda; 3. apresentar-se (como candidato).
porteur *s.m.* 1. carregador; 2. entregador; 3. portador.
porte-voix *s.m.* porta-voz (no sentido próprio).
portier ière *s.* porteiro.
portière *s.f.* 1. portinhola (de veículo); 2. reposteiro.
portillon *s.m.* portinhola.
portion *s.f.* porção.
portique *s.m.* pórtico.

porto-ricain e *adj.*; *s.pátr.* porto-riquenho, porto-riquense.
portrait *s.m.* retrato.
portraitiste *s.* retratista.
portrait-robot *s.m.* retrato falado.
portraiturer *v.t.* retratar.
portuaire *adj.* portuário.
portugais e *adj.*; *s.pátr.* português.
portugaise *s.f.* (*pop.*) orelha.
Portugal *s.m.* Portugal.
pose *s.f.* 1. colocação; 2. atitude; 3. pose.
posé e *adj.* sério, grave, calmo.
posément *adv.* calmamente.
poser *v.t.* colocar, pôr, assentar, enunciar; formular; levantar; *v.int.* repousar, pousar, fazer pose; *se — v.pron. en* descer, aterrissar, bancar; existir.
poseur euse *s.* pessoa presumida.
positif ive *adj.* positivo.
position *s.f.* posição.
positivisme *s.m.* positivismo.
positiviste *adj.*; *s.* positivista.
posologie *s.f.* posologia.
possédé e *adj.* possesso, endemoninhado.
posséder *v.t.* possuir, dominar; (*pop.*) lograr (*Conj. 13*); *se — v.pron.* dominar-se.
possesseur *s.m.* possuidor.
possessif ive *adj.* possessivo.
possession *s.f.* possessão, posse.
possibilité *s.f.* possibilidade.
possible *adj.* possível; *loc.adv.* no máximo.
postal e aux *adj.* postal.
postdater *v.t.* pós-datar.
poste¹ *s.f.* posta; correio.
poste² *s.m.* posto.
poste³ *s.m.* posto (de rádio, TV); ramal (de telefone).
poster *v.t.* 1. postar, pôr; 2. postar, pôr na caixa do correio, remeter.
poste-restante *s.f.* posta-restante.
postérieur e *adj.* posterior; *s.m.* (*fam.*) traseiro, nádegas.
postérité *s.f.* posteridade.
posthume *adj.* póstumo.
postiche *adj.* postiço.
postier *s.m.* funcionário de correios, postalista.
postillon *s.m.* 1. postilhão; 2. (*fam.*) perdigoto.
postopératoire *adj.* pós-operatório.
post-scriptum *s.m.* pós-escrito.
postulant e *s.* postulante, pretendente.
postulat *s.m.* postulado.

postuler *v.t.* postular, pleitear.
posture *s.f.* postura.
pot *s.m.* pote, jarro, vaso; panela, caçarola; — *de chambre* penico; — *d'échappement* silencioso; *avoir du* — (*fam.*) ter sorte; *découvrir le* — *aux roses* desvendar o segredo; *payer les —s cassés* responder pelos prejuízos; *tourner autour du* — usar circunlóquios.
potable *adj.* potável.
potache *s.* (*fam.*) ginasiano, colegial.
potage *s.m.* sopa.
potager ère *adj.* comestível; *jardin* — horta.
potasse *s.f.* potassa.
potasser *v.int.* (*fam.*) queimar as pestanas; *v.t.* estudar com afinco.
potassium *s.m.* potássio.
pot-au-feu *s.m.* cozido; *adj.* (*fam.*) caseiro.
pot-de-vin *s.m.* propina.
pote *s.m.* (*pop.*) amigo, chapa.
poteau eaux *s.m.* poste.
potée *s.f.* panelada.
potelé e *adj.* roliço, rechonchudo.
potence *s.f.* forca.
potentat *s.m.* potentado.
potentiel elle *adj.* potencial; *s.m.* potencial.
poterie *s.f.* 1. olaria; 2. louça.
poterne *s.f.* poterna.
potiche *s.f.* potiche.
potier *s.m.* oleiro.
potin *s.m.* mexerico, falatório.
potinier ière *adj.* mexeriqueiro.
potion *s.f.* poção.
potiron *s.m.* abóbora-menina.
pot-pourri *s.m.* 1. olha-podrida; 2. (*Mús.*) miscelânea *pot-pourri*.
potron-minet *s.m.* (*fam.*) aurora.
pou poux *s.m.* piolho.
pouah! *interj.* bah!
poubelle *s.f.* lata de lixo.
pouce *s.m.* 1. polegar; (*fam.*) mata-piolho; 2. polegada; *et le* —*!* (*pop.*) e mais alguma coisa!; *manger sur le* — comer às pressas e em pé; *mettre les —s* dar-se por vencido; (*fam.*) *rouler ses —s, tourner ses —s* não fazer nada, zanzar.
pouding *s.m.* pudim.
poudingue *s.m.* pudingue (espécie de rocha).
poudre *s.f.* 1. pó; 2. poeira; 3. pólvora; *prendre la* — *d'escampette* safar-se, escapulir, dar o fora.

poudrer *v.t.* empoar, polvilhar.
poudreux euse *adj.* poeirento.
poudrier *s.m.* estojo para pó de arroz.
poudrière *s.f.* depósito de pólvora.
poudroyer *v.int.* levantar poeira, brilhar como grãos de poeira ao sol. (*Conj. 22*)
pouf *s.m.* tamborete, almofadão.
pouffer *v.t.* — *de rire* rebentar de riso.
pouffiasse *s.f.* (*vulg.*) mundana, rameira.
pouilleux euse *adj.; s.* piolhento, miserável.
poulailler *s.m.* galinheiro, capoeira.
poulain *s.m.* potro.
poularde *s.f.* franga de engorda.
poulbot *s.m.* moleque (de Paris).
poule *s.f.* 1. galinha; *quand les —s auront des dents* nunca; — *mouillée* (*fig.*) poltrão; (*fam.*) rapariga, zinha, prostituta.
poulet *s.m.* 1. frango; 2. (*fam.*) carta de amor; 3. (*fam.*) policial.
poulette *s.f.* franga; (*fig.* e *fam.*) moça.
pouliche *s.f.* poldra.
poulie *s.f.* polia.
poulpe *s.m.* polvo.
pouls *s.m.* pulso.
poumon *s.m.* pulmão; *cracher ses —s* (*fam.*) ser tuberculoso.
poupard e *adj.* rechonchudo.
poupe *s.f.* popa.
poupée *s.f.* boneca.
poupin e *adj.* fresco, rosado, de boneca (rosto ou face).
poupon onne *s.* neném.
pouponnière *s.f.* berçário, creche.
pour *prep.* em troca de; em lugar de; como; quanto a; em direção a; para; para com; — *ce qui est de* no que diz respeito a; — *le moment* momentaneamente; *s.m.* pró; *le* — *et le contre* os prós e os contras.
pourboire *s.m.* gorjeta.
pourceau eaux *s.m.* porco.
pourcentage *s.m.* porcentagem.
pourchasser *v.t.* perseguir, caçar.
pourfendre *v.t.* 1. (*ant.*) rachar pelo meio; 2. maltratar.
pourlécher *v.t.* (*fam.*) passar a língua sobre; — *les babines* passar a língua sobre os beiços; *se* — *v.pron.* lamber os beiços.
pourparlers *s.m.pl.* conciliábulos, discussões.
pourpoint *s.m.* gibão.
pourpre *s.f.* púrpura.
pourquoi *adv.inter.* por quê?; *c'est* — é por isso que; *s.m.* porquê.

pourra, pourrais etc. V. *pouvoir*.
pourrir *v.t.* e *int.* apodrecer.
pourriture *s.f.* podridão.
pourrons, pourront V. *pouvoir*.
poursuite *s.f.* perseguição; *pl.* diligências, processo.
poursuivre *v.t.* 1. perseguir; 2. processar; 3. prosseguir. (*Conj. 92*)
pourtant *adv.* contudo, no entanto.
pourtour *s.m.* recinto, contorno.
pourvoi *s.m.* recurso, apelação.
pourvoir *v.t.* prover, munir, guarnecer (*Conj. 51*); *se — v.pron.* recorrer.
pourvoyeur *s.m.* fornecedor, abastecedor.
pourvu que *loc.conj.* contanto que.
pousse *s.f.* 1. rebento; 2. (*Vet.*) pulmoneira.
pousse-café *s.m.* gole de álcool tomado depois do café.
poussée *s.f.* impulso, avanço, empurrão.
pousse-pousse *s.m.* jinriquixá.
pousser *v.t.* empurrar; incitar; favorecer; levar; soltar; *en — une* (*fam.*) cantar; *v.int.* empurrar, avançar, crescer; *se — v.pron.* retirar-se, deixando o lugar aos outros.
poussette *s.f.* 1. empurrão; 2. carrinho de criança.
poussière *s.f.* poeira, pó; *et des —s* (*fam.*) e um pouco mais; *tomber en —* desagregar-se.
poussiéreux euse *adj.* empoeirado, poeirento.
poussif ive *adj.* afetado de pulmoneira; (*fam.*) asmático.
poussin *s.m.* pinto.
poutre *s.f.* viga, trave.
pouvoir[1] *v.t.* poder, ser capaz; *à n'en — plus* (*loc.adv.*) até não poder mais; *v.pron. il se peut* é possível. (*Conj. 52*)
pouvoir[2] *s.m.* poder.
praesidium *s.m.* (URSS) presídio (presidência do Conselho Supremo de instituição, federação etc).
pragmatique *adj.* pragmático.
Prague *s.f.* Praga.
prairie *s.f.* prado.
praline *s.f.* pralina, amêndoa confeitada.
praticable *adj.* praticável.
praticien enne *s.* facultativo (médico).
pratiquant e *adj.; s.* praticante.
pratique[1] *s.f.* 1. prática, experiência, traquejo; 2. praxe; 3. freguês, cliente.
pratique[2] *adj.* prático.
pratiquer *v.t.* praticar.

pré *s.m.* prado.
préalable *adj.* prévio; *au —* previamente.
préambule *s.m.* preâmbulo.
préau aux *s.m.* pátio.
préavis *s.m.* aviso prévio.
prébende *s.f.* prebenda, sinecura.
précaire *adj.* precário.
précarité *s.f.* precariedade.
précaution *s.f.* precaução.
précautionner *v.t.* precatar, precaver; *se — v.pron.* precatar-se, precaver-se.
précautionneux euse *adj.* precavido.
précédemment *adv.* precedentemente.
précédent e *adj.; s.m.* precedente.
précéder *v.t.* preceder. (*Conj. 13*)
précepte *s.m.* preceito.
précepteur trice *s.* preceptor, explicador.
prêche *s.f.* prédica; (*fam.*) sermão, lenga-lenga.
prêcher *v.t.* pregar, predicar.
prêcheur *s.m.* pregador.
préchi-précha *s.m.* (*fam.* e *depr.*) arenga, lenga-lenga.
précieux euse *adj.* precioso.
préciosité *s.f.* preciosidade.
précipice *s.m.* precipício.
précipitamment *adv.* precipitadamente.
précipitation *s.f.* precipitação.
précipité e *adj.* precipitado, desabalado.
précipiter *v.t.* precipitar.
précis[1] **e** *adj.* preciso, exato; expresso; breve; *à midi —* ao meio-dia em ponto.
précis[2] *s.m.* manual, compêndio.
préciser *v.t.* precisar, exprimir com precisão.
précision *s.f.* precisão.
précoce *adj.* precoce.
précocité *s.f.* precocidade.
précolombien enne *adj.* pré-colombiano.
préconiser *v.t.* preconizar.
précontraint e *adj.* pretendido; *béton armé —* concreto armado protendido.
précurseur *adj.; s.m.* precursor.
prédateur trice *adj.* predatório.
prédécesseur *s.m.* predecessor, antecessor.
prédestination *s.f.* predestinação.
prédestiné e *adj.; s.* predestinado.
prédestiner *v.t.* predestinar.
prédéterminer *v.t.* predeterminar.
prédicat *s.m.* (*Gram.*) predicado.
prédicateur *s.m.* pregador, predicador.
prédiction *s.f.* predição.
prédilection *s.f.* predileção.

prédire *v.t.* predizer. (*Conj. 71*)
prédisposer *v.t.* predispor.
prédisposition *s.f.* predisposição.
prédominance *s.f.* predominância.
prédominer *v.int.* predominar, prevalecer.
prééminence *s.f.* preeminência.
prééminent e *adj.* preeminente.
préemption *s.f.* preempção.
préexistant e *adj.* preexistente.
préexistence *s.f.* preexistência.
préexister *v.int.* preexistir.
préfabrication *s.f.* pré-fabricação.
préfabriqué e *adj.* pré-fabricado.
préface *s.f.* prefácio.
préfacer *v.t.* prefaciar. (*Conj. 14*)
préfacier *s.m.* prefaciador.
préfecture *s.f.* prefeitura; — *de police* chefatura de polícia (em Paris).
préférable *adj.* preferível.
préférence *s.f.* preferência.
préférentiel elle *adj.* preferencial.
préférer *v.t.* preferir. (*Conj. 13*)
préfet *s.m.* prefeito; chefe de polícia (em Paris).
préfète *s.f.* mulher do prefeito.
préfigurer *v.t.* prefigurar.
préfixe *s.m.* prefixo.
préhension *s.f.* preensão.
préhistoire *s.f.* pré-história.
préhistorique *adj.* pré-histórico.
préjudice *s.m.* prejuízo.
préjudiciable *adj.* prejudicial.
préjugé *s.m.* preconceito.
préjuger *v.t.* prejulgar. (*Conj. 19*)
prélasser, se *v.pron.* refestelar-se, repoltrear-se.
prélat *s.m.* prelado.
prélèvement *s.m.* retirada antecipada de dinheiro; — *automatique* desconto em folha.
prélever *v.t.* retirar antecipadamente (dinheiro). (*Conj. 18*)
préliminaire *adj.* preliminar.
prélude *s.m.* prelúdio.
prématuré e *adj.* prematuro.
préméditation *s.f.* premeditação.
préméditer *v.t.* premeditar.
prémices *s.f.pl.* primícias.
premier ière *num.* primeiro; *s.m.* 1. primeiro andar; 2. primeiro-ministro (na Inglaterra); 3. *jeune* — galã; 4. (*pej.*) *le* — *venu* qualquer um, um joão-ninguém; *s.f.* 1. primeira classe; 2. estreia; *jeune* — ingênua.
premier-né, première-née *adj.;* s. primogênito.
prémisse *s.f.* premissa.
prémolaire *s.f.* (dente) pré-molar.
prémonition *s.f.* premonição.
prémonitoire *adj.* premonitório.
prémunir *v.t.* premunir.
prenable *adj.* conquistável.
prenatal e aux *adj.* pré-natal.
prendre *v.t.* 1. pegar, tomar; *tel est pris qui croyait* — foi buscar lã e saiu tosquiado; *c'est à* — *ou à laisser* é pegar ou largar; 2. levar; — *sur soi* assumir a responsabilidade de; 3. considerar; — *pour* considerar como; *à tout* — feitas as contas; 4. aceitar; 5. *le* — *de haut* reagir com arrogância; 6. adotar (nome); 7. marcar (encontro); 8. medir (temperatura); 9. olhar como; 10. confundir; 11. absorver (comida, bebida); 12. apropriar-se de; 13. pedir (preço); 14. apanhar (surra); 15. ocupar (fortaleza); 16. roubar; 17. prender, capturar; *on ne m'y prendra plus* não me pegarão outra vez; 18. persuadir; 19. apanhar, colher, agarrar; 20. *qu'est-ce qui vous prend?* que é que deu em você?; 21. assumir (atitude); *v.int.* 1. endurecer, colar; 2. pegar; *ça ne prend pas* não pega; 3. ter efeito; *se* — *v.pron.* deixar-se agarrar; *s'en* — *à* responsabilizar; *s'y* — empreender; *se* — *pour* julgar que se é.
preneur euse *s.* tomador; pretendente, comprador.
prénom *s.m.* nome (de batismo).
prénommer *v.t.* prenominar.
prénuptial e aux *adj.* pré-nupcial.
préoccupation *s.f.* preocupação.
préoccuper *v.t.* preocupar; *se* — *v.pron.* preocupar-se.
préparateur trice *s.* preparador.
préparatifs *s.m.pl.* preparativos.
préparation *s.f.* 1. preparação; 2. preparado; 3. dever escolar (escrito).
préparatoire *adj.* preparatório.
préparer *v.t.* preparar.
prépondérance *s.f.* preponderância.
prépondérant e *adj.* preponderante.
préposé *s.* encarregado.
préposer *v.t.* prepor; encarregar.
préposition *s.f.* preposição.
prépuce *s.m.* prepúcio.
prérogative *s.f.* prerrogativa.
près *adv.* perto, próximo; *à beaucoup* — longe disso; *à cela* — salvo que; *à peu* —, *à*

peu de choses — quase, por pouco; *il n'en est pas à mille francs* — mil francos não fazem diferença; — *de loc.prep.* perto de, próximo a, em comparação com.
présage *s.m.* presságio.
présager *v.t.* pressagiar. (*Conj. 19*)
presbyte *adj.; s.* presbita.
presbytère *s.m.* presbitério.
presbytérianisme *s.m.* presbiterianismo.
presbytérien enne *adj.; s.* presbiteriano.
presbytie *s.f.* presbitismo.
prescience *s.f.* presciência.
préscolaire *adj.* pré-escolar.
prescription *s.f.* prescrição.
prescrire *v.t.* 1. prescrever, recomendar; 2. prescrever, ab-rogar; *se* — *v.pron.* incidir em prescrição. (*Conj. 72*)
préséance *s.f.* precedência.
présence *s.f.* presença.
présent e *adj.* presente.
présentable *adj.* presentável.
présentateur trice *s.* apresentador, animador.
présentation *s.f.* apresentação.
présenter *v.t.* apresentar.; *se* — *v.pron.* apresentar-se.
présentoir *s.m.* mostruário giratório.
préservateur trice *s.* preservador.
préservatif ive *adj.; s.m.* preservativo, camisa de vênus.
préservation *s.f.* preservação.
préserver *v.t.* preservar.
présidence *s.f.* presidência.
président *s.m.* presidente.
présidentiel elle *adj.* presidencial.
présider *v.t.* presidir.
présomptif ive *adj.* presuntivo.
présomption *s.f.* presunção.
présomptueux euse *adj.* presunçoso, presumido.
presque *adv.* quase.
presqu'île *s.f.* península.
pressant e *adj.* urgente, insistente.
presse[1] *s.f.* 1. prensa; 2. prelo; 3. imprensa; *mettre sous* — começar a imprimir.
presse[2] *s.f.* multidão.
pressé e *adj.* apertado; apressado, urgente; *aller au plus* — começar pela coisa mais urgente.
presse-citron *s.m.* espremedor de limão.
pressentiment *s.m.* pressentimento.
pressentir *v.t.* pressentir. (*Conj. 35*)
presse-papiers *s.m.* peso para papéis.
presse-purée *s.m.* espremedor de legumes.

presser *v.t.* 1. apertar, comprimir; espremer; 2. perseguir, acossar; 3. apressar; *v.int.* ser urgente; *se* — *v.pron.* 1. comprimir-se; 2. apressar-se.
pressing *s.m.* passagem a vapor.
pression *s.f.* pressão.
pressoir *s.m.* largar.
pressurer *v.t.* esmagar, espremer.
prestance *s.f.* garbo, imponência.
prestation *s.f.* prestação.
prestidigitateur *s.m.* prestidigitador.
prestidigitation *s.f.* prestidigitação.
prestige *s.m.* prestígio.
prestigieux euse *adj.* prestigioso.
présumer *v.t.* e *int.* presumir.
présupposer *v.t.* pressupor.
présupposition *s.f.* pressuposição.
prêt[1] *s.m.* empréstimo.
prêt[2] *e adj.* pronto, prestes.
prêt-à-porter *s.m.* roupa comprada em loja.
prétendre *v.t.* pretender, afirmar; *v.int.* pretender a, aspirar a. (*Conj. 84*)
prétendu e *adj.* pretenso, suposto.
prête-nom *s.m.* testa de ferro.
prétentieux euse *adj.* pretensioso.
prétension *s.f.* pretensão.
prêter *v.t.* 1. emprestar; 2. atribuir; 3. prestar; *v.int.* — *à* dar motivo a; *se* — *v.pron.* prestar-se.
prétérit *s.m.* pretérito.
préteur *s.m.* pretor.
prêteur euse *s.* emprestador, mutuante.
prétexte *s.m.* pretexto.
prétexter *v.t.* pretextar.
prétoire *s.m.* pretório.
prétorien enne *adj.; s.m.* pretoriano.
prêtre *s.m.* sacerdote, padre.
prêtresse *s.f.* sacerdotisa.
preuve *s.f.* prova, testemunho; *faire* — *de* mostrar; *faire ses* —*s* dar provas de sua capacidade.
preux *s.m.* (*ant.*) cavaleiro; *adj.* valente.
prévaloir *v.int.* prevalecer. (*Conj. 57*)
prévaricateur *adj.; s.* prevaricador.
prévarication *s.f.* prevaricação.
prévariquer *v.int.* prevaricar.
prévenance *s.f.* gentileza, obséquio.
prévenant e *adj.* obsequioso, amável.
prévenir *v.t.* prevenir. (*Conj. 42*)
préventif ive *adj.* preventivo.
prévention *s.f.* prevenção.
prévenu e *s.* acusado, indiciado.
prévisible *adj.* previsível.

prévision *s.f.* previsão.
prévoir *v.t.* prever. (*Conj. 58*)
prévôt *s.m.* preboste.
prévoyance *s.f.* previdência.
prévoyant e *adj.* previdente.
prie-Dieu *s.m.* genuflexório.
prier *v.t.* **1.** implorar; **2.** pedir; **3.** rezar; *v.int.* orar, rezar; *je vous (en) prie* por favor; *je vous prie de* (+ *inf.*) peço-lhe o favor de. (*Conj. 23*)
prière *s.f.* **1.** oração, prece; **2.** pedido, súplica; — *de ne pas fumer* pede-se não fumar; — *d'insérer* nota da editora.
prieur *s.m.* prior.
primaire *adj.* primário.
primat *s.m.* primado, primazia, prioridade.
primate *s.m.* (*Zool.*) primata.
primauté *s.f.* primazia, prioridade.
prime[1] *adj.* (*ant.*) primeiro; — *jeunesse* primeira mocidade; *de* — *abord* à primeira vista, logo.
prime[2] *s.f.* **1.** prêmio de seguro; **2.** bonificação; **3.** brinde.
primer[1] *v.t.* vencer, sobressair a.
primer[2] *v.t.* brindar.
prîmes V. *prendre*.
primesautier ière *adj.* impulsivo.
primeur *s.f.* **1.** primeiro fruto; **2.** novidade; *avoir la* — *de* ser o primeiro a saborear.
primevère *s.f.* prímula (flor).
primitif ive *adj.; s.* primitivo.
primo *adv.* em primeiro lugar.
primogéniture *s.f.* primogenitura.
primordial e aux *adj.* primordial.
prince *s.m.* príncipe.
princesse *s.f.* princesa.
princier ière *adj.* principesco.
principal e aux *adj.* principal; *s.* (*ant.*) diretor de colégio.
principauté *s.f.* principado.
principe *s.m.* princípio; *par* — por princípio.
printanier ière *adj.* primaveril.
printemps *s.m.* primavera.
priorité *s.f.* prioridade.
pris V. *prendre*.
prise *s.f.* **1.** presa; — *de bec* altercação; *être aux* —*s avec* estar às voltas; lutar com; *lâcher* — largar a presa; **2.** tomada; — *de contact* tomada de contato; — *en charge* bandeirada (de táxi); **3.** apreensão; **4.** captura; **5.** pitada (de rapé); **6.** ação, influência; *avoir* — *sur* ter poder sobre.
priser[1] *v.t.* avaliar, estimar.
priser[2] *v.t.* tomar (rapé).
prismatique *adj.* prismático.
prisme *s.m.* prisma.
prison *s.f.* prisão.
prisonnier ière *s.* prisioneiro; *faire* — prender.
prisunic *s.m.* cadeia de lojas, na França, em que todas as mercadorias têm o mesmo preço.
prit, prît V. *prendre*.
privation *s.f.* privação.
privauté *s.f.* privança, familiaridade.
privé e *adj.* privado, particular; *s.m.* vida particular, intimidade; *dans le* — na intimidade.
priver *v.t.* privar; *se* — *v.pron.* privar-se.
privilège *s.m.* privilégio.
privilégié e *adj.; s.* privilegiado.
privilégier *v.t.* privilegiar. (*Conj. 23*)
prix *s.m.* **1.** preço; — *de revient* preço de custo; *à tout* — a qualquer preço; *être hors de* — não ter preço; *y mettre le* — pagar o preço justo; **2.** prêmio; *mettre à* — pôr a prêmio; **3.** valor; *de* — precioso.
probabilité *s.f.* probabilidade.
probable *adj.* provável.
probant e *adj.* convincente.
probe *adj.* probo, honrado.
probité *s.f.* probidade.
problématique *adj.* problemático; *s.f.* problemática.
problème *s.m.* problema.
procédé *s.m.* **1.** procedimento; **2.** método.
procéder *v.int.* **1.** proceder; **2.** — *de* ter algo de. (*Conj. 13*)
procédure *s.f.* processo, maneira de processar.
procédurier ière *adj.* chicanista.
procès *s.m.* processo; *faire le* — *de* acusar.
procession *s.f.* procissão.
processus *s.m.* processo, evolução.
procès-verbal *s.m.* auto; *dresser un* — *de contravention* lavrar auto de infração.
prochain e *adj.; s.* próximo; *à la* —*e* até a vista!
proche *adj.* próximo.
proclamation *s.f.* proclamação.
proclamer *v.t.* proclamar.
procréation *s.f.* procriação.
procuration *s.f.* procuração.
procurer *v.t.* arranjar, conseguir; *se* — *v.pron.* adquirir, conseguir.
procureur *s.m.* procurador.

prodigalité *s.f.* prodigalidade.
prodige *s.m.* prodígio; *cela tient du* — parece milagre.
prodigieux euse *adj.* prodigioso.
prodigue *adj.* pródigo, perdulário.
prodiguer *v.t.* prodigalizar.
producteur trice *s.* produtor.
productif ive *adj.* produtivo.
production *s.f.* produção.
productivité *s.f.* produtividade.
produire *v.t.* produzir; provocar; exibir; apresentar; *se — v.pron.* acontecer. (*Conj. 64*)
produit *s.m.* produto, rendimento.
proéminence *s.f.* proeminência.
proéminent e *adj.* proeminente.
prof *s.m.* (*fam.*) professor.
profanateur trice *adj.; s.* profanador.
profanation *s.f.* profanação.
profane *adj.; s.* profano, leigo.
profaner *v.t.* profanar.
proférer *v.t.* proferir. (*Conj. 13*)
profès esse *adj.* professo.
professer *v.t.* professar; ensinar.
professeur *s.m.* professor.
profession *s.f.* profissão; *faire — de* alardear; *— de foi* profissão de fé.
professionnel elle *adj.* profissional.
professoral e aux *adj.* professoral.
professorat *s.m.* professorado.
profil *s.m.* perfil.
profit *s.m.* proveito, lucro; *mettre à —, tirer — de* aproveitar.
profitable *adj.* proveitoso.
profiter *v.int.* aproveitar-se.
profiteur *s.m.* aproveitador, cavador.
profond e *adj.* profundo.
profondément *adv.* profundamente.
profondeur *s.f.* profundeza, profundidade.
profusion *s.f.* profusão.
progéniture *s.f.* progenitura, prole.
prognathisme *s.m.* prognatismo.
programmation *s.f.* programação.
programme *s.m.* programa.
programmer *v.t.* programar.
programmeur *s.m.* programador.
progrès *s.m.* progresso.
progresser *v.int.* progredir.
progressif ive *adj.* progressivo.
progression *s.f.* progressão.
progressiste *adj.* progressista.
prohiber *v.t.* proibir.
prohibition *s.f.* proibição.
prohibitionniste *adj.; s.* proibicionista.

proie *s.f.* presa; *être en — à* estar às voltas com; *être la — de* ser vítima de.
projecteur *s.m.* projetor.
projectile *s.m.* projétil.
projection *s.f.* projeção.
projet *s.m.* projeto.
projeter *v.t.* projetar, planejar. (*Conj. 17*)
prolétaire *s.* proletário.
prolétariat *s.m.* proletariado.
prolétarien enne *adj.* proletário.
prolétarisation *s.f.* proletarização.
prolétariser *v.t.* proletarizar.
prolifération *s.f.* proliferação.
proliférer *v.int.* proliferar. (*Conj. 13*)
prolifique *adj.* prolífico.
prolixe *adj.* prolixo.
prolixité *s.f.* prolixidade.
prologue *s.m.* prólogo.
prolongement *s.m.* prolongamento.
prolonger *v.t.* prolongar. (*Conj. 19*)
promenade *s.f.* 1. passeio; *faire une —* dar um passeio; 2. avenida, alameda.
promener *v.t.* passear, levar a passeio; *se — v.pron.* passear, andar a passeio; *envoyer —* mandar às favas.
promeneur euse *s.* passeante, passeador.
promenoir *s.m.* 1. pátio; 2. corredor de casa de espetáculo.
promesse *s.f.* promessa; *tenir une —* cumprir uma promessa.
prometteur euse *adj.* promissor.
promettre *v.t.* prometer; *v.int.* prometer, dar grandes esperanças; *se — v.pron.* contar com, planejar.
promiscuité *s.f.* promiscuidade.
promontoire *s.m.* promontório.
promotion *s.f.* 1. promoção; 2. fornada (de pessoas que se formam ou são nomeadas ao mesmo tempo); turma; 3. *— des ventes* promoção de vendas.
promoteur trice *s.* promotor.
promouvoir *v.t.* promover.
prompt e *adj.* pronto, rápido.
promptitude *s.f.* prontidão, rapidez.
promulgation *s.f.* promulgação.
promulguer *v.t.* promulgar.
prôner *v.t.* gabar, preconizar.
pronom *s.m.* pronome.
pronominal e aux *adj.* pronominal.
prononçable *adj.* pronunciável.
prononcer *v.t.* pronunciar. (*Conj. 14*)
prononciation *s.f.* pronúncia.
pronostic *s.m.* prognóstico.
pronostiquer *v.t.* prognosticar.

propagande *s.f.* propaganda.
propagandiste *s.* propagandista.
propagateur trice *adj.; s.* propagador.
propagation *s.f.* propagação.
propager *v.t.* propagar. (*Conj. 19*)
propane *s.m.* propano.
propension *s.f.* propensão, inclinação.
prophète *s.m.* profeta.
prophétesse *s.f.* profetisa.
prophétie *s.f.* profecia.
prophétique *adj.* profético.
prophétiser *v.t.* profetizar.
prophylactique *adj.* profiláctico.
prophylaxie *s.f.* profilaxia.
propice *adj.* propício.
propitiatoire *adj.* propiciatório.
proportion *s.f.* proporção.
proportionnel elle *adj.* proporcional.
proportionner *v.t.* proporcionar.
propos *s.m.* 1. propósito; *à — de* a propósito de, em relação a; *à tout —* a cada instante; *de — délibéré* propositadamente; *mal à —* inoportunamente; 2. *pl.* palavras, discurso.
proposer *v.t.* propor; *se — v.pron.* tencionar.
proposition *s.f.* 1. proposta; 2. proposição.
propre *adj.* 1. próprio; *par ses —s moyens* por seus próprios meios; *remettre en mains —s* entregar em mãos; 2. próprio, apropriado; *— à rien* incapaz, imprestável; 3. correto; 4. limpo; 5. *au —* em sentido próprio; 6. (*fam.* e *irôn.*) bonito!
proprement *adv.* 1. propriamente; 2. exatamente; 3. com cuidado; 4. com decência.
propreté *s.f.* limpeza, asseio.
propriétaire *s.* proprietário, dono; *— terrien* fazendeiro.
propriété *s.f.* propriedade.
proprio *s.m.* (*pop.*) proprietário.
propulsion *s.f.* propulsão.
prorata *au — de loc.prep. pro rata*, proporcionalmente a.
prorogation *s.f.* prorrogação.
proroger *v.t.* prorrogar. (*Conj. 19*)
prosaïque *adj.* prosaico.
prosateur *s.m.* prosador.
proscription *s.f.* proscrição.
proscrire *v.t.* proscrever.
proscrit e *adj.; s.* proscrito.
prose *s.f.* prosa.
prosélyte *s.* prosélito.
prosélytisme *s.m.* proselitismo.
prosodie *s.f.* prosódia.

prospecter *v.t.* prospectar.
prospection *s.f.* prospecção.
prospective *s.f.* futurologia.
prospectus *s.m.* prospecto.
prospère *adj.* próspero.
prospérer *v.int.* prosperar, medrar. (*Conj. 13*)
prospérité *s.f.* prosperidade.
prostate *s.f.* próstata.
prosterner, se *v.pron.* prosternar-se.
prostituée *s.f.* prostituta.
prostituer *v.t.* prostituir.
prostitution *s.f.* prostituição.
prostration *s.f.* prostração.
protagoniste *s.* protagonista.
prote *s.m.* contramestre de tipografia.
protecteur trice *adj.; s.* protetor.
protection *s.f.* proteção.
protectionnisme *s.m.* protecionismo.
protectionniste *adj.; s.* protecionista.
protectorat *s.m.* protetorado.
protégé e *adj.; s.* protegido.
protège-cahier *s.m.* capa para caderno.
protéger *v.t.* proteger. (*Conj. 19*)
protéine *s.f.* proteína.
protestant e *adj.; s.* protestante.
protestantisme *s.m.* protestantismo.
protestataire *adj.* protestatário, protestador.
protestation *s.f.* protesto, protestação.
protester *v.int.* protestar.
prothèse *s.f.* prótese.
protêt *s.m.* protesto de letra.
protocolaire *adj.* protocolar.
protocole *s.m.* protocolo.
proton *s.m.* próton.
protoplasme *s.m.* protoplasma.
prototype *s.m.* protótipo.
protozoaire *s.m.* protozoário.
protubérance *s.f.* protuberância.
proue *s.f.* proa.
prouesse *s.f.* proeza, façanha.
prouver *v.t.* provar, demonstrar.
provenance *s.f.* proveniência.
provençal e aux *adj.; s.pátr.* provençal.
Provence *s.f.* Provença.
provenir *v.int.* provir, descender. (*Conj. 42*)
proverbe *s.m.* provérbio; *passer en —* virar provérbio.
proverbial e aux *adj.* proverbial.
providence *s.f.* providência.
providentiel elle *adj.* providencial.
province *s.f.* província; o resto da França por oposição a Paris.

provincial e aux *adj.* provinciano, provincial; *s.m.* provincial.
provincialisme *s.m.* provincianismo.
proviseur *s.m.* diretor de colégio.
provision *s.f.* provisão; *faire ses —s* fazer compras.
provisoire *adj.* provisório.
provocateur trice *adj.; s.* provocador.
provocation *s.f.* provocação.
provoquer *v.t.* provocar.
proxénète *s.* proxeneta.
proxénétisme *s.m.* lenocínio.
proximité *s.f.* proximidade.
prude *adj.; s.* pudico, santarrão.
prudemment *adv.* prudentemente.
pruderie *s.f.* pudicícia excessiva, afetação de virtude.
prudence *s.f.* prudência.
prudent e *adj.* prudente.
prud'homme *s.m.* vogal.
pruine *s.f.* pruína.
prune *s.f.* ameixa; *pour des —s (fam.)* inutilmente, em pura perda.
pruneau eaux *s.m.* ameixa seca; *(fig.* e *pop.)* bala de revólver.
prunelle[1] *s.f.* pupila; menina do olho.
prunelle[2] *s.f.* abrunho (fruta).
prunellier *s.m.* abrunheiro.
prunier *s.m.* ameixeira.
prurigo *s.m.* prurigo, prurigem.
prurit *s.m.* prurido.
Prusse *s.f.* Prússia.
prussien enne *adj.; s.pátr.* prussiano.
psalmodier *v.t.* e *int.* salmodiar, salmear. *(Conj. 23)*
psaume *s.m.* salmo.
psautier *s.m.* saltério.
pseudonyme *adj.; s.m.* pseudônimo.
psittacose *s.f.* psitacose.
psoriasis *s.m.* psoríase.
pst *interj.* psiu!, silêncio.
psychanalise *s.f.* psicanálise.
psychanaliste *s.* psicanalista.
psychanalitique *adj.* psicanalítico.
psyché[1] *s.f.* psique, alma.
psyché[2] *s.f.* grande espelho móvel.
psychédélique *adj.* psicodélico.
psychiatre *s.* psiquiatra.
psychiatrie *s.f.* psiquiatria.
psychiatrique *adj.* psiquiátrico.
psychique *adj.* psíquico.
psychisme *s.m.* psiquismo.
psychologie *s.f.* psicologia.
psychologique *adj.* psicológico.
psychologue *s.* psicólogo.
psycopathe *s.* psicopata.
psycopathie *s.f.* psicopatia.
psychose *s.f.* psicose.
psychotechnicien enne *s.* psicotécnico.
psychotechnique *s.f.* psicotécnica.
psychothérapie *s.f.* psicoterapia.
pu V. *pouvoir.*
puanteur *s.f.* fedor, morrinha.
puant e *adj.* fétido, fedorento.
pubère *adj.* púbere.
puberté *s.f.* puberdade.
pubis *s.m.* púbis.
publiable *adj.* publicável.
public ique *adj.; s.m.* público.
publication *s.f.* publicação.
publiciste *s.m.* publicista.
publicitaire *adj.; s.* publicitário.
publicité *s.f.* publicidade.
publier *v.t.* publicar. *(Conj. 23)*
publiquement *adv.* publicamente.
puce *s.f.* pulga; *mettre la — à l'oreille de* deixar com a pulga atrás da orelha; *secouer ses —s (pop.)* levantar-se; *adj.* marrom-avermelhado.
pucelage *s.m.* virgindade.
pucelle *s.f.* donzela.
puceron *s.m.* pulgão.
pucier *s.m. (pop.)* cama.
pudeur *s.f.* pudor, pejo.
pudibond e *adj.* pudibundo.
pudibonderie *s.f.* afetação de pudor.
pudicité *s.f.* pudicícia.
pudique *adj.* pudico.
puer *v.int.* feder.
puériculture *s.f.* puericultura.
puéril e *adj.* pueril.
puérilité *s.f.* puerilidade.
puerpéral e aux *adj.* puerperal.
pugilat *s.m.* pugilato.
pugiliste *s.m.* pugilista, boxeador.
puis *adv.* depois; *et —* aliás; *et —?* e daí?
puisatier *s.m.* poceiro.
puiser *v.t.* tirar (água), extrair.
puisque *conj.* pois que, já que.
puissamment *adv.* poderosamente.
puissance *s.f.* potência, poder, poderio.
puissant e *adj.* poderoso, potente.
puits *s.m.* poço.
pullulation *s.f.* pululação.
pulluler *v.int.* pulular.
pulmonaire *adj.* pulmonar.
pulpe *s.f.* polpa.
pulpeux euse *adj.* pulposo.

pulsation *s.f.* pulsação.
pulvérisateur *s.m.* pulverizador.
pulvérisation *s.f.* pulverização.
pulvériser *v.t.* pulverizar.
puma *s.m.* puma, suçuarana, onça-parda.
pûmes V. *pouvoir*.
punaise *s.f.* 1. percevejo (inseto); 2. percevejo (preguinho).
punch *s.m.* ponche.
punir *v.t.* punir.
punissable *adj.* punível.
punitif ive *adj.* punitivo.
punition *s.f.* punição.
pupille[1] *s.m.* pupilo.
pupille[2] *s.f.* pupila.
pupitre *s.m.* escrivaninha, carteira.
pur e *adj.* puro.
purée *s.f.* puré; (*fam.*) miséria.
purent V. *pouvoir*.
pureté *s.f.* pureza.
purgatif ive *adj.* purgativo; *s.m.* purgante.
purgatoire *s.m.* purgatório.
purge *s.f.* expurgo.
purger *v.t.* purgar; — *sa peine* cumprir pena. (*Conj. 19*)
purification *s.f.* purificação.
purifier *v.t.* purificar. (*Conj. 23*)
purin *s.m.* purina.
purisme *s.m.* purismo.

puriste *s.* purista.
puritain e *adj.; s.* puritano.
puritanisme *s.m.* puritanismo.
purpurin e *adj.* purpurino.
purulence *s.f.* purulência.
purulent e *adj.* purulento.
pus[1] V. *pouvoir*.
pus[2] *s.m.* pus.
pusillanime *adj.* pusilânime.
pusillanimité *s.f.* pusilanimidade.
pustule *s.f.* pústula.
pustuleux euse *adj.* pustuloso, pustulento.
put, pût V. *pouvoir*.
putain *s.f.* (*vulg.*) puta.
putatif ive *adj.* putativo.
putois *s.m.* doninha.
putréfaction *s.f.* putrefação.
putréfier *v.t.* putrefazer. (*Conj. 23*)
putride *adj.* pútrido, podre.
pygmée *s.m.* pigmeu.
pyjama *s.m.* pijama.
pylore *s.m.* (*Anat.*) piloro.
pyramidal e aux *adj.* piramidal.
pyramide *s.f.* pirâmide.
pyromane *adj.; s.* piromaníaco.
pyromanie *s.f.* piromania.
pyrotechnicien *s.m.* pirotécnico.
pyrotechnie *s.f.* pirotecnia.
pyrotechnique *adj.* pirotécnico.

Q

quadragénaire *adj.* quadragenário.
quadrangulaire *adj.* quadrangular.
quadrant *s.m.* quadrante.
quadrature *s.f.* quadratura.
quadrige *s.m.* quadriga.
quadrilatère *s.m.* quadrilátero.
quadrillage *s.m.* divisão correspondente a um desenho quadriculado.
quadrille *s.m.* quadrilha (contradança de salão).
quadriller *v.t.* quadricular.
quadrimoteur *adj.; s.m.* quadrimotor.
quadrupède *adj.; s.* quadrúpede.
quadruple *adj.; s.m.* quádruplo.
quadrupler *v.t.* e *int.* quadruplicar.
quai *s.m.* cais; passeio ao longo de um rio; *Quai d'Orsay* (cais de Paris em que se ergue o Ministério das Relações Exteriores).
quaker keresse *adj.; s.* quacre.
qualifiable *adj.* qualificável.
qualificatif ive *adj.; s.m.* qualificativo.
qualification *s.f.* qualificação.
qualifier *v.t.* qualificar.
qualitatif ive *adj.* qualitativo.
qualité *s.f.* qualidade; *homme de —* fidalgo; *ès —s de* na qualidade de.
quand *conj.* quando; *— même loc.conj.* ainda que, assim mesmo; *loc.adv.* apesar de tudo.
quant à *loc.prep.* quanto a.
quant-à-soi *s.m.* atitude de reserva; *rester sur son —* guardar distância.
quantième *adj.* qual? (por ordem numérica); *s.m.* o dia do mês.
quantitatif ive *adj.* quantitativo.
quantique *adj.* quântico.
quantité *s.f.* quantidade.
quantum, *pl.* **quanta** *s.m.* quantum.
quarantaine *s.f.* 1. quarentena (= uns quarenta); 2. quarentena (= período de isolamento); 3. idade de quarenta anos.
quarante *num.* quarenta.
quarantième *num.* quadragésimo; *s.m.* quadragésimo, a quadragésima parte.
quart *s.m.* 1. quarto, quarta parte; *— d'heure* quarto de hora; *le — d'heure de Rabelais* o momento de pagar a conta; 2. quarto, plantão; 3. (*gír.*) delegacia; 4. *— de brie* (*fig.* e *fam.*) narigão.
quarte[1] *s.f.* (*Mús.*) quarta.
quarte[2] *adj.f.* quartã.
quartier *s.m.* 1. quarto; 2. quartel; *avoir — libre* poder sair do quartel; *demander —* pedir clemência; *ne pas faire —* não dar quartel; 3. bairro; 4. grau de ascendência, costado; 5. *— général* quartel-general.
quartier-maître *s.m.* quartel-mestre.
quarto *adv.* em quarto lugar.
quartz *s.m.* quartzo.
quartzeux euse *adj.* quartzoso.
quartzifère *adj.* quartzífero.
quasi[1] *adv.* quase.
quasi[2] *s.m.* coxa de vitela.
quasiment *adv.* (*fam.*) quase.
quaternaire *adj.; s.m.* quaternário.
quatorze *num.* quatorze.
quatorzième *num.* décimo quarto; *s.m.* 1. quatorze avos, a décima quarta parte; 2. décimo quarto andar.
quatrain *s.m.* quadra, quarteto.
quatre *num.* quatro; *descendre — à —* descer a escada, saltando quatro degraus de uma vez; descer precipitadamente; *se mettre en —* empenhar-se a fundo.
quatre-quarts *s.m.* espécie de bolo.
quatre-vingt(s) *num.* oitenta.
quatre-vingt-cinq *num.* oitenta e cinco.
quatre-vingt-deux *num.* oitenta e dois.

quatre-vingt-dix *num.* noventa.
quatre-vingt-dix-huit *num.* noventa e oito.
quatre-vingt-dix-neuf *num.* noventa e nove.
quatre-vingt-dix-sept *num.* noventa e sete.
quatre-vingt-douze *num.* noventa e dois.
quatre-vingt-huit *num.* oitenta e oito.
quatre-vingtième *num.* octogésimo.
quatre-vingt-onze *num.* noventa e um.
quatre-vingt-quatorze *num.* noventa e quatro.
quatre-vingt-quatre *num.* oitenta e quatro
quatre-vingt-quinze *num.* noventa e cinco.
quatre-vingt-sept *num.* oitenta e sete.
quatre-vingt-seize *num.* noventa e seis.
quatre-vingt-six *num.* oitenta e seis.
quatre-vingt-treize *num.* noventa e três.
quatre-vingt-trois *num.* oitenta e três.
quatre-vingt-un *num.* oitenta e um.
quatrième *num.* quarto; *s.m.* quarto andar.
quatrièmement *adv.* em quarto lugar.
quatuor *s.m.* quarteto.
que[1] *conj.* (muitas vezes não se traduz); *c'est un terrible luxe* — *l'incrédulité* é um luxo terrível a incredulidade; *quand la leçon fut finie et* — *les autres élèves furent dispersées* quando a lição foi acabada e os outros alunos dispersos; — *ne ...* sem que; *ne ...* — somente, a não ser que.
que[2] *pron.* que.
que[3] *adv.* quanto; *que de dificultés!* quantas dificuldades!; — *ne* por que não; *que n'êtes* — *vous pas resté chez vous?* Por que não ficou em casa?
Québec *s.m.* Quebec.
québécois e *adj.*; *s.pátr.* quebequense.
quel quelle *adj. excl.* e *interr.* que, qual; — *que* qualquer que.
quelconque *adj. indef.* qualquer; *adj. qualif.* qualquer, insignificante.
quelque *adj. indef.* algum; *pl.* diversos; — *chose* alguma coisa; — *part* nalgum lugar; *adv.* — *que* por mais ... que.
quelquefois *adv.* às vezes.
quelqu'un une, quelques uns unes *pron. indef.* alguém; *pl.* algumas pessoas.
quémander *v.t.* pedinchar.
quémandeur euse *s.* pedinchão, filante.
qu'en-dira-t-on *s.m.* (*fam.*) (o) que disserem; diz que diz que.
quenelle *s.f.* espécie de empada.
quenotte *s.f.* (*fam.*) dentinho.

quenouille *s.f.* roca; *tomber en* — cair nas mãos das mulheres (herança).
quérable *adj.* (*Dir.*) reclamável.
querelle *s.f.* querela; briga; *vider une* — terminar uma questão.
quereller *v.t.* querelar, brigar; *se* — *v.pron.* brigar, disputar-se.
quérir *v.t.* buscar.
questeur *s.m.* questor.
question *s.f.* **1.** questão, pergunta; *en* — em apreço; *il n'est pas* — *de* não se trata de; *mettre en* — questionar, discutir; *remettre en* — reexaminar; **2.** questão, assunto; **3.** tortura.
questionnaire *s.m.* questionário.
questionner *v.t.* interrogar.
questionneur euse *adj.*; *s.* questionador, interrogador.
quête *s.f.* **1.** procura, busca; *en* — *de* à procura de; **2.** coleta.
quêter *v.t.* e *int.* angariar; fazer coleta.
quêteur euse *s.* pedinte.
quetsche *s.f.* **1.** ameixa; **2.** licor de ameixa.
queue *s.f.* **1.** rabo, cauda; *sans* — *ni tête* sem pé nem cabeça; **2.** cabo, haste; — *de billard* taco; *tenir la* — *de la poêle* estar à testa de um negócio; **3.** fim (de uma coisa); **4.** fila; *être à la* — ser o último; *faire la* — fazer fila; *à la* — *leu leu* um por um, de enfiada; **5.** — *de pie* (*fam.*) casaca; **6.** — *de poisson* fechada (de um carro por outro).
qui *pron. rel.* que, quem; *pron. interr.* quem?
quiche *s.f.* torta de presunto e toucinho.
quiconque *pron. indef.* quem quer que.
quidam *s.m.* fulano.
quiddité *s.f.* quididade.
quiétude *s.f.* quietude.
quignon *s.m.* (*fam.*) pedaço de pão.
quille[1] *s.f.* quilha.
quille[2] *s.f.* (pau do) jogo de malha; *recevoir comme un chien dans un jeu de* —*s* receber com quatro pedras na mão; (*pop.*) perna.
quille[3] *s.f.* (*gír.*) dispensa de serviço militar.
quincaillerie *s.f.* loja de ferragens.
quincaillier *s.m.* ferrageiro.
quinconce *s.m.* quincunce.
quinine *s.f.* quinina.
quinquagénaire *adj.*; *s.* quinquagenário.
quinquennal e aux *adj.* quinquenal.
quinquina *s.m.* **1.** quina; **2.** vinho quinado.
quintal *s.m.* (medida de peso) quintal.

quinte¹ *s.f.* (*Mús.*) quinta.
quinte² *s.f.* acesso de tosse.
quintessence *s.f.* quintessência.
quintette *s.m.* quinteto.
quinteux euse *adj.* irritadiço, rabugento.
quinto *adv.* em quinto lugar.
quintuple *adj.; s.m.* quíntuplo.
quintupler *v.t.* quintuplicar.
quinzaine *s.f.* **1.** uns quinze; quinzena; **2.** duas semanas.
quinze *num.* quinze.
quinzième *num.* décimo quinto; *s.m.* **1.** quinze avos, a décima quinta parte; **2.** décimo quinto andar.
quiproquo *s.m.* quiproquó.
quittance *s.f.* quitação.
quitte *adj.* quite; — *à* com risco de; *en être — pour la peur* sofrer com o susto; *jouer à — ou double* jogar duplicando a aposta; *tenir —* dispensar.
quitter *v.t.* deixar, abandonar; *ne quittez pas* não desligue (telefone).
quitus *s.m.* quitação.
qui-vive? *interj.* qual é a senha?; *être sur le —* estar alerta.
quoi *pron. rel.* que; *interr.* o quê?; — *qu'il en soit* seja como for; *avoir de —* ter meios.
quoique *conj.* embora; se bem que.
quolibet *s.m.* dichote, motejo.
quorum *s.m.* quorum.
quote-part *s.f.* quota-parte.
quotidien enne *adj.* cotidiano; *s.m.* (jornal) diário.
quotient *s.m.* quociente.
quotité *s.m.* quotidade.

R

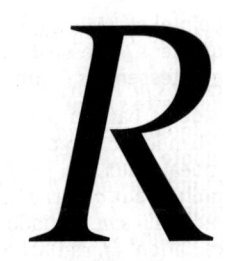

rabâchage s.m. repetição enfadonha; lenga-lenga.
rabâcher v.t. repisar, matracar; v.int. lengalengar.
rabais s.m. abatimento, bonificação; *au* — com desconto.
rabaissement s.m. rebaixamento, difamação.
rabaisser v.t. **1.** rebaixar; **2.** aviltar, denegrir.
rabane s.f. tecido de ráfia.
rabat s.m. volta (de batina ou beca).
rabat-joie s.m. desmancha-prazeres.
rabatteur s.m. batedor (em caçada); (*fig.*) angariador de clientes ou fregueses.
rabattre s.m. **1.** abater (parte do preço); **2.** podar; **3.** rebaixar; **4.** voltar a fechar; **5.** *en* — renunciar a suas pretensões, mostrar-se menos exigente. (*Conj. 60*)
rabbi s.m. rabi.
rabbin s.m. rabino.
rabbinique adj. rabínico.
rabibocher v.t. (*fam.*) consertar; (*fig.*) reconciliar.
rabiot s.m. (*fam.*) trabalho suplementar; lambujem.
râble s.m. lombo; (*fam.*) costas.
râblé e adj. robusto.
rabot s.m. rabote, rebote, plaina.
raboter v.t. aplainar.
raboteux euse adj. áspero, desigual.
rabougri e adj. enfezado, raquítico.
rabougrir v.t. enfezar; *se* — *v.pron.* enfezar-se.
rabrouer v.t. repreender, descompor.
racaille s.f. ralé, gentalha.
raccommodage s.m. conserto, remendo.
raccommoder v.t. consertar, remendar; (*fam.*) reconciliar.
raccompagner v.t. reconduzir.
raccord s.m. ajustamento, junção; (*se*) *faire un* — retocar a maquilagem.
raccorder v.t. ligar, juntar, ajustar.
raccourci s.m. atalho; *en* — em resumo.
raccourcir v.t. encurtar.
raccourcissement s.m. encurtamento.
raccoutumer v.t. reacostumar.
raccroc s.m. *par* — *loc.adv.* por um acaso feliz.
raccrocher v.t. **1.** dependurar de novo; **2.** desligar (telefone); **3.** deter na rua, atrair (fregueses); *se* — *v.pron.* agarrar-se.
race s.f. raça; *chasser de* — (*fig.*) puxar aos seus.
racé e adj. de boa raça, raçudo.
rachat s.m. resgate; (*fig.*) perdão.
rachetable adj. resgatável.
racheter v.t. resgatar, remir; expiar; recompor. (*Conj. 9*)
rachidien enne adj. raquiano.
rachis s.m. (*Anat.*) raque.
rachitique adj. raquítico.
rachitisme s.m. raquitismo.
racial e aux adj. racial.
racine s.f. raiz; — *carrée* raiz quadrada; — *cubique* raiz cúbica; *prendre* — enraizar-se.
racisme s.m. racismo.
raciste adj.; s. racista.
raclage s.m. raspagem.
raclée s.f. bordoada, surra, coça.
racler v.t. **1.** raspar; **2.** limpar (a garganta).
raclette s.f. raspadeira.
racoler v.t. aliciar, recrutar; atrair na rua (fregueses, prostituta).
racontar s.m. bisbilhotice, mexerico, diz que diz que.
raconter v.t. contar, narrar.
raconteur s.m. contador (de histórias).

racornir *v.t.* endurecer, secar; encarquilhar.
radar *s.m.* radar.
rade *s.f.* baía, enseada; *laisser en —* (*fam.*) abandonar, largar.
radeau eaux *s.m.* jangada.
radial e aux *adj.* radial.
radiateur *s.m.* radiador.
radiation[1] *s.f.* radiação.
radiation[2] *s.f.* cancelamento, corte (de um nome numa relação).
radical e aux *adj.* radical.
radicalisme *s.m.* radicalismo.
radier *v.t.* cancelar, cortar (um nome numa relação). (*Conj. 23*)
radiesthésie *s.f.* radioestesia.
radieux euse *adj.* radioso.
radin e *adj.* (*fam.*) pão-duro, fominha, somítico.
radiner *v.int.* (*pop.*) chegar.
radio *s.f.* 1. radiodifusão; 2. (aparelho receptor de) rádio; 3. radiografia, radioscopia; *s.m.* radiograma.
radio-actif ive *adj.* radioativo.
radio-activité *s.f.* radioatividade.
radiodiffusion *s.f.* radiodifusão.
radiogramme *s.m.* radiograma.
radiographie *s.f.* radiografia.
radiographier *v.t.* radiografar.
radiologie *s.f.* radiologia.
radiologiste *s.* radiologista.
radiophonie *s.f.* radiofonia.
radiophonique *adj.* radiofônico.
radioreportage *s.m.* radiorreportagem.
radioreporter *s.m.* radiorrepórter.
radioscopie *s.f.* radioscopia.
radiotélégraphie *s.f.* radiotelegrafia.
radiothérapie *s.f.* radioterapia.
radis *s.m.* rabanete.
radium *s.m.* rádio (elemento metálico).
radotage *s.m.* lenga-lenga, caduquice.
radoter *v. int.* lengalengar, matracar, desvairar.
radoucir *v.t.* amansar, acalmar; *se — v.pron.* melhorar (tempo).
rafale *s.f.* lufada (de vento), ventania; rajada (de metralhadora).
raffermir *v.t.* reafirmar, reforçar.
raffermissement *s.m.* reafirmação, reforçamento.
raffinage *s.m.* refinação.
raffiné e *adj.* requintado, sofisticado.
raffinement *s.m.* requinte, refinamento, esmero.

raffiner *v.t.* refinar, requintar; *v.int. — sur* chegar ao requinte em.
raffinerie *s.f.* refinaria.
raffoler *v.int. — de* ser doido por, adorar.
raffût *s.m.* (*fam.*) baderna, banzé.
raffûter *v.t.* amolar de novo.
rafiot *s.m.* barco ruim.
rafistoler *v.t.* (*fam.*) emendar.
rafle *s.f.* prisão em massa.
rafler *v.t.* (*fam.*) roubar, limpar (sem deixar nada).
rafraîchir *v.t.* refrescar, renovar, reanimar.
rafraîchissement *s.m.* 1. refrescamento; 2. renovação (de mobília); 3. refresco, refrigerante.
ragaillardir *v.t.* reanimar, alegrar.
rage *s.f.* raiva, furor; *— de dents* dor de dentes violenta; *faire —* desencadear-se.
rager *v.t.* (*fam.*) encolerizar-se. (*Conj. 19*)
rageur euse *adj.* 1. irritadiço; 2. raivoso.
ragougnasse *s.f.* comida ruim.
ragoût *s.m.* guisado, ensopado, ragu.
raid *s.m.* reide, incursão rápida.
raide *adj.* duro, rígido; íngreme; tenso; enfático; (*pop.*) sem dinheiro; *c'est —, elle est —* (*fam.*) é demais!; *tomber — mort* morrer de repente.
raideur *s.f.* rigidez, rigor.
raidillon *s.m.* ladeira.
raidir *v.t.* entesar, endurecer; *se — v.pron.* manter-se firme.
raie[1] *s.f.* raia, risca, sulco.
raie[2] *s.f.* raia, arraia (peixe).
raifort *s.m.* rábano-rústico, raiz-forte.
rail *s.m.* trilho.
railler *v.t.* motejar, escarnecer de, rir-se de; *v.int.* zombar.
raillerie *s.f.* zombaria, deboche, galhofa.
railleur euse *adj.; s.* trocista, galhofeiro.
rainette *s.f.* raineta, perereca.
rainure *s.f.* ranhura.
raisin *s.m.* uva; *— sec* passa.
raison *s.f.* 1. razão, entendimento; *entendre —* concordar com o que é razoável, deixar-se convencer; *plus que de —* mais que o razoável; *tirer —* obter satisfação; 2. razão, proporção; *à — de* na base de, pelo preço unitário de; 3. razão, causa; *— de plus* mais uma razão; *pour une — ou pour une autre* sem saber por quê; 4. *avoir — de* levar vantagem a, vencer; *se faire une —* resignar-se ao que não se pode mudar.

raisonnable *adj.* razoável, sensato.
raisonnement *s.m.* raciocínio.
raisonner *v.int.* raciocinar, discutir; *se — v.pron.* escutar a voz da razão.
raisonneur euse *s.* raciocinador, argumentador.
rajeunir *v.t.* e *int.* rejuvenescer, remoçar; *se — v.pron.* tentar parecer jovem.
rajeunissement *s.m.* rejuvenescimento.
rajouter *v.t.* reacrescentar; (*fam.*) *en —* exagerar.
rajuster *v.t.* reajustar, reparar.
râle *s.m.* estertor.
ralentir *v.t.* afrouxar, frear, retardar; *v.int.* reduzir a velocidade.
ralentissement *s.m.* afrouxamento, diminuição da velocidade.
râler *v.int.* estertorar; (*fam.*) resmungar.
ralliement *s.m.* 1. reunião; *point de —* local de concentração; 2. congraçamento.
rallier *v.t.* juntar, alcançar, reunir; *se — à v.pron.* aderir a, esposar (opinião).
rallonge *s.f.* peça, emenda (para encompridar).
rallonger *v.t.* tornar mais comprido, encompridar, alongar. (*Conj. 19*)
rallumer *v.t.* reacender, acender de novo; (*fig.*) revivar, reanimar.
ramage¹ *s.m.* ramagem (desenho de ramos).
ramage² *s.m.* chilreio.
ramassage *s.m. — scolaire* apanha de alunos em lugares distantes.
ramassé e *adj.* retaco, atarracado.
ramasse-miettes *s.m.* apanhadeira de migalhas.
ramassis *s.m.* 1. amontoado; 2. cambada.
rambarde *s.f.* balaustrada.
rame¹ *s.f.* remo.
rame² *s.f.* resma (de papel); composição (do metrô).
rame³ *s.f.* ramo; *ne pas en ficher une —* (*pop.*) não fazer nada, não mexer uma palha.
ramener *v.t.* 1. tornar a trazer, reconduzir; 2. reduzir. (*Conj. 18*)
ramer *v.int.* remar.
rameur *s.m.* remador.
ramier *s.m.* pombo-torcaz.
ramification *s.f.* ramificação.
ramifier *v.t.* ramificar. (*Conj. 23*)
ramolli e *adj.* amolecido; (*fam.*) embotado.
ramollir *v.t.* amolecer, afrouxar.
ramollissement *s.m.* 1. amolecimento; 2. enfraquecimento intelectual, senilidade.

ramoneur *s.m.* limpa-chaminés.
rampe *s.f.* 1. rampa, declive; 2. balaustrada, corrimão; 3. ribalta.
ramper *v.int.* rastejar.
ramure *s.f.* 1. galharia; 2. armação, cornos (de veado etc.).
rancard *s.m.* (*pop.*) 1. informação; 2. encontro marcado.
rancarder *v.t.* (*pop.*) 1. informar; 2. marcar encontro.
rancart *s.m. mettre au —* pôr no rebotalho, jogar fora.
rance *adj.* rançoso; *s.m.* ranço.
rancir *v.int.* tornar-se rançoso.
rancœur *s.f.* rancor.
rançon *s.f.* resgate.
rançonner *v.t.* cobrar, resgatar; esfolar (no preço).
rancune *s.f.* rancor, ressentimento.
rancunier ière *adj.* rancoroso.
randonnée *s.f.* excursão, passeio.
rang *s.m.* 1. fila, fileira; *être sur les —s, se mettre sur les —s* candidatar-se, concorrer; 2. ordem, classe, condição.
rangement *s.m.* arranjo, arrumação.
ranger *v.t.* dispor, enfileirar, ordenar; *se — v.pron.* colocar-se; encolher-se; criar juízo.
ranimer *v.t.* reanimar.
raout *s.m.* recepção, sarau.
rapace *adj.* rapace; *s.m.* ave de rapina.
rapacité *s.f.* rapacidade.
rapatriement *s.m.* repatriamento.
rapatrier *v.t.* repatriar.
râpe *s.f.* ralo, ralador, grosa.
râper *v.t.* ralar, raspar, puir.
rapetisser *v.t.* diminuir, apequenar.
raphia *s.m.* ráfia.
rapiat e *adj.* (*fam.*) pão-duro, sovina.
rapide *adj.* rápido; *s.m.* 1. (trem) rápido; 2. corredeira.
rapidité *s.f.* rapidez.
rapiécer *v.t.* remendar, consertar.
rapin *s.m.* (*depr.*) borra-tintas, troca-tintas.
rapine *s.f.* rapina, pilhagem.
rappel *s.m.* 1. (nova) chamada, convocação; 2. toque de reunir; 3. revogação.
rappeler *v.t.* 1. tornar a chamar; 2. chamar de volta, fazer voltar; 3. lembrar; *se — v.pron.* lembrar-se.
rappliquer *v.int.* (*pop.*) voltar, chegar.
rapport *s.m.* 1. relatório; 2. produto, rendimento; 3. restituição; 4. relação; *par*

— *à* no que diz respeito a; — *à* (*fam.*) no tocante a; *s.pl.* relações (entre pessoas).
rapporter *v.t.* **1.** relatar; **2.** render, produzir; **3.** levar de volta; **4.** (*fam.*) denunciar; *s.* relacionar; *se* — *à v.pron.* relacionar-se com; *s'en* — *à* louvar-se em.
rapporteur *s.m.* **1.** denunciante; **2.** relator; **3.** transferidor.
rapporteuse *s.f.* denunciante.
rapprendre *v.t.* **1.** aprender de novo; **2.** ensinar de novo. (*Conj. 83*)
rapprochement *s.m.* **1.** aproximação; **2.** reconciliação; **3.** comparação.
rapprocher *v.t.* **1.** aproximar; **2.** reconciliar; **3.** comparar.
rapt *s.m.* rapto.
raquer *v.t.* (*pop.*) pagar.
raquette *s.f.* raqueta.
rare *adj.* raro.
raréfaction *s.f.* rarefação.
raréfier *v.t.* rarefazer; *se* — *v.pron.* escassear. (*Conj. 23*)
rareté *s.f.* raridade.
ras e *adj.* raso, rente; curto; *au* — *de* no nível de.
rasade *s.f.* copada, copázio.
raser[1] *v.t.* **1.** barbear; **2.** (*fam.*) chatear.
raser[2] *v.t.* demolir.
raser[3] *v.t.* roçar.
raseur euse *s.* (*fam.*) maçador, cacete, chato.
rasoir *s.m.* navalha (de barbear), barbeador.
rassasier *v.t.* saciar, fartar. (*Conj. 23*)
rassemblement *s.m.* ajuntamento, reunião.
rassembler *v.t.* ajuntar, reunir; *se* — *v.pron.* reunir-se.
rasseoir *v.t.* ressentar; *se* — *v.pron.* sentar-se de novo. (*Conj. 44*)
rasséréner *v.t.* serenar, sossegar. (*Conj. 13*)
rassis e *adj.* **1.** seco, duro (pão); **2.** ponderado, ajuizado.
rasta (quouère) *s.* rastaquera.
rat *s.m.* rato; — *de cave* pequena vela de estearina; — *de l'opéra* aluna ou aluno de balé; *être fait comme un* — ser pegado na armadilha.
rata *s.m.* (*gír.*) gororoba.
ratafia *s.m.* ratafia (espécie de licor).
rataplan *s.m.* rataplã.
ratage *s.m.* malogro, fracasso.
ratatiner *v.t.* encarquilhar; *se* — *v.pron.* encarquilhar-se.

ratatouille *s.f.* gororoba; — *niçoise* prato de berinjelas, abobrinhas, pimentões, cebolas e tomates temperados e cozidos em azeite de oliva.
rate *s.f.* baço; *dilater la* — desopilar o fígado.
raté[1] *s.m.* funcionamento defeituoso, falha.
raté[2] *e s.* fracassado.
râteau eaux *s.m.* ancinho.
râteler *v.t.* ancinhar.
râtelier *s.m.* grade de manjedoura; *manger à tous les* —*s* mamar em todos os bicos; (*fam.*) dentadura postiça.
rater *v.int.* negar fogo; falhar, malograr; *v.t.* perder, não alcançar.
ratiboiser *v.t.* roubar, arruinar.
ratière *s.f.* ratoeira.
ratification *s.f.* ratificação.
ratifier *v.t.* ratificar. (*Conj. 23*)
ration *s.f.* ração.
rationalisation *s.f.* racionalização.
rationaliser *v.t.* racionalizar.
rationalisme *s.m.* racionalismo.
rationaliste *adj.; s.* racionalista.
rationnel elle *adj.* racional.
rationnement *s.m.* racionamento.
rationner *v.t.* racionar.
ratissage *s.m.* limpeza feita com o ancinho; ciscagem; (*fig.*) batida, limpeza de área.
ratisser *v.t.* limpar com ancinho; (*fig.*) limpar (uma área).
raton *s.m.* **1.** rato pequeno; **2.** quati.
rattachement *s.m.* anexação.
rattacher *v.t.* reatar, reunir, anexar.
rattrapage *s.m.* recuperação.
rattraper *v.t.* apanhar de novo, alcançar; recuperar.
rature *s.m.* rasura, emenda.
raturer *v.t.* rasurar.
raucité *s.f.* rouquidão.
rauque *adj.* rouco.
ravage *s.m.* estrago, devastação.
ravagé e *adj.* **1.** devastado; **2.** (*fam.*) biruta.
ravager *v.t.* devastar, danificar, assolar, talar. (*Conj. 19*)
ravaler[1] *v.t.* rebocar (parede).
ravaler[2] *v.t.* abaixar, depreciar.
ravaler[3] *v.t.* engolir (de novo); (*fig.*) não dizer.
ravauder *v.t.* remendar.
râve *s.f.* rábano.
ravier *s.m.* pratinho para antepasto.

ravigote s.f. espécie de molho picante.
ravigoter v.t. (fig.) revigorar, reanimar.
ravin s.m. barranco.
ravir v.t. 1. raptar; 2. enlevar; à — admiravelmente.
raviser, se v.pron. mudar de opinião.
ravissant e adj. encantador, arrebatador.
ravissement s.m. 1. rapto; 2. arrebatamento, encantamento.
ravisseur s.m. raptor.
ravitaillement s.m. abastecimento, reabastecimento.
ravitailler v.t. abastecer, reabastecer.
raviver v.t. reaviver.
ravoir v.t. reaver. (Conj. 1)
rayé e adj. riscado, listrado.
rayer v.t. 1. riscar, listrar; 2. apagar. (Conj. 22)
rayon s.m. 1. raio (de sol); 2. prateleira, favo; 3. departamento (de uma loja); 4. raio (de círculo).
rayonnement s.m. radiação, brilho.
rayonner v.int. radiar; brilhar, cintilar.
rayure s.f. listra.
raz s.m. — de marée maremoto.
réabonnement s.m. renovação de assinatura.
réabonner v.t. renovar a assinatura de; se — à v.pron. tomar nova assinatura de.
réabsorber v.t. reabsorver.
réabsorption s.f. reabsorção.
réaccoutumer v.t. reacostumar.
réacteur s.m. reator.
réaction s.f. reação.
réactionnaire adj.; s. reacionário.
réadaptation s.f. readaptação.
réadapter v.t. readaptar.
réadmettre v.t. readmitir. (Conj. 76)
réadmission s.f. readmissão.
réaffirmation s.f. reafirmação.
réaffirmer v.t. reafirmar.
réagir v.int. reagir.
réalisable adj. realizável.
réalisateur trice s. realizador.
réalisation s.f. realização.
réaliser v.t. 1. realizar; 2. converter em dinheiro; 3. compreender, fazer ideia de.
réalisme s.m. realismo.
réaliste adj. realista.
réalité s.f. realidade.
réanimation s.f. reanimação.
réanimer v.t. reanimar.
réapparaître v.int. reaparecer. (Conj. 65)
réapparition s.f. reaparição.
réapprendre v.t. 1. reaprender; ensinar de novo. (Conj. 83)
réarmement s.m. rearmamento.
réassortir v.t. reabastecer.
réassurer v.t. contrassegurar.
rebaptiser v.t. rebatizar.
rébarbatif ive adj. rebarbativo.
rebâtir v.t. reconstruir.
rebattre v.t. rebater. (Conj. 60)
rebelle adj.; s. rebelde.
rebeller, se v.pron. rebelar-se.
rébellion s.f. rebelião.
rebiffer, se v.pron. (fam.) revoltar-se, recalcitrar.
rebiquer v.int. realçar-se.
reboisement s.m. reflorestamento.
reboiser v.t. reflorestar.
rebondir v.int. saltar, ricochetear; (fig.) ressurgir, voltar à tona.
rebord s.m. rebordo, debrum.
reboucher v.t. tapar de novo.
rebours s.m. avesso; à — às avessas, ao contrário.
rebouteur ou **rebouteux** s.m. endireita; (fig.) charlatão, curandeiro.
reboutonner v.t. reabotoar.
rebrousse-poil à — loc.adv. a contrapelo.
rebrousser v.t. arrepiar; — chemin voltar para trás.
rebuffade s.f. mau acolhimento, recusa grosseira.
rébus s.m. rébus, enigma.
rebut s.m. rebotalho, refugo, escumalho, escória.
rebutant e adj. repulsivo; desencorajador.
rebuter v.t. repelir, desencorajar.
récalcitrant e adj. recalcitrante.
récalcitrer v.int. recalcitrar.
recaler v.t. reprovar (num exame); être recalé levar bomba.
récapitulation s.f. recapitulação.
récapituler v.t. recapitular.
recel s.m. receptação.
receler v.t. receptar. (Conj. 20)
receleur s.m. receptador, coiteiro.
récemment adv. recentemente.
recensement s.m. recenseamento.
recenser v.t. recensear.
récent e adj. recente.
récépissé s.m. recepisse; recibo.
réceptacle s.m. receptáculo.
récepteur s.m. 1. receptor; 2. fone.
réceptif ive adj. receptivo.

réception *s.f.* recebimento, acolhimento, recepção.
réceptivité *s.f.* receptividade.
récession *s.f.* recessão.
recette *s.f.* receita.
recevable *adj.* aceitável, admissível.
receveur *s.m.* 1. recebedor; 2. coletor; 3. trocador.
recevoir *v.t.* 1. receber, aceitar; 2. acolher; 3. admitir, aprovar (em exame). (*Conj. 53*)
rechange *s.m.* reserva; *de* — sobressalente.
rechapage *s.m.* recapagem, recauchutagem.
rechaper *v.t.* recapar, recauchutar.
réchappé e *s.* sobrevivente.
réchapper *v.int.* escapar, safar-se; sobreviver.
recharge *s.f.* carga nova (de lapiseira).
recharger *v.t.* carregar de novo. (*Conj. 19*)
rechasser *v.t.* repelir, rechaçar.
réchaud *s.m.* fogareiro, fornilho.
réchauffer *v.t.* 1. esquentar novamente, requentar; 2. reanimar.
rêche *adj.* áspero, duro.
recherche *s.f.* busca, procura, pesquisa, investigação.
recherché e *adj.* rebuscado, esmerado.
rechercher *v.t.* buscar, pesquisar, investigar.
rechigner *v.int.* fazer cara feia, torcer o nariz.
rechute *s.f.* recaída.
rechuter *v.int.* ter uma recaída.
récidive *s.f.* recidiva.
récidiver *v.int.* reincidir.
récidiviste *adj.; s.* reincidente.
récif *s.m.* recife; — *de corail* recife de coral.
récipiendaire *s.m.* recipiendário.
récipient *s.m.* recipiente.
réciprocité *s.f.* reciprocidade.
réciproque *adj.* recíproco.
récit *s.m.* narração, narrativa.
récital als *s.m.* recital, récita.
récitatif *s.m.* recitativo.
récitation *s.f.* recitação.
réciter *v.t.* recitar, dizer, declamar.
réclamation *s.f.* reclamação.
réclame *s.f.* reclamo; reclame, publicidade.
réclamer *v.t.* reclamar, implorar, pedir; exigir; *v.int.* reclamar, fazer uma reclamação; *se — de v.pron.* dar como referência, apelar para o testemunho de.
reclasser *v.t.* classificar de novo.
reclus e *adj.* recluso.
réclusion *s.f.* reclusão.
recoiffer *v.t.* pentear de novo.
recoin *s.m.* recanto.
reçois, reçoit V. *recevoir*.
recoller *v.t.* colar de novo; (*fam.*) reconciliar; *se — v.pron.* (*fam.*) voltar a viver juntos.
récolte *s.f.* colheita.
récolter *v.t.* colher, apanhar.
recommandable *adj.* recomendável.
recommandation *s.f.* recomendação.
recommandé e *adj.* registrado.
recommander *v.t.* 1. recomendar; 2. registrar (carta).
recommencement *s.m.* recomeço, reinício.
recommencer *v.t.* recomeçar, reiniciar. (*Conj. 14*)
récompense *s.f.* recompensa, galardão.
récompenser *v.t.* recompensar, galardoar.
recomposer *v.t.* recompor, voltar a compor.
récomposition *s.f.* recomposição.
recompter *v.t.* recontar.
réconciliable *adj.* reconciliável.
réconciliateur trice *s.* reconciliador.
réconciliation *s.f.* reconciliação.
réconcilier *v.t.* reconciliar. (*Conj. 23*)
reconduire *v.t.* reconduzir, acompanhar. (*Conj. 64*)
réconfort *s.m.* conforto, reconforto.
réconforter *v.t.* reconfortar, refocilar.
reconnaissable *adj.* reconhecível.
reconnaissance *s.f.* reconhecimento, gratidão.
reconnaissant e *adj.* reconhecido, agradecido.
reconnaître *v.t.* 1. reconhecer, identificar; 2. reconhecer, admitir, confessar; *se — v.pron.* reconhecer-se. (*Conj. 65*)
reconquérir *v.t.* reconquistar. (*Conj. 24*)
reconquête *s.f.* reconquista.
reconsidérer *v.t.* reconsiderar. (*Conj. 13*)
reconstituer *v.t.* reconstituir.
reconstitution *v.t.* reconstituição.
reconstruction *s.f.* reconstrução.
reconstruire *v.t.* reconstruir. (*Conj. 64*)
recopier *v.t.* recopiar, passar a limpo.
record *s.m.; adj.* recorde.
recordman *s.m.* recordista.

recordwoman *s.f.* recordista.
recoucher *v.t.* deitar de novo; *se — v.pron.* deitar-se de novo, voltar a deitar-se.
recoudre *v.t.* voltar a coser, coser de novo. (*Conj. 65*)
recoupement *s.m.* comprovação.
recouper *v.t.* **1.** recortar; **2.** misturar (vinhos); **3.** verificar (um depoimento por outros); *se — v.pron.* coincidir confirmando-se.
recourber *v.t.* recurvar.
recourir *v.int.* recorrer. (*Conj. 27*)
recours *s.m.* recurso.
recouvrable *adj.* recuperável, recobrável.
recouvrement *s.m.* recuperação, cobrança.
recouvrer *v.t.* recuperar, readquirir.
recouvrir *v.t.* recobrir. (*Conj. 36*)
récré *s.f.* (*gír. esc.*) abreviatura de *récréation.*
récréatif ive *adj.* recreativo.
récréation *s.f.* recreação, recreio.
recréer[1] *v.t.* criar de novo, construir de novo.
recréer[2] *v.t.* recrear, divertir.
récrier, se *v.pron.* **1.** exclamar; **2.** indignar-se. (*Conj. 23 e 8*)
récrimination *s.f.* recriminação.
récriminer *v.int.* recriminar.
récrire *v.t.* **1.** reescrever; **2.** voltar a escrever. (*Conj. 72*)
recroqueviller, se *v.pron.* encolher-se, encoscorar-se.
recrudescence *s.f.* recrudescência, recrudescimento.
recrue *s.f.* recruta.
recrutement *s.m.* recrutamento.
recruter *v.t.* recrutar.
recruteur *s.m.* recrutador.
recta *adv.* (*fam.*) pontualmente.
rectangle *adj.* retangular; *s.m.* retângulo.
rectangulaire *adj.* retangular.
recteur *s.m.* reitor; (na Bretanha) cura, vigário.
rectification *s.f.* retificação.
rectifier *v.t.* retificar.
rectiligne *adj.* retilíneo.
rectitude *s.f.* retidão, retitude.
rectum *s.m.* (*Anat.*) reto.
reçu V. *recevoir*; *adj.* admitido, consagrado; *s.m.* recibo, quitação.
recueil *s.m.* coletânea.
recueillement *s.m.* recolhimento.
recueillir *v.t.* recolher, receber; juntar; *se — v.pron.* recolher-se, meditar. (*Conj. 28*)

recuire *v.t.* recozer. (*Conj. 64*)
recul *s.m.* recuo; (*fig.*) afastamento.
reculer *v.t.* recuar; *v.int.* recuar; adiar.
reculons *à — loc.adv.* às arrecuas; recuando.
reçumes V. *recevoir.*
récupérable *adj.* recuperável.
récupération *s.f.* recuperação.
récupérer *v.t.* recuperar. (*Conj. 13*)
reçurent V. *recevoir.*
récurer *v.t.* esfregar, arear.
récurrence *s.f.* recorrência; retorno, repetição.
reçus V. *recevoir.*
récusable *adj.* recusável.
récuser *v.t.* recusar, impugnar.
reçut, reçût V. *recevoir.*
recyclage *s.m.* reciclagem, readaptação.
recycler *v.t.* reciclar, readaptar.
rédacteur trice *s.* redator; *— en chef* redator-chefe.
rédaction *s.f.* redação.
rédactionnel elle *adj.* redacional.
reddition *s.f.* rendição; *— de comptes* prestação de contas.
redécouvrir *v.t.* redescobrir. (*Conj. 36*)
redemander *v.t.* tornar a pedir.
rédempteur trice *s.* redentor.
rédemption *s.f.* redenção.
redescendre *v.int.* redescender, tornar a descer; *v.t.* mandar descer de novo. (*Conj. 70*)
redevable *adj.* devedor.
redevance *s.f.* taxa, encargo.
redevenir *v.int.* voltar a tornar-se. (*Conj. 42*)
rédiger *v.t.* redigir. (*Conj. 19*)
redire[1] *v.t.* redizer, repetir. (*Conj. 71*)
redire[2] *v.t.* censurar, exprobrar. (*Conj. 71*)
redistribuer *v.t.* redistribuir.
redite *s.f.* repetição desnecessária.
redondance *s.f.* redundância.
redondant e *adj.* redundante.
redonner *v.t.* voltar a dar, restituir; *v.int.* voltar a cair em.
redoublant e *adj.* (aluno) que repete (um ano).
redoublement *s.m.* reduplicação, acréscimo.
redoubler *v.t.* dobrar, redobrar; repetir (ano, na escola).
redoutable *adj.* terrível, temível.
redoute *s.f.* reduto; recinto.
redouter *v.t.* temer, recear.

redressement *s.m.* reerguimento; correção.
redresser *v.t.* 1. reerguer; 2. corrigir, reparar; *se — v.pron.* reerguer-se, empertigar-se.
redresseur *s.m.* — *de torts* reparador de injustiças, palmatória do mundo.
réductible *adj.* redutível.
réduction *s.f.* 1. redução; 2. sujeição; 3. miniatura.
réduire *v.t.* reduzir. (*Conj.* 64)
réduit *s.m.* reduto.
réédifier *v.t.* reedificar. (*Conj.* 23)
rééditer *v.t.* reeditar.
réédition *s.m.* reedição.
rééducation *s.f.* reeducação.
rééduquer *v.t.* reeducar.
réel réelle *adj.* real; verdadeiro.
réélection *s.f.* reeleição.
rééligible *adj.* reelegível.
réélire *v.t.* reeleger. (*Conj.* 75)
réescompte *s.m.* redesconto.
réescompter *v.t.* redescontar.
réexaminer *v.t.* reexaminar.
réfaction *s.f.* abatimento (por defeito da mercadoria).
refaire *v.t.* refazer, consertar; (*fam.*) enganar; *se — v.pron.* refazer-se. (*Conj.* 73)
réfectoire *s.m.* refeitório.
référencé *s.f.* referência.
référendum *s.m.* referendo.
référer *v.int. en — à* recorrer a; *se — à v.pron.* referir-se a. (*Conj.* 13)
refermer *v.t.* voltar a fechar.
refil *s.m.* carga nova de lapiseira.
refiler *v.t.* (*pop.*) passar (moeda falsa etc.).
refis, refit V. *refaire*.
réfléchi e *adj.* refletido, ponderado; reflexo.
réfléchir *v.t.* e *int.* refletir; reflexionar.
réflecteur *s.m.* refletor.
reflet *s.m.* reflexo.
refléter *v.t.* refletir. (*Conj.* 13)
refleurir *v.int.* reflorir.
réflexe *adj.; s.m.* reflexo.
réflexion *s.f.* reflexão.
refluer *v.int.* refluir.
reflux *s.m.* refluxo.
refondre *v.t.* refundir. (*Conj.* 87)
refont V. *refaire*.
refonte *s.f.* 1. refundição; 2. (*fig*) revisão.
réformateur trice *s.* reformador.
réforme *s.f.* reforma.

reformer *v.t.* voltar a formar, reconstituir.
réformer *v.t.* reformar.
réformiste *adj.; s.* reformista.
refoulement *s.m.* recalque.
refouler *v.t.* recalcar, reprimir.
réfractaire *adj.* refratário.
réfracter *v.t.* refratar.
réfracteur *adj.* refrator.
réfraction *s.f.* refração.
refrain *s.m.* refrão, estribilho.
refréner *v.t.* refrear. (*Conj.* 13)
refrigérant e *adj.* refrigerativo; (*fig.*) glacial.
refrigérateur *s.m.* refrigerador.
refrigération *s.f.* refrigeração.
refrigérer *v.t.* refrigerar. (*Conj.* 13)
réfringent e *adj.* refrangente.
refroidir *v.t.* e *int.* esfriar; *se — v.pron.* esfriar-se.
refroidissement *s.m.* 1. esfriamento; 2. resfriado.
refuge *s.m.* refúgio.
refugié e *adj.; s.* refugiado.
refugier, se *v.pron.* refugiar-se. (*Conj.* 23 e 8)
refus *s.m.* recusa; *ce n'est pas de —* (*fam.*) não é coisa de se recusar.
refuser *v.t.* recusar; reprovar (em exame); denegar, declinar; *se — v.pron.* recusar.
réfutation *s.f.* refutação.
réfuter *v.t.* refutar.
regagner *v.t.* 1. reganhar, reaver, recuperar; 2. alcançar, voltar para.
regain *s.m.* 1. grama nova; 2. (*fig.*) volta; intensificação.
régal ls *s.m.* banquete, festim.
régalade *s.f. boire à la —* beber sem que o copo toque o lábio.
régaler *v.t.* banquetear, regalar; *se — v.pron.* banquetear-se, deleitar-se.
regard *s.m.* 1. olhar, olhadela; 2. abertura, vigia; *au — de* em relação a; *en —* em frente, face a face.
regardant e *adj.* meticuloso nas despesas, parcimonioso.
regarder *v.t.* 1. olhar; 2. *— à* considerar, ter cuidado com; *y — deux fois* pensar duas vezes; 3. dizer respeito; *cela ne vous regarde pas* não é de sua conta; 4. (*fam.*) ver; *regardez-moi ce travail* vejam só esse trabalho; 5. *il ne s'est pas regardé* (*fam.*) censura nos outros os defeitos que tem.
régate *s.f.* regata.

régence *s.f.* regência; *Régence:* a de Philippe de Orléans, durante a menoridade de Luís XV (1715-1723).
régénérateur trice *s.* regenerador.
régénération *s.f.* regeneração.
régénérer *v.t.* regenerar. (*Conj. 13*)
régent e *s.* regente.
régenter *v.t.* mandar em, dirigir, dominar.
régicide *s.m.* 1. regicida; 2. regicídio; *adj.* regicida.
régie *s.f.* administração por conta do Estado.
regimber *v.t.* escoicear.
régime[1] *s.m.* regime.
régime[2] *s.m.* penca, cacho.
régiment *s.m.* regimento; (*fig.*) multidão.
région *s.f.* região.
régional e aux *adj.* regional.
régionalisme *s.m.* regionalismo.
régionaliste *adj.; s.* regionalista.
régir *v.t.* reger, gerir.
régisseur *s.m.* 1. administrador, gerente; 2. contrarregra.
registre *s.m.* registro; — *du Commerce* Junta Comercial.
réglage *s.m.* 1. pautação de papel; 2. regulagem.
règle[1] *s.f.* régua. — *à calcul* régua de cálculo.
règle[2] *s.f.* regra, norma; *en* — em ordem, regular; *en* — *générale* na maioria dos casos.
réglé e *adj.* 1. regrado; *c'est* — *comme du papier à musique* repete-se com regularidade total; 2. pautado.
règlement *s.m.* 1. regulamento; 2. — *interne* regimento interno; liquidação (de uma conta), ajuste; — *de comptes* acerto de contas.
réglementaire *adj.* regulamentar.
réglementation *s.f.* regulamentação.
réglementer *v.t.* regulamentar.
régler *v.t.* 1. regrar, regular; 2. regrar, pautar; 3. resolver, terminar; 4. liquidar, saldar, pagar; 5. acertar (relógio). (*Conj. 13*)
règles *s.f.pl.* regras, menstruação.
réglisse *s.f.* alcaçuz.
réglo *adj.* (*pop.*) certo, correto.
règne *s.m.* reinado, reino.
régner *v.int.* reinar. (*Conj. 13*)
regonfler *v.t.* reencher.
regorger *v.int.* transbordar. (*Conj. 19*)
régressif ive *adj.* regressivo.

régression *s.f.* regressão, retrocesso.
regret *s.m.* pesar, desgosto, remorso; *à* — contra a vontade.
regrettable *adj.* lamentável, deplorável.
regretté e *adj.* saudoso.
regretter *v.t.* 1. prantear, ter saudades de; 2. deplorar, lastimar.
regroupement *s.m.* reagrupamento.
regrouper *v.t.* reagrupar.
régularisation *s.f.* regularização.
régulariser *v.t.* regularizar.
régularité *s.f.* regularidade.
régulateur trice *adj.; s.* regulador.
régulation *s.f.* regulação.
régulier ière *adj.* regular.
régulière *s.f.* (*pop.*) esposa, companheira, patroa.
régurgiter *v.t.* regurgitar.
réhabilitation *s.f.* reabilitação.
réhabiliter *v.t.* reabilitar.
réhabituer *v.t.* reabituar.
rehausser *v.t.* realçar, aumentar.
réimpression *s.f.* reimpressão.
réimprimer *v.t.* reimprimir.
rein *s.m.* rim; *avoir les* —*s solides* ter peito; *casser les* —*s à* surrar; arruinar.
réincarnation *s.f.* reencarnação.
réincarner, se *v.pron.* reencarnar-se.
reine *s.f.* rainha.
reine-claude reines-claudes *s.f.* rainha-cláudia.
réinstaller *v.t.* reinstalar.
réintégrer *v.t.* 1. reintegrar; 2. voltar a. (*Conj. 13*)
réinventer *v.t.* reinventar.
réitérer *v.t.* reiterar.
rejaillir *v.int.* esguichar, ricochetear; (*fig.*) recair.
rejet *s.m.* 1. recusa; 2. transporte (de conta).
rejeter *v.t.* 1. rejeitar, recusar; 2. jogar de novo (dado, bola); 3. vomitar. (*Conj. 17*)
rejeton *s.m.* 1. rebento, renovo; 2. descendente, filho.
rejoindre *v.t.* alcançar, juntar-se a. (*Conj. 74*)
réjouir *v.t.* alegrar, divertir; *se* — *v.pron.* divertir-se.
réjouissance *s.f.* 1. júbilo, regozijo; *pl.* festejos; folguedos; 2. contrapeso.
relâche *s.f.* descanso, folga.
relâcher *v.t.* abrandar, relaxar; *se* — *v.pron.* relaxar-se, desleixar-se.
relais *s.m.* (*ant.*) muda; relé, revezamento (em corrida).

relance s.f. impulso novo, retomada.
relancer v.t. lançar de novo. (*Conj. 14*)
relaps e adj. relapso.
relater v.t. relatar.
relatif ive adj. relativo.
relation s.f. 1. relação; 2. relato.
relativisme s.m. relativismo.
relativiste adj.; s. relativista.
relativité s.f. relatividade.
relaxe s.f. (ordem de) soltura.
relaxer[1] v.t. soltar.
relaxer[2] **se** v.pron. relaxar-se.
relayer, se v.pron. revezar-se. (*Conj. 23 e 8*)
relecture s.f. releitura.
relégation s.f. banimento, desterro.
reléguer v.t. relegar. (*Conj. 19*)
relent s.m. bafio.
relève s.f. rendição, substituição (de guarda, de soldados).
relevé s.m. nota, extrato.
relèvement s.m. 1. reerguimento; 2. aumentação; 3. restabelecimento.
relever v.t. 1. reerguer; 2. reanimar, restabelecer; 3. pôr em relevo; 4. replicar a; 5. anotar, copiar; 6. levantar, alçar; 7. dar mais gosto a; 8. liberar (de obrigação); v.int. — *de* ser da alçada de, ser do domínio de; *se* — v.pron. reerguer-se. (*Conj. 18*)
relief s.m. 1. relevo, realce; 2. *pl.* restos (de comida).
relier v.t. 1. juntar; 2. encadernar. (*Conj. 23*)
relieur s.m. encadernador.
religieuse s.f. espécie de bolo recheado.
religieux euse adj.; s. religioso.
religion s.f. religião.
religiosité s.f. religiosidade.
reliquat s.m. saldo.
relique s.f. relíquia.
reliure s.f. encadernação.
reluire v.int. reluzir, brilhar. (*Conj. 64*)
reluquer v.t. (*fam.*) olhar de soslaio.
remâcher v.t. remastigar, remascar, ruminar.
remaniement s.m. retoque, conserto; (*fig.*) — *ministériel* recomposição do gabinete.
remariage s.m. segundo casamento, segundas núpcias.
remarier, se v.pron. tornar a casar-se.
remarquable adj. notável.
remarque s.f. nota, observação.
remarquer[1] v.t. notar, observar.
remarquer[2] v.t. marcar de novo, remarcar.

remballer v.t. reempacotar, reembrulhar.
rembarquement s.m. reembarque.
rembarquer v.t. e *int.* reembarcar.
rembarrer v.t. pôr no lugar, repreender.
remblai s.m. aterro.
remblayer v.t. aterrar. (*Conj. 22*)
rembourrer v.t. estofar.
remboursable adj. reembolsável.
rembourser v.t. reembolsar.
rembrunir, se v.pron. ensombrecer-se.
remède s.m. remédio; — *de bonne femme* remédio caseiro, mezinha; — *de cheval* remédio brutal; *porter* — *à* remediar.
remédier v.t. remediar. (*Conj. 23*)
remémorer v.t. rememorar.
remerciement s.m. agradecimento.
remercier v.t. 1. agradecer; 2. recusar cortesmente; 3. dispensar (empregado). (*Conj. 23*)
remettre s.m. 1. repor, recolocar; — *à neuf* restaurar; — *à sa place* pôr no lugar; *ne plus* — *les pieds* nunca mais voltar; 2. relembrar, reconhecer; 3. restabelecer; — *de l'ordre* restabelecer a ordem; 4. *en* — (*fam.*) exagerar; 5. entregar, remeter; 6. dispensar, perdoar; 7. adiar; *se* — v.pron. repor-se; *se* — *à* recomeçar; *se* — *d'une maladie* restabelecer-se de uma doença; *s'en* — *à* deixar nas mãos de, confiar a.
reminiscence s.f. reminiscência.
remise[1] s.f. 1. reposição; 2. entrega; 3. abatimento; 4. redução; 5. adiamento.
remise[2] s.f. garagem, galpão, cocheira.
remiser v.t. recolher (automóvel à garagem).
rémission s.f. 1. remissão, perdão; 2. enfraquecimento, diminuição.
rémittent e adj. remitente.
remmailler v.t. refazer as malhas de.
rémois e adj.; *s.pátr.* (habitante) de Reims.
remontée s.f. nova subida.
remonte-pente s.m. funicular para esquiadores.
remonter v.int. 1. voltar a subir; 2. remontar; v.t. 1. escalar; 2. remontar; 3. levantar (de novo); 4. dar corda; 5. reanimar.
remontrance s.f. repreensão, admoestação.
remontrer v.t. 1. mostrar de novo; v.int. *en* — *à* dar quinau em, dar lição a.
rêmora s.m. rêmora, peixe-piolho.
remords s.m. remorso.
remorque s.f. reboque.

remorquer *v.t.* rebocar.
remorqueur *s.m.* rebocador.
rémoulade *s.f.* maionese.
rémouleur *s.m.* amolador.
remous *s.m.* remoinho.
rempailleur *s.m.* empalhador de cadeiras.
rempaqueter *v.t.* reempacotar. (*Conj. 17*)
rempart *s.m.* muralha, baluarte.
remplaçable *adj.* substituível.
remplaçant e *s.* substituto, suplente.
remplacement *s.m.* substituição.
remplacer *v.t.* substituir. (*Conj. 14*)
remplir *v.t.* 1. encher; 2. preencher; 3. exercer, cumprir.
remplissage *s.m.* enchimento.
remplumer, se *v.pron.* emplumar-se de novo; (*fam.* e *fig.*) recuperar-se.
remporter *v.t.* 1. tornar a levar; 2. conseguir, obter.
remuant e *adj.* inquieto, buliçoso, trêfego.
remue-ménage *s.m.* rebuliço, confusão.
remuer *v.t.* mover, mexer; agitar; *v.int.* mexer-se; *se — v.pron.* mexer-se.
remugle *s.m.* bafio, mofo.
rémunérateur trice *adj.* remunerador.
rémunération *s.f.* remuneração.
rémunérer *v.t.* remunerar. (*Conj. 13*)
renâcler *v.int.* resfolegar, fungar; *— à* (*fig.*) aceitar com repugnância.
renaissance *s.f.* renascença.
renaître *v.int.* renascer. (*Conj. 79*)
rénal e aux *adj.* renal.
renard *s.m.* raposa.
renchérir *v.t.* encarecer; *v.int. — sur* ir mais longe que.
rencontre *s.f.* 1. encontro; *— manquée* desencontro; 2. choque, batalha.
rencontrer *v.t.* encontrar, achar; *se — v.pron.* encontrar-se.
rendement *s.m.* rendimento.
rendez-vous *s.m.* encontro marcado; *prendre —* marcar encontro; *— de chasse* pavilhão de caça.
rendormir *v.t.* readormecer; *se — v.pron.* readormecer. (*Conj. 29 e 8*)
rendre *v.t.* 1. devolver; 2. dar, prestar; 3. vomitar; 4. emitir (som); 5. render; 6. tornar; 7. traduzir; 8. reproduzir; *se — v.pron.* 1. ceder, render-se; 2. *se — à* dirigir-se a, ir a; 3. tornar-se.
rendu e V. *rendre; adj.* fatigado.
rêne *s.f.* rédea, brida.
renégat *s.m.* renegado.
reneiger *v.impess.* tornar a nevar. (*Conj. 19*)

renfermé *s.m.* bafio; *sentir le —* cheirar a mofo.
renfermer *v.t.* abranger, conter.
renflement *s.m.* bojo, intumescência, inchação.
renfler *v.t.* inflar-se; *se — pron.* inchar-se.
renflouer *v.t.* desencalhar.
renforcer *v.t.* reforçar. (*Conj. 14*)
renfort *s.m.* reforço; *à grand — de* à força de.
renfrogné e *adj.* de cara franzida, com cara de poucos amigos.
rengager *v.t.* reempregar; *se — v.pron.* voltar ao serviço militar. (*Conj. 19*)
rengaine *s.f.* chavão; estribilho na moda, refrão, bordão.
regainer *v.t.* repor na bainha (espada).
renier *v.t.* renegar. (*Conj. 23*)
reniflement *s.m.* fungação.
renifler *v.int.* fungar; *v.t.* respirar, cheirar.
rénitent e *adj.* renitente.
renne *s.m.* rena.
renom *s.m.* renome.
renommé e *adj.* célebre, famoso.
renommée *s.f.* renome, reputação.
renommer *v.t.* celebrar.
renoncement *s.m.* renúncia.
renoncer *v.int.* renunciar, desistir. (*Conj. 14*)
renonciation *s.f.* renúncia.
renouement *s.m.* reatamento.
renouer *v.t.* reatar; *v.int. — avec* restabelecer relações com.
renouveau eaux *s.m.* 1. (*poét.*) primavera; 2. renovação.
renouvelable *adj.* renovável.
renouveler *v.t.* renovar, reformar, prorrogar; *se — v.pron.* renovar-se. (*Conj. 12*)
renouvellement *s.m.* renovamento.
rénovateur trice *adj.; s.* renovador.
rénovation *s.f.* renovação.
renseignement *s.m.* esclarecimento, informação.
renseigner *v.t.* esclarecer, informar, inteirar.
rentabilité *s.f.* rentabilidade.
rentable *adj.* rendoso.
rente *s.f.* renda, rendimento; *— viagère* renda vitalícia.
rentier *s.m.* capitalista (pessoa que vive do rendimento de um capital).
rentrée *s.f.* 1. volta; 2. recomeço; *— des classes* reabertura das aulas; 3. reaparecimento no palco; 4. recolhimento, armazenamento.

rentrer v.int. 1. entrar de novo; 2. voltar (a casa); 3. recomeçar; 4. — *dans ses dépenses* recobrar as despesas; 5. — *en soi-même* refletir; 6. — *dans* precipitar-se sobre, colidir com; 7. afundar-se.
renverse s.f. *à la* — para trás.
renversement s.m. 1. reviravolta; 2. derrubada.
renverser v.t. 1. inverter; 2. remexer, derrubar; *cela me renverse* isso me deixa pasmo; 3. derramar, entornar; *se* — v.pron. capotar.
renvoi s.m. 1. devolução; 2. remissão (em livro); 3. dispensa (de empregado); 4. encaminhamento; 5. adiamento; 6. eructação, arroto.
renvoyer v.t. 1. devolver, recambiar; 2. dispensar; 3. encaminhar; 4. adiar; 5. expulsar (aluno). (*Conj. 15*)
réoccupation s.f. reocupação.
réoccuper v.t. reocupar.
réorganisation s.f. reorganização.
réorganiser v.t. reorganizar.
réouverture s.f. reabertura.
repaire s.m. covil, toca.
repais, repaissons V. *repaître*.
repaître v.t. pastar, alimentar. (*Conj. 85*)
répandre v.t. 1. espalhar, derramar; 2. propagar; 3. exalar; *se* — v.pron. espalhar-se, propagar-se; *se* — *en compliments* desfazer-se em cumprimentos; *se* — *en menaces* vomitar ameaças.
réparable adj. reparável.
reparaître v.int. reaparecer. (*Conj. 65*)
réparateur trice adj.; s. reparador.
réparation s.f. reparação, conserto.
réparer v.t. consertar, reparar, restaurar; — *ses forces* restabelecer-se.
reparler v.int. voltar a falar.
repartie s.f. réplica.
repartir[1] v.t. replicar. (*Conj. 37*)
repartir[2] v.int. voltar a partir.
répartir v.t. repartir, distribuir.
répartition s.f. repartição, distribuição.
repas s.m. refeição.
repasser v.int. voltar a passar; *tu peux toujours* — (*fam.*) (pode voltar quando quiser) nunca terá nada; v.t. 1. repassar, passar de novo; 2. evocar; 3. passar; 4. afiar; 5. engomar.
repasseuse s.f. engomadeira, passadeira.
repêchage s.m. (curso, exame de) recuperação.
repêcher v.t. 1. pescar de novo; 2. tirar de aperto; 3. deixar passar (candidato em exame.).
repeindre v.t. repintar. (*Conj. 80*)
repenser v.t. e *int.* repensar.
repentance s.f. arrependimento.
repentant e adj. arrependido.
repentir[1] s.m. arrependimento.
repentir[2], **se** v.pron. arrepender-se. (*Conj. 38 e 8*)
repérage s.m. localização.
repérer v.t. localizar, descobrir. (*Conj. 13*)
répercussion s.f. repercussão.
répercuter v.int. repercutir.
repère s.m. marca, baliza.
répertoire s.m. repertório.
répéter v.t. 1. repetir; 2. ensaiar (peça teatral, concerto). (*Conj. 13*)
répétiteur s.m. 1. explicador; 2. inspetor de disciplina.
répétition s.f. 1. repetição; 2. ensaio (em teatro).
repeupler v.t. repovoar.
repiquer v.t. 1. repicar; 2. transplantar; 3. regravar (fita).
répit s.m. prazo, descanso.
replacer v.t. recolocar, repor. (*Conj. 14*)
replanter v.t. replantar.
replet, ète adj. cheio; rechonchudo.
repleuvoir v. *impess.* voltar a chover. (*Conj. 50*)
replis s.m. dobra, prega.
repliement s.m. ensimesmamento.
replier v.t. redobrar; *se* — v.pron. ensimesmar-se. (*Conj. 23*)
réplique s.f. 1. réplica; 2. reprodução (de obra de arte, pelo próprio autor).
répliquer v.t. e *int.* replicar.
replonger v.t. mergulhar de novo. (*Conj. 19*)
répondant e s. fiador; *avoir du* — (*fam.*) ter economias.
répondeur euse adj. respondão; s.m. secretária eletrônica.
répondre v.t.; int. 1. responder, replicar; 2. responder, responsabilizar-se por. (*Conj. 87*)
réponse s.f. resposta.
report s.m. (*Contab.*) transporte.
reportage s.m. reportagem.
reporter[1] v.t. 1. transportar, levar de volta; 2. transferir, adiar.
reporter[2] s. repórter.
repos s.m. descanso, pausa; *de tout* — loc. adj. seguro, de confiança.

reposer¹ *v.t.* descansar, repousar; *se — v.pron.* descansar; *se — sur* confiar em.
reposer² *v.t.* recolocar.
reposoir *s.m.* altar para receber, durante uma procissão, a eucaristia.
repoussant e *adj.* repelente, repugnante.
repousser¹ *v.t.* 1. repelir; 2. adiar.
repousser² *v. int.* brotar de novo, crescer de novo.
repoussoir¹ *s.m.* cinzel, punção.
repoussoir² *s.m.* realce (em quadro); (*fig.*) contraste.
repréhensible *adj.* repreensível.
reprendre *v.t.* 1. retomar, recobrar; 2. tomar de novo; 3. pegar de novo; *on ne m'y reprendra pas de si tôt* não me pegarão outra vez; 4. readmitir; 5. recomeçar; 6. repetir; 7. reprovar; 8. trocar (mercadorias); *v.int.* 1. recomeçar, tomar alento; 2. reprovar; *se — v.pron.* dominar-se; *s'y —* recomeçar.
représailles *s.f.pl.* represálias.
représentant e *s.* representante.
représentatif ive *adj.* representativo.
représentation *s.f.* representação.
représenter *v.t.* e *int.* representar; *se — v.pron.* candidatar-se de novo.
répressif ive *adj.* repressivo.
répression *s.f.* repressão.
réprimande *s.f.* reprimenda, repreensão; (*fam.*) descalçadeira.
réprimander *v.t.* repreender.
réprimer *v.t.* reprimir.
repris de justice *s.m.* ex-condenado.
reprise *s.f.* 1. retomada; 2. recomeço, continuação; *à plusieurs —s* por diversas vezes; 3. reapresentação (de peça teatral); 4. remendo; 5. luvas (pagamento suplementar no ato de alugar um apartamento); 6. retomada de alento.
repriser *v.t.* consertar, cerzir.
réprobateur trice *adj.* reprovador.
réprobation *s.f.* reprovação.
reprochable *adj.* censurável.
reproche *s.m.* censura, reproche; *sans —* sem mancha, irreprochável.
reprocher *v.t.* censurar, reprochar.
reproducteur trice *adj.; s.* reprodutor.
reproduction *s.f.* reprodução.
reproduire *v.t.* reproduzir; *se — v.pron.* reproduzir-se. (*Conj. 64*)
réprouvé e *adj.; s.* réprobo.
réprouver *v.t.* reprovar.
reps *s.m.* repes.
reptile *adj.; s.m.* réptil.
repu e V. *repaître; adj.* saciado, farto.
républicain e *adj.; s.* republicano.
républicanisme *s.m.* republicanismo.
republier *v.t.* voltar a publicar; reeditar. (*Conj. 23*)
république *s.f.* república.
répudiation *s.f.* repudiação.
répudier *v.t.* repudiar. (*Conj. 23*)
répugnance *s.f.* repugnância, asco, osga.
répugnant e *adj.* repugnante.
répugner *v.int.* repugnar; *v.t.* repelir.
répulsif ive *adj.* repulsivo.
répulsion *s.f.* repulsão.
réputation *s.f.* reputação.
réputé e *adj.* afamado.
réputer *v.t.* reputar.
requérant e *s.* requerente.
requérir *v.t.* requerer. (*Conj. 24*)
requête *s.f.* requerimento, petição.
requin *s.m.* tubarão.
requinquer *v.t.* (*fam.*) 1. enfeitar; 2. reforçar.
requis e V. *requérir; adj.* requerido, exigido; *s.m.* trabalhador forçado.
réquisition *s.f.* requisição.
réquisitionner *v.t.* requisitar.
réquisitoire *s.m.* requisitório, libelo acusatório.
rescapé e *adj.* escapo, safo; ileso, são e salvo; *s.* sobrevivente.
rescinder *v.t.* rescindir.
rescision *s.f.* rescisão.
rescousse *s.f. à la —* em socorro.
réseau eaux *s.m.* rede.
réséda *s.m.* resedá.
réservation *s.f.* 1. reserva (de lugar, em trem, espetáculo etc.); 2. sinal (em compra de apartamento).
réserve *s.f.* reserva, ressalva; *à la — de* com exceção de.
réserver *v.t.* reservar, ressalvar, destinar.
réserviste *s.m.* reservista.
réservoir *s.m.* reservatório; caixa-d'água.
résidence *s.f.* residência; *— surveillée* prisão domiciliar.
résident e *s.* residente.
résidentiel elle *adj.* residencial.
résider *v.int.* 1. residir; 2. consistir.
résidu *s.m.* resíduo.
résignation *s.f.* resignação.
résigner¹ *v.t.* demitir-se de.
résigner² se *v.pron.* resignar-se.
résiliation *s.f.* resilição.

résilier *v.t.* resiliar, anular, rescindir. (*Conj. 23*)
résille *s.f.* rede de cabelo.
résine *s.f.* resina.
résineux euse *adj.* resinoso.
résistance *s.f.* resistência; *Résistence* movimento clandestino contra a ocupação alemã durante a Segunda Guerra Mundial.
résistant e *adj.; s.* resistente.
résister *v.int.* resistir.
résolu V. *résoudre.*
résolution *s.f.* resolução.
résolvaient, résolvent etc. V. *résoudre.*
résonance *s.f.* ressonância.
résonateur *s.m.* ressonador.
résonner *v.int.* ressoar.
résoudre[1] *v.t.* 1. decompor, dissolver; 2. anular; 3. resolver (um problema).
résoudre[2] *v.t.* resolver, decidir. (*Conj. 88*)
respect *s.m.* respeito; — *humain* medo da opinião alheia; *manquer de — à* desacatar; *sauf votre —* com perdão da palavra.
respectabilité *s.f.* respeitabilidade.
respectable *adj.* respeitável.
respecter *v.t.* respeitar.
respectif ive *adj.* respectivo.
respectueux euse *adj.* respeitoso.
respirable *adj.* respirável.
respiration *s.f.* respiração.
respiratoire *adj.* respiratório.
respirer *v.t.* e *int.* 1. respirar; 2. denotar, manifestar.
resplendir *v.t.* resplandecer.
resplendissant e *adj.* resplandecente.
responsabilité *s.f.* responsabilidade.
responsable *adj.* responsável.
resquiller *v.int.* (*fam.*) entrar de carona, entrar com a cara e a coragem; *v.t.* (*fam.*) obter sem pagar.
resquilleur euse *s.* (*fam.*) penetra; pingente.
ressac *s.m.* ressaca (de mar).
ressaisir *v.t.* voltar a agarrar, retomar; *se — v.pron.* recompor-se, dominar-se.
ressasser *v.t.* remascar, repisar.
ressaut *s.m.* saliência.
ressemblance *s.f.* semelhança.
ressemblant e *adj.* semelhante.
ressembler *v.int.* assemelhar-se, parecer--se; *cela vous ressemble* só mesmo você! *se — v.pron.* parecer-se, assemelhar-se; *les jours se suivent et ne se ressemblent pas* nada como um dia depois do outro.

ressemeler *v.t.* botar sola nova (em sapato). (*Conj. 20*)
ressentiment *s.m.* ressentimento.
ressentir *v.t.* experimentar, sentir; *se — v.pron.* ressentir-se. (*Conj. 37*)
resserre *s.f.* depósito, despensa.
resserrer *v.t.* apertar de novo, estreitar; contrair.
resservir *v.t.* servir pela segunda vez. (*Conj. 39*)
ressort[1] *s.m.* 1. mola; 2. causa, móvel; 3. força moral.
ressort[2] *s.m.* competência, alçada; *en dernier —* em última instância.
ressortir[1] *v.int.* 1. sair de novo; 2. ressaltar; 3. resultar. (*Conj. 40*)
ressortir[2] *v.int. — à* ser da alçada de.
ressortissant e *adj.* sujeito; *s.* súdito.
ressource *s.f.* recurso, expediente.
ressouvenir, se *v.pron.* recordar-se. (*Conj. 42 e 8*)
ressusciter *v.t.* e *int.* ressuscitar.
restant e *adj.* restante.
restaurant *s.m.* restaurante.
restaurateur trice *s.* 1. restaurador; 2. dono de restaurante.
restauration *s.f.* restauração.
restaurer *v.t.* restaurar; *se — v.pron.* restabelecer-se comendo.
reste *s.m.* 1. resto; sobra; *de —* de sobra; *du —* aliás, além disso; *être en —* ser devedor; *le — du temps* no tempo restante; 2. resto, ruína, vestígio.
rester *v.int.* restar, ficar, sobrar; *y —* (*fam.*) continuar; morrer; *en — là* não ir mais longe; *il n'en reste pas moins que* em todo o caso.
restituer *v.t.* restituir.
restitution *s.f.* restituição.
restreindre *v.t.* restringir. (*Conj. 80*)
restrictif ive *adj.* restritivo.
restriction *s.f.* restrição.
resucée *s.f.* (*fam.*) repetição.
résultante *s.f.* 1. (*Fís.* e *Geom.*) resultante; 2. resultado.
résultat *s.m.* resultado.
résulter *v.int.* resultar.
résumé *s.m.* resumo.
résumer *v.t.* resumir.
résurrection *s.f.* ressurreição.
rétablir *v.t.* restabelecer.
rétablissement *s.m.* restabelecimento.
rétamé e *adj.* (*fam.*) bêbedo; exausto.
rétamer *v.t.* estanhar, consertar.

retard *s.m.* atraso, delonga;. *être en —* estar atrasado.
retardataire *adj.* retardatário.
retardé e *adj.; s.* atrasado (mental).
retardement *s.m.* retardamento.
retarder *v.t.* retardar, atrasar.
retenir *v.t.* **1.** reter, conservar; **2.** reservar; **3.** lembrar; **4.** admitir, levar em consideração; *se — v.pron.* reter-se, abster-se. (*Conj. 41*)
rétention *s.f.* retenção.
retentir *v.int.* ressoar, repercutir.
retentissant e *adj.* retumbante.
retentissement *s.m.* ressonância, repercussão.
retenue *s.f.* **1.** retenção; **2.** detenção (castigo escolar); **3.** desconto; **4.** moderação, reserva.
réticence *s.f.* reticência.
réticent e *adj.* reticente.
réticule *s.m.* **1.** retícula; **2.** bolsa de senhora, sacola.
rétif ive *adj.* teimoso.
rétine *s.f.* retina.
retirer *v.t.* **1.** retirar, tirar; **2.** ganhar, receber; *se — v.pron.* **1.** retirar-se, recolher-se; **2.** renunciar (a cargo ou função).
retombée *s.f.* (*Arquit.*) nascença de abóbada.
retordre *v.t.* retorcer. (*Conj. 77*)
rétorquer *v.t.* e *int.* retorquir, retrucar.
retors e *adj.* **1.** retorcido; **2.** (*fig.*) astuto, sabido.
rétorsion *s.f.* retorsão.
retouche *s.f.* retoque.
retoucher *v.t.* retocar.
retour *s.m.* regresso, volta; *aller et —* ida e volta; *être de —* estar de volta; *être sur le —* estar prestes a voltar; (*fig.*) envelhecer; *par — du courrier* pelo próximo correio; *payer de —* retribuir; *sans —* para sempre.
retournement *s.m.* reviramento, reviravolta.
retourner *v.t.* **1.** virar, revirar; **2.** devolver; *v.int.* regressar; *v.impess. de quoi il retourne?* de que se trata?
retracer *v.t.* traçar; expor, narrar. (*Conj. 14*)
rétractation *s.f.* retratação.
rétracter, se *v.pron.* retratar-se, retirar o que se disse.
retraduire *v.t.* retraduzir. (*Conj. 64*)
retrait *s.m.* **1.** retirada; **2.** concentração; **3.** recuo.

retraite *s.f.* **1.** retirada; **2.** toque de recolher; **3.** retiro; **4.** aposentadoria.
retraité e *adj.; s.* aposentado.
retransmettre *v.t.* retransmitir. (*Conj. 76*)
retrancher *v.t.* cortar, suprimir; *se — v.pron.* abrigar-se.
rétrécir *v.t.* estreitar; *v.int.* encolher; *se — v.pron.* encolher.
retremper *v.t.* mergulhar de novo.
rétribuer *v.t.* retribuir.
rétribution *s.f.* retribuição.
rétro *s.m.* (*fam.*) abreviatura de *rétroviseur*.
rétroactif ive *adj.* retroativo.
rétroactivité *s.f.* retroatividade.
rétrocéder *v.t.* retroceder. (*Conj. 13*)
rétrocession *s.f.* retrocessão.
rétrograde *adj.* retrógrado.
rétrospectif ive *adj.* retrospectivo.
retroussé e *adj.* arrebitado
retrousser *v.t.* levantar, arregaçar, arrebitar.
retrouvailles *s.f.pl.* reencontro.
retrouver *v.t.* reencontrar.
rétroviseur *s.m.* espelho, retrovisor.
réunion *s.f.* reunião.
réunir *v.t.* reunir; *se — v.pron.* reunir-se.
réussir *v.int.* ser bem-sucedido, vencer; *v.t.* conseguir fazer, realizar.
réussite *s.f.* **1.** êxito, resultado feliz; **2.** *faire une —* deitar cartas.
revalider *v.t.* revalidar.
revaloir *v.t.* pagar na mesma moeda. (*Conj. 57*)
revalorisation *s.f.* revalorização.
revaloriser *v.t.* revalorizar.
revanchard e *adj.; s.* revanchista (em política).
revanche *s.f.* desforra; *en —* em compensação.
revancher, se *v.pron.* desforrar-se.
revanchisme *s.m.* revanchismo.
rêvasser *v.int.* devanear, sonhar.
rêvasserie *s.f.* devaneio.
rêvasseur *s.m.* (*depr.*) sonhador.
rêve *s.m.* sonho.
revêche *adj.* áspero, intratável.
revécu, revécus V. *revivre*.
réveil *s.m.* **1.** o despertar; **2.** despertador.
réveille-matin *s.m.* despertador.
réveiller *v.t.* acordar, despertar.
réveillon *s.m.* consoada; ceia do Natal e do ano-novo.
réveillonner *v.int.* festejar o Natal ou o ano-novo.

révélateur trice *adj.; s.* revelador.
révélation *s.f.* revelação.
révéler *v.t.* revelar. (*Conj. 13*)
revenant e *s.* fantasma, espectro.
revendeur euse *s.* revendedor.
revendication *s.f.* reivindicação.
revendiquer *v.t.* reivindicar.
revendre *v.t.* revender; *avoir à* — ter em excesso. (*Conj. 84*)
revenir *v.int.* **1.** regressar, voltar; — *sur* retomar, examinar; — *sur ses pas* voltar atrás; **2.** voltar à memória; **3.** — *à soi* voltar a si; **4.** caber de direito; *cela revient au même* dá na mesma; **6.** *je n'en reviens pas* estou pasmo; **7.** custar; **8.** agradar; **9.** *être revenu de tout* ter perdido as ilusões. (*Conj. 42*)
revente *s.f.* revenda.
rêver *v.int.* e *t.* sonhar; cismar.
réverbération *s.f.* reverberação.
réverbère *s.m.* revérbero; lampião de rua.
réverbérer *v.t.* reverberar. (*Conj. 13*)
reverdir *v.int.* reverdecer.
révérence *s.f.* **1.** reverência, veneração; — *parler* com sua licença; **2.** reverência, mesura; *tirer sa — à* cumprimentar retirando-se; retirar-se, partir.
révérend e *adj.* reverendo.
révérer *v.t.* reverenciar. (*Conj. 13*)
rêverie *s.f.* devaneio, cisma, sonho.
revers *s.m.* **1.** avesso, reverso; **2.** verso (de página); **3.** lapela; **4.** costas da mão; **5.** infortúnio, revés; **6.** coroa (lado da moeda oposto a cara).
réversibilité *s.f.* reversibilidade.
réversible *adj.* reversível.
revêtement *s.m.* revestimento.
revêtir *v.t.* revestir, vestir de novo, assumir. (*Conj. 43*)
rêveur euse *adj.; s.* sonhador.
revient[1] V. *revenir.*
revient[2] *s.m.* custo; *prix de* — preço de custo.
revîmes V. *revoir.*
revirement *s.m.* reviramento, reviravolta.
revirent, revis V. *revoir.*
réviser *v.t.* rever, revisar.
réviseur *s.m.* revisor.
révision *s.f.* revisão.
révisionnisme *s.m.* revisionismo.
révisionniste *adj.; s.* revisionista.
revit V. *revivre* e *revoir.*
reviviscence *s.f.* revivescência.
reviviscent e *adj.* revivescente.

revivre *v.int.* e *t.* reviver. (*Conj. 85*)
révocation *s.f.* revogação.
revoir *v.t.* rever; revisar; *au* — até logo! (*Conj. 58*)
révoltant e *adj.* revoltante.
révolte *s.f.* revolta.
révolté e *adj.; s.* revoltado.
révolter, se *v.pron.* revoltar-se.
révolu e *adj.* passado, cumprido.
révolution *s.f.* revolução.
révolutionnaire *adj.; s.* revolucionário.
révolutionner *v.t.* revolucionar.
revolver *s.m.* revólver.
révoquer *v.t.* revogar, destituir.
revouloir *v.t.* querer outra vez. (*Conj. 59*)
revoyure *s.f.* (*fam.*) *à la* — até a vista!
revu V. *revoir.*
revue *s.f.* **1.** revista (publicação periódica); **2.** parada militar; *passer en* — revistar; **3.** revista (peça musicada).
révulser *v.t.* revulsar.
rez-de-chaussée *s.m.* andar térreo, rés do chão.
rhabiller *v.t.* vestir de novo.
rhapsodie *s.f.* rapsódia.
rhapsodique *adj.* rapsódico.
rhénan *adj.pátr.* renano, do Reno.
rhésus *s.m.* (macaco) reso.
rhéteur *s.m.* retor.
rhétorique *sf.* retórica.
Rhin *s.m.* (o rio) Reno.
rhinite *s.f.* rinite.
rhinocéros *s.m.* rinoceronte.
rhizome *s.m.* rizoma.
rhododendron *s.m.* rododendro.
rhubarbe *s.f.* ruibarbo.
rhum *s.m.* rum.
rhumatisant e *adj.; s.* indivíduo que sofre de reumatismo; reumático.
rhumatismal ale aux *adj.* de reuma; reumático.
rhumatisme *s.m.* reumatismo.
rhume *s.m.* resfriado, constipação; — *de cerveau* coriza; — *des foins* febre do feno.
riant e *adj.* risonho.
ribambelle *s.f.* enfiada.
ribote *s.f.* patuscada, orgia.
ribouldingue *s.f.* (*fam.*) farra, pândega.
ricain e *adj.; s.pátr.* (*pop.*) americano.
ricanement *s.m.* chacota.
ricaner *v.int.* caçoar, dar risinhos de troça.
richard e *s.* (*fam.*) ricaço.
riche *adj.* rico.
richesse *s.f.* riqueza.

ricin *s.m.* rícino, carrapateira, mamona.
ricocher *v.int.* ricochetear.
ricochet *s.m.* ricochete.
rictus *s.m.* ricto.
ride *s.f.* ruga.
ridé e *adj.* enrugado, engelhado.
rideau eaux *s.m.* cortina, reposteiro, cortina de teatro; *interj.* chega!; *rideau de Fer* Cortina de Ferro; *tirer le — sur* lançar um véu sobre, não falar mais de.
ridelle *s.f.* xalma.
rider *v.t.* enrugar.
ridicule *adj.* ridículo.
ridiculiser *v.t.* ridicularizar.
rien *pron.* nada; *ne... — não...* nada; *ça ne fait —* não tem importância; *comme si de — n'était* como se nada houvesse; *de —* não tem de quê; *en moins de —* num instante; *n'y être pour —* não ter nada que ver com o peixe; *s.m.* nada, pouca coisa; *adv. un —* um pouco; *un — du tout* um joão-ninguém.
rieur euse *s.* pessoa que ri; *avoir les —s de son côté* ter a aprovação da maioria, ridicularizando o adversário.
rififi *s.m.* (*gír.*) sururu, rolo, fecha, pega-pega.
riflard *s.m.* (*pop.*) guarda-chuva.
rigide *adj.* rígido.
rigidité *s.f.* rigidez.
rigolade *s.f.* (*fam.*) brincadeira.
rigole *s.f.* rego.
rigoler *v.int.* (*pop.*) divertir-se a valer, brincar.
rigolo *adj.* (*fam.*) divertido, engraçado.
rigorisme *s.m.* rigorismo.
rigoriste *adj.; s.* rigorista.
rigoureux euse *adj.* rigoroso.
rigueur *s.f.* rigor; *tenir — à* não perdoar a.
rillettes *s.f.pl.* patê de porco.
rillons *s.m.pl.* torresmo.
rime *s.f.* rima.
rimer *v.t. e int.* rimar; *cela ne rime à rien* não faz sentido.
rimeur *s.m.* rimador, versejador.
rimmel *s.m.* rímel.
rince-doigts *s.m.* lavanda, lavabo.
rincée *s.f.* 1. pé-d'água; 2. (*pop.*) sova.
rincer *v.t.* enxaguar, lavar. (*Conj. 14*)
ripaille *s.f.* rega-bofe.
ripaton *s.m.* (*pop.*) pé.
riposter *v.int.* retorquir.
riquiqui *adj.* (*fam.*) pobre, mesquinho.
rire[1] *v.int.* rir; *c'est pour —* não é sério;
vous voulez — não está falando sério; *se — de v.pron.* não ligar a. (*Conj. 89*)
rire[2] *s.m.* riso.
ris[1] *s.m.* moleja, timo (carne de vitela).
ris[2] V. *rire*.
risée *s.f.* chacota, objeto de zombaria.
risette *s.f.* 1. risinho; 2. riso amarelo.
risible *adj.* risível.
risque *s.m.* risco; *au — de* arriscando-se a; *à ses —s et périls* por sua conta e risco; *prendre un —* arriscar-se.
risquer *v.t.* arriscar; *v.int. — de* correr o risco de.
rissoler *v.t.* dourar (comida).
ristourne *s.f.* comissão, redução.
rital e *adj.; s.pátr.* (*pop.*) italiano, carcamano.
rite *s.m.* rito.
ritournelle *s.f.* estribilho, refrão.
rituel elle *adj.; s.m.* ritual.
rivage *s.m.* beira, margem, orla.
rival e aux *adj.; s.* rival.
rivaliser *v.int.* rivalizar.
rivalité *s.f.* rivalidade.
rive *s.f.* margem, beira, orla.
river *v.t.* pregar, cravar, rebitar.
riverain e *adj.; s.* ribeirinho.
rivet *s.m.* rebite.
riveter *v.t.* rebitar. (*Conj. 17*)
rivière *s.f.* rio, ribeiro; *— de diamants* colar de diamantes.
rixe *s.f.* rixa.
riz *s.m.* arroz.
rizière *s.f.* arrozal.
riz-pain-sel *s.m.* (*fam.*) oficial de intendência.
robe *s.f.* 1. vestido; 2. toga, beca, hábito; 3. *— de chambre* roupão; 4. casca (de legumes); 5. pelagem (de cavalos).
robert *s.m.* (*pop.*) seio.
robin *s.m.* (*pej.*) magistrado.
robinet *s.m.* torneira.
robinetterie *s.f.* 1. fábrica de torneiras; 2. conjunto de torneiras.
robot *s.m.* robô.
robuste *adj.* robusto.
roc *s.m.* roca, rocha.
rocade *s.f.* estrada (paralela a estrada real).
rocaille *s.f.* 1. cascalheira; 2. revestimento de pedras e conchas em cimento; 3. *style —* estilo rococó.
rocailleux euse *adj.* pedregoso, cascalhento.

rocambolesque *adj.* (*fam.*) rocambolesco.
roche *s.f.* rocha.
rocher *s.m.* rochedo.
rocheux euse *adj.* rochoso.
rocking-chair *s.m.* cadeira de balanço.
rodage *s.m.* amaciamento.
roder *v.t.* amaciar.
rôder *v.int.* vaguear, rondar.
rôdeur euse *s.* vagabundo, vadio.
rogatoire *adj.* rogatório.
rogatons *s.m.pl.* migalhas, restos.
rogne *s.f.* sarna; (*fam.*) mau humor, cólera.
rogner[1] *v.t.* aparar, podar; reduzir (despesa).
rogner[2] *v.int.* rosnar, murmurar.
rogneur euse *s.* (operário) aparador de papel.
rognon *s.m.* rim (de animal, comestível).
rognure *s.f.* apara.
rogomme *s.m.* cachaça.
rogue *adj.* arrogante, áspero.
roi *s.m.* rei.
roitelet *s.m.* **1.** reizete, régulo; **2.** carriça, corruíra.
rôle *s.m.* **1.** lista, rol; **2.** papel (de um ator); *à tour de* — alternadamente.
romain[1] e *adj.; s.pátr.* romano, habitante de Roma.
romain[2] *s.m.* redondo (tipo de letra tipográfica).
roman[1] e *adj.* românico, romano.
roman[2] *s.m.* romance; — *d'anticipation* romance de ficção científica; — *fleuve* romance cíclico.
romance *s.f.* romança.
romancer *v.t.* romancear.
romanche *adj.pátr.* romanche, reto-românico.
romancier ière *s.* romancista.
romand e *adj.; s.pátr.* (habitante) da Suíça francesa.
romanesque *adj.* romanesco.
romanichel elle *adj.; s.pátr.* cigano nômade.
romaniser *v.t.* romanizar.
romaniste *s.* romanista.
romantique *adj.* romântico.
romantisme *s.m.* romantismo.
romarin *s.m.* alecrim.
rombière *s.f.* (*fam.*) velhota pretensiosa e ridícula; coroa, coroca.
Rome *s.f.* Roma.
rompre *v.t.* **1.** romper, quebrar; *à tout* — ruidosamente; **2.** desfazer; **3.** interromper; **4.** acostumar; *v.int.* romper-se; *rompez!* dispensar! (*Conj. 90*)
ronce *s.f.* silva.
ronceraie *s.f.* silvado.
ronchonner *v.int.* (*fam.*) resmungar.
rond e *adj.* redondo, gordo; (*pop.*) bêbedo; *s.m.* **1.** círculo; *en* — à roda; **2.** anel (de guardanapo); **3.** (*fam.*) dinheiro; *adv. tourner* — funcionar perfeitamente; *cela ne tourne pas* — a coisa não vai bem.
rond-de-cuir *s.m.* (*depr.*) manga de alpaca (burocrata).
ronde[1] *s.f.* **1.** ronda; *à la* — em torno, à roda; **2.** roda, ciranda; **3.** letra redonda.
ronde[2] *s.f.* (*Mús.*) semibreve.
rondelet ette *adj.* rechonchudo.
rondelle *s.f.* rodela.
rondement *adv.* prontamente, francamente.
rondeur *s.f.* **1.** redondeza; **2.** franqueza.
rondouillard e *adj.* pançudo.
rond-point *s.m.* rotunda, praça circular.
ronéo *s.m.* mimeógrafo.
ronéoter ou **ronéotyper** *v.t.* mimeografar.
ronflement *s.m.* ronco.
ronfler *v.int.* roncar, ressonar.
ronger *v.t.* roer; corroer; minar. (*Conj. 19*)
rongeur euse *adj.; s.* roedor.
roquer *v.int.* (xadrez) rocar.
roquet *s.m.* cãozinho.
roquette *s.f.* foguete.
rosace *s.f.* rosácea.
rosaire *s.m.* rosário.
rosâtre *adj.* róseo.
rosbife *s.m.* **1.** rosbife; **2.** (*pop.*) inglês.
rose[1] *s.f.* rosa; — *des vents* rosa dos ventos; *envoyer sur les* —*s* mandar ao diabo; *ne pas sentir la* — ter mau cheiro.
rose[2] *adj.* rosa.
roseau eaux *s.m.* caniço.
rosée *s.f.* orvalho.
roseraie *s.f.* roseiral.
rosette *s.f.* roseta, condecoração.
rosier *s.m.* roseira.
rosière *s.f.* donzela virtuosa e recatada.
rossard e *adj.* maldizente.
rosse[1] *adj.* (*fam.*) mau, mordaz, ruim.
rosse[2] *s.f.* (*fam.*) matungo.
rosser *v.t.* espancar, moer de pancadas.
rosserie *s.f.* frase maldosa.
rossignol *s.m.* **1.** rouxinol; **2.** gazua; **3.** (*fam.*) encalhe.
rot *s.m.* (*vulg.*) arroto.
rotatif ive *adj.* rotativo; *s.f.* rotativa.

rotation *s.f.* rotação.
rotatoire *adj.* rotatório.
roter *v.int.* (*vulg.*) arrotar.
rôti e *adj.; s.m.* assado.
rôtie *s.f.* torrada.
rotin *s.m.* rota, rotim.
rôtir *v.t.* assar, grelhar.
rôtisserie *s.f.* casa de assado, de pasto.
rôtissoiré *s.f.* assadeira.
rotogravure *s.f.* rotogravura.
rotonde *s.f.* rotunda.
rotule *s.f.* rótula.
roturier ière *adj.; s.* plebeu.
rouage *s.m.* peça de mecanismo.
roublard e *adj.* astuto, sabido, ladino.
rouble *s.m.* rublo.
roucoulement *s.m.* arrulho.
roucouler *v.int.* arrulhar.
roudoudou *s.m.* caramelo em caixinha, para lamber.
roue *s.f.* 1. roda; — *de secours* estepe, pneu sobressalente; *être la cinquième — du carrosse* ser um zero à esquerda; *faire la —* abrir a cauda (pavão), (*fig.*) pavonear-se; 2. suplício da roda.
roué e *adj.* devasso, libertino.
rouelle *s.f.* rodela.
Rouen *s.m.* Ruão.
rouennais e *adj.; s.pátr.* (habitante) de Ruão.
rouer *v.t.* supliciar na roda; — *de coups* moer de pancadas.
rouerie *s.f.* esperteza, falta de escrúpulos.
rouet *s.m.* roca.
rouflaquette *s.f.* (*fam.*) mecha de cabelo, colada à têmpora.
rouge *adj.* vermelho; *se fâcher tout —* ficar fulo de raiva; *voir —* ficar furioso; *s.m.* 1. cor vermelha; 2. vinho tinto; 3. batom; 4. sinal vermelho; *passer au —* avançar o sinal.
rougeâtre *adj.* avermelhado.
rougeaud e *adj.* rubicundo.
rouge-gorge *s.m.* pintarroxo.
rougeole *s.f.* sarampo.
rougeur *s.f.* rubor, vermelhidão.
rougir *v.t.* avermelhar; *v.int.* ruborizar-se, corar.
rouille *s.f.* ferrugem.
rouiller *v.t.* e *int.* enferrujar; *se — v.pron.* enferrujar-se.
rouilleux euse *adj.* enferrujado.
rouir *v.t.* macerar.
roulade[1] *s.f.* trinado; vocalise.

roulade[2] *s.f.* bife rolê.
roulant e *adj.* rolante; (*fam.*) muito divertido.
rouleau eaux *s.m.* rolo; — *compresseur* rolo compressor.
roulé-boulé *s.m.* cambalhota.
roulement *s.m.* 1. rolamento; 2. rolo; 3. circulação.
rouler *v.t.* 1. rodar, rolar; 2. enrolar; 3. revirar (os olhos); 4. (*fam.*) enganar, bigodear; *v.int.* 1. rolar, rodar; 2. andar, correr; — *à 100 à l'heure* correr a 100 quilômetros por hora; 3. circular; *se — v.pron.* revirar-se, rolar.
roulette[1] *s.f.* carretilha; *aller comme sur des —s* ir às mil maravilhas.
roulette[2] *s.f.* roleta (jogo de azar); — *russe* roleta-russa.
roulis *s.m.* balanço do navio (de um lado para outro).
roulotte *s.f.* carro de ciganos.
roulure *s.f.* (*vulg.*) prostituta.
roumain e *adj.; s.pátr.* romeno.
Roumanie *s.f.* Romênia.
roupie[1] *s.f.* rupia (moeda da Índia).
roupie[2] *s.f.* (*pop.*) ranho.
roupiller *v.int.* (*fam.*) dormir; tirar uma pestana, uma soneca.
roupillon *s.m.* (*fam.*) cochilo.
rouquin ine *adj.; s.* ruivo.
rouscailler *v.int.* (*pop.*) reclamar, protestar.
rouspéter *v.int.* (*fam.*) rezingar.
rouspéteur *s.m.* (*fam.*) rezingão, espírito de porco.
roussâtre *adj.* arruivado.
rousseur *s.f.* cor ruiva.
roussi *s.m.* cheiro de queimado.
route *s.f.* estrada, rota, caminho; *faire fausse —* errar o caminho, laborar em erro.
routier ière *adj.* rodoviário; *s.m.* 1. escoteiro; 2. ciclista (de campeonato); 3. motorista de caminhão; *vieux —* raposa velha, homem experimentado.
routine *s.f.* rotina.
routinier ière *adj.* rotineiro.
rouvrir *v.t.* reabrir. (*Conj. 35*)
roux rousse *adj.* ruivo.
royal e aux *adj.* real, de rei.
royaliste *adj.; s.* realista, monarquista.
royaume *s.m.* reino; *royaume Uni* Reino Unido (a Inglaterra, depois de sua fusão com a Escócia e a Irlanda).
royauté *s.f.* realeza.
ruade *s.f.* coice, patada.

ruban s.m. fita; — *adhésif* fita durex.
rubéole s.f. rubéola.
rubicond e adj. rubicundo.
rubis s.m. rubi; *payer — sur l'ongle* pagar na hora, pagar à vista.
rubrique s.f. rubrica.
ruche s.f. 1. colmeia; 2. ruche.
rude adj. rude, áspero, rugoso; (*fam.*) famoso, notável.
rudesse s.f. rudeza.
rudiment s.m. rudimento.
rudimentaire adj. rudimentar.
rudoyer v.t. maltratar, tratar com grosseria. (*Conj. 22*)
rue[1] s.f. rua; — *piétonnière* rua de pedestre.
rue[2] s.f. arruda.
ruée s.f. corrida, avançada, investida.
ruelle s.f. ruela; coxia; espaço entre a cama e a parede; (*fig.*) alcova.
ruer v.int. escoicear; *se — v.pron.* precipitar-se.
rugby s.m. rúgbi.
rugir v.int. rugir.
rugissement s.m. rugido.
rugosité s.f. rugosidade.
rugueux euse adj. rugoso, áspero.
ruine s.f. ruína, descalabro.
ruiner v.t. arruinar.
ruineux euse adj. ruinoso.
ruisseau eaux s.m. 1. regato, ribeiro; 2. sarjeta.

ruisseler v.int. brotar, jorrar, escorrer. (*Conj. 12*)
rumeur s.f. rumor.
ruminant e adj.; s. ruminante.
rumination s.f. ruminação.
ruminer v.int. e t. ruminar.
runique adj. rúnico.
rupestre adj. rupestre.
rupin e adj. (*pop.*) rico.
rupiner v.int. (*gír. esc.*) brilhar, exceler.
rupture s.f. ruptura, rompimento.
rural e aux adj. rural.
ruse s.f. astúcia, ardil, manha.
rusé e adj. ardiloso.
ruser v.int. usar de astúcias.
rush s.m. *rush* (tráfego muito intenso).
russe adj.; s.pátr. russo.
Russie s.f. Rússia.
russifier v.t. russificar. (*Conj. 23*)
russophile adj. russófilo.
rustaud e adj. grosseirão.
rusticité s.f. rusticidade.
rustine s.f. remendo aderente.
rustique adj. rústico.
rustre s.m. grosseirão, boçal.
rut s.m. cio.
rutabaga s.m. rutabaga (planta).
rutilant e adj. rutilante.
rythme s.m. ritmo.
rythmer v.t. ritmar.
rythmique adj. rítmico.

S

sa *adj.poss.f.* sua; dele, dela.
sabbat *s.m.* sabá, dia de descanso religioso; **2.** sabá, conciliábulo de bruxos e bruxas; **3.** balbúrdia, algazarra.
sabbatique *adj.* sabático.
sabir *s.m.* **1.** jargão francês-árabe; **2.** patoá, algaravia.
sable *s.m.* areia; — *mouvant* areia movediça; *être sur le* — (*gír.*) estar duro e desempregado; *adj.* de cor de areia.
sabler *v.t.* arear, cobrir de areia; (*fig.*) ingurgitar.
sableur *s.m.* operador de máquina para jatos de areia.
sablier *s.m.* ampulheta.
sablière *s.f.* **1.** areal, areeiro, areão; **2.** depósito de areia (em locomotiva).
sablonneux euse *adj.* arenoso, areento.
sabord *s.m.* portinhola, portaló.
saborder *v.t.* abrir rombos num navio (para afundá-lo); *se* — *v.pron.* (*fig.*) cessar as atividades.
sabot *s.m.* **1.** tamanco; *je vous vois venir avec vos gros* —*s* adivinho as suas intenções, manjo-o; **2.** casco; **3.** sapato.
sabotage *s.m.* sabotagem.
saboter *v.t.* executar mal e porcamente; **2.** sabotar.
saboteur *s.m.* sabotador.
sabotier *s.m.* tamanqueiro.
sabouler *v.t.* (*fam.*) maltratar, empurrar.
sabre *s.m.* sabre; *le* — *et le goupillon* o Exército e a Igreja.
sabrer *v.t.* **1.** golpear com sabre; (*fig.*) **2.** criticar; **3.** fazer cortes (num texto); **4.** mandar embora, reprovar.
sabreur *s.m.* soldado valente, mas brutal; mata-mouros.
sac[1] *s.m.* saco, bolsa; mochila; — *à main* bolsa de senhora; — *à vin* beberrão; *épouser le* — dar o golpe do baú; *l'affaire est dans le* — o negócio está no papo; *mettre dans le même* — pôr no mesmo saco, condenar do mesmo modo; *vider son* — (*fam.*) desembuchar; (*gír.*) riqueza; *interj.* — *à papier!* papagaio! caramba!
sac[2] *s.m.* pilhagem, saque; *mettre à* — saquear.
saccade *s.f.* sacadela, safanão.
saccadé e *adj.* irregular, de trambolhões.
saccager *v.t.* saquear. (*Conj. 19*)
saccharine *s.f.* sacarina.
saccharose *s.f.* sacarose.
sacerdoce *s.m.* sacerdócio.
sacerdotal e aux *adj.* sacerdotal.
sachant, sache etc. V. *savoir*.
sachet *s.m.* saquinho.
sacoche *s.f.* sacola.
sacquer *v.t.* (*fam.*) despedir (empregado); reprovar (candidato em exame).
sacralisation *s.f.* sacralização.
sacraliser *v.t.* sacralizar.
sacramentel elle *adj.* sacramental.
sacre *s.m.* sagração.
sacré e *adj.* sagrado, sacro; (*fam.*, antes de substantivo) danado, maldito.
sacrebleu! *interj.* irra! com os diabos!
sacrement *s.m.* sacramento.
sacrer *v.t.* sagrar; *int.* (*fam.*) praguejar, blasfemar.
sacrifice *s.m.* sacrifício. (*Conj. 23*)
sacrifier *v.t.* e *int.* sacrificar, imolar.
sacrilège *adj.* sacrílego; *s.m.* sacrilégio, profanação.
sacripant *s.m.* sacripanta.
sacristain *s.m.* sacristão.
sacristie *s.f.* sacristia.
sacro-saint e *adj.* sacrossanto.
sacrum *s.m.* (osso) sacro.
sadique *adj.* sádico.

sadisme *s.m.* sadismo.
sadomasochisme *s.m.* sadomasoquismo.
sadomasochiste *adj.; s.* sadomasoquista.
saducéen enne *adj.; s.* (*Hist.*) saduceu.
safari *s.m.* safári.
safran *s.m.* açafrão.
safrané e *adj.* açafroado.
saga *s.f.* saga.
sagace *adj.* sagaz, perspicaz.
sagacité *s.f.* sagacidade.
sagaie *s.f.* azagaia.
sage *adj.* 1. sensato; 2. bem-comportado, sossegado; 3. recatado; *s.m.* sábio.
sage-femme *s.f.* parteira.
sagement *adv.* prudentemente; tranquilamente.
sagesse *s.f.* sabedoria; prudência; bom comportamento.
sagittaire *s.m.* sagitário (constelação e signo do zodíaco); *s.f.* sagitária.
sagou *s.m.* sagu.
sagouin *s.m.* sagui; (*fig.* e *fam.*) porco, indivíduo sujo.
Sahara *s.m.* Saara.
saharien enne *adj.; s.* saariano; *s.f.* camisa esporte.
saignant e *adj.* 1. ensanguentado; 2. mal-passado.
saignée *s.f.* sangria.
saigner *v.t.* sangrar; — *à blanc* esgotar; *v.int.* sangrar; *se* — *v.pron.* sangrar-se.
saillant e *adj.* saliente.
saillie *s.f.* 1. saliência; 2. (*fig.*) frase de espírito, repente.
saillir *v.int.* formar saliência; ressaltar. (*Conj.* 25)
saindoux *s.m.* banha de porco derretida.
sainfoin *s.m.* sanfeno (planta forrageira).
sain e *adj.* são, salutar; saudável, sadio; — *et sauf* são e salvo.
saint e *adj.* santo, sagrado; *toute la* — *e journée* todo santo dia; *ne pas savoir à quel* — *se vouer* não saber a que santo apelar.
saint-bernard *s.m.* (cão) são-bernardo.
saint-cyrien *adj.; s.* aluno da Escola Militar de Saint-Cyr.
sainte-nitouche *s.f.* beata falsa, mulher hipócrita; santa de pau oco.
sainteté *s.f.* santidade.
saint-frusquin *s.m.* (*fam.*) tralhas, pertences, trens.
saint-glinglin *à la* — *loc.adv.* no dia de são nunca.

saint-honoré *s.m.* espécie de doce, feito de couve e creme de leite.
Saint-Siège *s.m.* Santa Sé.
sais V. *savoir*.
saisie *s.f.* penhora.
saisir *v.t.* 1. agarrar; 2. apoderar-se de; 3. aproveitar-se de; 4. penhorar, embargar; 5. pegar, compreender; 6. — *de* submeter o caso a (um tribunal); 7. fritar.
saisissable *adj.* penhorável.
saisissant e *adj.* surpreendente, impressionante.
saison *s.f.* 1. estação; 2. temporada; *être de* — ser oportuno.
saisonnier ière *adj.* de estação; correspondente à estação.
sait V. *savoir*.
salade *s.f.* 1. salada; 2. alface; — *de fruits* salada de frutas; 3. (*fam* e *fig.*) salada, mixórdia, mistifório; (*pop.*) mentira.
saladier *s.m.* saladeira.
salaire *s.m.* salário.
salaison *s.f.* salgação.
salamalec *s.m.* (*fam.*) salamaleque.
salamandre *s.f.* salamandra.
salami *s.m.* salame.
salant e *adj.* V. *marais*.
salarial e aux *adj.* salarial.
salariat *s.m.* salariado.
salarié e *adj.; s.* assalariado.
salarier *v.t.* assalariar. (*Conj.* 23)
salaud *s.m.* (*pop.*) salafrário, cafajeste, escroto.
sale *adj.* sujo; ordinário; desagradável.
salé e *adj.* 1. salgado; 2. (*fig.*) licencioso, livre; *une histoire* —*e*; 3. (*fig.*) exagerado, salgado.
salement *adv.* porcamente.
saler *v.t.* 1. salgar; 2. punir com rigor.
saleté *s.f.* sujeira.
salière *s.f.* 1. saleiro; 2. saboneteira (depressão acima da clavícula de pessoa magra).
salifier *v.t.* salificar.
saligaud *s.* (*pop.*) salafrário, cafajeste.
saline *s.f.* salina.
salinier *s.m.* salineiro.
salinité *s.f.* salinidade.
salir *v.t.* sujar; emporcalhar.
salissure *s.f.* sujeira, sujidade; nódoa.
salitre *s.m.* salitre.
salivation *s.f.* salivação.
salive *s.f.* saliva.
saliver *v.int.* salivar.

salle *s.f.* 1. sala; — *à manger* sala de jantar; — *de bains* banheiro; — *des pas perdus* vestíbulo; 2. teatro.
salmis *s.m.* guisado.
salmonellose *s.f.* salmonelose.
saloir *s.m.* salgadeira.
salon *s.m.* salão; sala de visitas; (salão de) exposição.
salopard e *adj.*(*fam.*) o mesmo que *salaud*.
salope *s.f.* (*pop.*) fêmea, meretriz.
saloper *v.t.* (*fam.*) matar (serviço).
saloperie *s.f.* (*pop.*) sujeira, porcaria, safadeza.
salopette *s.f.* macacão (vestimenta de operário).
salpêtre *s.m.* salitre.
salpétrer *v.t.* salitrar.
salsepareille *s.f.* salsaparrilha, zarza.
salsifis *s.m.* cercefi.
saltimbanque *s.m.* saltimbanco.
salubre *adj.* salubre, saudável.
salubrité *s.f.* salubridade.
saluer *v.t.* saudar, cumprimentar.
salut *s.m.* salvação; saudação; *interj.* oi!
salutaire *adj.* salutar.
salutation *s.f.* saudação, cumprimento.
salvateur trice *adj.; s.* salvador.
salve *s.f.* salva (de tiros, de palmas).
samedi *s.m.* sábado; — *saint* sábado de aleluia.
sana *s.m.* (*fam.*) sanatório.
sanatorium *s.m.* sanatório.
sanctification *s.f.* santificação.
sanctifier *v.t.* santificar. (*Conj. 23*)
sanction *s.f.* sanção.
sanctionner *v.t.* 1. sancionar; 2. impor sanções a; castigar.
sanctuaire *v.t.* santuário.
sandale *s.f.* sandália.
sandalette *s.f.* sandália leve.
sandwich *s.m.* sanduíche.
sang *s.m.* sangue; *avoir du — de navet* ter sangue de barata; (*fam.*) *se faire du mauvais —, se ranger les —s* esquentar a cuca; *interj. bon —!* ao diabo!, droga!
sang-froid *s.m.* sangue-frio.
sanglant e *adj.* 1. ensanguentado, sangrento; *non —* incruento; 2. veemente, agressivo.
sangle *s.f.* cilha; *lit de —* cama de lona, cama de vento.
sangler *v.t.* cilhar, cintar; apertar.
sanglier *s.m.* javali.

sanglot *s.m.* soluço (= choro entrecortado de suspiros); *éclater en —s* desatar a chorar.
sangloter *v.int.* soluçar.
sangsue *s.f.* sanguessuga.
sanguin e *adj.* sanguíneo.
sanguinaire *adj.* sanguinário.
sanguine *s.f.* sanguina.
sanguinolent e *adj.* sanguinolento.
sanie *s.f.* sânie, pus.
sanitaire *adj.* sanitário.
sans *prep.* sem; *non —* com; *adv.* (*fam.*) sem (aquilo).
sans-cœur *s.m.* pessoa insensível, sem entranhas.
sanscrit e *adj.; s.pátr.* sânscrito.
sans-culotte *s.m.* popular partidário da Revolução Francesa, *sans-culotte*.
sans-façon *s.m.* sem-cerimônia.
sans-fil *s.m.* 1. telegrafia sem fio; 2. telegrama.
sans-gêne *adj.* sem-cerimonioso.
sans-le-sou *s.m.* pobretão.
sans-logis *s.m.* pessoa sem teto.
santal *s.m.* sândalo.
santé *s.f.* saúde.
santon *s.m.* figurinha de santo (em presépio).
saoudien enne ou **saoudite** *adj.; s.pátr.* saudita.
saoul V. *soûl*.
saouler V. *soûler*.
saper *v.t.* sapar, minar; *se — v.pron.* (*pop.*) vestir-se.
saperlipopette! *interj.* com os diabos!
sapeur *s.m.* sapador.
saphir *s.m.* safira.
sapin *s.m.* abeto, pinheiro alvar; (*fam.*) caixão; *sentir le —* estar à morte.
sapote *s.f.* sapoti.
sapristi! *interj.* caramba!, ixe!
saquer o mesmo que *sacquer*.
sarabande *s.f.* 1. sarabanda (dança); 2. sara banda, tumulto, roda-viva.
sarbacane *s.f.* zarabatana.
sarcasme *s.m.* sarcasmo.
sarcastique *adj.* sarcástico.
sarcler *v.t.* mondar, sachar, capinar.
sarcloir *s.m.* sacho.
sarcome *s.m.* sarcoma.
sarcophage *s.m.* sarcófago.
Sardaigne *s.f.* Sardenha.
sarde *adj.; s.pátr.* sardo.
sardine *s.f.* sardinha.

sardonique *adj.* sardônico.
sargasse *s.f.* sargaço.
sari *s.m.* sári (vestimenta de mulher indiana).
sarment *s.m.* sarmento.
sarrasin[1] *s.m.* fagópiro, trigo-mouro.
sarrasin[2] **e** *adj.; s.pátr.* sarraceno, mouro.
sarrau *s.m.* blusão.
sarriette *s.f.* segurelha (erva aromática).
sas *s.m.* peneira, ciranda.
sasser *v.t.* peneirar.
satané e *adj.* (*fam.*) infernal, danado.
satanique *adj.* satânico.
satanisme *s.m.* satanismo.
satellite *s.m.; adj.* satélite.
satiété *s.f.* saciedade.
satin *s.f.* cetim.
satiné e *adj.* acetinado.
satire *s.f.* sátira.
satirique *adj.* satírico.
satiriser *v.t.* satirizar.
satisfaction *s.f.* satisfação.
satisfaire *v.t.* satisfazer. (*Conj. 73*)
satisfaisant e *adj.* satisfatório.
satisfait e *adj.* satisfeito.
saturation *s.f.* saturação.
saturer *v.t.* saturar.
satyre *s.m.* sátiro; tarado.
sauce *s.f.* 1. molho; (*fig.*) *mettre à toutes les —s* empregar de todas as maneiras; (*aprox.*) mudar só o tempero; 2. (*pop.*) chuvarada, toró.
saucière *s.f.* molheira.
saucisse *s.f.* salsicha.
saucisson *s.m.* salame, salsichão.
sauf sauve *adj.* salvo, incólume; *prep.* salvo, afora de; *— à* com o risco de; *— que* a não ser que.
sauf-conduit *s.m.* salvo-conduto.
sauge *s.f.* salva.
saugrenu e *adj.* estapafúrdio, esquisito, ridículo.
saule *s.m.* salgueiro; *— pleureur* chorão.
saulaie *s.f.* salgueiral.
saumâtre *adj.* salobro.
saumon *s.m.* salmão.
saumure *s.f.* salmoura.
sauner *v.int.* salinar, produzir sal.
saunier *s.m.* salineiro.
saupoudrer *v.t.* salpicar, polvilhar.
saur *adj.* salgado e defumado.
saura, sauras V. *savoir*.
saure *adj.* baio.
saurien *s.m.* sáurio.

saurons, sauront V. *savoir*.
saut *s.m.* 1. salto; *— périlleux* salto-mortal; *au — du lit* ao levantar-se; *faire le —* tomar uma decisão arriscada; *faire un — chez* dar um pulo até a casa de; 2. cascata.
saute *s.f.* mudança rápida; alteração.
saute-mouton *s.m.* eixo-badeixo, carniça; *jouer à —* pular carniça.
sauter *v.t.* e *int.* saltar, pular; *— aux yeux* saltar aos olhos, ressaltar; *et que ça saute!* (*fam.*) ande logo!; 2. explodir; *se faire — la cervelle* dar um tiro na cabeça; 3. (*fig.*) ser despedido, dançar.
sauterelle *s.f.* gafanhoto; *— verte* esperança.
sauterie *s.f.* arrasta-pé, assustado, forró.
saute-ruisseau *s.m.* moço de recados.
sauteur euse *s.* saltador.
sautiller *v.int.* saltitar.
sautoir *s.m.* colar comprido; *en —* disposto em x; a tiracolo.
sauvage *adj.; s.* selvagem; insociável.
sauvagerie *s.f.* selvageria.
sauvegarde *s.f.* salvaguarda.
sauvegarder *v.t.* salvaguardar.
sauve-qui-peut *s.m.* salve-se quem puder.
sauver *v.t.* salvar; *se — v.pron.* 1. fugir, safar-se; 2. entornar-se (leite fervente); 3. (*fam.*) despedir-se prontamente.
sauvetage *s.m.* salvamento.
sauveteur *adj.; s.m.* salva-vidas.
sauvette *s.f. à la —* às escondidas e apressadamente.
sauveur *s.m.* salvador, libertador.
savamment *adv.* sabiamente.
savane *s.f.* savana.
savant e *adj.; s.* sábio; pedante.
savate *s.f.* 1. sapato ou chinelo velho; *traîner la —* estar na miséria; 2. savate, luta de boxe e pontapés.
savetier *s.m.* sapateiro remendão.
saveur *s.f.* sabor.
Savoie *s.f.* Saboia.
savoir[1] saber; conhecer; *faire —* comunicar, informar; *je ne sache pas* não me consta; *je sais à quoi m'en tenir* sei como agir; *que je sache* pelo que sei; *conj.* quer dizer; *à —* quer dizer. (*Conj. 54*)
savoir[2] *s.m.* saber.
savoir-faire *s.m.* habilidade, jeito.
savoir-vivre *s.m.* arte de bem viver, urbanidade, civilidade.
savon *s.m.* 1. sabão; *— de toilette* sabonete; 2. (*fam.*) repreensão; *flanquer un — à* passar um pito em.

savonner *v.t.* ensaboar.
savonnerie *s.f.* saboaria, fábrica de sabão.
savonnette *s.f.* sabonete.
savourer *v.t.* saborear.
savoureux euse *adj.* saboroso.
savoyard e *adj.; s.pátr.* saboiano.
saxophone *s.m.* saxofone.
sbire *s.m.* esbirro, capanga.
scabreux euse *adj.* 1. escabroso, áspero; 2. escabroso, indecoroso.
scalpel *s.m.* escapelo.
scalper *v.t.* escalpar.
scandale *s.m.* escândalo.
scandaleux euse *adj.* escandaloso, desfrutável.
scander *v.t.* escandir, dizer (um verso) separando as sílabas.
scandinave *adj.; s.pátr.* escandinavo.
Scandinavie *s.f.* Escandinávia.
scaphandre *s.m.* escafandro.
scaphandrier *s.m.* escafandrista.
scapulaire *s.m.* escapulário.
scarabée *s.m.* escaravelho.
scarification *s.f.* escarificação.
scarifier *v.t.* escarificar.
scarlatine *s.f.* escarlatina.
scatologie *s.f.* escatologia (tratado sobre excrementos), pornografia.
scatologique *adj.* escatológico.
scatophage *s.m.* escatófago, que se alimenta de excrementos.
sceau eaux *s.m.* selo, sinete; sinal, marca; *sous le — du secret* sob condição de segredo.
scélérat e *adj.* celerado, velhaco.
scélératesse *s.f.* patifaria, velhacaria.
scellage *s.m.* selagem.
sceller *v.t.* selar, lacrar.
scellé *s.m.* selo judicial.
scénario *s.m.* argumento (de romance ou peça); roteiro (de filme).
scénariste *s.* roteirista.
scène *s.m.* cena, palco, cenário; *mettre en — encenar.*
scénique *adj.* cênico.
scepticisme *s.m.* ceticismo.
sceptique *adj.; s.* cético.
sceptre *s.m.* cetro.
schah *s.m.* xá (antigo soberano do Irã).
schéma *s.m.* esquema.
schématique *adj.* esquemático.
schématisme *s.m.* esquematismo.
schismatique *adj.; s.* cismático.
schisme *s.m.* cisma.
schiste *s.m.* xisto.
schisteux euse *adj.* xistoso.
schizophrène ou **schizophrénique** *adj.* esquizofrênico.
schizophrénie *s.f.* esquizofrenia.
schnaps *s.m.* (*fam.*) aguardente.
schnock *adj.; s.* (*pop.*) imbecil.
sciage *s.m.* cerração.
sciatique *adj.* ciático; *s.f.* ciática.
scie *s.f.* 1. serra, serrote; 2. (*fam.*) chavão; pessoa chata; chateação; 3. peixe-serra.
sciemment *adv.* conscientemente.
science *s.f.* ciência; *pl.* ciências; habilidade, técnica.
science-fiction *s.f.* ficção científica.
scientifique *adj.* científico; *s.* cientista.
scier *v.t.* serrar; (*fam.*) chatear. (*Conj. 23*)
scierie *s.f.* serraria.
scinder *v.t.* cindir.
scintillant e *adj.* cintilante.
scintillation *s.f.* cintilação.
scintiller *v.int.* cintilar.
scission *s.f.* cisão.
sciure *s.f.* serradura, serragem.
sclérose *s.f.* esclerose.
scléroser *v.t.* esclerosar.
scolaire *adj.* escolar.
scolarité *s.f.* escolaridade.
scolastique *adj.; s.m.* escolástico; *s.f.* escolástica.
scoliose *s.f.* escoliose.
scorbut *s.m.* escorbuto.
score *s.m.* escore.
scorie *s.f.* escória.
scorpion *s.m.* escorpião, lacrau.
scout *s.m.* escoteiro.
scoutisme *s.m.* escoteirismo, escotismo.
scribe *s.m.* escriba.
scribouillard *s.m.* (*fam.* e *pej.*) escrevente.
script-girl ou **scripte** *s.f.* continuísta.
scrofule *s.f.* escrófula.
scrofuleux euse *adj.* escrofuloso.
scrotum *s.m.* escroto.
scrupule *s.m.* escrúpulo.
scrupuleux euse *adj.* escrupuloso.
scrutateur *adj.* escrutador; *s.m.* escrutinador (em eleição).
scrutin *s.m.* escrutínio.
sculpter *v.t.* esculpir.
sculpteur *s.m.* escultor.
sculptural e aux *adj.* escultural.
sculpture *s.f.* escultura.
se *pron.* se; a si.

séance *s.f.* sessão; — *tenante* imediatamente; *lever la* — encerrar a sessão.
séant[1] *s.m.* posição sentada; *se dresser sur son* — pôr-se a sentar.
séant[2] **e** *adj.* decente, conveniente.
seau eaux *s.* balde; *il pleut à —x* chove a cântaros.
sébile *s.f.* escudela.
séborrhée *s.f.* seborreia.
sec sèche *adj.* seco, enxuto; *à* — sem recursos, sem dinheiro; *boire* — não pôr água no vinho; *en cinq* — rapidamente; *s.m.* secura; lugar seco.
sécateur *s.m.* podão.
sécession *s.f.* secessão.
sécessionniste *adj.; s.* secessionista.
séchage *s.m.* secagem.
sèche[1] V. *sec.*
sèche[2] *s.f.* (*pop.*) cigarro.
sèchement *adv.* secamente.
sécher *v.t.* 1. secar; 2. (*gír.*) matar (aula); *int.* secar; (*fam.*) levar bomba. (*Conj. 13*)
sécheresse *s.f.* 1. secura; 2. seca.
séchoir *s.m.* secador.
second e *num.* segundo; *s.m.* 1. ajudante, imediato; 2. segundo andar; *s.f.* 1. segundo (unidade de tempo); 2. segunda classe (de trem); 3. segunda (intervalo musical.)
secondaire *adj.* secundário.
seconder *v.t.* secundar, auxiliar.
secouer *v.t.* sacudir, agitar; livrar-se de.
secourable *adj.* prestativo.
secourir *v.t.* socorrer. (*Conj. 27*)
secours *s.m.* socorro; emergência; *au —!* socorro! *porte de* — saída de emergência.
secousse *s.f.* sacudidela, abalo.
secret ète *adj.* secreto; *s.m.* segredo; — *de Polichinelle* segredo de Polichinelo (conhecido de todo mundo).
secrétaire[1] *s.m.* secretário.
secrétaire[2] *s.m.* escrivaninha.
secrétariat *s.m.* secretariado; secretaria.
secrètement *adv.* secretamente.
sécréter *v.t.* segregar. (*Conj. 13*)
sécrétion *s.f.* secreção.
sectaire *adj.; s.* sectário.
sectarisme *s.m.* sectarismo.
sectateur *s.m.* sequaz.
secte *s.f.* seita.
secteur *s.m.* setor.
section *s.f.* 1. seção, corte; 2. seção, divisão.
sectionnement *s.m.* secionamento.
sectionner *v.t.* secionar.

séculaire *adj.* secular.
sécularisation *s.f.* secularização.
séculariser *v.t.* secularizar.
séculier ière *adj.* secular.
secundo *adv.* em segundo lugar.
sécurité *s.f.* segurança.
sédatif ive *adj.; s.m.* sedativo.
sédentaire *adj.* sedentário.
sédiment *s.m.* sedimento.
sédimentaire *adj.* sedimentário.
séditieux euse *adj.* sedicioso.
sédition *s.f.* sedição, motim.
séducteur trice *s.* sedutor.
séduction *s.f.* sedução.
séduire *v.t.* seduzir. (*Conj. 64*)
séduisant e *adj.* sedutor.
segment *s.m.* segmento.
segmentation *s.f.* segmentação.
segmenter *v.t.* segmentar.
ségrégation *s.f.* segregação.
ségrégationnisme *s.m.* segregacionismo.
ségrégationniste *adj.; s.* segregacionista.
seiche *s.f.* siba.
séide *s.m.* sectário, amouco.
seigle *s.m.* centeio.
seigneur *s.m.* senhor, fidalgo; *grand* — fidalgo rico e poderoso; *à tout — tout honneur* por quem sois.
seigneurial e aux *adj.* senhoril.
seigneurie *s.f.* senhoria.
seille *s.f.* selha.
sein *s.m.* 1. seio; 2. (*fig.*) âmago.
Seine *s.f.* Sena (rio da França).
seing *s.m.* assinatura; *sous — privé* não autenticado.
séisme *s.m.* sismo.
seize *num.* dezesseis.
seizième *num.* décimo sexto; *s.m.* 1. dezesseis avos, a décima sexta parte; 2. décimo sexto andar.
séjour *s.m.* estadia, estada; residência.
séjourner *v.int.* permanecer, ficar, demorar.
sel *s.m.* 1. sal; — *gemme* sal-gema; 2. (*fig.*) chiste, graça.
sélect *adj.* (*fam.*) seleto; grã-fino.
sélectif ive *adj.* seletivo.
sélection *s.f.* seleção.
sélectionner *v.t.* selecionar.
sélectivité *s.f.* seletividade.
selle *s.f.* 1. sela; assento; 2. privada; 3. evacuação.
seller *v.t.* selar.
sellerie *s.f.* selaria.

sellette banco dos réus; *être sur la* — estar na berlinda.
sellier *s.m.* seleiro.
selon *prep.* segundo, conforme; *c'est* — depende.
semaille *s.f.* sementeira, semeadura.
semaine *s.f.* semana; *prêter à la petite* — emprestar a prazo curto e a juros elevados.
sémantique *adj.* semântico; *s.f.* semântica.
sémaphore *s.m.* semáforo.
sémaphorique *adj.* semafórico.
semblable *adj.; s.* semelhante.
semblant *s.m.* aparência; *faire — de* fingir.
sembler *v.int.* aparecer.
semelle *s.f.* 1. sola; 2. comprimento do pé; *ne pas avancer d'une* — marcar passo.
semence *s.f.* semente.
semer *v.t.* semear; (*pop.*) largar; desfazer-se de; livrar-se de. (*Conj. 18*)
semestre *s.m.* semestre.
semestriel elle *adj.* semestral.
semeur euse *s.* semeador.
sémillant e *adj.* alegre.
séminaire *s.m.* seminário.
séminal e aux *adj.* seminal.
séminariste *s.m.* seminarista.
sémiologie *s.f.* semiologia.
semis *s.m.* semeadura; sementeira.
sémite *adj.; s.pátr.* semita.
sémitique *adj.* semítico.
semonce *s.f.* reprimenda, descalçadeira.
semoule *s.f.* sêmola.
sempiternel elle *adj.* sempiterno.
sénat *s.m.* senado.
sénateur *s.m.* senador.
séné *s.m.* sene.
sénégalais e *adj.; s.pátr.* senegalês.
sénescence *s.f.* senescência.
sénestre *s.f.* esquerda.
sénile *adj.* senil.
sénilité *s.f.* senilidade.
sens[1] *s.m.* 1. sentido; *les — o* instinto sexual; *les cinq — os* cinco sentidos; *cela tombe sous le —* é evidente, entra pelos olhos; 2. senso; — *commun* senso comum; *à mon —* no meu entender; *bon —* bom-senso, juízo, cordura; *ne pas avoir le — du ridicule* não ter o senso do ridículo; 3. significação; 4. — *dessus dessous* em desordem, de pernas para o ar.
sens[2] *s.m.* sentido, direção; — *interdit* contramão; — *unique* mão única.
sens[3] V. *sentir.*
sensation *s.f.* sensação.
sensationnel elle *adj.* sensacional.
sensé e *adj.* sensato, cordato.
sensibilisateur *adj.; s.m.* sensibilizador.
sensibilisation *s.f.* sensibilização.
sensibiliser *v.t.* sensibilizar.
sensibilité *s.f.* sensibilidade.
sensible *adj.* sensível.
sensiblerie *s.f.* pieguice.
sensitif ive *adj.* sensitivo.
sensitive *s.f.* sensitiva (árvore).
sensoriel elle *adj.* sensorial.
sensualisme *s.m.* sensualismo.
sensualiste *adj.; s.* sensualista.
sensualité *s.f.* sensualidade.
sensuel elle *adj.* sensual.
sentence *s.f.* sentença, máxima.
sententieux euse *adj.* sentencioso.
senteur *s.f.* cheiro, odor, perfume.
sentier *s.m.* atalho, vereda.
sentiment *s.m.* sentimento; *entrer dans les —s de* compartilhar os sentimentos de.
sentimental e aux *adj.* sentimental.
sentimentalisme *s.m.* sentimentalismo.
sentimentalité *s.f.* sentimentalidade.
sentine *s.f.* sentina, lugar muito sujo.
sentinelle *s.f.* sentinela.
sentir *v.t.* 1. sentir; 2. cheirar; 3. suportar; *ne pouvoir —* não suportar; 4. perceber; 5. cheirar a; dar impressão de; *se — v.pron.* sentir-se; *ne pas se — de joie* não caber em si de contente. (*Conj. 38*)
seoir *v.int.* convir; ficar bem. (*Conj. 55*)
séoudite *adj.; s.pátr.* o mesmo que *soudien.*
sépale *s.f.* sépala.
séparable *adj.* separável.
séparation *s.f.* separação.
séparatisme *s.m.* separatismo.
séparatiste *adj.; s.* separatista.
séparé e *adj.* separado.
séparément *adv.* separadamente.
séparer *v.t.* separar, dividir; *se — v.pron.* separar-se.
sépia *s.f.* sépia.
sept *num.* sete.
septante *num.* setenta.
septembre *s.m.* setembro.
septennal e *adj.* setenal.
septennat *s.m.* setenato.
septentrion *s.m.* setentrião.
septentrional e *adj.* setentrional.
septicémie *s.f.* septicemia.

septième *num.* sétimo; *s.m.* **1.** sétimo, a sétima parte; **2.** sétimo andar; *s.f.* (intervalo musical) sétima.
septique *adj.* séptico.
septuagénaire *adj.; s.* setuagenário.
septuple *adj.* sétuplo.
sépulcral e aux *adj.* sepulcral.
sépulcre *s.m.* sepulcro.
sépulture *s.f.* sepultura.
séquelle *s.f.* sequela; série de consequências.
séquence *s.f.* sequência.
séquestre *s.m.* sequestro.
séquestrer *v.t.* sequestrar.
sérail *s.m.* serralho.
séraphique *adj.* seráfico.
serbe *adj.; s.pátr.* sérvio.
Serbie *s.f.* Sérvia.
serein e *adj.* sereno; *s.m.* sereno, relento.
sérénade *s.f.* serenata.
sérénissime *adj.* sereníssimo.
sérénité *s.f.* serenidade.
séreux euse *adj.* seroso.
serf serve *s.* servo.
serfouette *s.f.* sachola.
serge *s.f.* sarja (tecido de lã).
sergent *s.m.* **1.** sargento; **2.** guarda, policial.
sériciculteur *s.m.* seriacultor.
sériciculture *s.f.* seriacultura.
série *s.f.* série; *hors* — fora do comum.
sérier *v.t.* seriar. (*Conj.* 23)
sérieusement *adv.* seriamente.
sérieux euse *adj.* sério; grave; *prendre au* — levar a sério.
sérigraphie *s.f.* serigrafia.
serin *s.m.* canário; (*fam.*) tolo.
seriner *v.t.* ensinar (um pássaro) a cantar; (*fig.*) ensinar repetindo.
seringue *s.f.* seringa.
serment *s.m.* juramento.
sermon *s.m.* sermão.
sermonner *v.t.* pregar um sermão a; repreender.
sérosité *s.f.* serosidade.
serpe *s.f.* podadeira.
serpent *s.m.* serpente; — *à sonnettes* cascavel.
serpenter *v.int.* serpentear.
serpentine *s.f.* serpentina.
serpette *s.f.* podadeira pequena.
serpillière *s.f.* serapilheira, aniagem; pano de chão.
serpolet *s.m.* serpão (planta).

serre[1] *s.f.* estufa (para plantas).
serre[2] *s.f.* garra.
serré e *adj.* **1.** apertado; **2.** compacto; *partie —e* partida muito difícil; **3.** conciso.
serre-livres *s.m.* aperta-livros.
serrement *s.m.* aperto.
serrer *v.t.* apertar, estreitar, comprimir; — *de près* seguir de perto.
serre-tête *s.m.* touca, coifa.
serrure *s.f.* fechadura.
serrurerie *s.f.* serralharia.
serrurier *s.m.* serralheiro.
sertir *v.t.* engastar.
sérum *s.m.* soro.
servage *s.m.* servidão.
servante *s.f.* criada.
serveur euse *s.* garçom, garçonete; extra.
serviabilité *s.f.* obsequiosidade, prestimosidade.
serviable *adj.* prestativo.
service *s.m.* **1.** serviço; **2.** obséquio; *qu'y a-t-il à votre —?* em que posso servi-lo?; *rendre — à* prestar serviço a, obsequiar; **3.** serviço (de mesa), conjunto de louça.
serviette *s.f.* **1.** guardanapo; **2.** pasta (de couro, para papéis etc.).
servile *adj.* servil.
servilisme *s.m.* servilismo.
servilité *s.f.* subserviência.
servir *v.t.* servir; *Madame est servie* está na mesa, (o almoço ou jantar) está servido; dar (cartas); *v.int.* servir; (*impess.*) adiantar; — *de* servir de; (*Conj.* 39) *se* — *v.pron. de* servir-se de.
serviteur *s.m.* criado, servidor.
servitude *s.f.* servidão.
ses *adj.poss.pl.* seus, suas.
sésame *s.m.* gergelim.
session *s.f.* sessão.
set *s.m.* tempo (de partida de tênis).
seuil *s.m.* soleira, limiar.
seul e *adj.* só; único; sozinho.
seulement *adv.* somente; mas, contudo, ao menos; *pas* — nem sequer.
sève *s.f.* seiva.
sévère *adj.* severo.
sévérité *s.f.* severidade.
sévices *s.m.pl.* sevícias.
sévir *v.int.* proceder com rigor; grassar.
sevrage *s.m.* desmama.
sevrer *v.t.* **1.** desmamar; **2.** privar. (*Conj.* 18)
sèvres *s.m.* porcelana de Sèvres.
sexagénaire *adj.; s.* sexagenário.

sexe *s.m.* sexo; (*fam.*) *le —* ou *le — faible* o sexo feminino.
sexologie *s.f.* sexologia.
sexologue *s.m.* sexologista.
sextant *s.m.* sextante.
sextuor *s.m.* sexteto.
sextuple *adj.* sêxtuplo.
sextupler *v.t.* sextuplicar.
sexualité *s.f.* sexualidade.
sexuel elle *adj.* sexual.
sexy *adj.* sexualmente atraente, *sexy*.
seyant e *adj.* conveniente; que fica bem (numa pessoa).
shah V. *schah*.
shaker *s.m.* coqueteleira.
shako *s.m.* barretina.
shampooing *s.m.* xampu.
shérif *s.m.* xerife.
sherry *s.m.* vinho de Xerez.
shetland *s.m.* tecido de algodão escocês.
shilling *s.m.* xelim.
shoot *s.m.* chute.
shooter *v.int.* chutar.
shopping *s.m.* ato de percorrer as lojas *shopping*.
short *s.m.* calção *short*.
shrapnel *s.m.* *shrapnel*.
si[1] *Conj.* se; *même —* ainda que; *— ce n'est* senão.
si[2] *adv.* mas sim; tão; *— bien que* de tal modo que; *— ... que* por mais que.
si[3] *s.m.* (nota musical) si.
Siam *s.m.* Sião (antigo nome da Tailândia).
siamois e *adj.; s.pátr.* siamês.
Sibérie *s.f.* Sibéria.
sibérien enne *adj.; s.pátr.* siberiano.
sibilant e *adj.* sibilante.
sibylle *s.f.* sibila.
sibyllin e *adj.* sibilino.
sic *adv.* sic.
sicaire *s.m.* sicário.
siccité *s.f.* sequidão.
sicule *adj.; s.pátr.* 1. siciliano; 2. sículo, húngaro da Transilvânia.
Sida *s.m.* aids.
sidéral e aux *adj.* sideral.
sidérer *v.t.* espantar, estupefazer. (*Conj. 13*)
sidérose *s.f.* siderose (doença).
sidérurgie *s.f.* siderurgia.
sidérurgique *adj.* siderúrgico.
siècle *s.m.* século; *le —* a vida do mundo (por oposição à vida religiosa); *le — des lumières* o século das luzes.

sied V. *seoir*.
siège[1] *s.m.* cadeira, assento; 2. boleia.
siège[2] *s.f.* sede, sé.
siège[3] *s.m.* sítio, cerco.
siéger *v.t.* tomar assento, ter sede. (*Conj. 19*)
sien enne *pron.poss.* o seu, o dele, o dela; *les —s* os seus (familiares); *y mettre du —* fazer concessões, mostrar boa vontade.
sieste *s.f.* sesta.
sieur *s.m.* senhor; (*depr.*) um tal.
sifflement *s.m.* assobio.
siffler *v.t.* 1. assobiar, apitar; 2. apupar, vaiar; 3. engolir, tragar.
sifflet *s.m.* assobio, apito; (*fam.*) garganta, gasnete; *ça me coupe le —* isto me deixa bobo.
siffloter *v.t.* assobiar baixinho.
sigillaire *adj.* sigilar.
sigle *s.m.* sigla.
signal *s.m.* sinal; *donner le — de* desencadear.
signalé e *adj.* assinalado, considerável.
signalement *s.m.* sinais de identificação.
signaler *v.t.* assinalar, denunciar.
signalisation *s.f.* sinalização.
signaliser *v.t.* sinalizar.
signataire *s.* signatário.
signature *s.f.* assinatura.
signe *s.m.* sinal; marca; *faire le — de la croix* persignar-se.
signer *s.m.* assinar.
signet *s.m.* marcador de livro.
significatif ive *adj.* significativo.
signification *s.f.* significação.
signifier *v.t.* significar; indicar; notificar. (*Conj. 23*)
silence *s.m.* silêncio; pausa; *imposer — à* silenciar; *passer sous —* deixar de mencionar, omitir.
silencieux euse *adj.* silencioso; *s.m.* silencioso, silenciador.
silex *s.m.* sílex; pederneira.
silhouette *s.f.* silhueta, perfil.
silice *s.f.* sílica.
silicose *s.f.* silicose (doença).
sillage *s.m.* esteira, rasto, sulco.
sillet *s.m.* (*Mús.*) cavalete.
sillon *s.m.* sulco, rasto; estria.
sillonner *v.t.* sulcar.
silo *s.m.* silo.
simagrées *s.f.pl.* (*fam.*) dengues, trejeitos.
simien *s.m.* símio.
simiesque *adj.* simiesco.
similaire *adj.* similar.

simili *s.m.* símile.
similitude *s.f.* similitude.
simonie *s.f.* simonia.
simoun *s.m.* simum.
simple *adj.* **1.** simples, singelo; **2.** mero; **3.** lhano; (*fam.*) *c'est — comme bonjour* não há nada mais simples; *s.m.pl.* plantas medicinais.
simplement *adv.* simplesmente, apenas.
simplet ette *adj.* ingênuo, simples demais.
simplicité *s.f.* simplicidade, singeleza.
simplificable *adj.* simplificável.
simplificateur trice *adj.; s.* simplificador.
simplification *s.f.* simplificação.
simplifier *v.t.* simplificar. (*Conj. 23*)
simplisme *s.m.* simplismo.
simpliste *adj.* simplista.
simulacre *s.m.* simulacro.
simulateur trice *s.* simulador.
simulation *s.f.* simulação.
simuler *v.t.* simular.
simultané e *adj.* simultâneo.
simultanéité *s.f.* simultaneidade.
sinapisme *s.m.* sinapismo.
sincère *adj.* sincero.
sincérité *s.f.* sinceridade.
sinciput *s.m.* (*Anat.*) sincipúcio.
sinécure *s.f.* sinecura.
singe *s.m.* **1.** macaco, símio; *payer en monnaie de —* pagar com palavras; **2.** (*pop.*) chefe, patrão; **3.** (*gír. mil.*) carne de boi enlatada.
singer *v.t.* macaquear. (*Conj. 19*)
singerie *s.f.* macaquice, macaqueação, momice, esgar.
single *adj.* simples (no tênis); *s.m.* para uma pessoa.
singulariser *v.t.* singularizar; *se — v.pron.* singularizar-se.
singularité *s.f.* singularidade.
singulier ière *adj.; s.m.* singular.
sinistre *adj.* sinistro.
sinistré e *adj.; s.* sinistrado; acidentado.
sinologie *s.f.* sinologia (= conjunto de estudos relativos à China).
sinologue *s.* sinólogo.
sinon *conj.* senão, a não ser.
sinoque *adj.* (*fam.*) maluco, biruta.
sinueux euse *adj.* sinuoso.
sinuosité *s.f.* sinuosidade.
sinus *s.m.* (*Geom.*) seno.
sinusite *s.f.* sinusite (doença).
sionisme *s.m.* sionismo.
sioniste *adj.; s.* sionista.

siphon *s.m.* sifão.
siphonné e *adj.* (*pop.*) biruta.
sire *s.f. sire*; (*fam.*) *un pauvre —* um pobre-diabo.
sirène *s.f.* **1.** sereia (ser mitológico); **2.** sereia, sirena (instrumento de alarma).
sirop *s.m.* xarope.
siroter *v.t.* (*fam.*) bebericar, saborear.
sis e *adj.* sito, situado.
sisal *s.m.* sisal.
sismique *adj.* sísmico.
sismographe *s.m.* sismógrafo.
sismologie *s.f.* sismologia.
site *s.m.* **1.** sítio, lugar; **2.** paisagem.
sitôt *adv.* tão cedo; *— que conj.* logo que.
situation *s.f.* situação.
situer *v.t.* situar.
six *num.* seis.
sixième *num.* sexto; *s.m.* **1.** sexto, a sexta parte; **2.** sexto andar.
six-quatre-deux *à la — loc.adv.* precipitadamente, às pancadas.
skaï *s.m.* curvim.
sketch *s.m.* esquete.
ski *s.m.* esqui.
skier *v.int.* esquiar. (*Conj. 23*)
skieur euse *s.* esquiador.
slalom *s.m.* (esqui) *slalom*.
slave *adj.; s.* eslavo.
slavisant e *adj.; s.* eslavizante.
slaviser *v.t.* eslavizar.
slavon *adj.; s.pátr.* eslavônio.
slip[1] *s.m.* sunga.
slip[2] *s.m.* plano inclinado (em estaleiro).
slogan *s.m.* divisa, *slogan*.
sloop *s.m.* navio pequeno de um mastro.
slovaque *adj.; s.pátr.* eslovaco.
Slovaquie *s.f.* Eslováquia.
slovène *adj.; s.* esloveno.
Slovénie *s.f.* Eslovênia.
smala *s.f.* (*fam.*) família (numerosa).
smart *adj.* elegante, *smart*.
smash *s.m.* (tênis) cortada.
SMIC sigla de *Salaire Minimum Interprofessionel de Croissance* (salário mínimo interprofissional de crescimento).
snack *s.m.* lanchonete.
sniffer *v.t.* (*pop.*) aspirar (droga).
snob *s.; adj.* esnobe.
snober *v.t.* (*fam.*) esnobar, tratar com impertinência.
snobinard, inette *s.; adj.* (*fam.*) meio esnobe.
snobisme *s.m.* esnobismo.
sobre *adj.* sóbrio.

sobriété *s.f.* sobriedade.
sobriquet *s.m.* apelido, alcunha.
soc *s.m.* relha (do arado).
sociabilité *s.f.* sociabilidade.
sociable *adj.* sociável.
social e aux *adj.* social.
socialisant e *adj.* socializante.
socialisation *s.f.* socialização.
socialiser *v.t.* socializar.
socialisme *s.m.* socialismo.
socialiste *adj.; s.* socialista.
sociétaire *adj.; s.* societário, associado; ator ou atriz do teatro da *Comédie Française* que tem parte nos lucros.
société *s.f.* sociedade; — *immobilière* imobiliária.
sociologie *s.f.* sociologia.
sociologique *adj.* sociológico.
sociologue *s.* sociólogo.
socle *s.m.* soco, pedestal.
socque *s.m.* soco, tamanco.
socquette *s.f.* soquete, meia curta.
soda *s.m.* soda.
sodique *adj.* sódico.
sodium *s.m.* sódio.
sodomie *s.f.* sodomia.
sœur *s.f.* 1. irmã; — *de lait* irmã colaça; 2. irmã, sóror.
sœurette *s.f.* irmãzinha.
sofa *s.m.* sofá.
soi *pron.* si; *à part* — consigo mesmo; *cela va de* — é evidente; *chez* — em casa; *sur* — consigo.
soi-disant e *adj.* pretenso, suposto.
soie *s.f.* seda.
soierie *s.f.* fábrica de seda.
soif *s.f.* sede.
soiffard e *adj.* (*pop.*) beberrão.
soigner *v.t.* 1. cuidar de; 2. tratar (um doente); *se* — *v.pron.* cuidar de si.
soigneux euse *adj.* cuidadoso.
soin *s.m.* cuidado; *aux bons* —*s de* aos cuidados de; *prendre* — *de* pajear; atenção, aplicação.
soir *s.m.* noite, tarde.
soirée *s.f.* serão, noite, sarau.
sois V. *être*.
soit[1] V. *être*.
soit[2] *conj.* seja; — ... — ... quer... quer.
soixantaine *s.f.* 1. uns sessenta; 2. idade de sessenta anos.
soixante *num.* sessenta; — *et onze* setenta e um.
soixante-dix *num.* setenta.

soixante-dix-huit *num.* setenta e oito.
soixante-dix-neuf *num.* setenta e nove.
soixante-douze *num.* setenta e dois.
soixante-quatorze *num.* setenta e quatro.
soixante-quinze *num.* setenta e cinco.
soixante-seize *num.* setenta e seis.
soixante-treize *num.* setenta e três.
soixantième *num.* sexagésimo; *s.m.* sexagésimo, a sexagésima parte.
soja *s.m.* soja.
sol[1] *s.m.* solo, chão.
sol[2] *s.m.* (*Mús.*) sol.
solaire *adj.* solar.
solarium *s.m.* solário.
soldat *s.m.* soldado; *simple* — praça, soldado raso.
soldatesque *adj.* soldadesco; *s.f.* (*pej.*) soldadesca.
solde[1] *s.f.* soldo.
solde[2] *s.m.* saldo; artigo em liquidação; *pl.* liquidação de saldos.
solder *v.t.* saldar; remarcar artigos em liquidação.
sole[1] *s.f.* linguado; solha.
sole[2] *s.f.* sola (de casco de animal).
soleil *s.m.* 1. sol; *au grand* — à luz do dia; *biens au* — imóveis; *piquer un* — corar; 2. girassol.
solennel elle *adj.* solene.
solennité *s.f.* solenidade.
solfège *s.m.* solfejo.
solfier *v.t.* solfejar. (*Conj.* 23)
solidaire *adj.* solidário.
solidariser, se *v.pron.* solidarizar-se.
solidarité *s.f.* solidariedade.
solide *adj.; s.m.* sólido.
solidification *s.f.* solidificação.
solidifier *v.t.* solidificar. (*Conj.* 23)
solidité *s.f.* solidez.
soliloque *s.m.* solilóquio.
soliste *s.* solista.
solitaire *adj.* solitário; *s.m.* diamante único engastado num anel.
solitude *s.f.* solidão.
solive *s.f.* trave, viga.
sollicitation *s.f.* solicitação.
solliciter *v.t.* solicitar.
solliciteur euse *s.* solicitador.
sollicitude *s.f.* solicitude.
solo *s.m.* solo.
solstice *s.m.* solstício.
solubilité *s.f.* solubilidade.
soluble *adj.* solúvel.
solution *s.f.* solução.

solvabilité *s.f.* solvabilidade.
solvable *adj.* solvável, solvível.
solvant *s.m.* solvente.
somatique *adj.* somático (relativo ao corpo).
sombre *adj.* sombrio, escuro.
sombrer *v.int.* soçobrar, naufragar.
sommaire *adj.; s.m.* sumário.
sommation *s.f.* intimação.
somme¹ *s.f.* 1. soma, importância, quantia; — *toute* em resumo; 2. suma, súmula.
somme² *s.f.* carga; *bête de* — besta de carga.
somme³ *s.m.* sono, soneca; *faire un petit* — tirar uma soneca.
sommelier *s.m.* (*Hist.*) escanção; (*mod.*) garçom encarregado das bebidas.
sommeiller *v.int.* cochilar, dormitar.
sommer¹ *v.t.* somar.
sommer² *v.t.* intimar.
sommes V. *sommer* e *être*.
sommet *s.m.* cume, topo, vértice; conferência de cúpula.
sommier *s.m.* estrado (de cama).
sommité *s.f.* sumidade.
somnambule *s.* sonâmbulo.
somnambulique *adj.* sonambúlico.
somnambulisme *s.m.* sonambulismo.
somnifère *adj.; s.m.* sonífero.
somnolence *s.f.* sonolência.
somnolent e *adj.* sonolento.
somnoler *v.int.* cochilar.
somptuaire *adj.* suntuário.
somptueux euse *adj.* suntuoso.
somptuosité *s.f.* suntuosidade.
son¹ *adj.poss.* seu, dele; sua, dela.
son² *s.m.* som; *à* — *de trompe* alto e bom som.
son³ *s.m.* farelo; 2. serragem; *tache de* — sarda.
sonate *s.f.* sonata.
sondage *s.m.* sondagem.
sonde *s.f.* sonda.
sonder *v.t.* sondar.
songe *s.m.* sonho.
songer *v.int.* 1. sonhar; 2. pensar, cismar. (*Conj.* 19)
songeur euse *adj.* cismarento; *s.* sonhador.
sonique *adj.* sônico.
sonnaille *s.f.* chocalho.
sonnant e *adj.* soante, sonante; *à cinq heures* —*es* às cinco em ponto.

sonner *v.int.* ressoar; — *faux* desafinar; tocar; tocar (a campainha), chamar por um toque de campainha; *faire* — pronunciar destacadamente; *se faire* — levar uma repreensão.
sonnerie *s.f.* toque de campainha, de sino.
sonnet *s.m.* soneto.
sonnette *s.f.* campainha.
sonneur *s.m.* sineiro.
sonore *adj.* sonoro.
sonorisation *s.f.* sonorização.
sonoriser *v.t.* sonorizar.
sonorité *s.f.* sonoridade.
sont V. *être*.
sophisme *s.m.* sofisma.
sophiste *s.* sofista.
sophistication *s.f.* sofisticação.
sophistique *adj.* sofístico; *s.f.* sofística.
sophistiquer *v.t.* sofisticar.
soporifique *adj.; s.m.* soporífico.
soprano *s.m.* soprano.
sorbet *s.m.* sorvete de frutas.
sorbetière *s.f.* sorveteira.
sorbonnard e *adj.; s.* (*fam.* e *pej.*) estudante ou professor da Sorbonne.
sorcellerie *s.f.* feitiçaria, bruxaria.
sorcier ière *adj.; s.* feiticeiro, bruxo; *ce n'est pas* — não é coisa do outro mundo.
sordide *adj.* sórdido.
sorgho *s.m.* sorgo.
sornettes *s.f.pl.* baboseiras.
sors V. *sortir*.
sort¹ *s.m.* 1. sorte, azar; *jeter un* — *à* enfeitiçar; 2. quinhão; *faire un* — *à* valorizar; (*fam.*) acabar (bebida ou comida); 3. *le* — *en est jeté* a sorte está lançada; *tirer au* — tirar à sorte; (*ant.*) ser designado pela sorte para o serviço militar.
sort² V. *sortir*.
sortable *adj.* decente; que se pode exibir.
sortant e *adj.* que sai; cujo mandato termina.
sorte *s.f.* sorte, espécie; *de la* — assim; *de telle* — *que* de modo que; *de quelque* — por assim dizer; *faire en* — *de* fazer com que.
sortie *s.f.* 1. saída; 2. surtida; 3. invectiva; 4. (*Contab.*) despesa; 5. porta (de saída); — *de bain* saída de banho, saída de praia.
sortilège *s.m.* sortilégio.
sortir *v.int.* sair; dar um passeio; — *de ses gonds* (*fig.*) encolerizar-se; *v.t.* fazer sair, tirar. (*Conj.* 40)
sosie *s.m.* sósia.

sot sotte *adj.; s.* tolo; *un — en trois lettres* besta quadrada.
sot-l'y-laisse *s.m.* mitra, uropígio.
sottise *s.f.* tolice, doidice.
sottisier *s.m.* coleção de disparates.
sou *s.m.* soldo (5 centavos); *n'avoir pas le* —, *être sans le* — estar a nenhum.
soubassement *s.m.* embasamento.
soubresaut *s.m.* sobressalto.
soubrette *s.f.* 1. criada de quarto (de comédia); 2. (*fam.*) criada de quarto, arrumadeira.
souche *s.f.* 1. cepo; 2. cepa, tronco de uma linhagem; origem.
souci[1] *s.m.* cuidado, preocupação, inquietação.
souci[2] *s.m.* calêndula (flor).
soucier, se *v.pron.* preocupar-se com, ligar a. (*Conj. 23 e 8*)
soucieux euse *adj.* 1. inquieto; 2. cuidadoso.
soucoupe *s.f.* pires; — *volante* disco voador.
soudable *adj.* soldável.
soudage *s.m.* soldadura, soldagem.
soudain e *adj.* súbito, repentino.
soudaineté *s.f.* subitaneidade.
soudard *s.m.* (*pej.*) soldado (veterano) grosseiro.
soude *s.f.* soda.
souder *v.t.* soldar.
soudoyer *v.t.* subornar, peitar. (*Conj. 21*)
soudure *s.f.* solda, soldadura.
soue *s.f.* chiqueiro, pocilga.
souffle *s.m.* sopro, respiração, hálito, fôlego.
souffler *v.int.* soprar, respirar, resfolegar; *v.t.* soprar; *ne pas — mot* não dizer palavra; (*fam.*) tirar; espantar.
soufflet[1] *s.m.* fole.
soufflet[2] *s.m.* bofetada.
souffleter *v.t.* esbofetear. (*Conj. 17*)
souffleur euse *s.* ponto (de teatro).
souffrance *s.f.* sofrimento; *en* — em suspenso, à espera de solução.
souffrant e *adj.* sofredor; indisposto.
souffre-douleur *s.m.* bode expiatório, vítima escolhida.
souffreteux euse *adj.* doentio.
souffrir *v.t.* sofrer, suportar, tolerar; permitir; *v.int.* sofrer. (*Conj. 34*)
soufre *s.m.* enxofre.
souhait *s.m.* desejo, voto; *à* — como se quer.
souhaitable *adj.* desejável.

souhaiter *v.t.* desejar, fazer votos para.
souiller *v.t.* sujar; (*fig.*) enlamear, conspurcar, enxovalhar.
souillon *s.m.* criada suja.
souillure *s.f.* nódoa, labéu.
souk *s.m.* mercado árabe; (*fig.*) confusão.
soulagement *s.m.* alívio, consolação.
soulager *v.t.* aliviar, consolar. (*Conj. 18*)
soûlard e *adj.; s.* (*pop.*) beberrão, pau-d'água.
soûler *v.t.* fartar; embriagar.
soûlerie *s.f.* (*pop.*) bebedeira, carraspana.
soulèvement *s.m.* levante, rebelião.
soulever *v.t.* levantar, erguer; desencadear, provocar; *se* — *v.pron.* amotinar-se. (*Conj. 18*)
soulier *s.m.* sapato; *être dans ses petits* —*s* estar em camisa de onze varas.
souligner *v.t.* sublinhar, acentuar.
soûlographie *s.f.* (*fam.*) bebedeira, carraspana.
soumettre *v.t.* submeter, subjugar. (*Conj. 76*)
soumis e *adj.* submisso.
soumission *s.f.* submissão.
soupape *s.f.* válvula.
soupçon *s.m.* 1. suspeita, suspeição; 2. quantidade mínima.
soupçonner *v.t.* suspeitar.
soupçonneux euse *adj.* suspeitoso, suspicaz, desconfiado.
soupe *s.f.* sopa; *à la* —*!* vamos comer!; — *au lait* pessoa esquentada; *être trempé comme une* — estar encharcado; — *populaire* refeição servida a indigentes; *s'emporter comme une — au lait* ser irascível, enfezado.
soupente *s.f.* sótão.
souper *s.m.* ceia.
souper *v.t.* cear; (*pop.*) *j'en ai soupé* estou até aqui.
soupeser *v.t.* sopesar. (*Conj. 18*)
soupière *s.f.* sopeira, terrina.
soupir *s.m.* suspiro.
soupirail aux *s.m.* respiradouro.
soupirant e *s.* (*fam.*) namorado.
soupirer *v.int.* suspirar.
souple *adj.* flexível; (*fig.*) maleável.
souplesse *s.f.* flexibilidade.
source *s.f.* fonte, nascente, manancial.
sourcier ière *s.* vedor, pesquisador de nascentes de água.
sourcil *s.m.* sobrancelha.
sourciller *v.int.* franzir as sobrancelhas; *sans* — sem pestanejar.

sourcilleux euse *adj.* 1. sobranceiro, severo; 2. pontilhoso.
sourd e *adj.* surdo; mouco; (*fig.*) inflexível.
sourdine *s.f.* surdina.
sourd-muet sourde-muette *adj.; s.* surdo-mudo.
sourdre *v.int.* surdir, brotar.
souriant e *adj.* sorridente.
souriceau eaux *s.m.* camundongozinho.
souricière *s.f.* ratoeira.
sourire[1] *v.int.* sorrir. (*Conj. 89*)
sourire[2] *s.m.* sorriso.
souris *s.f.* 1. camundongo; 2. (*pop.*) moça.
sournois e *adj.* sonso, dissimulado; *s.* songa-monga.
sournoiserie *s.f.* sonsice, dissimulação.
sous *prep.* sob; debaixo de; durante, no tempo de.
sous-alimentation *s.f.* subalimentação.
sous-bois *s.m.* sobosque.
sous-chef *s.m.* subchefe.
sous-commission *s.f.* subcomissão.
souscripteur *s.m.* subscritor.
souscription *s.f.* subscrição.
souscrire *v.t.* subscrever. (*Conj. 72*)
sous-cutané e *adj.* subcutâneo.
sous-développé e *adj.* subdesenvolvido.
sous-développement *s.m.* subdesenvolvimento.
sous-directeur *s.m.* subdiretor.
sous-emploi *s.m.* desemprego.
sous-entendre *v.t.* subentender. (*Conj. 84*)
sous-entendu *adj.; s.m.* subentendido.
sous-entrepreneur *s.m.* subempreiteiro.
sous-estimer *v.t.* subestimar.
sous-fifre *s.m.* (*fam.*) qualquer empregadinho.
sous-jacent e *adj.* subjacente.
sous-lieutenant *s.m.* segundo-tenente.
sous-locataire *s.* sublocatário.
sous-location *s.f.* sublocação.
sous-louer *v.t.* sublocar.
sous-main *s.m.* pasta de escrivaninha; *en — loc.adv.* em segredo.
sous-marin e *adj.* submarino; *s.m.* submarino.
sous-multiple *s.m.* submúltiplo.
sous-nappe *s.f.* forro de mesa.
sous-œuvre, *en — loc.adv.* (começando) pelos alicerces.
sous-off *s.m.* (*fam.*) o mesmo que *sous-officier*.
sous-officier *s.m.* suboficial.

sous-ordre *s.m.* 1. subordem; 2. subordinado, subalterno.
sous-pied *s.m.* presilha (de calça).
sous-préfecture *s.f.* (*aprox.*) região administrativa.
sous-préfet *s.m.* (*aprox.*) chefe de região administrativa.
sous-produit *s.m.* subproduto.
sous-seing *s.m.* contrato particular.
soussigné e *adj.; s.* abaixo-assinado.
sous-sol *s.m.* subsolo.
sous-titre *s.m.* subtítulo.
soustraction *s.f.* subtração.
soustraire *v.t.* subtrair. (*Conj. 93*)
sous-ventrière *s.f.* cilha.
sous-verre *s.m.* porta-retratos.
sous-vêtement *s.m.* roupa de baixo.
soutache *s.f.* sutache.
soutane *s.f.* sotaina, batina.
soute *s.f.* paiol, carvoeira.
soutenance *s.f.* defesa (de tese).
souteneur *s.m.* gigolô, rufião.
soutenir *v.t.* 1. sustentar, suportar; 2. suster, amparar; 3. defender, afirmar. (*Conj. 41*)
souterrain e *adj.; s.m.* subterrâneo.
soutien *s.m.* sustento, sustentáculo; suporte, defensor.
soutien-gorge *s.m.* sutiã; porta-seios.
soutirer *v.t.* arrancar, tirar.
souvenir[1] *v.t.* recordação, lembrança.
souvenir[2] *se v.pron.* lembrar-se. (*Conj. 42 e 7*)
souvent *adv.* muitas vezes, frequentemente, amiúde; *le plus — a* maioria das vezes.
souverain e *adj.; s.* soberano.
souveraineté *s.f.* soberania.
soviet *s.m.* soviete.
soviétique *adj.; s.* soviético.
soviétisation *s.f.* sovietização.
soyeux euse *adj.* sedoso.
soyez, soyons V. *être.*
spacieux euse *adj.* espaçoso.
spadassin *s.m.* espadachim.
spaghetti *s.m.pl.* espaguete.
sparadrap *s.m.* esparadrapo.
Sparte *s.f.* Esparta.
sparte *s.m.* esparto.
sparterie *s.f.* espartaria.
spartiate[1] *adj.; s.pátr.* (*ant.*) espartano.
spartiate[2] *s.f.* sandália de couro.
spasme *s.m.* espasmo.
spasmodique *adj.* espasmódico.
spatial e aux *adj.* espacial.

spatule *s.f.* espátula.
speaker *s.* locutor.
speakerine *s.f.* locutora.
spécial e aux *adj.* especial.
spécialisation *s.f.* especialização.
spécialisé e *adj.* especializado; *ouvrier —* operário não qualificado.
spécialiser *v.t.* especializar.
spécialiste *adj.; s.* especialista.
spécialité *s.f.* especialidade.
spécieux euse *adj.* especioso.
spécification *s.f.* especificação.
spécifier *v.t.* especificar. (*Conj. 23*)
spécifique *adj.* específico.
spécimen *s.m.* espécime; amostra.
spectacle *s.m.* espetáculo.
spectaculaire *adj.* espetacular.
spectateur trice *s.* espectador.
spectral e aux *adj.* espectral.
spectre[1] *s.m.* espectro, fantasma.
spectre[2] *s.m.* espectro.
spéculateur trice *s.* especulador.
spéculatif ive *adj.* especulativo.
spéculation *s.f.* especulação.
spéculer *v.t.* 1. especular, refletir; 2. especular, traficar.
speculum *s.m.* espéculo.
speech *s.m.* (*fam.*) discurso, alocução.
spéléologie *s.f.* espeleologia, estudo de grutas.
spéléologue *s.m.* espeleólogo.
spencer *s.m.* casaca sem abas.
spermatozoïde *s.m.* espermatozoide.
sperme *s.m.* esperma.
sphère *adj.* esfera.
sphèrique *adj.* esférico.
sphincter *s.m.* (*Anat.*) esfíncter.
sphinx *s.m.* esfinge.
spiral e aux *adj.* espiralado.
spirale *s.f.* espiral.
spirite *adj.; s.* espírita.
spiritisme *s.m.* espiritismo.
spiritualiser *v.t.* espiritualizar.
spiritualisme *s.m.* espiritualismo.
spiritualiste *s.* espiritualista.
spirituel elle *adj.* 1. espiritual; 2. espirituoso.
spiritueux euse *adj.; s.m.* bebida alcoólica.
spleen *s.m.* esplim.
splendeur *s.f.* esplendor.
splendide *adj.* esplêndido.
spoliation *s.f.* espoliação; esbulho.
spolier *v.t.* espoliar, esbulhar. (*Conj. 23*)

spongieux euse *adj.* esponjoso.
spontané e *adj.* espontâneo.
spontanéité *s.f.* espontaneidade.
sporadicité *s.f.* esporadicidade.
sporadique *adj.* esporádico.
spore *s.m.* esporo.
sport *s.m.* esporte.
sportif ive *adj.* esportivo; *s.* desportista.
sportivité *s.f.* espírito esportivo.
sportsman, sportsmen *s.m.* desportista, turfista.
sportule *s.f.* espórtula.
spot *s.m.* 1. ponto luminoso; 2. projetor.
sprint *s.m.* (*Esp.*) arrancada final.
spumeux euse *adj.* espumoso.
squale *s.m.* esqualo, tubarão.
squame *s.f.* escama.
square *s.m.* jardim público, pracinha.
squelette *s.m.* esqueleto.
squelettique *adj.* esquelético.
stabilisation *s.f.* estabilização.
stabiliser *v.t.* estabilizar.
stabilité *s.f.* estabilidade.
stable *adj.* estável.
stade *s.m.* 1. estádio (campo de jogos esportivos); 2. estádio, fase.
staff *s.m.* 1. estado-maior, *staff*; 2. estafe; composto de gesso e de fibras vegetais.
stage *s.m.* estágio.
stagiaire *adj.; s.* estagiário.
stagnant e *adj.* estagnado.
stagnation *s.f.* estagnação.
stagner *v.int.* estagnar.
stalactite *s.f.* estalactite.
stalag *s.m.* campo de prisioneiros para soldados e suboficiais (na Alemanha, durante a Segunda Guerra Mundial).
stalagmite *s.f.* estalagmite.
stalinien enne *adj.; s.* stalinista.
stalle *s.f.* 1. cadeira de coro; 2. compartimento de cocheira e de garagem.
staminifère *adj.* estaminífero, estaminado.
stance *s.f.* estância, estrofe.
stand *s.m.* estande.
standard *s.m.* modelo, padrão; *— téléphonique* dispositivo de ligação; orifício para colocação da ficha em telefone público.
standardisation *s.f.* estandardização, padronização.
standardiser *v.t.* estandardizar, padronizar.
standardiste *s.* telefonista.

standing s.m. situação econômica e social.
staphylocoque s.m. estafilococo.
star s.f. estrela de cinema.
starlette s.f. jovem atriz de cinema que aspira a se tornar *star*.
starter s.f. (*Esp.*) bandeirinha encarregado de dar o sinal de partida.
stase s.f. (*Med.*) estase.
station s.f. estação, parada; ponto (de táxis); estação de águas, de veraneio; estação de rádio, de televisão.
stationnaire adj. estacionário.
stationnement s.m. estacionamento.
stationner v.int. estacionar.
station-service s.f. posto de gasolina.
statique adj. estático; s.f. estática.
statisticien s.m. estatístico.
statistique adj. estatístico; s.m. estatística.
statuaire adj. estatuário; s.f. estatuária; s. estatuário.
statue s.f. estátua.
statuer v.int. estatuir.
statuette s.f. estatueta.
statufier v.t. (*fam.*) erguer uma estátua a. (*Conj. 23*)
stature s.f. estatura.
statut s.m. estatuto.
steak s.m. filé.
stéarine s.f. estearina.
stéatite s.f. esteatita; pedra-sabão.
stèle s.f. estela.
stellaire adj. estelar.
stellionat s.m. estelionato.
stellionataire s. estelionatário.
stencil s.m. estêncil.
sténo s. abreviatura de *sténographe*.
sténodactylo(graphe) s. (geralmente f.) estenodatilógrafa.
sténographe s. estenógrafo.
sténographie s.f. estenografia.
sténographier v.t. estenografar. (*Conj. 23*)
sténographique adj. estenográfico.
sténotype s.m. estenótipo.
sténotypie s.f. estenotipia.
steppe s.f. estepe.
stère s.m. estere, estéreo (medida de volume).
stéréo s.f. abreviatura de *stéréophonie*.
stéréométrie s.f. estereometria.
stéréophonie s.f. estereofonia.
stéréotype s.m. estereótipo.
stéréotyper v.t. estereotipar.

stéréotypie s.f. estereotipia.
stérile adj. estéril.
stérilet s.m. DIU (dispositivo intrauterino).
stérilisateur s.m. esterilizador.
stérilisation s.f. esterilização.
stériliser v.t. esterilizar.
stérilité s.f. esterilidade.
sternum s.m. (*Anat.*) esterno.
sternutation s.f. esternutação, espirro.
sternutatoire adj. esternutatório.
stéthoscope s.m. estetoscópio.
stéthoscopie s.f. estetoscopia.
steward s.m. *maître d'hôtel* em navio e avião.
stigmate s.m. estigma; ferrete, labéu.
stigmatiser v.t. estigmatizar.
stigmatisme s.m. estigmatismo.
stimulant e adj.; s.m. estimulante.
stimulateur s.m. —*cardiaque* marca-passo.
stimuler v.t. estimular.
stimulus s.m. estímulo.
stipe s.m. espique.
stipendier v.t. estipendiar. (*Conj. 23*)
stipulation s.f. estipulação.
stipuler v.t. estipular, convencionar.
stock s.m. estoque.
stockage s.m. estocagem, armazenagem.
stocker v.t. estocar.
stockiste s.m. (*Com.*) representante.
stoïcien enne adj.; s. estoico.
stoïcisme s.m. estoicismo.
stoïque adj.; s. estoico.
stomacal e aux adj. estomacal.
stomatite s.f. estomatite.
stop s.m. 1. pare!; 2. parada; 3. ponto (em telegrama); 4. pisca-pisca (de automóvel); 5. pedido de carona.
stopper v.t. deter, mandar parar; v.int. estacar.
store s.m. estore, cortina.
strabique adj.; s. estrábico.
strabisme s.m. estrabismo.
strangulation s.f. estrangulação.
strapontin s.m. assento, móvel suplementar (no teatro), coxia.
strass s.m. *strass*, diamante falso.
stratagème s.m. estratagema.
strate s.m. (*Geol.*) estrato.
stratège s.m. estrategista.
stratégie s.f. estratégia.
stratégique adj. estratégico.
stratification s.f. estratificação.
stratifier v.t. estratificar. (*Conj. 23*)

strato-cumulus *s.m.* estrato-cúmulo.
stratosphère *s.f.* estratosfera.
stratus *s.m.* (*Met.*) estrato.
streptocoque *s.m.* estreptococo.
streptomycine *s.f.* estreptomicina.
strict e *adj.* estrito, severo.
strident e *adj.* estridente.
strie *s.f.* estria.
strip-tiseuse *s.f.* mulher que faz *strip--tease*.
strophe *s.f.* estrofe.
structural e aux *adj.* estrutural.
structuralisme *s.m.* estruturalismo.
structuraliste *adj.; s.* estruturalista.
structure *s.f.* estrutura.
structurer *v.t.* estruturar.
strychnine *s.f.* estricnina.
stuc *s.m.* estuque.
stucateur *s.m.* estucador.
studieux euse *adj.* estudioso.
studio *s.m.* estúdio; sala e quarto (conjugados).
stupéfaction *s.f.* estupefação.
stupéfait e *adj.* estupefato.
stupéfiant e *adj.; s.m.* entorpecente.
stupéfier *v.t.* estupefazer. (*Conj. 23*)
stupeur *s.f.* estupor.
stupide *adj.* estúpido, tolo.
stupidité *s.f.* estupidez, tolice.
stupre *s.m.* estupro.
stuquer *v.t.* estucar.
style *s.m.* estilo.
styler *v.t.* formar, educar (um criado).
stylet *s.m.* estilete.
stylisation *s.f.* estilização.
styliser *v.t.* estilizar.
styliste *s.* estilista.
stylistique *adj.* estilístico; *s.f.* estilística.
stylite *s.* estilita.
stylo *s.m.* caneta-tinteiro; — *à bille* caneta esferográfica.
stylomine *s.m.* lapiseira.
su e V. *savoir*; *adj.* sabido; *s.m. au — de tout le monde* do conhecimento de todos.
suaire *s.m.* sudário, mortalha.
suave *adj.* suave, mavioso.
suavité *s.f.* suavidade.
subalterne *adj.; s.* subalterno.
subconscience *s.f.* subconsciência.
subconscient e *adj.; s.m.* subconsciente.
subdiviser *v.t.* subdividir.
subdivision *s.f.* subdivisão.
subir *v.t.* sofrer, suportar; experimentar; submeter-se a.

subit e *adj.* súbito.
subitement *adv.* subitamente.
subjacent e *adj.* subjacente.
subjectif ive *adj.* subjetivo.
subjectivisme *s.m.* subjetivismo.
subjonctif *s.m.* subjuntivo.
subjuguer *v.t.* subjugar.
subliminal e aux *adj.* subliminar.
sublimation *s.f.* sublimação.
sublime *adj.* sublime.
sublimer *v.t.* sublimar.
sublimité *s.f.* sublimidade.
sublingual e aux *adj.* sublingual.
sublunaire *adj.* sublunar.
submerger *v.t.* submergir. (*Conj. 19*)
submersible *adj.* submersível.
submersion *s.f.* submersão.
subodorer *v.t.* (*fam.*) farejar, pressentir.
subordination *s.f.* subordinação, sujeição.
subordonner *v.t.* subordinar.
suborner *v.t.* subornar.
suborneur euse *adj.; s.* subornador, sedutor.
subreptice *adj.* sub-reptício.
subroger *v.t.* sub-rogar.
subséquent e *adj.* subsequente.
subside *s.m.* subsídio.
subsidiaire *adj.* subsidiário.
subsistance *s.f.* subsistência.
subsister *v.int.* subsistir.
subsonique *adj.* subsônico.
substance *s.f.* substância; *en —* em resumo.
substantiel elle *adj.* substancial.
substantif *s.m.* substantivo.
substituer *v.t.* substituir.
substitut *s.m.* substituto.
substitution *s.f.* substituição.
substrat ou **substratum** *s.m.* substrato.
subterfuge *s.m.* subterfúgio.
subtil e *adj.* sutil.
subtilisation *s.f.* sutilização.
subtiliser *v.int.* sutilizar (= raciocinar ou discorrer com sutileza); *v.t.* (*fam.*) sutilizar (= roubar com destreza), surripiar.
subtilité *s.f.* sutileza.
subtropical e *adj.* subtropical.
suburbain e *adj.* suburbano.
subvenir *v.int.* vir em socorro de; subvencionar, prover, acudir.
subvention *s.f.* subvenção.
subventionner *v.t.* subvencionar.
subversif ive *adj.* subversivo.
subversion *s.f.* subversão.

suc s.m. suco, sumo.
succédané e adj.; s.m. sucedâneo.
succéder v.int. suceder. (Conj. 13)
succès s.m. sucesso, êxito.
successeur s.m. sucessor.
successible adj. sucessível.
successif ive adj. sucessivo.
succinct e adj. sucinto; (fam.) escasso, pouco abundante.
succion s.f. sucção.
succomber v.int. sucumbir; ser vencido.
succube s.m. súcubo.
succulent e adj. suculento.
succursale s.f. sucursal.
sucer v.t. chupar, sugar. (Conj. 14)
sucette s.f. 1. chupeta; 2. pirulito.
suceur adj.; s.m. sugador.
suçoir s.m. sugadouro.
suçon s.m. chupão.
suçoter v.t. chupar, sugar.
sucre s.m. açúcar; *casser le — sur le dos de* cortar na casaca de, tesourar.
sucré e adj. açucarado; *faire la —e* bancar a ingênua.
sucrer v.t. açucarar, adoçar; (pop.) suprimir; *se — v.pron.* beneficiar-se à custa de outros.
sucrerie s.f. 1. fábrica ou refinaria de açúcar; 2. pl. confeitos e doces.
sucrier ère adj. açucareiro; s.m. 1. açucareiro, fabricante de açúcar; 2. açucareiro (= recipiente).
sud s.m. sul.
sud-africain e adj.; s. sul-africano.
sud-américain e adj.; s. sul-americano.
sudation s.f. sudação.
sud-est s.m. sueste, sudeste.
sudiste adj.; s.m. sulista (especialmente partidário dos estados do Sul, na Guerra de Secessão norte-americana, de 1861 a 1865).
sudorifique adj.; s.m. sudorífico.
sud-ouest s.m. sudoeste.
Suède s.f. Suécia.
suède s.m. suede, pele para luvas.
suédine s.f. suedine (tecido).
suédois e adj.; s.pátr. sueco.
suée s.f. suadouro, transpiração abundante.
suer v.int. e t. suar, transpirar; *faire —* (fam.) chatear.
sueur s.f. suor.
suffire v.t. bastar, chegar; *se — v.pron.* ser autossuficiente.

suffisamment adv. suficientemente.
suffisance s.f. suficiência; presunção.
suffisant e adj. 1. suficiente, bastante; 2. emproado, convencido, presunçoso.
suffixe s.m. sufixo.
suffocant e adj. sufocante.
suffocation s.f. sufocação.
suffoquer v.t. 1. sufocar; 2. escandalizar.
suffrage s.m. sufrágio.
suffragette s.f. sufragista.
suggérer v.t. sugerir. (Conj. 19)
suggestibilité s.f. sugestionabilidade.
suggestif ive adj. sugestivo.
suggestion s.f. sugestão.
suggestionner v.t. sugestionar.
suicide s.m. suicídio.
suicidé e s. suicida.
suicider, se v.pron. suicidar-se.
suie s.f. fuligem.
suif s.m. sebo.
suiffeux euse adj. sebento.
suintement s.m. transudação.
suinter v.int. transudar.
suis V. *être* e *suivre*.
suisse adj.; s.pátr. suíço; *boire, manger en —* comer sozinho (sem convidar ninguém); bedel de igreja; *petit —* pequeno queijo fresco de forma cilíndrica.
Suisse s.f. Suíça.
suissesse s.f. (irôn.) suíça.
suit V. *suivre*.
suite s.f. 1. sucessão; 2. sequência; 3. continuação; 4. consequência; 5. séquito; 6. aposento completo; *à la — de* depois de; *en conséquence de*; *dans la —* mais tarde; *de —* sem interrupção; *et ainsi de —* e assim por diante; *par la —* mais tarde; *tout de —* logo, já; *avoir de la — dans les idées* ser consequente ou teimoso; *donner — à* levar adiante.
suivant e adj. seguinte; s.f. (ant.) dama de companhia.
suivre v.t. seguir, escoltar; frequentar (um curso); v.impess. resultar. (Conj. 92)
sujet[1] ette adj. sujeito.
sujet[2] s.m. súdito.
sujet[3] s.m. assunto, motivo; *au — de* em relação a.
sujet[4] s.m. (Gram.) sujeito.
sujet[5] s.m. sujeito, indivíduo; *mauvais —* mau-caráter.
sujétion s.f. sujeição.
sulfatage s.m. sulfatagem.
sulfate s.m. sulfato.

sulfater *v.t.* sulfatar.
sulfite *s.m.* sulfito.
sulfure *s.m.* sulfeto, sulfureto.
sulfurique *adj.* sulfúrico.
sultan *s.m.* sultão.
sultanat *s.m.* sultanato.
sumérien enne *adj.; s.pátr.* sumério.
summum *s.m.* apogeu, máximo.
sunnite *adj.; s.* sunita.
superbe *adj.* soberbo; *s.f.* arrogância, soberba.
supercherie *s.f.* embuste, trapaça, burla.
superfétation *s.f.* superfetação.
superficie *s.f.* superfície.
superficiel elle *adj.* superficial.
superficiellement *adv.* pela rama.
superflu e *adj.* supérfluo.
superfluité *s.f.* superfluidade.
supérieur *adj.; s.m.* superior; *s.f.* superiora.
supériorité *s.f.* superioridade.
superlatif ive *adj.; s.m.* superlativo.
supermarché *s.m.* supermercado.
superposer *v.t.* sobrepor.
superposition *s.f.* sobreposição.
supersonique *adj.* supersônico.
superstitieux euse *adj.* supersticioso.
superstition *s.f.* superstição.
superviser *v.t.* supervisar, supervisionar.
supervision *s.f.* supervisão.
supination *s.f.* supinação.
supplanter *v.t.* suplantar.
suppléance *s.f.* suplência.
suppléant e *adj.; s.* suplente.
suppléer *v.t.* suprir, substituir.
supplément *s.m.* suplemento.
supplémentaire *adj.* suplementar.
supplétoire *adj.* supletivo.
supplicant e *adj.; s.* suplicante.
supplication *s.f.* suplicação.
supplice *s.m.* suplício.
supplicier *v.t.* supliciar. (*Conj. 23*)
supplier *v.t.* suplicar. (*Conj. 23*)
supplique *s.f.* súplica.
support *s.m.* suporte.
supportable *adj.* suportável.
supporter[1] *v.t.* suportar, aguentar.
supporter[2] ou **supporteur** *s.m.* (*Esp.*) torcedor.
supposer *v.t.* supor, presumir.
supposition *s.f.* suposição; (*fam.*) *une* — suponhamos.
suppositoire *s.m.* supositório.
suppression *s.f.* supressão.

supprimer *v.t.* suprimir.
suppuration *s.f.* supuração.
suppurer *v.int.* supurar.
supputer *v.t.* suputar, calcular, avaliar.
supranational e aux *adj.* supranacional.
suprématie *s.f.* supremacia.
suprême *adj.* supremo.
sur[1] *prep.* sobre, em: — *le journal* no jornal; por: *juger les gens* — *la mine* julgar as pessoas pela aparência; com: *comptez* — *moi* conte comigo; depois: — *ce* nisso, dito isto; — *l'heure* logo depois; perto de: — *les six heures* perto das seis.
sur[2] **e** *adj.* levemente ácido.
sûr e *adj.* seguro; — *de son fait* seguro do que disse; *à coup* — infalivelmente; *bien* —*!* claro!; *être* — ter certeza; *pour* — certamente; *adv.* seguramente.
surabondance *s.f.* superabundância.
surabondant e *adj.* superabundante.
surabonder *v.int.* superabundar.
surah *s.m.* tecido de seda leve.
suraigu ë *adj.* sobreagudo, superagudo.
suralimentation *s.f.* superalimentação.
suralimenter *v.t.* superalimentar.
suranné e *adj.* antiquado, superado.
surboum *s.m.* o mesmo que *surprise-partie*.
surcharger *v.t.* sobrecarregar. (*Conj. 19*)
surchauffer *v.t.* sobreaquecer.
surchoix *s.m.* alta qualidade.
surclasser *v.t.* sobrepujar.
surcroît *s.m.* aumento, acréscimo; *par* — além disso; *pour* — *de* para cúmulo de.
surdité *s.f.* surdez.
surdoué e *adj.* superdotado.
sureau eaux *s.m.* sabugueiro.
surélever *v.t.* sobrelevar, aumentar a altura de. (*Conj. 18*)
sûrement *adv.* seguramente.
surenchère *s.f.* sobrelanço (nos leilões); *pratiquer la* — oferecer cada vez mais (que um outro).
surenchérir *v.int.* cobrir o lanço (em leilão); (*fig.*) oferecer mais (que um outro).
surent V. *savoir*.
suréquiper *v.t.* equipar mais que o necessário.
surestimer *v.t.* superestimar.
suret te *adj.* azedinho.
sûreté *s.f.* **1.** segurança; — *individuelle habeas corpus*; *en* — a salvo; **2.** *la Sûreté* (a direção da) polícia.
surévaluer *v.t.* sobreavaliar.
surexcitation *s.f.* sobre-excitação.

surexciter *v.t.* sobre-excitar.
surface *s.f.* superfície; *en boucher une — à* (*pop.*) estupefazer, causar grande pasmo a.
surfaire *v.t.* pedir preço excessivo; superestimar, gabar excessivamente. (*Conj. 73*)
surfil *s.m.* chuleio.
surfiler *v.t.* chulear.
surgeler *v.t.* congelar a temperatura muito baixa.
surgeon *s.m.* vergôntea, rebento.
surgir *v.t.* surgir.
surgissement *s.m.* aparecimento.
surhomme *s.m.* super-homem.
surhumain e *adj.* sobre-humano.
surimpression *s.f.* superposição de imagens.
surin *s.m.* (*gír.*) faca.
suriner *v.t.* (*gír.*) esfaquear.
surintendant *s.m.* superintendente.
surir *v.t.* azedar.
sur-le-champ *adv.* imediatamente.
surlendemain *s.m. le —* no segundo dia consecutivo.
surménage *s.m.* estafa, estafamento.
surmener *v.t.* estafar. (*Conj. 18*)
surmonter *v.t.* transpor; encimar, sobrepujar, dominar, superar, vencer.
surnager *v.int.* sobrenadar. (*Conj. 19*)
surnatalité *s.f.* supernatalidade.
surnaturel le *adj.; s.m.* sobrenatural.
surnom *s.m.* alcunha, apelido.
surnombre *s.m.* excesso.
surnommé e *adj.* alcunhado.
surnommer *v.t.* alcunhar, apelidar.
surnuméraire *adj.; s.* extranumerário.
suroffre *s.f.* lanço maior.
suroît *s.m.* 1. vento de sudoeste; 2. chapéu impermeável.
surpasser *v.t.* ultrapassar, superar, desbancar.
surpeuplé e *adj.* superpovoado.
surpeuplement *s.m.* superpovoamento.
surplis *s.m.* sobrepeliz.
surplomber *v.t.* projetar-se sobre.
surplus *s.f.* excedente, sobra; *au —* de resto.
surprenant e *adj.* surpreendente.
surprendre *v.t.* surpreender; apanhar no ato; (*Conj. 83*) *se — v.pron.* surpreender-se.
surpris e (*part.* de *surprendre*) surpreso.
surprise *s.f.* surpresa.
surprise-partie *s.f.* reunião dançante de jovens.

surproduction *s.f.* superprodução.
surréalisme *s.m.* super-realismo, surrealismo.
surréaliste *adj.; s.* super-realista, surrealista.
sursaut *s.m.* sobressalto.
sursauter *v.int.* sobressaltar-se.
surseoir *v.int.* suspender, prorrogar; adiar; *— à un arrêt de mort* suspender uma sentença de morte.
sursis *s.m.* suspensão condicional da pena; *sursis.*
sursitaire *adj.* beneficiado por *sursis.*
surtaxe *s.f.* sobretaxa.
surtout[1] *adv.* sobretudo, antes de mais nada.
surtout[2] *s.m.* sobretudo, casacão.
survécu, survécumes etc. V. *survivre.*
surveillance *s.f.* controle, fiscalização.
surveillant e *s.* vigia, fiscal; inspetor de disciplina.
surveiller *v.t.* vigiar, superintender; fiscalizar; cuidar de, tomar conta de.
survenir *v.int.* ocorrer. (*Conj. 42*)
survente *s.f.* venda por preço excessivo.
survêtement *s.m.* peça de vestuário que se usa sobre trajes de esporte; sobreveste.
survie *s.f.* 1. sobrevida; 2. a vida depois da morte, a vida futura.
survivance *s.f.* 1. sobrevivência; 2. lembrança, vestígio.
survivant e *adj.; s.* sobrevivente.
survivre *v.int.* sobreviver. (*Conj. 95*)
survol *s.m.* sobrevoo.
survoler *v.t.* sobrevoar; examinar por alto.
survolter *v.t.* aumentar excessivamente a voltagem de.
sus[1] *loc.prep. en — de* além.
sus[2] V. *savoir.*
susceptibilité *s.f.* suscetibilidade, melindre.
susceptible *adj.* suscetível.
susciter *v.t.* suscitar.
suscription *s.f.* sobrescrito.
susdit e *adj.* sobredito.
susmentionné e *adj.* acima mencionado.
susnommé e *adj.* acima nomeado.
suspect e *adj.; s.* suspeito.
suspecter *v.t.* suspeitar.
suspendre *v.t.* suspender; fixar, pendurar; dependurar; dispensar. (*Conj. 84*)
suspens *loc.adv. en —* na incerteza; inacabado.

suspense *s.m.* suspense.
suspension *s.f.* **1.** suspensão, interrupção; **2.** suspensão, ato de suspender; **3.** lustre.
suspente *s.f.* linga.
suspicion *s.f.* suspeição, suspeita.
susse V. *savoir.*
sustenter *v.t.* sustentar, alimentar.
susucre *s.m.* (*infant.*) açúcar.
susurrer *v.int.* e *t.* sussurrar.
susvisé e *adj.* acima citado.
sut, sût V. *savoir.*
suture *s.f.* sutura.
suturer *v.t.* suturar.
suzerain e *adj.; s.* suserano.
svelte *adj.* esbelto.
sveltesse *s.f.* esbelteza.
s.v.p. abreviatura de *s'il vous plaît.* V. *plaire.*
sweater *s.m.* suéter.
sybarite *adj.; s.* sibarita.
sycomore *s.m.* sicômoro (árvore).
syllabe *s.f.* sílaba.
syllabique *adj.* silábico.
syllogisme *s.m.* silogismo.
sylphide *s.f.* sílfide.
sylvestre *adj.* silvestre.
sylviculteur *s.m.* silvicultor.
sylviculture *s.f.* silvicultura.
symbiose *s.f.* simbiose.
symbole *s.m.* símbolo.
symbolique *adj.* simbólico; *s.f.* simbólica.
symboliser *v.t.* simbolizar.
symbolisme *s.m.* simbolismo.
symboliste *adj.; s.* simbolista.
symétrie *s.f.* simetria.
symétrique *adj.* simétrico.
sympa *adj.* (*pop.*) simpático.
sympathie *s.f.* simpatia.
sympathique *adj.* simpático.
sympathisant e *adj.; s.* simpatizante.
sympathiser *v.int.* simpatizar.
symphonie *s.f.* sinfonia.
symphonique *adj.* sinfônico.
symposium *s.m.* simpósio.
symptomatique *adj.* sintomático.
symptôme *s.m.* sintoma.
synagogue *s.f.* sinagoga.
synchronique *adj.* sincrônico.
synchroniser *v.t.* sincronizar.
synchronisme *s.m.* sincronismo.
syncope *s.f.* síncope.
syncrétisme *s.m.* sincretismo.
syndic *s.m.* **1.** síndico (representante de credores); **2.** síndico (mandatário dos coproprietários de um edifício).
syndical e aux *adj.* sindical.
syndicalisme *s.m.* sindicalismo.
syndicaliste *adj.; s.* sindicalista.
syndicat *s.m.* sindicato; — *d'initiative* departamento de turismo.
syndiqué e *adj.* sindicalizado.
syndiquer *v.t.* sindicalizar.
syndrome *s.m.* síndrome.
synergie *s.f.* sinergia.
synode *s.m.* sínodo.
synonyme *adj.; s.m.* sinônimo.
synopsis *s.f.* sinopse.
synoptique *adj.* sinóptico.
syntactique *adj.* sintático.
syntaxe *s.f.* sintaxe.
syntaxique *adj.* sintático.
synthèse *s.f.* síntese.
synthétique *adj.* sintético.
synthétiser *v.t.* sintetizar.
syphilis *s.f.* sífilis.
syphilitique *adj.* sifilítico.
Syrie *s.f.* Síria.
syrien enne *adj.; s.pátr.* sírio.
systématisation *s.f.* sistematização.
systématiser *v.t.* sistematizar.
système *s.m.* sistema; (*fam.*) sistema nervoso, os nervos; *courir, taper sur le* — enervar; — *D* sistema de pessoas despachadas; jeito, jeitinho.

T

ta *adj.poss.* tua.
tabac¹ *s.m.* tabaco, fumo; tabacaria; — *à priser* rapé, tabaco; (*fam.*) *c'est toujours le même* — é sempre a mesma coisa.
tabac² *s.m.* (*fam.*) **1.** surra; *passer à* — surrar, espancar; **2.** (*gír. teat.*) êxito.
tabasser *v.t.* (*pop.*) sovar.
tabatière *s.f.* tabaqueira.
tabernacle *s.m.* tabernáculo.
tabétique *adj.* tábido, tabético.
table *s.f.* **1.** mesa; — *de chevet, de nuit* mesinha de cabeceira, criado-mudo; — *d'hôte* refeição comum de restaurante ou hotel a preço fixo; — *ronde* mesa-redonda; reunião; — *tournante* mesa movediça (supostamente movida pelos espíritos); *dresser la* — pôr a mesa; **2.** tábua; — *à repasser* tábua de passar roupa; — *de logarithmes* tábua de logaritmos; — *de multiplication* tabuada; **3.** tábula; *faire — rase* fazer tábula rasa; **4.** tabela; **5.** índice; — *des matières* sumário.
tableau eaux *s.m.* **1.** pintura, quadro; **2.** cena, imagem; *pour achever le* — para rematar o quadro, por cúmulo; **3.** — *de chasse* conjunto de troféus de um caçador; **4.** — (*noir*) quadro-negro, pedra; **5.** — *d'honneur* quadro de honra.
tablée *s.f.* pessoas sentadas à mesma mesa.
tabler *v.int.* — *sur* contar com.
tablette *s.f.* **1.** pranchinha, prateleira; **2.** tablete; **3.** (*ant.*) tabuinha de cera para escrever; *écrire sur ses —s* tomar nota.
tablier *s.m.* **1.** tabuleiro (de ponte); **2.** avental; (*fam.*) *rendre son* — demitir-se do emprego.
tabou *s.m.* tabu.
tabouret *s.m.* tamborete; banquinho.
tabulateur *s.m.* tabulador.

tac *s.m.* pancada; *répondre du — au —* responder à altura, dar o troco.
tache *s.f.* mancada, nódoa; — *de son* sarda; *faire —* destoar; *faire — d'huile* propagar-se insensivelmente; (*fig.*) mácula, nódoa.
tâche *s.f.* tarefa, obrigação; *à chaque jour suffit sa* — cada coisa a seu tempo; *mourir à la* — morrer de tanto trabalhar; *prendre à* — tomar a peito; *travailler à la* — trabalhar por tarefa.
taché e *adj.* manchado.
tacher *v.t.* manchar, sujar; *se* — *v.pron.* manchar-se, sujar-se.
tâcher *v.int.* — *de* tratar, procurar, tentar; esforçar-se por.
tâcheron *s.m.* tarefeiro.
tacheter *v.t.* mosquear, sarapintar. (*Conj.* 17)
tachisme *s.m.* tachismo (escola de pintura).
tachycardie *s.f.* taquicardia.
tachymètre *s.m.* taquímetro; tacômetro, velocímetro.
tacite *adj.* tácito.
taciturne *adj.* taciturno.
taciturnité *s.f.* taciturnidade.
tacot *s.m.* (*fam.*) automóvel velho, calhambeque.
tact *s.m.* tato; tino, juízo.
tacticien *s.m.* tático, estrategista.
tactile *adj.* tátil, táctil.
tactique *adj.* tático; *s.f.* tática.
tænia V. *ténia*.
taffetas *s.m.* tafetá.
Tahiti *s.m.* Taiti.
tahitien enne *adj.; s.pátr.* taitiano.
taie *s.f.* **1.** fronha; **2.** belida.
taillader *v.t.* cortar, acutilar, golpear.
taille¹ *s.f.* poda, corte; talho; derrama.
taille² *s.f.* **1.** talhe; *être de* — ter força para; **2.** tamanho; **3.** cintura.

taille-crayon *s.m.* apontador de lápis.
tailler *v.t.* talhar, podar, cortar; talhar (no jogo de cartas); *se — v.pron.* (*pop.*) dar o fora.
taillerie *s.f.* lapidaria.
tailleur *s.m.* **1.** cortador; **2.** alfaiate; **3.** costume de senhora; *assis en —* sentado no chão, de pernas dobradas.
taillis *s.m.* mata de corte.
tain *s.m.* aço (dos espelhos).
taire *v.t.* calar; *se — v.pron.* calar-se. (*Conj. 82*)
talc *s.m.* talco.
talent *s.m.* talento.
talentueux euse *adj.* talentoso.
taler *v.t.* machucar, pisar (fruta).
talion *s.m.* talião.
talisman *s.m.* talismã.
Talmud *s.m.* Talmude.
talmudique *adj.* talmúdico.
talmudiste *s.m.* talmudista.
taloche¹ *s.f.* (*fam.*) murro, cachação, tapona.
taloche² *s.f.* desempenadeira.
talocher *v.t.* (*fam.*) esmurrar.
talon¹ *s.m.* **1.** calcanhar, talão; salto; *montrer les —s* dar no pé; **2.** bico de pão; **3.** monte, resto do baralho.
talon² *s.m.* talão (parte não destacável de um bloco), canhoto.
talonner *v.t.* esporear; perseguir; importunar, aperrear.
talonnette *s.f.* palmilha.
talquer *v.t.* polvilhar de talco.
talqueux euse *adj.* talcoso.
talus *s.m.* talude.
tamandua *s.m.* tamanduá-mirim.
tamanoir *s.m.* tamanduá.
tamarin *s.m.* tamarindo (fruta).
tamarinier *s.m.* tamarindo (árvore).
tamaris *s.m.* tamargueira.
tambouille *s.f.* (*fam.*) gororoba, comida ordinária.
tambour *s.m.* **1.** tambor (instrumento musical); *— battant* a toque de caixa, de rota batida; *— de basque* pandeiro; *sans — ni trompette* em surdina, às escondidas; **2.** tambor (músico); **3.** porta giratória; **4.** bastidor para bordar.
tambourin *s.m.* tamborim, tamboril.
tambourinage *s.m.* tamborilada.
tambouriner *v.int.* e *t.* tamborilar.
tamis *s.m.* tamis, peneira.
tamisage *s.m.* peneiração.

tamiser *v.t.* peneirar.
tamoul *s.m.* tâmul, tâmil (idioma).
tampon *s.m.* **1.** tampão, rolha; **2.** chumaço; *froisser en —* fazer bolinhas de; **3.** *— encreur* almofada de carimbo; **4.** carimbo; **5.** para-choque.
tamponnement *s.m.* **1.** colocação de tampa; **2.** colocação de chumaço; **3.** choque de trens.
tamponner *v.t.* **1.** tamponar; **2.** enxugar; (*fam.*) *s'en — le coquillard* não ligar a mínima; **3.** abalroar.
tam-tam *s.m.* tantã; (*fam.*) publicidade barulhenta, badalação.
tan *s.m.* casca de carvalho pulverizado para curtir couro.
tanagra *s.f.* tânagra (estatueta de Tânagra).
tancer *v.t.* repreender, admoestar. (*Conj.14*)
tanche *s.f.* tenca (peixe).
tandem *s.m.* tandem (bicicleta de dois assentos).
tandis que *loc.conj.* **1.** enquanto; **2.** ao passo que.
tangage *s.m.* arfada, arfagem.
tangence *s.f.* tangência.
tangent e (*Geom.*) *adj.* tangente; *s.f.* tangente.
tangibilité *s.f.* tangibilidade.
tangible *adj.* tangível.
tango¹ *s.m.* tango.
tango² *s.m.*; *adj.* vermelho-alaranjado.
tanguer *v.int.* arfar (navio); balançar, jogar.
tanière *s.f.* covil, toca.
tanin *s.m.* tanino.
tank *s.m.* tanque.
tannage *s.m.* curtimento.
tanné e *adj.* curtido.
tannée *s.f.* (*fam.*) sova.
tanner *v.t.* curtir; (*fam.*) amolar, importunar.
tannerie *s.f.* curtume.
tanneur *s.m.* curtidor.
tannin *s.m.* V. *tanin.*
tan-sad *s.m.* selim de traseiro (de motocicleta).
tant *adv.* tanto; *— bien que mal* sofrivelmente; *— de* tanto(s) tanta(s); *— mieux* tanto melhor; *— pis* tanto pior, paciência!; *— qu'à faire* já que é preciso fazer; *— que* a ponto de; *— de ... que de* tanto ... quanto; *— que ça* a esse ponto; *— que vous y êtes* já que está com a mão na massa; —

s'en faut longe disso, pelo contrário; *en — que* na qualidade de; *— soit peu* por menos que seja; (*fam.*) *vous m'en direz* — não me diga; agora já não me espanto de nada.
tante *s.f.* tia (*fam.*) *ma* — casa de penhores; (*pop.*) pederasta.
tantième[1] *s.m.* percentagem.
tantième[2] *adj.* enésimo.
tantôt *adv.* daqui a pouco; — ... — ora ... ora; *à* — até logo.
taoïsme *s.m.* taoismo.
taoïste *s.* taoista.
taon *s.m.* tavão, mutuca.
tapage *s.m.* algazarra, bagunça, espalhafato; escândalo.
tapageur euse *adj.; s.m.* barulhento, espalhafatoso, berrante, chamativo; bagunceiro.
tapant e *adj. à deux heures* —*es* às duas em ponto.
tape *s.f.* palmada, tapa; — *sur la nuque* pescoção; — *sur l'oreille* peteleco.
tapé[1] **e** *adj.* escrito à máquina.
tapé[2] **e** *adj.* (*fam.*) maluco; pisado, fatigado.
tape-à-l'œil *s.m.* engodo; *adj.* berrante.
tapecul *s.m.* (*fam.*) 1. gangorra; 2. charrete.
tapée *s.f.* (*fam.*) grande quantidade, porção.
taper[1] *v.t.* tampar.
taper[2] *v.t.* 1. bater; 2. escrever à máquina; (*fam.*) 3. pedir dinheiro emprestado a, dar uma facada em; 4. (*fam.*) *le soleil tape dur* o sol bate com força; *se* — *v.pron.* (*pop.*) comer; permitir-se.
tapette *s.f.* 1. jogo de bolas de gude; 2. raqueta para bater tapetes ou matar moscas; 3. língua; faladeira; 4. (*gír.*) pederasta passivo.
tapeur euse *s.m.* (*fam.*) facadista.
tapinois *loc.adv. en* — às escondidas.
tapioca *s.f.* tapioca.
tapir[1] *s.m.* anta.
tapir[2], **se** — *v.pron.* encafuar-se, acaçapar-se.
tapis *s.m.* tapete; — *de couloir* passadeira; — *vert* mesa de jogo; mesa de reunião; *être sur le* — ser assunto de conversa; estar na berlinda; *mettre sur le* — propor para discussão; *revenir sur le* — voltar à baila.
tapis-brosse *s.m.* capacho.
tapisser *v.t.* atapetar, forrar, revestir.
tapisserie *s.f.* tapeçaria; *faire* — tomar chá de cadeira; não ser convidada a dançar.

tapissier ière *s.* 1. tapeceiro; 2. estofador.
tapoter *v.t.* dar palmadas; (*fam.*) batucar (o piano).
taquet *s.m.* calço, cunha.
taquin e *adj.* implicante.
taquiner *v.t.* implicar com, arreliar.
taquinerie *s.f.* implicância.
tarabiscoter *v.t.* (*fam.*) enfeitar exageradamente, rebuscar.
tarabuster *v.t.* (*fam.*) amolar, amofinar.
tarare *s.m.* tarara.
taraud *s.m.* trado, verruma.
tarauder *v.t.* verrumar.
tard *adv.* tarde; *au plus* — no mais tardar; *sur le* — *à* tardinha; (*fig.*) na velhice.
tarder *v.t.* demorar, tardar; *v.impess. il me tarde de* estou ansioso por.
tardif ive *adj.* tardio; avançado (hora).
tardivement *adv.* tardiamente.
tare[1] *s.f.* tara.
tare[2] *s.f.* peso de embalagem; peso do veículo sem carga.
taré e *adj.* tarado.
tarentule *s.f.* tarântula (aranha).
tarer *v.t.* tarar.
taret *s.m.* teredo (molusco).
targette *s.f.* ferrolho, trinco.
targuer, se *v.pron.* gabar-se.
targui *adj.; s.pátr.* tuaregue.
tarière *s.f.* (*pop.*) trado.
tarif *s.f.* tarifa.
tarifaire *adj.* tarifário.
tarifer *v.t.* tarifar.
tarin *s.m.* (*pop.*) nariz.
tarir *v.t.* estancar, exaurir; *v.int.* secar; cessar; *ne pas* — *de* não se cansar de.
tarissement *s.m.* estancamento.
tarlatane *s.f.* tarlatana.
tarot *s.m.* tarô (baralho de cartomante).
tarse *s.m.* (*Anat.*) tarso.
tartane *s.f.* tartana.
tartare *adj.; s.pátr.* tártaro.
tartarin *s.m.* fanfarrão.
tarte *s.f.* 1. torta, bolo; 2. (*pop.*) bofetada; 3. blablablá; *adj.* (*fam.*) feio, ridículo.
tartine *s.f.* 1. fatia de pão (com manteiga ou geleia), torrada; 2. (*fam.*) arenga, aranzel.
tartiner *v.t.* espalhar numa fatia de pão.
tartre *s.m.* tártaro; borra.
tartrique *adj.* tartárico.
tartreux euse *adj.* tartaroso.
tartufe *s.m.* tartufo, hipócrita.
tas *s.m.* montão, pilha, porção; bando; *ti-*

rer dans le — atirar num grupo, sem visar alguém; obra (de construção).
tasse *s.f.* xícara, chávena.
tasseau eaux *s.m.* dintel.
tassement *s.m.* amontoamento.
tasser *v.t.* calçar, apertar; *bien tassé* bem cheio; *se* — *v.pron.* recolher-se; (*fam.*) resolver-se, arranjar-se.
tata *s.f.* (*infant.*) titia.
tâter *v.t.* apalpar, tatear; (*fig.*) experimentar, sondar; *se* — *v.pron.* interrogar-se.
tatillon onne *adj.* esmiuçador; tacanho.
tâtonnement *s.m.* apalpadela; (*fig.*) tentativa.
tâtonner *v.int.* andar, procurar às apalpadelas; (*fig.*) hesitar.
tâtons, *à* — *loc.adv.* às apalpadelas, às cegas.
tatou *s.m.* tatu.
tatouage *s.m.* tatuagem.
tatouer *v.t.* tatuar.
taudis *s.m.* pardieiro, casebre.
taule *s.f.* 1. (*pop.*) prisão, cadeia; 2. quarto de hotel.
taulier *s.m.* (*pop.*) dono de hotel.
taupe *s.f.* toupeira; *vieille* — (*pop.*) velha desagradável; (*gír. esc.*) curso preparatório para a Escola Politécnica na França.
taupe-grillon *s.m.* ralo (inseto).
taupinière *s.f.* montículo, casa da toupeira.
taureau eaux *s.m.* touro; *prendre le* — *par les cornes* pegar o touro à unha.
taurillon *s.m.* novilho.
taurin e *adj.* taurino.
tauromachie *s.f.* tauromaquia.
tautologie *s.f.* tautologia.
tautologique *adj.* tautológico.
taux *s.f.* taxa; juro; porcentagem.
taveler *v.t.* mosquear.
tavelure *s.f.* pinta, mancha.
taverne *s.f.* taberna.
tavernier *s.m.* taberneiro.
taxation *s.f.* taxação.
taxe *s.f.* taxa.
taxer *v.t.* taxar, tributar; (*fig.*) acusar de, tachar de.
taxi *s.m.* táxi.
taxidermie *s.f.* taxidermia.
taxidermiste *s.* taxidermista.
taximètre *s.m.* taxímetro.
taxinomie *s.f.* taxionomia.
taxiphone *s.m.* telefone público.
tchécoslovaque *adj.; s.pátr.* tchecoslovaco (da antiga Tchecoslováquia).
Tchécoslovaquie *s.f.* antiga Tchecoslováquia, hoje divida em República Tcheca e Eslováquia.
tchèque *adj.; s.pátr.* tcheco.
te *pron.* te.
té *s.m.* régua-tê.
technicien enne *s.* técnico.
technicité *s.f.* tecnicidade.
technique *adj.* técnico; *s.f.* técnica.
technocrate *s.m.* tecnocrata.
technocratie *s.f.* tecnocracia.
technologie *s.f.* tecnologia.
technologique *adj.* tecnológico.
teckel *s.m.* bassê.
tectonique *adj.* tectônico; *s.f.* tectônica.
tégument *s.m.* tegumento.
teigne[1] *s.f.* 1. traça; tinha, micose; 2. (*fig.*) jararaca.
teigne[2] V. *teindre.*
teigneux euse *adj.* tinhoso.
teindre *v.t.* tingir. (*Conj.80*)
teint e *adj.* tinto, tingido; *s.m.* tez.
teinte *s.f.* tinta, tom; aparência, pinta.
teinter *v.t.* matizar.
teinture *s.f.* tintura.
teinturerie *s.f.* tinturaria.
teinturier ère *s.* tintureiro.
tel telle *adj.* tal; semelhante; — *que* tal como; *comme* — nesta qualidade; como; alguém; *Monsieur un* — um fulano; fulano de tal.
télé *s.f.* (*fam.*) televisão, tevê.
télécommande *s.f.* telecomando.
télécommander *v.t.* telecomandar.
télécommunication *s.f.* telecomunicação.
téléférique V. *téléphérique.*
télégramme *s.m.* telegrama.
télégraphe *s.m.* telégrafo.
télégraphie *s.f.* telegrafia.
télégraphier *v.t.* e *int.* telegrafar. (*Conj.23*)
télégraphique *adj.* telegráfico.
télégraphiste *s.* telegrafista.
téléguider *v.t.* teleguiar.
télémètre *s.m.* telêmetro.
téléobjectif *s.m.* teleobjetiva.
téléologie *s.f.* teleologia (estudo dos fins humanos).
télépathie *s.f.* telepatia.
télépathique *adj.* telepático.
téléphérique *s.m.; adj.* teleférico.
téléphone *s.m.* telefone; *coup* de — telefonema.
téléphoner *v.int.* e *t.* telefonar.
téléphonique *adj.* telefônico.

téléphoniste s. telefonista.
téléphotographie s.f. telefotografia.
téléscope s.m. telescópio.
téléscoper v.t. dar trombada em; **se —** v.pron. engavetar-se (vagões).
téléscopique adj. telescópico.
téléscripteur s.m. telex.
téleski s.m. teleférico para esquiadores.
téléspectateur s.m. telespectador.
télesthésie s.f. telestesia.
télétype s.m. teletipo.
téléviser v.t. televisionar.
télévision s.f. televisão.
télex s.m. telex.
tellurique adj. telúrico.
téméraire adj. temerário.
témérité s.f. temeridade.
témoignage s.m. testemunho, depoimento.
témoigner v.int. e t. testemunhar, atestar, manifestar, mostrar.
témoin s.m. testemunha; **— à charge** testemunha de acusação; **— à décharge** testemunha de defesa; prova; **prendre à — de** invocar o testemunho de.
tempe s.f. fronte, têmpora.
tempérament s.m. 1. temperamento; c'est un **—** tem personalidade forte; 2. **à — a** prestações.
tempérance s.f. temperança.
température s.f. temperatura; avoir de la **—** ter febre.
tempéré e adj. temperado.
tempérer v.t. temperar (= moderar). (Conj. 13)
tempête s.f. tempestade, vendaval; **— de neige** nevasca.
tempêter v.int. esbravejar, vociferar.
tempétueux euse adj. tempestuoso, tormentoso.
temple s.m. templo.
templier s.m. (Hist.) templário.
tempo s.m. (Mús.) andamento, tempo; ritmo.
temporaire adj. temporário.
temporal e adj. (Anat.) temporal.
temporalité s.f. temporalidade.
temporel elle adj. temporal, secular.
temporisation s.f. temporização.
temporiser v.int. temporizar, contemporizar.
temps s.m. tempo; **— de chien** tempo detestável; **— mou** mormaço; **à —** a tempo; avoir fait son **—** ter passado de moda; ter prestado o serviço militar; avoir le **—** ter tempo;

avoir tout son **—** não ter pressa; dans le **—** antigamente; dans peu de **—** dentro em breve; de **— en —** de vez em quando, de tempos em tempos; de tout **—** sempre; en peu de **—** rapidamente; en **— et lieu** oportunamente; en **— utile** no devido tempo; gros **—** temporal; il était **—** não era sem tempo; prendre son **—** não se apressar; se donner du bon **—** levar vida regalada.
tenable adj. suportável.
tenace adj. tenaz.
ténacité s.f. tenacidade.
tenailler v.t. atenazar.
tenailles s.f.pl. tenaz.
tenancier ière s.m. gerente (de antro de jogatina, randevu etc.).
tenant s.m. d'un seul **—** contínuo, sem interrupção; les **—s et les aboutissants** as circunstâncias.
tendance s.f. tendência, disposição, inclinação.
tendancieux euse adj. tendencioso.
tendeur s.m. armador, tensor.
tendineux euse adj. tendinoso.
tendon s.m. tendão.
tendre[1] adj. terno, mole, meigo, carinhoso.
tendre[2] v.t. estender, retesar; 2. armar, levantar; v.int. tender, visar a. (Conj.84)
tendresse s.f. ternura; carinho.
tendron s.m. broto; (fig.) brotinho, mocinha.
tendu e adj. tenso.
ténèbres s.f.pl. trevas.
ténébreux euse adj. tenebroso.
ténesme s.m. (Med.) tenesmo.
teneur[1] s.f. teor; conteúdo.
teneur[2] euse s. **— de livres** guarda-livros.
ténia s.m. tênia.
tenir v.t. 1. segurar; 2. reter, conservar; 3. manter; **— en respect** manter sob a mira de uma arma; 4. dominar; 5. deter, possuir; 6. ocupar (lugar); 7. gerir; 8. considerar; 9. cumprir; 10. tiens! tenez! pegue, guarde, olhe!!; puxa!; v.int. 1. estar pegado, estar em pé; 2. ser resistente, durar; il n'y a pas de raison qui tienne não há razão que valha; **— bon** resistir; 3. caber; 4. **— à —** ter empenho em, fazer questão de; 5. provir; 6. depender; qu'à cela ne tienne não seja por isso; 7. se le **— pour dit** não replicar; 8. **— de** parecer-se com; **se —** v.pron. 1. agarrar-se; 2. manter-se, ficar, estar; 3. realizar-se; 4. comportar-se; 5. s'en **— à** ater-se a; limitar-se a; 6. estar em dependência recíproca. (Conj.41)

tennis *s.m.* tênis; — *de table* pingue-pongue, tênis de mesa.
tenon *s.m.* espiga (parte de uma peça que entra em outra).
ténor *s.m.* tenor.
tenseur *s.m.* tensor.
tension *s.f.* tensão; — *artérielle* pressão arterial.
tentaculaire *adj.* tentacular.
tentacule *s.m.* tentáculo.
tentateur trice *adj.; s.* tentador.
tentation *s.f.* tentação.
tentative *s.f.* tentativa.
tente *s.f.* tenda, barraca; — *à oxygène* tenda de oxigênio.
tenter *v.t.* tentar; provocar, seduzir; *v.int.* — *de* procurar.
tenture *s.f.* papel ou estojo de parede.
tenu[1] V. *tenir*.
tenu[2] **e** *adj.* — *à* obrigado a.
ténu e *adj.* tênue.
tenue *s.f.* 1. realização (de uma sessão); 2. administração, governo; — *des livres* escrituração; 3. compartimento (decente), apresentação; 4. — *de soirée* traje de cerimônia; — *de ville* traje de passeio; *être en petite* — estar em trajes menores.
ter *adv.* três vezes.
tératologie *s.f.* teratologia.
tératologique *adj.* teratológico.
tercet *s.m.* terceto.
térébenthine *s.f.* terebintina.
térébinthe *s.m.* terebinto.
térébrer *v.t.* terebrar.
tergiversation *s.f.* tergiversação.
tergiverser *v.int.* tergiversar.
terme *s.m.* 1. termo, palavra, expressão, fórmula; *être en bons —s avec* dar-se bem com; 2. fim, final; *mener à* — acabar; *mettre un — à* pôr um fim a; 3. prazo (de pagamento), aluguel; *à* — a prazo; *à court* — a curto prazo; 4. duração da gravidez; 5. palavra.
terminaison *s.f.* terminação.
terminal e aux *adj.* terminal.
terminer *v.t.* terminar.
terminologie *s.f.* terminologia.
terminus *s.m.* ponto final (de bonde, ônibus etc.).
termite *s.m.* térmita, cupim.
termitière *s.f.* termiteira.
ternaire *adj.* ternário.
terne[1] *s.m.* terno, trio.
terne[2] *adj.* embaciado, descorado, fosco.

ternir *v.t.* embaciar, deslustrar, empanar.
terrain *s.m.* terreno; — *vague* terreno baldio.
terrasse *s.f.* 1. terraço; 2. calçada de café.
terrassement *s.m.* terraplenagem, aterro.
terrasser *v.t.* 1. aterrar, terraplenar; 2. derrubar, arrasar.
terrassier *s.m.* operário de terraplenagem.
terre *s.f.* terra; — *cuite* terracota; *la Terre* a Terra; — *à* — terra a terra, rasteiro; — *natale* os pagos; *par* — no chão; *prendre* — aterrissar.
terre-neuve *s.m.* (cão) terra-nova.
terre-plein *s.m.* terrapleno.
terrer *v.t.* cercar ou cobrir de terra; *se* — *v.pron.* esconder-se na toca, enterrar-se.
terrestre *adj.* terrestre.
terreur *s.m.* terror.
terreux euse *adj.* terroso, sujo de terra.
terrible *adj.* terrível, tremendo; (*fam.*) formidável, bárbaro.
terrien enne *adj.; s.* terrestre, de terras.
terrier *s.m.* 1. toca, covil; 2. podengo.
terrifier *v.t.* terrificar, aterrorizar. (*Conj.* 13)
terril *s.m.* entulho de mina.
terrine *s.f.* terrina.
territoire *s.m.* território.
territorial e aux *adj.* territorial.
terroir *s.m.* terra, solo; região, terrinha.
terroriser *v.t.* aterrorizar, terrorizar.
terrorisme *s.m.* terrorismo.
terroriste *adj.; s.* terrorista.
tertiaire *adj.* terciário.
tertio *adv.* em terceiro lugar.
tertre *s.m.* outeiro, colina.
tes *adj.poss.pl.* teus, tuas.
tesson *s.m.* caco.
test[1] *s.m.* teste.
test[2] *s.m.* concha.
testament *s.m.* testamento.
testamentaire *adj.* testamentário.
testateur trice *s.* testador.
tester[1] *v.t.* testar (deixar por testamento).
tester[2] *v.t.* testar (submeter a teste).
testicule *s.m.* testículo.
testimonial e aux *adj.* testemunhal.
tétanique *adj.* tetânico.
tétaniser *v.t.* tetanizar.
tétanos *s.m.* tétano.
têtard *s.m.* girino; (*pop.*) menino, guri.
tête *s.f.* cabeça; (*fam.*) cuca; pessoa; vida; testa; frente; topo; cabeçada (no futebol);

— *brûlée* sujeito esquentado; — *de ligne* ponto de partida; — *de linotte* cabeça de vento; — *de mort* caveira; *à la* — *de* à testa de; *avoir la* — *ailleurs* estar no mundo da lua; *de derrière la* — bizarro, esquisito; *de la* — *aux pieds* da cabeça aos pés; *donner* — *baissée sur* atirar-se contra; *en avoir par dessus la* — estar cheio, estar até aqui; *faire une drôle de* — ouvir com estranheza; *faire la* — fechar a cara; *forte* — oposicionista, recalcitrante; *monter la* — *à* excitar; *se monter la* — exaltar-se; *n'en faire qu'à sa* — teimar; *ne savoir où donner de la* — não saber o que fazer (primeiro); *piquer une* — mergulhar de cabeça; *se jeter à la* — *de* atirar-se a; *se mettre dans la* — persuadir-se, meter na cabeça; *se payer la* — *de* gozar; *servir de* — *de Turc* servir de vítima, ser alvo de remoques; *tenir* — *à* resistir; — *basse* cabisbaixo.
tête-à-tête *s.m.* 1. conversa a dois; *en* — a sós; 2. serviço de chá ou café para duas pessoas.
tête-bêche *loc.adv.* pés com cabeça, cabeça com pés.
tête-de-loup *s.f.* espanador de cabo comprido.
tête-de-nègre *adj.* marrom-escuro.
têtée *s.f.* mamada.
téter *v.t.* sugar, mamar. (*Conj.13*)
tétin *s.m.* bico do peito, mamilo.
tétine *s.f.* 1. teta; 2. bico de mamadeira.
téton *s.m.* (*fam.*) mama.
tétraèdre *s.m.* tetraedro.
têtu e *adj.* cabeçudo, obstinado.
teuf-teuf *s.m.* (*fam.*) tefe-tefe; automóvel, calhambeque.
teuton onne *adj.; s.pátr.* 1. teutão; 2. (*depr.*) alemão.
teutonique *adj.* teutônico; (*pej.*) alemão.
texte *s.m.* texto.
textile *adj.; s.m.* têxtil.
textuel elle *adj.* textual.
texture *s.f.* textura; constituição, estrutura.
thaïlandais e *adj.; s.pátr.* tailandês.
Thaïlande *s.f.* Tailândia.
thalamus *s.m.* (*Anat.*) tálamo.
thalweg *s.m.* talvegue.
thaumaturge *s.m.* taumaturgo.
thé *s.m.* chá.
théâtral e aux *adj.* teatral.
théâtre *s.m.* teatro.

théier, ère *adj.* teáceo; *s.f.* teácea.
théière *s.f.* chaleira, bule.
théisme *s.m.* teísmo.
théiste *adj.; s.* teísta.
thématique *adj.* temático.
thème *s.m.* 1. tema; 2. (*esc.*) versão; *fort en* — (*fam.*) cu de ferro; aluno estudioso, mas pouco inteligente.
théocrate *s.f.* teocrata.
théocratie *s.f.* teocracia.
théocratique *adj.* teocrático.
théodolite *s.m.* teodolito.
théologal e aux *adj.* teologal.
théologie *s.f.* teologia.
théologien *s.m.* teólogo.
théologique *adj.* teológico.
théorème *s.m.* teorema.
théorétique *adj.* teorético, teórico.
théoricien enne *s.* teórico.
théorie[1] *s.f.* teoria.
théorie[2] *s.f.* cortejo, procissão.
théorique *adj.* teórico.
théosophe *s.m.* teósofo.
théosophie *s.f.* teosofia.
théosophique *adj.* teosófico.
thérapeute *s.* terapeuta.
thérapeutique *adj.* terapêutico; *s.f.* terapêutica.
thermal e aux *adj.* termal.
thermes *s.m.pl.* termas.
thermique *adj.* térmico.
thermodynamique *s.f.* termodinâmica.
thermo-électrique *adj.* termoelétrico.
thermonucléaire *adj.* termonuclear.
thermos *s.m.* garrafa térmica.
thermostat *s.m.* termostato, termóstato.
thésauriser *v.t.* entesourar.
thèse *s.f.* tese; *soutenir une* — defender uma tese.
thon *s.m.* atum.
thoracique *adj.* torácico.
thorax *s.m.* tórax.
thorite *s.f.* torita.
thorium *s.m.* tório.
thrombose *s.f.* trombose.
thune *s.f.* (*gír.*) moeda de cinco francos.
thuriféraire *s.* turiferário.
thuya *s.m.* tuia.
thym *s.m.* timo, tomilho.
thyroïde *adj.; s.f.* (*Anat.*) tireoide.
thyroïdien enne *adj.* tireóideo.
tiare *s.f.* tiara.
tibia *s.m.* tíbia.
tic *s.m.* cacoete, sestro, tique.

ticket *s.m.* ingresso; passagem; *avoir le —* (*pop.*) fazer uma conquista.
tic-tac *s.m.* tique-taque.
tiède *adj.* tépido, tíbio, morno.
tiédeur *s.f.* tepidez, tibieza.
tiédir *v.t.* amornar; *v.int.* arrefecer, esfriar.
tiédissement *s.m.* amornamento, arrefecimento.
tien tienne *pron.poss.* o teu, a tua; *à la tienne!* à tua saúde!
tiendra, tiens, tient V. *tenir.*
tierce *s.f.* (*Mús.*) terceira; *adj.* terçã.
tiercé *s.m.* aposta, no turfe, em três cavalos.
tiers tierce *adj.* (*ant.*) terceiro; *le Tiers Etat* o Terceiro Estado; o povo; *le Tiers Monde* o Terceiro Mundo; *s.* terço; terceira pessoa; *se moquer du — comme du quart* não se importar com ninguém.
tif ou **tiffe** *s.m.* (*pop.*) cabelo.
tige *s.f.* 1. caule, haste, talo; 2. cano de bota; 3. barra.
tignasse *s.f.* (*fam.*) gaforinha, grenha.
tigre *s.m.* tigre.
tigré e *adj.* tigrado, mosqueado.
tigresse *s.f.* tigresa.
tilbury *s.m.* tílburi.
tilde *s.m.* til.
tillac *s.m.* convés.
tilleul *s.m.* tília.
timbale *s.f.* timbale; 2. fôrma redonda, molde redondo.
timbre *s.m.* 1. campainha; 2. timbre; 3. estampilha; 4. selo; 5. sinete.
timbré e *adj.* 1. timbrado; 2. de bom timbre; 3. (*fam.*) meio biruta.
timbre-poste *s.m.* selo do correio.
timbrer *v.t.* timbrar, selar.
timide *adj.* tímido.
timidité *s.f.* timidez.
timon *s.m.* timão.
timonerie *s.f.* função do timoneiro; lugar do timoneiro.
timonier *s.m.* timoneiro.
timoré e *adj.* timorato.
tinctorial e aux *adj.* tintorial.
tinette *s.f.* 1. barril para manteiga; 2. barrica para matéria fecais; (*fam.*) latrina.
tintamarre *s.m.* (*fam.*) algazarra, barulheira; balbúrdia.
tintement *s.m.* tinido, zumbido.
tinter *v.int.* tinir, tocar; *les oreilles me tintent* zumbem-me os ouvidos.
tintouin *s.m.* (*fam.*) algazarra; aborrecimento, preocupação, chateação.

tique *s.f.* carrapato.
tiquer *v.int.* fazer cara feia.
tir *s.m.* 1. tiro; 2. (*Fut.*) chute.
tirade *s.f.* tirada.
tirage *s.m.* 1. puxamento; (*fig.*) *il y a du —* há dificuldades; 2. tiragem (= número de exemplares impressos); *— à part* separata; 3. tiragem (= ascensão do ar quente na lareira); 4. *— au sort* sorteio; 5. extração (de loteria); 6. (*fam.*) dificuldade.
tirailler *v.t.* 1. puxar, importunar; 2. tirotear.
tirailleur *s.m.* atirador.
tirant[1] *s.m.* presilha.
tirant[2] *s.m. — d'eau* calado.
tire *s.f.* (*pop.*) automóvel.
tiré e *s.* sacado.
tiré à part *s.m.* o mesmo que *tirage à part.*
tire-botte *s.m.* descalçadeira.
tire-bouchon *s.m.* saca-rolhas.
tire-bouchonner *v.t.* encaracolar.
tire-d'aile *loc.adv. à —* em voo rápido, a toda a pressa.
tirée *s.f.* grande distância a percorrer.
tire-jus *s.m.* (*pop.*) lenço.
tire-larigot *à — loc.adv.* muito, à beça, a rodo.
tire-ligne *s.m.* tira-linhas.
tirelire *s.f.* 1. mealheiro, pequeno cofre; 2. (*fam.*) cabeça, cachola; 3. (*pop.*) ventre, pança.
tirer[1] *v.t.* puxar, tirar; *— en longueur* fazer render; *se faire — l'oreille* fazer-se de rogado; 2. tirar para si; *— l'échelle* (*fig.*) não esperar nada melhor; 3. arrastar; *— la jambe*; 4. atrair; *v.int.* 1. *— à* aproximar-se de; *— à sa fin* aproximar-se do fim; *— au flanc* tirar o corpo fora; *ne pas — à conséquence* não ter gravidade; 2. *— vers* ou *sur* parecer-se, aproximar-se; *— sur le rouge* puxar para o vermelho.
tirer[2] *v.t.* 1. traçar; *se faire — le portrait* encomendar o retrato (desenhado ou fotografado); 2. tirar, imprimir em certo número de exemplares.
tirer[3] *v.t.* e *int.* atirar; abater.
tirer[4] *v.t.* 1. fazer sair, retirar; *— d'embarras* livrar de dificuldade; *— la langue* mostrar a língua; 2. deitar (cartas); 3. extrair; 4. obter, arranjar; 5. derivar; 6. *— un chèque* emitir um cheque; *se — v.pron.* escapar, sair de; *s'en —* sair são e salvo; resolver um problema.
tiret *s.m.* travessão.

tirette *s.f.* tábua móvel de escrivaninha.
tireur euse *s.* atirador; — *de cartes* cartomante; — *d'épée* esgrimista.
tiroir *s.m.* gaveta.
tiroir-caisse *s.m.* caixa registradora.
tisane *s.f.* tisana.
tison *s.m.* tição; — *de discorde* ponto de discórdia.
tisonner *v.t.* atiçar; espertar.
tisonnier *s.m.* atiçador.
tissage *s.m.* tecedura; tecelagem.
tisser *v.t.* tecer, urdir.
tisserand *s.m.* tecelão.
tisseur euse *s.* tecedor, tecelão.
tissu *s.m.* tecido, fazenda, pano; (*fig.*) trama, teia.
tissulaire *adj.* relativo aos tecidos biológicos.
titan *s.m.* titã.
titanesque *adj.* titânico.
titanique *adj.* titânico.
titi *s.m.* (*pop.*) moleque.
Titien *s.m. le* — Ticiano.
titillation *s.f.* titilação, titilamento.
titiller *v.t.* e *int.* titilar.
titrage *s.m.* titulação.
titre *s.m.* 1. título; *à juste* — com toda a razão; *à* — *amical* amigavelmente; *à* — *de* na qualidade de; *au même* — da mesma maneira; *en* — titular; 2. título, toque (teor metálico de uma liga).
titrer *v.t.* titular.
titubant e *adj.* titubeante, vacilante.
titubation *s.f.* titubeação.
tituber *v.int.* titubear, cambalear, vacilar.
titulaire *adj.; s.* titular; efetivo.
titularisation *s.f.* efetivação (de funcionário).
titulariser *v.t.* efetivar (um funcionário interino).
toast *s.m.* 1. brinde; 2. torrada de pão com manteiga.
toboggan *s.m.* tobogã.
toc *s.m.* 1. ruído de pancada; 2. objeto de arte imitado.
tocard e *adj.* (*pop.*) feio, ruim, reles.
tocsin *s.m.* rebate.
toge *s.f.* toga.
tohu-bohu *s.m.* (*fam.*) confusão, barafunda, algazarra.
toi *pron.* tu, te.
toile *s.f.* tela, pano; — *d'araignée* teia de aranha; — *cirée* oleado, encerado; quadro, pintura.

toilette *s.f.* 1. penteadeira; 2. preparo, traje; 3. cuidados do corpo, limpeza; 4. banheiro, privada.
toise *s.f.* 1. toesa (medida antiga); 2. craveira (= estalão para medir a altura dos recrutas).
toiser *v.t.* medir (com toesa); (*fig.*) medir de alto a baixo, olhar com desdém, esquadrinhar.
toison *s.f.* tosão, velocino; (*fig.*) guedelha.
toit *s.m.* telhado; *crier sur les* —*s* botar a boca no mundo.
toiture *s.f.* telhado, conjunto de telhados.
tôle[1] *s.f.* folha de ferro, chapa.
tôle[2] *s.f.* (*pop.*) o mesmo que *taule*.
tolérable *adj.* tolerável.
tolérance *s.f.* tolerância.
tolérant e *adj.* tolerante.
tolérer *v.t.* tolerar. (*Conj.13*)
tôlerie *s.f.* lanternagem.
tôlier *s.m.* lanterneiro.
tollé *s.m.* tempestade de protestos, indignação geral; *il y eut un* — *général* foi um deus nos acuda.
tomate *s.f.* tomate.
tombal e aux *adj.* tumular.
tombe *s.f.* tumba, túmulo, sepultura.
tombeau eaux *s.m.* túmulo; *conduire à* — *ouvert* dirigir em desabalada carreira.
tombée *s.f.* queda, caída; — *dujour* entardecer; *à la* — *de la nuit* ao anoitecer.
tomber *v.int.* cair, tombar; fracassar; descer (temperatura), pender; — *bien* chegar na hora; — *en* recair, cair em; — *mal* vir fora de propósito; *laisser* — largar, (*fig.*) esquecer; *v.t.* (*fam.*) derrubar; (*pop.*) — *une femme* seduzir uma mulher.
tombereau eaux *s.m.* carroça.
tombeur *s.m.* (*fam.*) sedutor, conquistador.
tombola *s.f.* tômbola.
tome *s.m.* tomo.
tomme *s.f.* espécie de queijo com salsa.
tom-pouce *s.m.* 1. anão; 2. guarda-chuva de cabo curto.
ton[1] *adj.poss.* teu, tua.
ton[2] *s.m.* tom, tonalidade; *bon* — bom gosto; *de bon* — *loc.adv.* conveniente; *faire baisser le* — *à* obrigar a mudar de tom; *ne le prenez pas sur ce* — fale menos alto, com menos arrogância; *répéter sur tous les* —*s* repetir de várias maneiras.
tonal e aux *adj.* tonal.
tonalité *s.f.* tonalidade.

tondeur *s.m.* tosquiador, tosador.
tondeuse *s.f.* máquina de barbeiro; — *à gazon* cortador de grama.
tondre *v.t.* tosquiar; aparar; esfolar, depenar.
tondu e *adj.* de cabelos cortados rente; *le Petit Tondu* Napoleão.
tonicité *s.f.* tonicidade.
tonifiant e *adj.* tonificante, fortificante.
tonifier *v.t.* tonificar.
tonique *s.m.* tônico; *s.f.* tônica; *adj.* tônico.
tonitruant e *adj.* tonitruante.
tonitruer *v.int.* troar, trovejar, bradar.
tonnage *s.m.* tonelagem.
tonne *s.f.* 1. pipa, tonel; 2. tonelada.
tonneau eaux *s.m.* 1. tonel, pipa; 2. cambalhota.
tonnelier *s.m.* tanoeiro.
tonnelle *s.f.* caramanchão, pérgola.
tonner *v.int.* ribombar; bradar.
tonnerre *s.m.* trovão, raio.
tonsure *s.f.* tonsura.
tonsurer *v.t.* tonsurar.
tonte *s.f.* tosquia.
tontine *s.f.* tontina, montepio.
tonton *s.m.* (*fam.*) titio; — *macoute* guarda da polícia especial no Haiti.
tonus *s.m.* tônus.
top *s.m.* batida, pancada.
topaze *s.f.* topázio.
tope! *interj.* de acordo!; topo!
toper *v.t.* topar, consentir.
topinambour *s.m.* tupinambo.
topique *adj.*; *s.m.* tópico.
topo *s.m.* (*fam.*) discurso.
topographe *s.* topógrafo.
topographie *s.f.* topografia.
topographique *adj.* topográfico.
topologie *s.f.* topologia.
toponyme *s.m.* topônimo.
toponymie *s.f.* toponímia.
toquade *s.f.* (*fam.*) capricho; paixonite.
toque *s.f.* touca; barrete.
toqué e *adj.* (*fam.*) pancada, biruta.
toquer[1] *v.t.* (*fam.*) bater de leve.
toquer[1], **se** *v.pron.* (*fam.*) — *de* apaixonar-se por.
torche *s.f.* tocha; — *électrique* lanterna de bolso.
torcher *v.t.* esfregar, limpar; (*fig.*) atamancar, matar (trabalho).
torchère *s.f.* tocheira.
torchis *s.m.* mistura de barro e palha, taipa.

torchon *s.m.* esfregão; *il ne faut pas mélanger les —s avec les serviettes* não se devem misturar alhos com bugalhos; (*fam.*) *le — brûle* fechou o tempo (diz-se sobretudo de briga entre marido e mulher); (*fig.*) jornaleco, pasquim.
torchonner *v.t.* esfregar; (*fig.* e *fam.*) matar (trabalho).
tordant e *adj.* (*fam.*) muito divertido.
tord-boyaux *s.m.* (*fam.*) aguardente ordinária.
tordre *v.t.* torcer; (*Conj.77*); *se* — *v.pron.* dobrar-se; torcer-se de rir.
tordu e *adj.* torto; (*fam.*) maluco.
tore *s.m.* toro.
toréador *s.m.* toureiro.
toréer *v.int.* tourear.
torgnole *s.f.* (*pop.*) bofetada, tabefe.
tornade *s.f.* tornado.
torpédo *s.m.* automóvel conversível.
torpeur *s.f.* torpor, modorra.
torpille *s.f.* torpedo; raia-elétrica.
torpillage *s.m.* torpedeamento.
torpiller *v.t.* torpedear.
torpilleur *s.m.* torpedeiro.
torréfacteur *s.m.* aparelho de torrefação.
torréfaction *s.f.* torrefação.
torréfier *v.t.* torrefazer, torrificar. (*Conj. 23*)
torrent *s.m.* torrente.
torrentiel elle *adj.* torrencial.
torrentueux euse *adj.* torrentoso.
torride *adj.* tórrido.
tors e *adj.* torso.
torse *s.m.* torso.
torsion *s.f.* torção.
tort *s.m.* erro, prejuízo; injustiça; *à — ou à raison* com ou sem razão; *à — et à travers* sem razão nenhuma; *aux —s de* por culpa de; *avoir —* não ter razão; *donner —* desaprovar; *faire du — à* prejudicar; *mettre dans son —* tornar culpado; *réparer un —* reparar um prejuízo; *se mettre dans son —* tornar-se culpado.
torticolis *s.m.* torcicolo.
tortillard *s.m.* (*fam.*) trenzinho, maria-fumaça.
tortiller *v.t.* retorcer.
tortillon *s.m.* 1. rodilha; 2. papel retorcido; 3. esfumador.
tortionnaire *s.m.* torturador, verdugo.
tortue *s.f.* tartaruga.
tortueux euse *adj.* tortuoso.
tortuosité *s.f.* tortuosidade.

torturant e *adj.* torturante.
torture *s.f.* tortura, suplício.
torturer *v.t.* torturar.
torve *adj.* torvo.
tôt *adv.* logo, cedo; *avoir — fait de* (+ *inf.*) acabar em pouco tempo de; *pas de si —* não dentro de um tempo previsível; *plus — antes; le plus — possible* o mais cedo possível.
total e aux *adj.* total; *au —* ao todo.
totalisateur *s.m.* totalizador.
totaliser *v.t.* totalizar.
totalitaire *adj.* totalitário.
totalitarisme *s.m.* totalitarismo.
totalité *s.f.* totalidade.
totem *s.m.* totem.
totémique *adj.* totêmico.
totémisme *s.m.* totemismo.
toto *s.m.* (*pop.*) piolho.
touage *s.m.* sirga, rebocamento.
touareg *adj.; s.pátr.* tuaregue.
toubib *s.m.* (*fam.*) médico.
toucan *s.m.* tucano.
touchant[1] *prep.* no tocante a.
touchant[2] **e** *adj.* tocante, comovedor.
touche *s.f.* 1. tecla; 2. toque; 3. nuança; 4. aspecto, jeito; 5. *avoir la — avec* agradar a.
touche-à-tout *s.m.* intrometido; dispersivo.
toucher[1] *v.t.* 1. tocar; 2. atingir, ferir; 3. receber, ganhar (dinheiro); *— un chèque* descontar um cheque; 4. dizer (uma palavra); 5. concernir; *v.int. — à* 1. tocar; 2. comer de; 3. chegar; 4. dizer respeito a; 5. ser contíguo a.
toucher[2] *s.m.* tato.
touer *v.t.* sirgar.
touffe *s.f.* tufo, molho, touceira.
touffu e *adj.* espesso, cerrado; prolixo.
touiller *v.t.* (*fam.*) remexer, vascolejar.
toujours *adv.* sempre, ainda; apesar de tudo; de qualquer maneira; *— est-il que* *loc.conj.* em todo o caso; *parlez —* vá falando.
toupet *s.m.* topete (mecha de cabelo); (*fam.*) topete, descaramento.
toupie *s.f.* pião; *vieille — (pop.)* bruxa.
tour[1] *s.f.* torre; (*fig.*) *— d'ivoire* torre de marfim.
tour[2] *s.m.* tomo.
tour[3] *s.m.* 1. volta, circunferência; *faire le — de* dar a volta; *le — du monde* a volta ao mundo; 2. passeio; 3. circuito; *Tour de France* circuito da França (grande corrida de ciclismo disputada anualmente); 4. giro; *à — de bras* com toda a força do braço; *en un — de main* depressa, num abrir e fechar de olhos; 5. habilidade; *— de force* proeza, façanha; 6. peça; *jouer un — à* pregar uma peça em; 7. andamento, aspecto; *— de phrase* modo de dizer; 8. vez, turno; *à son —* por sua vez, por seu turno; *— à —* alternadamente; *à — de rôle* cada um por sua vez.
tourangeau elle eaux *adj.; s.pátr.* (habitante) da Touraine ou de Tours.
touranien enne *adj.* turaniano.
tourbe[1] *s.f.* turfa.
tourbe[2] *s.f.* multidão, horda.
tourbeux euse *adj.* turfoso.
tourbière *s.f.* turfeira.
tourbillon *s.m.* turbilhão, redemoinho, pé de vento.
tourbillonnement *s.f.* torvelinho.
tourbillonner *v.int.* turbilhonar, remoinhar, redemoinhar.
tourelle *s.f.* torrezinha.
tourier ère *adj.; s.* religioso encarregado da portaria.
tourisme *s.m.* turismo.
touriste *s.* turista.
touristique *adj.* turístico.
tourmaline *s.f.* turmalina.
tourment *s.m.* tormento.
tourmente *s.f.* tormenta.
tourmenter *v.t.* atormentar.
tourmenteur euse *adj.* atormentador; verdugo.
tournage *s.m.* filmagem.
tournant[1] **e** *adj.* giratório; envolvente (operação militar).
tournant[2] *s.m.* 1. curva; *rattraper au — vingar-se de ...* na primeira ocasião; 2. reviravolta.
tournebouler *v.t.* (*fam.*) perturbar, transtornar.
tournebroche *s.m.* 1. mecanismo para girar o espeto; 2. pessoa encarregada de fazê-lo.
tourne-disque *s.m.* toca-discos.
tournedos *s.m.* turnedô (bife redondo e macio).
tournée *s.f.* 1. viagem de itinerário fixo; 2. viagem de inspeção; *faire la — des grands ducs* dar a volta dos restaurantes e boates de luxo; 3. (*fig.*) rodada; 4. sova.
tournemain *s.m. en un —* num átimo, num vu; num abrir e fechar de olhos.

tourner *v.t.* **1.** trabalhar ao torno; — *un compliment* fazer um cumprimento; **2.** girar, fazer girar; (*fig.*) — *le sang à* pôr fora de si; — *la tête* entontecer; **3.** vibrar; **4.** transformar; **5.** contornar; **6.** filmar; *v.int.* **1.** girar; — *autour* não sair de perto; **2.** virar; **3.** andar; funcionar; **4.** transformar-se; — *bien* estar no bom caminho; — *mal* acabar mal; *se* — *v.pron.* virar-se, dirigir-se.
tournesol *s.m.* girassol; tornassol; *papier de* — reativo.
tourneur *s.m.* torneiro.
tournevis *s.m.* chave de fenda.
tourniquer *v.t.* (*fam.*) zanzar.
tourniquet *s.m.* **1.** torniquete, borboleta; **2.** mostruário giratório.
tournis *s.m.* (*Vet.*) **1.** cenurose; **2.** (*fam.*) vertigem.
tournoi *s.m.* torneio.
tournoiement *s.m.* rodopio.
tournoyer *v.int.* rodopiar, girar. (*Conj. 22*)
tournure *s.f.* **1.** (forma de) expressão; **2.** aparência; **3.** aspecto, feição.
tourte *s.f.* empada, pastel.
tourteau eaux *s.m.* torta (para o gado).
tourtereau eaux *s.m.* rolinha.
tourterelle *s.f.* rola.
toussailler *v.t.* dar tossidelas.
Toussaint *s.f.* Todos os santos.
tousser *v.int.* tossir.
toussoter *v.int.* tossir, discretamente.
tout e tous toutes *adj.* todo; *tous les* todos; — *ce qu'il a y de beau* bonito demais; — *un* um inteiro; *c'est* —*?* não deseja mais nada?; *du* — *au* — completamente; *être* — *à* estar inteiramente dedicado a; único; *pour* —*e réponse il se mit à rire* como resposta única, pôs-se a rir; *pron. tous*, todos, *tout*, tudo, *toutes* todas; *ce n'est pas le* — não basta; *en* — ao todo; *gentil comme* — muito gentil; *le* — *est de* (+ *inf.*) o importante é; *pas du* — de modo algum; — *à fait* completamente; *c'est* — *comme* é como se fosse; *adv.* completamente; — *bas* baixinho; — *droit* direitinho; — *riche que je suis* por mais rico que eu seja.
tout-à-l'égoût *s.m.* rede de esgotos.
toutefois *adv.* entretanto.
toute-puissance *s.f.* onipotência.
toutim(e) *s.m.* (*gír.*) e todo o resto.
toutou *s.m.* (*fam.*) totó.
tout-puissant, toute-puissante *adj.* onipotente, todo-poderoso.
tout-venant *s.m.* qualquer um.

toux *s.f.* tosse.
toxicité *s.f.* toxicidade.
toxicologie *s.f.* toxicologia.
toxicologique *adj.* toxicológico.
toxicologue *s.* toxicólogo.
toxicomane *s.* toxicômano.
toxicomanie *s.f.* toxicomania.
toxine *s.f.* toxina.
toxique *adj.*; *s.m.* tóxico.
trac *s.m.* medo (do artista ante o público); cagaço.
traçant e *adj.* **1.** rastejante (raiz); **2.** luminoso (projétil).
tracas *s.m.pl.* (*fam.*) aborrecimentos, chateações.
tracasser *v.t.* amofinar, azucrinar.
tracasserie *s.f.* maçada, pirraça.
tracassier ière *adj.* maçador, arreliador; criador de casos.
trace *s.f.* traço, pista, vestígio, pegada.
tracé *s.m.* traçado; gráfico, planta.
tracer *v.t.* traçar; desenhar, representar. (*Conj. 14*)
trachée *s.f.* (*Anat.*) traqueia.
trachéite *s.f.* traqueíte.
trachéotomie *s.f.* traqueotomia.
trachome *s.m.* (*Med.*) tracoma.
tract *s.m.* folheto (geralmente de propaganda política), panfleto.
tractation *s.f.* conchavo, conluio.
tracteur *s.m.* trator.
traction *s.f.* tração.
tradition *s.f.* tradição.
traditionalisme *s.m.* tradicionalismo.
traditionaliste *adj.*; *s.* tradicionalista.
traditionnel elle *adj.* tradicional.
traducteur trice *s.* tradutor.
traduction *s.f.* tradução.
traduire *v.t.* **1.** traduzir; **2.** exprimir; **3.** citar em juízo, intimar. (*Conj. 64*)
traduisible *adj.* traduzível.
trafic *s.m.* tráfico; **2.** comércio; **3.** negócio indecoroso; **4.** tráfego.
trafiquant e *s.* traficante.
trafiquer *v.t.* traficar, negociar.
tragédie *s.f.* tragédia.
tragédien enne *s.* trágico.
tragi-comédie *s.f.* tragicomédia.
tragi-comique *adj.* tragicômico.
tragique *adj.* trágico; *s.m.* (autor) trágico.
trahir *v.t.* trair, atraiçoar; revelar.
trahison *s.f.* traição.
train[1] *s.m.* séquito; — (*des équipages*) tropa de manutenção; — *de maison* domésticos,

despesa da casa; *mener grand —* viver luxuosamente.
train² *s.m.* trem; *— omnibus* trem parador.
train³ *s.m.* 1. marcha; *aller à fond de —* correr com rapidez; *aller son —* ir devagar e sempre; *du — où vont les choses* do jeito que as coisas andam; 2. movimento, movimentação; *être en —* estar bem-disposto; 3. *en — de* em ato de; *être en — de manger* estar comendo.
train⁴ *s.m.* maquinaria, mecanismo; *— d'atterrissage* trem de aterrissagem.
traînant e *adj.* arrastado, vagaroso.
traînard e *adj.; s.* retardatário, morrinha.
traînasser *v.int.* (*fam.*) demorar, zanzar.
traîne *s.f.* 1. reboque; 2. cauda de vestido; *être à la —* estar atrasado.
traîneau eaux *s.m.* trenó.
traînée¹ *s.f.* rasto, rastilho.
traînée² *s.f.* (*fam.*) marafona, mundana.
traîner *v.t.* 1. puxar, arrastar; 2. carregar consigo; 3. *— en longueur* prolongar, arrastar; *v.int.* 1. pender; 2. levar muito tempo, não acabar nunca; 3. ficar largado; 4. ficar para trás.
traîneur *s.m. — de sabre* fanfarrão.
trainglot *s.m.* o mesmo que *tringlot*.
traintrain *s.m.* ramerrão, rotina.
traire *v.t.* ordenhar, mungir. (*Conj. 93*)
trait¹ *s.m.* 1. trago, gole; *boire d'un —* beber de um trago; *dormir d'un —* dormir de um sono só; 2. flecha, arremesso; 3. tração; 4. traço; traçado; *— de plume* penada; *— d'union* traço de união, hífen.
trait² *s.m.* 1. ato, feito, rasgo; *avoir — à* dizer respeito a; 2. traço, característica; 3. frase de espírito.
traitable *adj.* tratável.
traitant *s.m.* (*Hist.*) arrematante de impostos.
traite¹ *s.f.* 1. tráfico, comércio; *— des blanches* tráfico de mulheres; *— des noirs* tráfico de escravos; 2. duplicata.
traite² *s.f.* caminho feito; *d'une seule —* sem interrupção.
traite³ *s.f.* ordenha.
traité *s.m.* tratado.
traitement *s.m.* 1. trato; 2. tratamento (médico); 3. ordenado, vencimentos; *— de l'information* processamento de dados.
traiter *v.t.* 1. tratar, acolher; *— de haut en bas* tratar com desdém; 2. convidar; 3. tratar, curar; *v.int.* 1. negociar; 2. tratar de.

traiteur *s.m.* hospedeiro, dono de restaurante.
traître esse *adj.* traiçoeiro; *pas un — mot!* (*fam.*) nem uma palavra!; *s.* traidor.
trajectoire *s.f.* trajetória.
trajet *s.m.* trajeto.
tralala *s.m. en grand —* com todo o aparato; emperiquitado.
tram *s.m.* bonde.
trame *s.f.* trama.
tramer *v.t.* tramar.
tramontane *s.f.* tramontana; *perdre la —* perder a tramontana, ficar desnorteado.
tramway *s.m.* bonde.
tranchant e *adj.* cortante, incisivo; *s.m.* gume, fio; *à double —* de dois gumes.
tranche *s.f.* 1. fatia; (*fig.*) *— de vie* fatia de vida, cena realística; 2. borda; 3. série.
tranché e *adj.* 1. cortado; 2. distinto, nítido; 3. categórico.
tranchée *s.f.* trincheira.
trancher *v.t.* cortar, interromper; *— une difficulté* resolver uma dificuldade; *v.int.* 1. decidir; 2. *— du* bancar o; 3. *— sur* contrastar com.
tranchet *s.m.* trinchete.
tranchoir *s.m.* 1. tábua de cortar carne; 2. trinchante.
tranquille *adj.* tranquilo, sossegado, descansado; *soyez —* fique sossegado.
tranquillisant e *adj.; s.m.* tranquilizante.
tranquilliser *v.t.* tranquilizar, sossegar.
tranquillité *s.f.* tranquilidade, sossego.
transaction *s.f.* transação.
transactionnel elle *adj.* transacional.
transalpin e *adj.* transalpino.
transatlantique *adj.; s.m.* transatlântico.
transbahuter *v.t.* (*fam.*) transportar.
transborder *v.t.* baldear, fazer transbordo de.
transcendant e *adj.* transcendente, sublime.
transcendantal e aux *adj.* transcendental.
transcender *v.t.* transcender.
transcontinental e aux *adj.* transcontinental.
transcription *s.f.* transcrição.
transcrire *v.t.* transcrever. (*Conj. 72*)
transe *s.f.* transe.
transept *s.m.* transepto.
transférer *v.t.* transferir. (*Conj. 13*)
transfert *s.m.* transferência.
transfiguration *s.f.* transfiguração.
transfigurer *v.t.* transfigurar.
transformateur *s.m.* transformador.

transformation *s.f.* transformação.
transformer *v.t.* transformar.
transformisme *s.m.* transformismo.
transfuge *s.m.* trânsfuga.
transfuser *v.t.* transfundir.
transfusion *s.f.* transfusão.
transgresser *v.t.* transgredir.
transgression *s.f.* transgressão.
transhumance *s.f.* transumância.
transi e *adj.* transido, inteirição de frio.
transiger *v.t.* transigir. (*Conj. 19*)
transir *v.t.* penetrar, gelar, ernegelar.
transistor *s.m.* transistor.
transit *s.m.* trânsito.
transiter *v.t.* e *v.int.* transitar.
transitif ive *adj.* transitivo.
transition *s.f.* transição.
transitoire *adj.* transitório.
translation *s.f.* translação, transladação.
translittération *s.f.* transliteração.
translittérer *v.t.* transliterar.
translucide *adj.* translúcido.
translucidité *s.f.* translucidez.
transmettre *s.m.* transmitir. (*Conj.76*)
transmigration *s.f.* transmigração.
transmigrer *v.int.* transmigrar.
transmissibilité *s.f.* transmissibilidade.
transmissible *adj.* transmissível.
transmission *s.f.* transmissão.
transmuer ou **transmuter** *v.t.* transmudar.
transmutabilité *s.f.* transmutabilidade.
transmutation *s.f.* transmutação.
transocéanique *adj.* transoceânico.
transparaître *v.int.* transparecer. (*Conj. 65*)
transparent e *adj.* transparente; *s.m.* 1. transparente; 2. pauta.
transpercer *v.t.* transpassar. (*Conj. 14*)
transpiration *s.f.* transpiração.
transpirer *v.int.* transpirar.
transplantable *adj.* transplantável.
transplantation *s.f.* transplante, transplantação.
transplanter *v.t.* transplantar.
transport[1] *s.m.* 1. transporte; —*s en commun* coletivos; 2. —*au cerveau* congestão cerebral.
transport[2] *s.m.* êxtase.
transportable *adj.* transportável.
transportation *s.f.* 1. transportação; 2. deportação, degredo.
transporter *v.t.* 1. transportar; 2. deportar; 3. adaptar; 4. exaltar; 5. transferir (de uma conta para outra); *se — v.pron.* ir, dirigir-se.

transporteur *s.m.* transportador.
transposer *v.t.* transpor.
transposition *s.f.* transposição.
transsibérien enne *adj.* transiberiano; *s.m.* transiberiano (= Estrada de Ferro Transiberiana).
transsubstantiation *s.f.* transubstanciação.
transsuder *v.t.* e *int.* transudar.
transvasement *s.m.* transvasamento.
transvaser *v.t.* transvasar.
transversal e aux *adj.* transversal.
transverse *adj.* transverso.
transvider *v.t.* transvasar.
transylvanien enne *adj.; s.pátr.* transilvano.
Transylvanie *s.f.* Transilvânia.
trapèze *s.m.* trapézio.
trapéziste *s.* trapezista.
trappe *s.f.* alçapão, armadilha.
trappiste *adj.; s.* trapista.
trapu e *adj.* atarracado, socado, parrudo, retaco.
traque *s.f.* perseguição (de caça batida).
traquenard *s.m.* armadilha, esparrela.
traquer *v.t.* acossar, encurralar.
traquet *s.m.* 1. cítola, taramela de moinho; 2. trápola, armadilha.
trauma *s.m.* trauma.
traumatique *adj.* traumático.
traumatiser *v.t.* traumatizar.
traumatisme *s.m.* traumatismo.
traumatologie *s.f.* traumatologia.
travail aux *s.m.* trabalho, atividade, funcionamento, emprego; obra; *travaux forcés* trabalhos forçados; *grands travaux* obras de arte; *travaux publics* obras públicas.
travailler *v.t.* trabalhar; agitar, perturbar, influenciar; *v.int.* trabalhar, esforçar-se por; agir; fazer render; fermentar.
travailleur *adj.; s.m.* trabalhador; estudioso.
travaillisme *s.m.* trabalhismo.
travailliste *adj.; s.* trabalhista.
travée *s.f.* 1. (*Arquit.*) vão entre dois apoios; 2. carreira de bancos.
travers *s.m.* 1. través; *à —* através; *au —* de um lado ao outro; *de —* de través; *en —* atravessado; *regarder de —* olhar com animosidade; *se mettre en —* criar obstáculos; 2. defeito.
traverse *s.f.* 1. travessa; 2. dormente; 3. atalho; 4. contrariedade.
traversée *s.f.* travessia.

traverser v.t. atravessar.
traversier ière adj. transversal.
traversin s.m. travesseiro.
travesti e adj. travesti; s.m. 1. travesti; 2. fantasia, disfarce.
travestir v.t. disfarçar, fantasiar.
travestissement s.m. disfarce; deturpação.
traviole de — (pop.) através.
trayeur s.m. ordenhador.
trébucher v.int. tropeçar; v.t. pesar (moedas).
trébuchet s.m. 1. arapuca, alçapão; 2. balança de precisão.
tréfilage s.m. trefilação.
tréfiler v.t. trefilar.
tréfilerie s.f. trefilaria.
trèfle s.m. 1. trevo; 2. paus (naipe de baralho); 3. (pop.) gaita.
tréflière s.f. treval.
tréfonds s.m. âmago.
treillage s.m. gradeamento.
treille s.f. latada, parreira.
treillis[1] s.m. grade, engradado.
treillis[2] s.m. brim.
treize num. treze.
treizième num. décimo terceiro; s.m. 1. treze avos, a décima terceira parte; 2. décimo terceiro andar.
tréma s.m. trema.
tremblaie s.f. faial, bosque de faias-pretas.
tremblant e adj. trêmulo.
tremble s.m. faia-preta, choupo-tremedor.
tremblement s.m. tremor; — de terre terremoto, tremor de terra; et tout le — (fam.) e todo o resto.
trembler v.int. tremer.
tremblote s.f. (fam.) medo, susto.
trembloter v.int. tremelicar.
trémie s.f. tremonha, canoura.
trémière adj. rose — malva-rosa.
trémolo s.m. (Mús.) trêmulo.
trémoussement s.m. agitação, agitar-se.
trémousser, se v.pron. remexer-se.
trempage s.m. imersão.
trempe s.f. têmpera; (fam.) surra, sova; flanquer une — dar uma surra.
tremper v.t. mergulhar, molhar; temperar; aguar (vinho); v.int. mergulhar; (fig.) — dans estar implicado em.
trempette s.f. faire — molhar (um pedaço de pão).
tremplin s.m. trampolim.
trench-coat s.m. capa de chuva, impermeável.

trentaine s.f. 1. trintena (= uns trinta); 2. idade de trinta anos.
trente num. trinta.
trente et un num. trinta e um; se mettre sur son — endomingar-se.
trépan s.m. trépano.
trépanation s.f. trepanação.
trépaner v.t. trepanar.
trépas s.m. (poét.) óbito, morte; passer de vie à — (fam.) passar desta para melhor.
trépassé e adj.; s. morto, defunto.
trépasser v.int. morrer, falecer.
trépidant e adj. trepidante.
trépidation s.f. trepidação.
trépider v.int. trepidar.
trépied s.m. 1. trípode; 2. tripeça, tripé; 3. trempe.
trépignement s.m. pateada.
trépigner v.int. patear.
très adv. muito.
trésor s.m. tesouro.
trésorerie s.f. tesouraria.
trésorier ière s. tesoureiro.
tressaillement s.m. estremecimento, frêmito.
tressaillir v.int. estremecer, fremir. (Conj. 25)
tressauter v.int. sobressaltar-se.
tresse s.f. trança.
tresser v.t. trançar, entrançar.
tréteau eaux s.m. cavalete; pl. estrado (de circo, teatro ambulante).
treuil s.m. cabrestante.
trève s.f. trégua; — de plaisanteries! (fam.) chega de brincadeiras!
tri s.m. triagem.
triage s.m. triagem, seleção.
triade s.f. tríada, tríade.
triangle s.m. triângulo.
triangulaire adj. triangular.
triangulation s.f. triangulação.
trianguler v.t. triangular.
tribal e aux adj. tribal.
tribord s.m. boreste, estibordo.
tribu s.f. tribo.
tribulation s.f. tribulação, atribulação.
tribun s.m. tribuno.
tribunal aux s.m. tribunal.
tribune s.f. tribuna; palanque.
tribut s.m. tributo.
tributaire adj. tributário, afluente (rio).
tricentenaire s.m. tricentenário.
tricher v.int. colar, trapacear; roubar no jogo.

tricherie *s.f.* trapaça.
tricheur euse *s.* trapaceiro.
trichine *s.f.* triquina (verme).
trichinose *s.f.* (*Med.*) triquinose.
trichromie *s.f.* tricromia.
tricolore *adj.* tricolor.
tricorne *s.m.* tricórnio.
tricot *s.m.* tricô.
tricotage *s.m.* ação de fazer tricô.
tricoter *v.t.* tricotar, tricotear.
tricoteur euse *s.* fazedor de tricô.
trictrac *s.m.* gamão (jogo).
tricycle *s.m.* triciclo, velocípede.
trident *s.m.* tridente.
triennal e aux *adj.* trienal.
trier *v.t.* escolher, separar, joeirar. (*Conj. 23*)
trifouiller *v.t.* (*fam.*) remexer, vasculhar.
trigonométrie *s.f.* trigonometria.
trigonométrique *adj.* trigonométrico.
trijumeau aux *adj.; s.m.* trigêmeo.
trijumelle *adj.; s.* trigêmea.
trilatéral e aux *adj.* trilateral.
trilingue *adj.* trilíngue.
trille *s.f.* trilo, trinado.
triller *v.int.* trilar, trinar.
trillion *s.m.* trilhão.
trilogie *s.f.* trilogia.
trimbaler *v.t.* (*fam.*) arrastar, levar consigo; *se — v.pron.* deambular.
trimer *v.int.* mourejar, dar duro no trabalho.
trimestre *s.m.* trimestre.
trimestriel elle *adj.* trimestral.
trimoteur *adj.; s.m.* trimotor.
tringle *s.f.* varão ou trilho de cortina; (*pop.*) nada; *se mettre la —* ficar sem nada.
tringlot *s.m.* (*pop.*) soldado da tropa de manutenção.
trinité *s.f.* trindade.
trinôme *s.m.* trinômio.
trinquer *v.int.* tocar os copos, brindar; *v.t.* (*pop.*) receber prejuízos, sofrer.
trio *s.m.* trio.
triolet *s.m.* triolé.
triomphal e aux *adj.* triunfal.
triomphant e *adj.* triunfante.
triomphateur trice *adj.; s.* triunfador.
triomphe *s.m.* triunfo, ovação, êxito, glória.
triompher *v.int.* triunfar.
triparti e *adj.* tripartido.
tripatouillage *s.m.* adulteração, manipulação.
tripatouiller *v.t.* remanejar, remexer sem escrúpulo (um texto).

tripe *s.f.* tripa; *rendre —s et boyaux* (fam.) vomitar.
triperie *s.f.* loja de tripas.
tripette *s.f.* tripinha; *ça ne vaut pas —* (*fam.*) não vale um caracol.
tripier *s.m.* tripeiro.
triple *adj.* tríplice; *s.m.* triplo.
tripler *v.t.* e *int.* triplicar.
triplicité *s.f.* triplicidade.
tripot *s.m.* casa de tavolagem, antro de jogatina, espelunca.
tripotage *s.m.* manipulação desonesta, falcatrua.
tripotée *s.f.* (*fam.*) 1. sova; 2. multidão, batelada.
tripoter *v.t.* manipular (desonestamente); *v.int.* mexer em; chafurdar.
triporteur *s.m.* triciclo de carga.
triptyque *s.m.* tríptico.
trique *s.f.* cacete, bordão.
trirème *s.f.* trirreme.
trisaïeul *s.m.* trisavô.
trisaïeule *s.f.* trisavó.
trisection *s.f.* trissecção.
trisme ou **trismus** *s.m.* (*Med.*) trismo.
trisser *v.int.* trissar, grinfar.
triste *adj.* triste, penoso, aflitivo, deplorável.
tristesse *s.f.* tristeza.
triton *s.m.* 1. tritão (divindade do mar); 2. tritão (animal anfíbio).
trituration *s.f.* trituração.
triturer *v.t.* triturar.
triumvir *s.m.* triúnviro.
triumvirat *s.m.* triunvirato.
trivial e aux *adj.* trivial, banal; ordinário, vulgar.
trivialité *s.f.* trivialidade.
troc *s.m.* troca.
troène *s.m.* alfena, alfeneiro.
troglodyte *s.m.* 1. troglodita, cavernícola; 2. cambaxirra, carriça.
trogne *s.f.* (*fam.*) caraça, fuça.
trognon *s.m.* caroço; *jusqu'au —* até o fim, completamente; (*fam.*) meninozinho.
troïka *s.f.* troica.
trois *num.* três.
trois-points *loc.adj.* pedreiro-livre, maçom.
troisième *num.* 1. terceiro; 2. terço; *s.m.* terceiro andar; *s.f.* terceira classe (nos trens).
trolley *s.m.* trole.
trolleybus *s.m.* ônibus elétrico.
trombe *s.f.* tromba-d'água; *en —* tempestuosamente.

trombidion *s.m.* micuim.
trombine *s.f.* (*pop.*) cara, cabeça.
tromblon *s.m.* trabuco.
trombone[1] *s.m.* (*Mús.*) trombone.
trombone[2] *s.m.* clipe.
tromboniste *s.* tocador de trombone.
trompe *s.f.* 1. trompa; 2. tromba.
trompe-l'œil *s.m.* perspectiva enganosa, truque enganador.
tromper *v.t.* enganar.
tromperie *s.f.* mentira, embuste, impostura.
trompeter *v.t.* trombetear; (*fig.*) proclamar. (*Conj. 17*)
trompette *s.f.* trompete, pistom.
trompettiste *s.m.* trompetista.
trompeur euse *adj.; s.* enganador; embusteiro; impostor; *à —, — et demi* para velhaco, velhaco e meio.
tronc *s.m.* 1. tronco; 2. caixa de esmolas (em igreja).
tronche *s.f.* (*pop.*) cabeça.
tronçon *s.m.* pedaço, troço, trecho.
tronçonner *v.t.* cortar em pedaços.
trône *s.m.* trono.
trôner *v.int.* reinar; (*depr.*) pavonear-se.
tronquer *v.t.* truncar.
trop *adv.* demais, demasiadamente, muito.
trope *s.m.* (*Ret.*) tropo.
trophée *s.m.* troféu.
tropical e aux *adj.* tropical.
tropique *adj.; s.m.* trópico.
tropisme *s.m.* tropismo.
trop-plein *s.m.* 1. excesso; 2. ladrão (mecanismo).
troquer *v.t.* trocar.
troquet *s.m.* (*pop.*) pequeno bar.
trot *s.m.* trote; *au —* a trote.
trotte *s.f.* (*fam.*) caminhada.
trotter *v.int.* trotar; caminhar rapidamente.
trottiner *v.int.* andar a trote curto, saltitar.
trottinette *s.f.* 1. patinete; 2. (*fam.*) pequeno automóvel.
trottoir *s.m.* 1. passeio, calçada; 2. *— roulant* esteira rolante; (*depr.*) *trottoir*.
trou *s.m.* 1. buraco; *boire comme un —* beber como gambá; *boucher un —* tapar um buraco; (*fig.*) pagar uma das suas dívidas; *faire un — à la lune* fugir sem pagar aos credores; *faire son —* (*fam.*) ter êxito; 2. retiro, casinha; 3. lugarejo perdido; 4. (*pop.*) prisão; 5. (*vulg.*) *— de balle* cu; imbecil.
troubadour *s.m.* trovador.
troublant e *adj.* perturbador, enervante.
trouble *s.m.* perturbação; *pl.* desordens, tumultos; *adj.* turvo; (*fig.*) equívoco.
trouble-fête *s.m.* desmancha-prazeres.
troubler *v.t.* perturbar, turvar; agitar; embaraçar; *se — v.pron.* atrapalhar-se.
trouée *s.f.* 1. abertura, brecha; 2. garganta, passagem estreita entre montanhas.
trouer *v.t.* abrir um buraco em, esburacar.
troufion *s.m.* (*pop.*) soldado.
trouillard e *adj.* (*pop.*) medroso.
trouille *s.f.* (*pop.*) medo, susto.
troupe *s.f.* 1. tropa; 2. bando; 3. companhia teatral.
troupeau eaux *s.m.* rebanho, gado.
troupier *s.m.* (*fam.*) soldado.
trousse *s.f.* maleta, estojo; *aux —s de loc. adv.* no encalço de.
trousseau eaux *s.m.* 1. feixe; *— de clefs* molho de chaves; 2. enxoval (de noiva ou de neném).
trousser *v.t.* 1. levantar, arregaçar; *— une femme* levantar a saia de uma mulher; 2. executar prontamente.
trouvaille *s.f.* achado.
trouver *v.t.* 1. encontrar, achar; 2. descobrir; 3. imaginar, inventar; 4. estimar, julgar; *se — v.pron.* 1. encontrar-se; 2. ficar; estar; 3. sentir-se; *— mal* desmaiar; 4. acontecer; *il se trouvait être un vaurien* acontece que era um vagabundo; 5. *il se trouve que* acontece que.
truand e *s.* 1. (*ant.*) vagabundo, mendigo; 2. (*pop.*) vigarista.
truander *v.t.* roubar.
trublion *s.m.* agitador, arruaceiro.
truc *s.m.* 1. truque, habilidade, macete; 2. (*fam.*) joça, troço.
truchement *s.m.* 1. intérprete; 2. mediação; *par le — de* por intermédio de; 3. (*Hist.*) drogomano, trugimão.
trucider *v.t.* (*fam.*) trucidar.
truculence *s.f.* truculência.
truculent e *adj.* truculento, pitoresco.
truelle *s.f.* colher de pedreiro.
truffe *s.f.* trufa, túbera.
truffer *v.t.* trufar; (*fig.*) atulhar, encher.
truie *s.f.* porca.
truisme *s.m.* truísmo.
truite *s.f.* truta.

trumeau eaux *s.m.* tremó.
truquer *v.t.* falsificar; trucar.
trusquin *s.m.* graminho.
trust *s.m.* truste.
truster *v.t.* monopolizar, açambarcar.
tsar *s.m.* tsar.
tsarévitch *s.m.* tsareviche.
tsarine *s.f.* tsarina.
tsarisme *s.m.* tsarismo.
tsé-tsé *s.m.* tsé-tsé (espécie de mosca).
T.S.F. (*abrev. de Télégraphie sans Fil*) *s.f.* rádio.
tsigane V. *tzigane*.
tu[1] *pron.* tu; *être à — et à toi avec* ser muito chegado a.
tu[2] V. *taire*.
tuant e *adj.* estafante; chateativo, maçante.
tub *s.m.* bacia; banho de bacia.
tuba *s.m.* (*Mús.*) tuba.
tubage *s.m.* tubagem.
tubard e *adj.* (*fam.*) tuberculoso.
tube[1] *s.m.* tubo; *déconner à pleins —s* desandar a dizer besteira.
tube[2] *s.m.* (*pop.*) telefone; (*gír. mus.*) canção de grande êxito; palpite.
tubercule *s.m.* tubérculo.
tuberculeux euse *adj.; s.* tuberculoso.
tuberculine *s.f.* tuberculina.
tuberculose *s.f.* tuberculose.
tubéreuse *s.f.* tuberosa.
tubéreux euse *adj.* tuberoso.
tubulaire *adj.* tubular.
tubuleux euse *adj.* tubuloso.
tubulure *s.f.* tubulatura.
tudesque *adj.; s.pátr.* tudesco; (*pej.*) alemão.
tue-mouche *s.m.* espécie de cogumelo venenoso; *adj. papier —* papel pega-mosca.
tuer *v.t.* matar; *se — v.pron.* matar-se; cansar-se demais.
tuerie *s.f.* carnificina, matança.
tue-tête *à — loc.adv.* em altos brados.
tueur euse *s.* 1. magarefe; 2. matador; *— à gages* pistoleiro, sicário, assassino profissional.
tuf *s.m.* tufo (= calcário poroso).
tuile *s.f.* telha; (*fam.*) contratempo.
tuilerie *s.f.* fábrica de telhas; *les Tuileries* as Tulherias, antigo palácio real e jardim em Paris.
tulipe *s.f.* tulipa.
tulle *s.m.* tule, filó.
tuméfaction *s.f.* tumefação.

tuméfier *v.t.* tumefazer.
tumescence *s.f.* tumescência.
tumescent e *adj.* tumescente.
tumeur *s.f.* tumor.
tumulaire *adj.* tumular.
tumulte *s.m.* tumulto.
tumultueux euse *adj.* tumultuoso.
tunique *s.f.* túnica.
Tunis *s.f.* Túnis.
Tunisie *s.f.* Tunísia.
tunisien enne *adj.; s.pátr.* 1. tunesino; 2. tunisiano.
tunnel *s.m.* túnel; *arriver au bout du —* (*fig.*) sair de um período difícil.
tupi *adj.; s.pátr.* tupi.
tupinambis *s.m.* lagarto, teiú.
turban *s.m.* turbante.
turbin *s.m.* (*pop.*) trabalho.
turbine *s.f.* turbina.
turbiner *v.int.* (*pop.*) trabalhar firme.
turbot *s.m.* rodovalho, linguado.
turbulence *s.f.* turbulência.
turbulent e *adj.* turbulento.
turc turque *adj.; s.pátr.* turco; *à la turque loc.adj.* sem assento (latrina).
turf *s.m.* turfe.
turfiste *s.m.* turfista.
turgescence *s.f.* turgescência.
turgescent e *adj.* turgescente.
turlupiner *v.t.* (*fam.*) aperrear.
turne *s.f.* (*pop.*) pardieiro.
turpitude *s.f.* torpeza.
Turquie *s.f.* Turquia.
turquoise *s.f.* turquesa.
tussor *s.m.* tecido leve de seda.
tutélaire *adj.* tutelar.
tutelle *s.f.* tutela.
tuteur tutrice *s.* 1. tutor; 2. tutor, espeque, estaca.
tutoiement *s.m.* tratamento por tu.
tutoyer *v.t.* tutear, tratar por tu. (*Conj. 21*)
tutu *s.m.* saiote de bailarina, tutu.
tuyau aux *s.m.* tubo, cano; 2. palpite, dica, barbada (turfe).
tuyauter *v.t.* (*fam.*) dar um palpite a, informar.
tuyère *s.f.* alcaraviz.
tympan *s.m.* tímpano.
tympanon *s.m.* (*Mús.*) tímpano.
type *s.m.* tipo; indivíduo, sujeito, cara.
typé e *adj.* típico.
typhique *adj.* tífico.
typhoïde *adj.* tifoide.
typhon *s.m.* tufão.

typhus s.m. tifo.
typique adj. típico.
typo s.m. (fam.) tipógrafo.
typographe s.m. tipógrafo.
typographie s.f. tipografia.
typographique adj. tipográfico.
tyran s.m. tirano.

tyranneau eaux s.m. tiranete.
tyrannie s.f. tirania.
tyrannique adj. tirânico.
tyranniser v.t. tiranizar.
Tyrol s.m. Tirol.
tyrolien enne adj.; s.pátr. tirolês.
tzigane adj.; s. cigano.

U

ubiquité *s.f.* ubiquidade.
uhlan *s.m.* ulano.
ukase *s.m.* ucasse, ordem imperativa.
Ukraine *s.f.* Ucrânia.
ukranien enne *adj.; s.pátr.* ucraniano.
ulcération *s.f.* ulceração.
ulcère *s.m.* úlcera.
ulcéré e *adj.* ulcerado; magoado.
ulcérer *v.t.* ulcerar; ferir; magoar. (*Conj. 13*)
ulcéreux euse *adj.* ulceroso.
uléma *s.m.* ulemá, teólogo muçulmano.
ultérieur e *adj.* ulterior.
ultimatum *s.m.* ultimato.
ultime *adj.* último.
ultra *s.m.* ultra, extremista, ultrarreacionário.
ultra-chic *adj.* muito chique.
ultra-court e *adj.* ultracurto.
ultramicroscope *s.m.* ultramicroscópio.
ultramicroscopie *s.f.* ultramicroscopia.
ultramoderne *adj.* ultramoderno.
ultramontain e *adj.* ultramontano.
ultra-sensible *adj.* ultrassensível.
ultra-son *s.m.* ultrassom.
ultraviolet ette *adj.* ultravioleta.
ultravirus *s.m.* ultravírus.
ululement *s.m.* ululação.
ululer *v.int.* ulular.
ulve *s.f.* uiva; alface-do-mar.
un une *num.* um; *c'est tout un* é a mesma coisa; *l'— dans l'autre* feitas as contas; *n'en faire ni — ni deux* não pensar duas vezes; *ne faire qu'— avec* confundir-se com; *pas — nenhum; plus d'—* mais de um; *sans — (sou)* sem um tostão; *num. ord.* primeiro; *adj.* uno; *art.* um.
unanime *adj.* unânime.
unanimité *s.f.* unanimidade; *à l'—* por unanimidade.

une *num. un; s.f. la* — (*fam.*) primeira página de um jornal.
uni e *adj.* 1. unido; 2. liso, simples.
unicellulaire *adj.* unicelular.
unicité *s.f.* unicidade.
unicolore *adj.* unicolor.
unième *num.* (empregado só depois de dezena: *quatre-vingt-unième* octogésimo primeiro).
unificateur trice *adj.; s.* unificador.
unification *s.f.* unificação.
unifier *v.t.* unificar. (*Conj. 23*)
uniforme *adj.; s.m.* uniforme.
uniformément *adv.* uniformemente.
uniformisation *s.f.* uniformização.
uniformiser *v.t.* uniformizar.
uniformité *s.f.* uniformidade.
unijambiste *adj.* de uma perna só; *s.* pessoa de uma perna só.
unilatéral e aux *adj.* unilateral.
uniment *adv.* regularmente, simplesmente.
union *s.f.* 1. união, associação, liga, confederação; 2. concordância; 3. casamento.
unionisme *s.m.* unionismo.
unioniste *adj.; s.* unionista.
unipare *adj.* uníparo.
unipersonnel elle *adj.* unipessoal.
uniprix *s.m.* loja onde todas as mercadorias têm o mesmo preço.
unique *adj.* único; excepcional, notável.
unir *v.t.* unir, juntar.
unisexué e *adj.* unissexuado.
unisson *s.m.* uníssono; *à l'—* em uníssono.
unitaire *adj.* unitário.
unitarisme *s.m.* unitarismo.
unité *s.f.* unidade.
univalve *adj.* univalve.
univers *s.m.* universo; *l'— concentration-*

naire o mundo dos campos de concentração.
universaliser *v.t.* universalizar.
universalisme *s.m.* universalismo.
universalité *s.f.* universalidade.
universel elle *adj.* universal.
universitaire *adj.* universitário; *s.* professor de universidade.
Université *s.f.* universidade; (*aprox.*) distrito educacional, conjunto das escolas de uma região na França.
univoque *adj.* unívoco.
uranium *s.m.* urânio.
urbain e *adj.* urbano.
urbanisation *s.f.* urbanização.
urbaniser *v.t.* urbanizar.
urbanisme *s.m.* urbanismo.
urbaniste *s.f.; s.* urbanista.
urbanité *s.f.* urbanidade.
urée *s.f.* ureia.
urémie *s.f.* uremia.
urémique *adj.* urêmico.
urétère *s.m.* (*Anat.*) ureter.
uretral e aux *adj.* uretral.
urètre *s.m.* (*Anat.*) uretra.
urgence *s.f.* urgência; *d'*— imediatamente, sem demora; *état d'*— estado de calamidade pública.
urgent e *adj.* urgente.
urinaire *adj.* urinário.
urinol *s.m.* comadre.
urine *s.f.* urina.
uriner *v.int.* urinar.
urinoir *s.m.* mictório.
urique *adj.* úrico.
urne *s.f.* urna.
urographie *s.f.* urografia.
urologie *s.f.* urologia.
urologique *adj.* urológico.
urologue *s.* urologista.
urticaire *s.f.* urticária.
urubu *s.m.* urubu.
uruguayen enne *adj.; s.pátr.* uruguaio.
Uruguay *s.m.* Uruguai.

us *s.m. pl. les* — *et coutumes* os hábitos tradicionais.
usage *s.m.* uso, utilização; *faire* — *de* servir-se de.
usagé e *adj.* usado, gasto.
usager ère *s.* usuário.
usant e *adj.* desgastante.
usé e *adj.* gasto; corriqueiro; cansado.
user *v.int.* — *de* fazer uso de, servir-se de; *v.t.* usar, gastar; *s'*— *v.pron.* gastar-se.
usine *s.f.* fábrica, usina.
usiner *v.t.* fabricar, trabalhar.
usinier ière *adj.* de usina.
usité e *adj.* de emprego corrente.
ustensile *s.m.* utensílio.
usuel elle *adj.* usual.
usuellement *adv.* comumente.
usufruit *s.m.* usufruto.
usure *s.f.* **1.** usura; **2.** desgaste; *avoir à l'*— explorar, usar.
usurier ière *s.* usurário.
usurpateur trice *s.* usurpador.
usurpation *s.f.* usurpação.
usurper *v.t.* usurpar.
ut *s.m.* (*Mús.*) *ut*; dó.
utérin ine *adj.* uterino.
utérus *s.m.* (*Anat.*) útero.
utile *adj.* útil.
utilisable *adj.* utilizável.
utilisateur trice *s.* utilizador.
utilisation *s.f.* utilização.
utiliser *v.t.* utilizar.
utilitaire *adj.* utilitário.
utilitarisme *s.m.* utilitarismo.
utilitariste *adj.; s.* utilitarista.
utilité *s.f.* **1.** utilidade; **2.** *pl.* pontas, papéis insignificantes no teatro; **3.** figurante (no teatro).
utopie *s.f.* utopia.
utopique *adj.* utópico.
utopiste *adj.; s.* utopista.
uval e aux *adj.* uval.
uvée *s.f.* (*Anat.*) úvea.
uvule *s.f.* (*Anat.*) úvula.

V

va V. *aller*.
vacance *s.f.* **1.** vaga, vagação; vagância; **2.** *pl.* férias; *grandes —s* férias de verão.
vacancier ère *s.* turista, veranista.
vacant e *adj.* vacante, vago, vazio.
vacarme *s.m.* algazarra, alarido, bagunça.
vacation *s.f.* (*Dir.*) prazo; *pl.* férias judiciárias.
vaccin *s.m.* vacina.
vaccination *s.f.* vacinação.
vaccine *s.f.* vacina (= doença infecciosa da vaca, do cavalo).
vacciner *v.t.* vacinar.
vaccinothérapie *s.f.* vacinoterapia.
vache *s.f.* vaca; *— à lait* vaca leiteira; (*fig.*) otário; *manger de la — enragée* comer o pão que o diabo amassou; (*gír.*) tira, policial, guarda; (*fam.*) pessoa má, vingativa; *adj.* mau, maldoso, ruim.
vachement *adv.* (*pop.*) muito; à beça, às pampas, um bocado.
vacher *s.m.* vaqueiro.
vacherie *s.f.* **1.** vacaria; **2.** (*fam.*) maldade.
vachette *s.f.* **1.** vitela; **2.** vaqueta.
vacillant e *adj.* vacilante.
vacillation *s.f.* vacilação.
vaciller *v.int.* vacilar, tremer, piscar.
vacuité *s.f.* vacuidade.
vacuole *s.f.* (*Biol.*) vacúolo.
vacuum *s.m.* vácuo.
vade-mecum *s.m.* vade-mécum.
vadrouille *s.f.* (*fam.*) giro, passeio.
vadrouiller *v.int.* (*fam.*) passear.
va-et-vient *s.m.* vaivém.
vagabond e *adj.; s.* vagabundo, vadio.
vagabondage *s.m.* vagabundagem, vadiagem.
vagabonder *v.int.* vagabundear, vadiar.
vagin *s.f.* vagina.
vaginal e aux *adj.* vaginal.

vagir *v.int.* vagir.
vagissement *s.m.* vagido.
vague¹ *s.f.* vaga, onda; *la nouvelle —* a última moda.
vague² *adj.* baldio; *s.m.* espaço, ar.
vague³ *adj.* vago, indeciso; *s.m.* vago, imprecisão.
vaguemestre *s.m.* vagomestre.
vaguer *v.int.* vaguear.
vahiné *s.f.* mulher, esposa (no Taiti).
vaillance *s.f.* valentia.
vaillant e *adj.* valente; V. *sou*.
vaille, vaillent V. *valoir*.
vain e *adj.* vão; frívolo, inútil; vaidoso.
vainement *adv.* em vão, debalde.
vaincre *v.t.* e *int.* vencer. (*Conj. 94*)
vaincu e *adj.; s.* vencido.
vainqueur *s.m.* vencedor.
vair e *adj.* veiro (guarnição de brasão).
vairon *adj.m.* gázeo, garço; de cor indecisa ou diferente (olhos).
vais V. *aller*.
vaisseau eaux *s.m.* navio; vaso; *brûler ses —x* privar-se das possibilidades de retirada.
vaisselier *s.m.* guarda-louça.
vaisselle *s.f.* baixela, louça; *faire la —* lavar a louça.
val vals vaux *s.m.* vale; *à —* descendo.
valable *adj.* válido, plausível, notável.
valence *s.f.* valência.
valériane *s.f.* valeriana (planta medicinal).
valet *s.m.* **1.** criado; **2.** valete (figura das cartas de jogo).
valetaille *s.f.* criadagem.
valétudinaire *adj.; s.* valetudinário, enfermiço.
valeur *s.f.* valor; *mettre en —* valorizar; validez; *pl.* valores, títulos.

valeureusement *adv.* valorosamente.
valereux euse *adj.* valoroso.
validation *s.f.* validação.
valide *adj.* válido.
valider *v.t.* validar, revalidar, homologar, ratificar.
validité *s.f.* validade, validez.
valise *s.f.* maleta; — *diplomatique* mala diplomática.
vallée *s.f.* vale.
vallon *s.m.* valezinho.
vallonnement *s.m.* ondulação (de terreno).
vallonner *v.t.* cavar, dispor em vales.
valoir *v.int.* valer; *vaille que vaille* de qualquer jeito; *à* — por conta; *faire* — valorizar, impor; *se* — equivaler-se; *se faire* — impor-se; fazer valer seus direitos; — *mieux* ser preferível; *v.t.* obter. (*Conj. 57*)
valorisation *s.f.* valorização.
valoriser *v.t.* valorizar.
valse *s.f.* valsa.
valser *v.int.* valsar.
valseur euse *s.* valsista.
valve *s.f.* valva.
valvule *s.f.* válvula.
vamp *s.f.* vampe, mulher fatal.
vamper *v.t.* seduzir com trejeitos de mulher fatal.
vampire *s.m.* vampiro.
vampirisme *s.m.* vampirismo.
van *s.m.* joeira.
vanadium *s.m.* vanádio.
vandale *adj.; s.* vândalo.
vandalisme *s.m.* vandalismo.
vanille *s.f.* baunilha (fruto).
vanillier *s.m.* baunilha (planta).
vanité *s.f.* vaidade; futilidade; insignificância.
vaniteux euse *adj.* vaidoso.
vannage *s.m.* joeiramento.
vanne[1] *s.f.* comporta, adufa.
vanne[2] *s.f.* (*pop.*) remoque, observação maldosa.
vanné e *adj.* (*pop.*) cansado, esgotado.
vanner *v.t.* 1. joeirar; 2. esfalfar.
vannerie *s.f.* indústria ou comércio de objetos de vime; conjunto desses objetos.
vannier *s.m.* fabricante de objetos de vime; cesteiro.
vantail aux *s.m.* batente (de porta).
vantard e *s.* gabola, gabarola.
vantardise *s.f.* gabolice.
vanter *v.t.* gabar, louvar; *se* — *v.pron.* gabar-se, vangloriar-se.

va-nu-pieds *s.m.* mendigo, miserável, pé-rapado.
vapeur *s.f.* vapor; *pl.* vapores, entorpecimento cerebral.
vaporeux euse *adj.* vaporoso.
vaporisateur *s.m.* vaporizador.
vaporiser *v.t.* vaporizar.
vaquer *v.int.* — *à* aplicar-se em, dedicar-se a.
varappe *s.f.* (*Alp.*) escalada.
varech *s.m.* sargaço.
vareuse *s.f.* blusa de marinheiro; japona.
variabilité *s.f.* variabilidade.
variable *adj.* variável, instável.
variante *s.f.* variante.
variation *s.f.* variação.
varice *s.f.* variz.
varicelle *s.f.* varicela, catapora.
varié e *adj.* variado, vário.
varier *v.int.* e *t.* variar. (*Conj. 23*)
variété *s.f.* variedade, diversidade.
variole *s.f.* varíola, bexiga(s).
varioleux euse *adj.* varioloso.
variolique *adj.* variólico.
variqueux euse *adj.* varicoso.
varlope *s.f.* garlopa.
vasculaire *adj.* vascular.
vase[1] *s.m.* vaso; — *de nuit* penico.
vase[2] *s.f.* vasa, lodo, limo.
vaseline *s.f.* vaselina.
vaseux euse *adj.* (*fam.*) obscuro, confuso; abatido; *être* — estar na fossa.
vasistas *s.m.* bandeira de porta, postigo.
vasouiller *v.int.* (*fam.*) vacilar, gaguejar.
vasque *s.f.* bacia (de fonte).
vassal e aux *adj.; s.* vassalo.
vassalité *s.f.* (*Hist.*) vassalagem.
vasselage *s.m.* vassalagem.
vaste *adj.* vasto, amplo; (*fam.*) enorme.
vaticinateur trice *s.* vaticinador.
vaticination *s.f.* vaticinação; vaticínio.
vaticiner *v.int.* vaticinar.
va-tout *s.m.* parada máxima (no jogo); *jouer son* — (*fig.*) arriscar tudo.
vaudeville *s.m.* comédia cantada.
vaudois e *adj.; s.pátr.* valdense.
vaudou *s.m.* vodu (culto anímico das Antilhas, espécie de candomblé, macumba).
vaudra, vaudrons etc. V. *valoir*.
vau-l'eau *aller à* — *loc.adv.* ir por água abaixo.
vaurien enne *adj.; s.* patife, pândego, gaiato.
vaut V. *valoir*.

vautour *s.m.* abutre.
vautrer, se *v.pron.* espojar-se, chafurdar.
vauvert *adj.* V. *diable.*
vaux V. *valoir.*
veau veaux *s.m.* **1.** bezerro, vitelo; carne de vitela, pele de vitela; *tuer le — gras* festejar com banquete; **2.** (*pop.*) cavalo de corrida ruim.
vecteur *s.; adj.m.* vector.
vectoriel elle *adj.* vetorial.
vécu *s.m.* experiência vivida, vivência.
vécu, vécus, vécut V. *vivre.*
véda *s.m.* veda (textos sagrados da Índia).
vedette *s.f.* **1.** vedeta (sentinela); **2.** vedete; *mettre en* — pôr em evidência.
védique *adj.* védico, relativo aos vedas.
végétal e aux *adj.; s.m.* vegetal.
végétarien enne *adj.* vegetariano.
végétarisme *s.m.* vegetarianismo.
végétatif ive *adj.* vegetativo.
végétation *s.f.* vegetação.
végéter *v.int.* vegetar. (*Conj. 13*)
véhémence *s.f.* veemência.
véhément e *adj.* veemente.
véhémentement *adv.* veementemente.
véhicule *s.m.* veículo, viatura.
véhiculer *v.t.* veicular.
veille *s.f.* **1.** vigília; **2.** véspera.
veillée *s.f.* serão, vigília.
veiller *v.t.* velar, vigiar; *v.int.* estar acordado.
veilleur *s.m.* velador; *— de nuit* vigia.
veilleuse *s.f.* lamparina; bico de gás; *mettre en* — reduzir a chama de; (*fig.*) reduzir a atividade de.
veinard e *adj.; s.* (*fam.*) felizardo.
veine *s.f.* **1.** veia; *se saigner aux quatre —s* gastar tudo que se tem; **2.** veio; **3.** (*fig.*) inspiração; **4.** sorte; *avoir de la —* ter sorte.
veineux euse *adj.* venoso.
vélaire *adj.* velar.
vêler *v.int.* parir (a vaca).
vélin e *adj.; s.m.* velino.
velléitaire *adj.* indeciso.
velléité *s.f.* veleidade.
vélo *s.m.* (*fam.*) bicicleta.
véloce *adj.* veloz.
vélocipède *s.m.* velocípede.
vélocité *s.f.* velocidade.
vélodrome *s.m.* velódromo.
velours *s.m.* veludo; *jouer sur le —* jogar na certa.
velouté e *adj.* aveludado.

velouter *v.t.* aveludar.
velu e *adj.* veloso, felpudo.
vélum *s.m.* toldo.
venaison *s.f.* carne de caça.
vénal e aux *adj.* venal.
vénalité *s.f.* venalidade.
venant e *s. à tout —* ao primeiro que aparece.
vendable *adj.* vendável, vendível.
vendange *s.f.* vindima.
vendanger *v.t.* e *int.* vindimar. (*Conj. 19*)
vendangeur *s.m.* vindimador.
Vendée *s.f.* Vendeia.
vendéen enne *adj.; s.pátr.* vendiano.
vendetta *s.f.* vendeta.
vendeur euse *s.* **1.** vendedor, caixeiro; **2.** vendilhão.
vendre *v.t.* vender; *à —* à venda; *se — v.pron.* vender-se. (*Conj. 84*)
vendredi *s.m.* sexta-feira; *— saint* sexta-feira da Paixão.
venelle *s.f.* viela.
vénéneux euse *adj.* venenoso.
vénérable *adj.* venerável.
vénération *s.f.* veneração.
vénérer *v.t.* venerar. (*Conj. 13*)
vénerie *s.f.* monteada, montaria.
veneur *s.m.* monteiro.
Vénézuela *s.m.* Venezuela.
vénézuélien enne *adj.; s.pátr.* venezolano, venezuelano.
vengeance *s.f.* vingança.
venger *v.t.* vingar; *se — v.pron.* vingar-se. (*Conj. 19*)
vengeur eresse *adj.; s.* vingador.
véniel elle *adj.* venial.
venimeux euse *adj.* venenoso, peçonhento.
venimosité *s.f.* venenosidade.
venin *s.m.* veneno.
venir *v.int.* vir, chegar; provir; *— de* acabar de; *à —* por vir; *d'où vient que?* por quê? *en — à* chegar a ponto de; *en — aux mains* começar a luta. (*Conj. 42*)
Venise *s.f.* Veneza.
vénitien enne *adj.* veneziano.
vent *s.m.* vento; *autant en emporte le —* palavras leva-as o vento; *aux quatre —s* por toda parte; *avoir — de* vir a saber; *du —!* (*pop.*) vá embora! fora!; *être dans le —* seguir a moda; *prendre le —* cheirar o ar; (*fig.*) informar-se.
vente *s.f.* venda; *— au détail* venda a varejo; *— au numéro* venda avulsa; *— aux*

enchères leilão; *en* — à venda; — *en gros* venda ao atacado.
venter *v.int.* ventar.
venteux euse *adj.* ventoso.
ventilateur *s.m.* ventilador.
ventilation *s.f.* ventilação.
ventiler *v.t.* ventilar, arejar.
ventouse *s.f.* ventosa.
ventral e aux *adj.* ventral.
ventre *s.m.* ventre; — *affamé n'a pas d'oreilles* palavras não enchem barriga; — *à terre* rapidamente; *avoir quelque chose dans le* — ter energia e decisão; *prendre du* — engordar.
ventriculaire *adj.* ventricular.
ventricule *s.m.* (*Anat.*) ventrículo.
ventriloque *adj.; s.* ventríloquo.
ventriloquie *s.f.* ventriloquia.
ventripotent e *adj.* (*fam.*) barrigudo, ventripotente.
ventru e *adj.* (*fam.*) ventrudo, barrigudo.
venu e *adj.* vindo, chegado; *s. le premier* — qualquer um.
venue *s.f.* vinda, chegada.
vêpres *s.f.pl.* vésperas.
ver *s.m.* verme; — *à soie* bicho-da-seda; — *de terre* minhoca; — *luisant* pirilampo; — *solitaire* tênia; *tirer les* —*s du nez de* plantar verde para colher maduro; *tuer le* — matar o bicho.
véracité *s.f.* veracidade.
véranda *s.f.* varanda.
verbal e aux *adj.* verbal.
verbaliser *v.int.* — *contre* autuar.
verbalisme *s.m.* verbalismo.
verbe *s.m.* 1. verbo; 2. tom de voz; *avoir le* — *haut* arrotar importância.
verbeux euse *adj.* verboso.
verbiage *s.m.* palavreado, palavrório.
verbosité *s.f.* verbosidade.
verdâtre *adj.* esverdeado.
verdeur *s.f.* verdura, verdor.
verdict *s.m.* veredicto.
verdier *s.m.* verdelhão (pássaro).
verdir *v.t.* tornar verde.
verdoyant e *adj.* verdejante.
verdoyer *v.int.* verdejar. (*Conj.* 22)
verdure *s.f.* verdor, vegetação.
véreux euse *adj.* 1. bichado, bichoso (fruta); 2. escuso (negócio); 3. desonesto (pessoa).
verge *s.f.* 1. vara, varinha; 2. pênis.
verger *s.m.* vergel, pomar.
vergeté e *adj.* raiado, riscado.

vergeture *s.f.* riscas, estrias.
verglas *s.m.* camada fina de gelo nas ruas.
vergogne *s.f.* pudor; *sans* — sem escrúpulos.
vergue *s.f.* verga.
véridicité *s.f.* veridicidade.
véridique *adj.* verídico.
vérifiable *adj.* verificável.
vérification *s.f.* verificação.
vérifier *v.t.* verificar, confirmar, reconhecer. (*Conj.* 23)
vérin *s.m.* macaco (mecanismo).
véritable *adj.* verdadeiro, autêntico.
vérité *s.f.* verdade; *à la* — para dizer a verdade; *en* — na verdade; *dire ses quatre* —*s à* dizer poucas e boas a; — *de la Palisse* o mesmo que *lapalissade.*
verjus *s.m.* agraço.
vermeil le *adj.* vermelho vivo; *s.m.* prata dourada.
vermicelle *s.f.* aletria.
vermiculaire *adj.* vermicular.
vermifuge *adj.; s.m.* vermífugo.
vermillon *s.m.* vermelhão.
vermine *s.f.* bichos, vermes, sevandija; (*fig.*) súcia.
vermisseau eaux *s.m.* vermezinho.
vermoulu e *adj.* carcomido, carunchoso.
vermouth *s.m.* vermute.
vernaculaire *adj.* vernacular.
verni e *adj.* envernizado; (*fig.*) felizardo, felizão.
vernier *s.m.* nônio, verniê.
vernir *v.t.* envernizar.
vernis *s.m.* verniz; — *à ongles* esmalte de unhas.
vernissage *s.m.* envernizamento; *vernissage.*
vernisser *v.t.* envernizar.
vérole *s.f.* (*pop.*) sífilis; *petite* — varíola, bexigas.
verra, verrai, verras V. *voir.*
verrat *s.m.* varrão (porco reprodutor).
verre *s.m.* 1. vidro; 2. copo; *avoir un* — *dans le nez* (*fam.*) estar bêbado, estar de cara cheia; 3. lente (de óculos); — *de contact* lente de contato.
verrerie *s.f.* vidraria.
verrier *s.m.* vidraceiro.
verrière *s.f.* 1. vidraça; 2. parede de vidro.
verrons, verront V. *voir.*
verroterie *s.f.* vidrilhos, miçangas.
verrou *s.m.* ferrolho.
verrouiller *v.t.* aferrolhar.

verrue *s.f.* verruga.
vers[1] *s.m.* verso.
vers[2] *prep.* para; em direção a; por volta de.
versant *s.m.* vertente.
versatile *adj.* versátil.
versatilité *s.f.* versatilidade.
verse *s.f. à — loc.adv.* a cântaros.
verseau *s.m.* aquário (signo do zodíaco).
versement *s.m.* pagamento, depósito.
verser *v.t.* 1. derramar; 2. verter; 3. depositar (dinheiro); *v.int.* tombar, virar.
verset *s.m.* versículo.
verseur *s.m.* vertedor.
verseuse *s.f.* bule, cafeteira.
versificateur *s.m.* versejador.
versification *s.f.* versificação.
versifier *v.t.* e *int.* versificar, versejar. (*Conj. 23*)
version *s.f.* 1. versão; 2. tradução (de uma língua estrangeira para a própria).
verso *s.m.* verso (o oposto de recto).
versoir *s.m.* aiveca.
verste *s.f.* versta.
vert e *adj.* verde; *en dire des —es et des pas mûres* dizer coisas cabeludas; vigoroso, robusto; *s.m.* verde; *prendre sans —* pegar desprevenido; *se mettre au —* ir descansar no campo.
vert-de-gris *s.m.* azinhavre, azebre.
vertébral e **aux** *adj.* vertebral.
vertèbre *s.f.* vértebra.
vertébré *adj.; s.* vertebrado.
vertement *adv.* vivamente, asperamente.
vertical e **aux** *adj.* vertical.
verticalité *s.f.* verticalidade.
vertige *s.m.* vertigem.
vertigineux **euse** *adj.* vertiginoso.
vertu *s.f.* virtude; *en — de* em virtude de, pelo poder de; em nome de.
vertueux **euse** *adj.* virtuoso.
verve *s.f.* verve, calor de imaginação.
verveine *s.f.* verbena.
verveux **euse** *adj.* cheio de verve.
vésanie *s.f.* vesânia.
vésical e **aux** *adj.* vesical.
vésicatoire *adj.; s.m.* vesicatório.
vésiculaire *adj.* vesicular.
vésicule *s.f.* vesícula.
vespasienne *s.f.* mictório.
vespéral e **aux** *adj.; s.m.* vesperal.
vesse *s.f.* ventosidade.
vessie *s.f.* bexiga; *prendre des —s pour des lanternes* misturar alhos com bugalhos.

vestale *s.f.* vestal.
veste *s.f.* jaleco, véstia; *retourner sa —* virar casaca.
vestiaire *s.m.* rouparia, vestiário.
vestibulaire *adj.* vestibular.
vestibule *s.m.* vestíbulo, saguão, portaria.
vestige *s.m.* vestígio.
vestimentaire *adj.* indumentário; relativo ao vestuário.
veston *s.m.* paletó.
vêtement *s.m.* vestuário, traje, roupa; — *chaud* agasalho.
vétéran *s.m.* veterano.
vétérinaire *adj.; s.* veterinário.
vétille *s.f.* bagatela, ninharia.
vétilleux **euse** *adj.* minucioso, niquento.
vêtir *v.t.* vestir. (*Conj. 43*)
vétiver *s.m.* vetiver.
veto *s.m.* veto.
vétuste *adj.* vetusto.
vétusté *s.f.* vetustez.
veuf **veuve** *adj.; s.* viúvo.
veuille, veuillez etc. V. *vouloir*.
veule *adj.* frouxo.
veulerie *s.f.* frouxidão.
veut V. *vouloir*.
veuvage *s.m.* viuvez.
veuve V. *veuf*; *s.f.* (*pop.*) guilhotina.
veux V. *vouloir*.
vexant e *adj.* vexante.
vexation *s.f.* vexame.
vexatoire *adj.* vexatório.
vexer *v.t.* vexar, humilhar, ofender.
via *prep.* por.
viable *adj.* viável; durável.
viaduc *s.m.* viaduto.
viager **ère** *adj.* vitalício.
viande *s.f.* carne; (*pop.*) corpo.
viatique *s.m.* viático.
vibrant e *adj.* vibrante.
vibraphone *s.m.* vibrafone.
vibration *s.f.* vibração.
vibratoire *adj.* vibratório.
vibrer *v.int.* vibrar.
vibreur *s.m.* vibrador.
vibrion *s.m.* vibrião (bactéria).
vibrionner *v.int.* (*fam.*) agitar-se sem parar.
vicaire *s.m.* vigário.
vicariat *s.m.* vicariato.
vice *s.m.* vício; *— solitaire* masturbação.
vice-consul *s.m.* vice-cônsul.
vice-présidence *s.f.* vice-presidência.
vice-président *s.m.* vice-presidente.

vice-roi *s.m.* vice-rei.
vichy *s.m.* 1. tecido de algodão; 2. água mineral de Vichy.
vichyste *adj.; s.* vichista (partidário, durante a Segunda Guerra Mundial, do governo francês colaboracionista instalado em Vichy).
vicier *v.t.* viciar, estragar. (*Conj. 23*)
vicieux euse *adj.* vicioso.
vicinal e aux *adj.* vicinal.
vicissitude *s.f.* vicissitude.
vicomte esse *s.* visconde.
victime *s.f.* vítima.
victoire *s.f.* vitória.
victoria *s.f.* 1. vitória-régia (flor); 2. vitória (carruagem descoberta).
victorieux euse *adj.* vitorioso.
victuailles *s.f.pl.* vitualhas.
vidage *s.m.* esvaziamento, eliminação.
vidange *s.f.* 1. esvaziamento de fossa (séptica); 2. fezes, conteúdo de uma fossa; 3. trocar de óleo.
vidanger *v.t.* despejar.
vide *adj.* vazio; *s.m.* vácuo; espaço vazio; *à —* *loc.adv.* em falso; sem o efeito esperado.
vide-poches *s.m.* cestilha para depositar o conteúdo dos bolsos.
vider *v.t.* esvaziar, evacuar; (*fam.*) expulsar.
videur *s.m.* (*gír.*) leão de chácara.
vie *s.f.* 1. vida, existência; *à —* por toda a vida; *avoir la — dure* ter fôlego de gato; *faire la —* viver na prostituição; *jamais de la —* nunca, jamais; *passer de — à trépas* passar desta para melhor; 2. (*fig.*) biografia.
vieil V. *vieux*.
vieillard *s.m.* velho, ancião.
vieille V. *vieux*.
vieillerie *s.f.* velharia.
vieillesse *s.f.* velhice.
vieillir *v.t.; int.* envelhecer.
vieillissement *s.m.* envelhecimento.
vieillot otte *adj.* velhusco.
vielle *s.f.* (*Mús.*) viela.
viendra, viendrons etc. V. *venir*.
Vienne *s.f.* Viena; 1. rio, cidade e departamento na França; 2. capital da Áustria.
viennois e *adj.; s.pátr.* vienense.
viens, vient V. *venir*.
vierge *adj.; s.f.* virgem.
Viétnam *s.m.* Vietnã.
viétnamien enne *adj.; s.pátr.* vietnamita.

vieux vieil vieille *adj.* velho (*vieux* e *vieille* podem também ser usados como substantivos); *les —* os pais; *mon —* meu amigo, meu velho; *se faire —* envelhecer; antigo; *— de la vieille* veterano.
vif vive *adj.; s.* vivo; *entrer dans le — du sujet* tocar no ponto essencial do assunto; *être piqué au —* ser atingido no ponto mais sensível; animado, áspero; intenso; *sur le —* ao natural; *trancher dans le —* tomar medidas enérgicas.
vif-argent *s.m.* argento-vivo, azougue.
vigie *s.f.* vigia.
vigilance *s.f.* vigilância.
vigilant e *adj.* vigilante.
vigile *s.f.* vigília.
vigne *s.f.* 1. videira; 2. vinha.
vigneron *s.m.* vinhateiro.
vignette *s.f.* vinheta, rótulo, etiqueta.
vignoble *s.m.* vinhal, vinhedo.
vigogne *s.f.* vicunha, taruga (mamífero).
vigoureux euse *adj.* vigoroso.
vigueur *s.f.* vigor.
vil e *adj.* vil.
vilain e *adj.* vilão; desonesto, vergonhoso; feio.
vilebrequin *s.m.* 1. virabrequim; 2. arco de pua.
vilenie *s.f.* vilania, vileza.
vilipender *v.t.* vilipendiar.
villa *s.f.* vila, casa de campo elegante.
village *s.m.* aldeia, vila, povoado.
villageois e *adj.; s.* aldeão.
ville *s.f.* cidade; *— d'eaux* estação de águas, estância hidromineral; *la Ville Lumière* a Cidade-Luz (Paris); *en —* nesta; *dîner en —* jantar fora.
villégiature *s.f.* vilegiatura, veraneio.
villosité *s.f.* vilosidade.
vîmes V. *voir*.
vin *s.m.* vinho; *avoir le — triste* ficar triste quando bebeu; *cuver son —* cozinhar a bebedeira; *être entre deux —s* estar tonto, um pouco embriagado; *quand le — est tiré il faut le boire* (*prov.*) ajoelhou, tem que rezar.
vinaigre *s.m.* vinagre; *tourner au —* azedar-se.
vinaigrer *v.t.* avinagrar.
vinaigrette *s.f.* molho de vinagre.
vinasse *s.f.* 1. vinhaço; 2. (*pop.*) vinho ordinário.
vindicatif ive *adj.* vingativo.
vindicte *s.f.* vindita.

vineux euse *adj.* vinoso.
vingt *num.* vinte.
vingtaine *s.f.* vintena (= uns vinte).
vingtième *adj.num.* vigésimo; *s.m.* **1.** vigésimo, a vigésima parte; **2.** vigésimo andar.
vinicole *adj.* vinícola.
vins, vinrent, vint V. *venir.*
vinyl *s.m.* vinil.
vioc *adj.; s. (pop.)* velho; *les —s* os pais.
viol *s.m.* violação, estupro.
violacé e *adj.* violáceo.
violation *s.f.* violação, profanação.
violence *s.f.* violência.
violent e *adj.* violento.
violenter *v.t.* violentar.
violer *v.t.* violar.
violet ette *adj.* violeta, roxo.
violette *s.f.* violeta.
violon *s.m.* **1.** violino; *— d'Ingres* violino de Ingres (ocupação secundária que se exerce com menor brilho), *hobby*; *accordez vos —s (fig.)* ponham-se de acordo; **2.** *(pop.)* delegacia, xadrez.
violoncelle *s.m.* violoncelo.
violoncelliste *s.* violoncelista:
violoniste *s.* violinista.
vioque V. *vioc.*
viorne *s.f.* viburno (arbusto).
vipère *s.f.* víbora.
vipérin e *adj.* viperino.
virage *s.m.* virada, curva.
virago *s.f.* virago.
viral e *adj.* relativo aos vírus.
virement *s.m.* transferência de fundos, depósito em conta alheia.
virent V. *virer* e *voir.*
virer *v.int.* virar; *v.t.* transferir fundos, depositar em conta alheia.
virevolte *s.f.* reviravolta.
virginal e aux *adj.* virginal.
virginité *s.f.* virgindade.
virgule *s.f.* vírgula.
viril ile *adj.* viril, másculo.
viriliser *v.t.* virilizar.
virilité *s.f.* virilidade.
virtualité *s.f.* virtualidade.
virtuel elle *adj.* virtual.
virtuose *s.* virtuoso.
virtuosité *s.f.* virtuosidade, virtuosismo.
virulence *s.f.* virulência.
virulent e *adj.* virulento.
virus *s.m.* vírus.
vis[1] *s.f.* parafuso.

vis[2] V. *vivre* e *voir.*
visa *s.m.* visto.
visage *s.m.* rosto, cara; *faire bon visage à* acolher bem; *trouver — de bois* dar com o nariz na porta.
vis-à-vis *loc.prep.* de fronte, na presença de, para com; *s.m.* pessoa colocada em frente (à mesa, na dança etc.).
viscéral e aux *adj.* visceral.
viscère *s.f.* víscera.
viscosité *s.f.* viscosidade.
visée *s.f.* **1.** pontaria, mira; **2.** *pl.* pretensões.
viser[1] *v.t.* e *int.* visar; *(pop.)* olhar.
viser[2] *v.t.* apontar a arma contra, visar.
viseur *s.m.* visor.
visibilité *s.f.* visibilidade.
visible *adj.* visível.
visière *s.f.* viseira, pala; *rompre en — (fig.)* atacar abertamente; desmentir cara a cara.
vision *s.f.* visão, alucinação.
visionnaire *s.* visionário.
visitation *s.f.* visitação.
visite *s.f.* visita; inspeção, vistoria.
visiter *v.t.* visitar, examinar.
visiteur euse *s.* visitante.
vison *s.m.* marta.
visqueux euse *adj.* viscoso, pegajoso.
visser *v.t.* parafusar, aparafusar.
vissions V. *voir* e *visser.*
visuel elle *adj.* visual.
vit V. *vivre* e *voir.*
vital e aux *adj.* vital.
vitaliser *v.t.* vitalizar.
vitalité *s.f.* vitalidade.
vitamine *s.f.* vitamina.
vitaminique *adj.* vitamínico.
vite *adv.* depressa; *il a — fait de* não tardou a.
vitellin ine *adj.* vitelino.
vitellus *s.m.* vitelo (protoplasma).
vitesse *s.f.* velocidade, rapidez; *gagner de —* chegar antes de.
viticole *adj.* vitícola.
viticulteur *s.m.* viticultor.
viticulture *s.f.* viticultura.
vitrage *s.m.* envidraçamento.
vitrail aux *s.m.* vitral.
vitre *s.f.* vidraça, vidro; *casser les —s (fig.)* fazer escândalo.
vitré e *adj.* vidrado.
vitrer *v.t.* envidraçar.
vitrerie *s.f.* vidraçaria.

vitreux euse *adj.* vítreo; vidrento.
vitrier *s.m.* vidraceiro.
vitrifier *v.t.* vitrificar. (*Conj. 23*)
vitrine *s.f.* vitrina.
vitriol *s.m.* vitríolo.
vitrioler *v.t.* 1. vitriolizar; 2. lançar vitríolo em.
vitupération *s.f.* vituperação.
vitupérer *v.t.* vituperar. (*Conj. 13*)
vivace *s.f.* vivaz.
vivacité *s.f.* vivacidade.
vivandière *s.f.* vivandeira.
vivant e *adj.; s.* vivo; *bon-* — folgazão; boa-vida; *de son* — enquanto vivia; em vida.
vive V. *vif.*
viveur *s.m.* farrista, pândego.
vivier *s.m.* viveiro.
vivifier *v.t.* vivificar. (*Conj. 23*)
vivisection *s.f.* vivissecção.
vivoter *v.int.* vegetar, subsistir.
vivre *v.int.* e *t.* viver; — *au jour le jour* só pensar no dia de hoje; — *sa vie* viver à sua maneira. (*Conj. 95*)
vivres *s.m.pl.* víveres, alimentos; *couper les* — *à* cortar a mesada de.
vivrier ière *adj.* alimentício.
vlan *interj.* zás!
vocable *s.m.* vocábulo.
vocabulaire *s.m.* vocabulário.
vocal e aux *adj.* vocal.
vocalique *adj.* vocálico.
vocalise *s.f.* vocalise.
vocaliser *v.int.* e *t.* vocalizar.
vocatif *s.m.* vocativo.
vocation *s.f.* vocação.
vociférer *v.int.* e *t.* vociferar. (*Conj. l3*)
vodka *s.f.* vodca.
vœu *s.m.* voto; resolução, desejo; *faire le* — *de* (+ *inf.*) tomar a resolução de.
vogue *s.f.* voga, moda.
voguer *v.int.* vogar.
voici *prep.* eis (aqui).
voie *s.f.* via, caminho; — *d'eau* rombo; — *de garage* desvio; — *ferrée* estrada de ferro; — *lactée* via láctea; —*s de fait* vias de fato.
voilà *prep.* eis (aí); — *qui est bien!* ótimo!; *en* — *assez!* chega!; *en* — *un imbécile!* que imbecil!; — *quinze jours* há quinze dias.
voilage *s.m.* véus cobrindo um vestido.
voile[1] *s.m.* véu; *pendre le* — tornar-se freira.
voile[2] *s.m.* vela; *avoir du vent dans les* —*s* estar de pileque; *avoir le vent dans les* —*s*
andar de vento em popa; *mettre à la* — fazer-se a vela.
voiler *v.t.* velar, encobrir.
voilier *s.m.* veleiro.
voilure *s.f.* velame.
voir *v.int.* ver; *ne* — *que par les yeux de* seguir a opinião de ... em tudo; — *à* pensar em, cuidar de; *v.t.* ver; *faire* — mostrar; (*fam.*) *j'en ai vu bien d'autres* vi coisas piores; *en faire* — *à* maltratar; encontrar; examinar; (*fam.*) *allez* — *là-bas si j'y suis* vê se estou na esquina, vá embora; considerar; decidir; resolver; *c'est tout vu* já está resolvido; *je vous vois venir* adivinho as suas intenções; *on aura tout vu!* é incrível!; *voyons!* ora!; *cela n'a rien à* — *avec* não tem nada a ver com ...; (*Conj. 58*) *se* — *v.pron.* ver-se, sentir-se; encontrar-se; ser visto; imaginar-se.
voire *adv.* até mesmo.
voirie *s.f.* 1. conjunto de vias públicas; 2. conservação desse conjunto; 3. recolhimento do lixo.
voisin e *adj.; s.* vizinho; o próximo.
voisinage *s.m.* vizinhança.
voisiner *v.int.* — *avec* estar, ficar perto de.
voiturage *s.m.* carreto.
voiture *s.f.* carro; automóvel de passeio; — *de place* táxi, carro de aluguel.
voiturée *s.f.* carrada.
voiturer *v.t.* transportar, carrear.
voiture-radio *s.f.* radiopatrulha.
voix *s.f.* voz; — *de tête* voz de falsete; *avoir de la* — ter voz; *avoir* — *au chapitre* ser levado em consideração; *de vive* — de viva voz, oralmente; palavra; som; voto (numa eleição).
vol[1] *s.m.* voo; *à* — *d'oiseau* a voo de pássaro; *au* — de relance; *de haut* — de alto coturno.
vol[2] *s.m.* roubo, furto; — *à l'américaine* conto do vigário; — *à l'esbroufe* roubo de, trombadinha; — *à la tire* punga, roubo de punguista.
volage *adj.* volúvel, instável.
volaille *s.f.* ave de criação.
volailler *s.m.* galinheiro.
volant e *adj.* voador; móvel; *s.m.* 1. volante; 2. peteca; 3. — *de sécurité* margem de segurança.
volatil e *adj.* volátil.
volatile *s.m.* V. *volaille.*
volatilisation *s.f.* volatilização.
volatiliser *v.t.* volatilizar.

volatilité *s.f.* volatilidade.
vol-au-vent *s.m.* volovã (= pastelão de massa folheada).
volcan *s.m.* vulcão.
volcanique *adj.* vulcânico.
volée *s.f.* 1. voo; *à* — de passagem; 2. bando de pássaros; 3. qualidade; 4. som de sino; *à toute* — com toda a força; 5. — *de coups* série de pancadas, surra, tosa.
voler[1] *v.int.* voar; atirar-se; — *en éclats* estourar.
voler[2] *v.t.* roubar, furtar; (*fam.*) *il ne l'a pas volé!* bem feito!
volet *s.m.* 1. postigo, persiana; 2. tabuinha de separar cereais; *trier sur le* — escolher a dedo.
voleter *v.int.* esvoaçar. (*Conj. 17*)
voleur *s.m.* ladrão; — *à la tire* punguista; — *à l'esbroufe* trombadinha; — *d'automobiles* puxador de carros.
voleuse *s.f.* ladra.
volière *s.f.* aviário, viveiro de aves.
volition *s.f.* volição.
volontaire *adj.; s.* voluntário.
volontariat *s.m.* voluntariado.
volonté *s.f.* vontade; *faire ses quatre* — *s* fazer todas as suas vontades.
volontiers *adv.* de bom grado; com todo o prazer; habitualmente.
volt *s.m.* volt.
voltage *s.m.* voltagem.
voltaïque[1] *adj.* voltaico, relativo à pilha de Volta.
voltaïque[2] *adj.; s.pátr.* (da república) do Alto Volta.
voltaire *s.m.* poltrona de assento baixo.
volte *s.f.* volta; meia-volta.
volta-face *s.f.* meia-volta; reviravolta.
voltige *s.m.* 1. maromba, corda bamba; 2. acrobacia intelectual.
voltiger *v.int.* esvoaçar. (*Conj. 14*)
voltigeur *s.m.* 1. funâmbulo; 2. tipo de cigarro.
volubile *adj.* volúvel, loquaz.
volubilité *s.f.* volubilidade, loquacidade.
volume *s.m.* volume, tomo.
volumétrique *adj.* volumétrico.
volumineux euse *adj.* voluminoso, volumoso.
volupté *s.f.* volúpia.
voluptueux euse *adj.* voluptuoso.
volute *s.f.* voluta.
vomer *s.m.* (*Anat.*) vômer.
vomi *s.m.* vômito.

vomique *adj.* vômico.
vomir *v.t.* e *int.* vomitar.
vomissement *s.m.* vômito.
vomissure *s.f.* vômito.
vomitif ive *adj.* vomitivo; *s.m.* vomitório.
vont V. *aller.*
vorace *adj.* voraz.
voracité *s.f.* voracidade.
vos *adj.poss.pl.* vossos, vossas; do senhor, da senhora; seus, suas.
votant e *adj.; s.* votante.
votation *s.f.* votação.
vote *s.m.* voto, sufrágio, eleição.
voter *v.int.* e *t.* votar; — *à* condenar a.
votif ive *adj.* votivo.
votre *adj.poss.* vosso; do senhor, da senhora; dos senhores, das senhoras; seu, sua.
vôtre *pron.poss.* o vosso, a vossa; o (ou a) do senhor, da senhora; dos senhores, das senhoras; o seu, a sua; *à la* —*!* à sua saúde!
vouer *v.t.* votar, consagrar, dedicar.
vouloir[1] *v.t.* querer; — *bien* aceitar, concordar, admitir; *je veux bien!* com muito gosto!; — *de* aceitar; — *mal à quelqu'un* querer mal a; *en* — *à* estar zangado com; *je voudrais vous parler* gostaria de falar-lhe; *vous l'avez voulu* foi você quem quis; a culpa é sua; *se* — *v. pron.* pretender ser; *s'en* — *de* censurar-se por. (*Conj. 59*)
vouloir[2] *s.m.* vontade; *mauvais* — má vontade.
voulu e *adj.* 1. requerido, exigido; 2. intencional, propositado.
vous *pron.sing.* e *plur.* você, o senhor, a senhora; vocês, vós, os senhores, as senhoras; Vossa Senhoria, Vossas Senhorias; ao senhor, à senhora, aos senhores, às senhoras; *de* — *à moi* aqui entre nós.
voussoyer *v.t.* (*Conj. 21*) o mesmo que *vouvoyer.*
voûte *s.f.* abóbada.
voûter *v.t.* arquear.
vouvoyer *v.t.* tratar por vós. (*Conj. 21*)
voyage *s.m.* viagem; — *d'agrément* viagem de recreio; — *de noces* viagem de núpcias.
voyager *v.int.* viajar. (*Conj. 19*)
voyageur euse *s.; adj.* viajante.
voyais, voyait V. *voir.*
voyance *s.f.* vidência.
voyant[1] *e adj.* vistoso, berrante (cor).
voyant[2] *e s.* vidente; — *d'essence* marcador de gasolina.
voyelle *s.f.* vogal.

voyeur *s.m.* espiador (de cenas íntimas), *voyeur*.
voyions V. *voir*.
voyou *s.m.* malandro, vadio, meliante.
vrac *loc.adv. en* — a granel; confusamente; em desordem.
vrai e *adj.* verdadeiro; — *de* — (*pop.*) verdade verdadeira!; *à* — *dire* para dizer a verdade; *il n'en est pas moins* — *que* tanto é verdade que; *s.m.* verdade; *être dans le* — estar com a razão; *pour de* — (*fam.*) realmente.
vraiment *adv.* na verdade.
vraisemblable *adj.* verossímil.
vraisemblance *s.f.* verossimilhança.
vrille *s.f.* 1. gavinha; 2. pua, verruma.
vriller *v.t.* verrumar.
vrillette *s.f.* caruncho.
vrombir *v.int.* roncar, zunir.
vrombissement *s.m.* zunido, zumbido.
vu[1] **e** *adj.* visto; *au* — *et au su de tous* notoriamente, às escâncaras; V. *voir*.
vu[2] *prep.* visto; considerando.

vue *s.f.* vista; visão; olhar; *à première* — à primeira vista; *à* — *d'œil* a olhos vistos; panorama; ponto de vista; *avoir des* —*s sur* ter alguém em vista (para fins de casamento); *avoir en* — visar a; *en* — *de prep.* com vistas a; *point de* — ponto de vista; *seconde* — vidência; — *d'ensemble* panorama, estudo panorâmico.
vulcanisation *s.f.* vulcanização.
vulcaniser *v.t.* vulcanizar.
vulgaire *adj.* vulgar, comum; *s.m.* vulgo, povo.
vulgarisateur trice *s.m.* vulgarizador.
vulgarisation *s.f.* vulgarização.
vulgariser *v.t.* vulgarizar.
vulgarité *s.f.* vulgaridade.
Vulgate *s.f.* Vulgata.
vulnérabilité *s.f.* vulnerabilidade.
vulnérable *adj.* vulnerável.
vulnéraire *adj.* vulnerário.
vulvaire *adj.* vulvar.
vulve *s.f.* vulva.

W

wagon *s.m.* vagão.
wagon-lit *s.m.* vagão-leito.
wagon-restaurant *s.m.* vagão-restaurante.
walkyrie *s.f.* valquíria.
wallon onne *adj.; s.pátr.* valão.
Wallonie *s.f.* Valônia.
water-closet(s) ou **water(s)** *s.m.* banheiro, privada.

watt *s.m.* watt.
week-end *s.m.* fim de semana.
western *s.m.* bangue-bangue.
whisky *s.m.* uísque.
whist *s.m.* uíste (jogo).
wisigoth e *adj.; s.pátr.* (*Hist.*) visigodo.

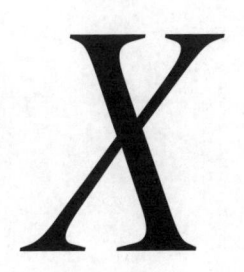

X

xénophile *adj.; s.* xenófilo.
xénophilie *s.f.* xenofilia.
xénophobe *adj.* xenófobo.
xénophobie *s.f.* xenofobia.
xérès *s.m.* xerez.
xérocopie *s.f.* xerocópia, xerox.

xérographie *s.f.* xerografia.
xylographe *s.m.* xilógrafo.
xylographie *s.f.* xilografia.
xylographique *adj.* xilográfico.
xylophone *s.m.* xilofone.

Y

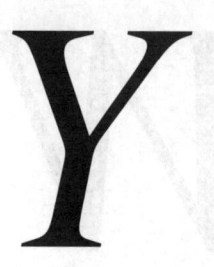

y *pron.adv.* lá, aí; a isso, nisso; *j'— suis compreendo, saquei!*; *vous n'— êtes pas* não acertou; você está por fora; *ça — est!* pronto!, aconteceu! *je n'— suis pour rien* não tenho nada a ver com o peixe; *tant que vous — êtes* já que está com a mão na massa; *j' n'— manquerai pas* não deixarei de fazê-lo; *je n'— pensais plus* nem pensava mais nisso; *il — va de ma vie* a minha vida está em perigo; *allons —* vamos!; *il — a* há; *il n'— a pas* não há.
yacht *s.m.* iate.
yack *s.m.* iaque (mamífero).
yaourt *s.m.* iogurte.
yatagan *s.m.* iatagã.
Yémen *s.m.* Iêmen.
yéménite *adj.; s.pátr.* iemenita.
yeuse *s.f.* azinheira (árvore).
yeux *pl.* de *œil*.
yé-yé *adj.; s.* jovem contestatário, espécie de *hippie*.
yiddish *adj.* iídiche.
yod *s.m.* iode (letra de alfabeto hebraico).
yoga *s.m.* ioga.
yoghourt *s.m.* o mesmo que *yaourt*.
yogi *s.m.* iogue.
yole *s.m.* iole (canoa).
yougoslave *adj.; s.pátr.* iugoslavo.
Yougoslavie *s.f.* Iugoslávia.
youpin e *s.* (*depr.*) judeu.
youyou *s.m.* barquinho (chinês).
yo-yo *s.m.* ioiô.
yucca *s.m.* iucá.

Z

zain *adj.* zaino.
Zambie *s.f.* Zâmbia.
zambien enne *adj.; s.pátr.* zambiense.
zazou *adj.; s.* jovem contestatário, espécie de *hippie*.
zèbre *s.m.* zebra.
zébrer *v.t.* zebrar. (*Conj. 13.*)
zébrure *s.f.* zebrura, listra.
zébu *s.m.* zebu.
zélateur *s.m.* adepto, partidário.
zèle *s.m.* zelo; *faire du* — demonstrar zelo excessivo.
zélé e *adj.* zeloso.
zénith *s.m.* zênite.
zéphyr *s.m.* zéfiro.
zéro *num. s.m.* zero.
zest V. *zist*.
zeste *s.m.* zesto; (*fig.*) nada.
zézayer *v.int.* cecear. (*Conj. 22*)
zibeline *s.f.* zibelina.
zieuter *v.t.* (*fam.*) olhar, fitar.
zigouiller *v.t.* (*pop.*) matar.
zigzag *s.m.* zigue-zague.
zigzaguer *v.int.* ziguezaguear.

zinc *s.m.* **1.** zinco; **2.** (*pop.*) balcão (de bar).
zincogravure *s.f.* zincogravura.
zinguer *v.t.* zincar.
zinnia *s.m.* zínia.
zircon *s.m.* zircão.
zist *loc.adv.* (*fam.*) *entre le* — *et le zest* mais ou menos; na indecisão.
zizanie *s.f.* cizânia, discórdia.
zodiaque *s.m.* zodíaco.
zone *s.f.* zona; (*fam.*) zona suburbana.
zoo *s.m.* (*fam.*) jardim zoológico.
zoologie *s.f.* zoologia.
zoologique *adj.* zoológico.
zoologiste *s.m.* zoologista.
zoologue *s.m.* zoólogo.
zootechnie *s.f.* zootecnia.
zozoter *v.t.* o mesmo que *zézayer*.
zouave *adj.; s.* zuavo; *faire le* — fazer palhaçada.
Zurich *s.m.* Zurique.
zut *interj.* bolas!
zyeuter o mesmo que *zieuter*.
zygoma *s.m.* zigoma.

2

CONJUGAÇÃO DOS VERBOS REGULARES E IRREGULARES

1 avoir

INDICATIF

présent	*imparfait*	*passé composé*	*plus-que-parfait*
j'ai	j'avais	j'ai eu	j'avais eu
tu as	tu avais	tu as eu	tu avais eu
il a	il avait	il a eu	il avait eu
nous avons	nous avions	nous avons eu	nous avions eu
vous avez	vous aviez	vous avez eu	vous aviez eu
ils ont	ils avaient	ils ont eu	ils avaient eu

futur simple	*passé simple*	*passé antérieur*	*futur antérieur*
j'aurai	j'eus	j'eus eu	j'aurai eu
tu auras	tu eus	tu eus eu	tu auras eu
il aura	il eut	il eut eu	il aura eu
nous aurons	nous eûmes	nous eûmes eu	nous aurons eu
vous aurez	vous eûtes	vous eûtes eu	vous aurez eu
ils auront	ils eurent	ils eurent eu	ils auront eu

CONDITIONNEL

présent	*passé* (Forme I)	*passé* (Forme II)
j'aurais	j'aurais eu	j'eusse eu
tu aurais	tu aurais eu	tu eusses eu
il aurait	il aurait eu	il eût eu
nous aurions	nous aurions eu	nous eussions eu
vous auriez	vous auriez eu	vous eussiez eu
ils auraient	ils auraient eu	il eussent eu

SUBJONCTIF

présent	*passé*
que j'aie	que j'aie eu
que tu aies	que tu aies eu
qu'il ait	qu'il ait eu
que nous ayons	que nous ayons eu
que vous ayez	que vous ayez eu
qu'ils aient	qu'ils aient eu

imparfait	*plus-que-parfait*
que j'eusse	que j'eusse eu
que tu eusses	que tu eusses eu
qu'il eût	qu'il eût eu
que nous eussions	que nous eussions eu
que vous eussiez	que vous eussiez eu
qu'ils eussent	qu'ils eussent eu

IMPÉRATIF

présent

aie
ayons
ayez

passé

aie eu
ayons eu
ayez eu

INFINITIF

présent: avoir
passé: avoir eu

PARTICIPE

présent: ayant	*passé:* eu	*passé composé:* ayant eu

CONJUGAÇÃO DOS VERBOS REGULARES E IRREGULARES

2 être

INDICATIF

présent	*imparfait*	*passé composé*	*plus-que-parfait*
je suis	j'étais	j'ai été	j'avais été
tu es	tu étais	tu as été	tu avais été
il est	il était	il a été	il avait été
nous sommes	nous étions	nous avons été	nous avions été
vous êtes	vous étiez	vous avez été	vous aviez été
ils sont	ils étaient	ils ont été	ils avaient été

futur simple	*passé simple*	*passé antérieur*	*futur antérieur*
je serai	je fus	j'eus été	j'aurai été
tu seras	tu fus	tu eus été	tu auras été
il sera	il fut	il eut été	il aura été
nous serons	nous fûmes	nous eûmes été	nous aurons été
vous serez	vous fûtes	vous eûtes été	vous aurez été
ils seront	ils furent	ils eurent été	ils auront été

CONDITIONNEL

présent	*passé* (Forme I)	*passé* (Forme II)
je serais	j'aurais été	j'eusse été
tu serais	tu aurais été	tu eusses été
il serait	il aurait été	il eût été
nous serions	nous aurions été	nous eussions été
vous seriez	vous auriez été	vous eussiez été
ils seraient	ils auraient été	ils eussent été

SUBJONCTIF

IMPÉRATIF

présent	*passé*	*présent*
que je sois	que j'aie été	sois
que tu sois	que tu aies été	soyons
qu'il soit	qu'il ait été	soyez
que nous soyons	que nous ayons été	
que vous soyez	que vous ayez été	
qu'ils soient	qu'ils aient été	*passé*
		aie été
imparfait	*plus-que-parfait*	ayons été
		ayez été
que je fusse	que j'eusse été	
que tu fusses	que tu eusses été	
qu'il fût	qu'il eût été	**INFINITIF**
que nous fussions	que nous eussions été	
que vous fussiez	que vous eussiez été	*présent:* être
qu'ils fussent	qu'ils eussent été	*passé:* avoir été

PARTICIPE

présent: étant	*passé:* été	*passé composé:* ayant été

3 parler

INDICATIF

présent	*imparfait*	*passé composé*	*plus-que-parfait*
je parle	je parlais	j'ai parlé	j'avais parlé
tu parles	tu parlais	tu as parlé	tu avais parlé
il parle	il parlait	il a parlé	il avait parlé
nous parlons	nous parlions	nous avons parlé	nous avions parlé
vous parlez	vous parliez	vous avez parlé	vous aviez parlé
ils parlent	ils parlaient	ils ont parlé	ils avaient parlé

futur simple	*passé simple*	*passé antérieur*	*futur antérieur*
je parlerai	je parlai	j'eus parlé	j'aurai parlé
tu parleras	tu parlas	tu eus parlé	tu auras parlé
il parlera	il parla	il eut parlé	il aura parlé
nous parlerons	nous parlâmes	nous eûmes parlé	nous aurons parlé
vous parlerez	vous parlâtes	vous eûtes parlé	vous aurez parlé
ils parleront	ils parlèrent	ils eurent parlé	ils auront parlé

CONDITIONNEL

présent	*passé* (Forme I)	*passé* (Forme II)
je parlerais	j'aurais parlé	j'eusse parlé
tu parlerais	tu aurais parlé	tu eusses parlé
il parlerait	il aurait parlé	il eût parlé
nous parlerions	nous aurions parlé	nous eussions parlé
vous parleriez	vous auriez parlé	vous eussiez parlé
ils parleraient	ils auraient parlé	ils eussent parlé

SUBJONCTIF

présent	*passé*
que je parle	que j'aie parlé
que tu parles	que tu aies parlé
qu'il parle	qu'il ait parlé
que nous parlions	que nous ayons parlé
que vous parliez	que vous ayez parlé
qu'ils parlent	qu'ils aient parlé

IMPÉRATIF

présent

parle
parlons
parlez

passé

aie parlé
ayons parlé
ayez parlé

imparfait	*plus-que-parfait*
que je parlasse	que j'eusse parlé
que tu parlasses	que tu eusses parlé
qu'il parlât	qu'il eût parlé
que nous parlassions	que nous eussions parlé
que vous parlassiez	que vous eussiez parlé
qu'ils parlassent	qu'ils eussent parlé

INFINITIF

présent: parler
passé: avoir parlé

PARTICIPE

présent: parlant   *passé:* parlé   *passé composé:* ayant parlé

CONJUGAÇÃO DOS VERBOS REGULARES E IRREGULARES

4 aimer

INDICATIF

présent	*imparfait*	*passe composé*	*plus-que-parfait*
j'aime	j'aimais	j'ai aimé	j'avais aimé
tu aimes	tu aimais	tu as aimé	tu avais aimé
il aime	il aimait	il a aimé	il avait aimé
nous aimons	nous aimions	nous avons aimé	nous avions aimé
vous aimez	vous aimiez	vous avez aimé	vous aviez aimé
ils aiment	ils aimaient	ils ont aimé	ils avaient aimé

futur simple	*passé simple*	*passé antériuer*	*futur antérieur*
j'aimerai	j'aimai	j'eus aimé	j'aurai aimé
tu aimeras	tu aimas	tu eus aimé	tu auras aimé
il aimera	il aima	il eut aimé	il aura aimé
nous aimerons	nous aimâmes	nous eûmes aimé	nous aurons aimé
vous aimerez	vous aimâtes	vous eûtes aimé	vous aurez aimé
ils aimeront	ils aimèrent	ils eurent aimé	ils auront aimé

CONDITIONNEL

présent	*passé* (Forme I)	*passé* (Forme II)
j'aimerais	j'aurais aimé	j'eusse aimé
tu aimerais	tu aurais aimé	tu eusses aimé
il aimerait	il aurait aimé	il eût aimé
nous aimerions	nous aurions aimé	nous eussions aimé
vous aimeriez	vous auriez aimé	vous eussiez aimé
ils aimeraient	ils auraient aimé	ils eussent aimé

SUBJONCTIF   IMPÉRATIF

présent	*passé*	*présent*
que j'aime	que j'aie aimé	aime
que tu aimes	que tu aies aimé	aimons
qu'il aime	qu'il ait aimé	aimez
que nous aimions	que nous ayons aimé	
que vous aimiez	que vous ayez aimé	
qu'ils aiment	qu'ils aient aimé	*passé*

		aie aimé
imparfait	*plus-que-parfait*	ayons aimé
		ayez aimé
que j'aimasse	que j'eusse aimé	
que tu aimasses	que tu eusses aimé	
qu'il aimât	qu'il eût aimé	
que nous aimassions	que nous eussions aimé	**INFINITIF**
que vous aimassiez	que vous eussiez aimé	*présent:* aimer
qu'ils aimassent	qu'ils eussent aimé	*passé:* avoir aimé

PARTICIPE

présent: aimant	*passé:* aimé	*passé composé:* ayant aimé

5 finir

INDICATIF

présent	*imparfait*	*passé composé*	*plus-que-parfait*
je finis	je finissais	j'ai fini	j'avais fini
tu finis	tu finissais	tu as fini	tu avais fini
il finit	il finissait	il a fini	il avait fini
nous finissons	nous finissions	nous avons fini	nous avions fini
vous finissez	vous finissiez	vous avez fini	vous aviez fini
ils finissent	ils finissaient	ils ont fini	ils avaient fini

futur simple	*passé simple*	*passe antérieur*	*futur antérieur*
je finirai	je finis	j'eus fini	j'aurai fini
tu finiras	tu finis	tu eus fini	tu auras fini
il finira	il finit	il eut fini	il aura fini
nous finirons	nous finîmes	nous eûmes fini	nous aurons fini
vous finirez	vous finîtes	vous eûtes fini	vous aurez fini
ils finiront	ils finirent	ils eurent fini	ils auront fini

CONDITIONNEL

présent	*passé* (Forme I)	*passé* (Forme II)
je finirais	j'aurais fini	j'eusse fini
tu finirais	tu aurais fini	tu eusses fini
il finirait	il aurait fini	il eût fini
nous finirions	nous aurions fini	nous eussions fini
vous finiriez	vous auriez fini	vous eussiez fini
ils finiraient	ils auraient fini	ils eussent fini

SUBJONCTIF

présent	*passé*
que je finisse	que j'aie fini
que tu finisses	que tu aies fini
qu'il finisse	qu'il ait fini
que nous finissions	que nous ayons fini
que vous finissiez	que vous ayez fini
qu'ils finissent	qu'ils aient fini

imparfait	*plus-que-parfait*
que je finisse	que j'eusse fini
que tu finisses	que tu eusses fini
qu'il finît	qu'il eût fini
que nous finissions	que nous eussions fini
que vous finissiez	que vous eussiez fini
qu'ils finissent	qu'ils eussent fini

IMPÉRATIF

présent

finis
finissons
finissez

passé

aie fini
ayons fini
ayez fini

INFINITIF
présent: finir
passé: avoir fini

PARTICIPE

présent: finissant   *passé:* fini   *passé composé*: ayant fini

6 unir

INDICATIF

présent	*imparfait*	*passé composé*	*plus-que-parfait*
j'unis	j'unissais	j'ai uni	j'avais uni
tu unis	tu unissais	tu as uni	tu avais uni
il unit	il unissait	il a uni	il avait uni
nous unissons	nous unissions	nous avons uni	nous avions uni
vous unissez	vous unissiez	vous avez uni	vous aviez uni
ils unissent	ils unissaient	ils ont uni	ils avaient uni

futur simple	*passé simple*	*passé antérieur*	*futur antérieur*
j'unirai	j'unis	j'eus uni	j'aurais uni
tu uniras	tu unis	tu eus uni	tu auras uni
il unira	il unit	il eut uni	il aura uni
nous unirons	nous unîmes	vous eûmes uni	nous aurons uni
vous unirez	vous unîtes	vous eûtes uni	vous aurez uni
ils uniront	ils unirent	ils eurent uni	ils auront uni

CONDITIONNEL

présent	*passé* (Forme I)	*passé* (Forme II)
j'unirais	j'aurai uni	j'eusse uni
tu unirais	tu aurais uni	tu eusses uni
il unirait	il aurait uni	il eût uni
nous unirions	nous aurions uni	nous eussions uni
vous uniriez	vous auriez uni	vous eussiez uni
ils uniraient	ils auraient uni	ils eussent uni

SUBJONCTIF

présent	*passé*
que j'unisse	que j'aie uni
que tu unisses	que tu aies uni
qu'il unisse	qu'il ait uni
que nous unissions	que nous ayons uni
que vous unissiez	que vous ayez uni
qu'ils unissent	qu'ils aient uni

imparfait	*plus-que-parfait*
que j'unisse	que j'eusse uni
que tu unisses	que tu eusses uni
qu'il unît	qu'il eût uni
que nous unissions	que nous eussions uni
que vous unissiez	que vous eussiez uni
qu'ils unissent	qu'ils eussent uni

IMPÉRATIF

présent

unis
unissons
unissez

passé

aie uni
ayons uni
ayez uni

INFINITIF

présent: unir
passé: avoir uni

PARTICIPE

présent: unissant *passé:* uni *passé composé*: ayant uni

7 être aimé (Modelo da conjugação passiva)

INDICATIF

présent

je suis aimé
tu es aimé
il est aimé
n. sommes aimés
v. êtes aimés
ils sont aimés

imparfait

j'étais aimé
tu étais aimé
il était aimé
n. étions aimés
v. étiez aimés
ils étaient aimés

passé composé

j'ai été aimé
tu as été aimé
il a été aimé
n. avons été aimés
v. avez été aimés
ils ont été aimés

plus-que-parfait

j'avais été aimé
tu avais été aimé
il avait été aimé
n. avions été aimés
v. aviez été aimés
ils avaient été aimés

futur simple

je serai aimé
tu seras aimé
il sera aimé
n. serons aimés
v. serez aimés
ils seront aimés

passé simple

je fus aimé
tu fus aimé
il fut aimé
n. fûmes aimés
v. fûtes aimés
ils furent aimés

passé antérieur

j'eus été aimé
tu eus été aimé
il eut été aimé
n. eûmes été aimés
v. eûtes été aimés
ils eurent été aimés

futur antérieur

j'aurai été aimé
tu auras été aimé
il aura été aimé
n. aurons été aimés
v. aurez été aimés
ils auront été aimés

CONDITIONNEL

présent

je serais aimé
tu serais aimé
il serait aimé
nous serions aimés
vous seriez aimés
ils seraient aimés

passé (Forme I)

j'aurais été aimé
tu aurais été aimé
il aurait été aimé
nous aurions été aimés
vous auriez été aimés
ils auraient été aimés

passé (Forme II)

j'eusse été aimé
tu eusses été aimé
il eût été aimé
nous eussions été aimés
vous eussiez été aimés
ils eussent été aimés

SUBJONCTIF

présent

que je sois aimé
que tu sois aimé
qu'il soit aimé
que nous soyons aimés
que vous soyez aimés
qu'ils soient aimés

passé

que j'aie été aimé
que tu aies été aimé
qu'il ait été aimé
que nous ayons été aimés
que vous ayez été aimés
qu'ils aient été aimés

IMPÉRATIF

présent

sois aimé
soyons aimés
soyez aimés

imparfait

que je fusse aimé
que tu fusses aimé
qu'il fût aimé
que nous fussions aimés
que vous fussiez aimés
qu'ils fussent aimés

plus-que-parfait

que j'eusse été aimé
que tu eusses été aimé
qu'il eût été aimé
que n. eussions été aimés
que v. eussiez été aimés
qu'ils eussent été aimés

INFINITIF

présent: être aimé
passé: avoir été aimé

PARTICIPE

présent: étant aimé

passé: aimé

passé composé: ayant été aimé

CONJUGAÇÃO DOS VERBOS REGULARES E IRREGULARES

8 se laver (Modelo da conjugação pronominal)

INDICATIF

présent	*imparfait*	*passé composé*	*plus-que-parfait*
je me lave	je me lavais	je me suis lavé	je m'étais lavé
tu te laves	tu te lavais	tu t'es lavé	tu t'étais lavé
il se lave	il se lavait	il s'est lavé	il s'était lavé
nous nous lavons	n. nous lavions	n. nous sommes lavés	n. nous étions lavés
vous vous lavez	v. vous laviez	v. vous êtes lavés	v. vous étiez lavés
ils se lavent	ils se lavaient	ils se sont lavés	ils s'étaient lavés

futur simple	*passé simple*	*passé antérieur*	*futur antérieur*
je me laverai	je me lavai	je me fus lavé	je me serai lavé
tu te laveras	tu te lavas	tu te fus lavé	tu te seras lavé
il se lavera	il se lava	il se fut lavé	il se sera lavé
n. nous laverons	n. nous lavâmes	n. nous fûmes lavés	n. nous serons lavés
v. vous laverez	v. vous lavâtes	v. vous fûtes lavés	v. vous serez lavés
ils se laveront	ils se lavèrent	ils se furent lavés	ils se seront lavés

CONDITIONNEL

présent	*passé* (Forme I)	*passé* (Forme II)
je me laverais	je me serais lavé	je me fusse lavé
tu te laverais	tu te serais lavé	tu te fusses lavé
il se laverait	il se serait lavé	il se fût lavé
nous nous laverions	nous nous serions lavés	nous nous fussions lavés
vous vous laveriez	vous vous seriez lavés	vous vous fussiez lavés
ils se laveraient	il se seraient lavés	ils se fussent lavés

SUBJONCTIF / IMPÉRATIF

présent	*passé*	*présent*
que je me lave	que je me sois lavé	lave-toi
que tu te laves	que tu te sois lavé	lavons-nous
qu'il se lave	qu'il se soit lavé	lavez-vous
que nous nous lavions	que n. nous soyons lavés	
que vous vous laviez	que v. vous soyez lavés	*passé*
qu'ils se lavent	qu'ils se soient lavés	*inusité*

imparfait	*plus-que-parfait*	
que je me lavasse	que je me fusse lavé	
que tu te lavasses	que tu te fusses lavé	
qu'il se lavât	qu'il se fût lavé	
que n. nous lavassions	que n. nous fussions lavés	**INFINITIF**
que vous vous lavassiez	que v. vous fussiez lavés	*présent:* se laver
qu'ils se lavassent	qu'ils se fussent lavés	*passé:* s'être lavé

PARTICIPE

présent: se lavant	*passé:* lavé	*passé composé:* s'étant lavé

CONJUGAÇÃO DOS VERBOS REGULARES E IRREGULARES

9 acheter *prés. ind.* j'achète, nous achetons, ils achètent; *impf.* j'achetais; *fut.* j'achèterai; *passé comp.* j'ai acheté; *passé s.* j'achetai, ils achetèrent; *subj.* que j'achète; *impér.* achète, achetons, achetez.

10 alléger *prés. ind.* j'allège, nous allégeons, ils allègent; *impf.* j'allégeais; *passé comp.* j'ai allégé; *fut.* j'allégerai; *passé s.* j'allégeai, ils allégèrent; *subj.* que j'allège; *impér.* allége, allégeons, allégez.

11 aller *prés. ind.* je vais, nous allons, ils vont; *impf.* j'allais; *fut.* j'irai; *passé comp.* je suis allé; *passé s.* j'allai, ils allèrent; *subj.* que j'aille; *impér.* va, allons, allez.

12 appeler *prés. ind.* j'appelle, nous appelons, ils appellent; *impf.* j'appelais; *fut.* j'appellerai; *passé comp.* j'ai appelé; *passé s.* j'appelai, ils appelèrent; *subj.* que j'appelle; *impér.* appelle, appelons, appelez.

13 céder *prés. ind.* je cède, nous cédons, ils cèdent; *impf.* je cédais; *fut.* je céderai; *passé comp.* j'ai cédé; *passé s.* je cédai, ils cédèrent; *subj.* que je cède; *impér.* cède, cédons, cédez.

14 commencer *prés. ind.* je commence, nous commençons, ils commencent; *impf.* je commençais; *fut.* je commencerai; *passé comp.* j'ai commencé; *passé s.* je commençai, ils commencèrent; *subj.* que je commence; *impér.* commence, commençons, commencez.

15 envoyer *prés. ind.* j'envoie, nous envoyons, ils envoient; *impf.* j'envoyais; *fut.* j'enverrai; *passé comp.* j'ai envoyé; *passé s.* j'envoyai, ils envoyèrent; *subj.* que j'envoie; *impér.* envoie, envoyons, envoyez.

16 essuyer *prés. ind.* j'essuie, nous essuyons, ils essuient; *impf.* j'essuyais; *fut.* j'essuyerai; *passé comp.* j'ai essuyé; *passé s.* j'essuyai, ils essuyèrent; *subj.* que j'essuie; *impér.* essuie, essuyons, essuyez.

17 jeter *prés. ind.* je jette, nous jetons, ils jettent; *impf.* je jetais; *fut.* je jetterai; *passé comp.* j'ai jeté; *passé s.* je jetai, ils jetèrent; *subj.* que je jette; *impér.* jette, jetons, jetez.

18 lever *prés. ind.* je lève, nous levons, ils lèvent; *impf.* je levais; *fut.* je leverai; *passé comp.* j'ai levé; *passé s.* je levai, ils levèrent; *subj.* que je lève; *impér.* lève, levons, levez.

19 manger *prés. ind.* je mange, nous mangeons, ils mangent; *impf.* je mangeais; *fut.* je mangerai; *passé comp.* j'ai mangé; *passé s.* je mangeai, ils mangèrent; *subj.* que je mange; *impér.* mange, mangeons, mangez.

20 modeler *prés. ind.* je modèle, nous modelons, ils modèlent; *impf.* je modelais; *fut.* je modèlerai; *passé comp.* j'ai modelé; *passé s.* je modelai, ils modelèrent; *subj.* que je modèle; *impér.* modèle, modelons, modelez.

21 noyer *prés. ind.* je noie, nous noyons, ils noient; *impf.* je noyais; *fut.* je noierai; *passé comp.* j'ai noyé; *passé s.* je noyai, ils noyèrent; *subj.* que je noie; *impér.* noie, noyons, noyez.

22 payer *prés. ind.* je paie, nous payons, ils paient; *impf.* je payais; *fut.* je paierai; *passé comp.* j'ai payé; *passé s.* je payai, ils payèrent; *subj.* que je paie; *impér.* paye *ou* paie, payons, payez.

23 prier *prés. ind.* je prie, nous prions, ils prient; *impf.* je priais, nous priions; *fut.* je prierai; *passé comp.* j'ai prié; *passé s.* je priai, ils prièrent; *sub.* que je prie; *impér.* prie, prions, priez.

24 acquérir *prés. ind.* j'acquiers, nous acquérons, ils acquièrent; *impf.* j'acquérais; *fut.* j'acquerrai; *passé comp.* j'ai acquis; *passé s.* j'acquis, ils acquirent; *subj.* que j'acquière; *impér.* acquiers, acquérons, acquérez.

25 assaillir *prés. ind.* j'assaille, nous assaillons, ils assaillent; *impf.* j'assaillais; *fut.* j'assaillirai; *passé comp.* j'ai assailli; *passé s.* j'assaillis, ils assaillirent; *subj.* que j'assaille; *impér.* assaille, assaillons, assaillez.

26 bouillir *prés. ind.* je bous, nous bouillons, ils bouillent; *impf.* je bouillais; *fut.* je bouillirai; *passé comp.* j'ai bouilli; *passé s.* je bouillis, ils bouillirent; *subj.* que je bouille; *impér.* bous, bouillons, bouillez.

27 courir *prés. ind.* je cours, nous courons, ils courent; *impf.* je courais; *fut.* je courrai; *passé comp.* j'ai couru; *passé s.* je courus, ils coururent; *subj.* que je coure; *impér.* cours, courons, courez.

28 cueillir *prés. ind.* je cueille, nous cueillons, ils cueillent; *impf.* je cueillais; *fut.* je cueillerai; *passé comp.* j'ai cueilli; *passé s.* je cueillis, ils cueillirent; *subj.* que je cueille; *impér.* cueille, cueillons, cueillez.

29 dormir *prés. ind.* je dors, nous dormons, ils dorment; *imp.* je dormais; *fut.* je dormirai; *passé comp.* j'ai dormi; *passé s.* je dormis, ils dormirent; *subj.* que je dorme; *impér.* dors, dormons, dormez.

30 faillir *(défectif) prés. ind.* il faut; *fut.* je faillirai; *passé comp.* j'ai failli; *passé s.* je faillis.

31 fuir *prés. ind.* je fuis, nous fuyons, ils fuient; *impf.* je fuyais; *fut.* je fuirai; *passé comp.* j'ai fui; *passé s.* je fuis, ils fuirent; *subj.* que je fuie; *impér.* fuis, fuyons, fuyez.

32 haïr *prés. ind.* je hais, nous haïssons, ils haïssent; *impf.* je haïssais; *fut.* je haïrai; *passé comp.* j'ai haï; *passé s.* je haïs, ils haïrent; *subj.* que je haïsse; *impér.* hais, haïssons, haïssez.

33 mourir *prés. ind.* je meurs, nous mourons, ils meurent; *impf.* je mourais; *fut.* je mourrai; *passé comp.* je suis mort; *passé s.* je mourus, ils moururent; *subj.* que je meure; *impér.* meurs, mourons, mourez.

34 offrir *prés. ind.* j'offre, nous offrons, ils offrent; *impf.* j'offrais; *fut.* j'offrirai; *passé comp.* j'ai offert; *passé s.* j'offris, ils offrirent; *subj.* que j'offre; *impér.* offre, offrons, offrez.

35 ouir *(défectif) passé comp.* j'ai oui.

36 ouvrir *prés. ind.* j'ouvre, nous ouvrons, ils ouvrent; *impf.* j'ouvrais; *fut.* j'ouvrirai; *passé comp.* j'ai ouvert; *passé s.* j'ouvris, ils ouvrirent; *subj.* que j'ouvre; *impér.* ouvre, ouvrons, ouvrez.

37 partir *prés. ind.* je pars, nous partons, ils partent; *impf.* je partais; *fut.* je partirai; *passé comp.* je suis parti; *passé s.* je partis, ils partirent; *sub.* que je parte; *impér.* pars, partons, partez.

38 sentir *prés. ind.* je sens, nous sentons, ils sentent; *impf.* je sentais; *fut.* je sentirai; *passé comp.* j'ai senti; *passé s.* je sentis, ils sentirent; *subj.* que je sente; *impér.* sens, sentons, sentez.

39 servir *prés. ind.* je sers, nous servons, ils servent; *impf.* je servais; *fut.* je servirai; *passé comp.* j'ai servi; *passé s.* je servis, ils servirent; *subj.* que je serve; *impér.* sers, servons, servez.

40 sortir *prés. ind.* je sors, nous sortons, ils sortent; *impf.* je sortais; *fut.* je sortirai; *passé comp.* je suis sorti; *passé s.* je sortis, ils sortirent; *subj.* que je sorte; *impér.* sors, sortons, sortez.

41 tenir *prés. ind.* je tiens, nous tenons, ils tiennent; *impf.* je tenais; *fut.* je tiendrai; *passé comp.* j'ai tenu; *passé s.* je tins, ils tinrent; *subj.* que je tienne; *impér.* tiens, tenons, tenez.

42 venir *prés. ind.* je viens, nous venons, ils viennent; *impf.* je venais; *fut.* je viendrai; *passé comp.* je suis venu; *passé s.* je vins, ils vinrent; *subj.* que je vienne; *impér.* viens, venos, venez.

43 vêtir *prés. ind.* je vêts, nous vêtons, ils vêtent; *impf.* je *vêtais; fut.* je vêtirai; *passé comp.* j'ai vêtu; *passé s.* je vêtis, ils vêtirent; *subj.* que je vête; *impér.* vêts, vêtons, vêtez.

44 asseoir *prés. ind.* j'assieds, nous asseyons, ils asseyent; *impf.* j'asseyais; *fut.* j'assiérai; *passé comp.* j'ai assis; *passé s.* j'assis, ils assirent; *subj.* que j'asseye; *impér.* assieds, asseyons, asseyez.

45 déchoir *(défectif) prés. ind.* je déchois, nous déchoyons, ils déchoient; *fut.* je déchoirai; *passé comp.* j'ai déchu; *passé s.* je déchus, ils déchurent; *subj.* que je déchoie.

46 devoir *prés. ind.* je dois, nous devons, ils doivent; *impf.* je devais; *fut.* je devrai; *passé comp.* j'ai dû; *passé s.* je dus, ils durent; *subj.* que je doive; *impér.* dois, devons, devez.

47 échoir *(défectif) prés. ind.* il échoit, ils échoient; *fut.* il échoira, ils échoiront; *passé comp.* il est échu; *passé s.* il échut, ils échurent; *subj.* qu'il échoie, qu'ils échoient.

48 falloir *(défectif) prés. ind.* il faut; *impf.* il fallait; *fut.* il faudra; *passé comp.* il a fallu; *passé s.* il fallut; *subj.* qu'il faille.

49 mouvoir *prés. ind.* je meus, nous mouvons, ils meuvent; *impf.* je mouvais; *fut.* je mouvrai; *passé comp.* j'ai mu; *passé s.* je mus, ils murent; *subj.* que je meuve; *impér.* meus, mouvons, mouvez.

50 pleuvoir *(défectif) prés. ind.* il pleut, ils pleuvent; *impf.* il pleuvait; *fut.* il pleuvra; *passé comp.* il a plu; *passé s.* il plut, ils plurent; *subj.* qu'il pleuve, qu'ils pleuvent.

51 pourvoir *prés. ind.* je pourvois, nous pourvoyons, ils pourvoient; *impf.* je pourvoyais; *fut.* je pourvoirai; *passé comp.* j'ai pourvu; *passé s.* je pourvus, ils pourvurent; *subj.* que je pourvoie; *impér.* pourvois, pourvoyons, pourvoyez.

52 pouvoir *(défectif) prés. ind.* je peux (*ou* je puis), nous pouvons, ils peuvent; *impf.* je pouvais; *fut.* je pourrai; *passé comp.* j'ai pu; *passé s.* je pus, ils purent; *subj.* que je puisse.

53 recevoir *prés. ind.* je reçois, nous recevons, ils reçoivent; *impf.* je recevais; *fut.* je recevrai; *passé comp.* j'ai reçu; *passé s.* je reçus, ils reçurent; *subj.* que je reçoive; *impér.* reçois, recevons, recevez.

54 savoir *prés. ind.* je sais, nous savons, ils savent; *impf.* je savais; *fut.* je saurai; *passé comp.* j'ai su; *passé s.* je sus, ils surent; *subj.* que je sache; *impér.* sache, sachons, sachez.

55 seoir *(défectif) prés. ind.* il sied, ils siéent; *imperf.* il seyait, ils seyaient; *subj.* qu'il siée, qu'ils siéent.

56 surseoir *prés. ind.* je sursois, nous sursoyons, ils sursoient; *impf.* je sursoyais; *passé comp.* j'ai sursis; *passé s.* je sursis, ils sursirent; *subj.* que sursoie; *impér.* sursois, sursoyons, sursoyez.

57 valoir *prés. ind.* je vaux, nous valons, ils valent; *impf.* je valais; *fut.* je vaudrai; *passé comp.* j'ai valu; *passé s.* je valus, ils valurent; *subj.* que je vaille; *impér.* vaux, valons, valez.

58 voir *prés. ind.* je vois, nous voyons, ils voient; *impf.* je voyais; *fut.* je verrai; *passé comp.* j'ai vu; *passé s.* je vis, ils virent; *subj.* que je voie; *impér.* vois, voyons, voyez.

59 vouloir *prés. ind.* je veux, nous voulons, ils veulent; *impf.* je voulais; *fut.* je voudrai; *passé comp.* j'ai voulu; *passé s.* je voulus, ils voulurent; *subj.* que je veuille; *impér.* veux (veuille), voulons, voulez (veuillez).

60 battre *prés. ind.* je bats, nous battons, ils battent; *impf.* je battais; *fut.* je battrai; *passé comp.* j'ai battu; *passé s.* je battis, ils battirent; *subj.* que je batte; *impér.* bats, battons, battez.

61 boire *prés. ind.* je bois, nous buvons, ils boivent; *impf.* je buvais; *fut.* je boirai; *passé comp.* j'ai bu; *passé s.* je bus, ils burent; *subj.* que je boive; *impér.* bois, buvons, buvez.

62 clore *(défectif) prés. ind.* je clos, tu clos, il clôt, ils closent; *fut.* je clorai; *passé comp.* j'ai clos; *subj.* que je close; *impér.* clos.

63 conclure *prés. ind.* je conclus, nous concluons, ils concluent; *impf.* je concluais; *fut.* je conclurai; *passé comp.* j'ai conclu; *passé s.* je conclus, ils conclurent; *subj.* que je conclue; *impér.* conclus, concluons, concluez.

64 conduire *prés. ind.* je conduis, nous conduisons, ils conduisent; *impf.* je conduisais; *fut.* je conduirai; *passé comp.* j'ai conduit; *passé s.* je conduisis, ils conduisirent; *subj.* que je conduise; *impér.* conduis, conduisons, conduisez.

65 connaître *prés. ind.* je connais, nous connaissons, ils connaissent; *impf.* je connaissais; *fut.* je connaîtrai; *passé comp.* j'ai connu; *passé s.* je connus, ils connurent; *subj.* que je connaisse; *impér.* connais, connaissons, connaissez.

66 coudre *prés. ind.* je couds, nous cousons, ils cousent; *impf.* je cousais; *fut.* je coudrai; *passé comp.* j'ai cousu; *passé s.* je cousis, ils cousirent; *subj.* que je couse; *impér.* couds, cousons, cousez.

67 craindre *prés. ind.* je crains, nous craignons, ils craignent; *impf.* je craignais; *fut.* je craindrai; *passé comp.* j'ai craint; *passé s.* je craignis, ils craignirent; *subj.* que je craigne; *impér.* crains, craignons, craignez.

68 croire *prés. ind.* je crois, nous croyons, ils croient; *impf.* je croyais; *fut.* je croirai; *passé comp.* j'ai cru; *passé s.* je crus, ils crurent; *subj.* que je croie; *impér.* crois, croyons, croyez.

69 croître *prés. ind.* je croîs, nous croissons, ils croissent; *impf.* je croissais; *fut.* je croîtrai; *passé comp.* j'ai crû; *passé s.* je crûs, ils crûrent; *subj.* que je croisse; *impér.* croîs, croissons, croissez.

70 descendre *prés. ind.* je descends, nous descendons, ils descendent; *impf.* je descendais; *fut.* je descendrai; *passé comp.* je suis descendu; *passé s.* je descendis, ils descendirent; *subj.* que je descende; *impér.* descends, descendons, descendez.

71 dire *prés. ind.* je dis, nous disons, vous dites, ils disent; *impf.* je disais; *fut.* je dirai; *passé comp.* j'ai dit; *passé s.* je dis, ils dirent; *subj.* que je dise; *impér.* dis, disons, dites.

72 écrire *prés ind.* j'écris, nous écrivons, ils écrivent; *impf.* j'écrivais; *fut.* j'écrirai; *passé comp.* j'ai écrit; *passé s.* j'écris, ils écrirent; *subj.* que j'écrive; *impér.* écris, écrivons, écrivez.

73 faire *prés. ind.* je fais, nous faisons, vous faites, ils font; *impf.* je faisais; *fut.* je ferai; *passé comp.* j'ai fait; *passé s.* je fis, ils firent; *subj.* que je fasse; *impér.* fais, faisons, faites.

74 joindre *prés. ind.* je joins, nous joignons, ils joignent; *impf.* je joignais; *fut.* je joindrai; *passé comp.* j'ai joint; *passé s.* je joignis, ils joignirent; *subj.* que je joigne; *impér.* joins, joignons, joignez.

75 lire *prés. ind.* je lis, nous lisons, ils lisent; *impf.* je lisais; *fut.* je lirai; *passé comp.* j'ai lu; *passé s.* je lus, ils lurent; *subj.* que je lise; *impér.* lis, lisons, lisez.

76 mettre *prés. ind.* je mets, nous mettons, ils mettent; *impf.* je mettais; *fut.* je mettrai; *passé comp.* j'ai mis; *passé s.* je mis, ils mirent; *subj.* que je mette; *impér.* mets, mettons, mettez.

77 mordre *prés. ind.* je mords, nous mordons, ils mordent; *impf.* je mordais; *fut.* je mordrai; *passé comp.* j'ai mordu; *passé s.* je mordis, ils mordirent; *subj.* que je morde; *impér.* mords, mordons, mordez.

78 moudre *prés. ind.* je mouds, nous moulons, ils moulent; *impf.* je moulais; *fut.* je moudrai; *passé comp.* j'ai moulu; *passé s.* je moulus, ils moulurent; *subj.* que je moule; *impér.* mouds, moulons, moulez.

79 naître *prés. ind.* je nais, nous naissons, ils naissent; *impf.* je naissais; *fut.* je naîtrai; *passé comp.* je suis né; *passé s.* je naquis, ils naquirent; *subj.* que je naisse; *impér.* nais, naissons, naissez.

80 peindre *prés. ind.* je peins, nous peignons, ils peignent; *impf.* je peignais; *fut.* je peindrai; *passé comp.* j'ai peint; *passé s.* je peignis, ils peignirent; *subj.* que je peigne; *impér.* peins, peignons, peignez.

81 perdre *prés. ind.* je perds, nous perdons, ils perdent; *impf.* je perdais; *fut.* je perdrai; *passé comp.* j'ai perdu; *passé s.* je perdis, ils perdirent; *subj.* que je perde; *impér.* perds, perdons, perdez.

82 plaire *prés. ind.* je plais, nous plaisons, ils plaisent; *impf.* je plaisais; *fut.* je plairai;

passé comp. j'ai plu; *passé s.* je plus, ils plurent; *subj.* que je plaise; *impér.* plais, plaisons, plaisez.

83 prendre *prés. ind.* je prends, nous prenons, ils prennent; *impf.* je prenais; *fut.* je prendrai; *passé comp.* j'ai pris; *passé s.* je pris, ils prirent; *subj.* que je prenne; *impér.* prends, prenons, prenez.

84 rendre *prés. ind.* je rends, nous rendons, ils rendent; je rendais; *fut.* je rendrai; *passé comp.* j'ai rendu; *passé s.* je rendis, ils rendirent; *subj.* que je rende; *impér.* rends, rendons, rendez.

85 repaître *prés. ind.* je repais, nous repaissons, ils repaissent; *impf.* je repaissais; *fut.* je repaîtrai; *passé comp.* j'ai repu; *passé s.* je repus, ils repurent; *subj.* que je repaisse; *impér.* repais, repaissons, repaissez.

86 répandre *prés. ind.* je répands, nous répandons, ils répandent; *impf.* je répandais; *fut.* je répandrai; *passé comp.* j'ai répandu; *passé s.* je répandis, ils répandirent; *subj.* que je répande; *impér.* répands, répandons, répandez.

87 répondre *prés. ind.* je réponds, nous répondons, ils répondent; *impf.* je répondais; *fut.* je répondrai; *passé comp.* j'ai répondu; *passé s.* je répondis, ils répondirent; *subj.* que je réponde; *impér.* réponds, répondons, répondez.

88 résoudre *prés. ind.* je résous, nous résolvons, ils résolvent; *impf.* je résolvais; *fut.* résoudrai; *passé comp.* j'ai résolu; *passé s.* je résolus, ils résolurent; *subj.*
que je résolve; *impér.* résous, résolvons, résolvez.

89 rire *prés. ind.* je ris, nous rions, ils rient; *impf.* je riais; *fut.* je rirai; *passé comp.* j'ai ri; *passé s.* je ris, ils rirent; *subj.* que je rie; *impér.* ris, rions, riez.

90 rompre *prés. ind.* je romps, nous rompons, ils rompent; *impf.* je rompais; *fut.* je romprai; *passé comp.* j'ai rompu; *passé s.* je rompis, ils rompirent; *subj.* que je rompe; *impér.* romps, rompons, rompez.

91 suffire *prés. ind.* je suffis, nous suffisons, ils suffisent; *impf.* je suffisais; *fut.* je suffirai; *passé comp.* j'ai suffi; *passé s.* je suffis, ils suffirent; *subj.* que je suffise; *impér.* suffis, suffisons, suffisez.

92 suivre *prés. ind.* je suis, nous suivons, ils suivent; *impf.* je suivais; *fut.* je suivrai; *passé comp.* j'ai suivi; *passé s.* je suivis, ils suivirent; *impér.* suis, suivons, suivez.

93 traire *(défectif) prés. ind.* je trais, nous trayons, ils traient; *impf.* je trayais; *fut.* je trairai; *passé comp.* j'ai trait; *subj.* que je traie; *impér.* trais, trayons, trayez.

94 vaincre *prés. ind.* je vaincs, nous vainquons, ils vainquent; *impf.* je vainquais; *fut.* je vaincrai; *passé comp.* j'ai vaincu; *passé s.* je vainquis, ils vainquirent; *subj.* que je vainque; *impér.* vaincs, vainquons, vainquez.

95 vivre *prés. ind.* je vis, nous vivons, ils vivent; *impf.* je vivais; *fut.* je vivrai; *passé comp.* j'ai vécu; *passé s.* je vécus, ils vécurent; *subj.* que je vive; *impér.* vis, vivons, vivez.

ADVERTÊNCIA

Complemento indispensável do dicionário francês-português, este léxico português--francês destina-se também, sobretudo, ao público brasileiro. Como naquele tentara registrar o vocabulário essencial do francês vivo o material mais comum do português em uso no Brasil, com seus vocábulos acompanhados dos respectivos equivalentes franceses.

A colaboração tão competente quanto abnegada do professor Roberto Cortes de Lacerda, já devidamente agradecida no limiar da primeira parte, faz jus, aqui também, a minha sincera gratidão.

Sítio Pois é, 14 de setembro de 1988.

PAULO RÓNAI

PORTUGUÊS | FRANCÊS

A

a¹ *art. f.* la, l'; *pron.f.* la; celle.
a² *prep.* à.
à (contração de *a¹* e *a²*) à la, à l'; à celle.
aba *s.f.* aile; (*de chapéu*) bord *m*; (*de casaco*) pan *m*.
abacate *s.m.* avocat.
abacateiro *s.m.* avocatier.
abacaxi *s.m.* ananas.
ábaco *s.m.* boulier.
abade *s.m.* abbé, père.
abadessa *s.f.* abbesse.
abadia *s.f.* abbaye.
abafar *v.t.* étouffer; (*fam.* = *roubar*) piquer, chiper.
abagunçar *v.t.* (*fam.*) chambouler.
abaixamento *s.m.* abaissement.
abaixar *v.t.* abaisser; (*fig.*) humilier, ravaler; *v.pron.* s'abaisser.
abaixo *adv.* dessous, au-dessous, ci-dessous; *ali* — là-dessous; *interj.* à bas!
abaixo-assinado *adj.*; *m.* soussigné; *s.m.* manifeste, requête *f.*
abajur *s.m.* abat-jour.
abalar *v.t.* ébranler; atteindre; *v.pron.* s'ébranler.
abalizado *adj.* compétent.
abalo *s.m.* ébranlement, secousse *f.*
abalroamento *s.m.* tamponnement.
abalroar *v.t.* tamponner.
abanar *v.t.* éventer, agiter; (*a cabeça*) hocher; *v.int.* osciller.
abandonar *v.t.* abandonner, quitter; (*atitude*) se départir de.
abandono *s.m.* abandon.
abarcar *v.t.* embrasser, étreindre; renfermer, envelopper.
abarrotar *v.t.* bonder; remplir de fond en comble; *v.pron.* s'empiffrer.
abastado *adj.* aisé; cossu.
abastança *s.f.* aisance.

abastardar *v.t.* abâtardir.
abastecedor *s.m.* approvisionneur, fournisseur, pourvoyeur.
abastecer *v.t.* approvisionner, fournir.
abastecido *adj.* *bem* — bien approvisionné.
abastecimento *s.m.* approvisionnement.
abater *v.t.* abattre; (*parte do preço*) rabattre.
abatido *adj.* abattu; (*fam.*) vaseux.
abatimento *s.m.* 1. (*desânimo*) abattement, accablement; 2. (*dedução*) rabais; décompte; (*dedução por defeito na mercadoria*) réfaction.
abaular *v.t.* bomber; arrondir.
abdicação *s.f.* abdication.
abdicar *v.t.* abdiquer.
abdome *s.m.* abdomen.
abdominal *adj.* abdominal.
abeberar *v.t.* abreuver.
abecedário *s.m.* abécédaire.
abelha *s.f.* abeille.
abelhudo *adj.* indiscret; *ser* — faire la mouche du coche.
abençoar *v.t.* bénir.
aberração *s.f.* aberration.
aberrant *adj.* aberrant.
aberta *s.f.* 1. (*estiagem*) éclaircie; 2. (*em um bosque*) clairière.
aberto *adj.* ouvert.
abertura *s.f.* ouverture; jour *m.*; trouée.
abespinhar-se *v.pron.* se formaliser, s'irriter.
abetarda *s.f.* outarde.
abeto *s.m.* sapin.
abiscoitar *v.t.* attraper, grignoter.
abismar *v.t.* 1. lancer dans l'abîme; 2. étonner; *v.pron.* s'abîmer.
abismo *s.m.* abîme.
abjeção *s.m.* abjection.

abjeto *adj.* abject.
abjurar *v.t.* abjurer.
ablação *s.f.* ablation.
ablução *s.f.* ablution.
abnegação *s.f.* abnégation.
abnegado *adj.* dévoué.
abóbada *s.f.* voûte.
abobadado *adj.* voûté.
abobado *adj.* sot, niais.
abóbora *s.f.* courge, citrouille, potiron *m.*
abocanhar *v.t.* happer.
aboçar *v.t.* bosser.
aboletar *v.t.* loger; *v.pron.* s'installer.
abolição *s.f.* abolition.
abolir *v.t.* abolir.
abominar *v.t.* abominer.
abominável *adj.* abominable.
abonar *v.t.* **1.** avaliser, garantir; **2.** (*em lexicografia*) exemplifier par une citation; **3.** justifier.
abono *s.m.* allocation *f.* **2.** justification *f.*
abordagem *s.f.* abordage *m.*
abordar *v.t.* aborder.
aborígine *adj.*; *s.* aborigène.
aborrecer *v.t.* **1.** ennuyer, embêter; **2.** fâcher, échauffer les oreilles à; *v.pron.* s'ennuyer, s'embêter, se fâcher; — *esperando* morfondre.
aborrecido *adj.* **1.** ennuyeux, embêtant; **2.** ennuyé.
aborrecimento *s.m.* ennui, embêtement; (*fam.*) tintouin.
abortar *v.int.* avorter.
abortivo *adj.* abortif.
aborto *s.m.* **1.** fausse couche *f.*; (*voluntário*) avortement; **2.** (*indivíduo disforme*) avorton, monstre; **3.** (*fig.*) échec, avortement.
abotoadura *s.f.* boutons *m.pl.* de manchettes.
abotoar *v.t.* boutonner; (*gír.*) zigouiller.
abracadabrante *adj.* abracadabrant.
abração *s.m.* embrassade *f.*
abraçar *v.t.* embrasser.
abraço *s.m.* embrassade *f.*, étreinte *f.*, accolade *f.*
abrandar *v.t.* adoucir, atténuer, apaiser; relâcher, assoupir, fléchir, nuancer.
abranger *v.t.* comprendre, renfermer; (*vista*) embrasser.
abrasamento *s.m.* embrasement.
abrasar *v.t.* mettre en feu, embraser.
abrasileirar *v.t.* rendre brésilien, brésilianiser.
abreviar *v.t.* abréger.
abreviatura *s.f.* abréviation.
abridor *s.m.* (*de garrafa*) décapsuleur; (*de lata*) ouvre-boîtes.
abrigar *v.t.* abriter; (*veículos*) garer; *v.pron.* s'abriter; se retrancher.
abrigo *s.m.* **1.** abri; **2.** toit; **3.** imperméable.
abril *s.m.* avril.
abrilhantar *v.t.* donner de l'éclat à.
abrir *v.t.* ouvrir; percer; (*caminho*) frayer; (*com gazua*) crocheter; *v.pron.* s'ouvrir; *s.m. num — e fechar de olhos* en un clin d'œil, en un tour de main.
ab-rogar *v.t.* abroger.
abrunheiro *s.m.* prunellier.
abrunho *s.m.* prunelle *f.*
ab-rupto, abrupto *adj.* abrupt.
abrutalhado *adj.* brute, grossier.
abscesso *s.m.* abcès.
absconso *adj.* abseons.
abside *s.f.* abside.
absinto *s.m.* absinthe *f.*
absolutamente *adv.* absolument; pas du tout.
absolutismo *s.m.* absolutisme.
absoluto *adj.* absolu; *em — loc. adv.* pas du tout, point du tout.
absolver *v.t.* **1.** absoudre; **2.** aequitter.
absolvição *s.f.* **1.** absolution; **2.** acquittement *m.*
absorção *s.f.* absorption.
absorver *v.t.* absorber.
abstêmio *adj.* sobre; *s.m.* buveur d'eau.
abstenção *s.f.* abstinence.
abster-se *v.pron.* s'abstenir.
abstinência *s.f.* abstinence.
abstinente *adj.* abstinent.
abstração *s.f.* abstraction.
abstrair *v.t.* abstraire.
abstrato *adj.* abstrait.
absurdo *adj.*; *s.m.* absurde.
abulia *s.f.* aboulie.
abundância *s.f.* abondance.
abundante *adj.* abondant.
abundar *v.int.* abonder.
aburguesar *v.t.* embourgeoiser; *v.pron.* s'embourgeoiser.
abusado *adj.* insolent.
abusão *s.m.* **1.** illusion *f.*; **2.** superstition *f.*
abusivo *adj.* abusif.
abuso *s.m.* abus.
abutre *s.m.* vautour, charognard.
acabamento *s.m.* **1.** achèvement; **2.** fini, finition *f.*
acabar *v.t.* achever, finir, mener à terme;

v.int. finir, prendre fin; — *de* venir de; *não acaba mais* cela n'en finit pas; — *mal* mal tourner; *v.pron.* s'achever; *acabou-se* c'en est fait, un point c'est tout.
acabrunhar *v.t.* accabler; affliger.
acaçapar-se *v.pron.* se tapir.
acácia *s.f.* acacia *m.*
academia *s.f.* académie.
acadêmico *adj.* académique; *s.m.* académicien.
açafata *s.f.* dame d'atour.
açafrão *s.m.* safran.
açafroado *adj.* safrané.
açaí *s.m.* palmiste.
açaimar *v.t.* museler.
açaimo *s.m.* muselière *f.*
acaju *s.m.* acajou.
acalcanhado *adj.* éculé.
acalcanhar *v.t.* éculer.
acalentar *v.t.* endormir, bercer.
acalento *s.m.* berceuse *f.*
acalmar *v.t.* calmer.
acalmia *s.f.* accalmie.
acalorado *adj.* échauffé, animé.
acamar-se *v.pron.* s'aliter.
açambarcar *v.t.* accaparer; monopoliser, truster.
acampamento *s.m.* camp, campement.
acampar *v.t.* camper.
acanalhar *v.t.* encanailler; *v.pron.* s'encanailler.
acanhado *adj.* 1. gauche, timide; 2. étroit; 3. mesquin.
acanhar *v.t.* 1. intimider; 2. resserrer.
acantonamento *s.m.* cantonnement.
acantonar *v.t.* cantonner; *v.pron.* se cantonner.
ação *s.f.* 1. (*ato*) action, acte *m.*; *má* — mauvaise action, méfait *m.*; 2. (*título de propriedade*) action; — *ao portador* action au porteur.
acareação *s.f.* confrontation.
acarear *v.t.* confronter.
acariciar *v.t.* caresser.
acarretar *v.t.* 1. charrier; 2. entraîner, causer.
acasalamento *s.m.* accouplement.
acasalar *v.t.* accoupler.
acaso *s.m.* *hasard; *ao* — au hasard, au petit bonheur, à l'aventure; *por* — par hasard, d'aventure; *se por* — si par hasard.
acatar *v.t.* 1. respecter; 2. suivre.
acautelar-se *v.pron.* se mettre en garde.
aceder *v.int.* accéder.
aceiro *s.m.* coupe-feu.
aceitação *s.f.* acceptation.
aceitar *v.t.* accepter; vouloir bien.
aceitável *adj.* acceptable; recevable.
aceite *s.m.* acceptation *f.*
aceleração *s.f.* accélération.
acelerador *s.m.* accélérateur.
acelerar *v.t.* accélérer; (*motor*) emballer.
acenar *v.int.* faire signe.
acender *v.t.* allumer; — *de novo* rallumer.
aceno *s.m.* signe; *hochement (de tête).
acento *s.m.* accent.
acentuação *s.f.* accentuation.
acentuar *v.t.* accentuer; (*fig.*) accuser.
acepção *s.f.* acception.
acepipe *s.m.* friandise *f.*; *pl.* *hors-d'œuvre.
acerado *adj.* acéré.
acerbo *adj.* acerbe, âcre.
acerca de *loc.prep.* au sujet de.
acercar-se *v.pron.* s'approcher.
acertar *v.t.* e *int.* 1. toucher au but, atteindre (le but); 2. deviner; *você não acertou* vous n'y êtes pas; 3. *v.t.* (*relógio*) régler, mettre à l'heure.
acerto *s.m.* 1. justesse *f.*; *falar com* — parler d'or; 2. règlement; — *de contas* règlement de comptes.
acervo *s.m.* 1. amas; 2. patrimoine, fonds.
aceso *adj.* allumé.
acessível *adj.* accessible.
acesso *s.m.* 1. accès, abord; 2. accès, crise *f.*; — *de paixão* flambée *f.*; — *de tosse* quinte *f.* de toux.
acessório *adj.*; *s.m.* accessoire.
acetileno *s.m.* acétylène.
acetinado *adj.* satiné.
acetona *s.f.* acétone.
acha *s.f.* bûche; rondin *m.*
achado *s.m.* trouvaille *f.*
achamalotado *adj.* moiré.
achaque *s.m.* infirmité *f.*
achar *v.t.* trouver, rencontrer; — *bom* prendre en bonne part; — *ruim* prendre en mauvaise part.
achatar *v.t.* aplatir.
achega *s.f.* contribution, aide.
achincalhar *v.t.* brocarder.
aciaria *s.f.* aciérie.
acidentado[1] *adj.* (*que sofreu acidente*) accidenté; *s.* victime d'un accident.
acidentado[2] *adj.* (*de relevo variado*) accidenté.
acidental *adj.* accidentel.

acidentar v.t. accidenter.
acidente s.m. accident.
acidez s.f. acidité; aigreur.
ácido adj.; s.m. acide.
acima adv. dessus; au-dessus, ci-dessus; — **de** loc.prep. au-dessus de; — *mencionado* adj. susmentionné; — *nomeado* adj. susnommé.
acinte s.m. provocation f., offense f.
acinzentado adj. grisâtre.
acionamento s.m. mise f. en œuvre.
acionar v.t. **1.** actionner, mettre en mouvement; **2.** intenter un procès à.
acionista s. actionnaire.
acirrar v.t. provoquer, exaspérer.
aclamação s.f. acclamation.
aclamar v.t. acclamer.
aclarar v.t. éclairer; **2.** éclaircir.
aclimar v.t. acclimater.
aclimatar v.t. o mesmo que *aclimar*.
acne s.f. acné; — *rosácea* couperose.
aço s.m. acier.
acobertar v.t. couvrir; (*fig.*) protéger, favoriser.
acocorar-se v.pron. s'accroupir.
açodar v.t. presser, précipiter; v.pron. se précipiter.
acoitar v.t. donner asile à, abriter.
açoitar v.t. fouetter.
acolchoar v.t. capitonner, matelasser, ouater.
acolhedor adj. accueillant.
acolher v.t. accueillir, agréer, recevoir; — **bem** faire bonne mine à, faire bon visage à; — **com frieza** faire grise mine à; — *favoravelmente* (*um pedido*) accueillir favorablement, exaucer.
acolhida s.f. accueil m.
acolhimento s.m. accueil; *mau* — rebuffade f.
acometer v.t. attaquer, investir.
acomodação s.f. accommodement m., arrangement m.
acomodar v.t. accommoder; loger, installer; v.pron. s'accommoder, s'adapter, s'installer.
acomodatício adj. accommodant.
acompanhador s.m. accompagnateur.
acompanhadora s.f. accompagnatrice.
acompanhamento s.m. accompagnement.
acompanhante s. chaperon m.
acompanhar v.t. accompagner.
aconchegar v.t. réconforter, border.
aconchego s.m. réconfort.

aconselhar v.t. conseiller.
acontecer v.int. arriver, advenir; avoir lieu, se produire; *acontece que* il se trouve que; *aconteça o que* — advienne que pourra.
acontecimento s.m. événement.
acoplamento s.m. accouplement.
acoplar v.t. accoupler.
açor s.m. (*ave*) autour.
açorda s.f. panade.
acordado adj. éveillé; *estar* — veiller.
acórdão s.m. arrêt.
acordar v.t. éveiller, réveiller; v.int. e v.pron. s'éveiller.
acorde[1] s.m. accord.
acorde[2] adj. concordant.
acordeão s.m. accordéon.
acordeonista s. accordéoniste.
acordo s.m. accord; *de comum* — d'un commun accord, de concert; *chegada a um* — concertation; *chegar a um* — tomber d'accord.
acorrentar v.t. enchaîner.
acorrer v.int. accourir.
acossar v.t. presser; traquer.
acostamento s.m. accotement, bas-côté.
acostar v.t. accoster, aborder.
acostumado adj. accoutumé, coutumier.
acostumar v.t. accoutumer, habituer; rompre; v.pron. s'accoutumer.
acotovelar v.t. coudoyer, bousculer.
açougue s.m. boucherie f.
açougueiro s.m. boucher.
acovardar-se v.pron. flancher; (*fam.*) se dégonfler.
acre adj. aigre, âcre.
acreditar v.t. **1.** croire; **2.** accréditer.
acreditável adj. croyable.
acrescentar v.t. ajouter, joindre.
acrescer v.t. accroître.
acréscimo s.m. addition f.; surcroît; ajout.
acrimônia s.f. acrimonie.
acrobacia s.f. acrobatie.
acrobata s. acrobate.
acrobático adj. acrobatique.
acuar v.t. acculer.
açúcar s.m. sucre; — *mascavo* cassonnade f.; *cobrir de* — glacer.
açucarado adj. sucré.
açucarar v.t. sucrer.
açucareiro s.m. sucrier.
açucena s.f. lis m.
açude s.m. écluse f.
acudir v.int. accourir, secourir.

acuidade *s.f.* acuité.
açular *v.t.* inciter.
acumpliciar-se *v.pron.* — com prêter la main à.
acumulação *s.f.* accumulation; (*de empregos*) cumul *m*.
acumulador *s.m.* accumulateur; (*de empregos*) cumulard.
acumular *v.t.* accumuler; (*empregos*) cumuler.
acunhar *v.t.* coincer.
acupuntor *s.m.* acupuncteur.
acupuntura *s.f.* acupunture.
acusação *s.f.* accusation.
acusado *adj.*; *s.* accusé, prévenu.
acusador *adj.*; *s.m.* accusateur.
acusadora *s.f.* accusatrice.
acusar *v.t.* accuser; — *de* taxer de.
acústica *s.f.* acoustique.
acústico *adj.* acoustique.
acutilar *v.t.* taillader.
adaga *s.f.* dague.
adágio *s.m.* adage.
adaptação *s.f.* adaptation, alignement *m*.
adaptador *s.m.* adaptateur.
adaptar *v.t.* adapter, ajuster; transporter; — *-se* *v.pron.* s'adapter, s'aligner.
adega *s.f.* cave.
adeleiro *s.m.* fripier.
adelgaçar *v.t.* amenuiser.
adepto *s.m.* adepte; zélateur.
adequação *s.f.* adéquation.
adequado *adj.* adéquat, assorti.
adereços *s.m.pl.* atours, parure *f*.
aderir *v.int.* adhérer, se rallier.
adernar *v.t.* incliner; *v.int.* coucher sur un des bords (*navio*).
adesão *s.f.* adhésion.
adesivo *adj.* adhésif.
adestrador *s.m.* dresseur.
adestramento *s.m.* dressage, manège.
adestrar *v.t.* dresser.
adeus *s.m.* adieu.
adiamento *s.m.* ajournement, remise *f.*; (*na justiça*) renvoi.
adiantamento *s.m.* avance *f.*; acompte.
adiantar *v.t.* avancer; *v.int.* servir; *não adianta* cela ne sert à rien; *não adianta você falar* vous avez beau parler; *v.pron.* (*fig.*) faire un pas de clerc.
adiante *adv.* avant, en avant.
adiar *v.t.* ajourner, remettre, reporter; (*na justiça*) renvoyer, surseoir à.
adição *s.f.* addition.

adicional *adj.* additionnel.
adicionar *v.t.* additionner.
adido *s.m.* attaché.
adiposidade *s.f.* adiposité.
adiposo *adj.* adipeux.
adivinha *s.f.* 1. (*mulher*) devineresse, pythonisse; 2. devinette.
adivinhação *s.f.* 1. divination; 2. devinette.
adivinhar *v.t.* deviner; *sei que não vai* — je vous le donne en mille.
adivinho *s.m.* devin.
adjacente *adj.* adjacent.
adjetivar *v.t.* 1. employer comme adjectif; 2. qualifier.
adjetivo *s.m.* adjectif.
adjudicação *s.f.* adjudication, vente aux enchères.
adjudicar *v.t.* adjuger, vendre aux enchères.
adjunção *s.f.* adjonction.
adjunto[1] *s.f.* adjonction.
adjunto[2] *adj.*; *s.* adjoint.
administração *s.f.* administration; tenue; — *por conta do Estado* régie; — *regional* (*aprox.*) mairie d'arrondissement.
administrador *s.m.* administrateur, régisseur; — *regional* (*aprox.*) maire (d'arrondissement).
administradora *s.f.* administratrice; — *de imóveis* société de gérance (de biens).
administrar *v.t.* administrer, gérer.
administrativo *adj.* administratif.
admiração *s.f.* admiration.
admirador *adj.*; *s.m.* admirateur.
admiradora *adj.*; *s.f.* admiratrice.
admirar *v.t.* admirer.
admirativo *adj.* admiratif.
admirável *adj.* admirable.
admiravelmente *adv.* admirablement, à ravir.
admissão *s.f.* admission.
admissível *adj.* admissible.
admitir *v.t.* 1. admettre; recevoir; 2. (*reconhecer*) avouer.
admoestação *s.f.* admonestation, admonition.
admoestar *v.t.* admoester; (*fam.*) attraper.
adobe *s.m.* brique *f.* crue.
adoção *s.f.* adoption.
adoçar *v.t.* 1. (*com açúcar*) sucrer; 2. adoucir.
adocicado *adj.* douceâtre, doucereux.
adoecer *v.int.* tomber malade.
adoentado *adj.* indisposé, souffrant.

adolescência *s.f.* adolescence.
adolescente *adj.*; *s.* adolescent.
adoração *s.f.* adoration.
adorador *s.m.* adorateur.
adoradora *s.f.* adoratrice.
adorar *v.t.* adorer; (*fam.*) raffoler de.
adorável *adj.* adorable.
adormecer, adormentar *v.t.* endormir; *v.pron.* s'endormir.
adornar *v.t.* orner, enjoliver.
adornos *s.m.pl.* atours, parure *f.*
adotar *v.t.* adopter; (*carreira*) embrasser; (*nome*) prendre.
adotivo *adj.* adoptif.
adquiridor *s.m.* acquéreur.
adquirir *v.t.* acquérir.
adrede *adv.* exprès.
adriça *s.f.* drisse.
adro *s.m.* parvis.
adstringir *v.t.* astreindre.
aduana *s.f.* o mesmo que *alfândega*.
adubar *v.t.* engraisser, fumer, amender; — *com cal* chauler.
aduela *s.f.* douve, douelle.
adulação *s.f.* adulation, cajolerie.
adulador *s.m.* adulateur.
aduladora *s.f.* adulatrice.
adular *v.t.* aduler, amadouer, cajoler; (*fig.*) encenser.
adúltera *adj.*; *s.f.* adultère.
adulteração *s.f.* adultération.
adulterar *v.t.* adultérer; (*vinho*) frelater.
adulterino *adj.* adultérin.
adultério *s.m.* adultère.
adúltero *adj.*; *s.m.* adultère.
adulto *adj.*; *s.* adulte; grand.
adunco *adj.* crochu.
adutora *s.f.* canal *m.* d'amenée.
advento *s.m.* 1. avènement; 2. (*Litu.*) Avent.
advérbio *s.m.* adverbe.
adversário *s.m.* adversaire.
adversidade *s.f.* adversité.
adverso *adj.* adverse.
advertência *s.m.* avertissement *m.*, avis *m.*
advertir *v.t.* avertir, aviser; mettre en garde.
advir *v.int.* advenir, arriver.
advocacia *s.f.* barreau *m.*
advogado *s.m.* avocat.
advogar *v.t.* plaider.
aéreo *adj.* aérien.
aeromoça *s.f.* hôtesse de l'air.
aeromodelismo *s.m.* aéromodélisme.

aeronáutica *s.f.* 1. aéronautique; 2. armée de l'Air.
aeronave *s.f.* aéronef *m.*
aeroplano *s.m.* aéroplane.
aeroporto *s.m.* aéroport.
afã *s.m.* empressement, sollicitude *f.*
afabilidade *s.f.* affabilité; liant *m.*
afadigar-se *v.pron.* ahaner.
afagar *v.t.* caresser, cajoler.
afamado *adj.* fameux, renommé, réputé.
afanar *v.t.* 1. chercher; 2. (*pop.*) chiper, voler; *v.int.* s'évertuer.
afastamento *s.m.* éloignement, écart, recul.
afastar *v.t.* éloigner, écarter; *v.pron.* s'éloigner, s'écarter.
afável *adj.* affable, accueillant, liant.
afazeres *s.m.pl.* affaires *f.*; occupations *f.*
afeamento *s.m.* enlaidissement.
afear *v.t.* enlaidir.
afecção *s.f.* affection.
afectividade *s.f.* affectivité.
afeição *s.f.* 1. affection; 2. penchant *m.*
afeiçoar[1] *v.t.* façonner.
afeiçoar[2] *v.t.* inspirer de l'affection à.
aferir *v.t.* étalonner, comparer.
aferrolhar *v.t.* verrouiller.
afetação *s.f.* affectation; mièvrerie; — *de pudor* pudibonderie, pruderie.
afetado *adj.* affecté; gourmé; mièvre.
afetar *v.t.* 1. affecter, feindre; 2. affecter, toucher, concernir.
afetivo *adj.* affectif.
afeto *adj.* affection *f.*
afetuoso *adj.* affectueux, aimant.
afiado *adj.* affilé; acéré; (*fig.*) calé.
afiançar *v.t.* cautionner, garantir.
afiar *v.t.* affiler, aiguiser, repasser.
afigurar *v.t.* figurer; *v.pron.* se figurer, s'imaginer.
afilhada *s.f.* filleule.
afilhado *s.m.* filleul.
afiliar *v.t.* affilier; *v.pron.* s'affilier.
afim *adj.* parent par alliance; semblable.
afinador *s.m.* accordeur.
afinal *adv.* enfin, à la fin; — *de contas* après tout, en fin de compte.
afinar *v.t.* 1. affiner; 2. (*instrumento musical*) accorder.
afinco *s.m.* persévérance *f.*; *com* — d'arrachepied.
afinidade *s.f.* affinité.
afirmação *s.f.* affirmation.
afirmar *v.t.* affirmer, prétendre, soutenir.
afirmativa *s.f.* affirmation.

afirmativo *adj.* affirmatif.
afivelar *v.t.* boucler.
afixação *s.f.* affichage *m.*
afixar *v.t.* afficher, placarder.
aflautado *adj.* flûté.
aflição *s.f.* affliction, détresse, chagrin *m.*
afligir *v.t.* affliger, chagriner, navrer, déchirer, peiner.
aflitivo *adj.* affligeant, navrant.
aflorar *v.t.* effleurer, affleurer.
afluência *s.f.* affluence.
afluente *s.m.* affluent.
afluir *v.int.* affluer.
afobação *s.f.* presse, confusion.
afobar-se *v.pron.* s'empresser, se presser, s'énerver.
afogadilho *de — loc.adv.* précipitamment.
afogado *adj.; s.* noyé.
afogamento *s.m.* noyade *f.*
afogar *v.t.* noyer; *v.pron.* se noyer.
afoito *adj.* *hardi, téméraire.
afora *adv.* *hors, *hormis.
aforismo *s.m.* aphorisme.
aforramento *s.m.* affranchissement.
aforrer *v.t.* affranchir.
afortunado *adj.* fortuné.
afrancesar *v.t.* franciser.
afreguesado *adj.* achalandé.
afresco *s.m.* fresque *f.*
África *s.f.* Afrique.
africano *adj.; s.pátr.* africain.
afrodisíaco *adj.; s.m.* aphrodisiaque.
afronta *s.f.* affront *m.*
afrontar *v.t.* affronter, braver.
afrouxar *v.t.* relâcher, lâcher; ralentir, ramollir, nuancer.
afta *s.f.* aphte *m.*
aftoso *adj.* aphteux.
afundamento *s.m.* (*em areia ou pântano*) enlisement.
afundar *v.t.* (*navio*) couler; (*em areia ou pântano*) enliser; *v.int.* e *pron.* couler; s'enfoncer, s'enliser.
afusado *adj.* fuselé.
afusar *v.t.* fuseler.
agá *s.m.* (*nome da letra h*) la lettre h.
agachar-se *v.pron.* s'accroupir, se blottir.
agaloar *v.t.* chamarrer.
agarrar *v.t.* saisir, accrocher; gripper, agripper, *happer; *v.pron.* se cramponner, se raccrocher.
agasalhar *v.t.* **1.** héberger; **2.** couvrir; **3.** abriter du froid, emmitoufler.

agasalho *s.m.* **1.** bon accueil; **2.** confort; **3.** abri; vêtement chaud.
agastamento *s.m.* agacement.
agastar *v.t.* fâcher, irriter.
ágata *s.f.* agate.
agave *s.f.* agavé *m.*
agência *s.f.* agence; — *do correio* bureau *m.* de poste; — *noticiosa* agence d'information.
agenda *s.f.* agenda *m.*, mémento *m.*
agente *s.m.* agent.
ágil *adj.* agile.
agilidade *s.f.* agilité.
ágio *s.m.* agio.
agiota *s.m.* agioteur, spéculateur, usurier.
agir *v.int.* agir.
agitação *s.f.* **1.** agitation; **2.** trémoussement *m.*
agitado *adj.* agité; (*mar*) gros, houleux.
agitador *s.m.* agitateur, meneur, trublion.
agitadora *s.f.* agitatrice.
agitar *v.t.* agiter; secouer; *v.pron.* s'agiter; se démener; frétiller.
aglomeração *s.f.* agglomération.
aglomerar *v.t.* agglomérer; *v.pron.* s'agglomérer.
aglutinar *v.t.* agglutiner.
agnosticismo *s.m.* agnosticisme.
agnóstico *adj.* agnostique.
agonia *s.f.* agonie.
agoniar *v.t.* chagriner, affliger.
agonizante *adj.; s.m.* agonisant, mourant.
agonizar *v.int.* agoniser, se mourir.
agora *adv.* maintenant; *até* — jusqu'à maintenant, jusqu'ici.
agosto *s.m.* août.
agourar *v.t.* augurer.
agourento *adj.* de mauvais augure.
agouro *s.m.* **1.** augure; **2.** mauvais augure.
agraciar *v.t.* octroyer une grâce à; décorer.
agraço *s.m.* verjus.
agradar *v.int.* plaire; *a sua cara não me agrada* sa tête ne me revient pas.
agradável *adj.* agréable; (*tempo*) doux; *tornar* — égayer.
agradecer *v.t.* remercier.
agradecido *adj.* reconnaissant; *estar* — *a* savoir gré à.
agradecimento *s.m.* remerciement.
agrado *s.m.* contentement; *ser do* — *de* plaire à.
agrário *adj.* agraire.

agravação *s.f.* aggravation.
agravamento *s.m.* aggravation *f.*
agravar *v.t.* aggraver, envenimer; *v.pron.* s'aggraver.
agravo *s.m.* offense *f.*; outrage.
agredir *v.t.* agresser, assaillir.
agressão *s.f.* agression.
agressividade *s.f.* agressivité.
agressivo *adj.* agressif.
agressor *s.m.* agresseur.
agreste *adj.* agreste, rustique.
agrião *s.m.* cresson.
agrícola *adj.* agricole.
agricultor *s.m.* agriculteur.
agrimensor *s.m.* arpenteur.
agronomia *s.f.* agronomie.
agrônomo *s.m.* agronome.
agrupamento *s.m.* groupement.
agrupar *v.t.* grouper.
água *s.f.* **1.** (*líquido*) eau; — *boricada* eau boriquée; — *pesada* eau lourde; — *sanitária* eau de Javel; — *tônica* boisson non alcoolique, espèce de Schveppes; *abastecer-se de* — *potável* faire de l'eau; *deitar* — *na fervura* refroidir l'enthousiasme; *fazer* — faire eau; *sem dizer* — *vai* sans crier gare; **2.** (*grau de transparência*) eau; *de primeira* — de la plus belle eau.
aguaceiro *s.m.* averse *f.*, giboulée *f.*, grain.
aguada *s.f.* provision d'eau potable; *fazer* — faire de l'eau.
água-furtada *s.f.* mansarde, grenier *m.*
água-marinha *s.f.* aigue-marine.
aguar *v.t.* arroser, mouiller; — *o vinho* tremper le vin.
aguardar *v.t.* attendre.
aguardente *s.f.* eau-de-vie.
água-viva *s.f.* méduse.
aguçar *v.t.* aiguiser.
agudeza *s.f.* acuité.
agudo *adj.* aigu.
aguentar *v.t.* supporter, endurer; *v.int.* tenir le coup; *não* — *mais* n'en pouvoir plus.
águia *s.f.* aigle *m.*
aguilhão *s.m.* aiguillon.
agulha *s.f.* aiguille.
agulheta *s.f.* (*de mangueira*) lance.
ai *interj.* aie!, hélas!
aí *adv.* là, là-bas.
ainda *adv.* encore; toujours; — *mais* de plus belle; — *que* quand-même; lors même que; mème si.

aipim *s.m.* manioc.
aipo *s.m.* ache *f.*, céleri.
aiveca *s.f.* versoir *m.*
ajaezar *v.t.* *harnacher.
ajardinar *v.t.* disposer en jardin.
ajeitar *v.t.* agencer, ajuster, ordonner.
ajoelhar-se *v.pron.* s'agenouiller.
ajuda *s.f.* aide, secours *m.*
ajudante *s.* **1.** aide; — *de costureira* petite main; **2.** adjudant; — *de ordens* aide de camp.
ajudar *v.t.* aider, secourir, épauler; *v.pron* ajudar-se; — *mutuamente* s'entraider.
ajuizado *adj.* rassis, sage, sensé.
ajuizar *v.t.* apprécier.
ajuntamento *s.m.* rassemblement, attroupement.
ajuntar *v.t.* rassembler; adjoindre.
ajustar *v.t.* ajuster, raccorder.
ajuste *s.m.* accord.
ala *s.f.* aile; (*de pessoas*) *haie.
alabarda *s.f.* *hallebarde.
alabastro *s.m.* albâtre.
alado *adj.* ailé.
alagar *v.t.* inonder.
alamar *s.m.* ganse *f.*
alambique *s.m.* alambic.
alameda *s.f.* allée; cours *m.*
álamo *s.m.* peuplier blanc.
alaranjado *adj.* orangé.
alarde *s.m.* parade *f.*; étalage.
alardear *v.t.* faire parade de.
alargamento *s.m.* élargissement.
alargar *v.t.* élargir; (*vestido, na abertura*) évaser.
alarido *s.m.* vacarme.
alarmar *v.t.* alarmer; *v.pron.* s'alarmer.
alarme *s.m.* alarme *f.*
alastrar *v.t.* propager, répandre; *v.pron.* se propager, se répandre.
alaúde *s.m.* luth.
alavanca *s.f.* levier *m.*, manette.
Albânia *s.f.* Albanie.
albanês *adj.*; *s.pátr.* albanais.
albatroz *s.m.* albatros.
albergar *v.t.* héberger.
albergue *s.m.* auberge *f.*; asile.
albino *adj.*; *s.m.* albinos.
albornoz *s.m.* burnous.
álbum *s.m.* album.
albume *s.m.* albumen.
albumina *s.m.* albumine.
alburno *s.m.* aubier.
alça *s.f.* bretelle, anse.

alcachofra *s.f.* artichaud *m.*
alcaçuz *s.m.* réglisse *f.*
alçada *s.f.* juridiction, ressort *m.*
alcaguete *s.m.* indicateur; (*pop.*) donneur.
álcali *s.m.* alcali.
alcançar *v.t.* rejoindre, rattraper; rallier; atteindre; *não* — manquer.
alcance *s.m.* portée *f.*, atteinte; *ter* — (*arma*) porter; *ter ao* — *da mão* avoir sous la main; *fora de* — hors d'atteinte, de portée.
alcantilado *adj.* escarpé.
alçapão *s.m.* trappe *f.*
alcaparra *s.f.* câpre.
alçar *v.t.* hausser, hisser, élever.
alcaravão *s.m.* échasse *s.f.*
alcaraviz *s.m.* tuyère *f.*
alcateia *s.f.* bande (de loups).
alcatra *s.f.* culotte de bœuf.
alcatraz *s.m.* (*ave*) goéland.
alce *s.m.* élan.
alcofa *s.f.* panier, corbeille; bouille.
álcool *s.m.* alcool; — *etílico* esprit de vin.
alcoólatra *s.* alcoolique.
alcoólico *adj.*; *s.* alcoolique.
Alcorão *s.m.* Koran.
alcova *s.f.* alcôve.
alcoviteira *s.f.* entremetteuse.
alcoviteiro *s.m.* entremetteur.
alcunha *s.f.* sobriquet; surnom *m.*
alcunhado *adj.* surnommé.
alcunhar *v.t.* surnommer.
aldeã *adj.*; *s.f.* villageoise.
aldeão *adj.*; *s.m.* villageois.
aldeia *s.f.* village *m.*
aldeola *s.f.* bourgade.
aldrava *s.f.* *heurtoir *m.*
aleatório *adj.* aléatoire.
alecrim *s.m.* romarin.
alegação *s.f.* allégation.
alegar *v.t.* alléguer; faire état de.
alegoria *s.f.* allégorie.
alegórico *adj.* allégorique.
alegrar *v.t.* égayer, réjouir, dérider; *v.pron.* se réjouir.
alegre *adj.* gai, joyeux; sémillant.
alegria *s.f.* gaîté, joie.
aleijado *adj.* estropié, impotent.
aleijão *s.m.* défaut physique.
aleijar *v.t.* estropier.
aleivosia *s.f.* perfidie, calomnie.
além *adv.* au-delà; outre; — *de* au-delà de; — *disso* par surcroît; *s.m. o* — l'au-delà.
Alemanha *s.f.* Allemagne.

alemão *adj.*; *s.m.pátr.* allemand; (*depr.*) boche; teuton, tudesque.
além-mar *adv.* outre-mer.
além-túmulo *s.m.* outre-tombe.
alentar *v.t.* encourager, animer.
alento *s.m.* **1.** haleine *f.* **2.** courage; *tomar* — reprendre haleine.
alergia *s.f.* allergie.
alérgico *adj.* allergique.
alerta *adj.* alerte; *estar* — être sur le qui-vive; *s.f.* alerte.
alertar *v.t.* alerter; *v.int.* donner l'éveil.
aletria *s.f.* nouilles *pl.*; vermicelle *m.*
alexandrino *adj.*; *s.m.* alexandrin.
alfabético *adj.* alphabétique.
alfabetização *s.f.* alphabétisation.
alfabetizar *v.t.* alphabétiser.
alfabeto *s.m.* alphabet.
alface *s.f.* laitue.
alface-do-mar *s.f.* ulve.
alfafa *s.f.* luzerne.
alfaiataria *s.f.* atelier *m.* de tailleur.
alfaiate *s.m.* tailleur.
alfândega *s.f.* douane.
alfandegário *adj.* douanier.
alfarrábio *s.m.* bouquin, vieux livre.
alfarrabista *s.m.* antiquaire, bouquiniste.
alfarroba *s.f.* caroube.
alfarrobeira *s.f.* caroubier *m.*
alfazema *s.f.* lavande.
alfena *s.f.* troène *m.*
alfeneiro *s.m.* troène.
alfinetada *s.f.* coup *m.* d'épingle.
alfinetar *v.t.* épingler.
alfinete *s.m.* épingle *f.*; — *de segurança* épingle de nourrice.
alfineteiro *s.m.* pelote *f.* à épingles.
alforria *s.f.* affranchissement.
alforje *s.m.* besace *f.*
alga *s.f.* algue.
algaravia *s.f.* charabia *m.*, baragouin *m.*, sabir *m.*
algaraviar *v.int.* baragouiner.
algarismo *s.m.* chiffre.
algazarra *s.f.* brouhaha *m.*, tapage *m.*, tintamarre *m.*, vacarme *m.*
álgebra *s.f.* algèbre.
algébrico *adj.* algébrique.
algema *s.f.* menotte.
algemar *v.t.* passer les menottes à.
algibeira *s.f.* poche.
algodão *s.m.* coton; — *em rama* coton hydrophile, ouate *f.*
algodoeiro *s.m.* cotonnier.

algoz *s.m.* bourreau.
alguém *pron.* quelqu'un.
algum *adj.* 1. quelque; 2. aucun.
alheio *adj.* d'autrui.
alho *s.m.* ail; (*fig.*) *misturar —s com bugalhos* prendre des vessies pour des lanternes; *— -poró* poireau.
alhures *adv.* ailleurs.
ali *adv.* là; là-bas.
aliado *adj.*; *s.m.* allié.
aliagem *s.f.* alliage *m.*
aliança *s.f.* alliance.
aliar *v.t.* allier; *v.pron.* s'allier.
aliás *adv.* d'ailleurs, d'autre part, du reste.
álibi *s.m.* alibi.
alicate *s.m.* pince *f.*; tenailles *f.pl.*
alicerçar *v.t.* fonder, baser.
alicerce *s.m.* fondement, base *f.*
aliciar *v.t.* allécher, racoler.
alienado *adj.*; *s.m.* aliéné.
alienar *v.t.* aliéner.
alienista *s.* aliéniste.
aligator *s.m.* alligator.
alijar *v.t.* alléger; se débarrasser de.
alimentação *s.f.* alimentation.
alimentar *v.t.* alimenter, nourrir; (*fig.*) repaître.
alimentício *adj.* vivrier, alimentaire.
alimento *s.m.* aliment, nourriture *f.*; *pl.* vivres.
alimpadura *s.f.* épluchure.
alínea *s.f.* alinéa *m.*
alinhado *adj.* aligné; élégant, chique.
alinhamento *s.m.* alignement.
alinhar *v.t.* aligner.
alinhavar *v.t.* faufiler, bâtir.
alinhavo *s.m.* faufil.
alíquota *s.f.* aliquote.
alisar *v.t.* lisser.
alistamento *s.m.* conscription *f.*, enrôlement, engagement.
alistar *v.t.* recruter, enrôler; *v.pron.* s'engager.
aliviar *v.t.* alléger, soulager, décharger.
alívio *s.m.* soulagement; (*fam.*) *que —!* bon débarras!
alizar *s.m.* chambranle.
aljava *s.f.* carquois *m.*
alma *s.f.* âme; *entregar a — a Deus* rendre l'âme.
almanaque *s.m.* almanach.
almécega *s.f.* mastic *m.*
almejar *v.t.* désirer ardemment.
almirantado *s.m.* amirauté *f.*

almirante *s.m.* amiral.
almíscar *s.m.* musc.
almoçar *v.t.* e *int.* déjeuner.
almoço *s.m.* déjeuner.
almofada *s.f.* coussin *m.*, traversin *m.*; *— de carimbo* tampon encreur.
almofadão *s.m.* gros coussin, pouf.
almofariz *s.m.* mortier.
almôndegas *s.f.pl.* boulettes (de viande); rillettes.
almoxarifado *s.m.* magasin, dépôt.
almoxarife *s.m.* magasinier.
alô *interj.* allô.
alocução *s.f.* allocution.
aloés *s.m.* aloès.
alojamento *s.m.* logement, hébergement.
alojar *v.t.* loger, héberger; *v.pron.* loger; (*em hotel*) descendre.
alongar *v.t.* allonger, rallonger.
alopata *adj.*; *s.* allopathe.
alopatia *s.f.* allopathie.
alpaca *s.f.* alpaga *m.*
alpendre *s.m.* porche.
alpercata *s.f.* sandale.
alpestre *adj.* alpestre.
alpinismo *s.m.* alpinisme.
alpinista *s.* alpiniste.
alpiste *s.m.* chiendent.
alquebrar *v.t.* courber.
alquimia *s.f.* alchimie.
alquimista *s.m.* alchimiste.
alta *s.f.* 1. (*dos preços*) *hausse; 2. (*aprox.*) bulletin *m.* de sortie (concédé par le médecin).
altaneiro *adj.* altier.
altar *s.m.* autel; *— portátil* reposoir.
alta-roda *s.f.* gratin *m.*; *haute société.
altear *v.t.* exhausser, *hausser.
alterar *v.t.* altérer; (*as feições do rosto*) décomposer; *v.pron.* s'altérer; (*vinho, perfume*) s'éventer.
altercação *s.f.* altercation, empoignade.
altercar *v.int.* se quereller.
alternadamente *adv.* à tour de rôle, tour à tour.
alternância *s.f.* alternance.
alternar *v.t.* alterner.
alternativa *s.f.* alternative.
alternativo *adj.* alternatif.
alteza *s.f.* altesse.
altitude *s.f.* altitude.
altivez *s.f.* fierté, hauteur; morgue.
altivo *adj.* fier, altier, *hautain.
alto[1] *adj.* 1. *haut, grand; 2. (*fam.* = *um*

tanto bêbedo) gris, parti; *s.m.* haut; *de — a baixo* de haut en bas.
alto² *s.m.* *halte *f.*; *interj.* *halte!
alto³ *s.m.* (*Mús.*) alto.
alto-falante *s.m.* *haut-parleur.
alto-fundo *s.m.* *haut-fond.
alto-relevo *s.m.* *haut-relief.
Alto Volta *s.m.* *Haute-Volta.
altruísmo *s.m.* altruisme.
altruísta *adj.*; *s.* altruiste.
altura *s.f.* *hauteur; *à — loc.adv.* à l'avenant.
alucinação *s.f.* hallucination.
alucinado *adj.* halluciné.
alucinar *v.int.* halluciner.
alucinatório *adj.* hallucinatoire.
alude *s.m.* avalanche.
aludir *v.int.* faire allusion à.
alugador *s.m.* logeur.
alugadora *s.f.* logeuse.
alugar *v.t.* louer.
aluguel *s.m.* loyer.
aluimento *s.m.* affaissement.
aluir *v.t.* 1. affaisser; 2. ébranler; *v.int.* s'affaisser.
alume *s.m.* alun.
alumínio *s.m.* aluminium.
aluna *s.f.* élève; écolière.
alunissar *v.int.* alunir.
aluno *s.m.* élève; écolier.
alusão *s.f.* allusion.
alusivo *adj.* allusif.
aluvião *s.f.* e *m.* alluvion *f.*
alva *s.f.* aube.
alvará *s.m.* patente *f.*
alvejar¹ *v.t.* blanchir.
alvejar² *v.t.* viser.
alvenaria *s.f.* bâtisse; maçonnerie.
alvéolo *s.m.* alvéole.
alvitre *s.m.* avis, conseil.
alvo *adj.* blanc.
alvo *s.m.* cible *f.*; (*fig.*) but, objectif; *não atingir o —* faire long feu, ne pas atteindre le but; *ser — de zombarias* servir de tête de turc.
alvorada *s.f.* aube, diane.
alvorecer *v.int.* commencer à faire jour; *s.m.* aube *f.*
alvoroço *s.m.* émoi; transports *pl.* de joie.
ama *s.f.* nourrice; *—-seca* nourrice sèche.
amabilidade *s.f.* amabilité; gracieuseté.
amaciamento *s.m.* rodage.
amaciar *v.t.* assouplir, attendrir; (*carro*) roder.

amador *adj.*; *s.m.* amateur.
amadurecer *v.t.* e *int.* mûrir.
âmago *s.m.* centre, milieu; (*fig.*) cœur, tréfonds.
amainar *v.t.* 1. amener (les voiles); 2. calmer, adoucir.
amaldiçoado *adj.* maudit.
amaldiçoar *v.t.* maudire.
amálgama *s.m.* e *f.* amalgame *m.*
amamentar *v.t.* allaiter.
amaneirado *adj.* maniéré.
amanhã *adv.* demain; *até —* à demain; *depois de —* après-demain.
amanhar *v.t.* habiller.
amanhecer *v.impess.* faire jour.
amansar *v.t.* apprivoiser, adoucir.
amante *s.m.* amant; *adj.m.* aimant; *s.f.* amante, maîtresse; *adj.f.* aimante.
amar *v.t.* aimer.
amarelado *adj.* jaunâtre.
amarelar, amarelecer *v.t.* e *int.* jaunir.
amarelinha *s.f.* marelle.
amarelo *adj.*; *s.m.* jaune.
amarfanhar *v.t.* chiffonner, froisser.
amargar *v.t.* 1. rendre amer; 2. souffrir, supporter; *v.int.* devenir amer.
amargo *adj.* amer.
amargor *s.m.* amertume *f.*
amargura *s.f.* amertume.
amarra *s.f.* amarre, câble *m.*
amarrar *v.t.* amarrer, attacher, ligoter; *— a cara* faire la tête.
amarrotamento *s.m.* froissement.
amarrotar *v.t.* froisser, friper.
amásia *s.f.* maîtresse.
amásio *s.m.* amant.
amassadeira *s.f.* pétrin *m.*
amassadura *s.f.* pétrissage *m.*
amassar *v.t.* pétrir, bosseler.
amável *adj.* aimable.
amazona *s.f.* amazone, écuyère.
Amazonas *s.m.* Amazonie *f.*
âmbar *s.m.* ambre.
ambas *adj.* toutes deux, toutes les deux.
ambição *s.f.* ambition.
ambicionar *v.t.* ambitionner.
ambicioso *adj.* ambitieux.
ambidestro *adj.* ambidextre.
ambiência *s.f.* ambiance.
ambiente *s.m.* milieu, entourage; ambiance *f.*; *— de marginais* le Milieu, les bas-fonds.
ambiguamente *adv.* ambigument; *proceder —* jouer double jeu.
ambiguidade *s.f.* ambiguïté.

ambíguo *adj.* ambigu.
âmbito *s.m.* enceinte *f.*, champ d'action.
ambivalente *adj.* ambivalent.
ambos *adj.* tous deux, tous les deux.
ambulância *s.f.* ambulance.
ambulante *adj.* ambulant.
ameaça *s.f.* menace.
ameaçador *adj.* menaçant.
ameaçar *v.t.* menacer; *v.int.* menacer, montrer ses griffes.
amealhar *v.t.* amasser.
ameba *s.f.* amibe.
amebíase *s.f.* amibiase.
amedrontado *adj.* apeuré.
amedrontar *v.t.* effaroucher.
ameia *s.f.* créneau.
ameixa *s.f.* prune.
ameixeira *s.f.* prunier *m.*
amém *interj.* amen.
amêndoa *s.f.* amande.
amendoeira *s.f.* amandier *m.*
amendoim *s.m.* arachide *f.*, cacahouète *f.*
amenidade *s.f.* aménité.
ameno *adj.* amène; agréable; affable.
América *s.f.* Amérique.
americano *adj.*; *s.pátr.* américain.
ameríndio *adj.*; *s.pátr.* amérindien.
amerissagem *s.f.* amerissage *m.*
amerissar *v.int.* amerrir.
amestrar *v.t.* dresser.
ametista *s.f.* améthyste.
amianto *s.m.* amiante.
amido *s.m.* amidon.
amiga *s.f.* amie.
amigação *s.f.* collage *m.*, concubinage *m.*
amigar-se *v.pron.* vivre avec quelqu'un sans être marié.
amigável *adj.* amiable.
amigavelmente *adv.* à l'amiable; à titre amical.
amígdala *s.f.* amygdale.
amigdalite *s.f.* amygdalite.
amigo *s.m.* ami; *adj.* amical.
amistoso *adj.* amical.
amiúde *adv.* souvent.
amizade *s.f.* amitié.
amnésia *s.f.* amnésie.
amo *s.m.* maître.
amoedar *v.t.* monnayer.
amofinar *v.t.* (*fam.*) asticoter, tracasser, tarabuster; *v.pron.* se faire de la bile, se faire du mauvais sang.
amolação *s.f.* désagrément *m.*; (*fam.*) emmerdement *m.*

amolador *s.m.* rémouleur.
amolar[1] *v.t.* (*de novo*) raffûter.
amolar[2] *v.t.* (*fam.*) ennuyer; agacer.
amoldar *v.t.* façonner.
amolecer *v.t.* amollir, mollir, ramollir.
amolecimento *s.m.* (*intelectual*) ramollissement.
amolgar *v.t.* cabosser.
amoníaco *s.m.* ammoniac.
amontoado *s.m.* monceau, tas, ramassis.
amontoamento *s.m.* tassement.
amontoar *v.t.* amasser, accumuler, amonceler, entasser.
amor *s.m.* amour; — *à primeira vista* coup de foudre.
amora *s.f.* mûre.
amoral *adj.* amoral.
amordaçar *v.t.* bâillonner.
amoreira *s.f.* mûrier *m.*
amorfo *adj.* amorphe.
amornamento *s.m.* tiédissement.
amornar *v.t.* tiédir, attiédir.
amor-perfeito *s.m.* (*flor*) pensée *f.*
amor-próprio *s.m.* amour-propre; *irritar o — de* piquer au vif.
amortecedor *s.m.* amortisseur.
amortecer *v.t.* amortir.
amortização *s.f.* amortissement *m.*
amortizar *v.t.* amortir.
amostra *s.f.* échantillon *m.*, spécimen *m.*; *escolher para* — échantillonner.
amotinado ou **amotinador** *s.m.* émeutier.
amotinar *v.t.* soulever, ameuter; *v.pron.* se mutiner.
amouco *s.m.* séide.
amovível *adj.* amovible.
amparar *v.t.* soutenir.
amparo *s.m.* soutien, support.
ampliação *s.f.* grossissement *m.*, amplification; (*de fotografia*) agrandissement *m.*
ampliar *v.t.* amplifier, agrandir, grossir.
amplidão *s.f.* amplitude.
amplificação *s.f.* amplification.
amplificar *v.t.* amplifier.
amplitude *s.f.* amplitude.
amplo *adj.* ample.
ampulheta *s.f.* sablier *m.*
amputação *s.f.* amputation.
amputar *v.t.* amputer.
amuado *adj.* boudeur; *ficar — com* bouder.
amuar *v.int.* bouder.
amuleto *s.m.* amulette *f.*, porte-bonheur.

amuo *s.m.* bouderie *f.*
amurada *s.f.* bastingage *m.*
anã *adj.*; *s.f.* naine.
anacoreta *s.* anachorète.
anacrônico *adj.* anachronique.
anacronismo *s.m.* anachronisme.
anagrama *s.m.* anagramme *f.*
anágua *s.f.* jupon *m.*
anais *s.m.pl.* annales *f.*
anal *adj.* anal.
analfabetismo *s.m.* analphabétisme.
analfabeto *adj.*; *s.m.* illettré, analphabète.
analgésico *adj.*; *s.m.* analgésique.
analisar *v.t.* analyser.
análise *s.f.* analyse.
analista *s.* analyste.
analítico *adj.* analytique.
analogia *s.f.* analogie.
analógico *adj.* analogique.
análogo *adj.* analogue.
ananás *s.m.* ananas.
anão *adj.*; *s.m.* nain.
anarquia *s.f.* anarchie.
anárquico *adj.* anarchique.
anarquismo *s.m.* anarchisme.
anarquista *s.* anarchiste.
anátema *s.m.* anathème.
anatomia *s.f.* anatomie.
anatômico *adj.* anatomique.
anavalhar *v.t.* blesser avec un rasoir.
anca *s.f.* *hanche; (*de animal*) croupe.
ancestral *adj.* ancestral.
anchova *s.f.* anchois *m.*
anciã *s.f.* vieille femme.
ancianidade *s.f.* ancienneté.
ancilosar *v.t.* ankyloser.
ancinhar *v.t.* râteler, ratisser.
ancinho *s.m.* râteau, fauchet.
âncora *s.f.* ancre.
ancoradouro *s.m.* ancrage.
ancoragem *s.f.* ancrage *m.*
ancorar *v.t.* ancrer.
andaimes *s.m.pl.* échafaudage.
andaluz *adj.*; *s.pátr.* andalou.
andante *adj.* errant.
andar[1] *v.int.* aller, marcher; — *a 100 quilômetros por hora* rouler à 100 (kilomètres) à l'heure; — *de um lado para outro* faire les cent pas; — *mal* battre de l'aile.
andar[2] *s.m.* marche *f.*; démarche *f.*
andar[3] *s.m.* étage; — *térreo* rez-de-chaussée; *no primeiro* — au premier étage.
andarilho *s.m.* marcheur, chemineau.
andor *s.m.* brancard de procession.
andorinha *s.f.* hirondelle.
andrajo *s.m.* guenille *f.*; *haillon, loque *f.*
andrajoso *adj.* loqueteux, *haillonneux.
andrógino *s.m.* androgyne.
androide *s.m.* androïde.
anedota *s.f.* anecdote; — *licenciosa* paillardise, grivoiserie.
anedótico *adj.* anecdotique.
anel *s.m.* 1. anneau, bague *f.*; 2. — *de cabelos* boucle *f.* de cheveux; 3. — *de guardanapo* rond de serviette; 4. (*de cobra*) nœud.
anelar[1] *v.t.* boucler.
anelar[2] *v.t.* désirer ardemment.
anelo *s.m.* désir ardent.
anemia *s.f.* anémie.
anêmico *adj.* anémique.
anestesia *s.f.* anesthésie.
anestesiar *v.t.* anesthésier.
aneto *s.m.* (*planta*) aneth.
aneurisma *s.m.* anévrisme.
anexação *s.f.* annexion, rattachement *m.*
anexar *v.t.* annexer, rattacher.
anexim *s.m.* dicton.
anexo *adj.* annexe, ci-joint; *s.m.* annexe *f.*
anfíbio *adj.* amphibie.
anfiteatro *s.m.* amphithéâtre.
anfitrião *s.m.* amphytrion.
ânfora *s.f.* amphore.
angariador *s.m.* quêteur; (*de fregueses*) rabatteur.
angariar *v.t.* quêter.
angina *s.f.* angine.
angiologia *s.f.* angiologie.
anglicano *adj.*; *s.* anglican.
anglicismo *s.m.* anglicisme.
anglo-saxão *adj.*; *s.pátr.* anglo-saxon.
angorá *adj.*; *s.* angora.
angra *s.f.* crique.
angu *s.m.* bouillie *f.* de farine de maïs; (*fig.*) méli-mélo.
ângulo *s.m.* angle; (*interior, formado pelo encontro de duas paredes*) encoignure *f.*
anguloso *adj.* anguleux.
angústia *s.f.* angoisse.
angustiar *v.t.* angoisser.
aniagem *s.f.* serpillière.
anil *s.m.* indigo.
anilho *s.m.* anneau.
anilina *s.f.* aniline.
animação *s.f.* animation; entrain *m.*
animado *adj.* animé; vif; sémillant.
animador *adj.*; *s.m.* animateur, boute-en-train.

animal *adj.*; *s.m.* animal.
animar *v.t.* animer, émoustiller, rassurer.
ânimo *s.m.* âme *f.*, courage; *perder o* — jeter le manche après la cognée.
animosidade *s.f.* animosité.
aniquilamento *s.m.* anéantissement.
aniquilar *v.t.* anéantir.
anis *s.m.* anis.
anistia *s.f.* amnistie.
anistiar *v.t.* amnistier.
aniversariante *s.* personne dont on fête l'anniversaire.
aniversariar *v.int.* fêter son anniversaire.
aniversário *s.m.* anniversaire.
anjo *s.m.* ange; — *da guarda* ange gardien.
ano *s.m.* an; année; *f.* (*fam.*) pige *f.*; *o ano 1000* l'an mil; *todo o* — toute l'année; — *letivo* année scolaire; *de* — *para* — d'année en année; — *bissexto* année bissextile; — *de serviço* annuité *f.*; *uns —s pelos outros* bon an, mal an.
anódino *adj.* anodin.
anoitecer *v.int.* tomber (la nuit); *ao* — à la tombée de la nuit.
ano-luz *s.m.* année-lumière.
anomalia *s.f.* anomalie.
anonimato *s.m.* anonymat.
anônimo *adj.* anonyme.
anoraque *s.m.* anorak.
anorexia *s.f.* anorexie.
anormal *adj.* anormal.
anormalidade *s.f.* anomalie.
anotação *s.f.* annotation.
anotar *v.t.* 1. annoter, commenter; 2. noter, marquer, relever.
anseio *s.m.* aspiration *f.*
ansiedade *s.f.* anxiété.
ansioso *adj.* anxieux.
anta *s.f.* tapir *m.*
antagônico *adj.* antagonique.
antagonismo *s.m.* antagonisme.
antagoniste *s.* antagoniste.
antanho *adv. de* — d'antan.
antártico *adj.* antarctique.
ante *prep.* devant.
antebraço *s.m.* avant-bras.
antecedência *s.f.* avance; *com* — à l'avance.
antecedentes *s.m.pl.* antécédents.
antecipação *s.f.* anticipation; *com* — par anticipation.
antecipadamente *adv.* d'avance.
antecipar *v.t.* anticiper.
antedatar *v.t.* antidater.

antediluviano *adj.* antédiluvien.
antegosto *s.m.* avant-goût.
antegozo *s.m.* avant-goût.
antemão *adv. de* — d'avance.
antena *s.f.* antenne.
anteontem *adv.* avant-hier.
antepassado *s.m.* ancêtre.
anterior *adj.* antérieur.
anteriormente *adv.* auparavant.
antes *adv.* 1. (*mais cedo*) avant, auparavant, plus tôt; 2. (*de preferência*) plutôt.
antessala *s.f.* antichambre.
antevéspera *s.f.* avant-veille; *na* — l'avant-veille.
antiaéreo *adj.* antiaérien.
antialcoólico *adj.* antialcoolique.
antibiótico *adj.*; *s.m.* antibiotique.
anticoncepcional *adj.*; *s.m.* anticoncepcionnel.
anticongelante *adj.*; *s.m.* antigel.
anticorpo *s.m.* anticorps.
anticristo *s.m.* antéchrist.
antídoto *s.m.* antidote.
antigamente *adv.* anciennement, autrefois; dans le temps; *de* — au temps jadis.
antigo *adj.* 1. ancien, vieux; 2. antique.
antiguidade *s.f.* antiquité.
antilhano *adj.*; *s.pátr.* antillais.
Antilhas *s.f.pl.* Antilles.
antílope *s.m.* antilope *f.*
antimônio *s.m.* antimoine.
antipatia *s.f.* antipathie.
antipático *adj.* antipathique.
antípoda *s.m.* antipode.
antiquado *adj.* suranné, démodé.
antiquário *s.m.* antiquaire.
antirrábico *adj.* antirabique.
antissemita *adj.*; *s.* antisémite.
antissemitismo *s.m.* antisémitisme.
antisséptico *adj.* antiseptique.
antítese *s.f.* antithèse.
antolhos *s.m.pl.* œillères *f.pl.*
antologia *s.f.* anthologie.
antológico *adj.* anthologique.
antônimo *s.m.* antonyme.
antracito *s.m.* anthracite.
antro *s.m.* antre; — *de jogatina* tripot.
antropofagia *s.f.* anthropophagie.
antropófago *s.m.* anthropophage.
antropologia *s.f.* anthropologie.
antropólogo *s.m.* anthropologue.
Antuérpia *s.f.* Anvers.
anu *s.m.* o mesmo que *anum*.
anual *adj.* annuel.

anuário *s.m.* annuaire.
anuência *s.f.* assentiment *m.*
anuidade *s.f.* annuité.
anulação *s.f.* annulation, invalidation.
anular[1] *v.t.* annuler; (*sentença*) casser.
anular[2] *adj.*; *s.m.* annulaire.
anum *s.m.* (*ave*) ani.
anunciante *adj.*; *s.m.* annonceur.
anunciar *v.t.* annoncer.
anúncio *s.m.* annonce *f.*; (*afixado*) placard, affiche *f.*
ânus *s.m.* anus.
anuviar *v.t.* couvrir de nuages, ennuager, embrumer.
anverso *s.m.* avers.
anzol *s.m.* hameçon.
ao (contração de *a* e o) *art.* au, à le, à l'; *pron.* à celui.
aonde *adv.* où.
aorta *s.f.* aorte.
aos (contração de *a* e *os*); *art.* aux; *pron.* à ceux.
apadrinhamento *s.m.* parrainage.
apadrinhar *v.t.* parrainer; pistonner.
apagado *adj.* éteint; (*fig.*) falot.
apagador *s.m.* éteignoir.
apagamento *s.m.* **1.** (*de fogo*) extinction *f.*; **2.** (*de coisa escrita*) effacement.
apagar *v.t.* **1.** (*fogo*) éteindre; **2.** (*escrito*) effacer, rayer, gommer; *v.pron.* **1.** s'éteindre; **2.** s'effacer.
apagável *adj.* **1.** extinguible; **2.** effaçable.
apaixonado *adj.* **1.** passionné; **2.** épris, amoureux, féru; **3.** (*fam.*) mordu.
apaixonar *v.t.* passionner; *v.pron.* — *por* s'éprendre de, s'amouracher de; (*fam.*) s'engouer, se toquer.
apalavrar *v.t.* convenir, combiner.
apalpadela *s.f.* tâtonnement; *às —s* à tâtons; *andar às —s* tâtonner.
apalpar *v.t.* tâter.
apanágio *s.m.* apanage.
apanha *s.f.* cueillette.
apanhado *s.m.* aperçu.
apanhar *v.t.* (*no chão*) ramasser; (*bola, doença*) attraper; (*frutas*) cueillir; (*cereais*) récolter; (*fam., prender*) prendre, piquer; — *de novo* rattraper; *v.int.* être battu, encaisser (des coups), écoper, recevoir une volée (de coups).
apara *s.f.* (*de madeira*) copeau *m.*; déchet *m.*; rognure; débris *m.*
aparador *s.m.* buffet, desserte *f.*
aparafusar *v.t.* visser.

aparar *v.t.* (*cabelos, pelos*) couper légèrement, égaliser; (*livro*) rogner.
aparato *s.m.* apparat.
aparecer *v.int.* apparaître, paraître; (*fam.*) montrer son nez.
aparecimento *s.m.* apparition *f.*; (*de livro*) parution *f.*; surgissement.
aparelhagem *s.f.* appareillage, agrès *s.m.pl.*
aparelhamento *s.m.* équipement (*de navio*).
aparelhar *v.t.* munir; (*navio*) gréer.
aparelho *s.m.* **1.** appareil; **2.** lieu de réunion clandestin, cachette *f.*
aparência *s.f.* apparence; —*s pl.* semblant *m.* tournure, dehors *m.pl.*; *salvar as —s* sauver les apparences; *não ter boa —* ne pas payer de mine; *ter — decepcionada* faire triste mine.
aparentar *v.int.* montrer, avoir l'air de.
aparente *adj.* apparent.
aparentemente *adv.* apparemment.
aparição *s.f.* apparition.
apartamento *s.m.* appartement; (*ocasional*) pied à terre; *— de cobertura* appartement sur terrasse.
apartar *v.t.* écarter; *v.pron.* s'écarter.
aparte *s.m.* aparté.
apartear *v.t.* interrompre le discours de.
aparvalhar *v.t.* hébéter.
apatia *s.f.* apathie.
apático *adj.* apathique.
apátrida *adj.*; *s.* apatride.
apavorar *v.t.* affoler, effrayer.
apaziguar *v.t.* apaiser, pacifier.
apear-se *v.pron.* mettre pied à terre, descendre.
apegar *v.t.* transmettre par contagion; *v.pron — -se a* s'attacher à, se vouer à.
apego *s.m.* attachement.
apelação *s.f.* appel; (*em justiça*) appel *m.*, pourvoi *m.*
apelar *v.int. — de* en appeler de.
apelidar *v.t.* surnommer.
apelido *s.m.* surnom.
apelo *s.m.* appel.
apenas *adv.* à peine, seulement, rien que.
apêndice *s.m.* appendice.
apendicite *s.f.* appendicite.
aperfeiçoamento *s.m.* perfectionnement.
aperfeiçoar *v.t.* perfectionner.
aperitivo *s.m.* apéritif.
aperrear *v.t.* *houspiller, *harceler, talonner.
apertado *adj.* pressé, serré; (*fig.*) gêné.

apertar *v.t.* étreindre, presser, serrer; tasser.
aperto *v.t.* serrement; — *de mão* poignée *f.* de main; (*fig.*) embarras, pétrin; *estar num* — être aux abois, être dans une mauvaise passe; *tirar de um* — tirer d'embarras, repêcher.
apertura *s.m.* mauvais pas; *viver em —s* tirer le diable par la queue.
apesar de *loc.prep.* malgré; — *dos pesares*, — *de tudo loc.adv.* malgré tout, tout de même, quand même, toujours.
apessoado *adj. ser bem* — être bien de sa personne.
apetecer *v.t.* 1. désirer (ardemment); 2. mettre en appétit; *v.int.* plaire.
apetite *s.m.* appétit.
apetitoso *adj.* appétissant.
apetrechar *v.t.* outiller.
apiário *s.m.* exploitation *f.* apicole.
ápice *s.m.* sommet, cime.
apicultor *s.m.* apiculteur.
apicultura *s.f.* apiculture.
apiedar *v.t.* apitoyer; *v.pron.* s'apitoyer.
apimentar *v.t.* poivrer.
apinhar *v.t.* entasser, amasser.
apitar *v.int.* siffler.
apito *s.m.* sifflet.
aplacar *v.t.* apaiser.
aplainar *v.t.* aplanir; (*madeira*) raboter.
aplanar *v.t.* aplanir.
aplaudir *v.t.* applaudir.
aplauso *s.m.* applaudissement.
aplicação *s.f.* application.
aplicado *adj.* appliqué, diligent.
aplicar *v.t.* appliquer; *v.pron.* s'appliquer à; s'escrimer à, vaquer à.
aplicável *adj.* applicable.
aplique *s.m.* applique *f.*
apocalipse *s.m.* apocalypse *f.*
apocalíptico *adj.* apocalyptique.
apócrifo *adj.*; *s.m.* apocryphe.
apodar *v.t.* taxer de, surnommer.
apoderar-se *v.pron.* — *de* s'emparer de; saisir; mettre le grappin sur.
apodo *s.m.* sobriquet.
apodrecer *v.int.* pourrir.
apogeu *s.m.* apogée.
apoiar *v.t.* appuyer; *v.pron.* — *em* s'appuyer sur; (*fig.*) faire fond sur.
apoio *s.m.* appui, soutien.
apólice *s.f.* police d'assurance.
apolítico *adj.* apolitique.
apologia *s.f.* apologie.
apologista *s.* apologiste.
apontador *s.m.* 1. (*de obra, construção*) pointeur; 2. (*de lápis*) taille-crayon.
apontar *v.t.* 1. pointer; (*arma de fogo contra*) ajuster, viser, coucher en joue; 2. montrer du doigt.
apopléctico *adj.* apoplectique.
apoplexia *s.f.* apoplexie.
apoquentar *v.t.* asticoter, échauffer la bile à; *v.pron.* se mettre martel en tête.
apor *v.t.* apposer.
aporrinhar *v.t.* (*pop.*) o mesmo que *apoquentar*.
aportuguesar *v.t.* rendre portugais, lusitaniser.
após *prep.* e *adv.* après.
aposentado *adj.*; *s.m.* retraité.
aposentadoria *s.f.* 1. mise à la retraite; 2. retraite.
aposentar *v.t.* mettre à la retraite, pensionner.
aposento *s.m.* résidence *f.*, chambre *f.*, chambre à coucher.
após-guerra *s.m.* après-guerre.
aposta *s.f.* pari *m.*
apostador *s.m.* parieur; — *contra a banca* ponte.
apostar *v.t.* parier; ponter; — *em* miser sur.
apostasia *s.f.* apostasie.
apóstata *s.m.* apostat.
apostatar *v.int.* apostasier.
apostila *s.f.* 1. apostille; 2. cours *m.* polycopié.
aposto *s.m.* apposition *f.*
apostolado *s.m.* apostolat.
apostólico *adj.* apostolique.
apóstolo *s.m.* apôtre.
apostrofar *v.t.* apostropher.
apóstrofe *s.f.* 1. apostrophe; 2. invective.
apóstrofo *s.m.* apostrophe *f.*
apoteose *s.f.* apothéose.
apoquentar *v.t.* échauffer la bile à.
aprazar *v.t.* fixer (un délai); convoquer (à une date).
aprazível *adj.* agréable.
apreciação *s.f.* appréciation.
apreciar *v.t.* apprécier.
apreciável *adj.* appréciable.
apreço *s.m.* estime *f.*
apreender *v.t.* 1. appréhender; 2. saisir.
apreensão *s.f.* 1. appréhension; 2. (*judicial*) prise, saisie, embargo *m.*
aprender *v.t.* apprendre; — *de novo* rap-

prendre, réapprendre; *ter aprendido à própria custa* être payé pour le savoir.
aprendiz *s.m.* apprenti; — *de feiticeiro* apprenti sorcier; — *de cozinha* marmiton; *(fam.)* gâte-sauce.
aprendizado *s.m.* apprentissage.
aprendizagem *s.f.* apprentissage *m.*
apresentação *s.f.* présentation.
apresentador *s.m.* présentateur.
apresentadora *s.f.* présentatrice.
apresentar *v.t.* présenter; *(documento)* produire; *v.pron.* se présenter.
apresentável *adj.* présentable.
apressado *adj.* *hâtif, pressé.
apressar *v.t.* *hâter, presser, brusquer; *v.pron.* se presser, se dépêcher, se *hâter; *(fam.)* se grouiller; *não se* — prendre son temps.
aprestar *v.t.* apprêter; *v.pron.* s'apprêter.
aprimorar *v.t.* perfectionner.
aprisco *s.m.* bergerie.
aprisionamento *s.m.* emprisonnement, arrestation *f.*
aprisionar *v.t.* arrêter.
aprofundar *v.t.* approfondir.
aprontar *v.t.* apprêter.
apropositado *adj.* convenable, opportun.
apropriado *adj.* approprié, opportun.
apropriar-se *v.pron.* s'approprier de, prendre; faire main basse sur.
aprovação *s.f.* approbation.
aprovador *adj.* approbateur.
aprovar *v.t.* approuver; *(aluno)* recevoir.
aproveitador *s.m.* profiteur.
aproveitamento *s.m.* mise *f.* à profit, mise *f.* en œuvre.
aproveitar *v.t.* profiter de; mettre à profit; *v.pron.* profiter de; — *da ocasião* saisir l'occasion.
aproximação *s.f.* **1.** rapprochement *m.*; **2.** approximation *(cálculo).*
aproximadamente *adv.* au jugé, d'une manière approximative.
aproximar *v.t.* approcher, rapprocher; *v.pron.* s'approcher, se rapprocher; — *do fim* tirer à sa fin.
aprumo *s.m.* aplomb.
aptidão *s.f.* aptitude.
apto *adj.* apte.
apunhalar *v.t.* poignarder.
apupar *v.t.* *huer, chachuter, siffler.
apupos *s.m.pl.* *huées *f.pl.*
apurar *v.t.* vérifier, éclaircir, tirer au clair.
apuro *s.m.* recherche *f.*; *vestido com* — tiré à quatre épingles; *pl.* malaise; *estar em* —*s* être aux abois.
aquarela *s.f.* aquarelle.
aquarelista *s.* aquarelliste.
aquário *s.m.* aquarium.
aquartelar *v.t.* cantonner.
aquático *adj.* aquatique.
aquecedor *s.m.* chauffe-eau, chauffe-bains.
aquecer *v.t.* chauffer, échauffer; *v.pron.* se chauffer, s'échauffer; — *ao sol* lézarder.
aquecimento *s.m.* chauffage.
aqueduto *s.m.* aqueduc.
aquém *adv.* en deçà, au deçà; — *de loc. prep.* en deçà de, au deçà de.
aqui *adv.* ici; *estar até* — *(fam.)* en avoir par dessus la tête; *estou até* — j'en ai soupé.
aquiescência *s.f.* acquiescement *m.*
aquiescer *v.int.* acquiescer.
aquilino *adj.* aquilin.
aquilo *pron.* cela, ce.
aquinhoar *v.t.* **1.** partager; **2.** doter.
aquisição *s.f.* acquisition.
aquoso *adj.* aqueux.
ar *s.m.* **1.** air; — *-condicionado* air conditionné; *ao* — *livre* en plein air; **2.** *(expressão)* air, allure *f.*
árabe *adj.*; *s.pátr.* arabe; *(fam.* e *depr.)* bicot.
arabesco *s.m.* arabesque *f.*
arábico *adj.* arabique.
aracnídeo *adj.*; *s.m.* arachnéen.
arado *s.m.* araire.
aragem *s.f.* brise.
arame *s.m.* fil de fer; — *farpado* fil de fer barbelé.
arandela *s.f.* applique.
aranha *s.f.* araignée.
aranzel *s.m.* galimatias, charabia, tartine *f.*
araponga *s.f.* araponga.
arapuca *s.f.* piège *m.*, trébuchet *m.*; *(fig.)* établissement louche; duperie.
arar *v.t.* labourer.
arara *s.m.* ara.
araruta *s.f.* arrow-root *m.*
araucária *s.f.* araucaria *m.*
arauto *s.m.* *héraut.
arável *adj.* arable.
arbitragem *s.f.* arbitrage.
arbitral *adj.* arbitral.
arbitrar *v.t.* e *int.* arbitrer.
arbitrariedade *s.f.* arbitraire *m.*
arbitrário *adj.* arbitraire.
arbítrio *s.m.* arbitre.

árbitro *s.m.* arbitre.
arborizar *v.t.* boiser, planter d'arbres.
arbúsculo *s.m.* arbrisseau.
arbusto *s.m.* arbuste.
arca *s.f.* coffre *m.* (de bois sculpté); 2. arche; *a — de Noé* l'arche de Noé.
arcabouço *s.m.* charpente.
arcada[1] *s.f.* arcade.
arcada[2] *s.f.* coup *m.* d'archet.
arcaico *adj.* archaïque.
arcaísmo *s.m.* archaïsme.
arcano *s.m.* arcane.
arcar *v.int. — com* faire face à.
arcebispado *s.m.* archevêché.
arcebispo *s.m.* archevêque.
archote *s.m.* flambeau.
arco *s.m.* arc; *— de violino* archet.
arcobotante *s.m.* arc-boutant.
arco-da-velha *s.m.* (*pop.*) arc-en-ciel; *coisa do —* chose mirobolante.
arco de pua *s.m.* villebrequin.
arco-íris *s.m.* arc-en-ciel.
ardente *adj.* ardent.
ardentemente *adv.* ardemment.
arder *v.int.* brûler, flamber.
ardil *s.m.* ruse *f.*
ardiloso *adj.* rusé.
ardor *s.m.* ardeur *f.*, fougue *f.*
ardoroso *adj.* ardent, chaleureux.
ardósia *s.f.* ardoise.
árduo *adj.* ardu, malaisé.
área *s.f.* aire, surface.
areamento *s.m.* sablage.
areão *s.m.* sablière *f.*
arear *v.t.* sabler.
areento *adj.* sablonneux.
areia *s.f.* sable *m.*; *cobrir de —* sabler.
arejamento *s.m.* aération *f.*
arejar *v.t.* aérer, éventer.
arena *s.f.* arène.
arenga *s.f.* 1. *harangue; 2. sermon *m.*; (*fam.*) tartine.
arengar *v.t.* e *int.* *haranguer.
arenito *s.m.* grès.
arenoso *adj.* sablonneux.
arenque *s.m.* *hareng.
aresta *s.f.* arête.
arfagem *s.f.* tangage *m.*
arfar *v.int.* 1. *haleter; 2. (*navio*) tanguer.
argamassa *s.f.* mortier *m.*
arganaz *s.m.* mulot.
Argel *s.m.* Alger.
argelense *adj.*; *s.pátr.* algérois.
Argélia *s.f.* Algérie.

argelino *adj.*; *s.pátr.* algérien.
argila *s.f.* argile, glaise.
argiloso *adj.* argileux.
argola *s.f.* anneau *m.*
argos *s.m.* argus.
argúcia *s.f.* argutie.
argueiro *s.m.* fétu; *fazer de um — um cavaleiro* chercher midi à quatorze heures.
arguir *v.t.* 1. récriminer; 2. accuser; 3. interroger.
argumentação *s.f.* argumentation.
argumentar *v.t.* argumenter.
argumento *s.m.* 1. argument; 2. (*de romance, peça*) sujet, scénario.
arguto *adj.* subtil, ingénieux.
ária *s.f.* air *m.*
aridez *s.f.* aridité.
árido *adj.* aride.
aríete *s.m.* bélier.
ariranha *s.f.* loutre géante.
arisco *adj.* farouche, revêche.
aristocracia *s.f.* aristocratie.
aristocrata *adj.*; *s.* aristocrate.
aristocrático *adj.* aristocratique.
aritmética *s.f.* arithmétique.
aritmético *adj.* arithmétique.
arlequim *s.m.* arlequin.
arma *s.f.* arme; *— branca* arme blanche; *— de fogo* arme à feu; *— s.f.pl.* armoiries, blason.
armação *s.f.* châssis *m.*; (*de óculos*) monture; (*de veado*) armure, bois.
armada *s.f.* flotte.
armadilha *s.f.* piège *m.*, trappe, traquenard *m.*; *cair numa —* donner dans un piège; *encher de —s* piéger.
armador[1] *s.m.* armateur.
armador[2] *s.m.* crochet de suspension (d'un hamac).
armadura *s.f.* armure.
armar *v.t.* 1. armer; 2. monter, tendre; 3. combiner, manigancer.
armarinheira *s.f.* mercière.
armarinheiro *s.m.* mercier.
armarinho *s.m.* mercerie *f.*
armário *s.m.* armoire *f.*; *— embutido* placard.
armazém *s.m.* 1. (*mercearia*) épicerie *f.*; 2. (*depósito*) magasin; 3. (*doca*) dock.
armazenagem *s.f.* emmagasinement *m.*, magasinage *m.*, *stockage*.
armazenar *v.t.* emmagasiner; rentrer; *stocker*.
armela *s.f.* piton *m.*

armênio *adj.*; *s.pátr.* arménien.
arminho *s.m.* hermine *f.*
armistício *s.m.* armistice.
arnela *s.f.* chicot *m.*
arnês *s.m.* harnais.
arnica *s.f.* arnica.
aro *s.m.* (*de roda*) jante *f.*
aroeira *s.f.* lentisque *m.*
aroma *s.m.* arôme; (*de carne*) fumet; (*de vinho*) bouquet.
aromático *adj.* aromatique.
aromatizar *v.t.* aromatiser.
arpão *s.m.* *harpon.
arpejo *s.m.* arpège.
arpéu *s.m.* grappin.
arpoar *v.t.* *harponner.
arqueado *adj.* voûté; (*nariz*) busqué.
arquear *v.t.* 1. voûter; 2. bomber, cambrer (*o corpo*), faire le gros dos (*o gato*).
arqueiro *s.m.* 1. archer; 2. (*Fut.*) gardien du but.
arquejante *adj.* haletant.
arquejar *v.int.* haleter.
arqueologia *s.f.* archéologie.
arqueólogo *s.m.* archéologue.
arquétipo *s.m.* archétype.
arquibancadas *s.f.pl.* gradins *m.pl.*
arquipélago *s.m.* archipel.
arquiteto *s.m.* architecte.
arquitetura *s.f.* architecture.
arquivar *v.t.* classer.
arquivista *s.m.* archiviste; — *de cartório ou tribunal* greffier.
arquivo *s.m.* archives *f.pl.*
arrabalde *s.m.* banlieue *f.*, faubourg.
arraigar *v.t.* enraciner.
arraial *s.m.* 1. campement; 2. (*aprox.*) kermesse *f.*
arrancada *s.f.* démarrage *m.*; — *final sprint m.*
arrancar *v.t.* arracher, tirer; *v.int.* démarrer.
arranco *s.m.* o mesmo que *arrancada*.
arranha-céu *s.m.* gratte-ciel.
arranhão *s.m.* égratignure *f.*; écorchure, éraflure.
arranhar *v.t.* égratigner, érafler.
arranjar *v.t.* 1. arranger, agencer; 2. se procurer, obtenir; 3. concilier; 4. réparer; 5. attraper; *v.pron.* 1. s'arranger; 2. (*fam.*) se tasser.
arranjo *s.m.* arrangement, agencement, combinaison; (*depr.*) combine *f.*
arras *s.f.pl.* arrhes.

arrasar *v.t.* aplanir, raser, démolir.
arrastado *adj.* traînant.
arrasta-pé *s.m.* sauterie *f.*
arrastar *v.t.* 1. traîner; — *a asa a* faire la cour à; — *a perna* tirer la jambe; 2. entraîner; *v.int.* traîner (en longueur).
arrazoado *s.m.* plaidoyer, plaidoirie *f.*
arre *interj.* peste, zut.
arrear *v.t.* *harnacher.
arreata *s.f.* longe.
arrebatador *adj.* ravissant.
arrebatamento *s.m.* emportement, ravissement.
arrebatar *v.t.* emporter, enlever, ravir.
arrebentação *s.f.* déferlement *m.*
arrebentar *v.t.* 1. crever; 2. *v.int.* déferler.
arrebitar *v.t.* recouvrir, percevoir (impôts).
arrecuas *às* — *loc.adv.* à reculons.
arredar *v.t.* écarter, détourner.
arredio *adj.* farouche, insouciable.
arredondar *v.t.* arrondir.
arredores *s.m.pl.* environs, alentours.
arrefecer *v.t.* e *int.* refroidir, tiédir.
arrefecimento *s.m.* refroidissement, tiédissement.
arregaçar *v.t.* retrousser, trousser.
arregalar *v.t.* (*os olhos*) écarquiller.
arregimentar *v.t.* enrégimenter.
arreios *s.m.pl.* *harnais, *m.sing.*
arrelia *s.f.* taquinerie.
arreliador *adj.*; *s.* taquin, tracassier.
arreliar *v.t.* taquiner, faire des misères à.
arrematação *s.f.* vente aux enchères; adjudication.
arrematar[1] *v.t.* 1. adjuger au plus offrant; 2. acheter aux enchères.
arrematar[2] *v.t.* conclure, achever; donner le coup de flan à.
arremedar *v.t.* contrefaire, imiter.
arremedo *s.m.* contrefaçon *f.*
arremessar *v.t.* décocher, lancer.
arremesso *s.m.* 1. lancement; 2. lancer.
arremeter *v.int.* s'élancer.
arrendamento *s.m.* bail, louage; — *a meias* métayage.
arrendar *v.t.* louer.
arrepender-se *v.pron.* se repentir; (*fam.*) s'en mordre les doigts; *vai se* — il vous en cuira; — *de ter falado* se mordre la langue.
arrependido *adj.* repenti.
arrependimento *s.m.* repentir; repentance *f.*
arrepiar *v.t.* *hérisser, rebrousser; *v.pron.* avoir la chair de poule.

arrepio *s.m.* frisson.
arrevesado *adj.* compliqué, embrouillé.
arriar *v.t.* caler; *v.int.* ployer.
arribar *v.int.* arriver, atterrir.
arrimo *s.m.* appui, soutien.
arriscar *v.t.* risquer; *v.pron.* payer de sa personne.
arrivismo *s.m.* arrivisme.
arrivista *s.* arriviste.
arroba *s.f.* arrobe.
arrochar *v.t.* garrotter; serrer à l'excès.
arrogância *s.f.* arrogance, aplomb *m.*, *hauteur, morgue.
arrogante *adj.* arrogant; (*tom*) rogue.
arrogantemente *adv.* avec arrogance.
arrogar *v.t.* s'arroger.
arroio *s.m.* ruisseau.
arrojo *s.m.* élan.
arrolar¹ *v.t.* lister, inventorier.
arrolar² *v.int.* o mesmo que *arrulhar*.
arrolhar *v.t.* boucher.
arrombamento *s.m.* effraction *f.*; cambriolage.
arrombar *v.t.* défoncer, enfoncer; (*casa*) cambrioler, (*porta*) crocheter.
arrotar *v.int.* éructer, roter.
arroteamento *s.m.* défrichement.
arrotear *v.t.* défricher.
arroto *s.m.* éructation *f.*, rot, renvoi.
arroubo *s.m.* envolée *f.*
arroz *s.m.* riz.
arrozal *s.m.* rizière *f.*
arruaça *s.f.* échaufourrée, bagarre.
arruaceiro *s.m.* trublion, bagarreur.
arruda *s.f.* (*planta*) rue.
arrufo *s.m.* brouille *f.*
arruinar *v.t.* ruiner; (*fam.* e *fig.*) casser les reins à.
arruivado *adj.* roussâtre.
arrulhar *v.int.* roucouler.
arrulho *s.m.* roucoulement.
arrumação *s.f.* rangement *m.*; (*Cul.*) dressage *m.*
arrumadeira *s.f.* femme de ménage.
arrumar *v.t.* ranger, arranger, aménager, disposer; — *a casa* faire le ménage.
arsenal *s.m.* arsenal.
arsênico, arsênio *s.m.* arsenic.
arte *s.f.* 1. art *m.*; 2. (*travessura*) espièglerie.
artefato *s.m.* produit manufacturé.
arteiro *adj.* 1. rusé; 2. (*travesso*) espiègle.
artéria *s.f.* artère.
arterial *adj.* artériel.
arteriosclerose *s.f.* artériosclérose.

artesanal *adj.* artisanal.
artesanato *s.m.* artisanat.
artesão *s.m.* artisan.
artesiano *adj.* artésien.
ártico *adj.* arctique.
articulação *s.f.* articulation.
articular *v.t.* articuler.
articulista *s.* rédacteur.
artífice *s.m.* artifice.
artificial *adj.* artificiel.
artifício *s.m.* artifice, fard.
artificioso *adj.* artificieux.
artigo *s.m.* article; — *de fundo* article de fond.
artilharia *s.f.* artillerie.
artilheiro *s.m.* artilleur.
artimanha *s.f.* astuce, manège *m.*
artista *s.f.* artiste.
artístico *adj.* artistique.
artrite *s.f.* arthrite.
artritismo *s.m.* arthritisme.
artrose *s.f.* arthrose.
arvorar *v.t.* arborer.
árvore *s.f.* arbre *m.*; — *pequena* arbrisseau *m.*
as *artigo f.pl.* les; *pron.f.pl.* les.
às (contração de *a* e *as*) aux.
ás *s.m.* as.
asa *s.f.* aile; (*de jarro, cesto* etc.) anse.
asa-de-papagaio *s.f.* poinsettia.
asbesto *s.m.* asbeste.
ascendência *s.f.* ascendance; ascendant *m.* emprise.
ascendente *adj.*; *s.* ascendant.
ascensão *s.f.* ascension.
ascensorista *s.m.* liftier.
asceta *s.* ascète.
ascético *adj.* ascétique.
ascetismo *s.m.* ascétisme.
asco *s.m.* dégoût, répugnance *f.*
asfaltar *v.t.* asphalter.
asfalto *s.m.* asphalte.
asfixia *s.f.* asphyxie.
asfixiar *v.t.* asphyxier.
Ásia *s.f.* Asie.
asiático *adj.*; *s.pátr.* asiatique.
asilado *adj.*; *s.* réfugié.
asilar *v.t.* accueillir (dans un asile).
asilo *s.m.* asile.
asma *s.f.* asthme *m.*
asmático *adj.*; *s.* asthmatique.
asna *s.f.* ânesse; bourrique.
asneira *s.f.* ânerie.
asno *s.m.* âne, baudet.

aspargo *s.m.* asperge *f.*
aspas *s.f.pl.* guillemets *m.pl.*
aspear *v.t.* mettre entre guillemets.
aspecto *s.m.* aspect; tour, tournure *f.*
aspereza *s.f.* aspérité.
aspergir *v.t.* asperger.
áspero *adj.* âpre; rude; vif; rabouteux; rêche, revêche.
aspersão *s.f.* aspersion.
aspersório *s.m.* goupillon.
aspiração *s.f.* aspiration.
aspirador *s.m.* aspirateur.
aspirante *adj.*; *s.m.* aspirant.
aspirar *v.t.*; *int.* aspirer.
aspirina *s.f.* aspirine.
asqueroso *adj.* sordide, dégoûtant; (*pop.*) dégueulasse.
assacar *v.t.* imputer calomnieusement.
assadeira *s.f.* rôtissoire.
assado *adj.*; *s.m.* rôti.
assadura *s.f.* 1. rôtissage *m.*; 2. intertrigo *m.*, érythème *m.*
assalariado *adj.* salarié.
assalariar *v.t.* salarier.
assaltante *s.m.* assaillant; agresseur.
assaltar *v.t.* assaillir, agresser, (*fam.*) détrousser.
assalto *s.m.* assaut; (à mão armada) hold-up.
assanhado *adj.* excité, gaillard.
assanhar *v.t.* irriter, exaspérer; *v.pron.* se remuer, s'exalter.
assar *v.t.* rôtir.
assassina *s.f.* assassine, meurtrière.
assassinar *v.t.* assassiner.
assassinato *s.m.* assassinat, meurtre.
assassínio *s.m.* assassinat, meurtre.
assassino *s.m.* assassin, meurtrier.
assaz *adv.* assez, beaucoup.
asseado *adj.* propre.
assear *v.t.* nettoyer.
assediar *v.t.* assiéger.
assédio *s.m.* siège.
assegurar *v.t.* assurer.
asseio *s.m.* propreté.
assembleia *s.f.* assemblée.
assemelhar-se *v.pron.* se ressembler.
assentamento *s.m.* 1. pose *f.*; installation *f.* 2. annotation.
assentar *v.t.* 1. asseoir; 2. baser; coucher, poser; — *de novo* rasseoir; *v.pron.* s'asseoir; — *de novo* se rasseoir.
assentimento *s.m.* assentiment.
assento *s.m.* siège, banc, banquette; (*de bicicleta*) selle *f.*; (*reclinável no teatro*) strapontin.
assepsia *s.f.* asepsie.
asséptico *adj.* aseptique.
asserção *s.f.* assertion.
assessor *s.m.* assesseur.
assestar *v.t.* braquer, pointer.
asseverar *v.t.* affirmer, assurer.
assexuado *adj.* assexué.
assiduidade *s.f.* assiduité.
assíduo *adj.* assidu.
assim *adv.* ainsi; comme ça; de la sorte; — *adv.* tant bien que mal; cahin-caha; comme ci, comme ça; — *mesmo* quand même, malgré tout; *e — por diante* et ainsi de suite.
assimetria *s.f.* asymétrie.
assimétrico *adj.* asymétrique.
assimilação *s.f.* assimilation.
assimilar *v.t.* assimiler.
assinalado *adj.* signalé; considérable.
assinalar *v.t.* signaler.
assinante *s.m.* abonné.
assinar *v.t.* 1. signer; 2. (*jornal*) s'abonner à; — *de novo* se réabonner à.
assinatura *s.f.* 1. signature; 2. abonnement *m.*; *suspender a — de* désabonner; *renovar a —* se réabonner.
assistência *s.f.* assistance.
assistente *s.m.* assistant; *s.f.* assistante.
assistir *v.t.* assister; (*a parturiente*) accoucher; *v.int.* assister.
assoalhado[1] *adj.* parqueté.
assoalhado[2] *adj.* ensoleillé.
assoalhar[1] *v.t.* parqueter, planchéier.
assoalhar[2] *v.t.* ensoleiller.
assoalho *s.m.* plancher, parquet.
assoar *v.t.* moucher; *v.pron.* se moucher.
assobiar *v.int.* siffler; — *baixinho* siffloter.
assobio *s.m.* sifflement.
associação *s.f.* association.
associado *adj.*; *s.* associé.
associar *v.t.* associer; *v.pron.* s'associer.
assolar *v.t.* ravager, dévaster.
assombração *s.f.* frayeur; apparition, fantôme *m.*
assombrado *adj.* mal- — hanté.
assombrar *v.t.* étonner, ébahir, ahurir; (*fam.*) époustoufler.
assombro *s.m.* émerveillement; ébahissement, étonnement.
assumir *v.t.* assumer, revêtir; — *a responsabilidade de* prendre sur soi de.

Assunção s.f. (*dia de festa*) Assomption.
assuntar v.int. faire attention à, méditer.
assunto s.m. sujet; objet; chose *f*.; affaire *f*.; *mudar de* — rompre les chiens; *passando de um* — *para outro* de fil en aiguille; *ser* — *de conversa* être sur le tapis.
assustadiço adj. ombrageux.
assustado[1] adj. effrayé.
assustado[2] s.m. sauterie.
assustador adj. effrayant, effroyable.
assustar v.t. effrayer, effaroucher.
asteca adj.; *s.pátr.* aztèque.
asterisco s.m. astérisque.
astigmático adj. astigmatique.
astigmatismo s.m. astigmatisme.
astracã s.m. astrakan.
astral adj. astral.
astro s.m. astre.
astrologia s.f. astrologie.
astrológico adj. astrologique.
astrólogo s.m. astrologue.
astronauta s.m. astronaute.
astronáutica s.f. astronautique.
astronomia s.f. astronomie.
astronômico adj. astronomique.
astrônomo s.m. astronome.
astúcia s.f. astuce, ruse; *usar de* — ruser.
astucioso adj. astucieux.
astuto adj. rusé, matois, retors.
ata[1] s.f. acte *m*.; procès-verbal *m*.
ata[2] s.f. (*fruta*) anone.
atabalhoadamente adv. à bâtons rompus.
atacadista adj.; s. grossiste.
atacado adj. *por* — en gros.
atacar v.t. attaquer; (*abertamente*) rompre en visière à; (*com ímpeto*) foncer sur; (*rijo*) ne pas y aller de main morte.
atalaia s.f. 1. sentinelle; *estar de* — être aux aguets; 2. beffroi *m*.
atalhar v.t. arrêter, barrer; interrompre; abréger.
atalho s.m. raccourci, sentier.
atamancar v.t. (*fam.*) torcher.
atapetar v.t. tapisser.
ataque s.m. attaque *f*.; — *de surpresa* coup de main; — *traiçoeiro* coup de Jarnac.
atar v.t. attacher, nouer.
atarefado adj. affairé.
atarracado adj. trapu, costaud.
atassalhar v.t. décrier; (*fam.*) débiner.
ataúde s.m. cercueil.
ataviar v.t. fagoter.
atávico adj. atavique.
atavio s.m. ornement.

atavismo s.m. atavisme.
atazanar v.t. o mesmo que *atenazar*.
até prep. jusqu'à; — *amanhã* à demain, au revoir; (*pop.*) à la revoyure.
atear v.t. allumer; — *fogo em* mettre le feu à.
ateia adj.; s.f. athée.
ateísmo s.m. athéisme.
ateísta adj.; s. athée.
ateliê s.m. atelier.
Atenas s.f. Athènes.
atenazar v.t. tenailler, faire des misères à.
atenção s.f. attention; soin *m*.; *atrair a* — de tirer par la manche; *dar* — *a* prêter l'oreille à; *monopolizar a* — faire les frais de la conversation; *prestar* — faire attention; *interj.* attention!, gare!
atencioso adj. obligeant, prévenant.
atender v.t. accueillir; (*pedido*) exaucer.
atentado s.m. attentat.
atentar[1] v.int. faire attention à, considérer.
atentar[2] v.int. attenter.
atento adj. attentif.
atenuante adj. atténuant; s.f. circonstance atténuante.
atenuar v.t. atténuer.
ater-se v.pron. — *a* s'en tenir à.
aterrar[1] v.t. effrayer, aterrer, épouvanter.
aterrar[2] v.int. o mesmo que *aterrissar*.
aterrar[3] v.t. remblayer, terrasser.
aterrissagem s.f. atterrissage *m*.
aterrissar v.int. atterrir, se poser.
aterro s.m. remblai, terrassement.
aterrorizar v.t. terroriser, atterrer.
atestação s.f. attestation.
atestado s.m. certificat, attestation *f*.; — *de bons antecedentes* certificat de bonne vie et mœurs; — *de serviços* état de services; — *gracioso* attestation de complaisance.
atestar v.t. attester.
ateu adj.; s.m. athée.
atiçador s.m. tisonnier; pincettes *s.f.pl.*
atiçar v.t. attiser.
atiçoar v.t. tisonner.
atilado adj. 1. sagace, prudent; 2. élégant, distingué.
átimo s.m. moment; *num* — en un tournemain.
atinar v.t. e *int.* découvrir, trouver.
atingir v.t. atteindre, toucher; (*fig.*) entamer.
atiradeira s.f. fronde.
atirador s.m. tireur; (*soldado*) tirailleur.

atirar *v.t.* 1. jeter; 2. tirer; *v.pron.* se jeter; — *a se jeter à la tête de;* — *contra* donner tête baissée sur.
atitude *s.f.* attitude, allure; contenance; maintien *m.*; pose *f.*; *tomar — agressiva* monter sur ses esgots.
ativar *v.t.* activer.
atividade *s.f.* activité; — *s suspeitas* activités suspectes, agissements *m.*
ativo *adj.* actif, diligent.
atlântico *adj.* atlantique.
Atlântico *s.m.* Atlantique.
atlas *s.m.* atlas.
atleta *s.* athlète.
atlético *adj.* athlétique.
atletismo *s.m.* athlétisme.
atmosfera *s.f.* atmosphère.
atmosférico *adj.* atmosphérique.
ato *s.m.* 1. acte; 2. (*parte de uma peça teatral*) acte.
atol *s.m.* atoll.
atolar *v.t.* embourber; *v.pron.* s'embourber.
atoleiro *s.m.* bourbier.
atômico *adj.* atomique.
átomo *s.m.* atome.
atonia *s.f.* atonie.
atônito *adj.* étonné, interdit.
ator *s.m.* acteur.
atordoamento *s.m.* étourdissement.
atordoar *v.t.* abasourdir, étourdir.
atormentar *v.t.* tourmenter.
atrabiliário *adj.* atrabilaire.
atração *s.f.* attraction.
atracar *v.int.* accoster.
atraente *adj.* attrayant, engageant.
atraiçoar *v.t.* trahir.
atrair *v.t.* attirer, allécher; (*fregueses da rua*) racoler, accrocher.
atrapalhado *adj.* embarrassé; *ficar* — perdre contenance.
atrapalhar *v.t.* troubler, embarrasser; *v.pron.* se troubler; (*num discurso*) (*fam.*) patauger.
atrás *adv.* derrière, en arrière; — *de loc. prep.* après, derrière.
atrasado *adj.* en retard, arriéré; *estar —* être en retard.
atrasados *s.m.pl.* arrérages.
atrasar *v.t.* retarder; *v.pron.* être en retard, s'attarder.
atraso *s.m.* retard.
atrativo *adj.* attractif; *s.m.* attrait, attraction *f.*; agrément.

atravancamento *s.m.* encombrement.
atravancar *v.t.* encombrer.
através *adv.* de travers; — *de loc.prep.* à travers.
atravessar *v.t.* traverser, franchir.
atrelar *v.t.* atteler.
atrever-se *v.pron.* oser, s'enhardir.
atrevido *adj.* osé, *hardi; entreprenant.
atrevimento *s.m.* *hardiesse *f.*, audace *f.*; affront.
atribuição *s.f.* attribution.
atribuir *v.t.* attribuer, allouer, décerner, prêter.
atribulação *s.f.* tribulation.
atributo *s.m.* attribut.
atrito *s.m.* froissement, friction *f.*; brouille *s.f.*
atriz *s.f.* actrice.
atroar *v.t.* abasourdir.
atrocidade *s.f.* atrocité.
atrofia *s.f.* atrophie.
atrofiar *v.t.* atrophier.
atropelar *v.t.* renverser, écraser; *ser atropelado por um carro* être renversé par une voiture.
atroz *adj.* atroce.
atual *adj.* actuel.
atualidade *s.f.* actualité.
atualizar *v.t.* actualiser.
atuar *v.int.* agir, influer.
atum *s.m.* thon.
aturdir *v.t.* étourdir.
audácia *s.f.* audace, effronterie; (*pop.*) culot *m.*; *mostrar —* payer d'audace.
audacioso *adj.* audacieux, hardi.
audição *s.f.* 1. audition; 2. ouïe; 3. concert (*solo*).
audiovisual *adj.* audio-visuel.
auditivo *adj.* auditif.
auditor *s.m.* auditeur.
auditório *s.m.* 1. (*sala*) auditorium; 2. (*público*) auditoire.
audível *adj.* audible.
auferir *v.t.* percevoir, gagner.
auge *s.m.* comble.
augurar *v.t.* 1. augurer, prévoir; 2. désirer.
áugure *s.m.* augure.
augúrio *s.m.* augure.
augusto *adj.* auguste.
aula *s.f.* 1. salle de classe; 2. classe, leçon; — *particular* cours particulier; *dar uma —* donner un cours, une classe; *dar —s* donner des classes; *procurar dar —s particulares* courir le cachet.

áulico *adj.* aulique.
aumentação *s.f.* augmentation.
aumentar *v.t.* augmenter; accroître, hausser; *v.int.* augmenter, monter.
aumento *s.m.* augmentation *f.*, accroissement, majoration *f.*
aura *s.f.* **1.** brise; **2.** aura.
auréola *s.f.* auréole.
aurícula *s.f.* (*Anat.*) auricule.
auricular *adj.* auriculaire.
auriverde *adj.* vert et or.
aurora *s.f.* aurore.
auscultar *v.t.* ausculter.
ausência *s.f.* absence; *na — de* en l'absence de.
ausentar-se *v.pron.* s'absenter.
ausente *adj.* absent.
auspício *s.m.* auspice.
auspiciosamente *adv.* sous d'heureux auspices.
auspicioso *adj.* de bon augure.
austeridade *s.f.* austérité.
austero *adj.m.* austère.
austral *adj.m.* austral.
Austrália *s.f.* Australie.
australiano *adj.*; *s.pátr.m.* australien.
Áustria *s.f.* Autriche.
austríaco *adj.*; *s.pátr.m.* autrichien.
autarquia *s.f.* autarcie.
autárquico *adj.* autarcique.
autenticado *adj.* authentiqué, authentifié; *não —* sous seing privé.
autenticar *v.t.* authentiquer, authentifier, légaliser.
autenticidade *s.f.* authenticité.
autêntico *adj.* authentique.
auto[1] *s.m.* acte, procès-verbal; *lavrar — de infração* dresser un procès-verbal de contravention.
auto[2] *s.m.* (*representação dramática*) auto sacramental.
auto[3] *s.m.* (*forma abreviada de automóvel*) auto *f.*, carro.
autobiografia *s.f.* autobiographie.
autobiográfico *adj.* autobiographique.
autoconfiança *s.f.* aplomb *m.*
autocracia *s.f.* autocratie.
autocrata *s.* autocrate.
autocrático *adj.* autocratique.
autocrítica *s.f.* autocritique.
autóctone *adj.* autochtone.
auto de fé *s.m.* autodafé.
autodidata *adj.*; *s.* autodidacte.
autodomínio *s.m.* maîtrise *f.* de soi.

autógrafo *adj.*; *s.m.* autographe.
automação *s.f.* automation, automatisation.
automaticamente *adv.* automatiquement; d'office.
automático *adj.* automatique.
autômato *s.m.* automate; (*fig.*) mannequin.
automobilismo *s.m.* automobilisme.
automobilista *s.* automobiliste.
automobilístico *adj.* automobilistique.
automotriz *s.f.* micheline.
automóvel *adj.* automobile; *s.m.* automobile *f.*, auto *f.*; voiture *f.*
autonomia *s.f.* autonomie.
autonomista *adj.*; *s.* autonomiste.
autônomo *adj.* autonome.
autópsia *s.f.* autopsie.
autopsiar *v.t.* autopsier.
autor *s.m.* auteur.
autora *s.f.* femme auteur.
autoridade *s.f.* autorité.
autoritário *adj.* autoritaire.
autorização *s.f.* autorisation.
autorizar *v.t.* autoriser.
autossuficiente *adj. ser — se* suffire à soi-même.
autossugestão *s.f.* autosuggestion.
autossuperação *s.f.* dépassement *m.*
autos *s.m.pl.* pièces *f.* d'un procès, dossier.
autuar *v.t.* verbaliser contre.
auxiliar[1] *adj.* auxiliaire; *s.m.* aide; *— de contador* employé aux écritures, aide-comptable.
auxiliar[2] *v.t.* aider, secourir, seconder.
auxílio *s.m.* aide *f.*, secours; coup de main, coup d'épaule; *— mútuo* entraide *f.*
avacalhar *v.t.* **1.** démoraliser; **2.** bâcler.
aval *s.m.* aval.
avalancha *s.f.* avalanche.
avaliação *s.f.* évaluation.
avaliar *v.t.* évaluer, estimer, priser, jauger.
avalizar *v.t.* avaliser.
avançada *s.f.* ruée.
avançar *v.int.* avancer.
avanço *s.m.* avance *f.*; poussée *f.*
avania *s.f.* avanie.
avarento *adj.*; *s.m.* avare, grippe-sou.
avareza *s.f.* avarice.
avaria *s.f.* avarie.
avariado *adj.* avarié.
avariar *v.t.* avarier, endommager.

avaro *adj.* o mesmo que *avarento*.
avatar *s.m.* avatar.
ave *s.f.* oiseau *m.*; — *de criação* volaille; — *de rapina* oiseau de proie, rapace *m.*
ave-do-paraíso *s.m.* paradisier.
aveia *s.f.* avoine.
avelã *s.f.* noisette.
aveleira *s.f.* noisetier *m.*; coudrier *m.*
aveludado *adj.* velouté.
aveludadora *s.f.* lanceuse.
aveludar *v.t.* velouter.
avenca *s.f.* adiantum *m.*, cheveu-de-Vénus *m.*
avenida *s.f.* 1. avenue; 2. ensemble de petites maisons au long d'un espace commun.
avental *s.m.* tablier.
aventar *v.t.* 1. éventer; 2. conjecturer; — *uma hipótese* mettre en avant, avancer une hypothèse.
aventura *s.f.* aventure, équipée; — *galante* bonne fortune; — *penosa* mésaventure.
aventureira *s.f.* aventurière.
aventureiro *s.m.* aventurier.
aventuroso *adj.* aventureux.
averbar *v.t.* annoter (en marge de).
averiguar *v.t.* vérifier.
avermelhado *adj.* rougeâtre.
avermelhar *v.t.* rougir; *v.pron.* rougir.
aversão *s.f.* aversion.
avessas *às — loc.adv.* à rebours, à l'envers.
avesso *adj.* adverse; *s.m.* envers, revers.
avestruz *s.f.* autruche.
aviação *s.f.* aviation.
aviador *s.m.* aviateur.
aviadora *s.f.* aviatrice.
aviamento *s.m.* 1. expédition *f.*; 2. fournitures *pl.f.*
avião *s.m.* avion.
aviar *v.t.* 1. expédier; 2. — *uma receita* délivrer une ordonnance.
aviário *s.m.* volière *f.*
avicultor *s.m.* aviculteur.
avicultura *s.f.* aviculture.
avidez *s.f.* avidité.
ávido *adj.* avide.
aviltamento *s.m.* avilissement.
aviltar *v.t.* avilir, galvauder, rabaisser.
avinagrar *v.t.* vinaigrer.
avinhado *adj.* aviné.
avisado *adj.* averti.
avisar *v.t.* avertir.
aviso *s.m.* avis; (*impresso*) avis, pancarte *f.*; — *prévio* préavis.
avistar *v.t.* apercevoir.
avivar *v.t.* aviver.
avó *s.f.* grand-mère.
avô *s.m.* grand-père.
avolumar *v.t.* augmenter le volume de; *v.pron.* devenir volumineux, grossir.
avós *s.m.pl.* grands-parents.
avulso *adj.* séparé, dépareillé; *venda avulsa* vente au numéro.
avultado *adj.* gros, considérable.
axila *s.f.* aisselle.
axioma *s.m.* axiome.
azado *adj.* opportun.
azáfama *s.f.* empressement *m.*; affairement *m.*, presse, branle-bas *m.*
azafamado *adj.* affairé.
azagaia *s.f.* sagaie.
azálea *s.f.* azalée.
azar *s.m.* guigne *f.*; (*pop.*) poisse *f.*; *dar* — porter malheur.
azarado *adj.* malchanceux.
azebre *s.m.* o mesmo que *azinhavre*.
azeda *s.f.* oseille.
azedar *v.t.* aigrir, surir; (*fig.*) envenimer.
azedinho *adj.* suret.
azedo *adj.* aigre.
azeite *s.m.* 1. huile *f.* (d'olive); 2. (*fig.*) *estar nos seus —s* être irrité.
azeite de dendê *s.m.* huile *f.* de palme.
azeitona *s.f.* olive.
azeitonado *adj.* olivâtre.
azeviche *s.m.* jais.
azevinho *s.m.* * houx.
azia *s.f.* aigreurs *pl.* (d'estomac).
ázimo *adj.* azyme.
azimute *s.m.* azimut.
azinhavre *s.m.* vert-de-gris.
azinheira *s.f.* yeuse.
azo *s.m.* occasion *f.*, motif.
azoto *s.m.* azote.
azougue *s.m.* vif-argent; 2. (*fig.*) *é um —* c'est du vif-argent.
azucrinar *v.t.* asticoter, tracasser.
azul *s.m.* bleu; — *-claro* azur.
azulado *adj.* bleuâtre.
azular *v.t.* bleuir; *v.int.* fuir, décamper.

B

baba *s.f.* bave.
babá[1] *s.m.* (*bolo*) baba (au rhum).
babá[2] *s.f.* (*ama*) nourrice (sèche).
babador *s.m.* bavoir.
babadouro *s.m.* bavoir.
babar *v.t.* e *int.* baver; *v.pron.* — *de contente* boire du petit lait.
babosa *s.f.* aloès *m.*
baboseira *s.f.* cornette, fadaise.
babucha *s.f.* babouche.
babuíno *s.m.* babouin.
bacalhau *s.m.* morue *f.*; — *seco* merluche *f.*
bacana *adj.* (*gír.*) bath, chic, chouette; au poil.
bacanal *s.f.* bacchanale.
bacante *s.f.* bacchante.
bacharel *s.m.* diplômé (de Faculté).
bacharelado *s.m.* (*exame*) baccalauréat; (*gír. esc.*) bac, bachot.
bacia *s.f.* bassin *m.*; cuvette; (*de fonte*) vasque.
bacilo *s.m.* bacille.
baço[1] *s.m.* rate *f.*
baço[2] *adj.* terne, blafard, mat.
bácoro *s.m.* goret, porcelet.
bactéria *s.f.* bactérie.
bactericida *adj.*; *s.m.* bactericide.
bacteriologia *s.f.* bactériologie.
bacteriológico *adj.* bactériologique.
bacteriologista *s.* bactériologiste.
badalação *s.f.* publicité tapageuse, tam-tam *m.*
badalada *s.f.* coup *m.* de cloche, tintement.
badalar *v.int.* (*sino*) tinter; (*fig.*) s'exhiber; *v.t.* divulguer.
badalo *s.m.* battant (de cloche).
baderna *s.f.* grabuge *m.* chienlit; raffut.
baetilha *s.f.* finette.
bafejar *v.t.* choyer, caresser.
bafio *s.m.* remugle, relent.
bafo *s.m.* mauvaise haleine *f.*; buée *f.*
baforada *s.f.* bouffée.
baga *s.f.* baie.
bagaço *s.m.* marco.
bagagem *s.f.* bagage *m.*
bagana *s.f.* mégot *m.*
bagatela *s.f.* bagatelle, vétille.
bago *s.m.* grain.
bagunça *s.f.* pagaille, vacarme *m.*, chahut *m.*, tapage *m.*, boucan *m.*, tintamarre *m.*; *fazer* — *na aula de* chahuter; (*vulg.*) merdier *m.*
bagunceiro *adj.* tapageur, chahuteur.
baía *s.f.* baie, rade.
bailado *s.m.* ballet.
bailar *v.int.* danser.
bailarina *s.f.* ballerine.
bailarino *s.m.* danseur.
baile *s.m.* bal; — *de máscaras* bal masqué.
bainha *s.f.* 1. gaine *f.*; (*de espada*) fourreau *m.*; 2. (*costura*) ourlet *m.*
baio *adj.* bai.
baioneta *s.f.* baïonnette.
baionetada *s.f.* coup *m.* de baïonnette.
bairrismo *s.m.* patriotisme de clocher, particularisme.
bairrista *adj.* particulariste.
bairro *s.m.* quartier.
baixa *s.f.* 1. baisse; (*de águas*) décrue; 2. renvoi *m.*; *dar* — être dispensé du service militaire; 3. *dar* — *em* (*numa relação*) cocher.
baixada *s.f.* plaine.
baixar[1] *v.t.* e *int.* baisser.
baixar[2] *v.t.* promulguer.
baixela *s.f.* vaisselle (de métal précieux).
baixeza *s.f.* bassesse, avilissement *m.*, platitude.
baixinho *adv.* tout bas, doucement.
baixo[1] *adj.* bas; *adv.* bas; *por* — dessous.

baixo² *s.m.* (*Mús.*) basse *s.f.*
baixo-relevo *s.m.* bas-relief.
bajulação *s.f.* flagornerie.
bajulador *adj.*; *s.m.* flagorneur.
bajuladora *adj.*; *s.f.* flagorneuse.
bajular *v.t.* flagorner; (*fam.*) peloter.
bala *s.f.* 1. boule; 2. (*de fuzil*) balle; *meter uma — na cabeça* se brûler la cervelle; 3. bonbon.
balada *s.f.* ballade.
balança *s.f.* balance; — *de precisão* balance de précision, trébuchet *m.*; — *para bebê* pèse-bébé m.
balançar, balancear *v.t.* balancer, branler; *v.int.* osciller.
balanço *s.m.* 1. bilan, balance *f.*; 2. escarpolette *f.*
balão *s.m.* 1. ballon; 2. ballon de papier rempli de gaz (lâché dans l'air à la Saint--Jean).
balar *v.int.* bêler.
balaustrada *s.f.* balustrade, rampe.
balaústre *s.f.* balustre.
balbuciar *v.t.* balbutier.
balbucio *s.m.* balbutiement.
balbúrdia *s.f.* boucan *m.*, cohue *f.*, sabbat *m.*, tintamarre *m.*
balcânico *adj.*; *s.pátr.* balkanique.
balcão *s.m.* 1. (*de edifício, de teatro*) balcon; 2. (*de loja*) comptoir; (*de bar*) zinc; (*de açougue*) étal.
Bálcãs *s.m.pl.* Balkans.
balconista *s.m.* vendeur; *f.* vendeuse.
baldaquim *s.m.* baldaquin.
baldar *v.t.* déjouer.
balde *s.m.* seau.
baldeação *s.f.* correspondance.
baldear *v.t.* transborder *v.int.* prendre la correspondance.
baldio *adj.* vague.
baldrame *s.m.* lambourde *f.*
balé *s.m.* ballet; *aluna de* — rat *m.* de l'opéra, petit rat *m.*
balear *v.t.* blesser à balle.
baleeira *s.f.* baleinière.
baleeiro *s.m.* baleinier.
baleia *s.f.* baleine.
baleia *s.f.* faux bruit *m.*, canard *m.*
balido *s.m.* bêlement.
balir *v.int.* bêler.
balística *s.f.* balistique.
balístico *adj.* balistique.
baliza *s.f.* 1. jalon *m.*; repère *m.*; 2. majorette.

balizamento *s.m.* balisage, jalonnement.
balizar *v.t.* jalonner.
balneário *s.m.* établissement de bains.
balsa *s.f.* radeau *m.*, bac *m.*
balsâmico *adj.* balsamique.
bálsamo *s.m.* baume.
báltico *adj.*; *s.pátr.* balte.
Báltico *s.m.* Baltique.
baluarte *s.m.* rempart.
balzaca, balzaquiana *s.f.* (*fam.*) femme de trente ans.
bamba *s.m.* (*fam.*) 1. bravache, fanfaron; 2. quelqu'un de calé.
bambo *adj.* lâche, détendu, flasque.
bambolear *v.int.* e *pron.* se dandiner.
bambu *s.m.* bambou.
bambual *s.m.* forêt *f.* de bambous.
banal *adj.* banal.
banalidade *s.f.* banalité, platitude.
banana *s.f.* 1. banane; 2. cartouche de dynamite; 3. *m.* (*fam.* e *fig.*) pleutre, lavette *f.*; 4. (*gesto obsceno*) bras *m.* d'honneur.
bananada *s.f.* pâte de bananes.
bananal *s.m.* bananeraie *f.*
bananeira *s.f.* bananier *m. plantar* — (*fig.*) faire le poirier.
banca *s.f.* 1. table; 2. étude (d'avocat); 3. (*em jogos*) banque.
bancada *s.f.* groupe *m.* de députés.
bancar *v.t.* se poser en, trancher du.
bancário *s.m.* employé de banque, *adj.* bancaire.
bancarrota *s.f.* banqueroute.
banco¹ *s.m.* 1. banc; 2. — *de carpinteiro* établi; 3. — *dos réus* sellette *f.*
banco² *s.m.* banque *f.*; — *de sangue* banque de sang.
banda¹ *s.f.* côté *m.*
banda² *s.f.* bande; écharpe.
banda³ *s.f.* bande, troupe, horde.
banda⁴ *s.f.* musique, fanfare.
bandalheira *s.f.* fripouillerie.
bandarilha *s.f.* banderille.
bandear-se *v.pron.* passer (d'un parti à un autre).
bandeira *s.f.* 1. drapeau *s.m.*; *rir a —s despregadas* rire à gorge déployée; 2. — *da porta* vasistas *m.*; 3. (*Hist.*) expédition de pionniers dans l'État de São Paulo.
bandeirada *s.f.* (*de táxi*) prise en charge.
bandeirante *s.m.* 1. participant d'une *bandeira* (3); 2. *adj.*; *s.pátr.* paulista, de São Paulo; 3. *s.f.* scoute, guide.

bandeirinha *s.m.* (*Fut.*) juge *m.* de touche; (*Esp.*) starter.
bandeirola *s.f.* banderole, fanion *m.*
bandeja *s.f.* plateau *m.*
bandido *s.m.* bandit, brigand.
banditismo *s.m.* banditisme, brigandage.
bando *s.m.* bande *f.*, troupe *f.*; (*de pássaros*) volée *f.*
bandó *s.m.* bandeau.
bandoleira *s.f.* bretelle.
bandoleiro *s.m.* bandit.
bandolim *s.m.* mandoline *f.*
banguê[1] *s.m.* civière.
banguê[2] *s.m.* plantation de canne à sucre.
bangue-bangue *s.m.* western.
banguela *adj.* brèche-dent.
banha *s.f.* graisse; — *de porco derretida* saindoux *m.*
banhar *v.t.* baigner; *v.pron.* se baigner.
banheira *s.f.* baignoire.
banheiro *s.m.* 1. salle *f.* de bain; 2. lieux *pl.* d'aisances, petit coin, waters *pl.*; cabinet de toilette, *f.*
banhista *s.m.* baigneur; *s.f.* baigneuse.
banho *s.m.* bain; (*em rio, lago*) baignade *f.*; — *de sol* bain de soleil.
banho-maria *s.m.* bain-marie.
banhos *s.m.pl.* (*proclamas de casamento*) bans.
banimento *s.m.* relegation *f.*
banir *v.t.* bannir.
banqueiro *s.m.* banquier.
banquete *s.m.* banquet, festin.
banquetear *v.t.* régaler; *v.pron.* se régaler.
banquinho *s.m.* tabouret.
banquisa *s.f.* banquise.
banzé *s.m.* raffut.
banzeiro *adj.* triste, mélancolique.
banzo *s.m.* nostalgie pathologique des Noirs d'Afrique.
baque *s.m.* (bruit de) chute *f.*
baqueta *s.f.* mailloche.
bar *s.m.* bar, bistro, estaminet, cabaret; (*de estação, de teatro*) buffet.
barafunda *s.f.* tohu-bohu *m.*
baralhar *v.t.* brouiller; (*cartas*) battre.
baralho *s.m.* jeu de cartes.
barão *s.m.* baron.
barata *s.f.* blatte, cafard *m.*, cancrelat *m.*
baratear *v.t.* vendre à vil prix.
barato *adj.* bon marché; *s.m.* (*gír.*) é um — c'est sensass.
barba *s.f.* barbe.

barbada *s.f.* compétition au résultat facile à prévoir; *é uma* — c'est couru.
barbante *s.m.* ficelle *f.*
barbaridade *s.f. interj.* quelle horreur!
barbárie *s.f.* barbarie.
barbarismo *s.m.* barbarisme.
bárbaro *adj.* barbare.
barbatana *s.f.* 1. (*de peixe*) nageoire, aileron *m.*; 2. (*de vestido*) baleine, busc *m.*
barbear *v.t.* faire la barbe à.
barbearia *s.f.* salon *m.* de coiffeur.
barbeiro[1] *s.m.* 1. coiffeur; (*ant.*) barbier; 2. (*fam.* = *mau motorista*) chauffard.
barbeiro[2] *s.m.* (*inseto*) triatoma *f.*
barbela *s.f.* 1. fanon *m.*; 2. gourmette.
barbicha *s.f.* barbiche.
barbo *s.m.* (*peixe*) bar.
barbudo *adj.* barbu.
barca *s.f.* barque.
barcaça *s.f.* bac *m.*; péniche, chaland *m.*
barco *s.m.* 1. barque *f.*, canot 2. bateau; *deixe o* — *correr* vogue la galère; *estar no mesmo* — être logé à la même enseigne.
barganha *s.f.* troc *m.*
barganhar *v.t.* troquer.
barítono *s.m.* baryton.
barnabé *s.m.* (*aprox.*) rond-de-cuir, gratte-papier, lampiste.
barométrico *adj.* barométrique.
baronesa *s.f.* baronne.
barqueiro *s.m.* canotier, batelier, passeur.
barquinha *s.f.* (*de aeróstato*) nacelle.
barra[1] *s.f.* (*debrum, orla*) liséré *m.*
barra[2] *s.f.* (*grade de madeira nos tribunais*) barre, barreau *m.*
barra[3] *s.f.* (*bloco de metal*) barre, lingot *m.*
barra[4] *s.f.* (*traço*) barre.
barraca *s.f.* 1. baraque; 2. para-sol *m.*
barracão *s.m.* baraque *f.*; échoppe *f.*
barragem *s.f.* barrage *m.*
barranco *s.m.* ravin.
barrar *v.t.* barrer.
barreira *s.f.* barrière.
barretada *s.f.* coup *m.* de chapeau.
barrete *s.m.* bonnet, toque *f.*
barrica *s.f.* tinette.
barricada *s.f.* barricade.
barriga *s.f.* ventre *m.*; — *da perna* mollet *m.*; (*fig. notícia falsa em jornal*) canard *m.*
barriga-verde *adj.*; *s.pátr.* (habitant) de l'État de Santa Catarina au Brésil.
barrigudo *adj.* ventru; bedonnant, ventripotent.
barril *s.m.* baril; feuillette *f.*, fût, futaille *f.*

barrir *v.int.* barrir.
barro *s.m.* argile *f.*
barroco *adj.*; *s.m.* baroque.
barrote *s.m.* barreau, solive *f.*
barulheira *s.f.* tintamarre *m.*
barulhento *adj.* bruyant.
barulho *s.m.* bruit.
basalto *s.m.* basalte.
basbaque *adj.*; *s.* badaud; ahuri.
báscula *s.f.* bascule.
base *s.f.* base.
basear *v.t.* baser.
básico *adj.* basique.
Basileia *s.f.* Bâle.
basílica *s.f.* basilique.
basilisco *s.m.* basilic.
bassê *s.m.* basset, teckel.
basta! *interj.* assez!, (*pop.*) la barbe!
bastante *adj.* suffisant; *adv.* assez (de), (*fam.*) pas mal; passablement.
bastão *s.m.* bâton.
bastar *v.int.* suffire; — (+ *inf.*) n'avoir que; *basta dizer-lhe isto* je ne vous dis que cela.
bastardo *adj.*; *s.* bâtard.
bastidor[1] *s.m.* (*armação de cenário*) coulisse *f.*
bastidor[2] *s.m.* (*para bordar*) tambour.
basto *adj.* dru, fourni.
bata *s.f.* blouse.
batalha *s.f.* bataille.
batalhão *s.m.* bataillon.
batalhar *v.int.* batailler.
batata *s.f.* pomme de terre; *mandar plantar —s* (*fig.*) envoyer dinguer; *na —* (*gír.*) ponctuellement, recta, très exactement.
batata-doce *s.f.* patate (douce).
bate-boca *s.m.* empoignade *f.*
batedeira *s.f.* batteur *m.*, baratte, fouet *m.* mécanique.
batedor *s.m.* **1.** éclaireur; **2.** (*em caçada*) rabatteur; **3.** (*motociclista*) motard; **4.** *— de carteira* pickpocket.
bátega *s.f.* giboulée, averse.
bateia *s.f.* batée.
bateira *s.f.* chaland *m.*
batente *s.m.* **1.** (*de porta*) battant; **2.** (*gír.*) travail, boulot.
bate-papo *s.m.* causette *f.*, bavardage.
bater *v.t.* **1.** battre, cogner; (*fam.*) taper, enfoncer; (*um carro em outro*) caramboler; **2.** vaincre; **3.** (*gír.* = *roubar*) voler, chiper; *v.int.* (*porta*) claquer.
bateria *s.f.* batterie.

baterista *s.m.* batteur.
batida *s.f.* **1.** (*de veículos*) collision, choc *m.*; heurt *m.*; accrochage *m.*; **2.** (*policial*) râtissage *m.*; **3.** (*de cachaça*) cocktail *m.* d'eau-de-vie.
batina *s.f.* soutane.
batismal *adj.* baptismal.
batismo *s.m.* baptême.
batista *adj.*; *s.* baptiste.
batizar *v.t.* baptiser.
batom *s.m.* bâton de rouge.
batoque *s.m.* bonde *f.*
batota *s.f.* **1.** tricherie; **2.** tripot *m.*
batucar *v.int.* jouer du tam-tam, pianoter; *v.t.* (*o piano*) tapoter.
batuque *s.m.* tam-tam.
batuta *s.f.* baguette.
baú *s.m.* bahut; *dar o golpe do —* épouser le sac.
baunilha *s.f.* **1.** (*fruto*) vanille; **2.** (*planta*) vanillier *m.*
bauxita *s.f.* bauxite.
bazar *s.m.* bazar.
bazófia *s.f.* jactance; (*fam.*) esbroufe, crânerie, forfanterie.
beata *s.f.* dévote, bigote; *falsa —* saint-ni-touche.
beatice *s.f.* bigoterie.
beatitude *s.f.* béatitude.
beato *s.m.* dévot, bigot.
bebê *s.m.* bébé; *— de proveta* bébé éprouvette.
bebedeira *s.f.* (*fam.*) cuite; *cozinhar a —* couver son vin; *curtir a —* avoir la gueule de bois.
bêbedo *adj.* soûl, ivre; (*fam.*) paf, rond.
bebedouro *s.m.* abreuvoir.
bebedor *s.m.* buveur.
beber *v.t.* e *int.* boire; (*pop.*) licher, pomper; *— com a língua* laper.
beberagem *s.f.* breuvage *m.*
bebericar *v.t.* siroter.
beberrão *s.m.* buveur, ivrogne; (*fam.*) pochard, sac à vin, soiffard, soûlard.
bebida *s.f.* boisson.
bebível *adj.* buvable.
beca *s.f.* robe.
beça *s.f. à —* *loc.adv.* (*fam.*) à gogo; vachement.
beco *s.m.* ruelle *f.*; *— sem saída* impasse *f.*; cul-de-sac.
bedel *s.m.* huissier; (*de igreja*) suisse, bedeau.
beduíno *adj.*; *s.pátr.* bédouin.

bege *adj.* beige.
begônia *s.f.* bégonia *m.*
beiçada *s.f.* babine.
beiço *s.m.* lèvre; (*fam.*) bec, lippe *f.*; *lamber os —s* se pourlécher, se lécher les babines.
beiçudo *s.m.* lippu.
beija-flor *s.m.* colibri, oiseau-mouche.
beijar *v.t.* embrasser.
beijo *s.m.* baiser; (*fam.*) bise *f.*
beiju *s.m.* pâte de manioc ou de tapioca.
beira *s.f.* bord *m.*, rive, rivage *m.*
belas-artes *s.f.pl.* beaux-arts *m.pl.*
belchior *s.m.* brocanteur.
beldade *s.f.* beauté.
beleza *s.f.* beauté.
belga *adj.*; *s.pátr.* belge.
Bélgica *s.f.* Belgique.
beliche *s.f.* 1. cabine; 2. paire de couchettes superposées.
bélico *adj.* guerrier, de guerre.
belicoso *adj.* belliqueux.
belida *s.f.* taie.
beligerante *adj.*; *s.* belligérant.
beliscão *s.m.* pinçure *f.*, pinçon.
beliscar *v.t.* pincer.
belo *adj.* beau; (*fam.*) fier; *tornar-se —* embellir.
belonave *s.f.* navire *m.* de guerre.
bel-prazer *s.m. a seu — loc.adv.* à sa guise.
bem *adv.* bien; *— que loc.conj.* quoique, bien que; *ainda —!* à la bonne heure!; *adj.* bien; *s.m.* bien; *por — ou por mal* bon gré mal gré; *pl.* biens, fortune *f.*; *bens imóveis* biens immeubles.
bem-aventurado *adj.* bienheureux.
bem-estar *s.m.* bien-être.
bem-humorado *adj.* enjoué, de bonne humeur.
bem-vindo *adj.* bienvenu.
bênção *s.f.* bénédiction.
bendito *adj.* béni.
beneficência *s.f.* bienfaisance *f.*
beneficiamento *s.m.* amélioration, amendement.
beneficiar *v.t.* amender, améliorer.
benefício *s.m.* bienfait.
benéfico *adj.* bénéfique, bienfaisant.
benevolência *s.f.* bienveillance.
benévolo *adj.* bénévole, bienveillant.
benfazejo *adj.* bienfaisant.
benfeitor *s.m.* bienfaiteur.
benfeitoria *s.f.* amélioration.
bengala *s.f.* canne.
bengalada *s.f.* coup *m.* de bâton.
benignidade *s.f.* bénignité.
benigno *adj.* bénin.
benjamim *s.m.* 1. benjamin; 2. (*Elet.*) fiche *f.* multiple.
bentinho *s.m.* scapulaire.
bento *adj.* béni, bénit.
benzer *v.t.* bénir.
benzina *s.f.* benzine.
berço *s.m.* berceau.
bergamota *s.f.* mandarine.
berilo *s.m.* béryl.
berimbau *s.m.* guimbarde *f.*
berinjela *s.f.* aubergine.
Berlim *s.m.* Berlin.
berlinda *s.f.* berline; *estar na —* être sur la sellette.
berloque *s.m.* breloque *f.*, babiole *f.*
bermuda *s.f.* bermuda *m.*
Berna *s.f.* Berne.
berrante *adj.* voyant.
berrar *v.int.* *hurler, gueuler, brailler.
berreiro *s.m.* criaillerie *f.*
berro *s.m.* cri.
besouro *s.m.* hanneton.
besta *s.f.* bête, bourrique; *— de carga* bête de somme; *uma — quadrada* un sot en trois lettres; âne *m.* bâté.
bestar *v.int.* muser.
besteira *s.f.* bêtise.
bestial *adj.* bestial.
bestialógico *s.m.* laïus.
bestunto *s.m.* caboche *f.*
besuntar *v.t.* enduire; poisser.
betonar *v.t.* bétonner.
betoneira *s.f.* bétonnière.
beterraba *s.f.* betterave.
bétula *s.f.* bouleau.
betume *s.m.* bitume, mastic.
bexiga *s.f.* 1. vessie; 2. (*doença*) petite vérole.
bezerra *s.f.* génisse.
bezerro *s.m.* veau.
bibelô *s.m.* bibelot.
Bíblia *s.f.* Bible.
bíblico *adj.* biblique.
bibliófilo *s.m.* bibliophile.
bibliografia *s.f.* bibliographie.
bibliográfico *adj.* bibliographique.
bibliógrafo *s.m.* bibliographe.
biblioteca *s.f.* bibliothèque.
bibliotecário *s.m.* bibliothécaire.
biboca *s.f.* *hutte, cabane.
bica *s.f.* tuyau *m.* de canalisation, robinet *m.*

bicada *s.f.* **1.** coup *m.* de bec; **2.** becquée.
bicar *v.t.* becqueter, picoter.
bicarbonato *s.m.* bicarbonate.
bíceps *s.m.* biceps.
bicha *s.f.* **1.** lombric *m.*; **2.** sangsue; **3.** (*fig. fam.*) individu *m.* efféminé, homosexuel, tante.
bichado *adj.* mangé aux mites.
bichano *s.m.* minet.
bicheiro *s.m.* vendeur de billets du *jogo do bicho*.
bichinho *s.m.* loulou.
bicho *s.m.* **1.** bête *f.*; animal; **2.** biche *f.*; teigne *f.*, insecte rongeur; **3.** V. *jogo do* —; **4.** (*fig.*) *matar o* — tuer le ver; *não é nenhum — de sete cabeças* ce n'est pas la mer à boire; *que — o mordeu?* quelle mouche te pique?; *ter — carpinteiro* avoir la bougeotte.
bicho-da-seda *s.m.* ver à soie.
bicho-de-conta *s.m.* cloporte.
bicho-papão *s.m.* croque-mitaine, père fouettard.
bicicleta *s.f.* bicyclette, cycle *m.*; (*fam.*) vélo *m.* bécane; — *de motor* cyclomoteur *m.*
bico *s.m.* **1.** bec; **2.** (*fam.*) bouche *f.*; **3.** pointe *f.*; — *de gás* veilleuse *f.*; — *do peito* tétine; **4.** job, *pl.* gains occasionnels, petits travaux.
bidê *s.m.* bidet.
biela *s.f.* bielle.
bienal *adj.* biennal; *s.f.* biennale.
biênio *s.m.* période *f.* de deux ans.
bifurcação *s.f.* bifurcation.
bifurcar-se *v.pron.* bifurquer.
bife *s.m.* bifteck.
bigamia *s.f.* bigamie.
bígamo *adj.*; *s.m.* bigame.
bigode *s.m.* moustache *f.*; (*fam.*) bacchante.
bigodear *v.t.* tromper, carotter, rouler, mener en bateau.
bigodudo *adj.* moustachu.
bigorna *s.f.* enclume.
bijuteria *s.f.* **1.** bijouterie; **2.** (*joia*) bijou *m.*
bilateral *adj.* bilatéral.
bilboquê *s.m.* bilboquet.
bilha *s.f.* cruche, jarre.
bilhão *s.m.* milliard.
bilhar *s.m.* billard.
bilhete *s.m.* **1.** billet, ticket; **2.** entrée *f.*; **3.** billet, moto.
bilheteria *s.f.* guichet *m.*
bilheteiro *s.m.* buraliste.
biliar *adj.* biliaire.

bilíngue *adj.* bilingue.
bilinguismo *adj.* bilinguisme.
bilioso *adj.* bilieux, fielleux.
bílis *s.f.* bile, fiel *m.*
bilontra *s.m.* **1.** escroc; **2.** (*homem dado a conquistas amorosas*) coureur.
bilro *s.m.* fuseau.
bimensal *adj.* bimensuel.
binóculo *s.m.* jumelles *f.pl.*; lorgnette *f.*
biofísica *s.f.* biophysique.
biografado *s.f.* personne à qui se rapporte une biographie.
biografar *v.t.* écrire la biographie de.
biografia *s.f.* biographie.
biográfico *adj.* biographique.
biógrafo *s.m.* biographe.
biologia *s.f.* biologie.
biológico *adj.* biologique.
biologista *s.* biologiste.
biombo *s.m.* paravent.
biometria *s.f.* biométrie.
biopsia *s.f.* biopsie.
bioquímica *s.f.* biochimie.
bioquímico *adj.* biochimique.
bípede *adj.*; *s.* bipède.
biqueira *s.f.* **1.** pointe, bout *m.*; **2.** gouttière *f.*
biquíni *s.m.* bikini.
birosca *s.f.* échoppe, gargote.
birosqueiro *s.m.* gargotier.
birra *s.f.* entêtement *m.*
biruta[1] *s.f.* manche à air; biroute.
biruta[2] *adj.*; *s.* détraqué; cinglé, toqué.
bis *adv.* e *interj.* bis.
bisão *s.m.* bison.
bisar *v.t.* biser.
bisavó *s.f.* arrière-grand-mère.
bisavô *s.m.* arrière-grand-père.
bisbilhotar *v.int.* cancaner.
bisbilhoteiro *adj.* cancanier, jaseur.
bisbilhotice *s.f.* racontar *m.*, cancan.
bisca *s.f.* canaille; *é boa —* c'est un bon garnement.
biscate *s.m.* menu travail occasionnel.
biscateiro *s.m.* bricoleur.
biscato *s.m.* becquée *f.*
biscoito *s.m.* biscuit, gâteau sec.
bismuto *s.m.* bismuth.
bisnaga *s.f.* **1.** tube; **2.** (*pão*) baguette, flûte.
bisneta *s.f.* arrière-petite-fille.
bisneto *s.m.* arrière-petit-fils; *pl.* arrière petits-enfants.
bisonho *adj.* gauche, timide, débutant.

bispado *s.m.* évêché.
bispo *s.m.* **1.** évêque; **2.** (*peça do jogo de xadrez*) fou.
bissemanal *adj.* bihebdomadaire.
bissexto *adj.* bissextile.
bisturi *s.m.* bistouri.
bitácula *s.f.* habitacle.
bitola *s.f.* **1.** étalon *m.*, modèle *m.*; **2.** écartement *m.* des rails.
bitolado *adj.* borné.
bivaque *s.m.* bivouac.
bizarro *adj.* **1.** gentil; **2.** élégant; **3.** bizarre, baroque.
Bizâncio *s.m.* Byzance.
bizantino *adj.*; *s.pátr.* byzantin.
blablablá *s.m.* blablabla; verbiage; tarte *f.* à la crème.
blasfemar *v.t.* blasphémer, jurer, sacrer.
blasfêmia *s.f.* blasphème *m.*
blasonar *v.t.* afficher; *v.int.* se vanter.
blefar *v.int.* bluffer, faire du chiqué, faire de l'esbroufe, esbroufer.
blefe *s.m.* bluff, chiqué.
blenorragia *s.f.* blennorragie.
blindagem *s.f.* blindage *m.*
blindar *v.t.* blinder.
bloco *s.m.* **1.** bloc, *em* — en bloc; **2.** bloc-notes, carnet; **3.** corps de bâtiment; **4.** société *f.* carnavalesque; groupe de fêtards.
bloqueamento *s.m.* blocage.
bloquear *v.t.* bloquer.
bloqueio *s.m.* blocus.
blusa *s.f.* blouse.
blusão *s.m.* blouson, sarrau.
boa *adj. f.* bonne.
boa-noite *s.f.* bonsoir *m.*
boa-praça *s.m.* brave type; type facile à vivre.
boas-vindas *s.f. pl.* bienvenue.
boate *s.f.* boîte.
boato *s.m.* bruit, rumeur *f.*, bobard, on-dit.
boa-vida *s.m.* bon-vivant; (*pop.*) peinard.
bobagem *s.f.* bêtise, sottise.
bobalhão *s.m.* (*pop.*) nigaud, bêta.
bobalhona *s.f.* (*pop.*) dinde.
bobina *s.f.* bobine.
bobo *adj.*; *s.m.* sot, bête, bêta, dadais; — *da corte* fou du roi; *deixar* — couper le sifflet à; *fiquei* — les bras m'en tombent.
boboca *adj.* sot, bêbête; *s.* fada.
boca *s.f.* **1.** bouche; (*fam.*) bec *m.*, gueule; *à* — *pequena* de bouche à oreille; *botar a* — *no mundo* jeter les hauts cris; *cala a* —*!* (*pop.*) ta gueule!; **2.** — *de fogo* pièce d'artillerie.
bocado *s.m.* bouchée *f.*, goulée *f.*, morceau.
bocal *s.m.* (*de instrumento*) embouchure, *f.*; (*de poço*) margelle *f.*
boçal *adj.*; *s.* butor, malotru, rustre, ostrogoth.
boçalidade *s.f.* (*fam.*) muflerie.
bocejar *v.int.* bâiller.
bocejo *s.m.* bâillement.
boceta *s.f.* petite boîte, écrin *m.*; (*chulo*) vulve.
bocha *s.f.* pétanque.
bochecha *s.f.* joue.
bochechar *v.int.* se gargariser.
bochechudo *adj.* joufflu.
bócio *s.m.* goitre.
bocó *adj.* bébête.
boda *s.f.* ou **bodas** *s.f.pl.* noce.
bode *s.m.* bouc; (*fig.*) — *expiatório* bouc émissaire, souffre-douleur.
bodega *s.f.* gargote.
Boêmia *s.f.* Bohème.
boêmio[1] *adj.*; *s.pátr.* bohémian.
boêmio[2] *adj.*; *s.* bohème.
bofe *s.m.* (*pop.*) poumon; *pl.* **1.** mou (de bœf); **2.** (*pop.*) caractère.
bofetada *s.f.* claque, gifle, calotte, soufflet *m.*, (*pop.*) tarte, torgnole, beigne.
bofetão *s.m.* o mesmo que *bofetada.*
boi *s.m.* bœuf.
boia[1] *s.f.* bouée; — *salva-vidas* bouée de sauvetage.
boia[2] *s.f.* pitance.
boiada *s.f.* troupeau *m.* de bœufs.
boiadeiro *s.m.* bouvier.
boiar *v.int.* flotter; (*um nadador*) faire la planche.
boicotar *v.t.* boycotter.
boieiro *s.m.* o mesmo que *boiadeiro.*
boina *s.f.* béret *m.*
boitatá *s.m.* feu follet.
bojo *s.m.* renflement; ventre.
bola *s.f.* **1.** balle; (*de bilhar*) bille; (*de futebol*) ballon *m.*; **2.** boule; (*de canhão*) boulet; **3.** (*fam.* = *cabeça*) boule, caboche.
bolacha *s.f.* galette, biscuit *m.*
bolada *s.f.* tas *m.* d'argent.
bolar *v.t.* (*pop.*) inventer, concevoir.
bolas *interj.* zut!
bolchevique *adj.* bolchevique.
bolchevismo *s.m.* bolchevisme.
bolchevista *adj.*; *s.* bolcheviste.

boleia *s.f.* siège *m.* (de cocher).
boletim *s.m.* bulletin.
boleto *s.m.* cèpe.
bolha *s.f.* bulle, ampoule, cloque; (*fam.*) emmerdeur *m.*
bólide *s.f.* bolide *m.*
bolinador *s.m.* (*chulo*) peloteur, frôleur.
bolinar *v.t.* (*chulo*) peloter.
bolinete *s.m.* guindeau.
bolinha *s.f.* (*do escamoteador*) muscade *f.*; (*de gude*) bille.
bolo *s.m.* 1. gâteau, tarte *f.*; (*fig.*) *dar o* — faire faux bond à, poser un lapin à.
Bolonha *s.f.* Bologne.
bolor *s.m.* moisi, moisissure *f.*
bolorento *adj.* moisi.
bolota *s.f.* gland *m.*
bolsa *s.f.* 1. bourse, sac *m.*, porte-monnaie *m.*; — *de senhora* sac à main; 2. (*de valores*) bourse; 3. (*de estudos*) bourse (d'études).
bolsinho *s.m.* pochette *f.*
bolsista *s.m.* boursier; *s.f.* boursière.
bolso *s.m.* poche *f.*
bom *adj.* bon; *bastante* — honorable.
bomba[1] *s.f.* (*mecanismo destinado a deslocar líquido*) pompe; — *de incêndio* pompe à incendie; — *de petróleo* pompe à essence.
bomba[2] *s.f.* (*projétil, artefato explosivo*) bombe.
bomba[3] *s.f.* (*gír. esc.*) reprovação em exame; *levar* — sécher, échouer, être recalé.
bomba[4] *s.f.* (*doce*) éclair *m.*
bombachas *s.f.pl.* culotte anglaise.
bombardear *v.t.* bombarder.
bombardeio *s.m.* bombardement.
bombástico *adj.* boursouflé.
bombear *v.t.* pomper.
bombeiro *s.m.* 1. (*soldado de fogo*) pompier; 2. (*encanador*) plombier.
bombo *s.m.* grosse caisse *f.*
bombom *s.m.* bonbon.
bombordo *s.m.* bâbord.
bom-dia *s.m.* bonjour.
bonacheirão *s.m.* bonasse, débonnaire; (*fam.*) pépère.
bonança *s.f.* accalmie, bonace.
bondade *s.f.* bonté.
bonde *s.m.* tramway, tram.
boné *s.m.* casquette *f.*
boneca *s.f.* poupée; (*infant.*) pépée; *de* — poupin.
boneco *s.m.* (*de engonço*) pantin, marionnette *f.*; (*desenhado*) bonhomme.

bonificação *s.f.* rabais.
bonitão *s.m.* bellâtre.
boniteza *s.f.* joliesse.
bonito *adj.* joli, beau; *interj.* (*fam.*) c'est du propre!
bonomia *s.f.* bonhomie.
bonzinho *adj.* (*fam.*) 1. gentil; 2. pas mal.
boquiaberto *adj.* bouche bée, ébaubi; *deixar* — en boucher un coin à.
boquilha *s.f.* fume-cigarette *m.*
borboleta *s.f.* papillon.
borboletear *v.int.* papillonner.
borborigmo *s.m.* borborygme.
borbotão *s.m.* jaillissement.
borbulhar *v.int.* (*líquido*) bouillonner, (*peixe*) frétiller.
borda *s.f.* bord *m.*, bordure; lisière.
bordada *s.f.* bordée.
bordado *s.m.* broderie *f.*
bordão[1] *s.m.* bourdon, bâton de pèlerin; trique *f.*
bordão[2] *s.m.* (*nota de música*) bourdon.
bordar[1] *v.t.* (*estender ao longo de*) border.
bordar[2] *v.t.* (*ornar de renda*) broder.
bordejar *v.int.* louvoyer.
bordel *s.m.* bordel.
bordo[1] *s.m.* bord.
bordo[2] *s.m.* (*árvore*) érable.
bordoada *s.f.* raclée.
boreal *adj.* boréal.
borla *s.m.* 1. houppe; gland *m.*; 2. toque.
boro *s.m.* bore.
borra *s.f.* tartre *m.*; (*de café*) marc *m.*; (*de cachimbo*) culot *m.*
borracha *s.f.* 1. caoutchouc *m.*; *embeber em* — caoutchouter; 2. (*de apagar*) gomme.
borracheiro *s.m.* réparateur de pneus.
borracho *adj.* ivre; *s.m.* ivrogne.
borrachudo *s.m.* (*inseto*) simulie.
borrador *s.m.* brouillard, main *f.* courante.
borralho *s.m.* cendre *f.* chaude.
borrão *s.m.* 1. (*mancha*) pâté, tache *f.* d'encre; 2. (*rascunho*) brouillon; 3. (*caderno*) brouillard, main courante.
borrar *v.t.* tacher, salir, barbouiller.
borrasca *s.f.* bourrasque.
borra-tintas *s.m.* (*depr.*) rapin.
borrifar *v.t.* asperger.
borrifos *s.m.pl.* (*das ondas*) embruns.
borzeguim *s.m.* brodequin.
bosque *s.m.* bois, bosquet.
bosquejar *v.t.* ébaucher.
bosquejo *s.m.* ébauche *f.*
bossa *s.f.* bosse.

bosta *s.f.* (*de cavalo*) crotte, crottin *m.*; (*de vaca*) bouse.
bosteiro *s.m.* bousier.
bota *s.f.* botte; (*fig.* e *fam.*) *bater a* — casser sa pipe.
bota-fora *s.m.* (*aprox.*) adieux *pl.*, *ir ao — de* faire un bout de conduite à.
botânica *s.f.* botanique.
botânico *s.m.* botanique; *s.m.* botaniste.
botão *s.m.* **1.** (*de roupa*) bouton; (*fig.*) *com os meus botões* à part moi; **2.** (*de planta*) bouton, pousse *f.*; **3.** bouton, pustule.
botar *v.t.* jeter; mettre; (*fam.*) fourrer, flanquer; (*ovos*) pondre; (*vulg.*) fiche(r), foutre; —*fora* foutre à la porte.
bote¹ *s.m.* canot.
bote² *s.m.* botte *f.*; coup d'épée.
boteco *s.m.* gargote *f.*
botequim *s.m.* mastroquet, bistro(t), estaminet, gargote *f.*
botequineiro *s.m.* mastroquet, gargotier.
boticão *s.m.* davier.
botija *s.f.* cruche; (*de água quente*) bouillotte.
botina *s.f.* bottine; — *militar* godillot *m.* (*fam.*).
botoeira *s.f.* boutonnière.
bovídeo *s.m.* bovidé.
bovino *adj.* bovin.
boxe *s.m.* boxe *f.*
boxeador *s.m.* boxeur.
brabo *adj.* (*fam.*) **1.** mauvais; **2.** nuisible; **3.** intense.
braça *s.f.* brasse.
braçada *s.f.* brassée.
braçadeira *s.f.* **1.** embrasse; **2.** brassard *m.*
braçal *adj.* fait à force de bras.
bracejar *v.int.* remuer les bras; s'agiter.
bracelete *s.m.* bracelet.
braço *s.m.* bras; — *de cadeira* accoudoir; *de — dado* bras dessus, bras dessous; *não dar o — a torcer* ne pas s'avouer vaincu.
bradar *v.int.* tonner.
brado *s.m.* cri; clameur *f.*; *em altos —s* à tue-tête.
braguilha *s.f.* braguette.
brâmane *s.m.* brahmane.
bramânico *adj.* brahmanique.
bramanismo *s.m.* brahmanisme.
bramir *v.int.* **1.** (*o veado*) bramer; **2.** (*o leão*) rugir.
branca *adj.* blanche.
branco *adj.* *s.* blanc.
brancura *s.f.* blancheur.

brandir *v.t.* brandir.
brando *adj.* tendre, doux.
brandura *s.f.* douceur.
branquear *v.t.* e *int.* blanchir.
brânquias *s.f.pl.* branchies, ouïes.
brasa *s.f.* braise; (*fig.*) *você está puxando a — para a sua sardinha* (*aprox.*) Vous êtes orfèvre, M. Josse.
brasão *s.m.* blason; armoiries *f.pl.*; — *de armas* écusson.
braseiro *s.m.* brasier.
Brasil *s.m.* Brésil.
brasileiro *adj.*; *s.pátr.* brésilien.
brasiliense *adj.*; *s.pátr.* (habitant) de Brasília.
bravata *s.f.* bravade.
bravio *adj.* **1.** féroce, farouche; **2.** (*campo*) en friche.
bravo *adj.* brave, vaillant, courageux.
bravura *s.f.* bravoure.
brecar *v.t.* freiner.
brecha *s.f.* brèche, trouée.
brejeirice *s.f.* polissonnerie.
brejeiro *adj.* égrillard, polisson.
brejo *s.m.* marais.
brenha *s.f.* *hallier *m.*; fourré *m.*
Bretanha *s.f.* Bretagne.
bretão *adj.*; *s.pátr.* breton.
breu *s.m.* goudron.
breve *adj.* bref; *s.m.* bref; *s.f.* brève.
brevê *s.m.* diplôme d'aviateur.
brevemente *adv.* bref; brièvement.
breviário *s.m.* bréviaire.
brevidade¹ *s.f.* (*curta duração*) brièveté.
brevidade² *s.f.* (*bolo*) petit gâteau *m.* sec.
bricabraque *s.m.* bric-à-brac, brocante *f.*
brida *s.f.* rêne, bride; *a toda a —* à toute bride.
briga *s.f.* querelle, démêlé; *procurar — com* chercher noise à.
brigada *s.f.* brigade.
brigão *adj.*; *s.m.* querelleur, tapageur, baroudeur.
brigar *v.int.* se quereller, se disputer; se brouiller, se chamailler; *v.t.* briguer; disputer.
brilhante *adj.* brillant, éclatant; *s.m.* brillant.
brilhantemente *adv.* brillamment.
brilhantina *s.f.* brillantine.
brilhar *v.int.* briller, éclater, rayonner.
brilho *s.m.* **1.** éclat, brillant, rayonnement; **2.** brio.
brim *s.m.* **1.** (*tecido*) coutil; **2.** (*traje*) treillis.

brincadeira *s.f.* plaisanterie, blague; jeu *m.*; badinage *m.*; (*fam.*) rigolade.
brincalhão *adj.*; *s.m.* badin, enjoué.
brincar *v.int.* **1.** jouer; **2.** blaguer, plaisanter; **3.** badiner, (*fam.*) rigoler.
brinco *s.m.* pendant d'oreille, boucle d'oreille.
brinco-de-princesa *s.m.* fuchsia.
brindar *v.t.* e *int.* trinquer.
brinde *s.m.* **1.** toast; **2.** cadeau; *dar um — a* primer.
brinquedo *s.m.* jouet; (*infant.*) joujou.
brio *s.m.* **1.** amour-propre, fierté *f.*, point d'honneur.
brioche *s.m.* brioche *f.*
brisa *s.f.* brise.
britadeira *s.f.* concasseur *m.*
britânico *adj.* britannique.
britar *v.t.* concasser.
broca *s.f.* (*ferramenta*) taraud *m.*; foret *m.*
brocado *s.m.* brocart.
brocar *v.t.* forer.
brochar *v.t.* brocher.
broche *s.m.* broche *f.*
brochura *s.f.* brochure.
brócolos *s.m.pl.* brocoli.
bromo *s.m.* brome.
bronca *s.f.* (*gír.*) **1.** réprimande, semonce; *dar uma — em* lâcher son paquet à; **2.** confusion, discussion.
bronco *adj.* stupide; bouché; grossier.
brônquio *s.m.* bronche *s.f.*
bronquite *s.f.* bronchite.
bronze *s.m.* bronze.
bronzeado *adj.* bronzé; (*pele*) basané; *hâlé, bronzé.
bronzear *v.t.* bronzer; (*pele*) *hâler, bronzer.
broquel *s.m.* bouclier.
brotação *s.f.* bourgeonnement *m.*
brotar *v.int.* sourdre, bourgeonner; ruisseler.
brotinho *s.m.* **1.** petite pousse *f.* d'arbre; **2.** (*fig.*) tendron, jeune fille.
broto *s.m.* bourgeon.
brotoeja *s.f.* éruption cutanée.
bruaca *s.f.* chipie.
bruços *s.m.pl. de* — à plat ventre.
bruma *s.f.* brume.
brumoso *adj.* brumeux.
brunir *v.t.* **1.** brunir; **2.** bronzer.
bruscamente *adv.* brusquement, de but en blanc, à brûle-pourpoint.
brusco *adj.* brusque.

brusquidão *s.f.* brusquerie.
brutal *adj.* brutal.
brutalidade *s.f.* brutalité.
brutamontes *s.m.* butor.
bruto *adj.* brut.
bruxa *s.f.* sorcière.
bruxaria *s.f.* sorcellerie.
bruxo *s.m.* sorcier.
bruxulear *v.int.* clignoter.
bucal *adj.* buccal.
bucaneiro *s.m.* boucanier.
bucha *s.f.* tampon *m*; bourrage *m.*
bucho *s.m.* (*pop.*) panse *f.*, ventre.
buço *s.m.* duvet.
bucólica *s.f.* bucolique.
bucólico *adj.* bucolique.
búdico *adj.* bouddhique.
budismo *s.m.* bouddhisme.
budista *adj.*; *s.* bouddhiste.
bueiro *s.m.* bouche *f.* d'égoût.
búfalo *s.m.* buffle.
bufar *v.int.* souffler.
bufarinheiro *s.m.* colporteur.
bufê *s.m.* buffet.
bufo *adj.* bouffe; *s.m.* bouffon.
bugiganga *s.f.* colifichet *m.*, babiole.
bugre *s.m.* indien sauvage.
bujão *s.m.* **1.** tampon, bouchon; **2.** récipient métallique.
bula *s.f.* bulle.
bulbo *s.m.* bulbe.
bulboso *adj.* bulbeux.
buldogue *s.m.* bouledogue, dogue.
bule *s.m.* théière *f.*
bulevar *s.m.* boulevard.
Bulgária *s.f.* Bulgarie.
búlgaro *adj.*; *s.pátr.* bulgare.
bulha *s.f.* criaillerie, tapage *m.*
bulício *s.m.* brouhaha.
buliçoso *adj.* remuant.
bulimia *s.f.* boulimie.
bulir *v.int.* se mouvoir; (*fam.*) frétiller.
bumba *interj.* zas!, patatras!
bunda *s.f.* fesses *pl.*, (*pop.*) cul *m.*
buquinar *v.t.* bouquiner.
buraco *s.m.* trou; *abrir um — em* trouer; *tapar um —* boucher un trou.
buraqueira *s.f.* (*pej.*) bled *m.*
burel *s.m.* bure *f.*
burgo *s.m.* bourg.
burguês *adj.*; *s.* bourgeois.
burguesia *s.f.* bourgeoisie.
buril *s.m.* burin.
burilar *v.t.* buriner, ciseler.

burla *s.f.* fraude.
burlar *v.t.* attraper, duper.
burlesco *adj.* burlesque, bouffon.
burocracia *s.f.* burocratie.
burocrata *s.* burocrate.
burocrático *adj.* burocratique.
burrada, burrice *s.f.* bêtise, ânerie.
burro *s.m.* âne, *dar com os —s n'água* **1.** s'emporter; **2.** faire une bêtise; *para — loc.adv.* à la pelle.
busca *s.f.* recherche.
buscador *s.m.* chercheur.
busca-pé *s.m.* serpenteau.
buscar *v.t.* chercher, rechercher; *mandar —* envoyer chercher.
busílis *s.m.* (*fam.*) hic.
bússola *s.f.* boussole, compas *m.*
busto *s.m.* buste.
buxo *s.m.* buis.
buzina *s.f.* corne; klaxon *m.*
buzinar *v.int* comer; klaxonner.
búzio *s.m.* buccin.

C

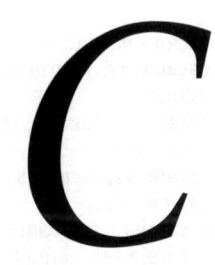

cá *adv.* ici; *daí para* — dès lors; *para* — en deçà.
cabaça *s.f.* calebasse, gourde.
cabaceiro *s.m.* calebassier.
cabaço *s.f.* **1.** calebasse; **2.** (*vulg.*) hymen.
cabala *s.f.* cabale.
cabalar *v.int.* cabaler.
cabana *s.f.* cabane, hutte.
cabaré *s.m.* cabaret.
cabaz *s.m.* cabas.
cabeça *s.f.* tête; (*pop.*) caboche, boule, binette, tronche, trombine; *da — aos pés* de la tête aux pieds; *meter na —* se mettre dans la tête; *meta isso na sua —* enfoncez-vous ça bien dans la tête; *quebrar a —* se creuser la tête.
cabeçada *s.f.* coup *m.* de tête.
cabeça de porco *s.f.* (*aprox.*) taudis *m.*
cabeçalho *s.m.* **1.** en-tête; **2.** manchette *f.*
cabecear *v.int.* dodeliner de la tête.
cabeceira *s.f.* (*de cama*) chevet *m.*; (*de mesa*) haut *m.*
cabeçudo *adj.* têtu, entêté.
cabedal *s.m.* capital, fonds.
cabeleira *s.f.* chevelure.
cabeleireiro *s.m.* coiffeur.
cabelo *s.m.* cheveu.
cabeludo *adj.* chevelu; (*fig.*) **1.** compliqué; **2.** grossier.
caber *v.int.* **1.** tenir, entrer; *não — em si de contente* se pâmer de joie, ne pas se sentir de joie; **2.** (*por sorte*) échoir, incomber; (*de direito*) revenir.
cabide *s.m.* portemanteau, patère *f.*, cintre; (*fig.*) *— de empregos* cumulard.
cabido *s.m.* chapitre.
cabimento *s.m.* opportunité *f.*; raison *f.* d'être.
cabina *s.f.* cabine; *— do aviador* habitacle *m.*; *— indevassável* (*para votação*) isoloir.

cabineiro *s.m.* liftier.
cabisbaixo *adj.* la tête basse.
cabível *adj.* opportun; convenable.
cabo[1] *s.m.* **1.** bout, extrémité *f.*; *— do leme* drosse *f.*; *de — a rabo* d'un bout à l'autre; **2.** (*ponta por onde se segura um objeto*) queue *f.*, manche, poignée *f.*
cabo[2] *s.m.* caporal.
cabo[3] *s.m.* câble.
caboclo *s.m.* métis de blanc et indien; paysan de l'intérieur du Brésil.
cabograma *s.m.* câblogramme, câble.
cabotagem *s.f.* cabotage *s.m.*
cabotina *s.f.* cabotine, poseuse.
cabotinismo *s.m.* cabotinage.
cabotino *s.m.* cabot, cabotin, poseur.
cabra *s.f.* **1.** chèvre; (*fam.*) bique; **2.** (*pop.*) métis de mulâtre et de nègre; individu, type.
cabra-cega *s.f.* colin-maillard *m.*
cabrestante *s.m.* cabestan, treuil.
cabresto *s.m.* licou.
cabriola *s.f.* cabriole.
cabrito *s.m.* chevreau, (*fam.*) cabri, bicot.
cabrocha *s.f.* jeune mulâtresse.
cábula[1] *s.f.* (*pop.*) poisse, malchance.
cábula[2] *s.m.* cancre, élève peu assidu.
cabuloso *adj.* malchanceux.
caça *s.f.* **1.** chasse; *— ilegal* braconnage *m.*; *praticar a — ilegal* braconner; **2.** (*animais caçados*) gibier *m.*; (*a carne desses animais*) venaison.
caçada *s.f.* chasse; partie de chasse, battue.
caçador *s.m.* chasseur; (*de pássaros*) oiseleur; *— furtivo* braconnier.
caçamba *s.f.* seau.
caça-níqueis *s.m.* machine *f.* à sous.
caçanje *s.m.* portugais mal parlé; (*aprox.*) petit-nègre.

cação *s.m.* squale.
caçapa *s.f.* (*buraco da mesa de sinuca*) blouse.
caçar *v.t.* chasser; (*com reclamo, chamariz*) piper.
cacarecos, cacaréus *s.m.pl.* bataclan, vieilles hardes *f.*
cacarejar *v.int.* caqueter, glousser.
cacarejo *s.m.* caquet, gloussement.
caçarola *s.f.* casserole, pot *m.*, fait-tout *m.*
cacatua *s.f.* cacatoès *m.*
cacau *s.m.* cacao.
cacaueiro *s.m.* cacaoyer.
cacetada *s.f.* 1. coup *m.* de matraque *m.*; 2. (*fig.*) ennui *m.*, embêtement *m.*
cacete[1] *s.m.* gourdin, matraque *f.*, brique.
cacete[2] *adj.*; *s.* raseur.
cacetear *v.t.* embêter, raser.
cachaça *s.f.* eau-de-vie.
cachação *s.m.* taloche *f.*
cachaceiro *s.m.* ivrogne; (*fam.*) soûlard.
cachalote *s.m.* cachalot.
cachê *s.m.* cachet.
cachecol *s.m.* cache-col.
cachimbo *s.m.* pipe *f.*; — *dos índios* calumet.
cacho *s.m.* grappe *f.*; (*de banana*) régime.
cachola *s.f.* tête; (*fam.*) caboche, ciboulot *m.*, tirelire.
cacholeta *s.f.* calotte; *dar —s* calotter.
cachorra *s.f.* chienne.
cachorrada *s.f.* bande de chiens.
cachorrinho *s.m.* chiot, loulou.
cachorro *s.m.* 1. chien; (*fam.*) cabot, clebs; 2. (*filhote de animal*) petit.
cachorro-quente *s.m.* hot dog.
cacique *s.m.* cacique.
caco *s.m.* tesson.
caçoada *s.f.* moquerie.
caçoar *v.int.* — *de* se moquer de.
cacoete *s.m.* tic.
cacófato *s.m.* cacophonie.
cacto *s.m.* cactus.
caçula *adj.*; *s.* dernier-né, cadet; dernière-née *f.*, cadette.
cada *adj.indef.* chaque; — *um pron.* chacun; — *uma* chacune.
cadafalso *s.m.* échafaud, gibet.
cadarço *s.m.* lacet.
cadastral *adj.* cadastral.
cadastro *s.m.* cadastre.
cadáver *s.m.* cadavre; (*de animal*) charogne *f.*; (*gír.*) macchabée.
cadavérico *adj.* cadavérique.

cadê (*pop.*) où est?, qu'est devenu?
cadeado *s.m.* cadenas; *fechar a* — cadenasser.
cadeia[1] *s.f.* 1. chaîne; 2. série, succession.
cadeia[2] *s.f.* prison, tôle.
cadeira *s.f.* 1. chaise, siège; — *de balanço* chaise à bascule, berceuse, rocking-chair; — *de coro* stalle; — *dobrável* pliant; — *reclinável* strapontin; 2. (*universitária*) chaire.
cadeiras *s.f.pl.* hanches, reins *m.*
cadela *s.f.* chienne.
cadência *s.f.* cadence.
cadente *adj.* tombant; (*estrela*) filant.
caderneta *s.f.* livret; — *escolar* livret scolaire.
caderninho *s.m.* calepin, carnet.
caderno *s.m.* cahier; — *de encargos* cahier des charges.
cadete *s.m.* cadet.
cadinho *s.m.* creuset.
caducar *v.int.* 1. (se) périmer; 2. être gâteux.
caducidade *s.f.* caducité.
caduco *adj.* caduco.
caduquice *s.f.* gâtisme *m.*
cafajeste *s.m.* (*pop.*) mufle, salaud, saligaud, fumier.
cafajestice *s.f.* muflerie, saloperie.
cafarnaum *s.m.* capharnaum.
café *s.m.* 1. café; — *com leite* café au lait, café crème; — *da manhã* petit déjeuner; (*fam.*) jus; 2. café, bar.
cafeeiro *s.m.* caféier.
cafeína *s.f.* caféine.
cafetã *s.m.* caftan.
cafeteira *s.f.* cafetière.
cafona *adj.* (*fam.*) provincial, balourd, d'un mauvais goût prétentieux.
cáften *s.m.* (*pop.*) maquereau.
caftina *s.f.* (*pop.*) maquerelle.
cafua *s.f.* caverne; taudis *m.*
cafundó *s.m.* (*fam.*) endroit désert, parage.
cafuné *s.m. fazer* — gratter la tête de quelqu'un pour le faire dormir.
cafuzo *s.m.* métis de noir et d'indien.
cagaço *s.m.* (*fam.*) trac, frousse *f.*
cágado *s.m.* tortue d'eau.
cagar *v.int.* chier.
caguetar *v.t.* cafarder.
caguete *s.m.* cafard, mouchard.
caiação *s.f.* badigeonnage, badigeon *m.*
caiaque *s.m.* kayak.

caiar *v.t.* badigeonner.
cãibra *s.f.* crampe.
caído *adj.* 1. tombé; 2. échu; 3. *(fam.)* épris, fou.
caimão *s.m.* caiman.
caipira *s.* paysan du Brésil; *(aprox.)* pedzouille, péquenot.
caipora *s.* *(fam.)* déveinard.
caiporismo *s.m.* déveine.
cair *v.int.* tomber; — *fora (fam.)* se barrer; — *para trás* tomber à la renverse; *s.m.* ao — *da noite* à la nuit tombante.
Cairo *s.m.* le Caire.
cais *s.m.* quai.
caititu *s.m.* pécari.
caixa *s.f.* 1. caisse, boîte; — *registradora* tiroir-caisse *m.* *Caixa Econômica* Caisse d'Epargne; — *de escada* cage d'escalier; 2. caissière; *s.m.* caissier.
caixão *s.m.* 1. grande caisse; 2. cercueil, bière *f.*; sapin.
caixeiro *s.m.* 1. commis; — *-viajante* commis voyageur; 2. vendeur.
caixilho *s.m.* *(para fotografia)* passe-partout.
caixinha *s.f.* coffret *m.*; — *de jogo* cagnotte.
caixote *s.m.* petite caisse *f.*
cajado *s.m.* *houlette.
caju *s.m.* anacarde, cajou.
cajueiro *s.m.* anacardier.
cal *s.f.* chaux.
calabouço *s.m.* cachot, oubliette *f.*
calado[1] *adj.* taciturne; *não saber ficar —* ne pas savoir tenir sa langue.
calado[2] *s.m.* tirant d'eau.
calafate *s.m.* calfat, frotteur.
calafetar *v.t.* calfater.
calafrio *s.m.* frisson.
calamidade *s.f.* calamité; *estado de — pública* état d'urgence.
calamitoso *adj.* calamiteux.
cálamo *s.m.* 1. chaume; 2. chalumeau, flûte.
calão *s.m.* argot.
calar[1] *v.t.* taire; *v.pron.* se taire.
calar[2] *v.t.* *(a baioneta na ponta do fuzil)* fixer.
calça *s.f.* pantalon *m.*
calçada *s.f.* trottoir *m.*, pavé *m.*; — *de café* terrasse.
calçadeira *s.f.* chausse-pied, corne à chaussures.
calçado *s.m.* chaussure *f.*
calçamento *s.m.* pavé, dallage.

calcanhar *s.m.* talon.
calção *s.m.* culotte *f.*
calcar *v.t.* piétiner; fouler aux pieds; tasser.
calçar *v.t.* chausser; caler.
calcário *adj.*; *s.m.* calcaire.
calcificar *v.t.* calcifier.
calcinar *v.t.* calciner.
calcinha *s.f.* culotte.
cálcio *s.m.* calcium.
calço *s.m.* cale *f.*; calot; taquet.
calculador *s.m.* calculateur.
calculadora *s.f.* calculateur *m.*; calculatrice.
calcular *v.t.* calculer.
calculista *adj.* calculateur; intéressé.
cálculo[1] *s.m.* *(operação aritmética)* calcul.
cálculo[2] *s.m.* *(concreção na vesícula)* calcul.
caldeira *s.f.* chaudière.
caldeirão *s.m.* chaudron.
caldeireiro *s.m.* chaudronnier.
caldo *s.m.* bouillon; — *de carne* consommé.
caleça *s.f.* calèche.
calefação *s.f.* chauffage.
calefatar *v.t.* calfeutrer.
calejar *v.t.* rendre calleux; *(fig.)* endurcir.
calendário *s.m.* calendrier.
calêndula *s.f.* souci.
calha *s.f.* gouttière.
calhamaço *s.m.* gros livre.
calhambeque *s.m.* *(automóvel ruim e velho)* bagnole *f.*; *(fam.)* guimbarde *f.*, teuf-teuf, chignole *f.*
calhar *v.int.* tomber bien, tomber à pic.
calhau *s.m.* caillou.
calhorda *s.* fripouille *f.*, canaille *f.*, crapule *f.*
calibrar *v.t.* calibrer.
calibre *s.m.* calibre.
caliça *s.f.* platras *m.*
cálice *s.m.* calice; *beber o — da amargura* boire le calice jusqu'à la lie.
calidoscópio *s.m.* kaléidoscope.
califa *s.m.* calife.
caligrafia *s.f.* calligraphie.
calígrafo *s.m.* calligraphe.
calista *s.* pédicure.
calma *s.f.* calme *m.*
calmamente *adv.* posément.
calmante *adj.*; *s.m.* calmant.
calmaria *s.f.* bonace, calme *m.* plat.
calmo *adj.* calme, posé, paisible.
calo *s.m.* cor, œil-de-perdrix.

calombo *s.m.* tuméfaction *f.*, tumeur.
calor *s.m.* chaleur *s.f.*; *faz* — il fait chaud.
calorento *adj.* sensible à la chaleur.
caloria *s.f.* calorie.
calorífero *s.m.* calorifère.
caloroso *adj.* chaleureux.
calosidade *s.f.* callosité.
caloso *adj.* calleux.
calota *s.f.* calotte; (*de automóvel*) enjoliveur *m.*
calote *s.m.* (*fam.*) escroquerie.
calotear *v.t.* (*fam.*) carotter, escroquer.
calouro *s.m.* nouveau, bizuth.
caluda! *interj.* chut!
calúnia *s.f.* calomnie.
caluniador *s.m.* calomniateur.
caluniar *v.t.* calomnier.
calunioso *adj.* calomnieux.
calvário *s.m.* calvaire.
calvície *s.f.* calvitie.
calvinismo *s.m.* calvinisme.
calvinista *adj.*; *s.* calviniste.
calvo *adj.* chauve.
cama *s.f.* lit *m.*; couche; (*pop.*) page *m.*; plumard *m.*; (*infant.*) dodo; (*fam.*) pieu *m.*; — *de lona*, — *de vento* lit de sangle; *ficar de* — garder le lit.
camada *s.f.* couche.
camafeu *s.f.* (*de duas cores*) camée *f.*; (*de uma só cor*) camaïeu.
camaleão *s.m.* caméléon.
câmara *s.f.* 1. chambre; — *de ar* chambre à air; — *dos deputados* chambre des députés; 2. caméra.
camarada *s.* camarade.
camaradagem *s.f.* camaraderie.
camarão *s.m.* crevette *f.*
camarilha *s.f.* camarille, clique.
camarim *s.m.* loge *f.* (des acteurs).
camarote *s.m.* loge *f.*
cambada *s.f.* enfilade; (*depr.*) bande, tas *m.*
cambaio *adj.* cagneux; (*sapato*) éculé; (*fam.*) panard.
cambalacho *s.m.* entente *f.* secrète, tromperie *f.*
cambalear *v.int.* chanceler, flageoler sur ses jambes.
cambalhota *s.f.* culbute, cabriole, roulé-boulé *m.*
cambar *v.int.* 1. boiter; 2. (*sapato*) être éculé.
cambaxirra *s.f.* (*pássaro*) troglodyte *m.*
cambial *adj.* cambial.
cambiante *s.m.* nuance *f.*; *adj.* chatoyant.

cambiar *v.t.* changer (*dinheiro*); *v.int.* chatoyer.
câmbio *s.m.* change.
cambista *s.m.* agent *m.* de location.
Camboja *s.m.* Cambodge *m.*
cambraia *s.f.* batiste; — *de linho* linon *m.*
camélia *s.f.* camélia *m.*
camelo *s.m.* chameau.
camelô *s.m.* camelot, forain; (*sem licença*) marchand à la sauvette.
câmera *s.f.* caméra.
camicase *s.m.* kamikaze.
caminhada *s.f.* 1. promenade, course; 2. route parcourue, route à parcourir.
caminhão *s.m.* camion; — *-tanque* *s.m.* camion-citerne.
caminhar *v.int.* cheminer, marcher.
caminho *s.m.* chemin; *errar o* — faire fausse route; *no* — chemin faisant.
caminhonete *s.f.* camionnette.
camisa *s.f.* chemise; — *de bebê* brassière; — *de dormir* chemise de nuit; (*pop.*) limace, liquette; — *esporte* chemise sport, chemisette; — *social* chemise de ville; *estar em* — *de onze varas* être dans ses petits souliers, ne pas en mener large.
camisa de força *s.f.* camisole de force.
camisa de vênus *s.f.* capote anglaise.
camiseiro *s.m.* chemisier.
camiseta *s.f.* maillot *m.* de corps, tricot *m.* de corps.
camisola *s.f.* chemise de nuit; déshabillé *m.*; — *de força* camisole de force.
camomila *s.f.* camomille.
campa *s.f.* 1. pierre sépulcrale; 2. tombe.
campainha *s.f.* 1. sonnette, timbre *m.*; *tocar a* — sonner; 2. (*flor*) liseron *m.*
campanário *s.m.* clocher, campanile.
campanha *s.f.* 1. (*campo*) campagne; 2. (*conjunto de operações militares e outras*) campagne.
campeã *s.f.* championne.
campeão *s.m.* champion.
campeonato *s.m.* championnat.
campesino *adj.* champêtre; *s.* campagnard.
campestre *adj.* champêtre.
campina *s.f.* campagne, plaine.
camping *s.m.* camping.
campo *s.m.* champ; campagne *f.*
camponês *adj.*; *s.m.* paysan, campagnard; *os* —*es* paysannerie *f.*; (*pop.*) péquenot; (*gír.*) pedzouille; (*depr.*) cul-terreux.
camponesa *adj.*; *s.f.* paysanne, campagnarde.

campônio *adj.*; *s.* paysan.
campus *s.m.* campus.
camuflagem *s.f.* camouflage.
camuflar *v.t.* camoufler.
camundongo *s.m.* souris *f.*
camurça *s.f.* chamois *m.*; daim *m.*; *lustrar com* — peaufiner.
cana[1] *s.f.* roseau, canne; *não se pode chupar — e assobiar ao mesmo tempo* on ne peut pas être à la fois au moulin et au four.
cana[2] *s.f.* (*gír.*) tôle.
Canadá *s.m.* Canada.
canadense *adj.*; *s.pátr.* canadien.
cana-de-açúcar *s.f.* canne à sucre.
canal *s.m.* canal, chenal.
canalha *s.f.* canaille.
canalhice *s.f.* canaillerie.
canalisar *v.t.* canaliser.
canapé *s.m.* canapé.
canapê *s.m.* (*fatia de pão com condimento*) canapé.
canário *s.m.* canari, serin.
canastra[1] *s.f.* (*cesta*) banne.
canastra[2] *s.f.* (*jogo de cartas*) canasta.
canastrão *s.m.* (*gír.*) cabotin.
canavial *s.m.* cannaie *f.*
cancã *s.m.* cancan.
canção *s.f.* chanson; — *de ninar* berceuse.
cancela *s.f.* 1. porte grillée; 2. barrière (de passage à niveau).
cancelamento *s.m.* radiation *f.*, annulation *f.*
cancelar *v.t.* annuler, biffer, radier; (*encomenda*) décommander.
câncer *s.m.* cancer.
canceroso *s.m.* cancéreux.
cancha *s.f.* court *m.*
cancioneiro *s.m.* recueil de chansons.
cancro *s.m.* chancre.
candeeiro *s.m.* lampe *f.*, réverbère.
candelabro *s.m.* candélabre.
Candelária *s.f.* Chandeleur.
candidata *s.f.* candidate.
candidatar-se *v.pron.* se porter candidat, poser sa candidature; — *-se de novo* se représenter.
candidato *s.m.* candidat; — *a marido* épouseur.
candidatura *s.f.* candidature.
cândido *adj.* candide.
candomblé *s.m.* (*aprox.*) vaudou.
candura *s.f.* candeur.
caneco *s.m.* broc; — *de cerveja* bock.

canela[1] *s.f.* canelle.
canela[2] *s.f.* tíbia *m.*; *esticar a* — (*pop.*) casser sa pipe, mourir.
caneleira *s.f.* cannelier *m.*
canelura *s.f.* cannelure.
caneta *s.f.* porte-plume *m.*; — *esferográfica* stylo à bille, bic *m.*; — *-tinteiro* porte--plume *m.*, réservoir.
cânfora *s.f.* camphre *s.m.*
canga *s.f.* joug.
cangaceiro *s.m.* bandit (du nord-est du Brésil).
cangaço *s.m.* la vie des *cangaceiros*.
cangalho *s.m.* baderne *f.*
canguru *s.m.* kangourou.
cânhamo *s.m.* chanvre.
canhão *s.m.* canon.
canhestro *adj.* 1. maladroit, gauche; 2. timide.
canhoneio *s.m.* canonnade.
canhoneira *s.f.* canonnière.
canhoto[1] *adj.*; *s.* gaucher.
canhoto[2] *s.m.* souche *f.*, talon *m.*
canibal *s.* cannibale.
canicho *s.m.* caniche.
caniço *s.m.* roseau; *pescar de* — pêcher à la ligne.
canícula *s.f.* canicule.
canil *s.m.* chenil.
canino *adj.* canin; *s.m.* canine *f.*
canivete *s.m.* canif.
canja *s.f.* bouillon (de poule au riz).
canjica *s.f.* bouillie de farine de maïs.
cano *s.m.* 1. tuyau, conduite *f.* 2. (*de arma*) canon; 3. (*gír.*) *entrar pelo* — se laisser duper.
canoa *s.f.* canot *m.*
canoeiro *s.m.* canotier.
cânon *s.m.* canon.
canonicato *s.m.* canonicat.
canônico *adj.* canonique.
canonização *s.f.* canonisation.
canonizar *v.t.* canoniser.
cansaço *s.m.* fatigue *f.*
cansado *adj.* fatigué, las; — *de lutar* de guerre lasse.
cansar *v.t.* fatiguer; — *-se v.pron.* se fatiguer; (*pop.*) se fouler; — *demais* se tuer; *não* — *de* ne pas tarir de.
cansativo *adj.* fatigant.
canseira *s.f.* fatigue.
cantada *s.f.* (*chulo*) appel *m.* de pied.
cantador *s.m.* poète et chanteur populaire.
cantão *s.m.* canton.

cantar *v.t.* e *int.* chanter.
cantaria *s.f.* pierre de taille.
cântaro *s.m.* cruche *f.*; *chove a —s* il pleut à verse; il pleut des *hallebardes.
cantarolar *v.t.* e *int.* chantonner.
cantata *s.f.* cantate.
canteiro *s.m.* **1.** (*de jardim*) carré, parterre; **2.** (*de obra*) chantier.
cântico *s.m.* cantique.
cantil *s.m.* gourde *f.*
cantilena *s.f.* cantilène.
cantina *s.f.* cantine.
canto¹ *s.m.* chant.
canto² *s.m.* coin, angle.
cantochão *s.m.* plain-chant.
cantoneira *s.f.* encoignure.
cantoneiro *s.m.* cantonnier.
cantor *s.m.* chanteur.
cantora *s.f.* cantatrice; chanteuse.
canudo *s.m.* paille *f.*
canutilha *s.f.* cannetille.
cão *s.m.* chien; (*pop.*) diable.
caolho *adj.*; *s.* borgne.
caos *s.m.* chaos.
caótico *adj.* chaotique.
capa *s.f.* manteau *m.*; pardessus *m.*; trenchcoat *m.*; (*acolchoada*) douillette; (*fam.*) pelure; (*de chuva*) imperméable *m.* (*de livro*) couverture; (*de guarda-chuva*) fourreau, gaine *f.*
capacete *s.m.* casque.
capacho *s.m.* paillasson; tapis-brosse.
capacidade *s.f.* capacité; *ter — para* jauger.
capacitar *v.t.* **1.** persuader; **2.** habiliter.
capanga *s.m.* homme de main, sbire; (*fam.*) gorille.
capão *s.m.* chapon; (*cavalo*) hongre.
capar *v.t.* châtrer, castrer; (*um galo*) chaponner.
caparrosa *s.f.* couperose.
capataz *s.m.* chef d'équipe.
capaz *adj.* capable; *declarar-se — de* se faire fort de; *mostrar de que é —* donner sa mesure.
capcioso *adj.* captieux.
capela *s.f.* chapelle.
capelão *s.m.* chapelain; *— militar* aumônier.
capenga *adj.*; *s.* boiteux, éclopé.
capengar *v.int.* boiter.
capeta *s.m.* diable; *adj.* espiègle.
capiau *s.m.* o mesmo que *caipira.*
capilar *adj.* capillaire.

capim *s.m.* (*aprox.*) herbe *f.*, foin.
capinar *v.t.* sarcler, débroussailler, désherber.
capital¹ *adj.* capital.
capital² *s.m.* capital.
capital³ *s.f.* capitale.
capitalismo *s.m.* capitalisme.
capitalista *adj.*; *s.* capitaliste; *s.m.* rentier.
capitalização *s.f.* capitalisation.
capitalizar *v.t.* capitaliser.
capitão *s.m.* capitaine.
capitel *s.m.* chapiteau.
capitoso *adj.* capiteux.
capitulação *s.f.* capitulation.
capitular *v.int.* capituler.
capítulo *s.m.* **1.** chapitre; point; **2.** chapitre, assemblée d'ecclésiastiques.
capivara *s.f.* cabiai *m.*
capixaba *adj.*; *s.pátr.* de l'État de Espírito Santo.
capô *s.m.* capot.
capoeira¹ *s.f.* basse-cour; mue; poulailler *m.*
capoeira² *s.f.* (*aprox.*) savate, boxe française.
capota *s.f.* capote, *houppelande.
capotar *v.int.* capoter.
caprichar *v. int.* s'entêter; s'efforcer; fignoler.
capricho *s.m.* **1.** caprice; **2.** entêtement; **3.** soin (excessif); **4.** point d'honneur.
caprichoso *adj.* **1.** capricieux; **2.** fait avec soin.
cápsula *s.f.* capsule; (*remédio*) cachet *m.*
captação *s.f.* captation.
captura *s.f.* **1.** capture; **2.** saisie.
capturar *v.t.* **1.** capturer; **2.** saisir.
capuchinha *s.f.* (*flor*) capucine.
capuchinho *adj.*; *s.m.* capucin.
capuz *s.m.* capuchon.
caquet *s.m.* cacarejo; (*fig.*) mexerico.
caqueter *v.int.* cacarejar.
cáqui *adj.* kaki.
caqui *s.m.* kaki; plaquemine *f.*
caquizeiro *s.m.* plaqueminier.
cara *s.f.* **1.** (*fam.*) figure; visage; tête; (*gír.*) binette, boule, caboche, fraise, gueule, frime; **2.** (*fig. pop.*) mec, type; *— ou coroa* pile ou face; *amarrar a —* se renfrogner; *dizer na —* ne pas l'envoyer dire; *estar de — cheia* avoir un verre dans le nez; *encher a —* lever le coude; *encontrar-se — a — com* se trouver nez à nez avec; *fazer — feia* tiquer; *ficar de — amarrada* faire la tête; *ir com a — de* blairer; *mostrar má*

— rechigner; *não ter — atraente* ne pas payer de mine; *quebrar a — de* casser la gueule à.
carabina *s.f.* carabine.
carabineiro *s.m.* carabinier.
caraça *s.f.* trogne.
caracol *s.m.* escargot, colimaçon, limaçon.
caracolar *v.int.* caracoler.
caracteres *s.m.pl.* caractères, signes d'écriture, types.
característica *s.f.* caractéristique, trait *m.*
característico *adj.* caractéristique.
caracterizar *v.t.* caractériser; (*o rosto de um ator*) grimer.
cara de pau *adj.*; *s.* insolent, effronté, caradura; *ser — avoir* du culot, avoir du toupet.
caraíba *adj.*; *s.pátr.* caraïbe.
caramanchão *s.m.* tonnelle *f.*
caramba *interj.* sapristi.
carambola *s.f.* (*fruta*) carambole.
carambolar *v.int.* caramboler.
caramboleira *s.f.* carambolier *m.*
caramelo *s.m.* caramel.
cara-metade *s.f.* (*fam.*) femme, épouse; moitié, légitime.
caramujo *s.m.* o mesmo que *caracol.*
caranguejo *s.m.* crabe.
carão *s.m.* réprimande *f.*; *passar um — em* *houspiller.
carapaça *s.f.* carapace.
carapetão *s.m.* bourde *f.*
carapuça *s.f.* 1. bonnet *m.*; 2. (*fig.*) allusion sarcastique.
caratê *s.m.* karaté.
caráter *s.m.* caractère; caractéristique *f.*; *mau- —* mauvais sujet.
caravana *s.f.* caravane.
caravela *s.f.* caravelle.
carbonato *s.m.* carbonate.
carbonizar *v.t.* carboniser.
carbono *s.m.* carbone.
carbúnculo *s.m.* 1. (*doença*) charbon; 2. (*pedra fina*) escarboucle *f.*
carburador *s.m.* carburateur.
carburante *s.m.* carburant.
carburar *v.t.* carburer.
carcaça *s.f.* carcasse.
cárcere *s.m.* prison *f.*; cachot.
carcereiro *s.m.* geôlier, garde-chiourme.
carcinoma *s.m.* carcinome.
carcomido *adj.* vermoulu.
cardada *s.f.* peignée.
cardado *adj.* cardé, peigné.

cardápio *s.m.* menu, carte *f.*
cardar *v.t.* carder, peigner.
cardeal[1] *adj.* cardinal, principal.
cardeal[2] *s.m.* (*prelado*) cardinal.
cardeal[3] *s.m.* (*pássaro*) cardinal.
cardíaco *adj.* cardiaque.
cardigã *s.m.* cardigan.
cardinal *adj.* cardinal.
cardiologia *s.f.* cardiologie.
cardiologista *s.* cardiologue.
cardo *s.m.* chardon.
cardume *s.m.* banc (de poissons).
careca *adj.* chauve.
carecer *v.t.* manquer de, avoir besoin de.
carena *s.f.* carène.
carência *s.f.* carence.
carestia *s.f.* cherté.
careta *s.f.* grimace.
caretear *v.int.* grimacer.
carga *s.f.* 1. charge; cargaison; fardeau *m.*; 2. — (*de caneta*) recharge; — (*de lapiseira*) refil *m.* 3. charge, accusation.
cargo *s.m.* charge *f.*; emploi.
cargueiro *s.m.* cargo.
cariar *v.t.* carier.
caricatura *s.f.* caricature.
caricatural *adj.* caricatural.
caricaturar *v.t.* caricaturer.
caricaturista *s.* caricaturiste.
carícia *s.f.* caresse.
caridade *s.f.* charité.
caridoso *adj.* charitable.
cárie *s.f.* carie.
carimbar *v.t.* timbrer.
carimbo *s.m.* timbre, tampon, cachet; — *datador* horodateur.
carinha *s.f.* frimousse, minois *m.*
carinho *s.m.* affection, tendresse.
carinhoso *adj.* affectueux, tendre.
carioca *adj.*; *s.* (habitant) de Rio de Janeiro.
carisma *s.m.* charisme.
carlinga *s.f.* carlingue.
Carlitos *s.m.* (*Charles Chaplin*) Charlot.
carmelita *adj.*; *s.* carme, carmélite.
carmesim *adj.*; *s.m.* cramoisi.
carmim *adj.*; *s.m.* carmin.
carnal *adj.* charnel.
carnaval *s.m.* carnaval.
carnavalesco *adj.* carnavalesque.
carne *s.f.* 1. chair; *em — e osso* en chair et en os; 2. (*servida como comida*) viande; (*de caça*) venaison; *abster-se de —* faire maigre; 3. (*fig.*) *— de pescoço* forte tête.

carneiro[1] *s.m.* mouton; — *hidráulico* bélier.
carneiro[2] *s.m.* urne *f.* funéraire.
carne-seca *s.f.* viande salée; *estar por cima da* — *(fig.)* tenir le haut du pavé.
carniça[1] *s.f.* curée.
carniça[2] *s.f.* saute-mouton *m.*; *pular* — jouer à saute-mouton.
carnificina *s.f.* carnage *m.*, massacre *m.*, tuerie.
carnívoro *adj.*; *s.* carnivore, carnassier.
carnudo *adj.* charnu.
caro *adj.* cher, coûteux; *adv.* cher.
caroá *s.m.* *(planta bromeliácea)* caroa.
caroço *s.m.* noyau; *(fig.)* tumeur *f.*
carola *adj.*; *s.* bigot, cagot, calotin.
carolice *s.f.* bigoterie.
carona *s.f.* 1. auto-stop; 2. *(pessoa que pede* —*)* auto-stoppeur; *pedir* — faire l'auto-stop; *entrar de* — resquiller.
carótida *s.f.* carotide.
carpa *s.f.* carpe.
carpideira *s.f.* pleureuse.
carpintaria *s.f.* charpenterie.
carpinteiro *s.m.* charpentier.
carrada *s.f.* voiturée.
carranca *s.f.* 1. trogne, visage *m.* refrogné; 2. mascaron *m.*
carrancudo *adj.* morose.
carrapateira *s.f.* ricin.
carrapato *s.m.* tique *f.*
carrasco *s.m.* bourreau; exécuteur des hautes œuvres.
carraspana *s.f.* *(pop.)* cuite, ivresse, soûlographie, soûlerie.
carrear *v.t.* charrier.
carregador *s.m.* porteur; porte-faix; fort (des *halles).
carregamento *s.m.* chargement, cargaison *f.*
carregar *v.t.* 1. porter, coltiner; — *consigo* traîner; 2. charger; — *de novo* recharger.
carreira *s.f.* 1. carrière; 2. couse.
carreta *s.f.* charrette.
carretel *s.m.* bobine *f.*
carretilha *s.f.* roulette.
carreto *s.m.* charroi, prix du transport.
carriça *s.f.* *(pássaro)* troglodyte *m.*
carril *s.m.* rail.
carrilhão *s.m.* carillon; *tocar* — carillonner.
carrinho *s.m.* — *de criança* poussette; — *de mão* brouette.
carriola *s.f.* carriole.
carro *s.m.* voiture *f.*; — *de aluguel* voiture de place; — *de ciganos* roulotte *f.*; — *fúnebre* corbillard.
carroça *s.f.* chariot *m.*, tombereau *m.*
carroçaria *s.f.* carrosserie.
carruagem *s.f.* carrosse *m.*
carta *s.f.* 1. lettre; — *de amor* billet *m.* doux, *(fam.)* poulet; — *registrada* lettre recommandée; 2. — *de jogar* carte; *deitar* —*s* faire une réussite, tirer les cartes; 3. mapa *m.*, plan *m.*, carte; 4. *(documento)* charte.
cartada *s.f.* levée; *a última* — la dernière carte.
cartão *s.m.* 1. carton; 2. carte *f.*; — *de visita* carte *f.* de visite.
cartão-postal *s.m.* carte-postale.
cartapácio *s.m.* gros bouquin.
cartaz *s.m.* 1. placard, pancarte *f.*, affiche *f.*; 2. *(fig.)* succès, prestige.
carteira[1] *s.f.* *(de bolso)* portefeuille *m.*; *(de cigarro)* paquet.
carteira[2] *s.f.* *(banco escolar)* pupitre *m.*
carteira[3] *s.f.* *(documento)* — *de identidade* carte d'identité; — *de motorista* permis *m.* de conduire.
carteiro *s.m.* facteur.
cartel *s.m.* cartel.
cartela *s.f.* cartouche *m.*
cartilagem *s.f.* cartilage *m.*
cartilha *s.f.* abécédaire.
cartografia *s.f.* cartographie.
cartola *s.f.* 1. chapeau *m.* haut de forme, huit-reflets; 2. *(depr.)* directeur de club sportif.
cartolina *s.f.* carton *m.*
cartomancia *s.f.* cartomancie.
cartomante *s.m.* tireur de cartes; *s.f.* tireuse de cartes; cartomancienne, diseuse de bonne aventure.
cartonar *v.t.* cartonner.
cartório *s.m.* étude *f.* (de notaire).
cartucheira *s.f.* cartouchière, gibecière.
cartucho *s.m.* cartouche *f.*; cornet.
cartuxa *s.f.* chartreuse.
cartuxo *adj.*; *s.m.* chartreux.
caruncho *s.m.* charançon; vrillette *f.*
carunchoso *adj.* vermoulu.
carvalho *s.m.* chêne.
carvão *s.m.* charbon.
carvoaria *s.f.* charbonnière.
carvoeira *s.f.* soute.
carvoeiro *s.m.* charbonier, bougnat.
casa *s.f.* maison; logis; — *da sogra* gabegie, pétaudière; — *de botão* boutonnière;

— *de tabuleiro* case; — *de penhores* mont-de-piété *m.*; (*fam.*) clou *m.*, ma tante; — *de tavolagem* tripot; — *de tolerância* maison de passe, maison close; *dormir fora de* — découcher; *em* — à la maison; *em* — *de chez*; *está em* — il est chez lui; *estamos em* — nous sommes chez nous; *não sair de* — ne pas mettre le nez dehors.
casaca *s.f.* habit *m.*; *virar* — retourner sa veste.
casaco *s.m.* veston.
casado *adj.* marié.
casadouro *adj.* nubile.
casal *s.m.* ménage, couple.
casamento *s.m.* mariage; *segundo* — remariage; — *desigual* mésalliance; (*fig.*) lit.
casar *v.t.* marier, établir; *tornar a* — remarier; *v.pron.* se marier; *tornar a* — se remarier.
casarão *s.m.* grande maison.
casca *s.f.* (*de legumes*) cosse, robe; (*de noz*) écale; (*de ovo*) coquille, coque; (*de fruta*) pelure, épluchure; (*de árvore*) écorce; (*de molusco*) coquille.
casca-grossa *s.* ours *m.* mal léché.
cascalheira *s.f.* rocaille.
cascalhento *adj.* rocailleux.
cascalho *s.m.* cailloutis, gravier.
cascata *s.f.* 1. cascade, chute d'eau, saut *m.*; 2. (*fig.* e *fam.*) bluff, flan; *é* — c'est du flan.
cascavel *s.m.* 1. grelot; 2. serpent à sonnet.
casco *s.m.* 1. casque; 2. sabot (du cheval); 3. (*de navio*) coque *f.*
cascudo *s.m.* (*cocorote*) calotte *f.*
casebre *s.m.* masure *f.*, taudis.
caseiro[1] *adj.* ménager; *s.m.* concierge; gardien (d'une maison de campagne).
caseiro[2] *adj.* casanier; (*pop.*) pantouflard.
caserna *s.f.* quartel *m.*, caserne.
casimira *s.f.* tissu *m.* de laine.
casinha *s.f.* maisonnette; (*de cachorro*) niche.
casinhola *s.f.* bicoque.
casmurro *adj.* 1. têtu; 2. maussade.
caso *s.m.* cas; affaire *f.*; *o* — *Dreyfus* l'Affaire (Dreyfus); *em* — *de necessidade* le cas échéant; *em* — *contrário* autrement; *fazer* — *de* prendre en considération; *neste* — en l'espèce; *no* — *em foco* en l'occurence; *adv.* au cas où.
caspa *s.f.* pellicules *pl.*
cáspite! *interj.* sac à papier!

casquete *s.m.* casquette *f.*
casquinha *s.f.* cornet *m.*
cassação *s.f.* cassation.
cassar *v.t.* casser.
cassata *s.f.* cassate.
cassetete *s.m.* casse-tête, matraque *f.*
cassino *s.m.* casino.
casta *s.f.* caste.
castanha *s.f.* châtaigne, marron *m.*
castanha-do-pará *s.f.* châtaigne du Brésil, noix du Brésil.
castanheiro *s.m.* châtaignier, marronnier.
castanho *adj.* châtain; — *-escuro* brun.
castanholas *s.f.pl.* castagnettes.
castão *s.m.* pommeau, pomme (de canne).
castelã *s.f.* châteleine.
castelão *s.m.* châtelain.
castelhano *adj.*; *s.pátr.* castillan; espagnol.
castelo *s.m.* 1. château; *fazer*—*s no ar* bâtir des châteaux en Espagne; 2. — *de proa* gaillard d'avant; — *de popa* gaillard d'arrière.
castiçal *s.m.* chandelier, bougeoir.
castiço *adj.* 1. racé, pur; 2. châtié.
castidade *s.f.* chasteté.
castigar *v.t.* châtier.
castigo *s.m.* châtiment, peine *f.*, (*em escola*) pensum; *pôr de* — mettre au piquet.
Castilha *s.f.* Castille.
casto *adj.* chaste.
castor *s.m.* castor.
castração *s.f.* castration.
castrar *v.t.* châtrer, castrer.
casual *adj.* casuel.
casualidade *s.f.* casualité.
casuarina *s.f.* casuarine.
casuísta *s.m.* casuiste.
casula *s.f.* chasuble.
casulo *s.m.* cocon.
cataclismo *s.m.* cataclysme.
catacumbas *s.f.pl.* catacombes.
catafalco *s.m.* catafalque.
catalão *adj.*; *s.pátr.* catalan.
catalepsia *s.f.* catalepsie.
catalogar *v.t.* cataloguer.
catálogo *s.m.* catalogue.
Catalunha *s.f.* Catalogne.
cata-piolho *s.m.* (*fam.*) pouce.
cataplasma *s.f.* cataplasme *m.*
catapora *s.f.* varicelle.
catapulta *s.f.* catapulte.
catar *v.t.* épouiller; chercher, futurer, grappiller.

catarata[1] *s.f.* (*queda-d'água*) cataracte, cascade, chute d'eau.
catarata[2] *s.f.* (*afecção do olho*) cataracte.
catarro *s.m.* catarrhe.
catarse *s.f.* catharsis.
catástrofe *s.f.* catastrophe.
catastrófico *adj.* catastrophique.
cata-vento *s.m.* girouette *f.*
catch *s.m.* catch; *lutador de* — catcheur.
catecismo *s.m.* catéchisme.
cátedra *s.f.* chaire.
catedral *s.f.* cathédrale.
catedrático *adj.* titulaire; *s.m.* professeur titulaire.
categoria *s.f.* catégorie.
categórico *adj.* catégorique, tranchant.
catequese *s.f.* catéchèse.
catequista *s.m.* catéchiste.
catequizar *v.t.* catéchiser.
catinga *s.f.* mauvaise odeur, puanteur.
cativar *v.t.* captiver; séduire.
cativeiro *s.m.* captivité *f.*
cativo *adj.* captif.
catolicismo *s.m.* catholicisme.
católico *adj.* catholique.
catre *s.m.* grabat.
caturra *adj.*; *s.* grincheux.
caução *s.f.* caution.
cauda *s.f.* 1. queue; 2. traîne.
caudal *s.m.* 1. chute *f.* d'eau, torrent; 2. débit (d'un fleuve).
caule *s.f.* 1. tige; 2. hampe.
caulim *s.m.* kaolin.
caudilho *s.m.* caudillo.
causa *s.f.* cause.
causador *s.m.* cause *f.*; auteur.
causalidade *s.f.* causalité.
causar *v.t.* causer.
causídico *s.m.* avocat.
cáustico *adj.* caustique.
cautela *s.f.* 1. précaution, prudence; 2. (*recibo*) reconnaissance.
cauteloso *adj.* prudent, prévoyant.
cautério *s.m.* cautère.
cauterizar *v.t.* cautériser.
cava *s.f.* entournure, emmanchure.
cavação *s.f.* emploi ou faveur obtenu par protection.
cavaco *s.m.* 1. conversation; 2. irritation; *dar o* — monter sur ses grands chevaux.
cavador *s.m.* (*aprox.*) profiteur, faisan.
cavala *s.f.* (*peixe*) maquereau *m.*
cavalar *adj.* chevalin.
cavalaria *s.f.* 1. cavalerie; 2. chevalerie.

cavalariça *s.f.* écurie.
cavaleiro *s.m.* 1. cavalier; 2. chevalier; — *andante* chevalier errant; 3. écuyer.
cavalete *s.m.* chevalet; tréteau; (*Mús.*) sillet.
cavalgada *s.f.* chevauchée.
cavalgadura *s.f.* 1. monture; 2. (*fig.*) idiot.
cavalgar *v.t.* 1. chevaucher; 2. être à califourchon sur; *v.int.* aller à cheval.
cavalheiresco *adj.* chevaleresque.
cavalheiro *s.m.* 1. chevalier; 2. gentleman; 3. gentilhomme; 4. monsieur.
cavalo *s.m.* 1. cheval; — *selvagem* mustang; (*peça de xadrez*) cavalier; *a* — à califourchon; *andar a* — (*como exercício*) faire du cheval; 2. (*fig.*) idiot.
cavalo-marinho *s.m.* hippocampe.
cavalo-vapor *s.m.* cheval-vapeur.
cavaquear *v.int.* deviser.
cavar *v.t.* 1. creuser, piocher, bécher; 2. s'efforcer d'obtenir (par protection ou par des moyens illicites).
caveira *s.f.* tête de mort.
caverna *s.f.* caverne.
cavernoso *adj.* caverneux.
caviar *s.m.* caviar.
cavidade *s.f.* cavité, creux *m.*
cavilha *s.f.* boulon *m.*, cheville.
cavo *adj.* creux, cave.
cavouqueiro *s.m.* cantonnier.
caxemira *s.f.* cachemire.
caxinguelê *s.m.* o mesmo que *esquilo*.
caxumba *s.f.* oreillons *m.pl.*
cear *v.int.* souper.
cebola *s.f.* oignon.
cecear *v.int.* zézayer.
ceder *v.t.* céder; *v.int.* céder, plier, lâcher pied, en passer par là; *começar a* — mollir.
cediço *adj.* vieux; connu de tous.
cedilha *s.f.* cédille.
cedinho *adv.* de bonne heure.
cedo *adv.* tôt; *muito* — de bon matin; *tão* — si tôt.
cedro *s.m.* cèdre.
cédula *s.f.* 1. billet *m.*; 2. billet *m.* de banque; (*fam.*) fafiot; 3. bulletin *m.* de vote.
cefálico *adj.* céphalique.
cegamente *adv.* aveuglément.
cegar *v.t.* 1. aveugler; 2. (*faca*) ébrécher.
cego *adj.* aveugle; *às cegas* à l'aveugle; à l'aveuglette, à tâtons.
cegonha *s.f.* cigogne.
cegueira *s.f.* 1. cécité; 2. aveuglement *m.*

ceia *s.f.* souper; (*da noite de Natal ou do ano-novo*) Réveillon; *Ceia* Cène.
ceifa *s.f.* moisson.
ceifar *v.t.* faucher.
ceifeiro *s.m.* faucheur, moissonneur.
cela *s.f.* cellule.
celebração *s.f.* célébration.
celebrar *v.t.* célébrer.
célebre *adj.* célèbre, renommé.
celebridade *s.f.* célébrité.
celeiro *s.m.* grenier.
celerado *s.m.* scélérat.
celeste *adj.* celeste.
celeuma *s.m.* brouhaha, vacarme.
celibatário *adj.*; *s.* célibataire; *s.m.* garçon.
celibato *s.m.* célibat.
celofane *s.m.* cellophane *f.*
celta *s.pátr.* celte.
céltico *adj. pátr.* celtique.
célula *s.f.* cellule.
celulite *s.f.* cellulite.
celuloide *s.m.* celluloid.
celulose *s.f.* cellulose.
cem *num.* cent.
cemitério *s.m.* cimetière.
cena *s.f.* scène, tableau *m.*; les planches *pl.*
cenáculo *s.m.* cénacle.
cenário *s.m.* 1. décoration théâtrale, décor; 2. scène, paysage, théâtre.
cênico *adj.* scénique.
cenógrafo *s.m.* scénariste.
cenoura *s.f.* carotte.
censo *s.m.* cens.
censor *s.m.* censeur.
censura *s.f.* censure; blâme *m.*; reproche *m.*
censurar *v.t.* censurer, blâmer, reprocher; *v.pron.* — *por* s'en vouloir à.
censurável *adj.* blâmable, reprochable.
centáurea *s.f.* bluet *m.*
centauro *s.m.* centaure.
centavo *s.m.* centime.
centeio *s.m.* seigle.
centelha *s.f.* étincelle.
centena *s.f.* centaine.
centenário *adj.*; *s.* centenaire.
centésimo *adj.*; *s.m.* centième.
centígrado *adj.* centigrade.
centímetro *s.m.* centimètre.
cêntimo *s.m.* centime.
cento *s.m.* centaine *f.*, cent; *cem por* — cent pour cent.
centopeia *s.f.* mille-pattes *m.*
central *adj.* central; *s.m.* centrale *f.*
centralização *s.f.* centralisation.
centralizador *adj.*; *s.m.* centralisateur.
centralizar *v.t.* centraliser.
centrífugo *adj.* centrifuge.
centrípeto *adj.* centripète.
centro *s.m.* centre.
centroavante *s.m.* (*Fut.*) avant-centre.
centromédio *s.m.* (*Fut.*) demi-centre.
centuplicar *v.t.* centupler.
cêntuplo *adj.* centuple.
cepa *s.f.* cep *m.*; souche *f.*
cepo *s.m.* tronc d'arbre; billot.
cepticisme *s.m.* scepticisme.
céptico, cético *adj.*; *s.* sceptique.
cera *s.f.* cire; *fazer* — (*aprox.*) tourner les pouces; lambiner.
cerâmica *s.f.* céramique.
ceramista *s.* céramiste.
cerca[1] *s.f.* haie, clôture.
cerca[2] *prep.* près, auprès, environ.
cercado *s.m.* enceinte; (*para bebês*) parc à bébé.
cercanias *s.f.pl.* alentours *m.*, abords *m.*
cercar *v.t.* entourer, encercler, assiéger.
cercear *v.t.* retrancher, restreindre.
cerco *s.m.* cercle, encerclement, siège.
cerda *s.f.* soie.
cereal *s.m.* céréale *f.*
cerebral *adj.* cérébral.
cérebro *s.m.* cerveau.
cerefólio *s.m.* cerfeuil.
cereja *s.f.* cerise; — *-brava* mérise.
cerejeira *s.f.* cerisier.
cerimônia *s.f.* cérémonie; façons *pl.*, *fazer* — *se gêner*; *sem* — à la bonne franquette.
cerimonioso *adj.* cérémonieux.
cerne *s.m.* cœur, bois dur.
cernelha *s.f.* garrot *m.*
ceroulas *s.f.pl.* caleçon long.
cerração *s.f.* brume, brouillard *m.*
cerrado *adj.* touffu, épais; fourré; brousse *f.*
cerrar *v.t.* serrer, fermer, clore, barrer.
certame *s.m.* concours, compétition.
certamente *adv.* assurément, pour sûr, certes.
certeiro *adj.* juste.
certeza *s.f.* certitude; *ter* — *do que afirma* être sûr de son fait.
certidão *s.f.* certificat *m.*, attestation; — *de nascimento* extrait *m.* de naissance.
certificado *s.m.* certificat.
certificar *v.t.* certifier, attester.
certo *adj.* certain, sûr; juste, exact; *ao* — au juste; *na certa* assurément; *pron.* certain.

cerume s.m. cérumen.
cerveja s.f. bière.
cervejaria s.f. brasserie.
cervejeiro s.m. brasseur.
cervo s.m. cerf.
cerzir v.t. repriser.
cesariana s.f. césarienne.
cessação s.f. cessation.
cessão s.f. cession.
cessar v.int. cesser; *sem —* sans cesse.
cessar-fogo s.m. cesser-le-feu.
cesta s.f. corbeille, panier *m*.
cesteiro s.m. vannier; *— que faz um cesto faz um cento* qui vole un œuf vole un bœuf.
cesto s.m. corbeille *f.*, panier.
cetáceo s.m. cétacé.
cetim s.m. satin.
cetro s.m. sceptro.
céu s.m. ciel.
cevada s.f. orge.
cevadinha s.f. orge perlée.
cevar v.t. engraisser, gaver; assouvir.
chá s.m. thé.
chacal s.m. chacal.
chácara s.f. ferme, maison de campagne, mas *m*.
chacina s.f. massacre *m.*, tuerie.
chacinar v.t. massacrer.
chacota s.f. risée.
chafariz s.m. fontaine *f*.
chafurdar v.int. barboter, patauger, se vautrer, patouiller.
chaga s.f. plaie.
chagrém s.m. chagrin.
chalé s.m. chalet.
chaleira s.f. théière, bouilloire.
chaleirar v.t. flagorner, amadouer.
chalupa s.f. chaloupe.
chama s.f. flamme; *reduzir a — de* mettre en veilleuse.
chamada s.f. appel.
chamado s.m. o mesmo que *chamada*.
chamalote s.m. moire *f*.
chamar v.t. appeler; (*táxi*) héler; inviter; *— de volta* rappeler; v.pron. s'appeler.
chamariz s.m. appel, réclame.
chamativo adj. criard, tapageur.
chambre s.m. robe *f.* de chambre.
chamego s.m. (*aprox.*) excitation (à l'acte sexuel).
chamejar v.int. flamber.
chaminé s.f. cheminée.
champanha s.m. champagne.

chamuscar v.t. flamber, roussir.
chance s.f. chance, opportunité.
chancela s.f. griffe.
chancelaria s.f. chancellerie.
chanceler s.m. chancelier.
chanchada s.f. (*aprox.*) grosse farce.
chanfradura s.f. échancrure.
chanfrar v.t. échancrer.
chantagear v.t. faire chanter.
chantagem s.f. chantage *m*.
chantagista s.m. maître chanteur.
chantre s.m. chantre.
chão s.m. sol, terre; carreau; *no —* par terre.
chapa[1] s.f. plaque.
chapa[2] s.f. (*gír.*) pote, copain.
chapear v.t. plaquer.
chapeleira[1] s.f. boîte à chapeau.
chapeleira[2] s.f. modiste.
chapeleiro s.m. chapelier.
chapeleta s.f. clapet.
chapéu s.m. 1. chapeau; (*pop.*) galurin; *—-coco* chapeau melon; *— de palha* chapeau de paille, canotier; *— -panamá* panama; *tirar o —* se découvrir; *é de tirar o —!* chapeau bas!; 2. (*de chuva*) parapluie.
chapim s.m. (*pássaro*) mésange.
chapinhar v.int. barboter.
charada s.f. charade.
charanga s.f. fanfare.
charão s.m. laque *f*.
charco s.m. mare *f.*, fondrière *f*.
charge s.f. charge, caricature.
charla s.f. parlote.
charlar v.t. e int. dégoiser.
charlatanismo s.m. charlatanisme.
charlatão s.m. charlatan.
charmoso adj. charmant.
charneca s.f. lande, garrigue.
charpa s.f. écharpe.
charque s.m. viande *f.* salée.
charrete s.f. charrette.
charrua s.f. charrue.
charutaria s.f. bureau *m.* de tabac.
charuteiro s.m. buraliste.
charuto s.m. cigare.
chassi s.m. châssis.
chata s.f. chaland *m*.
chateação s.f. ennui, embêtement; *que —!* quelle barbe!
chatear v.t. embêter, assommer, raser, empoisonner; (*pop.*) enquiquiner, emmerder.
chateativo adj. tuant.

chato *adj.* **1.** plat; **2.** (*fig.* e *fam.*) barbant, assommant, embêtant, emmerdant; *s.* raseur, emmerdeur, pisse-froid, casse-pied.
chavão *s.m.* cliché; rengaine *f.*
chave *s.f.* clef *ou* clé; — *de fenda* tournevis *m.*; — *-inglesa* clef à molette; clé à écrous; — *mestra* passe-partout *m.*
chaveiro *s.m.* porte-clefs.
chávena *s.f.* tasse.
checar *v.t.* conférer, vérifier.
chefão *s.m.* (*fam.*) caïd; (grand) manitou.
chefatura *s.f.* — *de polícia* préfecture de police.
chefe *s.m.* chef; — *de disciplina* censeur.
chefia *s.f.* poste *m.* de chef.
chefiar *v.t.* commander.
chega! *interj.* assez!
chegada *s.f.* arrivée; (*de mercadorias*) arrivage *m.*
chegar *v.int.* arriver, parvenir, aboutir; (*pop.*) radiner, rappliquer; — *à porta* gagner la porte; — *antes de* devancer; — *na hora* tomber pile, tomber bien; *não* — *para as encomendas* avoir du travail sur la planche.
cheia *s.f.* crue, inondation.
cheio *adj.* plein; comble; — *de si* infatué, fat.
cheirar *v.t.* flairer, sentir; *v.int.* — *a* sentir; — *bem* sentir bon.
cheiro *s.m.* odeur *f.*; (*de caça*) fumet; (*de gordura*) graillon; (*de queimado*) roussi; (*de vinho*) bouquet.
cheiroso *adj.* parfumé, odorant.
cheque *s.m.* chèque; — *cruzado* chèque barré; — *sem fundo* chèque sans provision, chèque intouchable.
chiado *s.m.* grincement.
chiar *v.int.* **1.** piailler (*pássaro*); **2.** crisser; grincer (*carro*); **3.** protester, réclamer.
chibata *s.f.* badine, cravache.
chicana *s.f.* chicane; ergotage *m.*
chicanear *v.int.* chicaner.
chicanista *adj.*; *s.* chicanier, ergoteur, procédurier.
chiclete *s.m.* gomme *f.* à mâcher.
chicória *s.f.* chicorée.
chicotada *s.f.* coup *m.* de fouet.
chicote *s.m.* fouet; *suplício do* — knout.
chicotear *v.t.* fouetter.
chifre *s.m.* corne *f.*
Chile *s.m.* Chili.
chileno *adj.*; *s.pátr.* chilien.
chilique *s.m.* (*pop.*) syncope *f.*

chilrear *v.int.* gazouiller.
chilreio *s.m.* gazouillis, ramage.
chimarrão *s.m.* infusion *f.* de maté sans sucre.
chimpanzé *s.m.* chimpanzé.
China *s.f.* Chine.
china *s.f.* indienne; paysanne du Brésil.
chinelo *s.m.* pantoufle, chausson; (*aberto*) mule *f.*
chinês *adj.*; *s.pátr.* chinois.
chinesice *s.f.* chinoiserie.
chinfrim *adj.* chétif, vill; minable; *s.m.* (*pop.*) chahut, boucan.
chio *s.m.* **1.** criaillerie; **2.** grincement.
Chipre *s.m.* Chypre.
chique *adj.* chic.
chiqueiro *s.m.* étable *f.* à porcs, soue *f.*
chispa *s.f.* étincelle.
chiste *s.m.* saillie *f.*, mot *m.* piquant, drôlerie *f.*
chistoso *adj.* drôle.
chita *s.f.* indienne.
choca *adj.f. galinha-* — couveuse.
choça *s.f.* *hutte, cabane, cahute.
chocadeira *s.f.* **1.** couveuse; **2.** incubateur *m.*
chocalho *s.m.* **1.** sonaille *f.*; **2.** *hochet.
chocante *adj.* choquant.
chocar¹ *v.t.* couver.
chocar² *v.t.* choquer, *heurter; *v.pron.* se choquer, se heurter.
chocarreiro *adj.* goguenard.
chocho *adj.* **1.** desséché, avorté; **2.** (*fig.*) insipide.
chocolate *s.m.* chocolat.
chofer *s.m.* chauffeur; — *de caminhão* camionneur.
chofre *de* — *loc.adv.* tout à coup.
choldra *s.f.* **1.** gâchis *m.*; **2.** canaille.
chope *s.m.* chope *f.*; — *duplo* demie *f.*
choque *s.m.* choc, *heurt; rencontre *f.*; — *de trens* tamponnement.
choradeira *s.f.* pleurnicherie.
choramingar *v.int.* pleurnicher, geindre, larmoyer.
chorão *adj.* geignard, pleurard; *s.m.* saule pleureur.
chorar *v.t.* e *int.* pleurer; (*pop.*) chialer.
choro *s.m.* larmes *f.pl.*, pleurs *m.pl.*; *abrir o* — fondre en larmes.
choroso *adj.* éploré.
choupana *s.f.* case, *hutte.
choupo *s.m.* peuplier; — *-tremedor* tremble.
chouriço *s.m.* andouille *f.*, boudin.

chover *v.int.* pleuvoir; (*pop.*) flotter; *chove balas* il pleut des balles; *chove a cântaros* il pleut à sceaux; — *no molhado* enfoncer une porte ouverte.
chuchar *v.t.* sucer.
chuchu *s.m.* chayote *f.*; *pra* — à la pelle.
chucrute *s.m.* choucroute *f.*
chulear *v.t.* surfiler.
chuleio *s.m.* surfil.
chumaço *s.m.* ouate *f.*; bourre *f.*; tampon.
chumbagem *s.f.* plombage *m.*
chumbar *v.t.* plomber.
chumbo *s.m.* plomb.
chupar *v.t.* sucer.
chupeta *s.f.* sucette.
churrascaria *s.f.* (*aprox.*) rôtisserie.
churrasco *s.m.* viande rôtie à la braise.
chutar *v.t.* donner un coup de pied (dans le ballon), shooter; (*fig.*) répondre au hasard.
chute *s.m.* coup de pied (dans le ballon), shoot, tir.
chuteira *s.f.* soulier de footballeur.
chuva *s.f.* pluie; (*pop.*) flotte.
chuvarada *s.f.* averse, ondée; (*fam.*) sauce *f.*
chuveiro *s.m.* douche *f.*
chuviscar *v.int.* bruiner.
chuvisco *s.m.* bruine *f.*, crachin.
chuvoso *adj.* pluvieux.
cianeto *s.m.* cyanure.
ciática *s.f.* sciatique.
ciático *adj.* sciatique.
cibernética *s.f.* cybernétique.
cibório *s.m.* ciboire.
cica *s.f.* (*aprox.*) astringence.
cicatriz *s.f.* cicatrice.
cicatrizar *v.t.* cicatriser; *v.pron.* se cicatriser.
cicerone *s.m.* cicérone.
ciciar *v.t.* murmurer.
ciclamato *s.m.* cyclamate.
cíclame, ciclâmen *s.m.* cyclamen.
cíclico *adj.* cyclique.
ciclismo *s.m.* cyclisme.
ciclista *s.* cycliste; (*de campeonato*) routier.
ciclo *s.m.* cycle.
ciclomotor *s.m.* mobylette *f.*
ciclone *s.m.* cyclone.
ciclope *s.m.* cyclope.
ciclotimia *s.f.* cyclothymie.
ciclotímico *adj.* cyclothimique.
cicuta *s.f.* cigue.
cidadã *s.f.* citoyenne.

cidadania *s.f.* nationalité.
cidadão *s.m.* **1.** citoyen; **2.** (*pop.*) individu.
cidade *s.f.* ville; — *universitária* cité universitaire.
cidadela *s.f.* citadelle.
cidra *s.f.* cédrat *m.*
ciência *s.f.* science; *pl.* sciences.
ciente *adj.* informé; au courant.
cientificar *v.t.* informer.
científico *adj.* scientifique. V. *curso.*
cientista *s.* scientifique; homme de science.
cifra *s.f.* **1.** zéro *m.*; **2.** chiffre.
cifrão *s.m.* barré, symbole du dollar.
cifrar *v.t.* chiffrer.
cigano *adj.*; *s.pátr.* tsigane; (*depr.*) romanichel.
cigarra *s.f.* cigale.
cigarreira *s.f.* porte-cigarettes *m.*; étui *m.* à cigarettes.
cigarro *s.m.* cigarette *f.*; (*fam.*) sèche.
cilada *s.f.* embuches *pl.*, piège *m.*
cilha *s.f.* sangle, sous-ventrière.
cilhar *v.t.* sangler.
cilício *s.m.* cilice.
cilíndrico *adj.* cylindrique.
cilindro *s.m.* cylindre.
cílio *s.m.* cil.
cima *s.f.* cime, haut *m.*; *ainda por* — par dessus le marché; *dar em* — courtiser; *de* — *d'en haut*; *em* — en haut; *em* — *de* sur.
cimbrar *v.t.* cintrer.
cimentar *v.t.* cimenter.
cimento *s.m.* cimento.
cimo *s.m.* cime *f.*, hauteur *f.*
cinamomo *s.m.* cinnamome.
cincada *s.f.* bévue, gaffe.
cinco *num.* cinq.
cindir *v.t.* scinder.
cineasta *s.m.* cinéaste.
cinema *s.m.* cinéma; (*fig.*) (*a arte cinematográfica*) le cinéma, l'écran.
cinematográfico *adj.* cinématographique.
cinestesia *s.f.* kinesthésie.
cingir *v.t.* ceindre.
cínico *adj.* cynique.
cinismo *s.m.* cynisme.
cinquenta *num.* cinquante.
cinquentão *s.* quinquagénaire.
cinquentenário *s.m.* cinquantenaire.
cinta *s.f.* **1.** ceinture, gaine; **2.** (*de livro*) bande.
cintar *v.t.* sangler.
cintilação *s.f.* scintillation.
cintilante *adj.* scintillant.

cintilar *v.int.* scintiller, étinceler, pétiller.
cinto *s.m.* ceinture; — *de segurança* ceinture de sécurité.
cintura *s.f.* taille.
cinza *s.f.* cendre.
cinzeiro *s.m.* cendrier.
cinzel *s.m.* ciseau, repoussoir.
cinzeladura *s.f.* ciselure.
cinzelar *v.t.* ciseler.
cinzento *adj.* gris.
cio *s.m.* rut.
cioso *adj.* 1. jaloux; 2. zélé.
cipó *s.m.* liane *f.*
cipreste *s.m.* cyprès.
cipriota *adj.*; *s.pátr.* chypriote.
ciranda *s.f.* 1. crible *m.*; sas *m.*; 2. ronde.
cirandar *v.t.* sasser; *v.int.* danser la ronde.
circo *s.m.* cirque.
circuito *s.m.* circuit, tour.
circulação *s.f.* circulation.
circular[1] *v.int.* circuler; rouler.
circular[2] *adj.* circulaire; *s.f.* circulaire.
círculo *s.m.* cercle; rond.
circuncidado *adj.* circoncis.
circuncidar *v.t.* circoncire.
circuncisão *s.f.* circoncision.
circundar *v.t.* entourer.
circunferência *s.f.* circonférence, tour *m.*
circunflexo *adj.* circonflexe.
circunlóquio *s.f.* circonlocution *f.*, détour *m.*; ambages *pl.*; *usar —s* tourner autour du pot.
circunscrever *v.t.* 1. circonscrire; 2. (*epidemia*) enrayer.
circunspecto *adj.* circonspect.
circunstância *s.f.* circonstance.
circunstanciado *adj.* circonstancié.
circunstancial *adj.* circonstanciel.
círio *s.m.* cierge.
cirro *s.m.* cirrus.
cirrose *s.f.* cirrhose.
cirurgia *s.f.* chirurgie.
cirurgião *s.m.* chirurgien.
cirúrgico *adj.* chirurgique.
cisalha *s.f.* cisaille.
cisão *s.f.* scission.
ciscar *v.t. e int.* picorer.
cisma[1] *s.f.* schisme *m.*
cisma[2] *s.f.* rêverie.
cismar *v.t.* rêvasser, songer.
cismarento *adj.* songeur.
cismático *adj.* schismatique.
cisne *s.m.* cygne.
cisterna *s.f.* citerne.

cistite *s.f.* cystite.
citação *s.f.* citation.
citadino *adj.*; *s.* citadin.
citar *v.t.* citer.
cítara *s.f.* cithare.
cítola *s.f.* traquet *m.*
cítrico *adj.* citrique.
ciúme *s.m.* jalousie; *ter — de* jalouser.
ciumento *adj.* jaloux.
cível *adj.* civil, de droit civil.
cívico *adj.* civique; patriotique.
civil *adj.* civil.
civilidade *s.f.* courtoisie.
civilização *s.f.* civilisation.
civilizado *adj.*; *s.* civilisé.
civilizar *v.t.* civiliser.
civismo *s.m.* civisme.
cizânia *s.f.* zizanie.
clã *s.m.* clan.
clamar *v.int.* crier.
clamor *s.m.* clameur *f.*
clamoroso *adj.* criant.
clandestinidade *s.f.* clandestinité.
clandestino *adj.* clandestino.
claque[1] *s.f.* (*grupo contratado para aplaudir*) claque.
claque[2] *s.f.* (*cartola de molas*) claque; gibus *m.*
clara *s.f.* blanc *m.* (de l'œuf)
claraboia *s.f.* lucarne, claire-voie.
clarão *s.m.* échappée *f.* de lumière, lueur *f.*
clarear *v.t.* éclaircir; *v.int.* s'éclaircir.
clareira *s.f.* clairière.
clareza *s.f.* clarté, netteté.
claridade *s.f.* claridade, jour *m.*; lueur.
clarim *s.m.* clairon.
clarineta *s.f.* clarinette.
clarinetista *s.* clarinette; clarinettiste.
clarividência *s.f.* clairvoyance.
clarividente *adj.* clairvoyant.
claro *adj.* clair; —*!* parbleu! bien sûr!; *noite em —* nuit blanche.
claro-escuro *s.m.* clair-obscur.
classe *s.f.* 1. classe, catégorie; 2. classe, salle de classe; 3. classe (sociale); *as —s produtoras* le patronnat; 4. classe (*de trem*); *em primeira —* en première.
clássico *adj.*; *s.m.* classique.
classificação *s.f.* classement, classification.
classificador *s.m.* classeur.
classificar *v.t.* classer, classifier.
claudicar *v.int.* boiter, clocher.
claustro *s.m.* cloître.

claustrofobia *s.f.* claustrophobie.
cláusula *s.f.* clause.
clausura *s.f.* réclusion.
clave *s.f.* clé *ou* clef.
clavícula *s.f.* clavicule.
clematite *s.f.* clématite.
clemência *s.f.* clémence.
clemente *adj.* clément.
cleptomania *s.f.* kleptomanie.
cleptomaníaco *adj.* kleptomane.
clerical *adj.* clérical.
clericalismo *s.m.* cléricalisme.
clérigo *s.m.* clerc.
clero *s.m.* clergé.
clichê *s.m.* cliché.
cliente *s.m.* client; chaland; *s.f.* cliente, chalande.
clientela *s.f.* clientèle.
clima *s.m.* climat.
climático *s.m.* climatique.
clínica *s.f.* **1.** clinique; **2.** clientèle.
clínico *adj.* clinique; *s.m.* clinicien; — *geral* médecin généraliste.
clipe *s.m.* trombone.
clique *s.m.* déclic.
clister *s.m.* clystère.
cloaca *s.f.* cloaque.
clorar *v.t.* chlorer.
cloro *s.m.* chlore.
clorofila *s.f.* chlorophylle.
clorofórmio *s.m.* chloroforme.
clorose *s.f.* chlorose.
clube *s.m.* club; cercle; — *de cinema* ciné--club.
coabitação *s.f.* cohabitation.
coabitar *v.int.* cohabiter.
coação *s.f.* contrainte.
coadjutor *s.m.* coadjuteur.
coador *s.m.* passoire *f.*, filtre.
coagir *v.t.* contraindre; forcer la main à.
coagular *v.t.* coaguler, cailler; figer.
coágulo *s.m.* caillot.
coala *s.f.* koala *m.*
coalhada *s.f.* caillé *m.*; lait caillé.
coalizão *s.f.* coalition.
coar *v.t.* filtrer; couler.
coautor *s.m.* coauteur.
coaxar *v.int.* coasser.
cobaia *s.f.* cobaye.
cobalto *s.m.* cobalt.
coberta *s.f.* couverture, couvre-lit *m.*
coberto *adj.* couvert.
cobertor *s.m.* couverture.
cobiça *s.f.* convoitise.

cobiçar *v.t.* convoiter, envier; lorgner, guigner.
cobiçoso *adj.* cupide.
cobra *s.f.* serpent *m.*; — *-coral* serpent corail; (*não venenosa*) couleuvre.
cobrador *s.m.* encaisseur.
cobrança *s.f.* perception, recouvrement *m.*, encaissement *m.*
cobrar *v.t.* percevoir, recouvrer, encaisser.
cobre *s.m.* cuivre.
cobrir *v.t.* couvrir; (*a cabeça*) coiffer; parsemer; (*de flores*) joncher.
coca *s.f.* coca *m. ou f.*
coça *s.f.* (*fam.*) volée de coups, raclée.
coca-cola *s.f.* coca-cola *m.*; coca *m.*
cocada *s.f.* gâteau *m.* de noix de coco et de sucre.
cocaína *s.f.* cocaïne; (*gír.*) came, neige.
coçar *v.t.* gratter.
cócegas *sf.pl.* chatouillement *m.*; *fazer* — *em* chatouiller.
coceira *s.f.* démangeaison.
coche *s.m.* cocher.
cocheira *s.f.* remise.
cocheiro *s.m.* cocher.
cochichar *v.t.* e *int.* chuchoter.
cochicho *s.m.* chuchotement.
cochilar *v.int.* **1.** s'assoupir, somnoler; **2.** ne pas faire attention, négliger.
cochilo *s.m.* **1.** somme, (*fam.*) roupillon; **2.** bévue *f.*
cochonila *s.f.* cochenille.
coco *s.m.* coco.
cocó *s.m.* (*penteado*) coque *f.*
cocô *s.m.* caca, excrément.
cócoras *de* — *loc.adv.* à croupetons.
cocoricó *s.m.* cocorico.
cocorote *s.m.* calotte *f.*
côdea *s.f.* croûte.
códice *s.m.* manuscrit ancien.
codificar *v.t.* codifier.
código *s.m.* **1.** (*coleção de leis*) code; **2.** (*escrita cifrada*) chiffre.
codorna *s.f.* caille.
coeducação *s.f.* coéducation.
coeficiente *s.m.* coefficient.
coelheira *s.f.* clapier *m.*
coelho *s.m.* lapin; *matar dois —s de uma cajadada* faire d'une pierre deux coups.
coentro *s.m.* coriandre *f.*
coerção *s.f.* coercition.
coerência *s.f.* cohérence.
coerente *adj.* cohérent.
coesão *s.f.* cohésion.

coexistência *s.f.* coexistence.
coexistir *v.int.* coexister.
cofre *s.m.* 1. coffre; 2. coffre-fort.
cofrezinho *s.m.* coffret.
cogitação *s.f.* cogitation.
cogitar *v.t.* réfléchir; cogiter.
cogumelo *s.m.* champignon.
co-herdeiro *s.m.* cohéritier.
coibir *v.t.* réprimer, empêcher.
coice *s.m.* ruade *f.*
coifa *s.f.* coiffe.
coincidência *s.f.* coïncidence.
coincidir *v.int.* coïncider; (*um depoimento com outro*) recouper; (*dois depoimentos*) se recouper.
coisa *s.f.* chose; *alguma —* quelque chose; *cada — em seu tempo* à chaque jour suffit sa tâche; *imaginar —s* se faire des idées; *qualquer —* n'importe quoi.
coitado *adj.* pauvre, malheureux.
coiteiro *s.m.* receleur de malfaiteurs.
coito *s.m.* coït.
cola *s.f.* 1. colle; 2. (*gír. esc.*) copiage *m.*
colaboração *s.f.* collaboration.
colaboracionista *adj.*; *s.* collaborationniste.
colaborador *s.m.* collaborateur.
colaboradora *s.f.* collaboratrice.
colaborar *v.t.* collaborer.
colação[1] *s.f.* collation, léger repas *m.*
colação[2] *s.f.* collation, confrontation.
colação[3] *s.f. — de grau* concession d'un titre (scolaire, universitaire).
colacionar *v.t.* collationner.
colagem *s.f.* collage *m.*
colante *adj.* collant.
colapso *s.m.* collapsus.
colar[1] *v.t.* 1. coller; 2. (*em exame*) copier, tricher; (*gír. esc.*) pomper; 3. *— grau* obtenir un titre universitaire; *v.int.* coller, prendre.
colar[2] *s.m.* collier; *— de diamantes* rivière *f.* de diamants.
colarinho *s.m.* col; (*amovível, de camisa*) faux col; (*fig.*) *— de cerveja* mousse *f.*
colcha *s.f.* couvre-lit *m.*, dessus-de-lit.
colchão *s.m.* matelas.
colcheia *s.f.* croche.
colchete *s.m.* crochet, agrafe *f.*
colcós *s.m.* kolkhoze.
coleção *s.f.* collection; jeu; *— de animais para exposição* ménagerie.
colecionador *s.m.* collectionneur.
colecionadora *s.f.* collectionneuse.
colecionar *v.t.* collectionner.
colega *s.* collègue.
colegial *s.m.* collégien, lycéen, (*fam.*) potache; *s.f.* collégienne, lycéenne; *adj.* V. *curso colegial.*
colégio *s.m.* lycée, collège; *— eleitoral* collège électoral.
coleira *s.f.* collier *m.*, laisse.
cólera[1] *s.f.* colère, courroux *m.*; bile.
cólera[2] *s.f.* choléra *m.*
colérico *adj.* coléreux.
colesterol *s.m.* cholestérol.
coleta *s.f.* collecte, quête.
coletânea *s.f.* recueil *m.*
coletar *v.t.* collecter.
colete *s.m.* gilet.
coletividade *s.f.* collectivité.
coletivismo *s.m.* collectivisme.
coletivista *adj.*; *s.* collectiviste.
coletivo *adj.* collectif; *s.m.pl.* transports en commun, autobus.
coletor *s.m.* percepteur.
coletoria *s.f.* perception, bureau *m.* du percepteur.
colheita *s.f.* récolte, moisson.
colher[1] *s.f.* cuiller, cuillère; *— de pedreiro* truelle.
colher[2] *v.t.* 1. cueillir, récolter; 2. prendre, surprendre; *— em flagrante* prendre en flagrant délit.
colherada *s.f.* cuillerée.
colibri *s.m.* colibri, oiseau-mouche.
cólica *s.f.* colique.
colidir *v.int. — com* *heurter.
coligação *s.f.* ligue.
coligar-se *v.pron.* se liguer.
coligir *v.t.* colliger.
colina *s.f.* colline, tertre *m.*, mamelon *m.*
colírio *s.m.* collyre.
colisão *s.f.* collision.
colite *s.f.* colite.
colmatar *v.t.* colmater.
colmeia *s.f.* ruche.
colmo *s.m.* chaume.
colo *s.m.* gorge *f.*
colocação *s.f.* collocation, classement *m.*; (*emprego*) placement *m.*; (*ato de pôr*) pose, mise.
colocar *v.t.* 1. placer, planter, poser, mettre; 2. (*empregar*) caser; *v.pron.* se placer.
Colômbia *s.f.* Colombie.
colombiano *adj.*; *s.pátr.* colombien.
cólon *s.m.* côlon.
colônia *s.f.* colonie; implantation.

colonial *adj.* colonial.
colonialismo *s.m.* colonialisme.
colonização *s.f.* colonisation.
colonizar *v.t.* coloniser.
colono *s.m.* colon.
colóquio *s.m.* colloque.
coloração *s.f.* coloration.
colorau *s.m.* piment rouge en poudre.
colorido *s.m.* coloration, couleur, coloris.
colorir *v.t.* colorer, colorier.
colossal *adj.* colossal.
colosso *s.m.* colosse.
coluna *s.f.* colonne; — *social* chronique mondaine, carnet *m.* mondain; — *vertebral* échine (dorsale), colonne vertébrale.
colunata *s.f.* colonnade.
colza *s.f.* colza *m.*
com *prep.* avec; non sans.
coma *s.m.* coma.
comadre *s.f.* **1.** commère; **2.** bassin *m.* de lit, urinol.
comandante *s.m.* commandant.
comandar *v.t.* commander; avoir la haute main sur.
comanditário *s.m.* commanditaire, bâilleur de fonds.
comando *s.m.* **1.** commandement; *alto- —* *haut commandement; **2.** commando, groupe de combat.
comarca *s.f.* (*aprox.*) district.
combate *s.m.* combat; (*gír.*) baroud.
combatente *s.m.* combattant.
combater *v.t.* e *int.* combattre.
combatividade *s.f.* combativité.
combativo *adj.* combatif.
combinação[1] *s.f.* (*acordo*) combinaison.
combinação[2] *s.f.* (*roupa íntima feminina*) combinaison.
combinar *v.t.* combiner, assortir, concerter; *v.int.* se combiner; — *perfeitamente* aller comme un gant; *não* — jurer.
comboiar *v.t.* convoyer, escorter.
comboio *s.m.* convoi; (*de metrô*) rame *f.*
combustão *s.f.* combustion.
combustível *s.f.* combustible.
começar *v.t.* commencer; amorcer, entamer, engager.
começo *s.m.* commencement, début.
comédia *s.f.* comédie.
comediante *s.m.* comédien; *s.f.* comédienne.
comedimento *s.m.* modération, retenue.
comediógrafo *s.m.* auteur de comédies.

comemoração *s.f.* commémoration.
comemorar *v.t.* commémorer.
comemorativo *adj.* commémoratif.
comenda *s.f.* décoration, crachat.
comensal *s.m.* commensal.
comentar *v.t.* commenter.
comentário *s.m.* commentaire; *fazer —s* épiloguer.
comentarista *s.m.* commentateur; *s.f.* commentatrice.
comer *v.t.* **1.** manger; (*fam.*) bouffer; (*às pressas, em pé*) manger sur le pouce; — *do bom e do melhor* faire bonne chère; **2.** (*chulo: possuir sexualmente*) baiser.
comercial *adj.* commercial.
comerciante *s.m.* commerçant; (*depr.*) boutiquier; — *de discos* disquaire.
comerciar *v.int.* commercer.
comerciário *s.m.* employé de commerce.
comércio *s.m.* commerce; — *a varejo* commerce de détail; — *de laticínios* crémerie; — *de livros* librairie; — *por atacado* commerce en gros.
comes e bebes *s.m.pl.* (*fam.*) mangeaille *f.*
comestível *adj.*; *s.m.* comestible; (*planta*) potagère.
cometa *s.m.* comète *f.*
cometer *v.t.* commettre.
comezaina *s.f.* (*fam.*) boustifaille, mangeaille, gueuleton *m.*
comezinho *adj.* évident, simple.
comichão *s.f.* démangeaison; picotement *m.*
comichar *v.int.* démanger, picoter.
comício *s.m.* meeting, réunion *f.* publique.
cômico *adj.*; *s.m.* comique.
comida *s.f.* nourriture; manger *m.* — *ruim* (*fam.*) ratatouille.
comigo *adv.* avec moi; — *não!* à d'autres!; *aqui* — à part moi; *para* — à mon égard.
comilança *s.f.* (*pop.*) bouffe.
comilão *adj.*; *s.m.* goinfre, glouton.
comilona *adj.*; *s.f.* goinfre, gloutonne.
cominho *s.m.* cumin.
comiseração *s.f.* commisération.
comissário *s.m.* commissaire.
comissão *s.f.* commission; — *de recrutamento* conseil de révision.
comissura *s.f.* commissure.
comitê *s.m.* comité.
comitiva *s.f.* suite, escorte.
como *adv.* comment; (*em comparações*) comme; en; *falo-lhe — amigo* je vous parle en ami; *como? (para ouvir melhor*

uma resposta) vous dites?; plaît-il?; *interj.* comment!
comoção *s.f.* commotion.
cômoda *s.f.* commode.
comodista *adj. ser* — aimer ses aises.
cômodo *adj.* commode.
comovente *adj.* émouvant.
comover *v.t.* émouvoir; ébranler.
compacto *adj.* compact; serré.
compadecer *v.t.* e *v.pron.* avoir pitié de, s'apitoyer sur.
compadre *s.m.* compère.
compadrio *s.m.* compérage.
compaixão *s.f.* compassion, humanité.
companheira *s.f.* compagne.
companheirismo *s.m.* camaraderie.
companheiro *s.m.* compagnon; — *de equipe* coéquipier; — *de lista eleitoral* colistier.
companhia *s.f.* compagnie; — *teatral* troupe; *fazer* — *a* tenir compagnie à.
comparação *s.f.* comparaison, rapprochement *m.*; *em* — *com* près de.
comparar *v.t.* comparer, rapprocher.
comparativo *adj.* comparatif.
comparável *adj.* comparable.
comparecer *v.int.* comparaître.
comparecimento *s.m.* comparution *f.*
comparsa *s.m.* 1. comparse; 2. complice, compère; *s.f.* 1. comparse; 2. complice, commère.
compartilhar *v.t.* partager; — *os sentimentos de* entrer dans les sentiments de.
compartimento *s.m.* 1. compartiment; 2. case *f.*
compassivo *adj.* compatissant.
compasso *s.m.* 1. compas; 2. mesure *f.*
compatibilidade *s.f.* compatibilité.
compatível *adj.* compatible.
compatriota *s.* compatriote.
compelir *v.t.* obliger, forcer.
compendiar *v.t.* résumer.
compêndio *s.m.* manuel, précis, mémento.
compenetrar-se *v.pron.* se convaincre.
compensação *s.f.* compensation.
compensado *s.m.* contre-plaqué.
compensador *adj.m.* compensateur.
compensadora *adj.f.* compensatrice.
compensar *v.t.* compenser.
competência *s.f.* compétence; ressort *m.*; *ser da* — *de* relever de, ressortir à.
competente *adj.* compétent.
competição *s.f.* compétition.
competidor *s.m.* compétiteur.
competidora *s.f.* compétitrice.
competir *v.int.* 1. faire concurrence à, rivaliser avec; 2. appartenir, échoir.
compilação *s.f.* compilation.
compilar *v.t.* compiler.
complacência *s.f.* complaisance.
complacente *adj.* complaisant.
compleição *s.f.* complexion.
complementar *adj.* complémentaire.
complemento *s.m.* complément, pendant; — *predicativo* attribut.
completamente *adv.* complètement, tout à fait, à part entière.
completar *v.t.* compléter; parfaire, faire pendant à.
completo *adj.* completo.
complexidade *s.f.* complexité.
complexo *adj.*; *s.m.* complexe; *criar um* — faire un complexe.
complicação *s.f.* complication.
complicado *adj.* compliqué; *não é* — ce n'est pas malin.
complicar *v.t.* compliquer; embrouiller; *v.pron.* 1. se compliquer, se corser; 2. se compromettre.
compor *v.t.* composer; *v.pron.* se composer.
comporta *s.f.* écluse, vanne.
comportado *adj.* sage.
comportamento *s.m.* comportement; *bom* — sagesse *f.*; — *decente* tenue *f.*
comportar *v.t.* comporter; *v.pron.* se comporter, se tenir.
composição *s.f.* composition; — *do metrô* rame.
compositor *s.m.* compositeur.
composto *adj.*; *s.m.* composé.
compostura *s.f.* retenue; décorum *m.*
compota *s.f.* compote.
compoteira *s.f.* compotier.
compra *s.f.* achat; emplette *f.*
comprador *s.m.* acheteur, acquéreur, preneur.
compradora *s.f.* acheteuse.
comprar *v.t.* acheter; faire emplette de.
comprazer-se *v.pron.* se plaire à.
compreender *v.t.* comprendre, entendre; (*fam.*) piger, se rendre compte; *agora compreendo tudo!* vous m'en direz tant!
compreensão *s.f.* compréhension.
compreensível *adj.* compréhensible.
compreensivo *adj.* compréhensif.
compressa *s.f.* compresse.
compressão *s.f.* compression.

compressor s.m. compresseur.
comprido adj. longo.
comprimento s.m. longueur f.
comprimido adj.; s.m. comprimé.
comprimir v.t. comprimer, presser, serrer.
comprometedor adj. compromettant.
comprometer v.t. 1. engager, obliger; 2. compromettre; v.pron. 1. s'engager; 2. se compromettre.
compromisso s.m. compromis, engagement; (*pouco honroso*) compromission f., accommodement.
comprovação s.f. vérification, recoupement m.
comprovar v.t. vérifier, confirmer.
compulsar v.t. compulser.
compulsória s.f. retraite forcée.
compulsório adj. obligatoire.
compunção s.f. componction.
computador s.m. ordinateur.
computar v.t. supputer.
comum adj. commun.
comuna[1] s.f. commune.
comuna[2] s. (*pop.*) communiste.
comunal adj. communal.
comungar v.int. communier.
comunhão s.f. 1. communauté; — *de bens* communauté entre époux; 2. communion.
comunicação s.f. communication.
comunicado s.m. communiqué.
comunicar v.t. communiquer, faire savoir, faire part de; v.int. communiquer.
comunicativo adj. communicatif.
comunidade s.f. communauté.
comunismo s.m. communisme.
comunista adj.; s. communiste.
comutação s.f. commutation.
comutar v.t. commuer.
conca s.f. palet m.
concatenação s.f. concaténation; enchaînement m.
concatenar v.t. concaténer, enchaîner.
concavidade s.f. concavité.
côncavo adj. concave.
conceber v.t. concevoir.
concebível adj. concevable.
conceder v.t. concéder.
conceição s.f. conception; *a Conceição Imaculada* la Conception Immaculée.
conceito s.m. 1. concept; 2. réputation f.
conceituado adj. réputé.
conceituar v.t. évaluer, juger.
concentração s.f. concentration.

concentrar v.t. concentrer.
concêntrico adj. concentrique.
concernir v.t. concerner.
concertar v.t. concerter; accorder, arranger.
concertina s.f. o mesmo que *sanfona*.
concertista s. concertiste.
concerto s.m. concerto.
concessão s.f. concession; *fazer concessões* y mettre du sien.
concessionário s. concessionnaire.
concessivo adj. concessif.
concha[1] s.f. (*valva de molusco*) coquille, coquillage m., coque.
concha[2] s.f. (*colher de sopa*) louche.
conchavo s.m. complot, connivence f., tractation f.
concidadão s.m. concitoyen.
conciliábulos s.m.pl. conciliabules, pourparlers.
conciliação s.f. conciliation.
conciliador adj.; s.m. conciliateur.
conciliadora adj.; s.f. conciliatrice.
conciliar v.t. concilier, accorder.
concílio s.m. concile.
concisão s.f. concision.
conciso adj. concis; serré.
concitar v.t. inciter.
concludente adj. concluant.
concluir v.t. conclure.
conclusão s.f. conclusion; issue.
concomitância s.f. concomitance.
concomitante adj. concomitant.
concordância s.f. concordance, accord m.
concordar v.int. concorder.
concordata s.f. concordat m.
concórdia s.f. concorde.
concorrência s.f. 1. concurrence; *fazer — a* concurrencer; 2. adjudication (administrative).
concorrente adj.; s. concurrent.
concorrer v.int. concourir; se mettre sur les rangs.
concreção s.f. concrétion.
concretizar v.t. concrétiser.
concreto adj. concret; s.m. béton; — *armado* béton armé.
concubina s.f. concubine.
concubinato s.m. concubinage, mariage de la main gauche.
concunhada s.f. sœur de beau-frère, sœur de belle-sœur.
concunhado s.m. frère de beau-frère; frère de belle-sœur.

concupiscência s.f. concupiscence.
concurso s.m. concours.
concussão s.f. concussion, malversation.
condado s.m. comté.
condecoração s.f. décoration.
condecorar v.t. décorer.
condenação s.f. condamnation.
conde s.m. comte.
condenar v.t. condamner; (*às penas do Inferno*) damner.
condensação s.f. condensation.
condescendência s.f. condescendance.
condescendente adj. condescendant.
condescender v.int. condescendre.
condessa s.f. comtesse.
condição s.f. 1. condition; 2. état; *estar em condições de* être en état de, être à même de, être en mesure de; *pôr em condições* mettre à même de.
condicional adj.; s.m. conditionnel.
condicionamento s.m. conditionnement.
condicionar v.t. conditionner.
condigno adj. digne.
condimentar v.t. assaisonner, épicer.
condimento s.m. condiment, assaisonnement, épice f.
condiscípulo s.m. condisciple.
condizer v.int. s'accorder.
condolências s.f.pl. condoléances.
condomínio s.m. copropriété f.
condômino s.m. copropriétaire.
condor s.m. condor.
condução s.f. 1. conduite; 2. moyen m. de transport.
conduta s.f. conduite.
conduto s.m. conduit.
condutor s.m. 1. conducteur; 2. conduit.
conduzir v.t. conduire.
cone s.m. cône.
cônego s.m. chanoine.
conexão s.f. connexion.
conexo adj. connexe.
confecção s.f. confection.
confeccionar v.t. confectionner.
confederação s.f. confédération.
confeitar v.t. confire.
confeitaria s.f. confiserie, pâtisserie.
confeiteira s.f. pâtissière.
confeiteiro s.m. pâtissier, confiseur.
confeito adj. confit; s.m. dragée f.
conferência s.f. conférence; — *de cúpula* conférence au sommet.
conferencista s.m. conférencier; s.f. conférencière.

conferir v.t. 1. conférer; 2. décerner.
confiança s.f. confiance; *depositar* — *em* faire confiance à.
configuração s.f. configuration.
confinar v.t. confiner.
confins s.m.pl. confins, frontières f.
confirmação s.f. confirmation.
confiscar v.t. confisquer.
confisco s.m. confiscation.
confissão s.f. confession, aveu m.
conflagração s.f. conflagration.
conflagrar v.t. incendier, embraser.
conflito s.m. conflit, mêlée f.
confluência s.f. confluence.
conformar v.t. conformer; v.pron. se conformer.
conforme adj. conforme; adv. comme; c'est selon.
conformidade s.f. conformité.
conformismo s.m. conformisme.
conformista adj.; s. conformiste, bien pensant.
confortar v.t. réconforter, soulager.
confortável adj. confortable.
conforto s.m. 1. confort; 2. réconfort, soulagement.
confrade s.m. confrère.
confranger v.t. affliger, navrer.
confraria s.f. confrérie.
confreira s.f. consœur.
confrontação s.f. confrontation.
confrontar v.t. confronter.
confronto s.m. confrontation, comparaison.
confundir v.t. confondre; — *com* prendre pour; v.pron. se confondre; — *com* ne faire qu'un.
confusão s.f. confusion, désarroi m., remue-ménage m., tohu-bohu m.; *em* — pêle-mêle.
confuso adj. confus, fumeux.
congelação s.f. congélation.
congelador s.m. freezer, congélateur.
congelamento s.m. congélation f.; (*fig.*) — *dos preços* blocage des prix.
congelar v.t. congeler, geler.
congênere adj. congénère.
congênito adj. congénital.
congestão s.f. — *cerebral* transport au cerveau; (*fam.*) coup m. de sang.
congestionar v.t. congestionner.
congraçamento s.m. réconciliation f., ralliement.
congratulações s.f.pl. congratulations.
congratular-se v.pron. se congratuler.
congregação s.f. congrégation.

congregar *v.t.* assembler, rassembler.
congressista *s.* congressiste.
congresso *s.m.* congrès.
congro *s.m.* (*peixe*) congre.
congruência *s.f.* congruence.
congruente *adj.* congruent.
conhaque *s.m.* cognac.
conhecedor *s.m.* connaisseur.
conhecedora *s.f.* connaisseuse.
conhecer *v.t.* connaître; — *como a palma da mão* connaître comme sa poche.
conhecido *adj.* connu.
conhecido *s.m.* connaissance *f.*, accointance *f.*
conhecimento *s.m.* 1. connaissance *f.*; *com perfeito — de causa* à bon escient; *travar — com* faire la connaissance de; 2. (*nota de despacho*) connaissement.
cônico *adj.* conique.
conífera *s.f.* conifère.
conivência *s.f.* connivence.
conivente *adj.* connivent.
conjetura *s.f.* conjecture.
conjeturar *v.t.* conjecturer.
conjugação *s.f.* 1. conjugaison; 2. réunion, jonction.
conjugal *adj.* conjugal.
conjugar *v.t.* conjuguer.
cônjuge *s.m.* conjoint; *s.f.* conjointe.
conjunção *s.f.* conjonction.
conjuntiva *s.f.* conjonctive.
conjuntivite *s.f.* conjonctivite.
conjunto *s.m.* ensemble; jeu.
conjuntura *s.f.* conjoncture.
conjuração *s.f.* conjuration.
conjurado *s.m.* conjuré.
conjurar *v.t.* 1. conjurer, conspirer; 2. conjurer, supplier; 3. conjurer, écarter.
conluio *s.m.* connivence; menées *s.f.pl.*; tractations; *estar de — com* entretenir des intelligences avec.
conosco *adv.* avec nous.
conquanto *conj.* quoique.
conquista *s.f.* conquête.
conquistador *adj.*; *s.m.* 1. conquérant; 2. (*fig.* e *fam.*) hardi auprès des femmes, entreprenant.
conquistar *v.t.* conquérir; (*de assalto*) enlever; (*fig.*) se concilier.
conquistável *adj.* prenable.
consagração *s.f.* consacration.
consagrado *adj.* consacré; reçu.
consagrar *v.t.* consacrer, vouer; *v.pron.* se consacrer, se vouer.

consanguíneo *adj.* consanguin.
consciência *s.f.* conscience, connaissance; *perder a —* perdre connaissance.
consciencioso *adj.* consciencieux.
consciente *adj.* conscient.
conscientemente *adv.* consciemment, sciemment, à bon escient.
conscrição *s.f.* conscription.
conscrito *s.m.* conscrit.
consecutivo *adj.* consécutif.
conseguimento *s.m.* obtention.
conseguinte *adj.* conséquent; *por —* par conséquent; dès lors.
conseguir *v.t.* obtenir; remporter; réussir à; parvenir à.
conselheira *s.f.* conseillère.
conselheiro *s.m.* conseiller.
conselho *s.m.* conseil.
consenso *s.m.* consensus.
consentimento *s.m.* consentement; agrément.
consentir *v.int.* — *em* consentir à; accéder à; agréer.
consequência *s.f.* conséquence.
consequente *adj.* conséquent; *ser —* avoir de la suite dans les idées.
consertar *v.t.* réparer; rapiécer, raccommoder; (*fam.*) rabibocher.
conserto *s.m.* réparation *f.*, raccommodage.
conserva[1] *s.f.* conserve.
conserva[2] *de — loc.adv.* de conserve.
conservação *s.f.* conservation, entretien *m.*
conservador *adj.*; *s.m.* conservateur.
conservadora *adj.*; *s.f.* conservatrice.
conservadorismo *s.m.* conservatisme.
conservar *v.t.* conserver, garder.
conservatório *s.m.* conservatoire.
consideração *s.f.* considération; égard *m.*; *levar em —* avoir égard à; *não ser levado em —* ne pas entrer en ligne de compte; *ser levado em —* avoir voix au chapitre.
considerando *s.m.* considérant.
considerar *v.t.* considérer, censer; *— como* prendre pour.
considerável *adj.* considérable; (*importância etc.*; *fam.*) coquet.
consignação *s.f.* consignation.
consignar *v.t.* consigner, prendre acte de.
consistência *s.f.* consistance.
consistente *adj.* consistant.
consistir *v.int.* consister.
consistório *s.m.* consistoire.
consoada *s.f.* réveillon *m.*

consoante *s.f.* consonne.
consolação *s.f.* consolation; soulagement *m.*
consolador *adj.*; *s.m.* consolateur.
consoladora *adj.*; *s.f.* consolatrice.
consolar *v.t.* consoler; soulager.
consolidação *s.f.* consolidation.
consolidar *v.t.* consolider.
consolo[1] *s.m.* consolation *f.*
consolo[2] *s.m.* console *f.*
consonância *s.f.* consonance.
consórcio *s.m.* consortium.
consorte *adj.*; *s.m.* consort, conjoint; *adj.*; *s.f.* conjointe.
conspiração *s.f.* conspiration, complot *m.*
conspirador *s.m.* conspirateur.
conspiradora *s.f.* conspiratrice.
conspirar *v.t.* conspirer.
conspurcar *v.t.* souiller.
constância *s.f.* constance.
constante *adj.* constant.
constantemente *adv.* constamment.
constar *v.int.* 1. être dit; *consta* on dit; être connu; *não me consta* je ne sache pas; *segundo me consta* que je sache; 2. consister; 3. être composé de.
constatar *v.t.* constater.
constelação *s.f.* constellation.
consternação *s.f.* consternation.
consternar *v.t.* consterner.
constipação *s.f.* rhume *m.*
constipar *v.t.* enrhumer; *v.pron.* s'enrhumer.
constitucional *adj.* constitutionnel.
constituição *s.f.* constitution.
constituinte *adj.* constituant; *Constituinte s.f.* (Assemblée) Constituante.
constituir *v.t.* constituer.
constranger *v.t.* contraindre, gêner; *v.pron.* se gêner.
constrangimento *s.m.* contrainte *f.*; gêne *f.*
construção *s.f.* construction.
construir *v.t.* construer, bâtir.
construtivo *adj.* constructif.
construtor *s.m.* constructeur.
construtora *adj.*; *s.f.* constructrice; *s.f.* entreprise de construction.
cônsul *s.m.* consul.
consulado *s.m.* consulat.
consular *adj.* consulaire.
consulta *s.f.* consultation.
consultar *v.t.* consulter.
consultivo *adj.* consultatif.

consultor *s.m.* consultant.
consultório *s.m.* cabinet.
consumado *adj.* consommé, parfait, accompli.
consumar *v.t.* consommer.
consumidor *s.m.* consommateur.
consumir *v.t.* consumer.
consumo *s.m.* consommation.
consumpção *s.f.* consomption.
conta *s.f.* 1. compte *m.*; — *corrente* compte *m.* courant; *afinal de* —*s* en fin de compte; *feitas as* —*s* à tout prendre, tout compte fait; *levar em* — tenir compte de, prendre en considération; *não levar em* — faire abstraction de; *por* — *de* à valoir sur; *por sua* — *e risco* à ses risques et périls; *tomar* — *de* surveiller; 2. note; (*de restaurante*) addition; (*de fornecedor, empreiteiro*) mémoire *m.*; *não é de sua* cela ne vous regarde pas; *pagar uma* — payer une note; 3. grain *m.* de chapelet.
contabilidade *s.f.* comptabilité.
contabilista *s.m.* comptable.
contabilizar *v.t.* comptabiliser.
contador[1] *s.m.* (*perito em contabilidade*) comptable.
contador[2] *s.m.* (*narrador*) raconteur, conteur.
contadoria *s.f.* comptabilité.
contagem *s.f.* comptage *m.*; dénombrement *m.*
contagiar *v.t.* contagionner; — *com uma doença* passer une maladie à.
contágio *s.m.* contagion *f.*
contagioso *adj.* contagieux.
conta-gotas *s.m.* compte-gouttes.
contaminação *s.f.* contamination.
contaminar *v.t.* contaminer.
contanto que *loc.conj.* pourvu que.
contar[1] *v.t.* (*narrar*) raconter, conter; (*fam.*) déballer; *está mal contado* c'est cousu de fil blanc.
contar[2] *v.t.* (*levar em conta*) compter; *v.int.* — *com* compter sur, tabler sur, s'attendre à, escompter; se promettre; *conte comigo* comptez sur moi.
contatar *v.t.* contacter.
contato *s.m.* contact; — *carnal* œuvre de chair; *estabelecer* — *com* prendre langue avec; *pôr em* — aboucher; *pôr-se em* — *com* contacter.
contemplação *s.f.* 1. contemplation; 2. ménagement *m.*
contemplador *adj.*; *s.m.* contemplateur.

contemplar *v.t.* contempler.
contemplativo *adj.* contemplatif.
contemporâneo *adj.*; *s.* contemporain.
contenção *s.f.* contention.
contencioso *adj.*; *s.m.* contentieux.
contendor *s.m.* compétiteur.
contentamento *s.m.* contentement.
contentar *v.t.* contenter.
contente *adj.* content; *não caber em si de* — ne pas se sentir de joie.
conter *v.t.* contenir; renfermer.
contestatário *adj.*; *s.* contestataire.
continência *s.f.* continence.
continental *adj.* continental.
continente[1] *adj.* continent.
continente[2] *s.m.* continent.
contingência *s.f.* contingence.
contingente *adj.*; *s.m.* contingente.
continuação *s.f.* continuation; suite.
continuador *s.m.* continuateur.
continuadora *s.f.* continuatrice.
continuar *v.t.* continuer.
continuísta *s.f.* script-girl; script.
contínuo[1] *adj.* continu.
contínuo[2] *s.m.* garçon de bureau, huissier.
contista *s.m.* conteur.
conto *s.m.* 1. conte; 2. duperie *f.*, mensonge.
conto do vigário *s.m.* vol à l'américaine; duperie, tromperie, mystification.
contorção *s.f.* contorsion.
contornar *v.t.* contourner, tourner.
contorno *s.m.* contour; pourtour.
contra *prep.* contre.
contra-almirante *s.m.* contre-amiral.
contra-ataque *s.m.* contre-attaque.
contrabaixo *s.m.* contrebasse.
contrabalançar *v.t.* contrabalancer.
contrabandista *s.m.* contrebandier, passeur.
contrabando *s.m.* contrebande *f.*
contração *s.f.* contraction.
contracenar *v.int.* donner la réplique.
contracepção *s.f.* contraception.
contraceptivo *adj.*; *s.m.* contraceptif.
contracheque *s.m.* bulletin de paye(ment).
contradança *s.f.* contredanse.
contradição *s.f.* contradiction.
contraditório *adj.* contradictoire.
contradizer *v.t.* contredire; *v.pron.* se contredire, se couper.
contraente *s.m.* contractant.
contra espionagem *s.f.* contre-espionnage *m.*

contrafação *s.f.* contrefaçon.
contrafazer *v.t.* contrefaire.
contrafeito *adj.* contrefait, forcé.
contrafilé *s.m.* faux filet.
contraforte *s.m.* contrefort.
contragosto *s.m. a* — malgré lui, malgré soi, à contre-cœur.
contraindicação *s.f.* contre-indication.
contrair *v.t.* contracter, resserrer; (*casamento*) contracter; (*doença*) attraper; — *amizade* se lier d'amitié; *v.pron.* se contracter.
contralto *s.m.* alto, contralto.
contraluz *s.f.* contra-jour *m.*
contramarca *s.f.* contremarque.
contramão *s.f.* contrevoie; sens *m.* interdit.
contramestre *s.m.* contremaître; — *de tipografia* prote.
contraofensiva *s.f.* contre-offensive.
contraordem *s.f.* contrordre *m.*
contraparente *s.m.* parent par affinité.
contrapartida *s.f.* contreparti.
contrapelo *a* — *loc.adv.* à rebrousse-poil.
contrapeso *s.m.* contrepoids; réjouissance *f.*
contraponto *s.m.* contrepoint.
contraproducente *adj.* (*aprox.*) qui produit un effet pervers.
contrarregra *s.m.* régisseur.
contrarrevolução *s.f.* contre-révolution.
contrariamente *a loc.prep.* contrairement à, à l'encontre de.
contrariar *v.t.* contrarier; contrecarrer; ennuyer.
contrariedade *s.f.* contrariété.
contrário *adj.* contraire; *pelo* — au contraire, par contre; tant s'en faut; loin de là.
contrassenso *s.m.* contresens, non-sens.
contrastar *v.t.* contraster; *v.int.* contraster avec, trancher sur.
contraste *s.m.* contraste; (*quadro que forma* — *com outro*) repoussoir.
contratação *s.f.* (*de pessoas*) embauchage *m.*; embauche.
contratante *s.m.* contractant.
contratar *v.t.* contracter; engager, embaucher.
contratempo *s.m.* contretemps; accroc, ennui; (*fam.*) tuile *f.*; (*pop.*) pépin.
contrato *s.m.* contract; — *particular* sous-seing.
contratual *adj.* contractuel.
contravenção *s.f.* contravention.

contraveneno *s.m.* contrepoison.
contravento *s.m.* contrevent.
contraventor *s.m.* contrevenant, transgresseur.
contribuição *s.f.* contribution.
contribuinte *s.* contribuable.
contribuir *v.int.* contribuer.
contrição *s.f.* contrition.
contristar *v.t.* contrister, attrister.
contrito *adj.* contrit.
controlar *v.t.* contrôler.
controle *s.m.* contrôle; commander *f.*; — *da natalidade* contrôle des naissances.
controvérsia *s.f.* controverse.
contudo *conj.* néanmoins, pourtant.
contumácia *s.f.* contumace, défaut *m.*
contumaz *adj.* contumace.
contundente *adj.* contondant, blessant.
contundir *v.t.* contusionner.
contusão *s.f.* contusion.
convalescência *s.f.* convalescence.
convalescente *adj.*; *s.* convalescent.
convalescer *v.int.* entrer en convalescence.
convenção *s.f.* convention.
convencer *v.t.* convaincre; *deixar-se* — entendre raison; *tentar* — entreprendre.
convencido *adj.* 1. convaincu; 2. fat, plein de soi, plein de lui.
convencional *adj.* conventionnel.
convencionar *v.t.* combiner, stipuler.
conveniência *s.f.* convenance.
conveniente *adj.* convenable, seyant; *não ser* — ne pas être de mise.
convenientemente *adv.* convenablement, comme il faut.
convênio *s.m.* convention *f.*, accord.
convento *s.m.* couvent.
convergência *s.f.* convergence.
convergente *adj.* convergent.
convergir *v.int.* converger.
conversa *s.f.* conversation, causerie; entretien *m.*; du flan *m.*; — *leve* badinage *m.*; — *mole* bagout *m. levar na* — faire marcher; *sustentar a* — *sozinho* défrayer la conversation.
conversação *s.f.* conversation, causerie, entretien *m.*
conversadeira *s.f.* causeuse.
conversador *s.m.* causeur.
conversa-fiada *s.f.* bagout *m.*; baratin *m.*; des chansons, du flan *m.*
conversão *s.f.* conversion.
conversar *v.int.* converser, causer.
conversível *adj.* convertible.

converso *adj.* convers.
converter *v.t.* convertir; — *em dinheiro* monnayer.
convés *s.m.* tillac.
convexidade *s.f.* convexité.
convexo *adj.* convexe.
convicção *s.f.* conviction.
convicto *adj.* 1. convaincu; 2. sûr.
convidado *adj.*; *s.* invité; *ter* —*s* avoir du monde.
convidar *v.t.* inviter; *(com deferência especial)* convier.
convidativo *adj.* engageant, attrayant.
convincente *adj.* convaiquant, probant.
convir *v.int.* convenir, se mettre d'accord; *(vestido, terno)* habiller; *v.impess.* convenir; *convém* il convient; il y a lieu de.
convite *s.m.* invitation.
conviva *s.* convive.
convivência *s.f.* ou **convívio** *s.m.* familiarité, fréquentation.
conviver *v.int.* — *com* frayer avec, fréquenter.
convocação *s.f.* convocation.
convocar *v.t.* convoquer, assigner.
convosco *adv.* avec vous.
convulsão *s.f.* convulsion.
convulsivo *adj.* convulsif.
coonestar *v.t.* donner une apparence d'honnêteté à.
cooperação *s.f.* coopération.
cooperar *v.t.* coopérer.
cooperativa *s.f.* coopérative.
coordenação *s.f.* coordination.
coordenada *s.f.* coordonnée; *determinar as* —*s* faire le point.
coordenador *s.m.* coordonnateur.
coordenar *v.t.* coordonner.
copa[1] *s.f. (parte da casa)* office.
copa[2] *s.f. (parte da árvore)* cime.
copa[3] *s.f. (parte do chapéu)* forme.
copada *s.f.* rasade.
copaíba *s.f.* copayer *m.*
copar *v.t.* étêter.
coparticipação *s.f.* coparticipation.
copas *s.f.pl. (naipe de baralho)* cœur *m.*
copeira *s.f. (aprox.)* femme de chambre.
copeque *s.m.* kopeck.
cópia *s.f.* copie; *(de documento)* double *m.*; *executar uma* — grossoyer.
copiar *v.t.* copier.
copiloto *s.m.* copilote.
copinho *s.m.* gobelet.
copioso *adj.* copieux.

copista s. copiste.
copla s.f. couplet m.
copo s.m. verre.
copropriedade s.f. copropriété.
coproprietário s.m. copropriétaire.
copta adj.; s.pátr. copte.
cópula s.f. coito m., copulation.
coque[1] s.m. coque f. (de cheveux).
coque[2] s.m. coke.
coqueiral s.m. cocoteraie f.
coqueiro s.m. cocotier.
coqueluche s.f. 1. coqueluche; 2. (fig.) coqueluche, manie, béguin m.
coquete adj. coquet.
coquetel s.m. cocktail.
coquetismo s.m. coquetterie f.
cor[1] s.f. couleur.
cor[2] s.m. de — par cœur.
coração s.m. cœur; (pop.) palpitant.
corado adj. rouge; ficar — être hâlé.
coragem s.f. courage m.; (fam.) cran; ter — de s'aviser de.
corajoso adj. courageux, brave.
coral[1] s.m. corail.
coral[2] adj. choral; s.f. chorale.
corante adj.; s.m. colorant.
corar v.t. colorer; v.int. rougir; (fam.) piquer un fard.
corça s.f. biche.
corcel s.m. coursier.
corcova s.f. bosse.
corcunda adj. bossu; s.f. bosse.
corda s.f. corde; — bamba voltige m.; dar — a monter; roer a — faire faux bond.
cordame s.m. cordage, filin.
cordão s.m. cordon; (de sapato) lacet.
cordato adj. sensé.
cordeiro s.m. agneau.
cordel s.m. ficelle; literatura de — (aprox.) littérature de pacotille.
cor-de-rosa adj. rose.
cordial adj.; s.m. cordial.
cordialidade s.f. cordialité.
cordilheira s.f. cordillère.
cordoeiro s.m. cordier.
cordura s.f. bon sens.
coreografia s.f. chorégraphie.
coreto s.m. kiosque.
coriáceo adj. coriace.
corista s. choriste.
coriza s.f. coryza m.; rhume m. de cerveau.
corja s.f. canaille, pègre, racaille.
corne s.m. cor anglais.
córnea s.f. cornée.

corneta s.f. cornet m.
corneteiro s.f. cornettiste, cornet.
cornija s.f. corniche.
corno s.f. 1. corne m.; 2. (buzina) corne f.; 3. (gír.) cocu.
coro s.m. chœur.
coroa s.f. 1. couronne; 2. (lado de moeda oposto a cara) revers; 3. (gír.) croulant; velha — vielle rombière.
coroação s.f. couronnement.
coroar v.t. couronner.
coroca adj. croulant, gâteux.
coroinha s.m. enfant de chœur.
corola s.f. corolle.
corolário s.m. corollaire.
coronária s.f. artère coronaire.
coronel s.m. colonel.
coronha s.f. crosse.
coronhada s.f. coup m. de crosse.
corpete s.m. corset.
corpo s.m. corps; — discente les élèves (d'une école); — docente les professeurs (d'une école); tirar o — fora tirer son épingle du jeu.
corpo a corpo s.m. corps-à-corps.
corporação s.f. corporation.
corporal adj. corporal.
corporativismo s.m. corporatisme.
corporativista adj.; s. corporatiste.
corpulência s.f. corpulence.
corpulento adj. corpulent.
corpúsculo s.m. corpuscule.
correção s.f. correction; — monetária indexation; aplicar — monetária em indexer.
correcional adj. correctionnel.
corredeira s.f. rapide m.
corrediça s.f. coulisse, glissoire.
corrediço adj. coulant.
corredor[1] s.m. couloir.
corredor[2] s.m. coureur.
corregedor s.m. corrégidor.
correia s.f. courroie, lanière.
correio s.m. 1. poste f.; 2. (conjunto de correspondência) courrier.
correlação s.f. corrélation.
correligionário s.m. coreligionnaire.
corrente[1] adj. courant; s.f. courant m.
corrente[2] s.f. chaîne.
correntemente adv. couramment.
correnteza s.f. courant m.
correr v.int. 1. courir; a 100 quilômetros por hora rouler à cent à l'heure; 2. parcourir; 3. couler.

correria *s.f.* 1. débandade; 2. incursion.
correspondência *s.f.* correspondance, courrier *m.*
correspondente *adj.*; *s.* correspondant.
corresponder *v.int.* correspondre.
corretagem *s.f.* courtage *m.*
corretivo *s.m.* châtiment.
correto *adj.* correct.
corretor *s.m.* courtier, coulissier; — *de fundos públicos* agent de change.
corrida *s.f.* 1. course; — *de cavalos* course de chevaux; 2. (*tourada*) corrida; 3. ruée.
corrigir *v.t.* corriger.
corrimão *s.m.* rampe *f.*; main *f.* courante.
corriqueiro *adj.* usé, commun, trivial.
corroborar *v.t.* corroborer.
corroer *v.t.* ronger, corroder, éroder.
corromper *v.t.* corrompre.
corrosão *s.f.* corrosion.
corrosivo *adj.* corrosif.
corruíra *s.f.* roitelet *m.*
corrupção *s.f.* corruption.
corruptível *adj.* corruptible.
corruptor *s.m.* corrupteur.
corruptora *s.f.* corruptrice.
corsário *s.m.* corsaire.
Córsega *s.f.* Corse.
corso[1] *adj.*; *s.pátr.* corse.
corso[2] *s.m.* (*desfile de carros*) corso.
cortada *s.f.* (tênis) smash *m.*
cortador *s.m.* coupeur; — *de grama* tondeuse *f.* à gazon.
cortante *adj.* coupant, tranchant; (*fig.*) cinglant.
cortar *v.t.* 1. couper; tailler, trancher; 2. retrancher; (*nomes de uma relação*) radier.
corte[1] *s.m.* coupure *f.* taille *f.*, section; (*de árvores*) coupe; (*de madeira em tábuas*) débit; *fazer —s* (*num texto*) sabrer.
corte[2] *s.f.* 1. cour; 2. tribunal *m.*, cour *f.*; 3. (*cortejo*) cour; *fazer a — a* faire la cour à, courtiser.
cortejar *v.t.* faire la cour à.
cortejo *s.m.* cortège; —*fúnebre* convoi.
cortês *adj.* courtois.
cortesã *s.f.* courtisane.
cortesão *s.f.* courtisan.
cortesia *s.f.* courtoisie, honnêteté.
cortiça *s.f.* liège *m.*
cortiço *s.m.* 1. ruche *f.*; 2. habitation *f.* collective délabrée.
cortina *s.f.* rideau *m.*; store *m.*; *Cortina de Ferro* Rideau de Fer; — *de fumaça* écran *m.* de fumée.
cortisona *s.f.* cortisone.
coruja *s.f.* chouette; —*-dos-torres* effraie; *adj.* (*fam.*) *pai* — papa-gâteau.
corveta *s.f.* corvette.
corveia *s.f.* corvée.
corvin *s.m.* (*couro artificial*) skai.
corvo *s.m.* corbeau.
cós *s.m.* ceinture *f.*
coscorão *s.m.* gaufre.
cosseno *s.m.* cosinus.
coser *v.t.* coudre.
cosmético *adj.*; *s.m.* cosmétique.
cósmico *adj.* cosmique.
cosmo *s.m.* cosmos.
cosmonauta *s.m.* cosmonaute.
cosmopolita *adj.*; *s.* cosmopolite.
cossaco *adj.*; *s.* cosaque.
costa *s.f.* 1. (*costela*) côte; 2. (*litoral*) côte.
costado *s.m.* (*grau de ascendência*) quartier.
Costa Rica *s.f.* Costa Rica *m.*
costa-riquenho *adj.*; *s.pátr.* costaricien.
costas *s.f.pl.* dos *m.*; (*fam.*) râble; — *da mão* dos de la main; *ter as —s largas* avoir bon dos.
costear *v.t.* longer, côtoyer.
costeiro *adj.* côtier.
costela *s.f.* côte.
costeleta *s.f.* côtelette.
costeletas *s.f.pl.* pattes.
costumar *v.int.* e *v.pron.* avoir l'habitude; *v.t.* accoutumer.
costume[1] *s.m.* coutume *f.*, habitude *f.pl.f.* mœurs.
costume[2] *s.m.* coutume, vêtement; — *de senhora* tailleur.
costumeiro *adj.* habituel; coutumier.
costura *s.f.* couture.
costurar *v.t.* coudre.
costureirinha *s.f.* grisette, midinette.
costureiro *s.m.* couturier.
cota *s.f.* cote, quote-part.
cotação *s.f.* cote.
cota-parte *s.f.* quote-part, écot *m.*
cotar *v.t.* coter.
cotejar *v.t.* confronter.
cotejo *s.m.* confrontation.
cotidiano *adj.*; *s.m.* quotidien.
cotim *s.m.* coutil.
cotização *s.f.* cotisation.
cotizar-se *v.pron.* se cotiser.
coto *s.m.* moignon.

cotovelada s.f. coup m. de coude.
cotovelo s.m. coude.
cotovia s.f. alouette, mauviette.
coturno s.m. cothurne; *de alto* — de haut vol.
coudelaria s.f. haras.
couraça s.f. cuirasse.
couraçar v.t. cuirasser.
couro s.m. cuir.
coutada s.f. garenne.
couteiro s.m. garde-chasse.
couto s.m. 1. chasse gardée; 2. asile, abri.
couve s.f. chou m.
couve-flor s.f. chou-fleur m.
covarde adj.; s. lâche, poltron; (*pop.*) froussard, péteux.
covardia s.f. lâcheté.
coveiro s.m. fossoyeur.
covil s.m. 1. tanière f.; terrier; 2. antre, repaire, bauge f.
covinha s.f. fossette.
coxa s.f. cuisse; (*pop.*) gigot m.
coxear v.int. boiter, clocher.
coxia s.f. couloir, ruelle.
coxim s.m. coussin.
coxo adj. boiteux.
cozedura s.f. cuisson.
cozer v.t. cuire.
cozido adj. cuit; s.m. pot-au-feu.
cozimento s.m. cuisson f.
cozinha s.f. cuisine; (*fam.*) popote.
cozinhar v.t. e int. cuire, cuisiner; (— *a fogo lento*) mijoter.
cozinheira s.f. cuisinière; — *excelente* cordon-bleu.
cozinheiro s.f. cuisinier.
crachá s.m. crachat.
crânio s.m. crâne; (*pop.*) aigle.
crápula s.f. crapule; fumier m.
crapuloso adj. crapuleux.
craque s.m. (*fam.*) joueur de football excellent; crack.
crase s.f. crase.
crasso adj. crasse.
cratera s.f. cratère.
cravar v.t. 1. enfoncer; 2. fixer.
craveira s.f. toise.
cravo[1] s.m. œillet.
cravo[2] s.m. clavecin.
cravo[3] s.m. clou.
cravo-de-defunto s.m. giroflée.
cré s.m. craie f.
creche s.f. crèche, garderie.
credenciais s.f.pl. lettres de créance.

crediário s.m. département de ventes à crédit d'un grand magasin.
credibilidade s.f. crédibilité.
creditar v.t. créditer.
crédito s.m. crédit; créance f.; (*de filme*) générique.
credor s.m. créditeur, créancier.
credora s.f. créditrice, créancière.
credulidade s.f. crédulité, naïveté.
crédulo adj. crédule, naïf.
crematório s.m. crématorium, four crématoire.
creme s.m. crème f.; — *de chocolate* mousse f. au chocolat.
cremona s.f. espagnolette.
cremoso adj. crémeux.
crença s.f. croyance, foi.
crente adj.; s. 1. croyant; 2. protestant.
crepe s.m. crêpe.
crepitação s.f. crépitement m., pétillement m.
crepitar v.int. crépiter, pétiller; grésiller.
crepom s.m. crépon.
crepúsculo s.m. crépuscule.
crer v.t. croire.
crescente[1] adj. croissant, grandissant; s.m. croissant.
crescente[2] s.f. crue.
crescer v.int. croître, grandir; pousser.
crescimento s.m. croissance f.; accroissement.
crespo adj. crépu.
crestar v.t. roussir, hâler.
cretino s.m. crétin; (*fam.*) ballot, ganache f.
cretone s.f. cretonne.
criação[1] s.f. création.
criação[2] s.f. élevage m.
criada s.f. servante; — *de quarto* bonne; (*de comédia*) soubrette.
criadagem s.f. domesticité.
criadinho s.m. groom.
criado s.m. valet, domestique.
criado-mudo s.m. table f. de chevet, table f. de nuit.
criador[1] s.m. créateur; — *de casos* tracassier.
criador[2] s.m. éleveur.
criadora s.f. créatrice; — *de casos* tracassière.
criança s.f. enfant m. e f.; (*fam.*) mouflet m., mouflette; — *de peito* nourrisson m.; — *levada* galopin, garnement; — *-prodígio* enfant prodige; (*fam.*) môme.
criançada s.f. marmaille.

criancice *s.f.* enfantillage *m.*; gaminerie *f.*; *fazer —s* faire l'enfant.
criar *v.t.* 1. créer; 2. élever, éduquer.
criatividade *s.f.* créativité.
criatura *s.f.* créature.
crime *s.m.* crime; (*grave*) forfait.
criminal *adj.* criminel.
criminoso *adj.*; criminel; *s.m.* malfaiteur.
crina *s.f.* crin *m.*
crineira *s.f.* crinière.
crioulo *adj.*; *s.* 1. (*pessoa branca nascida nas colônias da América*) créole; 2. noir (d'Amérique).
cripta *s.f.* crypte.
crisálida *s.f.* chrysalide.
crisântemo *s.m.* chrysanthème.
crise *s.f.* crise; (*de febre, tosse*) accès *m.*
crisma *s.f.* confirmation.
crismar *v.t.* confirmer.
crisol *s.m.* creuset.
crispar *v.t.* crisper.
crista *s.f.* crête.
cristã *adj.*; *s.f.* chrétienne.
cristal *s.m.* cristal.
cristalino *adj.* cristallin.
cristalizar *v.t.* cristalliser; *v.pron.* se cristalliser.
cristandade *s.f.* chrétienté.
cristão *adj.*; *s.m.* chrétien.
cristianismo *s.m.* christianisme.
critério *s.m.* critère.
criterioso *adj.* judicieux.
crítica *s.f.* critique.
criticador *s.m.* critiqueur.
criticar *v.t.* critiquer, s'attaquer à.
crítico *adj.*; *s.m.* critique.
crivar *v.t.* cribler; (*fig.*) larder.
crível *adj.* croyable.
crivo *s.m.* crible; — *de regador* pomme *f.* d'arrosoir.
crochê *s.m.* crochet.
crocitar *v.int.* crociter.
crocodilo *s.m.* crocodile.
cromado *adj.* chromé.
cromar *v.t.* chromer.
cromo[1] *s.m.* chrome.
cromo[2] *s.m.* chromolithographie; (*depr.*) chromo.
crônica *s.f.* 1. chronique; 2. feuilleton; — *social* carnet *m.* mondain, les échos *m.pl.*
cronista *s.m.* feuilletoniste; — *social* échotier; — *teatral* courriériste théâtral.
cronologia *s.f.* chronologie.
cronológico *adj.* chronologique.
cronômetro *s.m.* chronomètre.
croque *s.m.* croc.
croqui *s.m.* croquis.
crosta *s.f.* croute.
crótalo *s.m.* crotale.
cru *adj.* cru; *frutas e legumes —s* crudités *f.*
crucial *adj.* crucial.
crucificar *s.m.* crucifier.
crucifixo *s.m.* crucifix.
cruel *adj.* cruel.
crueldade *s.f.* cruauté.
crupe *s.m.* croup.
crupiê *s.m.* croupier.
crustáceo *adj.*; *s.* crustacé.
cruz *s.f.* croix.
cruzada *s.f.* (*Hist.*) croisade.
cruzadista *s.* cruciverbiste.
cruzado *s.m.* (*Hist.*) croise.
cruzador *s.m.* croiseur.
cruzamento *s.m.* croisement, croisée *f.* (des chemins).
cruzeiro *s.m.* 1. crucifix; 2. cruzeiro; 3. croisière.
cu *s.m.* cul.
cuba *s.f.* cuve, baquet *m.*
Cuba *s.f.* Cuba *m.*
cubano *adj.*; *s.pátr.* cubain.
cúbico *adj.* cubique *f.*
cubículo *s.m.* cellule *f.*; (*do porteiro*) loge *f.*; (*fam.*) cagibi.
cubismo *s.m.* cubisme.
cubista *adj.*; *s.* cubiste.
cubo *s.m.* cube.
cuca[1] *s.m.* o mesmo que *mestre-cuca*.
cuca[2] *s.f.* tête, boule; (*fam.*) ciboulot *m.*; *esquentar a* — se faire du mauvais sang.
cuca[3] *s.f.* gâteau *m.*
cuco *s.m.* coucou.
cueca *s.f.* caleçon *m.*
cueiro *s.m.* lange, maillot.
cuia *s.f.* calebasse.
cuíca *s.f.* espèce de tambour.
cuidado *s.m.* 1. soin; 2. souci; *aos —s de* aux bons soins de; *inspirar —s* inspirer de l'inquiétude; *tomar — com* prendre garde à; *interj.* attention!; — *com* gare à.
cuidadoso *adj.* soigneux.
cuidar *v.t.* 1. imaginer, supposer; 2. — *de* voir à; 3. soigner; — *bem* bien tenir; *v.pron.* se soigner.
cuja, cujas, cujo, cujos *pron.* dont.
culaque *s.m.* koulak.
culatra *s.f.* culasse.

cule *s.m.* coolie.
culinária *s.f.* art *m.* culinaire.
culinário *adj.* culinaire.
culminar *v.int.* culminer.
culpa *s.f.* faute.
culpabilidade *s.f.* culpabilité.
culpado *adj.* coupable; *tornar-se* — se mettre dans son tort.
culpar *v.t.* accuser, mettre dans son tort.
cultivador *s.m.* cultivateur.
cultivar *v.t.* cultiver.
cultivo *s.m.* culture.
culto[1] *s.m.* culte.
culto[2] *adj.* cultivé.
cultura *s.f.* culture.
cultural *adj.* culturel.
cume *s.m.* sommet, pic, faîte, cime *f.*
cumeeira *s.f.* comble *m.*; faîte *m.*
cúmplice *s.m.* complice; (*de prestidigitador, trapaceiro*) compère; *ser* — *de* être de mèche avec; *tornar-se* — *de* prêter la main à.
cumplicidade *s.f.* complicité; compérage *m.*
cumprimentar *v.t.* saluer, complimenter; (*retirando-se*) tirer sa révérence.
cumprimento *s.m.* **1.** salutation *f.*; compliment; *fazer um* — tourner un compliment; **2.** accomplissement.
cumprir *v.t.* accomplir, remplir; *não* — manquer à.
cumular *v.t.* combler.
cumulativo *adj.* cumulatif.
cúmulo *s.m.* comble, apogée; *por* — par surcroît; pour achever le tableau; **2.** (*nuvem*) cumulus.
cunha *s.f.* cale; coin *m.*; taquet *m.*
cunhada *s.f.* belle-sœur.
cunhado *s.m.* beau-frère.
cunhagem *s.f.* frappe.
cunhar *v.t.* (*moeda*) frapper, monnayer; (*fig.*) mettre en relief; (*palavras*) créer, former.
cunho *s.m.* coin, cachet.
cupidez *s.f.* cupidité.
cúpido *adj.* cupide.
cupom *s.m.* coupon.
cupim *s.m.* termite.
cúpula *s.f.* coupole.
cura[1] *s.f.* cure, guérison.
cura[2] *s.m.* curé.
curador *s.m.* curateur.
curandeiro *s.m.* guérisseur, rebouteux.
curar[1] *v.t.* guérir.
curar[2] *v.t.* boucaner, fumer.

curativo *s.m.* pansement.
curato *s.m.* cure *f.*
curável *adj.* guérissable, curable.
Curdistão *s.m.* Kurdistan.
curdo *adj.*; *s.pátr.* kurde.
curetagem *s.f.* curetage *m.*
curetar *v.t.* cureter.
cúria *s.f.* curie.
curinga *s.m.* joker.
curiosidade *s.f.* curiosité; *ter a* — *de olhar* n'avoir pas les yeux dans sa poche.
curioso *adj.* curieux.
curista *s.* curiste.
curriola *s.f.* coterie.
cursar *v.t.* suivre.
cursilho *s.m.* (*aprox.*) retraite (religieuse).
cursinho *s.m.* (*fam.*; *aprox.*) boîte à bachot.
cursivo *adj.* cursif.
curso *s.m.* cours; — *científico, clássico, colegial* les trois dernières années de l'enseignement secondaire.
curtidor *s.m.* tanneur.
curtimento *s.m.* tannage.
curtir *v.t.* **1.** tanner; **2.** souffrir, supporter; **3.** — *bebedeira* couver son vin; (*gír.*) éprouver, expérimenter, jouir de.
curto *adj.* court.
curto-circuito *s.m.* court-circuit.
curtume *s.m.* tannerie *f.*
curva *s.f.* courbe, virage *m.*, tournant *m.*
curvar *v.t.* courber, fléchir; *v.pron.* se courber.
curvatura *s.f.* courbure.
curveta *s.f.* courbette.
curvo *adj.* courbe.
cuscus *s.m.* couscous.
cuspir *v.t.* cracher.
cuspo *s.m.* crachat.
custa *s.f.* à — *de* aux dépens de, aux frais de; *por sua* — *e risco* à ses risques et périls; *viver à* — *de* vivre aux crochets de.
custar *v.int.* **1.** coûter; **2.** — *a* être long à; *custa-me* il m'en coûte de; *custe o que custar* coûte que coûte.
custear *v.t.* faire les frais de, défrayer.
custo *s.m.* coût, revient.
custoso *adj.* coûteux.
cutâneo *adj.* cutané.
cutelada *s.f.* estafilade.
cutelaria *s.f.* coutellerie.
cuteleiro *s.m.* coutelier.
cutelo *s.m.* *hachoir *m.*; coutelas.
cutia *s.f.* agouti *m.*

D

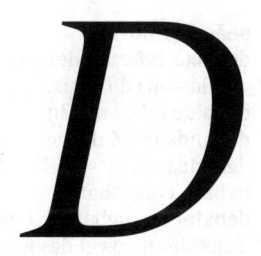

da *art.*, *contração de* de + la *ou* de + l: de la, de l'; *pron.* de celle.
dacron *s.m.* dacron.
dactilógrafa *s.f.* dactylographe, dactylo.
dactilografar *v.t.* dactylographier, taper.
dactilografia *s.f.* dactylographie.
dactilógrafo *s.m.* dactylographe.
dactiloscopia *s.f.* dactyloscopie.
dadá *s.m.* dada.
dadaísmo *s.m.* dadaïsme.
dádiva *s.f.* don *m.*
dado[1] *s.m.* dé.
dado[2] *adj.* donné; *s.m.* donnée *f.*
daí *adv.* d'ici; — *em diante* depuis lors; *e* — *?* et après?
dali *adv.* de là.
dália *s.f.* dahlia *m.*
daltônico *adj.*; *s.* daltonien.
daltonismo *s.m.* daltonisme.
dama *s.f.* dame; — *de honor* dame d'honneur.
damas *s.f.pl.* (jeu *m.* de) dames; *jogar* — jouer aux dames.
Damasco *s.m.* Damas.
damasco[1] *s.m.* (*tecido*) damas.
damasco[2] *s.m.* (*fruta*) abricot.
damasqueiro *s.m.* abricotier.
danação *s.f.* damnation.
danado *adj.* 1. damné; 2. furieux; 3. incroyable, extraordinaire; 4. espiègle; 5. formidable.
danar *v.t.* damner.
dança *s.f.* danse.
dançar *v.int.* e *t.* danser; *não ser convidada para* — faire tapisserie; (*fig.*) sauter.
dançarina *s.f.* danseuse.
dançarino *s.m.* danseur.
dândi *s.m. dandy*, gandin.
dandismo *s.m.* dandysme.
danificar *v.t.* endommager.
daninho *adj.* nuisible.

dano *s.m.* dommage.
dantes *adv.* auparavant, avant.
dantesco *adj.* dantesque.
daquela *pron. contração de* de + aquela: de cette, de celle.
daquele *pron. contração de* de + aquele: de'ce, de cet, de celui.
daqui *adv.* d'ici; — *a pouco* tout à l'heure, dans un instant; — *em diante* à l'avenir, désormais, dorénavant.
daquilo *pron. contração de* de + aquilo: de cela.
dar *v.t.* donner; faire; enseigner; — *como* donner pour; — *de beber* abreuver, donner à boire; — *duro no trabalho* trimer; — *que falar* faire parler de soi; — *que fazer* donner du fil à retordre; — *que pensar* donner à penser; *v.int.* fructifier; — *à costa* échouer; — *com* se rencontrer avec; — *em* battre; — *para* avoir aptitude pour; — *por* apercevoir; *v.pron.* se donner; — *-se bem com* être en bons termes avec; — *por* se faire passer pour; *deu-se o caso* il est arrivé.
dardejar *v.t.* darder.
dardo *s.m.* dard.
dartro *s.m.* dartre.
das *art.*, *contração de* de + les: des; *pron.* de celles.
data *s.f.* date; *de* — *recente* de fraîche date; (*de vinho, moeda*) millésime.
datilógrafa V. *dactilógrafa*.
datilografar V. *dactilografar*.
datilografia V. *dactilografia*.
datilógrafo V. *dactilógrafo*.
datiloscopia V. *dactiloscopia*.
datar *v.t.* dater.
de *prep.* de; (*às vezes*) à; *sala* — *jantar* salle à manger.
deambular *v.int.* (*fam.*) se trimbaler.

deão *s.m.* doyen.
debaixo *adv.* au-dessous; — *de loc.prep.* au-dessous de, sous.
debalde *adv.* en vain.
debandada *s.f.* débâcle, débandade.
debandar *v.int.* se débander.
debate *s.m.* débat.
debater *v.t.* débattre; *v.pron.* se débattre, faire des pieds et des mains.
debelar *v.t.* dominer, vaincre.
debicar *v.t.* 1. grignoter, mangeotter; (*fam.*) chipoter, pignocher; 2. railler, se moquer de.
débil *adj.* débile.
debilidade *s.f.* débilité.
debilitar *v.t.* débiliter.
debitar *v.t.* débiter.
débito *s.m.* débit, dette *f.*
deblaterar *v.int.* déblatérer.
debochar *v.int.* — *de* se moquer de, narguer, mettre en boîte, tourner en dérision.
deboche *s.m.* raillerie *f.*
debruar *v.t.* lisérer.
debruçar-se *v.pron.* se pencher.
debrum *s.m.* liséré, ourlet, bordure *f.*
debulha *s.f.* égrenage *m.*, battage *m.*
debulhar *v.t.* égrener; écosser. *v.pron.* —*se em lágrimas* fondre en larmes.
década *s.f.* décade.
decadência *s.f.* décadence, déchéance.
decadente *adj.* décadent.
decair *v.int.* déchoir.
decalcar *v.t.* décalquer.
decalque *s.m.* calque.
decano *s.m.* doyen.
decantar *v.t.* décanter.
decapar *v.t.* décaper.
decapitar *v.t.* décapiter.
decência *s.f.* décence, bienséance; *com* — proprement.
decênio *s.m.* décennie *f.*
decente *adj.* décent, séant; (*vestido, roupa*) mettable.
decentemente *adv.* décemment.
decepar *v.t.* mutiler, décapiter.
decepção *s.f.* déception, déconvenue, mécompte *m.*
decepcionar *v.t.* décevoir.
decerto *adv.* assurément.
decibel *s.m.* décibel.
decididamente *adv.* décidément.
decidido *adj.* décidé, résolu.
decidir *v.t.* décider, déterminer, trancher, résoudre, disposer; *v.pron.* se décider, se déterminer, se résoudre, se disposer.
decifração *s.f.* déchiffrement *m.*, décodage *m.*
decifrar *v.t.* déchiffrer, décoder.
decimal *adj.* décimal.
décimo *num.*; *s.m.* dizième.
décimo nono *num.*; *s.m.* dix-neuvième.
décimo oitavo *num.*; *s.m.* dix-huitième.
décimo primeiro *num.*; *s.m.* onzième.
décimo quarto *num.*; *s.m.* quatorzième.
décimo quinto *num.*; *s.m.* quinzième.
décimo segundo *num.*; *s.m.* douzième.
décimo sétimo *num.*; *s.m.* dix-septième.
décimo sexto *num.*; *s.m.* seizième.
décimo terceiro *num.*; *s.m.* treizième.
decisão *s.f.* décision; *tomar uma — arriscada* faire le saut.
decisivo *adj.* décisif.
declamação *s.f.* déclamation.
declamador *s.m.* déclamateur, diseur.
declamadora *s.f.* déclamatrice, diseuse.
declamar *v.t.* déclamer.
declaração *s.f.* déclaration.
declarar *v.t.* déclarer.
declinação *s.f.* déclinaison.
declinar *v.t.* décliner.
declínio *s.m.* déclin.
declive *s.m.* déclivité *f.*, rampe *f.*
declividade *s.f.* déclivité.
decocção *s.f.* décoction.
decolagem *s.f.* décollage.
decolar *v.int.* décoller.
decompor *v.t.* décomposer, résoudre.
decomposição *s.f.* décomposition.
decoração *s.f.* décoration, décor.
decorador *s.m.* décorateur.
decoradora *s.f.* décoratrice.
decorar *v.t.* décorer.
decorativo *adj.* décoratif.
decoreba *s.f.* (*pop.*, *aprox.*) bachotage *m.*
decoro *s.m.* bienséance *f.*
decorrência *s.f.* conséquence.
decorrer *v.int.* se passer; découler.
decorticar *v.t.* décortiquer.
decotar *v.t.* décolleter.
decote *s.m.* décolletage, décolleté, encolure *f.*
decrépito *adj.* croulant, gâteux, gaga, décrépit.
decrepitude *s.f.* décrépitude, gâtisme *m.*
decréscimo *s.m.* décroissement.
decretar *v.t.* décréter.

decreto *s.m.* décret; ordonnance *f.*
decuplicar *v.t.* décupler.
décuplo *num.*; *s.m.* décuple.
dedal *s.m.* dé (à coudre).
dédalo *s.m.* dédale.
dedicação *s.f.* abnégation.
dedicado *adj.* dévoué; *estar — a* être tout à.
dedicar *v.t.* dédier, vouer, consacrer; dédicacer; *v.pron.* s'adonner, se dévouer.
dedicatória *s.f.* dédicace; *pôr — em* dédicacer.
dedilhado *s.m.* doigté.
dedilhar *v.int.* doigter.
dedo *s.m.* doigt; *— anular* annulaire; *— do pé* orteil; *— indicador* index; *— médio* médius, majeur; *— mindinho* petit doigt; *— polegar* pouce; *pôr o — em* mettre le doigt sur.
dedo-duro *s.m.* (*fam.*) cafard, indic.
dedução *s.f.* déduction.
dedurar *v.t.* (*fam.*) cafarder, cafter, moucharder.
dedurismo *s.m.* cafardage.
dedutivo *adj.* déductif.
deduzir *v.t.* déduire.
defasagem *s.f.* déphasage *m.*, décalage *m.*
defecação *s.f.* défécation.
defecar *v.int.* déféquer.
defecção *s.f.* défection.
defectivo *adj.* défectif.
defeito *s.m.* défaut; (*em construção*) malfaçon.
defeituoso *adj.* défectueux.
defender *v.t.* défendre.
defensável *adj.* tenable.
defensiva *s.f.* défensive; *ficar na —* être sur la défensive.
defensivo *adj.* défensif.
defensor *s.m.* défenseur.
deferência *s.f.* déférence.
deferente *adj.* déférent.
deferimento *s.m.* exaucement, accueil favorable.
deferir *v.t.* exaucer, accueillir (favorablement).
defesa *s.f.* défense; *— de tese* soutenance.
deficiência *s.f.* déficience.
deficiente *adj.* déficient.
deficitário *adj.* déficitaire.
definhamento *s.m.* consomption *f.*
definhar *v.int.* dépérir.
definição *s.f.* définition.
definido *adj.* défini.

definir *v.t.* définir.
definitivo *adj.* définitif.
definível *adj.* définissable.
deflação *s.f.* déflation.
deflagração *s.f.* déflagration.
deflagrar *v.int.* déflagrer; *v.t.* déclencher.
defloramento *s.m.* défloration.
deflorar *v.t.* déflorer.
defluxo *s.m.* rhume de cerveau, coryza.
deformação *s.f.* déformation.
deformar *v.t.* déformer.
deformidade *s.f.* difformité.
defrontar *v.t.* affronter; *v.int.* être situé vis-à-vis.
defronte *adv.* en face, vis-à-vis.
defumação *s.f.* fumage *m.*
defumar *v.t.* enfumer, fumer.
defunto *adj.*; *s.* défunt, trépassé.
degas *s.m.* (*gír.*) eu; bibi, mézigue.
degelo *s.m.* dégel, débâcle *f.*
degenerar *v.int.* dégénérer; *quem sai aos seus não degenera* bon sang ne peut mentir; bon chien chasse de race.
degenerescência *s.f.* dégénérescence.
deglutição *s.f.* déglutition.
deglutir *v.t.* déglutir.
degolar *v.t.* égorger.
degradação *s.f.* dégradation.
degradante *adj.* dégradant.
degradar *v.t.* dégrader; *v.pron.* se dégrader.
degrau *s.m.* degré; gradin; échelon; marche *f.*
degredar *v.t.* déporter.
degredo *s.m.* déportation *f.*, exil.
degringolar *v.int.* dégringoler.
degustação *s.f.* dégustation.
degustar *v.t.* déguster, goûter.
deísmo *s.m.* déisme.
deísta *adj.* déiste.
deitar *v.t.* coucher; *— cartas* tirer des cartes; *v.pron.* se coucher; (*pop.*) se pieuter; *— de novo* se recoucher.
deixa *s.f.* réplique; *aproveitar a —* saisir la balle au vol.
deixar *v.t.* laisser; quitter; *não — o quarto* garder la chambre; *— de mencionar* passer sous silence; *não — de* ne pas laisser de, ne pas se faire faute de.
dela *pron.*, *contração de* de + ela: d'elle.
delas *pron.*, *contração de* de + elas: d'elles.
delação *s.f.* délation; (*fam.*) cafardage.
delatar *v.t.* dénoncer; (*fam.*) moucharder, cafarder.

delator *s.m.* délateur, indicateur; (*fam.*) cafard, mouchard; (*gír.*) indic.
delatora *s.f.* délatrice.
dele *pron.*, *contração de* de + ele: de lui.
delegação *s.f.* délégation.
delegacia *s.f.* commissariat *m.*; — *de costumes* la Mondaine; (*pop.*) violon *m.*
delegado *s.m.* délégué; — *de polícia* commissaire de police.
delegar *v.t.* déléguer.
deleitação *s.f.* délectation.
deleitar *v.t.* délecter, régaler; *v.pron.* se délecter, se régaler; (*fam.* e *fig.*) se gargariser; (*pop.*) se rincer l'œil.
deleite *s.m.* délice.
deles *pron.*, *contração de* de + eles: d'eur.
deletério *adj.* délétère.
delfim *s.m.* 1. (*golfinho*) dauphin; 2. (*filho primogênito do rei*) Dauphin.
delfina *s.f.* 1. (*esposa do delfim*) Dauphine.
delgado *adj.* mince, fin, fluet.
deliberação *s.f.* délibération.
deliberadamente *adv.* délibérément, de propos délibéré.
deliberado *adj.* délibéré.
deliberar *v.t.* délibérer.
delicadeza *s.f.* délicatesse; honnêteté; politesse.
delicado *adj.* délicat, exquis, fin.
delícia *s.f.* délice *m.*, plaisir *m.*; *s.f.pl.* délices.
delicioso *adj.* délicieux, délectable.
delimitar *v.t.* délimiter.
delinear *v.t.* délinéer.
delinquência *s.f.* délinquance.
delinquente *s.m.* délinquant; *s.f.* délinquante.
delinquir *v.t.* commettre un délit.
delirar *v.int.* délirer; radoter.
delírio *s.m.* délire.
delitescência *s.f.* délitescence.
delito *s.m.* délit.
delonga *s.f.* retard, *m.*, délai *m.*
delta *s.m.* delta.
demagogia *s.f.* démagogie.
demagógico *adj.* démagogique.
demagogo *s.m.* démagogue.
demais *adv.* trop; (*fam.*) diablement, en diable; *bonito* — tout ce qu'il y a de plus beau; *é* —! (*fam.*) c'est raide! elle est raide!
demanda *s.f.* 1. demande; 2. litige *m.*, procès *m.*

demandar *v.t.* 1. se diriger vers; 2. exiger; *v.int.* intenter un procès, plaider.
demarcação *s.f.* démarcation.
demarcar *v.t.* démarquer.
demasiado *adj.* excessif.
demência *s.f.* démence.
demente *adj.*; *s.* dément.
demissão *s.f.* démission; *pedir* — donner sa démission.
demissionário *adj.* démissionnaire.
demitir *v.t.* démettre; (*fam.*) mettre à pied; *v.pron.* se démettre, démissionner, résigner (un poste).
demo *s.m.* (*pop.*) diable.
democracia *s.f.* démocratie.
democrata *adj.*; *s.* démocrate.
democrático *adj.* démocratique.
democratizar *v.t.* démocratiser.
demografia *s.f.* démographie.
demográfico *adj.* démographique.
demolição *s.f.* démolition.
demolidor *s.m.* démolisseur.
demolir *v.t.* démolir; raser.
demoníaco *adj.* démoniaque.
demônio *s.m.* démon.
demonstração *s.f.* démonstration.
demonstrar *v.t.* démontrer.
demora *s.f.* délai *m.*; *sem* — sans retard, d'urgence, incessamment.
demorar *v.int.* 1. tarder, s'attarder; 2. rester; 3. séjourner.
demover *v.t.* dissuader.
dendê *dendezeiro s.m.* élœis *ou* éléis.
denegação *s.f.* dénégation.
denegar *v.t.* refuser; dénier.
denegrir *v.t.* dénigrer; (*fam.*) débiner.
dengosa *adj.f.* minaudière, mignard; *s.f.* mijaurée, pimbèche.
dengoso *adj.m.* minaudier, mignard.
dengue[1] *s.f.* (*doença*) dengue.
dengue[2] *s.m.* mignardise *f.*, minauderie *f.*; *pl.* simagrées *f.*; *fazer* —*s* minauder.
denodo *s.m.* intrépidité *f.*; courage.
denominação *s.f.* dénomination.
denominador *s.m.* dénominateur.
denominar *v.t.* dénommer.
denotar *v.t.* dénoter, indiquer.
densidade *s.f.* densité.
denso *adj.* dense.
dentada *s.f.* coup *m.* de dent.
dentadura *s.f.* denture; — *postiça* dentier *m.*, râtelier *m.*
dental *adj.* dental.
dentário *adj.* dentaire.

dente *s.m.* dent *f.*; — *de alho* gousse *f.*; — *de coelho* micmac; — *de leite* dent de lait; — *de siso* dent de sagesse; *bater os —s* battre des dents; *tem — de coelho* il y a anguille sous roche.
dentear *v.t.* denter, denteler.
dente-de-leão *s.m.* pissenlit.
dentição *s.f.* dentition.
dentículo *s.m.* dentelure *f.*
dentifrício *adj.*; *s.m.* dentifrice.
dentista *s.* dentiste.
dentro *adv.* dedans; — *de loc.prep.* dans; *não dá uma* — (*fam.*) il n'en manque pas une.
dentuço *adj.* brèche-dent.
denúncia *s.f.* dénonciation; — *vazia* refus *m.* non motivé de renouveler un bail.
denunciador *s.m.* dénonciateur.
denunciadora *s.f.* dénonciatrice.
denunciante *s.m.* dénonciateur, rapporteur; (*pop.*) donneur.
denunciar *v.t.* dénoncer; (*fam.*) rapporter.
deontologia *s.f.* déontologie.
departamental *adj.* départamental.
departamento *s.m.* département; (*de uma loja*) rayon.
depauperar *v.t.* 1. appauvrir; 2. affaiblir.
depenar *v.t.* plumer, déplumer; (*fig.*) tondre.
dependência *s.f.* dépendance; *pl.* chambres, pièces.
dependente *adj.*; *s.* dépendant.
depender *v.int.* dépendre; être sous la coupe de; *depende* c'est selon.
dependurar *v.t.* suspendre, accrocher; — *de novo* raccrocher.
deperecer *v.int.* dépérir.
deperecimento *s.m.* dépérissement.
depilação *s.f.* dépilation.
depilar *v.t.* dépiler.
deplorar *v.t.* déplorer.
deplorável *adj.* déplorable, regrettable.
depoente *s.m.* 1. déposant, témoin; 2. (*num banco*) déposant; 3. (*verbo*) déponent.
depoimento *s.m.* témoignage.
depois *adv.* après, ensuite; puis; — *de loc. prep.* après.
depor *v.t.* 1. déposer, démettre; 2. déposer, témoigner.
deportação *s.f.* déportation.
deportar *v.t.* déporter.
deposição *s.f.* déposition.
depositar *v.t.* déposer; (*dinheiro em conta própria*) verser; (*em conta alheia*) virer.

depositário *s.m.* dépositaire.
depósito *s.m.* 1. dépôt; — *legal* dépôt légal; 2. (*em banco*) dépôt, versement; 3. (*armazém*) dépôt, entrepôt; 4. (*de bagagens*) consigne *f.*; (*de animais ou veículos apreendidos*) fourrière *f.*; 5. (*de pólvora*) poudrière *f.*
depravação *s.f.* dépravation.
depravado *adj.* dépravé.
depravar *v.t.* dépraver.
deprecar *v.t.* supplier.
depreciação *s.f.* dépréciation.
depreciar *v.t.* déprécier, ravaler.
depreciativo *adj.* dépréciatif, péjoratif.
depredação *s.f.* déprédation.
depreender *v.t.* conclure, déduire.
depressa *adv.* vite.
depressão *s.f.* dépression.
deprimente *adj.* déprimant.
deprimir *v.t.* déprimer.
depuração *s.f.* dépuration.
depurar *v.t.* dépurer.
deputação *s.f.* députation.
deputada *s.f.* députée.
deputado *s.m.* député.
deputar *v.t.* députer.
deriva *s.f.* dérive; *à* — à la dérive.
derivação *s.f.* dérivation.
derivar *v.t.* e *int.* dériver.
derivativo *s.m.* dérivatif.
dermatologia *s.f.* dermatologie.
dermatologista *s.* dermatologiste.
dermatose *s.f.* dermatose.
derradeiro *adj.* dernier.
derrama *s.f.* taille, taxe.
derramamento *s.m.* épanchement, écoulement.
derramar *v.t.* épancher, verser, déverser, épandre.
derrame *s.m.* épanchement; — *cerebral* épanchement du cerveau.
derrapagem *s.f.* dérapage *m.*
derrapar *v.int.* déraper, chasser.
derreamento *s.m.* éreintement.
derrear *v.t.* éreinter, déhancher.
derredor *em* — à l'entour.
derreter *v.t.* fondre.
derretimento *s.m.* fonte *f.*, fusion *f.*
derrisão *s.f.* dérision.
derrocada *s.f.* débâcle.
derrota *s.f.* déroute, défaite; (*fam.*) déconfiture.
derrotar *v.t.* défaire, mettre en déroute.
derrotismo *s.m.* défaitisme.

derrotista *adj.*; *s.* défaitiste.
derrubador *s.m.* tombeur.
derrubamento *s.m.* renversement.
derrubar *v.t.* renverser, culbuter, basculer, terrasser.
desabafar *v.int.* s'épancher; (*fam.*) pleurer dans le gilet de quelqu'un.
desabafo *s.m.* épanchement.
desabalado *adj.* précipité.
desabamento *s.m.* éboulement, écroulement, effondrement.
desabar *v.int.* crouler, s'écrouler, s'effondrer, s'ébouler.
desabitado *adj.* inhabité.
desabituar *v.t.* déshabituer.
desabonar *v.t.* discréditer, décrier.
desabotoar *v.t.* déboutonner.
desabrido *adj.* maussade.
desabrochamento *s.m.* épanouissement, éclosion *f.*
desabrochar *v.int.* s'épanouir, éclore.
desabusado *adj.* insolent.
desacanhar *v.t.* dégourdir.
desacatar *v.t.* manquer de respect à.
desacertar *v.int.* manquer son but, se tromper; *v.t.* ne pas atteindre.
desacerto *s.m.* erreur *f.*; méprise *f.*
desacompanhado *adj.* seul.
desaconselhar *v.t.* déconseiller.
desacordado *adj.* évanoui.
desacordar *v.t.* désaccorder; *v.int.* s'évanouir.
desadornar *v.t.* déparer.
desacreditar *v.t.* disqualifier.
desafivelar *v.t.* déboucler.
desafinar *v.int.* (*fam.*) canarder.
desafogo *s.m.* débarras.
desaforado *adj.* effronté.
desaforo *s.m.* effronterie *f.*; (*fam.*) culot.
desafortunado *adj.* malheureux.
desagradar *v.int.* déplaire.
desagradável *adj.* désagréable, fâcheux, déplaisant.
desagravar *v.t.* réparer un tort fait à.
desagravo *s.m.* réparation.
desagregação *s.f.* désagrégation.
desagregar *v.t.* désagréger.
desaguar *v.int.* déboucher, dégorger.
desajeitado *adj.* maladroit, malhabile; (*fam.*) empoté.
desajustado *adj.* inadapté.
desajustamento *s.m.* inadaptation.
desalentar *v.t.* décourager.
desalento *s.m.* découragement.

desalinhado *adj.* désordonné, débraillé.
desalinho *s.m.* négligé, débraillé.
desalojar *v.t.* déloger, dénicher.
desalterar *v.t.* désaltérer.
desamarrar *v.t.* démarrer.
desambientar *v.t.* dépayser.
desamparado *adj.* désemparé.
desamparar *v.t.* délaisser.
desamparo *s.m.* abandon.
desancamento *s.m.* éreintement.
desancar *v.t.* éreinter, esquinter.
desandar *v.t.* rétrograder, décliner; — *a dizer besteiras* déconner à pleins tubes.
desanimar *v.t.* décourager.
desânimo *s.m.* découragement, abattement.
desaninhar *v.t.* dénicher.
desanuviar *v.t.* désopiler.
desaparafusar *v.t.* dévisser.
desaparecer *v.int.* disparaître; s'évanouir.
desaparecimento *s.m.* disparition.
desapego *s.m.* détachement.
desapercebido *adj.* dépourvu.
desapertar *v.t.* desserrer, délacer.
desapontamento *s.m.* désappointement.
desapontar *v.t.* désappointer.
desapossar *v.t.* déposséder.
desapreço *s.f.* déconsidération *f.*
desaprender *v.t.* désapprendre.
desapropriar *v.t.* désapproprier.
desaprovação *s.f.* désapprobation.
desaprovador *adj.* désapprobateur.
desaprovar *v.t.* désapprouver, désavouer, donner tort à.
desaproveitado *adj.* inutilisé.
desaproveitar *v.t.* ne pas utiliser.
desarmamento *s.m.* désarmement.
desarmar *v.int.* e *t.* 1. désarmer; 2. démonter.
desarmonia *s.f.* dysharmonie, désaccord *m.*
desarraigar *v.t.* déraciner, arracher.
desarranjar *v.t.* déranger, détraquer.
desarranjo *s.m.* 1. dérangement; 2. panne *f.*; 3. — *intestinal* diarrhée *f.*
desarrazoado *adj.* irraisonné.
desarticular *v.t.* 1. désarticuler; 2. défaire.
desarvorado *adj.* désemparé.
desarvorar *v.t.* 1. démâter; 2. désorienter; *v.pron.* perdre le nord.
desasnar *v.t.* déniaiser, dessaler.
desassombrado *adj.* hardi.
desassossego *s.m.* désarroi.
desastrado *adj.* maladroit; (*fam.*) empoté.
desastre *s.m.* désastre.

desastroso *adj.* désastreux.
desatar *v.t.* délacer, délier; dénouer.
desatenção *s.f.* 1. inattention; 2. désobligeance.
desatencioso *adj.* désobligeant.
desatender *v.t.* ne pas faire attention à, ne pas tenir compte de.
desatento *adj.* inattentif.
desatinado *adj.* écervelé, insensé.
desatino *s.m.* folie, extravagance.
desatrelar *v.t.* dételer.
desautorar *v.t.* 1. destituer; 2. discréditer.
desavença *s.f.* dissension.
desavergonhado *adj.* éhonté.
desavir-se *v.pron.* se brouiller.
desavisado *adj.* imprudent, indiscret.
desazado *adj.* 1. maladroit; 2. inopportun.
desazo *s.m.* maladresse *f.*
desbancar *v.t.* surpasser.
desbaratar *v.t.* 1. gaspiller; 2. détruire, ruiner.
desbastar *v.t.* dégrossir, amenuiser, nettoyer.
desbloquear *v.t.* débloquer.
desbocado *adj.* mal embouché.
desbotar *v.int.* décolorer, défraîchir, déteindre.
desbragado *adj.* effronté.
desbravamento *s.m.* défrichement.
desbravar *v.t.* 1. défricher; 2. exploiter pour la première fois.
descabelar *v.t.* écheveler.
descabido *adj.* déplacé.
descair *v.int.* déchoir.
descalabro *s.m.* ruine *f.*; déroute *f.*
descalçadeira *s.f.* 1. tire-botte *m.*; 2. (*fig.*) réprimande, semonce.
descalçar *v.t.* déchausser.
descalço *adj.* nu-pieds; déchaussé.
descambar *v.int.* tomber de côté; dégénérer.
descampado *s.m.* rase campagne *f.*; désert.
descansado *adj.* 1. tranquille; 2. lent.
descansar *v.t.* reposer, délasser; *v.pron.* se reposer, se délasser.
descanso *s.m.* 1. repos; 2. répit; délassement; 3. (*em teatro*) relâche *f.*; 4. (*para prato*) garde-nappe.
descarado *adj.* effronté, impudent.
descaramento *s.m.* impudence *f.*, toupet.
descarga *s.f.* 1. décharge; 2. salve, bordée; 3. chasse d'eau.
descarnado *adj.* décharné.

descarregar *v.t.* 1. débarquer; 2. décharger.
descarrilamento *s.m.* déraillement.
descarrilar *v.t.* dérailler.
descartar *v.t.* écarter; (*fig.*) se débarrasser de.
descascar *v.t.* éplucher, peler; écailler, écaler; *v.int.* se peler.
descaso *s.m.* manque d'égards.
descendência *s.f.* descendance.
descendente *adj.*; *s.* descendant.
descender *v.int.* descendre.
descentração *s.f.* excentration.
descentralizar *v.t.* décentraliser.
descentrar *v.t.* excentrer.
descer *v.int.* descendre; (*ave, avião*) se poser; (*temperatura*) tomber; *fazer* — baisser, descendre.
descerrar *v.t.* desserrer, découvrir.
descida *s.f.* descente.
desclassificar *v.t.* déclasser.
descoberta *s.f.* découverte.
descobridor *s.m.* 1. découvreur; 2. inventeur.
descobrimento *s.m.* découverte.
descobrir *v.t.* 1. découvrir; 2. trouver, repérer; (*fam.*) dégoter; 3. percer, découvrir; — *a cabeça* se découvrir.
descolamento *s.m.* décollement; — *da retina* décollement de la rétine.
descolar *v.t.* décoller.
descolchetear *v.t.* dégrafer.
descolonização *s.f.* décolonisation.
descolorir *v.t.* décolorer.
descomedimento *s.m.* démesure *f.*
descompasso *s.m.* décalage.
descompor *v.t.* 1. déranger. 2. rabrouer, tancer; (*pop.*) engueuler.
descompostura *s.f.* réprimande, engueulade; *passar uma* — *em* emballer; engueuler comme du poisson pourri.
descompressão *s.f.* décompression.
desconcertado *adj.* embarrassé, décontenancé.
desconcertante *adj.* déconcertant, déroutant.
desconcertar *v.t.* déconcerter, dérouter, décontenancer, désarçonner.
desconcerto *s.m.* dérèglement.
desconexo *adj.* incohérent.
desconfiado *adj.* méfiant, ombrageux, soupçonneux; *ficar* — prendre ombrage.
desconfiança *s.f.* méfiance, ombrage *m.*, défiance.

desconfiar *v.int.* se méfier, se douter.
desconforto *s.m.* inconfort.
desconhecer *v.t.* ignorer, méconnaître.
desconhecida *adj. f.* méconnue, inconnue; *s.f.* inconnue.
desconhecido *adj.* méconnu, inconnu; *s.m.* inconnu.
desconhecimento *s.m.* ignorance *f.*, méconnaissance *f.*
desconjuntar *v.t.* disloquer, défaire.
desconsideração *s.f.* déconsidération.
desconsiderar *v.t.* déconsidérer.
desconsolado *adj.* inconsolé.
descontar *v.t.* 1. décompter, déduire; 2. escompter, (*cheque*) toucher.
descontentamento *s.m.* mécontentement.
descontentar *v.t.* mécontenter.
descontente *adj.* mécontent.
descontinuar *v.t.* discontinuer.
descontinuidade *s.f.* discontinuité.
descontínuo *adj.* discontinu.
desconto *s.m.* 1. escompte; 2. rabais, réduction *f.*, décompte, retenue *f.*
descontrair *v.t.* décontracter.
descontrolar-se *v.pron.* perdre le contrôle de soi-même.
desconversar *v.int.* changer de sujet, rompre les chiens.
descorado *adj.* décoloré, pâle.
descortês *adj.* désobligeant, impoli, discourtois.
descortesia *s.f.* impolitesse, grossièreté, discourtoisie.
descortinar *v.t.* apercevoir, découvrir; jouir de la vue de.
descortino *s.m.* perspicacité *f.*
descoser *v.t.* découdre.
descosido *adj.* décousu.
descrédito *s.m.* discrédit.
descrente *adj.* incroyant.
descrer *v.t.* 1. ne pas croire; 2. cesser de croire.
descrever *v.t.* décrire.
descrição *s.f.* description.
descritivo *adj.* descriptif.
descuidado *adj.* négligent, nonchalant, imprévoyant.
descuidar *v.t.* négliger; *v.pron.* — *de* négliger.
descuidista *s.m.* pickpocket; voleur à la tire.
descuido *s.m.* inadvertance, négligence; *por* — par mégarde.
desculpa *s.f.* excuse, pardon *m.*

desculpar *v.t.* excuser, pardonner, disculper.
desculpável *adj.* excusable, pardonnable.
descurar *v.t.* négliger.
desde *prep.* dès, depuis; — *então loc.adv.* depuis; — *que loc.conj.* une fois que, du moment que.
desdém *s.m.* dédain, morgue *f.*
desdenhar *v.t.* dédaigner.
desdenhável *adj.* négligeable.
desdenhoso *adj.* dédaigneux.
desdentado *adj.* édenté.
desdentar *v.t.* édenter.
desdita *s.f.* malheur.
desditoso *adj.* malheureux.
desdizer *v.t.* désavouer; *v.pron.* se désavouer, se dédire, se déjuger.
desdobramento *s.m.* dédoublement, développement.
desdobrar *v.t.* dédoubler, développer, déployer.
desdouro *s.m.* ternissure *f.*
deseducar *v.t.* éduquer de travers.
deseixar *v.t.* désaxer.
desejar *v.t.* désirer, souhaiter.
desejável *adj.* désirable, souhaitable.
desejo *s.m.* désir, souhait, vœu.
desejoso *adj.* désireux.
deselegância *s.f.* inélégance.
deselegante *adj.* inélégant.
desemaranhar *v.t.* débrouiller, démêler.
desembainhar *v.t.* dégainer.
desembaraçado *adj.* désinvolte.
desembaraçar *v.t.* débarrasser, délivrer; (*na alfândega*) dédouaner.
desembaraço *s.m.* désinvolture *f.* assurance *f.*
desembarcar *v.t.* e *int.* débarquer.
desembarcadouro *s.m.* débarcadère.
desembargador *s.m.* (*aprox.*) conseiller à la cour d'appel.
desembarque *s.m.* débarquement.
desembebedar *v.t.* dessoûler.
desembocar *v.int.* déboucher.
desembolsar *v.t.* débourser.
desembrear *v.t.* debrayer.
desembriagar *v.t.* dégriser.
desembrulhar *v.t.* débrouiller.
desembuchar *v.t.* confesser; (*fam.*) accoucher.
desempacotar *v.t.* dépaqueter, débrouiller, déballer.
desemparelhar *v.t.* dépareiller.
desempatar *v.t.* départager.

desempate *s.m.* acte de départager.
desempenhar *v.t.* accomplir, déployer.
desempenho *s.m.* performance, accomplissement; exécution *f.*; (*de um ator*) jeu.
desempregado *adj.*; *s.* chômeur; *estar —* chômer.
desempregar *v.t.* faire perdre son emploi à.
desemprego *s.m.* sous-emploi, chômage.
desencadear *v.t.* 1. déchaîner; 2. déclencher, donner le signal de, soulever; *v.pron.* se déchaîner, faire rage.
desencalhar *v.t.* renflouer, remettre à flot.
desencaminhar *v.t.* 1. fourvoyer; 2. (*fig.*) débaucher.
desencantar *v.t.* 1. désenchanter; 2. déterrer; *v.pron.* se désenchanter.
desencanto *s.m.* désenchantement.
desencargo *s.m.* accomplissement; *por — de consciência* par acquit de conscience.
desencarnar *v.int.* mourir.
desencavar *v.t.* déterrer, découvrir.
desencher *v.t.* désemplir.
desencontrar *v.t.* ne pas rencontrer.
desencontro *s.m.* rencontre *f.* manquée.
desencorajador *adj.* décourageant.
desencorajar *v.t.* décourager, rebuter.
desenfadar *v.t.* désennuyer.
desenferrujar *v.t.* dérouiller.
desenfreado *adj.* effréné.
desenganar *v.t.* 1. désabuser; détromper; 2. tirer tout espoir à.
desengano *s.m.* désabusement.
desengate *s.m.* déclic.
desengonçar *v.t.* disloquer.
desengordurar *v.t.* dégraisser.
desenguiçar *v.t.* dépanner.
desenhar *v.t.* dessiner.
desenhista *s.m.* dessinateur; *s.f.* dessinatrice.
desenho *s.m.* dessin; *— a carvão* fusain; *— feito de modelo nu* académie *f.*; *—s animados* dessins animés.
desenlace *s.m.* dénouement.
desenlamear *v.t.* décrotter.
desenluvar *v.t.* déganter.
desenraizar *v.t.* déraciner.
desenredar *v.t.* démêler.
desenrolamento *s.m.* déroulement.
desenrolar *v.t.* dérouler; *v.pron.* se dérouler.
desenrugar *v.t.* dérider.
desentender *v.t.* 1. ne pas entendre; 2. faire semblant de ne pas entendre; *v.pron.* ne pas s'entendre.
desentendimento *s.m.* mésentente *f.*
desenterrar *v.t.* déterrer.
desentocar *v.t.* débusquer.
desentulhar *v.t.* déblayer.
desentupir *v.t.* désingorger.
desenvolto *adj.* désinvolte.
desenvoltura *s.f.* désinvolture.
desenvolver *v.t.* développer; *v.pron.* se développer; *— rapidamente* prendre de l'essor.
desenvolvimento *s.m.* développement; *— rápido* essor.
desenxabido *adj.* insipide.
desequilibrar *v.t.* déséquilibrer.
desequilíbrio *s.m.* déséquilibre.
deserção *s.f.* désertion.
deserdar *v.t.* déshériter.
desertar *v.t.* e *int.* déserter.
deserto *adj.*; *s.m.* désert.
desertor *s.m.* déserteur.
desesperar *v.t.* e *int.* désespérer.
desespero *s.m.* désespoir, détresse *f.*
desfaçatez *s.f.* effronterie, impudence.
desfalcado *adj.* désassorti.
desfalcar *v.t.* 1. désassortir; 2. écorner; 3. malverser.
desfalecer *v.int.* défaillir, se pâmer.
desfalecimento *s.m.* défaillance.
desfalque *s.m.* détournement; *dar um —* manger la grenouille.
desfavor *s.m.* défaveur *f.*
desfavorável *adj.* défavorable.
desfavorecer *v.t.* défavoriser, désavantager.
desfazer *v.t.* défaire, rompre; dissiper; *v.pron.* se défaire; *— de* se dessaisir de; *— em cumprimentos* se répandre en compliments; *— em lágrimas* fondre en larmes.
desfechar *v.t.* asséner, décocher; (*arma de fogo*) décharger.
desfecho *s.m.* dénouement.
desfeita *s.f.* offense, insulte.
desfeitear *v.t.* déconsidérer.
desferir *v.t.* asséner, lancer.
desfiar *v.t.* (*tecido*) effiler, effilocher; (*colar*) défiler; (*rosário*) défiler, égrener.
desfibrado *adj.* 1. défibré; 2. (*fig.*) mou, mollasse, avachi, timoré.
desfibrar *v.t.* défibrer; avachir.
desfigurar *v.t.* défigurer.
desfiladeiro *s.m.* défilé, col, gorge *f.*
desfilar *v.int.* défiler.

desfile *s.m.* défilé; (*de estudantes*) monôme.
desflorestamento *s.m.* déboisement.
desflorestar *v.t.* déboiser.
desfolhar *v.t.* effeuiller.
desforra *s.f.* vengeance, revanche.
desforrar-se *v.pron.* se venger, se revancher.
desfraldar *v.t.* déferler.
desfrutar *v.t.* 1. jouir de; 2. se moquer de.
desfrutável *adj.* scandaleux.
desgarrar *v.t.* égarer; *v.pron.* s'égarer.
desgastante *adj.* usant.
desgastar *v.t.* consumer, user.
desgaste *s.m.* usure.
desgostar *v.t.* chagriner.
desgosto *s.m.* ennui, chagrin.
desgovernar *v.t.* gouverner mal, gaspiller; *v.pron.* se désorienter.
desgraça *s.f.* 1. disgrâce; *cair em* — tomber en disgrâce; 2. adversité, infortune, malheur *m*.
desgraçadamente *adv.* malheureusement.
desgraçado *adj.* malheureux.
desgraçar *v.t.* rendre malheureux; (*pop.*) déflorer.
desgracioso *adj.* disgracieux.
desgrenhado *adj.* ébouriffé, échevelé.
desgrenhar *v.t.* ébouriffer, écheveler.
desídia *s.f.* mollesse, indolence.
desidratação *s.f.* déshydratation.
desidratar *v.t.* déshydrater.
designação *s.f.* désignation.
designar *v.t.* désigner, appeler.
desígnio *s.m.* dessein.
desigual *adj.* inégal.
desigualdade *s.f.* inégalité.
desiludir *v.t.* désillusionner, décevoir, détromper.
desilusão *s.f.* désillusion.
desimpedir *v.t.* débarrasser.
desinchar *v.t.* dégonfler, désenfler.
desincumbir-se *v.pron.* — *de* exécuter.
desinência *s.f.* désinence.
desinfecção *s.f.* désinfection.
desinfetar *v.t.* désinfecter.
desinibido *adj.* décontracté.
desintegração *s.f.* désintégration.
desintegrar *v.t.* désintégrer.
desinteressado *adj.* désintéressé.
desinteressante *adj.* inintéressant, oiseux.
desinteressar *v.t.* désintéresser; *v.pron.* se désintéresser.
desinteresse *s.m.* désintéressement.
desintoxicar *v.t.* désintoxiquer.

desistência *s.f.* désistement.
desistir *v.int.* se désister; (*de uma opinião*) démordre.
deslacrar *v.t.* décacheter.
deslastrar *v.t.* délester.
deslavado *adj.* 1. délavé, déteint; 2. (*fig.*) éhonté.
deslavar *v.t.* délaver.
desleal *adj.* déloyal.
deslealdade *s.f.* déloyauté.
desleixo *s.m.* laisser-aller; débraillé; négligé.
desligamento *s.m.* détachement.
desligar *v.t.* 1. délier; débaucher; 2. débrancher; — *telefone* décrocher; *não desligue!* (*ao telefone*) ne quittez pas!
deslindar *v.t.* démêler.
deslizamento *s.m.* glissement, glissade *f*.
deslizar *v.int.* glisser.
deslize *s.m.* 1. glissement; faux pas; 2. faute *f*.; erreur *f*.; gaffe *f*.
deslocado *adj.* déplacé.
deslocamento *s.m.* déplacement; dislocation *f*.
deslocar *v.t.* 1. déplacer; 2. disloquer, démettre.
deslumbramento *s.m.* éblouissement.
deslumbrante *adj.* éblouissant.
deslumbrar *v.t.* éblouir; fasciner.
deslustrar *v.t.* ternir, flétrir.
desmaiar *v.int.* s'évanouir.
desmaio *s.m.* évanouissement.
desmama *s.f.* sevrage *m*.
desmamar *v.t.* sevrer.
desmancha-prazeres *s.m.* trouble-fête, rabat-joie; empêcheur de danser en rond; éteignoir.
desmanchar *v.t.* défaire.
desmando *s.m.* excès, abus.
desmantelar *v.t.* démanteler.
desmarcar *v.t.* décommander.
desmascarar *v.t.* démasquer.
desmatamento *s.m.* déboisement.
desmatar *v.t.* déboiser.
desmedidamente *adv.* à outrance.
desmedido *adj.* démesuré.
desmembramento *s.m.* démembrement.
desmembrar *v.t.* démembrer.
desmentido *s.m.* démenti.
desmentir *v.t.* démentir; s'inscrire en faux contre; — *cara a cara* rompre en visière; *v.pron.* se démentir.
desmerecer *v.t.* 1. ne pas mériter; 2. se montrer inférieur à; 3. mépriser; *v.int.* démériter.

desmilitarizar *v.t.* démilitariser.
desmiolado *adj.* écervelé; loufoque.
desmistificação *s.f.* démystification.
desmobiliar *v.t.* démeubler.
desmobilização *s.f.* démobilisation.
desmobilizar *v.t.* démobiliser.
desmontar *v.t.* démonter.
desmontar *v.t.* faire descendre de cheval; désarçonner; *v.int.* descendre de cheval.
desmonte *s.m.* démontage.
desmoralizar *v.t.* démoraliser.
desmoronadiço *adj.* croulant.
desmoronamento *s.m.* éboulement, écroulement, effondrement.
desmoronar *v.t.* ébouler, effondrer; *v.pron.* s'ébouler, s'écrouler, s'effondrer.
desnacionalizar *v.t.* dénationaliser.
desnatar *v.t.* écrémer.
desnaturar *v.t.* dénaturer.
desnazificação *s.f.* dénazification.
desnível *s.m.* dénivellement, décalage.
desnivelar *v.t.* déniveler.
desnorteado *adj.* désorienté; *estar —* perdre le nord.
desnorteante *adj.* déconcertant.
desnortear *v.t.* déconcerter, désorienter.
desnudar *v.t.* dénuder, mettre à nu.
desnudo *adj.* nu.
desnutrição *s.f.* dénutrition.
desobedecer *v.int.* désobéir.
desobediência *s.f.* désobéissance.
desobrigar *v.t.* exempter; *v.pron. —* de exécuter.
desobstruir *v.t.* désencombrer.
desocupado *adj.* désœuvré.
desocupar *v.t.* débarrasser.
desodorizante *adj.*; *s.m.* désodorisant, désodorant.
desolação *s.f.* désolation.
desolador *adj.* désolant.
desolar *v.t.* désoler, navrer.
desonestidade *s.f.* indélicatesse, malhonnêteté.
desonesto *adj.* indélicat, malhonnête, véreux.
desonra *s.f.* déshonneur *m.*
desonrar *v.t.* déshonorer.
desonroso *adj.* déshonorant.
desopilante *adj.* désopilant.
desopilar *v.t.* désopiler; alléger; *— o fígado* dilater la rate.
desoras *s.f.pl. a — loc.adv.* à une heure indue, très tard.
desordeiro *s.m.* trublion.
desordem *s.f.* désordre *m.*; *pl.* troubles *m.*; *em —* en vrac; sens dessus dessous.
desordenado *adj.* désordonné.
desorganização *s.f.* désorganisation.
desorganizar *v.t.* désorganiser.
desorientação *s.f.* désorientation.
desorientar *v.t.* désorienter.
desossar *v.t.* désosser.
desova *s.f.* frai *m.*
desovar *v.int.* frayer.
despachado *adj.* (*fam.*) débrouillard.
despachante *s.* intermédiaire, comissaire.
despachar *v.t.* **1.** expédier, dépêcher; **2.** résoudre; **3.** (*empregado*) renvoyer.
despacho *s.m.* **1.** expédition, décision; **2.** sorcellerie.
despautério *s.m.* bévue *f.*; ineptie *f.*
despedaçar *v.t.* dépecer; mettre en pièces.
despedida *s.f.* adieu *m.*
despedir *v.t.* **1.** congédier; **2.** renvoyer, chasser; *ser despedido* (*fam.*) sauter; *v.pron. — de* faire ses adieux à, prendre congé de; *— prontamente* (*fam.*) se sauver.
despeitar *v.t.* dépiter.
despejar *v.t.* **1.** débarrasser; **2.** vider; **3.** déloger, faire déménager.
despejo *s.m.* déménagement; *quarto de —* débarras.
despencar *v.int.* dégringoler, dévaler.
despender *v.t.* dépenser.
despendurar *v.t.* dépendre.
despenhadeiro *s.m.* précipice, abîme.
despensa *s.f.* dépense, office *m.*
despentear *v.t.* dépeigner, décoiffer.
desperceber *v.t.* ne pas remarquer.
despercebido *adj.* inaperçu.
desperdiçar *v.t.* gaspiller, gâcher; (*talento*) galvauder.
desperdício *s.m.* gaspillage.
despersonalizar *v.t.* dépersonnaliser.
despertador *s.m.* réveil, réveille-matin.
despertar *v.t.* réveiller, éveiller; *v.int.* se réveiller, s'éveiller; *s.m.* réveil, éveil.
despesa *s.f.* dépense.
despido *adj.* nu, dépouillé.
despir *v.t.* déshabiller; *v.pron.* se déshabiller.
despistar *v.t.* faire perdre la piste; tromper.
despojamento *s.m.* dépouillement.
despojar *v.t.* **1.** dépouiller; démunir; **2.** évincer.
despojo *s.m.* dépouille *f.*; butin; *pl.* restes.

despolir *v.t.* dépolir.
despolitizar *v.t.* dépolitiser.
desporte ou **desporto** *s.m.* sport.
desportista *s.m.* sportsman, sportif.
desposar *v.t.* épouser.
déspota *s.m.* despote.
despótico *adj.* despotique.
despotismo *s.m.* despotisme.
despovoamento *s.m.* dépeuplement.
despovoar *v.t.* dépeupler.
desprazer *s.m.* déplaisir.
despregar *v.t.* déclouer, arracher.
desprender *v.t.* détacher, libérer; *v.pron.* se déprendre.
desprendimento *s.m.* désintéressement, altruisme.
despreocupação *s.f.* insouciance.
despreocupado *adj.* insouciant.
despretensioso *adj.* sans prétentions, modeste.
desprevenido *adj.* non préparé; *pegar* — prendre au dépourvu; prendre sans vert.
desprezar *v.t.* mépriser, dédaigner; faire fi de.
desprezível *adj.* méprisable.
desprezo *s.m.* mépris, dédain.
desproporção *s.f.* disproportion.
desproporcionado *adj.* disproportionné.
despropositado *adj.* déraisonnable.
despropósito *s.m.* déraison *f.*, extravagance *f.*
desprovido *adj.* dénué, dépourvu.
desqualificar *v.t.* disqualifier; déclasser.
desquitar-se *v.pron.* se séparer (légalement).
desquite *s.m.* séparation (légale).
desratizar *v.t.* dératiser.
desrecalcamento *s.m.* défoulement.
desrecalcar-se *v.pron.* se défouler.
desregrado *adj.* déréglé.
desregramento *s.m.* 1. dérèglement; 2. inconduite *f.*
desregrar *v.t.* dérégler.
desrespeitador *adj.* irrespectueux.
desrespeitar *v.t.* manquer de respect à.
desrespeito *s.m.* manque de respect.
dessalgar *v.t.* dessaler.
desse *pron. contração de* de + esse: de ce, de cet, de celui.
dessecação *s.f.* dessèchement *m.*
dessecar *v.t.* dessécher.
desselar *v.t.* desceller.
dessemelhança *s.f.* dissemblance.

dessemelhante *adj.* dissemblable.
dessensibilizar *v.t.* désensibiliser.
desservir *v.t.* desservir; nuire à.
destacamento *s.m.* 1. détachement; 2. escouade *f.*
destacar *v.t.* détacher; *v.pron.* se détacher.
destampar *v.t.* décapsuler.
destaque *s.m.* 1. relief; 2. mise *f.* en relief; 3. clou.
destarte *adv.* ainsi.
destemido *adj.* intrépide.
desterrar *v.t.* exiler.
desterro *s.m.* exil.
destilação *s.f.* distillation.
destilar *v.t.* distiller.
destilaria *s.f.* distillerie.
destinação *s.f.* destination.
destinar *v.t.* destiner, affecter.
destinatária *s.f.* destinataire.
destinatário *s.m.* destinataire.
destino *s.m.* destin; lot.
destituição *s.f.* destitution.
destituir *v.t.* destituer; révoquer; (*fam.*) limoger.
destoar *v.int.* détonner.
destorcer *v.t.* détordre.
destratar *v.t.* brusquer, traiter sans ménagement.
destreza *s.f.* adresse, dextérité, habileté.
destrincar *v.t.* débrouiller, démêler.
destro *adj.* 1. adroit; 2. droit.
destroçar *v.t.* tailler en pièces, mettre en déroute.
destroço *s.m.* ruine *f.*; (*de navio*) épave *f.*
destróier *s.m.* destroyer.
destronar *v.t.* détrôner.
destruição *s.f.* destruction.
destruidor *adj.*; *s.m.* destructeur.
destruidora *adj.*; *s.f.* destructrice.
destruir *v.t.* détruire.
destrutivo *adj.* destructif.
desumanidade *s.f.* inhumanité.
desumano *adj.* inhumain.
desunião *s.f.* désunion.
desunir *v.t.* désunir, brouiller.
desusado *adj.* inusité, désuet.
desuso *s.m.* désuétude; *cair em* — se périmer.
desvairado *adj.* éperdu, hagard, halluciné.
desvairar *v.t.* égarer; *v.int.* délirer, dérailler, battre la campagne.
desvaler *v.t.* disgracier.
desvalido *adj.* disgracié.
desvalimento *s.m.* disgrâce.

desvalorização *s.f.* dévalorisation, dévaluation.
desvalorizar *v.t.* dévaloriser, dévaluer.
desvanecer *v.t.* 1. éteindre; 2. enorgueillir; *v.pron.* 1. s'éteindre, se défaire; 2. s'enorgueillir.
desvantagem *s.f.* désavantage.
desvantajoso *adj.* désavantageux.
desvão *s.m.* mansarde *f.*
desvario *s.m.* égarement.
desvelar *v.t.* veiller; *v.pron.* s'empresser.
desvelo *s.m.* empressement, soin.
desvendar *v.t.* déceler, percer.
desventura *s.f.* malheur *m.*
desventurado *adj.* malheureux.
desviar *v.t.* 1. dévier, détourner, écarter; 2. dévoyer; *v.pron.* se dévier, s'écarter.
desvio *s.m.* 1. détour, écart; 2. détournement; 3. déviation *f.* embardée *f.*; 4. voie *f.* de garage.
desvirginar *v.t.* déflorer, dépuceler.
desvirtuar *v.t.* adultérer.
detalhar *v.t.* détailler.
detalhe *s.m.* détail.
detecção *s.f.* détection.
detectar *v.t.* détecter.
detective V. *detetive.*
detector *s.m.* détecteur.
detenção *s.f.* arrestation.
detento *adj.*; *s.m.* détenu.
detentor *s.m.* détenteur.
detentora *s.f.* détentrice.
deter *v.t.* détenir; arrêter; tenir, posséder.
detergente *adj.*; *s.m.* détergent, détersif.
deterioração *s.f.* détérioration.
deteriorar *v.t.* détériorer.
determinação *s.f.* détermination.
determinar *v.t.* déterminer.
determinismo *s.m.* déterminisme.
detestar *v.t.* détester; (*pop.*) avoir dans le nez.
detestável *adj.* détestable.
detetive *s.m.* détetive.
detonação *s.f.* détonation.
detonar *v.int.* détoner.
detrator *s.m.* détracteur.
detrimento *s.m.* détriment; *em — de loc. prep.* au détriment de.
detritos *s.m.pl.* détritus.
deturpar *v.t.* défigurer, déformer.
deus *s.m.* dieu; *— me livre* à Dieu ne plaise; *graças a —* Dieu merci; *sabe —* Dieu sait.
deusa *s.f.* déesse.
deus-dará *loc.adv.* *ao —* à la grâce de Dieu; Dieu sait comme.
deus nos acuda *s.m.* tollé.
devagar *adv.* lentement, doucement; tout beau.
devanear *v.int.* rêvasser.
devaneio *s.m.* rêvasserie *f.*; (*depr.*) rêverie *f.*
devassa *s.f.* enquête.
devassar[1] *v.t.* 1. enquêter; 2. avoir vue sur.
devassar[2] *v.t.* débaucher.
devassidão *s.f.* débauche; dévergondage *m.*, libertinage *m.*, inconduite.
devasso *adj.* débauché; dissolu, roué; paillard.
devastação *s.f.* dévastation, ravage *m.*
devastador *adj.*; *s.m.* dévastateur.
devastadora *adj.*; *s.f.* dévastatrice.
devastar *v.t.* dévaster, ravager.
devedor *s.m.* débiteur, emprunteur; *adj.* redevable; *ser — de* être en reste avec.
devedora *s.f.* débitrice, emprunteuse.
dever[1] *v.t.* 1. (*ter obrigação de*) devoir; faire bien de; 2. (*ter de pagar*) devoir; *— dinheiro* devoir de l'argent.
dever[2] *s.m.* devoir; *considerar como um —* se faire un devoir de.
devidamente *adv.* dûment.
devido *adj.* dû.
devoção *s.f.* dévotion, piété.
devolução *s.f.* restitution, renvoi *m.*
devolver *v.t.* rendre; *— bens adquiridos por meios ilícitos* rendre gorge.
devorador *adj.*; *s.m.* dévorateur.
devoradora *adj.*; *s.f.* dévoratrice.
devorar *v.t.* dévorer; (*fig.*) engouffrer.
devotar *v.t.* dévouer; *v.pron.* se dévouer.
devoto *adj.* dévot.
dez *num.* dix.
dezembro *s.m.* décembre.
dezena *s.f.* dizaine.
dezenove *num.* dix-neuf.
dezesseis *num.* seize.
dezessete *num.* dix-sept.
dezoito *num.* dix-huit.
dia *s.m.* jour; journée *f.*; *— a —* au jour le jour; *— após —* de jour à jour; *— de Finados* jour des Morts; *— do mês* quantième; *— útil* jour ouvrable; *de um — para outro* du jour au lendemain; *não há como um — depois do outro* les jours se suivent et ne se ressemblent pas; *no segundo — consecutivo* le surlendemain; *o — seguinte* le lendemain; *o — todo* du matin au soir;

oito —s huitaine *f.*; *por —* par jour; *qualquer — destes* un de ces quatre matins; *quinze —s* quinzaine *f.*
diabetes *s.m.*; *f.* diabète *m.*
diabético *adj.* diabétique.
diabo *s.m.* diable; *como o —* (= *muito*) en diable; *com os —s!* diable!, nom de Dieu!, nom d'un chien; *dizer o — de* dire pis que pendre de; *estar com o — no corpo* avoir le diable au corps; *fazer o — a quatro* faire le diable à quatre; *onde o — perdeu as botas* au diable vauvert; *um pobre- —* un pauvre hère, un pauvre sire.
diabólico *adj.* diabolique.
diabrura *s.f.* espièglerie.
diácono *s.m.* diacre.
diadema *s.m.* diadème.
diáfano *adj.* diaphane.
diafragma *s.m.* diaphragme.
diagnosticar *v.t.* diagnostiquer.
diagnóstico *s.m.* diagnostic.
diagonal *adj.* diagonal; *s.f.* diagonale.
diagrama *s.m.* diagramme.
dialética *s.f.* dialectique.
dialético *adj.* dialectique; *s.m.* dialecticien.
dialeto *s.m.* dialecte, patois.
dialogar *v.t.* dialoguer.
diálogo *s.m.* dialogue.
diamante *s.m.* diamant.
diamantista *s.* diamantaire.
diamba *s.f.* marijuana.
diametral *adj.* diamétral.
diâmetro *s.m.* diamètre.
diante *adv. daqui em —* dorénavant; *— de loc.prep.* devant.
dianteira *s.f.* devant; *tomar a —* prendre les devants.
diapasão *s.m.* diapason.
diapositivo *s.m.* diapositive *f.*
diária *s.f.* dépense journalière; salaire *m.* (journalier).
diário *adj.*; *s.m.* quotidien.
diarista *s.m.* journalier.
diarreia *s.f.* diarrhée.
diatribe *s.f.* diatribe.
dica *s.f.* (*gír.*) tuyau *m.*
dicção *s.f.* diction.
dicionário *s.m.* dictionnaire.
dicionarista *s.* lexicographe.
dicionarizar *v.t.* inclure dans le dictionnaire.
didática *s.f.* didactique.
didático *adj.* didactique.

dieta[1] *s.f.* diète, régime *m.* alimentaire.
dieta[2] *s.f.* diète, assemblée.
dietético *adj.* diététique.
difamação *s.f.* diffamation, dénigrement *m.*
difamador *adj.*; *s.m.* diffamateur, détracteur.
difamadora *adj.*; *s.f.* diffamatrice.
difamar *v.t.* diffamer, dénigrer.
difamatório *adj.* diffamatoire.
diferença *s.f.* différence.
diferençar *v.t.* différencier.
diferencial *adj.* différentiel; *s.m.* (engrenage) différentiel.
diferente *adj.* différent.
diferentemente *adv.* différemment.
diferir[1] *v.int.* différer, être différent.
diferir[2] *v.t.* différer, ajourner.
difícil *adj.* difficile, malaisé; (*fam.*) calé; *é — demais para mim* cela me dépasse; *homem de temperamento —* mauvais coucheur.
dificuldade *s.f.* difficulté; hic *m.*, pierre d'achoppement; *achar —s onde não há* chercher midi à quatorze heures; *encontrar — em* avoir du mal à; *fazer —s* faire des histoires; *resolver uma —* trancher une difficulté.
dificultar *v.t.* rendre difficile.
difteria *s.f.* diphtérie.
diftérico *adj.* diphtérique.
difundir *v.t.* diffuser, propager.
difusão *s.f.* diffusion.
difuso *adj.* diffus; prolixe.
digerir *v.t.* digérer.
digerível *adj.* digestible.
digestão *s.f.* digestion.
digestivo *adj.* digestif.
digital *adj.* digital.
dignar-se *v.pron.* daigner, vouloir bien.
dignidade *s.f.* dignité.
dignitário *s.m.* dignitaire.
digno *adj.* digne.
digressão *s.f.* digression.
dilação *s.f.* ajournement.
dilacerar *v.t.* dilacérer.
dilapidar *v.t.* dilapider; (*fam.*) croquer.
dilatar *v.t.* dilater.
dilema *s.m.* dilemme.
diletante *s.* dilettante.
diletantismo *s.m.* dilettantisme.
dileto *adj.* bien-aimé, préféré.
diligência[1] *s.f.* 1. diligence, empressement *m.*, zèle *m.* 2. démarche.
diligência[2] *s.f.* (*mala-posta*) diligence.

diligente *adj.* diligent.
diligenciar *v.int.* — *por* s'efforcer de.
diluição *s.f.* dilution, délayage *m.*
diluir *v.t.* délayer, détremper, diluer.
dilúvio *s.m.* déluge.
dimensão *s.f.* dimension.
diminuição *s.f.* diminution; — *da natalidade* dénatalité; — *da velocidade* ralentissement.
diminuir *v.t.* diminuer; amoindrir, rapetisser.
diminutivo *adj.*; *s.m.* diminutif.
Dinamarca *s.f.* (*top.*) Danemark.
dinamarquês *adj.*; *s.pátr.* danois.
dinâmico *adj.* dynamique.
dinamismo *s.m.* dynamisme.
dinamitar *v.t.* dynamiter.
dinamite *s.f.* dynamite.
dínamo *s.m.* dynamo *f.*
dinamômetro *s.m.* dynamomètre.
dinastia *s.f.* dynastie.
dinástico *adj.* dynastique.
dinheiro *s.m.* argent; (*pop.*) pognon, pèze, grisbi, fric, galette *f.*
dintel *s.m.* tasseau.
diocese *s.f.* diocèse *m.*
dioptria *s.f.* dioptrie.
diploma *s.m.* diplôme; brevet; (*fam.*) peau *f.* d'âne.
diplomacia *s.f.* diplomatie.
diplomado *adj.* diplômé.
diplomar *v.t.* diplômer.
diplomata *s.* diplomate.
diplomática *s.f.* diplomatique.
diplomático *adj.* diplomatique.
dique *s.m.* digue *f.*, levée *f.*
direção *s.f.* direction; *em* — *a* *loc.prep.* vers.
direita *s.f.* droite.
direito[1] *adj.* droit.
direito[2] *s.m.* droit; — *canônico* droit canon; — *civil* droit civil; — *internacional* droit des gens; *a quem de* — à qui de droit.
direito[3] *adv.* droit.
direto *adj.* direct.
diretor *s.m.* directeur; — *de colégio* proviseur; — *de faculdade* doyen; — *de internato* (*depr.*) marchand de soupe.
diretora *s.f.* directrice.
diretoria *s.f.* direction.
diretriz *adj.f.* directrice; *s.f.* directive.
dirigente *s.m.* dirigeant; *s.f.* dirigeante.
dirigir *v.t.* diriger, adresser; porter, mener; *v.int.* conduire; *v.pron.* se diriger, s'adresser, se tourner; se transporter.
dirigismo *s.m.* dirigisme.
dirigível *adj.*; *s.m.* dirigeable.
dirimir *v.t.* annuler.
discar *v.t.* (*nº de telefone*) composer.
discernimento *s.m.* discernement.
discernir *v.t.* discerner, démêler.
disciplina *s.f.* 1. discipline; 2. discipline, matière enseignée.
disciplinar[1] *adj.* disciplinaire.
disciplinar[2] *v.t.* discipliner.
discípula *s.f.* disciple, élève.
discípulo *s.m.* disciple, élève.
disco *s.m.* disque; (*de telefone*) cadran; — *voador* soucoupe *f.* volante.
discordante *adj.* discordant.
discordar *v.int.* discorder.
discórdia *s.f.* discorde.
discorrer *v.t.* discourir.
discoteca *s.f.* discothèque.
discrepar *v.int.* 1. différer; 2. discorder.
discreto *adj.* discret.
discrição *s.f.* discrétion; *à* — à la discrétion.
discricionário *adj.* discrétionnaire.
discriminação *s.f.* discrimination.
discriminar *v.t.* discriminer.
discursar *v.t.* faire un discours.
discursivo *adj.* discursif.
discurso *s.m.* discours; (*fam.*) laïus, speech, topo.
discussão *s.f.* discussion; *intervir numa* — placer son mot; *propor para* — mettre sur le tapis.
discutir *v.t.* e *int.* discuter; contester.
discutível *adj.* discutable.
disenteria *s.f.* dysenterie; — *amebiana* dysenterie amibienne.
disentérico *adj.* dysentérique.
diserto *adj.* disert.
disfarçado *adj.* masqué; (*doença*) larvé.
disfarçar *v.t.* déguiser, farder; travestir; (*censura*) enrober; *v.pron.* se déguiser.
disfarce *s.m.* déguisement, travestissement, mascarade *f.*
disforme *adj.* difforme.
disjungir *v.t.* disjoindre.
disjuntor *s.m.* coupe-circuit.
dislexia *s.f.* dyslexie.
disparada *s.f.* course effrénée.
disparador *s.m.* déclencheur.
disparar *v.t.* déclencher, tirer; *v.int.* presser la détente, partir en courant; s'emballer.

disparate *s.m.* sottise *f.*, énormité *f.*; *coleção de —s* sottisier.
disparidade *s.f.* disparité.
dispendioso *adj.* coûteux.
dispensa *s.f.* 1. dispense; 2. congé; *(de empregado)* licenciement.
dispensar[1] *v.t.* dispenser, libérer; faire grâce de; se passer de; *(empregado)* renvoyer.
dispensar[2] *v.t.* dispenser, distribuer, concéder.
dispensário *s.m.* dispensaire.
dispensável *adj.* dispensable.
dispepsia *s.f.* dyspepsia.
dispersão *s.f.* dispersion.
dispersar *v.t.* disperser; —! *(palavra de ordem)* rompez!; *— -se v.pron.* se disperser, s'égailler.
dispersivo *adj.* dispersif.
displicência *s.f.* insouciance, laisser-aller *m.*
displicente *adj.* inconscient.
dispneia *s.f.* dyspnée.
disponibilidade *s.f.* disponibilité; *pôr em —* limoger.
disponível *adj.* disponible.
dispor *v.t.* 1. disposer; 2. aménager, agencer; 3. placer; *v.int.* disposer; *— completamente de* avoir dans sa manche; *v.pron. — a* se disposer à; se mettre en devoir de.
disposição *s.f.* disposition; aptitude; assiette; *(de espírito)* humeur.
dispositivo *s.m.* dispositif; *— intrauterino* stérilet.
disposto *adj.* disposé; *bem- —* dispos; *estar bem- —* être en train.
disputa *s.f.* dispute.
disputar *v.t.* disputer; *(a companhia de)* s'arracher; *(emprego)* briguer.
dissabor *s.m.* déboire; déconvenue *f.*; ennui, crève-cœur.
dissecação *s.f.* dissection.
dissecar *v.t.* disséquer.
disseminação *s.f.* dissémination.
dissidência *s.f.* dissidence.
dissidente *adj.*; *s.* dissident.
dissídio *s.m.* dissension; *— coletivo (aprox.)* litige entre un syndicat patronal et un syndicat d'employés.
dissilábico *adj.* dissylabe.
dissimetria *s.f.* dissymétrie.
dissimétrico *adj.* dissymétrique.
dissimulação *s.f.* dissimulation.
dissimular *v.t.* dissimuler; rentrer, dérober; *— uma intenção má sob modos gentis* faire patte de velours; *v.int.* dissimuler, feindre.
dissipação *s.f.* dissipation.
dissipador *s.m.* dissipateur.
dissipar *v.t.* dissiper.
disso *pron.*, *contração de* de + isso: *pron.* de cela; en.
dissociação *s.f.* dissociation.
dissociar *v.t.* dissocier.
dissolubilidade *s.f.* dissolubilité.
dissolução *s.f.* dissolution.
dissoluto *adj.* dissolu; débauché, libertin.
dissolúvel *adj.* dissoluble.
dissolvente *adj.*; *s.m.* dissolvant.
dissolver *v.t.* dissoudre; fondre.
dissonância *s.f.* dissonance.
dissonante *adj.* dissonant.
dissuadir *s.f.* dissuader, détromper.
dissuasão *s.f.* dissuasion.
distância *s.f.* distance.
distanciar *v.t.* distancier.
distante *adj.* distant.
distar *v.int.* être distant.
distender *v.t.* détendre.
distensão *s.f.* distension, détente.
dístico *s.m.* distique.
distinção *s.f.* distinction; *de grande —* de marque.
distinguir *v.t.* distinguer.
distintivo *adj.* distinctif; *s.m.* emblème.
distinto *adj.* 1. distinct, séparé; 2. distingué, bien élevé, fin.
disto *pron.*, *contração de* de + isto: *pron.* de ceci, de cela.
distorção *s.f.* distorsion.
distração *s.f.* 1. distraction, défaut *m.* d'attention; *momento de —* absence *f.*; 2. distraction, divertissement *m.*
distraído *adj.* distrait.
distrair *v.t.* distraire, entretenir.
distribuição *s.f.* distribution; *— errada de cartas* maldonne.
distribuidor *adj.*; *s.m.* distributeur.
distribuidora *adj.*; *s.* distributrice.
distribuir *v.t.* distribuer.
distributivo *adj.* distributif.
distrito *s.m.* district, arrondissement; *— educacional (aprox.)* université *f.*
distúrbio *s.m.* trouble; perturbation.
disúria *s.f.* dysurie.
ditado *s.m.* 1. dictée *f.*; 2. dicton, adage.
ditador *s.m.* dictateur.
ditadura *s.f.* dictature.

ditafone *s.m.* dictaphone.
ditar *v.t.* dicter.
ditatorial *adj.* dictatorial.
dito *adj.* dit; — *e feito* aussitôt dit, aussitôt fait; — *isto* sur ce; *s.m.* phrase *f.*; — *licencioso* gaillardise *f.*; — *mordaz* pointe *f.*
ditongo *s.m.* diphtongue *f.*
ditoso *adj.* heureux, fortuné.
DIU V. *dispositivo intrauterino.*
diurético *adj.*; *s.m.* diurétique.
diurno *adj.* diurne.
divã *s.m.* divan.
divagação *s.f.* divagation.
divagar *v.int.* divaguer.
divergência *s.f.* divergence.
divergir *v.int.* diverger, discorder.
diversão *s.f.* diversion.
diversidade *s.f.* diversité.
diversificar *v.t.* diversifier.
diverso *adj.* divers.
diversos *pron.* plusieurs.
divertido *adj.* divertissant, amusant, plaisant, *(fam.)* rigolo.
divertimento *s.m.* divertissement, amusement distraction *f.*, plaisir.
divertir *v.t.* divertir, amuser; *v.pron.* se divertir; s'amuser; — *à larga* se donner du bon temps.
dívida *s.f.* dette; *pagar uma das —s* boucher un trou.
dividendo *s.m.* dividende.
dividir *v.t.* diviser.
divindade *s.f.* divinité.
divinização *s.f.* divinization.
divinizar *v.t.* diviniser.
divino *adj.* divin.
divisa *s.f.* devise, légende, emblème; *m.pl.* devises.
divisão *s.f.* division.
divisibilidade *s.f.* divisibilité.
divisível *adj.* divisible.
divisor *s.m.* diviseur.
divorciar *v.t.* désunir; *v.pron.* divorcer.
divórcio *s.m.* divorce.
divulgação *s.f.* divulgation.
divulgador *adj.*; *s.m.* divulgateur.
divulgar *v.t.* divulguer.
dizer *v.t.* dire; *v.int.* parler; — *com* aller avec, convenir à; — *respeito a* toucher à, concerner; — *uma palavra a* toucher un mot à; *digam o que disserem* quoi qu'on dise; *dizem* on dit; *não — palavra* ne pas souffler mot; *não sou eu que o digo* je ne vous le fais pas dire; *por assim* — pour ainsi dire; en quelque sorte.
dizimar *v.t.* décimer.
diz que diz que *s.m.* qu'en dira-t-on, cancan, racontar.
do *art. contração de* de + o: du; *pron.*, de celui; de cela.
dó[1] *s.m.* (*nota musical*) do.
dó[2] *s.m.* peine, pitié; *de meter* — *à* faire pitié; *ter* — plaindre.
doação *s.f.* donation.
doador *s.m.* donneur, donateur; — *de sangue* donneur de sang.
doadora *s.f.* donneuse, donatrice; — *de sangue* donneuse de sang.
doar *v.t.* faire don de.
dobar *v.t.* dévider, bobiner.
doblez *s.f.* duplicité.
dobra *s.f.* pli *m.*, repli *m.*
dobradiça *s.f.* charnière; gond *m.*
dobradiço *adj.* pliant, ployable.
dobradinha *s.f.* tripes *pl.*, gras-double *m.*
dobragem *s.f.* pliure.
dobramento *s.m.* ploiement.
dobrar *v.t.* 1. plier, ployer; 2. doubler, redoubler; 3. (*o canto de uma folha de livro*) corner.
dobrável *adj.* pliant, ployable.
dobre *s.m.* glas.
dobro *s.m.* double.
doca *s.f.* dock.
doce *adj.* doux; *s.m.* douceur *f.*, entremets; — *de fruta* (*pastoso*) marmelade; *dou-lhe um* — *se adivinhar* je vous le donne en mille.
docente *adj.* enseignant; *o corpo* — le corps enseignant; *s.m.* maître de conférences.
dócil *adj.* docile.
docilidade *s.f.* docilité.
documentação *s.f.* documentation.
documentar *v.t.* documenter.
documentário *adj.*; *s.m.* documentaire.
documento *s.m.* document.
doçura *s.f.* douceur.
dodói *s.m.* (*infant.*) bobo.
doença *s.f.* maladie.
doente *adj.*; *s.* malade.
doentio *adj.* maladif; souffreteux.
dogma *s.m.* dogme.
dogmático *adj.* dogmatique.
dogmatismo *s.m.* dogmatisme.
doidice *s.f.* folie, sottise.
doidivanas *s.m.* hurluberlu.

doido *adj.*; *s.* fou; (*fam.*) loufoque, maboul; (*gír.*) marteau, dingo; ser — por raffoler de.
doído *adj.* endolori.
dois *num.* deux.
dólar *s.m.* dollar.
dolo *s.m.* dol, fraude *f.*
dolorido *adj.* endolori.
doloroso *adj.* douloureux.
doloso *adj.* frauduleux.
dom[1] *s.m.* don.
dom[2] *s.m.* (*título honorífico*) dom; don.
domador *s.m.* dompteur.
domar *v.t.* dompter, mater.
domesticação *s.f.* domestication, apprivoisement *m.*
domesticar *v.t.* domestiquer, apprivoiser.
doméstico *adj.*; *s.* domestique.
domiciliar *adj.* domiciliaire.
domicílio *s.m.* domicile.
dominação *s.f.* domination; maîtrise.
dominador *adj.*; *s.m.* dominateur.
dominadora *adj.*; *s.f.* dominatrice.
dominante *adj.* dominant; *s.f.* dominante.
dominar *v.t.* dominer, maîtriser; surmonter; *v.pron.* se dominer, se ressaisir, se reprendre.
domingo *s.m.* dimanche; — de Ramos Pâques *f.pl.* Fleuries.
dominical *adj.* dominical.
dominicano[1] *adj.*; *s.* (*da ordem de S. Domingos*) dominicain.
dominicano[2] *adj.*; *s.pátr.* dominicain.
domínio *s.m.* 1. domaine, propriété *f.*; — *público* domaine public; 2. (*colônia*) dominion *f.*
dominó *s.m.* 1. (*traje*) domino; 2. domino; *jogar* — jouer aux dominos.
domo *s.m.* dôme.
dona *s.f.* 1. maîtresse, propriétaire; — *-de casa* ménagère; 2. dame, madame.
donatário *s.m.* donataire.
donativo *s.m.* offrande *f.* don.
donde *adv.* d'où.
doninha *s.f.* belette, putois *m.*
dono *s.m.* maître, propriétaire; — *de botequim* mastroquet; — *de café* cafetier; — *de casa* maître de maison; — *de restaurante* restaurateur.
donzela *s.f.* pucelle; demoiselle; — *virtuosa e recatada* rosière.
dopagem *s.f.* doping *m.*
dopar *v.t.* doper.
doqueiro *s.m.* docker.

dor *s.f.* douleur; — *de barriga* colique; — *de cotovelo* jalousie; — *de dentes* mal aux dents; — *de dentes violenta* rage de dents; — *de unhas* onglée.
doravante *adv.* désormais.
dormência *s.f.* engourdissement *m.*
dormente[1] *adj.* dormant.
dormente[2] *s.m.* traverse *f.*, coussinet.
dormidor *s.m.* dormeur.
dorminhoca *adj.* dormeuse.
dorminhoco *adj.* dormeur.
dormir *v.int* dormir; (*pop.*) — *a sono solto* dormir à poings fermés; — *até tarde* faire la grasse matinée; — *fora de casa* découcher; — *profundamente* (*pop.*) en écraser; — *sem interrupção* dormir d'un trait; — *sentado, de cabeça caída* (*fam.*) piquer du nez.
dormitar *v.int.* sommeiller.
dormitório *s.m.* dortoir.
dorna *s.f.* cuve.
dorso *s.m.* dos.
dos *art.* contração de de + os: des; *pron.* de ceux.
dosagem *s.f.* dosage *m.*
dosar *v.t.* doser.
dose *s.f.* dose.
dossel *s.m.* dais, baldaquin, ciel de lit.
dotal *adj.* dotal.
dotar *v.t.* doter.
dote *s.m.* 1. dot *f.*; 2. don *m.*
doublé *s.m.* (= *acrobata que substitui um ator nas cenas perigosas*) cascadeur.
douração *s.f.* dorure.
dourada *s.f.* (*peixe*) dourade.
dourado *adj.* doré.
dourador *s.m.* doreur.
dourar *v.t.* dorer.
douto *s.m.* docte.
doutor *s.m.* 1. docteur; — *em ciências* docteur ès sciences; — *em direito* docteur en droit; — *em letras* docteur ès lettres; — *em medicina* docteur en médecine; 2. médecin; 3. (*quando precede nome de advogado ou tabelião*) maître.
doutorado *s.m.* doctorat.
doutoral *adj.* doctoral.
doutoramento *s.m.* doctorat.
doutrina *s.f.* doctrine.
doutrinação *s.f.* endoctrinement.
doutrinar *v.t.* endoctriner.
doutrinário *adj.*; *s.m.* doctrinaire.
doze *num.* douze.
draga *s.f.* drague.

dragagem s.f. dragage m.
dragão¹ s.m. (*animal fabuloso*) dragon.
dragão² (*soldado de cavalaria*) dragon.
dragar v.t. draguer.
dragoeiro s.m. dragonnier.
dragona s.f. épaulette.
drama s.m. drame.
dramático adj. dramatique.
dramatizar v.t. dramatiser.
dramaturgo s.m. dramaturge.
drapejamento s.m. draperie f.
drástico adj. drastique.
drávida adj.; s.pátr. dravidien.
drenagem s.m. drainage m., assèchement.
drenar v.t. drainer, assécher.
dreno s.m. drain.
dresina s.f. draisine.
driblar v.t. dribbler.
droga s.f. 1. drogue; 2. (*fig.*) ordure; *interj.* bon sang!
drogar v.t. droguer.
drogaria s.f. droguerie.
droguista s. droguiste.
dromedário s.m. dromadaire.
druida s.m. (*Hist.*) druide.
drupa s.f. drupe.
dualidade s.f. dualité.
dualismo s.m. dualisme.
duas num. deux.
dúbio adj. douteux.
dubitativo adj. dubitatif.
dublagem s.f. doublage m.
dublar v.t. doubler.
ducado¹ s.m. (*domínio de um duque*) duché.
ducado² s.m. (*moeda de ouro*) ducat.
ducal adj. ducal.

ducha s.f. douche.
dúctil adj. ductile.
duelo s.m. duel.
duende s.m. lutin, farfadet.
duetista s. duettiste.
dulciferar v.t. dulcifier.
dulçoroso adj. doucereux.
dum *contração de* de + um: d'un, de l'un.
duma *contração de* de + uma: d'une, de l'une.
duna s.f. dune.
duo s.m. duo.
duodécimo num.; s.m. douzième.
duodeno s.m. duodénum.
dúplex adj. duplex; s.m. (appartement) duplex.
duplicata s.f. traite, lettre de change.
duplicidade s.f. duplicité.
duplo adj. double.
duque s.m. duc.
duquesa s.f. duchesse.
durabilidade s.f. durabilité.
duração s.f. durée.
duradouro adj. durable.
durante prep. durant, pendant.
durar v.int. durer; *não — muito* ne pas faire long feu.
durável adj. durable.
dureza s.f. dureté.
duro adj. dur; (*pão*) rassis.
dúvida s.f. doute m.; *sem — sans aucun doute*.
duvidar v.int. douter.
duvidoso adj. douteux.
duzentos num. deux cents.
dúzia s.f. douzaine.

E

e *conj.* et.
ébano *s.m.* 1. ébène *f.*; 2. ébénier.
ébrio *adj.* ivre.
ebulição *s.f.* ébullition.
ebúrneo *adj.* éburnéen, ivoirin.
eclampsia *s.f.* éclampsie.
eclesiástico *adj.* ecclésiastique; *s.m.* ecclésiastique, homme d'église.
eclético *adj.* éclectique.
ecletismo *s.m.* éclectisme.
eclipsar *v.t.* éclipser; *v.pron.* s'éclipser.
eclipse *s.m.* éclipse *f.*
écloga *s.f.* églogue.
eclosão *s.f.* éclosion.
eco *s.m.* écho.
ecoar *v.t.* répercuter; répéter; *v.int.* se répercuter.
ecologia *s.f.* écologie.
ecológico *adj.* écologique.
economia *s.f.* économie, épargne.
econômico *adj.* économique; (*fam.*) regardant.
economista *s.* économiste.
economizar *v.t.* économiser, épargner.
ecônomo *s.m.* économe.
ectoplasma *s.m.* ectoplasme.
ecumênico *adj.* œcuménique.
eczema *s.m.* eczéma.
edema *s.m.* œdème.
edematoso *adj.* œdemateux.
éden *s.m.* éden.
edênico *adj.* édénique.
edição *s.f.* édition.
edificação *s.f.* édification.
edificante *adj.* édifiant.
edificar *v.t.* édifier.
edifício *s.m.* édifice; immeuble.
edital *s.m.* arrêté; affiche *f.*
editar *v.t.* éditer.
édito *s.m.* o mesmo que *edital.*

editor *s.m.* éditeur.
editora *s.f.* 1. éditrice; 2. maison d'édition.
editorial *s.m.* éditorial.
editorialista *s.* éditorialiste.
edredom *s.m.* édredon.
educação *s.f.* éducation.
educado *adj.* bien élevé; *mal-* — mal élevé, malappris.
educador *s.m.* éducateur.
educadora *s.f.* éducatrice.
educandário *s.m.* établissement scolaire.
educar *v.t.* éduquer.
educativo *adj.* éducatif.
educável *adj.* éducable.
efeito *s.m.* effet; — *indireto* contre-coup; *com* — en effet; *ter* — porter; prendre.
efemérides *s.f.pl.* éphémérides.
efêmero *adj.* éphémère.
efeminado *adj.* efféminé.
efeminar *v.t.* efféminer.
efervescência *s.f.* effervescence.
efervescente *adj.* effervescent.
efetivamente *adv.* effectivement; bel et bien.
efetivar *v.t.* 1. rendre effectif, nommer à titre définitif; 2. effectuer.
efetivo *adj.* effectif.
efetuar *v.t.* effectuer.
eficácia *s.f.* efficacité.
eficaz *adj.* efficace.
eficiência *s.f.* efficience.
eficiente *adj.* efficient.
efígie *s.f.* effigie.
eflúvio *s.m.* effluve.
efusão *s.f.* effusion.
efusivo *adj.* effusif.
égide *s.f.* égide.
egípcio *adj.*; *s.pátr.* égyptien.
Egito *s.m.* Egypte *f.*

egoísmo *s.m.* égoïsme.
egoísta *adj.*; *s.* égoïste.
egresso *adj.* sorti.
égua *s.f.* jument.
eh *interj.* eh.
eira *s.f.* aire; *não ter — nem beira* n'avoir ni feu ni lieu; *sem — nem beira* sans aveu.
eis *adv.* voici, voilà.
eixo *s.m.* essieu, axe, pivot; arbre; *— de transmissão* arbre de transmission.
eixo-badeixo *s.m.* saute-mouton.
ejaculação *s.f.* éjaculation.
ejacular *v.t.* éjaculer.
ejecção *s.f.* éjection.
ejetável *adj.* éjectable.
ejetor *s.m.* éjecteur.
ela *pron.f.* elle.
elaboração *s.f.* élaboration.
elaborar *v.t.* élaborer.
elasticidade *s.f.* élasticité.
elástico *adj.*; *s.m.* élastique.
eldorado *s.m.* eldorado.
ele *pron.m.* il, lui.
elefante *s.m.* éléphant.
elefantíase *s.f.* éléphantiasis.
elegância *s.f.* élégance.
elegante *adj.* élégant; chic.
elegantemente *adv.* élégamment.
eleger *v.t.* élire.
elegia *s.f.* élégie.
elegibilidade *s.f.* éligibilité.
elegível *adj.* éligible.
eleição *s.f.* élection.
eleito *adj.*; *s.* élu.
eleitor *s.m.* électeur.
eleitora *s.f.* électrice.
eleitorado *s.m.* électorat.
eleitoral *adj.* électoral.
elementar *adj.* élémentaire.
elemento *s.m.* élément.
elenco *s.m.* liste; (*no teatro*) troupe *f.*; (*no cinema*) générique.
eles *pron.m.pl.* ils; eux.
eletivo *adj.* électif.
eletricidade *s.f.* électricité.
eletricista *s.m.* électricien; *— de teatro* lampiste.
elétrico *adj.* électrique.
eletrificação *s.f.* électrification.
eletrificar *s.f.* électrifier.
eletrizar *v.t.* électriser.
eletrocardiograma *s.m.* électrocardiogramme.
eletrochoque *s.m.* électrochoc.

eletrocussão *s.f.* électrocution.
eletrocutar *v.t.* électrocuter.
elétrodo *s.m.* électrode *f.*
eletrodoméstico *adj.* électrodomestique.
eletroencefalograma *s.m.* électro-encéphalogramme.
eletroímã *s.m.* électro-aimant.
eletrólise *s.f.* électrolyse.
elétron *s.m.* électron.
eletrônica *s.f.* électronique; *técnico de —* électrotechnicien.
eletrônico *adj.* électronique.
elevação *s.f.* élévation.
elevado *s.m.* (*aprox.*) viaduc urbain.
elevador *s.m.* ascenseur; *— de carga* montecharge; (*sem portas, de moto contínuo*) patenôtre *f.*
elevar *v.t.* élever.
elfo *s.m.* elfe.
elidir *v.t.* élider.
eliminação *s.f.* élimination.
eliminar *v.t.* éliminer.
eliminatória *s.f.* éliminatoire.
eliminatório *s.m.* éliminatoire.
elipse *s.f.* ellipse.
elíptico *adj.* elliptique.
elisão *s.f.* élision.
elite *s.f.* élite.
elitista *adj.* élitiste.
elixir *s.m.* élixir.
elmo *s.m.* *heaume.
elo *s.m.* chaînon.
elocução *s.f.* élocution.
elogiar *v.t.* louer, louanger.
elogio *s.m.* éloge; louange *f.*
elogioso *adj.* élogieux.
elongação *s.f.* élongation.
eloquência *s.f.* éloquence.
eloquente *adj.* éloquent.
elucidar *v.t.* élucider.
eludir *v.t.* éluder.
elucubração *s.f.* élucubration.
em *prep.* en, dans, à.
ema *s.f.* nandou *m.*; émeu *m.*
emaciado *adj.* émacié.
emagrecer *v.int.* maigrir.
emanação *s.f.* émanation.
emanar *v.int.* émaner.
emancipação *s.f.* émancipation.
emancipar *v.t.* émanciper.
emaranhamento *s.m.* enchevêtrement.
emaranhar *v.t.* enchevêtrer.
emascular *v.t.* émasculer.
embaciado *adj.* terni, mat.

embaciar *v.t.* ternir; embuer.
embaidor *s.m.* enjôleur.
embainhar *v.t.* engainer, rengainer; remettre dans son fourreau.
embair *v.t.* enjôler, gruger; en conter à; en faire accroire à; empaumer.
embaixada *s.f.* ambassade.
embaixador *s.m.* ambassadeur.
embaixatriz *s.f.* ambassadrice.
embaixo *adv.* en bas.
embalagem *s.f.* emballage.
embalar[1] *v.t.* emballer, empaqueter.
embalar[2] *v.t.* bercer, balancer.
embalo *s.m.* 1. bercement; 2. élan; (*gír.*) (*aprox.*) extase; 3. intoxication.
embalsamar *v.t.* embaumer.
embandeirar *v.t.* embaumer.
embaraçar *v.t.* embarrasser, décontenancer, gêner, interloquer.
embaraço *s.m.* embarras; gêne *f.*; *disfarçar o próprio* — se donner une contenance.
embaraçoso *adj.* embarrassant.
embaralhar *v.t.* enchevêtrer, entortiller; emmêler.
embarcação *s.f.* embarcation.
embarcadiço *s.m.* marin.
embarcadouro *s.m.* embarcadère.
embarcar *v.t.* embarquer; *v.int.* embarquer, monter.
embargar *v.t.* saisir; interdire; (*a voz*) étrangler.
embargo *s.m.* embargo, saisie *f.*
embarque *s.m.* embarquement.
embasamento *s.m.* soubassement.
embasbacar *v.t.* épater, ébahir; *v.int.* s'étonner.
embate *s.m.* choc.
embatucar *v.int.* rester court.
embeber *v.t.* imbiber.
embeiçar *v.t.* passionner; *v.pron.* — *-se por* s'enticher de, s'amouracher de.
embelezamento *s.m.* embellissement.
embelezar *v.t.* embellir.
embiocar *v.t.* encapuchonner, cacher; *v.pron.* s'encapuchonner, se cacher.
embirrar *v.int.* — *com* prendre en grippe.
emblema *s.m.* emblème.
embocadura *s.f.* embouchure.
embocar *v.t.* emboucher.
emboçar *v.t.* crépir.
emboço *s.m.* crépi.
embolia *s.f.* embolie.
êmbolo *s.m.* piston.
embolsar *v.t.* empocher.

embora *conj.* quoique; bien que; *adv. ir* — s'en aller; *mandar* — renvoyer.
emborcar *v.t.* 1. renverser; 2. lamper; *v.int.* tomber.
embornal *s.m.* musette *f.*
emboscada *s.f.* embuscade; embûches *pl.*; guet-apens.
emboscar *v.t.* embusquer; *v.pron.* s'embusquer.
embotado *adj.* émoussé; (*fig.*) blasé.
embotamento *s.m.* émoussement; (*fig.*) engourdissement.
embotar *v.t.* émousser; — *os dentes* agacer les dents; (*fig.*) blaser.
embranquecer *v.t.* blanchir.
embreagem *s.f.* embrayage *m.*
embrear *v.t.* e *int.* embrayer.
embrenhar-se *v.pron.* s'enfoncer, s'engouffrer.
embriagado *adj.* ivre, gris, soûl; (*fam.*) *um tanto* — éméché, parti.
embriagar *v.t.* enivrer, griser, soûler.
embriaguez *s.f.* ivresse, enivrement *m.*; ébriété; griserie.
embrião *s.m.* embryon.
embrionário *adj.* embryonnaire.
embromar *v.t.* lanterner.
embrulhada *s.f.* imbroglio *m.*, micmac *m.*, embrouille.
embrulhar[1] *v.t.* emballer, envelopper.
embrulhar[2] *v.t.* embrouiller, embarrasser.
embrulho[1] *s.m.* paquet.
embrulho[2] *s.m.* o mesmo que *embrulhada*.
embrutecer *v.t.* abrutir; *v.int.* s'abrutir; *v.pron.* s'abrutir.
embruxar *v.t.* ensorceler.
embuá *s.m.* polydesme.
emburrar *v.int.* 1. se buter; 2. bouder.
embuste *s.m.* supercherie, tromperie.
embusteiro *s.m.* trompeur, faiseur, faisan, aigrefin.
embutido *adj. armário* — placard.
embutir *v.t.* emboîter.
emenda *s.f.* correction, rature; (*em lei*) amendement; (*para encompridar*) rallonge; *a* — *é pior que o soneto* le remède est pire que le mal.
emendar *v.t.* corriger, amender.
emergência *s.f.* émergence; *saída de* — porte de secours.
emergir *v.int.* émerger.
emérito *adj.* émérite.
emersão *s.f.* émersion.
emético *adj.*; *s.m.* émétique.

emigração *s.f.* émigration.
emigrante *s.m.* émigrant; *s.f.* émigrante.
emigrar *v.int.* émigrer.
eminência *s.f.* éminence; — *parda* éminence grise.
eminente *adj.* éminent.
eminentemente *adv.* éminemment.
emir *s.m.* émir.
emissão *s.f.* émission.
emissário *s.m.* émissaire.
emissora *s.f.* émetteur *m.*
emitente *s.m.* émetteur; *s.f.* émettrice.
emitir *v.t.* émettre; (*som*) rendre; (*cheque*) tirer.
emoção *s.f.* émotion; émoi *m.*
emocional *adj.* émotionnel.
emocionante *adj.* émouvant.
emocionar *v.t.* émouvoir.
emoldurar *v.t.* encadrer.
emoliente *adj.*; *s.m.* émollient
emolumentos *s.m.pl.* émoluments.
emotivo *adj.* émotif.
empacar *v.int.* se buter.
empacotamento *s.m.* emballage.
empacotar *v.t.* empaqueter, emballer; *v.int.* (*gír.*) passer l'arme à gauche, mourir.
empada *s.f.* tourte.
empalação *s.f.* empalement *m.*
empalar *v.t.* empaler.
empalhador *s.m.* (*de animais*) empailleur; (*de cadeiras*) rempailleur.
empalhar *v.t.* (*animais*) empailler; (*cadeiras*) rempailler; canner.
empalidecer *v.int.* pâlir.
empalmar *v.t.* escamoter.
empanar *v.t.* ternir.
empanturrar-se *v.pron.* se gorger, s'empiffrer.
empanzinar *v.t.* goinfrer.
empapar *v.t.* imbiber, tremper.
emparedar *v.t.* emmurer.
emparelhar *v.t.* accoupler; jumeler.
empastar *v.t.* empâter.
empastelar *v.int.* renverser les casses pleines de caractères; détruire l'atelier typographique d'un journal.
empatar *v.t.* 1. embarrasser; 2. occuper, employer; *v.int.* faire pat.
empate *s.m.* partie nulle *f.*, match nul; (*em votação*) ballottage.
empatia *s.f.* empathie.
empecilho *s.m.* empêchement, entrave *f.*; (*fam.*) anicroche *f.*
empedernido *adj.* endurci.

empedrar *v.t.* empierrer.
empelicado *adj. nasceu* — il est né coiffé.
empena *s.f.* pignon *m.*
empenar *v.int.* gauchir; jouer.
empenhar *v.t.* engager; *v.pron.* s'engager; — *a fundo* se mettre en quatre.
empenho *s.m.* 1. insistance; 2. (*fam.*) piston; 3. poste (du budget).
emperiquitado *adj.* en grand tralala.
emperrar *v.t.* entraver; durcir.
empertigar-se *v.pron.* se carrer, se redresser, se dresser sur ses ergots.
empestar *v.t.* empester.
empilhamento *s.m.* entassement.
empilhar *v.t.* empiler, entasser.
empírico *adj.* empirique.
empirismo *s.m.* empirisme.
empirista *adj.*; *s.* empiriste.
emplacamento *s.m.* immatriculation.
emplacar *v.t.* immatriculer; (*gír.*) vivre jusqu'à, arriver à l'âge de.
emplastro *s.m.* emplâtre.
emplumar *v.t.* emplumer.
empoar *v.t.* poudrer.
empobrecer *v.t.* appauvrir; *v.pron.* s'appauvrir.
empobrecimento *s.m.* appauvrissement.
empoeirado *adj.* poussiéreux, couvert de poussière.
empola[1] *s.f.* ampoule, boursouflure.
empola[2] *s.f.* ampoule, fiole.
empolado *adj.* ampoulé, boursouflé.
empoleirar-se *v.pron.* se jucher, se percher.
empolgante *adj.* empoignant.
empolgar *v.t.* empoigner.
emporcalhar *v.t.* encrasser, crotter, salir.
empório *s.m.* entrepôt.
empossar *v.t.* installer; mettre en possession; lotir.
empreendedor *adj.* entreprenant.
empreender *v.t.* entreprendre.
empreendimento *s.m.* entreprise *f.*
empregada *s.f.* 1. employée; 2. bonne.
empregado *adj.* employé; *não* — inemployé; *s.m.* employé, commis.
empregador *s.m.* employeur.
empregar *v.t.* 1. employer, placer; 2. employer, mettre en œuvre.
emprego *s.m.* emploi; (*fam.*) boulot; job; *estar sem casa nem* — être sur le pavé.
empreitada *s.f.* 1. entreprise; 2. forfait; *feito por* — forfaitaire; *trabalhar por* — travailler à la pièce.

empreitar *v.t.* entreprendre.
empreiteiro *s.m.* entrepreneur.
emprenhar *v.t.* engrosser.
empresa *s.f.* **1.** entreprise; — *temerária* équipée; **2.** entreprise, établissement.
empresário *s.m.* manager.
emprestar *v.t.* prêter; — *a devedor insolvável* prêter à fonds perdu.
empréstimo *s.m.* (*dado*) prêt; (*pedido*) emprunt.
emproado *adj.* suffisant, fat.
emproar-se *v.pron.* bomber le torse, se rengorger.
empulhar *v.t.* **1.** se railler de; **2.** duper, rouler.
empunhar *v.t.* empoigner.
empurrão *s.m.* pousser, bousculer.
empurrar *v.t.* pousser, bousculer.
emudecer *v.int.* devenir muet; se taire.
emulação *s.f.* émulation.
êmulo *s.m.* émule.
emulsão *s.f.* émulsion.
enaltecer *v.t.* magnifier, exalter.
enarmonia *s.f.* enharmonie.
encabar *v.t.* emmancher.
encabeçar *v.t.* être à la tête de; diriger.
encabulado *adj.* penaud, confus.
encabular *v.t.* confondre; *v.int.* se confondre, perdre contenance.
encadeamento *v.t.* enchaînement.
encadear *v.t.* enchaîner.
encadernação *s.f.* reliure.
encadernador *s.m.* relieur.
encadernar *v.t.* relier.
encafifado *adj.* penaud.
encafuar-se *v.pron.* se cacher, se tapir.
encaixar[1] *v.t.* (*pôr em caixa, inserir*) enchâsser, emboîter; insérer.
encaixar[2] *v.t.* (*cobrar*) encaisser.
encaixe[1] *s.m.* emboîtement, emboîture.
encaixe[2] *s.m.* argent en caisse.
encaixotamento *s.m.* encaissement.
encaixotar *v.t.* emballer, encaisser.
encalacrado *adj.* endetté; *estar* — être dans la marmelade.
encalço *s.m.* piste *f.*, trace *f.*; *no* — *de* aux trousses de; *ir no* — *de* emboîter le pas à.
encalhar *v.int.* **1.** (*navio*) échouer; **2.** (*mercadoria*) rester sur les rayons.
encalhe *s.m.* rossignol, bouillons *pl.*
encaminhamento *s.m.* acheminement.
encaminhar *v.t.* acheminer; *v.pron.* s'acheminer.

encampar *v.t.* **1.** rescinder; **2.** nationaliser, étatiser.
encanador *s.m.* plombier.
encanamento *s.m.* canalisation.
encanar[1] *v.t.* canaliser.
encanar[2] *v.t.* **1.** (*entalar*) éclisser; **2.** (= *prender*; *fam.*) pincer, coffrer.
encanecer *v.int.* grisonner.
encantação *s.f.* incantation.
encantador *adj.* charmant; *s.m.* enchanteur.
encantadora *s.f.* charmante; *s.f.* enchanteresse.
encantamento *s.m.* enchantement, incantation.
encantar *v.t.* charmer, enchanter.
encanto *s.m.* charme; attrait.
encapar *v.t.* envelopper; mettre sous jaquette.
encapelado *adj.* *houleux.
encaracolado *adj.* frisé.
encaracolar *v.t.* tire-bouchonner.
encarapinhado *adj.* crépu.
encarapitar-se *v.pron.* se percher.
encarar *v.t.* dévisager, envisager.
encarceramento *s.m.* incarcération *f.*
encarcerar *v.t.* incarcérer, emprisonner, écrouer.
encarecer[1] *v.t.* louer, renchérir sur.
encarecer[2] *v.int.* devenir plus cher, enchérir, renchérir.
encargo *s.m.* charge *f.*, obligation *f.*
encarnação *s.f.* incarnation.
encarnar *v.t.* incarner; (*gír.*) s'acharner contre; *v.int.* s'incarner.
encarniçado *adj.* acharné, farouche.
encarniçamento *s.m.* acharnement.
encarniçar-se *v.pron.* s'acharner.
encarquilhar *v.t.* ratatiner, rider; *v.pron.* se ratatiner, se rider.
encarregado *adj.* chargé; *s.m.* préposé; — *de negócios* chargé d'affaires.
encarregar *v.t.* charger; *v.pron.* se charger, prendre en charge; faire son affaire de.
encasquetar *v.t.* se mettre dans la tête, enfourcher.
encastoar *v.t.* enchâsser.
encastrar *v.t.* encastrer.
encáustica *s.f.* encaustique.
encefalite *s.f.* encéphalite.
encéfalo *s.m.* encéphale.
encefalograma *s.m.* encéphalogramme.
encenação *s.f.* mise en scène.

encenador *s.m.* metteur en scène.
encenar *v.t.* mettre en scène.
enceradeira *s.f.* cireuse.
encerado *adj.* ciré.
encerador *s.m.* cireur.
encerar *v.t.* cirer.
encerramento *s.m.* fermeture.
encerrar *v.t.* enfermer, enserrer; fermer.
encetar *v.t.* entamer, commencer.
encharcar *v.t.* tremper, mouiller; *estar encharcado* être trempé comme une soupe.
enchente *s.f.* crue, inondation.
encher *v.t.* remplir; combler; emplir; (*fam.*) bourrer; truffer; (*espaço*) garnir.
enchimento *s.m.* remplissage.
enchova *s.f.* anchois *m.*
enchumaçar *v.t.* ouater.
encíclica *s.f.* encyclique.
enciclopédia *s.f.* encyclopédie.
enciclopédico *adj.* encyclopédique.
encimar *v.t.* surmonter.
enclausurar *v.t.* cloîtrer.
encoberto *adj.* couvert, masqué.
encobrir *v.t.* masquer, celer.
encolerizar *v.t.* courroucer; *v.pron.* se courroucer, mettre en colère, prendre la mouche, rager; sortir de ses gonds.
encolher *v.t.* rétrécir, contracter; — *os ombros* hausser les épaules; *v.int.* (se) rétrécir; *v.pron.* se rétrécir; se recroqueviller; (*fig.*) se dégonfler; *s.m. um — de ombros* un haussement d'épaules.
encomenda *s.f.* commande, demande; *pequena — colis m.* postal; *não chego para as —* on se m'arrache.
encomendação *s.f.* recommandation (de l'âme).
encomendar[1] *v.t.* commander.
encomendar[2] *v.t.* (*orar pela salvação de*) recommander.
encompridar *v.t.* rallonger.
encontradiço *adj.* facile à rencontrer.
encontrão *s.m.* *heurt, poussée *f.*, bousculade *f.*
encontrar *v.t.* rencontrer; trouver; *v.pron.* se rencontrer, se trouver.
encontro *s.m.* rencontre; — *marcado* rendez-vous; (*fam.*) rancard; *marcar — com* prendre rendez-vous avec; (*fam.*) rancarder.
encorajador *adj.* encourageant.
encorajamento *s.m.* encouragement.
encorajar *v.t.* encourager; enhardir.
encorpado *adj.* corpulent, épais.
encorpar *v.t.* corser.

encoscorar-se *v.pron.* se recroqueviller.
encosta *s.f.* côte.
encostar *v.t.* adosser, appuyer; — *na parede* mettre au pied du mur; *v.pron.* s'adosser, s'appuyer.
encosto *s.m.* 1. appui; 2. (*de cadeira*) dossier.
encouraçado *s.m.* cuirassé.
encravado *adj.* enfoncé, creux.
encravar *v.t.* enclaver.
encrenca *s.f.* (*pop.*) embarras, emmerdement.
encrencar *v.t.* compliquer; *v.pron.* s'empêtrer.
encrespado *adj.* *houleux.
encrespar-se *v.pron.* moutonner.
encrostar *v.t.* encroûter.
encruzilhada *s.f.* carrefour *m.*, croisement *m.* patte-d'oie.
encurralar *v.t.* traquer; acculer; *estar encurralado* être aux abois.
encurtamento *s.m.* raccourcissement.
encurtar *v.t.* écourter, abréger; raccourcir.
encurvar *v.t.* incurver.
endemia *s.f.* endémie.
endêmico *adj.* endémique.
endemoninhado *adj.* possédé.
endereçar *v.t.* adresser, diriger.
endereço *s.m.* adresse *f.*
endeusamento *s.m.* divinisation.
endeusar *v.t.* diviniser.
endiabrado *adj.* endiablé.
endireita *s.m.* rebouteux.
endívia *s.f.* endivie.
endividamento *s.m.* endettement.
endividar-se *v.pron.* s'endetter.
endocrinologia *s.f.* endocrinologie.
endoidecer *v.t.* rendre fou; *v.int.* devenir fou.
endomingar-se *v.pron.* s'endimancher; se mettre sur son trente et un.
endoscópio *s.m.* endoscope.
endossar *v.t.* endosser.
endosso *s.m.* endos.
endurecer *v.t. e int.* durcir, endurcir; prendre; raidir, racornir; *v.pron.* se raidir, se racornir.
endurecimento *s.m.* durcissement; endurcissement.
enegrecer *v.t.* noircir; *v.int.* se noircir.
energética *s.f.* énergetique.
energético *adj.* énergetique.
energia *s.f.* énergie.
enérgico *adj.* énergique.

energúmeno *s.m.* énergumène.
enervamento *s.m.* énervement.
enervar *v.t.* énerver; *v.pron.* s'énerver.
enésimo *adj.* nième, énième, tantième.
enfadar *v.t.* ennuyer.
enfado *s.m.* ennui.
enfadonho *adj.* ennuyeux.
enfaixamento *s.m.* bandage.
enfaixar *v.t.* bander, emmailloter.
enfarinhar *v.t.* enfariner.
enfarte *s.m.* infarctus.
ênfase *s.f.* emphase; (*depr.*) boursouflure.
enfastiar *v.t.* ennuyer.
enfático *adj.* emphatique; pompier.
enfatizar *v.t.* appuyer sur.
enfatuação *s.f.* infatuation.
enfatuado *adj.* infatué.
enfatuar *v.t.* infatuer.
enfear *v.t.* enlaidir; déparer; *v.pron.* s'enlaidir.
enfebrecer *v.t.* enfiévrer.
enfeitar *v.t.* orner, parer, agrémenter, enjoliver, ouvrager; (*fam.*) requinquer.
enfeite *s.m.* ornement, parure *f.*, agrément, enjolivement, enjolivure *f.*
enfeitiçamento *s.m.* envoûtement, enchantement.
enfeitiçar *v.t.* ensorceler, envoûter, jeter un sort à.
enfeixar *v.t.* botteler, mettre en bottes.
enfermar *v.t.* rendre malade; *v.int.* tomber malade.
enfermaria *s.f.* infirmerie.
enfermeira *s.f.* infirmière, garde-malade.
enfermeiro *s.m.* infirmier, garde-malade; — *de ambulância* ambulancier.
enfermiço *adj.* valétudinaire.
enfermidade *s.f.* infirmité, maladie.
enfermo *adj.* infirme.
enferrujado *adj.* rouilleux.
enferrujar *v.t.* e *int.* rouiller; enrouiller; *v.pron.* se rouiller, s'enrouiller.
enfezado *adj.* rabougri, chétif, malingre.
enfezar[1] *v.t.* rabougrir; *v.pron.* se rabougrir.
enfezar[2] *v.t.* (*fam.*) irriter, impatienter; *v.pron.* s'irriter, s'impatienter.
enfiada *s.f.* enfilade; kyrielle; ribambelle; *de* — à la queue leu leu.
enfiar *v.t.* 1. (*vestir*) endosser; 2. (*agulha*) enfiler.
enfileirar *v.t.* ranger.
enfim *adv.* enfin.
enfisema *s.m.* emphysème.

enfitar *v.t.* enrubanner.
enfocar *v.t.* focaliser.
enforcamento *s.m.* pendaison *f.*
enforcar *v.t.* pendre; — *um dia entre dois feriados* faire le pont; *v.pron.* se pendre.
enfraquecer *v.t.* affaiblir; infirmer; *v.pron.* faiblir.
enfraquecimento *s.m.* affaiblissement, défaillance.
enfrentar *v.t.* affronter, faire front à.
enfronhar *v.t.* mettre au courant.
enfumaçar *v.t.* enfumer.
enfunar *v.t.* gonfler; enfler.
enfurecer *v.t.* (*fam.*) faire damner; faire enrager; *v.pron.* s'enrager, voir rouge.
enfurnar-se *v.pron.* se cacher, se tapir.
engaiolar *v.t.* encager; (*fig.*) coffrer.
engajado *adj.* engagé.
engajamento *s.m.* 1. embauchage; 2. engagement.
engajar *v.t.* enrôler, engager; *v.pron.* s'enrôler, s'engager.
engalfinhar-se *v.pron.* se crêper le chignon.
engambelar *v.t.* (*fam.*) rouler, tromper.
enganador *adj.* trompeur.
enganar *v.t.* tromper, abuser, donner le change à, (*fam.*) rouler, refaire, mettre dedans, en conter à; *deixar-se* — prendre le change; *v.pron.* se tromper; (*fam.*) se gourer.
enganchar *v.t.* accrocher.
engano *s.m.* 1. méprise *f.*, erreur *f.*; 2. tromperie *f.*, fourberie *f. falei por* — *o que não quis* la langue m'a fourché.
engarrafamento *s.m.* 1. mise en bouteilles; 2. embouteillage; encombrement routier, bouchon.
engarrafar *v.t.* 1. embouteiller, mettre en bouteilles; 2. embouteiller, encombrer.
engasgar *v.int.* e *pron.* suffoquer.
engastar *v.t.* sertir.
engatar *v.t.* embrayer, enclencher.
engate *s.m.* enclenchement.
engelhado *adj.* ridé.
engendrar *v.t.* engendrer.
engenhar *v.t.* inventer, imaginer.
engenharia *s.f.* génie *m.* civil; — *militar* génie (militaire).
engenheiro *s.m.* ingénieur; — *civil* ingénieur des ponts et chaussées; — *militar* ingénieur du génie.
engenho *s.m.* 1. invention *f.*; talent; ingéniosité *f.*; 2. engin, machine; 3. plantation *f.* de canne à sucre.

engenhoso *adj.* ingénieux.
engessar *v.t.* plâtrer.
englobar *v.t.* englober.
engodar *v.t.* enjôler, leurrer.
engodo *s.m.* **1.** leurre, appât; tape-à-l'œil; **2.** attrape *f.*
engolir *v.t.* engloutir, avaler; absorber; gober; — *de novo* ravaler.
engomadeira *s.f.* repasseuse.
engomadura *s.f.* empesage *m.*
engomar *v.t.* empeser, repasser.
engonço *s.m.* gond, articulation.
engorda *s.f.* embouche.
engordar *v.t.* engraisser, grossir, gaver; *v.int.* engraisser, grossir, prendre du poids.
engraçadamente *adv.* plaisamment.
engraçadinho *adj.* plaisantin.
engraçado *adj.* plaisant, amusant, drôle; *um sujeito* — un drôle de type.
engradado *s.m.* emballage à claire-voie, treillis, claie *f.* cageot.
engradar *v.t.* treillisser.
engrandecer *v.t.* grandir, agrandir; *v.int.* e *pron.* grandir, s'agrandir.
engravidar *v.t.* rendre enceinte, engrosser; *v.int.* devenir enceinte.
engraxar *v.t.* graisser; (*sapatos*) cirer.
engraxate *s.m.* cireur.
engrenagem *s.f.* engrenage *m.*
engrenar *v.t.* engrener.
engrinaldar *v.t.* enguirlander.
engrolar *v.t.* e *int.* grommeler, mâchonner.
engrossamento *s.m.* **1.** grossissement; **2.** flatterie, flagornerie.
engrossar *v.t.* **1.** grossir; **2.** flatter, flagorner.
enguia *s.f.* anguille.
enguiçar *v.t.* causer une panne; *v.int.* entrer en panne.
enguiço *s.m.* panne *f.*
engulho *s.m.* nausée; *ter* —*s* avoir mal au cœur.
enigma *s.m.* énigme.
enigmático *adj.* énigmatique.
enjeitada *s.f.* enfant trouvée.
enjeitado *s.m.* enfant trouvé.
enjeitar *v.t.* abandonner, exposer (un enfant).
enjoar *v.t.* écœurer; *v.int.* avoir mal au cœur.
enjoativo *adj.* écœurant.
enjoo *s.m.* écœurement; nausée *f.*; mal au cœur.
enlaçar *v.t.* enlacer.

enlace *s.m.* union *f.* matrimoniale, hymen.
enlamear *v.t.* couvrir de boue, éclabousser, souiller.
enlanguescer *v.t.* alanguir; *v.int.* s'alanguir.
enlatado *s.m.* conserve *f.*
enlatar *v.t.* mettre en boîtes.
enlear *v.t.* enlacer, embarrasser.
enleio *s.m.* embarras.
enlevar *v.t.* enthousiasmer, ravir.
enlevo *s.m.* ravissement, envolée *f.*
enlouquecer *v.t.* affoler; rendre fou; *v.int.* devenir fou.
enluvar *v.t.* ganter.
enobrecer *v.t.* (*conferindo um título de nobreza*) ennoblir; (*moralmente*) anoblir.
enobrecimento *s.m.* ennoblissement, anoblissement.
enodoar *v.t.* souiller, tacher, encrasser.
enojar *v.t.* écœurer, dégoûter.
enorme *adj.* énorme.
enormidade *s.f.* énormité.
enovelar *v.t.* pelotonner, peloter; *v.pron.* se pelotonner.
enquadramento *s.m.* encadrement.
enquadrar *v.t.* encadrer.
enquanto *conj.* tandis que; *por* — *loc.adv.* pour le moment, pour l'instant.
enraivecer *v.t.* faire enrager; *v.pron.* enrager.
enraivecido *adj.* enragé.
enraizamento *s.m.* enracinement.
enraizar *v.t.* enraciner; *v.pron.* s'enraciner.
enrascada *s.f.* embarras; pastis *m.*; *estar numa* — être dans ses petits souliers; *sair-se de uma* — se tirer d'un mauvais pas.
enrascar *v.t.* enchevêtrer, embarrasser, empêtrer.
enredar *v.t.* entortiller, embarrasser.
enredo *s.m.* intrigue *f.*
enregelar *v.t.* geler, transir.
enrijar *v.t.* endurcir.
enriquecer *v.t.* enrichir; *v.int.* s'enrichir.
enriquecimento *s.m.* enrichissement.
enrocamento *s.m.* enrochement.
enrodilhar *v.t.* entortiller.
enrolado *adj.* compliqué.
enrolamento *s.m.* enroulement; — *de cabelos* mise *f.* en plis.
enrolar *v.t.* **1.** rouler, enrouler; **2.** (*pop.*) exposer d'une manière confuse; **3.** (*pop.*) tromper, duper.
enroscar *v.t.* entortiller.
enrouquecer *v.t.* enrouer.

enrubescer *v.t.* faire rougir; *v.int.* rougir.
enrugar *v.t.* rider.
ensaboar *v.t.* savonner.
ensacar *v.t.* ensacher.
ensaiar *v.t.* essayer; (*no teatro*) répéter.
ensaísta *s.* essayiste.
ensaio *s.m.* **1.** essai; **2.** (*no teatro*) répétition; — *geral* générale *f.*
ensanguentado *adj.* saignant, sanglant.
ensanguentar *v.t.* ensanglanter.
ensarilhar *v.t.* mettre en faisceaux; — *as armas* former les faisceaux.
enseada *s.f.* crique, rade, *havre *m.*
ensejar *v.t.* **1.** épier (l'occasion); **2.** offrir.
ensejo *s.m.* occasion (propice) *f.*
ensimesmamento *s.m.* repliement.
ensimesmar-se *v.pron.* se replier sur soi-même.
ensinamento *s.m.* enseignement, directrice.
ensinar *v.t.* enseigner; apprendre, montrer; (— *passarinho a cantar*) seriner; — *de novo* réapprendre, rapprendre.
ensolarado *adj.* ensoleillé.
ensopado *s.m.* ragoût.
ensopar *v.t.* **1.** imbiber, mouiller; **2.** faire un ragoût de.
ensurdecer *v.t.* assourdir.
ensurdecedor *adj.* assourdissant.
entabular *v.t.* entamer; — *conversação* lier conversation.
entalação ou **entaladela** *s.f.* embarras *m.*; (*pop.*) mélasse.
entalar *v.t.* **1.** éclisser; **2.** o mesmo que *enrascar*.
entalhar *v.t.* entailler, entamer.
entalhe *s.m.* entaille, encoche *f.*
entanto *adv.* cependant; *no* — pourtant, cependant.
então *adv.* alors; *até* — d'ici là; *desde* — dès lors; *conj.* donc.
entardecer *s.m.* tombée *f.* du jour.
ente *s.m.* être.
enteada *s.f.* belle-fille.
enteado *s.m.* beau-fils.
entediar *v.t.* ennuyer; *v.pron.* s'ennuyer.
entender *v.t.* **1.** entendre, comprendre; **2.** entendre, prétendre; *v.pron.* s'entendre; — *com* faire bon ménage avec; *s.m.* avis; *no meu* — à mon avis, à mon gré, à mon sens.
entendido *s.m.* connaisseur.
entendimento *s.m.* **1.** entendement, raison *f.*; **2.** entente *f.*, intelligence *f.*; **3.** —*s secretos* intelligences *f.*

enterite *s.f.* entérite.
enternecedor *adj.* attendrissant.
enternecer *v.t.* attendrir.
enternecimento *s.m.* attendrissement.
enterrar *v.t.* **1.** enterrer, ensevelir; **2.** enfouir.
enterro *s.m.* enterrement.
entesar *v.t.* raidir.
entesourar *v.t.* thésauriser, amasser.
entidade *s.f.* entité.
entoação *s.f.* intonation.
entoar *v.t.* entonner.
entomologia *s.f.* entomologie.
entomológico *adj.* entomologique.
entomologista *s.* entomologiste.
entontecer *v.t.* étourdir; ahurir; tourner la tête à.
entornar *v.t.* répandre, renverser.
entorpecente *adj.*; *s.m.* stupéfiant.
entorpecer *v.t.* engourdir.
entorpecimento *s.m.* assoupissement, engourdissement.
entorse *s.f.* entorse, foulure.
entortar *v.t.* dévier, déformer.
entrada *s.f.* **1.** (*ação de entrar*) entrée; **2.** (*porta, acesso*) entrée; **3.** (*ingresso*) billet *m.*; **4.** (*quantia com que se começa um jogo*) enjeu *m.*; **5.** (*primeiro prato*) entrée.
entrançar *v.t.* tresser.
entranhado *adj.* profond, intime.
entranhar *v.t.* enfoncer, introduire; *v.pron.* s'introduire, pénétrer.
entranhas *s.f.pl.* entrailles.
entrar *v.int.* entrer; — *a* commencer; — *de novo* rentrer.
entravar *v.t.* entraver.
entrave *s.f.* entrave.
entre *prep.* entre, parmi.
entreaberto *adj.* entrouvert, entrebaillé.
entreabrir *v.t.* entrouvrir, entrebâiller.
entreato *s.m.* entracte; intermède.
entrecasca *s.f.* liber *m.*
entrechocar-se *v.pron.* s'entrechoquer.
entrecortar *v.t.* entrecouper; hacher.
entrecosto *s.m.* entrecôte *f.*
entrecruzar-se *v.pron.* s'entrecroiser.
entrega *s.f.* délivrance; livraison.
entregador *s.m.* livreur, porteur.
entregar *v.t.* délivrer, livrer, remettre; *v.pron.* se livrer; — *a um vício* donner dans un vice.
entrelaçar *v.t.* entrelacer.
entrelinha *s.f.* interligne.
entrelinhar *v.t.* interligner.

entrematar-se *v.pron.* s'entretuer.
entremear *v.t.* entrelarder.
entrementes *adv.* entre-temps.
entremeter *v.t.* entremettre; *v.pron.* s'entremettre.
entremostrar *v.t.* faire entrevoir.
entreolhar-se *v.pron.* s'entre-regarder.
entreposto *s.m.* entrepôt.
entretanto *adv.* cependant, toutefois.
entretela *s.f.* entretoile.
entreter *v.t.* entretenir; *v.pron.* s'entretenir.
entrevado *adj.* perclus.
entrever *v.t.* entrevoir.
entrevista *s.f.* 1. entrevue; 2. interview.
entrevistador *s.m.* interviewer.
entrevistar *v.t.* interviewer; *v.pron.* — -se com avoir une entrevue avec.
entrincheirar *v.t.* retrancher; *v.pron.* se retrancher.
entristecer *v.t.* attrister.
entroncamento *s.m.* embranchement.
entroncar *v.t.* embrancher, brancher.
entronização *s.f.* intronisation.
entronizar *v.t.* introniser.
entropia *s.f.* entropie.
entrosamento *s.m.* adaptation (à un milieu).
entrosar *v.t.* adapter, engrener; *v.pron.* s'adapter, s'engrener.
entrudo *s.m.* (*aprox.*) carnaval.
entulhar *v.t.* encombrer.
entulho *s.m.* gravats *pl.*, débris *pl.*; (*proveniente de desabamento*) éboulis; (*de mina*) terril.
entupimento *s.m.* engorgement.
entupir *v.t.* engorger.
entusiasmar *v.t.* enthousiasmer; (*fam.*) emballer.
entusiasmo *s.m.* enthousiasme; — *repentino* emballement, engouement.
entusiasta *s.* enthousiaste.
entusiástico *adj.* enthousiaste.
enumeração *s.f.* énumération, dénombrement *m.*
enumerar *v.t.* énumérer, dénombrer.
enumerativo *adj.* énumératif.
enunciação *s.f.* énonciation.
enunciado *s.m.* énoncé.
enunciar *v.t.* énoncer, poser.
envaidecer *v.t.* enorgueillir; *v.pron.* s'enorgueillir.
envasilhar *v.t.* entonner.
envelhecer *v.t.* vieillir; *v.int.* vieillir, se faire vieux, être sur le retour; (*vinho*) prendre de la bouteille.
envelhecimento *s.m.* vieillissement.
envelopar *v.t.* envelopper.
envelope *s.m.* enveloppe *f.*
envenenador *s.m.* empoisonneur.
envenenadora *s.f.* empoisonneuse.
envenenamento *s.m.* empoisonnement.
envenenar *v.t.* empoisonner.
enveredar *v.t.* acheminer; *v.int.* s'acheminer.
envergadura *s.f.* envergure.
envergar *v.int.* gondoler; *v.t.* (*roupa*) enfiler.
envergonhado *adj.* *honteux.
envergonhar *v.t.* confondre; faire rougir; *v.pron.* rougir.
envernizado *adj.* verni, vernissé.
envernizar *v.t.* vernir, vernisser.
envesgar *v.int.* loucher, bigler.
enviado *adj.*; *s.m.* envoyé.
enviar *v.t.* envoyer, adresser.
envidar *v.t.* 1. défier; 2. (*esforços*) déployer.
envidraçado *adj.* vitré.
envidraçar *v.t.* vitrer.
envio *s.m.* envoi.
enviscar *v.t.* engluer.
enviuvar *v.t.* rendre veuf (ou veuve); *v.int.* devenir veuf (*ou* veuve).
envoltório *s.m.* enveloppe *f.*
envolver *v.t.* envelopper, enrober, habiller.
enxada *s.f.* *houe, bêche.
enxadão *s.m.* *hoyau.
enxadrista *s.* joueur d'échecs.
enxaguar *v.t.* rincer.
enxame *s.m.* essaim.
enxamear *v.int.* essaimer.
enxaqueca *s.f.* migraine.
enxárcia *s.f.* gréement *m.*
enxergão *s.m.* paillasse *f.*
enxergar *v.t.* entrevoir; apercevoir; *v.pron.* se méfier.
enxertar *v.t.* enter, greffer.
enxerto *s.m.* greffe *f.*
enxó *s.f.* bisaigue.
enxofre *s.m.* souffre.
enxotar *v.t.* chasser.
enxoval *s.m.* (*de noiva*) trousseau; (*de recém-nascido*) layette *f.*
enxovalhar *v.t.* souiller, salir.
enxovia *s.f.* cachot *m.*
enxugar *v.t.* essuyer, tamponner.
enxugo *s.m.* essuyage.
enxuto *adj.* sec; (*fig.*) solide, gaillard.

enzima *s.f.* enzyme.
eólio *adj.*; *s.pátr.* éolien.
épico *adj.* épique.
epicurismo *s.m.* épicurisme.
epicurista *adj.*; *s.* épicurien.
epidemia *s.f.* épidémie.
epidêmico *adj.* épidémique.
epiderme *s.f.* épiderme *m.*
epidérmico *adj.* épidermique.
epiglote *s.f.* épiglotte.
epígono *s.m.* épigone.
epígrafe *s.f.* épigraphe.
epigrafia *s.f.* épigraphie.
epigrama *s.f.* épigramme.
epigramático *adj.* épigrammatique.
epilepsia *s.f.* épilepsie.
epiléptico *adj.* épileptique.
epílogo *s.m.* épilogue.
episcopado *s.m.* épiscopat.
episcopal *adj.* épiscopal.
episódico *adj.* épisodique.
episódio *s.m.* épisode.
epistemologia *s.f.* épistémologie.
epistemológico *adj.* épistémologique.
epístola *s.f.* épître.
epistolar *adj.* épistolaire.
epistológrafo *s.m.* épistolier.
epitáfio *s.m.* épitaphe *f.*
epitalâmio *s.m.* épithalame.
epitélio *s.m.* épithélium.
epíteto *s.m.* épithète *f.*
epítoga *s.f.* épitoge.
epítome *s.m.* épitomé.
epizootia *s.f.* épizootie.
época *s.f.* époque; *fazer —* faire époque, faire date.
epopeia *s.f.* épopée.
épura *s.f.* épure.
equação *s.f.* équation.
equador *s.m.* équateur.
Equador *s.m.* Équateur.
equatorial *adj.* équatorial.
equatoriano *adj.*; *s.pátr.* équatorien.
equestre *adj.* équestre.
equidade *s.f.* équité.
equidistância *s.f.* équidistance.
equidistante *adj.* équidistant.
equilátero *adj.* équilatéral.
equilibrado *adj.* équilibré.
equilibrar *v.t.* équilibrer.
equilíbrio *s.m.* équilibre.
equilibrista *s.* équilibriste.
equimose *s.f.* ecchymose, bleu *m.*, meurtrissure.

equino *adj.* équin.
equinócio *s.m.* équinoxe.
equipagem *s.f.* équipage.
equipamento *s.m.* équipement; (*de um soldado*) paquetage *m.*
equipar *v.t.* équiper; (*navio*) armer.
equiparar *v.t.* égaliser.
equipe *s.f.* équipe.
equitação *s.f.* équitation.
equitativo *adj.* équitable.
equivalência *s.f.* équivalence.
equivalente *adj.* équivalent; *s.m.* équivalent, contre-valeur.
equivaler *v.int.* équivaloir.
equivocar-se *v.pron.* s'équivoquer, se méprendre.
equívoco *adj.* équivoque; louche, interlope; *s.m.* équivoque *f.* malentendu.
era *s.f.* ère.
erário *s.m.* fisc, trésor public.
ereção, erecção *s.f.* érection.
eremita *s.m.* ermite.
eremitério *s.m.* ermitage.
ereto *adj.* érigé, dressé.
ergástulo *s.m.* ergastule, prison *f.*, cachot.
ergotismo *s.m.* ergotage.
erguer *v.t.* dresser, ériger, élever; *v.pron.* se dresser, s'élever.
eriçar *v.t.* *hérisser.
erigir *v.t.* ériger.
erisipela *s.f.* érysipèle *m.*
ermida *s.f.* chapelle.
ermitão *s.m.* ermite.
ermo *adj.* solitaire, désert; *s.m.* solitude *f.*, désert.
erosão *s.f.* érosion.
erosivo *adj.* érosif.
erótico *adj.* érotique.
erotismo *s.m.* érotisme.
erradio *adj.* errant.
errado *adj.* erroné, faux, fautif.
errante *adj.* errant.
errar *v.int.* errer, se tromper; *v.t.* manquer; *— o alvo* manquer le but; *— o caminho* se fourvoyer.
errata *s.f.* errata *m.*
erro *s.m.* erreur *f.*; tort, faux pas; *— de cálculo* mécompte; *— de datilografia* faute *f.* de frappe; *— ortográfico* faute *f.* d'orthographe; *— tipográfico* faute *f.* d'impression; *laborar em —* faire fausse route.
errôneo *adj.* erroné.
eructação *s.f.* éructation, renvoi *m.*

erudição *s.f.* érudition.
erudito *adj.*; *s.* érudit.
erupção *s.f.* éruption.
eruptivo *adj.* éruptif.
erva *s.f.* **1.** herbe; **2.** (*gír.*) argent, pèze, pognon; *3.* (*gír.*) cocaïne, coco, neige; — *daninha* mauvaise herbe, herbe folle; — *-mate* maté *m.*
erva-cidreira *s.f.* mélisse.
erva-doce *s.f.* anis *m.*
erva-mate *s.f.* maté.
ervanário *s.m.* herboriste.
ervilha *s.f.* pois, petits-pois *m.pl.*; — *-de--cheiro* pois *m.* de senteur.
esbaforido *adj.* essouflé.
esbanjamento *s.m.* gaspillage.
esbanjar *v.t.* gaspiller.
esbarrar *v.t.* *heurter; *v.int.* — *em* se cogner; rencontrer par hasard.
esbarro *s.m.* *heurt.
esbeiçar *v.t.* ébrécher.
esbelteza *s.f.* sveltesse.
esbelto *adj.* svelte.
esbirro *s.m.* sbire.
esboçar *v.t.* **1.** ébaucher, esquisser; — *um quadro* brosser un tableau; **2.** (*fig.*) échafauder.
esboço *s.m.* ébauche *f.*, esquisse *f.*, canevas, croquis, premier jet, amorce *f.*, pochade *f.*
esbofetear *v.t.* giffler, souffleter.
esbordoar *v.t.* matraquer.
esboroamento *s.m.* effritement.
esboroar *v.t.* effriter; *v.pron.* s'effriter.
esbranquiçado *adj.* blanchâtre.
esbravejar *v.int.* tempêter.
esbugalhado *adj.* écarquillé.
esbugalhar *v.t.* écarquiller.
esbulhar *v.t.* spolier.
esbulho *s.m.* spoliation.
esburacar *v.t.* percer de trous.
escabeche *s.m.* marinade *f.*
escabelo *s.m.* escabeau.
escabrear *v.t.* fâcher, irriter.
escabroso *adj.* scabreux.
escada *s.f.* **1.** échelle; **2.** escalier *m.*; — *de caracol* escalier en colimaçon; — *rolante* escalier roulant; escalator.
escadaria *s.f.* perron *m.*
escafandrista *s.m.* scaphandrier.
escafandro *s.m.* scaphandre.
escafeder-se *v.pron.* (*pop.*) jouer des flûtes, s'esbigner.
escala *s.f.* escale.
escalafobético *adj.* (*fam.*) farfelu.

escalão *s.m.* échelon.
escalar *v.t.* escalader, graver.
escaldar *v.t.* échauder, ébouillanter.
escalonar *v.t.* échelonner, étager.
escalope *s.f.* escalope.
escalpelar *v.t.* disséquer avec le scalpel.
escalpelo *s.m.* scalpel.
escama *s.f.* écaille, squame.
escamar *v.t.* écailler.
escamoso *adj.* écailleux.
escamoteador *s.m.* escamoteur.
escamoteadora *s.f.* escamoteuse.
escamotear *v.t.* escamoter.
escanção *s.m.* échanson.
escancarado *adj.* grand ouvert, béant.
escancarar *v.t.* ouvrir tout grand.
escâncaras *loc.adv. às* — ouvertement, au vu et au su de tout le monde.
escandalizar *v.t.* scandaliser.
escândalo *s.m.* scandale, esclandre, éclat; (*fam.*) pétard; *fazer* — casser les vitres.
escandaloso *adj.* scandaleux.
Escandinávia *s.f.* Scandinavie.
escandinavo *adj.*; *s.pátr.* scandinave.
escandir *v.t.* scander.
escangalhar *v.t.* détraquer; (*fam.*) déglinguer.
escanteio *s.m.* (*Fut.*) corner.
escapadela *s.f.* escapade.
escapamento *s.m.* échappement.
escapar *v.int.* échapper; réchapper; *escapamos de boa* nous l'avons échappé belle; s'échapper.
escapatória *s.f.* échappatoire, dérobade.
escapo[1] *s.m.* échappement.
escapo[2] *adj.*; *s.* rescapé.
escapulário *s.m.* scapulaire.
escapulir *v.int.* e *v.pron.* décamper, déguerpir; prendre la poudre d'escampette, prendre la clé des champs; (*vulg.*) foutre le camp.
escara *s.f.* escarre.
escaramuça *s.f.* escarmouche, échafourrée, accrochage *m.*
escaravelho *s.m.* escarbot, scarabée; bousier, cerf-volant.
escarcéu *s.m.* (*pop.*) pétard.
escarificação *s.f.* scarification.
escarificar *v.t.* scarifier.
escarlate *adj.*; *s.m.* écarlate.
escarlatina *s.f.* scarlatine.
escarnecer *v.t.* se persifler, se moquer de; se jouer de; faire des gorges chaudes de.
escarninho *adj.* narquois.

escárnio *s.m.* dérision.
escarola *s.f.* endive.
escarpa *s.f.* escarpe.
escarpado *adj.* escarpé.
escarpamento *s.m.* escarpement.
escarpim *s.m.* escarpin.
escarradeira *s.f.* crachoir.
escarranchado *adj.* à califourchon.
escarrar *v.t.* e *int.* cracher.
escarro *s.m.* crachat.
escassez *s.f.* pénurie; manque *m.*; — *de víveres* disette, famine.
escasso *adj.* insuffisant, faible.
escatologia[1] *s.f.* (*teoria dos fins últimos do homem*) eschatologie.
escatologia[2] *s.f.* (*escrito sobre os excrementos*) scatologie.
escatológico[1] *adj.* eschatologique.
escatológico[2] *adj.* scatologique.
escavação *s.f.* excavation, fouilles *pl.*
escavar *v.t.* excaver, creuser.
esclarecer *v.t.* 1. éclaircir; mettre en lumière; 2. renseigner.
esclarecimento *s.m.* éclaircissement, renseignement.
esclerosar *v.t.* scléroser.
esclerose *s.f.* sclérose.
escoamento *s.m.* écoulement, épanchement.
escoar *v.t.* écouler; *v.pron.* s'écouler.
escocês *adj.*; *s.pátr.* écossais.
Escócia *s.f.* Ecosse.
escoicear *v.int.* ruer, regimber.
escoimar *v.t.* exempter d'amende; nettoyer.
escol *s.m.* elite.
escola *s.f.* école; — *de canto* (*para meninos do coro*) maîtrise; — *de motoristas* auto-école; — *maternal* maternelle; — *pré-primária* maternelle.
escolado *adj.* expérimenté.
escolar *adj.* scolaire.
escolaridade *s.f.* scolarité.
escolástica *s.f.* scolastique.
escolástico *adj.*; *s.m.* scolastique.
escoliose *s.f.* scoliose.
escolha *s.f.* choix.
escolher *v.t.* choisir, trier; — *a dedo* trier sur le volet.
escolho *s.m.* écueil.
escolta *s.f.* escorte.
escoltar *v.t.* escorter, convoyer, suivre.
escombros *s.m.pl.* décombres.
esconde-esconde *s.m.* cache-cache.

esconder *v.t.* cacher, celer; (*fam.*) planquer; (*sentimentos*) ravaler; *v.pron.* se cacher; (*fam.*) se terrer, se planquer.
esconderijo *s.m.* cachette.
escondidas *loc.adv.* *às* — en cachette, en catimini, en tapinois, sans tambour ni trompette; *às* — *e apressadamente* à la sauvette.
esconjurar *v.t.* conjurer.
esconjuro *s.m.* conjuration.
escopro *s.m.* échoppe *f.*
escora *s.f.* étai *m.*
escoramento *s.m.* étayage.
escorar *v.t.* étayer.
escorbuto *s.m.* scorbut.
escorchar *v.t.* écorcher; (*fig.*) rançonner.
escore *s.m.* (*Esp.*) score.
escória *s.f.* scorie.
escoriação *s.f.* escoriation, écorchure, éraflure.
escornar *v.t.* blesser ou renverser d'un coup de cornes
escorpião *s.m.* scorpion.
escorrachar *v.t.* écrabouiller.
escorredor *s.m.* égouttoir.
escorregadela *s.f.* glissade.
escorregadio *adj.* glissant.
escorregar *v.int.* glisser.
escorrer *v.t.* égoutter; *v.int.* s'égoutter.
escoteiro *s.m.* 1. voyageur sans bagage; 2. éclaireur, scout, routier.
escotilha *s.f.* écoutille.
escotismo *s.m.* scoutisme.
escova *s.f.* brosse; — *de dentes* brosse à dents.
escovadela *s.f.* coup *m.* de brosse.
escovado *adj.* 1. brossé; 2. (*fam.*) tiré à quatre épingles; 3. (*fam.*) malin.
escovar *v.t.* brosser.
escovinha *s.f.* (*flor*) bluet *m.*
escrava *s.f.* esclave.
escravatura *s.f.* esclavagisme *m.*; esclavage.
escravidão *s.f.* esclavage *m.*
escravista *adj.*; *s.* esclavagiste.
escravizar *v.t.* asservir.
escravo *s.m.* esclave.
escravocrata *s.* esclavagiste.
escrete *s.m.* sélection *f.*, équipe *f.*
escrevente *s.m.* expéditionnaire.
escrever *v.t.* écrire; mettre; — *à máquina* taper.
escrevinhador *s.m.* écrivailleur, écrivassier.

escrevinhar *v.t.* écrivailler.
escriba *s.m.* scribe.
escrínio *s.m.* écrin; cassette *f.*
escrita *s.f.* 1. écriture; 2. o mesmo que *escrituração.*
escrito *adj.*; *s.m.* écrit; *por* — par écrit.
escritor *s.m.* écrivain.
escritora *s.f.* femme écrivain, femme auteur, femme de lettres.
escritório *s.m.* office, bureau.
escritura *s.f.* écriture; *Escritura Santa* Écriture Sainte.
escrituração *s.f.* écritures *pl.*, tenue des livres.
escriturar *v.t.* comptabiliser.
escriturário *s.m.* commis aux écritures; (*depr.*) scribouillard.
escrivaninha *s.f.* bureau *m.*
escrivão *s.m.* greffier.
escrófulas *s.f.pl.* écrouelles.
escroque *s.m.* escroc.
escroto *s.m.* scrotum, bourses *f.pl.*; *adj.* (*chulo*) salaud.
escrunchante *s.m.* cambrioleur.
escrunchar *v.t.* cambrioler.
escruncho *s.m.* cambriolage; vol avec effraction; (*pop.*) fric-frac.
escrúpulo *s.m.* scrupule.
escrupuloso *adj.* scrupuleux.
escrutador *s.m.* scrutateur.
escrutar *v.t.* scruter.
escrutinador *s.m.* scrutateur.
escrutínio *s.m.* scrutin; *segundo* — ballottage.
escudar *v.t.* protéger, abriter; *v.pron.* s'abriter.
escudela *s.f.* écuelle, sébile.
escudo *s.m.* écu, bouclier; écusson; (*moeda*) écu.
esculhambar *v.t.* (*pop.*) enguirlander.
esculpir *v.t.* sculpter.
escultor *s.m.* sculpteur.
escultora *s.f.* sculpteur femme.
escultura *s.f.* sculpture.
escultural *adj.* sculptural.
escuma *s.f.* écume, mousse.
escumadeira *s.f.* écumoire.
escumalha *s.f.* rebut *m.*
escumar *v.t.* écumer.
escumoso *adj.* écumeux.
escurecer *v.t.* assombrir, obscurcir.
escuridão *s.f.* obscurité.
escuro *adj.* obscur, sombre; (*terno*) foncé; *tornar mais* — foncer.

escusa *s.f.* excuse.
escusado *adj.* inutile, superflu; *é — dizer* cela s'entend; cela va sans dire.
escusar *v.t.* excuser.
escuso *adj.* louche.
escuta *s.f.* écoute; *ficar à* — être aux écoutes.
escutar *v.t.* écouter; (*fam.*) entendre; *escute! interj.* dites donc.
esdrúxulo *adj.* proparoxyton; (*fig.*) drôle, étrange.
esfacelar *v.t.* anéantir, détruire.
esfalfar *v.t.* *harasser, *harceler; (*fam.*) vanner; *v.pron.* s'époumonner.
esfaquear *v.t.* percer de coups de couteau; (*gír.*) suriner.
esfarelamento *s.m.* émiettement.
esfarelar *v.t.* émietter.
esfarrapado *adj.* dépenaillé.
esfarrapar *v.t.* déguenniller.
esfera *s.f.* sphère.
esférico *adj.* sphérique.
esferográfico V. *caneta.*
esfíncter *s.m.* (*Anat.*) sphincter.
esfinge *s.f.* sphinx.
esfolado *adj.*; *s.m.* écorché.
esfolar *v.t.* écorcher; tondre; (*fig.*) rançonner.
esfomeado *adj.* affamé.
esforçar-se *v.pron.* s'efforcer, tâcher; — *muito* se donner beaucoup de peine.
esforço *s.m.* effort; — *inútil* coup d'épée dans l'eau; *fazer —s* se mettre en frais.
esfrega *s.f.* (*pop.*) raclée.
esfregaço *s.m.* frottis.
esfregão *s.m.* torchon, frottoir, lavette *f.*
esfregar *v.t.* torcher, frotter, récurer.
esfriamento *s.m.* refroidissement.
esfriar *v.t.* e *int.* refroidir, tiédir.
esfumado *adj.* fumeux.
esfuminho *s.m.* estompe *f.*
esfuziante *adj.* gai, bruyant.
esgalgado *adj.* efflanqué.
esganar *v.t.* étrangler.
esganiçar-se *v.pron.* s'égosiller.
esgar *s.m.* grimace *f.*
esgarçar *v.t.* effiler, effilocher, érailler.
esgazeado *adj.* *hagard.
esgotado *adj.* épuisé; *estar* — être sur le flanc.
esgotamento *s.m.* épuisement; (*fam.*) coup de pompe.
esgotar *v.t.* épuiser, exténuer, éreinter.
esgoto *s.m.* égout; *rede de* — tout à l'égout.

esgravatar v.t. curer.
esgrima s.f. escrime.
esgrimir v.int. faire des armes; v.t. manier.
esgrimista s.m. escrimeur; tireur d'épée; s.f. escrimeuse.
esgueirar-se v.pron. déguerpir.
esguelha s.f. biais m.; *de* — de biais.
esguichar v.int. jaillir, rejaillir.
esguicho s.m. jaillissement.
esguio adj. élancé.
eslagartar v.t. écheniller.
eslavizante adj.; s. slavisant.
eslavizar v.t. slaviser.
eslavo adj.; s. slave.
eslavônio adj.; s.pátr. slavon.
eslovaco adj.; s.pátr. slovaque.
Eslováquia s.f. Slovaquie.
Eslovênia s.f. Slovénie.
esloveno adj.; s.pátr. slovène.
esmagador adj. écrasant.
esmagamento s.m. écrasement.
esmagar v.t. écraser, écrabouiller.
esmaltar v.t. émailler.
esmalte s.m. émail; — *de unhas* vernis à ongles.
esmeralda s.f. émeraude.
esmerar v.t. perfectionner; v.pron. s'appliquer à, s'évertuer, se démancher.
esmeril s.m. émeri.
esmerilar v.t. polir à l'émeri.
esmero s.m. raffinement.
esmigalhar v.t. émietter.
esmiuçador adj.; s.m. tatillon.
esmiuçar v.t. éplucher.
esmo *a* — loc.adv. au hasard.
esmola s.f. aumône.
esmoler s.m. aumônier.
esmurrar v.t. (fam.) talocher.
esnobar v.t. snober.
esnobe adj. snob; s.m. snobinard; s.f. snobinette.
esnobismo s.m. snobisme.
esôfago s.m. œsophage.
esotérico adj. ésotérique.
esoterismo s.m. ésotérisme.
espaçar v.t. espacer.
espacial adj. spatial.
espaço s.m. espace; — *vazio* vide.
espaçoso adj. spacieux.
espada s.f. épée.
espadachim s.m. spadassin, bretteur, ferrailleur.
espadas s.f.pl. (*naipe de baralho*) pique f.
espadelar v.t. écanguer.

espádua s.f. épaule.
espaguete s.m. spaghetti pl.
espairecer v.t. divertir, distraire; v.pron. se divertir, se distraire, prendre le frais.
espaldar s.m. dossier.
espaldeira s.f. espalier.
espalhafato s.m. vacarme, tintouin, tapage.
espalhafatoso adj. tapageur.
espalhar v.t. 1. éparpiller; 2. répandre, ébruiter.
espanador s.m. plumeau; époussette f., tête-de-loup.
espanar v.t. épousseter.
espancamento s.m. volée f. de coups; passage à tabac.
espandongado adj. dépoitraillé.
Espanha s.f. Espagne.
espanhol adj.; s.pátr. espagnol.
espantadiço adj. ombrageux.
espantalho s.m. épouvantail.
espantar v.t. étonner, effrayer; (*fam.*) ébahir, estomaquer, sidérer.
espanto s.m. étonnement, épouvante f., effarement.
espantosamente adv. étonnamment.
espantoso adj. étonnant, épouvantable, inouï.
esparadrapo s.m. sparadrap.
espargir v.t. répandre, épancher.
espargo s.m. o mesmo que *aspargo*.
esparrela s.f. lacet, piège; *cair na* — tomber dans le panneau.
esparso adj. épars, clairsemé.
Esparta s.f. Sparte.
espartano adj.; s.pátr. spartiate.
esparteria s.f. sparterie.
espartilho s.m. corset.
esparto s.m. spart(e).
espasmo s.m. spasme.
espasmódico adj. spasmodique.
espatifar v.t. mettre en pièces, mettre en miettes; v.pron. se briser en pièces.
espátula s.f. spatule, coupe-papier m.
especial adj. spécial.
especialidade s.f. spécialité, partie.
especialista s. spécialiste.
especialização s.f. spécialisation.
especializar v.t. spécialiser.
especialmente adv. notamment.
especiaria s.f. épice.
espécie s.f. espèce.
especificação s.f. spécification.
especificar v.t. spécifier.

específico *adj.* spécifique.
espécime *s.m.* spécimen, échantillon.
especioso *adj.* spécieux.
espectador *s.m.* spectateur.
espectadora *s.f.* spectatrice.
espectral *adj.* spectral.
espectro[1] *s.m.* spectre; — *solar* spectre solaire.
espectro[2] *s.m.* spectre, esprit, fantôme, revenant.
especulação *s.f.* spéculation.
especular *v.int.* spéculer.
espéculo *s.m.* speculum.
espeleologia *s.f.* spéléologie.
espeleólogo *s.m.* spéléologue.
espelhar *v.t.* réfléchir.
espelharia *s.f.* miroiterie.
espelho *s.m.* glace *f.*, miroir; (*grande, móvel*) psyché *f.*; — *de fechadura* plaque de propreté; *mire-se neste* — prenez-en la graine.
espelunca *s.f.* tripot.
espera *s.f.* attente.
esperança[1] *s.f.* espérance, espoir *m.*
esperança[2] *s.f.* (*inseto*) sauterelle *f.* verte.
esperançoso *adj.* confiant.
esperantista *adj.*; *m.* espérantiste.
esperanto *s.m.* espéranto.
esperar *v.t.* 1. espérer; 2. attendre; — *em vão* (*pop.*) se fouiller; — *por muito tempo* faire le pied de grue; *pode* — *sentado* il peut se fouiller; attendez-moi sous l'orme; *espere! interj.* minute!
esperma *s.m.* sperme.
espermatozoide *s.m.* spermatozoïde.
espernear *v.int.* gigoter.
espertalhão *s.m.* finaud, faiseur.
espertar *v.t.* animer; (*fogo*) tisonner.
esperteza *s.f.* rouerie, finauderie, malice.
esperto *adj.* fin, éveillé; avisé; habile, débrouillard, dégourdi, déluré, guilleret.
espessar *v.t.* épaissir.
espesso *adj.* épais; dru, fourni, touffu.
espessura *s.f.* épaisseur; *pouca* — minceur.
espetacular *adj.* spectaculaire.
espetáculo *s.m.* spectacle.
espetar *v.t.* embrocher.
espetinho *s.m.* brochette *f.*
espeto *s.m.* broche *f.*; (*fig.*) corvée *f.*
espezinhar *v.t.* fouler aux pieds, bafouer.
espiã *s.f.* espionne.
espião *s.m.* espion; (*introduzido pela polícia numa prisão*) mouton.

espiar *v.t.* épier; pister; (*dar uma olhadela em*) piger.
espicaçar *v.t.* piquer, agacer.
espichar *v.t.* tendre; *v.int.* (*pop.*) mourir, crever.
espiga *s.f.* épi *m.*
espigão *s.m.* faîte, pignon.
espinafrar *v.t.* (*gír.*) esquinter, éreinter.
espinafre *s.m.* épinard, épinards *pl.*
espingarda *s.f.* fusil *m.*; (*depr.*) pétoire.
espinha *s.f.* épine (dorsale), échine.
espinho *s.m.* épine; — *de peixe* arête *f.*
espinhoso *adj.* épineux.
espiolhar *v.t.* épouiller.
espionagem *s.f.* espionnage *m.*
espionar *v.t.* épier, espionner, guetter; filer.
espiral *adj.* spirale; *s.f.* spirale.
espírita *adj.*; *s.* spirite.
espiritismo *s.m.* spiritisme.
espírito *s.m.* esprit; — *de porco* rouspéteur; — *esportivo* sportivité *f.*; *ter* — avoir de l'esprit.
espiritual *adj.* spirituel.
espiritualismo *s.m.* spiritualisme.
espiritualista *adj.*; *s.* spiritualiste.
espiritualizar *v.t.* spiritualiser.
espirituoso *adj.* spirituel; *bancar o* — faire de l'esprit.
espirradeira *s.f.* laurier-rose *m.*
espirrar *v.int.* éternuer.
espirro *s.m.* éternuement.
esplanada *s.f.* esplanade.
esplêndido *adj.* splendide.
esplendor *s.m.* splendeur *f.*
esplim *s.m.* spleen.
espocar *v.int.* fuser.
espojar-se *v.pron.* se vautrer.
espoleta *s.f.* espolette.
espoliação *s.f.* spoliation.
espoliar *v.t.* spolier.
esponja *s.f.* éponge; *apagar com* — éponger.
esponjoso *adj.* spongeux.
esponsais *s.m.pl.* épousailles *f.pl.*
espontaneidade *s.f.* spontanéité.
espontâneo *adj.* spontané.
espora[1] *s.f.* éperon *m.*
espora[2] *s.f.* spore.
esporádico *adj.* sporadique.
esporão *s.m.* ergot.
esporear *v.t.* éperonner, talonner.
esporte *s.m.* sport.
esportivo *adj.* sportif.

espórtula s.f. sportule.
esposa s.f. épouse.
esposar v.t. épouser; (*causa, opinião*) se rallier à.
esposo s.m. époux.
espraiar v.t. répandre; v.pron. se répandre.
espreguiçadeira s.f. chaise longue.
espreguiçar-se v.pron. s'étirer.
espreita s.f. affût m.; à — à l'affût, aux aguets.
espreitar v.t. épier.
espremedor s.m. (*de legumes*) presse-purée.
espremer v.t. pressurer, presser.
espuma s.f. écume.
espumar v.int. écumer, mousser, pétiller.
espumoso adj. mousseux.
esquadra s.f. escadre.
esquadrão s.m. escadron.
esquadria s.f. huisserie.
esquadrilha s.f. escadrille.
esquadrinhar v.t. toiser.
esquadro s.m. équerre f.
esquartejar v.t. équarrir, écarteler.
esquecer v.t. oublier; laisser tomber; v.pron. s'oublier.
esquecidiço adj. oublieux.
esquecimento s.m. oubli.
esquecível adj. oubliable.
esquelético adj. squelettique.
esqueleto s.m. squelette f.
esquema s.m. schéma.
esquemático adj. schématique.
esquentado adj. 1. échauffé; 2. irascible; *pessoa —a* soupe au lait.
esquentar v.t. chauffer, échauffer.
esquerda adj.; s.f. gauche; —*festiva* (*depr.*; *aprox.*) bourgeoisie de gauche.
esquerdismo s.m. gauchisme.
esquerdista adj.; s. gauchiste.
esquerdo adj. gauche.
esqui s.m. ski.
esquiador s.m. skieur.
esquiar v.int. skier.
esquife s.m. 1. cercueil; 2. esquif.
esquilo s.m. écureuil.
esquimó adj.; s.pátr. esquimau.
esquina s.f. coin m.; angle m.
esquisitice s.f. bizarrerie, étrangeté.
esquisito adj. bizarre, étrange; drôle, baroque; saugrenu, farfelu.
esquiva s.f. dérobade.
esquivar v.t. esquiver; v.pron. s'esquiver, se défiler.

esquivo adj. farouche.
esquizofrenia s.f. schizophrénie.
esquizofrênico adj. schizophrénique.
essa pron.f. celle-ci; celle-là; — *não!* mais non! à d'autres!
esse pron.m. celui-ci; celui-là.
essência s.f. essence.
essencial adj. essentiel.
esta adj. cette; pron. celle-ci.
estabelecer v.t. établir; v.pron. s'établir.
estabelecimento s.m. établissement.
estabilidade s.f. stabilité.
estabilização s.f. stabilisation.
estabilizar v.t. stabiliser.
estábulo s.m. étable f.
estaca s.f. pieu m., piquet m., échalas m., bouture f.
estacada s.f. estacade.
estação[1] s.f. saison; *de* — saisonnier.
estação[2] s.f. 1. station, gare; 2. — *de águas* ville d'eaux.
estacar v.int. s'arrêter net, stopper.
estacionamento s.m. stationnement; (*lugar de* —) parking.
estacionar v.int. stationner, se garer; v.t. garer, parker; (*ato de* —) parcage.
estacionário adj. stationnaire.
estada s.f. séjour m.
estadia s.f. séjour m.
estadista s.m. homme d'État.
estado s.m. état; — *de espírito* assiette f.; *Estado* État.
estado-maior s.m. état-major.
Estados Unidos s.m.pl. États-Unis.
estadual adj. d'État; étatique.
estadunidense adj.; s.pátr. étatsunien.
estafa s.f. fatigue, harassement m.
estafado adj. rompu, fourbu; *estar* — être sur les dents.
estafante adj. *harassant, tuant.
estafar v.t. éreinter, *harasser; v.pron. s'échiner.
estafeta s.m. estafette f.
estafilococo s.m. staphylocoque.
estagiar v.int. faire un stage.
estagiário adj.; s. stagiaire.
estágio s.m. stage.
estagnação s.f. stagnation.
estagnado adj. stagnant.
estagnar v.int. stagner, croupir.
estalactite s.f. stalactite.
estalagmite s.f. stalagmite.
estalagem s.f. auberge.
estalão s.m. étalon, mesure f.

estalar *v.int.* craquer; claquer; péter.
estaleiro *s.m.* chantier.
estalido *s.m.* craquement.
estalo *s.m.* craquement; (*fig.*) idée subite.
estame *s.m.* étamine *f.*
estamenha *s.f.* étamine.
estaminífero *adj.* estaminifère.
estampa *s.f.* **1.** estampe; **2.** (*fig.*) aparência.
estampar *v.t.* estamper.
estampilha *s.f.* estampille; timbre *m.*
estampilhar *v.t.* estampiller.
estancamento *s.m.* étanchement, tarissement.
estancar *v.t.* étancher.
estância[1] *s.f.* stance, strophe.
estância[2] *s.f.* ferme; — *hidromineral* ville d'eaux.
estancieiro *s.m.* fermier.
estandardização *s.f.* standardisation.
estandardizar *v.t.* standardiser.
estandarte *s.m.* étendard, bannière *f.*
estanhar *v.t.* étamer, rétamer.
estanho *s.m.* étain.
estanque *adj.* étanche.
estante *s.f.* armoire (bibliothèque); étagère *f.*; — *de coro* lutrin *m.*
estapafúrdio *adj.* saugrenu.
estar *v.int.* être; se trouver; — *com febre* avoir la fièvre; — *com fome* avoir faim; — *com sede* avoir soif; — *em casa* être chez lui, chez elle, chez soi; — *em pé* tenir; — *falando* être en train de parler; — *para* avoir envie de, être disposé à.
estardalhaço *s.m.* tapage.
estarrecer *v.t.* effarer, épouvanter; (*fam.*) époustoufler.
estarrecido *adj.* ahuri.
estatal *adj.* étatique.
estatelar-se *v.pron.* s'étendre de tout son long.
estática *s.f.* statique.
estático *adj.* statique.
estatismo *s.m.* étatisme.
estatística *s.f.* statistique.
estatístico *adj.* statistique; *s.* statisticien.
estatização *s.f.* étatisation.
estatizar *v.t.* étatiser.
estátua *s.f.* statue; *erguer uma* — *a* statufier (*fam.*).
estatuária *s.f.* statuaire.
estatuário *adj.* statuaire; *s.m.* sculpteur.
estatueta *s.f.* statuette, figurine.
estatuir *v.t.* statuer.
estatura *s.f.* stature, taille.

estatuto *s.m.* statut.
este[1] *adj.m.* ce, cet; *pron.* celui-ci.
este[2] *s.m.* est.
estearina *s.f.* stéarine.
esteira[1] *s.f.* natte; paillasson *m.*
esteira[2] *s.f.* sillage *m.*
estela *s.f.* stèle.
estelionatário *s.m.* stellionataire.
estelionato *s.m.* stellionat.
estêncil *s.m.* stencil.
estender *v.t.* étendre, tendre.
estendidura *s.f.* étendage.
estenodactilógrafa, estenodatilógra *s.f.* sténodactylo.
estenografar *v.t.* sténographier.
estenografia *s.f.* sténographie.
estenográfico *adj.* sténographique.
estenógrafo *s.m.* sténographe.
estenotipia *s.f.* sténotypie.
estenótipo *s.m.* sténotype.
estepe[1] *s.f.* steppe.
estepe[2] *s.m.* roue de secours.
esterco *s.m.* gadoue *f.*, fumier.
estéreo *s.m.* stère.
estereofone *s.m.* stéréophone.
estereometria *s.f.* stéréométrie.
estereotipado *adj.* stéréotypé.
estereotipar *v.t.* stéréotyper.
estereotipia *s.f.* stéréotypie.
estereótipo *adj.* stéréotype.
estéril *adj.* stérile.
esterilidade *s.f.* stérilité.
esterilização *s.f.* stérilisation.
esterilizador *s.m.* stérilisateur.
esterilizar *v.t.* stériliser.
esterlino *adj.*; *s.m.* sterling.
esterno *s.m.* (*Anat.*) sternum.
esternutação *s.f.* sternutation.
esternutatório *adj.* sternutatoire.
estertor *s.m.* râle; *os* —*es da agonia* les affres de l'agonie.
estertorar *v.int.* râler.
esteta *s.* esthète.
estética *s.f.* esthétique.
esteticismo *s.m.* esthétisme.
esteticista *adj.*; *s.* esthéticien.
estético *adj.* esthétique.
estetoscópio *s.m.* stéthoscope.
estiada *s.f.* éclaircie.
estiagem *s.f.* étiage *m.*; manque *m.* de pluies.
estibordo *s.m.* tribord.
esticar *v.t.* tendre, étendre; *v.int.* (*pop.*) mourir, crever.

estigma s.m. stigmate, flétrissure f.
estigmatismo s.m. stigmatisme.
estigmatizar v.t. flétrir, stigmatiser.
estilete s.m. stylet.
estilhaço s.m. éclat; écharde f.
estilingue s.m. fronde; f. lance-pierres.
estilista s.m. styliste.
estilística s.f. stylistique.
estilístico adj. stylistique.
estilita s.m. stylite.
estilização s.f. stylisation.
estilizar v.t. styliser.
estilo s.m. style.
estima s.f. estime.
estimação s.f. de — préféré.
estimar v.t. 1. estimer, priser; 2. trouver.
estimativa s.f. estimation, avaliation; por — au jugé.
estimativo adj. estimatif.
estimável adj. estimable.
estimulante adj. stimulant.
estimular v.t. stimuler.
estímulo s.m. stimulus.
estiolar v.t. étioler; v.pron. s'étioler.
estipendiar v.t. stipendier.
estipulação s.f. stipulation.
estipular v.t. stipuler.
estiva s.f. débardage m., arrimage m.
estivador s.m. arrimeur, débardeur.
estival adj. estival.
estivar v.t. étirer; v.pron. s'allonger.
estocada s.f. estocade.
estocagem s.f. stockage.
estocar v.t. stocker.
estofador v.t. tapissier.
estofar v.t. bourrer, rembourrer, tapisser; ouater, capitonner.
estofo s.m. étoffe f.
estoicismo s.m. stoïcisme.
estoico adj. stoïque; s.m. stoïcien.
estojo s.m. étui, trousse f.; — *de desenho* pochette f.; — *escolar* plumier; — *para pó de arroz* poudrier.
estomacal adj. stomacal.
estomatite s.f. stomatite.
estômago s.m. estomac.
Estônia s.f. Estonie.
estoniano adj.; s.pátr. estonien.
estontear v.t. abasourdir.
estopa s.f. étoupe.
estopada s.f. (fam.) embêtement m., emmerdement m.
estopim s.m. étoupille f.
estoque[1] s.m. (*espada comprida*) estoc.

estoque[2] s.m. (*conjunto de mercadorias*) stock.
estore s.m. store.
estorninho s.m. étourneau.
estorvar v.t. empêcher, gêner.
estorvo s.m. empêchement, gêne f.
estourar v.int. voler en éclats, éclater.
estouro s.m. éclatement; — *da boiada* débandade f. d'un troupeau de bœufs.
estouvado adj. étourdi; écervelé, malavisé.
estouvamento s.m. étourderie.
estrábico adj. strabique.
estrabismo s.m. strabisme.
estraçalhar v.t. mettre en pièces, dépecer.
estrada s.f. route; — *de ferro* chemin m. de fer, voie ferrée; — *de rodagem* autostrade, autoroute.
estrado s.m. estrade f.; — *de cama* sommier; — *de teatro ambulante* tréteaux pl.
estragão s.m. estragon.
estragar v.t. gâter, abîmer; (*trabalho, serviço*) massacrer; v.pron. s'abîmer; (*tempo*) se gâter.
estrago s.m. dégât; ravage.
estrambótico adj. farfelu.
estrangeiro adj. étranger.
estrangulador s.m. étrangleur.
estranguladora s.f. étrangleuse.
estrangulamento s.m. étranglement.
estrangular v.t. étrangler.
estranhar v.t. trouver étrange; s'étonner de.
estranheza s.f. 1. étrangeté; 2. surprise, étonnement m.
estranho adj. étrange.
estratagema s.m. stratagème.
estratégia s.f. stratégie.
estratégico adj. stratégique.
estrategista s.m. stratège.
estrato s.m. strate.
estreante adj.; s. débutant.
estrear v.t. étrenner.
estrebaria s.f. écurie.
estreia s.f. début; (*em teatro*) première.
estreitar v.t. étreindre, serrer, étriquer.
estreiteza s.f. étroitesse.
estreito adj. étroit; étriqué; s.m. détroit.
estrela s.f. étoile; — *cadente* étoile filante.
estrela-d'alva s.f. étoile du berger.
estrelado adj. étoilé.
estrela-do-mar s.f. étoile de mer.
estrelar v.t. étoiler.
estreme adj. pur, sans mélange.

estremecer *v.t.* ébranler, secouer; *v.int.* e *pron.* tressaillir, frémir.
estremecimento *s.m.* tressaillement, frisson.
estrepar-se *v.pron.* échouer.
estrepe *s.m.* chausse-trappe; *(fig.)* laideronne, guenon.
estrepeiro *s.m.* aubépine *f.*
estreptococo *s.m.* streptocoque.
estreptomicina *s.f.* streptomycine.
estresir *v.t.* poncer.
estria *s.f.* strie, sillon *m.*, rayure.
estribar *v.t.* **1.** mettre les pieds dans les étriers; **2.** étayer, appuyer; *v.pron.* s'appuyer.
estribeira *s.f.* étrier; *perder as —s* perdre les pédales.
estribilho *s.m.* refrain; *(na moda)* rengaine *f.*
estribo *s.m.* étrier, marchepied.
estricnina *s.f.* strychnine.
estridente *adj.* strident.
estripador *s.m.* éventreur.
estripar *v.t.* éventrer.
estripulia *s.f.* incartade.
estrito *adj.* strict.
estrofe *s.f.* strophe.
estroina *adj.*; *s.* **1.** écervelé, tête en l'air; **2.** gaspilleur.
estroinice *s.f.* **1.** fredaine, frasque; **2.** gaspillage *m.*
estrondo *s.m.* fracas.
estrondoso *adj.* retentissant.
estropiado *adj.* estropié.
estropiar *v.t.* estropier.
estrumar *v.t.* fumer, engraisser.
estrume *s.m.* fumier, engrais.
estrumeira *s.f.* fosse *f.* à fumier.
estrutura *s.f.* structure.
estrutural *adj.* structural.
estruturalismo *s.m.* structuralisme.
estruturalista *adj.*; *s.* structuraliste.
estruturar *v.t.* structurer.
estuário *s.m.* estuaire.
estucador *s.m.* stucateur.
estucar *v.t.* stuquer.
estudante *s.m.* (*universitário*) étudiant; *s.f.* étudiante; *s.m.* (*secundário*) lycéen, collégien; *s.f.* lycéenne, collégienne.
estudantil *adj.* estudiantin.
estudar *v.t.* e *int.* étudier; (*com afinco*) bûcher; (*com afinco, para um exame*) bachoter.
estúdio *s.m.* studio.

estudioso *adj.* studieux.
estudo *s.m.* étude *f.*
estufa *s.f.* étuve.
estufar *v.t.* étuver.
estugar *v.t.* presser; *— o passo* presser le pas.
estupefação *s.f.* stupéfaction, effarement *m.*
estupefato *adj.* stupéfait, sidéré.
estupefazer *v.t.* stupéfaire, sidérer, meduser.
estupendo *adj.* formidable.
estupidez *s.f.* **1.** stupidité; **2.** brutalité, grossièreté.
estúpido *adj.* **1.** stupide; **2.** brutal, grossier.
estupor *s.m.* stupeur *f.*; *(fig.)* laideron.
estuprar *v.t.* violer, déflorer.
estupro *s.m.* strupe, viol.
estuque *s.m.* stuc.
esturjão *s.m.* esturgeon.
esvaecimento *s.m.* affaiblissement; évanouissement.
esvair-se *v.pron.* **1.** se dissiper, disparaître; **2.** s'affaiblir; **3.** s'évanouir.
esvaziamento *s.m.* vidage, vidange *f.*
esvaziar *v.t.* vider, évider.
esverdeado *adj.* verdâtre.
esvoaçar *v.t.* voltiger, voleter.
etapa *s.f.* étape.
etária *adj.f.* V. *faixa*.
éter *s.m.* ether.
etéreo *adj.* éthéré.
eternidade *s.f.* éternité.
eternizar *v.t.* éterniser.
eterno *adj.* éternel.
ética *s.f.* éthique.
ético *adj.* éthique.
etimologia *s.f.* étymologie.
etimológico *adj.* étymologique.
Etiópia *s.f.* Éthiopie.
etíope *adj.*; *s.pátr.* éthiopien.
etiqueta *s.f.* **1.** (*cerimonial*) étiquette; **2.** (*rótulo*) étiquette.
etiquetagem *s.f.* étiquetage *m.*
etiquetar *v.t.* étiqueter.
etnia *s.f.* ethnie.
étnico *adj.* ethnique.
etnografia *s.f.* ethnographie.
etnográfico *adj.* ethnographique.
etnógrafo *s.m.* ethnographe.
etnologia *s.f.* ethnologie.
etnológico *adj.* ethnologique.
etnólogo *s.m.* ethnologue.
etologia *s.f.* (*estudo dos costumes*) éthologie.

etrusco *adj.*; *s.pátr.* étrusque.
eu *pron.* je; moi; (*pop.*) ma pomme; *e — com isso?* (*aprox.*) je m'en fous.
eucalipto *s.m.* eucalyptus.
eucaristia *s.f.* eucharistie.
eufemismo *s.m.* euphémisme.
eufonia *s.f.* euphonie.
eufônico *adj.* euphonique.
euforia *s.f.* euphorie.
eufórico *adj.* euphorique.
eugenia *s.f.* eugénie.
eugênico *adj.* eugénique.
eunuco *s.m.* eunuque.
eurásico *adj.*; *s.pátr.* eurasien.
Europa *s.f.* Europe.
europeia *adj.*; *s.f.* européenne.
europeizar *v.t.* européiser, européaniser.
europeu *adj.*; *s.pátr.* européen.
eutanásia *s.f.* euthanasie.
evacuação *s.f.* évacuation.
evacuar *v.t.* évacuer.
evadir-se *v.pron.* s'évader.
evanescência *s.f.* évanescence.
evanescente *adj.* évanescent.
evangelho *s.m.* évangile.
evangélico *adj.* évangélique.
evangelista *s.m.* évangeliste.
evangelizar *v.t.* évangéliser.
evaporação *s.f.* évaporation, essorage *m.*
evaporadeira *s.f.* essoreuse.
evaporar *v.t.* essorer; *v.pron.* s'évaporer.
evasão *s.f.* évasion.
evasiva *s.f.* dérobade.
evasivo *adj.* évasif.
evento *s.m.* événement.
eventual *adj.* éventuel.
eventualidade *s.f.* éventualité.
eventualmente *adv.* éventuellement, le cas échéant.
evicção *s.f.* éviction.
evidência *s.f.* évidence.
evidenciar *v.t.* rendre évident; *v.pron.* devenir évident.
evidente *adj.* évident; *é —* cela va sans dire; cela va de soi.
evidentemente *adv.* évidemment.
evitar *v.t.* éviter.
evitável *adj.* évitable.
evocação *s.f.* évocation; rappel *m.*
evocador *adj.*; *s.m.* évocateur.
evocadora *adj.*; *s.f.* évocatrice.
evocar *v.t.* évoquer.
evolução *s.f.* évolution.
evolucionismo *s.m.* évolutionnisme.

evolucionista *adj.*; *s.* évolutionniste.
evoluir *v.int.* évoluer.
exação *s.f.* exaction.
exacerbação *s.f.* exacerbation.
exacerbar *v.t.* exacerber.
exageração *s.f.* exagération.
exagerado *adj.* exagéré; outré; (*preço*) salé.
exagerador *adj.*; *s.m.* exagérateur.
exagerar *v.t.* exagérer; outrer; *v.int.* exagérer, y aller fort, forcer la note.
exagero *s.m.* exagération.
exalação *s.f.* (*ato*) exhalation; (*efeito*) exhalaison.
exalar *v.t.* exhaler, dégager, répandre.
exaltação *s.f.* exaltation.
exaltado *adj.* exalté; *s.m.* exalté; tête *f.* brûlée, cerveau brûlé.
exaltar *v.t.* exalter, transporter, enivrer; *v.pron.* 1. s'exalter; 2. s'échauffer.
exame *s.m.* examen; *— de madureza* (*aprox.*) baccalauréat; (*fam.*) bachot.
examinador *adj.*; *s.m.* examinateur.
examinadora *adj.*; *s.f.* examinatrice.
examinando *s.m.* candidat.
examinar *v.t.* examiner; pesar, balancer; *— por alto* survoler.
exangue *adj.* exsangue.
exarar *v.t.* enregistrer, mettre par écrit.
exasperação *s.f.* exaspération.
exasperar *v.t.* exaspérer, excéder; pousser à bout.
exatamente *adv.* exactement; tout à fait.
exatidão *s.f.* exactitude, justesse.
exato *adj.* exact.
exaurir *v.t.* tarir.
exaustão *s.f.* exhaustion.
exaustivo *adj.* exhaustif.
exausto *adj.* épuisé; *estar —* être à bout; n'en pouvoir plus.
exaustor *s.m.* exhausteur.
exceção *s.f.* exception.
excedente *adj.*; *s.* excédent; (*em exame*) candidat en surnombre.
exceder *v.t.* excéder, dépasser, outrepasser; *v.pron.* passer les limites, s'exaspérer.
excelência *s.f.* excellence; *por —* par excellence.
excelente *adj.* excellent.
exceler ou **excelir** *v.int.* exceller.
excentricidade *s.f.* excentricité.
excêntrico *adj.* excentrique.
excepcional *adj.*; *s.* 1. exceptionnel, hors ligne; 2. déficient.

excessivamente *adv.* excessivement; outre mesure; (*fam.*) diablement.
excessivo *adj.* excessif, outré.
excesso *s.m.* excès, surnombre, extrémité *f.*; comble; (*fig.*) débauche *f.*; *ter em —* avoir à revendre.
exceto *prep.* excepté, sauf, hormis.
excetuar *v.t.* excepter.
excisar *v.t.* exciser.
excitação *s.f.* excitation.
excitante *adj.* excitant.
excitar *v.t.* exciter; enfiévrer; monter la tête à.
exclamação *s.f.* exclamation.
exclamar *v.int.* s'exclamer, s'écrier.
excluir *v.t.* exclure.
exclusão *s.f.* exclusion.
exclusividade *s.f.* exclusivité.
exclusivismo *s.m.* exclusivisme.
exclusivo *adj.* exclusif.
excogitar *v.t.* inventer, méditer.
ex-combatente *s.m.* ancien combattant.
excomungar *v.t.* excommunier.
excomunhão *s.f.* excommunion.
excreção *s.f.* excrétion.
excremento *s.m.* excrément; (*de aves*) fiente *f.*
excrescência *s.f.* excroissance.
excursão *s.f.* excursion, partie de plaisir; randonnée; *— galante* partie fine.
excursionar *v.int.* excursionner, faire des excursions.
excursionista *s.* excursionniste.
execração *s.f.* exécration.
execrar *v.t.* exécrer.
execrável *adj.* exécrable.
execução *s.f.* 1. exécution, accomplissement; 2. exécution, saisie judiciaire; 3. exécution, mise à mort; 4. exécution, interprétation.
executante *s.m.* exécutant; *s.f.* exécutante.
executar *v.t.* 1. exécuter, accomplir; 2. exécuter, saisir; 3. exécuter, mettre à mort; 4. exécuter, interpréter.
executivo *adj.* exécutif; *s.m.* cadre; manager, brasseur d'affaires.
executor *s.m.* exécuteur.
exegese *s.f.* exégèse.
exegeta *s.* exégète.
exemplar *adj.*; *s.m.* exemplaire.
exemplaridade *s.f.* exemplarité.
exemplificação *s.f.* exemplification.
exemplificar *v.t.* exemplifier.
exemplo *s.m.* exemple; *por —* par exemple.

exéquias *s.f.pl.* obsèques.
exequível *adj.* exécutable.
exercer *v.t.* exercer.
exercício *s.m.* exercice.
exercitar *v.t.* exercer, entraîner.
exército *s.m.* armée; o *Exército* (*por oposição à Marinha e à Aeronáutica*) l'armée de terre.
exibição *s.f.* exhibition, montre; dédoublement *m.*; parade.
exibicionismo *s.m.* exhibitionnisme.
exibicionista *adj.*; *s.* exhibitionniste.
exibir *v.t.* exhiber, afficher, montrer; *v.pron.* s'exhiber.
exigência *s.f.* exigence.
exigente *adj.* exigeant.
exigir *v.t.* exiger; appeler.
exigível *adj.* exigible.
exiguidade *s.f.* exiguité.
exíguo *adj.* exigu.
exilado *adj.*; *s.* exilé.
exilar *v.t.* exiler.
exílio *s.m.* exil.
exímio *adj.* éminent.
eximir-se *v.pron.* s'esquiver.
existência *s.f.* existence.
existencial *adj.* existentiel.
existencialismo *s.m.* existentialisme.
existencialista *adj.*; *s.* existentialiste.
existir *v.int.* exister.
êxito *s.m.* succès; *ter — na vida* arriver.
êxodo *s.m.* exode.
exoneração *s.f.* exonération.
exonerar *v.t.* exonérer.
exorbitância *s.f.* 1. énormité; excès *m.*; 2. prix *m.* excessif.
exorbitante *adj.* exorbitant.
exorcismar *v.t.* exorciser.
exorcismo *s.m.* exorcisme.
exorcista *s.* exorciste.
exorcizar *v.t.* exorciser.
exórdio *s.m.* exorde.
exortação *s.f.* exhortation.
exortar *v.t.* exhorter, engager.
exótico *adj.* exotique.
exotismo *s.m.* exotisme.
ex-padre *s.m.* (prêtre) défroqué.
expandir *v.t.* épancher, répandre.
expansão *s.f.* expansion.
expansionismo *s.m.* expansionnisme.
expansionista *adj.*; *s.* expansionniste.
expansivo *adj.* expansif.
expatriar *v.t.* expatrier; *v.pron.* s'expatrier.
expectativa *s.f.* expectative, attente.

expectoração s.f. expectoration.
expectorar v.t. expectorer.
expedição s.f. 1. expédition, exécution; 2. expédition, envoi m.; 3. (*operação militar, viagem científica*) expédition.
expedicionário adj. expéditionnaire; s.m. soldat du corps expéditionnaire.
expediente adj. convenable, expédient.
expediente s.m. 1. ressource f., expédient; *viver de —s* vivre d'expédients; 2. heures de bureau; 3. correspondance d'un bureau.
expedir v.t. expédier, dépêcher.
expedito adj. expéditif.
expelir v.t. expulser.
expensas s.f.pl. *viver a —s de* être à la charge de.
experiência s.f. expérience.
experiente adj. expérimenté.
experimentação s.f. expérimentation.
experimentado adj. expérimenté, averti.
experimentador s.m. expérimentateur.
experimental adj. expérimental.
experimentar v.t. 1. (*submeter a experiências*) expérimenter; 2. (*sentir*) éprouver; essuyer, subir.
experimento s.m. expérience f.
experto adj. expérimenté.
expiação s.f. expiation.
expiar v.t. expier, racheter.
expiatório adj. expiatoire.
expiração s.f. expiration.
expirar v.int. expirer.
explicação s.f. explication.
explicador s.m. répétiteur, précepteur.
explicativo adj. explicatif.
explicar v.t. expliquer.
explicável adj. explicable.
explicitar v.t. expliciter.
explícito adj. explicite, exprès.
explodir v.int. exploser, éclater, sauter.
exploração s.f. 1. exploration; 2. exploitation.
explorador s.m. 1. explorateur; 2. exploiteur.
explorar v.t. 1. (*região*) explorer; 2. (*mina, negócio*) exploiter.
explosão s.f. explosion.
explosivo adj.; s.m. explosif.
expoente s.m. 1. exposant; 2. représentant illustre (d'une profession).
exponencial adj. exponentiel.
expor v.t. 1. (*argumentos, quadros*) exposer; (*mercadorias*) étaler; (*fam.*) débiter, déballer; 2. (*a um perigo*) exposer; 3. (*fotografia*) exposer; v.pron. — *a* s'exposer à, encourir.
exportação s.f. exportation.
exportador s.m. exportateur.
exportadora s.f. (*firma*) exportatrice.
exportar v.t. exporter.
exposição s.f. 1. exposition, exhibition, étalage m.; 2. (*em fotografia*) exposition; 3. exposé m. narration; — *de motivos* exposé des motifs.
expositor s.m. exposant.
exposto adj.; s. 1. exposé; 2. o mesmo que *enjeitado*.
expressão s.f. expression; tournure.
expressar v.t. exprimer; v.pron. s'exprimer.
expressionismo s.m. expressionnisme.
expressionista adj.; s. expressionniste.
expressivo adj. expressif.
expresso adj. exprès; (*trem*) express.
exprimir v.t. exprimer; marquer; v.pron. s'exprimer.
exprimível adj. exprimable.
exprobrar v.t. blâmer, redire à.
expropriação s.f. expropriation.
expropriar v.t. exproprier.
expulsão s.f. expulsion.
expulsar v.t. expulser, chasser; (*fam.*) vider; (*aluno*) renvoyer.
expurgar v.t. expurger.
expurgo s.m. purge f.
exsudação s.f. exsudation.
êxtase s.m. extase f.; transport; *estar em —* être aux anges.
extasiar-se v.pron. s'extasier.
extático adj. extatique.
extemporâneo adj. inopportun, extemporané.
extensão s.f. étendue; extension.
extensível adj. extensible.
extensivo adj. extensif.
extenso adj. étendu, vaste; *por —* en toutes lettres.
extensor s.m. extenseur.
extenuar v.t. exténuer, éreinter, *harasser.
exterior adj.; s.m. extérieur.
exterioridade s.f. extériorité, dehors m.
exteriorização s.f. extériorisation.
exteriorizar v.t. extérioriser.
exterminador adj.; s.m. exterminateur.
exterminar v.t. exterminer; passer au fil de l'épée.

extermínio *s.m.* extermination.
externar *v.t.* exprimer, montrer.
externato *s.m.* externat.
externo *adj.*; *s.* externe.
exterritorial *adj.* exterritorial.
exterritorialidade *s.f.* exterritorialité.
extinção *s.f.* extinction.
extinguir *v.t.* éteindre; *v.pron.* s'éteindre.
extinguível *adj.* extinguible.
extinto *adj.* éteint; défunt.
extintor *s.m.* extincteur.
extirpar *v.t.* extirper.
extorquir *v.t.* extorquer; — *dinheiro a* faire chanter.
extorsão *s.f.* extorsion.
extorsivo *adj.* écorchant.
extra *adj.* extra, extraordinaire; *s.* serveur; extra.
extração *s.f.* 1. (*origem*) extraction; 2. (*da loteria*) tirage *m.*
extradição *s.f.* extradition.
extraditar *v.t.* extrader.
extrair *v.t.* 1. puiser, tirer; 2. extraire.
extranumerário *adj.*; *s.m.* extranuméraire.
extraordinário *adj.* extraordinaire; (*fam.*) fameux.
extrapolar *v.t.* extrapoler.
extrato *s.m.* extrait.

extravagância *s.f.* extravagance, bizarrerie.
extravagante *adj.* extravagant.
extravagar *v.int.* extravaguer.
extravasar *v.int.* déborder; *v.t.* extravaser.
extraviar *v.t.* égarer, fourvoyer; *v.pron.* s'égarer.
extravio *s.m.* égarement, perte *f.*
extremar *v.t.* exalter.
extrema-unção *s.f.* extrême-onction.
extremidade *s.f.* extrémité, bout *m.*, pointe.
extremismo *s.m.* extrémisme.
extremista *adj.*; *s.* extrémiste; ultra.
extremo *adj.* extrême.
Extremo Oriente *s.m.* Extrême-Orient.
extremosa *s.f.* (*árvore*) lagerstroemie.
extremoso *adj.* 1. trop affectueux; 2. exagéré.
extrínseco *adj.* extrinsèque.
extroversão *s.f.* extroversion.
extrovertido *adj.* extroverti.
exuberância *s.f.* exubérance.
exuberante *adj.* exubérant.
exultação *s.f.* exultation.
exultar *v.int.* exulter.
exumação *s.f.* exhumation.
exumar *v.t.* exhumer.
exutório *s.m.* exutoire.
ex-voto *s.m.* ex-voto.

F

fá (*nota musical*) *s.m.* fa.
fã *s.m.* fan.
fabordão *s.m.* faux-bourdon.
fábrica *s.f.* fabrique, manufacture; — *de aço* aciérie; — *de açúcar* sucrerie; — *de azeite* huilerie; — *de sabão* savonnerie; — *de seda* soierie; — *de telhas* tuilerie; — *de torneiras* robinetterie.
fabricação *s.f.* fabrication, confection; — *em série* chaîne de montage.
fabricante *s.m.* fabricant; — *de açúcar* sucrier.
fabricar *v.t.* fabriquer, confectionner, usiner.
fábula *s.f.* fable.
fabulista *s.* fabuliste.
fabuloso *adj.* fabuleux, épatant.
faca *s.f.* couteau *m.*; (*gír.*) surin.
facada *s.f.* coup *m.* de couteau; (*fig.*) *dar uma* — *em* emprunter de l'argent à, taper.
facadista *s.m.* tapeur; *s.f.* tapeuse.
façanha *s.f.* promesse.
facão *s.m.* couteau gros.
facção *s.f.* faction.
faccioso *adj.* factieux.
face *s.f.* joue, face; *fazer* — *a* faire face à, s'opposer à; assumer; défrayer.
facécia *s.f.* facétie.
faceirice *s.f.* coquetterie.
faceiro *adj.* coquet.
faceta *s.f.* facette.
facetar *v.t.* facetter.
faceto *adj.* facétieux.
fachada *s.f.* 1. façade; 2. (*fig.* e *fam.*) apparence, aspect *m.*
facho *s.m.* flambeau, torche *f.*
facial *adj.* facial.
fácil *adj.* facile, aisé; *é* — *dizer* c'est bientôt dit.
facilidade *s.f.* facilité.

facilitar *v.t.* faciliter.
facilitário *s.m.* département de ventes à crédit (d'un grand magazin).
facínora *s.m.* malfaiteur.
facistol *s.m.* lutrin.
fac-símile *s.m.* fac-similé.
factótum *s.m.* factotum, maître Jacques.
faculdade *s.f.* faculté.
facultar *v.t.* faciliter, permettre.
facultativo *adj.* facultatif; *s.m.* (= *médico*) praticien.
facúndia *s.f.* faconde.
fada *s.f.* fée.
fadar *v.t.* destiner, prédestiner.
fadiga *s.f.* fatigue.
fadista *s.m.* joueur et/ou chanteur de fado; *s.f.* joueuse et/ou chanteuse de fado.
fado *s.m.* fado.
fagote *s.m.* basson.
fagueiro *adj.* caressant, agréable, satisfait.
fagulha *s.f.* étincelle; escarbille.
faia *s.f.* *hêtre *m.*
faial *s.m.* *hêtraie *f.*
faiança *s.f.* faïence.
faina *s.f.* labeur *m.*, besogne.
faisão *s.m.* faisan.
faísca *s.f.* étincelle.
faiscar *v.int.* étinceler.
faixa *s.f.* bande, écharpe; — *etária* groupe *m.* d'âge; — *para pedestres* passage *m.* clouté.
fala *s.f.* langage *m.*, discours *m.*
falação *s.f.* laïus; *deitar* — faire un laïus, faire des phrases.
falácia *s.f.* tromperie.
falacioso *adj.* fallacieux.
falado *adj.* 1. parlé; 2. fameux.
falador *adj.* bavard, indiscret; *s.m.* phraseur.
falange *s.f.* phalange.

falangista *s.m.* phalangiste.
falanstério *s.m.* phalanstère.
falante *adj.* bavard.
falar *v.int.* e *t.* parler; — *de política* parler politique; — *mal de* médire de, (*fam.*) débiner; *fale menos alto* ne le prenez pas sur ce ton; *por — nisso* à propos, à ce propos; *falou!* tu parles!
falastrão *adj.*; *s.m.* phraseur.
falatório *s.m.* caquets, commérages.
falaz *adj.* fallacieux, trompeur.
falcão *s.m.* faucon.
falcatrua *s.f.* tripotage *m.*
falecer *v.int.* décéder, trépasser.
falecido *adj.* feu; *s.m.* défunt.
falecimento *s.m.* décès.
falência *s.f.* faillite; krach *m.*; *abrir* — déposer son bilan.
falésia *s.f.* falaise.
falha *s.f.* faille.
falhar *v.int.* manquer; rater, faillir, broncher.
falho *adj.* manqué.
falibilidade *s.f.* faillibilité.
fálico *adj.* phallique.
falido *adj.* 1. failli; 2. rater.
falir *v.int.* 1. faire faillite; 2. manquer.
falível *adj.* faillible.
falo *s.m.* phallus.
falsário *s.m.* faussaire, faux-monnayeur.
falsear *v.t.* fausser.
falsete *s.m.* fausset.
falsidade *s.f.* fausseté.
falsificação *s.f.* (*ato*) falsification, (*produto*) faux *m.*
falsificador *s.m.* faussaire, falsificateur.
falsificadora *s.f.* faussaire, falsificatrice.
falso *adj.* faux; *pessoa falsa* faux jeton *m.*; *em* — à vide.
falta *s.f.* défaut *m.*, manque *m.*; — *de acabamento* inachèvement; — *de atenção* inattention; — *de dinheiro* gène *f.*; — *de entendimento* mésentente; — *de finura* lourdeur; — *de preparo* impréparation; — *de respeito* irrespect *m.*; — *de tato* maladresse, gaffe; *fazer* — faire faute, faire défaut; *na — de* à défaut de; *sentir — de* être en mal de.
faltar *v.int.* manquer; faire défaut; *era só o que faltava!* c'est le bouquet! il ne manquait plus que ça!; — *muito* il s'en faut de beaucoup.
falto *adj.* manquant, dépourvu.
faltoso *adj.* fautif.

fama *s.f.* renommée, réputation.
famélico *adj.* famélique.
famigerado *adj.* mal famé.
família *s.f.* famille, maisonnée; (*fam.*) smala.
familial *adj.* familial.
familiar *adj.* familier.
familiaridade *s.f.* familiarité, privauté; accoutumance.
familiarizar *v.t.* familiariser; *v.pron.* se familiariser.
faminto *adj.* affamé.
famoso *adj.* fameux, célèbre, renommé; (*pop.*) rude.
fanal *s.m.* fanal.
fanar *v.t.* faner; *v.pron.* se faner.
fanático *adj.* fanatique.
fanatismo *s.m.* fanatisme.
fanatizar *v.t.* fanatiser.
fancaria *s.f.* travail *m.* mal fait, pacotille.
fanfarra *s.f.* fanfare.
fanfarrão *adj.*; *s.* fanfaron, *hâbleur, traîneur de sabre.
fanfarrice *s.f.* forfanterie, *hâblerie.
fanfarronada *s.f.* o mesmo que *fanfarrice*.
fanfreluche *s.f.* fanfreluche.
fanhosear *v.int.* e *t.* nasiller.
fanhoso *adj.* nasillard.
fantasia *s.f.* fantaisie; travesti *m.*, costume *m.* de travestissement.
fantasiar *v.t.* travestir.
fantasioso *adj.* fantasque; *v.pron.* se costumer.
fantasista *adj.* fantaisiste, farfelu.
fantasma *s.m.* fantôme, esprit, revenant.
fantástico *adj.* fantastique; (*fam.*) faramineux.
fantoche *s.m.* fantoche.
faqueiro *s.m.* ménagère *f.*
faquir *s.m.* fakir.
faraó *s.m.* pharaon.
faraônico *adj.* pharaonique.
farda *s.f.* uniforme *m.*
fardão *s.m.* uniforme de gala; (*da Academia Francesa*) habit vert.
fardar *v.t.* habiller d'uniforme.
fardo *s.m.* fardeau, ballot.
farejar *v.t.* flairer; (*fam.*) subodorer.
farelo *s.m.* son.
farfalhar *v.int.* 1. bruire; 2. jaser.
faringe *s.f.* pharynx *m.*
faringite *s.f.* pharyngite.
farinha *s.f.* farine; — *de rosca* panure.
farinhento *adj.* farineux.
farisaico *adj.* pharisaïque.

farisaísmo *s.m.* pharisaïsme.
fariseu *s.m.* pharisien.
farmacêutico *adj.* pharmaceutique; *s.m.* pharmacien.
farmácia *s.f.* pharmacie.
farmacologia *s.f.* pharmacologie.
farmacológico *adj.* pharmacologique.
farmacopeia *s.f.* pharmacopée.
farnel *s.m.* paquet de provisions.
faro *s.m.* flair; *ter —* avoir du nez.
farol[1] *s.m.* phare, fanal.
farol[2] *s.m.* (*pop.*) épate *f.*, esbroufe *f.*, chiqué; *fazer —* faire du chiqué, esbronfer.
farolagem *s.f.* esbroufe.
faroleiro[1] *s.m.* gardien de phare.
faroleiro[2] *s.m.* (*pop.*) esbroufeur; m'as-tu--vu.
farpa *s.f.* écharde.
farpado *adj.* barbelé.
farra *s.f.* (*fam.*) bombe, noce, partie fine, virée.
farrapo *s.m.* *haillon, lambeau, loque *f.*
farrear *v.t.* faire la noce, bambocher, festoyer.
farrista *s.m.* noceur, viveur.
farsa *s.f.* farce.
farsante *s.m.* farceur, fumiste, loustic.
fartar *v.t.* rassasier; soûler; *v.pron.* se rassasier.
farto *adj.* 1. repu; *estar —* en avoir plein le dos; 2. abondant.
fartura *s.f.* abondance.
fascículo *s.m.* fascicule; livraison *f.*
fascinação *s.f.* fascination.
fascinar *v.t.* fasciner.
fascismo *s.m.* fascisme.
fascista *adj.*; *s.* fasciste.
fase *s.f.* phase.
fastidioso *adj.* fastidieux.
fastio *s.m.* inappétence *f.*; manque d'appétit.
fastos *s.m.pl.* fastes.
fastuoso *adj.* fastueux.
fatal *adj.* fatal; immanquable.
fatalidade *s.f.* fatalité.
fatalismo *s.m.* fatalisme.
fatalista *adj.*; *s.* fataliste.
fatalmente *adv.* fatalement; par la force des choses.
fateixa *s.f.* grappin *m.*
fatia *s.f.* tranche.
fatídico *adj.* fatidique.
fatigado *adj.* fatigué.
fatigante *adj.* fatigant.

fatigar *v.t.* fatiguer.
fato *s.m.* fait; *de —* en effet; *—s do dia* faits divers.
fator *s.m.* facteur.
fatuidade *s.f.* fatuité.
fátuo *adj.* fat.
fatura *s.f.* facture.
faturamento *s.m.* chiffre d'affaires.
faturar *v.t.* facturer.
fauce *s.f.* gueule; gosier *m.*
fauna *s.f.* faune.
fauno *s.m.* faune.
fausto *s.m.* faste.
fava *s.f.* fève; *mandar às —s* envoyer promener; *são —s contadas* c'est couru.
favela *s.f.* (*aprox.*) bidonville *m.*
favelado *s.* habitant d'un bidonville.
favo *s.m.* rayon (d'une ruche).
favor *s.m.* faveur *f.*, complaisance *f.*; *— concedido ilegalmente* passe-droit; *por —* s'il vous plaît.
favorável *adj.* favorable.
favorecer *v.t.* favoriser; (*um candidato*) pousser.
favorita *adj.*; *s.f.* favorite.
favoritismo *s.m.* favoritisme.
favorito *adj.*; *s.m.* favori.
faxina *s.f.* 1. fascine; 2. corvée; 3. nettoyage *m.*
faxineira *s.f.* femme de ménage.
fazedor *s.m.* faiseur.
fazedora *s.f.* faiseuse.
fazenda[1] *s.f.* ferme, plantation.
fazenda[2] *s.f.* étoffe, tissu *m.*
fazenda[3] *s.f.* finances *pl.* publiques; *Ministério da Fazenda* Ministère des Finances.
fazendeiro *s.m.* propriètaire terrien.
fazer *v.t.* faire; *— apressadamente* bâcler; *— com que* faire en sorte que; *— o bem* faire du bien; *— o mal* faire du mal; *— tudo o que pode* se mettre en quatre; *dar o que —* donner du fil à retordre; *faz dois meses* il y a deux mois, cela fait deux mois; *faz mau tempo* il fait mauvais; *não — nada* rester sans rien faire, tourner ses pouces; *sem nada —* les mains dans les poches; *só faz dormir* il ne fait que dormir; *tanto faz* cela m'est égal; *ter-se feito por si* être le fils de ses œuvres.
fazível *adj.* faisable.
fé *s.f.* foi.
fealdade *s.f.* laideur.
febre *s.f.* fièvre; *— do feno* rhume *m.* des foins; *ter —* avoir de la température.

febril *adj.* fébrile; fiévreux.
fecal *adj.* fécal.
fechadura *s.f.* serrure.
fechar *v.t.* fermer; (*mala*) boucler; (*carta*) cacheter; (*negócio*) conclure; (*sessão*) clore; *v.pron.* se fermer.
fecho[1] *s.m.* fermeture *f.*; fermoir; — *ecler* fermeture éclair.
fecho[2] *s.m.* (*fam.*) rififi.
fécula *s.f.* fécule.
fecundação *s.f.* fécondation.
fecundar *v.t.* féconder.
fecundidade *s.f.* fécondité.
fecundo *adj.* fécond.
fedegoso *s.m.* cassier.
fedelho *s.m.* marmot, morveux.
federação *s.f.* fédération.
federal *adj.* fédéral.
federalismo *s.m.* fédéralisme.
federalista *adj.*; *s.* fédéraliste.
federalizar *v.t.* fédéraliser.
federativo *adj.* fédératif.
fedor *s.m.* puanteur *f.*
fedorento *adj.* puant, fétide.
feérico *adj.* féerique; *espetáculo* — féerie *f.*
feição *s.f.* façon, guise; *à* — *de* à la façon de, à la manière de.
feijão *s.m.* haricot; — -*branco* flageolet.
feijoada *s.f.* cassoulet brésilien, fait à base de haricots noirs et de cochonnailles.
feio *adj.* laid, vilain; (*fam.*) moche, tarte; (*pop.*) tocard.
feioso *adj.* plutôt laid.
feira *s.f.* foire.
feirante *adj.*; *s.m.* forain.
feita *s.f.* fois.
feitiçaria *s.f.* sorcellerie.
feiticeira *s.f.* sorcière, ensorceleuse.
feiticeiro *s.m.* sorcier, ensorceleur.
feitiço *s.m.* enchantement, charme.
feitio *s.m.* façon *f.*, forme *f.*, caractère.
feito *adj.* fait; *bem* —*!* il ne l'a pas volé; *s.m.* acte, prouesse *f.*, exploit; — *brilhante* action *f.* d'éclat.
feitura *s.f.* façon, facture.
feiura *s.f.* laideur.
feixe *s.m.* botte *f.*, gerbe *f.*, faisceau; — *de lenha* fagot.
fel *s.m.* fiel, bile *f.*
feldspato *s.m.* feldspath.
felicidade *s.f.* félicité, bonheur *m.*; *pl.* félicitations, congratulations.
felicitar *v.t.* féliciter; *v.pron.* se louer de.
felino *adj.* félin.
feliz *adj.* heureux.
felizão *adj.* chanceux.
felizardo *s.m.* chançard, veinard, verni.
felonia *s.f.* félonie.
felpa *s.f.* poil *m.* (d'une étoffe).
felpudo *adj.* velu.
feltro *s.m.* feutre.
fêmea *adj.*; *s.f.* femelle.
femeeiro *s.m.* homme à femmes; coureur (de filles).
feminil *adj.* féminin.
feminilidade *s.f.* féminité.
feminino *adj.* féminin.
feminismo *s.m.* féminisme.
feminista *adj.* féministe.
fêmur *s.m.* fémur.
fenação *s.f.* fenaison.
fenda *s.f.* fente; crevasse; faille.
fender *v.t.* fendre, fendiller, fêler.
fendido *adj.* fendu, fourchu.
fênico *adj.* phénique.
fênix *s.m.* phénix.
feno *s.m.* foin.
fenol *s.m.* phenol.
fenomenal *adj.* phénoménal.
fenômeno *s.m.* phénomène.
fenomenologia *s.f.* phénoménologie.
fenomenológico *adj.* phénoménologique.
fera *s.f.* fauve *m.*; bête sauvage.
féria *s.f.* paye.
feriado *adj.*; *s.m.* jour férié.
férias *s.f.pl.* vacances; congé *m.*; *de* — de plaisance.
ferida *s.f.* blessure, plaie.
ferido *adj.*; *s.* blessé; *estar* — avoir du plomb dans les ailes.
ferir *v.t.* blesser; toucher.
fermentação *s.f.* fermentation.
fermentar *v.t.* e *int.* fermenter.
fermento *s.m.* ferment, levain.
ferocidade *s.f.* férocité.
feroz *adj.* féroce.
ferrador *s.m.* maréchal-ferrant, ferreur.
ferradura *s.f.* fer *m.* à cheval.
ferragem *s.f.* quincaillerie, ferrure; (*de porta*) penture.
ferrageiro *s.m.* quincaillier.
ferramenta *s.f.* outil *m.*
ferrão *s.m.* aiguillon.
ferrar *v.t.* ferrer.
ferraria *s.f.* ferronnerie.
ferreiro *s.m.* forgeron; ferronnier; *casa de* —, *espeto de pau* les cordonniers sont les plus mal chaussés.

ferrenho *adj.* enragé.
férreo *adj.* ferré.
ferrete *s.m.* flétrissure *f.*, stigmate.
ferretear *v.t.* flétrir.
ferro *s.m.* fer; — *de engomar* fer à repasser.
ferrolho *s.m.* verrou, targette *f.*
ferro-velho *s.m.* ferrailleur.
ferrovia *s.f.* chemin *m.* de fer.
ferroviário *adj.* ferroviaire; *s.m.* cheminot.
ferrugem *s.f.* rouille.
ferruginoso *adj.* ferrugineux.
fértil *adj.* fertile.
fertilidade *s.f.* fertilité.
fertilizante *adj.*; *s.m.* fertilisant.
fertilizar *v.t.* fertiliser.
férula *s.f.* férule.
fervente *adj.* fervent.
ferver *v.t.* e *int.* bouillir; — *devagar* mijoter.
fervido *adj.* bouilli.
fervilhar *v.int.* grouiller.
fervor *s.m.* ferveur *f.*
fervoroso *adj.* ardent.
fervura *s.f.* bouillissement *m.*, ébullition.
festa *s.f.* fête.
festão *s.m.* feston, guirlande *f.*
festejar *v.t.* fêter.
festejos *s.m.pl.* réjouissances *f.*
festim *s.m.* festin.
festival *s.m.* festival.
festividade *s.f.* festivité.
festivo *adj.* de fête.
fetal *adj.* fœtal.
fetiche *s.m.* fétiche.
fetichismo *s.m.* fétichisme.
fetichista *adj.*; *s.* fetichiste.
fétido *adj.* fétide.
feto¹ *s.m.* fœtus.
feto² *s.m.* fougère *f.*
feudal *adj.* féodal; *regime* — féodalité.
feudalismo *s.m.* féodalisme.
feudo *s.m.* fief.
fevereiro *s.m.* février.
fez *s.m.* fez.
fezes *s.f.pl.* fèces; vidanges.
fiação *s.f.* filature.
fiacre *s.m.* fiacre.
fiado *adv.* à crédit.
fiador *s.m.* garant.
fiadora *s.f.* garante.
fiança *s.f.* caution, garantie.
fiandeira *s.f.* fileuse.
fiandeiro *s.m.* fileur.
fiapo *s.m.* brin, filament.

fiar¹ *v.t.* **1.** confier; **2.** vendre à crédit.
fiar² *v.t.* filer.
fiasco *s.m.* fiasco.
fibra *s.f.* fibre.
fibrilação *s.f.* fibrillation.
fibroso *adj.* fibreux.
fíbula *s.f.* fibule.
ficar *v.int.* **1.** rester, demeurer, se trouver; *isto não vai* — *assim* vous aurez de mes nouvelles; **2.** se tenir; **3.** séjourner; **4.** devenir; *não* — *bem* ne pas être de mise; **5.** — *com* garder.
ficção *s.f.* fiction; — *científica* science-fiction, littérature d'anticipation.
ficha *s.f.* fiche; — *de telefone* jeton.
fichar *v.t.* **1.** cataloguer; **2.** (*pop.*) faire la fiche de.
fichário *s.m.* fichier, classeur.
fictício *adj.* fictif.
ficus *s.m.* ficus.
fidalga *s.f.* femme noble.
fidalgo *s.m.* gentilhomme; homme de qualité; — *provinciano* *hobereau.
fidalguia *s.f.* noblesse.
fidedigno *adj.* digne de foi.
fidelidade *s.f.* fidélité; — *às instituições* loyauté.
fiduciário *adj.* fiduciaire.
fieira *s.f.* filière.
fiel¹ *adj.* fidèle.
fiel² *s.m.* aiguille (de balance).
figa *s.f.* **1.** figue; **2.** (*aprox.*) amulette.
figadal *adj.* acharné.
fígado *s.m.* foie; *desopilar o* — dilater la rate.
figo *s.m.* figue *f.*
figueira *s.f.* figuier.
figura *s.f.* **1.** figure, mine; **2.** figure, forme.
figurado *adj.* figuré.
figurino *s.m.* revue *f.* de modes; *como manda o* — comme il faut.
fila *s.f.* **1.** file, rang *m.*; **2.** queue; *fazer* — faire la queue.
filactério *s.m.* phylactère.
filante *s.m.* écornifleur, parasite; quémandeur.
filantropia *s.f.* philanthropie.
filantrópico *adj.* philanthropique.
filantropo *s.m.* philanthrope.
filão *s.m.* filon.
filar *v.t.* **1.** prendre (au collet); **2.** quémander, taper; **3.** suivre à la piste.
filarmônico *adj.* philharmonique.
filatelia *s.f.* philatélie.

filatélico *adj.* philatélique.
filatelista *s.* philatéliste.
filé *s.m.* filet.
fileira *s.f.* rang *m.*
filete *s.m.* filet.
filha *s.f.* fille.
filharada *s.f.* (*aprox.*) marmaille.
filhinho *s.m.* — *de papai* fils à papa.
filho *s.m.* filho; (*pop.*) fiston; *pl.* enfants.
filhó *s.m.* gaufre *f.* gaufrette *f.*
filhote *s.m.* (*cria de animal*) petit; — *de leão* léonceau; — *de lobo* louveteau.
filiação *s.f.* filiation.
filial *adj.* filial.
filial *s.f.* filiale, succursale.
filiar *v.t.* affilier; *v.pron.* s'affilier.
filigrana *s.f.* filigrane.
filípica *s.f.* philippique.
Filipinas *s.f.pl.* Philippines.
filipino *adj.*; *s.pátr.* philippin.
filisteu *adj.*; *s.* philistin.
filmar *v.t.* e *int.* filmer, tourner.
filme *s.m.* film.
filmoteca *s.f.* cinémathèque.
filó *s.m.* tulle.
filologia *s.f.* philologie.
filológico *adj.* philologique.
filólogo *s.m.* philologue.
filosofar *v.int.* philosopher.
filosofia *s.f.* philosophie.
filosófico *adj.* philosophique.
filósofo *s.m.* philosophe.
filoxera *s.f.* phylloxéra *m.*
filtragem *s.f.* filtrage.
filtrar *v.t.* filtrer.
filtro *s.m.* filtre.
fim *s.m.* fin *f.*; issue *f.*; — *de estação* arrière-saison; — *de semana* week end; *a* — *de loc. conj.* a fim de; *é o* — *da picada* (*fam.*) c'est la fin des haricots, c'est l'abomination de la désolation; *no* — *de* à l'issue de; *para este* — à cet effet; *para qualquer* — à toutes fins utiles; *pôr* — *a* mettre un terme à.
fímbria *s.f.* frange, bord *m.*
fimose *s.f.* phimosis *m.*
finado *adj.* feu; *s.m.* défunt.
fina flor *s.f.* gratin *m.*
final *adj.*; *s.m.* final.
finalidade *s.f.* finalité.
finalizar *v.t.* conclure.
finanças *s.f.pl.* finances.
financeiro *adj.* financier.
financiamento *s.m.* financement.
financiar *v.t.* financer.
financista *s.m.* financier.
finar-se *v.pron.* dépérir; mourir.
finca-pé *s.m. fazer* — s'obstiner.
fincar *v.t.* enfoncer.
findar *v.t.* finir, achever; *v.pron.* s'achever.
fineza *s.f.* finesse, obligeance.
fingido *adj.* feint, papelard.
fingimento *s.m.* feinte *f.*
fingir *v.t.* feindre, affecter; faire mine de, faire semblant de; — *ocupação* tirer au flanc.
finito *adj.* fini.
finlandês *adj.*; *s.pátr.* finnois.
finlândia *s.f.* Finlande.
fino *adj.* 1. fin; menu; mince; 2. fin, malin.
finório *adj.* finaud.
finura *s.f.* 1. finesse; 2. finesse, entregent *m.*; 3. malice.
fio *s.m.* fil, corde *f.*, ligne *f.*; — *de prumo* fil à plomb; *está por um* — il s'en faut d'un cheveu; 2. tranchant.
fiorde *s.m.* fjord.
fioritura *s.f.* fioriture.
firma *s.f.* 1. firme, raison, sociale; 2. signature.
firmamento *s.m.* firmament.
firmar *v.t.* 1. affermir; 2. signer.
firme *adj.* ferme; *manter-se* — se raidir.
firmeza *s.f.* fermeté.
fiscal *adj.* fiscal; *s.m.* surveillant, contrôleur.
fiscalização *s.f.* surveillance, contrôle *m.*
fiscalizar *v.t.* surveiller, contrôler.
fisgar *v.t.* ferrer.
física *s.f.* physique.
físico *adj.* physique; *s.m.* 1. physicien; 2. physique.
fisiologia *s.f.* physiologie.
fisiológico *adj.* physiologique.
fisiologista *s.* physiologiste.
fisionomia *s.f.* physionomie.
fisionômico *adj.* physionomique.
fisionomista *s.* physionomiste.
fissão *s.f.* fission.
fissiparidade *s.f.* fissiparité.
fístula *s.f.* fistule.
fita[1] *s.f.* 1. bande, bandeau *m.*, ruban *m.*; — *durex* ruban adhés if; 2. film.
fita[2] *s.f.* feinte; (*fam.*) chichi; *fazer* — faire la mijaurée, faire des façons.
fitar *v.t.* fixer les yeux sur.
fito *s.m.* but, dessein.
fivela *s.f.* boucle.

fixação *s.f.* fixation.
fixador *s.m.* fixateur.
fixar *v.t.* **1.** fixer; planter, suspendre; **2.** (*data*) fixer, établir.
fixidez *s.f.* fixité.
fixo *s.m.* fixe.
flácido *adj.* flasque.
flagelação *s.f.* flagelation.
flagelar *v.t.* flageller.
flagelo *s.m.* **1.** fouet; **2.** fléau.
flagrância *s.f.* flagrance.
flagrante *adj.* flagrant; *s.m.* (constatation de) flagrant délit; *ser apanhado em —* être pris la main dans le sac; (*pop.*) instant.
flama *s.f.* flamme.
flambar *v.t.* flamber.
flamboyant *s.m.* flamboyant.
flamejante *adj.* flamboyant.
flamejar *v.t.* flamboyer.
flamengo *adj.*; *s.pátr.* flamand.
flamingo *s.m.* (*ave*) flamant.
flâmula *s.f.* **1.** flamme; **2.** fanion *m.*
flanador *s.m.* flâneur.
flanadora *s.f.* flâneuse.
flanar *v.int.* flâner, baguenauder.
flanco *s.m.* flanc.
Flandre *s.f.* Flandres.
flanela *s.f.* flanelle.
flanquear *v.t.* flanquer.
flash *s.m.* éclair.
flatulência *s.f.* flatulence.
flauta *s.f.* flûte; *— doce* flûte à bec; *— transversa* flûte traversière.
flautear *v.int.* **1.** flûter; **2.** fainéanter; **3.** se moquer.
flautim *s.m.* piccolo.
flautista *s.* flûtiste.
flebite *s.f.* phlébite.
flecha *s.f.* flèche; trait *m.*
flegma *s.m.* o mesmo que *fleuma*.
fleimão *s.m.* phlegmon.
flertar *v.t.* flirter.
flerte *s.m.* flirt.
fleuma *s.m.* flegme; (*pop.*) flemme *f.*
fleumático *adj.* flegmatique.
flexão *s.f.* flexion.
flexibilidade *s.f.* flexibilité, souplesse.
flexível *adj.* flexible, souple; *tornar —* assouplir.
floco *s.m.* flocon.
flocoso *adj.* floconneux.
flor *s.f.* fleur; *à — de* à fleur de.
flora *s.f.* flore.

floração *s.f.* floraison.
floral *adj.* floral.
florão *s.m.* fleuron.
florear *v.t.* fleurir.
florescência *s.f.* fleuraison.
florescente *adj.* florissant.
florescer *v.int.* fleurir.
floresta *s.f.* forêt.
florestal *adj.* forestier.
florete *s.m.* fleuret.
floricultor *s.m.* floriculteur.
floricultura *s.f.* floriculture.
florido *adj.* fleuri, en fleur.
flórido *adj.* fleurissant, brillant.
florilégio *s.m.* florilège.
florim *s.m.* florin.
florir *v.int.* fleurir.
florista *s.f.* fleuriste.
flotilha *s.f.* flotille.
flox *s.m.* phlox.
fluente *adj.* fluent.
fluidez *s.f.* fluidité.
fluidificar *v.t.* fluidifier.
fluido *adj.*; *s.m.* fluide.
fluir *v.int.* fluer, couler.
fluminense *adj.*; *s.pátr.* (habitant) de l'État de Rio de Janeiro.
fluorescência *s.f.* fluorescence.
fluoreto *s.m.* fluorure.
flutuação *s.f.* fluctuation, flottement *m.*; flottaison.
flutuador *s.m.* flotteur.
flutuante *adj.* fluctuant.
flutuar *v.int.* fluctuer, flotter.
fluvial *adj.* fluvial.
fluxo *s.m.* flux.
fobia *s.f.* phobie.
foca *s.f.* **1.** phoque; **2.** (*fig.*) apprenti journaliste.
focal *adj.* focal.
focalização *s.f.* focalisation; mise au point.
focalizar *v.t.* focaliser.
focinheira *s.f.* muselière.
focinho *s.m.* museau; *— de porco* groin; (*fig.* e *depr.*) mufle.
foco *s.m.* foyer; *fora de —* flou.
fofo *adj.* douillet, moelleux; mignon.
fofoca *s.f.* potin *m.*, cancan *m.* commérage *m.*
fofocar *v.int.* faire des potins.
fogão *s.m.* fourneau.
fogareiro *s.m.* réchaud.
fogo *s.m.* feu; flambée *f.*; *— fátuo* feu follet; *— greguês* feu grégeois; *negar —*

(*arma*) rater; faire long feu; *pl.* feux d'artifice; fusées *f.*
fogoso *adj.* fougueux.
fogueira *s.f.* bûcher m.
foguete *s.m.* fusée *f.*
foguista *s.m.* chauffeur.
foice *s.f.* (*de cabo curto*) faucille; (*de cabo comprido*) faux.
folclore *s.m.* folklore.
folclórico *adj.* folklorique.
folclorista *s.* folkloriste.
fole *s.m.* soufflet.
fôlego *s.m.* souffle, haleine *f.*; *tomar* — reprendre haleine.
folga *s.f.* relâche; repos m.
folgado *adj.* 1. aisé; 2. large; 3. oisif.
folgança *s.f.* ébats m.*pl.*
folgar *v.int.* 1. se reposer; 2. folâtrer, se divertir; 3. être bien aise.
folgazão *adj.* enjoué, badin, luron.
folguedo *s.m.* réjouissance.
folha *s.f.* feuille; feuillet *m.*; — *corrida* casier *m.* judiciaire; — *de ferro* tôle; *rir com as* — *s* rire aux anges.
folha de flandres *s.f.* fer-blanc m.
folhagem *s.f.* feuillage m. frondaison.
folheado *adj.* contre-plaqué; *s.m.* placage.
folhear¹ *v.t.* plaquer.
folhear² *v.t.* feuilleter.
folhetim *s.m.* feuilleton.
folhetinista *s.* feuilletoniste.
folheto *s.m.* brochure, prospectus; — *desdobrável* dépliant; — *de propaganda política* tract.
folhinha *s.f.* calendrier.
folia *s.f.* 1. folâtrerie, réjouissance; 2. *a* — les fêtards.
foliação *s.f.* feuillaison.
folião *s.m.* noceur, fêtard.
foliar *v.int.* s'ébattre.
foliculário *s.m.* folliculaire.
fome *s.f.* faim; *matar a* — manger à sa faim; *ter* — avoir faim; (*pop.*) avoir la dent.
fomentar *v.t.* fomenter.
fominha *adj.*; *s.* radin.
fone *s.m.* récepteur; écouteur, combiné.
fonema *s.m.* phonème.
fonética *s.f.* phonétique.
foneticista *s.m.* phonéticien.
fonético *adj.* phonétique.
fonógrafo *s.m.* phonographe.
fonologia *s.f.* phonologie.
fonológico *adj.* phonologique.

fonte¹ *s.f.* source, fontaine.
fonte² *s.f.* tempe.
fora *adv.* dehors; *estar por* — nager; *jantar* — dîner en ville; *você está por* — vous n'y êtes pas; — *de loc.prep.* en dehors de; — *do comum* hors série; *estar* — *de s.f.* être hors de soi, être dans tous ses états; *pôr* — *de s.f.* tourner le sang à; *s.m.* gaffe *f.*; *dar o* — (*pop.*) se tailler, se barrer; foutre le camp.
foragido *adj.* fugitif.
forasteiro *adj.* étranger.
forca *s.f.* giber *m.*, potence.
força *s.f.* force; *à* — *de* à force de; *com toda a* — à tour de bras; de haute lutte; *pela* — de force.
forcado *s.m.* fourche *f.*
forçado¹ *adj.* forcé.
forçado² *s.m.* forçat; bagnard, galérien.
forçar *v.t.* forcer; — *a agir contra a vontade* forcer la main.
fórceps *s.m.* forceps, les fers.
forcícula *s.f.* perce-oreille *m.*
forçoso *adj.* nécessaire, inévitable.
forense *adj.* du forum; judiciaire.
forja *s.f.* forge.
forjar *v.t.* forger.
forma *s.f.* forme; *de tal* — à ce point; *pro* — par la forme.
fôrma, forma *s.f.* forme; moule *m.*; (*para sapatos*) embauchoir.
formação *s.f.* formation; éducation; instruction.
formador *adj.*; *s.m.* formateur.
formadora *adj.*; *s.f.* formatrice.
formal *adj.* formel.
formalidade *s.f.* formalité.
formalismo *s.m.* formalisme.
formalista *adj.*; *s.* formaliste.
formalizar *v.t.* former, rendre former; *v.pron.* se formaliser, s'offusquer; s'offendre.
formando *s.* candidat.
formão *s.m.* fermoir, ciseau.
formar *v.t.* former; éduquer; (*criado*) styler; *v.pron.* 1. se former; 2. obtenir un titre universitaire.
formativo *adj.* formatif.
formato *s.m.* format.
formatura *s.f.* concession de titre universitaire (*ou* scolaire).
fórmica *s.f.* formica *m.*
formicida *s.m.* insecticide.
formidável *adj.* formidable; (*fam.*) bath, chouette, au poil; tordant.
formiga *s.f.* fourmi.

formigamento *s.m.* fourmillement; formication *f.*; picotement.
formigar *v.int.* fourmiller, grouiller.
formigueiro *s.m.* fourmilière *f.*
formol *s.m.* formol.
formoso *adj.* beau, joli.
formosura *s.f.* beauté.
fórmula *s.f.* formule.
formular *v.t.* formuler; poser.
formulário *s.m.* formulaire.
fornada *s.f.* fournée.
fornalha *s.f.* fournaise.
fornecedor *v.t.* fournisseur, pourvoyeur.
fornecer *v.t.* fournir.
fornecimento *s.m.* fourniture.
fornilho *s.m.* 1. réchaud; 2. (*de mina*) camouflet.
forno *s.m.* fourneau, four; — *elétrico* cuisinière.
foro *s.m.* forum; — *íntimo* for intérieur.
forragem *s.f.* fourrage.
forrar *v.t.* fourrer, tapisser, doubler; — *de madeira* boiser.
forreta *adj.* ladre, avare.
forro[1] *s.m.* (*de roupa*) doublure *f.*; *tirar o — de* débouler; (*de móveis*) housse *f.*; — *de mesa* sous-nappe.
forro[2] *adj.* affranchi.
fortalecer *v.t.* fortifier, renforcer.
fortaleza *s.f.* forteresse.
forte *adj.* fort; *s.m.* fort.
fortemente *adv.* fort, beaucoup.
fortificação *s.f.* fortification.
fortificante *adj.*; *s.m.* fortifiant.
fortificar *v.t.* fortifier.
fortim *s.m.* fortin.
fortuito *adj.* fortuit.
fortuna *s.f.* fortune; *fazer —* faire fortune, parvenir.
fosco *adj.* mat, terne.
fosfatar *v.t.* phosphater.
fosfato *s.m.* phosphate.
fosforescência *s.f.* phosphorescence.
fosforescente *adj.* phosphorescent.
fósforo *s.m.* 1. phosphore; 2. allumette *f.*
fossa *s.f.* fosse; *estar na —* (*fam.*) avoir le cafard, broyer du noir, être vaseux.
fóssil *adj.* fossile.
fosso *s.m.* fossé.
foto *s.f.* photo.
fotocópia *s.f.* photocopie.
fotocopiar *v.t.* photocopier.
fotogênico *adj.* photogénique.
fotografar *v.t.* e *int.* photographier.
fotografia *s.f.* photographie.
fotográfico *adj.* photographique.
fotógrafo *s.m.* photographe.
fotogravura *s.f.* photogravure.
fotonovela *s.f.* ciné-roman *m.*
foz *s.f.* embouchure.
fração *s.f.* fraction.
fracassado *adj.* raté; *s.m.* raté, fruit sec.
fracassar *v.t.* fracasser, briser, ruiner; *v.int.* échouer; (*peça de teatro*) tomber.
fracassado *s.m.* 1. fracas; 2. échec.
fracionamento *s.m.* fractionnement.
fracionar *v.t.* fractionner.
fracionário *adj.* fractionnaire.
fraco *adj.* faible, débile; *s.m.* faible; *ter um — por* être porté sur.
frade *s.m.* moine, frère; — *de pedra* borne *f.*
fragata *s.f.* frégate.
frágil *adj.* fragile; frêle.
fragilidade *s.f.* fragilité.
fragmentação *s.f.* fragmentation.
fragmentar *v.t.* fragmenter, morceler.
fragmentário *adj.* fragmentaire.
fragmento *s.m.* fragment.
fragor *s.m.* éclat, fracas.
fragrância *s.f.* fragrance.
fragrante *adj.* fragrant.
fralda *s.f.* lange; couche (pour bébés).
framboesa *s.f.* framboise.
França *s.f.* France.
francamente *adv.* franchement, carrément, tout bonnement.
francês *adj.*; *s.pátr.* français.
francesismo *s.m.* (*aprox.*) gallicisme.
franciscano *adj.*; *s.* franciscain.
franco[1] *adj.* franc, ouvert.
franco[2] *s.m.* (*unidade monetária*) franc.
franco-atirador *s.m.* franc-tireur.
francófilo *adj.*; *s.* francophile.
francófobo *adj.*; *s.* francophobe.
francófono *adj.*; *s.* francophone.
franga *s.f.* poularde.
frango *s.m.* poulet.
franja *s.f.* frange.
franjar *v.t.* franger.
franquear *v.t.* 1. exempter, affranchir; 2. faciliter (l'accès de), ouvrir.
franqueza *s.f.* franchise; rondeur; *com toda —* à la bonne franquette.
franquia *s.f.* 1. franchise, affranchissement *m.*; 2. privilège, droit.
franzido *s.m.* fronce *f.*
franzimento *s.m.* froncement.
franzino *adj.* fluet, malingre.

franzir v.t. 1. plisser; 2. froncer; — *as sobrancelhas* froncer le sourcil.
fraque s.m. habit, frac.
fraquejar v.int. faiblir; (*pop.*) flancher.
fraqueza s.f. faiblesse, débilité, faible m.
frasco s.m. flacon; fiole f.
frase s.f. phrase; — *de espírito* mot m. d'esprit, saillie, boutade.
fraseologia s.f. phraséologie.
frasqueira s.f. nécessaire.
fraternal adj. fraternel.
fraternidade s.f. fraternité.
fraternizar v.int. fraterniser.
fraterno adj. fraternel.
fratricida adj.; s. fratricide.
fratricídio s.m. fratricide.
fratura s.f. fracture.
fraturar v.t. fracturer.
fraudar v.t. frauder.
fraude s.f. fraude.
fraudulento adj. frauduleux.
freada s.f. coup m. de frein; freinage.
frear v.t. freiner; (*fig.*) ralentir.
freguês s.m. client; chaland; (*de restaurante, café*) consommateur.
freguesa s.f. cliente, consommatrice.
freio s.m. frein; (*do cavalo*) mors; *tomar o — nos dentes* prendre le mors aux dents.
freira s.f. sœur, religieuse.
freixo s.m. (*árvore*) frêne.
fremente adj. frémissant.
fremir v.int. frémir.
frêmito s.m. frémissement.
frenesi s.m. frénésie f.
frenético adj. frénétique.
frente s.f. front m.; face; devant; façade; (*de batalha*) front; — *a face à;* — *a — face à face,* vis à vis; *de —* de face; *em —* en regard; *fazer — a* affronter; *na minha —* devant moi.
frequência s.f. fréquence.
frequentação s.f. fréquentation.
frequentado adj. fréquenté; (*rua, lugarejo*) passant.
frequentador s.m. habitué.
frequentar v.t. fréquenter; (*assiduamente*) *hanter; (*curso*) suivre.
frequente adj. fréquent.
fresa s.f. fraise.
fresco adj. frais; (*chulo*) efféminé, inverti; pédéraste, pédé; tante, tapette.
frescor s.m. fraîcheur f.
frescura s.f. (*pop.*) efféminement m.; affectation, sensiblerie.

fretar v.t. fréter, affréter.
frete s.m. frêt.
friagem s.f. froid m.; refroidissement m.
friamente adv. froidement, fraîchement.
fricção s.f. friction.
friccionar v.t. frictionner, frotter.
frieira s.f. engelure.
frieza s.f. froideur.
frigideira s.f. poêle, friteuse.
frigidez s.f. frigidité.
frígido adj. frigide.
frigorificar v.t. frigorifier.
frigorífico adj.; s.m. frigorifique.
frio adj.; s.m. froid; *pl.* assiette f. anglaise; *sentir —* avoir froid.
frioleira s.f. fadaise.
friorento adj. frileux.
frisa s.f. frise; — *de teatro* baignoire.
frisar[1] v.t. frisel.
frisar[2] v.t. mettre en relief.
friso s.m. frise f.
fritada s.f. friture; — *de ovos* omelette.
fritar v.t. frire.
frito adj. 1. frit; 2. (*fig.* e *fam.*) fait, frais.
fritura s.f. friture.
frivolidade s.f. frivolité.
frívolo adj. frivole, vain.
frondoso adj. feuillu, branchu.
fronha s.f. taie.
frontal adj. 1. frontal; 2. franc, net, déclaré.
frontão s.m. fronton.
fronte s.f. front m.
fronteira s.f. frontière.
fronteiriço adj. frontalier.
fronteiro adj. d'en face.
frontispício s.m. frontispice.
frota s.f. flotte.
frouxidão s.f. mollesse, lâcheté.
frouxo adj. 1. mou; (*pop.*) lambin, flemmard; 2. lâche.
fru-fru s.m. froufrou.
frugal adj. frugal.
frugalidade s.f. frugalité.
fruição s.f. jouissance.
fruir v.t. jouir de.
frustração s.f. frustration.
frustrado adj. 1. manqué; 2. frustré, déçu.
frustrar v.t. frustrer, déjouer.
fruta s.f. fruit m.
fruta-de-conde s.f. anone.
fruta-pão s.m. artocarpus, arbre à pain.
fruteira s.f. arbre m. fruitier.
fruteira s.f. marchande de fruits.

frutificação *s.f.* fructification.
frutificar *v.int.* fructifier.
frutífero *adj.* fruitier.
fruto *s.m.* fruit.
frutuoso *adj.* fructueux.
fubá *s.m.* farine *f.* de maïs *ou* de riz.
fuça *s.f.* groin *m.*, museau *m.*; (*fig.* e *fam.*) trogne *f.*
fuga[1] *s.f.* fuite, disparition, fugue; *pôr-se em* — prendre la fuite.
fuga[2] *s.f.* (*composição musical*) fugue.
fugaz *adj.* fugace, passager.
fugente *adj.* fuyant.
fugidio *adj.* fugitif.
fugir *v.int.* fuir, s'enfuir, s'échapper; (*fam.*) se sauver; — *a* se dérober à; — *com dinheiro* lever le pied; — *em desabalada carreira* s'enfuir à toutes jambes; — *sem pagar aos credores* faire un trou à la lune.
fugitivo *s.m.* fugitif, fuyard.
fuinha *s.f.* fouine.
fujão *adj.*; *s.m.* fuyard.
fulano *s.m.* un tel, un quidam; (*fam.*) machin, chose; — *de tal* monsieur un tel.
fúlgido *adj.* éclatant, brillant.
fulgor *s.m.* éclat.
fulguração *s.f.* fulguration.
fulgurante *adj.* fulgurant.
fuligem *s.f.* suie.
fuliginoso *adj.* fuligineux.
fulminante *adj.* fulminant, foudroyant.
fulminar *v.t.* fulminer, foudroyer.
fulo *adj.* fâché, furieux; *ficar — de raiva* se fâcher tout rouge.
fulvo *adj.* fauve.
fumaça *s.f.* fumée; *e lá vai* — et le pouce.
fumaceira *s.f.* fumée épaisse.
fumante *s.m.* fumeur; *s.f.* fumeuse.
fumar *v.t.* e *int.* fumer.
fumegante *adj.* fumant.
fumegar *v.int.* fumer.
fumeiro *s.m.* fumoir.
fumigação *s.f.* fumigation.
fumigar *v.t.* fumiger.
fumo[1] *s.m.* **1.** fumée *f.*; **2.** tabac.
fumo[2] *s.m.* crêpe.
funâmbulo *s.m.* funambule, voltigeur.
função *s.f.* **1.** fonction; **2.** spectacle *m.*, représentation.
funcho *s.m.* fenouil.
funcional *adj.* fonctionnel.
funcionalismo *s.m.* classe *f.* des fonctionnaires.
funcionamento *s.m.* fonctionnement.

funcionar *v.int.* fonctionner, travailler, marcher; *pôr a* — monter.
funcionário *s.m.* fonctionnaire; — *dos correios* postier.
funda *s.f.* fronde.
fundação *s.f.* fondation.
fundador *s.m.* fondateur.
fundadora *s.f.* fondatrice.
fundamental *adj.* fondamental; foncier.
fundamentar *v.t.* baser, fonder; justifier.
fundamento *s.m.* fondement.
fundar *v.t.* fonder, établir.
fundear *v.int.* mouiller, jeter l'ancre.
fundente *adj.* fondant.
fundição *s.f.* fonderie.
fundidor *s.m.* fondeur.
fundilho *s.m.* fond (de pantalon).
fundir *v.t.* fondre, fuser; *v.pron.* se fondre.
fundo[1] *s.m.* fond; (*dinheiro*) fonds *s.m.pl.*; (*de agulha*) chas.
fundo[2] *adj.* profond.
fundura *s.f.* profondeur.
fúnebre *adj.* funèbre.
funeral *s.m.* funérailles *f.pl.*
funerária *s.f.* entreprise *ou* service de pompes funèbres.
funerário *adj.* funéraire.
funesto *adj.* funeste.
fungação *s.f.* reniflement.
fungar *v.int.* renifler.
fungo *s.m.* champignon.
fungosidade *s.f.* fongus.
funicular *adj.*; *s.m.* funiculaire.
funil *s.m.* entonnoir.
funilaria *s.f.* ferblanterie.
funileiro *s.m.* ferblantier.
fura-bolo(s) *s.m.* index.
furacão *s.m.* ouragan.
furador *s.m.* **1.** alène *f.*; **2.** — *de greve* jaune.
fura-neve *s.m.* (*flor*) perce-neige.
furão *s.m.* furet.
furar *v.t.* **1.** percer, trouer; **2.** faire échouer.
furgão *s.m.* fourgon.
fúria *s.f.* furie.
furibundo *adj.* furibond.
furioso *adj.* furieux; forcené.
furna *s.f.* grotte, caverne.
furo *s.m.* **1.** trou; **2.** (*fig.*) nouvelle sensationnelle.
furriel *s.m.* fourrier.
furor *s.m.* fureur *f.*
furta-cor *adj.* changeant.
furtar *v.t.* voler, dérober; (*fam.*) chiper, flouer; — *tudo a* dévaliser.

furtivamente *adv.* à la dérobée.
furtivo *adj.* furtif.
furto *s.m.* larcin, vol.
furúnculo *s.m.* furoncle.
furunculose *s.f.* furonculose.
fusa *s.f.* (*Mús.*) triple croche.
fusão *s.f.* fusion.
fusca *s.f.* volkswagen *m.*
fusco *adj.* brun, basané; sombre.
fuselagem *s.f.* fuselage.
fusibilidade *s.f.* fusibilité.
fusiforme *adj.* fusiforme.
fusionar *v.t.* e *int.* fusionner.
fusível *adj.* fusible; *s.m.* fusible, plomb.
fuso *s.m.* fuseau.
fustão *s.m.* futaine *f.*
fuste *s.m.* fût.

fustigar *v.t.* fustiger.
futebol *s.m.* football.
fútil *adj.* futile.
futilidade *s.f.* 1. futilité; baliverne; 2. *hochet.
futrica *s.f.* micmac *m.*; intrigue.
futricar *v.int.* intriguer, mijoter.
futurismo *s.m.* futurisme.
futurista *adj.*; *s.* futuriste.
futuro *adj.* futur; *s.m.* 1. avenir; 2. futur.
futurologia *s.f.* futurologie, prospective.
futurólogo *s.m.* futurologue.
fuxicar *v.int.* o mesmo que *futricar.*
fuxico *s.m.* potin.
fuzil *s.m.* fusil; (*pop.*) flingue.
fuzilamento *s.m.* fusillement.
fuzilar *v.t.* fusiller, passer par les armes.
fuzilaria *s.f.* fusillade.

G

gabar *v.t.* vanter; (*excessivamente*) surfaire; *v.pron.* se vanter, se targuer.
gabardina *s.f.* gabardine.
gabarito *s.m.* **1.** gabarit; **2.** (*fig.*) qualité, niveau; **3.** corrigé.
gabarola *adj.* vantard, crâneur.
gabinete *s.m.* cabinet.
gabola *adj.* o mesmo que *gabarola*.
gabolice *s.f.* vantardise, fanfaronnade.
gadanho *s.m.* griffe *f.*
gado *s.m.* bétail.
gafanhoto *s.m.* sauterelle *f.*
gafe *s.f.* gaffe; pas *m.* de clerc; impair *m.*; *cometer —s* gaffer, mettre les pieds dans le plat; *fazedor de —s* gaffeur.
gafieira *s.f.* bal *m.* populaire, sauterie.
gaforinha *s.f.* tignasse.
gagá *adj.*; *s.* gaga, gâteux.
gagueira *s.f.* bégaiement *m.*
gaguejar *v.t.* bégayer, bredouiller; (*fam.*) vasouiller.
gaiato *adj.* polisson; *s.m.* mauvais plaisant.
gaio[1] *s.m.* (*ave*) geai.
gaio[2] *adj.* gai.
gaiola *s.f.* cage.
gaita[1] *s.f.* chalumeau *m.*; *— de boca* harmonica *m.*
gaita[2] *s.f.* (*pop.*) pognon *m.*, pèze *m.*, trèfle, fric *m.*
gaita de foles *s.f.* cornemuse.
gaiteiro *s.m.* joueur de chalumeau; joueur d'harmonica; cornemuseur.
gaivota *s.f.* mouette.
gala *s.f.* gala.
galã *s.m.* jeune premier.
galantaria *s.f.* galanterie.
galante *adj.* galant.
galantear *v.t.* conter fleurette à.
galanteio *s.m.* attentions amoureuses *f.pl.*, cour *f.*

galantemente *adv.* galamment.
galantina *s.f.* galantine.
galão[1] *s.m.* galon, liséré.
galão[2] *s.m.* (*medida de capacidade*) gallon.
galardão *s.m.* récompense *f.*
galardoar *v.t.* récompenser.
galáxia *s.f.* galaxie.
galé *s.f.* galère; *s.m.* galérien, forçat; *s.m.pl.* galères *f.*
galego *adj.*; *s.pátr.* galicien.
galeria *s.f.* galerie; passage *s.m.*
Gales *s.f.* Galles.
galês *adj.*; *s.pátr.* gallois.
galgar *v.t.* franchir, gravir.
galgo *s.m.* lévrier.
galhada *s.f.* bois *m.* du cerf, ramure.
galhardete *s.m.* flamme *f.*, guidon.
galhardia *s.f.* élégance, gentillesse, bravure.
galhardo *adj.* élégant, gentil, brave.
galharia *s.f.* ramure.
galheta *s.f.* burette.
galho *s.m.* **1.** branche *f.*; **2.** corne *f.*
galhofa *s.f.* raillerie.
galhofeiro *adj.* railleur.
Gália *s.f.* Gaule.
Galícia *s.f.* Galicie.
galicismo *s.m.* gallicisme.
Galileia *s.f.* Galilée.
galimatias *s.m.* galimatias.
galináceo *adj.*; *s.* gallinacé.
galinha *s.f.* poule; *— -d'angola* pintade.
galinheiro *s.m.* poulailler, volailler, basse-cour *f.*; mue *f.*
galinhola *s.f.* bécasse.
Galiza *s.f.* Galice.
galo[1] *s.m.* coq.
galo[2] *s.m.* bosse *f.*
galocha *s.f.* caoutchouc *m.*
galopar *v.int.* galoper.

galope s.m. galop.
galpão s.m. hangar.
galvanizar v.t. galvaniser.
gama s.f. gamme.
gamado adj. (fam.) mordu; *estar — por* avoir dans la peau.
gamão s.m. trictrac.
gambá s.m. didelphe.
gambiarra s.f. (*rampa de refletores*) *herse.
gamela s.f. gamelle.
gamo s.m. daim.
gana s.f. forte envie.
Gana s.f. Ghana m.
ganância s.f. âpreté au gain.
ganancioso adj. âpre au gain.
gancho s.m. crochet; *repor no — (telefone)* racrocher; *tirar do — (telefone)* décrocher.
ganchoso adj. crochu.
ganense adj.; s.pátr. ghanéen.
ganga s.f. gangue.
gânglio s.m. ganglion.
gangorra s.f. balançoire, bascule.
gangrena s.f. gangrène.
gangrenar v.t. gangrener; v.pron. se gangrener.
ganhador adj.; s.m. gagnant.
ganha-pão s.m. gagne-pain.
ganhar v.t. gagner, toucher; recevoir; *— tempo* gagner du temps; *que é que eu ganho com isso?* cela me fait une belle jambe.
ganho s.m. gain.
ganido s.m. jappement, glapissement.
ganir v.int. japper, glapir.
gansa s.f. oie.
ganso s.m. jars; (*genericamente*) oie f.; *— pequeno* oison.
garagem s.f. garage m.
garagista s.m. garagiste.
garantia s.f. garantie, nantissement m.
garantir v.t. garantir; *garanto!* (*pop.*) je te fiche mon billet.
garapa s.f. 1. rafraîchissement m. fait de miel et d'eau; 2. jus m. de canne à sucre.
garatuja s.f. patte de mouche.
garatujar v.t. gribouiller, griffonner.
garatujas s.f.pl. gribouillage m.
garbo s.m. prestance f.
garboso adj. de belle prestance, distingué.
garça s.f. aigrette; *—-real* héron m.
garço adj. vairon.
garçom s.m. garçon; (*pop.*) loufiat.
garçonete s.f. serveuse.

gardênia s.f. gardénia m.
gare s.f. gare.
garfo s.m. fourchette f.; *ser um bom —* avoir un joli coup de fourchette.
gargalhada s.f. éclat m. de rire; *soltar uma —* s'esclaffer.
gargalhar v.int. rire aux éclats.
gargalo s.m. goulot.
garganta s.f. gorge; *limpar a —* racler la gorge; (*fig.*) *ser —* se payer de mots.
gargarejar v.int. se gargariser.
gargarejo s.m. gargarisme.
gárgula s.f. gargouille.
gari s.m. balayeur.
garimpar v.t. chercher des diamants.
garimpeiro s.m. chercheur de diamants.
garimpo s.m. 1. mine f. de diamants; 2. extraction f. clandestine de diamants.
garlopa s.f. varlope.
garoa s.f. bruine, crachin m.
garoar v.int. bruiner.
garota s.f. gamine, gosse.
garotada s.f. groupe m. de gamins.
garoto s.m. gamin, gosse; (*de Paris*) titi, gavroche; (*pop.*) moutard.
garoupa s.f. (*peixe*) perche de mer, serran m.
garra s.f. serre, griffe; *ter —* avoir de l'abattage.
garrafa s.f. bouteille, carafe; *— térmica* s.f. thermos m.
garrafal adj. énorme.
garrafão s.m. dame-jeanne.
garrafinha s.f. fiole.
garranchos s.m.pl. mauvaise écriture f., gribouillage.
garriça s.f. o mesmo que *carriça*.
garrido adj. pimpant.
garrote s.m. garrot.
garrotilho s.m. croup.
garrucha s.f. pistolet m.
garupa s.f. croupe.
gás s.m. gaz.
gascão adj.; s.pátr. gascon.
gascoa adj.; s.pátr. gasconne.
Gasconha s.f. Gascogne.
gaseificar v.t. gazéifier.
gasnete s.m. sifflet.
gasolina s.f. essence.
gasômetro s.m. gazomètre.
gasoso adj. gazeux.
gasparinho s.m. la moindre fraction d'un billet de loterie.
gáspea s.f. empeigne.

gastador *s.m.* dépensier, gaspilleur.
gastar *v.t.* dépenser; user; (*tempo*) mettre; —*demais* brûler la chandelle par les deux bouts; —*seus bens antes do tempo* manger son blé en herbe.
gasto¹ *adj.* usé.
gasto² *s.m.* frais *pl.*, usage; *dar para o —servir*; faire l'affaire; *ter feito —s em vão* en être pour ses frais.
gástrico *adj.* gastrique.
gastrite *s.f.* gastrite.
gastronomia *s.f.* gastronomie.
gastronômico *adj.* gastronomique.
gastrônomo *s.m.* gastronome.
gata *s.f.* chatte; —*borralheira* cendrillon.
gatão *s.m.* matou.
gateira *s.f.* chatière.
gatilho *s.m.* détente, gâchette.
gatinhas *s.f.pl. andar de —* marcher à quatre pattes.
gato *s.m.* chat; (*fam.*) minou; (*não castrado*) matou; —*escaldado tem medo de água fria* chat échaudé craint l'eau froide; —*pequeno* chaton.
gatuno *s.m.* filou.
gaúcho *adj.*; *s.pátr.* gaucho: (habitant) de l'État de Rio Grande do Sul.
gaulês *adj.*; *s.pátr.* gaulois.
gávea *s.f.* *hune.
gavela *s.f.* gerbe, javelle.
gaveta *s.f.* tiroir.
gavião *s.m.* épervier.
gavinha *s.f.* vrille.
gaze *s.f.* gaze.
gazear *v.int.* manquer aux classes, faire de l'école buissonnière.
gazela *s.f.* gazelle.
gazeta¹ *s.f.* gazette.
gazeta² *s.f. fazer —* faire l'école buissonnière.
gazetar *v.int.* o mesmo que *gazear*.
gazeteiro *s.m.* **1.** gazetier, mauvais journaliste; **2.** (*mau aluno*) cancre.
gazua *s.f.* crochet *m.*, passe-partout *m.*, pince-monseigneur.
geada *s.f.* givre *m.*, gelée blanche, frimas *m.*
gêiser *s.m.* geyser.
geladeira *s.f.* glacière, frigidaire *m.*; (*fam.*) frigo *m.*
gelado *adj.* glacé; (*bebida*) frappé.
gelar *v.int. e t.* geler, transir.
gelatina *s.f.* gélatine.
gelatinoso *adj.* gélatineux.
geleia *s.f.* gelée; (*de frutas*) confiture.

geleira *s.f.* glacier *m.*
gelo *s.m.* glace *f.*; *pedaço de —* glaçon; *camada fina de gelo nas ruas* verglas *m.*
gelosia *s.f.* jalousie.
gema *s.f.* (*de ovo*) jaune *m.* (d'œuf).
gemada *s.f.* chaudeau *m.*, lait-de-poule *m.*
gêmea *adj.*; *s.f.* jumelle.
gêmeo *adj.*; *s.m.* jumeau.
gemer *v.int.* gémir.
gemido *s.m.* gémissement; *soltar —s* ahaner.
geminar *v.t.* jumeler.
gendarme *s.m.* gendarme; (*pop.*) guignol.
gene *s.m.* gène.
genealogia *s.f.* généalogie.
genealógico *adj.* généalogique.
genealogista *s.* généalogiste.
genebra *s.f.* genièvre.
Genebra *s.f.* Genève.
genebrino *adj.*; *s.pátr.* genevois.
general *s.m.* général.
generala *s.f.* générale.
generalato *s.m.* générałat.
generalidade *s.f.* généralité.
generalíssimo *s.m.* généralissime.
generalização *s.f.* généralisation.
generalizar *v.t.* généraliser.
genérico *adj.* générique.
gênero *s.m.* genre.
gêneros alimentícios *s.m.pl.* denrées.
generosidade *s.f.* générosité.
generoso *adj.* généreux.
gênese *s.f.* genèse.
genética *s.f.* génétique.
geneticista *adj.*; *s.m.* généticien; *adj.*; *s.f.* généticienne.
genético *adj.* génétique.
gengibre *s.m.* gingembre.
gengiva *s.f.* gencive.
gengivite *s.f.* gengivite.
genial *adj.* génial.
gênio¹ *s.m.* génie.
gênio² *s.m.* humeur *f.*, caractère.
genioso *adj.* irascible, coléreux.
genital *adj.* génital.
genocídio *s.m.* génocide.
Gênova *s.f.* Gênes *m.*
genovês *adj.*; *s.pátr.* gênois.
genro *s.m.* beau-fils.
gentalha *s.f.* racaille.
gente *s.f.* gens *pl.*; du monde; *muita —* beaucoup de monde; *pouca —* peu de monde; *a — on*.
gentil *adj.* gentil.

gentileza *s.f.* gentillesse, obligeance, gracieuseté, prévenance.
gentil-homem *s.m.* gentilhomme.
gentilidade *s.f.* gentilité.
gentilmente *adv.* gentiment.
gentio *s.m.* gentil.
genuflexão *s.f.* génuflexion.
genuflexório *s.m.* prie-Dieu.
genuíno *adj.* pur, authentique.
geodésia *s.f.* géodésie.
geografia *s.f.* géographie.
geográfico *adj.* géographique.
geógrafo *s.m.* géographe.
geologia *s.f.* géologie.
geológico *adj.* géologique.
geólogo *s.m.* géologue.
geômetra *s.m.* géomètre.
geometria *s.f.* géométrie.
geométrico *adj.* géométrique.
geração *s.f.* génération.
gerador *s.m.* générateur.
geral *adj.* général.
gerânio *s.m.* géranium.
gerar *v.t.* enfanter, engendrer.
geratriz *s.f.* génératrice.
gerência *s.f.* gérance.
gerencialismo *s.m.* directorialisme.
gerente *s.m.* gérant, administrateur; (*depr.*, *de antro de jogatina ou randevu*) tenancier; *f.* tenancière.
gergelim *s.m.* sésame.
geriatria *s.f.* gériatrie.
geringonça *s.f.* **1.** argot *m.*, baragouin *m.*; **2.** engin.
gerir *s.m.* gérer.
germânico *adj.* germanique.
germanista *s.* germaniste.
germanizar *v.t.* germaniser.
germano[1] *adj.* (*do mesmo pai e da mesma mãe*) germain.
germano[2] *adj.*; *s.pátr.* germain.
germe *s.m.* germe.
gérmen *s.m.* o mesmo que *germe*.
germicida *adj.*; *s.m.* germicide.
germinação *s.f.* germination.
germinar *v.int.* germer.
gerontocracia *s.f.* gérontocratie.
gerontologia *s.f.* gérontologie.
gerúndio *s.m.* gérondif.
gessar *v.t.* plâtrer.
gesso *s.m.* plâtre.
gesta *s.f.* geste.
gestação *s.f.* gestation.
gestante *s.f.* femme enceinte, femme grosse.
gestão *s.f.* gestion.
gesticulação *s.f.* gesticulation.
gesticular *v.int.* gesticuler.
gesto *s.m.* geste.
giba *s.f.* bosse.
gibão *s.m.* pourpoint.
gibi *s.m.* **1.** négrillon; **2.** (*título de uma revista infantil*); *que não está no —* qui n'est pas piqué des vers; remarquable.
gibosidade *s.f.* gibbosité.
giesta *s.f.* genêt.
gigante *adj.*; *s.* géant.
gigantesco *adj.* gigantesque.
gigolô *s.m.* gigolo, souteneur.
gilete *s.m.* rasoir (de sûreté); (*fig.*, *gír.*) homosexual, inverti.
gilvaz *s.m.* estafilade *f.*
gim *s.m.* gin.
ginasiano *s.m.* collégien, lycéen; (*fam.*) potache.
ginásio *s.m.* **1.** gymnase; **2.** (*aprox.*) lycée; les quatre dernières années de l'enseignement de 1er degré.
ginasta *s.m.* gymnaste.
ginástica *s.f.* gymnastique.
ginástico *adj.* gymnastique.
gineceu *s.m.* gynécée.
ginecologia *s.f.* gynécologie.
ginecologista *s.* gynécologue.
gingar *v.int.* se dandiner.
ginja *s.f.* griotte, guigne.
gira *s.* (*fam.*) loufoque.
girafa *s.f.* girafe.
girândola *s.f.* girandole, gerbe.
girar *v.int.* tourner, tournoyer, pivoter.
girassol *s.m.* tournesol.
giratório *adj.* giratoire; tournant.
gíria *s.f.* argot *m.*, jargon *m.*; *de —* argotique.
girino *s.m.* têtard.
giro *s.m.* tour; (*fam.*) vadrouille *f.*
gironda *s.f.* laie.
gitano *adj.*; *s.pátr.* gitan.
giz *s.m.* craie.
glabro *adj.* glabre.
glacê *adj.* glacé.
glacial *adj.* glacial.
gladiador *s.m.* gladiateur.
gládio *s.m.* glaive.
glande *s.f.* gland *m.*
glândula *s.f.* glande.
glandular *adj.* glandulaire.
glauco *adj.* glauque.
glaucoma *s.m.* glaucome.

gleba *s.f.* glèbe.
glicerina *s.f.* glycérine.
glicina *s.f.* glycocolle.
glicínia *s.f.* glycine.
glicose *s.f.* glucose.
global *adj.* global.
globo *s.m.* globe.
glóbulo *s.m.* globule.
glória *s.f.* gloire.
glorificação *s.f.* glorification.
glorificar *v.t.* glorifier; hisser sur le pavois; *v.pron.* se glorifier, se vanter.
gloríola *s.f.* gloriole.
glorioso *adj.* glorieux.
glosa *s.f.* glose.
glosar *v.t.* gloser.
glossário *s.m.* glossaire.
glote *s.f.* glotte.
glu-glu *s.m.* glouglou.
glutão *adj.* glouton, goulu, goinfre.
glute *s.m.* gluten.
glutonaria *s.f.* gloutonnerie, goinfrerie.
gnaisse *s.m.* gneiss.
gnomo *s.m.* gnome.
gnosticismo *s.m.* gnosticisme.
gnóstico *adj.*; *s.* gnostique.
gnu *s.m.* gnou.
godé *s.m.* godet.
godo *adj.*; *s.pátr.* goth.
goela *s.f.* gosier *m.*
goiaba *s.f.* goyave.
goiabeira *s.f.* goyavier *m.*
goivo *s.m.* giroflée *f.*
gol *s.m.* goal, but.
gola *s.f.* col *m.*, collet *m.*
gole *s.m.* gorgée *f.*; trait *m.*
goleada *s.f.* raclée (infligée à un team de football).
goleiro *s.m.* gardien de but.
golfada *s.f.* jet *m.*, vomissement *m.*
golfe *s.m.* golf.
golfinho *s.m.* dauphin.
golfo *s.m.* golfe.
golilha *s.f.* carcan *m.*
golpe *s.m.* coup; — *de Estado* coup d'État; — *de misericórdia* coup de grâce; *de* — d'emblée.
golpear *v.t.* frapper.
goma *s.f.* amido *m.*, empois *m.*; — *-arábica* gomme.
gomar *v.t.* gommer.
gomo *s.m.* bourgeon; — *de laranja* côte *f.*
gôndola *s.f.* 1. gondole; 2. stand de supermarché.

gondoleiro *s.m.* gondolier.
gongo *s.m.* gong.
gonorreia *s.f.* gonorrhée.
gonzo *s.m.* gond.
gorar *v.int.* échouer, rater.
gordo *adj.* gras, gros; (*fig.*) *nunca o vi mais* — je ne le connais ni d'Eve ni d'Adam.
gorducho *adj.* grassouillet, potelé, patapouf.
gordura *s.f.* graisse; embonpoint *m.*
gorduroso *adj.* gras, graisseux.
gorgulho *s.m.* charançon.
gorila *s.m.* gorille.
gorjear *v.int.* gazouiller.
gorjeta *s.f.* pourboire *m.*
gororoba *s.f.* tambouille.
gorro *s.m.* bonnet.
gosma *s.f.* gourme; substance gluante, glu.
gosmento *adj.* gluant.
gostar *v.int. de* aimer; — *de crer* se flatter de; *gostaria de falar-lhe* je voudrais vous parler.
gosto *s.m.* 1. goût; saveur *f.* 2. bon goût; *dar mais* — *a* relever; *há* — *para tudo* tous les goûts sont dans la nature.
gota *s.f.* goutte.
goteira *s.f.* 1. gouttière; 2. infiltration d'eaux pluviales.
gotejar *v.int.* dégoutter, dégouliner.
gótico *adj.* gothique.
gotinha *s.f.* goutelette.
gotoso *adj.* goutteux, podagre.
gourmet *s.m.* gourmet.
governador *s.m.* gouverneur.
governamental *adj.* gouvernemental.
governanta *s.f.* gouvernante.
governante *s.m.* gouvernant.
governar *v.t.* gouverner.
governista *adj.* loyaliste.
governo *s.m.* 1. gouvernement; 2. *para seu* — pour votre gouverne.
gozação *s.f.* gouaillerie.
gozado *adj.* (*pop.*) poilant.
gozador *s.m.* 1. jouisseur; 2. gouailleur.
gozar *v.int.* 1. jouir de; 2. payer la tête de.
gozo *s.m.* jouissance *f.*
Grã-Bretanha *s.f.* Grande-Bretagne.
graça *s.f.* 1. grâce; 2. faveur; 3. charme *m.*, cachet *m.*; — *afetada* mignardise; 4. mot d'esprit, plaisanterie; 5. (*fam.*) nom de baptême, petit nom; 6. — *s a* grâce à; —*s a Deus* Dieu merci; *de* — gratuitement; à l'œil; *estar nas boas* —*s de* être dans les petits papiers de.

gracejar *v.int.* badiner, plaisanter, batifoler.
gracejo *s.m.* plaisanterie.
grácil *adj.* gracile, grêle.
gracioso *adj.* gracieux.
graçola *s.f.* gaudriole.
gradação *s.f.* gradation.
grade[1] *s.f.* grille; grillage *m.*; treillis *m.*; — *de radiador* calandre.
grade[2] *s.f.* *herse.
gradear *v.t.* grillager.
grado[1] *s.m.* *de bom* — volontiers.
grado[2] *adj.* notable, important.
grado[3] *s.m.* grade.
graduação *s.f.* graduation.
gradual *adj.* graduel.
graduar *v.t.* graduer.
grã-duquesa *s.f.* grande-duchesse.
grafar *v.t.* orthographier.
grafia *s.f.* graphie.
gráfico *adj.*; *s.m.* **1.** graphique; **2.** ouvrier d'art graphique.
grã-fino *adj.*; *s.* (*gír.*) mondain, snob, nouveau-riche.
grafita *s.f.* graphite *m.*
grafologia *s.f.* graphologie.
grafológico *adj.* graphologique.
grafólogo *s.m.* graphologue.
gralha[1] *s.f.* (*ave*) corneille.
gralha[2] *s.f.* (*erro tipográfico*) coquille.
grama[1] *s.f.* gazon.
grama[2] *s.m.* gramme.
gramar *v.t.* (*fam.*) supporter, endurer.
gramática *s.f.* grammaire.
gramatical *adj.* grammatical.
gramático *adj.* grammatical; *s.m.* grammairien.
gramatiqueiro *s.m.* grammairien aux vues étroites.
gramatiquice *s.f.* pédanterie de grammairien.
gramíneas *s.f.pl.* graminées.
gramofone *s.m.* gramophone.
grampeador *s.m.* brocheuse *f.*, agrafeuse *f.*
grampear *v.t.* agrafer.
grampo *s.m.* **1.** crampon, agrafe *f.*; **2.** épingle *f.* à cheveux.
grana *s.f.* (*gír.*) braise, galette, oseille, fric *m.*, pèze *m.*, pognon *m.*
granada *s.f.* grenade.
granadeiro *s.m.* grenadier.
granadina *s.f.* (*tecido*) grenadine.
grande *adj.*; *s.m.* grand.
grandeza *s.f.* grandeur.
grandioso *adj.* grandiose.
granel *s.m.* **1.** grenier; *a* — en vrac; **2.** (*prova tipográfica*) placard.
granítico *adj.* granitique.
granito *s.m.* granit *ou* granite.
granizar *v.int.* grêler.
granizo *s.m.* grésil; grêle *f.*; grêlon.
granja *s.f.* grange, ferme.
granjear *v.t.* obtenir, conquérir.
granjeiro *s.m.* fermier.
granular[1] *v.t.* granuler.
granular[2] *adj.* granulaire.
grânulo *s.m.* granule.
granuloso *adj.* granuleux; *superfície granulosa* grain *m.*
grão[1] *s.m.* grain; *de* — *em* — *a galinha enche o papo* petit à petit l'oiseau fait son nid.
grão[2] *adj.* o mesmo que *grande*.
grão-de-bico *s.m.* pois chiche.
grão-ducado *s.m.* grand-duché.
grão-duque *s.m.* grand-duc.
grape-fruit *s.m.* pamplemousse *f.*, poméло.
grasnar *v.int.* cacarder.
grassar *v.int.* sévir.
gratidão *s.f.* gratitude.
gratificar *v.t.* gratifier, récompenser, rémunérer.
gratificação *s.f.* gratification.
grátis *adv.* gratis, gratuitement; (*fam.*) à l'œil.
grato *adj.* **1.** reconnaissant; **2.** agréable.
gratuidade *s.f.* gratuité.
gratuito *adj.* gratuit, gracieux.
grau *s.m.* **1.** degré; **2.** grau; *colar* — recevoir un grade, un titre (universitaire); **3.** moyenne *f.*, note *f.*
graúdo *adj.* grand, gros.
graúna *s.f.* psomocolax *m.*, merle *m.* du Brésil.
gravação *s.f.* enregistrement (du son).
gravador[1] *s.m.* graveur.
gravador[2] *s.m.* magnétophone, magnéto.
gravar[1] *v.t.* graver; (*em disco ou fita*) enregistrer.
gravar[2] *v.t.* grever.
gravata *s.f.* cravate.
gravatá *s.m.* broméliacée *f.*
grave *adj.* **1.** grave; **2.** posé.
gravemente *adv.* (*ferido*) grièvement.
graveto *s.m.* menu bois, brindille *f.*
grávida *adj.* enceinte, grosse.
gravidade *s.f.* gravitè.
gravidez *s.f.* grossesse.
gravitação *s.f.* gravitation.

gravitar *v.int.* graviter.
gravura *s.f.* gravure.
graxa *s.f.* graisse *f.*; (*para sapato*) cirage *m.*, cambouis *m.*
Grécia *s.f.* Grèce.
grega *s.f.* (*Arquit.*) grecque.
gregário *adj.* grégaire.
grego *adj.*; *s.pátr.* grec; — *moderno* néo--grec; *contentar —s e troianos* ménager la chèvre et le chou.
greguês *adj.* grégeois.
grelha *s.f.* gril *m.*, grille.
grelhado *s.m.* grillade.
grelhar *v.t.* griller.
grêmio *s.m.* 1. giron, sein; 2. association *f.*, cercle.
greta *s.f.* crevasse; (*na pele*) gerçure.
gretar *v.t.* gercer.
grevas *s.f.pl.* jambière.
greve *s.f.* grève; *furar a* — se refuser à prendre part à une grève; *incitar à* — débaucher.
grevista *adj.*; *s.* gréviste.
grifar *v.t.* mettre en italique.
grifo *s.m.* (*Tip.*) italique.
grilheta *s.f.* chaîne (du forçat); *s.m.* forçat; bagnard, galérien.
grilo *s.m.* grillon, cri-cri.
grimpar *v.int.* 1. grimper; 2. répondre avec arrogance; *v.t.* gravir.
grinalda *s.f.* guirlande.
grinfar *v.int.* trisser.
gringo *s.m.* (*depr.*) métèque.
gripado *adj.* grippé.
gripar-se *v.pron.* s'enrhumer.
gripe *s.f.* grippe.
grisalho *adj.* grisâtre.
grisê *s.m.* grisé.
grisu *s.m.* grisou.
grita *s.f.* clameur.
gritante *adj.* criard; aigre.
gritar *v.t.* crier; (*fam.*) gueuler.
gritaria *s.f.* criaillerie, piaillerie.
grito *s.m.* cri.
Groenlândia *s.f.* Groenland *m.*
grogue *s.m.* grog.
grosa^1 *s.f.* (*12 dúzias*) grosse.
grosa^2 *s.f.* râpe.
groselha *s.f.* groseille.
grosseirão *s.m.* goujat, mufle, paltoquet, rustaud.
grosseiro *adj.* grossier; malotru.
grosseirona *adj.*; *f.* grossière; poissarde.
grosseria *s.f.* grossièreté.

grossista *s.* grossiste.
grosso *adj.* gros.
grossura *s.f.* 1. grosseur; 2. grossièreté.
grota *s.f.* grotte.
grotesco *adj.* grotesque.
grou *s.m.* grue *f.*
grua *s.f.* 1. (*fêmea do grou*) grue; 2. (*aparelho para levantar pesos*) grue.
grudar *v.t.* coller; *v.pron.* se coller.
grude *s.m.* colle *f.*
grumar *v.t.* grumeler; *v.int.*; *pron.* se grumeler.
grumete *s.m.* mousse.
grumo *s.m.* grumeau.
grunhido *s.m.* grognement.
grunhir *v.int.* grogner.
grupinho *s.m.* petit groupe, coterie *f.*
grupo *s.m.* groupe.
gruta *s.f.* grotte.
guabiru *s.m.* guabirou, rat frugivore.
guache *s.m.* gouache *f.*
Guadalupe *s.f.* Guadeloupe.
guaiamum *s.m.* (*crustáceo*) gécarcin.
guanaco *s.m.* guanaco.
guandu *s.m.* cytise des Indes; pois d'Angola; pois du Congo.
guano *s.m.* guano.
guapo *adj.* 1. hardi, vaillant; 2. joli.
guará^1 *s.m.* loup à crinière.
guará^2 *s.m.* ibis rouge.
guaraná *s.m.* 1. guarana, plante de l'Amazonie (*Paullinia cupana*); 2. boisson *f.* extraite des graines de cette plante.
guarani *adj.*; *s.pátr.* guarani.
guarda^1 *s.f.* garde.
guarda^2 *s.m.* policier, agent de police, gardien; — *de prisão* garde-chiourme; — *motorizado* motard; — *noturno* gardien de nuit.
guarda-cancela *s.m.* garde-barrière.
guarda-chuva *s.m.* parapluie; (*fam.*) pépin, riflard; — *de cabo curto* tom-pouce.
guarda-comida *s.m.* garde-manger.
guarda-costas *s.m.* homme de main, sbire.
guardador *s.m.* gardien.
guarda-fogo *s.m.* garde-feu, écran.
guarda-freio *s.m.* garde-frein.
guarda-joias *s.m.* écrin.
guarda-livros *s.m.* comptable, teneur de livres.
guarda-louça *s.m.* vaisselier.
guarda-móveis *s.m.* garde-meuble.
guardanapo *s.m.* serviette *f.*
guarda-pó *s.m.* cache-poussière, survêtement.

guardar *v.t.* garder.
guarda-rede *s.m.* (*Fut.*) gardien de but.
guarda-roupa *s.m.* **1.** (*armário de roupas*) garde-robe; **2.** (*conjunto das roupas de uma pessoa*) garde-robe; **3.** (*funcionário de teatro*) habilleur, habilleuse *f.*
guarda-sol *s.m.* parasol.
guarda-vento *s.m.* paravent.
guarda-vestidos *s.m.* garde-robe.
guardião *s.m.* gardien.
guariba *s.m.* alouate.
guarita *s.f.* guérite.
guarnecer *v.t.* garnir, pourvoir; armer.
guarnição *s.f.* **1.** garnison; **2.** garniture.
guasca *adj.*; *s.pátr.* (habitant) de l'État de Rio Grande do Sul.
Guatemala *s.f.* Guatémala *m.*
guatemalteco *adj.*; *s.pátr.* guatémaltèque, guatémalien.
guaxinim *s.m.* raton crabier.
gude *s.m.* jeu de billes.
gueixa *s.f.* geisha.
guelras *s.f.pl.* ouïes.
guerra *s.f.* guerre; — *é* — à la guerre comme à la guerre; *estar em* — *aberta com* être à couteaux tirés avec.
guerrear *v.int.* guerroyer.
guerreiro *s.m.* guerrier.
guerrilha *s.f.* guérilla.
guerrilheiro *s.m.* guérrillero, partisan.
gueto *s.m.* ghetto.
guia[1] *s.f.* **1.** guide; **2.** bulletin; **3.** formulaire *m.*
guia[2] *s.m.* guide; — *ferroviário* indicateur des chemins de fer.

Guiana *s.f.* Guyane.
guianense *adj.*; *s.pátr.* guyanais.
guiar *v.t.* **1.** guider; **2.** (*automóvel*) diriger.
guichê *s.m.* guichet.
guidom *s.m.* guidon.
guiga *s.f.* périssoire.
guilherme *s.m.* guillaume.
guilhotina *s.f.* guillotine; (*pop.*) la veuve.
guilhotinar *v.t.* guillotiner.
guimba *s.f.* (*pop.*) mégot *m.*
guinada *s.f.* embardée; *dar uma* — tourner court.
guinar *v.int.* embarder.
guinchar *v.int.* glapir, couiner.
guincho[1] *s.m.* glapissement.
guincho[2] *s.m.* cric.
guindado *adj.* guindé.
guindar *v.t.* guinder.
guindaste *s.m.* grue *f.*, cric.
guipura *s.f.* guipure.
guisa *s.f.* guise, manière; *à* — *de* en guise de.
guisado *s.m.* fricassé, ragoût; civet; (*fam.*) fricot.
guisar *v.t.* fricoter.
guizo *s.m.* grelot.
gula *s.f.* gourmandise.
gulodice *s.f.* douceur, friandise.
guloseima *s.m.* gourmandise.
guloso *adj.* gourmand, friand.
gume *s.m.* fil, tranchant; *de dois* —*s* à double tranchant.
guri *s.m.* garoto, gamin; (*pop.*) moutard.
gusa *s.f.* gueuse.
guta-percha *s.f.* gutta-percha.
gutural *adj.* guttural.

H

há V. *haver.*
habeas-corpus *s.m.* sûreté individuelle.
hábil *adj.* **1.** habile, adroit; **2.** habile, habilité, légal.
habilidade *s.f.* **1.** habileté, dextérité, adresse, tour *m.*; **2.** habilité, aptitude légale.
habilitação *s.f.* habilitation.
habilitar *v.t.* habiliter.
habitação *s.f.* habitation, logement *m.*, logis *m.*
habitante *s.m.* habitant; *f.* habitante.
habitar *v.int.* habiter, demeurer; *v.t.* habiter.
hábitat *s.m.* habitat.
habitável *adj.* habitable.
hábito *s.m.* **1.** habitude *f.*, costume *f.*; pli; **2.** (*traje de padre*) habit; *largar o —* jeter le froc aux orties.
habitual *adj.* habituel.
habituar *v.t.* habituer, accoutumer; *v.pron.* *— a* s'habituer à, se faire à.
hachurar *v.t.* hachurer.
hagiógrafo *s.m.* hagiographe.
Haia *s.f.* la *Haie.
Haiti *s.m.* Haïti.
haitiano *adj.*; *s.pátr.* haïtien.
halali *s.m.* hallali.
hálito *s.m.* haleine *f.*, souffle.
hall *s.m.* *hall.
halo *s.m.* *halo.
haltere *s.m.* haltère.
handicap *s.m.* *handicap.
haraquiri *s.m.* *hara-kiri.
haras *s.m.* *haras.
harém *s.m.* *harem.
harmonia *s.f.* harmonie.
harmônica *s.f.* harmonica *s.m.*
harmônico *adj.* harmonique.
harmônio *s.m.* harmonium.
harmonioso *adj.* harmonieux.

harmonizar *v.t.* harmoniser.
harpa *s.f.* *harpe.
harpia *s.f.* *harpie.
harpista *s.* *harpiste.
hasta pública *s.f.* enchères *pl.*
haste *s.f.* **1.** tige; **2.** brin; **3.** *hampe.
hastear *v.t.* arborer, *hisser.
haurir *v.t.* **1.** aspirer, *humer; **2.** extraire.
Havaí *s.m.* Hawaii.
havaiano *adj.*; *spátr.* hawaiien.
Havana *s.f.* la *Havane.
haver *v.t.* avoir; *v.imp.* *há* il y a; *não há* il n'y a pas; *há pouco* tout à l'heure, naguère; *— de* devoir; falloir; *s.m.* avoir; *—es* biens.
haxixe *s.m.* *haschisch.
hebdomadário *adj.*; *s.m.* hebdomadaire.
hebetar *v.t.* hébéter.
hebraico *adj.* hébraïque; *s.m.* hébreu, langue *f.* hébraïque.
hebreu *s.m.* hébreu.
hecatombe *s.f.* hécatombe.
hectare *s.m.* hectare.
héctico *adj.* hectique.
hectograma *s.m.* hectograme.
hectolitro *s.m.* hectolitre.
hectômetro *s.m.* hectomètre.
hediondo *adj.* *hideux, affreux.
hedonismo *s.m.* hédonisme.
hegemonia *s.f.* hégémonie.
hégira *s.f.* hégire.
Hélade *s.f.* Hellade.
helênico *adj.pátr.* hellénique.
helenismo *s.m.* hellénisme.
helenizar *v.t.* helléniser.
heleno *s.m.pátr.* hellène.
hélice *s.f.* hélice.
helicoide *adj.*; *s.m.* hélicoïde.
helicóptero *s.m.* hélicoptère.
hélio *s.m.* hélium.

heliogravura *s.f.* héliogravure.
heliporto *s.m.* héliport.
helvético *adj.pátr.* helvétique.
hem! *interj.* *hein!
hematita *s.f.* hématite.
hematoma *s.m.* hématome.
hemiplegia *s.f.* hémiplégie.
hemiplégico *adj.* hémiplégique.
hemisférico *adj.* hémisphérique.
hemisfério *s.m.* hemisphère.
hemofilia *s.f.* hémophilie.
hemoptise *s.f.* hémoptysie.
hemorragia *s.f.* hemorragie.
hemorroidas *s.f.pl.* hémorroïdes.
hemostático *adj.*; *s.m.* hémostatique.
hena *s.f.* *henné *m.*
hendecágono *s.m.* hendécagone.
hepático *adj.* hépatique.
hepatite *s.f.* hépatite.
heptágono *s.m.* heptagone.
hera *s.f.* lierre *m.*
heráldica *s.f.* héraldique, blason *m.*
heráldico *adj.* héraldique.
herança *s.f.* héritage.
herbário *s.m.* herbier.
herbicida *s.m.* herbicide.
herbívoro *adj.*; *s.* herbivore.
herboso *adj.* herbeux.
hercúleo *adj.* herculéen.
herdade *s.f.* manoir.
herdar *v.t.*; *int.* hériter.
herdeira *s.f.* héritière.
herdeiro *s.m.* héritier.
hereditariedade *s.f.* hérédité.
hereditário *adj.* héréditaire.
herege *s.m.* hérétique.
heresia *s.f.* hérésie; *ser suspeito de* — sentir le fagot.
herético *adj.* hérétique.
herma *s.m.* hermès.
hermafrodito *adj.*; *s.m.* hermaphrodite.
hermético *adj.* hermétique.
hermetismo *s.m.* hermétisme.
hérnia *s.f.* *hernie.
herói *s.m.* *héros.
heroico *adj.* héroïque.
heroína[1] *s.f.* *(fem. de herói)* héroïne.
heroína[2] *s.f.* *(droga)* héroïne.
heroísmo *s.m.* héroïsme.
herpes *s.m.* herpès.
hesitação *s.f.* hésitation, flottement *m.*
hesitar *v.int.* hésiter, atermoyer, se tâter.
hetera *s.f.* *(ant.)* hétaïre.
heteróclito *adj.* hétéroclite.
heterodoxia *s.f.* hétérodoxie.
heterodoxo *adj.* hétérodoxe.
heterogeneidade *s.f.* hétérogénéité.
heterogêneo *adj.* hétérogène.
heterônimo *s.m.* hétéronyme.
hévea *s.f.* hévéa *m.*
hexaedro *s.m.* hexaèdre.
hexágono *s.m.* hexagone.
hiato *s.m.* hiatus.
hibernação *s.f.* hibernation.
hibernal *adj.* hibernal.
hibernar *v.int.* hiberner.
hibisco *s.m.* hibiscus.
hibridez *s.f.* hybridité.
híbrido *adj.* hybride.
hidra *s.f.* hydre.
hidratar *v.t.* hydrater.
hidrato *s.m.* hydrate.
hidráulica *s.f.* hydraulique.
hidráulico *adj.* hydraulique.
hidravião *s.m.* hydravion.
hidrelétrica *s.f.* usine hydro-électrique.
hidrelétrico *adj.* hydro-électrique.
hidrocarboneto *s.m.* hydrocarbure.
hidrocefalia *s.f.* hydrocéphalie.
hidrocefálico *adj.* hydrocéphalique.
hidrodeslizador *s.m.* hydroglisseur.
hidrófilo *adj.* hydrophile.
hidrofobia *s.f.* hydrophobie.
hidrófobo *adj.* hydrophobe.
hidrogênio *s.m.* hydrogène.
hidrópico *adj.*; *s.* hydropique.
hidropisia *s.f.* hydropisie.
hidroplano *s.m.* hydroplane.
hidroterapia *s.f.* hydrothérapie.
hiemal *adj.* hiémal.
hiena *s.f.* hyène.
hierarquia *s.f.* *hiérarchie.
hierárquico *adj.* *hiérarchique.
hierático *adj.* hiératique.
hieróglifo *s.m.* hiéroglyphe.
hífen *s.m.* trait d'union.
hígido *adj.* sain.
higiene *s.f.* hygiène.
higiênico *adj.* hygiénique.
higienista *s.* hygiéniste.
hílare *adj.* hilare.
hilaridade *s.f.* hilarité.
hilota *s.m.* *(Hist.)* ilote.
hímen *s.m.* *(membrana)* hymen.
himeneu *s.m.* *(casamento)* hymen.
hindu *adj.*; *s.pátr.* hindou.
hino *s.m.* *(religioso)* hymne *f.*; *(nacional)* hymne *m.*

hinterlândia *s.f.* arrière-pays *m.*
hipérbole *s.f.* hyperbole.
hiperbólico *adj.* hyperbolique.
hiperestesia *s.f.* hyperesthésie.
hipermetropia *s.f.* hypermétropie.
hipersensível *adj.* hypersensible.
hipertensão *s.f.* hypertension.
hipertenso *adj.* hypertendu.
hipertrofia *s.f.* hypertrophie.
hípico *adj.* hippique.
hipismo *s.m.* hippisme.
hipnose *s.f.* hypnose.
hipnótico *adj.* hypnotique.
hipnotismo *s.m.* hypnotisme.
hipnotizador *s.m.* hypnotiseur.
hipnotizar *v.t.* hypnotiser.
hipocampo *s.m.* hippocampe.
hipocondria *s.f.* hipocondrie.
hipocondríaco *adj.* hipocondriaque.
hipocrisia *s.f.* hipocrisie.
hipócrita *adj.*; *s.* hypocrite.
hipódromo *s.m.* hippodrome.
hipopótamo *s.m.* hippopotame.
hipoteca *s.f.* hypothèque.
hipotecar *v.t.* **1.** hypothéquer; **2.** (*fig.*) garantir, assegurar.
hipotensão *s.f.* hypotension.
hipotenusa *s.f.* hypoténuse.
hipótese *s.f.* hypothèse.
hipotético *adj.* hypothétique.
hirsuto *s.m.* hirsute.
hirto *adj.* raide, *hérissé.
hispânico *adj.* hispanique.
hispano-americano *adj.*; *s.pátr.* hispano-americain.
hissopo *s.m.* hysope *f.*
histeria *s.f.* hystérie.
histérico *adj.* hystérique.
história *s.f.* **1.** histoire; — *universal* histoire universelle; **2.** histoire, récit *m.*, conte *m.*; — *do arco-da-velha* conte *m.* à dormir debout; **3.** — *s em quadrinhos* bandes dessinées.
historiador *s.m.* historien.
historiar *v.t.* **1.** historier; **2.** conter.
histórico *adj.*; *s.m.* historique.
historieta *s.f.* historiette.
historiografia *s.f.* historiographie.
historiógrafo *s.m.* historiographe.
histrião *s.m.* histrion.
hitlerismo *s.m.* hitlérisme.
hitlerista *adj.*; *s.* hitlérien.
hobby *s.m.* hobby, marotte *f.*, violon d'Ingres.

hodierno *adj.* d'aujourd'hui, récent, actuel.
hoje *adv.* aujourd'hui.
Holanda *s.f.* *Hollande.
holandês *adj.*; *s.pátr.* *hollandais.
holocausto *s.m.* holocauste.
holofote *s.m.* projecteur.
hombridade *s.f.* droiture.
homem *s.m.* homme; — *de Estado* homme d'État; — *de idade* homme âgé; — *de negócios* homme d'affaires; — *de sociedade* homme du monde; — *-rã* homme-grenouille.
homenageado *adj.*; *s.* (*aprox.*) personne objet d'un hommage.
homenagear *v.t.* rendre hommage à.
homenagem *s.f.* hommage *m.*; *prestar* — rendre hommage.
homenzarrão *s.m.* homme grand.
homenzinho *s.m.* petit homme; bonhomme.
homeopata *adj.*; *s.* homéopathe.
homeopatia *s.f.* homéopathie.
homeopático *adj.* homéopathique.
homérico *adj.* homérique.
homicida *adj.*; *s.m.* homicide.
homicídio *s.m.* homicide.
homília *s.f.* homélie.
hominiano *adj.*; *s.* hominien.
homogeneidade *s.f.* homogénéité.
homogêneo *adj.* homogène.
homologação *s.f.* homologation.
homologar *v.t.* homologuer, entériner.
homólogo *adj.* homologue.
homônimo *adj.*; *s.m.* homonyme.
homossexual *adj.* homosexuel; (*pop.*) homo; gouine.
homossexualidade *s.f.* homosexualité.
Honduras *s.m.* (*top.*) Honduras.
hondurenho *adj.*; *s.pátr.* hondurien.
honestidade *s.f.* honnêteté.
honesto *adj.* honnête, brave.
honorabilidade *s.f.* honorabilité.
honorário *adj.* honoraire; *s.m.pl.* honoraires.
honorífico *adj.* honorifique.
honra *s.f.* honneur *m.*; avantage *m.*
honradez *s.f.* honorabilité.
honrado *adj.* honorable.
honrar *v.t.* honorer, faire honneur à.
honrarias *s.f.pl.* honneurs *m.*
honroso *adj.* honorable, honorifique.
hora *s.f.* heure; *estar na* — être à l'heure; *estar pela* — *da morte* coûter les yeux de la tête; *fazer* — baguenauder; *fora de* —*s*

à une heure indue; *meia* — demi-heure; *na* — *exata* à point nommé; *que* —*s são?* quelle heure est-il?
horário *s.m.* horaire; (*de trens*) indicateur; (*de aulas*) emploi du temps.
horda *s.f.* *horde, peuplade.
horizontal *adj.* horizontal.
horizontalmente *adv.* à plat.
horizonte *s.m.* horizon.
hormonal *adj.* hormonal.
hormônio *s.m.* hormone *f.*
horóscopo *s.m.* horoscope.
horrendo *adj.* horrible, affreux.
horrífico *adj.* horrifique.
horripilante *adj.* horripilant.
horripilar *v.t.* horripiler.
horrível *adj.* horrible.
horror *s.m.* horreur *f.*; *criar* — *a* prendre en horreur; *ter* — *a* avoir en horreur.
horrorizar *v.t.* horroriser.
horroroso *adj.* épouvantable.
horta *s.f.* jardin *m.* potager.
hortaliças *s.f.pl.* plantes potagères.
hortelã *s.f.* menthe.
hortelão *s.m.* maraîcher.
hortênsia *s.f.* hortensia *m.*
horticultor *s.m.* horticulteur.
horticultura *s.f.* horticulture.
hospedagem *s.f.* hébergement.
hospedar *v.t.* héberger.
hospedaria *s.f.* auberge.
hóspede *s.m.* hôte; *f.* hôtesse.
hospedeira *s.f.* hôtesse.
hospedeiro *s.m.* 1. hôte; 2. traiteur.
hospício *s.m.* 1. hospice; 2. asile d'aliénés.
hospital *s.m.* hôpital; (*pop.*) hosto.
hospitalar *adj.* hospitalier.
hospitaleiro *adj.* hospitalier.
hospitalidade *s.f.* hospitalité.
hospitalização *s.f.* hospitalisation.
hospitalizar *v.t.* hospitaliser.
hoste *s.f.* troupe, armée.
hóstia *s.f.* hostie.
hostil *adj.* hostile.
hostilidade *s.f.* hostilité.
hotel *s.m.* hôtel; — *de luxo* palace.
hoteleiro *adj.* hôtelier.
hulha *s.f.* *houille; — -*branca* houille blanche.
hulheira *s.f.* *houillère.
hulhífero *adj.* *houiller.
hum *interj.* *hum.
humanidade *s.f.* humanité; *pl.* humanités.
humanismo *s.m.* humanisme.
humanista *adj.*; *s.* humaniste.
humanitário *adj.* humanitaire.
humanizar *v.t.* humaniser.
humano *adj.* humain.
humildade *s.f.* humilité.
humilde *adj.* humble.
humilhação *s.f.* humiliation.
humilhar *v.t.* humilier.
humo *s.m.* humus.
humor *s.m.* 1. humeur *f.*; *bom* — bonne humeur; *mau* — (mauvaise) humeur; 2. humour *m.*
humorismo *s.m.* humorisme.
humorista *s.* humoriste.
humorístico *adj.* humoristique.
húngaro *adj.*; *s.pátr.* *hongrois.
Hungria *s.f.* *Hongrie.
hurra *interj.*; *s.m.* *hourra.
hussardo *s.m.* *hussard.
hussita *adj.*; *s.* *hussite.

I

ianque *adj.*; *s.pátr.* yankee.
iaque *s.m.* jack.
iate *s.m.* yacht.
ibérico *adj.*; *s.pátr.* ibérique.
ibero *adj.*; *s.pátr.* ibère.
íbis *s.m.* ibis.
IBOPE (= *Instituto Brasileiro de Opinião Pública e Estatística*). *Seu correspondente na França é o* I.F.O.P. (Institut Français d'Opinion Publique).
içar *v.t.* *hisser, arborer.
iceberg *s.m.* iceberg.
ícone *s.m.* icône *f.*
iconoclasta *s.* iconoclaste.
iconografia *s.f.* iconographie.
iconóstase *s.f.* iconostase.
icterícia *s.f.* ictère *m.*; jaunisse *f.*
ictiologia *s.f.* ichtyologie.
ictiossauro *s.m.* ichtyosaure.
ida *s.f.* aller *m.*; — *e volta* aller et retour.
idade *s.f.* âge *m.*; *idade média* moyen âge; — *de cinquenta anos* cinquantaine; — *de quarenta anos* quarantaine; — *de sessenta anos* soixantaine; — *de trinta anos* trentaine; *da — de* âgé de; *de meia- —* entre deux âges.
ideal *adj.*; *s.m.* idéal.
idealismo *s.m.* idéalisme.
idealista *adj.*; *s.* idéaliste.
idealização *s.f.* idéalisation.
idealizar *v.t.* idéaliser.
idear *v.t.* concevoir, inventer.
ideia *s.f.* idée; — *fixa* idée fixe, dada *m.*; *que —!* y pensez vous!
idêntico *adj.* identique.
identidade *s.f.* identité.
identificação *s.f.* identification.
identificar *v.t.* identifier.
ideograma *s.m.* idéogramme.
ideologia *s.f.* idéologie.
ideológico *adj.* idéologique.
idílico *adj.* idyllique.
idílio *s.m.* idylle *f.*
idioma *s.m.* idiome.
idiomático *adj.* idiomatique.
idiomatismo *s.m.* idiomatisme.
idiossincrasia *s.f.* idiosyncrasie.
idiota *adj.*; *s.m.* idiot; *f.* idiote.
idiotice *s.f.* idiotie.
idólatra *adj.*; *s.* idolâtre.
idolatrar *v.t.* idolâtrer.
idolatria *s.f.* idolâtrie.
ídolo *s.m.* idole *f.*
idôneo *adj.* apte, idoine, approprié.
idoso *adj.* âgé.
Iêmen *s.m.* Yémen.
iemenita *adj.*; *s.pátr.* yéménite.
iene *s.m.* yen.
igarapé *s.m.* canal naturel, étroit, entre deux îles.
iglu *s.m.* igloo *ou* iglou.
ignaro *adj.* ignare.
ignição *s.f.* ignition.
ignóbil *adj.* ignoble.
ignomínia *s.f.* ignominie.
ignominioso *adj.* ignominieux.
ignorado *adj.* ignoré, méconnu.
ignorância *s.f.* ignorance.
ignorante *adj.* ignorant.
ignorar *v.t.* ignorer, méconnaître.
igreja *s.f.* église; *a Igreja* (*católica*) l'Église.
igrejinha *s.f.* **1.** petite église, chapelle; **2.** chapelle, clan *m.*, coterie.
igual *adj.* égal.
igualar *v.t.* égaler, égaliser.
igualável *adj.* égalable.
igualdade *s.f.* égalité.
igualha *s.f.* rang *m.*, acabit *m.*
igualitário *adj.* égalitaire.
iguanodonte *s.m.* iguanodon.

iguaria s.f. mets fins.
iídiche adj.; s.pátr. yiddish.
ilação s.f. déduction.
ilaquear v.t. prendre au lacs, faire tomber dans un piège.
ilegal adj. illégal.
ilegalidade s.f. illégalité.
ilegitimidade s.f. illégitimité.
ilegítimo adj. illégitime.
ilegível adj. illisible; *escrito* — grimoire f.
íleo s.m. (Anat.) iléon.
iletrado adj. illettré.
ilha s.f. île.
ilhar v.t. isoler.
ilharga s.f. flanc.
ilhéu adj.; s. insulaire.
ilhó s.m. œillet.
ilhota s.f. îlot m.
ilíaco adj. (Anat.) iliaque.
ilibado adj. pur, réhabilité.
ilibar v.t. rendre pur, réhabiliter.
ilícito adj. illicite.
ilimitado adj. illimité.
ilógico adj. illogique.
iludir v.t. abuser, leurrer; v.pron. s'abuser, se leurrer, s'illusionner.
iluminação s.f. illumination, éclairage m.
iluminado adj.; s. illuminé.
iluminar v.t. illuminer, éclairer.
iluminismo s.m. illuminisme.
iluminura s.f. enluminure.
ilusão s.f. illusion.
ilusionismo s.m. illusionnisme.
ilusionista adj.; s. illusionniste, escamoteur, prestidigitateur.
ilusório adj. illusoire.
ilustração s.f. 1. illustration; 2. instruction.
ilustrado adj. 1. illustré; 2. instruit.
ilustrador s.m. illustrateur.
ilustrar v.t. illustrer.
ilustre adj. illustre.
ímã s.m. aimant.
imaculado adj. immaculé.
imagem s.f. image, tableau m.
imaginação s.f. imagination; la folle du logis.
imaginar v.t. imaginer; se figurer; trouver.
imaginário adj. imaginaire.
imaginativo adj. imaginatif.
imaginável adj. imaginable.
imagística s.f. imagistique.
imanência s.f. immanence.
imanente adj. immanent.

imantar v.t. aimanter.
imarcescível adj. immarcessible.
imaterial adj. immatériel.
imaturo adj. prématuré, immature.
imbatível adj. imbattable.
imbecil adj.; s. imbécile; idiot, abruti; (fam.) ballot.
imbecilidade s.f. imbécillité.
imbecilizar v.t. abrutir; v.pron. s'abrutir.
imbele adj. pacifique, faible.
imberbe adj. imberbe.
imbricação s.f. imbrication.
imbricar v.t. imbriquer.
imbuído adj. imbu.
imbuir v.t. imprégner; v.pron. s'imprégner.
imediações s.f.pl. alentours m., environs.
imediatamente adv. immédiatement, aussitôt, sur-le-champ, sur l'heure; (fam.) illico, de ce pas.
imediato adj. immédiat; s.m. (oficial da marinha) second.
imemorial adj. immémorial.
imensidade s.f. immensité.
imenso adj. immense.
imensurável adj. immensurable.
imerecido adj. immérité.
imersão s.f. immersion, trempage m.
imigração s.f. immigration.
imigrante adj.; s. immigrant.
imigrar v.int. immigrer.
iminência s.f. imminence.
iminente adj. imminent.
imisção s.f. immixtion.
imiscuir-se v.pron. s'immiscer.
imitação s.f. imitation; contrefaçon.
imitador s.m. imitateur.
imitadora s.f. imitatrice.
imitar v.t. imiter, contrefaire.
imitativo adj. imitatif.
imitável adj. imitable.
imobiliária s.f. société immobilière.
imobiliário adj. immobilier.
imobilidade s.f. immobilité.
imobilismo s.m. immobilisme.
imobilizar v.t. immobiliser.
imoderado adj. immodéré.
imodéstia s.f. immodestie.
imodesto adj. immodeste.
imolação s.f. immolation.
imolar v.t. immoler.
imoral adj. immoral.
imoralidade s.f. immoralité; inconduite.
imoralismo s.m. immoralisme.
imoralista s. immoraliste.

imortal *adj.*; *s.* immortel.
imortalidade *s.f.* immortalité.
imortalizar *v.t.* immortaliser.
imotivado *adj.* immotivé.
imóvel *adj.* 1. immobile; 2. immeuble; *s.m.* immeuble.
impaciência *s.f.* impatience; *conter mal a* — ronger son frein.
impacientar *v.t.* impatienter; *v.pron.* s'impatienter.
impaciente *adj.* impatient.
impacientemente *adv.* impatiemment.
impacto *s.m.* impact.
impagável *adj.* impayable.
impalpável *adj.* impalpable.
impaludismo *s.m.* paludisme.
ímpar *adj.* impair.
impar *v.t.* étouffer; *int.* suffoquer, se gorger.
imparcial *adj.* impartial.
imparcialidade *s.f.* impartialité.
impasse *s.m.* impasse *f.*
impassibilidade *s.f.* impassibilité; froideur.
impassível *adj.* impassible.
impatriótico *adj.* antipatriotique.
impávido *adj.* intrépide, impavide.
impecável *adj.* impeccable.
impedimento *s.m.* empêchement.
impedir *v.t.* empêcher; gêner.
impelir *v.t.* pousser.
impenetrabilidade *s.f.* impénétrabilité.
impenetrável *adj.* impénétrable.
impenitência *s.f.* impénitence.
impenitente *adj.* impénitent.
impensável *adj.* impensable.
imperador *s.m.* empereur.
imperar *v.int.* régner.
imperativo *adj.*; *s.m.* impératif.
imperatriz *s.f.* impératrice.
imperceptível *adj.* imperceptible.
imperdoável *adj.* impardonnable.
imperecível *adj.* impérissable.
imperfectível *adj.* imperfectible.
imperfeição *s.f.* imperfection.
imperfeito *adj.*; *s.m.* imparfait.
imperial *adj.* impérial.
imperialismo *s.m.* impérialisme.
imperialista *adj.*; *s.* impérialiste.
imperícia *s.f.* impéritie, maladresse.
império *s.m.* empire.
imperioso *adj.* impérieux.
impermeabilidade *s.f.* imperméabilité, étanchéité.
impermeabilização *s.f.* imperméabilisation.
impermeabilizar *v.t.* imperméabiliser.
impermeável *adj.* imperméable, étanche; *s.m.* gabardine *f.* ciré.
impersonalidade *s.f.* impersonnalité.
impertinência *s.f.* impertinence.
impertinente *adj.* impertinent.
imperturbabilidade *s.f.* imperturbabilité.
imperturbável *adj.* imperturbable.
impessoal *adj.* impersonnel.
impetigem *s.f.* impétigo *m.*, gourme.
ímpeto *s.m.* élan, fougue *f.*, branle.
impetrar *v.t.* impétrer.
impetuoso *adj.* impétueux, fougueux.
impiedade *s.f.* impiété.
impiedoso *adj.* impitoyable.
impingir *v.t.* passer; vendre cher; forcer à accepter.
ímpio *adj.* impie.
implacabilidade *s.f.* implacabilité.
implacável *adj.* implacable.
implantação *s.f.* implantation.
implantar *v.t.* implanter.
implante *s.m.* implant.
implicação *s.f.* implication.
implicado *adj.* impliqué; *estar — em* tremper dans.
implicância *s.f.* taquinerie, agacerie.
implicante *adj.* taquin.
implicar *v.t.* impliquer.
implícito *adj.* implicite.
implorar *v.t.* implorer.
impolidez *s.f.* impolitesse.
impolido *adj.* impoli.
impoluto *adj.* pur.
imponderável *adj.* impondérable.
imponência *s.f.* prestance, magnificence.
imponente *adj.* imposant.
impontual *adj.* inexact.
impontualidade *s.f.* inexactitude.
impopular *adj.* impopulaire.
impopularidade *s.f.* impopularité.
impopularizar *v.t.* rendre impopulaire.
impor *v.t.* imposer; *— admiração, respeito a* en imposer à.
importação *s.f.* importation.
importador *s.m.* importateur.
importadora *s.f.* maison d'importation.
importância *s.f.* 1. importance; *não tem —* cela ne fait rien; cela n'a pas d'importance; 2. somme *f.* d'argent, montant *m.*
importante *adj.* important; *bancar o —* se donner des airs; *ser mais —* passer avant.
importar[1] *v.impess.* importer; *não importa* n'importe; *não me importa* cela ne fait

rien; *pouco me importa* peu m'en chaut; (*fam.*) je m'en fiche, je m'en fous.
importar² *v.t.* importer.
importável *adj.* importable.
importunação *s.f.* importunité.
importunar *v.t.* importuner; gêner; tirailler; casser les oreilles à.
importunidade *s.f.* importunité.
importuno *adj.* importun.
imposição *s.f.* imposition; diktat *m.*
impossibilidade *s.f.* impossibilité.
impossibilitar *v.t.* rendre impossible, empêcher.
impossível *adj.* impossible; *interj.* pas possible!
impostar *v.t.* (*a voz*) émettre correctement (la voix).
imposto *s.m.* impôt; — *de renda* impôt sur le revenu.
impostor *s.m.* imposteur.
impostura *s.f.* imposture.
impotável *adj.* imbuvable.
impotência *s.f.* impuissance; *reduzido a* — pieds et poings liés.
impotente *adj.* impuissant.
impraticabilidade *s.f.* impraticabilité.
impraticável *adj.* impraticable.
imprecação *s.f.* imprécation.
imprecar *v.t.* supplier; *int.* pester.
imprecisão *s.f.* imprécision.
impreciso *adj.* imprécis.
impregnação *s.f.* imprégnation.
impregnar *v.t.* imprégner.
imprensa *s.f.* 1. imprimerie; 2. presse.
imprensar *v.t.* coincer.
imprescindível *adj.* indispensable.
impressão *s.f.* 1. impression; 2. empreinte; *impressões digitais* empreintes digitales.
impressionabilidade *s.f.* impressionnabilité.
impressionante *adj.* impressionnant, frappant.
impressionar *v.t.* impressionner; frapper.
impressionável *adj.* impressionnable.
impressionismo *s.m.* impressionnisme.
impressionista *adj.*; *s.* impressionniste.
impresso *adj.*; *s.m.* imprimé.
impressor *s.m.* imprimeur.
impressora *s.f.* presse.
imprestável *adj.* inutilisable; (*fam.*) à la noix (de coco).
impreterível *adj.* inévitable, indéclinable.
imprevidência *s.f.* imprévoyance.
imprevidente *adj.* imprévoyant.

imprevisão *s.f.* imprévision.
imprevisibilidade *s.f.* imprévisibilité.
imprevisível *adj.* imprévisible.
imprevisto *adj.* imprévu.
imprimir *v.t.* imprimer.
improbabilidade *s.f.* improbabilité.
improbidade *s.f.* improbité, malhonnêteté.
ímprobo *adj.* malhonnête.
improcedente *adj.* mal fondé.
improdutivo *adj.* improductif.
impronúncia *s.f.* non-lieu *m.*
impronunciar *v.t.* faire bénéficier d'un non--lieu.
impronunciável *adj.* imprononçable.
impropério *s.m.* affront, insulte *f.*
impropriedade *s.f.* impropriété.
impróprio *adj.* impropre.
improvável *adj.* improbable.
improvisação *s.f.* improvisation.
improvisador *s.m.* improvisateur.
improvisar *v.t.* improviser.
improviso *de* — *loc.adv.* à l'improviste.
imprudência *s.f.* imprudence.
imprudente *adj.* imprudent.
imprudentemente *adv.* imprudemment.
impúbere *adj.* impubère.
impublicável *adj.* impublicable.
impudência *s.f.* impudence.
impudente *adj.* impudent.
impudentemente *adv.* impudemment.
impudico *adj.* impudique.
impudor *s.m.* impudeur *f.*
impugnar *v.t.* contester, récuser.
impulsão *s.f.* impulsion, branle *m.*; *dar uma* — mettre en branle.
impulsivo *adj.* impulsif; primesautier.
impulso *s.m.* élan, poussée *f.*, impulsion *f.*
impune *adj.* impuni.
impunemente *adv.* impunément.
impunidade *s.f.* impunité.
impureza *s.f.* impureté.
impuro *adj.* impur.
imputação *s.f.* imputation.
imputar *v.t.* imputer.
imputável *adj.* imputable.
imputrescível *adj.* imputrescible.
imundície *s.f.* malpropreté, ordure; *pl.* vidanges.
imundo *adj.* malpropre, immonde.
imune *adj.* exempt.
imunidade *s.f.* immunité.
imunização *s.f.* immunisation.
imunizar *v.t.* immuniser.

imunologia *s.f.* immunologie.
imutabilidade *s.f.* immutabilité.
imutável *adj.* immutable.
inabalável *adj.* inébranlable.
inábil *adj.* inhabile, maladroit.
inabilidade *s.f.* **1.** inhabileté, maladresse; **2.** (*incapacidade jurídica*) inhabileté.
inabilitar *v.t.* rendre inhabile; *v.pron.* devenir inhabile.
inabitado *adj.* inhabité.
inabitável *adj.* inhabitable.
inabordável *adj.* inabordable.
inacabado *adj.* inachevé.
inacabável *adj.* interminable.
inação *s.f.* inaction.
inaceitável *adj.* inacceptable.
inacessível *adj.* inaccessible.
inacreditável *adj.* incroyable.
inadaptação *s.f.* inadaptation.
inadaptado *adj.* inadapté.
inadequado *adj.* inadéquat.
inadiável *adj.* inajournable.
inadmissibilidade *s.f.* inadmissibilité, irrecevabilité.
inadmissível *adj.* inadmissible, irrecevable.
inadvertência *s.f.* inadvertance.
inadvertidamente *adv.* par mégarde.
inalação *s.f.* inhalation.
inalar *v.t.* inhaler.
inalienabilidade *s.f.* inaliénabilité.
inalienável *adj.* inaliénable.
inalterabilidade *s.f.* inaltérabilité.
inalterado *adj.* inaltéré.
inalterável *adj.* inaltérable.
inamistoso *adj.* inamical.
inamovibilidade *s.f.* inamovibilité.
inamovível *adj.* inamovible.
inanição *s.f.* inanition.
inanidade *s.f.* inanité.
inanimado *adj.* inanimé.
inapagável *adj.* **1.** inextinguible; **2.** ineffaçable.
inapelável *adj.* sans appel.
inapetência *s.f.* inappétence.
inaplicável *adj.* inapplicable.
inapreciável *adj.* inappréciable.
inaproveitável *adj.* inutilisable.
inaptidão *s.f.* inaptitude.
inapto *adj.* inapte.
inarticulado *adj.* inarticulé.
inatacável *adj.* inattaquable.
inatingível *adj.* inaccessible.
inatividade *s.f.* inactivité.

inativo *adj.* inactif.
inato *adj.* inné.
inaudito *adj.* inouï.
inaudível *adj.* inaudible.
inauguração *s.f.* inauguration.
inaugural *adj.* inaugural.
inaugurar *v.t.* inaugurer; — *residência nova com um jantar* pendre la crémaillère.
inautenticidade *s.f.* inauthenticité.
inautêntico *adj.* inauthentique.
inca *adj.*; *s.* inca.
incaico *adj.* inca.
incalculável *adj.* incalculable.
incandescência *s.f.* incandescence.
incandescente *adj.* incandescent.
incansável *adj.* inlassable.
incapacidade *s.f.* incapacité; — *legal* inhabilité.
incapacitar *v.t.* rendre inhabile.
incapaz *adj.* **1.** incapable; **2.** (*legalmente*) inhabile.
inçar *v.t.* remplir, parsemer, couvrir.
incauto *adj.* imprudent, imprévoyant.
incendiar *v.t.* incendier.
incendiário *adj.*; *s.m.* incendiaire.
incêndio *s.m.* incendie; feu.
incensamento *s.m.* encensement.
incensar *v.t.* encenser.
incenso *s.m.* encens.
incensório *s.m.* encensoir.
incentivar *v.t.* encourager.
incentivo *s.m.* encouragement, stimulant.
incerteza *s.f.* incertitude; *na* — en suspens.
incerto *adj.* incertain.
incessante *adj.* incessant.
incessantemente *adv.* incessamment.
incesto *s.m.* inceste.
incestuoso *adj.* incestueux.
inchação *s.f.* enflure; gonflement *m.*, renflement *m.*
inchar *v.t.* enfler, gonfler; *v.pron.* s'enfler, se gonfler.
incidência *s.f.* incidence.
incidente *adj.*; *s.m.* incident.
incidentemente *adv.* incidemment.
incidir *v.int.* — *em* tomber sur, frapper.
incineração *s.f.* incinération.
incinerar *v.t.* incinérer.
incipiente *adj.* débutant, commençant.
incircunciso *adj.* incirconcis.
incisão *s.f.* incision.
incisar *v.t.* inciser.
incisivo *adj.* incisif, tranchant; *s.m.* incisive *f.*

incitamento s.m. incitation.
incitar v.t. inciter, engager, pousser.
incivil adj. incivil.
inclassificável adj. inclassable.
inclemência s.f. inclémence.
inclinação s.f. 1. inclinaison, pente; 2. inclination, penchant m.
inclinado adj. inclinado; (fig.) — a enclin à, porté à.
inclinar v.t. incliner, pencher; v.pron. s'incliner, se pencher.
incluído adj. inclus, compris.
incluir v.t. inclure.
inclusão s.f. inclusion.
incluso adj. inclus; ci-inclus.
incobrável adj. irrécouvrable.
incoercível adj. incoercible.
incoerência s.f. incohérence.
incoerente adj. incohérent.
incógnita s.f. grandeur inconnue, donnée inconnue.
incógnito adj. inconnu; adv.; s.m. incognito.
incognoscível adj. inconnaisable.
incolor adj. incolore.
incólume adj. intact, sain et sauf.
incombustível adj. incombustible.
incomensurável adj. incommensurable.
incomível adj. immangeable.
incomodado adj. 1. gêné, vexé; 2. indisposé.
incomodar v.t. incommoder, gêner, déranger.
incômodo adj. gênant, incommode; s.m. malaise.
incomparável adj. incomparable.
incompatibilidade s.f. incompatibilité.
incompatibilizar v.t. rendre incompatible.
incompatível adj. incompatible.
incompetência s.f. incompétence.
incompetente adj. incompétent.
incompleto adj. incomplet.
incompreendido adj. incompris.
incompreensão s.f. incompréhension.
incompreensível adj. incompréhensible.
incomum adj. peu commun, extraordinaire.
incomunicabilidade s.f. incommunicabilité.
incomunicável adj. incommunicable.
inconcebível adj. inconcevable.
inconciliável adj. inconciliable.
inconcluso adj. inachevé.
incondicional adj. inconditionnel.
inconfessável adj. inavouable.

inconfidência s.f. infidélité, déloyauté; (Hist.) Inconfidência Mineira Conspiration de Minas Gerais.
inconfundível adj. qui ne peut être confondu.
incongruência s.f. incongruité.
incongruente adj. incongru.
inconsciência s.f. inconscience.
inconsciente adj.; s.m. inconscient.
inconsequência s.f. inconséquence.
inconsequente adj. inconséquent.
inconsiderado adj. inconsidéré.
inconsistência s.f. inconsistence.
inconsistente adj. inconsistant.
inconsolável adj. inconsolable.
inconstância s.f. inconstance.
inconstante adj. inconstant, changeant; volage.
inconstitucional adj. inconstitutionnel.
inconstitucionalidade s.f. inconstitutionnalité.
incontestado adj. incontesté.
incontestável adj. incontestable.
incontestavelmente adv. incontestablement; sans conteste, sans contredit.
incontinência s.f. incontinence.
incontinente adj. incontinent.
incontinenti adv. sur le champ.
incontrolável adj. incontrôlable.
inconveniência s.f. inconvenance.
inconveniente adj. inconvenant, leste; s.m. inconvénient; não vejo nisso nenhum — je n'y vois pas d'inconvénient.
incorporação s.f. incorporation.
incorporadora s.f. (aprox.) entreprise de promotion de ventes immobilières.
incorporar v.t. incorporer.
incorreção s.f. incorrection.
incorrer v.int. — em encourir v.t.
incorreto adj. incorrect.
incorrigível adj. incorrigible.
incorruptibilidade s.f. incorruptibilité.
incorruptível adj. incorruptible.
incredulidade s.f. incrédulité.
incrédulo adj. incrédule.
incrementar v.t. développer.
incremento s.m. développement.
increpar v.t. blâmer, gronder; accuser.
incréu adj. incroyant; s.m. mécréant.
incriminado adj. incriminé; s.m. inculpé.
incriminar v.t. incriminer.
incrível adj. incroyable.
incruento adj. non sanglant.
incrustação s.f. incrustation.

incrustar *v.t.* incruster.
incubação *s.f.* incubation.
incubadora *s.f.* incubateur *m.*; couveuse.
incubar *v.t.* incuber, cuver.
íncubo *s.m.* incube.
inculcar *v.t.* inculquer.
inculpação *s.f.* inculpation.
inculpado[1] *adj.* inculpé.
inculpado[2] *adj.* innocent.
inculpar *v.t.* inculper.
incultivável *adj.* indéfrichable.
inculto *adj.* inculte.
incultura *s.f.* inculture.
incumbência *s.f.* commission, message *m.*
incumbir *v.int.* incomber; *v.t.* charger.
incunábulo *s.m.* incunable.
incurável *adj.* incurable.
incúria *s.f.* incurie.
incuriosidade *s.f.* incuriosité.
incurioso *adj.* incurieux.
incursão *s.f.* incursion, descente; raid *m.*
incutir *v.t.* inculquer.
indagar *v.t.* s'enquérir.
indébito *adj.* indu.
indecência *s.f.* indécence.
indecente *adj.* indécent, déshonnête.
indecifrável *adj.* indéchiffrable.
indecisão *s.f.* indécision.
indeciso *adj.* indécis; (*cor*) flou; *estar* — être entre le zist et le zest (*pop.*).
indeclinável *adj.* indéclinable.
indecoroso *adj.* indécent, *honteux, malséant.
indefectível *adj.* indéfectible.
indefensável *adj.* indéfendable.
indeferimento *s.m.* déboutement, refus (d'une requête).
indeferir *v.t.* débouter.
indefeso *adj.* sans défense.
indefinido *adj.* indéfini.
indefinível *adj.* indéfinissable.
indeformável *adj.* indéformable.
indelével *adj.* indélébile.
indelicadeza *s.f.* impolitesse.
indelicado *adj.* impoli.
indene *adj.* indemne.
indenização *s.f.* indemnisation, indemnité; dommages-intérêts *m.pl.*
indenizar *v.t.* indemniser.
independência *s.f.* indépendance.
independente *adj.* indépendant.
independentemente *adv.* indépendamment.
indescritível *adj.* indescriptible.

indesculpável *adj.* inexcusable.
indesejável *adj.* indésirable.
indesfiável *adj.* indéfiable.
indestrutível *adj.* indestructible.
indeterminação *s.f.* indétermination.
indeterminado *adj.* indéterminé.
indeterminável *adj.* indéterminable.
indevassável *adj.* impénétrable.
indevidamente *adv.* indûment.
indevido *adj.* indu.
índex *s.m.* **1.** index, table *f.* des matières; **2.** (*dedo*) index; **3.** (*catálogo de livros proibidos pela Igreja*) Index.
Índia *s.f.* Inde.
indiano *adj.*; *s.pátr.* indien, de l'Inde.
indicação *s.f.* indication, piste.
indicador *s.m.* indicateur; *dedo* — index.
indicar *v.t.* indiquer, marquer, montrer.
indicativo *adj.*; *s.m.* indicatif.
índice *s.m.* index, table *f.* des matières.
indiciado *s.m.* soupçonné d'un crime.
indiciar *v.t.* dénoncer, accuser.
indício *s.m.* indice.
indiferença *s.f.* indifférence; *afetando* — comme si de rien n'était.
indiferente *adj.* indifférent.
indígena *adj.*; *s.* indigène.
indigência *s.f.* indigence.
indigente *adj.*; *s.* indigent.
indigestão *s.f.* indigestion.
indigesto *adj.* indigeste.
indignação *s.f.* indignation; — *geral* tollé *m.*
indignar *v.t.* indigner, outrer; *v.pron.* s'indigner.
indignidade *s.f.* indignité.
indigno *adj.* indigne.
índigo *s.m.* indigo.
índio *adj.*; *s.pátr.* (*autóctone da América*) indien.
indireta *s.f.* allusion indirecte, coup *m.* de patte.
indireto *adj.* indirect.
indisciplina *s.f.* indiscipline.
indisciplinado *adj.* indiscipliné.
indiscreto *adj.* indiscret.
indiscrição *s.f.* indiscrétion.
indiscriminado *adj.* indistinct.
indiscutível *adj.* indiscutable.
indispensável *adj.* indispensable.
indisponível *adj.* indisponible.
indispor *v.t.* indisposer, désobliger, fâcher; *v.pron.* se fâcher.
indisposição *s.f.* indisposition.
indisposto *adj.* indisposé, souffrant.

indissolubilidade *s.f.* indissolubilité.
indissolúvel *adj.* indissoluble.
indistinto *adj.* indistinct.
individual *adj.* individuel.
individualidade *s.f.* individualité.
individualismo *s.m.* individualisme.
individualizar *v.t.* individualiser.
indivíduo *s.m.* individu; (*fam.*) type, olibrius; lascar, luron; (*gír. mil.*) gus.
indivisibilidade *s.f.* indivisibilité.
indivisível *adj.* indivisible.
indizível *adj.* indicible.
Indochina *s.f.* Indochine.
indochinês *adj.*; *s.pátr.* indochinois
indócil *adj.* indocile, rétif; impatient.
índole *s.f.* naturel *m.*, caractère *m.*
indolência *s.f.* indolence.
indolente *adj.* indolent; (*fam.*) flémard.
indolentemente *adv.* indolemment.
indolor *adj.* indolore.
indomável *adj.* indomptable.
indômito *adj.* indompté.
Indonésia *s.f.* Indonésie.
indonésio *adj.*; *s.pátr.* indonésien.
indubitável *adj.* indubitable.
indução *s.f.* induction.
indulgência *s.f.* indulgence.
indulgente *adj.* indulgent.
indultar *v.t.* gracier.
indulto *s.m.* indult.
indumentária *s.f.* habillement *m.*, vêtement *m.*
indústria *s.f.* industrie; — *de construção* bâtiment; — *da farinha* minoterie; — *hoteleira* hôtellerie.
industrial *adj.*; *s.m.* industriel.
industrialização *s.f.* industrialisation.
industrializar *v.t.* industrialiser.
industriar *v.t.* dresser, inciter.
industrioso *adj.* industrieux.
indutivo *adj.* inductif.
induzir *v.t.* induire.
inebriar *v.t.* enivrer, griser; *v.pron.* s'enivrer.
inédito *adj.*; *s.m.* inédit; (*fig.*) original, peu commun.
inefável *adj.* ineffable.
ineficácia *s.f.* inefficacité.
ineficaz *adj.* inefficace.
inegável *adj.* indéniable.
inelegibilidade *s.f.* inéligibilité.
inelegível *adj.* inéligible.
inelutável *adj.* inéluctable.
inépcia *s.f.* ineptie.

inepto *adj.* inepte.
inequívoco *adj.* indubitable.
inércia *s.f.* inertie.
inerente *adj.* inhérent.
inerte *adj.* inerte.
inescrupuloso *adj.* sans scrupules, dénué de scrupules.
inesgotável *adj.* inépuisable, intarissable.
inesperado *adj.* 1. inespéré; 2. inattendu.
inesquecível *adj.* inoubliable.
inestimável *adj.* inestimable.
inevitável *adj.* inévitable.
inexatidão *s.f.* inexactitude.
inexato *adj.* inexact.
inexaurível *adj.* intarissable.
inexcusável *adj.* inexcusable.
inexequível *adj.* inexécutable, infaisable.
inexigível *adj.* inexigible.
inexistência *s.f.* inexistence.
inexistente *adj.* inexistant.
inexorável *adj.* inexorable.
inexperiência *s.f.* inexpérience.
inexperiente *adj.* inexpérimenté.
inexplicável *adj.* inexplicable.
inexplorado *adj.* inexploré.
inexpressivo *adj.* inexpressif.
inexprimível *adj.* inexprimable.
inexpugnável *adj.* inexpugnable, imprenable.
inextinguível *adj.* inextinguible.
inextricável *adj.* inextricable.
infalibilidade *s.f.* infaillibilité.
infalível *adj.* infaillible.
infalivelmente *adv.* infailliblement; à coup sûr.
infamante *adj.* infamant.
infamar *v.t.* déshonorer, diffamer; *honnir.
infame *adj.* infâme.
infâmia *s.f.* infamie.
infância *s.f.* enfance.
infanta *s.f.* infante.
infantaria *s.f.* infanterie.
infante *s.m.* infant.
infanticida *adj.*; *s.* infanticide.
infanticídio *s.m.* infanticide.
infantil *adj.* infantile, enfantin.
infantilidade *s.f.* enfantillage *m.*
infantilismo *s.m.* infantilisme.
infatigável *adj.* infatigable.
infausto *adj.* funeste, malheureux.
infecção *s.f.* infection.
infeccionar *v.t.* infecter.
infeccioso *adj.* infectieux.

infecto *adj.* infect.
infecundidade *s.f.* infécondité.
infecundo *adj.* infécond.
infelicidade *s.f.* malheur *m.*
infeliz *adj.* malheureux.
infelizmente *adv.* malheureusement.
inferior *adj.* inférieur.
inferioridade *s.f.* infériorité.
inferir *v.t.* inférer.
infernal *adj.* infernal.
inferninho *s.m.* (*gír.*) boîte *f.* de nuit de bas étage.
infernizar *v.t.* **1.** rendre insupportable; **2.** tourmenter.
inferno *s.m.* enfer.
infértil *adj.* infertile.
infertilidade *s.f.* infertilité.
infestar *v.t.* infester.
infidelidade *s.f.* infidélité.
infiel *adj.* infidèle.
infiltração *s.f.* infiltration.
infiltrar-se *v.pron.* s'infiltrer.
ínfimo *adj.* infime.
infindável *adj.* interminable.
infinidade *s.f.* infinité.
infinitivo *s.m.* infinitif.
infinito *adj.* infini.
inflação *s.f.* inflation.
inflamação *s.f.* inflammation.
inflamar *v.t.* inflammer.
inflamatório *adj.* inflammatoire.
inflamável *adj.* inflammable.
inflar *v.t.* enfler.
inflectir *v.t.* infléchir.
inflexão *s.f.* inflexion.
inflexibilidade *s.f.* inflexibilité.
inflexível *adj.* inflexible.
infligir *v.t.* infliger.
influência *s.f.* influence; prise; ascendant *m.*, crédit *m.*
influenciar *v.t.* influencer, travailler.
influente *adj.* influent.
influenza *s.f.* influenza, grippe.
influir *v.int.* influer.
informação *s.f.* information, renseignement *m.*; — *confidencial* (*gír.*) rancard.
informado *adj.* informé; fixé.
informante *s.m.* indicateur, mouchard.
informar *v.t.* informer, faire savoir, apprendre, renseigner; (*pop.*) rancarder; *v.pron.* s'informer, s'enquérir.
informática *s.f.* informatique.
informe[1] *adj.* informe, difforme.
informe[2] *s.m.* information *f.*

infortunado *adj.* infortuné.
infortúnio *s.m.* infortune *f.*, malheur.
infração *s.f.* infraction.
infraestrutura *s.f.* infrastructure.
infrangível *adj.* infrangible.
infrator *s.m.* infracteur, contrevenant.
infravermelho *adj.* infrarouge.
infrequente *adj.* rare.
infringir *v.t.* enfreindre, contrevenir à.
infrutuoso *adj.* infructueux.
infundado *adj.* mal fondé; sans fondement.
infundir *v.t.* infuser.
infusão *s.f.* infusion.
infusibilidade *s.f.* infusibilité.
infusível *adj.* infusible.
infuso *adj.* infus.
infusório *s.m.* infusoire.
ingênito *adj.* inné, congénital.
ingente *adj.* énorme.
ingênua *s.f.* jeune première.
ingenuidade *s.f.* naïveté, ingénuité.
ingênuo *adj.* naïf, ingénu.
ingerência *s.f.* ingérence.
ingerir *v.t.* ingérer.
ingestão *s.f.* ingestion.
Inglaterra *s.f.* Angleterre.
inglês *adj.*; *s.pátr.* anglais; *para — ver* (*fam.*) pour la frime.
inglório *adj.* sans gloire.
ingratidão *s.f.* ingratitude.
ingrato *adj.* ingrat.
ingrediente *s.m.* ingrédient.
íngreme *adj.* raide, abrupt, escarpé.
ingressar *v.int.* entrer.
ingresso *s.m.* entrée *f.*; ticket.
íngua *s.f.* bubon *m.*
inguinal *adj.* inguinal.
ingurgitar *v.t.* ingurgiter; sabler.
inhame *s.m.* igname *f.*
inibição *s.f.* inhibition.
inibir *v.t.* inhiber.
iniciação *s.f.* initiation.
iniciado *adj.*; *s.* initié.
iniciador *s.m.* initiateur.
iniciadora *s.f.* initiatrice.
inicial *adj.* initial; *s.f.* initiale.
iniciar *v.t.* s'initier; (*numa profissão*) faire ses premières armes.
iniciativa *s.f.* initiative.
início *s.m.* commencement, début.
inigualável *adj.* inégalable.
inimaginável *adj.* inimaginable.
inimigo *adj.*; *s.* ennemi.
inimitável *adj.* inimitable.

inimizade *s.f.* inimitié.
inimizar *v.t.* indisposer.
ininflamável *adj.* ininflammable.
ininteligível *adj.* inintelligible.
ininterruptamente *adv.* d'affilée.
ininterrupto *adj.* ininterrompu.
iniquidade *s.f.* iniquité.
iníquo *adj.* inique.
injeção *s.f.* injection, piqûre.
injetar *v.t.* injecter; — *-se uma droga* se piquer.
injetor *s.m.* injecteur.
injunção *s.f.* injonction.
injungir *v.t.* enjoindre.
injúria *s.f.* injure.
injuriar *v.t.* injurier.
injurioso *adj.* injurieux.
injustiça *s.f.* injustice.
injustificável *adj.* injustifiable.
injusto *adj.* injuste.
inobservância *s.f.* inobservance.
inocência *s.f.* innocence.
inocentar *v.t.* innocenter.
inocente *adj.* innocent.
inocentemente *adv.* inocemment.
inocuidade *s.f.* innocuité.
inoculação *s.f.* inoculation.
inocular *v.t.* inoculer.
inoculável *adj.* inoculable.
inócuo *adj.* inoffensif.
inodoro *adj.* inodore.
inofensivo *adj.* inoffensif.
inolvidável *adj.* inoubliable.
inominado *adj.* innommé.
inominável *adj.* innommable.
inoperante *adj.* inopérant.
inópia *s.f.* pénurie, disette.
inopinado *adj.* inopiné.
inoportunidade *s.f.* inopportunité.
inoportuno *adj.* inopportun, malencontreux.
inorgânico *adj.* inorganique.
inorganizado *adj.* inorganisé.
inóspito *adj.* inhospitalier.
inovação *s.f.* innovation.
inovador *s.m.* innovateur.
inovadora *s.f.* innovatrice.
inovar *v.t.* innover.
inoxidável *adj.* inoxydable.
inqualificável *adj.* inqualifiable.
inquebrável *adj.* incassable.
inquérito *s.m.* enquête; *proceder a um —* enquêter.
inquietação *s.f.* inquiétude; souci *m.*

inquietador *adj.* inquiétant.
inquilinato *s.m.* la classe des locataires; *a lei do* — la loi sur les loyers.
inquietar *v.t.* inquiéter; *v.pron.* s'inquiéter.
inquieto *adj.* inquiet, soucieux.
inquietude *s.f.* inquiétude.
inquilino *s.m.* locataire.
inquinar *v.t.* entacher.
inquiridor *adj.* inquisiteur.
inquirir *v.t.* enquêter, interroger.
inquisição *s.f.* inquisition.
inquisidor *s.m.* inquisiteur.
inquisitorial *adj.* inquisitorial.
insaciabilidade *s.f.* insatiabilité.
insaciável *adj.* insatiable.
insaciado *adj.* inassouvi.
insalubre *adj.* insalubre.
insalubridade *s.f.* insalubrité.
insanidade *s.f.* insanité.
insano *adj.* insensé; fou.
insatisfação *s.f.* insatisfaction.
insatisfeito *adj.* insatisfait.
inscrever *v.t.* inscrire; coucher.
inscrição *s.f.* inscription.
inscrito *adj.* inscrit.
insegurança *s.f.* insécurité.
inseguro *adj.* peu sûr.
inseminação *s.f.* insemination.
inseminar *v.t.* inséminer.
insensatez *s.f.* folie, démence.
insensato *adj.* insensé.
insensibilidade *s.f.* insensibilité.
insensibilização *s.f.* insensibilisation.
insensibilizar *v.t.* insensibiliser.
insensível *adj.* insensible; blasé.
inseparável *adj.* inséparable.
insepulto *adj.* non enseveli.
inserção *s.f.* insertion.
inserir *v.t.* insérer; *(folha em livro)* encarter.
inseticida *s.m.* insecticide.
insetívoro *adj.* insectivore.
inseto *s.m.* insecte.
insídia *s.f.* embûche.
insidioso *adj.* **1.** insidieux; **2.** larvé.
insigne *adj.* insigne.
insígnia *s.f.* insigne *m.*
insignificância *s.f.* insignificance; *uma —* *(fam.)* une paille.
insignificante *adj.* insignifiant; quelconque, falot.
insinceridade *s.f.* insincérité.
insincero *adj.* insincère.
insinuação *s.f.* insinuation.

insinuante *adj.* insinuant, engageant; câlin, patelin.
insinuar *v.t.* insinuer; *v.pron.* s'insinuer.
insipidez *s.f.* insipidité, fadeur, platitude.
insípido *adj.* insipide, fade.
insistência *s.f.* insistance.
insistente *adj.* insistant, pressant.
insistir *v.int.* insister; s'appesantir sur; *não* — em glisser sur; *não insistamos!* passons!
insociável *adj.* insociable, sauvage.
insofrido *adj.* impatient, énervé.
insolação *s.f.* **1.** ensoleillement *m.*; **2.** insolation, coup *m.* de soleil.
insolar *v.t.* insoler.
insolência *s.f.* insolence.
insolente *adj.* insolent, effronté; cavalier.
insolentemente *adv.* insolemment, cavalièrement.
insólito *adj.* insolite, inaccoutumé, inhabituel.
insolubilidade *s.f.* insolubilité.
insolúvel *adj.* insoluble.
insolvência *s.f.* insolvabilité.
insolvente *adj.* insolvable.
insondável *adj.* insondable.
insone *adj.* **1.** insomniaque, insomnieux; **2.** sans sommeil.
insônia *s.f.* insomnie.
insonorização *s.f.* insonorisation.
insonorizar *v.t.* insonoriser.
insonoro *adj.* insonore.
insopitável *adj.* inassouvissable.
insosso *adj.* fade, insipide.
inspeção *s.f.* inspection.
inspecionar *v.t.* inspecter; passer en revue.
inspetor *s.m.* inspecteur; (*de colégio*) maître d'étude, répétiteur; (*depr.*) pion; — *de disciplina* surveillant.
inspetora *s.f.* inspectrice, surveillante.
inspetoria — *seccional* *s.f.* (*aprox.*) académie.
inspiração *s.f.* inspiration; veine.
inspirador *adj.*; *s.m.* inspirateur.
inspiradora *adj.*; *s.f.* inspiratrice.
inspirar *v.t.* inspirer.
instabilidade *s.f.* instabilité.
instalação *s.f.* installation.
instalador *s.m.* installateur.
instalar *v.t.* installer, mettre sur pied; *v.pron.* s'instaler, emménager; (*fam.*) pendre la crémaillère.
instância *s.f.* **1.** instance; ressort; *em última ma* — en dernier ressort; **2.** insistance.

instantaneidade *s.f.* instantanéité.
instantâneo *adj.*; *s.m.* instantané.
instante[1] *adj.* instant.
instante[2] *s.m.* instant; *neste* — à l'instant; *a cada* — à tout moment, en moin de rien.
instantemente *adv.* instamment.
instauração *s.f.* instauration, établissement *m.*
instaurar *v.t.* instaurer.
instável *adj.* instable; changeant, volage.
instigação *s.f.* instigation, incitation.
instigador *s.m.* instigateur.
instigadora *s.f.* instigatrice.
instigar *v.t.* inciter, pousser.
instilação *s.f.* instillation.
instilar *v.t.* instiller.
instintivamente *adv.* instinctivement, d'instinct.
instintivo *adj.* instinctif.
instinto *s.m.* instinct; — *sexual* les sens *pl.*
institucional *adj.* institutionnel.
instituição *s.f.* institution.
instituir *v.t.* instituer.
instituto *s.m.* institut.
instrução *s.f.* instruction; consigne.
instruído *adj.* instruit.
instruir *v.t.* instruire.
instrumentação *s.f.* instrumentation.
instrumental *adj.* instrumental.
instrumentar *v.t.* instrumenter, orchestrer.
instrumento *s.m.* instrument; —*s de cordas* instruments à cordes; —*s de percussão* instruments à percussion; —*s de sopro* instruments à vent; —*s de teclado* instruments à clavier.
instrutivo *adj.* instructif.
instrutor *s.m.* instructeur.
instrutora *s.f.* femme instructeur.
insubmergível *adj.* insubmersible.
insubmissão *s.f.* insoumission.
insubmisso *adj.*; *s.* insoumis.
insubordinação *s.f.* insubordination.
insubordinado *adj.* insubordonné.
insubordinar-se *v.pron.* prendre le mors aux dents.
insubstituível *adj.* irremplaçable.
insucesso *s.m.* insuccès.
insuficiência *s.f.* insuffisance.
insuficiente *adj.* insuffisant.
insuflação *s.f.* insufflation.
insuflar *v.t.* insuffler.
insulano *adj.*; *s.* insulaire.
insular[1] *adj.* insulaire.

insular² *v.t.* isoler.
insulina *s.f.* insuline.
insultador *s.m.* insulteur.
insultar *v.t.* insulter.
insulto *s.m.* insulte *f.*
insultuoso *adj.* insultant.
insuperável *adj.* insurmontable.
insuportável *adj.* insupportable, invivable.
insurgente *s.m.* insurgé.
insurgir-se *v.pron.* s'insurger.
insurrecional *adj.* insurrectionnel.
insurreição *s.f.* insurrection.
insurreto *s.m.* insurgé.
insuspeito *adj.* 1. insoupçonné; 2. insoupçonnable.
insustentável *adj.* insoutenable, intenable.
intangibilidade *s.f.* intangibilité.
intangível *adj.* intangible.
intato *adj.* intact, entier.
íntegra *s.f.* intégrité, totalité; *na* — en entier, intégralement.
integração *s.f.* intégration.
integral *adj.* intégral; *s.f.* intégrale.
integrante *adj.* intégrant.
integrar *v.t.* intégrer.
integridade *s.f.* intégrité.
íntegro *adj.* 1. entier; 2. intègre.
inteirar *v.t.* 1. compléter; 2. renseigner, informer; *v.pron.* se renseigner.
inteireza *s.f.* intégrité.
inteiriçar *v.t.* raidir; *v.pron.* se raidir.
inteiriço *adj.* 1. tout d'une pièce; 2. inflexible.
inteiro *adj.* entier; sain et sauf.
intelecto *s.m.* intellect.
intelectual *adj.*; *s.* intellectuel; clerc; *a classe dos intelectuais* (*na Rússia*) intelligentsia.
intelectualidade *s.f.* intellectualité.
intelectualismo *s.m.* intellectualisme.
inteligência *s.f.* intelligence.
inteligente *adj.* intelligent; *não é lá muito* — il n'a pas inventé le fil à couper le beurre.
inteligibilidade *s.f.* intelligibilité.
inteligível *adj.* intelligible.
intemperança *s.f.* intempérance.
intemperante *adj.* intempérant.
intempérie *s.f.* intempérie.
intempestivo *adj.* intempestif.
intenção *s.f.* intention, dessein *m.*, visée; *segunda* — arrière-pensée.
intencional *adj.* intentionnel.

intencionalidade *s.f.* intentionnalité.
intendência *s.f.* intendance; *oficial de* — (*fam.*) riz-pain-sel.
intendente *s.m.* intendant.
intensamente *adv.* intensément.
intensidade *s.f.* intensité.
intensificação *s.f.* intensification.
intensificar *v.t.* intensifier.
intensivo *adj.* intensif.
intenso *adj.* intense, vif.
intentar *v.t.* 1. intenter; 2. tenter; 3. entreprendre.
intento *s.m.* intention, dessein *m.*
intentona *s.f.* complot *m.*, insurrection.
intercalação *s.f.* intercalation.
intercalar¹ *v.t.* intercaler.
intercalar² *adj.* intercalaire.
intercâmbio *s.m.* échange.
interceder *v.int.* intercéder.
interceptação *s.f.* interception.
interceptar *v.t.* intercepter.
intercessão *s.f.* intercession.
intercessor *s.m.* intercesseur.
intercontinental *adj.* intercontinental.
intercostal *adj.* intercostal.
interdependência *s.f.* interdépendance.
interdependente *adj.* interdépendant.
interdição *s.f.* interdiction.
interditar *v.t.* interdire.
interdito *s.m.* interdit.
interessado *adj.*; *s.* intéressé.
interessante *adj.* intéressant.
interessar *v.t.* intéresser.
interesse *s.m.* intérêt; *servir aos* —*s de* faire le jeu de.
interesseiro *adj.* intéressé.
interestadual *adj.* entre-États.
interferência *s.f.* interférence; — *radiofônica* brouillage *m.*
interferir *v.int.* interférer; s'ingérer.
interfone *s.m.* interphone.
interinamente *adv.* par intérim.
interinidade *s.f.* intérim.
interino *adj.* intérimaire.
interior *adj.* intérieur; *s.m.* intérieur, dedans.
interjeição *s.f.* interjection.
interligar *v.t.* relier.
interlocutor *s.m.* interlocuteur.
interlocutora *s.f.* interlocutrice.
interlúdio *s.m.* interlude.
intermediário *adj.*; *s.* intermédiaire; *sem* — de la main à la main.
intermédio *s.m.* intermédiaire, entremise *f.*

interminável *adj.* interminable.
interministerial *adj.* interministériel.
intermitência *s.f.* intermittence.
intermitente *adj.* intermittent.
internação *s.f.* internement.
internacional *adj.* international.
internacionalidade *s.f.* internationalité.
internacionalismo *s.m.* internationalisme.
internacionalista *adj.; s.* internationaliste.
internacionalização *s.f.* internationalisation.
internacionalizar *v.t.* internationaliser.
internamento *s.m.* hospitalisation *s.f.*, internement.
internar *v.t.* hospitaliser; interner.
internato *s.m.* internat; *diretor de — (fam.)* marchand de soupe.
interno *adj.; s.m.* interne.
interpelação *s.f.* interpellation.
interpelante *adj.; s.* interpellateur.
interpelar *v.t.* interpeller.
interplanetário *adj.* interplanétaire.
interpolação *s.f.* interpolation.
interpolar *v.t.* interpoler.
interpor *v.t.* interposer, interjeter.
interpretação *s.f.* interprétation.
interpretar *v.t.* interpréter.
interpretativo *adj.* interprétatif.
intérprete *s.m.* interprète; truchement.
interregno *s.m.* interrègne.
interrogação *s.f.* interrogation; *— no quadro* planche *(gír. esc.)*.
interrogador *s.m.* interrogateur.
interrogadora *s.f.* interrogatrice.
interrogar *v.t.* interroger, questionner; *v.pron.* s'interroger; *(fam.)* se tâter.
interrogativo *adj.* interrogatif.
interrogatório *s.m.* interrogatoire.
interromper *v.t.* interrompre; trancher, rompre; couper court à; *— a conversação* rompre les chiens.
interrupção *s.f.* interruption; arrêt *m.*; *sem — de suite*, d'une seule traite.
interruptor *s.m.* interrupteur, commutateur.
interseção *s.f.* intersection.
interstício *s.m.* interstice.
interurbano *adj.* interurbain.
intervalo *s.m.* intervalle.
intervenção *s.f.* intervention.
intervencionismo *s.m.* interventionnisme.
intervencionista *adj.; s.* interventionniste.
interventor *s.m.* *(aprox.)* gouverneur désigné par le président de la République.

intervir *v.int.* intervenir; *— fora de propósito* mettre son grain de sel.
intestado *adj.* intestat.
intestinal *adj.* intestinal.
intestino *adj.; s.m.* intestin.
intimação *s.f.* intimation, mise en demeure; assignation.
intimar *v.t.* sommer, intimer, mettre en demeure.
intimidação *s.f.* intimidation.
intimidade *s.f.* intimité; *—s* privautés; *na — dans le privé*.
intimidar *v.t.* intimider, effaroucher.
íntimo *adj.* intime; *s.m.* dedans, for intérieur.
intitular *v.t.* intituler.
intocável *adj.; s.* intouchable.
intolerância *s.f.* intolérance.
intolerante *adj.* intolérant.
intolerável *adj.* intolérable.
intoxicação *s.f.* intoxication.
intoxicar *v.t.* intoxiquer.
intraduzível *adj.* intraduisible.
intramuscular *adj.* intramusculaire.
intranquilidade *s.f.* inquiétude.
intransferível *adj.* inaliénable.
intransigência *s.f.* intransigeance.
intransigente *adj.* intransigeant.
intransitável *adj.* impraticable.
intransitivo *adj.* intransitif.
intransmissível *adj.* intransmissible.
intransponível *adj.* infranchissable.
intratável *adj.* intraitable, revêche.
intravenoso *adj.* intraveineux.
intrepidez *s.f.* intrépidité.
intrépido *adj.* intrépide.
intricado *adj.* inextricable.
intriga *s.f.* intrigue.
intrigante *adj.; s.* intrigant.
intrigar *v.t.; int.* intriguer.
intrincado o mesmo que *intricado*.
intrínseco *adj.* intrinsèque.
introdução *s.f.* introduction.
introdutivo *adj.* introductif.
introdutor *s.m.* introducteur.
introdutora *s.f.* introductrice.
introduzir *v.t.* introduire, placer; *v.pron.* s'introduire; *— -se sorrateiramente* se faufiler.
intrometer-se *v.pron.* s'entremettre, s'immiscer.
intrometido *adj.* fouineur, touche-à-tout.
intrometimento *s.m.* intromission.
intromissão *s.f.* o mesmo que *intrometimento*.
introspecção *s.f.* introspection.

introspectivo *adj.* introspectif.
introversão *s.f.* introversion.
introvertido *adj.* introverti.
intrujão *s.m.* carotteur.
intrujar *v.t.* flouer, carotter.
intrusão *s.f.* intrusion.
intruso *adj.*; *s.* intrus.
intuição *s.f.* intuition.
intuitivo *adj.* intuitif.
intuito *s.m.* intenção; *f.* dessein.
intumescência *s.f.* intumescence.
inumação *s.f.* inhumation.
inumar *v.t.* inhumer.
inumerável *adj.* innombrable.
inundação *s.f.* inondation.
inundar *v.t.* inonder.
inusitado *adj.* inusité.
inútil *adj.* inutile; oiseux, vain; *é* — ce n'est pas la peine.
inutilidade *s.f.* inutilité.
inutilizar *v.t.* rendre inutilisable.
inutilizável *adj.* inutilisable.
invadir *v.t.* envahir.
invalidar *v.t.* invalider.
invalidez *v.t.* invalidité.
inválido *adj.* invalide.
invariabilidade *s.f.* invariabilité.
invariável *adj.* invariable.
invasão *s.f.* invasion; envahissement *m.*
invasor *s.m.* envahisseur.
invectiva *s.f.* invective, sortie.
invectivar *v.t.* invectiver.
inveja *s.f.* envie; jalousie; *causar* — faire envie.
invejar *v.t.* envier, jalouser.
invejável *adj.* enviable.
invejoso *adj.*; *s.* envieux.
invenção *s.f.* invention.
invencibilidade *s.f.* invencibilité.
invencionice *s.f.* mensonge *m.*
invencível *adj.* invincible, imbattable; insurmontable.
invendável *adj.* invendable.
inventar *v.t.* inventer, trouver; — *completamente* inventer de toutes pièces.
inventariar *v.t.* inventorier.
inventário *s.m.* inventaire.
inventiva *s.f.* imagination.
inventivo *adj.* inventif.
invento *s.m.* invention, découverte.
inventor *s.m.* inventeur.
inventora *s.f.* inventrice.
invernada *s.f.* 1. saison des pluies; 2. pâturage clos.

invernal *adj.* hibernal.
invernar *v.int.* hiverner.
inverno *s.m.* hiver.
inverossímil *adj.* invraisemblable.
inverossimilhança *s.f.* invraissemblance.
inversão *s.f.* inversion.
inverso *adj.* inverse.
invertebrado *adj.* invertébré.
inverter *adj.* invertir.
invertido *s.m.* inverti; homosexuel.
investida *s.f.* ruée, assaut *m.*
investidor *s.m.* investisseur.
investidura *s.f.* investiture.
investigação *s.f.* investigation, recherche.
investigador *adj.* investigateur; *s.m.* 1. investigateur; 2. détective.
investigadora *s.f.* investigatrice.
investigar *v.t.* rechercher, examiner; *v.int.* enquêter; s'enquérir de.
investimento *s.m.* investissement, mise *f.* de fonds.
investir[1] *v.t.* investir, engager.
investir[2] *v.int.* — *contra* fondre sur.
inveterado *adj.* invétéré.
inviável *adj.* impraticable.
invicto *adj.* invaincu.
ínvio *adj.* impraticable.
inviolabilidade *s.f.* inviolabilité.
inviolável *adj.* inviolable.
invisibilidade *s.f.* invisibilité.
invisível *adj.* invisible.
invocação *s.f.* invocation.
invocar *v.t.* invoquer; — *em seu favor* se réclamer de.
involução *s.f.* involution.
invólucro *s.m.* involucre, cornet, enveloppe *f.*
involuntário *adj.* involontaire.
invulgar *adj.* peu commun; rare.
invulnerabilidade *s.f.* invulnérabilité.
invulnerável *adj.* invulnérable.
iod *s.m.* yod.
iodeto *s.m.* iodure.
iodo *s.m.* iode.
iodofórmio *s.m.* iodoforme.
ioga *s.f.* yoga.
iogue *s.m.* yogui.
iogurte *s.m.* yog(h)ourt.
ioiô[1] *s.m.* yo-yo.
ioiô[2] *s.m.* (*Hist.*) seigneur.
iole *s.f.* yole.
iônico *adj.*; *s.pátr.* ionique, ionien.
iota *s.m.* iota.
ipê *s.m.* ipé.

ipeca(cuanha) *s.f.* ipécacuana *m.*
ir *v.int.* aller; s'en aller, partir; être transporté; mourir; arriver; se porter; se trouver; — *dar a* déboucher dans; — *mal* n'aller que d'une jambe; — *ter com* rejoindre; *como vai?* comment cela va?
ira *s.f.* colère.
Irã *s.m.* Iran.
iracundo *adj.* irascible.
iraniano *adj.*; *s.pátr.* iranien.
Iraque *s.m.* Irak.
iraquiano *adj.*; *s.pátr.* irakien.
irar *v.t.* mettre en colère; *v.pron.* se mettre en colère, se courroucer.
irara *s.f.* petit mammifère carnivore semblable à la belette, tayra.
irascibilidade *s.f.* irascibilité.
irascível *adj.* irascible.
irídio *s.m.* iridium.
íris[1] *s.m.* (*flor*) iris.
íris[2] *s.m.* (*membrana do olho*) iris.
irisação *s.f.* irisation, chatoiement *m.*
irisar *v.t.* iriser.
Irlanda *s.f.* Irlande.
irlandês *adj.*; *s.pátr.* irlandais.
irmã *s.f.* 1. sœur; — *colaça* sœur de lait; (*pop.*) frangine; 2. sœur, religieuse.
irmanação *s.f.* (*de duas cidades*) jumelage *m.*
irmanar *v.t.* assortir.
irmandade *s.f.* fraternité; confrérie.
irmão *s.m.* 1. frère; — *colaço* frère de lait; (*pop.*) frangin; 2. frère, religieux.
irmãozinho *s.m.* (*fam.*) frérot.
irmãzinha *s.f.* sœurette.
ironia *s.f.* ironie.
irônico *adj.* ironique.
ironizar *v.int.* ironiser.
irra *interj.* morbleu, sacrebleu.
irracional *adj.* irrationnel.
irradiação *s.f.* irradiation.
irradiar *v.t.* irradier.
irreal *adj.* irréel.
irrealizável *adj.* irréalisable.
irreconciliável *adj.* irréconciliable.
irreconhecível *adj.* méconnaissable.
irrecuperável *adj.* irrécupérable.
irrecusável *adj.* irrécusable.
irredentismo *s.m.* irrédentisme.
irredentista *adj.*; *s.* irrédentiste.
irredutibilidade *s.f.* irréductibilité.
irredutível *adj.* irréductible.
irrefletido *adj.* irréfléchi.
irreflexão *s.f.* irréflexion; étourderie.

irrefragável *adj.* irréfragable.
irrefutável *adj.* irréfutable.
irregular *adj.* irrégulier.
irregularidade *s.f.* irrégularité.
irreligião *s.f.* irréligion.
irreligiosidade *s.f.* irréligiosité.
irreligioso *adj.* irréligieux.
irremediável *adj.* irrémédiable.
irremissível *adj.* irrémissible.
irremovível *adj.* inamovible.
irreparável *adj.* irréparable.
irreplicável *adj.* sans réplique.
irrepreensível *adj.* irréprochable.
irrepresentável *adj.* injouable.
irreprimível *adj.* irrépressible.
irrequieto *adj.* remuant.
irresistível *adj.* irrésistible.
irresolução *s.f.* irrésolution.
irresoluto *adj.* irrésolu.
irrespirável *adj.* irrespirable.
irrespondível *adj.* sans réponse.
irresponsabilidade *s.f.* irresponsabilité.
irresponsável *adj.* irresponsable.
irrestrito *adj.* illimité.
irretorquível *adj.* sans réponse.
irreverência *s.f.* irrévérence.
irreverente *adj.* irrévérent.
irreversibilidade *s.f.* irréversibilité.
irreversível *adj.* irréversible.
irrevogabilidade *s.f.* irrévocabilité.
irrevogável *adj.* irrévocable.
irrigação *s.f.* irrigation.
irrigar *v.t.* irriguer.
irrigável *adj.* irrigable.
irrisão *s.f.* raillerie.
irrisório *adj.* dérisoire.
irritabilidade *s.f.* irritabilité.
irritação *s.f.* irritation.
irritadiço *adj.* irritable, quinteux, rageur.
irritante *adj.* irritant.
irritar *v.t.* irriter; donner sur les nerfs de; échauffer les oreilles à; *v.pron.* s'irriter, se gendarmer, se piquer.
irritável *adj.* irritable, emporté.
irromper *v.int.* faire irruption.
irrupção *s.f.* irruption, incursion, envahissement *m.*
isbá *s.f.* isba.
isca *s.f.* 1. (*para pegar peixe*) appât *m.*, amorce; 2. (*para fazer fogo*) amadou *m.*
isenção *s.f.* exemption.
isentar *v.t.* exempter.
isento *adj.* exempt, livre.
Islame *s.m.* Islam.

islâmico *adj.* islamique.
islandês *adj.*; *s.pátr.* islandais.
Islândia *s.f.* Islande.
isolacionismo *s.m.* isolationnisme.
isolacionista *adj.*; *s.* isolationniste.
isolador *s.m.* isolateur.
isolamento *s.m.* isolement.
isolante *adj.*; *s.m.* isolant.
isolar *v.t.* isoler; *v.int.* toucher du bois.
isomorfo *adj.* isomorphe.
isóscele *adj.* isoscèle.
isqueiro *s.m.* briquet; fusil.
Israel *s.m.* Israel.
israelense *adj.*; *s.pátr.* israélien.
israelita *adj.*; *s.* israélite.

isso *pron.* cela, ça, ce; *a* — y; *por* — *mesmo* (*fam.*) parce que.
istmo *s.m.* isthme.
isto *pron.* ceci, ce; — *é loc.conj.* c'est-à-dire.
Itália *s.f.* Italie.
italiano *adj.*; *s.pátr.* italien.
itálico *adj.* italique.
item *adv.*; *s.m.* item, de même; *s.m.* article, paragraphe.
itinerante *adj.* itinérant.
itinerário *adj.*; *s.m.* itinéraire.
iucá *s.m.* yuca.
Iugoslávia *s.f.* Yougoslavie.
iugoslavo *adj.*; *s.pátr.* yougoslave.
ixe *interj.* sapristi.

J

já *adv.* déjà; tout de suite; — *que loc.conj.* du moment que, puisque; *até* — à tout à l'heure; *desde já* d'ores et déjà.
jaborandi *s.m.* jaborandi.
jabota *s.f.* jabouti femelle.
jaburu *s.m.* jabiru.
jabuti *s.m.* jabouti.
jabuticaba *s.f.* jabouticaba.
jabuticabeira *s.f.* jaboticaba.
jaca *s.f.* jaque *m.*
jacá *s.m.* bourriche *f.*
jaça *s.f.* tache.
jacarandá *s.m.* jacaranda.
jacaré *s.m.* caiman, alligator.
jacente *adj.* (*estátua*) gisante; (*herança*) jacente.
jacinto *s.m.* jacinthe *f.*, hyacinthe *f.*
jacobinismo *s.m.* jacobinisme.
jacobino *adj.*; *s.* jacobin.
jactância *s.f.* jactance; crânerie.
jactancioso *adj.* crâneur.
jactar-se *v.pron.* crâner.
jacto *s.m.* V. *jato.*
jaculatória *s.f.* jaculatoire.
jade *s.m.* jade.
jaez *s.m.* *harnais; (*fig.*) acabit, étoffe *f.*
jaguar *s.m.* jaguar, onça *f.*
jaguatirica *s.f.* margay, chat-tigre, ocelot *m.*
jagunço *s.m.* (*aprox.*) homme de main, sbire.
jaleco *s.m.* veste *f.*
jamais *adv.* jamais; *nunca* — au grand jamais, jamais de la vie.
jamanta *s.f.* remorque poids lourd.
jambeiro *s.m.* jambosier.
jambo *s.m.* jambose *f.*
jamegão *s.m.* parafe *ou* paraphe.
janeiro *s.m.* janvier.
janela *s.f.* fenêtre, croisée; — *falsa* fausse fenêtre.
janelinha *s.f.* jour *m.*
jangada *s.f.* jangada, radeau *m.*
jângal *s.m.* jungle.
janízaro *s.m.* janissaire.
janota *adj.*; *s.m.* gommeux, petit-maître.
jantar[1] *v.int.* e *t.* dîner.
jantar[2] *s.m.* dîner.
Japão *s.m.* Japon.
japona *s.f.* vareuse, caban *m.*
japonês *adj.*; *s.pátr.* japonais.
jaqueira *s.f.* jaquier *m.*
jaqueta *s.f.* veste, veston *m.*; (*de dente*) jacket *m.*; (*de livro*) jaquette.
jaquetão *s.m.* jaquette.
jararaca *s.f.* espèce de serpent; (*fig.*) teigne, peste, gale.
jararacuçu *s.m.* espèce de serpent.
jarda *s.f.* yard *m.*
jardim *s.m.* jardin; — *de infância* jardin d'enfants; école maternelle; — *público* square.
jardinagem *s.f.* jardinage *m.*
jardinar *v.t.* jardiner.
jardineira *s.f.* 1. (*mulher que se ocupa de plantas*) jardinière; 2. (*móvel*) jardinière; 3. (*roupa*) cotte à bretelles, cotte de travail.
jardineiro *s.m.* jardinier.
jardinzinho *s.m.* jardinet.
jargão *s.m.* jargon.
jarra *s.f.* jarre.
jarrete *s.f.* jarret.
jarreteira *s.f.* jarretière.
jarro *s.m.* broc, aiguière *f.*
jasmim *s.m.* jasmin.
jasmim-do-cabo *s.m.* gardénia.
jaspe *s.m.* jaspe.
jaspear *v.t.* jasper.
jato *s.m.* 1. jet; — *de luz* jet de lumière; *de um* — d'un seul jet; 2. avion à réaction, jet.

jatobá *s.m.* courbaril.
jaú *s.m.* échafaudage volant.
jaula *s.f.* cage.
Java *s.f.* Java.
java *s.f.* (*dança*) java.
javali *s.m.* sanglier.
javalina *s.f.* laie.
javanês *adj.*; *s.pátr.* javanais.
jazer *v.int.* gésir; *aqui jaz* ci-gît.
jazida *s.f.* gisement *m.*
jazigo *s.m.* caveau.
jeca (-tatu) *s.m.* paysan de l'intérieur du Brésil, (*aprox.*) péquenot.
jegue *s.m.* âne, baudet.
jeito *s.m.* manière *f.*, façon *f.*, adresse *f.*, habileté *f.*, accommodement, savoir-faire; *dar um —* se débrouiller; *dar um — em* réparer; *de qualquer —* vaille que vaille; *do — que as coisas andam*, du train où vont les choses; *falta de —* maladresse.
jeitoso *adj.* adroit.
jejuador *s.m.* jeûneur.
jejuar *v.int.* jeûner.
jejum *s.m.* jeûne; *em —* à jeun.
jejuno *adj.* ignorant.
jenipapo *s.m.* genipayer.
jequitibá *s.m.* jequitiba.
jeremiada *s.f.* jérémiade.
jereré *s.m.* épuisette *f.*
jerimum *s.m.* citrouille *f.*, courge *f.*
jérsei *s.m.* jersey.
jesuíta *adj.*; *s.* jésuite.
jesuítico *adj.*; *s.* jésuitique.
jia *s.f.* grenouille.
jiboia *s.f.* boa *m.* constricteur.
jiboiar *v.int.* digérer en repos un repas substanciel.
jiló *s.m.* mélongène diable.
jinriquixá *s.m.* pousse-pousse.
jipe *s.m.* jeep.
jirau *s.m.* plateforme *f.* élevée, plateforme à mi-étage.
jiu-jítsu *s.m.* jiu-jitsu.
joalheria *s.f.* joaillerie, bijouterie.
joalheiro *s.m.* joaillier, bijoutier.
joanete *s.m.* durillon, oignon.
joaninha *s.f.* coccinelle, bête à bon Dieu.
joão-ninguém *s.m.* (*aprox.*) le premier venu, jean-foutre.
joça *s.f.* (*depr.*) machin, fourbi, truc.
jocoso *adj.* drôle, plaisant.
joeira *s.f.* van *m.*
joeiramento *s.m.* vannage.
joeirar *v.t.* vanner; (*fig.*) trier.

joelheira *s.f.* genouillère.
joelho *s.m.* genou.
jogada *s.f.* coup *m.*
jogador *s.m.* joueur; *— de futebol* footballeur; *— de golfe* golfeur; *— de pingue-pongue* pongiste; *— de tênis* tennisman.
jogar[1] *v.t.* jeter, lancer; flanquer.
jogar[2] *v.t.* e *int.* jouer; *— contra a banca* ponter; *— na certa* jouer sur le velours; (*navio*) tanguer.
jogatina *s.f.* jeu *m.*; vice *m.* du jeu.
jogo *s.m.* 1. jeu; *— da glória* jeu de l'oie; *— de palavras* jeu de mots; *— do bicho* espèce de loterie populaire; *— de azar* jeu de hasard; *abrir o —* abattre ses cartes; 2. risque; *a sua vida está em —* il y va de votre vie; 3. (*de louça*) service, ensemble.
jogral *s.m.* 1. jongleur, saltimbanque; 2. ménestrel.
joguete *s.m.* jouet.
joia *s.f.* 1. parure; bijou *m.*, joyau *m.*; 2. taxe d'inscription; 3. (*gír.*) *é —* c'est du nanan.
joio *s.m.* ivraie *f.*
Jordânia *s.f.* Jordanie.
jordaniano *adj.*; *s.pátr.* jordanien.
jóquei *s.m.* jockey.
jornada *s.f.* 1. journée de marche; 2. journée de travail; 3. voyage.
jornal[1] *s.m.* journal.
jornal[2] *s.m.* salaire journalier.
jornaleco *s.m.* canard, torchon, feuille *f.* de chou.
jornaleiro[1] *s.m.* (*operário que ganha por dia*) journalier.
jornaleiro[2] *s.m.* (*vendedor de jornal*) camelot.
jornalismo *s.m.* journalisme.
jornalista *s.* journaliste, (*pop.*) journaleux.
jornalístico *adj.* journalistique.
jorrar *v.int.* jaillir, gicler, ruisseler.
jorro *s.m.* jaillissement.
jota *s.m.* 1. iota; 2. (*nome da letra* j) ji.
jovem *adj.* jeune; *s.m.* jeune homme, *pl.* jeunes gens; *s.f.* jeune femme; *— subversivo* blouson noir.
jovial *adj.* jovial, enjoué.
jovialidade *s.f.* jovialité, enjouement.
juazeiro *s.m.* arbre brésilien, zizyphe.
juba *s.f.* crinière.
jubilar *v.t.* 1. jubiler; 2. mettre à la retraite; 3. exclure d'une école.
jubileu *s.m.* jubilé.

júbilo *s.m.* joie *f.*, réjouissance *f.*, allégresse *f.*, liesse *f.*
jucá *s.m.* bois de fer.
judaico *adj.* judaïque.
judaísmo *s.m.* judaïsme.
judaizante *adj.*; *s.* judaïsant.
judaizar *v.t.* judaïser.
judas *s.m.* judas.
judeu *adj.*; *s.m.* juif.
judia *adj.*; *s.f.* juive.
judiar *v.t.* **1.** se railler de; **2.** tourmenter, maltraiter.
judiaria *s.f.* **1.** juiverie; **2.** mauvais traitements, *m.pl.*
judicatura *s.f.* judicature.
judicial *adj.* judiciaire.
judiciário *adj.* judiciaire; *s.m.* pouvoir judiciaire.
judicioso *adj.* judicieux.
judô *s.m.* judo.
jugo *s.m.* joug.
jugular *v.t.* juguler.
jugular *adj.*; *s.f.* jugulaire.
juiz *s.m.* juge.
juíza *s.f.* femme juge.
juizado *s.m.* tribunal.
juízo *s.m.* **1.** jugement; *o — final* le jugement dernier; **2.** sagesse *f.* tact; bon sens; (*fam.*) jugeote *f.*; *criar —* s'assagir; se ranger; *tomar — (casando-se)* fair une fin.
jujuba *s.f.* jujube *m.*
jujubeira *s.f.* jujubier *m.*, zizyphe *m.*
julgador *s.m.* jugeur.
julgamento *s.m.* jugement, arrêt.
julgar *v.t.* juger, trouver; *— do mesmo modo* mettre dans le même sac; *— mal* méjuger; *— que se é* se prendre pour.
julho *s.m.* juillet.
jumento *s.m.* âne, boudet.
junção *s.f.* jonction; raccord *m.*
juncar *v.t.* joncher.
junco *s.m.* **1.** (*planta*) jonc, ajonc; **2.** (*veleiro chinês*) jonque *f.*
jungir *v.t.* joindre.
junho *s.m.* juin.

júnior *adj.* jeune.
junquilho *s.m.* jonquille *f.*
junta *s.f.* junte; *Junta Comercial* Registre *m.* du Commerce.
juntar *v.t.* **1.** raccorder, joindre; **2.** recueillir; *v.pron. — a* rejoindre.
junto *adj.* joint; *—s* ensemble.
juntura *s.f.* jointure.
jura *s.f.* serment *m.*
jurado *s.m.* juré.
juramentado *adj.* assermenté.
juramento *s.m.* serment.
jurar *v.t.* jurer.
júri *s.m.* jury.
jurídico *adj.* juridique.
jurisconsulto *s.m.* jurisconsulte.
jurisdição *s.f.* juridiction.
jurisprudência *s.f.* jurisprudence.
jurista *s.* juriste.
juro *s.m.* intérêt.
jururu *adj.* triste, abattu, prostré.
jus *s.m.* droit; *fazer — a* tâcher de mériter; mériter.
jusante *s.f.* aval *m.*
justa *s.f.* joute.
justapor *v.t.* juxtaposer.
justaposição *s.f.* juxtaposition.
justar[1] *v.int.* jouter.
justar[2] *v.t.* ajuster.
justeza *s.f.* justesse.
justiça *s.f.* justice; *fazer — a* rendre justice à.
justiçar *v.t.* supplicier.
justiceiro *adj.* justicier.
justificação *s.f.* justification.
justificador *adj.*; *s.m.* justificateur.
justificadora *adj.*; *s.f.* justificatrice.
justificar *v.t.* justifier.
justificativa *s.f.* preuve.
justificativo *adj.* justificatif.
justo *adj.*; *s.* **1.** juste, équitable; **2.** étroit, collant.
juta *s.f.* jute.
juvenil *adj.* juvénile.
juventude *s.f.* jeunesse.

kibutz *s.m.* kibboutz.
kilt *s.m.* kilt.
kitchenette V. *quitinete*.

K

L

lá *s.m.* (*nota musical*) la.
lá *adv.* là, y.
lã *s.f.* laine; *buscar — e ser tosquiado* (*aprox.*) l'avoir dans l'os.
labareda *s.f.* flamme.
labelo *s.m.* labelle.
labéu *s.m.* flétrissure *f.*, souillure *f.*, stigmate.
lábia *s.f.* bagout *m.*; de belles paroles *pl.*; baratin *m.*
labial *adj.* labial; *s.f.* labiale.
lábio *s.m.* lèvre *f.*; *— leporino* bec-de-lièvre.
labirinto *s.m.* labyrinthe.
labor *s.m.* labeur.
laborar *v.t.* 1. travailler; 2. labourer; 3. *— em erro* faire erreur.
laboratório *s.m.* laboratoire.

laborioso *adj.* laborieux.
labrego *s.m.* pedzouille, péquenot.
labro *s.m.* labre.
labuta *s.f.* labeur *m.*, peine.
labutar *v.int.* trimer, peiner.
laca *s.f.* laque.
laçada *s.f.* nœud *m.* coulant.
lacaio *s.m.* laquais; (*fam.*) larbin.
laçar *v.t.* lacer.
laço *s.m.* 1. lien, nœud; 2. lasso.
lacônico *adj.* laconique.
lacrimação *s.f.* larmoiement *m.*
laconismo *s.m.* laconisme.
lacraia *s.f.* mille-pattes.
lacrar *v.t.* cacheter, sceller.
lacrau *s.m.* scorpion.
lacre *s.m.* cire *f.* à cacheter, cachet.
lacrimal *adj.* lacrymal.

lacrimejar *v.int.* larmoyer.
lacrimogêneo *adj.* lacrimogène.
lacrimoso *adj.* larmoyant.
lactação *s.f.* lactation.
lactar *v.t.* allaiter.
lactário *s.m.* nourricerie *f.*
lactente *s.m.* nourrisson.
lacuna *s.f.* lacune.
lacustre *adj.* lacustre.
ladainha *s.f.* litanie.
ladear *v.t.* 1. côtoyer, longer; 2. esquiver.
ladeira *s.f.* pente, côte; — *íngreme* raidillon *m.*
ladino[1] *adj.*; *s.pátr.* ladin.
ladino[2] *adj.* finaud, rusé.
lado *s.m.* côté, flanc; — *avesso* envers; — *direito* endroit; — *secreto* dessous; — *a* — côte à côte; *ao* — *de* à côté de; *andar de um* — *para outro* faire la navette; *de ambos os* —*s* de part et d'autre; *deste* — en deçà; *de todos os* —*s* tout autour; *pôr de* — mettre de côté; *por outro* — d'autre part.
ladra *s.f.* voleuse.
ladrão[1] *s.m.* voleur; (*ant.*) larron; — *arrombador* cambrioleur; — *punguista* voleur à la tire; — *trombadinha* voleur à l'esbrouffe.
ladrão[2] *s.m.* (*Bot.*) drageon.
ladrar *v.int.* aboyer.
ladrido *s.m.* aboiement.
ladrilhar *v.t.* carreler.
ladrilheiro *s.m.* carreleur.
ladrilho *s.m.* carreau (de faïence).
ladroeira *s.f.* volerie, filouterie, escroquerie.
lagar *s.m.* pressoir.
lagarta *s.f.* chenille.
lagartixa *s.f.* lézard *m.*
lagarto *s.m.* tupinambis.
lago *s.m.* lac.
lagoa *s.f.* 1. lagune; 2. étang *m.*
lagosta *s.f.* langouste.
lagostim *s.m.* langoustine *f.*
lágrima *s.f.* larme; *desfazer-se em* —*s* fondre en larmes; pleurer comme une madeleine.
lacrimejar *v.int.* larmoyer.
laguna *s.f.* lagune.
laia *s.f.* (*depr.*) façon, acabit *m.*, engeance.
laicidade *s.f.* laïcité.
laicizar *v.t.* laïciser.
laico *adj.* laïc.
laje *s.f.* dalle, pavé *m.*
lajeado *s.m.* dallage.

lajeamento *s.m.* carrelage.
lajear *v.t.* daller.
lajota *s.f.* petite dalle.
lama[1] *s.f.* boue, bourbe, fange.
lama[2] *s.m.* (*sacerdote budista*) lama.
lamaçal *s.m.* bourbier.
lamacento *adj.* boueux, fangeux.
lamaísmo *s.m.* lamaïsme.
lambada *s.f.* coup *m.* de fouet, raclée.
lambão *adj.* goinfre, glouton.
lambe-lambe *s.m.* photographe ambulant.
lamber *v.t.* lécher.
lambiscar *v.* mangeotter, grignoter.
lambisgoia *s.f.* mijaurée, pimbèche.
lambrequim *s.m.* lambrequin.
lambril, lambris *s.m.* lambris.
lambrisar *v.t.* lambriser.
lambujem *s.f.* rabiot *m.*
lambuzar *v.t.* lambriser.
lamentação *s.f.* lamentation.
lamentar *v.t.* regretter; *v.pron.* se lamenter.
lamento *s.m.* lamentation.
lamentável *adj.* lamentable.
lâmina *s.f.* lame.
laminação *s.f.* laminage *m.*
laminar *v.t.* laminer.
lâmpada *s.f.* lampe; — *elétrica* ampoule.
lampadário *s.m.* lampadaire.
lamparina *s.f.* veilleuse.
lampeiro *adj.* 1. précoce, hâtif; 2. éveillé.
lampejar *v.int.* étinceler.
lampejo *s.m.* étincellement, éclair.
lampião *s.m.* réverbère.
lamuriar *v.int.* se plaindre, geindre, pleurnicher.
lamúrias *s.f.pl.* pleurnicheries, larmoiement *m.*
lança *s.f.* lance, pique; *quebrar* —*s por* rompre des lances pour.
lança-chamas *s.m.* lance-flammes.
lançadeira *s.f.* navette.
lançador *s.m.* lanceur.
lançamento *s.m.* lancement.
lança-perfume *s.m.* lance-parfum.
lançar *v.t.* lancer, jeter; *v.pron.* se lancer, s'élancer, se jeter.
lance *s.m.* 1. coup; — *de dados* coup de dés; — *de olhos* coup d'œil; — *teatral* coup de théâtre; 2. danger, péril.
lanceiro *s.m.* lancier.
lanceta *s.f.* lancette.
lancha *s.f.* canot *m.*
lanchar *v.t.* goûter.

lanche *s.m.* lunch, goûter.
lanchonete *s.m.* snack-bar.
lancinante *adj.* lancinant.
lancinar *v.t.* lanciner.
lanço *s.m.* **1.** jet; — *de rede* coup de filet; **2.** — *de muro* pan de mur; **3.** enchère *f.*; *cobrir o* — surenchérir.
landau *s.m.* landau.
langor *s.m.* langueur.
langoroso *adj.* langoureux.
languescente *adj.* languissant.
languescer *v.int.* languir.
languidez *s.f.* langueur.
lânguido *adj.* languissant.
lanhar *v.t.* balafrer.
lanho *s.m.* balafre *f.*
lanifício *s.m.* **1.** objet fait de laine; **2.** manufacture de laine.
lanolina *s.f.* lanoline.
lanoso *adj.* laineux.
lantejoula *s.f.* paillette.
lanterna *s.f.* lanterne; falot *m.*; — *de bolso* lampe de poche, torche électrique.
lanternagem *s.f.* tôlerie.
lanterneiro *s.m.* tôlier.
lanterninha *s.f.* **1.** ouvreuse; **2.** concurrent *m.* arrivé le dernier.
lanugem *s.f.* duvet *m.*
lapa *s.f.* grotte.
lapão ou **lapônio** *adj.*; *s.pátr.* lapon.
lapela *s.f.* revers *m.*
lapidar[1] *v.t.* lapider.
lapidar[2] *adj.* lapidaire.
lapidaria *s.f.* taillerie.
lápide *s.f.* **1.** plaque commémorative; **2.** pierre sépulcrale.
lapinha *s.f.* crèche de Noël.
lápis *s.m.* crayon; — *de carvão* fusain.
lapiseira *s.f.* porte-mine *m.*; stylomine *m.*
Lapônia *s.f.* Laponie.
lapso *s.m.* **1.** (*espaço de tempo*) laps; **2.** (*erro cometido por descuido*) lapsus.
laqueador *s.m.* laqueur.
laquear *v.t.* laquer.
lar *s.m.* foyer; chez-moi, chez-soi; *pl.* lares.
laranja *s.f.* orange.
laranjada *s.f.* orangeade.
laranjal *s.m.* orangerie.
laranjeira *s.f.* oranger.
larapiar *v.t.* e *int.* chaparder.
larápio *s.m.* voleur, filou.
lardear *v.t.* **1.** entrelarder, parsemer; **2.** larder, cribler.
lareira *s.f.* foyer *m.*, âtre *m.*

largar *v.t.* laisser, abandonner; (*fam.*) plaquer, planter là, semer, lâcher; laisser tomber; — *a presa* lâcher prise.
largo *adj.* large; *s.m.* ao — en pleine mer.
largueza *s.f.* largesse.
largura *s.f.* largeur.
lariço *s.m.* (*árvore*) mélèze.
laringe *s.f. ou m.* larynx *m.*
laringite *s.f.* laryngite.
laringologista *s.m.* laryngologiste, laryngologue.
larva *s.f.* larve.
larvado *adj.* larvé.
larvar *adj.* larvaire.
lasanha *s.f.* lasagne.
lasca *s.f.* apara, écharde.
lascívia *s.f.* lascivité.
lascivo *adj.* lascif.
lassidão *s.f.* lassitude.
lasso *adj.* las.
lástima *s.f.* **1.** pitié; **2.** tristesse; **3.** chose lamentable.
lastimar *v.t.* déplorer, plaindre.
lastimável *adj.* **1.** regrettable; **2.** minable, piètre.
lastimoso *adj.* miteux; regrettable.
lastrar *v.t.* lester.
lastro[1] *s.m.* lest.
lastro[2] *s.m.* base, fondement.
lata *s.f.* **1.** fer-blanc; **2.** boîte *f.* en fer-blanc; bidon *m.* — *de lixo* poubelle.
latada *s.f.* treille.
latão *s.m.* laiton.
látego *s.m.* **1.** fouet; **2.** fléau.
latejar *v.int.* panteler.
latente *adj.* latent.
lateral *adj.* latéral.
látex *s.m.* latex.
laticínio, lacticínio *s.m.* laitage.
latido *s.m.* aboiement.
latifúndio *s.m.* latifundium.
latim *s.m.* latin; langue *f.* latine.
latinista *s.* latiniste.
latino *adj.* latin.
latir *v.int.* aboyer.
latitude *s.f.* latitude.
lato *adj.* large, étendu.
latoaria *s.f.* ferblanterie.
latoeiro *s.m.* ferblantier.
latrina *s.f.* latrines *pl.*; (*fam.*) tinettes *pl.*; fosse d'aisances.
latrocínio *s.m.* vol, assaut à main armée.
laudêmio *s.m.* (*aprox.*) redevance *f.* emphythéotique.

laudo *s.m.* expertise *f.*
láurea *s.f.* **1.** couronne de laurier; **2.** prix *m.*, récompense; **3.** toque de docteur.
laureado *adj.*; *s.* lauréat.
laurear *v.t.* **1.** couronner de laurier; **2.** concéder un prix à.
laurel *s.m.* o mesmo que *láurea*.
lauto *adj.* somptueux, copieux.
lava *s.f.* lave.
lavabo *s.m.* lavabo.
lavadeira[1] *s.f.* lavandière, blanchisseuse.
lavadeira[2] *s.f.* (*inseto*) demoiselle.
lavador *s.m.* laveur; — *de pratos* (*em restaurante*) plongeur.
lavadouro *s.m.* lavoir.
lavagem *s.f.* lavage *m.*; — *de louça* plonge; — *de roupa* lessive.
lavanda *s.f.* lavande.
lavanderia *s.f.* blanchisserie, laverie; (*de prédio*) buanderie.
lavandisca *s.f.* (*ave*) *hochequeue *m.*
lava-pés *s.m.* lavement des pieds.
lavar *v.t.* laver; — *as mãos* se laver les mains; *v.pron.* se laver.
lavatório *s.m.* lavabo; (cabinet de) toilette.
lavável *adj.* lavable.
lavor *s.m.* labeur; ouvrage.
lavoura *s.f.* labour *s.m.*; labourage.
lavra *s.f.* labour *m.*, façon *f.*; *da — de* de la main de; *de sua — de son cru.*
lavrador *s.m.* laboureur.
lavrar *v.t.* **1.** labourer; **2.** travailler; **3.** rédiger, dresser.
lavratura *s.f.* rédaction.
laxante, laxativo *adj.*; *s.m.* laxatif.
lazarento *adj.* lépreux.
lazareto *s.m.* lazaret.
lázaro *s.m.* lépreux.
lazeira *s.f.* **1.** malheur *m.*, misère; **2.** faim, disette.
lazer *s.m.* loisir.
leal *adj.* loyal.
lealdade *s.f.* loyauté.
leão *s.m.* lion; *filhote de* — lionceau.
leão de chácara *s.m.* (*gír.*) videur.
lebre *s.f.* lièvre; — *fêmea* hase.
lebréu *s.m.* lévrier.
lecionar *v.int.* e *t.* donner des classes, enseigner.
ledo *adj.* gai, joyeux.
ledor *s.m.* liseur.
legação *s.f.* légation.
legado[1] *s.m.* legs.
legado[2] *s.m.* légat, nonce.

legal *adj.* légal; (*fam.*) excellent, formidable, chic.
legalidade *s.f.* légalité.
legalista *adj.*, *s.* légaliste.
legalização *s.f.* légalisation, authentification.
legalizar *v.t.* légaliser, authentifier.
legar *v.t.* léguer.
legatário *s.m.* légataire.
legenda *s.f.* **1.** (*vida de santo*) légende; **2.** (*inscrição explicativa*) légende.
legendário *adj.* légendaire; *s.m.* recueil de légendes.
legião *s.f.* légion.
legibilidade *s.f.* légibilité.
legionário *s.m.* légionnaire.
legislação *s.f.* législation.
legislador *s.m.* législateur.
legislar *v.int.* faire des lois, légiférer.
legislativo *adj.* législatif.
legislatura *s.f.* législature.
legista *adj.*; *s.m.* légiste.
legitimar *v.t.* légitimer.
legitimidade *s.f.* légitimité.
legitimismo *s.m.* légitimisme.
legitimista *adj.*; *s.* légitimiste.
legítimo *adj.* légitime.
legível *adj.* lisible.
légua *s.f.* lieue.
legume *s.m.* légume; *prato de* —*s* jardinière.
leguminoso *adj.*; *s.m.* légumineux.
lei *s.f.* loi; *de* — autêntico.
leigo *adj.*; *s.m.* laïc, profane.
leilão *s.f.* vente aux enchères.
leiloar *v.t.* vendre aux enchères, vendre à l'encan.
leiloeiro *s.m.* commissaire-priseur.
leitão *s.m.* cochon de lait, goret.
leitaria *s.f.* crêmerie.
leite *s.m.* lait.
leiteira *s.f.* laitière.
leiteiro *s.m.* laitier.
leitelho *s.m.* petit-lait.
leito *s.m.* lit, couche *f.*; — *da estrada* piste.
leitoa *s.f.* cochonne de lait.
leitor *s.m.* lecteur.
leitora *s.f.* lectrice.
leitoso *adj.* laiteux.
leitura *s.f.* lecture.
lelé (*da cuca*) *adj.* (*gír.*) fou, loufoque.
lembrança *s.f.* souvenir *m.*, cadeau *m.*; *pl.* amitiés.

lembrar *v.t.* rappeler, retenir; *v.pron.* se rappeler, se souvenir; (*fig.*) se mêler.
lembrete *s.m.* 1. marque *f.*; 2. mémento, pense-bête.
leme *s.m.* gouvernail.
lenço *s.m.* mouchoir; — *de cabeça* fichu; — *de enfeite* pochette *f.*
lençol *s.m.* 1. drap; *estar em maus lençóis* être dans de beaux draps; être frais; 2. — *d'água* nappe d'eau; — *freático* nappe fréatique.
lenda *s.f.* légende.
lendário *adj.* légendaire.
lêndea *s.f.* lente; œuf *m.* de pou.
lenga-lenga *s.f.* radotage *m.*, rabâchage *m.*, galimatias *m.*, charabia *m.* prêchi-prêcha *m.*
lengalengar *v.int.* radoter, rabâcher.
lenha *s.f.* bois; *pôr* — *na fogueira* jeter de l'huile sur le feu.
lenhador *s.m.* bûcheron.
lenhoso *adj.* ligneux.
lenitivo *adj.*; *s.m.* lénitif.
lenocínio *s.m.* proxénétisme.
lente[1] *s.f.* lentille, verre *m.*; — *de contato* verre de contact.
lente[2] *s.m.* lecteur, professeur universitaire.
lentejoula *s.f.* paillette.
lentidão *s.f.* lenteur.
lentilha *s.f.* lentille.
lento *adj.* lent.
leoa *s.f.* lionne.
leonino *adj.* léonin.
leopardo *s.m.* léopard.
lépido *adj.* dispos, guilleret, fringant, ingambe.
lepra *s.f.* lèpre.
leprosário *s.m.* léproserie.
leproso *adj.* lépreux.
leque *s.m.* éventail.
ler *v.t.* lire; — *mal* ânonner.
lerdo *adj.* lourdaud.
lesa-majestade *s.f.* lèse-majesté.
lesão *s.f.* lésion.
lesar *v.t.* léser.
lésbico *adj.* lesbien.
lesivo *adj.* préjudiciel.
lesma *s.f.* limace, loche.
leso *adj.* 1. perclus; 2. idiot.
leste *s.m.* est.
lesto *adj.* leste.
letal *adj.* létal.
letão *adj.*; *s.pátr.* letton, lette.

letargia *s.f.* léthargie.
letárgico *adj.* léthargique.
leto *adj.*; *s.pátr.* o mesmo que *letão*.
Letônia *s.f.* Lettonie.
letra *s.f.* 1. lettre; *ao pé da* — à la lettre; 2. — *de câmbio* lettre de change; billet à ordre *m.*, traite, effet *m.*; 3. *pl.* lettres, littérature; 4. (*de uma canção*) paroles *pl.*
letrado *adj.*; *s.m.* lettré.
letreiro *s.m.* écriteau; pancarte *f.*
léu *s.m.* *ao* — à l'aventure, au hasard.
leucemia *s.f.* leucémie.
leva *s.f.* 1. levée; 2. groupe *m.*
levada *s.f.* chenal *m.*
levadiça *s.f.* pont-levis *m.*
levado *adj.* espiègle.
levantamento *s.m.* 1. levée; 2. relèvement.
levantar *v.t.* lever; élever, dresser; poser; (*andaimes*) échafauder; trousser; — *saia* retrousser; *v.pron.* se lever; *ao* — au saut du lit.
levante[1] *s.m.* levant.
levante[2] *s.m.* émeute *f.*, soulèvement.
levantino *adj.* levantin.
levar *v.t.* (*coisas*) porter, emporter; (*pessoa*) mener; — *a cabo* accomplir; — *adiante* donner suite à; — *a mal* prendre mal; — *a melhor* l'emporter; — *a termo* mener à bien; — *consigo* (*coisa*) emporter; (*gente*) emmener; — *de volta* rapporter, reporter; — *em consideração* prendre en considération, tenir compte de; — *para cima* monter; *v.int.* aboutir.
leve *adj.* léger.
lêvedo *s.m.* levure *f.*
levedura *s.f.* levain *m.*
leveza *s.f.* légèreté.
levianamente *adv.* à la légère.
leviandade *s.f.* légèreté.
leviano *adj.* léger, inconsidéré.
levitação *s.f.* lévitation.
levitar *v.int.* léviter.
léxico *s.m.* lexique; *adj.* lexicographique.
lexicografia *s.f.* lexicographie.
lexicógrafo *s.m.* lexicographe.
lha *pron. contraído* la lui.
lhama[1] *s.f.* lamé *m.*
lhama[2] *s.m.* lama.
lhano *adj.* simple, franc, naturel.
lhe *pron.* lui.
lhes *pron.* leur.
lho *pron. contraído* le lui.
liame *s.m.* lien, attache *f.*
liana *s.f.* liane.

Lião s.m. Lyon.
libação s.f. libation.
libanês adj.; s.pátr. libanais.
Libano s.m. Liban.
libelo s.m. **1.** acte d'accusation; **2.** libelle, pamphlet.
libélula s.f. libellule, demoiselle.
liberação s.f. **1.** libération, délivrance; (de preso) élargissement; **2.** — dos preços (aprox.) levée du contrôle des prix.
liberal adj.; s. libéral.
liberalidade s.f. libéralité, largesse.
liberalismo adj. libéralisme.
liberalização s.f. libéralisation.
liberalizar v.t. libéraliser.
liberar v.t. libérer; (de obrigação) relever.
liberdade s.f. liberté; ter — de ação avoir ses coudées franches; pl. privautés; tomar —s com uma mulher prendre des libertés avec une femme, lutiner une femme.
Libéria s.f. Libéria m.
liberiano adj.; s.pátr. libérien.
libertação s.f. libération; délivrance.
libertador s.m. libérateur.
libertadora s.f. libératrice.
libertar v.t. **1.** libérer, délivrer; **2.** affranchir.
libertário adj. libertaire.
liberticida adj. liberticide.
libertinagem s.f. libertinage m.
libertino adj.; s. libertin.
liberto adj.; s. affranchi.
Líbia s.f. Lybie.
libidinoso adj. libidineux.
libido s.f. libido.
líbio adj.; s.pátr. lybien.
libra s.f. livre.
libré s.f. livrée.
libretista s.m. librettiste, parolier.
libreto s.m. libretto.
liça s.f. lice.
lição s.f. leçon.
licença s.f. **1.** licence; com — permettez; com sua — sauf votre respect; révérence parler; **2.** congé, permission; (soldado) em gozo de — permissionnaire.
licenciado s.m. licencié.
licenciar v.t. licencier.
licenciatura s.f. licence.
licenciosidade s.f. licence.
licencioso adj. licencieux, gaillard; leste; grivois.
liceu s.m. lycée.
licitação s.f. licitation, enchères pl.

licitar v.t. liciter, vendre aux enchères.
lícito adj. licite; loisible.
licor s.m. liqueur f.
licorne s.f. licorne.
licoroso adj. liquoreux.
lida s.f. **1.** lutte; **2.** travail m.
lidar v.int. **1.** lutter; **2.** besogner, travailler.
lide s.f. **1.** lutte; **2.** travail m.; **3.** litige m.
líder s.m. leader.
liderança s.f. leadership.
liderar v.t. commander.
lídimo s.m. légitime.
liga[1] s.f. ligue, alliance, union.
liga[2] s.f. mélange m., alliage.
liga[3] s.f. jarretière.
ligação s.f. lien m.; liaison; — amorosa secreta intrigue.
ligadura s.f. ligature.
ligamento s.m. ligament.
ligar v.t. **1.** lier, attacher, nouer; **2.** liguer; v.int. — a se soucier de, attacher de l'importance à; não ligo (fam.) je m'en bats l'œil; não — a mínima (gír.) s'en tamponner le coquillard; v.pron. se lier.
ligatura s.f. ligature.
ligeireza s.f. **1.** légèreté; **2.** rapidité; **3.** inconstance.
ligeiro adj. **1.** léger; **2.** rapide, agile; **3.** inconstant, frivole.
lilás s.m.; adj. lilas.
liliputiano adj. liliputien.
lima[1] s.f. (fruto da limeira) lime.
lima[2] s.f. (ferramenta) lime.
limalha s.f. limaille.
limão s.m. citron.
limar v.t. limer.
limbo s.m. limbes pl.
limeira s.f. limettier.
limiar s.m. seuil.
limitação s.f. limitation.
limitar v.t. limiter; v.pron. — a se limiter à, s'en tenir à.
limite s.m. limite f.; — superior plafond; até o — de jusqu'à concurrence de; exceder os —s combler la mesure.
limítrofe adj. limitrophe.
limo s.m. limon.
limoeiro s.m. citronnier.
limonada s.f. **1.** (feita na hora) citronnade; **2.** (engarrafada) limonade.
limoso adj. limoneux.
limpador s.m. nettoyeur; — de esgotos égoutier; — de para-brisa essui-glace.

limpador de para-brisa *s.m.* essui-glace.
limpa-pés *s.m.* décrottoir.
limpar *v.t.* **1.** nettoyer; (*com pano ou papel*) torcher; (*dentes, fossa*) curer; **2.** (*roubar*) rafler.
limpeza *s.f.* **1.** propreté; **2.** nettoyage *m.* nettoiement *m.*, toilette; **3.** — *de uma área* ratissage.
limpidez *s.f.* limpidité.
límpido *adj.* limpide.
limpo *adj.* propre, net; *passar a* — mettre au net; *tirar a* — tirer au clair; en avoir le cœur net.
lince *s.m.* lynx, loup-cervier.
linchamento *s.m.* lynchage.
linchar *v.t.* lyncher.
lindeza *s.f.* joliesse.
lindo *adj.* joli, mignon.
lineamentos *s.m.pl.* **1.** linéaments; **2.** traits du visage.
linear *adj.* linéaire.
linfa *s.f.* lymphe.
linfático *adj.* lymphatique.
lingote *s.m.* lingot.
língua *s.f.* **1.** (*órgão*) langue; (*pop.*) lavette; *mostrar a* — tirer la langue; *passar a* — *sobre* pourlécher; (*fam.*) tapette; **2.** (*idioma*) langue.
linguado *s.m.* (*peixe*) sole *f.*
linguagem *s.f.* langage *m.*
linguarudo *adj.* jaseur, rapporteur.
linguiça *s.f.* andouille.
linguista *s.m.* linguiste.
linguística *s.f.* linguistique.
linguística *adj.* linguistique.
lingueta *s.f.* (*de fechadura*) pène, languette.
linha *s.f.* **1.** (*fio*) fil (à coudre); **2.** (*fio de pescar*) ligne; **3.** (*traço*) ligne; **4.** (*de letras escritas ou impressas*) ligne; **5.** (*de ônibus, trem*) ligne; **6.** (*de telefone*) ligne; **7.** (*correção de maneiras*) distinction, élégance; *manter a* — faire bonne contenance; **8.** (*genealógica*) ligne.
linhaça *s.f.* grain *m.* de lin, linette.
linhagem *s.f.* lignée.
linhita *s.f.* lignite.
linho *s.m.* lin.
linóleo *s.m.* linoléum.
linotipista *s.m.* linotypiste.
linotipo *s.m.* linotype.
lipídio *s.m.* lipide.
liquefazer *v.t.* liquéfier.
liquefeito *adj.* liquéfié.

líquen *s.m.* lichen.
liquidação *s.f.* liquidation; — *de saldos* soldes *m.pl.*; (*ao ar livre*) braderie.
liquidar *v.t.* liquider.
liquidatário *s.m.* liquidataire.
liquidez liquidité.
liquidificador *s.m.* mixer, rabot ménager.
líquido *adj.* liquide.
lira[1] *s.f.* (*instrumento musical*) lyre.
lira[2] *s.f.* (*unidade monetária*) lire.
lírico *adj.* lyrique; *s.m.* (poète) lyrique.
lirismo *s.m.* lyrisme.
lírio *s.m.* lis *ou* lys.
Lisboa *s.f.* Lisbonne.
lisboeta *adj.*; *s.pátr.* lisbonnin.
liso *adj.* **1.** lisse, uni; plan, plat; **2.** (*fam.*) (= *sem dinheiro*) fauché.
lisonja *s.f.* flatterie.
lisonjeador *s.m.* flatteur.
lisonjear *v.t.* flatter; (*fam.*) passer la main dans le dos de.
lisonjeiro *adj.* flatteur.
lista *s.f.* liste; — *civil* liste civile; — *negra* liste noire; — *telefônica* annuaire téléphonique.
listra *s.f.* raie de couleur, zébrure, rayure.
listrado *adj.* rayé.
lisura *s.f.* franchise, correction.
liteira *s.f.* chaise à porteurs.
literal *adj.* littéral.
literário *adj.* littéraire.
literato *s.m.* lettré, homme de lettres, littérateur.
literatura *s.f.* littérature; — *de cordel* (*aprox.*) littérature de pacotille, littérature populaire en fascicules vendus aux foires.
litíase *s.f.* lithiase.
litigante *s.m.* plaideur; *s.f.* plaideuse.
litigar *v.int.* plaider.
litígio *s.m.* litige.
litigioso *adj.* litigieux.
litografia *s.f.* lithographie.
litográfico *adj.* lithographique.
litorâneo *adj.* littoral.
litoral *s.m.* littoral.
litro *s.m.* litre.
liturgia *s.f.* liturgie.
litúrgico *adj.* liturgique.
lividez *s.f.* lividité.
lívido *adj.* livide, blafard, blême.
livrar *v.t.* délivrer; *v.pron.* — *de* se délivrer de, se débarrasser de; (*fam.*) débarquer, semer.

livraria *s.f.* librairie.
livre *adj.* 1. (= *em liberdade*) libre; *ver-se — de* en finir avec; 2. (= *licencioso*) libre, graveleux, grivois, salé.
livre-câmbio *s.m.* libre-échange.
livreco *s.m.* méchant livre, bouquin.
livre-docente *s.m.* privat-docent.
livre-pensador *s.m.* libre penseur.
livreiro *s.m.* libraire.
livresco *adj.* livresque.
livrinho *s.m.* livret.
livro *s.m.* livre; (*fam.*) bouquin; — *de bolso* livre de poche; — *de magia* grimoire *f.*; — -*razão* grand livre.
lixa *s.f.* papier d'émeri.
lixar *v.t.* polir à l'émeri; *v.pron.* (*fam.*) aller au diable.
lixeiro *s.m.* éboueur.
lixívia *s.f.* lessive.
lixiviar *v.t.* lessiver.
lixo *s.m.* ordures *f.pl.*
lo (*pron.*) o mesmo que *o.*
loba *s.f.* louve.
lobinho *s.m.* 1. louveteau; 2. (*escoteiro de 10 a 12 anos*) louveteau.
lobisomem *s.m.* loup-garou.
lobo[1] *s.m.* loup.
lobo[2] *s.m.* lobe.
lobo-cerval *s.m.* loup-cervier.
lobrigar *v.t.* entrevoir.
lóbulo *s.m.* lobule.
loca *s.f.* trou *m.*, terrier *m.*
locação *s.f.* location; louage *m.*
locador *s.m.* loueur.
local *adj.* local; *s.m.* local, endroit; lieu, emplacement; — *de concentração* point de ralliement.
localidade *s.f.* localité.
localização *s.f.* localisation, repérage *m.*
localizar *v.t.* 1. localiser; 2. placer, repérer.
loção *s.f.* lotion.
locatário *s.m.* locataire.
locativo *adj.*; *s.m.* locatif.
locomoção *s.f.* locomotion.
locomotiva *s.f.* locomotive.
locomover-se *v.pron.* se déplacer.
locução *s.f.* locution.
locupletar *v.t.* enrichir; *v.pron.* s'enrichir.
locutor *s.m.* speaker.
locutora *s.f.* speakerine.
locutório *s.m.* parloir.
lodaçal *s.m.* bourbier.
lodo *s.m.* boue *f.*, fange *f.*

lodoso *adj.* boueux, fangeux.
logaritmo *s.m.* logaritme.
lógica *s.f.* logique.
lógico *adj.* logique.
logo *adv.* bientôt, aussitôt, tôt, tout de suite; — *depois* sur l'heure; *até* — à bientôt, à tantôt, au revoir; — *que loc.conj.* sitôt que, aussitôt que.
logogrifo *s.m.* logogriphe.
logotipo *s.m.* logotype.
logradouro *s.m.* endroit public.
lograr *v.t.* 1. parvenir à, réussir; 2. tromper, attraper; (*fam.*) mettre dedans.
logro *s.m.* passe-passe, fourberie *f.*, duperie *f.*
loja *s.f.* 1. magasin *m.*, débit *m.*, boutique; 2. — *de ferragens* quincaillerie; — *de frios* charcuterie; — *de roupas usadas* friperie; 3. (*maçônica*) loge.
lojista *s.m.* commerçant, boutiquier.
lombada *s.f.* 1. dos; 2. (*de montanha*) croupe; 3. (*de livro*) dos.
lombar *adj.* lombaire.
lombo *s.m.* 1. o mesmo que *costas*; 2. râble; — *de vitela* longe *f.*
lombriga *s.f.* ver de terre, lombric *m.*
lona *s.f.* bâche; *estar na última* — traîner la savate.
Londres *s.f.* Londres.
londrino *adj.*; *s.pátr.* londonien.
longanimidade *s.f.* longanimité.
longarina *s.f.* longeron *m.*
longe *adv.* loin; — *disso* à beaucoup près, tant s'en faut; *muito* — (*fam.*) au diable (vauvert); *não ir mais* — en rester là.
longes *s.m.pl.* 1. distances; 2. ressemblance *f.* vague.
longevidade *s.f.* longévité.
longínquo *adj.* lointain.
longitude *s.f.* longitude.
longitudinal *adj.* longitudinal.
longo *adj.* long; *s.m. ao* — *de* le long de.
long-play *s.m.* microsillon.
lonjura *s.f.* grande distance.
lontra *s.f.* loutre.
loquacidade *s.f.* loquacité.
loquaz *adj.* loquace.
lorde *s.m.* lord.
Lorena *s.f.* Lorraine.
loreno *adj.*; *s.pátr.* lorrain.
lornhão *s.m.* lorgnon, binocle.
lorota *s.f.* (*fam.*) mensonge, menterie.
lorpa *adj.* malappris, bourru.
losango *s.m.* losange.

lotação[1] *s.f.* capacité, contenance; — *esgotada* salle comble.
lotação[2] *s.m.* (*aprox.*) microbus.
lotado *adj.* complet.
lotador *s.m.* lotisseur.
lotar *v.t.* 1. remplir; 2. tirer au sort; 3. affecter.
lote *s.m.* lot.
loteamento *s.m.* lotissement.
lotear *v.t.* lotir.
loteria *s.f.* loterie.
loto[1] *s.m.* (*jogo de azar*) loto, vispora *f.*
loto[2] *s.m.* (*flor*) lotus.
louça *s.f.* vaisselle; poterie; *lavar a* — faire la vaisselle.
loucamente *adv.* follement, à la folie.
louco *adj.* fou; (*pop.*) marteau.
loucura *s.f.* folie.
loureira *s.f.* (*depr.*) fille; coureuse.
loureiro *s.m.* laurier.
louro[1] *s.m.* (feuille de) laurier.
louro[2] *adj.* blond.
lousa *s.f.* 1. ardoise; 2. dalle; 3. tableau *m.* noir.
louva-a-deus *s.m.* mante *f.* religieuse.
louvação *s.f.* louange, éloge *m.*; (*aprox.*) panégyrique.
louvado *s.m.* expert.
louvar *v.t.* louer, louanger; vanter; — *em* s'en rapporter à.
louvável *adj.* louable.
louvor *s.m.* louange *f.*, éloge.
lua *s.f.* lune; *estar na* — avoir la tête ailleurs.
lua de mel *s.f.* lune de miel.
luar *s.m.* clair de lune.
lubricidade *s.f.* lubricité.
lúbrico *adj.* lubrique.
lubrificação *s.f.* lubrification; graissage *m.*
lubrificante *adj.*; *s.m.* lubrifiant.
lubrificar *v.t.* lubrifier.
lucarna *s.f.* lucarne.
lucidez *s.f.* lucidité.
lúcido *adj.* lucide.
lucrar *v.t.* gagner; *v.int.* tirer profit.
lucrativo *adj.* lucratif.
lucro *s.m.* gain; (*depr.*) lucre.
lucubração *s.f.* élucubration.
ludibriar *v.t.* duper, berner.
ludíbrio *s.m.* 1. risée *f.*; 2. jouet.
lúdico *adj.* ludique.
lues *s.f.* syphilis.
lufada *s.f.* rafale.
lufa-lufa *s.f.* affairement *m.*; presse, *hâte.

lugar *s.m.* endroit; lieu; place *f.*, emplacement; site; *desocupar o* — faire place nette; *em algum* — quelque part; *em nenhum* — nulle part; *em primeiro* — d'abord, premièrement, primo; *em quarto* — quatrièmement, quarto; *em segundo* — deuxièmement, secundo; *em terceiro* — troisièmement, tertio; *no próprio* — sur place; *noutro* — ailleurs, autre part; *pôr no* — rembarrer.
lugar-comum *s.m.* lieu comun, poncif.
lugarejo *s.m.* bourg, *hameau; (*fam.*) patelin; — *perdido* trou.
lúgubre *adj.* lugubre.
luís *s.m.* louis.
lula *s.f.* calmar *m.*
lumbago *s.m.* lumbago.
lume *s.m.* 1. feu; 2. lumière *f.*; 3. cierge.
luminar *s.m.* lumière *f.*
luminescência *s.f.* luminescence.
luminescente *adj.* luminescent.
luminosidade *s.f.* luminosité.
luminoso *adj.* lumineux.
lunação *s.f.* lunaison.
lunar *adj.* lunaire.
lunático *adj.*; *s.* lunatique.
luneta *s.f.* lunette, lorgnon *m.*
lúnula *s.f.* lunule.
lupa *s.f.* loupe.
lupanar *s.m.* lupanar.
lúpulo *s.m.* *houblon.
lusco-fusco *s.m.* crépuscule; *ao* — entre chien et loup.
lusitano *adj.*; *s.pátr.* lusitanien.
luso *adj.*; *s.pátr.* lusitanien, portugais.
lustral *adj.* lustral.
lustrar *v.t.* lustrer, astiquer, frotter.
lustre *s.m.* 1. lustre, splendeur *f.*; 2. lustre, plafonnier.
lustrina *s.f.* lustrine.
lustro[1] *s.m.* (= *cinco anos*) lustre.
lustro[2] *s.m.* lustre, éclat.
luta *s.f.* lutte; — *de classes* lutte des classes.
lutador *s.m.* lutteur; — *de catch* catcheur.
lutar *v.int.* lutter.
luteranismo *s.m.* luthéranisme.
luterano *adj.*; *s.* luthérien.
luto *s.m.* deuil.
lutuoso *adj.* endeuillé, tragique.
luva *s.f.* gant; — *sem dedos* moufle; *de* —*s* ganté.
luvas *s.f.pl.* reprise.
luxação *s.f.* luxation, déboîtement *m.*; dislocation.

luxar *v.t.* luxer, démettre, disloquer; — *o pé* se fouler le pied.
Luxemburgo *s.m.* Luxembourg.
luxemburguês *adj.* luxembourgeois.
luxento *adj.* épris de luxe.
luxo *s.m.* luxe.
luxuoso *adj.* luxueux.
luxúria *s.f.* luxure.

luxuriante *adj.* luxurieux.
luxurioso *adj.* luxurieux.
luz *s.f.* lumière; *dar à* — accoucher de; donner le jour à; mettre au monde.
luzente *adj.* luisant.
luzerna *s.f.* luzerne.
luzidio *adj.* luisant.
luzir *v.int.* luire.

M

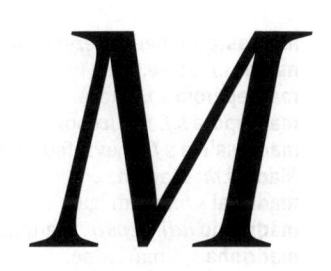

ma *pron.*, *contração de me e a:* me la.
má *adj. feminino de* mau.
maca *s.f.* brancard *m.*, civière.
maça *s.f.* 1. masse; 2. massue *f.*, — *de ginástica* mil *m.*
maçã *s.f.* pomme; — *do rosto* pommette.
macabro *adj.* macabre.
macaca *s.f.* guenon, macaque.
macacão *s.m.* combinaison *f.*; salopette *f.*
macaco[1] *s.m.* singe; magot; *ter —s no sótão* avoir une araignée au plafond.
macaco[2] *s.m.* cric.
maçada *s.f.* corvée, embêtement *m.*
macadame *s.m.* macadam.
macadamizar *v.t.* macadamiser.
maçador *adj.*; *s.m.* raseur, gêneur.
macambúzio *adj.* morose, maussade, renfrogné.
maçaneta *s.f.* poignée.
maçante *adj.* assommant, tuant.
maçapão *s.m.* massepain, macaron.
macaquear *v.t.* singer.
macaquice *s.f.* singerie.
maçar *v.t.* embêter, raser.
macaréu *s.m.* mascaret.
maçarico[1] *s.m.* (*ave pernalta*) charadrius, espèce de pluvier.
maçarico[2] *s.m.* (*aparelho*) chalumeau.
macarrão *s.m.* macaroni.
macarronada *s.f.* mets à base de macaroni.
macaxeira *s.f.* manioc *m.*
Macedônia *s.f.* Macédoine.
macedônio *adj.*; *s.pátr.* macédonien.
macela *s.f.* camomille.
maceração *s.f.* macération; mortification.
macerar *v.t.* macérer; (*carne*) mariner; (*fibras*) rouir.
macérrimo *adj.* étique.
macete *s.m.* truc, astuce *f.*, combine *f.*

machadada *s.f.* coup *m.* de *hache.
machadinha *s.f.* *hachette.
machado *s.m.* *hache *f.*; poignée *f.*
macho *adj.*; *s.m.* mâle.
machona *adj. f.* hommasse.
machucadura *s.f.* meurtrissure.
machucar *v.t.* endolorir, meurtrir; *v.pron.* (*fam.*) se casser la figure.
maciço *adj.* massif; *s.m.* fourré, massif.
macieira *s.f.* pommier *m.*
macieza *s.f.* mollesse, douceur.
macilento *adj.* *hâve.
macio *adj.* moelleux.
maço *s.m.* liasse *f.*; — *de cigarros* paquet de cigarettes.
maçom *s.m.* (franc-) maçon.
maçonaria *s.f.* (franc-) maçonnerie.
maconha *s.f.* marijuana; *haschisch *m.*
maconheiro *s.m.* 1. vendeur de marijuana; 2. fumeur de marijuana.
maçônico *adj.* maçonnique.
má-criação *s.f.* impolitesse, grossiereté.
macróbio *s.m.* très vieil homme, mathusalem.
macrobiótico *adj.* macrobiotique.
maçudo *adj.* assommant, indigeste.
mácula *s.f.* tache, macule, bavure.
macular *v.t.* maculer, tacher.
maculatura *s.f.* maculature.
macumba *s.f.* culte *m.* vaudou, sorcellerie.
macumbeiro *s.m.* sorcier.
Madagáscar *s.m.* Madagascar.
madama *s.f.* 1. madame, dame; 2. patronne.
madeira *s.f.* bois *m.*
madeiramento *s.m.* charpente.
madeireiro *s.m.* marchant de bois.
madeixa *s.f.* mèche (de cheveux).
madona *s.f.* madone.
madraçaria *s.f.* fainéantise.
madraço *adj.*; *s.* fainéant.

madrasta *s.f.* belle-mère; (*depr.*) marâtre.
madre *s.f.* mère.
madrepérola *s.f.* nacre.
madrépora *s.f.* madrepore.
madressilva *s.f.* chèvrefeuille *m.*
Madri *s.m.* Madrid.
madrigal *s.m.* madrigal.
madrileno *adj.*; *s.pátr.* madrilène.
madrinha *s.f.* marraine.
madrugada *s.f.* aube.
madrugador *adj.*; *s.m.* matinal, matineux.
madrugar *v.int.* se lever de grand matin.
maduração *s.f.* mûrissement *m.*
madurar *v.int.* e *t.* murir.
madureza *s.f.* 1. maturité; 2. V. *exame.*
maduro *adj.* mûr.
mãe *s.f.* mère; — *-pátria* mère patrie; — *solteira* fille-mère.
mãe-benta *s.f.* (*aprox.*) madeleine.
maestro *s.m.* maestro.
máfia *s.f.* maffia.
maganão *s.m.* farceur, gaillard.
magano *adj.* drôle, farceur.
magarefe *s.m.* tueur.
magazine *s.m.* magasin.
magia *s.f.* magie.
magiar *adj.*; *s.m. pátr.* magyar, hongrois.
mágica *s.f.* 1. magicienne; 2. (*prestidigitação*) tour de magicien.
mágico *adj.* magique; *s.m.* magicien.
magistério *s.m.* 1. (*eclesiástico*) magistère; 2. la profession de professeur; 3. la classe des professeurs.
magistrado *s.m.* magistrat.
magistral *adj.* magistral.
magistratura *s.f.* magistrature.
magnanimidade *s.f.* magnanimité.
magnânimo *adj.* magnanime.
magnata *s.m.* magnat.
magnésia *s.f.* magnésie.
magnésio *s.m.* magnésium.
magnético *adj.* magnétique.
magnetismo *s.m.* magnétisme.
magnetizador *s.m.* magnétiseur.
magnetizar *v.t.* magnétiser.
magnificência *s.f.* magnificence.
magnífico *adj.* magnifique.
magnitude *s.f.* grandeur.
magno *adj.* grand.
magnólia *s.f.* magnolia *m.*
mago *s.m.* mage.
mágoa *s.f.* peine, chagrin *m.*, crève-cœur *m.*
magoar *v.t.* meurtrir, froisser, faire de la peine.

magote *s.m.* bande *f.*, tas.
magricela *adj.*; *s.* maigrelet.
magro *adj.* maigre.
maiêutica *s.f.* maïeutique.
mainá (*ave*) *s.m.* myna.
maio *s.m.* mai.
maiô *s.m.* maillot.
maionese *s.f.* mayonnaise.
maior *adj.* 1. plus grand; 2. majeur.
maioria *s.f.* majorité; *em sua —* pour la plupart.
maioridade *s.f.* majorité.
mais *adv.* plus, davantage; *— nada* rien de plus; *— ou menos* à peu près; *a —* de plus; *cada vez —* de plus en plus; *é de —* c'est un peu fort; *não — ne ... plus*; *quanto — tanto — plus ... plus ...* ; *tanto —* d'autant plus.
mais-que-perfeito *s.m.* plus-que-parfait.
mais-valia *s.f.* plus-value.
maiúscula *s.f.* majuscule.
majestade *s.f.* majesté.
majestoso *adj.* majestueux.
major *s.m.* major.
majoração *s.f.* majoration.
majorar *v.t.* majorer.
majoritário *adj.* majoritaire.
mal *adv.* mal; à peine; *de — a pior* de mal en pis; *há —es que vêm para bem* à quelque chose malheur est bon; *nada —* pas mal; *s.m.* mal.
mala *s.f.* malle, valise; *— diplomática* valise diplomatique; *— traseira* coffre *m.* arrière.
malacacheta *s.f.* mica *m.*
málaga *s.f.* malaga *m.*
mal-agradecido *adj.* ingrat.
malaio *adj.*; *s.pátr.* malais.
mal-amanhado *adj.* (mal) fagoté.
malandragem *s.f.* bas-fonds *m.pl.*
malandrar *v.int.* vagabonder, fainéanter.
malandres *s.m.pl.* malandre *f.*
malandro *s.m.* voyou, vaurien, vagabond, chenapan.
mala-postal *s.f.* diligence, malle-poste.
malar *adj.* malaire.
malária *s.f.* malaria.
Malásia *s.f.* Malaisie.
mal-assombrado *adj.* *hanté.
malaxar *v.t.* malaxer.
malbaratar *v.t.* dissiper, gaspiller.
malcheiroso *adj.* malodorant, puant.
malcriado *adj.* mal élevé, malappris.
maldade *s.f.* méchanceté, mauvaiseté, malice; (*fam.*) vacherie.

maldição *s.f.* malédiction.
maldito *adj.* maudit.
maldizente *adj.*; *s.* médisant; (*fam.*) rossard.
maldizer *v.t.* 1. maudire; 2. médire de; décrier; (*fam.*) débiner.
maldoso *adj.* méchant.
maleável *adj.* malléable.
maleabilidade *s.f.* malléabilité.
maledicência *s.f.* médisance; (*fam.*) rosserie.
maleficência *s.f.* malfaisance.
malefício *s.m.* méfait.
maléfico *adj.* malfaisant.
maleita *s.f.* malaria.
mal-encarado *adj.* renfrogné.
mal-entendido *s.m.* malentendu; *há um* — (*fam.*) il y a maldonne.
mal-estar *s.m.* malaise, gêne *f.*
maleta *s.f.* mallette, valise.
malevolência *s.f.* malveillance.
malévolo *adj.* malveillant, malévole.
malfadado *adj.* malheureux, malencontreux.
malfazejo *adj.* malfaisant.
malfeitor *s.m.* malfaiteur.
malformação *s.f.* malformation.
malgaxe *adj.*; *s.pátr.* malgache.
malgrado *s.m.* déplaisir; *a meu* — malgré moi; *prep.* malgré, en dépit de.
malha[1] *s.f.* maille; tricot *m.*
malha[2] *s.f.* tache, maille.
malha[3] *s.f.* (*jogo*) mail *m.*
malhado *adj.* taché, tacheté.
malhar *v.t.* battre, marteler; (*fig.*) débiner.
malharia *s.f.* bonneterie.
malho *s.m.* maillet.
malícia *s.f.* malice.
malicioso *adj.* malicieux; mutin, taquin.
malignidade *s.f.* malignité.
maligno *adj.* malin.
mal-intencionado *adj.* malveillant.
maloca *s.f.* cabane d'Indien.
malograr *v.int.* échouer.
malogro *s.m.* 1. échec; 2. avortement.
malquistar *v.t.* indisposer.
malsoante *adj.* malsonnant.
malta *s.f.* meute.
Malta *s.f.* Malte.
maltar *v.t.* malter.
malte *s.m.* malt.
maltrapilho *adj.* dépenaillé, débraillé.
maltratar *v.t.* maltraiter, malmener; rudoyer, brutaliser, en faire voir à, arranger.

maltusianismo *s.m.* malthusianisme.
maltusiano *adj.* malthusien.
maluco *adj.* fou, écervelé; (*fam.*) loufoque, tapé; (*pop.*) dingue, dingo, maboul, sinoque.
maluquice *s.f.* étourderie, bévue.
malva *s.f.* mauve; *adj.* mauve.
malvadez *s.f.* méchanceté.
malvado *adj.* méchant.
malvaísco *s.m.* guimauve *f.*
malva-rosa *s.f.* rose trémière.
malvasia *s.f.* malvoisie.
malversação *s.f.* malversation.
mama *s.f.* téton *m.*, mamelle; (*de vaca*) pis *m.*
mamada *s.f.* tétée.
mamadeira *s.f.* biberon *m.*
mamãe *s.f.* maman.
mamão *s.m.* papaye *f.*
mamar *v.t.* têter.
mamário *adj.* mammaire.
mamata *s.f.* (*aprox.*) foire d'empoigne; vache à lait; assiette au beurre.
mambembe *adj.* médiocre, mauvais.
mamífero *adj.*; *f.* mammifère.
mamilo *s.m.* mamelon, tétin.
mamoeiro *s.m.* papayer.
mamona *s.f.* ricin.
mamute *s.m.* mammouth.
mana *s.f.* (*fam.*) frangine.
maná *s.m.* manne *f.*; (*fig.*) aubaine *f.*
manacá *s.m.* (*flor*) brunfelsie *f.*
manancial *s.m.* source *f.*
manar *v.int.* sourdre; *v.int.* répandre.
mancada *s.f.* gaffe, balourdise.
mancar *v.int.* boiter.
mancebo *s.m.* jeune homme.
mancha *s.f.* tache; *deixar* — déteindre; *tirar as* —*s de* détacher.
Mancha *s.f.* Manche.
manchar *v.t.* tacher; *v.pron.* se tacher.
mancheia *s.f.* poignée; *a* —*s* à foison.
manchete *s.f.* manchette.
manco *adj.* boiteux, manchot.
mancomunar-se *v.pron.* se concerter.
mandacaru *s.m.* (*planta*) cierge du Pérou.
mandachuva *s.m.* manitou; *ser o* — faire la pluie et le beau temps.
mandado *s.m.* ordre, mandar; — *de segurança* recours judiciaire contre un abus du pouvoir.
mandamento *s.m.* commandement.
mandante *s.m.* mandant.
mandão *adj.* (*fam.*) pète-sec.

mandar *v.t.* **1.** ordonner; — *parar* stopper; — *vir* mander; **2.** *v.int.* — *em* régenter, commander à; faire la loi; **3.** envoyer; — *embora* renvoyer, (*pretendente*) éconduire.
mandarim *s.m.* mandarin.
mandarinato *s.m.* mandarinat.
mandatário *s.m.* mandataire.
mandato *s.m.* mandat.
mandíbula *s.f.* mandibule.
mandinga *s.f.* sorcellerie.
mandioca *s.f.* manioc *m.*
mando *s.m.* commandement.
mandrágora *s.f.* mandragore.
mandrião *s.m.* fainéant.
mandriar *v.int.* fainéantir.
mandril *s.m.* mandrin.
maneira *s.f.* manière, façon; *pl.* façons; *de — alguma* pas le moins du monde; *de — que* de façon que; *de qualquer —* en tout état de chose, toujours, toujours est-il que.
maneiro *adj.* maniable, habile.
maneiroso *adj.* délicat.
manejar *v.t.* manier.
manejável *adj.* maniable.
manejo *s.m.* maniement.
manequim *s.m.* mannequin.
maneta *adj.*; *s.* manchot.
manga¹ *s.f.* (*parte do vestuário*) manche *f.*
manga² *s.f.* (*fruta*) mangue.
manga de alpaca *s.m.* (*fam.*) rond-de-cuir.
manganês *s.m.* manganèse.
mangar *v.int.* — *de* se moquer de, se payer la tête de.
mangual *s.m.* fléau.
mangue *s.m.* (*aprox.*) marais, marécage.
mangueira¹ *s.f.* (*tubo*) manche.
mangueira² *s.f.* (*árvore*) manguier.
manha *s.f.* astuce, ruse.
manhã *s.f.* matin; *de —* le matin.
manhãzinha *s.f. de — loc.adv.* au point du jour.
manhoso *adj.* astucieux, rusé, finaud.
mania *s.f.* manie; lubie, dada *m.*, marotte.
maníaco *adj.* maniaque.
manicômio *s.m.* asile d'aliénés.
manicura *s.f.* manucure.
manietar *v.t.* passer les menottes à.
manifestação *s.f.* manifestation.
manifestante *adj.* manifestant.
manifestar *v.t.* e *int.* manifester; *v.pron.* se manifester, percer.
manifesto *adj.*; *s.m.* manifeste.

manilha¹ *s.f.* tuyau *m.* en grès.
manilha² *s.f.* (*jogo de cartas*) manille.
maninho *adj.* stérile, infécond.
manipanso *s.m.* fétiche.
manipulação *s.f.* manipulation; (*desonesta*) tripotage *m.*
manipulador *s.m.* manipulateur.
manipular *v.t.* manipuler; (*desonestamente*) tripoter.
manivela *s.f.* manivelle.
manjar¹ *v.t.* (*gír.*) **1.** observer, espionner; **2.** comprendre, piger; *é manjado* c'est cousu de fil blanc.
manjar² *s.m.* mets-délicat.
manjar-branco *s.m.* blanc-manger.
manjedoura *s.f.* mangeoire.
manjericão *s.m.* basilic.
manjerona *s.f.* marjolaine.
mano *s.m.* (*fam.*) frangin, frérot.
manobra *s.f.* manœuvre.
manobrar *v.t.* e *int.* manœuvrer.
manobreiro *s.m.* manœuvrier.
manômetro *s.m.* manomètre.
manopla *s.f.* main énorme.
manqueira *s.f.* boitement *m.*, claudication.
manquejar *v.int.* boiter, clopiner.
mansão *s.f.* résidence, hôtel *m.* particulier.
mansarda *s.f.* mansarde.
mansidão *s.f.* mansuétude.
mansinho *de — loc.adv.* doucement; en catimini.
manso *adj.* doux; (*animal*) apprivoisé.
manta *s.f.* couverture.
manteiga *s.f.* beurre; *pôr — em* beurrer.
manteigueira *s.f.* beurrier.
mantenedor *s.m.* mainteneur.
manter *v.t.* maintenir, entretenir.
mantilha *s.f.* mantille.
mantimentos *s.m.pl.* vivres.
manto *s.m.* manteau; (*fig.*) voile.
manual *adj.* manuel; *s.m.* manuel, précis.
manufatura *s.f.* manufacture.
manufaturar *v.t.* manufacturer.
manufatureiro *adj.* manufacturier.
manuscrito *adj.*; *s.m.* manuscrito.
manusear *v.t.* manier.
manuseio *s.m.* maniement.
manutenção *s.f.* manutenção; maintien *m.*; entretien *m.*
mão *s.f.* main; (*fam.*) pince; paluche, pogne; *—s ao alto* haut les mains; *— única* sens *m.* unique; *deixar na —* fausser compagnie à; *de segunda —* d'occasion; *já que está com a — na massa* tant que vous y êtes; *não ter*

—*s a medir* ne savoir où donner de la tête, avoir du pain sur la planche.
mão-aberta *s. ser* — ne pas regarder à la dépense.
mão de obra *s.f.* main-d'œuvre.
maometano *adj.*; *s.* mahométan.
mãos-rotas *s.f.pl.* panier *m.* percé.
mãozinha *s.f.* menotte; (*fig.*) coup *m.* de pouce.
mapa *s.m.* carte *f.* (géographique).
mapa-múndi *s.m.* mappemonde *f.*
maqueta *s.f.* maquette.
maqui *s.m.* **1.** (*movimento clandestino de resistência*) maquis; **2.** (*membro desse movimento*) maquisard.
maquiavélico *adj.* machiavélique.
maquiavelismo *s.m.* machiavélisme.
maquilagem *s.f.* maquillage *m.*, fard *m.*
maquilar *v.t.* maquiller, farder; *v.pron.* se maquiller, se farder; se faire une beauté.
máquina *s.f.* machine; — *de barbeiro* tondeuse; — *de costura* machine à coudre; — *de escrever* machine à écrire; — *de fazer café* percolateur; — *de lavar* machine à laver; — *de lavar louça* lave-vaisselle *m.*
maquinação *s.f.* machination.
maquinal *adj.* machinal.
maquinar *v.t.* machiner.
maquinaria *s.f.* machinerie, matériel *m.*
maquinismo *s.m.* machinisme.
maquinista *s.m.* machiniste; (*de trem*) mécanicien.
mar *s.m.* mer *f.*; — *alto* large; *haute mer *f.*
marabá *adj.*; *s.pátr.* métis de français et indien.
maracujá *s.m.* fruit de la passion.
maracujazeiro *s.m.* passiflore.
marafona *s.f.* (*pop.*) traînée, coureuse.
marasmo *s.m.* marasme.
maratona *s.f.* marathon *m.*
maravilha *s.f.* merveille; *às mil* —*s* à merveille.
maravilhar *v.t.* émerveiller.
maravilhoso *adj.* merveilleux; (*fam.*) épatant.
marca *s.f.* **1.** marque, empreinte; cachet *m.*; **2.** repère *m.*; **3.** meurtrissure; *de* — *maior* (*fam.*) fameux; *deixar* — *em* marquer.
marcação *s.f.* marquage *m.*; *estar de* — *com* persécuter, prendre en filature.
marcador *s.m.* marqueur; — *de gasolina* voyant d'essence; — *de livro* signet.
marca-passo *s.m.* stimulateur cardiaque.
marcar *v.t.* marquer; (*cartas, dados*) piper; — *encontro* prendre rendez-vous; *v.int.* marquer.
marcenaria *s.f.* ébénisterie.
marceneiro *s.m.* menuisier.
marcha *s.f.* **1.** marche; — *a ré* marche en arrière; *diminuir a* — marquer le pas; *fazer* — *a ré* faire machine arrière; **2.** allure; train *m.*; **3.** (*Mús.*) marche.
marchante *s.m.* marchand de bétail.
marchar *v.int.* marcher.
marchetar *v.t.* marqueter.
marchetaria *s.f.* marqueterie.
marcial *adj.* martial.
marciano *adj.*; *s.* martien.
marco *s.m.* jalon; borne *f.*; — *de porta* chambranle.
março *s.m.* mars.
maré *s.f.* marée; flot *m.*
marear *v.t.* ternir.
marechal *s.m.* maréchal.
maresia *s.f.* odeur de mer.
marfim *s.m.* ivoire.
marfinense *adj.*; *s.pátr.* ivoirien.
marga *s.f.* marne.
margarida *s.f.* marguerite.
margarina *s.f.* margarine.
margear *v.t.* cotoyer.
margem *s.f.* **1.** marge; **2.** rive, rivage *m.*
marginal *adj.* marginal; *s.m.* *hors-la-loi.
margrave *s.m.* margrave.
maria-fumaça *s.f.* (*aprox.*) tortillard.
maria-sem-vergonha *s.f.* balsamine, impatiente.
maricas *s.m.* poule mouillée.
marido *s.m.* mari.
marijuana *s.f.* marijuana, *haschisch *m.*; (*pop.*) herbe.
marimbondo *s.m.* guêpe *f.*
marimbu *s.m.* marigot.
marinha *s.f.* **1.** marine; — *de guerra* Armée de Mer; **2.** (*quadro*) marine.
marinheiro *s.m.* marin, matelot.
marinho *adj.* marin.
mariola *s.m.* coquin, fripon.
marionete *s.f.* marionnette.
mariposa *s.f.* papillon *m.* de nuit.
mariscar *v.t.* cueillir (*des coquillages, des insectes*).
marisco *s.m.* coquillage.
marital *adj.* marital.
marítimo *adj.* maritime, marin.
marmanjo *s.m.* (*pop.*) **1.** gars; **2.** costaud, malabar.

marmelada *sf.* 1. pâte de coings; 2. fripouillerie, combine, affaire malhonnête.
marmeleiro *s.m.* cognassier.
marmelo *s.m.* coing.
marmita *s.f.* 1. gamelle, marmite; 2. porte--aliments *m.*
mármore *s.m.* marbre.
marmoreação *s.f.* marbrure.
marmorear *v.t.* marbrer.
marmoreira *s.f.* marbrière.
marmóreo *adj.* marmoréen.
marmorista *s.m.* marbrier.
marmorização *s.f.* marbrure.
marmorizar *v.t.* marbrer.
marmota *s.f.* marmotte.
marola *s.f.* clapotis *m.*
maromba *s.f.* balancier *m.*
marosca *s.f.* escroquerie, carotte, friponnerie.
maroto *adj.* 1. narquois; 2. audacieux, grivois; *s.m.* garnement.
marquês *s.m.* marquis.
marquesa *s.f.* marquise.
marquise *s.f.* marquise.
marra *s.f.* massette.
marrada *s.f.* coup *m.* de corne.
marreca *s.f.* macreuse.
marreta *s.f.* masse.
marretada *s.f.* coup *m.* de masse.
Marrocos *s.m.* Maroc.
marrom *adj.* châtain, puce.
marroquim *s.m.* maroquin.
marroquinar *v.t.* marroquiner.
marroquino *adj.*; *s.pátr.* marrocain.
marsuíno *s.m.* marsouin.
marsupial *adj.*; *s.* marsupial.
marta *s.f.* martre.
martelada *s.f.* coup de marteau.
martelagem *s.f.* martèlement.
martelar *v.t.* marteler.
martelo *s.m.* marteau.
martim-pescador *s.m.* martin-pêcheur.
martingala *s.f.* martingale.
mártir *s.m.* martyr.
martírio *s.m.* martyre.
martirizar *v.t.* martyriser.
maruim *s.m.* maringouin.
marujo *s.m.* marin, matelot.
marulhar *v.int.* clapoter.
marulho *s.m.* 1. *houle f.;* 2. clapotis *m.*
marxismo *s.m.* marxisme.
marxista *adj.*; *s.* marxiste.
mas[1] *conj.* mais, cependant.
mas[2] *contração de me e as:* me les.

mascar *v.t.* mâcher; (*palavras*) grommeler; (*fumo*) chiquer.
máscara *s.f.* masque *m.*
mascarada *s.f.* travestissement *m.*
mascarado *adj.* travesti, déguisé; (*fig.*) dissimulé, sournois, hypocrite.
mascarão *s.m.* mascaron.
mascarar *v.t.* masquer, travestir; déguiser.
mascate *s.m.* colporteur.
mascavo *adj.* V. *açúcar.*
mascote *s.f.* mascotte, porte-bonheur *m.*
masculinidade *s.f.* masculinité.
masculinizar *v.t.* masculiniser.
masculino *adj.* masculin.
másculo *adj.* mâle, viril.
masmorra *s.f.* cachot *m.*, geôle.
masoquismo *s.m.* masochisme.
masoquista *adj.*; *s.* masochiste.
massa *s.f.* 1. masse; — *cinzenta* matière grise; — *de vidraceiro* mastic *m.*; *dispor em* —*s* masser; *em* — en nombre; 2. pâte; *já que está com a mão na* — tant que vous y êtes.
massacrar *v.t.* massacrer.
massacre *s.m.* massacre, carnage.
massagear *v.t.* masser.
massagem *s.f.* massage; *dar massagens em* masser.
massagista *s.m.* masseur; *s.f.* masseuse.
massapé *s.m.* terre argileuse.
masseter *s.m.* (*Anat.*) masséter.
massicote *s.m.* massicot.
massudo *adj.* épais, pâteux.
mastigação *s.f.* mastication; mâchonnement *m.*
mastigar *v.t.* mâcher, mâchonner, mastiquer.
mastim *s.m.* mâtin, mastiff.
mástique *s.m.* mastic; *prender com* — mastiquer.
mastodonte *s.m.* mastodonte.
mastoide *adj.* mastoïde.
mastreação *s.f.* mâture.
mastro *s.m.* mât; — *de cocanha* mât de cocagne.
mastruço *s.m.* cresson alénois, passerage.
masturbação *s.f.* masturbation; vice *m.* solitaire.
masturbar-se *v.pron.* se masturber.
mata *s.f.* futaie, bois *m.*; — *de corte* taillis *m.*
mata-borrão *s.m.* (papier) buvard.
matador *s.m.* 1. matador (tourada); 2. tueur.

matadouro s.m. abattoir.
matagal s.m. *hallier.
matalotagem s.f. provision de bouche.
mata-mouros m. matamore, bravache, fier-à-bras, sabreur.
matança s.f. tuerie.
mata-piolho s.m. (fam.) pouce.
matar v.t. 1. tuer, achever; *deixar-se* — tendre la gorge; 2. (*um serviço*) bâcler, cochonner, gâcher, massacrer; saboter, bousiller; (*pop.*) zigouiller; 3. (*aula*) sécher.
mate[1] s.m. (*planta*) maté.
mate[2] s.m. (*xeque-mate*) mat.
mate[3] adj. mat.
matemática sf. 1. mathématiques pl.; 2. mathématicienne.
matemático adj. mathématique; s.m. mathématicien.
matéria s.f. 1. matière, substance; 2. matière, sujet; 3. matière, discipline; 4. pus; *em — de* loc.prep. en fait de.
materiais s.m.pl. matériaux.
material adj. matériel; s.m. matériau; pl. matériaux.
materialismo s.m. matérialisme.
materialista adj.; s. matérialiste.
materialização s.f. matérialisation.
materializar v.t. matérialiser; v.pron. se matérialiser.
matéria-prima s.f. matière-première.
maternal adj. maternel.
maternidade s.f. maternité.
materno adj. maternel.
matilha s.f. meute.
matinal adj. matinal.
matinas s.f.pl. matines.
matinê s.f. matinée.
matiz s.m. nuance f.
matizar v.t. nuancer; diaprer.
mato s.m. 1. brousse f., broussaille f.; (*fig.*) *estar no — sem cachorro* ne pas savoir à quel saint se vouer; 2. mauvaise herbe f.
matraca s.f. crécelle.
matracar v.int. radoter, rabâcher.
matraquear v.int. faire du bruit, bavarder.
matreiro adj. madré, matois.
matriarcado s.m. matriarcat.
matriarcal adj. matriarcal.
matricida s. matricide.
matricídio s.m. matricide.
matrícula s.f. matricule, inscription.
matricular v.t. immatriculer, matriculer, inscrire.

matrimonial adj. matrimonial.
matrimônio s.m. mariage.
matriz s.f. 1. utérus; 2. matrice, forme; 3. établissement m. principal, siège; maison-mère; 4. (*Tip.*) matrice.
matrona s.f. matrone.
matula s.f. bande (de vauriens).
matungo s.m. mauvais cheval, rosse f.
maturação s.f. maturation.
maturar v.t. e int. o mesmo que *amadurecer*.
maturidade s.f. maturité.
matutar v.t. se creuser la cervelle, réfléchir intensément.
matutino adj. matinal, matutinal; s.m. journal du matin.
matuto adj.; s. rustre, paysan (du Brésil).
mau adj. mauvais, méchant.
mau-olhado s.m. mauvais œil.
mausoléu s.m. mausolée.
mavioso adj. suave, tendre.
maxila s.f. mâchoire.
maxilar adj.; s.m. maxillaire.
máxima s.f. maxime, adage m.
máximo adj. maximum; s.m. plafond; *no* — 1. tout au plus; 2. au possible.
maxixe s.m. concombre des Antilles.
mazela s.f. plaie; maladie; affliction.
me pron. me, moi, à moi.
meã adj.; f. de meão.
meação s.f. mitoyenneté.
meada s.f. écheveau m.
meado s.m. milieu.
mealheiro s.m. tirelire f.
meandro s.m. méandre.
meão adj. moyen, mitoyen.
mear v.t. partager au milieu.
mecânica s.f. mécanique.
mecânico adj. mécanique; s.m. mécanicien; (*fam.*) mécano.
mecanismo s.m. mécanisme.
mecanização s.f. mécanisation.
mecanizar v.t. mécaniser.
mecenas s.m. mécène.
mecenato s.m. mécénat.
mecha s.f. mèche.
meda s.f. meule.
medalha s.f. médaille.
medalhão s.m. médaillon; (*fig.*) fausse autorité.
média[1] s.f. (*em escola*) moyenne, note.
média[2] s.f. café-crème m.
mediação s.f. entremise, intermédiaire m.
mediador s.m. médiateur.

mediadora *s.f.* médiatrice.
medianeiro *s.m.* o mesmo que *mediador*.
mediania *s.f.* **1.** moyen terme *m.*; **2.** condition moyenne.
mediano *adj.* mitoyen.
mediante *prep.* moyennant.
mediar *v.t.* **1.** partager en deux; **2.** servir d'intermédiaire; **3.** y avoir.
mediatriz *s.f.* médiatrice.
médica *s.f.* femme médecin.
medicação *s.f.* médication.
medical *adj.* médical.
medicamento *s.m.* médicament.
medicamentoso *adj.* médicamenteux.
medicina *s.f.* médecine.
medicinal *adj.* médicinal.
médico *s.m.* médecin; (*fam.*) toubib; *adj.* médical.
medida *s.f.* mesure; (*de chapéu, de calçado*) pointure; *à — que* au fur et à mesure que; *meia —* demi-mesure; *passar da —* combler la mesure; *sob —* sur mesure.
medieval *adj.* médiéval, moyenâgeux.
média *adj.* moyen; *s.m.* (*Fut.*) demi.
medíocre *adj.* médiocre; pas fameux, minable.
medir *v.t.* mesurer; *— de alto a baixo* toiser; (*capacidade em litros*) jauger; (*temperatura*) prendre; (*terreno*) arpenter.
meditação *s.f.* méditation.
meditar *v.t.* e *int.* méditer.
meditativo *adj.* méditatif.
mediterrâneo *adj.* méditerranéen, méditerrané; *Mediterrâneo s.m.* Méditerranée *f.*
médium *s.m.* médium.
mediúnico *adj.* médiumnique.
mediunidade *s.f.* médiumnité.
medo *s.m.* peur *f.*; (*fam.*) frousse *f.*, trouille *f.*; pétoche; (*pop.*) foies *pl.*; *meter —* faire peur.
medonho *adj.* épouvantable, effrayant, affreux.
medrar *v.int.* croître, prospérer.
medronho *s.m.* arbouse *f.*
medroso *adj.* craintif, peureux; (*pop.*) trouillard.
medula *s.f.* moelle; *— espinhal* moelle épinière.
medular *adj.* médullaire.
medusa *s.f.* méduse.
meeiro *s.m.* métayer.
megalomania *s.f.* mégalomanie, folie des grandeurs.
megalomaníaco *adj.*; *s.* mégalomane.

megera *s.f.* mégère.
meia *s.f.* bas *m.*; *— curta* chaussette.
meia-água *s.f.* appentis *m.*
meia-direita *s.m.* (*Fut.*) inter droit.
meia-esquerda *s.m.* (*Fut.*) inter gauche.
meia-idade *s.f.* un certain âge *m.*
meia-lua *s.f.* demi-lune.
meia-noite *s.f.* minuit.
meias *s.f.pl. a —* de moitié.
meia-tinta *s.f.* demi-teinte; nuance.
meigo *adj.* câlin, caressant, tendre.
meiguice *s.f.* tendresse, câlinerie.
meimendro *s.m.* jusquiame *f.*
meio[1] *adj.* demi; mi.
meio[2] *s.m.* **1.** moyen; *empregar todos os —s* faire flèche de tout bois; **2.** milieu; *— ambiente* environnement, ambiance; *— equívoco* demi-monde, le milieu; *no — de* au milieu de, parmi; *no — da rua* en pleine rue.
meio-dia *s.m.* **1.** (= *sul*) midi, sud; **2.** (*12 horas*) midi.
meio-expediente *s.m.* mi-temps *f.*; *trabalhar em —* travailler à mi-temps.
meio-fio *s.m.* bordure *f.* de trottoir.
meios *s.m.pl.* moyens, ressources *f.*
meio-soldo *s.m.* demi-solde.
meio-termo *s.m.* juste milieu.
mel *s.m.* miel.
melaço *s.m.* mélasse *f.*
melado *adj.* miellé; couleur de miel; *s.m.* mélasse *f.*
melancia *s.f.* pastèque.
melancolia *s.f.* mélancolie.
melancólico *adj.* mélancolique.
melão *s.m.* melon.
melhor *adj.* meilleur; *cada vez —* de mieux en mieux; *da — maneira* au mieux; *da — maneira possível* pour le mieux; *fazer da — maneira possível* faire de son mieux; *levar a —* avoir le dessus, l'emporter.
melhora *s.f.* amélioration.
melhoramento *s.m.* amélioration *f.*; *— urbano* aménagement.
melhorar *v.t.* **1.** améliorer; amender; **2.** alléger, soulager; *v.int.* aller mieux.
melhoria *s.f.* amélioration, amendement *m.*
meliante *s.m.* voyou.
melífluo *adj.* doucereux.
melindrar *v.t.* froisser, offusquer; *v.pron.* se froisser, se formaliser, s'offusquer.
melindre *s.m.* susceptibilité *f.*; *cheio de —s* pointilleux.

melindroso *adj.* 1. délicat; 2. susceptible; 3. compliqué, dangereux.
melodia *s.f.* mélodie.
melódico *adj.* mélodique.
melodioso *adj.* mélodieux.
melodrama *s.m.* mélodrame.
melodramático *adj.* mélodramatique.
melômano *adj.*; *s.* mélomane.
meloso *adj.* miellé.
melro *s.m.* merle.
membrana *s.f.* membrane.
membranoso *adj.* membraneux.
membro *s.m.* membre; — *de equipe* équipier; — *genital* membre viril.
memorandum *s.m.* mémorandum; mémoire.
memorável *adj.* mémorable.
memória *s.f.* mémoire; *ter boa* — avoir de la mémoire; *voltar à* — revenir; *pl.* mémoires *m.*
memorial *s.m.* mémorial.
memorialista *s.* mémorialiste.
memorização *s.f.* mémorisation.
memorizar *v.t.* mémoriser.
menção *s.f.* mention; — *honrosa* mention honorable.
mencionar *v.t.* mentionner; *deixar de* — passer sur; passer sous silence.
mendicância *s.f.* mendicité.
mendiga *s.f.* mendiante; *(fam.)* pauvresse.
mendigar *v.t.* mendier.
mendigo *s.m.* mendiant, va-nu-pieds, gueux; *(fam.)* mendigot.
menear *v.t.* *hocher; — *a cabeça* *hocher la tête.
meneio *s.m.* *hochement.
menina *s.f.* 1. petite fille, jeune fille; 2. — *do olho* prunelle.
meninge *s.f.* méninge.
meningite *s.f.* meningite.
meninice *s.f.* 1. enfance; 2. enfantillage.
menininha *s.f.* fillette.
menininho *s.m.* garçonnet.
menino *s.m.* garçon.
menisco *s.m.* ménisque.
menopausa *s.f.* ménopause.
menor[1] *adj.* moindre; plus petit.
menor[2] *adj.*; *s.* mineur.
menoridade *s.f.* minorité.
menos *adv.*; *prep.* moins; *cada vez* — de moins en moins; *pelo* — au moins, du moins; *por* — (à) meilleur marché; *por* — *que seja* tant soit peu.
menoscabar *v.t.* mésestimer.

menosprezar *v.t.* dédaigner, mépriser, mésestimer.
menosprezo *s.m.* dédain, mépris, mésestime *f.*
mensagem *s.f.* message *m.*
mensageiro *s.m.* messager; *(de hotel)* chasseur.
mensal *adj.* mensuel.
mensalidade *s.f.* mensualité.
mensário *s.m.* publication *f.* mensuelle.
menstruação *s.f.* menstruation.
mênstruo *s.m.* menstrues *f.pl.*; règles *f.pl.*; *(fam.)* indisposition.
mensuração *s.f.* mensuration; mesurage *m.*
mensurar *v.t.* mesurer.
mensurável *adj.* mesurable.
menta *s.f.* menthe.
mental *adj.* mental.
mentalidade *s.f.* mentalité.
mente *s.f.* esprit *m.*, pensée.
mentecapto *adj.* aliéné.
mentir *s.m.* mentir.
mentira *s.f.* mensonge *m.*, tromperie.
mentiroso *adj.* mensonger; *s.m.* menteur.
mento *s.m.* menton.
mentol *s.m.* menthol.
mentolado *adj.* mentholé.
mentor *s.m.* mentor.
mercadejar *v.int.* e *t.* commercer, trafiquer.
mercado *s.m.* marché; *(coberto)* *halles *f.pl.*; — *negro* marché noir; *(fig.)* débouché.
mercador *s.m.* marchand.
mercadoria *s.f.* marchandise.
mercantil *adj.* mercantile.
mercantilismo *s.m.* mercantilisme.
mercê *s.f.* faveur, grâce; *à* — *de loc. prep.* à la merci de.
mercearia *s.f.* épicerie.
merceeira *s.f.* épicière.
merceeiro *s.m.* épicier.
mercenário *adj.*; *s.* mercenaire.
mercurial *s.f.* mercuriale, réprimande.
mercúrio *s.m.* mercure.
merda *s.f.* merde.
merecedor *adj.* méritant.
merecer *v.int.* e *t.* mériter; *terá o que merece* *(fam.)* son compte est bon.
merecimento *s.m.* mérite.
merenda *s.f.* goûter *m.*, collation.
merendar *v.int.* goûter.
merengue *s.m.* méringue *f.*
meretrício *s.m.* 1. prostitution; 2. les prostituées.

meretriz s.f. prostituée, fille, coureuse.
mergulhador s.m. plongeur.
mergulhão s.m. (ave) plongeon.
mergulhar v.t. plonger, tremper; v.int. plonger; — de cabeça piquer une tête.
mergulho s.m. plongeon, plongée f.
meridiana s.f. 1. méridienne; 2. cadran m. solaire.
meridiano adj.; s.m. méridien.
meridional adj.; s. méridional.
merino adj.; s.m. mérinos.
mérito s.m. mérite.
meritório adj. méritoire.
mero adj. simple, pur.
mês s.m. mois.
mesa s.f. table; — de cabeceira table de chevet, table de nuit; — de pé de galo guéridon; — de jogo tapis m. vert; — -redonda table ronde; pôr a — dresser la table; sentar-se à — s'attabler; tirar a — desservir.
mesada s.f. argent m. de poche; cortar a — couper les vivres à.
mescla s.f. mélange m.
mesclar v.t. mélanger.
mesmo adj. même; da mesma forma de même; dá na mesma c'est kifkif; é a mesma coisa c'est tout comme, c'est du pareil au même, c'est tout un; é isso — c'est ça; eu — moi-même; pron. o — la même chose; adv. même.
mesquinhar v.int. lésiner.
mesquinharia s.f. mesquinerie.
mesquinho adj. mesquin, chiche, sordide.
mesquita s.f. mosquée.
messe s.f. moisson.
messiânico adj. messianique.
messianismo s.m. messianisme.
messias s.m. messie.
mestiça adj.; s.f. métisse.
mestiçagem s.f. métissage m.
mestiço adj.; s.m. métis.
mestra s.f. maîtresse, institutrice; adj. maîtresse, principale.
mestre s.m. maître; — de esgrima maître d'armes; adj. maître, principal.
mestria s.f. maîtrise.
mesura s.f. révérence.
meta s.f. but m., objectif m.
metabolismo s.m. métabolisme.
metade s.f. moitié; pela — do preço à moitié prix.
metafísica s.f. métaphysique.
metáfora s.f. métaphore.
metais s.m.pl. instruments en cuivre.

metafórico adj. métaphorique.
metal s.m. métal.
metálico adj. métallique.
metalurgia s.f. métallurgie.
metalúrgico adj. métallurgique; s.m. métallurgiste; (fam.) métallo.
metamorfose s.f. métamorphose.
metamorfosear v.t. métamorphoser.
metatarso s.m. (Anat.) métatarse.
mrediço adj. indiscret, fouineur.
meteórico adj. météorique.
meteoro s.m. météore.
meteorologia s.f. météorologie.
meteorológico adj. météorologique.
meteorologista s.m. météorologue.
meter v.t. mettre; poser, placer; faire; v.pron. se mettre, se fourrer.
meticulosidade s.f. méticulosité.
meticuloso adj. méticuleux; — nas despesas regardant.
metido adj. intrus, indiscret.
metódico adj. méthodique.
metodismo s.m. méthodisme.
metodista adj.; s. méthodique.
método s.m. méthode f., procédé.
metragem s.f. métrage m.
metralha s.f. mitraille.
metralhador s.m. mitrailleur.
metralhadora s.f. mitrailleuse; — leve mitraillette.
metralhar v.t. mitrailler.
métrica s.f. métrique.
métrico adj. métrique.
metro s.m. mètre.
metrô s.m. métro.
metrônomo s.m. métronome.
metrópole s.f. métropole.
metropolitano adj. métropolitain.
meu adj.poss. mon; pl. mes; pron.poss. (le) mien, pl. (les) miens.
mexer v.t. remuer, toucher; v.pron. bouger.
mexericar v.int. faire des cancans, cancaner.
mexerico s.m. cancan, commérage, potin, racontar.
mexeriqueira s.f. commère.
mexeriqueiro adj. cancanier, potinier.
mexicano adj.; s.pátr. mexicain.
México s.m. Mexique.
mexilhão s.m. moule f.
mezinha s.f. remède m. de bonne femme.
mi s.m. mi.
miado s.m. miaulement.

miar *v.int.* miauler.
miasma *s.m.* miasme.
miau *s.m.* miaou.
mica *s.f.* mica *m.*
micado *s.m.* mikado.
miçanga *s.f.* 1. verroterie; 2. colifichet *m.*, babiole.
micção *s.f.* miction.
mico *s.m.* (petit) singe.
micose *s.f.* mycose, teigne.
micro *s.m.* micron.
microbiologia *s.f.* microbiologie.
micróbio *s.m.* microbe.
microcosmo *s.m.* microcosme.
microfilmar *v.t.* microfilmer.
microfilme *s.m.* microfilm.
microfone *s.m.* microphone, micro.
microfotografia *s.f.* microphotographie.
micro-ônibus *s.m.* minibus.
micro-organismo *s.m.* micro-organisme.
microscópico *adj.* microscopique.
microscópio *s.m.* microscope.
microssulco *s.m.* microsillon.
mictório *s.m.* urinoir, pissotière *f.*, vespasienne *f.*; (*fam.*) pissoir.
micuim *s.m.* trombidion.
migalha *s.f.* miette; *pl.* rogatons *m.*
migração *s.f.* migration.
migrador *adj.*; *s.m.* migrateur.
migrar *v.int.* migrer.
migratório *adj.* migrateur.
mijada *s.f.* pissée.
mijar *v.t.* e *int.* pisser.
mijo *s.m.* pisse *f.*, (*de animal*) pissat.
mil *num.* mille; (*em datas*) mil.
milagre *s.m.* miracle; *é um verdadeiro —* cela tient du miracle.
milagroso *adj.* miraculeux.
mil-em-rama *s.m.* (*planta*) mille-feuille.
milenário *adj.* millénaire.
milênio *s.m.* millénaire.
milésima *s.f.* millième.
milésimo *adj.*; *s.m.* millième.
mil-folhas *s.m.* mille-feuille.
milha *s.f.* mille *m.*
milhafre *s.m.* milan.
milhão *s.m.* million.
milhar *s.m.* millier.
milharal *s.m.* champ de maïs.
milho *s.m.* maïs.
milícia *s.f.* milice.
miliciano *s.m.* milicien.
miligrama *s.m.* milligramme.
mililitro *s.m.* millilitre.
milímetro *s.m.* millimètre.
milionário *s.m.* millionnaire.
milionésimo *adj.*; *s.m.* millionième.
militante *adj.*; *s.* militant.
militar¹ *adj.*; *s.m.* militaire.
militar² *v.int.* militar.
militarismo *s.m.* militarisme.
militarista *adj.*; *s.* militariste.
militarização *s.f.* militarisation.
militarizar *v.t.* militariser.
mim *pron.* moi.
mimado *adj.* gâté.
mimar¹ *v.t.* cajoler, choyer; (*criança*) gâter.
mimar² *v.t.* o mesmo que *mimicar*.
mimeografar *v.t.* ronéotyper, ronéoter, polycopier.
mimeógrafo *s.m.* duplicateur, ronéo.
mimetismo *s.m.* mimétisme.
mímica *s.f.* mimique.
mimicar *v.t.* e *int.* mimer; gesticuler.
mímico *adj.* mimique; *s.m.* mime.
mimo¹ *s.m.* mime.
mimo² *s.m.* gâterie *f.*, câlinerie *f.*
mimosa *s.f.* mimosa *m.*
mimoso *adj.* mignon.
mina¹ *s.f.* (*jazida*) mine; — *de carvão* charbonnage.
mina² *s.f.* (*engenho de guerra camuflado*) mine.
minarete *s.m.* minaret.
minar *v.t.* miner.
mindinho *s.m.* petit doigt, auriculaire.
mineiro¹ *adj.* minier; *s.m.* mineur; *haveur.
mineiro² *adj.*; *s.pátr.* (habitant) de Minas Gerais.
mineração *s.f.* exploitation minière.
mineralizar *v.t.* minéraliser.
mineral *adj.*; *s.m.* minéral.
mineralogia *s.f.* minéralogie.
mineralógico *adj.* minéralogique.
mineralogista *s.f.* minéralogiste.
minerar *v.int.* exploiter une mine.
minério *s.m.* minerai.
mingau *s.m.* bouillie *f.*
míngua *s.f.* 1. disette, pénurie; 2. manque *m.*; *à —* dans la misère; *à — de* faute de.
minguante *adj.* décroissant.
minguar *v.int.* décroître.
minha *adj. poss.* ma, *pl.* mes; *pron.poss.* (la) mienne; *pl.* (les) miennes.
minhoca *s.f.* lombric *m.*, ver de terre.
miniatura *s.f.* miniature.
miniaturista *s.* miniaturiste.

mínima *s.f.* (*nota musical*) blanche.
minimizar *v.t.* minimiser.
mínimo *adj.* minime, minimum; *s.m.* **1.** minimum, **2.** petit doigt, auriculaire.
minissaia *s.f.* mini-jupe.
ministerial *adj.* ministériel.
ministério *s.m.* **1.** ministère, charge; **2.** ministère; — *da Aviação* ministère de l'Air; — *da Fazenda* ministère des Finances; — *da Justiça* ministère de l'Intérieur; — *das Relações Exteriores* ministère des Affaires Etrangères; — *do Meio Ambiente* ministère de l'Environnement; **3.** — *público* ministère public, le Parquet.
ministrar *v.t.* administrer.
ministro *s.m.* **1.** ministre; pasteur; **2.** ministro; — *da Justiça* ministre de la Justice, Garde des Sceaux; — *sem pasta* ministre sans portefeuille; *primeiro-* — premier.
minorar *v.t.* amoindrir; soulager.
minoria *s.f.* minorité.
minoritário *adj.* minoritaire.
minúcia *s.f.* minutie.
minucioso *adj.* minutieux.
minudência *s.f.* minautie.
minuete, minueto *s.m.* menuet.
minúscula *s.f.* minuscule.
minúsculo *adj.* minuscule.
minuta[1] *s.f.* minute; *à* — minute, *adj.*
minuta[2] *s.f.* minute, original *m.*
minutar *v.t.* minuter.
minuteria *s.f.* minuterie.
minuto *s.m.* minute *f.*
mio *s.m.* miaulement.
miocárdio *s.m.* myocarde.
miolo *s.m.* **1.** moelle *f.*; **2.** cerveau; **3.** (*servido em refeição*) cervelle *f.*; **4.** (*do pão*) mie.
míope *adj.* myope.
miopia *s.f.* myopie.
miosótis *s.m.* myosotis.
mira *s.f.* mire; (*fig.*) but *m.*, visée.
mirabela *s.f.* mirabelle.
mirabolante *adj.* mirobolant.
miraculoso *adj.* miraculeux.
miragem *s.f.* mirage *m.*
mirante *s.m.* belvédère, mirador.
mirar *v.t.* regarder, mirer.
miríade *s.f.* myriade.
mirífico *adj.* mirifique.
mirim *adj.* petit, menu.
mirra *s.f.* myrrhe.
mirrado *adj.* désséché.
mirrar *v.t.* dessécher, décharner.

mirtilo *s.m.* myrtille.
mirto *s.m.* myrte.
misantropia *s.f.* misanthropie.
misantropo *s.m.* misanthrope.
miscelânea *s.f.* miscellanées *pl.*, mélanges *m.pl.*; (*Mús.*) pot-pourri.
miscigenação *s.f.* métissage *m.*
miserável *adj.* misérable; pitoyable, miteux; *s.m.* va-nu-pieds; (*depr.*) ordure *f.*, fumier.
miséria *s.f.* misère; (*fam.*) purée; (*pop.*) débine, dèche, mouise; *estar na* — être sur la paille; *viver na* — traîner la savate.
misericórdia *s.f.* miséricorde.
misericordioso *adj.* miséricordieux.
mísero *adj.* misérable, miséreux.
misoginia *s.f.* misogynie.
misógino *adj.* misogyne.
missa *s.f.* messe.
missal *s.f.* missel, paroissien.
missão *s.f.* mission.
míssil *s.m.* missile.
missionário *s.m.* missionnaire.
missiva *s.f.* missive.
mistério *s.m.* mystère.
misterioso *adj.* mystérieux.
misticismo *s.m.* mysticisme.
místico *adj.* mystique.
mistificação *s.f.* mystification; (*fam.*) fumisterie; (*gír.*) canular *m.*
mistificador *s.m.* mystificateur; (*fam.*) fumiste.
mistificadora *s.f.* mystificatrice; (*fam.*) fumiste.
mistificar *v.t.* mystifier.
misto *adj.* mixte, mélangé; (*sorvete, salada*) panaché.
mistral *s.m.* mistral.
mistura *s.f.* mélange *m.*, mixture.
misturar *v.t.* mêler; mélanger; panacher; (*vinhos*) recouper; (*vinho com água*) couper.
mitene *s.f.* mitaine.
mítico *adj.* mythique.
mitigar *v.t.* mitiger.
mito *s.m.* mythe.
mitologia *s.f.* mythologie.
mitológico *adj.* mythologique.
mitomania *s.f.* mythomanie.
mitômano *adj.*; *s.* mythomane.
mitra[1] *s.f.* **1.** mitre; **2.** évêché.
mitra[2] *s.f.* croupion *m.*
miudeza *s.f.* **1.** minutie; **2.** bagatelle, colifichet *m.*

miúdo *adj.* menu, petit.
miúdos *s.m.pl.* abattis.
mixórdia *s.f.* fatras *m.*, fouillis *m.*
mnemônica, mnemotécnica *s.f.* mnémotechnique.
mnemônico, mnemotécnico *adj.* mnémonique.
mo *contração de me + o*: me le.
mó *s.f.* meule.
moagem *s.f.* mouture.
móbil *adj.*; *s.m.* mobile.
mobília *s.f.* mobilier *m.*, ameublement *m.*
mobiliar *v.t.* meubler.
mobiliário *adj.* mobilier.
mobilidade *s.f.* mobilité.
mobilização *s.f.* mobilisation.
mobilizar *v.t.* mobiliser.
mobilizável *adj.* mobilisable.
moca *s.m.* moka.
moça *s.f.* 1. jeune fille; 2. femme.
Moçambique *s.m.* Mozambique.
mocambo *s.m.* *hutte *f.* cabane *f.*
moção *s.f.* motion, adresse.
mocassim *s.m.* mocassin.
mocetão *s.m.* (grand) gaillard.
mocetona *s.f.* fille grande et bien faite.
mochila *s.f.* sac, *havresac, besace *f.*
mocho[1] *s.m.* *hibou.
mocho[2] *s.m.* escabeau.
mocidade *s.f.* jeunesse.
mocinha *s.f.* jeune fille.
moço *adj.* jeune; *s.m.* 1. jeune homme, gars; 2. *pl.* jeunes gens; 3. homme; 4. monsieur; — *de recados* groom.
mocotó *s.m.* pied de bœuf.
moda *s.f.* mode; *à — de* à la mode de; *a última —* la nouvelle vague; *estar fora da —* être vieux jeu; *não ser de —* ne pas être de mise; *passar de —* se démoder; *seguir a —* être dans le vent; *ser de —* se porter; *ter passado de —* avoir fait son temps.
modalidade *s.f.* modalité.
modelagem *s.f.* modelage *m.*
modelar[1] *v.t.* modeler, façonner.
modelar[2] *adj.* exemplaire.
modelo *s.m.* modèle; parangon.
moderação *s.f.* modération, retenue.
moderado *adj.*; *s.* modéré.
moderador *s.m.* modérateur.
moderar *v.t.* modérer; tempérer; *v.pron.* se modérer, se contenir.
modernidade *s.f.* modernité.
modernismo *s.m.* modernisme.
modernista *adj.*; *s.* moderniste.

modernização *s.f.* modernisation.
modernizar *v.t.* moderniser.
moderno *adj.* moderne.
modernoso *adj.* soi-disant modeme.
modéstia *s.f.* modestie.
modesto *adj.* modeste.
modicidade *s.f.* modicité.
módico *adj.* modique.
modificação *s.f.* modification.
modificar *v.t.* modifier.
modinha *s.f.* chansonnette.
modista *s.f.* couturière.
modo *s.m.* mode, manière *f.*; — *de dizer* tour de phrase; — *de usar* mode d'emploi; *de — a* de manière à; *de — algum, de — nenhum* nullement; pas du tout; *de — que* de telle sorte que; *pl.* (de bonnes) manières *f.*
modorra *s.f.* assoupissement *m.*, torpeur *f.*
modulação *s.f.* modulation.
modular *v.t.* moduler.
módulo *s.m.* module.
moeda *s.f.* monnaie; *casa da —* hôtel de la Monnaie; *pagar na mesma —* rendre la pareille, revaloir, rendre la monnaie de sa pièce.
moedeiro *s.m.* monnayeur; — *falso* faux monnayeur.
moela *s.f.* gésier *m.*
moenda *s.f.* broyeuse.
moer *v.t.* moudre, broyer, piler.
mofa *s.f.* raillerie, gouaillerie, moquerie, persiflage *m.*
mofado *adj.* moisi.
mofar[1] *v.int.* se railler de, gouailler, se moquer de, persifler.
mofar[2] *v.int.* moisir.
mofo *s.m.* moisi; moisissure *f.* remugle; *cheirar a —* sentir le renfermé.
mogno *s.m.* acajou.
moído *adj.* moulu.
moinho *s.m.* moulin; — *de vento* moulin à vent.
moita *s.f.* buisson *m.*; *na —* en cachette; *interj.* chut.
mola *s.f.* ressort *m.*
molambo *s.m.* 1. *haillon; 2. (*fig.*) flemmard, mollasse; pleutre, lavette *f.*
molar *adj.*; *s.m.* molaire *f.*
moldagem *s.f.* moulage *m.*
moldar *v.t.* mouler, modeler.
molde *s.m.* moule; patron.
moldura *s.f.* cadre *m.*
mole[1] *s.f.* masse.

mole² *adj.* mou; (*fig.pop.*) facile.
moleca *s.f.* 1. négrillonne; 2. (*aprox.*) gamine.
molecagem *s.f.* gaminerie.
molécula *s.f.* molécule.
molecular *adj.* moléculaire.
moleira *s.f.* meunière.
moleirão *s.m.* lambin.
moleiro *s.m.* meunier.
molenga *adj.*; *s.* mollasse, gnagnan.
molengão *s.m.* flemmard, nouille *f.*
moleque *s.m.* 1. négrillon; 2. gamin, titi.
molestar *v.t.* molester, importuner, assiéger.
molesto *adj.* gênant.
moleta *s.f.* molette.
moleza *s.f.* mollesse.
molhado *adj.* mouillé; *chover no —* enfoncer des portes ouvertes; *pl.* vins, huiles etc.
molhar *v.t.* mouiller, arroser, abreuver, tremper; (*pedaço de pão*) faire trempette.
molhe *s.m.* môle; levée.
molheira *s.f.* saucière.
molho¹ *s.m.* sauce *f.*; *— de vinagre* vinaigrette.
molho² *s.m.* faisceau, botte *f.*, gerbe *f.*; *— de chaves* trousseau de clefs.
molinete *s.m.* moulinet.
molosso *s.m.* molosse.
molusco *s.m.* mollusque.
momentaneamente *adv.* momentanément, pour le moment.
momentâneo *adj.* momentané.
momento *s.m.* moment; *— oportuno* point; *nesse —* sur ces entrefaites.
momice *s.f.* minauderie, singerie.
monacal *adj.* monacal.
monarca *s.m.* monarque.
monarquia *s.f.* monarchie.
monárquico *adj.* monarchique.
monarquismo *s.m.* monarchisme.
monarquista *adj.*; *s.* monarchiste.
monástico *adj.* monastique.
monção *s.m.* mousson.
monetário *adj.* monétaire.
monge *s.m.* moine.
mongol *adj.*; *s.pátr.* mongol.
mongolismo *s.m.* mongolisme.
monitor *s.m.* 1. (*instrutor*) moniteur; 2. (*navio*) monitor.
monja *s.f.* religieuse.
monjolo *s.m.* espèce primitive de moulin à eau.

mono *s.m.* singe, magot.
monóculo *s.m.* monocle.
monocultura *s.f.* monoculture.
monogamia *s.f.* monogamie.
monógamo *adj.*; *s.* monogame.
monografia *s.f.* monographie.
monográfico *adj.* monographique.
monograma *s.m.* monogramme, chiffre.
monólito *s.m.* monolithe.
monologar *v.t.* monologuer.
monólogo *s.m.* monologue.
monomania *s.f.* monomanie.
monomaníaco *adj.*; *s.* monomane.
monômio *s.m.* monôme.
monoplano *s.m.* monoplan.
monopólio *s.m.* monopole.
monopolizar *v.t.* monopoliser, accaparer, truster.
monossílabo *adj.*; *s.m.* monosyllabe.
monoteísmo *s.m.* monothéisme.
monoteísta *adj.*; *s.* monothéiste.
monotipo *s.f.* monotype.
monotonia *s.f.* monotonie.
monótono *adj.* monotone.
Monsenhor *s.m.* Monseigneur.
monsenhor *s.m.* chrysanthème.
monstrengo *s.m.* laideron.
monstro *s.m.* monstre.
monstruosidade *s.f.* monstruosité.
monstruoso *adj.* monstrueux.
monta *s.f.* montant *m.*, valeur.
monta-cargas *s.m.* monte-charge, élévateur.
montagem *s.f.* montage *m.*
montanha *s.f.* montagne.
montanhês *adj.*; *s.* montagnard.
montanhoso *adj.* montagneux.
montante *s.m.* montant, chiffre.
montão *s.m.* monceau, amas, tas; (*pop.*) flopée *f.*
montar *v.int.* 1. (*a cavalo*) monter; 2. (*elevar-se*) monter; *v.t.* monter; ajuster.
montaria *s.f.* monture.
monte *s.m.* mont; (*fig.*) amas.
monteiro *s.m.* veneur.
montepio *s.m.* tontine.
montículo *s.m.* monticule.
montuoso *adj.* montueux.
monturo *s.m.* (amas de) fumier.
monumental *adj.* monumental.
monumento *s.m.* monument.
moquear *v.t.* boucaner.
mor *adj.* o mesmo que *maior*.
mora *s.f.* retard *m.*, délai *m.*

morada *s.f.* demeure *f.*, domicile *m.*
moradia *s.f.* demeure, logement *m.*
morador *s.m.* habitant.
moradora *s.f.* habitante.
moral[1] *adj.*; *s.m.* moral.
moral[2] *s.f.* morale.
moralidade *s.f.* moralité.
moralista *s.* moraliste.
moralização *s.f.* moralisation.
moralizador *adj.*; *s.m.* moralisateur.
moralizar *v.t.* moraliser.
morango *s.m.* fraise *f.*
morangueiro *s.m.* fraisier.
morar *v.int.* **1.** habiter, demeurer; loger; **2.** (*fam.*) piger.
moratória *s.f.* moratoire *m.*
morbidez *s.f.* morbidité.
mórbido *adj.* morbide.
morcego *s.m.* chauve-souris *f.*
morcela *s.f.* boudin *m.*
mordaça *s.f.* bâillon.
mordacidade *s.f.* mordacité.
mordaz *adj.* acerbe, mordant, piquant; (*fam.*) rosse.
mordedura *s.f.* morsure.
mordente *adj.* mordant.
morder *v.t.* e *int.* mordre.
mordida *s.f.* morsure, coup *m.* de dent.
mordiscar *v.t.* mordiller.
mordomia *s.f.* (*irôn.*) privilèges accordés à certaines fonctions.
mordomo *s.m.* majordome.
morena *s.f.* moraine.
moreno *adj.* brun.
morfeia *s.f.* o mesmo que *lepra*.
morfético *adj.*; *s.* lépreux.
morfina *s.f.* morphine.
morfinômano *adj.*; *s.* morphinomane.
morfologia *s.f.* morphologie.
morgadio *s.m.* majorat.
morgado *s.m.* **1.** fils aîné; **2.** majorat.
moribundo *adj.*; *s.* mourant, moribond.
morigerado *adj.* de bonnes mœurs.
morim *s.m.* madapolam, madras.
moringa *s.f.* cruche.
mormaço *s.m.* temps mou.
mormente *adv.* surtout.
mormo *s.m.* morve *f.*
mórmon *adj.*; *s.* mormon.
morno *adj.* tiède.
morosidade *s.f.* lenteur.
moroso *adj.* lent.
morrer *v.int.* mourir, décéder, trépasser; (*fam.*) y rester, y passer; (*pop.*) claquer;

clamser; passer l'arme à gauche; casser sa pipe; — *jovem* ne pas faire de vieux os.
morrinha *s.f.* **1.** (*doença dos carneiros*) clavelée; **2.** puanteur.
morro *s.m.* morne; tertre; butte *f.*
morsa *s.f.* morse.
mortadela *s.f.* mortadelle.
mortagem *s.f.* mortaise.
mortal *adj.*; *s.* mortel.
mortalha *s.f.* linceul, *m.* suaire, drap *m.* mortuaire, poêle *m.*
mortalidade *s.f.* mortalité.
mortandade *s.f.* o mesmo que *mortalidade*.
morte *s.f.* mort; trépas *m.*, décès *m.*; *estar à —* (*fam.*) sentir le sapin.
morteiro *s.m.* mortier.
morticínio *s.m.* massacre.
mortiço *adj.* mourant; terne, blême.
mortífero *adj.* mortifère.
mortificação *s.f.* mortification.
mortificar *v.t.* mortifier.
morto *adj.* mort, défunt, trépassé; *estar — e enterrado* (*fam.*) manger les pissenlits par la racine; *fingir-se de —* faire le mort.
mortuário *adj.* mortuaire.
mosaico *s.m.* mosaïque *f.*
mosca *s.f.* mouche.
moscatel *s.m.* moscat.
mosqueado *adj.* tigré.
mosquear *v.t.* moucheter, tacheter, taveler.
mosquetão *s.m.* mousqueton.
mosquete *s.m.* mousquet.
mosqueteiro *s.m.* mousquetaire.
mosquinha *s.f.* moucheron *m.*
mosquiteiro *s.m.* moustiquaire.
mosquito *s.m.* moustique; *— do mangue* maringouin.
mossa *s.f.* empreinte, impression.
mostarda *s.f.* moutarde.
mostardeira *s.f.* moutardier *m.*
mosteiro *s.m.* monastère.
mosto *s.m.* moût.
mostra *s.f.* étalage *m.*, démonstration; *pl.* manifestations.
mostrador *s.m.* **1.** (*de loja*) vitrine *f.*, étalage, éventaire; **2.** (*de relógio*) cadran.
mostrar *v.t.* montrer, faire voir; *v.pron.* se montrer.
mostruário *s.m.* **1.** collection *f.* d'échantillons; **2.** vitrine; *— giratório* presentoir.
mote *s.m.* devise *f.*
motejar *v.t.* railler.

motejo *s.m.* raillerie *f.*
motel *s.m.* motel.
motilidade *s.f.* motilité.
motim *s.m.* émeute *f.*, sédition *f.*, soulèvement.
motivação *s.f.* motivation.
motivar *v.t.* motiver.
motivo *s.m.* motif; — *de queixa* grief; *dar — para* prêter à.
moto *s.m.* o mesmo que *motocicleta*.
motocicleta *s.f.* motocyclette; (*fam.*) pétrolette.
motociclista *s.* motocycliste.
motoqueiro *s.m.* (*pop.*) motard.
motor *s.m.* moteur; — *de arranque* démarreur.
motorista *s.m.* chauffeur; — *de caminhão* routier.
motorizar *v.t.* motoriser.
motorneiro *s.m.* conducteur.
motriz *s.f.* motrice.
mouco *adj.* sourd.
mourão *s.m.* pieu.
mourejar *v.int.* trimer.
mourisco *adj.* mauresque.
mouro *adj.*; *s.pátr.* maure.
movediço *adj.* mouvant.
móvel[1] *adj.* **1.** meuble, mobilier; **2.** mobile.
móvel[2] *s.m.* **1.** meuble; **2.** ressort.
mover *v.t.* **1.** mouvoir, remuer, bouger; **2.** émouvoir; *v.pron.* se mouvoir, bouger.
movimentado *adj.* mouvementé; (*logradouro, rua*) passant.
movimentar *v.t.* mouvementer.
movimento *s.m.* mouvement; (*de mecanismo*) jeu; *pôr em* — mettre en branle; *pôr-se em* — s'ébranler.
moxa *s.f.* moxa *m.*
moxinifada *s.f.* pagaille, chienlit *m.*
mu *s.m.* mulet.
muamba *s.f.* **1.** contrebande; **2.** vente de marchandises volées.
muar *s.m.* mulet.
mucama *s.f.* jeune servante nègre.
muco *s.m.* mucus; morve *f.*
mucosa *s.f.* muqueuse.
mucosidade *s.f.* mucosité.
mucoso *adj.* muqueux.
muçulmano *adj.*; *s.* musulman.
muda[1] *s.f.* **1.** (*do pelo, das penas*) mue; **2.** (*de cavalos*) relais *m.*
muda[2] *s.f.* (*de planta*) plant.
mudado *adj.* changé; *não* — inchangé.

mudança *s.f.* **1.** changement *m.*; **2.** (*de casa*) déménagement *m.*
mudar *v.t.* changer; (*destinação de edifício*) désaffecter; *v.int.* **1.** (*a pele, as plumas, a voz*) muer; — *de roupa* se changer; **2.** (*de casa*) déménager; *v.pron.* déménager; — *às escondidas* déménager à la cloche de bois.
mudez *s.f.* mutité.
mudo *adj.*; *s.* muet.
mugido *s.m.* mugissement, meuglement.
mugir *v.int.* mugir, meugler.
mui *adv.* V. *muito*.
muiraquitã *s.m.* amulet en néphrite.
muito *adj.* beaucoup, beaucoup de, bien des; force; maint; nombre de; *quando* — et encore!; *adv.* très; (*fam.*) comme tout.
mujique *s.m.* moujik.
mula *s.f.* mule.
mulata *adj.*; *s.f.* mulâtresse.
mulato *adj.*; *s.m.* mulâtre.
muleta *s.f.* béquille.
mulher *s.f.* femme; (*pop.*) gonzesse, moukère; — *da vida* fille, prostituée, grue; gourgandine; — *de costumes fáceis* femme galante; — *fatal* vamp.
mulheraço *s.m.* grosse femme *f.*, dondon *f.*; mémère *f.*
mulherengo *adj.*; *s.m.* homme à femmes, coureur (de filles); *velho* — vieux marcheur.
mulheril *adj.* de femme, féminin.
mulherio *s.m.* les femmes *f.pl.*
mulherzinha *s.f.* femmelette.
mulo *s.m.* mulet.
multa *s.f.* amende; (*pelo não cumprimento de uma obrigação*) forfait *m.*
multar *s.f.* mettre à l'amende, condamner à une amende.
multicor *adj.* multicolore, bariolé.
multidão *s.f.* multitude, foule, cohue, presse.
multiforme *adj.* multiforme.
multimilionário *s.m.* milliardaire.
multinacional *adj.* multinational.
multiplicação *s.f.* multiplication.
multiplicar *v.t.* multiplier; *v.pron.* se multiplier.
multiplicidade *s.f.* multiplicité.
múltiplo *adj.*; *s.m.* multiple.
mulungu *s.m.* érythrine *f.*
múmia *s.f.* momie.
mumificar *v.t.* momifier.
mundana *s.f.* prostituée, grue, fille.
mundanidade *s.f.* mondanité *f.*

mundanismo *s.m.* mondanité *f.*
mundano *adj.* mondain.
mundão *s.m.* 1. territoire énorme; 2. grande quantité.
mundial *adj.* mondial.
mundo *s.m.* monde; *correr* — rouler sa bosse; *este* — ce bas monde; *fazer coisas do outro* — faire le diable à quatre; *neste* — ici bas; *o outro* — l'au-delà; *o Terceiro Mundo* le Tiers Monde; *todo* — tout le monde.
mungir *v.t.* traire.
munheca *s.f.* poignet *m.*
munição *s.f.* munition.
municipal *adj.* municipal.
municipalidade *s.f.* municipalité.
munícipe *s.m.* administré.
município *s.m.* municipe.
munificência *s.f.* munificence.
munir *v.t.* munir; — *de ferramentas* outiller.
múnus *s.m.* fonction.
muque *s.m.* (*gír.*) muscle; *a* — par la force.
mural *adj.* mural; *s.m.* peinture *f.* murale.
muralha *s.f.* muraille.
murar *v.t.* murer.
murchar *v.t.* faner, flétrir; *v.int.* e *pron.* se faner.
murcho *adj.* fané, passé.
muriçoca *s.f.* o mesmo que *mosquito.*
murmuração *s.f.* murmure *m.*, plainte, protestation.
murmurar *v.t.* murmurer, grommeler.
murmúrio *s.m.* murmure.
muro *s.m.* mur.
murro *s.m.* coup de poing, *horion, taloche *f.*
murta *s.f.* myrte.
musa *s.f.* muse.
muscular *adj.* musculaire.
musculatura *s.f.* musculature.
músculo *s.m.* muscle.
musculoso *adj.* musclé, musculeux.
museu *s.m.* musée.
musgo *s.m.* mousse *f.*
musguento *adj.* couvert de mousse.
música *s.f.* musique.
musical *adj.* musical.
musicar *v.t.* mettre en musique.
musicista *s.m.* musicien; *s.f.* musicienne.
músico *adj.*; *s.* musicien.
musicologia *s.f.* musicologie.
musicólogo *s.m.* musicologue.
musselina *s.f.* mousseline.
mutabilidade *s.f.* mutabilité.
mutação *s.f.* mutation.
mutilação *s.f.* mutilation.
mutilado *adj.*; *s.m.* mutilé; — *de guerra* (*ferido no rosto*) gueule cassée.
mutilar *v.t.* mutiler.
mutirão *s.m.* (*aprox.*) castors, groupement de personnes qui construisent en commun leur maison.
mutismo *s.m.* mutisme.
mutuca *s.f.* espèce de mouche, taon *m.*
mutum *s.m.* *hocco.
mútuo *adj.* mutuel.
muxoxo *s.m.* 1. baiser, caresse *f.*; 2. clappement.

N

na¹ (*contração de em + a*) *art.* dans la; *pron.* en celle.
na² *pron.* la.
nababo *s.m.* nabab.
nabo *s.m.* navet.
nação *s.f.* nation.
nácar *s.m.* nacre *f.*
nacarado *adj.* nacré.
nacarar *v.t.* nacrer.
nacional *adj.* national.
nacionalidade *s.f.* nationalité.
nacionalismo *s.m.* nationalisme.
nacionalista *adj.*; *s.* nationaliste.
nacionalização *s.f.* nationalisation.
nacionalizar *v.t.* nationaliser.
nacional-socialismo *s.m.* national-socialisme.
nacional-socialista *adj.*; *s.* national-socialiste.
nada *pron.* rien; (*pop.*) peau *f.* de balle, peau *f.* de zébie; zest; tringle *f.*; *adv.* pas du tout; *s.m.* néant; *antes de mais — tout d'abord*; *sem mais —* tout court.
nadadeira *s.f.* nageoire.
nadador *s.m.* nageur.
nadadora *s.f.* nageuse.
nadar *v.int.* nager; *— de costas* nager sur le dos; (*fig.*) *— em suor* être en nage.
nádega *s.f.* fesse; (*fam.*) postérieur *m.*
nadir *s.m.* nadir.
nado *s.m.* nage *f.*; *— de costas* nage *f.* sur le dos; *— de peito* brasse *f.*; *a —* à la nage.
nafta *s.f.* naphte.
naftalina *s.f.* naphtaline.
náilon *s.m.* nylon.
naipe *s.m.* (*das cartas de jogar*) couleur.
naja *s.f.* (*cobra*) naja *m.*
namorada *s.f.* amoureuse, bonne amie.
namoradeira *adj.f.* coquette.
namorado *s.m.* amoureux, soupirant.

namorador *adj.m.* flirteur.
namorar *v.t.* courtiser, faire la cour à.
namorico *s.m.* amourette *f.*
namoro *s.m.* amourette *f.*, flirt.
nanar *v.int.* (*infant.*) faire dodo.
nanquim *s.m.* encre *f.* de Chine.
não *adv.* ne pas; non; *— mais* ne ... plus; *— muito* ne ... guère; *— que* ce n'est pas que; *s.m.* non.
napalm *s.m.* napalm.
naquele (*contração de em + aquele*) *pron.* en celui.
naquilo (*contração de em + aquilo*) *pron.* en cela y.
narceja *s.f.* bécassine.
narcisismo *s.m.* narcissisme.
narciso *s.m.* narcisse.
narcose *s.f.* narcose.
narcótico *adj.*; *s.m.* narcotique.
narcotizar *v.t.* narcotiser.
nardo *s.m.* nard.
narigudo *adj.* piffard.
narina *s.f.* narine.
nariz *s.m.* nez; (*gír.*) pif; nase *f*; tarin; *dar com o — na porta* trouver visage de bois; *ser dono do seu —* n'avoir de comptes à rendre à personne.
nariz de cera *s.m.* préambule long et ennuyeux.
narração *s.f.* narration; récit *m.*
narrador *s.m.* narrateur.
narradora *s.f.* narratrice.
narrar *v.t.* (*Lit.*) raconter; narrer.
narrativa *s.f.* narration, récit *m.*
narrativo *adj.* narratif.
nas (*contração de em + as*) *art.* en les; *pron.* en celles.
nasal *adj.* nasal; *s.f.* nasale.
nascedouro *s.m.* matrice *f.*
nascença *s.f.* naissance.

nascente *adj.* naissant; *s.f.* orient, levant; *s.f.* source.
nascer *v.int.* naître, venir au jour; *não nasci ontem* je ne suis pas né de la dernière pluie.
nascido *adj.* né.
nascimento *s.m.* naissance *f.*
nascituro *adj.* qui va naître.
nastro *s.m.* ruban étroit.
nata *s.f.* crème; (*fig.*) le dessus du panier.
natação *s.f.* natation.
natal *adj.* natal.
Natal *s.m.* Noël.
natalício *adj.*; *s.m.* anniversaire.
natalidade *s.f.* natalité.
natimorto *adj.* mort-né.
natividade *s.f.* nativité.
nativo *adj.* natif.
nato *adj.* né; naturel.
natural *adj.* 1. naturel; 2. originaire (de); *s.m.* naturel, nature *f.*
naturalidade *s.f.* 1. naturel *m.*, aisance; 2. lieu de naissance.
naturalismo *s.m.* naturalisme.
naturalista *adj.*; *s.* naturaliste.
naturalização *s.f.* naturalisation.
naturalizar *v.t.* naturaliser; *v.pron.* se faire naturaliser.
natureza *s.f.* 1. nature; *por* — de nature; 2. espèce.
natureza-morta *s.f.* nature morte.
nau *s.f.* nef.
naufragar *v.int.* faire naufrage.
náufrago *adj.*; *s.* naufragé.
náusea *s.f.* nausée; *haut-le-cœur *m.*, mal au cœur.
nauseabundo *adj.* nauséabond.
nausear *v.t.* écœurer.
nauta *s.m.* nautonier, rocher.
náutica *s.f.* science nautique.
náutico *adj.* nautique.
náutilo *s.m.* nautile.
naval *adj.* naval.
navalha *s.f.* rasoir *m.*
nave *s.f.* nef.
navegação *s.f.* navigation.
navegador *s.m.* navigateur.
navegante *s.m.* navigateur.
navegar *v.int.* naviguer.
navegável *adj.* navigable.
naveta *s.f.* navette.
navio *s.m.* bateau; navire, vaisseau, bâtiment.
názi *adj.*; *s.* nazi.

nazismo *s.m.* nazisme.
nazista *adj.*; *s.* naziste.
neblina *s.f.* brouillard *m.*
nebulosa *s.f.* nébuleuse.
nebulosidade *s.f.* nébulosité.
nebuloso *adj.* nébuleux.
necedade *s.f.* niaiserie.
necessário *adj.* nécessaire.
necessidade *s.f.* nécessité, besoin *m.*; *em caso de* — au besoin.
necessitado *adj.* nécessiteux, besogneux.
necessitar *v.t.* nécessiter.
necrológico *adj.* nécrologique.
necrológio *s.m.* nécrologie *f.*
necromancia *s.f.* nécromancie.
necromante *s.m.* nécromancien; *s.f.* nécromancienne.
necrópole *s.* nécropole.
necropsia *s.f.* nécropsie.
necrosar *v.t.* nécroser.
necrose *s.f.* nécrose.
necrotério *s.m.* morgue *f.*
néctar *s.m.* nectar.
nédio *adj.* luisant, brillant.
nefando *adj.* abominable, exécrable.
nefasto *adj.* néfaste.
nefrita *s.f.* (*mineral*) néphrite.
nefrite *s.f.* (*doença*) néphrite.
negaça *s.f.* 1. leurre *m.*; 2. provocation, séduction.
negação *s.f.* négation.
negacear *v.int.* agacer; coqueter.
negar *v.t.* nier.
negativa *s.f.* négation.
negativismo *s.m.* négativisme.
negativista *adj.*; *s.* négativiste.
negativo *adj.* négatif; *s.m.* négatif; *adv.* (*pop.*) point!; des nèfles!
negável *adj.* niable.
negligência *s.f.* négligence, nonchalance.
negligenciar *v.t.* négliger.
negligente *adj.* négligent, nonchalant.
negligentemente *adv.* négligemment, nonchalamment.
negociador *s.m.* négociateur.
negociadora *s.f.* négociatrice.
negociante *m.* négociant.
negociar *v.t.* e *int.* négocier.
negociata *s.f.* combine, affaire louche.
negociável *adj.* négociable.
negócio *s.m.* 1. affaire *f.*; 2. chose *f.*, sujet *m.*
negocista *s.* affairiste.
negra *s.f.* négresse.
negreiro *adj.*; *s.* négrier.

negrinho *s.m.* moleque.
negrito *s.m.* (*Tip.*) gras.
negritude *s.f.* négritude.
negro *adj.*; *s.m.* noir; *s.m.* nègre.
negrura *s.f.* négritude.
negus *s.m.* négus.
nele (*contração de em + ele*) en lui.
nem *conj.* ni; — *um* pas un.
nenê ou **neném** *s.m.* bébé, poupon.
nenhum *adj.* aucun, nul; pas un; *estar a* — (*fam.*) être sans le sou.
nênia *s.f.* nénie.
nenúfar *s.m.* nénuphar.
neófito *s.m.* néophyte.
neolítico *adj.*; *s.m.* néolithique.
neologismo *s.m.* néologisme.
néon *s.m.* néon.
neozelandês *adj.*; *s.pátr.* néo-zélandais.
nepa *s.f.* (*inseto*) nèpe.
nepotismo *s.m.* népotisme.
nereida *s.f.* néréide.
neres (*de pitibiriba*) *pron.* (*gír.*) rien; peau de balle, peau de zébie.
nervino *adj.* nervin.
nervo *s.m.* nerf.
nervosismo *s.m.* nervosité.
nervoso *adj.* nerveux; *estar* — avoir ses nerfs; *s.m.* nervosité *f.*
nervura *s.f.* nervure.
nêspera *s.f.* nèfle.
nespereira *s.f.* néflier *m.*
nesse (*contração de em + esse*) *pron.*: en ce; en celui-là.
neste (*contração de em + este*) *pron.*: en ce; en celui-ci.
neta *s.f.* petite-fille.
neto *s.m.* petit-fils.
netos *s.m.pl.* petits-enfants.
neuma *s.m.* neume *f.*
neuralgia *s.f.* névralgie.
neurálgico *adj.* névralgique.
neurastenia *s.f.* neurasthénie.
neurastênico *adj.* neurasthénique.
neurite *s.f.* névrite.
neurologia *s.f.* neurologie.
neurológico *adj.* neurologique.
neurologista *s.* neurologiste.
neurônio *s.m.* neurone.
neuropata *s.* névropathe.
neurose *s.f.* névrose.
neurótico *adj.*; *s.* névrosé.
neutral *adj.* neutre.
neutralidade *s.f.* neutralité.
neutralização *s.f.* neutralisation.

neutralizar *v.t.* neutraliser.
neutro *adj.* neutre.
nevada *s.f.* chute de neige.
nevado *adj.* enneigé, couvert de neige.
nevar *v.impess.* neiger.
nevasca *s.f.* tempête de neige.
neve *s.f.* neige; *cobrir de* — enneiger.
névoa *s.f.* brouillard *m.*
nevoeiro *s.m.* brume *f.*, brouillard.
nevoento *adj.* brumeux.
nevoso *adj.* neigeux.
nexo *s.m.* liaison *f.*, suite *f.*, connexion *f.*
nhandu *s.m.* nandou.
Nicarágua *s.f.* Nicaragua.
nicaraguense *adj.*; *s.pátr.* nicaraguayen.
nicho *s.m.* niche *f.*
nicotina *s.f.* nicotine.
nidificar *v.int.* nidifier.
nigela *s.m.* nielle.
Nigéria *s.f.* Nigeria *m.*
nigeriano *adj.*; *s.pátr.* nigérien.
niilismo *s.m.* nihilisme.
niilista *adj.*; *s.* nihiliste.
nimbo *s.m.* 1. (*nuvem*) nimbus; 2. (*auréola*) nimbe.
nímio *adj.* excessif.
ninar *v.t.* bercer, dorloter.
ninfa *s.f.* nymphe.
ninfeia *s.f.* nymphée.
ninfômana *adj.*; *s.f.* nymphomane.
ninfomania *s.f.* nymphomanie.
ninguém *pron.* personne.
ninhada *s.f.* nichée, couvée, portée.
ninharia *s.f.* bagatelle, paille, vétille, babiole, broutille; (*pop.*) foutaise.
ninho *s.m.* nid.
nipônico *adj.*; *s.pátr.* nippon.
níquel *s.m.* nickel.
niquelagem *s.f.* nickelage *m.*
niquelar *v.t.* nickeler.
niquento *adj.* vétilleux.
nirvana *s.m.* nirvana.
nisso (*contração de em + isso*) *pron.* 1. en cela; *tudo está* — tout est là; 2. là-dessus; sur ce; 3. y.
nisto (*contração de em + isto*) *pron.* 1. en cela; 2. là-dessus, sur ce; 3. y.
nitidez *s.f.* netteté.
nítido *adj.* net, tranchant.
nitrato *s.m.* nitrate.
nitrogênio *s.m.* nitrogène.
nitroglicerina *s.f.* nitroglycérine.
nível *s.m.* niveau; *ao — de* au ras de; *de mesmo* — de plein-pied.

nivelamento *s.m.* nivellement.
nivelar *v.t.* niveler, affleurer.
no (*contração de em + o*) *art.* en le, dans le; *pron.* en celui, en ce.
nó *s.m.* nœud; — *corredio* nœud coulant; — *górdio* nœud gordien.
nobilitar *v.t.* anoblir.
nobre *adj.*; *s.* noble.
nobreza *s.f.* noblesse.
noção *s.f.* notion.
nocaute *s.m.* knock-out.
nocividade *s.f.* nocivité.
nocivo *adj.* nocif.
noctâmbulo *s.m.* noctambule.
nódoa *s.f.* salissure, souillure, tache.
nodosidade *s.f.* nodosité.
nodoso *adj.* noueux.
nódulo *s.m.* nodule.
noduloso *adj.* noduleux.
Noel *s.m.* Natal; *Papai* — Père Noël; Bonhomme Noël.
nogueira *s.f.* noyer *m.*
noite *s.f.* nuit; soir *m.*; *ao cair da* — à la tombante; *de* — nuitamment.
noitinha *s.f.* soir.
noiva *s.f.* fiancée.
noivado *s.m.* fiançailles *f.pl.*
noivar *v.t.* fiancer; *v.pron.* se fiancer.
noivo *s.m.* fiancé.
nojento *adj.* répugnant, *hideux.
nojo *s.m.* 1. (*enjoo*) nausée *f.*, dégoût; 2. (*luto*) deuil.
nômade *adj.*; *s.* nomade.
nome *s.m.* nom; — *de batismo* prénom; *dar — aos bois* appeler un chat un chat; *dar um — a* dénommer; *de* — nommément; *em — de* au nom de.
nomeação *s.f.* nomination.
nomeada *s.f.* renom *m.*; nom *m.*
nomeado *adj.* nommé.
nomear *v.t.* nommer.
nomenclatura *s.f.* nomenclature.
nominal *adj.* nominal.
nona *s.f.* (*intervalo musical*) neuvième.
nonada *s.f.* fadaise; (*pop.*) foutaise.
nonagenário *adj.* nonagénaire.
nonagésimo *num.* nonagésime.
nônio *s.m.* vernier.
nono *s.f. num.* neuvième.
nora *s.f.* bru, belle-fille.
nordeste *s.m.* nord-est.
nórdico *adj.* nordique.
norma *s.f.* norme.
normal *adj.* normal; *é* — c'est dans l'ordre.

normalidade *s.f.* normalité; *voltar à* — rentrer dans l'ordre.
normalista *s.f.* élève d'une école normale primaire.
normalização *s.f.* normalisation.
normalizar *v.t.* normaliser.
normando *adj.*; *s.pátr.* normand.
normógrafo *s.m.* pochoir.
noroeste *s.m.* nord-ouest.
nortada *s.f.* bise.
norte *s.m.* nord.
norte-africano *adj.* nord-africain.
norte-americano *adj.* nord-américain.
nortear *v.t.* orienter.
Noruega *s.f.* Norvège.
norueguês *adj.*; *s.pátr.* norvégien.
nos[1] (*contração de em + os*) *art.* en les, dans les; *pron.* en ceux, en celles; dans ceux, dans celles.
nos[2] *pron.* nous.
nós *pron.* nous.
nossa! *interj.* dame!
nosso *adj.poss.* notre; *pl.* nos; *pron.poss.* (le) nôtre; *pl.* (les) nôtres.
nostalgia *s.f.* nostalgie, mal *m.* du pays.
nostálgico *adj.* nostalgique.
nota *s.f.* 1. note, notice, remarque; mise au point; relevé *m.*, *tomar* — prendre note; prendre acte; 2. (*média em escola*) note, moyenne; 3. (*nota musical*) note.
notabilidade *s.f.* notabilité.
notação *s.f.* notation.
notar *v.t.* noter, observer; remarquer, percevoir; *v.pron.* s'apercevoir de.
notariado *s.m.* notariat.
notarial *adj.* notarial.
notário *s.m.* notaire.
notável *adj.* notable, remarquable.
notícia *s.f.* 1. nouvelle; 2. note, notice.
noticiar *v.t.* informer, divulguer.
noticiário *s.m.* nouvelles *s.pl.* du jour.
noticioso *adj.* V. *agência*.
notificação *s.f.* notification.
notificar *v.t.* notifier, assigner.
notoriamente *adv.* au vu et au su de tous.
notoriedade *s.f.* notoriété.
notório *adj.* notoire.
noturno *adj.* nocturne.
nova *s.f.* nouvelle.
novamente *adv.* de nouveau, à nouveau.
novato *s.m.* novice, nouveau; (*gír. esc.*) bizut; *adj.* novice.
Nova Zelândia *s.f.* Nouvelle-Zélande.
nove *num.* neuf.

novecentos *num.* neuf cent(s).
novel *adj.* 1. nouveau; 2. novice, débutant.
novela *s.f.* nouvelle; (*de rádio e televisão*) feuilleton *m.*
novelesco *adj.* romanesque.
novelista *s.* nouvelliste.
novelo *s.m.* pelote *f.*
novembro *s.m.* novembre.
novena *s.f.* neuvaine.
noventa *num.* quatre-vingt-dix; — *e cinco* quatre-vingt-quinze; — *e dois* quatre-vingt-douze; — *e nove* quatre-vingt-dix-neuf; — *e oito* quatre-vingt-dix-huit; — *e quatro* quatre-vingt-quatorze; — *e seis* quatre-vingt-seize; — *e sete* quatre-vingt-dix-sept; — *e três* quatre-vingt-treize; — *e um* quatre-vingt-onze.
noviça *s.f.* novice.
noviciado *s.m.* noviciat.
noviço *s.m.* novice.
novidade *s.f.* 1. nouveauté; 2. nouvelle; 3. primeur; *última* — dernier cri; *quais são as* — *s?* qu'est-ce qu'il y a de nouveau?
novilha *s.f.* génisse.
novilho *s.m.* bouvillon; tourillon.
novo *adj.* nouveau, neuf, récent; *de* — de nouveau, derechef; *que há* —*?* quoi de neuf?
novo-rico *s.m.* nouveau-riche, parvenu.
noz *s.f.* noix; —-*moscada* muscade; —-*vômica* noix vomique.
nu *adj.* nu.
nuança *s.f.* nuance, touche; — *sutil (fam.)* distinguo *m.*
nuançar *v.t.* nuancer.
nubente *s.* promis, fiancé.
núbil *adj.* nubile.
nublado *adj.* nuageux.
nuca *s.f.* nuque.

nuclear *adj.* nucléaire.
núcleo *s.m.* noyau.
nudez *s.f.* nudité.
nudismo *s.m.* nudisme.
nudista *adj.*; *s.* nudiste.
nuga *s.f.* broutille, vétille.
nugá *s.m.* nougat.
nulidade *s.f.* nullité.
nulo *adj.* 1. nul, aucun; 2. non avenu.
num (*contração de en* + *um*) en un.
nume *s.m.* divinité *f.*
numeração *s.f.* numération.
numerador *s.m.* numérateur.
numeral *adj.*; *s.m.* numéral.
numerar *v.t.* numéroter.
numerário *s.m.* numéraire.
numérico *adj.* numérique.
número *s.m.* numéro.
numeroso *adj.* nombreux.
numismata *s.* numismate.
numismática *s.f.* numismatique.
numismático *adj.* numismatique.
nunca *adv.* jamais; — *jamais* jamais de la vie; *no dia de São Nunca* quand les poules auront des dents.
nunciatura *s.f.* nonciature.
núncio *s.m.* nonce.
nupcial *adj.* nuptial.
núpcias *s.f.pl.* épousailles, noce, mariage *m.*; *segundas* — remariage *m.*
nutrição *s.f.* nutrition.
nutricionista *adj.*; *s.* nutritionniste, diététicien.
nutrir *v.t.* nourrir, alimenter.
nutritivo *adj.* nutritif.
nuvem *s.f.* nuage *m.*, nue; *cair das nuvens* tomber des nues; *levar às nuvens* porter aux nues.

O

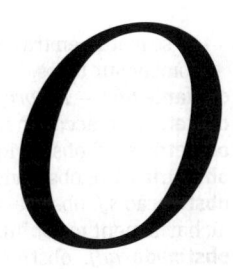

o *art.* le, l'; *pron.* le; celui.
ó *interj.* ô.
oásis *s.m.* oasis *f.*
obcecar *v.t.* aveugler; égarer.
obedecer *v.int.* obéir; — *cegamente* filer doux.
obediência *s.f.* obéissance; *forçar à* — mettre au pas.
obediente *adj.* obéissant.
obelisco *s.m.* obélisque.
obesidade *s.f.* obésité.
obeso *adj.* obèse.
óbice *s.m.* obstacle, empêchement.
óbito *s.m.* décès, trépas.
obituário *s.m.* obituaire; registre des décès.
objeção *s.f.* objection.
objetar *v.t.* objecter.
objetiva *s.f.* objectif *m.*
objetivação *s.f.* objectivation.
objetivar *v.t.* objectiver.
objetividade *s.f.* objectivité.
objetivo *adj.* objectif; *s.m.* objectif, but; visée *f.*
objeto *s.m.* objet; — *de arte imitado* toc; — *de zombaria* risée *f.*
obliquamente *adv.* obliquement; en écharpe.
obliquar *v.int.* obliquer.
obliquidade *s.f.* obliquité.
oblíquo *adj.* oblique.
obliterar *v.t.* oblitérer.
oblongo *adj.* oblong.
obnubilação *s.f.* obnubilation.
obnubilar *v.t.* obnubiler.
oboé *s.m.* *hautbois.
oboísta *s.m.* *hautboïste.
óbolo *s.m.* obole *f.*
obra *s.f.* 1. œuvre; ouvrage *m.*; 2. chantier; — *completa* œuvre *m.*; — *de arte* œuvre d'art; —*s de caridade* bonnes œuvres.

obra-prima *s.f.* chef-d'œuvre *m.*
obrar *v.t.* exécuter, opérer, faire; *v.int.* 1. agir; 2. déféquer, chier.
obreia *s.f.* oublie, pain *m.* à cacheter.
obreira *s.f.* 1. ouvrière; 2. (abeille) ouvrière.
obreiro *s.m.* ouvrier.
obrigação *s.f.* obligation, tâche.
obrigado *adj.* obligé; — *a* tenu à; *interj.* merci.
obrigar *v.t.* 1. obliger, forcer, contraindre; 2. obliger, rendre service à.
obrigatório *adj.* obligatoire.
obscenidade *s.f.* obscénité.
obsceno *adj.* obscène, ordurier.
obscurantismo *s.m.* obscurantisme.
obscurantista *adj.*; *s.* obscurantiste.
obscurecer *v.t.* obscurcir.
obscuridade *s.f.* obscurité; sombre.
obscuro *adj.* obscur.
obsedar *v.t.* obséder, *hanter.
obsediar *v.t.* o mesmo que *obsedar.*
obsequiar *v.t.* rendre service à; donner des cadeaux à; obliger.
obséquio *s.m.* obligeance *f.*, faveur *f.*, prévenance *f.*; service.
obsequiosamente *adv.* obligeamment.
obsequiosidade *s.f.* obligeance, serviabilité.
obsequioso *adj.* obligeant, prévenant.
observação *s.f.* observation, remarque, aperçu *m.*; — *maldosa* (fam.) vanne.
observador *s.m.* observateur.
observadora *s.f.* observatrice.
observância *s.f.* observance.
observatório *s.m.* observatoire.
obsessão *s.f.* obsession, *hantise.
obsessivo *adj.* obsédant.
obsoleto *s.m.* obsolète.
obstáculo *s.m.* obstacle, empêchement; *criar*

—*s a* se mettre en travers de; *encontrar um* — tomber sur un os.
obstante *não* — *loc.prep.* malgré.
obstetra *s.m.* accoucheur, obstétricien.
obstetrícia *s.f.* obstétrique.
obstétrico *adj.* obstétrical.
obstinação *s.f.* obstination, entêtement *m.*, acharnement *m.*, opiniâtreté.
obstinado *adj.* obstiné, acharné, entêté, opiniâtre, têtu.
obstinar-se *v.pron.* — *a* s'obstiner à, s'entêter à, s'acharner, s'opiniâtrer, se piquer au jeu.
obstrução *s.f.* obstruction.
obstrucionismo *s.m.* obstructionnisme.
obstrucionista *adj.*; *s.* obstructionniste.
obstruir *v.t.* obstruer.
obtemperar *v.int.* obtempérer.
obtenção *s.f.* obtention.
obter *v.t.* obtenir; (*fam.*) accrocher; (*merecidamente um prêmio*) décrocher; *não* — *o que se procurava* l'avoir dans l'os.
obturação *s.f.* obturation.
obturar *v.t.* obturer; plomber.
obtuso *adj.* obtus.
obus *s.m.* obus.
obviar *v.t.* obvier.
óbvio *adj.* évident.
oca[1] *s.f.* *hutte d'indien.
oca[2] *s.f.* badigeon *m.*
ocarina *s.f.* ocarina *m.*
ocasião *s.f.* occasion; *aproveitar a* — saisir l'occasion; *na* — à l'occasion.
ocasional *adj.* occasionnel, d'occasion.
ocasionar *v.t.* occasionner, entraîner, amener; donner lieu à.
ocaso *s.m.* 1. occident; coucher du soleil; 2. chute *f.*
occipício *s.m.* occiput.
oceânico *adj.* océanique.
oceano *s.m.* océan.
oceanografia *s.f.* océanographie.
ocelo *s.m.* ocelle.
ocidental *adj.* occidental.
ocidentalizar *v.t.* occidentaliser.
ocidente *s.m.* occident.
ócio *s.m.* loisir, oisiveté *f.*
ociosidade *s.f.* désœuvrement, oisiveté.
ocioso *adj.* désœuvré, oisif.
oclusão *s.f.* occlusion.
oclusiva *s.f.* occlusive.
oco *adj.* creux.
ocorrência *s.f.* occurence.
ocorrer *v.int.* arriver, survenir.

ocre *adj.*; *s.m.* e *f.* ocre *f.*
octaedro *s.m.* octaèdre.
octogenário *adj.*; *s.* octogénaire.
octogésimo *num.* quatre-vingtième.
octogonal *adj.* octogonal.
octógono *s.m.* octogone.
ocular *adj.* oculaire.
oculista *s.* oculiste, opticien.
óculo *s.m.* lunette *f.*; — *de alcance* longue-vue *f.*; *pl.* lunettes.
ocultação *s.f.* occultation.
ocultar *v.t.* celer, occulter.
ocultas *às* — *loc.adv.* en cachette.
ocultismo *s.m.* occultisme.
ocultista *adj.*; *s.* occultiste.
oculto *adj.* occulte.
ocupação *s.f.* occupation.
ocupante *adj.*; *s.* occupant.
ocupar *v.t.* occuper; (*fortaleza*) prendre; *v.pron.* s'occuper, besogner.
odalisca *s.f.* odalisque.
ode *s.f.* ode.
odiar *v.t.* haïr; abhorrer.
odiento *adj.* haineux.
ódio *s.m.* *haine *f.*
odioso *adj.* odieux, *haïssable.
odisseia *s.f.* odyssée.
odontologia *s.f.* odontologie.
odontológico *adj.* odontologique.
odor *s.m.* odeur *f.*; oduer, arome.
odorante *adj.* odorant.
odre *s.m.* outre *f.*
oeste *s.m.* ouest.
ofegante *adj.* *haletant, essoufflé, pantelant.
ofegar *v.int.* *haleter, s'essouffler, panteler.
ofender *v.t.* offenser, blesser.
ofensa *s.f.* offense; atteinte, affront *m.*
ofensiva *s.f.* offensive.
ofensivo *adj.* offensif, offensant, blessant.
ofensor *s.m.* offenseur.
oferecer *v.t.* offrir; — *cada vez mais* pratiquer la surenchère; — *mais que um outro* surenchérir.
oferecimento *s.m.* offre *f.*
oferenda *s.f.* offrande.
oferta *s.f.* offre.
ofertar *v.t.* offrir.
ofertório *s.m.* offertoire.
oficial[1] *adj.* officiel.
oficial[2] *s.m.* officier.
oficialização *s.f.* officialisation.
oficializar *v.t.* officialiser.
oficiar *v.t.* officier.

oficina *s.f.* **1.** atelier *m.*; — *mecânica* (*para automóveis*) garage *m.*; **2.** (*farmácia*) officine.
oficinal *adj.* officinal.
ofício *s.m.* **1.** métier, profession *f.*; **2.** office (divin).
oficioso *adj.* officieux.
ofídio *adj.*; *s.* ophidien.
oftálmico *adj.* ophtalmique.
oftalmologia *s.f.* ophtalmologie.
oftalmológico *adj.* ophtalmologique.
oftalmologista *s.* ophtalmologiste.
ofuscante *adj.* éblouissant.
ofuscar *v.t.* aveugler, éblouir; (*fig.*) offusquer, éclipser.
ogiva *s.f.* ogive.
ogival *adj.* ogival.
oh! *interj.* oh!
oi! *interj.* salut!
oitava *s.f.* octave; — *de final* (*Esp.*) huitième de finale.
oitavo *num.*; *s.m.* huitième.
oitenta *num.* quatre-vingt(s); — *e cinco* quatre-vingt-cinq; — *e dois* quatre-vingt-deux; — *e nove* quatre-vingt-neuf; — *e oito* quatre-vingt-huit; — *e seis* quatre-vingt-six; — *e sete* quatre-vingt-sept; — *e três* quatre-vingt-trois; — *e um* quatre-vingt-un.
oiti *s.m.* arbre du Brésil, de la famille des rosacées.
oiticica *s.f.* arbre du Brésil, de la famille des rosacées.
oitiva *s.f. de* — par ouï-dire.
oito *num.* *huit; *ou* — *ou oitenta* tout ou rien.
oitocentos *num.* huit cents.
ojeriza *s.f.* aversion, antipathie.
olá *interj.* holá.
olaria *s.f.* briqueterie, poterie.
oleaginoso *adj.* oléagineux.
oleandro *s.m.* laurier-rose.
oleiro *s.m.* potier.
óleo *s.m.* huile *f.*; — *diesel* mazout.
oleoduto *s.m.* oléoduc, pipeline.
oleoso *adj.* huileux.
olfativo *adj.* olfactif.
olfato *s.m.* odorat; flair.
olhada *s.f.* coup *m.* d'œil; (*fig.*) aperçu *m.*
olhadela *s.f.* coup *m.* d'œil, œillade, regard *m.*
olhado *s.m. ou mau-* — mauvais œil.
olhal *s.m.* — *de mira* œilleton.
olhar[1] *s.m.* regard, vue *f.*

olhar[2] *v.t.* regarder; (*pop.*) viser; zieuter; — *com má vontade* regarder de travers; — *com óculos* lorgner; — *como* prendre pour; — *de esguelha* guigner; — *de soslaio* reluquer.
olheiras *s.f.pl. ter* — avoir les yeux cernés.
olheiro *s.m.* guetteur.
olho *s.m.* œil, *pl.* yeux; (*pop.*) mirette *f.*; *a —s vistos* à vue d'œil; *abrir os —s a* dessiller; *arregalar os —s* ouvrir de grands yeux; *não tirar os —s de* manger des yeux; *pôr no — da rua* flanquer à la porte; *saltar aos —s* sauter aus yeux, éclater.
olho de gato *s.m.* catadioptre, cataphote.
olho mágico *s.m.* judas.
olifante *s.m.* olifant.
oligarca *s.m.* oligarque.
oligarquia *s.f.* oligarchie.
oligárquico *adj.* oligarchique.
olimpíada *s.f.* olympiade.
olímpico *adj.* olympique.
oliva *s.f.* olive.
oliváceo *adj.* olivacé.
olival *s.m.* olivaie *f.*
oliveira *s.f.* olivier *m.*
olmo *s.m.* orme.
olvidar *v.t.* oublier.
olvido *s.m.* oubli.
ombrear *v.int.* rivaliser.
ombreira *s.f.* **1.** épaulette; **2.** jambage *m.*
ombro *s.m.* épaule *f.*; *dar de —s* *hausser les épaules.
omelete *s.f.* omelette.
ominoso *adj.* de mauvais augure.
omissão *s.f.* omission.
omisso *adj.* négligent.
omitir *v.t.* omettre.
omoplata *s.f.* omoplate.
onagro *s.m.* onagre.
onanismo *s.m.* onanisme.
onça[1] *s.f.* (*medida de peso*) once.
onça[2] *s.f.* once.
onça-pintada *s.f.* jaguar *m.*
onda *s.f.* onde, lame; flot *m.*
onde *adv.* où; *de* — d'où.
ondeado *adj.* ondulé.
ondeante *adj.* ondoyant.
ondear *v.int.* ondoyer.
ondulação *s.f.* ondulation, vallonnement *m.*
ondulado *adj.* ondulé.
ondular *v.t.* e *int.* onduler.
ondulatório *adj.* ondulatoire.
onduloso *adj.* onduleux.

onerar *v.t.* grever.
oneroso *adj.* onéreux.
ônibus *s.m.* autobus, (*fam.*) bus; — *escolar ou de turismo* autocar, car.
onipotência *s.f.* toute-puissance.
onipotente *adj.* tout-puissant.
onipresença *s.f.* omniprésence.
onipresente *adj.* omniprésent.
onírico *adj.* onirique.
onisciência *s.f.* omniscience.
onisciente *adj.* omniscient.
onívoro *adj.* omnivore.
ônix *s.m.* onyx.
onomástico *adj.* onomastique.
onomatopeia *s.f.* onomatopée.
ontem *adv.* hier.
ônus *s.m.* charge *f.* fardeau.
onze *num.* onze.
opa *s.f.* robe de confrérie.
opacidade *s.f.* opacité.
opaco *adj.* opaque.
opala *s.f.* opale.
opalanda *s.f.* *houppelande.
opalescência *s.f.* opalescence.
opalescente *adj.* opalescent.
opalino *adj.* opalin.
opção *s.f.* option.
ópera *s.f.* opéra *m.*; — -*bufa* opéra buffe; — -*cômica* opéra-comique.
operação *s.f.* opération; — *plástica* opération plastique.
operacional *adj.* opérationnel.
operado *adj.*; *s.m.* opéré.
operador *s.m.* opérateur.
operadora *s.f.* opératrice.
operar *v.t.* opérer.
operário *s.m.* ouvrier; — *não qualificado* ouvrier spécialisé.
operatório *adj.* opératoire.
operável *adj.* opérable.
opereta *s.f.* opérette.
operoso *adj.* laborieux.
opiáceo *adj.* opiacé.
opilação *s.f.* obstruction (d'un canal, d'un vaisseau).
opimo *adj.* copieux, fertile.
opinar *v.int.* opiner.
opinião *s.f.* opinion; *fazer mudar completamente de* — retourner comme un gant; *mudar de* — se raviser, changer son fusil d'épaule.
ópio *s.m.* opium.
opiômano *s.* opiomane.
opíparo *adj.* copieux.

oponente *adj.*; *s.* opposant.
opor *v.t.* opposer; *v.pron.* — *à* s'opposer à, contrecarrer.
oportunamente *adv.* en temps et lieu.
oportunidade *s.f.* opportunité.
oportunismo *s.m.* opportunisme.
oportunista *s.* opportuniste.
oportuno *adj.* opportun; *ser* — être de saison.
oposição *s.f.* opposition.
oposicionista *adj.*; *s.* opposant, forte tête *f.*
opositor *s.m.* opposant.
oposto *adj.* opposé.
opressão *s.f.* oppression.
opressivo *adj.* oppressif; (*fig.*) lourd.
opressor *s.m.* oppresseur.
oprimido *adj.*; *s.* opprimé.
oprimir *v.t.* oppresser, opprimer.
opróbrio *s.m.* opprobre.
optar *v.int.* opter.
óptica *s.f.* optique.
óptico *adj.* optique; *s.m.* opticien.
opulência *s.f.* opulence.
opulento *adj.* opulent.
opúsculo *s.m.* opuscule.
ora *adv.* dame!; voyons!; — *bolas!* flûte; — *essa!* par exemple!; — ... — tantôt... tantôt; *conj.* or.
oração *s.f.* oraison, prière.
oráculo *s.m.* oracle.
orador *s.m.* orateur.
oral *adj.* oral.
orangotango *s.m.* orang-outang.
orar *v.int.* 1. prier; 2. parler en public.
oratória *s.f.* art *m.* de parler en public.
oratório *adj.*; *s.m.* oratoire.
orbe *s.m.* orbe, globe.
órbita *s.f.* orbite.
orbital *adj.* orbital.
orçamentário *adj.* budgétaire.
orçamento *s.m.* budget, devis.
orçar *v.t.* évaluer, calculer.
orchata *s.f.* orgeat *m.*
ordeiro *adj.* ami de l'ordre.
ordem *s.f.* ordre *m.*; consigne; mandat *m.*; — *de pagamento* ordonnance, mandat *m.*; — *de prisão* mandat d'arrêt; — *de soltura* relaxe; — *do dia* ordre *m.* du jour; — *dos advogados* barreau; *chamar à* — remettre à sa place; *estou a suas ordens* je suis à vos ordres.
ordenação *s.f.* 1. ordre *m.*, rangement *m.*; 2. ordination.

ordenado *s.m.* traitement, appointements *pl.*; gages *pl.*
ordenança *s.m.* (*soldado às ordens de um superior*) ordonnance.
ordenar *v.t.* ordonner, ranger.
ordenha *s.f.* traite.
ordenhar *v.t.* traire.
ordinal *adj.*; *s.m.* ordinal.
ordinário *adj.* **1.** ordinaire, courant; **2.** médiocre; **3.** vulgaire, grossier.
orégão *s.m.* origan.
orelha *s.f.* oreille; (*fam.*) feuille; (*pop.*) portugaise; (*gír.*) esgourde; *estar de — em pé* dresser les oreilles.
orelhão *s.m.* **1.** oreillons *pl.*; **2.** téléphone public à l'air libre.
órfã *s.f.* orpheline.
orfanato *s.m.* orphelinat.
órfão *adj.*; *s.m.* orphelin.
orfeão *s.m.* orphéon.
organdi *s.m.* organdi.
orgânico *adj.* organique.
organismo *s.m.* organisme.
organista *s.m.* organiste.
organização *s.f.* organisation.
organizador *s.m.* organisateur.
organizadora *s.f.* organisatrice.
organizar *v.t.* organiser; mettre sur pied.
organograma *s.m.* organigramme.
órgão[1] *s.m.* (*parte de organismo*) organe; *os órgãos genitais* les organes (génitaux).
órgão[2] *s.m.* (*instrumento musical*) orgue.
orgasmo *s.m.* orgasme.
orgia *s.f.* orgie.
orgíaco *adj.* orgiaque.
orgulhar *v.t.* enorgueillir; *v.pron.* s'enorgueillir.
orgulho *s.m.* orgueil, fierté *f.*
orgulhoso *adj.* orgueilleux, fier.
orientação *s.f.* orientation.
orientador *s.m.* orienteur.
orientadora *s.f.* orienteuse.
oriental *adj.* oriental.
orientalismo *s.m.* orientalisme.
orientalista *s.* orientaliste.
orientar *v.t.* orienter.
oriente *s.m.* orient.
orifício *s.m.* orifice.
origem *s.f.* origine; extraction.
original *adj.* **1.** original; **2.** originel; *s.m.* original.
originalidade *s.f.* originalité; cachet *m.*
originário *adj.* originaire.
oriundo *adj.* originaire; issu.

orla *s.f.* lisière, bordure; orée; rive; *— marítima* rivage *m.*
orlar *v.t.* ourler.
orlon *s.m.* orlon.
ornamentação *s.f.* ornementation.
ornamental *adj.* ornemental.
ornamentar *v.t.* ornementer, agrémenter.
ornamento *s.m.* ornement.
ornar *v.t.* orner, agrémenter, parer.
ornato *s.m.* ornement.
ornejar *v.int.* braire.
ornejo *s.m.* braiment.
ornitologia *s.f.* ornithologie.
ornitológico *adj.* ornithologique.
ornitólogo *s.m.* ornithologue.
ornitorrinco *s.m.* ornithorrynque.
orquestra *s.f.* orchestre *m.*
orquestração *s.f.* orchestration.
orquestral *adj.* orchestral.
orquestrar *v.t.* orchestrer.
orquídea *s.f.* orchidée.
ortodoxia *s.f.* orthodoxie.
ortodoxo *adj.* orthodoxe.
ortografar *v.t.* orthographier.
ortografia *s.f.* orthographe.
ortográfico *adj.* orthographique.
ortopedia *s.f.* orthopédie.
ortopédico *adj.* orthopédique.
ortopedista *s.* orthopédiste.
orvalhar *v.t.* perler.
orvalho *s.m.* rosée *f.*
os *art.pl.* les; *pron.* les.
oscilação *s.f.* oscillation; branle *m.*
oscilar *v.int.* osciller; *fazer —* basculer.
oscilatório *adj.* oscillatoire.
oscular *v.t.* embrasser, baiser.
ósculo *s.m.* embrassement, baiser.
osga[1] *s.f.* gecko *m.*
osga[2] *s.f.* (*pop.*) répugnance.
osmose *s.f.* osmose.
ossada *s.f.* ossements *s.pl.*
ossatura *s.f.* ossature.
ósseo *adj.* osseux.
ossificação *s.f.* ossification.
ossificar *v.t.* ossifier.
ossinho *s.m.* osselet.
osso *s.m.* os; *— sacro* sacrum.
ossuário *s.m.* ossuaire.
ossudo *adj.* osseux.
ostensivo *adj.* ostensible.
ostentação *s.f.* ostentation; panache *m.*
ostentar *v.t.* étaler, arborer.
ostentoso *adj.* ostentatoire.
osteologia *s.f.* ostéologie.

ostra s.f. huître.
ostracismo s.m. ostracisme.
ostricultura s.f. ostréiculture.
otária s.f. otarie.
otário s.m. dupe f., vache f. à lait.
otimismo s.m. optimisme.
otimista adj.; s. optimiste.
ótimo adj. excellent; *interj.* (c'est) parfait; voilà qui est bien.
otite s.f. otite.
otomana s.f. **1.** (*sofá sem costas*) ottomane; **2.** (*tecido*) gros-grain *m*.
otomano adj.; s.pátr. ottomane.
otorrinolaringologia s.f. oto-rhino-laryngologie.
otorrinolaringologista s. oto-rhino-laryngologiste.
ou conj. ou.
ourela s.f. bord *m.* lisière.
ouriço s.m. *hérisson.
ouriço-do-mar s.m. oursin.
ourives s.m. orfèvre.
ourivesaria s.f. orfèvrerie.
ouro s.m. or; *nadar em* — rouler sur l'or.
ouropel s.m. oripeau.
ouros s.m.pl. (*naipe de baralho*) carreau.
ousadia s.f. audace, *hardiesse.
ousado adj. osé.
ousar v.t. e int. oser.
outeiro s.m. colline *f.*, coteau, tertre; mamelon.
outonal adj. automnal.
outono s.m. automne.
outorga s.f. octroi *m.*, concession.
outorgar v.t. accorder.
outrem pron. autrui.
outro adj. autre; *de* — *modo* autrement; *pron.* —*s* d'autres.
outrora adv. autrefois, jadis.
outubro s.m. octobre.
ouvido s.m. **1.** ouïe *f*.; **2.** oreille; *apurar os* —*s* dresser les oreilles; *fazer* —*s moucos* faire la sourde oreille; *ter bom* — avoir de l'oreille; *zumbem-me os* —*s* les oreilles me tintent.
ouvidor s.m. auditeur.
ouvinte s.m. auditeur; s.f. auditrice.
ouvir v.t. entendre; (*ant.*) ouïr; — *sem atenção* n'écouter que d'une oreille; *por* — *dizer* par ouï-dire; *ser ouvido por* avoir l'oreille de.
ova s.f. œufs *m.pl.* de poisson, frai *m.*; (*pop.*) *uma* —*!* la peau!; peau de zébie!
ovação s.f. ovation.
ovacionar v.t. ovationner.
oval adj. ovale; s.f. ovale *m*.
ovariano adj. ovarien.
ovário s.m. ovaire.
oveiro s.m. coquetier.
ovelha s.f. **1.** brebis; — *negra* brebis galeuse; (*fig.*) bête noire; **2.** (*o cristão em relação ao sacerdote*) ouaille *f*.
ovém s.m. *hauban.
ovino adj.; s.m. ovin.
ovíparo adj. ovipare.
ovo s.m. œuf; — *cozido* œuf dur; — *quente* œuf à la coque; —*s estrelados* œufs sur le plat, œufs au miroir; *contar com o* — *no cu da galinha* vendre la peau de l'ours; *esmagar no* — tuer dans l'œuf; *sair do* — éclore.
ovoide adj. ovoïde.
ovulação s.f. ovulation.
ovular adj. ovulaire.
óvulo s.m. ovule.
oxidação s.f. oxydation.
oxidar v.t. oxyder.
oxidável adj. oxydable.
óxido s.m. oxyde.
oxigenação s.f. oxygénation.
oxigenar v.t. oxygéner.
oxigênio s.m. oxygène.
oxítono adj. oxyton.
oxiúro s.m. oxyure.
ozônio s.m. ozone.
ozonização s.f. ozonisation.
ozonizar v.t. ozoniser.

P

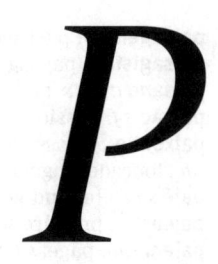

pá *s.f.* pelle, bêche; (*de cavar*) bêche; (*de hélice*) pale.
paca *s.f.* paca *m.*
pacato *adj.* paisible, pacifique.
pachola *adj.* fanfaron; *s.m.* fainéant.
pachorra *s.f.* flemme.
pachorrento *adj.* flemmard.
paciência *s.f.* patience; *interj.* tant pis!
pacientar *v.int.* patienter.
paciente *adj.* patient; *s.* patient, client.
pacientemente *adv.* patiemment.
pacificação *s.f.* pacification.
pacificador *s.m.* pacificateur.
pacificar *v.t.* pacifier.
pacífico *adj.* pacifique, paisible.
Pacífico *s.m.* Pacifique.
pacifismo *s.m.* pacifisme.
pacifista *adj.*; *s.* pacifiste.
paço *s.m.* 1. palais royal ou episcopal; 2. palais.
paçoca *s.f.* plat brésilien fait de viande hâchée, de purée de maïs et de manioc.
pacote *s.m.* paquet.
pacóvio *s.m.* benêt, nigaud.
pacto *s.m.* pacte.
pactuar *v.t.* pactiser.
padaria *s.f.* boulangerie.
padecer *v.t.* souffrir, pâtir.
padecimento *s.m.* souffrance *f.*, douleur *f.*
padeiro *s.m.* boulanger.
padiola *s.f.* civière.
padioleiro *s.m.* brancardier.
padrão *s.m.* 1. patron; 2. étalon, modèle.
padrasto *s.m.* beau-père.
padre *s.m.* prêtre, père, abbé, curé.
padre-nosso *s.m.* pater; patenôtre *f.*, oraison *f.* dominicale.
padrinho *s.m.* parrain; *qualidade de —* parrainage.
padroeira *s.f.* patronne.

padroeiro *s.m.* patron.
padronização *s.f.* standardisation.
padronizar *v.t.* standardiser.
Pádua *s.f.* Padoue.
paduano *adj.*; *s.pátr.* padouan.
paga *s.f.* paye.
pagador *s.m.* payeur.
pagamento *s.m.* payement, versement.
paganismo *s.m.* paganisme.
pagante *adj.*; *s.* payant.
pagão¹ *adj.*; *s.m.* païen.
pagão² *adj.*; *s.m.* (*gír.*) payant; *ser o —* se fendre.
pagar *v.t.* payer, acquitter, régler, solder; (*a despesa num restaurante*; *fam.*) se fendre; *— à vista* payer rubis sur l'ongle; *— na mesma moeda* payer de retour, revaloir.
pagável *adj.* payable.
página *s.f.* page.
paginação *s.f.* mise en pages.
paginador *s.m.* metteur en pages.
paginar *v.t.* mettre en pages.
pago *adj.* payé, payant.
pagode *s.m.* 1. pagode *f.*; 2. (*fam.*) noce *f.*, bombance *f.*, débauche *f.*
pagos *s.m.pl.* village natal, terre natal.
pai *s.m.* père; (*pop.*) paternel.
pai de santo *s.m.* prêtre de culte fétichiste afro-brésilien.
pai de todos *s.m.* (*fam.*) majeur, médius.
paina *s.f.* kapok *m.*
painço *s.m.* panic, millet.
paineira *s.f.* faux-kapokier.
painel *s.m.* panneau.
paio *s.m.* gros saucisson.
paiol *s.m.* soute *f.*
pairar *v.int.* planer.
pais *s.m.pl.* père et mère; parents.
país *s.m.* pays.

paisagem *s.f.* paysage *m.*
paisagista *s.* paysagiste.
paisano *adj.*; *s.* civil; (*fam.* e *depr.*) pékin.
paixão *s.f.* passion; — *viva* transport *m.*
paixonite *s.f.* passade, tocade; emballement *m.*; foucade; engouement *m.*
pajé *s.m.* chef indigène.
pajear *v.t.* prendre soin de.
pajem *s.m.* page; *s.f.* nourrice.
pala[1] *s.f.* 1. visière; 2. empiècement *m.*
pala[2] *s.f.* espèce de poncho *m.*
palacete *s.m.* petit palais; hôtel.
palaciano *adj.*; *s.* courtisan.
palácio *s.m.* palais; hôtel.
paladar *s.m.* 1. palais; 2. goût; 3. saveur *f.*
paladino *s.m.* paladin.
palafita *s.f.* palafitte *m.*
palafreneiro *s.m.* palefrenier.
palanque *s.m.* estrade *f.*, tribune *f.*
palanquim *s.m.* palanquin.
palatal *adj.* palatal.
palato *s.m.* palais.
palavra *s.f.* mot *m.*, parole; propos *m.*, voix; —*s cruzadas* mots croisés; — *por* — mot à mot; *cumprir a* — tenir sa parole; *por meias* —*s* à demi-mot; *sem dizer* — sans mot dire; *sob* — sur parole; *interj.* ma foi!; — *de honra* parole.
palavrão *s.m.* gros mot.
palavreado, palavrório *s.m.* verbiage, bagout.
palavroso *adj.* verbeux.
palco *s.m.* scène *f.*; (*fig.*) théâtre.
paleografia *s.f.* paléographie.
paleográfico *adj.* paléographique.
paleógrafo *s.m.* paléographe.
paleontologia *s.f.* paléontologie.
paleontológico *adj.* paléontologique.
paleontólogo *s.m.* paléontologue.
palerma *adj.*; *s.* sot, nigaud.
palestra *s.f.* conversation, causerie.
palestrar *v.int.* deviser, causer.
paleta *s.f.* palette.
paletó *s.m.* veston; paletot.
palha *s.f.* paille; — *de aço* paille de fer; *cobrir de* — pailler.
palhaçada *s.f.* pitrerie.
palhaço *s.m.* paillasse, pitre.
palheiro *s.m.* fenil.
palheta *s.f.* 1. paillette; 2. (*lingueta dos instrumentos de sopro*) anche.
palhete *adj.* paillet.
palhoça *s.f.* paillote.
paliar *v.t.* pallier.

paliativo *adj.*; *s.m.* palliatif.
paliçada *s.f.* palissade.
palidez *s.f.* pâleur.
pálido *adj.* pâle; *hâve.
palimpsesto *s.m.* palimpseste.
palinódia *s.f.* palinodie.
pálio *s.m.* dais.
palitar *v.t.* curer.
palito *s.m.* cure-dent.
palma *s.f.* 1. palme; 2. (*da mão*) paume; *pl.* applaudissements *m.pl.*; *bater* —*s* battre des mains, applaudir.
palmada *s.f.* coup *m.*, claque, tape; *dar* —*s em* tapoter; —*s* (*nas nádegas*) fessée; *dar* —*s nas nádegas* fesser.
palma-de-santa-rita *s.f.* glaïeul *m.*
palmado *adj.* palmé.
palmar *adj.* de la grandeur d'une paume; grand, énorme.
palmatória *s.f.* férule; *dar a mão à* — reconnaître qu'on a tort; *ser* — *do mundo* (*aprox.*) être un redresseur de torts.
palmear *v.t.* 1. applaudir; 2. parcourir.
palmeira *s.f.* palmier.
palmeiral *s.m.* palmeraie *f.*
palmilha *s.f.* semelle.
palmilhar *v.t.* parcourir.
palmípede *adj.*; *s.m.* palmipède.
palmito *s.m.* palmite.
palmiteiro *s.m.* palmiste.
palmo *s.m.* palme.
palpar *v.t.* palper.
palpável *adj.* palpable.
pálpebra *s.f.* paupière.
palpitação *s.f.* palpitation.
palpitante *adj.* palpitant.
palpitar *v.int.* palpiter.
palpite *s.m.* tuyau.
palrar *v.int.* babiller; (*a pega*) jacasser.
palustre *adj.* palustre.
pamonha *s.f.* 1. gâteau de maïs; 2. (*fig.*) individu *m.* sans énergie, mollasson *m.*, chiffe molle.
pampa *s.f.* pampa.
pâmpano *s.m.* pampre.
pampas *s.f.pl. às* — *loc.adv.* (*fam.*) vachement.
panaceia *s.f.* panacée.
panamá *s.m.* panama.
Panamá *s.m.* Panama.
panamenho *adj.*; *s.pátr.* panaméen.
pan-americanismo *s.m.* panaméricanisme.
pan-americano *adj.* panaméricain.
panar *v.t.* paner.

pan-arabismo *s.m.* panarabisme.
panarício *s.m.* panaris.
pança *s.f.* panse, bedaine.
pancada *s.f.* **1.** coup *m.*; bourrade; (*fam.*) *moer de —s* ruer de coups; **2.** averse, giboulée; **3.** (*fam.*) hurluberlu, écervelé, toqué.
pâncreas *s.m.* pancréas.
pançudo *adj.* pansu; (*fam.*) rondouillard.
pândega *s.f.* noce, ripaille.
pândego *s.m.* noceur, viveur, vaurien, luron.
pandeiro *s.m.* tambour basque.
pandemônio *s.m.* pandémonium.
pando *adj.* enflé, gonflé.
pandorga *s.f.* cerf-volant *m.*
pane *s.f.* panne.
panegírico *s.m.* panégyrique.
panegirista *s.* panégyriste.
panela *s.f.* pot *m.*; poêlon *m.*
panelada *s.f.* potée.
panelinha *s.f.* coterie.
pan-eslavismo *s.m.* panslavisme.
pan-eslavista *adj.*; *s.* panslaviste.
panfletário *s.m.* pamphlétaire.
panfleto *s.m.* pamphlet.
pangaré *s.m.* rossinante *f.*
pânico *s.m.* panique *f.*
panificação *s.f.* **1.** panification; **2.** boulangerie.
pano *s.m.* étoffe *f.*, tissu, toile *f.*, (*fig.*) *dar — para mangas* donner du fil à retordre.
panóplia *s.f.* panoplie.
panorama *s.m.* panorama, vue *f.*; vue *f.* d'ensemble.
panorâmico *adj.* panoramique.
panqueca *s.f.* crêpe.
pantanal *s.m.* marécage.
pântano *s.m.* marais, marécage.
pantanoso *adj.* marécageux.
panteão *s.m.* panthéon.
panteísmo *s.m.* panthéisme.
panteísta *adj.*; *s.* panthéiste.
pantera *s.f.* panthère.
pantomima *s.f.* pantomime.
pantufo *s.m.* pantoufle *f.* en étoffe.
panturrilha *s.f.* mollet *m.*
pão *s.m.* pain; (*redondo*) miche; *— ázimo* pain azyme; *— feito em casa* pain de ménage; *comer o — que o diabo amassou* manger de la vache enragée; traîner la savate.
pão de mel *s.m.* pain d'épice.
pão-duro *s.m.* (*fam.*) grigou, rapiat, chiche, pingre; ladre, fesse-mathieu.
pãozinho *s.m.* petit pain; (*em forma de meia-lua*) croissant.
papa[1] *s.f.* bouillie; pâtée; *não ter —s na língua* ne pas mâcher ses mots.
papa[2] *s.m.* pape.
papada *s.f.* double menton *m.*
papado *s.m.* papauté.
papagaio *s.m.* **1.** perroquet; *— fêmea* perruche *f.*; **2.** (*pandorga*) cerf-volant; **3.** *interj.* sac à papier!
papaguear *v.int.* caqueter, jacasser.
papai *s.m.* papa.
papa-jantares *s.m.* pique-assiette.
papal *adj.* papal.
papa-mel *s.m.* o mesmo que *irara.*
papão *s.m.* ogre.
papar *v.t.* (*fam.*) comer.
paparicar *v.t.* cajoler, câliner.
papeira *s.f.* goître *m.*
papel *s.m.* **1.** papier; *— almaço* papier écolier; *— de carta* papier à lettres; *— de parede —* peint tenture *f.*; *— de seda* papier pelure; *— pautado* papier ligné; papier réglé; *— sanitário* papier hygiénique; **2.** (*de um ator*) rôle; **3.** *papéis de identidade* pièces *f.* d'identité.
papelada *s.f.* paperasses *pl.*
papelão *s.m.* **1.** carton; **2.** rôle ridicule.
papelaria *s.f.* papeterie.
papeleiro *s.m.* papetier.
papeleta *s.f.* note, avis *m.*, bulletin *m.* d'hôpital.
papelocracia *s.f.* paperasserie.
papelocrata *s.m.* paperassier.
papelório *s.m.* **1.** o mesmo que *papelada*; **2.** o mesmo que *papelão.*
papelote *s.m.* papillotte.
papelucho *s.m.* papelard; morceau de papier.
papila *s.f.* papille.
papilhoso *adj.* papilleux.
papiloma *s.m.* papillome.
papiro *s.m.* papyrus.
papisa *s.f.* papesse.
papismo *s.m.* papisme.
papista *adj.*; *s.* papiste.
papo *s.m.* **1.** jabot; (*fig.*) *está no — (fam.)* c'est couru; *o negócio está no —* l'affaire est dans le sac; **2.** (*fam.*) conversation; *bater um bom —* faire un brin de causette, tailler une bavette; **3.** (*fam.*) causeur.
papoula *s.f.* coquelicot *m.*, pavot *m.*
paquerar *v.t.* (*gír.*) draguer.

paquete *s.m.* paquebot.
paquiderme *s.m.* pachyderme.
paquistanense *adj.*; *s.pátr.* pakistanais.
Paquistão *s.m.* Pakistan.
par[1] *s.m.* **1.** couple, ménage; **2.** (*na dança*) cavalier; **3.** paire *f.*; **4.** (*Hist.*) membre de la Chambre Haute; **5.** égal; *s.f.* (*na dança*) dame; **6.** *pôr a* — mettre au fait, mettre au courant.
par[2] *adj.* pair.
para *prep.* pour; à la intention de; — *com loc.prep.* envers, à l'égard de, à l'endroit de; vis à vis.
parabéns *s.m.pl.* félicitations *f.*
parábola *s.f.* parabole.
parabólico *adj.* parabolique.
paraboloide *s.m.* paraboloïde.
para-brisa *s.m.* pare-brise.
para-choque *s.m.* pare-choc, tampon; butoir.
parada *s.f.* **1.** arrêt *m.*; interruption; **2.** station; **3.** (*desfile militar*) parade; revue; **4.** (*quantia que se aposta no jogo*) enjeu; **5.** (*empresa difícil*) gageure.
paradeiro *s.m.* arrêt, demeure *f.*; *pôr um — a* mettre le halo à.
paradigma *s.m.* paradigme.
paradisíaco *adj.* paradisiaque.
parado *adj.* inerte.
parador *adj.* (*trem*) omnibus.
paradoxal *adj.* paradoxal.
paradoxo *s.m.* paradoxe.
parafina *s.f.* paraffine.
paráfrase *s.f.* paraphrase.
parafrasear *v.t.* paraphraser.
parafusar *v.t.* visser.
parafuso *s.m.* vis.
parágrafo *s.m.* paragraphe; *abrir —* mettre à la ligne.
Paraguai *s.m.* Paraguay.
paraguaio *adj.*; *s.pátr.* paraguayen.
paraíso *s.m.* paradis.
para-lama *s.m.* garde-boue.
paralela *s.f.* parallèle.
paralelepípedo *s.m.* parallelépipède; pavé.
paralelismo *s.m.* parallélisme.
paralelo *adj.*; *s.m.* parallèle.
paralelogramo *s.m.* parallélogramme.
paralisar *v.t.* paralyser.
paralisia *s.f.* paralysie.
paralítico *adj.*; *s.* paralytique.
paramento *s.m.* ornement; *pl.* ornements sacerdotaux.
paramilitar *adj.* paramilitaire.

paraninfar *v.t.* patronner.
paraninfo *s.m.* (*aprox.*) patron, protecteur.
paranoia *s.f.* paranoïa.
paranoico *adj.* paranoïque.
parapeito *s.m.* garde-fou.
paraplegia *s.f.* paraplégie.
paraplégico *adj.* paraplégique.
parapsicologia *s.f.* parapsychologie.
parapsicológico *adj.* parapsychologique.
paraquedas *s.m.* parachute; *lançar de —* parachuter.
paraquedismo *s.m.* parachutisme.
paraquedista *s.m.* parachutiste; (*fam.*) para.
parar *v.int.* s'arrêter; (*bruscamente*) s'arrêter pile; *v.t.* arrêter; *ir — à* échouer; *mandar —* stopper.
para-raios *s.m.* paratonnerre.
parasitar *v.t.* parasiter.
parasitário *adj.* parasitaire.
parasitismo *s.m.* parasitisme.
parasito *adj.*; *s.m.* parasite; écornifleur, pique-assiette.
para-sol *s.m.* parasol.
para-vento *s.m.* paravent.
parceira *s.f.* partenaire.
parceiro *s.m.* partenaire.
parcela *s.f.* parcelle.
parcelar *v.t.* diviser en parcelles, parcelliser.
parceria *s.f.* société; *de —* de société.
parcial *adj.* **1.** (*não integral*) partiel; **2.** (*favorável a uma das partes*) partial.
parcialidade *s.f.* partialité.
parcimônia *s.f.* parcimonie.
parcimonioso *adj.* parcimonieux.
parco *adj.* parcimonieux; frugal.
pardal *s.m.* moineau; pierrot; (*pop.*) piaf.
pardieiro *s.m.* taudis; galetas.
pardo *adj.* brun.
parecer[1] *v.int.* paraître, sembler, avoir l'air de; *v.pron.* se ressembler; *— com* tenir de; (*cor*) tirer sur.
parecer[2] *s.m.* consultation *f.*, opinion *f.*, avis.
parecido *adj.* semblable, pareil.
paredão *s.m.* gros mur.
parede *s.f.* mur *m.*; paroi.
paredro *s.m.* dirigeant de club sportif.
paregórico *adj.* parégorique.
parelha *s.f.* couple *m.*
parelho *adj.* pareil, semblable.
parental *adj.* parental.
parente *s.m.* parent; *f.* parente.

parentela *s.f.* parenté.
parentesco *s.m.* parenté *f.*
parêntese *s.m.* parenthèse *f.*
páreo *s.m.* course.
pária *s.m.* paria.
pariato *s.m.* pariat.
paridade *s.f.* parité.
parietária *s.f.* (*planta*) pariétaire.
parir *v.t.*; *int.* accoucher de; (*animal*) mettre bas; (*vaca*) vêler.
Paris *s.m.* Paris; (*gír.*) Paname.
parisiense *adj.*; *s.pátr.* parisien.
parlamentar[1] *adj.*; *s.m.* parlementaire.
parlamentar[2] *v.int.* parlementer.
parlamentarismo *s.m.* parlementarisme.
parlamento *s.m.* parlement.
parlapatão *s.m.* esbroufeur.
parlatório *s.m.* 1. parloir; 2. palabres *pl.*
parmesão *s.m.* parmesan.
pároco *s.m.* curé.
paródia *s.f.* parodie.
parodiar *v.t.* parodier.
paróquia *s.f.* paroisse.
paroquiano *adj.*; *s.* paroissien.
paroxismo *s.m.* paroxysme.
paroxítono *adj.* paroxyton.
parque *s.m.* 1. parc; 2. — *de artilharia* parc d'artillerie; — *industrial* parc industriel; 3. — *nacional* parc national.
parqueamento *s.m.* stationnement, parking.
parquear *v.t.* parquer.
parra *s.f.* feuille de vigne.
parreira *s.f.* treille, vigne.
parrudo *adj.* musclé, trapu.
parte *s.f.* 1. partie; 2. endroit *m.*, *em* — *nenhuma* nulle part; *em toda* — partout; 3. part; *da* — *de quem?* de la part de qui?; 4. rôle, attribution; 5. partie, plaideur *m.*; 6. communication; dénonciation; *dar* — *de* dénoncer; 7. *pl.* parties; *—s pudendas* parties honteuses; 8. *à* — à l'écart, séparément; *fazer* — *de* faire partie de; *ter* — *com* agir de concert avec; *tomar* — *em* participer à.
parteira *s.f.* sage-femme; accoucheuse.
parteiro *s.m.* accoucheur.
partejar *v.t.* accoucher.
participação *s.f.* 1. participation; — *nos lucros* intéressement; 2. (*de casamento, nascimento ou morte*) faire-part *m.*
participante *adj.*; *s.* participant.
participar *v.int.* — *em* participer à, prendre part à.

particípio *s.m.* participe.
partícula *s.f.* particule.
particular *adj.*; *s.* particulier; privé.
particularidade *s.f.* particularité.
particularismo *s.m.* particularisme.
particularizar *v.t.* particulariser.
partida[1] *s.f.* départ; *dar* — *a* démarrer; *de* — *marcada* en partance.
partida[2] *s.f.* partie.
partidário *adj.*; *s.m.* partisan, zélateur.
partido *s.m.* 1. parti, décision *f.*; 2. parti, personne à marier; 3. (*agremiação política*) parti.
partilha *s.f.* partage *m.*
partilhar *v.t.* partager; — *a opinião de* abonder dans le sens de.
partir[1] *v.int.* partir; — *às pressas* plier bagage; *a* — *de loc.adv.* à partir de.
partir[2] *v.t.* séparer, rompre, répartir.
partitivo *adj.* partitif.
partitura *s.f.* partiture.
parto *s.m.* accouchement, enfantement, couches *f.pl.*, délivrance *f.*; parturition *f.*; (*de animal*) mise *f.* bas.
parturiente *s.f.* parturiente.
parvo *adj.* niais, béat.
parvoíce *s.f.* niaiserie, fadaise.
Pasárgada *s.f.* (*fig.*; *aprox.*) pays de cocagne.
pascal *adj.* pascal.
Páscoa *s.f.* (*dos cristãos*) Pâques *pl.*; (*dos judeus*) Pâque; *Ilha de* — Île de Pâques.
pasmaceira *s.f.* apathie.
pasmado *adj.* pantois.
pasmar *v.t.* épater, ébahir; *v.int.* s'étonner.
pasmo[1] *s.m.* ahurissement, ébahissement, émerveillement.
pasmo[2] *adj.* ahuri, ébahi, émerveillé, éberlué; *estou* — je n'en reviens pas.
paspalhão *s.m.* nigaud; jocrisse.
paspalhona *s.f.* pécore.
pasquim *s.m.* 1. pasquin; 2. (*depr.*) torchon.
passa *s.f.* fruit *m.* sec.
passadeira[1] *s.f.* tapis de couloir.
passadeira[2] *s.f.* repasseuse.
passadiço *s.m.* passerelle *f.*
passadio *s.m.* alimentation journalière; ordinaire.
passadismo *s.m.* passéisme.
passadista *adj.*; *s.* passéiste.
passado *adj.*; *s.m.* passé; révolu.
passador *s.m.* passeur.
passageiro *adj.*; *s.* passager.

passagem *s.f.* **1.** passage *m.*; — *a vapor* pressing *m.*; — *de nível* passage à niveau; *diga-se de* — soit dit en passant; **2.** billet *m.*, ticket *m.*
passamanaria *s.f.* passementerie.
passamanes *s.m.pl.* passements.
passamento *s.m.* décès, trépas.
passaporte *s.m.* passe.
passar *v.int.* passer; — *a limpo* recopier, mettre au net; (*de saúde*) aller; (*em exame*) être reçu; *deixar* — repêcher; — *desta para melhor* (*fam.*) passer l'arme à gauche, passer de vie à trépas; — *em grande velocidade* brûler le pavé; — *por* faire figure de; — *por um mau momento* passer un mauvais quart d'heure; *v.t.* passer; — (*moeda falsa*) refiler; *v.pron.* se passer.
passarada *s.f.* vol *m.* d'oiseaux.
passarela *s.f.* passarelle.
passarinheiro *s.m.* oiselier.
passarinho *s.m.* oiselet, oisillon.
pássaro *s.m.* oiseau.
passatempo *s.m.* passetemps.
passável *adj.* passable.
passavelmente *adv.* passablement, pas mal.
passe *s.f.* **1.** autorisation; — *de jogador de futebol* autorisation de passer à un autre club; **2.** billet *m.* de faveur; carte de faveur; coupe-file; **3.** (*Fut.*) passe.
passeador *s.m.* promeneur, flâneur.
passeadora *s.f.* promeneuse, flâneuse.
passear *v.t.* promener; *v.int.* se promener; (*fam.*) balader.
passeata *s.f.* défilé *m.*, manifestation publique; (*de estudantes*) (*aprox.*) monôme *m.*
passeio *s.m.* **1.** promenade *f.*; (*ocioso*) flânerie *f.*; (*longo*) randonnée *f.*; (*pop.*) balade; (*gír.*) vadrouille; *dar um* — faire une promenade, faire un tour; **2.** trottoir; — *público* mail; (*ao longo de um rio*) quai.
passional *adj.* passionnel.
passível *adj.* passible.
passividade *s.f.* passivité.
passivo *adj.*; *s.m.* passif.
passo[1] *s.m.* **1.** pas; **2.** passage, morceau; *a cada* — à tout bout de champ; *ao* — *que loc.conj.* alors que, tandis que; *dar os primeiros* —*s* faire des avances; *marcar* — piétiner; ne pas avancer d'une semelle.
passo[2] *s.m.* défilé.
pasta[1] *s.f.* **1.** (*de couro*) serviette, porte-documents *m.*, cartable *m.*; **2.** (*de ministro*) porte-feuille *m.*; **3.** (*para documentos*) chemise.
pasta[2] *s.f.* pâte, pâté *m.*
pastagem *s.f.* pâturage *m.*; herbage *m.*
pastar *v.t.* brouter, paître, repaître, régler.
pastel[1] *s.m.* (*pintura*) pastel.
pastel[2] *s.m.* (*comida*) tourte.
pastelaria *s.f.* (*aprox.*) rôtisserie, pâtisserie.
pasteleiro *s.f.* (*aprox.*) rôtisseur.
pastelista *s.m.* pastelliste.
pasteurização *s.f.* pasteurisation.
pasteurizar *v.t.* pasteuriser.
pastichar *v.t.* pasticher.
pasticho *s.m.* pastiche.
pastilha *s.f.* pastille.
pasto *s.m.* **1.** pâturage; **2.** (*fig.*) pâture *f.*
pastor *s.m.* **1.** (*pegureiro*) berger; (*lit.*) pasteur, pâtre; **2.** (*sacerdote protestante*) pasteur.
pastora *s.f.* bergère.
pastoral *adj.* pastoral; *s.f.* **1.** pastorale; **2.** églogue, idylle.
pastorear *v.int.* mener paître; guider.
pastoreio *s.m.* vie ou profession du berger.
pastoril *adj.* pastoral; de berger.
pastoso *adj.* pâteux; (*voz*) gras.
pata[1] *s.f.* patte.
pata[2] *s.f.* (*fêmea do pato*) cane.
patada *s.f.* coup *m.* de patte; ruade.
patamar *s.m.* palier.
patavina *pron.* (*fam.*) rien; *não compreender* — ne rien piger.
patê *s.m.* pâté; — *de fígado* foie gras.
patear *v.int.* piaffer.
patena *s.f.* patène.
patente[1] *adj.* patent.
patente[2] *s.f.* **1.** (*alvará*) patente; **2.** (*de invenção*) brevet *m.*; **3.** (*posto militar*) grade *m.*
patentear *v.t.* **1.** manifester; **2.** breveter.
paternal *adj.* paternel.
paternalismo *s.m.* paternalisme.
paternalista *s.* paternaliste.
paternidade *s.f.* paternité.
paterno *adj.* paternel.
pateta *adj.*; *s.* jobard, gourde, nigaud.
patetice *s.f.* jobarderie.
patético *adj.* pathétique.
patibular *adj.* patibulaire.
patíbulo *s.m.* gibet.
patifaria *s.f.* scélératesse.

patife *s.m.* gredin, vaurien; coquin.
patim *s.m.* patin; — *de rodas* patin à roulettes.
pátina *s.f.* patine.
patinação *s.f.* patinage *m.*
patinador *s.m.* patineur.
patinar *v.int.* patiner.
patinete *s.m.* patinette, trottinette *f.*
patinhar *v.int.* barbotter.
patinho *s.m.* caneton.
pátio *s.m.* cour *f.*; (*coberto, de escola*) préau.
pato *s.m.* canard; (*fig.*; *vítima de um logro*) pigeon.
patoá *s.m.* patois; algaravia *f.*
patologia *s.f.* pathologie.
patológico *adj.* pathologique.
patologista *s.* pathologiste.
patota *s.f.* clique, coterie.
patranha *s.f.* bourde.
patrão *s.m.* maître; patron; (*fam.*) monsieur.
pátria *s.f.* patrie.
patriarca *s.m.* patriarche.
patriarcado *s.m.* patriarcat.
patriarcal *adj.* patriarcal.
patrício *s.m.* 1. patricien; 2. compatriote.
patrimonial *adj.* patrimonial.
patrimônio *s.m.* patrimoine.
pátrio *adj.* 1. de la patrie, du pays; 2. paternel.
patriota *s.* patriote.
patrioteiro *adj.* patriotard, chauvin.
patriótico *adj.* patriotique.
patriotismo *s.m.* patriotisme.
patroa *s.f.* 1. patronne, maîtresse; 2. (*pop.*) légitime; *a minha* — ma bourgeoise.
patrocinador *s.m.* patron.
patrocinadora *s.f.* patronnesse.
patrocinar *v.t.* patronner.
patrocínio *s.m.* patronage.
patrona *s.f.* giberne.
patronal *adj.* patronal.
patronato *s.m.* 1. patronnat; 2. ensemble des chefs d'entreprise.
patronímico *s.m.* patronyme.
patrono *s.m.* patron, protecteur.
patrulha *s.f.* patrouille.
patrulhar *v.t.* patrouiller.
patrulheiro *s.m.* patrouilleur.
patuá *s.m.* scapulaire.
patuscada *s.f.* noce, bombance, gueleton *m.*
patuscar *v.int.* rigoler, faire la noce.
patusco *adj.* fêtard, rigoleur.
pau *s.m.* 1. bois; bâton; — *de dois bicos* arme à deux tranchants; — *que nasce torto não endireita* la caque sent toujours le hareng; *a meio* — en berne; *meter o — em esquinter*; *vou lhe mostrar com quantos —s se faz uma canoa* il verra de quel bois je me chauffe; 2. (*esc., fam.*) recalage; *levar* — être recalé; *adj.* (*fam.*) o mesmo que *maçante*.
pau-brasil *s.m.* brésil.
pau de arara *s.m.* 1. juchoir; 2. camion transportant des voyageurs debout; 3. voyageur debout transporté en camion.
pau de sebo *s.m.* mât de cocagne.
paul *s.m.* marécage.
paulada *s.f.* bastonnade.
paulatino *adj.* lent, graduel.
paulificar *v.t.* embêter.
paulista *adj.*; *s.pátr.* (habitant) de l'État de São Paulo.
paulistano *adj.*; *s.pátr.* (habitant) de la ville de São Paulo.
pauperismo *s.m.* paupérisme.
paupérrimo *adj.* très pauvre.
paus *s.m.pl.* (*naipe de cartas*) trèfle.
pausa *s.f.* pause.
pausado *adj.* lent, cadencé.
pauta *s.f.* 1. (*conjunto de linhas no papel*) réglage; 2. (*folha com linhas paralelas nitidamente impressas*) transparent *m.*; 3. (*musical*) portée.
pautação *s.f.* réglage *m.*
pautado *adj.* réglé.
pautar *v.t.* régler; ligner.
pavana *s.f.* pavane.
pavão *s.m.* paon.
paveia *s.f.* gerbe.
pávido *adj.* effrayé.
pavilhão *s.m.* 1. pavillon, kiosque; 2. pavillon, drapeau.
pavimentação *s.f.* pavage.
pavimentado *adj.* pavé.
pavimentar *v.t.* paver.
pavimento *s.m.* pavé.
pavio *s.m.* mèche *f.*
pavonear *v.int.*; *pron.* se pavaner, parader, plastonner.
pavor *s.m.* épouvante *f.*, frayeur *f.*, effroi, (*fam.*) peur *f.*, bleue.
pavoroso *adj.* épouvantable.
paxá *s.m.* pacha.
paz *s.f.* paix; *deixe-me em* — (*fam.*) fichez-moi la paix; (*vulg.*) foutez-moi la paix; *viver em boa* — *com* vivre en bonne intelligence avec.

pazada *s.f.* pelletée.
pé *s.m.* pied; (*pop.*) pinceau, ripaton; — *ante* — à pas de loup; — *torto* pied bot; *andar a* — marcher à pied; *ao* — *da letra* au pied de la lettre, à la lettre; *ao* — *do ouvido* de bouche à oreille; *bater os* —*s* piétiner; *dar no* — (*fam.*) s'enfuir; *com um* — *nas costas* haut la main; *de* — debout; à pied; *do* — *para a mão* tout à coup; *em* — *de guerra* sur le pied de guerre; *meter os* —*s pelas mãos* mettre les pieds dans le plat; *não chegar aos* —*s de* ne pas arriver à la cheville de; *não larga do meu* — une tient sous ses vagles; *não se aguentar em* — ne pas se tenir sur ses jambes; *num* — *só* à cloche-pied; *sem* — *nem cabeça* sans queue ni tête; *tirar o* — *da lama* améliorer sa situation.
peanha *s.f.* piédouche *m.*
peão *s.m.* **1.** piéton; **2.** péon; **3.** (*peça de xadrez*) pion.
pear *v.t.* entraver.
peça *s.f.* **1.** pièce, rouage *m.*; morceau *m.*; **2.** pièce, unité; **3.** pièce, chambre; **4.** pièce, accessoire *m.*; **5.** pièce (*d'artillerie*), canon; **6.** pièce (*de théâtre*); **7.** (*logro, embuste*) tour *m.*, niche *f.*; entourloupette; *pregar uma* — *em* jouer un tour à, monter un bateau à, mener en bateau.
pecadilho *s.m.* peccadille *f.*, incartade *f.*
pecado *s.m.* péché.
pecador *adj.*; *s.m.* pécheur.
pecadora *adj.*; *s.f.* pécheresse.
pecaminoso *adj.* coupable.
pecar *v.int.* pécher.
pecha *s.f.* défaut *m.*, imperfection.
pechincha *s.f.* aubaine.
pechinchar *v.int.* **1.** obtenir à l'improviste; **2.** marchander; **3.** acheter bon marché.
pecíolo *s.m.* pétiole.
peçonha *s.f.* poison.
peçonhento *adj.* venimeux.
pecuária *s.f.* élevage *m.*
peculato *s.m.* péculat.
peculiar *adj.* particulier, propre.
peculiaridade *s.f.* particularité.
pecúlio *s.m.* pécule.
pecúnia *s.f.* argent *m.*
pecuniário *adj.* pécuniaire.
pedaço *s.m.* morceau, pièce *f.*; bout; — *d'asno* espèce *f.* d'idiot; — *de terra* lopin.
pedágio *s.m.* péage.
pedagogia *s.f.* pédagogie.
pedagógico *adj.* pédagogique.

pedagogo *s.m.* pédagogue.
pé d'água *s.m.* rincée *f.*
pedal *s.m.* pédale *f.*; — *de acelerador* champignon; — *de tear* marche *f.*
pedalar *v.t.* pédaler.
pedaleiro *s.m.* pédalier.
pedalinho *s.m.* pédalo.
pedantesco *adj.* pédantesque.
pedantismo *s.m.* pédantisme, pédanterie *f.*
pé de atleta *s.m.* mycose *f.*
pé de boi *s.m.* bourreau de travail.
pé de cabra *s.m.* (pince) monseigneur.
pé de galinha *s.f.* patte-d'oie.
pé-de-meia *s.m.* bas de laine, magot; *fazer o seu* — faire son magot.
pederasta *adj.*; *s.m.* pédéraste; — *passivo* tante, tapette; (*pop.*) pédé.
pederastia *s.f.* pédérastie.
pederneira *s.f.* silex *m.*
pedestal *s.m.* piédestal.
pedestre *adj.*; *s.* pédestre, piéton.
pé de vento *s.m.* tourbillon.
pediatra *s.* pédiatre.
pediatria *s.f.* pédiatrie.
pedicuro *s.m.* pédicure.
pedido *s.m.* prière *f.*, demande *f.*; *a* — sur demande.
pedinchão *s.m.* quémandeur.
pedinchar *v.t.* quémander.
pedinte *s.m.* quêteur; *s.f.* quêteuse.
pedir *v.t.* demander, prier; — *emprestado* emprunter; *pede-se não fumar* prière de ne pas fumer.
pedra *s.f.* **1.** pierre; — *de construção* moellon *m.*; — *de toque* pierre de touche; — *filosofal* pierre philosophale; *receber com quatro* —*s na mão* recevoir comme un chien dans un jeu de quilles; **2.** (*de tabuleiro*) pièce *f.*; **3.** (*quadro-negro*) tableau noir.
pedrada *s.f.* jet *m.* de pierre.
pedra-pomes *s.f.* pierre ponce.
pedrarias *s.f.pl.* pierreries.
pedra-sabão *s.m.* stéatite *f.*
pedregoso *adj.* pierreux, rocailleux, caillouteux.
pedregulho *s.m.* pierraille *f.*
pedreira *s.f.* carrière.
pedreiro *s.m.* maçon.
pedreiro-livre *s.m.* franc-maçon.
pedrês *adj.* tacheté de blanc et noir.
pedúnculo *s.m.* pédoncule.
pé-frio *s.m.* malchanceux, guignard.
pega[1] *s.f.* (*ave*) pie.

pega² *s.f.* dispute, accrochage *m*.
pegada *s.f.* trace, pas *m*.; foulée.
pegadinho *adj.* tout contre.
pegado *adj.* contigu, voisin, collé, joint.
pegador *s.m.* (*brinquedo infantil*) chat perché.
pegajoso *adj.* visqueux, poisseux.
pega-ladrão *s.m.* antivol.
pega-pega *s.m.* querelle *f.*, bagarre *f.*, rififi.
pegar *v.t.* **1.** coller; **2.** prendre, saisir; piquer, cueillir; (*ladrão*) paumer; — *de novo* reprendre; *não me pegarão mais* on ne m'y prendra plus; **3.** (*compreender*) piger; **4.** (*doença*) attraper; **5.** (*doença*) transmettre; **6.** (*alcançar*) prendre, atteindre; *v.int.* **1.** prendre, coller; **2.** (*planta*) prendre, pousser des racines; **3.** (*fogo*) prendre, éclater; **4.** (*vacina*) prendre, faire son effet; **5.** (*dirigir-se de um lado*) prendre à.
pega-rapaz *s.m.* accroche-cœur.
pego¹ *s.m.* abîme.
pego² *adj.* pris.
pegureiro *s.m.* berger.
peidar *v.int.* péter; pétarader.
peido *s.m.* pet.
peita *s.f.* subornation.
peitar *v.t.* suborner, soudoyer.
peitilho *s.m.* devant de chemise; plastron.
peito *s.m.* poitrine *f.*, sein; (*fam.*) coffre; (*fig.*) *meter os —s* mettre le paquet; *tomar a —* prendre à tache.
peitoral *adj.* pectoral; *s.m.* portrait.
peitoril *s.m.* appui de croisée; accoudoir.
peixada *s.f.* plat *m*. de poisson, espèce de bouillabaisse.
peixão *s.m.* belle grande fille *f.*; femme plantureuse *f.*
peixaria *s.f.* poissonnerie.
peixe *s.m.* poisson; — *fresco* marée *f.*; — *miúdo* fretin; — *-piolho* rémora; *estar como — n'água* être comme un coq en pâte; *filho de — peixinho é* bon chien chasse de race.
peixe-boi *s.m.* lamantin.
peixe-elétrico *s.m.* poisson électrique.
peixe-espada *s.m.* espadon.
peixeira *s.f.* **1.** poissonnière; **2.** coutelas *m*.
peixeiro *s.m.* poissonnier.
peixe-serra *s.m.* poisson scie.
pejar *v.t.* **1.** remplir, charger; **2.** empêcher; **3.** faire rougir; *v.int.* devenir enceinte; *v.pron.* avoir honte.

pejo *s.m.* pudeur *f.*
pejorativo *adj.* péjoratif.
pela¹ *contração de por* + *a:* par la.
pela² *s.f.* paume.
pelada *s.f.* (*aprox.*) match de football amical.
pelado *adj.* pelé; (*fam.*) nu, à poil.
pelágico *adj.* pélagique.
pelagra *s.f.* pellagre.
pelame *s.m.* pelage, robe *f.*
pelanca *s.f.* **1.** peau flasque; **2.** viande maigre et ratatinée.
pelar *v.t.* peler; *pron.* (*fam.*) — *por* aimer beaucoup, être fou de.
pele *s.f.* **1.** peau; *ter a — arrepiada* avoir la chair de poule; **2.** fourrure, pelisse.
pelega *s.f.* liasse.
pelego *s.m.* **1.** peau de mouton avec la laine; **2.** (*gír.*) dirigeant de syndicat qui est un agent camouflé du gouvernement; mercenaire.
peleiro *s.m.* fourreur.
peleja *s.f.* bataille, lutte.
pelejar *v.t.* lutter; s'efforcer, insister.
pelerine *s.f.* pélérine.
peleteria *s.f.* peausserie, pelleterie.
pelica *s.f.* chevrotin *m*.
peliça *s.f.* pelisse, fourrure.
pelicano *s.m.* pélican.
película *s.f.* **1.** pellicule; **2.** pellicule, film *m*.
pelintra *adj.*; *s.* **1.** dégeunillé, loqueteux; **2.** gommeux, petit-maître.
pelo¹ *contração de por* + *o:* par le.
pelo² *s.m.* poil; *em —* à poil.
pelota *s.f.* pelote; — *basca* pelote basque.
pelotão *s.m.* peloton.
pelótica *s.f.* jonglerie; *fazer —s* jongler.
pelotiqueiro *s.m.* prestidigitateur, jongleur; (*fig.*) tricheur.
pelourinho *s.m.* pilori.
pelúcia *s.f.* peluche.
peludo *adj.* poilu.
pelve *s.f.* pelvis *m*.
pena¹ *s.f.* plume.
pena² *s.f.* **1.** peine; **2.** pitié; *dar —* faire pitié; *ter — de* plaindre; *é —!* c'est dommage.
penacho *s.m.* panache; plumet.
penada *s.f.* trait *m*. de plume.
penal *adj.* pénal.
penalidade *s.f.* pénalité.
penalizar *v.t.* chagriner.
pênalti *s.m.* coup franc; penalty.
penar *v.int.* souffrir.

penates *s.m.pl.* pénates.
penca *s.f.* **1.** régime *m.* (de bananes); **2.** (*fig.*) tas.
pendão *s.m.* étendard.
pendência *s.f.* querelle, litige *m.*
pendente *adj.* pendant; (*braço, orelha*) ballant.
pender *v.int.* pendre, pencher.
pendor *s.m.* penchant.
pêndula *s.f.* pendule.
pêndulo *s.m.* pendule.
pendura *s.f.* **1.** calote; (*em restaurante*) grivèlerie; **2.** mouise.
pendurar *v.t.* pendre, suspendre.
penduricalho *s.m.* pendeloque *f.*
penedo *s.m.* rocher, grosse pierre *f.*
peneira *s.f.* sas *m.*, crible *m.*, tamis *m.*
peneiração *s.f.* tamisage.
peneirar *v.t.* sasser, cribler, tamiser.
penetra *s.m.* resquilleur; *s.f.* resquilleuse.
penetração *s.f.* pénétration.
penetrante *adj.* pénétrant.
penetrar *v.t.* pénétrer; percer; *v.pron.* s'enfoncer, se glisser.
penha *s.f.* roc *m.*
penhoar *s.m.* peignoir.
penhor *s.m.* gage.
penhora *s.f.* saisie, mainmise.
penhorado *adj.* **1.** saisi; **2.** reconnaissant.
penhorar *v.t.* saisir.
penhorável *adj.* saisissable.
penicilina *s.f.* pénicilline.
penico *s.m.* pot de chambre, vase de nuit; (*pop.*) jules.
península *s.f.* presqu'île; (*grande*) péninsule.
peninsular *adj.* péninsulaire.
pênis *s.m.* pénis, verge *f.*
penitência *s.f.* pénitence.
penitenciar-se *v.pron.* se repentir.
penitenciária *s.f.* pénitencier.
penitente *adj.*; *s.* pénitent.
penoso *adj.* pénible.
pensador *s.m.* penseur.
pensamento *s.m.* pensée *f.*; — *de soleira* esprit de l'escalier; — *reservado* arrière--pensée *f.*
pensante *adj.* pensant.
pensão *s.f.* **1.** (*aposentadoria*) pension; **2.** (*hotel familiar*) pension.
pensar[1] *v.t.* e *int.* penser; — *duas vezes* regarder à deux fois; — *em songer* à; *nem — em* n'avoir garde de; *nem pensava mais nisso* je n'y pensais même plus.

pensar[2] *v.t.* panser.
pensativo *adj.* pensif.
pensionar *v.t.* pensionner.
pensionato *s.m.* pensionnat, internat.
pensionista *adj.*; *s.* **1.** (*aposentado*) retraité; **2.** (*morador de uma pensão*) pensionnaire.
penso *s.m.* pansement.
pentágono *s.m.* pentagone.
pente *s.m.* peigne.
penteadeira *s.f.* coiffeuse, toilette.
penteado *s.m.* coiffure *f.*
penteador *s.m.* peignoir; liseuse *f.*
pentear *v.t.* peigner, coiffer.
Pentecostes *s.m.* Pentecôte *f.*
penugem *s.f.* duvet *m.*
penúltimo *adj.* pénultième, avant-dernier.
penumbra *s.f.* pénombre.
penúria *s.f.* pénurie.
peônia *s.f.* pivoine.
pepineiro *s.m.* concombre.
pepino *s.m.* concombre.
pepita *s.f.* pépite.
pequena *s.f.* **1.** jeune fille; **2.** amoureuse.
pequenez *s.f.* petitesse.
pequenino *adj.* très petit; *s.m.* enfant.
pequeno *adj.* petit; mince.
pequeno-burguês *adj.*; *s.m.* petit-bourgeois.
pequeno-burguesa *adj.*; *s.f.* petite-bourgeoise.
pequerrucho *s.m.* enfant.
Pequim *s.m.* Pékin.
pequinês *adj.*; *s.pátr.* pékinois.
pera[1] *s.f.* poire.
pera[2] *s.f.* barbiche.
peralta *adj.*; *s.* espiègle.
peraltice *s.f.* espièglerie.
perambular *v.t.* baguenauder, battre le pavé.
perante *prep.* par-devant.
pé-rapado *s.m.* gueux, va-nu-pieds.
perau *s.m.* talus, berge *f.* en pente.
perca *s.f.* (*peixe*) perche.
percal *s.m.* percale *f.*
percalço *s.m.* contretemps, inconvénient.
percalina *s.f.* percaline.
perceber *v.t.* **1.** percevoir, apercevoir, sentir; **2.** percevoir, recevoir.
percebível *adj.* perceptible.
percentagem *s.f.* pourcentage *m.*, tantième.
percepção *s.f.* perception.
perceptibilidade *s.f.* perceptibilité.
perceptível *adj.* perceptible; *tornar-se —* se faire sentir.

percevejo *s.m.* 1. (*inseto*) punaise *f.*; 2. (*preguinho*) punaise *f.*
percherão *s.m.* percheron.
percorrer *v.t.* parcourir; — *a passos largos* arpenter.
percuciente *adj.* percutant.
percurso *s.m.* parcours, trajet.
percussor *s.m.* percuteur.
percussão *s.f.* percussion.
percutir *v.t.* percuter.
perda *s.f.* perte; — *total* perte sèche; (*de trono, de um direito*) déchéance.
perdão *s.m.* pardon; *com — da má palavra* révérence parler.
perdedor *adj.*; *s.* perdant.
perder *v.t.* e *int.* 1. perdre; 2. arruiner; *v.pron.* se perdre.
perdição *s.f.* perdition.
perdido *adj.* 1. perdu; 2. éperdu; 3. pervers.
perdigão *s.m.* perdrix.
perdigoto[1] *s.m.* (*filhote de perdiz*) perdreau.
perdigoto[2] *s.m.* (*salpico de saliva*) postillon.
perdiz *s.f.* perdrix.
perdoar *v.t.* pardonner; *v.int.* pardonner, passer l'éponge; *não — a tenir rigueur à*.
perdulário *adj.* gaspilleur, prodigue.
perdurar *v.int.* durer longtemps.
pereba *s.f.* abcès *m.*
perecer *v.int.* périr.
perecível *adj.* périssable.
peregrinação *s.f.* pérégrination.
peregrino *adj.*; *s.* pèlerin; *adj.* rare, exceptionnel.
pereira *s.f.* poirier *m.*
perempção *s.f.* péremption.
peremptório *adj.* péremptoire.
perene *adj.* éternel.
perenidade *s.f.* pérennité.
perereca *s.f.* rainette.
perfazer *v.t.* parfaire.
perfectibilidade *s.f.* perfectibilité.
perfectível *adj.* perfectible.
perfeição *s.f.* perfection.
perfeito *adj.* parfait, accompli; *s.m.* parfait.
perfídia *s.f.* perfidie, fourberie, noirceur.
pérfido *adj.* perfide.
perfil *s.m.* profil; silhouette.
perfilar *v.t.* aligner.
perfilhar *v.t.* légitimer.
perfumar *v.t.* parfumer.
perfumaria *s.f.* parfumerie.
perfume *s.m.* parfum; (*de vinho*) bouquet.
perfumista *s.m.* parfumeur.
perfunctório *adj.* routinier, superficiel.
perfuração *s.f.* perforation, forage *m.*, percement *m.*
perfurador *s.f.* foreur.
perfuradora *s.f.* perceuse; foreuse.
perfurar *v.t.* perforer, forer; percer.
perfuratriz *s.f.* perforatrice.
perfusão *s.f.* perfusion.
pergaminho *s.m.* parchemin.
pergunta *s.f.* demande, question, interrogation; — *de algibeira* colle.
perguntar *v.t.* demander, questionner, interroger.
pericárdio *s.m.* (*Anat.*) péricarde.
pericarpo *s.m.* péricarpe.
perícia *s.f.* 1. habilité, maîtrise; 2. expertise.
periclitar *v.int.* péricliter.
periferia *s.f.* périphérie.
periférico *adj.* périphérique.
perífrase *s.f.* périphrase.
perigar *v.int.* péricliter.
perigo *s.m.* péril, danger.
perigoso *adj.* périlleux, dangereux.
períneo *s.m.* (*Anat.*) périnée.
periodicidade *s.f.* périodicité.
periódico *adj.*; *s.m.* périodique.
periodista *s.* journaliste.
período *s.m.* 1. (*espaço de tempo*) période *f.*; 2. (*frase*) période *f.*
periosteíte *s.f.* (*Anat.*) périostite.
periósteo *s.m.* périoste.
peripécia *s.f.* péripétie.
périplo *s.m.* périple.
periquito *s.m.* perruche *f.*
periscópio *s.m.* périscope.
peristilo *s.m.* péristyle.
perito *s.m.* expert.
peritônio *s.m.* (*Anat.*) péritoine.
perjurar *v.int.* se parjurer.
perjúrio *s.m.* parjure.
perjuro *adj.* parjure.
permanência *s.f.* permanence.
permanecer *v.int.* rester, demeurer, séjourner.
permanente *adj.* permanent; *s.f.* (*ondulação*) indéfrisable.
permanentemente *adv.* à demeure.
permeabilidade *s.f.* perméabilité.
permeável *adj.* perméable.
permeio *s.m.* *de* — au milieu, mitoyen.

permissão *s.f.* permission.
permissível *adj.* admissible.
permissivo *adj.* indulgent, tolérant.
permitido *adj.* permis, loisible.
permitir *v.t.* permettre, admettre.
permuta *s.f.* permutation.
permutação *s.f.* o mesmo que *permuta*.
permutar *v.t.* permuter.
permutável *adj.* permutable.
perna *s.f.* jambe; (*fam.*) patte, flûte; (*pop.*) quille; (*de letra*) jambage *m.*; —*s de pau* échasses; *com uma — às costas* par-dessus la jambe; *de —s para o ar* sens dessus dessous; *passar a — em* couper l'herbe sous les pieds de; *trocar —s* flaner.
pernada *s.f.* enjambée.
pernalta *adj.*; *s.f.* échassier *m.*
perneira *s.f.* jambière.
perneta *adj.*; *s.* unijambiste.
pernicioso *adj.* pernicieux.
pernil *s.m.* jambonneau.
pernilongo *s.m.* cousin, moustique.
peroba *s.f.* (*árvore*) péroba *m.*, aspidosperme.
pérola *s.f.* perle.
perônio (fíbula) *s.m.* (*Anat.*) péroné.
peroração *s.f.* péroraison.
perorar *v.int.* pérorer.
perpassar *v.int.* passer (au long de); effleurer.
perpendicular *adj.* perpendiculaire.
perpetração *s.f.* perpétration.
perpetrar *v.t.* perpétrer.
perpetuação *s.f.* perpétuation.
perpetuar *v.t.* perpétuer.
perpétuo *adj.* perpétuel.
perpianho *s.m.* parpaing.
perplexidade *s.f.* perplexité.
perplexo *adj.* perplexe.
perquirir *v.t.* e *int.* perquisitionner, enquêter.
perquisição *s.f.* perquisition.
perrengue *adj.* faible, inerte.
perro *adj.* déjeté, gauche; *ser — ne pas fonctionner à l'aise*.
persa *adj.*; *s.pátr.* persan.
perscrutar *v.t.* scruter.
perseguição *s.f.* persécution, poursuite; — *discreta* filature.
perseguidor *s.m.* persécuteur.
perseguir *v.t.* poursuivre; persécuter, talonner, *harceler; pourchasser; — *sem trégua* s'acharner sur.
perseverança *s.f.* persévérance.

perseverante *adj.* persévérant.
perseverar *v.int.* persévérer.
Pérsia *s.f.* Perse.
persiana *s.f.* persienne, volet *m.*
persignar-se *v.pron.* faire le signe de la croix.
persistência *s.f.* persistance.
persistente *adj.* persistant.
persistir *v. int.* persister.
personagem *s.f.* ou *m.* personnage *m.*
personalidade *s.f.* personnalité.
personalizar *v.t.* personnaliser.
personificação *s.f.* personnification.
personificar *v.t.* personnifier.
perspectiva *s.f.* perspective; échappée.
perspicácia *s.f.* perspicacité.
perspicaz *adj.* perspicace.
persuadir *v.t.* persuader.
persuasão *s.f.* persuasion.
persuasivo *adj.* persuasif.
pertença *s.f.* appartenance.
pertencer *v.int.* appartenir; être à; *este livro me pertence* ce livre m'appartient, est à moi.
pertences *s.m.pl.* effets.
pertinência *s.f.* pertinence.
pertinente *adj.* pertinent.
pertinentemente *adv.* pertinemment.
perto *adv.* près; — *das dez* sur les dix heures; *ficar — de* s'approcher de.
perturbação *s.f.* perturbation, désarroi *m.* trouble.
perturbado *adj.*; *s.m.* bouleversé; (*fam.*) tout chose.
perturbador *adj.*; *s.m.* perturbateur, troublant.
perturbadora *adj.*; *s.f.* perturbatrice.
perturbar *v.t.* perturber, troubler; travailler.
Peru *s.m.* Pérou.
peru *s.m.* dindon.
perua *s.f.* **1.** dinde; **2.** (*fig.*) fourgonnette.
peruano *adj.*; *s.pátr.* péruvien.
peruar *v.t.* e *int.* (*aprox.*) conseiller les joueurs quand on est spectateur.
peruca *s.f.* perruque.
perversão *s.f.* perversion.
perversidade *s.f.* perversité.
perverso *adj.* pervers.
perverter *v.t.* pervertir.
pervertido *adj.* o mesmo que *perverso*.
pervertidor *s.m.* pervertisseur.
pervinca *s.f.* pervenche.
pesa-cartas *s.m.* pèse-lettre.

pesadamente *adv.* pesamment.
pesadão *adj.* lourdaud; mastoc, pataud.
pesadelo *s.m.* cauchemar.
pesado *adj.* lourd, pesant; *tornar* — alourdir.
pesagem *s.f.* pesage *m.*; pesée.
pêsames *s.m.pl.* condoléances *f.pl.*
pesar[1] *v.t.* peser, balancer; (*moeda*) trébucher; *v.int.* peser; — *sobre* porter sur.
pesar[2] *s.m.* chagrin, affliction *f.*; regret.
pesaroso *adj.* contrit, repenti.
pesca *s.f.* pêche.
pescada *s.f.* (*peixe*) merlan.
pescador *s.m.* pêcheur.
pescar *v.t.* 1. pêcher; — *de caniço* pêcher à la ligne; 2. (*fig.*) comprendre, piger.
pescoção *s.m.* tape *f.* sur la nuque.
pescoço *s.m.* cou; (*de cavalo*) encolure *f.*
peso *s.m.* poids; pesanteur *f.*; *valer o seu* — *em ouro* valoir son pesant d'or; — *da embalagem* tare *f.*
pespegar *v.t.* flanquer.
pespontar *v.t.* piquer.
pesponto *s.m.* piquage.
pesqueiro *adj.* de pêche.
pesquisa *s.f.* recherche.
pesquisador *s.m.* chercheur.
pesquisadora *s.f.* chercheuse.
pesquisar *v.t.* rechercher; *v.int.* faire des recherches.
pessário *s.m.* pessaire.
pêssego *s.m.* pêche *f.*
pessegueiro *s.m.* pêcher.
pessimismo *s.m.* pessimisme.
pessimista *adj.*; *s.* pessimiste.
péssimo *adj.* très mauvais.
pessoa *s.f.* personne; *pl.* gens.
pessoal *adj.* personnel; *s.m.* 1. personnel; 2. (*fam.*) la famille, les copains.
pestana *s.f.* cil; *queimar as* —*s* potasser, piocher; *tirar uma* — roupiller.
pestanejar *v.int.* ciller, papilloter.
pestanejo *s.m.* papillotage.
peste *s.f.* peste; (*fig.*) peste, gale; *é uma* — c'est un poison.
pestífero *adj.* pestilentiel; *s.m.* pestifère.
pestilência *s.f.* pestilence.
pestilencial *adj.* pestilentiel.
pestilento *adj.* pestilentiel.
peta *s.f.* bourde.
pétala *s.f.* pétale.
petardo *s.m.* pétard.
peteca *s.f.* volant.
peteleco *s.m.* tape *f.* sur l'oreille.

petição *s.f.* pétition; *em* — *de miséria* dans un état affreux.
peticionário *s.m.* pétitionnaire.
petiscar *v.int.* goûter, déguster, savourer.
petisco *s.m.* friandise *f.*
petiz *s.m.* petit garçon.
petizada *s.f.* marmaille.
petrechos *s.m.pl.* attirail, équipement.
petrificar *v.t.* pétrifier.
petroleiro *adj.*; *s.m.* pétrolier.
petróleo *s.m.* pétrole.
petrolífero *adj.* pétrolifère.
petroquímica *s.f.* pétrochimie.
petulância *s.f.* pétulance.
petulante *adj.* pétulant.
petúnia *s.f.* pétunia *m.*
pevide *s.f.* pépin.
pexote *s.m.* personne *f.* maladroite au jeu, mazette *f.*
pez *s.m.* goudron, poix *f.*
pezinho *s.m.* péton.
pia *s.f.* 1. lavabo *m.*; 2. évier; 3. — *batismal* fonts baptismaux *m.pl.*; — *de água benta* bénitier.
piaçaba *s.f.* piassava *m.*
piada *s.f.* blague, plaisanterie; *dizer* —*s* blaguer.
piadista *s.m.* blagueur, diseur de bons mots.
pianista *s.* pianiste.
piano *s.m.* piano; — *de armário* piano droit; — *de cauda* piano à queue.
pianola *s.f.* mécanique.
pião *s.m.* toupie *f.*
piar *v.int.* piauler; chuinter (*coruja*).
piastra *s.f.* piastre.
pica *s.f.* pique; (*chulo*) verge.
picada *s.f.* piqûre.
picadeiro *s.m.* manège.
picadinho *s.m.* *hachis.
picado *adj.* *haché.
picador *s.m.* piqueur.
picanço *s.m.* pivert.
picante *adj.* piquant.
pica-pau *s.m.* pic.
picar *v.t.* 1. piquer; 2. déchiqueter, *hacher; 3. larder; 4. attaquer, poursuivre; 5. demanger; *v.pron.* 1. se piquer, se froisser; 2. se piquer, avoir la prétention.
picardia *s.f.* taquinerie, offense.
picaresco *adj.* picaresque.
picareta *s.f.* pic *m.* pioche.
pícaro *adj.* fourbe, fripon.
pichar *v.t.* goudronner.
piche *s.m.* goudron.

pichel s.m. pichet.
picles s.m.pl. pickles.
pico s.m. pic.
picolé s.m. esquimau.
picotar v.t. picoter; poinçonner.
picrato s.m. picrate.
pictórico adj. pictural.
picuinha s.f. brocard m., raillerie.
picumã s.m. toile d'araignée noircie par la fumée.
piedade s.f. 1. pitié; 2. piété.
piedoso adj. pieux.
piegas adj. mièvre.
pieguice s.f. mièvrerie, sensiblerie.
pifão s.m. (pop.) cuite f.
pifar v.int. (fam.) se détraquer, tomber en panne; échouer.
pífaro s.m. fifre, flageolet.
pífio adj. chétif, méchant, piètre.
pigarrear v.int. graillonner.
pigarro s.m. graillon.
pigmentação s.f. pigmentation.
pigmento s.m. pigment.
pigmeu s.m. pygmée.
pijama s.m. pyjama.
pilão s.m. pilon.
pilar[1] s.m. pilier.
pilar[2] v.t. piler.
pilastra s.f. pilastre m.
pileque s.m. (fam.) cuite; estar de — avoir du vent dans les voiles.
pilha s.f. 1. (montão) pile, amas m., tas m.; 2. (gerador de eletricidade) pile.
pilhagem s.f. pillage m.; maraude.
pilhar v.t. piller; v.int. marauder.
pilhéria s.f. plaisanterie, galéjade, blague.
pilheriar v.int. blaguer.
piloro s.m. (Anat.) pylore.
piloso adj. pileux.
pilotar v.t. piloter.
piloti s.m. pilotis.
piloto s.m. pilote.
pílula s.f. pilule.
pimenta s.f. — -do-reino poivre m.; — -malagueta piment m.
pimentão s.m. piment, poivron.
pimpão adj. 1. fanfaron; 2. coquet.
pimpolho s.m. tendron; (fig.) bambin.
pinacoteca s.f. pinacothèque.
pináculo s.m. pinacle.
pinça s.f. pince.
pinçar v.t. pincer.
píncaro s.m. sommet.
pincel s.m. pinceau; — de barba blaireau.

pincelada s.f. coup m. de pinceau.
pincelar v.t. passer le pinceau sur, badigeonner.
pincenê s.m. pince-nez.
pindaíba s.f. (pop.) dèche, débine.
pinga s.f. goutte; (pop.) eau-de-vie.
pingadeira s.f. lèche-frite m.
pingar v.int. goutter.
pingente s.m. (aprox.) resquilleur.
pingo s.m. goutte f.; point; pôr os —s nos ii mettre les points sur les i.
pingue adj. gras, fertile.
pinguela s.f. passerelle.
pingue-pongue s.m. ping-pong.
pinguim s.m. pingouin.
pinha s.f. pomme de pin.
pinheiral s.m. pinède.
pinheiro s.m. pin; — -branco sapin.
pinho s.m. bois de pin.
pinicar v.t. pincer.
pino s.m. cheville f., boulon; 2. zénith.
pinote s.m. bond, saut, dérobade f.
pinotear v.t. décocher des ruades.
pinta s.f. 1. tache, marque; 2. mine, air m.; 3. signe.
pintalgar v.t. barioler.
pintar v.t. peindre; — com cores berrantes peinturlurer; (fig.) — o sete faire les quatre cent coups.
pintarroxo s.m. linotte f.
pintassilgo s.m. chardonneret.
pinto s.m. poussin.
pintor s.m. peintre.
pintura s.f. peinture, tableau m.
pio[1] adj. pieux.
pio[2] s.m. pépiement.
piolhento adj. pouilleux.
piolho s.m. pou.
pioneiro s.m. pionnier.
pior adj. pire; na — das hipóteses au pis aller; adv. pis; de mal a — de mal en pis, de pis en pis; levar a — avoir le dessous.
piora s.f. empirement m.
piorar v.t. e int. empirer.
pipa[1] s.f. fût m., futaille, tonneau m.
pipa[2] s.f. cerf-volant m.
piparote s.m. chiquenaude; pichenette f.
pipeta s.f. pipette.
pipi s.m. (infant.) 1. pipi, urine f.; 2. pénis, vagin.
pipiar v.int. piauler.
pipilar v.int. pépier.
pipilo s.m. pépiement.
pipoca s.f. grain m. de maïs grillé.

pipocar *v.int.* grésiller.
pique *s.f.* **1.** pique; *a* — à pic; **2.** (*brinquedo infantil*) chat perché.
piquenique *s.m.* pique-nique.
piquete *s.m.* **1.** piquet, pieu; **2.** (*grupo de soldados*) piquet; **3.** (*grupo de grevistas*) piquet.
pira *s.f.* bûcher.
piramidal *adj.* pyramidal.
pirâmide *s.f.* pyramide.
piranha *s.f.* piranha *m*.
pirão *s.m.* purée *f.* de manioc.
pirar *v.int.* (*gír.*) filer, décamper; décaniller.
pirata *s.m.* pirate.
pirataria *s.f.* piraterie.
piratear *v.int.* pirater.
pires *s.m.* soucoupe *f.*
pirilampo *s.m.* luciole *f.* luisant.
piroga *s.f.* pirogue.
piromania *s.f.* pyromanie.
piromaníaco *adj.*; *s.* pyromane.
pirotecnia *s.f.* pyrotechnie.
pirotécnico *adj.* pyrotechnique; *s.m.* pyrotechnicien.
pirraça *s.f.* tracasserie.
pirralho *s.m.* marmot, mioche.
pirueta *s.f.* pirouette.
piruetar *v.int.* pirouetter.
pirulito *s.m.* sucette *f.*
pisa *s.f.* (*fam.*) **1.** volée de coups; **2.** vol *m.*; larcin *m*.
pisadela *s.f.* meurtrissure.
pisante *s.m.* (*gír.*) godasse *f.*; godillot.
pisar *v.t.* fouler (aux pieds); piétiner; pocher.
piscadela *s.f.* clignement *m.* d'œil, œillade.
pisca-pisca *s.m.* clignotant, clignoteur.
piscar *v.t.* cligner de l'œil; — *para* faire de l'œil à.
piscicultor *s.m.* pisciculteur.
piscicultura *s.f.* pisciculture.
piscina *s.f.* piscine.
pisco *s.m.* (*pássaro*) bouvreuil.
piscoso *adj.* poissonneux.
piso *s.m.* **1.** allure *f.*, démarche *f.*; **2.** sol, pavé; **3.** étage.
pisoeiro *s.m.* foulon.
pisotear *v.t.* fouler aux pieds.
pista *s.f.* **1.** piste; **2.** (*de rua*) chaussée.
pistaceira *s.f.* pistachière.
pistácia *s.f.* pistache.
pistão *s.m.* piston.
pistilo *s.m.* pistil.
pistola *s.f.* pistolet.
pistolão *s.m.* piston.
pistoleiro *s.m.* tueur à gage.
pita *s.f.* agave *m*.
pitada *s.f.* pincée, prise.
pitanga *s.f.* cerise de Cayenne.
pitangueira *s.f.* cerisier de Cayenne.
pitar *v.t.* fumer, aspirer.
piteira *s.f.* fume-cigare *m.*; fume-cigarette *m*.
pitéu *s.m.* friandise *f.*
pito *s.m.* **1.** pipe; **2.** réprimande *f. passar um* — *em* flanquer un savon à.
pitoresco *adj.* pittoresque.
pitu *s.m.* gammare, crevette *f.* d'eau douce, puce *f.* d'eau.
pituíta *s.f.* pituite.
pium *s.m.* o mesmo que *borrachudo*.
pivete *s.m.* enfant voleur.
pixaim *s.m.* cheveux crépus.
placa *s.f.* plaque; (*de tabelião*) panonceau *m*.
placar^1 *v.t.* apaiser.
placar^2 *s.m.* **1.** (*marcador*) tableau d'affichage; **2.** (*contagem de pontos*) score.
placenta *s.f.* placenta *m*.
placidez *s.f.* placidité.
plácido *adj.* placide, paisible.
plaga *s.f.* région.
plagiar *v.t.* plagier.
plagiário *s.m.* plagiaire.
plágio *s.m.* plagiat.
plaina *s.f.* rabot *m*.
planador *s.m.* planeur.
planalto *s.m.* plateau.
planar *v.int.* planer.
plâncton *s.m.* plancton.
planejamento *s.m.* élaboration *f.* d'un plan; — *familiar* planning familial.
planejar *v.t.* élaborer le plan de, projeter; se promettre.
planeta *s.m.* planète *f.*
planetário *adj.* planétaire; *s.m.* planétarium.
plangente *adj.* plaintif.
planície *s.f.* plaine.
planificação *s.f.* planification.
planificar *v.t.* planer, planifier.
planisfério *s.m.* planisphère.
plano^1 *adj.* plano.
plano^2 *s.m.* **1.** (*superfície*) plan; **2.** (*projeto*) plan, projet.
planta^1 *s.f.* (*vegetal*) plante.
planta^2 *s.f.* (*face inferior do pé*) plante.
planta^3 *s.f.* (*desenho*) plan.

plantação s.f. plantation.
plantão s.m. planton; *farmácia de* — pharmacie de garde.
plantar[1] v.t. planter.
plantar[2] adj. plantaire.
plantígrado adj.; s.m. plantigrade.
plantonista s.m. planton.
plaquê s.m. plaqué.
plasma s.m. plasma.
plasmar v.t. modeler.
plasticidade s.f. plasticité.
plástico adj.; s.m. plastique.
plastificar v.t. plastifier.
plataforma s.f. plate-forme.
plátano s.m. platane.
plateia s.f. parterre m.
platina[1] s.f. (*elemento químico*) platine m.
platina[2] s.f. (*peça plana de ferro*) platine.
platina[3] s.f. épaulette.
platônico adj. platonique; s. platonicien.
plausibilidade s.f. plausibilité.
plausível adj. plausible.
plebe s.f. plèbe.
plebeia adj.; s.f. plébéienne.
plebeu adj.; s.m. plébéien, roturier.
plebiscito s.m. plébiscite; *ratificar por meio de* — plébisciter.
plêiade s.f. pléiade.
pleiteante s.m. plaideur; s.f. plaideuse.
pleitear v.t. plaider, postuler.
pleito s.m. 1. litige, dispute f.; 2. élection f.
plenário adj. plénier; s.m. assemblée f. plénière.
plenipotenciário adj.; s. plénipotentiaire.
plenitude s.f. plénitude.
pleno adj. plein.
pleonasmo s.m. pléonasme.
pleonástico adj. pléonastique.
pletora s.f. pléthore.
pleura s.f. pleuvre.
plexo s.m. plexus.
plissar v.t. plisser.
pluma s.f. plume.
plúmbeo adj. plombé.
plural adj.; s.m. pluriel.
pluralidade s.f. pluralité.
plutocracia s.f. ploutocratie.
plutocrata s. ploutocrate.
pluvial adj. pluvial.
pluvioso adj. pluvieux.
pneu s.m. pneu; — *sobressalente* roue f. de secours.
pneumático adj.; s.m. pneumatique.
pneumococo s.m. pneumocoque.

pneumonia s.f. pneumonie.
pneumotórax s.m. pneumothorax.
pó s.m. 1. poussière f.; 2. poudre f.
pô interj. (*chulo*) merde!
pobre adj. pauvre; (*gír.*) paumé; s. pauvre, gueux.
pobretão s.m. va-nu-pieds; sans-le-sou.
pobreza s.f. pauvreté; (*fam.*) pétrin.
poça s.f. flaque; — *de sangue* mare de sang.
poção s.f. potion.
poceiro s.m. puisatier.
pocilga s.f. porcherie, soue; (*fig.*) cambuse.
poço s.m. 1. puits; 2. — *do elevador* cage f. de l'ascenseur.
poda s.f. taille.
podadeira s.f. serpe.
podagra s.f. podagre.
podão s.m. serpe f., sécateur.
podar v.t. tailler, élaguer, monder, ronger; émonder.
poder v.int. pouvoir; *a não* — *mais* loc.adv. à n'en pouvoir plus; comme tout; s.m. pouvoir; — *aquisitivo* pouvoir d'achat.
poderio s.m. puissance.
poderosamente adv. puissamment.
poderoso adj. puissant.
pódio s.m. podium.
podre adj. pourri; — *de rico* richissime, cousu d'or.
podridão s.f. pourriture.
poedeira s.f. pondeuse.
poeira s.f. poussière, poudre; *levantar* — poudroyer.
poeirento adj. poussiéreux, poudreux.
poema s.m. poème.
poemeto s.m. petit poème.
poente s.m. couchant; ponant; ouest.
poento adj. poussiéreux.
poesia s.f. poésie.
poeta s.m. poète.
poetar v.int. faire de la poésie.
poética s.m. poétique.
poético adj. poétique.
poetisa s.f. poétesse.
poetizar v.t. e int. poétiser.
pogrom s.m. pogrom.
pois conj. car, donc; cependant; — *bem* eh bien; — *é* c'est cela; c'est la vie; — *não* avec plaisir; — *que* puisque; — *sim* ouais.
polaco adj.; s.pátr. o mesmo que *polonês*.
polaina s.f. guêtre.
polar adj. polaire.
polca s.f. polka.
poldra s.f. pouliche.

polegada *s.f.* pouce *m.*
polegar *s.m.* pouce.
poleiro *s.m.* juchoir, perchoir.
polêmica *s.f.* polémique.
polêmico *adj.* polémique.
polemista *s.* polémiste.
polemizar *v.int.* polémiquer.
pólen *s.m.* pollen.
polia *s.f.* poulie.
poliandria *s.f.* polyandrie.
polícia *s.f.* **1.** police; **2.** policier *m.*
policial *adj.* policier; *s.m.* policier, agent de police; (*fam.*) poulet; (*depr.*) flic; — *à paisana* (*depr.*) bourre.
policiamento *s.m.* police *f.*, vigilance *f.*
policiar *v.t.* surveiller.
policlínica *s.f.* polyclinique.
policromia *s.f.* polychromie.
polidez *s.f.* politesse.
polido *adj.* poli.
poliedro *s.m.* polyèdre.
poligamia *s.f.* polygamie.
polígamo *adj.*; *s.m.* polygame.
poliglota *adj.*; *s.* polyglotte.
poligonal *adj.* polygonal.
polígono *s.m.* polygone.
polígrafo *s.m.* polygraphe.
polimento *s.m.* polissage.
polinômio *s.m.* polynôme.
poliomielite *s.f.* poliomyélite.
pólipo *s.m.* **1.** (*tumor*) polype; **2.** (*animal celenterado*) polype.
polir *v.t.* polir; astiquer.
polissemia *s.f.* polysémie.
politécnica *s.f.* école polytechnique; *aluno de* — polytechnicien.
politécnico *adj.* polytechnique.
politeísmo *s.m.* polythéisme.
politeísta *adj.*; *s.* polythéiste.
política *s.f.* politique.
politicar *v.int.* politiquer.
político *adj.* politique; *s.m.* homme politique.
politiqueiro *s.m.* politicien; politicard.
politização *s.f.* politisation.
politizar *v.t.* politiser.
polivalente *adj.* polyvalent.
polo[1] *s.m.* (*terrestre*) pôle.
polo[2] *s.m.* (*Esp.*) polo.
polonês *adj.*; *s.pátr.* polonais.
Polônia *s.f.* Pologne.
polpa *s.f.* pulpe.
polposo *adj.* pulpeux.
polpudo *adj.* considérable, substanciel.

poltrão *s.m.* poltron, pleutre; (*fam.*) froussard; poule *f.* mouillée.
poltrona *s.f.* fauteuil *m.*; — *estofada* bergère.
polução *s.f.* pollution; éjaculation de sperme.
poluição *s.f.* pollution.
poluir *v.t.* polluer.
polvilhar *v.t.* poudrer.
polvilho *s.m.* **1.** poussière *f.* fine; **2.** farine *f.* de manioc; **3.** fécule *f.*
polvo *s.m.* pieuvre *f.*, poulpe, polype.
pólvora *s.f.* poudre.
polvorosa *s.f.* (*pop.*) grand désordre *m.*, foutoir *m.*, bordel *m.*
pomada *s.f.* pommade.
pomar *s.m.* verger.
pomba *s.f.* colombe.
pombal *s.m.* pigeonnier, colombier.
pombo *s.m.* pigeon; — *-bravo* palombe *f.*; — *-correio* pigeon voyageur; — *-torcaz* ramier.
pomicultor *s.m.* pomiculteur.
pomicultura *s.f.* pomiculture.
pomo *s.m.* pomme *f.*; — *da discórdia* pomme de discorde, tison *m.* de discorde.
pomo de adão *s.m.* pomme d'Adam.
pompa *s.f.* pompe.
pompom *s.m.* pompon.
ponche *s.m.* punch.
poncho *s.m.* poncho.
ponderação *s.f.* pondération.
ponderado *adj.* pondéré, rassis.
ponderar *v.t.* pondérer.
ponderável *adj.* pondérable.
ponderoso *adj.* pondéreux.
pônei *s.m.* poney.
ponta *s.f.* **1.** pointe, bout *m.*, extrémité; — *do focinho* mufle *m.*; *saber na* — *da língua* savoir sur le bout des doigts; **2.** *pl.* cornes, bois *m.*; **3.** pointe (sèche), burin *m.*; **4.** pointe, petite quantité, soupçon *m.*; **5.** petit rôle *m.*; **6.** (*Fut.*) ailier *m.*
pontada *s.f.* point *m.* de côté.
ponta-direita *s.m.* ailier droit.
ponta-esquerda *s.m.* ailier gauche.
pontal *s.m.* pointal.
pontalete *s.m.* pointal, étançon.
pontão *s.m.* ponton.
pontapé *s.m.* coup de pied.
pontaria *s.f.* visée, pointage *m.*
ponta-seca *s.f.* pointe sèche.
ponte *s.f.* pont *m.*; — *levadiça* pont-levis *m.*; — *pênsil* pont *m.* suspendu; (*fig.*) — *aérea* pont *m.* aérien.

ponteado *adj.*; *s.m.* pointillé.
pontear *v.t.* pointiller.
ponteira *s.f.* embout *m.*
pontiagudo *adj.* pointu.
pontificado *s.m.* pontificat.
pontifical *adj.* pontifical.
pontificar *v.int.* pontifier.
pontífice *s.m.* pontife; *o sumo* — le souverain pontif.
pontilhar *v.t.* pointiller.
ponto *s.m.* **1.** (*picada de agulha, laçada de linha*) point; — *aberto* jour; **2.** (*sinal de pontuação*) point; —*final interj.* un point c'est tout; **3.** (*mancha*) point, tache *f.*; **4.** (*lugar*) point, endroit; **5.** (*parada*) arrêt, station *f.*; —*final* terminus; **6.** (*cartão de presença*) feuille *f.* de présence; *assinar o* — se pointer; **7.** (*grau*) point, degré; **8.** (*funcionário de teatro*) souffleur; **9.** matière *f.* d'examen; **10.** (*elemento geométrico*) point; **11.** (*grau de consistência*) point; — *de referência* point de repère; — *de vista* point de vue; *a esse* — à ce point; *a* — *de* au point de; *às 5 em* — à 5 heures justes; à 5 heures précises; à 5 heures tapantes; *até certo* — dans une certaine mesure; *chegar ao* — *culminante* battre son plein; *sob todos os* —*s de vista* sous tous les égards; *ter chegado a esse* — en être là.
pontoneiro *s.m.* pontonnier.
pontuação *s.f.* ponctuation.
pontual *adj.* ponctuel.
pontualidade *s.f.* ponctualité.
pontuar *adj.* ponctuer.
popa *s.f.* poupe.
pope *s.m.* pope.
popelina *s.f.* popeline.
populaça *s.f.* populace.
população *s.f.* population.
populacho *s.m.* populace *f.*; (*pop.*) populo.
popular *adj.* populaire.
popularidade *s.f.* popularité.
popularizar *v.t.* populariser.
populismo *s.m.* populisme.
populista *adj.*; *s.* populiste.
populoso *adj.* populeux.
por *prep.* par; — *aqui* par ici; pour; — *isso* pour cela; — *mais que eu pedisse* j'ai eu beau demander; — *quê?* pourquoi?; — *que não?* pourquoi pas?
pôr *v.t.* mettre, poser; (*ovos*) poindre; (*de maneira provocadora*) camper; — *para fora* renvoyer, mettre à la porte; *v.pron.* se mettre.

porão *s.m.* **1.** entrepont; **2.** sous-sol; **3.** cale *f.*
poraquê *s.m.* poisson électrique.
porca[1] *s.f.* (*fêmea do porco*) truie.
porca[2] *s.f.* (*peça de ferro*) écrou *m.*
porcamente *adv.* mal, salement; *fazer* — cochonner.
porção *s.f.* **1.** portion; **2.** quantité, tas *m.*; (*pop.*) flopée; tapée.
porçãozinha *s.f.* grain *m.*
porcaria *s.f.* **1.** cochonnerie, ordure; **2.** (*fig.*) saloperie.
porcelana *s.f.* porcelaine.
porcentagem *s.f.* pourcentage *m.*, taux.
porco *s.m.* cochon, porc; (*fig.*) cochon, sagouin; *sujo como um* — sale comme un pourceau.
porco-espinho *s.m.* porc-épic.
porejar *v.t.* distiller goutte à goutte, suinter.
porém *conj.* mais, cependant.
porfia *s.f.* discussion; *à* — *loc.adv.* à l'envi; à qui mieux mieux.
porfiar *v.int.* discuter, rivaliser; **2.** insister.
pormenor *s.m.* détail.
pormenorizar *v.t.* détailler.
pornochanchada *s.f.* (*aprox.*) farce porno (au cinéma).
pornocracia *s.f.* pornocratie.
pornografia *s.f.* pornographie.
pornográfico *adj.* pornographique.
pornógrafo *s.m.* pornographe.
poro *s.m.* pore.
pororoca *s.f.* mascaret *m.*
porosidade *s.f.* porosité.
poroso *adj.* poreux.
porquanto *conj.* puisque.
porque *conj.* parce que.
porquê *s.m.* pourquoi, cause *f.*, motif.
porqueira *s.f.* **1.** porcherie, soue; **2.** saleté, saloperie.
porqueiro *s.m.* porcher.
porquinho-da-índia *s.m.* cochon d'Inde.
porra *s.f.* (*chulo*) verge; *interj.* merde!
porre *s.m.* (*fam.*) cuite.
porta *s.f.* porte; sortie; entrée; (*pop.*) lourde; — *giratória* tambour *m.*
porta-aviões *s.m.* porte-avions.
porta-bandeira *s.* porte-drapeau.
portada *s.f.* portail.
portador *s.m.* porteur.
portadora *s.f.* porteuse.
porta-estandarte *s.* porte-étandard.

porta-helicópteros *s.m.* porte-hélicoptères.
portal *s.m.* portail.
porta-lâmpada *s.m.* douille.
portaló *s.m.* sabord.
porta-malas *s.m.* porte-bagages.
porta-níqueis *s.m.* porte-monnaie.
portanto *adv.* donc, par conséquent.
portão *s.m.* porte *f.* (de maison, de jardin).
portar *v.t.* porter; *v.pron.* se conduire.
portaria¹ *s.f.* vestibule.
portaria² *s.f.* edital *m.*
porta-seios *s.m.* soutien-gorge.
portátil *adj.* portable, portatif.
porta-voz *s.m.* porte-voix; (*fig.*) porte-parole.
porte *s.m.* 1. port; — *pago* franc de port; 2. maintien, apparence.
porteira *s.f.* concierge.
porteiro *s.m.* concierge; portier.
portenho *adj.*; *s.pátr.* (habitant) de Buenos-Ayres.
portento *s.m.* prodige.
portentoso *adj.* prodigieux.
pórtico *s.m.* portique; porche.
portinhola *s.f.* portière; portillon.
Porto Rico *s.m.* Porto Rico.
porto *s.m.* port.
porto-riquenho *adj.*; *s.pátr.* porto-ricain.
portuário *adj.* portuaire; travailleur du port, docker, chargeur.
Portugal *s.m.* Portugal.
português *adj.*; *s.pátr.* portugais.
porventura *adv.* par hasard.
porvir *s.m.* avenir.
posar *v.int.* poser.
pós-datar *v.t.* postdater.
pose *s.f.* pose.
pós-escrito *s.m.* post-scriptum.
posfácio *s.m.* postface *f.*
posição *s.f.* position; (*de navio*) point *m.*; *ocupar — alta* tenir le haut du pavé.
positivar *v.t.* rendre positif, réaliser.
positivismo *s.m.* positivisme.
positivista *adj.*; *s.* positiviste.
positivo *adj.* positif.
posologia *s.f.* posologie.
pós-operatório *adj.* postopératoire.
pospor *v.t.* ajourner, négliger.
posposto *adj.* ajourné; omis.
possante *adj.* puissant.
posse *s.f.* 1. possession, jouissance; 2. prise de possession; 3. réception.
posseiro *s.m.* possesseur.
possessão *s.f.* possession.
possessivo *adj.* possessif.
possesso *adj.* possédé.
possibilidade *s.f.* possibilité.
possibilitar *v.t.* rendre possible.
possível *adj.* possible; *o mais* — on ne peut plus; *é* — il se peut.
possuir *v.t.* posséder.
posta¹ *s.f.* poste; — *restante* poste restante.
posta² *s.f.* tranche.
postal *adj.* postal; *s.m.* carte postale.
postar¹ *v.t.* poster, expédier, remettre.
postar² *v.t.* poster, mettre, placer.
poste *s.m.* poteau.
postergar *v.t.* ajourner.
posteridade *s.f.* postérité.
posterior *adj.* postérieur.
pósteros *s.m.pl.* la postérité *f.*
postiço *adj.* postiche.
postigo *s.m.* volet, vasiastas.
postilhão *s.m.* postillon.
posto *s.m.* 1. poste; — *avançado* avant-poste; — *de gasolina* poste d'essence, station-service; 2. établissement; 3. commissariat *f.*
postulado *s.f.* postulat.
postulante *s.* postulant.
postular *v.t.* postuler.
póstumo *adj.* posthume.
postura¹ *s.f.* (*posição do corpo*) posture.
postura² *s.f.* (*de ovos*) ponte.
potassa *s.f.* potasse.
potássio *s.m.* potassium.
potável *adj.* potable.
pote *s.m.* pot.
potência *s.f.* puissance.
potencial *adj.*; *s.m.* potentiel.
potentado *s.m.* potentat.
potente *adj.* puissant.
poterna *s.f.* poterne.
potiche *s.f.* potiche.
potiguar *adj.*; *s.pátr.* (habitant) de l'État de Rio Grande do Norte.
potoca *s.f.* mensonge *m.*
potra *s.f.* pouliche.
potro *s.m.* poulain.
pouca-vergonha *s.f.* dévergondage *m.*
pouco *adj.* peu de; *adv.* peu; *aos* —*s* petit à petit, peu à peu; *dentro em* — sous peu; *desde há* — depuis peu; *e digo* — ce n'est pas peu dire; *por* — de justesse; *por* — *não caí* j'ai failli tomber.
poupa¹ *s.f.* (*tufo de penas*) *houppe.
poupa² *s.f.* (*ave*) *huppe.
poupança *s.f.* épargne.

poupar v.t. **1.** ménager; **2.** épargner; v.pron. se ménager; *não* — payer de sa personne.
pouquinho adv. *um* — un petit peu, tant soit peu.
pousada s.f. gîte m., pied m. à terre.
pousar v.int. se poser, jucher; v.t. placer.
pousio s.m. friche f., jachère f.
pouso s.m. juchoir, gîte, endroit.
povaréu s.m. multitude f.
poviléu s.m. populace f.
povo s.m. peuple; (*fig.*) famille.
povoado s.m. village.
povoamento s.m. peuplement.
pra prep. o mesmo que *para*.
praça[1] s.f. **1.** place; **2.** marché; **3.** ostentation; *fazer* — de faire montre de.
praça[2] s.m. soldat; *assentar* — s'enroler.
pracinha s.m. soldat du Corps Expéditionnaire Brésilien pendant la 2ᵉ Guerre Mondiale; (*aprox.*) poilu.
prado s.m. pré; prairie f.
praga s.f. **1.** imprécation; **2.** peste, fléau m., plaie.
Praga s.f. (*top.*) Prague.
pra-frente adj. (*gír.*) o mesmo que *prafrentex*.
prafrentex adj. (*gír.irôn.*) (*aprox.*) ultramoderne, trop avancé.
pragmático adj. pragmatique.
praguejar v.int. pester, maugréer, sacrer.
praia s.f. plage; (*coberta de cascalho*) grève; (*logradouro público*) quai m.
prancha s.f. planche.
pranchada s.f. coup m. de plat d'épée.
pranchão s.m. madrier.
prancheta s.f. planche à dessin.
pranchinha s.f. tablette.
prantear v.t. pleurer, regretter.
pranto s.m. pleurs pl., larmes f.pl.; *debulhar-se em* — pleurer à chaudes larmes.
prata s.f. argent m.;— *dourada* vermeil m.
pratada s.f. assiettée.
prataria s.f. argenterie.
pratear v.t. argenter.
prateleira s.f. étagère, rayon m.
prática s.f. pratique.
praticante adj.; s. pratiquant.
praticar v.t. pratiquer.
praticável adj. praticable.
prático adj. pratique; s.m. pilote.
prato s.m. **1.** (*vaso*) assiette f.; —*fundo* assiette f. creuse; —*raso* assiette f. plate; **2.** (*comida*) mets, plat; **3.** (*parte da balança*) plateau.

praxe s.f. pratique, coutume, routine.
prazenteiro adj. joyeux, content.
prazer s.m. plaisir, joie; *com todo o* — volontiers.
prazo s.m. délai; *a* — *curto* à brève échéance; *a* — *longo* à longue échéance.
preá s.m. apéréa.
preâmbulo s.m. préambule, avant-propos.
prebenda s.f. prébende.
preboste s.m. prévot.
precariedade s.f. précarieté.
precário adj. précaire.
precatar v.t. avertir, prévenir; v.pron. se précautionner.
precaução s.f. précaution; *agir com* — mettre des gants.
precaver v.t. prévenir; v.pron. se précautionner, se tenir sur ses gardes.
precavido adj. précautionneux; *ser* — veiller au grain.
prece s.f. prière.
precedência s.f. préséance.
precedente adj.; s.m. précédent.
precedentemente adv. précédemment.
preceder v.t. précéder.
preceito s.m. précepte.
preceptor s.m. précepteur.
preciosidade s.f. préciosité.
precioso adj. précieux.
precipício s.m. précipice.
precipitação s.f. précipitation.
precipitadamente adv. précipitamment.
precipitado adj.; s.m. précipité.
precipitar v.t. précipiter, brusquer; v.pron. se précipiter, se ruer.
precípuo adj. principal, essentiel.
precisado adj. nécessiteux.
precisão s.f. précision, exactitude.
precisão s.f. **1.** nécessité, besoin; **2.** (*fam.*) *fazer* — faire ses besoins.
precisar[1] v.t. préciser, indiquer avec exactitude.
precisar[2] v.t. avoir besoin, nécessité, exiger; *precisa-se de operários* on demande des ouvriers.
preciso[1] adj. précis, exact.
preciso[2] adj. nécessaire; *ser* — falloir.
preclaro adj. illustre.
preço s.m. prix; — *de custo* prix de revient; *ao* — *mais baixo* au bas mot; *pedir* — *excessivo por* surfaire; *pelo* — *unitário* de à raison de.
precoce adj. précoce.
precocidade s.f. précocité.

pré-colombiano *adj.* précolombien.
preconceito *s.m.* préjugé.
preconizar *v.t.* préconiser; prôner.
precursor *s.m.* précurseur; avant-coureur.
predatório *adj.* prédateur.
predecessor *s.m.* prédécesseur, devancier.
predecessora *s.f.* devancière.
predestinação *s.f.* prédestination.
predestinado *adj.*; *s.* prédestiné.
predestinar *v.t.* prédestiner.
predeterminar *v.t.* prédéterminer.
predial *adj.* foncier.
prédica *s.f.* prêche.
predicado *s.m.* 1. attribut, don, qualité *f.*; 2. (*termo de gramática*) attribut.
predicar *v.t.* prêcher.
predição *s.f.* prédiction.
predileção *s.f.* prédilection.
predileto *adj.* préféré.
prédio *s.m.* immeuble.
predispor *v.t.* prédisposer.
predisposição *s.f.* prédisposition.
predito *adj.* prédit.
predizer *v.t.* predire.
predominância *s.f.* prédominance.
predominar *v.int.* prédominer.
predomínio *s.m.* prédominance *f.*, emprise *f.*
preeminência *s.f.* prééminence.
preeminente *adj.* prééminent.
preempção *s.f.* préemption.
preencher *v.t.* remplir, occuper.
pré-escolar *adj.* préscolaire.
preestabelecer *v.t.* préétablir.
pré-estreia *s.f.* avant-première.
preexistência *s.f.* préexistence.
preexistente *adj.* préexistant.
preexistir *v.int.* préexister.
prefabricação *s.f.* préfabrication.
prefabricado *adj.* préfabriqué.
prefaciador *s.m.* préfacier.
prefaciar *v.t.* préfacer.
prefácio *s.m.* préface *f.*; avant-propos *m.*
prefeito *s.m.* maire; *mulher do* — préfète.
prefeitura *s.f.* mairie, hôtel *m.* de ville.
preferência *s.f.* préférence; *de* — plutôt.
preferencial *adj.* préférentiel.
preferir *v.t.* préférer, aimer mieux.
preferível *adj.* préférable; *ser* — valoir mieux.
prefixo *s.m.* préfixe.
prega *s.f.* pli *m.*
pregação *s.f.* prédication.
pregador *s.m.* prêcheur, prédicateur.

pregão *s.m.* vente *f.* aux enchères; offre *f.* de titres en Bourse.
pregar[1] *v.t.* prêcher.
pregar[2] *v.t.* clouer, enfoncer, river; — *uma peça em* jouer un tour à.
prego *s.m.* clou.
pregoeiro *s.m.* crieur public.
preguear *v.t.* plisser.
preguiça[1] *s.f.* paresse; (*pop.*) cosse.
preguiça[2] *s.f.* (*bicho*) paresseux *m.*, ai.
preguiçoso *adj.* paresseux; *ser muito* — (*fam.*) avoir un poil dans la main.
pré-história *s.f.* préhistoire.
pré-histórico *adj.* préhistorique.
prejudicar *v.t.* nuire à, porter préjudice à, faire du tort à; (*fig.*) tirer dans les jambes de.
prejudicial *adj.* préjudiciable.
prejuízo *s.m.* préjudice, tort, perte *f.*; *sofrer um* — (*fam.*) en être de sa poche; *reparar um* — réparer un tort.
prejulgar *v.t.* préjuger.
prelado *s.m.* prélat.
preleção *s.f.* discours *m.*, conférence.
preliminar *adj.* préliminaire.
prélio *s.m.* combat.
prelo *s.m.* presse *f.*
preludiar *v.t.* préluder.
prelúdio *s.m.* prélude.
prematuro *adj.* prématuré.
premeditação *s.f.* préméditation.
premeditar *v.t.* préméditer, couver.
premente *adj.* instant, pressant.
premiar *v.t.* récompenser, couronner.
prêmio *s.m.* prix; (*de seguro*) prime *f.*
premir *v.t.* presser.
premissa *s.f.* prémisse.
pré-molar *s.m.* prémolaire *f.*
premonição *s.f.* prémonition.
premonitório *adj.* prémonitoire.
premunir *v.t.* prémunir.
pré-natal *adj.* prénatal.
prenda *s.f.* 1. cadeau *m.*; 2. don *m.*, talent *m.*; 3. (*no jogo de prendas*) gage *m.*
prendado *adj.* doué.
prendedor *s.m.* — *de meia* jarretière *f.*
prender *v.t.* 1. lier, coller; 2. empêcher; 3. retenir; 4. prendre, arrêter, capturer, faire prisonnier; (*fam.*) poisser; 5. séduire; 6. accrocher; *v. pron.* s'accrocher; s'attacher.
prenhe *adj.*; *f.* enceinte, grosse.
prenhez *s.f.* grossesse.
prenome *s.m.* prénom, nom de baptême.

prensa s.f. presse.
prenunciar v.t. prédire, annoncer.
prenúncio s.m. prédiction f., annonce f.
pré-nupcial adj. prénuptial.
preocupação s.f. préoccupation, souci m.
preocupar v.t. préoccuper; v.pron. se préoccuper, se soucier; (fam.) s'en faire, se faire du mauvais sang, se manger les sangs, se mettre martel en tête; não se preocupe ne vous en faites pas.
preparação s.f. préparation.
preparado s.m. préparation f.; adj. préparé; — longamente préparé de longue main.
preparador s.m. préparateur.
preparadora s.f. préparatrice.
preparar v.t. préparer; (carne, peixe para venda) habiller.
preparativos s.m.pl. préparatifs.
preparatório adj. préparatoire.
preponderância s.f. prépondérance.
preponderante adj. prépondérant.
prepor v.t. préposer.
preposição s.f. préposition.
pré-primário adj. maternel; escola — école maternelle.
prepúcio s.m. prépuce.
prerrogativa s.f. prérogative.
presa s.f. 1. proie; prise; 2. (de elefante ou javali) défense.
presbita adj.; s. presbyte.
presbiterianismo s.m. presbytérianisme.
presbiteriano adj.; s. presbytérien.
presbitério s.m. presbytère.
presbitismo s.m. presbytie.
presciência s.f. préscience.
presciente adj. préscient.
prescindir v.int. se passer de.
prescrever v.t. prescrire; v.pron. se prescrire.
prescrição s.f. prescription.
presença s.f. présence.
presenciar v.t. assister à.
presente[1] adj.; s.m. présent.
presente[2] s.m. présent, cadeau; (de 1º de janeiro) étrenne f.
presentear v.t. faire des cadeaux à.
presépio s.m. étable f.; crèche f.
preservação s.f. préservation.
preservador s.m. préservateur.
preservadora s.f. préservatrice.
preservar v.t. préserver.
preservativo adj.; s.m. préservatif.
presidência s.f. présidence.
presidencial adj. presidentiel.
presidente s.m. président; f. présidente.
presídio s.m. 1. prison f. militaire; 2. praesidium (da antiga URSS).
presidir v.t. présider.
presilha s.f. ganse, tirant m.; sous-pied m.
preso adj. pris; s.m. captif, prisonnier.
pressa s.f. *hâte; às —s à la hâte; a toda a — dare-dare; sem — à loisir.
pressagiar v.t. présager.
presságio s.m. présage.
pressão s.f. pression; — arterial tension artérielle.
pressentimento s.m. pressentiment.
pressentir v.t. pressentir, subodorer.
pressupor v.t. présupposer.
pressuposição s.f. présupposition.
pressuroso adj. empressé.
prestação[1] s.f. (fornecimento) prestation; (ato de prestar) prestation; — de contas reddition de comptes.
prestação[2] s.f. (pagamento mensal) tempérament; a prestações à tempérament.
prestar v.t. 1. fournir, donner; 2. prêter; v.int. servir; este livro não presta ce livre ne vaut rien; esse sujeito não presta ce type est un propre à rien; v.pron. se prêter.
prestativo adj. serviable, secourable; (fam.) chic.
prestes adj. prêt, disposé; estar — a être sur le point de.
presteza s.f. prestesse.
prestidigitador s.m. prestidigitateur.
prestigiar v.t. donner du prestige à.
prestígio s.m. prestige; perder o — perdre la face.
prestigioso adj. prestigieux.
prestimosidade s.f. serviabilité.
prestimoso adj. serviable.
presumido adj. fat, faraud, présomptueux.
presumir v.t. présumer.
presunção s.f. présomption.
presunçoso adj. présomptueux, outrecuidant.
presuntivo adj. présomptif.
presunto s.m. 1. jambon; 2. (gír.) (= cadáver) macchabée.
preta s.f. négresse.
pretendente s.m. prétendant, postulant; (fam.) épouseur.
pretender v.t. e int. prétendre; jeter son dévolu sur.
pretendido adj. précontraint.

pretensão *s.f.* prétension; *pl.* visées; *reduzir as suas pretensões* déchanter.
pretensioso *adj.* prétentieux.
pretenso *adj.* prétendu; soi-disant.
preterição *s.f.* omission, passe-droit *m.*
preterir *v.t.* omettre, négliger, éclipser.
pretérito *s.m.* préterit.
pretextar *v.t.* prétexter.
pretexto *s.m.* prétexte.
pretidão *s.f.* noirceur.
preto *adj.*; *s.m.* noir; nègre.
pretor *s.m.* préteur.
pretoria *s.f.* prétorie.
pretoriano *adj.*; *s.m.* prétorien.
pretório *s.m.* prétoire.
prevalecer *v.int.* prévaloir.
prevaricação *s.f.* prévarication; forfaiture.
prevaricador *adj.*; *s.m.* prévaricateur.
prevaricar *v.int.* prévariquer.
prevenção *s.f.* 1. (*opinião preconcebida*) prévention, parti *m.* pris; 2. (*aplicação de medidas preventivas*) prévention.
prevenir *v.int.* prévenir, parer à; (*objeção*) devancer; 2. prévenir, aviser, alerter.
preventivo *adj.* préventif.
preventório *s.m.* préventorium.
prever *v.t.* prévoir.
previamente *adv.* au préalable.
previdência *s.f.* prévoyance.
previdente *adj.* prévoyant.
prévio *adj.* préalable.
previsão *s.f.* prévision.
previsível *adj.* prévisible.
prezado *adj.* estimé, cher.
prezar estimer, apprécier.
prima[1] *s.f.* cousine.
prima[2] *s.f.* (*corda muito fina*) chanterelle.
primado *s.m.* primat.
prima-dona *s.f.* prima donna.
primar *v.int.* exceller.
primário *adj.* primaire.
primata *s.m.* primate.
primavera *s.f.* printemps *m.*; (*poético*) renouveau.
primaveril *adj.* printanier.
primazia *s.f.* primauté.
primeiro *adj.* premier.
primícias *s.f.pl.* prémices, primeurs.
primitivo *adj.* primitif.
primo *s.m.* cousin.
primogênita *adj.*; *s.f.* première-née.
primogênito *adj.*; *s.m.* premier-né.
primogenitura *s.f.* primogéniture.
primor *s.m.* excellence *f.*, perfection *f.*
primordial *adj.* primordial.
primórdio *s.m.* origine *f.*
princesa *s.f.* princesse.
principado *s.m.* principauté *f.*
principal *adj.* principal; *rua* — grande rue.
príncipe *s.m.* prince.
principesco *adj.* princier.
principiante *adj.*; *s.* débutant.
principiar *v.t.* commencer; *v.int.* débuter.
princípio *s.m.* 1. principe; 2. commencement.
prior *s.m.* prieur.
prioridade *s.f.* priorité.
prisão *s.f.* 1. (*cela*) prison, geôle, maison d'arrêt; (*gír.*) taule; (*pop.*) trou; 2. (*pena imposta pela lei*) emprisonnement; — *domiciliar* résidence surveillée, arrestation; — *em massa* rafle; taule; — *preventiva* prévention; 3. — *de ventre* constipation; *causar — de ventre a* constiper.
prisioneira *s.f.* prisonnière.
prisioneiro *s.m.* prisonnier.
prisma *s.m.* prisme.
prismático *adj.* prismatique.
privação *s.f.* privation.
privacidade *s.f.* intimité.
privada *s.f.* W.C. *m.pl.*; waters *m.pl.* cabinet(s) de toilette, lieux *m.pl.* d'aisance; petit endroit *m.*
privado *adj.* privé.
privança *s.f.* intimité.
privar *v.t.* priver; *v.pron.* se priver; — *-se de tudo* se saigner aux quatre veines.
privilegiado *adj.* privilégié.
privilegiar *v.t.* privilégier.
privilégio *s.m.* privilège.
pró *prep.* pour, en faveur de; *s.m. os —s e os contras* le pour et le contre.
proa *s.f.* proue.
probabilidade *s.f.* probabilité.
probante *adj.* probant.
probidade *s.f.* probité.
problema *s.m.* problème.
problemático *adj.* problématique.
probo *adj.* probe, intègre.
procedência *s.f.* provenance.
procedente *adj.* 1. issu, provenant; 2. juste, bienfondé.
proceder *v.int.* 1. procéder, provenir; 2. procéder, agir; — *com rigor* sévir.
procedimento *s.m.* procédé, conduite *f.*
procela *s.f.* tempête, tourmente.
proceloso *adj.* tempétueux, *houleux.

prócer s.m. chef, leader.
processamento s.m. procédure f.; — de dados traitement de l'information.
processar v.t. intenter un procès à; poursuivre.
processo s.m. 1. (ato de proceder) processus; 2. (pleito judicial) procès; 3. (autos) dossier.
procissão s.f. procession.
proclamação s.f. proclamation.
proclamar v.t. proclamer.
procrastinar v.t. ajourner; remettre au lendemain.
procriação s.f. procréation.
procriar v.t. procréer.
procura s.f. recherche, quête; demande; à — de en quête de.
procuração s.f. procuration.
procurador s.m. 1. procureur; 2. fondé de pouvoir.
procuradoria s.f. parquet m.
procurar v.t. 1. chercher; — nos bolsos se fouiller; 2. tâcher de.
prodigalidade s.f. prodigalité.
prodigalizar v.t. prodiguer.
prodígio s.m. prodige; realizar —s faire merveille.
prodigioso adj. prodigieux.
pródigo adj. prodigue.
produção s.f. production.
produtividade s.f. productivité.
produtivo adj. productif.
produto s.m. 1. produit; 2. rapport.
produtor adj.; s.m. producteur.
produtora adj.; s.f. productrice.
produzir v.t. produire; rapporter; (frutos) porter; (fam. e depr.) pondre.
proeminência s.f. proéminence.
proeminente adj. proéminent.
proeza s.f. prouesse; exploit m., tour m. de force.
profanação s.f. profanation.
profanador s.m. profanateur.
profanar v.t. profaner.
profano adj.; s. profane.
profecia s.f. prophétie.
proferir v.t. proférer, prononcer.
professar v.t. 1. professer, proclamer; 2. professer, enseigner; 3. propager; 4. faire les vœux (monastiques).
professo adj. profès.
professor s.m. professeur; (fam.) prof; (primário) instituteur, maître; — contratado chargé de cours.

professora s.f. professeur (femme); (primária) institutrice, maîtresse.
professorado s.m. professorat; les professeurs.
professoral adj. professoral.
profeta s.m. prophète.
profético adj. prophétique.
profetisa s.f. prophétesse.
profetizar v.t. prophétiser.
proficiente adj. efficace, compétent.
profícuo adj. utile, avantageux.
profilático adj. prophylactique.
profilaxia s.f. prophylaxie.
profissão s.f. profession; office m.
profissional adj.; s. professionnel.
profligar v.t. dérouter, détruire.
profundamente adv. profondément.
profundeza s.f. profondeur.
profundidade s.f. profondeur.
profundo adj. profond.
profusão s.f. profusion; luxe m.
profuso adj. abondant.
progenitor s.m. père.
progenitora s.f. mère.
progenitura s.f. progéniture.
prognatismo s.m. prognathisme.
prognato adj. prognathe.
prognosticar v.t. pronostiquer.
prognóstico s.m. pronostic.
programa s.m. programme.
programação s.f. programmation.
programador s.m. programmateur.
programadora s.f. programmatrice.
programar v.t. programmer.
progredir v.int. progresser, avancer.
progressão s.f. progression.
progressista adj. progressiste.
progressivo adj. progressif.
progresso s.m. progrès.
proibição s.f. prohibition, défense.
proibir v.t. prohiber, interdire, défendre, consigner.
proibicionismo s.m. prohibitionnisme.
proibicionista adj.; s. prohibitionniste.
proibitivo adj. prohibitif.
projeção s.f. projection.
projetar v.t. projecter; v.pron. — sobre surplomber.
projétil s.m. projectil.
projeto s.m. project, plan.
projetor s.m. projecteur.
prol s.m. avantage, profit; em — de à faveur de.
prole s.f. progéniture.

proletariado *s.m.* prolétariat.
proletário *s.* prolétaire; *adj.* prolétarien.
proletarização *s.f.* prolétarisation.
proletarizar *v.t.* prolétariser.
proliferação *s.f.* prolifération.
proliferar *v.int.* proliférer.
prolífico *adj.* prolifique.
prolixidade *s.f.* prolixité.
prolixo *adj.* prolixe, verbeux, diffus.
prólogo *s.m.* prologue.
prolongamento *s.m.* prolongement.
prolongar *v.t.* prolonger.
promessa *s.f.* promesse; *cumprir uma —* tenir une promesse; *pagar com —s* payer en monnaie de singe.
prometer *v.t.* promettre.
prometida *s.f.* promise, fiancée.
prometido *adj.* promis; *o — é devido* chose promise, chose due; *s.m.* promis, fiancé.
promiscuidade *s.f.* promiscuité.
promissão *s.f.* promission.
promissor *adj.* prometteur.
promissória *s.f.* lettre de change, billet *m.* à ordre.
promoção *s.f.* 1. (*de funcionários*) promotion, avancement *m.*; 2. *— de vendas* promotion des ventes.
promontório *s.m.* promontoire.
promotor *s.m.* 1. promoteur; 2. *— público* procureur.
promotoria *s.f.* ministère *m.* public, parquet *m.*
promover *v.t.* promouvoir.
promulgação *s.f.* promulgation.
promulgar *v.t.* promulguer.
pronome *s.m.* pronom.
prontidão *s.f.* 1. promptitude; 2. *de —* en état d'alerte.
prontificar-se *v.pron.* se déclarer prêt.
pronto *adj.* prompt; *— a* prêt à; (*gír.*) fauché, à sec; *interj.* ça y est!
pronúncia *s.f.* prononciation.
pronunciamento *s.m.* 1. révolte; 2. manifestation; déclaration.
pronunciar *v.t. e int.* 1. prononcer; 2. déclarer coupable.
pronunciável *adj.* prononçable.
propagação *s.f.* propagation.
propagador *adj.*; *s.m.* propagateur.
propagadora *adj.*; *s.f.* propagatrice.
propaganda *s.f.* propagande; *— insistente e mentirosa* bourrage *m.* de crâne.
propagandista *s.* propagandiste.
propagar *v.t.* propager, répandre.

propalar *v.t.* ébruiter.
propano *s.m.* propane.
proparoxítono *adj.*; *s.* proparoxyton.
propedêutica *s.f.* propédeutique.
propeno *s.m.* propène.
propensão *s.f.* propension.
propenso *adj.* enclin.
propiciar *v.t.* 1. rendre propice; 2. offrir.
propiciatório *adj.* propitiatoire.
propício *adj.* propice.
propina *s.f.* pourboire *m.*, gratification; pot-de-vin *m.*
proponente *adj.*; *s.* proposant.
propor *v.t.* proposer.
proporção *s.f.* proportion.
proporcional *adj.* proportionnel.
proporcionalmente *adv.* proportionnellement; *— a* au prorata de.
proporcionar *v.t.* 1. proportionner; 2. offrir, présenter.
proposição *s.f.* proposition.
propositadamente *adv.* exprès; de propos délibéré, à dessein.
propositado *adj.* fait exprès.
propósito *s.m.* propos, intention; *a —* à point nommé; *a — de* à propos de; *de —* o mesmo que *propositadamente*; *fora de —* *hors de propos; *vir fora de —* tomber mal.
proposta *s.f.* proposition, offre, ouverture.
propriamente *adv.* proprement.
propriedade *s.f.* propriété.
proprietária *s.f.* propriétaire.
proprietário *s.m.* propriétaire; (*fam.*) proprio.
próprio *adj.* propre.
propugnar *v.t.* défendre.
propulsão *s.f.* propulsion.
propulsor *s.m.* propulseur.
prorrogação *s.f.* prorogation.
prorrogar *v.t.* proroger.
prorromper *v.t.* éclater.
prosa *s.f.* prose; *adj.* (*fam.*) faraud.
prosador *s.m.* prosateur.
prosaico *adj.* prosaïque.
prosápia *s.f.* 1. ascendance, lignée; 2. orgueil *m.*
proscênio *s.m.* avant-scène.
proscrever *v.t.* proscrire.
proscrição *s.f.* proscription.
proscrito *adj.*; *s.* proscrit.
proselitismo *s.m.* prosélytisme.
prosélito *s.m.* prosélyte.
prosódia *s.f.* prosodie.

prospecção *s.f.* prospection.
prospectar *v.t.* prospecter.
prospecto *s.m.* prospectus.
prospector *s.m.* prospecteur.
prosperar *v.int.* prospérer.
prosperidade *s.f.* prospérité.
próspero *adj.* prospère.
prosseguir *v.t.* poursuivre.
próstata *s.f.* prostate.
prosternar-se *v.pron.* se prosterner.
prostíbulo *s.m.* bordel.
prostituição *s.f.* prostitution; *exercer a —* faire le trottoir, faire la vie.
prostituir *v.t.* prostituer; *v.pron.* se prostituer.
prostituta *s.f.* prostituée, fille, grue; (*vulg.*) garce, gueuse, pierreuse; peau; morue; roulure.
prostração *s.f.* prostration, accablement *m.*
prostrar *v.t.* terrasser; *v.pron.* se prosterner.
protagonista *s.* protagoniste.
proteção *s.f.* protection.
protecionismo *s.m.* protectionnisme.
protecionista *adj.*; *s.* protectionniste.
proteger *v.t.* protéger; abriter.
protegido *adj.*; *s.* protégé.
proteína *s.f.* protéine.
protelação *s.f.* ajournement *m.*, prorrogation.
protelar *v.t.* ajourner, proroger.
prótese *s.f.* prothèse.
protestação *s.f.* protestation.
protestante *adj.*; *s.* protestant.
protestantismo *s.m.* protestantisme.
protestar *v.int.* protester; réclamer; (*pop.*) rouscailler; rouspéter; *v.t.* proclamer; *— violentamente* jeter les *hauts cris.
protestatário *adj.* protestataire.
protesto *s.m.* protestation; *— de letra* protêt.
protetor *s.m.* protecteur.
protetora *s.f.* protectrice.
protetorado *s.m.* protectorat.
protocolar *adj.* protocolaire.
protocolo *s.m.* protocole.
próton *s.m.* proton.
protoplasma *s.m.* protoplasme.
protótipo *s.m.* prototype.
protozoário *s.m.* protozoaire.
protuberância *s.f.* protubérance.
prova *s.f.* 1. preuve, démonstration; *pôr à —* éprouver; 2. essai *m.*; 3. (*de roupa*) essayage *m.*; 4. (*em escola*) épreuve, exa-

men; 5. *—s tipográficas* épreuves; *— de paquê*, *— de granel* placard; *últimas —s* bonnes feuilles.
provação *s.f.* épreuve.
provar *v.t.* prouver, démonstrer; 2. essayer; 3. éprouver; 4. déguster, goûter.
provável *adj.* probable.
provavelmente *adv.* probablement, sans doute.
provecto *adj.* avancé (en âge).
proveito *s.m.* profit; fruit; *sem nenhum —* en pure perte.
proveitoso *adj.* profitable.
Provença *s.f.* Provence.
provençal *adj.*; *s.pátr.* provençal; occitan.
proveniência *s.f.* provenance.
provento *s.m.* revenu, profit.
prover *v.t.* pourvoir, nantir.
proverbial *adj.* proverbial.
provérbio *s.m.* proverbe.
proveta *s.f.* éprouvette.
providência *s.f.* providence.
providencial *adj.* providenciel.
provido *adj.* pourvu.
província *s.f.* province.
provincial *adj.*; *s.m.* provincial.
provinciano *adj.* provincial.
provincianismo *s.m.* provincialisme.
provindo *adj.* provenant.
provir *v.int.* provenir, procéder.
provisão *s.f.* provision.
provisório *adj.* provisoire.
provocação *s.f.* provocation.
provocador *adj.*; *s.m.* provocateur.
provocadora *adj.*; *s.f.* provocatrice.
provocante *adj.* provocant, coquet.
provocar *v.t.* provoquer; produire, soulever.
proxeneta *s.* proxénète.
proximamente *adv.* dans peu de temps.
proximidade *s.f.* proximité.
próximo *adj.* prochain, proche; *no — mês* au mois prochain; *parente —* proche parent; *s. o —* le prochain, le voisin, autrui; *adv.* près.
prudência *s.f.* prudence, sagesse.
prudente *adj.* prudent.
prudentemente *adv.* prudemment.
pruína *s.f.* pruine.
prumada *s.f.* verticalité, aplomb *m.*, profondeur.
prumo *s.m.* 1. fil à plomb; 2. (*fig.*) tact, jugement; élégance *f.*
prurido *s.m.* prurit, démangeaison *f.*

prurigem s.f. prurigo.
Prússia s.f. Prusse.
prussiano adj.; s.pátr. prussien.
pseudônimo adj. pseudonyme; s.m. pseudonyme, nom d'emprunt.
psicanálise s.f. psychanalise.
psicanalista s. psychanaliste.
psicanalítico adj. psychanalitique.
psicodélico adj. psychédélique.
psicóloga s.f. psychologue.
psicologia s.f. psychologie.
psicológico adj. psychologique.
psicólogo s.m. psychologue.
psicomotor adj. psycomoteur.
psicopata s. psychopathe.
psicopatia s.f. psychopathie.
psicose s.f. psychose.
psicotécnica s.f. psychotechnique.
psicotécnico s. psychotechnicien.
psicoterapia s.f. psychothérapie.
psique s.f. psyché.
psiquiatra s. psychiatre.
psiquiatria s.f. psychiatrie.
psiquiátrico adj. psychiatrique.
psíquico adj. psychique.
psiquismo s.m. psychisme.
psitacose s.f. psittacose.
psiu! interj. pst!; chut!; motus!
psoríase s.f. psoriasis m.
pua s.f. vrille.
puberdade s.f. puberté.
púbere adj. pubère.
púbis s.m. pubis.
publicação s.f. publication.
publicamente adv. publiquement.
publicar v.t. publier.
publicável adj. publiable.
publicidade s.f. publicité.
publicista s.m. publiciste.
publicitário adj.; s. publicitaire.
público adj.; s.m. public.
puçá s.m. épervier.
púcaro s.m. gobelet.
pudendo adj. *honteux.
pudera! interj. et pour cause!
pudibundo adj. pudibond.
pudicícia s.f. pudicité; — excessiva pruderie.
pudico adj. pudique; prude.
pudim s.m. pudding; — de caramelo flan.
pudor s.m. pudeur f.
puerícia s.f. enfance.
puericultura s.f. puériculture.
pueril adj. puéril.

puerilidade s.f. puérilité.
puérpera s.f. accouchée.
puerperal adj. puerpéral.
pugilato s.m. pugilat.
pugilista s.m. pugiliste.
pugna s.f. combat m., querelle.
pugnar v.int. combattre, se quereller.
puir v.t. râper; élimer.
pujança s.f. puissance, force.
pujante adj. puissant, vigoureux.
pular v.t. bondir, sauter.
pulga s.f. puce; deixar com a — na orelha mettre la puce à l'oreille de.
pulgão s.m. puceron.
pulha s.m. fripouille f., canaille f., crapule f.
pulmão s.m. poumon.
pulmoeira s.f. pousse; afetado de — poussif.
pulmonar adj. pulmonaire.
pulo s.m. bond, saut; — de alegria gambade f.; dar um — em casa de faire un saut chez.
pulôver s.m. pull-over, chandail.
púlpito s.m. chaire.
pulsação s.f. pulsation.
pulsar v.int. (coração) battre.
pulseira s.f. bracelet m.
pulso s.m. 1. pouls, poignet; 2. (fig.) poigne f.
pululação s.f. pullulation.
pulular v.int. pulluler; foisonner.
pulverização s.f. pulvérisation.
pulverizador s.m. pulvérisateur.
pulverizar v.t. pulvériser.
puma s.m. puma.
punção[1] s.f. ponction.
punção[2] s.m. poinçon, repoussoir.
pundonor s.m. point d'honneur.
punga s.f. vol m. à la tire.
pungente adj. poignant.
punguista s.m. pickpocket.
punhado s.m. poignée f.
punhal s.m. poignard.
punhalada s.m. coup m. de poignard.
punho s.m. 1. poing; 2. poignet; 3. (de camisa) manchette f.; 4. (de ferramenta) poignée f.
punição s.f. punition.
púnico adj. punique, carthaginois.
punir v.t. punir; v.int. se battre pour.
punitivo adj. punitif.
punível adj. punissable.
pupila[1] s.f. (menina do olho) prunelle.
pupila[2] s.f. pupille.

pupilo *s.m.* pupille.
purê *s.m.* purée *f.*
pureza *s.f.* pureté.
purgação *s.f.* purgation.
purgante *s.m.* purgatif.
purgar *v.t.* purger.
purgativo *adj.* purgatif.
purgatório *s.m.* purgatoire.
purificação *s.f.* purification.
purificar *v.t.* purifier.
purina *s.f.* purin.
purismo *s.m.* purisme.
purista *adj.*; *s.* puriste.
puritanismo *s.m.* puritanisme.
puritano *adj.*; *s.* puritain.
puro *adj.* pur.
púrpura *s.f.* pourpre.
purpurear *v.t.* empourprer.
purpúreo *adj.* purpurin.
purulência *s.f.* purulence.
purulento *adj.* purulento.

pus *s.m.* pus.
pusilânime *adj.* pusillanimité.
pústula *s.f.* pustule.
pustulento *adj.* pustuleux.
puta *s.f.* putain.
putativo *adj.* putatif.
putrefação *s.f.* putréfaction.
putrefazer *v.t.* putréfier.
pútrido *adj.* putride.
puxa *interj.* bigre, bougre, fichtre, flûte, mâtin, mince, tiens, tenez.
puxado[1] *adj.* exagéré; cher; ardu.
puxado[2] *s.m.* prolongement, annexe.
puxador *s.m.* 1. poignée *f.*; 2. — *de carro* voleur d'automobile.
puxão *s.m.* poussée *f.*, *heurt.
puxar *v.t.* tirer, traîner; — *a orelha a* frotter l'oreille à; — *o saco a* fayotter; *v.int.* — *aos seus* chasser de race.
puxa-saco *s.m.* fayot, lèche-cul.
puxavante *s.m.* butoir.

Q

quacre *adj.*; *s.* quaker.
quadra *s.f.* 1. (*de casas*) pâté *m.* de maisons; 2. (*de tênis*) court *m.*; 3. (*de versos*) quatrain *m.*, couplet *m.*
quadrado *adj.*; *s.m.* carré; (*fig.*) *ser*— avoir des œillères.
quadragenário *adj.*; *s.* quadragénaire.
quadragésimo *num.*; *s.m.* quarantième.
quadrangular *adj.* quadrangulaire.
quadrante *s.m.* cadran; quadrant.
quadratura *s.f.* quadrature.
quadriculado *adj.* quadrillé.
quadricular *v.t.* quadriller.
quadriênio *s.m.* espace de quatre ans.
quadriga *s.f.* quadrige *m.*
quadril *s.m.* *hanche *f.*
quadrilátero *adj.*; *s.m.* quadrilatère.
quadrilha *s.f.* quadrille *m.*; 2. bande de voleurs.
quadrimotor *adj.*; *s.m.* quadrimoteur.
quadrigentésimo *num.* quatre-centième.
quadrinho *s.m.* 1. tableautin; 2. *pl.* bandes animées *f.*
quadro *s.m.* 1. carré; 2. cadre; 3. tableau; — *ruim* croûte *f.*; 4. panneau; 5. liste *f.*; 6. (*para confeccionar palavras cruzadas ou decifrar mensagens*) grille *f.*
quadro de honra *s.m.* palmarès, tableau d'honneur.
quadro-negro *s.m.* tableau noir; (*gír.esc.*) planche *f.*
quadrúpede *adj.*; *s.m.* quadrupède
quadruplicar *v.t.* e *int.* quadrupler.
quádruplo *adj.*; *s.m.* quadruple.
qual *pron.* quel, lequel, quantième; *a —* laquelle; *o —* lequel; *conj.* comme; *interj.* comment.
qualidade *s.f.* qualité; *na — de* à titre de; *nessa —* comme tel.
qualificação *s.f.* qualification.

qualificativo *adj.*; *s.m.* qualificatif.
qualificável *adj.* qualifiable.
qualitativo *adj.* qualitatif.
qualquer *pron.* n'importe quel, quelconque; — *que* quel que; — *um* n'importe qui; le premier venu; *de — maneira* n'importe comment; *em — lugar* n'importe où.
quando *conj.* quand, lorsque; — *de loc. prep.* lors de, à l'occasion de.
quantia *s.f.* somme.
quântico *adj.* quantique.
quantidade *s.f.* quantité.
quantitativo *adj.* quantitatif.
quanto *pron.* combien (de); que (de); *quantas dificuldades!* que de difficultés!; *saber a quantas anda* savoir où l'on en est; *adv.* combien; — *a loc.prep.* quant à; pour ce qui est de; — *a mim* pour ma part, quant à moi.
quão *adv.* combien.
quarenta *num.* quarante.
quarentena *s.f.* quarantaine.
quaresma *s.f.* carême *m.*
quaresmeira *s.f.* (*árvore*) tibouchine.
quarta *s.f.* — *de final* (*Esp.*) quatrième de final.
quarta-feira *s.f.* mercredi *m.*; — *de cinzas* mercredi *m.* des cendres.
quarteirão *s.m.* pâté de maisons.
quartel[1] *s.m.* 1. quartier; 2. quart.
quartel[2] *s.m.* 1. caserne *f.*; *não dar —* ne pas faire quartier.
quartel-general *s.m.* quartier-général.
quartel-mestre *s.m.* quartier-maître.
quarteto *s.m.* quatuor.
quartinho *s.m.* 1. chambrette *f.*; — 2. w.-c., waters.
quarto[1] *num.* quatrième; *em — lugar* quatrièmement, quarto; *s.m.* quart; —

de hora quart d'heure; *passar um mau — de hora* passer un mauvais quart d'heure.
quarto² *s.m.* chambre *f.*, pièce *f.*; (*fam.*) piaule *f.*; — *de despejo* fourre-tout; — *de dormir* chambre *f.* à coucher; — *de hóspedes* chambre d'amis; (*contíguo a uma loja*) arrière-boutique.
quarto³ *s.m.* quart, planton.
quartzífero *adj.* quartzifère.
quartzo *s.m.* quartz.
quartzoso *adj.* quartzeux.
quase *adv.* presque, quasi; à peu près; (*fam.*) quasiment, peu s'en faut.
quati *s.m.* coati.
quatorze *num.* quatorze.
quatro *num.* quatre; *de* — à quatre pattes.
quatrocentos *num.* quatrecents.
que¹ *conj.* que; pourquoi.
que² *pron.* que; *a casa — comprei* la maison que j'ai achetée; — *foi — você disse?* qu'est-ce que vous avez dit?; quel; — *horas são?* quelle heure est-il?; quoi; *não sei o quê* je ne sais quoi; *o quê?* plaît-il?
que³ *adv.* comme; *que bonito!* comme c'est beau!
quê *s.m.* algo; *sem — nem para —* sans raison.
Quebec *s.m.* Québec.
quebra *s.f.* 1. casse, fracture; 2. faillite, banqueroute; (*fam.*) déconfiture, krach.
quebra-cabeça *s.m.* casse-tête.
quebrada *s.f.* ravin *m.*
quebradeira *s.f.* 1. épuisement *m.*, fatigue; 2. misère.
quebradiço *adj.* cassable, fragile.
quebrado *adj.* 1. cassé; 2. épuisé; 3. en panne, détraqué; 4. miséreux, purotin; *s.m.pl.* de la monnaie.
quebra-luz *s.m.* abat-jour.
quebra-lamas *s.m.* brise-lames.
quebra-mar *s.m.* jetée, môle.
quebra-molas *s.m.* gendarme.
quebra-nozes *s.m.* casse-noix.
quebrantamento *s.m.* courbature *f.*
quebrantar *v.t.* affaiblir, briser; enfreindre.
quebranto *s.m.* abattement, ensorcellement.
quebra-quebra *s.m.* désordre, tumulte.
quebrar *v.t.* briser, rompre; *int.* faire faillite.
queda *s.f.* 1. chute, tombée; *levar uma —* faire une chute; 2. penchant *m.*
quedar *v.int.* rester.

quefir *s.m.* kéfir.
queijaria *s.f.* fromagerie.
queijeiro *s.m.* fromager.
queijo *s.m.* fromage; — *de Holanda* hollande; — *suíço* gruyère.
queima *s.f.* brûlage *m.*, incendie *m.*; (*fig.*) liquidation.
queimada *s.f.* brûlis *m.*
queimado *adj.* brûlé; (*de sol*) *hâlé; *s.m.* roussi.
queimadura *s.f.* brûlure.
queimar *v.t.* brûler; (*sol, a pele*) *hâler.
queima-roupa *à — loc.adv.* à brûle-pourpoint.
queixa *s.f.* plainte.
queixada¹ *s.f.* mandibule.
queixada² *s.f.* pécari.
queixar-se *v.pron.* se plaindre; — *da sua pobreza* crier famine.
queixo *s.m.* menton.
queixoso *adj.* plaintif; *s.m.* plaignant.
queixume *s.m.* plainte *f.* amère.
quejando *adj.* semblable, pareil.
quelônio *s.m.* chélonien.
quem *pron.* qui; *de* — dont, de qui; — *quer; que* quiconque.
Quênia *s.m.* Kenya.
quentão *s.m.* eau-de-vie *f.* de canne à sucre.
quente *adj.* chaud.
quepe *s.m.* képi.
quer *conj.* soit, où.
quer dizer *loc.adv.* c'est-à-dire.
querela *s.f.* querelle.
querelante *s.* plaignant.
querelar *v.int.* quereller.
querer *v.t.* 1. vouloir; — *outra vez* revouloir; *foi você quem quis* vous l'avez voulu; 2. exiger; 3. vouloir; avoir la gentillesse; *queira entrar* donnez-vous la peine d'entrer; 4. chérir, aimer; *por —* exprès; *sem —* involontairement.
queridinho *s.m.* (*fam.*) chou, chouchou.
querido *adj.* chéri.
quermesse *s.f.* kermesse.
querosene *s.m.* kérosène.
querubim *s.m.* chérubin.
questão *s.f.* 1. question, demande; — *de múltipla escolha* question à choix multiple; 2. question, démêlé *m.*; 3. — *de honra* point *m.* d'honneur; *estar em —* être en jeu; *fazer — de* tenir à.
questionar *v.t.* questionner.
questionário *s.m.* questionnaire.

quiabo *s.m.* gombo.
quiçá *adv.* peut-être.
quieto *adj.* quiet, paisible; coi.
quietude *s.f.* quiétude.
quilate *s.m.* carat; aloi.
quilha *s.f.* quille.
quilo(grama) *s.m.* kilo(gramme).
quilombo *s.m.* refuge d'esclaves fugitifs.
quilometragem *s.f.* kilométrage *m.*
quilometrar *v.t.* kilométrer.
quilométrico *adj.* kilométrique.
quilômetro *s.m.* kilomètre.
quilowatt *s.m.* kilowatt.
quimera *s.f.* chimère.
quimérico *adj.* chimérique.
química *s.f.* chimie.
químico *adj.* chimique; *s.* chimiste.
quimono *s.m.* kimono.
quina *s.f.* 1. angle *m.*; 2. quine *m.*
quinau *s.m.* correction *f.*
quindim *s.m.* gâteau aux œufs, noix de coco et sucre.
quinhão *s.f.* portion, part.
quinhentos *num.* cinq cents; *são outros —* c'est une autre paire de manches.
quinina *s.f.* quinine.
quinquagenário *adj.*; *s.* quinquagénaire.
quinquagésimo *num.* cinquantième.
quinquenal *adj.* quinquennale.
quinquênio *s.m.* espace de cinq ans; augmentation *f.* quinquennal.
quinquilharias *s.f.pl.* 1. jouets *m.*; 2. bagatelles, bijoux de fantaisie.
quinta[1] *s.f.* (*intervalo musical*) quinte.
quinta[2] *s.f.* ferme, manoir *m.*

quinta-essência *s.f.* o mesmo que *quintessência.*
quinta-feira *s.f.* jeudi *m.*
quintal[1] *s.m.* cour *f.*
quintal[2] *s.m.* (*100 quilos*) quintal.
quintessência *s.f.* quintessence.
quinteto *s.m.* quintette.
quinto *num.* cinquième.
quintuplicar *v.t.* quintupler.
quíntuplo *adj.*; *s.m.* quintuple.
quinze *adj.num.* quinze.
quinzena *s.f.* quinzaine.
quinzenal *adj.* bimensuel.
quiosque *s.m.* kiosque.
quiromancia *s.f.* chiromancie.
quiromante *s.m.* chiromancien; *s.f.* chiromancienne.
quisto *s.m.* kyste.
quitação *s.f.* quittance, décharge.
quitanda *s.f.* fruiterie.
quitandeira *s.f.* fruitière; (*ambulante*) marchande des quatre-saisons.
quitandeiro *s.m.* fruitier; (*ambulante*) marchand des quatre saisons.
quitar *v.t.* acquitter, quittancer, donner quittance de.
quite *adj.* quite.
quitinete *s.m.* kitchenette *f.*
quitute *s.m.* friandise *f.*
quixotada *s.f.* bravade.
quixotesco *adj.* fantasque.
quizila *s.f.* 1. antipathie; 2. brouille.
quociente *s.m.* quotient.
quorum *s.m.* quorum.
quota *s.f.* quote-part, écot *m.*

R

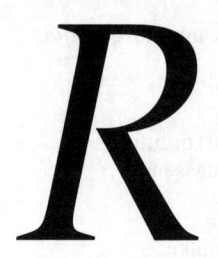

rã *s.f.* grenouille.
rabada *s.f.* culotte de bœuf.
rabadilha *s.f.* croupion *m.*
rabanada *s.f.* pain *m.* perdu.
rabanete *s.m.* radis.
rábano *s.m.* rave *f.*
rabeca *s.f.* violon *m.*
rabecão *s.m.* **1.** contrebasse *f.*; **2.** corbillard.
rabi *s.m.* rabbi.
rabicho *s.m.* **1.** queue *f.* de cheval, faisceau de cheveux; **2.** caprice, passion.
rábico *adj.* rabique.
rabínico *adj.* rabbinique.
rabino *s.m.* rabbin.
rabiscador *s.m.* (*depr.*) écrivailleur.
rabiscar *v.t.* griffonner, gribouiller.
rabisco *s.m.* griffonnage.
rabo *s.m.* queue *f.*
rabote *s.m.* rabot.
rabugento *adj.* bourru, acariâtre, grincheux, grognon, *hargneux, maussade.
rabugice *s.f.* *hargne, maussaderie.
rábula *s.m.* **1.** avocat chicaneur; **2.** personne *f.* qui plaide sans diplôme d'avocat.
raça *s.f.* race; *de boa* — racé; *na* — (*gír.*) à toute force.
ração *s.f.* ration; picotin *m.*
rachadura *s.f.* fêlure.
rachar *v.t.* fêler; *v.int.* se fendre.
racial *adj.* racial.
raciocinador *s.m.* raisonneur.
raciocinadora *s.f.* raisonneuse.
raciocinar *v.int.* raisonner.
raciocínio *s.m.* raisonnement.
racional *adj.* rationnel.
racionalismo *s.m.* rationalisme.
racionalista *adj.*; *s.* rationaliste.
racionalização *s.f.* rationalisation.
racionalizar *v.t.* rationaliser.
racionamento *s.m.* rationnement.
racionar *v.t.* rationner.
racismo *s.m.* racisme.
racista *adj.*; *s.* raciste.
raçudo *adj.* racé.
radar *s.m.* radar.
radiação *s.f.* rayonnement *m.*, radiation.
radiador *s.m.* radiateur.
radial *adj.* radial.
radiante *adj.* rayonnant de joie.
radiar *v.int.* rayonner.
radical *adj.*; *s.m.* radical.
radicalismo *s.m.* radicalisme.
rádio[1] *s.m.* (*sistema de transmissão de sons*) radio (phonie) *f.*; TSF.
rádio[2] *s.m.* (*elemento metálico*) radium.
radioatividade *s.f.* radio-activité.
radioativo *adj.* radio-actif.
radiodifusão *s.f.* radio-diffusion.
radioemissora *s.f.* poste *m.* émetteur.
radioestesia *s.f.* radiesthésie.
radiofonia *s.f.* radiophonie.
radiofônico *adj.* radiophonique.
radiografar *v.t.* radiographier.
radiografia *s.f.* radiographie.
radiograma *s.m.* radiogramme.
radiologia *s.f.* radiologie.
radiologista *s.m.* radiologiste.
radionovela *s.f.* feuilleton *m.* radiodiffusé.
radiopatrulha *s.f.* voiture-radio *f.*
radiorreportagem *s.f.* reportage *m.* radiodiffusé.
radiorrepórter *s.m.* radioreporter.
radioscopia *s.f.* radioscopie.
radioso *adj.* radieux, éclatant.
radiotelegrafia *s.f.* radiotélégraphie.
radioterapia *s.f.* radiothérapie.
ráfia *s.f.* raphia *m.*
ragu *s.m.* ragoût.
raia[1] *s.f.* **1.** ligne, trait *m.*; **2.** limite, frontière.

raia² *s.f.* (peixe) raie; — *-elétrica* torpille.
raiar¹ *v.int.* éclore, surgir.
raiar² *v.t.* rayer.
rainete *s.f.* rainette.
rainha *s.f.* reine.
rainha-cláudia *s.f.* reine-claude.
raio *s.m.* 1. (*de sol*) rayon; 2. (*descarga elétrica*) foudre *m.*; 3. (*de círculo*) rayon.
raiva *s.f.* rage.
raivoso *adj.* 1. enragé, rageur; 2. hydrophobe.
raiz *s.f.* racine; *criar* — prendre racine; 2. — *cúbica* racine cubique; — *quadrada* racine carrée.
raiz-forte *s.f.* raifort.
rajá *s.m.* radjah.
rajada *s.f.* rafale, grain *m.*
ralador *s.m.* râpe *f.*
ralar *v.t.* râper.
ralé *s.f.* racaille, pègre, la lie du peuple, bas-fonds *m.pl.*
ralhar *v.int.* — *com* tancer; semoncer.
ralo¹ *s.m.* 1. râpe *f.*; 2. crible, grille *f.*
ralo² *s.m.* (*inseto*) taupe-grillon.
ralo³ *adj.* clairsemé, délayé.
rama *s.f.* branchage *m.*; *pela* — superficiellement.
ramada *s.f.* ramée.
ramal *s.m.* poste.
ramalhar *v.int.* bruire; *s.m.* bruissement.
ramaria *s.f.* branchage.
rameira *s.f.* prostituée; (*vulg.*) pouffiasse.
ramerrão *s.m.* traintrain.
ramificação *s.f.* ramification.
ramificar *v.t.* ramifier.
raminho *s.m.* brindille *f.*
ramo *s.m.* 1. (*de árvore*) branche *f.*, rameau; 2. (*de flores*) bouquet; 3. (*de negócio*) branche *f.*
rampa *s.f.* rampe; talus *m.*
rancho *s.m.* 1. camp, bivouac; 2. chaumière *f.*, *hutte *f.*; 3. popote *f.*
ranço *s.m.* rance.
rancor *s.m.* rancœur *f.*, rancune.
rancoroso *adj.* rancunier.
rançoso *adj.* rance; *tornar-se* — rancir.
randevu *s.m.* maison *f.* de passe.
ranger *v.int.* grincer; crisser.
rangido *s.m.* grincement, crissement.
ranho *s.m.* morve *f.*
ranhura *s.f.* rainure.
ranzinza *adj.* acariâtre.
rapace *adj.* rapace.
rapacidade *s.f.* rapacité.

rapadura *s.f.* sucre *m.* roux, espèce de cassonade.
rapagão *s.m.* gaillard.
rapapés *s.m.pl.* patelinage.
rapar *v.t.* râper, racler.
rapariga *s.f.* 1. jeune fille; 2. (*depr.*) poule; prostituée.
rapaz *s.m.* garçon, jeune homme; (*fam.*) gars.
rapaziada *s.f.* les copains *m.pl.*
rapé *s.m.* tabac à priser; *tomar* — priser.
rapidamente *adv.* rapidement; (*fam.*) en cinq sec; ventre à terre.
rapidez *s.f.* rapidité, promptitude.
rápido *adj.* rapide, prompt; *s.m.* (*trem*) rapide.
rapina *s.f.* rapine.
rapinar *v.int.* rapiner, pratiquer la rapine.
raposa *s.f.* renard *m.*; (*fig.*) — *velha* vieux routier *m.*
rapsódia *s.f.* rhapsodie.
rapsódico *adj.* rhapsodique.
rapsodo *s.m.* rhapsode.
raptar *v.t.* enlever, ravir, *kidnapper*.
rapto *s.m.* rapt, enlèvement, ravissement.
raptor *s.m.* ravisseur.
raque *s.f.* (*Anat.*) rachis.
raqueta *s.f.* raquette; — *para bater tapetes* tapette.
raquiano *adj.* rachidien.
raquítico *adj.* rachitique; chétif, rabougri.
raquitismo *s.m.* rachitisme.
rarear *v.t.* rendre rare; *v.int.* devenir rare.
rarefação *s.f.* raréfaction.
rarefazer *v.t.* raréfier.
raridade *s.f.* rareté.
raro *adj.* rare.
rasante *adj.* rasant.
rasar *v.t.* raser.
rascunhar *v.t.* esquisser; faire le brouillon de.
rascunho *s.m.* brouillon.
rasgado *adj.* 1. déchiré; 2. large, ouvert.
rasgão *s.m.* accroc, déchirure *f.*
rasgar *v.t.* déchirer.
rasgo *s.m.* 1. trait; 2. élan; 3. action d'éclat.
raso *adj.* ras; (*soldado*) simple; (*olhos*) *rasos de lágrimas* noyés de larmes.
raspa *s.f.* râpure; (*de fundo de panela*) gratin *m.*
raspadeira *s.f.* grattoir *m.*; racloir *m.*, raclette.
raspadura *s.f.* grattage *m.*

raspagem *s.f.* raclage *m.*
raspão *s.m.* égratignure *f.*; *de* — en effleurant.
raspar *v.t.* râper, gratter, racler.
rastaquera *s.* rasta(quouère).
rasteira *s.f.* croc-en-jambe *m.*
rasteiro *adj.* terre à terre.
rastejar *v.int.* ramper; *v.t.* suivre à la trace.
rastilho *s.m.* sillage; traînée *f.* de poudre.
rasto *s.m.* piste *f.*; *descobrir seguindo o* — dépister.
rastro *s.m.* o mesmo que *rasto*.
rasura *s.f.* rature.
rasurar *v.t.* raturer.
rata[1] *s.f.* (*fêmea do rato*) rate.
rata[2] *s.f.* gaffe, balourdise; impair *m.*
ratafia *s.f.* ratafia *m.*
rataplã *s.m.* rataplan.
ratazana *s.f.* gros rat *m.*
ratear *v.t.* partager au prorata de.
ratificação *s.f.* ratification.
ratificar *v.t.* ratifier.
ratinho *s.m.* souriceau, raton.
rato *s.m.* rat.
ratoeira *s.f.* ratière, souricière.
ravina *s.f.* ravin.
razão *s.f.* 1. raison, raisonnement *m.*, jugement *m.*; *escutar a voz da* — se raisonner; 2. raison, justice; *com toda a* — à juste titre; *não ter* — avoir tort; *ter* — avoir raison; *sem* — à tort; 3. raison, cause; 4. raison, proportion; *livro-* — livre de raison.
razia *s.f.* razzia.
razoável *adj.* 1. raisonnable; 2. honnête, passable.
ré[1] *s.m.* (*nota de música*) ré.
ré[2] *s.f.* accusée.
ré[3] *s.f.* poupe, arrière; *marcha* a — marche arrière.
reabastecer *v.t.* ravitailler; réassortir.
reabastecimento *s.m.* ravitaillement.
reabertura *s.f.* réouverture; — *das aulas* rentrée.
reabilitação *s.f.* réhabilitation.
reabilitar *v.t.* réhabiliter.
reabituar *v.t.* réhabituer.
reabotoar *v.t.* reboutonner.
reabrir *v.t.* rouvrir.
reabsorção *s.f.* réabsorption.
reabsorver *v.t.* réabsorber.
reação *s.f.* réaction.
reacender *v.t.* rallumer.
reacionário *adj.*; *s.* réactionnaire.

reacostumar *v.t.* réaccoutumer, raccoutumer.
reacrescentar *v.t.* rajouter.
readaptação *s.f.* réadaptation.
readaptar *v.t.* réadapter.
readmissão *s.f.* réadmission.
readmitir *v.t.* réadmettre, reprendre.
readormecer *v.int.* se rendormir.
reafirmar *v.t.* réaffirmer.
reagente *s.m.* réactif.
reagir *v.int.* réagir.
reagrupamento *s.m.* regroupement.
reagrupar *v.t.* regrouper.
reajustamento *s.m.* rajustement, réajustement.
reajustar *v.t.* rajuster, réajuster.
real *adj.* réel.
realçar *v.t.* rehausser; rebiquer.
realce *s.m.* 1. relief; 2. repoussoir.
realegrar *v.t.* ragaillarder.
realejo *s.m.* orgue de Barbarie.
realeza *s.f.* royauté.
realidade *s.f.* réalité.
realismo[1] *s.m.* réalisme.
realismo[2] *s.m.* royalisme.
realista[1] *adj.*; *s.* réaliste.
realista[2] *adj.*; *s.* royaliste.
realização *s.f.* réalisation; (*de uma sessão*) tenue.
realizador *s.m.* réalisateur.
realizar *v.t.* réaliser; *v.pron.* se réaliser, avoir lieu; se tenir.
realizável *adj.* réalisable.
realmente *adv.* réellement, vraiment; (*fam.*) pour de vrai.
reanimação *s.f.* réanimation.
reanimar *v.t.* réanimer, ragaillardir; (*fig.*) rafraîchir, rallumer; 2. (*fazer voltar à vida*) réanimer.
reaparecer *v.int.* réapparaître, reparaître.
reaparecimento *s.m.* réapparition; (*de ator no palco*) rentrée.
reaparição *s.f.* réapparition.
reaprender *v.t.* réapprendre.
reapresentação *s.f.* (*de peça teatral*) reprise.
rearmamento *s.m.* réarmement.
reassumir *v.t.* assumer de nouveau; reprendre.
reatamento *s.m.* renouement.
reatar *v.t.* renouer, rattacher.
reativo *s.m.* réactif.
reator *s.m.* réacteur.
reaver *v.t.* ravoir, regagner.

reavivar *v.t.* faire revivre; rallumer, ranimer, raviver.
rebaixamento *s.m.* rabaissement.
rebaixar *v.t.* rabattre; rabaisser.
rebanho *s.m.* troupeau.
rebarba *s.f.* bavure.
rebarbador *s.m.* ébarbeuse *f.*
rebarbar *v.t.* ébarber.
rebarbativo *adj.* rebarbatif.
rebate *s.m.* tocsin.
rebater *v.t.* rebattre.
rebatizar *v.t.* rebaptiser.
rebelar-se *v.pron.* se rebeller.
rebelde *adj.*; *s.* rebelle; mutin.
rebelião *s.f.* rébellion.
rebentar *v.int.* crever; — *de rir* pouffer de rire.
rebento *s.m.* jet; rejeton; surgeon.
rebitar *v.t.* riveter, river.
rebite *s.m.* rivet.
reboar *v.int.* retentir, résonner.
rebocador *s.m.* remorqueur.
rebocar[1] *v.t.* (*navio*) remorquer.
rebocar[2] *v.t.* (*parede*) ravaler.
reboco *s.m.* crépi.
rebolado *s.m.* déhanchement.
rebolar *v.int.* se déhancher.
rebolo *s.m.* meule *f.*, affiloir, aléseuse *f.*
reboque *s.m.* remorque *f.*
rebordo *s.m.* rebord.
rebordosa *s.f.* réprimande, semonce.
rebotalho *s.m.* rebut, rancart; *pôr no —* mettre au rancart.
rebote *s.m.* o mesmo que *rabote*.
rebrilhar *v.int.* briller de nouveau, resplendir.
rebrotar *v.int.* repousser.
rebuçado *s.m.* bonbon; *adj.* déguiser.
rebuço *s.m.* déguisement.
rebuliço *s.m.* brouhaha, remue-ménage; bran-lebas.
rébus *s.m.* rébus.
rebuscado *adj.* recherché, affecté; (*fam.*) tarabiscoté.
rebuscamento *s.m.* recherche *f.*
rebuscar *v.t.* rechercher; chercher partout.
recadeiro *s.m.* chasseur, groom.
recado *s.m.* message, commission *f.*
recaída *s.f.* rechute; *ter uma —* rechuter.
recair *v.int.* retomber; incomber à.
recalcar *v.t.* refouler.
recalcitrante *adj.* récalcitrant.
recalcitrar *v.int.* récalcitrer; se rebiffer.
recalque *s.m.* refoulement.
recamar *v.t.* border, orner.
recambiar *v.t.* renvoyer.
recanto *s.m.* recoin.
recapagem *s.f.* rechapage *m.*
recapar *v.t.* rechaper.
recapitulação *s.f.* récapitulation.
recatado *adj.* modeste, pudique.
recatar *v.t.* précautionner; défendre.
recato *s.m.* retenue *f.*, pudeur *f.*, modestie *f.*
recauchutagem *s.f.* rechapage *m.*
recauchutar *v.t.* rechaper.
recear *v.t.* craindre, appréhender, redouter.
recebedor *s.m.* receveur, percepteur.
recebedoria *s.f.* perception, bureau *m.* du percepteur.
receber *v.t.* recevoir, percevoir; encaisser; *recebi* (*escrito em fatura*) par acquit.
recebimento *s.m.* 1. réception *f.*; 2. perception.
receio *s.m.* appréhension *f.*; crainte *f.*; peur *f.*
receita *s.f.* recette, ordonnance.
receitar *v.t.* prescrire, ordonner.
recém-chegada *adj.*; *s.f.* nouvelle venue.
recém-chegado *adj.*; *s.m.* nouveau venu.
recém-nascida *adj.*; *s.f.* nouveau-née.
recém-nascido *adj.*; *s.m.* nouveau-né.
recender *v.t.* exhaler (un parfum); fleurer.
recenseamento *s.m.* recensement, dénombrement.
recensear *v.t.* recenser, dénombrer.
recente *adj.* récent.
recentemente *adv.* récemment, naguère.
receoso *adj.* craintif.
recepção *s.f.* 1. réception, accueil *m.*; 2. réception, raout.
recepcionista *s.* réceptionniste.
receptação *s.f.* recel *m.*
receptáculo *s.m.* réceptacle.
receptador *s.m.* receleur.
receptar *v.t.* receler.
receptividade *s.f.* réceptivité.
receptivo *adj.* réceptif.
receptor *s.m.* recepteur.
recessão *s.f.* récession.
recesso *s.m.* 1. retraite *f.*; 2. suspension *f.* d'activités.
rechaçar *v.t.* rechasser.
rechear *v.t.* farcir.
recheio *s.m.* farce *f.*, *hachis.
rechonchudo *adj.* potelé, joufflu, dodu, replet; boulot, rondelet.

recibo *s.m.* reçu, quittance *f.*; *(no correio)* récépissé; *passar* — acquitter.
reciclagem *s.f.* recyclage.
reciclar *v.t.* recycler.
recidiva *s.f.* récidive.
recidivista *adj.*; *s.* récidiviste, repris de justice.
recife *s.m.* récif.
recinto *s.m.* enceinte *f.*, pourtour.
recipiendário *s.m.* récipiendaire.
recipiente *s.m.* récipient.
reciprocidade *s.f.* réciprocité.
recíproco *adj.* réciproque.
recitação *s.f.* récitation.
recitador *s.m.* déclamateur.
recitadora *s.f.* déclamatrice.
recital *s.m.* récital.
recitar *v.t.* réciter; *(de forma decorada e monótona: pop.)* débiter.
recitativo *s.m.* récitatif.
reclamação *s.f.* réclamation; *pl.* doléances.
reclamador *s.m.* réclamant; frondeur.
reclamadora *s.f.* réclamante; frondeuse.
reclamar *v.t.* réclamer, revendiquer.
reclame *s.f.* réclame.
reclamo *s.m.* *(flauta)* pipeau.
reclassificação *s.f.* reclassification.
reclassificar *v.t.* reclasser.
reclinar *v.t.* pencher en arrière; *v.pron.* se pencher en arrière.
reclusão *s.f.* réclusion.
recluso *adj.* reclus.
recobrar *v.t.* recouvrer, reprendre; — *as despesas* rentrer dans ses dépenses.
recobrir *v.t.* recouvrir.
recolher *v.t.* 1. *(apanhar)* recueillir; 2. *(pôr ao abrigo)* recueillir, rentrer; *(automóvel à garagem)* remiser; 3. *(acolher)* recueillir; *v.int.* rentrer (chez soi); *v.pron.* 1. se recueillir, s'absorber; 2. se retirer.
recolhimento *s.m.* 1. recueillement; 2. *(de fundos, de produtos)* rentrée; 3. *(das cartas de uma caixa do correio)* levée; *(do lixo)* voirie.
recolocar *v.t.* replacer, reposer.
recomeçar *v.t.* recommencer; reprendre.
recomeço *s.m.* recommencement.
recomendação *s.f.* recommandation.
recomendar *v.t.* recommander.
recomendável *adj.* recommandable.
recompensa *s.f.* récompense.
recompensar *v.t.* récompenser.
recompor *v.t.* récomposer; *v.pron.* 1. se ressaisir; 2. se réconcilier.

recomposição *s.f.* 1. récomposition; — *do ministério* remaniement ministeriel; 2. réconciliation.
recôncavo *s.m.* concavité *f.*, bassin *m.*
reconciliação *s.f.* réconciliation.
reconciliador *adj.* réconciliateur.
reconciliar *v.t.* réconcilier, rapprocher; *v.pron.* se réconcilier.
reconciliável *adj.* réconciliable.
recôndito *adj.* caché.
recondução *s.f.* acte *m.* de ramener.
reconduzir *v.t.* reconduire, ramener; raccompagner.
reconfortar *v.t.* réconforter.
reconhecer *v.t.* 1. reconnaître; remettre; *não* — méconnaître; 2. reconnaître, avouer, admettre.
reconhecido *adj.* reconnaissant.
reconhecimento *s.m.* 1. *(recognição)* reconnaissance *f.*; 2. *(gratidão)* reconnaissance *f.*, gratitude *f.*
reconhecível *adj.* reconnaissable.
reconquista *s.f.* reconquête.
reconquistar *v.t.* reconquérir.
reconsiderar *v.t.* reconsidérer.
reconstituição *s.f.* reconstitution.
reconstituinte *adj.*; *s.m.* reconstituant.
reconstituir *v.t.* reconstituer, refaire.
reconstrução *s.f.* reconstruction.
reconstruir *v.t.* reconstruire, rebâtir.
recontar *v.t.* 1. recompter; compter de nouveau; 2. conter de nouveau, raconter de nouveau.
recopiar *v.t.* recopier.
recordação *s.f.* 1. mémoire; 2. souvenir *m.*
recordar *v.t.* rappeler; *v.pron.* — *-se* se rappeler; se souvenir de.
recorde *adj.*; *s.m.* record.
recordista *s.m.* recordman; *s.f.* recordwoman.
recorrer *v.int.* recourir; s'en référer; se pourvoir.
recortar *v.t.* découper; déchiqueter, *hacher.
recoser *v.t.* recoudre.
recostar *v.t.* incliner; *v.pron.* s'incliner.
recozer *v.t.* recuire.
recreação *s.f.* divertissement *m.*; *por sua alta* — *loc.adv.(fam.)* de son propre chef; spontanément.
recrear *v.t.* recréer.
recreativo *adj.* récréatif.
recreio *s.m.* récréation; *de* — de plaisance.
recriar *v.t.* recréer.

recriminação *s.f.* récrimination.
recriminar *v.t.* récriminer.
recrudescência *s.f.* recrudescence.
recruta *s.m.* recrue *s.f.*, bleu, conscrit.
recrutador *s.m.* recruteur.
recrutamento *s.m.* recrutement.
recrutar *v.t.* recruter; embrigader; (*pela força*) racoler.
récua *s.f.* 1. train *m.* de bêtes de somme; 2. bande, ribambelle.
recuar *v.t.* reculer; *v.int.* reculer, lâcher pied.
recuo *s.m.* recul, reculade *f.*
recuperação *s.f.* recouvrement *m.*, récupération; (*na escola*) repêchage *m.*
recuperar *v.t.* recouvrer, récupérer; rattraper, repêcher; *v.pron.* (*fam.*) se remplumer.
recuperável *adj.* recouvrable.
recurso *s.m.* recours, pourvoi; *em último* — en désespoir de cause.
recurvar *v.t.* recourber.
recusa *s.f.* refus *m.*; rejet *m.*, fin de non-recevoir.
recusar *v.t.* récuser, refuser, rejeter; dénier; (*cortesmente*) remercier; *v.pron.* se récuser, se refuser.
recusável *adj.* récusable.
redação *s.f.* rédaction; (*no colégio*) dissertation, composition; (*fam.*) compote.
redacional *adj.* rédactionnel.
redarguir *v.t.* rétorquer.
redator *s.m.* rédacteur; — -*chefe* rédacteur en chef.
redatora *s.f.* rédactrice.
rede[1] *s.f.* 1. (*de pescar*) filet; — *de cabelo* résille *f.*; 2. (*de vias de comunicação*) réseau; (*de fios, veias, ruas*) lacis *m.*
rede[2] *s.f.* (*para se deitar*) *hamac *m.*
rédea *s.f.* guide, rêne; bride; *à* — *solta* à fond de train; à bride abattue.
redemoinhar *v.int.* tourbillonner.
redemoinho *s.m.* tourbillon; remous.
redenção *s.f.* rédemption.
redentor *s.m.* rédempteur.
redescobrir *v.t.* redécouvrir.
redescender *v.int.* redescendre.
redesconto *s.m.* réescompte.
redigir *v.t.* rédiger; (*contrato*) libeller.
redil *s.m.* bercail.
redimir *v.t.* rédimer, racheter.
redistribuição *s.f.* redistribution.
redistribuir *v.t.* redistribuer.
redivivo *adj.* ressuscité, rajeuni.

redizer *v.t.* redire.
redobrar *v.t.* e *int.* redoubler.
redoma *s.f.* cloche.
redondeza *s.f.* 1. rondeur; 2. environs *pl.m.*
redondo *adj.* rond.
redor *s.m.* ao —, em — autour; ao — de à l'entour de.
redução *s.f.* réduction, rabais *m.*
redundância *s.f.* redondance.
redundante *adj.* redondant.
redundar *v.int.* surabonder; — *em* tourner à.
redutível *adj.* réductible.
reduto *s.m.* redoute *f.*, réduit.
reduzir *v.t.* réduire; ramener; (*despesa*) rogner.
reedição *s.f.* réédition.
reedificação *s.f.* réédification.
reedificar *v.t.* réédifier.
reeditar *v.t.* rééditer.
reeducação *s.f.* rééducation.
reeducar *v.t.* rééduquer.
reeleger *v.t.* réélire.
reelegível *adj.* réélégible.
reeleição *s.f.* réélection.
reembarcar *v.t.* rembarquer.
reembarque *s.m.* rembarquement.
reembolsar *v.t.* rembourser.
reembolsável *adj.* remboursable.
reembolso *s.m.* remboursement.
reembrulhar *v.t.* remballer.
reempacotar *v.t.* rempaqueter.
reempregar *v.t.* rengager.
reencarnação *s.f.* réincarnation.
reencarnar-se *v.pron.* se réincarner.
reencher *v.t.* regonfler.
reencontrar *v.t.* retrouver.
reencontro *s.m.* retrouvailles *f.pl.*
reensinar *v.t.* enseigner de nouveau.
reentrância *s.f.* enfoncement *m.*
reerguer *v.t.* redresser, relever; *v.pron.* se redresser, se relever.
reerguimento *s.m.* redressement, relèvement.
reescrever *v.t.* réécrire.
reexaminar *v.t.* réexaminer, revenir sur.
refazer *v.t.* refaire, remanier; *v.pron.* se refaire; (*fig.*) reprendre du poil de la bête.
refego *s.m.* bourrelet.
refeição *s.f.* repas *m.*; (*em convento*) réfection; — *ligeira* collation, casse-croûte *m.*; *tomar uma* — *ligeira* casser une croûte.
refeitório *s.m.* réfectoire.

refém *s.m.* otage.
referência *s.f.* référence; *indicar como* — se réclamer de.
referendar *v.t.* contresigner.
referendário *s.m.* (*ant.*) maître des requêtes.
referendo *s.m.* référendum.
referente *adj.* concernant, relatif.
referir *v.t.* rapporter; *v.pron.* se référer à.
refestelar-se *v.pron.* se prélasser.
refinação *s.f.* raffinage *m.*
refinado *adj.* raffiné; (*irôn.*) fieffé.
refinamento *s.m.* raffinement.
refinar *v.t.* raffiner.
refinaria *s.f.* raffinerie; — *de açúcar* sucrerie.
refletido *adj.* réfléchi.
refletir[1] *v.int.* réfléchir; rentrer en soi-même.
refletir[2] *v.t.* refléter.
refletor *s.m.* reflecteur.
reflexão *s.f.* reflection.
reflexo *adj.* réflexe, réfléchi; *s.m.* **1.** réflexe; **2.** reflet.
reflorescer *v.int.* refleurir.
reflorestamento *s.m.* reboisement.
reflorestar *v.t.* reboiser.
reflorir *v.t.* e *int.* refleurir.
refluir *v.int.* refluer.
refluxo *s.m.* reflux.
refocilar *v.t.* réconforter.
refogar *v.t.* braiser.
reforçar *v.t.* renforcer, raffermir.
reforço *s.m.* renfort, raffermissement.
reforma *s.f.* réforme.
reformador *adj.*; *s.m.* réformateur.
reformar *v.t.* réformer.
reformatório *s.m.* (*antigamente*) maison *f.* de correction; (*atualmente*) centre d'éducation surveillée.
reformista *adj.*; *s.* réformiste.
refração *s.f.* réfraction.
refrão *s.m.* **1.** refrain; **2.** rengaine *f.*
refratar *v.t.* réfracter.
refratário *adj.* réfractaire.
refrear *v.t.* refréner, réprimer.
refrega *s.f.* mêlée.
refrescar *v.t.* rafraîchir.
refresco *s.m.* rafraîchissement.
refrigeração *s.f.* réfrigération.
refrigerador *s.m.* réfrigérateur.
refrigerante *s.m.* rafraîchissement.
refrigerar *v.t.* réfrigérer.
refrigério *s.m.* soulagement.

refringente *adj.* réfringent.
refugar *v.t.* rejeter, mettre au rebut.
refugiado *adj.*; *s.* réfugié.
refugiar-se *v.pron.* se réfugier.
refúgio *s.m.* refuge, abri.
refugo *s.m.* rebut.
refundição *s.f.* refonte.
refundir *v.t.* refondre.
refutação *s.f.* réfutation.
refutar *v.t.* réfuter.
rega *s.f.* arrosage *m.*
rega-bofe *s.m.* ripaille *f.*, bombance *f.*
regaço *s.m.* giron, sein.
regador *s.m.* arrosoir.
regalar *v.t.* régaler.
regalo *s.m.* manchon.
regar *v.t.* arroser.
regata *s.f.* régate.
regatear *v.t.* marchander; *v.int.* lésiner.
regateio *s.m.* marchandage.
regato *s.m.* ruisseau.
regência *s.f.* régence.
regeneração *s.f.* régénération.
regenerador *adj.*; *s.m.* régénérateur.
regenerar *v.t.* régénérer.
regente *s.m.* régent.
reger *v.t.* gérer, régir.
região *s.f.* région; contrée; — *administrativa* (*aprox.*) sous-préfecture.
regicida *adj.*; *s.* régicide.
regicídio *s.m.* régicide.
regime *s.m.* régime.
regimento *s.m.* **1.** régiment; **2.** règlement.
régio *adj.* royal.
regional *adj.* régional.
regionalismo *s.m.* régionalisme.
regionalista *adj.*; *s.* régionaliste.
registrado *adj.* **1.** enregistré; **2.** (*encomenda postal*) recommandé.
registradora *s.f.* caisse enregistreuse.
registrar *v.t.* **1.** enregistrer; **2.** (*no correio*) recommander; **3.** (*patente*) déposer.
registro *s.m.* **1.** registre, enregistrement; **2.** — *civil* État civil; **3.** — *carcerário* écrou.
rego *s.m.* rigole *f.*
regougar *v.int.* glapir.
regougo *s.m.* glapissement.
regozijar *v.t.* réjouir; *v.pron.* se réjouir.
regozijo *s.m.* réjouissance *f.*, plaisir.
regra *s.f.* règle.
regrado *adj.* modéré, méthodique.
regras *s.f.pl.* règles, menstrues; (*fam.*) indisposition.
regredir *v.int.* régresser.

regressão s.f. régression.
regressivo adj. régressif.
regresso s.m. retour.
régua s.f. règle; — *de cálculo* règle à calcul.
regulação s.f. régulation.
regulador adj.; s.m. régulateur.
reguladora adj.; s.f. régulatrice.
regulagem s.f. réglage m.
regulamentação s.f. réglementation.
regulamentar[1] v.t. réglementer.
regulamentar[2] adj. réglementaire.
regulamento s.m. réglement.
regular[1] v.t. régler.
regular[2] adj. régulier.
regularidade s.f. régularité.
regularização s.f. régularisation.
regularizar v.t. régulariser.
regurgitar v.t. regurgiter; 1. rejeter; 2. déborder de.
rei s.m. roi.
reide s.m. raid.
reimpressão s.f. réimpression.
reimprimir v.t. réimprimer.
reinação s.f. espièglerie, gaminerie.
reinado s.m. règne.
reinante adj. régnant.
reinar v.int. régner; 2. faire des espiègleries.
reincidente adj.; s. récidiviste.
reincidir v.int. récidiver.
reiniciar v.t. recommencer.
reinício s.m. recommencement.
reino s.m. royaume; *o Reino Unido* le Royaume Uni.
reinstalar v.t. réinstaller.
reintegrar v.t. réintégrer.
reinventar v.t. réinventer.
reiteração s.f. réitération.
reiterar v.t. réitérer.
reitor s.m. recteur.
reitoria s.f. rectorat m.
reiuno adj. 1. fourni par l'État; 2. mauvais.
reivindicação s.f. revendication.
reivindicar v.t. revendiquer; — *sem razão* s'arroger, se donner les gants de.
reizete s.m. (*pássaro*) roitelet.
rejeição s.m. refus.
rejeitar v.t. rejeter.
rejubilar v.t. réjouir; v.pron. se réjouir.
rejuvenescer v.t. e int. rajeunir.
rejuvenescimento s.m. rajeunissement.
relação s.f. 1. relation, rapport m. liaison; *em — a* au regard de; au sujet de, par rapport à; *restabelecer relações com* renouer avec; *ter relações sexuais* faire l'amour; 2. relation, connaissance; 3. relation, récit; 4. liste, état m.
relacionar v.t. rapporter; v.pron. *— -se com* se rapporter à.
relâmpago s.m. éclair.
relampejar v.int. faire des éclairs.
relance s.m. coup d'œil; *de* — au vol.
relapso adj. relaps; *amigo* —lâcheur.
relatar v.t. relater, rapporter.
relatividade s.f. relativité.
relativismo s.m. relativisme.
relativista adj. relativiste.
relativo adj. relatif.
relato s.m. rapport, récit.
relator s.m. rapporteur.
relatório s.m. rapport.
relaxamento s.m. relâchement, détente f.
relaxar v.t. détendre; relâcher; v.pron. se détendre.
relé s.m. relais.
relegar v.t. reléguer.
releitura s.f. seconde lecture; relecture.
relembrar v.t. rappeler de nouveau.
relento s.m. *ao* — à la belle étoile.
reler v.t. relire.
reles adj. (*fam.*) à la gomme; à la noix de coco; tocard.
relevante adj. important.
relevar v.t. 1. relever, mettre en relief; 2. excuser.
relevo s.m. relief, moulure f.; *pôr em* — relever.
relha s.f. soc m.
relheira s.f. ornière.
relho s.m. fouet de cuir tors.
relicário s.m. reliquaire; chasse f.
religião s.f. religion.
religiosa s.f. religieuse.
religiosidade s.f. religiosité.
religioso adj.; s.m. religieux; *fazer-se* — entrer dans les orders.
relinchar v.int. *hennir.
relincho s.m. *hennissement.
relíquia s.f. relique.
relógio s.m. 1. (*público, de torre, edifício, rua*) horloge; 2. (*de bolso ou pulso*) montre; 3. (*de mesa ou parede*) pendule; 4. *— de ponto* pointeuse.
relojoaria s.f. horlogerie.
relojoeiro s.m. horloger.
relutância s.f. répugnance.
relutar v.int. répugner.

reluzir *v.int.* reluire.
relva *s.f.* gazon *m.*
relvado *s.m.* pelouse *f.*
remada *s.f.* coup *m.* d'aviron.
remador *s.m.* rameur, canotier.
remanchar *v.t.* lambiner.
remanescente *adj.*; *s.* restant.
remanescer *v.int.* rester.
remanso *s.m.* repos, calme; eau *f.* dormante.
remarcação *s.f.* réduction des prix, solde.
remarcar *v.t.* 1. remarquer; 2. solder.
remascar *v.t.* remâcher, ressasser.
remastigar *v.t.* o mesmo que *remascar.*
rematar *v.t.* combler, parachever.
remate *s.m.* comble; conclusion *f.*
remediado *adj.* aisé.
remediar *v.t.* remédier; porter remède à.
remédio *s.m.* remède; — *brutal* remède de cheval; — *caseiro* remède de bonne femme.
remela *s.f.* chassie.
remelento *adj.* chassieux.
rememorar *v.t.* remémorer.
remendar *v.t.* raccommoder, rapiécer, ravauder; (*fam.*) rafistoler.
remendo *s.m.* 1. raccommodage, reprise *f.*; 2. pièce.
remessa *s.f.* envoi *m.*
remetente *s.* envoyeur, expéditeur.
remeter *v.t.* 1. remettre, laisser, confier; 2. remettre, ajourner; 3. remettre, expédier; — *por vale postal* mandater.
remexer *v.t.* 1. remuer; 2. chambarder, fourrager; *v.int.* fureter, farfouiller; *v.pron.* se trémousser.
remição *s.f.* rachat *m.*
reminiscência *s.f.* réminiscence.
remir *v.t.* racheter.
remissão *s.f.* 1. rémission, indulgence, pardon *m.*; 2. (*a um trecho de livro*) renvoi *m.*
remitir *v.t.* pardonner.
remo *s.m.* aviron.
remoção *s.f.* déplacement *m.*
remoçar *v.int.* e *t.* rajeunir.
remodelação *s.f.* 1. remodelage *m.*; 2. remoulage *m.*
remodelar *v.t.* remouler.
remoer *v.t.* remâcher.
remoinho *s.m.* o mesmo que *redemoinho.*
remonta *s.f.* remonte.
remontar *v.t.* remonter.
remoque *s.m.* brocard; (*pop.*) vanne *f.*

remorso *s.m.* remords.
remoto *adj.* éloigné, lointain.
removedor *s.m.* détachant.
remover *v.t.* 1. déplacer; 2. (*funcionário*) muter; 3. (*dificuldade*) résoudre.
remuneração *s.f.* rémunération.
remunerador *adj.* rémunérateur.
remunerar *v.t.* rémunérer.
rena *s.f.* renne *m.*
renal *adj.* rénal.
renascença *s.f.* renaissance.
renascer *v.int.* renaître.
renascimento *s.m.* renaissance *f.*
renda[1] *s.f.* rente; — *vitalícia* rente viagère.
renda[2] *s.f.* dentelle.
rendeira *s.f.* dentellière.
rendição *s.f.* reddition; — *da guarda* relève.
rendilhar *v.t.* garnir de dentelles.
rendimento *s.m.* 1. rendement; produit; 2. revenu, rente *f.*
rendoso *adj.* rentable.
renegado *s.m.* renégat.
renegar *v.t.* renier.
renhido *adj.* acharné.
renhir *v.t.* disputer avec acharnement.
renitente *adj.* renitent.
Reno *s.m.* Rhin.
renome *s.m.* renom.
renovação *s.f.* rénovation; — *de assinatura* réabonnement *m.*; (*fig.*) rafraîchissement *m.*
renovador *adj.*; *s.m.* rénovateur.
renovadora *adj.*; *s.f.* rénovatrice.
renovamento *s.m.* renouvellement.
renovar *v.t.* renouveler, rafraîchir; *v.pron.* se renouveler.
renovável *adj.* renouvelable.
renovo *s.m.* rejeton.
rentabilidade *s.f.* rentabilité.
rentável *adj.* rentable.
rente *adj.* ras.
renúncia *s.f.* renoncement *m.*; renonciation; (*em eleição*) désistement *m.*
renunciar *v.int.* renoncer; (*em eleição*) se désister.
reocupação *s.f.* réoccupation.
reocupar *v.t.* réoccuper.
reorganização *s.f.* réorganisation.
reorganizar *v.t.* réorganiser.
reparação *s.f.* réparation.
reparador *adj.*; *s.m.* réparateur.
reparar[1] *v.t.* réparer.
reparar[2] *v.t.* observer, noter.

reparável *adj.* réparable.
reparo[1] *s.m.* observation, critique.
reparo[2] *s.m.* (*carreta de canhão*) affût.
repartição[1] *s.f.* répartition, distribution.
repartição[2] *s.f.* bureau *m.*, section.
repartir *v.t.* répartir.
repassar *v.t.* repasser.
repasse *s.m.* **1.** révision *f.*; **2.** transfert.
repasto *s.m.* repas.
repatriamento *s.m.* repatriement.
repatriar *v.t.* repatrier.
repelão *s.m.* poussée *f.*, *heurt.
repelente *adj.* repoussant.
repelir *v.t.* repousser, rechasser, rebuter.
repensar *v.t.* repenser.
repente *s.m.* saillie *f.*, impulsion *f.*, improvisation *f.*; boutade *f.*; *de* — tout à coup.
repentino *adj.* soudain, imprévu.
repentista *s.m.* improvisateur; *f.* improvisatrice
repercussão *s.f.* répercussion.
repercutir *v.t.* répercuter.
repertório *s.m.* répertoire.
repes *s.m.* reps.
repetente *adj.*; *s.* (*esc.*) redoublard.
repetição *s.f.* répétition; — *desnecessária* redite; — *enfadonha* ressassement.
repetir *v.t.* répéter, reprendre; redire; *viver a* — se faire l'écho de; — *o ano* (*em escola*) redoubler la classe; — *sem parar* ressasser.
repicar *v.t.* **1.** repiquer, replanter; **2.** piquer de nouveau; **3.** carillonner.
repintar *v.t.* repeindre.
repique *s.m.* **1.** repiquage; **2.** carillon.
repisar *v.t.* rabâcher, ressasser.
replantar *v.t.* replanter.
repleto *adj.* plein.
réplica *s.f.* réplique, repartie; *ter a* — *tardia* avoir l'esprit de l'escalier.
repolho *s.m.* chou cabus, chou pommé.
repontar *v.int.* apparaître.
repor *v.t.* replacer.
reportagem *s.f.* reportage *m.*
reportar *v.t.* reporter; **2.** référer; rapporter; *v.pron.* referir-se.
reposição *s.f.* restitution.
repositório *s.m.* recueil, dépôt.
reposteiro *s.m.* **1.** rideau; **2.** portière *f.*
repousar *v.t.* reposer; *v.pron.* se reposer, se délasser.
repouso *s.m.* repos, délassement.
repovoar *v.t.* repeupler.
repreender *v.t.* reprendre, blâmer, réprimander, gronder, gourmander, sermonner, tancer, rebrouer, rembarrer.
repreensão *s.f.* blâme *m.*, gronderie; (*fam.*) savon *m.*
repreensível *adj.* répréhensible, blâmable.
represa *s.f.* écluse.
represálias *s.f.pl.* représailles.
represamento *s.m.* éclusage.
represar *v.t.* endiguer.
representação *s.f.* représentation.
representante *s.* représentant; (*Com.*) stockiste.
representar *v.t.* représenter; (*papel*) faire.
representativo *adj.* représentatif.
representável *adj.* (*peça*) jouable.
repressão *s.f.* répression.
repressivo *adj.* répressif.
reprimenda *s.f.* réprimande, semonce.
reprimir *v.t.* réprimer; (*sentimentos*) ravaler.
réprobo *adj.* réprouvé.
reprochar *v.t.* reprocher.
reproche *s.m.* reproche.
reprodução *s.f.* reproduction; (*de obra de arte feita pelo autor*) réplique.
reprodutor *s.m.* reproducteur.
reproduzir *v.t.* reproduire, rendre; *v.pron.* se reproduire.
reprovar *v.t.* **1.** réprouver; **2.** (*em exame*) refuser, ajourner, (*fam.*) recaler, coller; *ser reprovado* échouer.
reptar *v.t.* défier, provoquer.
réptil *adj.*; *s.m.* reptile.
república *s.f.* république.
republicanismo *s.m.* républicanisme.
republicano *adj.*; *s.* républicain.
repudiar *v.t.* répudier.
repúdio *s.m.* répudiation.
repugnância *s.f.* répugnance.
repugnante *adj.* répugnant, repoussant, dégoûtant, écœurant.
repugnar *v.int.* répugner, dégoûter, écœurer.
repulsa *s.f.* répulsion, écœurement *m.*
repulsão *s.f.* répulsion.
repulsivo *adj.* répulsif, rebutant.
reputação *s.f.* réputation.
reputar *v.t.* réputer.
repuxar *v.t.* **1.** tirer en arrière; **2.** renforcer; étayer; **3.** jaillir.
repuxo *s.m.* jet d'eau.
requebrado *adj.* langoureux.
requebrar *v.t.* remuer langoureusement; *v.pron.* se déhancher.

requeijão *s.m.* (*aprox.*) caillebotte *f.*
requeimar *v.t.* brûler, piquer.
requentar *v.t.* réchauffer.
requerente *adj.*; *s.* requérant.
requerer *v.t.* requérir.
requerido *adj.* requis.
requerimento *s.m.* requête *f.*
requestar *v.t.* solliciter, courtiser.
requintado *adj.* raffiné.
requintar *v.t.* raffiner.
requinte *s.m.* raffinement; *chegar ao — em* raffiner sur.
requisição *s.f.* réquisition.
requisitar *v.t.* réquisitionner.
requisitório *s.m.* réquisitoire.
rescindir *v.t.* rescinder.
rescisão *s.f.* rescision.
rés do chão *s.m.* rez-de-chaussée.
resedá *s.m.* réséda.
resenha *s.f.* compte *m.* rendu.
reserva *s.f.* 1. réserve; 2. (*de lugar, num espetáculo*) réservation; *de —* de rechange.
reservar *v.t.* réserver, garder, retenir; *— (o melhor) para o fim* garder pour la bonne bouche; *— o seu lugar* louer sa place.
reservatório *s.m.* réservoir; *grande — de água* château d'eau; *encher o — de* faire le plein de.
reservista *s.m.* réserviste.
resfolegar *v.int.* s'ébrouer, renâcler.
resfriado *s.m.* rhume (de cerveau).
resfriar-se *v.pron.* s'enrhumer.
resgatar *v.t.* racheter.
resgatável *adj.* rachetable.
resgate *s.m.* rachat, rançon *f.*; *cobrar — a* rançonner.
resguardar *v.t.* défendre, protéger.
resguardo *s.m.* protection *f.*
residência *s.f.* 1. séjour; 2. résidence, demeure.
residencial *adj.* résidentiel.
residente *s.m.* résident; *s.f.* résidente.
residir *v.int.* résider.
resíduo *s.m.* résidu, déchet.
resignação *s.f.* résignation.
resignar *v.t.* renoncer à; *v.pron.* se résigner; *— -se ao que não se pode mudar* se faire une raison; *— -se a perder o que não se pode salvar* faire la part du feu.
resignatário *s.m.* renonciateur.
resiliação *s.f.* résiliation.
resiliar *v.t.* résilier.
resina *s.f.* résine.
resinoso *adj.* résineux.

resistência *s.f.* 1. résistance; *sem encontrar —* sans coup férir; 2. endurance.
resistente *adj.*; *s.* résistant.
resistir *v.int.* résister; tenir bon; tenir tête à.
resma *s.f.* rame.
resmungão *adj.*; *s.* bougon, grognon.
resmungar *v.t.* e *int.* marmonner, marmotter, grommeler, ronchonner; (*fam.*) râler.
reso *s.m.* rhésus.
resolução *s.f.* résolution; parti *m.*; vœu *m.*
resoluto *adj.* résolu.
resolúvel *adj.* résoluble.
resolver *v.t.* résoudre, décider; régler; *v.pron.* 1. se résoudre; 2. se tasser; *— a agir* s'exécuter.
respectivo *adj.* respectif.
respeitabilidade *s.f.* respectabilité.
respeitar *v.t.* respecter.
respeitável *adj.* respectable.
respeito *s.m.* 1. respect; *meus —s* mes hommages; 2. égard; *a esse —* à cet égard, là-dessus; *dizer —* concerner, avoir trait à; *no que diz — a* par rapport à.
respeitoso *adj.* respectueux.
respigar *v.t.* glâner; butiner.
respingar *v.t.* éclabousser.
respingo *s.m.* éclaboussure *f.*
respiração *s.f.* respiration, souffle *m.*
respiradouro *s.m.* soupirail; évent.
respirar *v.t.* e *int.* respirer, souffler; renifler; (*drogas*) sniffer.
respiratório *adj.* respiratoire.
respirável *adj.* respirable.
resplandecente *adj.* étincelant.
resplandecer *v.int.* étinceler.
resplendor *s.m.* splendeur *f.*
respondão *adj.*; *s.m.* répondeur.
responder *v.t.* répondre; *— à altura* répondre du tac au tac; renvoyer la balle; *— pelos prejuízos* payer les pots cassés.
respondona *s.f.* répondeuse.
responsabilidade *s.f.* responsabilité.
responsabilizar *v.t.* rendre responsable, prendre à partie, s'en prendre à; (*fam.*) mettre sur le dos de; *v.pron. — por* répondre pour.
responsável *adj.* responsable.
resposta *s.f.* réponse.
resquício *s.m.* reste, résidu.
ressabiado *adj.* 1. méfiant, soupçonneux; 2. froissé.
ressabiar-se *v.pron.* 1. se méfier; 2. se froisser.

ressaca *s.f.* ressac *m.*; (*fig.*) *estar de* — avoir mal aux cheveux.
ressaibo *s.m.* arrière-goût.
ressaltar *v.int.* ressortir, saillir.
ressalva *s.f.* réserve.
ressalvar *v.t.* réserver.
ressarcir *v.t.* dédommager.
ressecar *v.t.* dessécher.
ressegurar *v.t.* réassurer.
resseguro *s.m.* réassurance.
ressentido *adj.* ressenti.
ressentimento *s.m.* ressentiment, rancune *f.*; *ter, guardar um* — avoir une dent.
ressentir-se *v.pron.* se ressentir.
ressequido *adj.* desséché.
ressoar *v.int.* résonner, sonner, éclater.
ressonador *s.m.* résonateur.
ressonância *s.f.* 1. résonance; 2. retentissement *m.*
ressonar *v.t.* ronfler.
ressurgir *v.int.* resurgir.
ressurreição *s.f.* resurrection.
ressuscitar *v.t.* ressusciter.
restabelecer *v.t.* rétablir; *v.pron.* se rétablir; rétablir ses forces.
restabelecimento *s.m.* rétablissement.
restante *adj.* restant; *s.m.* reste.
restar *v.int.* rester.
restauração *s.f.* restauration.
restaurador *s.m.* restaurateur.
restaurante *s.m.* restaurant.
restaurar *v.t.* restaurer.
réstia *s.f.* 1. succession, chapelet *m.*; 2. lueur.
restinga *s.f.* banc *m.* de sable.
restituição *s.f.* restitution; rapport *m.*
restituir *v.t.* restituer, rapporter.
resto *s.m.* reste; — *s de comida* reliefs; —*s de comida gordurosa* graillon; *de* — du reste, au demeurant, au surplus, d'ailleurs.
restrição *s.f.* restriction.
restringir *v.t.* restreindre.
restritivo *adj.* restrictif.
restrito *adj.* restreint.
resultado *s.m.* résultat.
resultante *s.f.* résultante.
resultar *v.t.* résulter, ressortir, s'ensuivre.
resumir *v.t.* résumer.
resumo *s.m.* résumé, abrégé, aperçu; *em* — pour tout dire; en substance; somme toute; en raccourci.
resvaladiço *adj.* glissant.
resvalamento *s.m.* glissement.

resvalar *v.int.* glisser.
reta *s.f.* ligne droite.
retábulo *s.m.* retable.
retaco *adj.* ramassé, trapu.
retaguarda *s.f.* arrière-garde; arrière *m.*
retalhar *v.t.* détailler; morceler.
retalho *s.m.* morceau, coupon, chiffon.
retaliação *s.f.* représailles *pl.*
retaliar *v.t.* user de représailles; venger.
retangular *adj.* rectangle, rectangulaire.
retângulo *s.m.* rectangle.
retardado *adj.* arriéré; demeuré; (*fam.*) minus.
retardamento *s.m.* retardement.
retardar *v.t.* retarder, ralenter.
retardatário *adj.* retardataire; traînard.
retemperar *v.t.* retremper.
retenção *s.f.* 1. détention; 2. retention; 3. (*castigo escolar*) retenue.
retentiva *s.f.* mémoire.
reter *v.t.* retenir, tenir, arrêter, détenir; *v.pron.* se retenir.
retesar *v.t.* tendre, raidir, bander.
reticência *s.f.* réticence; *pl.* points *m.* de suspension.
reticente *adj.* réticent.
retícula *s.f.* réticule *m.*
reticulado *adj.* réticulé.
retículo *s.m.* réticule.
retidão *s.f.* rectitude, droiture.
retificação *s.f.* rectification; mise au point.
retificar *v.t.* rectifier; mettre au point.
retilíneo *adj.* rectiligne.
retina *s.f.* rétine.
retinir *v.int.* retentir.
retinto *adj.* foncé.
retirada *s.f.* 1. retraite; retrait; 2. (*antecipada de dinheiro*) prélèvement.
retirar *v.t.* retirer, tirer, enlever, ôter; (*antecipadamente dinheiro*) prélever; *v.pron.* se retirer; (*discretamente*) s'éclipser; (*deixando o lugar aos outros*) se pousser.
retiro *s.m.* retraite *f.*, abri.
retitude *s.f.* rectitude.
reto[1] *adj.* droit.
reto[2] *s.m.* (*Anat.*) rectum.
retocar *v.t.* retoucher.
retomada *s.f.* reprise, relance.
retoque *s.m.* retouche *f.*, remaniement.
retor *s.m.* rhéteur.
retorcer *v.t.* tortiller.
retorcido *adj.* retors.
retórica *s.f.* rhétorique.
retórico *adj.* rhétorique.

retornar *v.int.* retourner.
retorno *s.m.* retour.
retorquir *v.t.* e *int.* rétorquer, riposter.
retorsão *s.f.* retorsion.
retorta *s.f.* cornue.
retouça *s.f.* escarpolette.
retração *s.f.* rétraction.
retraduzir *v.t.* retraduire.
retraído *adj.* réservé, timide.
retraimento *s.m.* réserve *f.*, effacement.
retransmitir *v.t.* retransmettre.
retratar[1] *v.t.* rétracter, retirer, désavouer; *v.pron.* se rétracter.
retratar[2] *v.t.* portraiturer, faire le portrait de.
retratista *s.* portraitiste.
retrato *s.m.* portrait; — *falado* portrait robot; *encomendar o próprio* — se faire tirer le portrait.
retreta[1] *s.f.* latrines.
retreta[2] *s.f.* kiosque *m.* à musique.
retribuição *s.f.* rétribution.
retribuir *v.t.* **1.** rétribuer, rémunérer; **2.** payer de retour.
retroatividade *s.f.* rétroactivité.
retroativo *adj.* rétroactif.
retroceder *v.int.* rétrocéder.
retrocessão *s.f.* rétrocession.
retrógrado *adj.* rétrograde.
retrospectivo *adj.* rétrospectif.
retrospecto *s.m.* rétrospection.
retrovisor *s.m.* rétroviseur.
retrucar *v.t.* rétorquer.
retumbante *adj.* retentissant.
réu *s.m.* accusé, prévenu.
reumático *adj.* (*doente*) rhumatisant; (*dor*) rhumatismal.
reumatismo *s.m.* rhumatisme.
reunião *s.f.* réunion, rassemblement *m.*, ralliement *m.*
reunir *v.t.* réunir; assembler, rassembler, rallier; (*tropas*) masser; *v.pron.* se réunir, s'assembler, se rassembler.
revalidar *v.t.* valider.
revalorização *s.f.* revalorisation.
revalorizar *v.t.* revaloriser.
revanche *s.f.* revanche.
revanchista *adj.*; *s.* revanchard.
revelação *s.f.* révélation.
revelador *adj.*; *s.m.* révélateur.
revelar *v.t.* **1.** révéler, dévoiler, déceler; *v.pron.* s'avérer; **2.** (*fotografia*) révéler.
revelia *s.f.* **1.** *à* — par défaut; **2.** *à* — *de* à l'insu de; *à minha* — à mon insu.

revenda *s.f.* revente.
revendedor *s.m.* revendeur.
revender *v.t.* revendre.
rever *v.t.* revoir.
reverberação *s.f.* réverbération.
reverberar *v.t.* réverbérer; *v.int.* miroiter.
revérbero *s.m.* réverbère.
reverdecer *v.t.* e *int.* reverdir.
reverência *s.f.* révérence.
reverenciar *v.t.* révérer.
reverendo *adj.* révérend.
reversibilidade *s.f.* réversibilité.
reversível *adj.* réversible.
revés *s.m.* revers, infortune *f.*; échec.
revestimento *s.m.* revêtement; enduit.
revestir *v.t.* revêtir.
revezamento *s.m.* relai.
revezar *v.t.* relayer; *v.pron.* se relayer.
revidar *v.t.* répliquer, retorquer.
revide *s.m.* réplique *f.*, réaction *f.*
revigorar *v.t.* revigorer.
revirar *v.t.* **1.** retourner; **2.** chambarder, farfouiller; **3.** (*os olhos*) rouler; *v.pron.* se rouler.
reviravolta *s.f.* **1.** pirouette; **2.** revirement *m.*, renversement *m.*, chambardement *m.*, virevolte; **3.** tournant *m.*
revisão *s.f.* révision.
revisar *v.t.* réviser, revoir.
revisionismo *s.m.* révisionnisme.
revisionista *adj.*; *s.* révisionniste.
revisor *s.m.* réviseur.
revista[1] *s.f.* **1.** revue; (*ilustrada*) magazine *m.*; **2.** (*peça musicada*) revue.
revista[2] *s.f.* fouille.
revistar *v.t.* passer en revue, fouiller.
revisto *adj.* revu, corrigé.
reviver *v.t.* e *int.* revivre.
revivescência *s.f.* reviviscence.
revivescente *adj.* reviviscent.
revoada *s.f.* volée, vol *m.*
revocar *v.t.* révoquer.
revogação *s.f.* révocation.
revolta *s.f.* révolte.
revoltado *adj.*; *s.* révolté.
revoltante *adj.* révoltant.
revoltar *v.t.* révolter; *v.pron.* se révolter; (*fam.*) ruer dans les brancards.
revoltoso *adj.*; *s.* insurgé, révolté.
revolução *s.f.* révolution.
revolucionar *v.t.* révolutionner.
revolucionário *adj.*; *s.* révolutionnaire.
revolver *v.t.* remuer, retourner.
revólver *s.m.* revolver.

revulsão *s.f.* révulsion.
revulsar *v.t.* révulser.
revulsivo *adj.*; *s.m.* révulsif.
reza *s.f.* prière.
rezar *v.int.* prier.
rezingão *s.m.* rouspéteur.
rezingar *v.t.* rouspéter.
riacho *s.m.* petite rivière.
riba *s.f.* rive, berge.
ribalta *s.f.* rampe.
ribanceira *s.f.* berge.
ribeira *s.f.* rive.
ribeirinho *adj.*; *s.* riverain.
ribeiro *s.m.* ruisseau.
ribombar *v.int.* gronder, tonner.
ribombo *s.m.* grondement.
ricaço *adj.*; *s.* (*fam.*) richard.
rícino *s.m.* ricin.
rico *adj.*; *s.* 1. riche; (*pop.*) rupin; 2. beau, excellent.
ricochete *s.m.* ricochet.
ricochetear *v.int.* rebondir, ricocher.
ricota *s.f.* fromage *m.* blanc.
ricto *s.m.* rictus.
ridicularizar *v.t.* ridiculiser.
ridículo *adj.* ridicule; dérisoire, inénarrable.
rifa *s.f.* tombola.
rifão *s.m.* adage, dicton.
rifar *v.t.* mettre en loterie.
rifle *s.m.* fusil à répétition.
rigidez *s.f.* rigidité, raideur.
rígido *adj.* rigide, raid.
rigor *s.m.* rigueur *f.*, raideur *f.*
rigorismo *s.m.* rigorisme.
rigorista *adj.*; *s.* rigoriste.
rigoroso *adj.* rigoureux.
rijeza *s.f.* raideur.
rijo *adj.* raide, rigide; *de* — raide, fort.
rilhar *v.t.* ronger, grignoter; — *os dentes* montrer les dents.
rim *s.m.* rein; (*comida*) rognon.
rima *s.f.* rime.
rimador *s.m.* rimeur.
rimar *v.t.* e *int.* rimer.
rímel *s.m.* rimmel.
rincão *s.m.* 1. rainure *f.*; 2. recoin.
rinchar *v.int.* *hennir.
ringue *s.m.* ring.
rinha *s.f.* combat de coqs.
rinite *s.f.* rhinite.
rinoceronte *s.m.* rhinocéros.
rinque *s.m.* patinoire *f.*
rio *s.m.* fleuve, rivière.

rio-grandense-do-norte *adj.*; *s.pátr.* (habitant) de l'État de Rio Grande do Norte.
rio-grandense-do-sul *adj.*; *s.pátr.* (habitant) de l'État de Rio Grande do Sul.
ripa *s.f.* latte.
ripar *v.t.* latter.
ripostar *v.t.* riposter.
riqueza *s.f.* richesse.
rir *v.int.* rire; — *a bandeiras despregadas* rire aux éclats; — *à socapa* rire sous cape; *pessoa que ri* rieur *m.*
risada *s.f.* éclat *m.* de rire.
risca *s.f.* raie; rayure; *à* — exactement, au pied de la lettre.
riscado *adj.* rayé; *entender do* — s'y entendre; avoir de la compétence.
riscar *v.t.* 1. (*apagar*) effacer, biffer; 2. (*fósforo*) frotter; 3. rayer.
risco[1] *s.m.* risque, aléa; *correr o* — *de* risquer de.
risco[2] *s.m.* trait; esquisse *f.* ébauche *f.*
risinho *s.m.* risette *f.*
risível *adj.* risible.
riso *s.m.* rire; — *irreprimível* fou rire.
risonho *adj.* riant.
risoto *s.m.* risotto.
ríspido *adj.* rude, âpre, grossier.
riste *s.m.* arrêt, arrêtoir; *com o dedo em* — avec le doigt levé.
ritmar *v.t.* rythmer.
rítmico *adj.* rythmique.
ritmo *s.m.* rythme.
rito *s.m.* rite.
ritual *adj.*; *s.m.* rituel.
rival *adj.*; *s.* rival.
rivalidade *s.f.* rivalité.
rivalizar *v.int.* rivaliser; faire assaut de.
rixa *s.f.* rixe, querelle.
rixar *v.int.* se quereller.
rizoma *s.m.* rhizome.
robalo *s.m.* (*peixe*) bar, loup.
robe *s.m.* robe de chambre, peignoir *m.*
robô *s.m.* robot.
robustecer *v.t.* rendre robuste.
roca[1] *s.f.* quenouille.
roca[2] *s.f.* roche.
roça *s.f.* 1. terrain (défriché); 2. campagne.
roçadura *s.f.* frôlement.
rocambole *s.f.* (*doce*) roulade.
rocambolesco *adj.* rocambolesque.
roçar *v.t.* effleurer, frôler, raser.
roceiro *s.m.* petit agriculteur.
rocha *s.f.* roche.
rochedo *s.m.* rocher.

rochoso *adj.* rocheux.
rocio *s.m.* rosée.
rococó *adj.*; *s.m.* 1. rococo; 2. rocaille *f.*
roda *s.f.* 1. roue; (*ant.*) — *de fiar* rouet; 2. (*ant.*; *suplício da* —) roue; 3. ronde; *à* — à la ronde; 4. entourage *m.*
rodada *s.f.* 1. (*bebida oferecida a pessoas sentadas a uma mesa de bar*) tournée; 2. (*de campeonato esportivo*) tournoi *m.*
rodapé *s.m.* 1. (*de parede*) lambris; 2. (*em jornal*) feuilleton.
rodar *v.t.* 1. parcourir; 2. imprimer; 3. rouer; *v.int.* 1. rouler, tourner; 2. (*em exame*) échouer; 3. être renvoyé, remercié.
roda-viva *s.f.* remue-ménage *m.*; *andar numa* — ne savoir où donner de la tête.
rodear *v.t.* entourer, environner.
rodeio *s.m.* détour; *sem* —*s* sans détours, sans ambages, bonnement; (*fam.*) tout de go.
rodeira *s.f.* ornière.
rodela *s.f.* rouelle; rondelle.
rodilha *s.f.* bourrelet *m.*
rodízio *s.m.* 1. roulement, alternance *f.* de personnes qui se relayent; 2. (*em restaurante*) menu à volonté.
rodo *s.m.* 1. ratissoire *f.*; 2. (*em banheiro*) raclette *f.*
rododendro *s.m.* rhododendron.
rodopiar *v.int.* tournoyer.
rodovalho *s.m.* (*peixe*) tourbot.
rodovia *s.f.* autoroute, autostrade.
rodoviária *s.f.* gare routière.
rodoviário *adj.* routier.
roedor *s.m.* rongeur.
roer *v.t.* ronger, grignoter; *v.pron.* se ronger; — *-se por dentro* ronger son frein.
rogado *adj.* prié; *fazer-se de* — faire la petite bouche; se faire tirer l'oreille; *sem se fazer de* — sans façons.
rogar *v.t.* prier, supplier.
rogatório *adj.* rogatoire.
rogo *s.m.* prière, demande; *a* — sur demande.
rojão *s.m.* 1. travail fatigant; 2. marche *f.* forcée; *aguentar o* — endurer, résister.
rojar *v.t.* traîner; *v.pron.* se traîner.
rojo *s.m.* rampement.
rol *s.m.* bordereau, état; liste *f.*
rola *s.f.* tourterelle.
rolamento *s.m.* roulement.
rolar *v.t.* e *int.* rouler.
roldana *s.f.* poulie.

roldão *s.m.* confusion *f.*; méli-mélo; *de* — pêle-mêle.
roleta *s.f.* roulette; — *-russa* roulette russe.
rolete *s.m.* rouleau; sucette *f.* de canne à sucre.
rolha *s.f.* bouchon *m.*, tampon *m.*
roliço *adj.* arrondi, potelé.
rolinha *s.f.* tourtereau.
rolo *s.m.* 1. rouleau; — *compressor* rouleau compresseur; 2. (*pop.*) confusion *f.*, méli-mélo.
Roma *s.f.* Rome.
romã *s.f.* grenade.
romança *s.f.* romance.
romance *s.m.* roman; — *de capa e espada* roman de cape et d'épée; — *cíclico* roman fleuve; — *de ciência-ficção* roman d'anticipation.
romancear *v.t.* romancer.
romanche *adj.*; *s.pátr.* romanche, ladino.
romancista *s.m.* romancier; *s.f.* romancière.
romanesco *adj.* romanesque.
romanista *s.* romaniste.
romanizar *v.t.* romaniser.
romano *adj.*; *s.pátr.* 1. romain; 2. romano.
romântico *adj.*; *s.* romantique.
romantismo *s.m.* romantisme.
romãzeira *s.f.* grenadier *m.*
rombo[1] *s.m.* losange, rhombe.
rombo[2] *s.m.* 1. trou, rupture *f.*; 2. détournement.
rombo[3] *adj.* o mesmo que *rombudo*.
rombudo *adj.* émoussé.
romeiro *s.m.* pèlerin.
Romênia *s.f.* Roumanie.
romeno *adj.*; *s.pátr.* roumain.
rompante *s.m.* arrogance *f.*, emportement.
romper *v.int.* (*o dia*) poindre; *v.t.* rompre, casser, briser; *v.pron.* se rompre; *s.m.* point: *o* — *do dia* le point du jour.
rompimento *s.m.* rupture *f.*
rom-rom *s.m.* ronron.
roncar *v.int.* ronfler; (*motor*) vrombir.
ronco *s.m.* ronflement; (*de motor*) vrombissement.
ronda *s.m.* guet *m.*
rondar *v.int.* rôder.
ronha *s.f.* rogue.
ronqueira *s.f.* râle *m.*
ronronar *v.int.* ronronner.
rosa *s.f.* rose; — *-brava* églantine; — *dos ventos* rose-des-vents; *adj.* rose.
rosácea *s.f.* rosace.

rosado *adj.* rosé; poupin.
rosário *s.m.* rosaire, chapelet; *desfiar o* — égrener, dévider son chapelet; *um* — *de queixas* une kyrielle *f.* de plaintes.
rosbife *s.m.* rosbif.
rosca *s.f.* filet *m.*, vis *m.*
roseira *s.f.* rosier *m.*
roseiral *s.m.* roseraie *f.*
róseo *adj.* rosâtre.
roseta *s.f.* rosette.
rosmaninho *s.m.* romarin.
rosnar *v.int.* grommeler, rogner; feuler.
rostinho *s.m.* frimousse *f.*; — *bonito* minois.
rosto *s.m.* visage, figure *f.*, face *f.*; (*fam.*) museau.
rota[1] *s.f.* route; *de* — *batida* tambour battant.
rota[2] *s.f.* rotin *m.*
rotação *s.f.* rotation; — *de terras* assolement.
rotativa *s.f.* rotative.
rotativo *adj.* rotatif.
rotatório *adj.* rotatoire.
roteiro *s.m.* itinéraire; schéma; (*de filme*) scénario.
rotina *s.f.* routine, vieille ornière; train-train *m.*
rotineiro *adj.* routinier.
roto *adj.* 1. percé; 2. déguenillé.
rotogravura *s.f.* rotogravure.
rótula[1] *s.f.* jalousie.
rótula[2] *s.f.* (*Anat.*) rotule.
rotular *v.t.* étiqueter.
rótulo *s.m.* étiquette *f.*, vignette *f.*; label *m.*
rotunda *s.f.* rotonde; rond-point *m.*
roubalheira *s.f.* escroquerie.
roubar *v.t.* e *int.* voler, dérober; — *no jogo* tricher; — *tudo de alguém* devaliser quelqu'un; (*fam.*) faucher, chiper, flouer.
roubo *s.m.* vol; — *de punguista* vol à la tire; — *de trombadinha* vol à l'esbroufe.
rouco *adj.* rauque; enroué; éraillé.
roupa *s.f.* vêtement *m.*; — *branca* linge *m.*, lingerie; — *de baixo* sous-vêtement; — *de cama* literies; —*s* (*pop.*) fringues; —*s velhas* *hardes, nippes.
roupão *s.m.* robe *f.* de chambre, peignoir; négligé.
rouparia *s.f.* penderie.
roupeira *s.f.* lingère.
roupinha *s.f.* (*leve, de criança*) barboteuse.
rouquidão *s.f.* enrouement *m.*; raucité.

rouxinol *s.m.* rossignol.
roxo *adj.* violet.
rua *s.f.* rue; — *de pedestre* rue piétonnière.
rubéola *s.f.* rubéole.
rubi *s.m.* rubis.
rubiácea *s.f.* rubiacée; café *m.*
rubicundo *s.m.* rubicond; rougeaud.
rublo *s.m.* rouble.
rubor *s.m.* rubeur *f.*
ruborizar-se *v.pron.* rougir.
rubrica *s.f.* 1. rubrique; 2. (*assinatura abreviada*) paraphe *m.*
rubricar *v.t.* parapher.
ruche *s.f.* ruche.
rude *adj.* rude.
rudeza *s.f.* rudesse.
rudimentar *adj.* rudimentaire.
rudimento *s.m.* rudiment.
ruela *s.f.* ruelle.
rufar *v.int.* (*o tambor*) rouler, battre.
rufião *s.m.* ruffian, gigolo, souteneur, maquereau.
ruflar *v.int.* (*asas*) battre; (*tecido*) froufrouter.
rufo *s.m.* roulement (du tambour).
ruga *s.f.* ride.
rúgbi *s.m.* rugby.
ruge-ruge *s.m.* froufrou, frôlement.
rugido *s.m.* rugissement.
rugir *v.int.* rugir.
rugosidade *s.f.* rugosité.
rugoso *adj.* rugueux; rude.
ruibarbo *s.m.* rhubarbe *f.*
ruído *s.m.* bruit; éclat.
ruidosamente *adv.* bruyamment; à tout rompre.
ruidoso *adj.* bruyant, éclatant.
ruim *adj.* 1. (*coisa*) mauvais, méchant, tocard; 2. (*pessoa*) méchant, vache.
ruína *s.f.* ruine.
ruindade *s.f.* mauvaiseté, méchanceté; vacherie.
ruinoso *adj.* ruineux.
ruir *v.int.* s'écrouler.
ruiva *adj.*; *s.f.* rousse; (*fam.*) rouquine.
ruivo *adj.*; *s.m.* roux; (*fam.*) rouquin; *cor ruiva* rousseur.
rum *s.m.* rhum.
rumar *v.int.* se diriger.
ruminação *s.f.* rumination.
ruminante *adj.*; *s.m.* ruminant.
ruminar *v.t.* e *int.* ruminer.
rumo *s.m.* 1. rhumb, rumb; 2. direction.
rumor *s.m.* rumeur *f.*

rumoroso *adj.* éclatant, scandaleux.
rúnico *adj.* runique.
rupestre *adj.* rupestre.
rupia *s.f.* roupie.
ruptura *s.f.* rupture.
rural *adj.* rural.
rusga *s.f.* brouille.
rush *s.m.* rush.
Rússia *s.f.* Russie.
russo *adj.*; *s.pátr.* russe.
rutabaga *s.f.* rutabaga *m.*
rusticidade *s.f.* rusticité.
rústico *adj.* rustique.
rutilante *adj.* rutilant.

S

Saara *s.m.* Sahara.
saariano *adj.*; *s.pátr.* saharien.
sabá *s.m.* sabbat.
sábado *s.m.* samedi; — *de aleluia* samedi saint.
sabão *s.m.* **1.** savon; **2.** (*fig. repreensão*) savon, réprimande *f.*, engueulade *f.*
sabático *adj.* sabbatique.
sabatina *s.f.* récapitulation, interrogatoire *m.*
sabedoria *s.f.* sagesse.
saber *v.t.* e *int.* **1.** savoir; — *como agir* savoir à quoi s'en tenir; — *demais* en savoir long; *a* — *loc.adv.* (à) savoir; *não* — *o que fazer* ne pas savoir sur quel pied danser; *não* — *o que fazer primeiro* ne pas savoir où donner de la tête; *pelo que sei* que je sache; **2.** avoir le goût de.
sabiá *s.m.* merle du Brésil.
sabiamente *adv.* savamment.
sabichão *s.m.* pédant.
sabichona *s.f.* bas-bleu *m.*
sabido *adj.* **1.** su; **2.** finaud, futé, malin; *bancar o* — faire le malin.
sábio *adj.*; *s.* savant, sage.
saboaria *s.f.* savonnerie.
Saboia *s.f.* Savoie.
saboiano *adj.*; *s.pátr.* savoyard.
sabonete *s.m.* savon (de toilette), savonnette.
saboneteira *s.f.* boîte à savon.
sabor *s.m.* saveur *f.*, goût; *ao* — *de loc.prep.* au gré de; *ao* — *da corrente* à vau l'eau.
saborear *v.t.* savourer, dégouster.
saboroso *adj.* savoureux.
sabotador *s.m.* saboteur.
sabotagem *s.f.* sabotage *m.*
sabotar *v.t.* saboter.
sabraço *s.m.* coup de sabre.
sabre *s.m.* sabre.

sabugo *s.m.* sureau.
sabujo *s.m.* **1.** limier; **2.** flagorneur.
saca *s.f.* grand sac *m.*, sacoche.
sacada *s.f.* balcon.
sacado *s.m.* tiré.
sacador *s.m.* émetteur.
sacanagem *s.f.* (*pop.*) dévergondage.
sacar *v.t.* **1.** arracher, retirer, sortir; **2.** (*cheque*) émettre; **3.** (*gír.*) comprendre, juger; *saquei!* j'y suis.
sacaria *s.f.* tas *m.* de sacs.
sacarina *s.f.* saccharine.
saca-rolhas *s.m.* tire-bouchon.
sacarose *s.f.* saccharose.
sacerdócio *s.m.* sacerdoce.
sacerdotal *adj.* sacerdotal.
sacerdote *s.m.* prêtre.
sacerdotisa *s.f.* prêtresse.
sachar *v.t.* sarcler.
sacho *s.m.* sarcloir.
sachola *s.f.* serfouette.
saci (-pererê) *s.m.* (*aprox.*) lutin, farfadet du Brésil.
saciado *adj.* ressasié, repu.
saciar *v.t.* ressasier; assouvir.
saciedade *s.f.* satiété.
saco *s.m* **1.** sac; **2.** (*fam.*) embêtement, emmerdement; **3.** les testicules; *despejar o* — (*fam.*) vider le sac; *encher o* — *de* (*chulo*) emmerder; *pôr no mesmo* — mettre dans le même sac.
sacola *s.f.* sacoche; — *de caça* gibecière.
sacolejar *v.t.* secouer, brimbaler.
sacolejo *s.m.* brimbalement.
sacramental *adj.* sacramental.
sacramento *s.m.* sacrement.
sacrário *s.m.* tabernacle.
sacrificador *s.m.* sacrificateur.
sacrificar *v.t.* e *int.* sacrifier.
sacrifício *s.m.* sacrifice.

sacrilégio *s.m.* sacrilège.
sacrílego *adj.*; *s.* sacrilège.
sacripanta *s.m.* sacripant, chenapan.
sacristão *s.m.* sacristain; bedeau.
sacristia *s.f.* sacristie.
sacro *adj.* sacré; *osso* — sacrum.
sacrossanto *adj.* sacro-saint.
sacudida *s.f.* secousse; *hochement *m.*
sacudidela *s.f.* légère secousse.
sacudido *adj.* 1. brimbalé, agité; 2. gaillard, vigoureux.
sacudir *v.t.* secouer.
sádico *adj.* sadique.
sadio *adj.* sain.
sadismo *s.m.* sadisme.
sadomasoquismo *s.m.* sadomasochisme.
sadomasoquista *adj.*; *s.* sadomasochiste.
saduceu *adj.*; *s.* (*Hist.*) saducéen.
safadeza *s.f.* 1. sale coup *m.*, saloperie; 2. dévergondage *m.*
safado *adj.* 1. salaud, sale, saligaud; 2. dévergondé.
safanão *s.m.* secousse *f.*, poussée *f.*, saccade *f.*
safar *v.t.* 1. débarrasser, dégager; 2. retirer, voler, chiper; *v.pron.* filer, lever le camp; (*fam.*) fiche(r) le camp; (*vulg.*) déguerpir, se démerder, foutre le camp.
safári *s.m.* safari.
sáfaro *adj.* inculte, stérile, en friche.
safira *s.f.* saphir.
safo *adj.* rescapé.
safra *s.f.* 1. moisson; 2. cru *m.*
saga *s.f.* saga.
sagacidade *s.f.* sagacité.
sagaz *adj.* sagace.
sagitária *s.f.* (*planta*) sagittaire.
sagitário *s.m.* sagittaire.
sagração *s.f.* sacre *m.*
sagrado *adj.* sacré.
sagrar *v.t.* sacrer.
sagu *s.m.* sagou.
saguão *s.m.* foyer.
sagui *s.m.* sagouin.
saia *s.f.* jupe.
saia-calça *s.f.* jupe-culotte.
saião *s.m.* (*planta*) joubarbe *f.*
saibro *s.m.* gravier.
saída *s.f.* 1. sortie, issue; — *de emergência* porte de secours; 2. (*de mercadorias*) débit *m.*; 3. saillie, repartie; 4. — *de praia* sortie de bain.
saiote *s.m.* jupon; (*de bailarina*) tutu.
sair *v.int.* sortir; gagner la porte, prendre la porte; (*fig.*) se tirer; — *a contragosto de* s'arracher à; — *são e salvo* s'en tirer; *não* — *de perto de* tourner autour de; *v.pron.* s'échapper, se tirer d'affaire.
sais V. *sal.*
sal *s.m.* sel; *pl.* sais; *sais* sels (anglais).
sala *s.f.* salle; salle, théâtre; — *de aula* salle de classe; — *de estudo* étude; — *de fumar* fumoir *m.*; — *de jantar* salle à manger; *sala e quarto conjugado* studio *m.*
salada *s.f.* salade; — *de frutas* salade de fruits; (*fig.*) fatras *m.*
saladeira *s.f.* saladier.
sala e quarto *s.m.* deux-pièces.
salafrário *s.m.* salaud.
salamaleque *s.m.* salamalec.
salamandra *s.f.* salamandre.
salame *s.m.* salami, saucisson.
salão *s.m.* 1. salon; 2. (*exposição*) Salon; 3. (*barbearia*) salon de coiffure.
salariado *s.m.* salariat.
salarial *adj.* salarial.
salário *s.m.* salaire; — -*família* allocation familiale.
saldar *v.t.* 1. acquitter, s'acquitter de, régler; 2. solder.
saldo *s.m.* solde.
saleiro *s.m.* salière *f.*
saleta *s.f.* petit salle.
salgadeira *s.f.* saloir *m.*
salgadinhos *s.m.pl.* petits fours salés.
salgado *adj.* salé; — *e defumado* saur.
salgar *v.t.* saler.
salgueiral *s.m.* saulaie *f.*
salgueiro *s.m.* saule; vimier.
saliência *s.f.* saillie, ressaut *m.*; *formar* — saillir.
salientar *v.t.* faire ressortir.
saliente *adj.* 1. saillant; 2. osé.
salificar *v.t.* salifier.
salina *s.f.* saline; marais *m.* salant.
salinar *v.int.* sauner.
salineiro *s.m.* salinier, saunier, paludier.
salinidade *s.f.* salinité.
salino *adj.* salin.
salitrar *v.t.* salpêtrer.
salitre *s.m.* salpêtre.
saliva *s.f.* salive.
salivação *s.f.* salivation.
salivar *v.int.* saliver.
salmão *s.m.* saumon.
salmo *s.m.* psaume.
salmodiar *v.t.* e *int.* psalmodier.
salmonelose *s.f.* salmonellose.

salmoura *s.f.* saumure.
salobro *adj.* saumâtre.
saloia *s.f.* paysanne (portugaise).
saloio *s.m.* paysan (portugais).
salpicar *v.t.* parsemer, émailler, saupoudrer.
salpico *s.m.* éclaboussure *f.*
salsa *s.f.* persil *m.*
salsaparrilha *s.f.* salsepareille.
salsicha *s.f.* saucisse; — *grossa* saucisson *m.*
salsichão *s.m.* cervelas.
salsicharia *s.f.* charcuterie.
salsicheiro *s.m.* charcutier.
saltador *adj.*; *s.* 1. sauteur; 2. plongeur.
saltar *v.t.* e *int.* sauter; — *aos olhos* sauter aux yeux, éclater.
salteado *adj.* non successif; *saber de cor e* — savoir sur le bout des doigts.
salteador *s.m.* brigand, bandit, assaillant.
saltear *v.t.* assaillir.
saltério *s.m.* psautier.
saltimbanco *s.m.* saltimbanque, baladin.
saltitar *v.int.* sautiller, trottiner.
salto *s.m.* 1. saut; 2. (*de sapato*) talon.
salto-mortal *s.m.* saut périlleux.
salubre *adj.* salubre.
salubridade *s.f.* salubrité.
salutar *adj.* salutaire, sain.
salva[1] *s.f.* (*planta*) sauge.
salva[2] *s.f.* (*de tiros, de palmas*) salve.
salvação *s.f.* salut *m.*
salvador *adj.*; *s.m.* sauveteur; sauveur.
salvaguarda *s.f.* sauvegarde.
salvaguardar *v.t.* sauvegarder.
salvamento *s.m.* sauvetage.
salvar *v.t.* sauver.
salva-vidas *s.m.* 1. ceinture *f.* de sauvetage; 2. sauveteur.
salve *interj.* salut.
salve-se quem puder *s.m.* sauve-qui-peut.
salvo *adj.* sauf; *a* — *de loc.adv.* à l'abri de; *prep.* sauf; *a* — en sûreté; — *que* à cela près.
salvo-conduto *s.m.* sauf-conduit, laisser-passer.
samambaia *s.f.* espèce de fugère.
samaritano *adj.*; *s.* samaritain.
samba *s.m.* samba *f.*
sambaqui *s.m.* sambaqui.
sambar *v.t.* danser la samba.
sambista *s.* 1. danseur ou danseuse de samba; 2. compositeur de samba.
samovar *s.m.* samovar.

sanar *v.t.* remédier.
sanatório *s.m.* sanatorium; (*fam.*) sana.
sanção *s.f.* sanction; *impor sanções a* sanctionner.
sancionar *v.t.* sanctionner.
sandália *s.f.* sandale; — *leve* sandalette.
sândalo *s.m.* santal.
sandeu *adj.*; *s.m.* imbécile, idiot.
sandice *s.f.* imbécillité, idiotie.
sanduíche *s.m.* sandwich.
saneamento *s.m.* assainissement.
sanear *v.t.* assainir.
sanefa *s.f.* lambrequin *m.*
sanfeno *s.m.* (*planta*) sainfoin.
sanfona *s.f.* accordéon *m.*
sanfoneiro *s.m.* accordéoniste.
sangradouro *s.m.* saignée *f.*
sangrar *v.t.* e *int.* saigner; *v.pron.* se saigner.
sangrento *adj.* saignant; (*fig.*) sanglant.
sangria *s.f.* saignée; *não é* — *desatada* il n'y a pas le feu.
sangue *s.m.* sang; *ter* — *de barata* avoir du sang de navet.
sangue-frio *s.m.* sang froid.
sangueira *s.f.* beaucoup de sang répandu.
sanguessuga *s.f.* sangsue.
sanguina *s.f.* sanguine.
sanguinário *adj.* sanguinaire.
sanguíneo *adj.* sanguin.
sanguinolento *adj.* sanguinolant.
sanha *s.f.* fureur.
sanhaço *s.m.* (*pássaro*) thraupe.
sanidade *s.f.* santé, normalité.
sânie *s.f.* sanie.
sanitário *adj.* sanitaire; *s.m.* lieux *pl.* d'aisance, cabinet (d'aisances).
sanitarista *s.* hygiéniste.
sânscrito *adj.*; *s.pátr.* sanscrit.
santa *adj.*; *s.f.* sainte; — *de pau oco* sainte-nitouche.
santarrão *adj.*; *s.m.* prude, bigot.
santarrona *s.f.* bégueule.
Santa Sé *s.f.* Saint-Siège *m.*
santidade *s.f.* sainteté.
santificação *s.f.* sanctification.
santificar *v.t.* sanctifier.
santíssimo *s.m.* le Saint des Saints.
santista *adj.*; *s.pátr.* (habitant) de Santos.
santo *adj.*; *s.m.* saint; *todo o* — *dia* toute la sainte journée.
santo e senha *s.m.* mot de passe.
são[1] *adj.* sain.
são[2] *adj.* saint.

sapa *s.f.* sape.
sapador *s.m.* sapeur.
sapar *v.t.* saper.
sapata *s.f.* 1. sabot (de frein); 2. semelle (de rail); 3. fondation en béton.
sapataria *s.f.* magasin *m.* de chaussures; cordonnerie.
sapatear *v.int.* piétiner.
sapateiro *s.m.* cordonnier; — *remendão* savetier; — *sob medida* bottier.
sapatilha *s.f.* 1. espadrille; 2. escarpin *m.*, ballerine.
sapato *s.m.* chaussure *f.*, soulier; (*fam.*) tatane *f.* — *velho* savate.
sapé *s.m.* (*aprox.*) chaume.
sapeca *adj.*; *s.f.* coquette.
sapecar *v.t.* (*fam.*) cochonner.
sápido *adj.* sapide.
sapiente *adj.* savant, sage.
sapinho(s) *s.m.pl.* (*doença*) muguet.
sapo *s.m.* crapaud; *engolir* —*s* avaler des couleuvres.
sapoti *s.m.* sapote.
sapotizeiro *s.m.* sapotier.
sapucaia *s.f.* dépôt *m.* d'ordures.
saque[1] *s.m.* sac, pillage, déprédation *f.*
saque[2] *s.m.* traite *f.*, lettre *f.* de change.
saqueador *s.m.* pillard, maraudeur.
saquear *v.t.* piller, marauder, dévaliser, mettre à sac, saccager; écrémer.
saquinho *s.m.* sachet.
sarabanda *s.f.* sarabande.
saracotear *v.int.* se déhancher.
saraiva *s.f.* grésil *m.*
sarampo *s.m.* rougeole *f.*
sarapatel *s.m.* salmigondis.
sarapintar *v.t.* tacheter.
sarar *v.t.* e *int.* guérir.
sarará *adj.*; *s.* mulâtre albinos.
sarau *s.m.* raout, soirée *f.*
sarça *s.f.* buisson.
sarcasmo *s.m.* sarcasme.
sarcástico *adj.* sarcastique.
sarcófago *s.m.* sarcophage.
sarda *s.f.* tache de son.
Sardenha *s.f.* Sardaigne.
sardinha *s.f.* sardine.
sardo *adj.*; *s.pátr.* sarde.
sardônico *adj.* sardonique.
sargaço *s.m.* sargasse *f.*, varech, goémon.
sargento *s.m.* sergent.
sári *s.m.* sari.
sarilho *s.m.* 1. — *de armas* faisceau d'armes; 2. confusion *f.*, rififi.

sarja *s.f.* serge.
sarmento *s.m.* sarment.
sarna *s.f.* gale, rogne.
sarnento *adj.* galeux, rogneux.
sarraceno *adj.*; *s.pátr.* sarrasin, maure.
sarrafo *s.m.* latte *f.*
sarro *s.m.* culot.
sassaricar *v.int.* se donner du bon temps.
Satã *s.m.* Satan.
satanás *s.m.* diable.
satânico *adj.* satanique.
satanismo *s.m.* satanisme.
satélite *s.m.* satellite.
sátira *s.f.* satire.
satírico *adj.* satirique.
satirizar *v.t.* satiriser.
sátiro *s.m.* satyre.
satisfação *s.f.* satisfaction; *obter* — tirer raison.
satisfatório *adj.* satisfaisant.
satisfazer *v.t.* satisfaire; contenter.
satisfeito *adj.* satisfait.
saturação *s.f.* saturation.
saturar *v.t.* saturer.
saudação *s.f.* salutation, salut *m.*
saudade *s.f.* nostalgie, mal *m.* du pays; *pl.* salutations.
saudar *v.t.* saluer.
saudável *adj.* salubre, sain.
saúde *s.f.* santé; *estar com a* — *comprometida* filer un mauvais coton; *estar vendendo* — déborder de santé.
saudita *adj.*; *s.pátr.* séoudite, saoudite, saoudien.
saudosismo *s.m.* passéisme.
saudosista *adj.*; *s.* passéiste.
saudoso *adj.* regretté.
sauna *s.f.* sauna *m.*
saúva *s.f.* espèce de fourmi.
savana *s.f.* savane.
savata *s.f.* (*espécie de capoeira*) savate.
saveiro *s.m.* bateau de pêche.
saxão *adj.*; *s.pátr.* saxon.
saxofone *s.m.* saxophone.
sazão *s.f.* 1. saison; 2. occasion, opportunité.
sazonar *v.t.* e *int.* mûrir.
se[1] *pron.* 1. se; soi; 2. on; *fala-* — *inglês* on parle anglais.
se[2] *conj.* si; — *bem que* quoique.
sé *s.f.* 1. siège *m.*; *a Santa Sé* le Saint-Siège; 2. église (*patriarcale*).
seara *s.f.* moisson.
sebe *s.f.* *haie.

sebento *adj.* 1. suiffeux; 2. sale, malpropre.
sebo *s.m.* 1. suif; 2. bouquinerie *f.*, commerce de livres d'occasion.
seborreia *s.f.* séborrhée.
seca *s.f.* sécheresse.
secador *s.m.* séchoir.
secagem *s.f.* séchage.
secamente *adv.* sèchement.
secante[1] *s.m.* siccatif.
secante[2] *s.f.* sécante.
seção *s.f.* section, division; rayon *m.*
secar *v.t.* sécher, essuyer; *v.int.* sécher, tarir.
secção o mesmo que *seção*.
secessão *s.f.* sécession.
secessionista *adj.*; *s.* sécessionniste.
secional *adj.* de section.
secionamento *s.m.* sectionnement.
secionar *v.t.* sectionner.
seco *adj.* sec; (*pão*) bis.
secreção *s.f.* sécrétion.
secreta *s.m.* agent secret.
secretaria *s.f.* secrétariat.
secretária *s.f.* secrétaire; — *eletrônica* répondeur.
secretariado *s.m.* 1. fonction *f.* de secrétaire; 2. ensemble des secrétaires.
secretariar *v.t.* servir de secrétaire à.
secretário *s.m.* secrétaire.
secreto *adj.* secret.
sectário *adj.* sectaire; *s.m.* sectaire, séide.
sectarismo *s.m.* sectarisme.
secular *adj.* 1. (muito antigo) séculaire; 2. (*profano*) séculier.
secularização *s.f.* sécularisation.
secularizar *v.t.* séculariser.
século *s.m.* siècle; *o* — *das luzes* le siècle des lumières.
secundar *v.t.* seconder.
secundário *adj.* secondaire.
secundogênito *adj.* cadet.
secura *s.f.* sécheresse; sec *m.*
seda *s.f.* soie; — *crua* crue.
sedativo *adj.*; *s.m.* sédatif.
sede[1] *s.f.*; soif; *matar a* — *se désaltérer*; *provocar* — *em* altérer.
sede[2] *s.f.* siège *m.*; *ter* — siéger.
sedentário *adj.* sédentaire, casanier.
sedento *adj.* assoiffé.
sedição *s.f.* sédition.
sedicioso *adj.* séditieux.
sedimentação *s.f.* sédimentation.
sedimentar *v.int.* former des sédiments.
sedimentário *adj.* sédimentaire.
sedimento *s.m.* sédiment.
sedoso *adj.* soyeux.
sedução *s.f.* séduction; détournement *m.*
sedutor *adj.m.* séduisant; *s.m.* séducteur; ensorceleur; enjôleur; (*pop.*) tombeur.
sedutora *adj.f.* séduisante; *s.f.* séductrice, ensorceleuse.
seduzir *v.t.* séduire; (*pop.*) tomber; *tentar* — (*mulher*) entreprendre.
sega *s.f.* moisson.
segar *v.t.*; *int.* moissonner.
sege *s.f.* carrosse *m.*
segmentação *s.f.* segmentation.
segmentar *v.t.* segmenter.
segmento *s.m.* segment.
segredar *v.t.* e *int.* chuchoter, souffler à l'oreille.
segredinho *s.m.* cachotterie.
segredista *adj.* cachottier.
segredo *s.m.* secret; *descobrir o* — (*de uma conspiração*) éventer la mèche; *desvendar o* — découvrir le pot aux roses; *em* — en secret, sous main; *trair o* — (*de uma conspiração*) vendre la mèche.
segregação *s.f.* ségrégation.
segregacionista *adj.*; *s.* ségrégationniste.
segregar *v.t.* secréter.
seguido *adj.* suivi, ininterrompu.
seguidor *s.m.* suiveur.
seguir *v.t.* suivre; (*um caminho*) emprunter; — *de perto* emboîter le pas à; — *por toda a parte* filer; *a* — la suite au prochain numéro; *v.pron.* s'ensuivre.
segunda-feira *s.f.* lundi *m.*
segundo[1] *num.* second, deuxième; *em* — *lugar* secundo; *s.m.* second.
segundo[2] *prep.* selon, suivant.
segurado *s.m.* assuré.
segurador *s.m.* assureur.
seguramente *adv.* assurément, pour sûr.
segurança *s.f.* 1. sûreté, sécurité; 2. assurance.
segurar *v.t.* 1. tenir; 2. assurer.
segurelha *s.f.* (*planta*) sarriette.
seguro[1] *adj.* sûr, certain; de tout repos.
seguro[2] *s.m.* assurance *f.*; — *de vida* assurance sur la vie.
seio *s.m.* sein; (*pop.*) robert.
seis *num.* six.
seiscentos *num.* six cent(s).
seita *s.f.* secte.
seiva *s.f.* sève.
seixo *s.m.* caillou, galet.

seja *conj.* soit.
sela *s.f.* selle.
selagem *s.f.* scellage *m.*
selar[1] *v.t.* (*pôr sela em*) seller.
selar[2] *v.t.* (*pôr selo em*) 1. sceller; 2. affranchir.
selaria *s.f.* sellerie.
seleção *s.f.* sélection.
selecionar *v.t.* sélectionner.
seleiro *s.m.* sellier.
seleta *s.f.* anthologie.
seletividade *s.f.* sélectivité.
seletivo *adj.* sélectif.
seleto *adj.* sélect; de choix.
selha *s.f.* seille, baquet *m.*
selo *s.m.* 1. (*do correio*) timbre (-poste); 2. (*sinete*) sceau; — *judicial* scellés *pl.*
selva *s.f.* brousse, forêt.
selvageria *s.f.* sauvagerie.
sem *prep.* sans; — *que* sans que; que ne; — *quê nem para quê* sans aucun motif.
semafórico *adj.* sémaphorique.
semáforo *s.m.* sémaphore.
semana *s.f.* semaine, *huitaine.
semanal *adj.* hebdomadaire.
semanário *s.m.* hebdomadaire.
semântica *s.f.* sémantique.
semântico *adj.* sémantique.
semblante *s.m.* visage; apparence *f.*
sem-cerimônia *s.f.* sans-gêne *m.*, sans-façon *m.*
sem-cerimonioso *adj.* sans-gêne.
semeador *s.m.* semeur.
semeadora *s.f.* semeuse.
semeadura *s.f.* ensemencement *m.*, semaille, semis *m.*
semear *v.t.* semer, parsemer, ensemencer.
semelhança *s.f.* ressemblance; *à — de* à l'instar de.
semelhante *adj.* semblable, pareil, tel.
semelhar *v.t.* e *pron.* se ressembler à.
sêmen *s.m.* 1. semence *f.*; 2. sperme.
semente *s.f.* graine, semence.
sementeira *s.f.* semis *m.*, semaille.
semestral *adj.* semestriel.
semestre *s.m.* semestre.
semibreve *s.f.* (*Mús.*) ronde.
semicírculo *s.m.* demi-cercle.
semideus *s.m.* demi-dieu.
semi-internato *s.m.* demi-pensionnat.
semi-interno *adj.*; *s.* demi-pensionnaire.
semimorto *adj.* demi-mort.
seminal *adj.* seminal.
seminário *s.m.* séminaire.

seminarista *s.m.* séminariste.
semínima *s.f.* (*Mús.*) noire.
seminu *adj.* demi-nu.
semiologia *s.f.* sémiologie.
semita *adj.*; *s.* sémite.
semítico *adj.* sémitique.
semivivo *adj.* demi-mort.
semivogal *s.f.* semi-voyelle.
sem-número *s.m.* (grande) quantité *f.*
sêmola *s.f.* gruau *m.*
sempiterno *adj.* sempiternal.
sempre *adv.* toujours; de tout temps; *é — a mesma coisa*; (*fam.*) c'est toujours le même tabac; *nem —* pas toujours; *para —* à jamais; sans retour.
sempre-viva *s.f.* sempervivum *m.*, joulaibe.
sem-vergonha *adj.* dévergondé.
sem-vergonhice *s.f.* dévergondage.
Sena *s.m.* Seine *f.*
senado *s.m.* sénat.
senador *s.m.* sénateur.
senão *conj.* si ce n'est, sinon; *s.m.* défaut.
senatoria *s.f.* mandat *m.* de sénateur.
senatorial *adj.* sénatorial.
senda *s.f.* sentier *m.*; layon *m.*
sene *s.m.* séné.
Senegal *s.m.* Sénégal.
senegalês *adj.*; *s.pátr.* sénégalais.
senescência *s.f.* sénéscence.
senha *s.f.* consigne; contremarque; mot *m.* de passe; *mostrar a —* montrer patte blanche.
senhor *s.m.* monsieur; *pl.* messieurs; seigneur; (*antes de nome próprio e em vocativo*) Monsieur, *abreviado* M.; *pl.* Messieurs, *abreviado* MM.; *— de engenho* planteur, (*depr.*) sieur.
senhora *s.f.* dame; (*antes de nome próprio e em vocativo*) Madame, *abreviado* Mme, *pl.* Mesdames, *abreviado* Mmes.
senhoria *s.f.* 1. segneurie; 2. propriétaire.
senhoril *adj.* de seigneur; seigneurial.
senhorio *s.m.* propriétaire.
senhorita *s.f.* demoiselle; (*antes de nome próprio e em vocativo*) Mademoiselle, *abreviado* Mlle, *pl.* Mesdemoiselles, *abreviado* Mlles.
senil *adj.* sénile, gâteux.
senilidade *s.f.* sénilité, gâtisme *m.*, ramollissement *m.*
seno *s.m.* (*Geom.*) sinus.
sensaboria *s.f.* insipidité; fadeur, fadaise.
sensação *s.f.* sensation.

sensacional *adj.* sensationnel; *número mais — (de um espetáculo)* clou *m.*
sensato *adj.* sensé, sage, raisonnable; *tornar —* assagir.
sensibilidade *s.f.* sensibilité.
sensibilização *s.f.* sensibilisation.
sensibilizador *s.m.* sensibilisateur.
sensibilizar *v.t.* sensibiliser.
sensitiva *s.f.* sensitive.
sensitivo *adj.* sensitif.
sensível *adj.* sensible.
senso *s.m.* sens; *— comum* sens commun; *não ter o — do ridículo* ne pas avoir le sens du ridicule.
sensorial *adj.* sensoriel.
sensual *adj.* sensuel.
sensualidade *s.f.* sensualité.
sensualismo *s.m.* sensualisme.
sensualista *adj.*; *s.* sensualiste.
sentado *adj.* assis.
sentar *v.t.* asseoir; *pôr-se a —* se dresser sur son séant; *v.pron.* s'asseoir; *— de novo* se rasseoir.
sentença *s.f.* **1.** (*de tribunal*) sentence, arrêt *m.*, jugement; **2.** (*provérbio*) sentence, proverbe *m.*, adage *m.*
sentencioso *adj.* sententieux.
sentido[1] *s.m.* **1.** (*significação*) sens; *isto não faz —* cela ne tient pas debout, cela ne rime à rien; **2.** *pl.* sens; *os cinco —s* les cinq sens; *perder os —s* perdre ses esprits, s'évanouir; se trouver mal; (*fam.*) tomber dans les pommes; **3.** (*direção*) sens.
sentido[2] *interj.* garde-à-vous; *em posição de —* au garde-à-vous.
sentimental *adj.* sentimental.
sentimentalidade *s.f.* sentimentalité.
sentimentalismo *s.m.* sentimentalisme.
sentimento *s.m.* **1.** sentiment; **2.** *pl.* condoléances *f.*
sentina *s.f.* sentine.
sentinela *s.f.* sentinelle, faction.
sentir *v.int.* **1.** sentir; éprouver; **2.** regretter; *v.pron.* se sentir, se porter, se trouver.
senzala *s.f.* maison des esclaves.
sépala *s.f.* sépale.
separação *s.f.* séparation.
separadamente *adv.* séparément.
separado *adj.* séparé.
separar *v.t.* séparer, trier.
separata *s.f.* tirage *m.* à part, tiré *m.* à part.
separatismo *s.m.* séparatisme.
separatista *adj.*; *s.* séparatiste.

separável *adj.* séparable.
sépia *s.f.* sépia.
septicemia *s.f.* septicémie.
séptico *adj.* septique.
sepulcral *adj.* sépulcral.
sepulcro *s.m.* sépulcre.
sepultar *v.t.* ensevelir.
sepultura *s.f.* sépulture.
sequaz *s.m.* sectateur.
sequela *s.f.* séquelle.
sequência *s.f.* séquence; suite.
sequer *adv.* du moins; *nem —* pas seulement.
sequestrador *s.m.* ravisseur.
sequestrar *v.t.* (*coisas*) séquestrer; (*pessoas*) enlever, kidnapper.
sequestro *s.m.* (*de coisas*) séquestre; (*de pessoas*) rapt, enlèvement; kidnappage; *— de avião* détournement d'avion; *— de menor* détournement de mineur.
sequioso *adj.* assoiffé, altéré.
séquito *s.m.* suite *f.*, cortège, escorte *f.*, train.
ser *v.int.* être; *a não — que* à moins que; sinon; *isto é* c'est-à-dire; *não seja por isso* qu'à cela ne tienne; *não — de nada* ne pas compter; *seja como for* toujours est-il; *sendo que* devant être observé que; *s.m.* être.
seráfico *adj.* séraphique.
serafim *s.m.* séraphin.
serão *s.m.* soirée *f.*; veillée *f.*
serapilheira *s.f.* serpillière.
sereia *s.f.* sirène.
serenar *v.t.* rasséréner; *v.pron.* se rasséréner.
serenata *s.f.* sérénade.
serenidade *s.f.* sérénité.
sereno *adj.*; *s.m.* serein.
seresta *s.f.* o mesmo que *serenata*.
seresteiro *s.m.* participant de sérénades.
seriado *adj.* sérié; *s.m.* film en épisodes.
seriamente *adv.* sérieusement, pour de bon.
seriar *v.t.* sérier.
seri(ci)cultor *s.m.* sériculteur.
seri(ci)cultura *s.f.* sériculture, magnanerie.
série *s.f.* **1.** série; **2.** classe; **3.** tranche.
seriedade *s.f.* sérieux.
serigrafia *s.f.* sérigraphie.
seringa *s.f.* seringue.
seringal *s.m.* plantation d'arbres à caoutchouc, propriété riveraine.
sério *adj.* sérieux, grave, posé; *levar a —* prendre au sérieux.

seringueira *s.f.* arbre à caoutchouc.
seringueiro *s.m.* cueilleur de latex.
sermão *s.m.* sermon; prêche *f.*, laïus, semonce *f.*; *pregar um — em* sermonner.
serôdio *adj.* tardi *f.*; d'arrière-saison.
serosidade *s.f.* sérosité.
seroso *adj.* séreux.
serpão *s.m.* (*planta*) serpolet.
serpear *v.int.* serpenter.
serpente *s.f.* serpent *m.*
serpentear *v.int.* o mesmo que *serpear*.
serpentina *s.f.* serpentine.
serra *s.f.* 1. scie; 2. chaîne de montagne; 3. (*fig.*) *subir a —* monter sur ses grands chevaux.
serração *s.f.* sciage *m.*
serradura *s.f.* sciure.
serragem *s.f.* sciure.
serralheiro *s.m.* serrurier.
serralheria *s.f.* serrurerie.
serralho *s.m.* sérail.
serrar *v.t.* scier.
serraria *s.f.* scierie.
serrote *s.m.* scie *f.* (à main).
sertanejo *s.m.* habitant du *sertão*.
sertanista *s.m.* 1. explorateur du *sertão*; 2. spécialiste des problèmes du *sertão*.
sertão *s.m.* brousse du Brésil.
serva *s.f.* 1. servante; 2. esclave.
servente *s.m.* 1. domestique; 2. garçon de bureau; 3. aide-maçon.
Sérvia *s.f.* Serbie.
serviçal *adj.*; *s.* domestique.
serviço *s.m.* 1. service; *dar o —* vendre la mèche; *estar a — de uma igreja* (*padre*) desservir; *prestar — militar* servir sous les drapeaux; *ter prestado o — militar* avoir fait son temps; 2. service, faveur *f.*; *prestar — rendre* faveur; 3. travail, besogne; 4. (*conjunto de louça*) service.
servidão *s.f.* servitude, servage *m.*
servidor *s.m.* serviteur.
servil *adj.* servile.
servilismo *s.m.* servilité *f.*
sérvio *adj.*; *s.pátr.* serbe.
servir *v.t.* servir; *— pela segunda vez* resservir; *em que posso servi-lo?* qu'y a-t-il à votre service?; *v.int.* servir, faire l'affaire; *— de* faire fonction de; *— no exército* être sous les armes; *v.pron. — -se de* se servir, user.
servo *s.m.* serf, serviteur.
sesquicentenário *s.m.* cent-cinquantième anniversaire.

sessão *s.f.* session, séance; *encerrar a — lever* la séance.
sessenta *num.* soixante.
sesta *s.f.* sieste.
sestro *s.m.* tic.
seta *s.f.* flèche, trait *m.*
sete *num.* sept; *pintar o —* faire les quatre cents coups.
setecentos *num.* sept cent(s).
seteira *s.f.* meurtrière.
setembro *s.m.* septembre.
setenal *adj.* septennal.
setenato *s.m.* septennat.
setenta *num.* soixante-dix; *— e cinco* soixante-quinze; *— e dois* soixante-douze; *— e nove* soixante-dix-neuf; *— e oito* soixante-dix-huit; *— e quatro* soixante-quatorze; *— e seis* soixante-seize; *— e sete* soixante-dix-sept; *— e três* soixante-treize; *— e um* soixante-onze.
setentrião *s.m.* septentrion.
setentrional *adj.* septentrional.
sétimo *num.* septième.
setor *s.m.* secteur; rayon *m.*
setuagenário *adj.*; *s.* septuagénaire.
setuagésimo *num.* septuagésime.
sétuplo *adj.* septuple.
seu[1] *adj. poss.* 1. son, *pl.* ses; 2. leur; *pl.* leurs; 3. votre; *pl.* vos; *pron.poss.* (le) vôtre; *pl.* (les) vôtres.
seu[2] *s.m.* (*pop.*) 1. monsieur, sieur; *— Silva* M. Silva; 2. espèce de; *— idiota!* espèce de crétin!
seu-vizinho *s.m.* (*fam.*) annulaire.
sevandija *s.f.* vermine.
severidade *s.f.* sévérité.
severo *adj.* sévère, strict.
seviciar *v.t.* maltraiter.
sevícias *s.f.pl.* sévices.
sexagenário *adj.*; *s.* sexagénaire.
sexagésimo *adj.* soixantième.
sexo *s.m.* sexe.
sexologia *s.f.* sexologie.
sexologista *s.* sexologue.
sexta-feira *s.f.* vendredi.
sextante *s.m.* sextant.
sexteto *s.m.* sextuor.
sexto *num.* sixième.
sextuplicar *v.t.* sextupler.
sêxtuplo *adj.* sextuple.
sexual *adj.* sexuel; *ter relações sexuais* faire l'amour.
sexualidade *s.f.* sexualité.
sezão *s.f.* fièvre intermittente, malarie.

short *s.m.* short.
si *s.m.* (*nota musical*) si.
siamês *adj.*; *s.pátr.* siamois.
Sião¹ *s.m.* (*antigo nome da Tailândia*) Siam.
Sião² *s.f.* (*Hist.*) Sion.
siba *s.f.* seiche.
sibarita *adj.*; *s.* sybarite.
Sibéria *s.f.* Sibérie.
siberiano *adj.*; *s.pátr.* sibérien.
sibila *s.f.* sibylle.
sibilino *adj.* sibyllin.
sicário *s.m.* sicaire, tueur.
Sicília *s.f.* Sicile.
siciliano *adj.*; *s.pátr.* siciliano.
sicômoro *s.m.* sycomore.
sicrano *s.m.* un tel, Untel.
sideral *adj.* sidéral.
siderose *s.f.* siderose.
siderurgia *s.f.* sidérurgie.
siderúrgica *s.f.* usine sidérurgique; *dono de* — maître de forges.
siderúrgico *adj.* sidérurgique.
sidra *s.f.* cidre *m.*
sifão *s.m.* siphon.
sífilis *s.f.* syphilis.
sifilítico *adj.* syphilitique.
sigilar *adj.* sigillaire.
sigla *s.f.* sigle *m.*
signatário *s.m.* signataire.
significação *s.f.* signification.
significador *adj.* signifiant.
significar *v.t.* signifier.
signo *s.m.* signe.
sílaba *s.f.* syllabe.
silábico *adj.* syllabique.
silenciar *v.t.* imposer silence à.
silêncio *s.m.* silence; *observar* — garder le silence; *interj.* chut!, motus!
silencioso *adj.* silencieux; *s.m.* pot d'échappement.
sílex *s.m.* silex.
sílfide *s.f.* sylphide.
silhueta *s.f.* silhouette.
sílica *s.f.* silice.
silicone *s.f.* silicone.
silo *s.m.* silo.
silogismo *s.m.* syllogisme.
silva *s.f.* ronce.
silvado *s.m.* *hallier; ronceraie *f.*
silvar *v.t.* siffler.
silvestre *adj.* sylvestre.
silvicultor *s.m.* sylviculteur.
silvicultura *s.f.* sylviculture.

silvo *s.m.* sifflement.
sim *adv.* oui; *mas* — si; *pois* — (*fam.*) tu parles!
simbiose *s.f.* symbiose.
simbólica *s.f.* symbolique.
simbólico *adj.* symbolique.
simbolismo *s.m.* symbolisme.
simbolista *adj.*; *s.* symboliste.
simbolizar *v.t.* symboliser.
símbolo *s.m.* symbole.
simetria *s.f.* symmétrie.
simétrico *adj.* symmétrique.
simiesco *adj.* simiesque.
similar *adj.* similaire.
similitude *s.f.* similitude.
símio *s.m.* simien; singe.
simonia *s.f.* simonie.
simpatia *s.f.* 1. sympathie; 2. personne sympatique; 3. pratique superstitieuse.
simpático *adj.* sympathique.
simpatizante *adj.*; *s.* sympathisant.
simpatizar *v.t.* sympathiser.
simples *adj.* simple; pur; uni; *não há nada mais* — c'est simple comme bonjour.
simplicidade *s.f.* simplicité; *com* — sans façon.
simplificação *s.f.* simplification.
simplificador *adj.*; *s.* simplificateur.
simplificar *v.t.* simplifier.
simplificável *adj.* simplifiable.
simplismo *s.m.* simplisme.
simplista *adj.* simpliste.
simplório *adj.*; *s.* naïf, benêt.
simpósio *s.m.* symposium.
simulação *s.f.* simulation.
simulacro *s.m.* simulacre.
simulador *s.m.* simulateur.
simuladora *s.f.* simulatrice.
simular *v.t.* simuler.
simultaneidade *s.f.* simultanéité.
simultâneo *adj.* simultané.
simum *s.m.* simoun.
sina *s.f.* destin *m.*, destinée.
sinagoga *s.f.* synagogue *f.*
sinal *s.m.* 1. signal, signe, marque *f.*; (*deixado por beliscão*) pinçon; 2. *sinais da circulação* feux; *avançar o* — passer au rouge; 3. *sinais distintivos* signalement.
sinalização *s.f.* signalisation.
sinalizar *v.t.* signaliser.
sinapismo *s.m.* sinapisme.
sinceridade *s.f.* sincérité.
sincero *adj.* sincère.

sincipúcio s.m. (*Anat.*) sinciput.
síncope s.f. syncope.
sincretismo s.m. syncrétisme.
sincrônico adj. synchronique.
sincronismo s.m. synchronisme.
sincronização s.f. mixage m.
sincronizar v.t. synchroniser.
sindical adj. syndical.
sindicalismo s.m. syndicalisme.
sindicalista adj.; s. syndicaliste.
sindicalizado adj. syndiqué.
sindicalizar v.t. syndiquer.
sindicância s.f. enquête.
sindicato s.m. syndicat.
síndico s.m. **1.** (*administrador de uma falência*) syndic; **2.** (*administrador de um condomínio*) syndic.
síndrome s.f. syndrome m.
sinecura s.f. sinécure.
sineiro s.m. sonneur.
sinergia s.f. synergie.
sinete s.m. cachet, sceau, timbre.
sinfonia s.f. symphonie.
sinfônico adj. symphonique.
singeleza s.f. simplicité.
singelo adj. simple.
singrar v.int. cingler, naviguer.
singular adj.; s.m. singulier.
singularidade s.f. singularité.
singularizar v.t. singulariser.
sinhá s.f. Madame.
sinistrado adj. sinistré.
sinistro s.m. sinistre.
sino s.m. cloche f.
sínodo s.m. synode.
sinologia s.f. sinologie.
sinólogo s. sinologue.
sinônimo adj.; s.m. synonime.
sinopse s.f. synopsis; aperçu m.; scénario m.
sinóptico adj. synoptique.
sintático adj. syntactique.
sintaxe s.f. syntaxe.
síntese s.f. synthèse.
sintético adj. synthetique.
sintetizar v.t. synthétiser.
sintoma s.m. symptôme.
sintomático adj. symptomatique.
sinuosidade s.f. sinuosité.
sinuoso adj. sinueux.
sinusite s.f. sinusite.
sionismo s.m. sionisme.
sionista adj.; s. sioniste.
sire s.m. sire.

sirene s.f. **1.** (*ser mitológico*) sirène; **2.** (*instrumento de som*) sirène.
sirgador s.m. *haleur.
sirgagem s.f. *halage m.
sirgar v.t. *haler.
siri s.m. (*crustáceo*) portune.
Síria s.f. Syrie.
sirigaita s.f. mijaurée; péronnelle.
sírio adj.; s.pátr. syrien.
sisal s.m. sisal.
sísmico adj. sismique.
sismo s.m. séisme.
sismógrafo s.m. sismographe.
sismologia s.f. sismologie.
sistema s.m. système.
sistemático adj. systématique.
sistematização s.f. systématisation.
sistematizar v.t. systématiser.
sisudo adj. sensé, grave.
sitiante s. assiégeant.
sitiar v.t. assiéger.
sítio s.m. **1.** site; **2.** clos; **3.** siège.
sito adj. sis, situé.
situação s.f. situation; (*fig.*) contexte m.; — *difícil* mauvais pas m.
situacionista adj.; s. partisan du gouvernement.
situar v.t. situer, placer.
slogan s.m. slogan.
só adj. seul, unique, solitaire; adv. seulement; ne que; *a sós* en tête-à-tête; *este prédio — tem cinco apartamentos* cet immeuble n'a que cinq appartements; *que — ele* comme personne.
soalheira s.f. chaleur accablante.
soalheiro adj. ensoleillé.
soalho s.m. plancher.
soante adj. sonnant, sonore.
soar v.int. sonner, résonner.
sob prep. sous; au-dessous de; — *medida* sur mesure.
soba s.m. chef de tribu africaine.
sobejar v.int. être de trop.
sobejo adj. excessif, excédent; *de* — de trop.
soberania s.f. souveraineté.
soberano adj.; s.m. souverain.
soberba s.f. orgueil m. excessif, arrogance.
soberbia s.f. o mesmo que *soberba*.
soberbo adj. **1.** superbe, magnifique; **2.** orgueilleux, arrogant.
sobosque s.m. sous-bois.
sobra s.f. reste m.; surplus m. *de* — trop.

sobraçar *v.t.* prendre sous le bras.
sobrado *s.m.* maison *f.* à étage.
sobranceiro *adj.* 1. proéminent; 2. *hautain; soureilleux.
sobrancelha *s.f.* sourcil *m.*; *franzir as —s* sourciller.
sobrar *v.int.* rester.
sobre *prep.* sur, au-dessus.
sobreagudo *adj.* suraigu.
sobreaviso *s.m.* prévention; *estar de —* être sur ses gardes.
sobrecapa *s.f.* couverture (de livre).
sobrecarga *s.f.* surcharge.
sobrecarregar *v.t.* surcharger.
sobredito *adj.* susdit.
sobre-excitação *s.f.* surexcitation.
sobre-excitar *v.t.* surexciter.
sobre-humano *adj.* surhumain.
sobreiro *s.m.* chêne-liège.
sobrelanço *s.m.* surenchère *f.*
sobrelevar *v.t.* 1. surélever; 2. dominer, dépasser; *v.int.* se distinguer.
sobreloja *s.f.* entresol *m.*
sobremaneira *adv.* beaucoup, excessivement.
sobremesa *s.f.* dessert *m.*, entremets *m.*
sobrenadar *v.int.* surnager.
sobrenatural *adj.* surnaturel.
sobrenome *s.m.* 1. nom de famille; 2. surnom.
sobrepeliz *s.m.* surplis.
sobrepor *v.t.* superposer, surposer.
sobreposto *adj.* superposé, surposé.
sobrepujar *v.t.* surpasser, dominer; surclasser.
sobrescritar *v.t.* mettre l'adresse sur.
sobrescrito *s.m.* suscription; enveloppe *f.*
sobressair *v.int.* ressortir, se distinguer.
sobressalente *adj.* de rechange.
sobressaltar *v.t.* effrayer; *v.pron.* sursauter.
sobressalto *s.m.* sursaut, soubresaut, *haut-le-corps.
sobrestar *v.int.* 1. s'abstenir, s'arrêter; 2. menacer; *v.t.* suspendre.
sobretaxa *s.f.* surtaxe.
sobretudo *adv.* surtout; *s.m.* pardessus; (*fam.*) pelure *f.*
sobreveste *s.f.* survêtement.
sobrevir *v.int.* survenir.
sobrevivência *s.f.* 1. (*vestígio, lembrança*) survivance; 2. (*vida depois da morte*) survie.
sobrevivente *adj.*; *s.* survivant, rescapé.

sobrevoar *v.t.* survoler.
sobrevoo *s.m.* survol.
sobriedade *s.f.* sobriété.
sobrinha *s.f.* nièce.
sobrinha-neta *s.f.* petite-nièce.
sobrinho *s.m.* neveu.
sobrinho-neto *s.m.* petit-neveu.
sóbrio *adj.* sobre.
sobrolho *s.m.* sourcil.
socado *adj.* trapu.
socapa *s.f. à —* sous cape, en cachette.
socar *v.t.* frapper, bourrer de coups.
socavão *s.m.* souterrain.
sociabilidade *s.f.* sociabilité.
social *adj.* 1. social; 2. mondain; 3. (*entrada*) principal.
socialismo *s.m.* socialisme.
socialista *adj.*; *s.* socialiste.
socialização *s.f.* socialisation.
socializante *adj.* socialisant.
socializar *v.t.* socialiser.
sociável *adj.* sociable.
sociedade *s.f.* société; *a —* le monde; *a alta —* le grand monde; *ser da boa —* être comme il faut.
sociologia *s.f.* sociologie.
sociológico *adj.* sociologique.
sociólogo *s.m.* sociologue.
soco *s.m.* socle, socque.
socó *s.m.* (*ave*) butor.
soçobrar *v.int.* sombrer.
socorrer *v.t.* secourir.
socorro *s.m.* secours; *interj.* au secours; *vir em — de* subvenir à.
soda *s.f.* 1. soda *m.*; *— limonada* limonade; 2. soude; *— cáustica* soude caustique.
sódico *adj.* sodique.
sódio *s.m.* sodium.
sodomia *s.f.* sodomie.
soer *v.int.* avoir l'habitude de; être commun.
soerguer *v.t.* soulever.
soez *adj.* vil, bas, grossier.
sofá *s.m.* sofa.
sofisma *s.m.* sophisme.
sofismar *v.int.* raisonner par des sophismes.
sofista *s.* sophiste.
sofística *s.f.* sophistique.
sofisticação *s.f.* sophistication.
sofisticado *adj.* sophistiqué.
sofisticar *v.t.* e *int.* sophistiquer.
sofístico *adj.* sophistique.
sofrear *v.t.* refréner, réprimer.

sofredor *adj.*; *s.* souffrant.
sôfrego *adj.* goulu, avide.
sofrer *v.int.* souffrir, pâtir; *v.t.* souffrir, essuyer, éprouver; (*pop.*) trinquer.
sofrimento *s.m.* souffrance *f.*
sofrível *adj.* médiocre, passable.
sofrivelmente *adv.* tant bien que mal.
sogra *s.f.* belle-mère.
sogro *s.m.* beau-père; *pl.* beaux-parents.
soja *s.f.* soja *m.*
sol[1] *s.m.* soleil; *de — a —* toute la journée.
sol[2] *s.m.* (*nota musical*) sol.
sola *s.f.* semelle.
solado *adj.* mal cuit.
solapar *v.t.* saper, miner.
solar[1.] *adj.* solaire.
solar[2] *s.m.* manoir.
solário *s.m.* solarium.
solavancar *v.int.* cahoter, brinquebaler.
solavanco *s.m.* cahot; *dar —s* cahoter.
solda *s.f.* soudure.
soldadesca *s.f.* soldatesque.
soldadesco *adj.* soldatesque.
soldado *s.m.* soldat; *— da tropa de manutenção* tringlot; *— de infantaria* fantassin; *— -raso* simple soldat; *— veterano* (*depr.*) soudard.
soldador *s.m.* soudeur.
soldadura *s.f.* soudage *m.*, soudure.
soldagem *s.f.* o mesmo que *soldadura*.
soldar *v.t.* souder.
soldável *adj.* soudable.
soldo *s.m.* solde *f.*; *— de marinheiro* matelotage.
solecismo *s.m.* solécisme.
soleira *s.f.* seuil *m.*, pas *m.* de la porte.
solene *adj.* solennel.
solenidade *s.f.* solennité.
soletrar *v.t.* épeler.
solfejar *v.t.* e *int.* solfier.
solfejo *s.m.* solfège.
solha *s.f.* (*peixe*) sole; limande.
solicitação *s.f.* sollicitation.
solicitador *s.m.* **1.** sollicitateur; **2.** (*aprox.*) avoué.
solicitar *v.t.* solliciter.
solícito *adj.* empressé.
solicitude *s.f.* sollicitude, empressement *m.*
solidão *s.f.* solitude.
solidariedade *s.f.* solidarité.
solidário *adj.* solidaire.
solidarizar-se *v.pron.* se solidariser.
solidéu *s.m.* calotte *f.*
solidez *s.f.* solidité.

solidificação *s.f.* solidification.
solidificar *v.t.* solidifier.
sólido *adj.*; *s.m.* solide; *estar pouco —* branler dans le manche.
solilóquio *s.m.* soliloque.
solista *s.* soliste.
solitária *s.f.* **1.** ver *m.* solitaire; **2.** cellule, cachot *m.*
solitário *adj.* solitaire.
solo[1] *s.m.* (*chão*) sol; fonds.
solo[2] *s.m.* (*música executada por uma só voz ou um só instrumento*) solo.
solstício *s.m.* solstice.
soltar *v.t.* lâcher, relaxer; (*preso*) élargir; (*grito*) pousser.
solteirão *s.m.* vieux garçon, célibataire.
solteiro *adj.*; *s.* célibataire; *em solteira* née.
solteirona *s.f.* vieille fille.
solto *adj.* **1.** délié, dégagé; **2.** libre.
soltura *s.f.* levée d'écrou; élargissement *m.*
solubilidade *s.f.* solubilité.
solução *s.f.* solution; issue, dénouement *m.*
soluçar *v.int.* **1.** *hoqueter; **2.** sangloter.
solucionar *v.t.* solutionner, résoudre.
soluço *s.m.* **1.** *hoquet; **2.** sanglot.
solúvel *adj.* soluble.
solvabilidade *s.f.* solvabilité.
solvável *adj.* solvable.
solvente *s.m.* solvant.
solver *v.t.* résoudre; **2.** dissoudre; **3.** payer.
solvível *adj.* solvable.
som *s.m.* alto e bom *—* à son de trompe; *ao — da Marselhesa* aux accents de la Marseillaise.
soma *s.f.* somme; addition.
somar *v.t.* sommer, additionner.
somático *adj.* somatique.
sombra *s.f.* ombre, ombrage *m.*; *dar — a* ombrager.
sombrear *v.t.* ombrager.
sombrinha *s.f.* ombrelle.
sombrio *adj.* sombre, morne.
somenos *adj.* inférieur, de mauvaise qualité.
somente *adv.* seulement, ne ... que.
somítico *adj.* chiche, radin.
sonambúlico *adj.* somnambulique.
sonambulismo *s.m.* somnambulisme.
sonâmbulo *s.m.* somnambule.
sonante *adj.* sonnant.
sonata *s.f.* sonate.
sonda *s.f.* sonde.
sondagem *s.f.* sondage *m.*
sondar *v.t.* sonder; (*fig.*) tâter.

soneca *s.f.* somme *m.*; *tirar uma —* faire un petit somme, roupiller.
sonegar *v.t.* **1.** cacher, dérober; **2.** voler; **3.** (*imposto*) ne pas payer.
soneto *s.m.* sonnet.
songamonga *s.* sournois.
sonhador *s.m.* songeur, rêveur; (*depr.*) rêvasseur.
sonhar *v.t.* e *int.* rêver, songer; (*depr.*) rêvasser.
sonho[1] *s.m.* rêve, songe.
sonho[2] *s.m.* (*espécie de bolo*) beignet; pet-de-nonne.
sônico *adj.* sonique.
sonífero *adj.*; *s.m.* somnifère.
sono *s.m.* sommeil; dodo (*infant.*); *— de pedra* sommeil de plomb; *dormir a — solto* dormir à poings fermés; *pegar no —* s'endormir.
sonolência *s.f.* somnolence.
sonolento *adj.* somnolent.
sonoplastia *s.f.* bruitage *m.*
sonoridade *s.f.* sonorité.
sonorização *s.f.* sonorisation.
sonorizar *v.t.* sonoriser.
sonoro *adj.* sonore.
sonsice *s.f.* sournoiserie.
sonso *adj.* sournois; *cara de —* pince-sans-rire *m.*
sopa *s.f.* soupe, potage *m.*; *— de peixe* (*à provençal*) bouillabaisse; *cair a sopa no mel* arriver comme mars en carême.
sopapo *s.m.* soufflet de poing.
sopé *s.m.* pied (d'une montagne).
sopeira *s.f.* soupière.
sopesar *v.t.* soupeser.
sopitar *v.t.* assoupir, adoucir, affaiblir.
sopor *s.m.* lourd sommeil.
soporífico *adj.*; *s.m.* soporifique; endormant.
soprano *s.* soprano.
soprar *v.t.* souffler.
sopro *s.m.* souffle.
soqueixo *s.m.* mentonnière *f.*
soquete[1] *s.f.* (*meia curta*) chaussette.
soquete[2] *s.m.* ratatouille *f.*
sordidez *s.f.* sordidité.
sórdido *adj.* sordide.
soro *s.m.* sérum.
sorrateiro *adj.* sournois.
sorrelfa *s.f. à —* à la dérobée.
sorridente *adj.* souriant.
sorrir *v. int.* sourire.
sorriso *s.m.* sourire.

sorte *s.f.* **1.** sort *m.*; **2.** chance, veine; *— grande* gros lot *m.*; *— inesperada* aubaine; *a — está lançada* le sort est jeté; *dar —* porter bonheur; *má —* malchance; *ter —* avoir de la chance; avoir de la veine; (*pop.*) avoir du pot; *tirar à —* tirer au sort; tirer à la courte paille; **3.** sorte, espèce.
sortear *v.t.* tirer au sort.
sorteio *s.m.* tirage au sort.
sortido *adj.* assorti.
sortilégio *s.m.* sortilège.
sortimento *s.m.* assortiment.
sortir *v.t.* approvisionner, assortir.
sorumbático *adj.* sombre, morose.
sorva *s.f.* sorbe.
sorvedouro *s.m.* gouffre.
sorveira *s.f.* sorbier.
sorvete *s.m.* glace *f.*; *— de frutas* sorbet.
sorveteira *s.f.* sorbetière.
sorveteiro *s.m.* glacier.
sorveteria *s.f.* glacerie.
sorvo *s.m.* trait, gorgée *f.*, coup.
sósia *s.m.* sosie.
soslaio *s.m. olhar de —* regarder du coin de l'œil, regarder en biais.
sossegado *adj.* paisible, sage; (*fam.*) pépère, peinard.
sossegar *v.t.* rassurer, rasséréner; *v.int.* e *pron.* se tranquilliser, s'endormir.
sossego *s.m.* repos, tranquillité *f.*
sotaina *s.f.* soutane.
sótão *s.m.* granier, soupente *f.*
sotaque *s.m.* accent.
soterrar *v.t.* ensevelir.
sotopor *v.t.* mettre dessous.
soturno *adj.* chagrin.
sova *s.f.* bastonnade, volée de coups; (*fam.*) pâtée, tannée.
sovaco *s.m.* aisselle *f.*
soviete *s.m.* soviet.
soviético *adj.* soviétique.
sovietização *s.f.* soviétisation.
sovina *adj.* chiche, grigou, pingre.
sovinice *s.f.* lésine, ladrerie.
sozinho *adj.* seul.
staliniano *adj.* stalinien.
stalinismo *s.m.* stalinisme.
sua *adj.poss.* **1.** sa; *pl.* ses; **2.** leur; *pl.* leurs; **3.** votre; *pl.* vos; *pron.poss.* (les) vôtres.
suado *adj.* couvert de sueur.
suadouro *s.m.* **1.** suée *f.*; **2.** sauna; **3.** (*pop.*) entôlage; *aplicar um — em* entôler.
suar *v.t.* suer.

suarda *s.f.* suint *m.*
suave *adj.* suave.
suavidade *s.f.* suavité.
suavizar *v.t.* adoucir, mitiger.
subalimentação *s.f.* sous-alimentation.
subalterno *adj.*; *s.m.* subalterne.
subcomissão *s.f.* sous-comission.
subconsciência *s.f.* subconscience.
subconsciente *adj.*; *s.m.* subconscient.
subcutâneo *adj.* sous-cutané.
subdesenvolvido *adj.* sous-développé.
subdesenvolvimento *s.m.* sous-développement.
subdividir *v.t.* subdiviser.
subdivisão *s.f.* subdivision.
subempreiteiro *s.m.* sous-entrepreneur.
subentender *v.t.* sous-entendre.
subentendido *adj.*; *s.m.* sous-entendu.
subestimar *v.t.* sous-estimer.
subida *s.f.* montée; *nova* — remontée.
subido *adj.* élevé.
subir *v.int.* monter; — *com esforço por* gravir; — *direto* monter en flèche.
subitamente *adv.* subitement; (*fam.*) subito.
subitaneidade *s.f.* soudaineté.
súbito *adj.* subit, soudain.
subjacente *adj.* sous-jacent.
subjetivismo *s.m.* subjectivisme.
subjetivo *adj.* subjectif.
subjugar *v.t.* subjuguer; asservir, soumettre.
subjuntivo *s.m.* subjonctif.
sublevar *v.t.* soulever.
sublimação *s.f.* sublimation.
sublimar *v.t.* sublimer.
sublime *adj.* sublime.
sublimidade *s.f.* sublimité.
subliminar *adj.* subliminal.
sublingual *adj.* sublingual.
sublinhar *v.t.* souligner.
sublocação *s.f.* sous-location.
sublocar *v.t.* sous-louer.
sublocatário *adj.* sous-locataire.
sublunar *adj.* sublunaire.
submarino *adj.*; *s.m.* sous-marin.
submergir *v.t.* submerger, engloutir.
submersão *s.f.* submersion.
submersível *adj.* submersible.
submerso *adj.* submergé.
submeter *v.t.* **1.** soumettre; — *caso a tribunal* saisir un tribunal d'une affaire; **2.** assujettir; *v.pron.* se soumettre; (*fig.*) courber l'échine.

submissão *s.f.* soumission.
submisso *adj.* soumis.
submúltiplo *s.m.* sous-multiple.
suboficial *s.m.* sous-officier.
subordem *s.f.* sous-ordre *m.*
subordinação *s.f.* subordination.
subordinar *v.t.* subordonner.
subornador *adj.*; *s.m.* suborneur.
subornar *v.t.* suborner.
suborno *s.m.* subornation.
subprefeito *s.m.* sous-préfet.
subprefeitura *s.f.* sous-préfecture.
subproduto *s.m.* sous-produit.
sub-reptício *adj.* subreptice.
sub-rogar *v.t.* subroger.
subscrever *v.t.* souscrire.
subscrição *s.f.* souscription.
subsequente *adj.* subséquent.
subserviência *s.f.* servilité.
subserviente *adj.* servile.
subsidiar *v.t.* concéder un subside.
subsidiário *adj.* subsidiaire.
subsídio *s.m.* subside.
subsistência *s.f.* subsistance.
subsistir *v.int.* subsister.
subsolo *s.m.* sous-sol.
subsônico *adj.* subsonique.
substabelecer *v.t.* subroger.
substância *s.f.* substance.
substancial *adj.* substantiel.
substancioso *adj.* substantiel.
substantivo *s.m.* substantif; nom.
substituição *s.f.* substitution, remplacement *m.*
substituir *v.t.* substituer, remplacer, suppléer; *ser substituído por* faire place à.
substituível *adj.* remplaçable.
substitutivo *s.m.* projet de loi amendé.
substituto *s.m.* substitut, remplaçant.
substrato *s.m.* substrat, substratum.
subtenente *s.m.* sous-lieutenant.
subterfúgio *s.m.* subterfuge, détour, faux-fuyant.
subterrâneo *adj.*; *s.m.* souterrain.
subtítulo *s.m.* sous-titre.
subtração *s.f.* soustraction.
subtrair *v.t.* soustraire.
subtropical *adj.* subtropical.
suburbano *adj.* banlieusard, faubourien; (*fig.*) provincial.
subúrbio *s.m.* faubourg, banlieue *f.*
subvenção *s.f.* subvention.
subvencionar *v.t.* subventionner.
subversão *s.f.* subversion.

subversivo *adj.* subversif.
subverter *v.t.* subvertir.
sucata *s.f.* ferraille.
sucção *s.f.* succion.
sucedâneo *s.m.* succédané.
suceder *v.int.* 1. (*vir depois*) succéder à; 2. (*acontecer*) arriver, advenir; *ser bem-sucedido* réussir.
sucessão *s.f.* succession, suite.
sucessível *adj.* successible.
sucessivo *adj.* successif.
sucesso *s.m.* 1. succès; — *de crítica* succès d'estime; 2. événement.
sucessor *s.m.* successeur.
sucessório *adj.* successoral.
súcia *s.f.* clique, bande, vermine.
sucinto *adj.* succinct.
suco *s.m.* jus, suc.
suçuarana *s.f.* puma.
súcubo *s.m.* succube.
suculento *adj.* succulent.
sucumbir *v.int.* succomber.
sucuri *s.m.* anaconda, eunecte.
sucursal *s.f.* succursale.
sudação *s.f.* sudation.
sudanês *adj.*; *s.pátr.* soudanais, soudanier.
Sudão *s.m.* Soudan.
sudário *s.m.* suaire, linceul.
sudeste *s.m.* sud-est.
súdito *s.m.* sujet.
sudoeste *s.m.* sud-ouest.
sudorífico *adj.*; *s.m.* sudorifique.
Suécia *s.f.* (*top.*) Suède.
sueco *adj.*; *s.pátr.* suédois.
suelto *s.m.* note *f.*, commentaire de journal.
sueste *s.m.* sud-est.
suéter *s.m.* sweater.
suficiência *s.f.* suffisance.
suficiente *adj.* suffisant; honorable.
suficientemente *adv.* suffisamment.
sufixo *s.m.* suffixe.
suflê *s.m.* soufflé.
sufocação *s.f.* suffocation, étouffement *m.*
sufocante *adj.* suffocant, étouffant.
sufocar *v.t.* e *int.* 1. suffoquer, étouffer; 2. essouffler.
sufragar *v.t.* appuyer par son vote.
sufrágio *s.m.* suffrage.
sufragista *s.f.* suffragette.
sugador *adj.*; *s.m.* suceur.
sugadouro *s.m.* suçoir.
sugar *v.t.* sucer; suçoter.

sugerir *v.t.* suggérer.
sugestão *s.f.* suggestion.
sugestionabilidade *s.f.* suggestibilité.
sugestionar *v.t.* suggestionner.
sugestivo *adj.* suggestif.
suíça *adj.*; *s.pátr.* suisse; *s.f.* dame suisse; (*irôn.*) suissesse.
Suíça *s.f.* Suisse; *a* — *francesa* la Suisse romande.
suíças *s.f.pl.* favoris *m.pl.*; pattes *s.f.pl.*
suicida *s.* suicidé.
suicidar-se *v.t.* se suicider.
suicídio *s.m.* suicide.
suíço *adj.*; *s.pátr.* suisse.
suíno *adj.*; *s.m.* porcin.
suinocultor *s.m.* éleveur de porcs.
suinocultura *s.f.* élevage de porcs.
suíte *s.f.* 1. (*conjunto de peças musicais*) suite; 2. (*quarto com banheiro*) chambre avec salle de bain.
sujar *v.t.* salir; souiller; tacher; *v.pron.* se salir, se souiller.
sujeição *s.f.* sujétion, soumission.
sujeira *s.f.* saleté, malpropreté, crasse, ordure; (*fig.*) saloperie, vacherie.
sujeitar *v.t.* assujettir.
sujeito *adj.* sujet; *s.m.* 1. individu, type; (*fam.*) bonhomme, oiseau, moineau, olibrius; (*gír.*) lapin, mec; — *esperto* fine mouche *f.*; 2. sujet, matière *f.*, question *f.*; 3. (*gramatical*) sujet.
sujidade *s.f.* crasse, salissure.
sujo *adj.* sale, crasseux, malpropre; *s.m.* (*fig.*) salaud, saligaud.
sul *s.m.* sud.
sul-africano *adj.*; *s.pátr.* sud-africain.
sul-americano *adj.*; *s.pátr.* sud-américain.
sulcar *v.t.* sillonner.
sulco *s.m.* sillon; raie *f.*
sulfatagem *s.f.* sulfatage *m.*
sulfatar *v.t.* sulfater.
sulfato *s.m.* sulfate.
sulfeto *s.m.* sulfure.
sulfito *s.m.* sulfite.
sulfureto *s.m.* sulfure.
sulfúrico *adj.* sulfurique.
sulfuroso *adj.* sulfureux.
sulista *adj.*; *s.* sudiste.
sultana *s.f.* sultane.
sultanato *s.m.* sultanat.
sultão *s.m.* sultan.
suma *s.f.* somme.
sumaré *s.m.* orchidée terrestre.
sumarento *adj.* juteux.

sumário *adj.*; *s.m.* sommaire.
sumiço *s.m.* disparution; *levar*— disparaître.
sumidade *s.f.* sommité.
sumir *v.int.* e *v.pron.* disparaître; (*fam.*) débarrasser le plancher.
sumo *s.m.* suc.
súmula *s.f.* résumé *m.*
sunga *s.f.* slip *m.*
sunita *adj.*; *s.* sunnite.
suntuário *adj.* somptuaire.
suntuosidade *s.f.* somptuosité.
suntuoso *adj.* somptueux.
suor *s.m.* sueur *f.*; *nadar em* — être en sueur.
superabundância *s.f.* surabondance.
superabundante *adj.* surabondant.
superabundar *v.t.* surabonder.
superado *adj.* suranné, dépassé.
superalimentação *s.f.* suralimentation.
superalimentar *v.t.* suralimenter.
superaquecer *v.t.* surchauffer.
superar *v.t.* surmonter; surpasser, dépasser.
superávit *s.m.* excédent.
superdotado *adj.* surdoué.
superestimar *v.t.* surestimer, surfaire.
superfetação *s.f.* superfétation.
superficial *adj.* superficiel.
superfície *s.f.* surface, superficie.
superfino *adj.* surfin.
superfluidade *s.f.* superfluité.
supérfluo *adj.* superflu.
super-homem *s.m.* surhomme.
superintendência *s.f.* surintendance.
superintendente *s.m.* surintendant.
superintender *v.t.* surveiller, diriger.
superior *adj.*; *s.m.* supérieur.
superiora *s.f.* supérieure.
superioridade *s.f.* supériorité.
superlativo *s.m.* superlatif.
superlotado *adj.* comble.
superlotar *v.t.* remplir de monde.
supermercado *s.m.* supermarché.
supernatalidade *s.f.* surnatalité.
superpovoado *adj.* surpeuplé.
superpovoamento *s.m.* surpeuplement.
superprodução *s.f.* surproduction.
super-realismo *s.m.* surréalisme.
super-realista *adj.*; *s.* surréaliste.
supersensível *adj.* hypersensible.
supersônico *adj.* supersonique.
superstição *s.f.* superstition.
supersticioso *adj.* superstitieux.

supervisão *s.f.* supervision.
supervisionar *v.t.* superviser.
supervisor *s.m.* superviseur.
supinação *s.f.* supination.
suplantar *v.t.* supplanter.
suplementar *adj.* supplémentaire.
suplemento *s.m.* supplément.
suplência *s.f.* suppléance.
suplente *adj.*; *s.* suppléant.
supletivo *adj.* complémentaire, supplétif, supplétoire; *s.m.* enseignement supplémentaire.
súplica *s.f.* supplique, prière.
suplicar *v.t.* supplier.
supliciar *v.t.* supplicier; (*na roda*) rouer.
suplício *s.m.* supplice.
supor *v.t.* supposer; admettre, mettre.
suportar *v.t.* supporter, souffrir, subir; *não* — n'en pouvoir plus.
suportável *adj.* supportable, passable.
suporte *s.m.* support, soutien, pivot.
suposição *s.f.* supposition.
supositório *s.m.* suppositoire.
suposto *adj.* supposé, prétendu.
supracitado *adj.* susdit.
supranacional *adj.* supranational.
suprarrenal *adj.* surrénal.
supremacia *s.f.* suprématie; — *aérea* maîtrise de l'air; — *marítima* maîtrise de l'eau.
supremo *adj.* suprême.
supressão *s.f.* suppression.
suprimir *v.t.* supprimer.
suprir *v.t.* suppléer.
supuração *s.f.* suppuration.
supurar *v.t.* suppurer.
suputar *v.t.* supputer.
surdez *s.f.* surdité.
surdina *s.f.* sourdine.
surdir *v.int.* sourdre.
surdo *adj.* sourd.
surdo-mudo *adj.*; *s.* sourd-muet.
surfe *s.m.* surf.
surgir *v.int.* surgir; pointer; (*problema*) se poser.
suro *adj.* écaudé.
surpreendente *adj.* surprenant.
surpreender *v.t.* surprendre; *v.pron.* se surprendre.
surpresa *s.f.* surprise.
surpreso *adj.* surpris.
surra *s.f.* volée (de coups), raclée, trempe; *uma boa* — une volée de bois vert; *levar uma* — écoper.

surrado *adj.* râpé, usé; *estar — (roupa)* montrer la corde.
surrão *s.m.* **1.** sac de berger; **2.** vêtement sale et usé.
surrar *v.t.* étriller; casser les reins à; passer à tabac.
surrealismo *s.m.* o mesmo que *super-realismo.*
surrealista *adj.*; *s.* o mesmo que *super-realista.*
surripiar *v.t.* subtiliser, chiper, chaparder.
sursis *s.m.* sursis.
surtida *s.f.* sortie (d'assiégés), attaque.
surtir *v.t.* produire; *— efeito* réussir.
surto *s.m.* apparition soudaine, irruption.
sururu *s.m.* **1.** mollusque comestible; **2.** (*pop.*) rififi.
suscetibilidade *s.f.* susceptibilité.
suscetível *adj.* susceptible.
suscitar *v.t.* susciter.
suserano *adj.*; *s.m.* suzerain.
suspeição *s.f.* suspicion.
suspeita *s.f.* soupçon *m.*
suspeitar *v.t.* soupçonner, suspecter.
suspeito *adj.* suspect.
suspeitoso *adj.* soupçonneux.
suspender *v.t.* suspendre; (*sentença*) surseoir à.
suspensão *s.f.* **1.** (*ato de suspender*) suspension; **2.** (*de pena*) suspension, levée; sursis *m.*; **3.** (*de empregado*) mise à pied; **4.** (*de aluno*) expulsion temporaire.
suspense *s.m.* suspense.
suspensivo *adj.* suspensif.
suspenso *adj.* suspendu.
suspensórios *s.m.pl.* bretelles *f.*
suspicaz *adj.* défiant, soupçonneux.
suspirar *s.m.* soupirer.
suspiro *s.m.* soupir.
sussurrar *v.int.* bruire.
sussurro *s.m.* susurrement.
sustância *s.f.* substance; (*pop.*) force, vigueur.
sustar *v.t.* suspendre, arrêter.
sustenido *s.m.* (*Mús.*) dièse.
sustentáculo *s.m.* soutien.
sustentar *v.t.* porter, soutenir, supporter; (*amante*) entretenir.
sustento *s.m.* soutien.
suster *v.t.* soutenir.
susto *s.m.* frayeur *f.*, effroi; (*pop.*) trouille *f.*
sutache *s.f.* soutache.
sutiã *s.m.* soutien-gorge.
sútil *adj.* cousu.
sutil *adj.* subtil.
sutileza *s.f.* subtilité; *procurar —* couper les cheveux en quatre.
sutilização *s.f.* subtilisation.
sutilizar *v.t.* subtiliser.
sutura *s.f.* suture.
suturar *v.t.* suturer.

T

ta *contração de te+a:* te la.
taba *s.f.* village indien.
tabacaria *s.f.* débit *m.* de tabac.
tabaco *s.m.* tabac.
tabagismo *s.m.* tabagisme.
tabaqueira *s.f.* tabatière.
tabaréu *s.m.* (*aprox.*) villageois.
tabe *s.f.* tabes.
tabefe *s.m.* (*pop.*) torgnole *f.*, baffe *f.*
tabela *s.f.* table; barème; *por* — indirectement.
tabelar *v.t.* taxer, établir le prix de.
tabelião *s.m.* notaire.
tabelioa *s.f.* notairesse.
tabelionato *s.m.* 1. notariat; 2. étude *f.* de notaire.
taberna *s.f.* taberne.
tabernáculo *s.m.* tabernacle.
taberneiro *s.m.* tavernier; (*fam.*) mastroquet.
tabique *s.f.* cloison.
tablado *s.m.* estrade.
tablatura *s.f.* tablature.
tablete *s.m.* tablette.
tabu *s.m.* tabou.
tábua *s.f.* 1. planche; — *de cortar carne* *hachoir *m.*, tranchoir *m.*; — *de passar roupa* planche à repasser; jeannette; 2. table; — *de logaritmos* table de logarithmes.
tabuada *s.f.* table de multiplication.
tabuinha *s.f.* tablette.
tábula *s.f.* table; *fazer* — *rasa* faire table rase.
tabulador *s.m.* tabulateur.
tabuleiro *s.m.* 1. plateau; (*de vendedor ambulante*) éventaire; 2. (*de xadrez*) échiquier; (*de damas*) damier; (*de ponte*) tablier.
tabuleta *s.f.* enseigne.

taça *s.f.* coupe; flûte.
tacanhice *s.f.* mesquinerie.
tacanho *adj.* borné, étriqué, mesquin, tatillon.
tacão *s.m.* talon.
tacape *s.m.* massue *f.* d'indiens.
tacha[1] *s.f.* clou *m.*, pointe.
tacha[2] *s.f.* tache.
tachar *v.t.* critiquer.
tacho *s.m.* chaudron; bassine *f.*
tácito *adj.* tacite.
taciturnidade *s.f.* taciturnité.
taciturno *adj.* taciturne.
taco *s.m.* queue *f.* de billard.
tafetá *s.m.* taffetas.
tagarela *adj.* bavard; babillard, jacasseur; *ser* — avoir la langue bien pendue.
tagarelar *v.int.* bavarder, babiller, papoter, jaser.
tagarelice *s.f.* bavardage *m.*, babillage *m.*, babil *m.*, jacasserie, papotage *m.*
taifeiro *s.m.* garçon de bord.
tailandês *adj.*; *s.pátr.* thaïlandais.
Tailândia *s.f.* Thaïlande.
tainha *s.f.* (*peixe*) muge *m.*, mulet *m.*
taioba *s.f.* espèce d'igname *m.*
taipa *s.f.* torchis *m.*
taipar *v.t.* bousiller.
tal *adj.* tel; *tal como* tel que; *um tal* (*depr.*) le sieur.
tala *s.f.* attelle, éclisse; *ver-se em* —*s* se trouver dans l'embarras.
talagarça *s.f.* canevas *m.*
tálamo[1] *s.m.* lit nuptial.
tálamo[2] *s.m.* (*Anat.*) thalamus.
talante *s.m.* gré, volonté; *a seu* — à son gré.
talão *s.m.* talon, souche; — *de cheques* carnet de chèques, chéquier.
talar *v.t.* ravager, dévaster.
talco *s.m.* talc; *polvilhar de* — talquer.

talcoso *adj.* talqueux.
talento *s.m.* talent.
talentoso *adj.* talentueux, doué.
talha[1] *s.f.* taille.
talha[2] *s.f.* palan *m.*
talhadeira *s.f.* burin *m.*
talhar *v.t.* tailler; *v.int.* (*o leite*) se cailler.
talhe *s.m.* taille *f.*
talher *s.m.* couvert.
talho *s.m.* taille *f.*
talião *s.m.* talion.
talidomida *s.f.* thalidomide.
talismã *s.m.* talisman.
Talmude *s.m.* Talmud.
talmúdico *adj.* talmudique.
talmudista *s.m.* talmudiste.
talo *s.m.* tige *f.*; brin.
talude *s.m.* talus.
taludo *adj.* bien bâti, solide.
talvegue *s.m.* thalweg.
talvez *adv.* peut-être.
tamanco *s.m.* sabot; galoche *f.*; socque.
tamanduá *s.m.* fourmilier; — *-bandeira* tamanoir; — *-mirim* tamanua.
tamanho *adj.* si grand; *s.m.* grandeur *f.*; taille *f.*; — *natural* grandeur nature.
tamanqueiro *s.m.* sabotier.
tâmara *s.f.* datte.
tamareira *s.m.* dattier.
tamargueira *s.f.* tamaris *m.*
tamarindo *s.m.* tamarin; tamarinier.
também *adv.* aussi.
tambor *s.m.* 1. (*instrumento*) tambour; 2. (*músico*) tambour.
tamborete *s.m.* tabouret, pouf.
tamborilado *s.m.* tambourinage.
tamborilar *v.int.* tambouriner, tapoter.
tamborim *s.m.* tambourin.
tampa *s.f.* couvercle; (*de caneta-tinteiro*) capuchon.
tampão *s.m.* tampon, bouchon.
tampar *v.t.* taper.
tampo *s.m.* couvercle.
tamponar *v.t.* tamponner.
tampouco *adv.* non plus.
tâmul *adj.*; *s.pátr.* tamoul.
tanajura *s.f.* fourmi femelle (reine).
tanga *s.f.* pagne *m.*
tangente *s.f.* tangente; *escapar pela* — prendre la tangente.
tanger *v.t.* piquer (les bœufs).
tangerina *s.f.* mandarine.
tangerineira *s.f.* mandarinier *m.*
tangibilidade *s.f.* tangibilité.
tangível *adj.* tangible.
tango *s.m.* tango.
tanino *s.m.* tanin.
tanoeiro *s.m.* tonnelier.
tanque[1] *s.m.* 1. (*de cozinha*) évier; 2. (*lago*) étang, pièce *f.* d'eau; 3. réservoir d'essence; *encher o* — faire le plein.
tanque[2] *s.m.* (*carro de guerra*) tank.
tantã *adj.* (*fam.*) loufoque.
tântalo *s.m.* tantale.
tanto *adv.* autant, tant; — *faz* cela m'est égal; — *mais* d'autant plus; — *melhor* tant mieux; — *pior* tant pis; — *quanto* autant ... autant; *se* — tout au plus.
tão *adv.* aussi; — *grande como* aussi grand que; *não é* — *grande que* il n'est pas si grand que.
tapa *s.f.* ou *m.* tape *f.*
tapada *s.f.* garenne.
tapar *v.t.* boucher, combler.
tapeação *s.f.* duperie.
tapear *v.t.* carotter, duper.
tapeçaria *s.f.* tapisserie.
tapeceiro *s.m.* tapissier.
tapera *s.f.* maison en ruines.
tapete *s.m.* tapis; (*fig.*) jonchée *f.*
tapetinho *s.m.* descente *f.* de lit.
tapioca *s.f.* tapioca *m.*
tapona *s.f.* taloche.
tapume *s.m.* palissade.
taquara *s.f.* bambou.
taquicardia *s.f.* tachycardie.
taquigrafia *s.f.* stenographie.
taquímetro *s.m.* tachymètre.
tara *s.f.* (*abatimento no peso*) tare; 2. (*defeito físico ou moral*) tare.
tarado *adj.* taré; *s.m.* satyre.
taramela *s.f.* o mesmo que *tramela.*
tarar *v.int.* s'emballer, s'éprendre.
tarara *s.f.* tarare *m.*
tardar *v.int.* tarder; *não tardou a* il a vite fait de; *no mais* — au plus tard.
tarde[1] *adv.* tard; *mais* — plus tard, dans la suite, par la suite.
tarde[2] *s.f.* après-midi *s.* e *f.*; soir *m.*
tardiamente *adv.* tardivement.
tardinha *s.f.* fin de l'après-midi; soir.
tardo *adj.* lent, lourd.
tarefa *s.f.* besogne, tâche; *trabalhar por* — travailler à la tâche.
tarefeiro *s.m.* tâcheron.
tarifa *s.f.* tarif.
tarifar *s.f.* tarifer.
tarifário *adj.* tarifaire.

tarimba *s.f.* grande expérience, pratique.
tarja *s.f.* bourdure.
tarlatana *s.f.* tarlatane.
tarô *s.m.* tarot.
tarrafa *s.f.* (*rede de pescar*) épervier *m.*
tarso *s.m.* (*Anat.*) torse.
tartamudear *v.t.* bégayer, ânonner, bafouiller.
tartana *s.f.* tartane.
tartárico *adj.* tartarique.
tártaro[1] *adj.*; *s.pátr.* tartare.
tártaro[2] *s.m.* (*depósito salino*) tartre.
tartaroso *adj.* tartreux.
tartaruga *s.f.* 1. tortue; 2. (*carapaça*) écaille.
tartufo *s.m.* tartufe ou tartuffe.
tasca *s.f.* bistro *m.*
tatarana *s.f.* chenille urticante.
tataraneta *s.f.* fille de l'arrière-petit-fils.
tataraneto *s.m.* fils de l'arrière-petit-fils.
tataravó *s.f.* mère du trisaïeul.
tataravô *s.m.* père du trisaïeul.
tatear *v.t.* tâter; *v.int.* tatonner.
tatibitate *adj.* bredouilleur, bafouilleur.
tática *s.f.* tactique.
tático *adj.* tactique; *s.m.* tacticien.
tátil *adj.* tactile.
tato *s.m.* 1. toucher; 2. (*fig.*) tact, doigté.
tatu *s.m.* tatou.
tatuagem *s.f.* tatouage *m.*
tatuar *v.t.* tatouer.
tatuí *s.m.* (*crustáceo*) émérite *f.*
tatuzinho *s.m.* cloporte.
tauismo *s.m.* taoïsme.
taumaturgo *s.m.* thaumaturge.
tauísta *adj.*; *s.* taoïste.
taurino *adj.* taurin.
tauromaquia *s.f.* tauromachie.
tautologia *s.f.* tautologie.
tautológico *adj.* tautologique.
tavão *s.m.* taon.
taverna *s.f.* taverne.
taverneiro *s.m.* tavernier.
tavolagem *s.f.* casa de — maison dejeu, tripot *f.*
taxa *s.f.* 1. taxe; 2. (*razão do juro*) taux *m.*
taxação *s.f.* taxation.
taxar *v.t.* taxer.
táxi *s.m.* taxi.
taxidermia *s.f.* taxidermie.
taxidermiste *s.* taxidermista.
taxi-girl *s.f.* entraîneuse.
taxímetro *s.m.* taximètre.
taxionomia *s.f.* taxionomie.

tcheco *adj.*; *s.pátr.* tchèque.
tcheco-eslovaco *adj.*; *s.pátr.* tchécoslovaque.
Tcheco-Eslováquia *s.f.* Tchécoslovaquie.
te *pron.* te.
teácea *s.f.* théière *m.*
tear *s.m.* métier.
teatral *adj.* théâtral.
teatro *s.m.* théâtre; salle *f.*; — *de revista* music-hall.
teatrólogo *s.m.* auteur théâtral.
tecedor *s.m.* tisserand.
tecedura *s.f.* tissage *m.*
tecelagem *s.f.* tissage *m.*
tecelão *s.m.* tisserand.
teceloa *s.f.* tisserande.
tecer *v.t.* tisser, filer.
tecido *s.m.* tissu; — *de lã* drap.
tecla *s.f.* touche.
teclado *s.m.* clavier.
técnica *s.f.* technique.
tecnicidade *s.f.* technicité.
técnico *adj.* technique; *s.m.* technicien.
tecnocracia *s.f.* technocratie.
tecnocrata *s.* technocrate.
tecnologia *s.f.* technologie.
tecnológico *adj.* technologique.
tectônica *s.f.* tectonique.
tectônico *adj.* tectonique.
tédio *s.m.* ennui.
tedioso *adj.* ennuyeux.
tegumento *s.m.* tégument.
teia *s.f.* toile; (*fig.*) tissu *m.*; — *de aranha* toile d'araignée.
teima *s.f.* opiniâtreté, entêtement *m.*
teimar *v.t.* e *int.* s'entêter à, s'acharner à, s'obstiner à, s'opiniâtrer à; n'en faire qu'à sa tête.
teimosia *s.f.* entêtement *m.*, opiniâtreté, acharnement *m.*
teimoso *adj.* entêté, opiniâtre, rétif.
teísmo *s.m.* théisme.
teísta *adj.*; *s.* théiste.
teiú *s.m.* tupinambis.
teixo *s.m.* (*árvore*) if.
tejadilho *s.m.* impériale *f.*
tela *s.f.* toile; — *de cinema* écran *m.*
telecomandar *v.t.* télécommander.
telecomando *s.f.* télécommande.
telecomunicação *s.f.* télécommunication.
teleférico *adj.*; *s.m.* téléphérique.
telefonar *v.t.* téléphoner.
telefone *s.m.* téléphone; — *público* taxiphone.

telefonema *s.m.* coup de téléphone, coup de fil.
telefônico *adj.* téléphonique.
telefonista *s.* téléphoniste.
telefotografia *s.f.* téléphotographie.
telegrafar *v.t.* télégraphier.
telegrafia *s.f.* télégraphie.
telegráfico *adj.* télégraphique.
telegrafista *s.* télégraphiste.
telégrafo *s.m.* télégraphe.
telegrama *s.m.* télégramme, dépêche *f.*
teleguiar *v.t.* téléguider.
teleobjetiva *s.f.* téléobjectif *m.*
teleologia *s.f.* téléologie.
telepatia *s.f.* télépathie.
telepático *adj.* télépathique.
telescópico *adj.* téléscopique.
telescópio *s.m.* téléscope.
telespectador *s.m.* téléspectateur.
telestesia *s.f.* télesthésie.
teletipo *s.m.* télétype.
televisão *s.f.* télévision.
televisionar *v.t.* téléviser.
telex *s.m.* télex.
telha *s.f.* tuile; (*fam.*) tête; *só faz o que lhe dá na* — il n'en fait qu'à sa tête.
telhado *s.m.* toit.
telhador *s.m.* couvreur.
telha-vã *s.f.* toit sans plafond.
telheiro *s.m.* appentis; auvent.
telúrico *adj.* tellurique.
tema *s.m.* thème.
temente *adj.* craignant, qui craint.
temer *v.t.* craindre, redouter, appréhender.
temerário *adj.* téméraire; inconsidéré.
temeridade *s.f.* témérité.
temível *adj.* redoutable.
temor *s.m.* peur *f.*, crainte *f.*
tempão *s.m. faz um* — il y a belle lurette.
têmpera *s.f.* 1. trempe, détrempe; 2. (*fig.*) qualité, caractère *m.*
temperado *adj.* tempéré.
temperamento *s.m.* tempérament.
temperança *s.f.* tempérance.
temperar *v.t.* 1. tempérer; 2. tremper.
temperatura *s.f.* 1. température; 2. fièvre.
tempero *s.m.* épice *f.*, assaisonnement; *é só mudar o* — mettre à toutes les sauces.
tempestade *s.f.* tempête, orage *m.*
tempestuoso *adj.* tempêtueux, orageux.
templário *s.m.* (*Hist.*) templier.
templo *s.m.* temple.
tempo *s.m.* temps; (*Fut.*: *metade da duração do jogo*) mi-temps; — *bom* beau temps; *a* — à temps; *ao mesmo* — en même temps; *com o* — à la longue; *dar* — *ao* — laisser faire le temps; *de* —*s em* —*s* de temps à autre, de temps en temps; *há* — il y a longtemps; *levar muito* — être long à; *mais* — plus longtemps, davantage; *não era sem* — il était temps; *no devido* — en temps utile; 2. (*Mús.*) tempo.
têmpora *s.f.* tempe.
temporada *s.f.* 1. laps *m.* de temps; 2. saison.
temporal[1] *adj.* temporel.
temporal[2] *s.m.* orage, gros temps.
temporão *adj.* prématuré; *fruto* — primeur *f.*
temporário *adj.* temporaire.
temporização *s.f.* temporisation.
temporizar *v.t.* temporiser.
tenacidade *s.f.* ténacité.
tenaz[1] *adj.* tenace.
tenaz[2] *s.f.* tenailles *pl.*
tenção *s.f.* intention, plan *m.*
tencionar *v.t.* se proposer; entendre.
tenda *s.f.* 1. tente; 2. — *de oxigênio* tente à oxygène; échoppe.
tendão *s.m.* tendon.
tendência *s.f.* tendance.
tendencioso *adj.* tendancieux.
tender *v.t.* tendre.
tenebroso *adj.* ténébreux.
tenente *s.m.* lieutenant; (*da Marinha*) lieutenant de vaisseau.
tenesmo *s.m.* ténesme.
tênia V. *solitária.*
tênis *s.m.* tennis.
tenor *s.m.* ténor.
tensão *s.f.* tension.
tenso *adj.* tendu.
tensor *s.m.* tendeur.
tentação *s.f.* tentation.
tentacular *adj.* tentaculaire.
tentáculo *s.m.* tentacule.
tentador *adj.*; *s.m.* tentateur.
tentadora *adj.*; *s.f.* tentatrice.
tentame *s.m.* tentative *f.*
tentar *v.t.* tenter, essayer, tâcher; 2. tenter, allécher, séduire.
tentativa *s.f.* tentative, démarche.
tentear *v.t.* palper; sonder.
tentilhão *s.m.* (*pássaro*) pinson.
tento[1] *s.m.* jeton.
tento[2] *s.m.* attention *f.*, soin.
tênue *adj.* ténu.

teocracia *s.f.* théocratie.
teocrata *s.m.* théocrate.
teocrático *adj.* théocratique.
teodolito *s.m.* théodolite.
teologal *adj.* théologal.
teologia *s.f.* théologie.
teológico *adj.* théologique.
teólogo *s.m.* théologien.
teor *s.m.* teneur *f.*
teorema *s.m.* théorème.
teoria *s.f.* théorie.
teórico *adj.* théorique.
teosofia *s.f.* théosophie.
teosófico *adj.* théosophique.
teósofo *s.m.* théosophe.
tepidez *s.f.* tiédeur.
tépido *adj.* tiède.
ter *v.t.* **1.** avoir; *não tem de quê* il n'y a pas de quoi; de rien; *não tem nada que ver* cela n'a rien à voir; *não — nada com isso* n'y être pour rien; *que é que você tem?* qu'est-ce qui vous prend? **2.** garder, conserver; **3.** obtenir, recevoir; **4.** considérer; *— como* prendre pour; **5.** juger.
terapeuta *s.* thérapeute.
terapêutica *s.f.* thérapeutique.
terapêutico *adj.* thérapeutique.
teratologia *s.f.* tératologie.
teratológico *adj.* tératologique.
terça-feira *s.f.* mardi *m.*; *— gorda* mardi gras.
terçã *adj.* tierce.
terçar *v.t.* **1.** mêler (trois choses); **2.** partager (en trois); *v.int.* luter.
terceiro *adj.* troisième; *em — lugar* tertio; *Terceiro Mundo s.m.* Tiers-Monde.
terceto *s.m.* tercet.
terciário *adj.* tertiaire.
terço¹ *adj.* tiers, troisième; *s.m.* tiers.
terço² *s.m.* chapelet.
terçol *s.m.* orgelet, compère-loriot.
terebintina *s.f.* térébenthine.
terebintino *s.m.* térébinthe.
terebrar *v.t.* térébrer.
teredo *s.m.* taret.
tergiversação *s.f.* tergiversation.
tergiversar *v.t.* tergiverser; atermoyer, biaiser.
termal *adj.* thermal.
termas *s.f.pl.* thermes.
térmico *adj.* thermique.
terminação *s.f.* terminaison.
terminal *adj.* terminal.
terminar *v.t.* terminer; *v.int.* se terminer.

término *s.m.* termo, limite.
terminologia *s.f.* terminologie.
térmita *s.f.* termite *m.*
termiteira *s.f.* termitière.
termo *s.m.* **1.** terme, fin; **2.** terme, mot; *—s (de um documento)* libellé; **3.** terme, rapport; *estar em bons —s com* être en bons termes avec; *estar em ótimos —s com* être au mieux avec.
termodinâmica *s.f.* thermodynamique.
termoelétrico *adj.* thermo-électrique.
termômetro *s.m.* thermomètre.
termonuclear *adj.* thermonucléaire.
termostato *s.m.* thermostat.
ternário *adj.* ternaire.
terno¹ *s.m.* complet, costume.
terno² *adj.* tendre, câlin.
terno³ *s.m.* terne.
ternura *s.f.* tendresse.
terra *s.f.* terre; *a Terra* la Terre; *— a —* terre à terre; *cobrir de —* terrer.
terraço *s.m.* terrasse *f.*
terraplenagem *s.f.* terrassement *m.*
terraplenar *v.t.* terrasser.
terrapleno *s.m.* terre-plein.
terremoto *s.m.* tremblement de terre.
terreno¹ *adj.* terrestre.
terreno² *s.m.* terrain; *— baldio* terrain vague.
térreo *adj.* du rez-de-chaussée.
terrestre *adj.* terrestre.
terrificar *v.t.* terrifier.
terrina *s.f.* terrine.
terrinha *s.f.* (*fam.*) patelin *m.*, pays *m.*, terroir *m.*
territorial *adj.* territorial.
território *s.m.* territoire.
terrível *adj.* terrible.
terror *s.m.* terreur *f.*
terrorismo *s.m.* terrorisme.
terrorista *adj.*; *s.* terroriste.
terrorizar *v.t.* terroriser.
terroso *adj.* terreux.
tertúlia *s.f.* réunion (littéraire).
tesão *s.f.* **1.** tension; **2.** (*chulo*) érection, désir *m.* sexuel.
tesar *v.t.* tendre.
tese *s.f.* thèse; *defender—* soutenir une thèse.
teso *adj.* **1.** raide, tendu; **2.** fort, vigoureux; **3.** (*gír.*) fauché.
tesoura *s.f.* **1.** ciseaux *m.pl.*, cisaille; **2.** chevron *m.*
tesourada *s.f.* coup *m.* de ciseaux.

tesourar *v.t.* **1.** cisailler; **2.** déchirer à belles dents; casser du sucre sur le dos de.
tesouraria *s.f.* trésorerie.
tesoureiro *s.m.* trésorier.
tesouro *s.m.* trésor.
testa *s.f.* front; *à — de* à la tête.
testada *s.f.* façade; (*fig.*) *varrer a —* se justifier.
testa de ferro *s.m.* prête-nom.
testador *s.m.* testateur.
testadora *s.f.* testatrice.
testamentário *adj.* testamentaire.
testamento *s.m.* testament.
testar[1] *v.t* e *int.* (*deixar por testamento*) tester.
testar[2] *v.t.* (*submeter a teste*) tester.
teste *s.m.* test.
testemunha *s.f.* témoin *m.*; *— da acusação* témoin *m.* à charge; *— da defesa* témoin *m.* à décharge.
testemunhal *adj.* testimonial.
testemunhar *v.t.* témoigner.
testemunho *s.m.* témoignage, déposition *f.*, preuve *f.*
testículo *s.m.* testicule.
teta *s.f.* pis *m.*, tétine.
tetânico *adj.* tétanique.
tetanizar *v.t.* tétaniser.
tétano *s.m.* tétanos.
teteia *s.f.* breloque.
teto *s.m.* plafond.
tetraedro *s.m.* tétraèdre.
tétrico *adj.* funèbre, lugubre.
teu *adj.poss.* ton; *pl.* tes; *pron.poss.* (le) tien; *pl.* (les) tiens.
tevê *s.f.* (*abreviatura de televisão*) télé.
têxtil *adj.*; *s.m.* textile.
texto *s.m.* texte.
textual *adj.* textuel.
textura *s.f.* texture.
texugo *s.m.* blaireau.
tez *s.f.* teint *m.*
ti *pron.* toi.
tia *s.f.* tante; (*fam.*) tata; *ficar para —* coiffer Sainte-Catherine; monter en graine.
tia-avó *s.f.* grande-tante.
tiara *s.f.* tiare.
tíbia *s.f.* tibia *m.*
tibieza *s.f.* tiédeur.
tíbio *adj.* tiède.
tição *s.f.* tison *m.*
ticar *v.t.* cocher.
tico-tico *s.m.* zonotriche, passereau du Brésil.

tífico *adj.* typhique.
tifo *s.m.* typhus.
tifoide *adj.* typhoïde.
tigela *s.f.* bol *s.m.*; écuelle, jatte.
tigrado *adj.* tigré.
tigre *s.m.* tigre.
tigresa *s.f.* tigresse.
tijolo *s.m.* brique *f.*
til *s.m.* tilde.
tília *s.f.* (*árvore*) tilleul *m.*
tilintar *v.int.* tinter, tintinnabuler.
timão *s.m.* timon.
timbale *s.f.* timbale.
timbrar *v.t.* timbrer; *v.int. em* se piquer de.
timbre *s.m.* timbre.
time *s.m.* team, équipe *f.*
timidez *s.f.* timidité.
tímido *adj.* timide.
timoneiro *s.m.* timonier.
timorato *adj.* timoré.
tímpano[1] *s.m.* (*Arquit. e Anat.*) tympan.
tímpano[2] *s.m.* (*Mús.*) tympanon.
tina *s.f.* cuve, baquet *m.*
tingir *v.t.* teindre.
tinha *s.f.* teigne.
tinhorão *s.m.* caladium (du Brésil).
tinhoso *adj.* teigneux.
tinido *s.m.* tintement; cliquetis.
tinir *v.int.* tinter; cliqueter.
tino *s.m.* discernement, tact, perspicacité *f.* (*fam.*) jugeote *f.*
tinta *s.f.* **1.** encre; **2.** couleur.
tintagem *s.f.* encrage.
tinteiro *s.m.* encrier.
tintim por tintim *loc.adv.* par le menu; *contar tudo —* défiler son chapelet.
tinto *adj.* teint; (*vinho*) rouge.
tintorial *adj.* tinctorial.
tintura *s.f.* teinture.
tinturaria *s.f.* teinturerie.
tintureiro[1] *s.m.* teinturier.
tintureiro[2] *s.m.* (*carro de polícia*) panier à salade.
tio *s.m.* oncle.
tio-avô *s.m.* grand-oncle.
típico *adj.* typique; typé.
tipo *s.m.* type.
tipografia *s.f.* typographie.
tipográfico *adj.* typographique.
tipógrafo *s.m.* typographe; (*fam.*) typo.
tipoia *s.f.* écharpe.
tique *s.m.* tic.
tique-taque *s.m.* tic-tac.
tíquete *s.m.* ticket.

tira *s.m.* (*pop.*) flic; limier; (*gír.*) vache *f.*
tiracolo *a* — *loc.adv.* en bandoulière, en écharpe, en sautoir.
tirada *s.f.* tirade.
tiragem *s.f.* 1. (*da chaminé*) tiragem; 2. (*número de exemplares*) tirage.
tira-linhas *s.m.* tire-ligne.
tira-manchas *s.m.* détachant.
tiranete *s.m.* tyranneau.
tirania *s.f.* tyrannie.
tirânico *adj.* tyrannique.
tiranizar *v.t.* tyranniser.
tirano *s.m.* tyran.
tirante *s.m.* tirant.
tirar *v.t.* 1. tirer, retirer; (*água do poço*) puiser; (*alguém do trabalho*) débaucher; 2. enlever, ôter, soutirer, souffler; — *o corpo fora* tirer au flanc; 3. *sem — nem pôr loc.adv.* ni plus ni moins.
tira-teimas *s.m.* 1. argument décisif; 2. dictionnaire.
tireoide *adj.*; *s.f.* thyroïde.
tireoídeo *adj.* thyroïdien.
tiririca *s.f.* espèce de laîche, mauvaise herbe.
tiritar *v.int.* grelotter.
tiro *s.m.* tir; coup de feu, coup de fusil, coup de revolver; — *de festim* tir à blanc; *dar um — na cabeça* se faire sauter le cervelle; *o — saiu pela culatra* il s'est pris à son propre piège.
tirocínio *s.m.* apprentissage.
Tirol *s.m.* (*top.*) Tyrol.
tirolês *adj.*; *s.pátr.* tyrolien.
tirotear *v.int.* tirailler.
tiroteio *s.m.* fusillade *f.*
tisana *s.f.* tisane.
tísica *s.f.* phtisie, tuberculose.
tísico *adj.*; *s.* phtisique, tuberculeux, poitrinaire.
tisnar *v.t.* *hâler.
titã *s.m.* titan.
titânico *adj.* titanique.
títere *s.m.* fantoche, pantin; marionnette *f.*
titia *s.f.* (*fam.*) tata.
titica *s.f.* fiente.
titilação *s.f.* titillation.
titilar *v.int.* titiller.
titio *s.m.* (*fam.*) tonton.
titubeação *s.f.* titubation.
titubeante *adj.* titubant.
titubear *v.int.* tituber.
titular[1] *adj.* titulaire, attitré, en titre; *s.* titulaire.
titular[2] *v.t.* tituler, intituler.
titularização *s.f.* titularisation.
titularizar *v.t.* titulariser.
título *s.m.* 1. (*de livro etc.*) titre; 2. (*honorífico*) titre; 3. titre, document; — *de eleitor* carte *f.* d'électeur; 4. (*papel negociável*) titre, effet; 5. (*toque em liga de metal*) titre.
tiziu *s.m.* jacamini, passereau du Brésil.
toalha *s.f.* — *de banho* serviette de bain; — *de mesa* nappe; — *de rosto* essuie-main *m.*, serviette de toilette.
tobogã *s.m.* toboggan.
toca *s.f.* gîte *m.*, repaire *m.*, terrier *m.*
toca-discos *s.m.* tourne-disque; électrophone; pick-up.
tocado *adj.* touché; (*fig.*) gris; *estar —* être en goguette, être entre deux vins.
tocador *s.m.* joueur; — *de pífaro* fifre; — *de trombone* tromboniste.
toca-fita *s.m.* magnétophone.
tocaia *s.f.* guet-apens *m.*; *ficar de —* être aux aguets.
tocaiar *v.t.* embusquer; être à l'affût de.
tocar *v.t.* 1. toucher; (*de leve*) frôler; 2. (*instrumento musical*) jouer de; 3. (*campainha*) sonner.
tocha *s.f.* flambeau *m.*, torche.
toco *s.m.* moignon; chiot.
todavia *conj.* toutefois, cependant, néanmoins.
todo *adj.* tout; *pl.* tous; *pron.* tout; *ao —* en tout; *de —* complètement.
todo-poderoso *adj.* tout-puissant.
Todos os santos *s.m.pl.* Toussaint *f.*
toesa *s.f.* toise.
toga *s.f.* toge.
togado *adj.* vêtu de toge; *s.m.* magistrat.
toldar *v.t.* bâcher, recouvrir.
toldo *s.m.* bâche *f.*, banne *f.*
toleirão *s.m.* grand sot.
tolerância *s.f.* tolérance; — *excessiva* laxisme *m.*
tolerante *adj.* tolérant.
tolerar *v.t.* tolérer, accepter, souffrir.
tolerável *adj.* tolérable.
tolher *v.t.* embarrasser.
tolice *s.f.* bêtise, niaiserie, sottise.
tolo *adj.*; *s.* niais, sot, serin.
tom *s.m.* ton; *baixar o —* déchanter; *obrigar a baixar o —* faire baisser le ton.
tomada *s.f.* 1. prise; — *de contato* prise de contact; 2. (*elétrica*) prise de courant.
tomador *s.m.* preneur.

tomar *v.t.* prendre; occuper; (*atitude*) adoter; *toma lá, dá cá* donnant donnant.
tomara *interj.* plût à Dieu.
tomate *s.f.* tomate.
tombadilho *s.f.* tillac, pont supérieur d'un navire; dunette *f.*
tombamento *s.m.* inscription aux archives, enregistrement.
tombar[1] *v.t.* inscrire aux archives, enregistrer.
tombar[2] *v.t.* abattre, renverser; *v.int.* tomber.
tombo[1] *s.m.* archives *f.pl.*; cartulaire.
tombo[2] *s.m.* chute *f.*; (*pop.*) gadin, pelle *f.*; *levar um —* faire une chute, (*fam.*) ramasser une pelle, ramasser un gadin.
tômbola *s.f.* tombola.
tomilho *s.m.* thym.
tomo *s.m.* tome.
tona *s.f.* pellicule; *à —* à la surface; (*fig.*) *voltar à —* rebondir.
tonal *adj.* tonal.
tonalidade *s.f.* tonalité.
tonel *s.m.* tonneau; (*de vinho*) pièce *f.*, fût.
tonelada *s.f.* tonne.
tonelagem *s.f.* tonnage *m.*
tônica *s.f.* tonique; *— tônica* V. *água.*
tonicidade *s.f.* tonicité.
tônico *adj.*; *s.m.* tonique.
tonificante *adj.* tonifiant.
tonificar *v.t.* tonifier.
tonitruante *adj.* tonitruant.
tonsura *s.f.* tonsure.
tonsurar *v.t.* tonsurer.
tontear *v.t.* étourdir; *v.int.* radoter, s'embrouiller.
tonteira *s.f.* étourdissement *m.*, vertige *m.*
tonto *adj.* étourdi; *andar às tontas* cafouiller.
tontura *s.f.* o mesmo que *tonteira.*
topada *s.f.* *heurt *m.*; *dar uma —* chopper, trébucher.
topar *v.t.* **1.** rencontrer, toper en; **2.** trébucher, broncher; **3.** (*desafio*) toper; (*fam.*) marcher.
topázio *s.m.* topaze.
tope *s.m.* sommet.
topete *s.m.* toupet; (*fam.*) toupet, culot.
tópico *adj.* topique; *s.m.* note *f.*, commentaire de journal; entrefilet.
topo *s.m.* sommet.
topografia *s.f.* topographie.
topográfico *adj.* topographique.
topógrafo *s.m.* topographe.
topologia *s.f.* topologie.
toponímia *s.f.* toponymie.
topônimo *s.m.* toponyme.
toque *s.m.* **1.** son; *— de campainha* sonnerie *f.*; *— de recolher* couvre-feu *f.* *— de reunir* rappel; **2.** touche *f.*
tora *s.f.* tronc *m.* d'arbre.
torácico *adj.* thoracique.
toranja *s.f.* pamplemousse.
tórax *s.m.* thorax.
torção *s.f.* torsion.
torcedor *s.m.* supporter.
torcer *v.t.* **1.** tordre; **2.** fausser; *v.int. — por* manifester son appui à; *v.pron.* se tordre.
tocheira *s.f.* torchère.
torcicolo *s.m.* torcicolis.
torcida *s.f.* les supporters.
tordilho *adj.* pommelé.
tordo *s.m.* grive *f.*
tório *s.m.* thorium.
tormenta *s.f.* tourmente.
tormento *s.m.* tourment.
tornado *s.m.* tornade *f.*
tornar *v.int.* **1.** retourner; **2.** *— a casar-se* se remarier; *— a chamar* rappeler; *— a levar* remporter; *— a nevar* reneiger; *— a pedir* redemander; *— a trazer* rapporter.
tornassol *s.m.* tournesol.
torneador *s.m.* tourneur.
tornear *v.t.* tourner.
torneio *s.m.* tournoi.
torneira *s.f.* robinet; *conjunto de —s* robinetterie.
torniquete *s.m.* tourniquet.
torno *s.m.* tour.
tornozelo *s.m.* cheville *f.*
toro *s.m.* **1.** tore; **2.** tronc d'arbre abattu, billot.
toró *s.m.* (*fam.*) sauce *f.*
torpe *adj.* impudique, obscène, hideux.
torpedeamento *s.m.* torpillage.
torpedear *v.t.* torpiller.
torpedeiro *s.m.* torpilleur.
torpedo *s.m.* torpille *f.*
torpeza *s.f.* turpitude.
torpor *s.m.* torpeur *f.*, engourdissement.
torrada *s.f.* toast *m.*; tartine.
torradeira *s.f.* grille-pain *m.*
torrador *s.m.* torréfacteur.
torrão *s.m.* **1.** motte *f.* (de terre); **2.** (*de açúcar*) morceau de sucre.
torrar *v.t.* griller, torréfier; (*fig.*) solder.
torre *s.f.* tour; *— de marfim* tour d'ivoire.
torreão *s.m.* donjon.

torrefação *s.f.* torréfaction.
torrefazer *v.t.* torréfier.
torrencial *adj.* torrentiel.
torrente *s.f.* torrent *m.*
torrentoso *adj.* torrentueux.
torresmo *s.m.* rillons *pl.*
torrezinha *s.f.* tourelle.
tórrido *adj.* torride.
torso *adj.* tors; *s.m.* torse.
torta *s.f.* 1. (*doce*) tarte; — *de maçã* tarte aux pommes; 2. (*salgado*) tourte.
torto *adj.* tordu; *adv.* à tort; *a — e a direito* à tort et à travers.
tortuosidade *s.f.* tortuosité.
tortuoso *adj.* tortueux.
tortura *s.f.* torture.
torturador *s.m.* tortionnaire.
torturante *adj.* torturant.
torturar *v.t.* torturer.
torvar *v.t.* troubler.
torvelinho *s.m.* tourbillon, remous.
tosa *s.f.* 1. tonte; 2. volée de coups.
tosão *s.f.* toison.
tosar *v.t.* tondre.
tosco *adj.* grossier, rude.
tosquia *s.f.* tonte.
tosquiador *s.m.* tondeur.
tosquiar *v.t.* tondre.
tosse *s.f.* toux.
tossir *v.int.* tousser; — *discretamente* toussoter.
tostado *adj.* au gratin.
tostão *s.m.* monnaie *f.* de dix centimes; (*aprox.*) sou; *não ter um* — être sans le sou; *sem um* — (*fam.*) sans un.
tostar *v.t.* roussir, gratiner.
total *adj.* total; *s.m.* total, montant, chiffre.
totalidade *s.f.* totalité.
totalitário *adj.* totalitaire.
totalitarismo *s.m.* totalitarisme.
totalizar *v.t.* totaliser.
totem *s.m.* totem.
totêmico *adj.* totémique.
totemismo *s.m.* totémisme.
totó *s.m.* (*fam.*) toutou.
touca *s.f.* toque.
toucador *s.m.* boudoir.
touceira *s.f.* touffe, massif *m.*
toucinho *s.m.* lard.
toupeira *s.f.* taupe; *casa de* — taupinière.
tourada *s.f.* course de taureaux.
tourear *v.t.* toréer.
toureiro *s.m.* toréador.
touro *s.m.* taureau.

toutiço *s.m.* occiput.
toutinegra *s.f.* (*pássaro*) fauvette.
toxicidade *s.f.* toxicité.
tóxico *adj.*; *s.m.* toxique.
toxicologia *s.f.* toxicologie.
toxicológico *adj.* toxicologique.
toxicólogo *s.m.* toxicologue.
toxicomania *s.f.* toxicomanie.
toxicômano *adj.*; *s.* toxicomane.
toxina *s.f.* toxine.
trabalhador *s.m.* trauailleur; — *braçal* manœure.
trabalhar *v.t.* travailler; agiter; *v.int.* travailler; (*pop.*) turbiner; — *abaixo do preço* gâter le métier; — *firme* abattre de la besogne.
trabalhismo *s.m.* travaillisme.
trabalhista *adj.*; *s.* travailliste.
trabalho *s.m.* travail; ouvrage, besogne *f.*; (*fam.*) boulot; (*pop.*) turbin; — *extra* (*fam.*) rabiot; —*s caseiros* travaux ménagers; —*s forçados* travaux forcés; *os* —*s do parto* les douleurs *f.*; *ter perdido o seu* — en être pour sa peine.
trabalhoso *adj.* mal aisé, laborieux.
trabuco *s.m.* tromblon.
traça *s.f.* tique; mite; *comido pelas* —*s* mité.
traçado *s.m.* tracé.
tração *s.f.* traction.
traçar *v.t.* 1. tracer; 2. retracer, esquisser.
traço *s.m.* 1. trait; —*s (do rosto)* traits; 2. trace *f.*
traço de união *s.m.* trait d'union.
tracoma *s.m.* trachome.
tradição *s.f.* tradition.
tradicional *adj.* traditionnel.
tradicionalismo *s.m.* traditionalisme.
tradicionalista *adj.* traditionaliste.
trado *s.m.* verruma *f.*
tradução *s.f.* traduction; (*de outra língua para a materna*) version; (*da língua materna para outra*) thème *m.*
tradutor *s.m.* traducteur.
tradutora *s.f.* traductrice.
traduzir *v.t.* traduire.
traduzível *adj.* traduisible.
trafegar *v.int.* 1. commercer; 2. circuler.
tráfego *s.m.* trafic.
traficante *adj.*; *s.m.* trafiquant.
traficar *v.int.* e *t.* trafiquer.
tráfico *s.m.* trafic; traite *f.*; — *de escravos* traite *f.* des noirs; — *de mulheres* traite des blanches.

tragada *s.f.* **1.** lampée; **2.** bouffée.
tragar *v.t.* **1.** engloutir, engouffrer, avaler, gober; (*fam.*) s'envoyer; **2.** aspirer.
tragédia *s.f.* tragédie.
trágico *adj.* tragique; *s.m.* tragédien; *s.f.* tragédienne.
tragicomédia *s.f.* tragi-comédie.
tragicômico *adj.* tragi-comique.
trago *s.m.* gorgée *f.*
traição *s.f.* trahison.
traiçoeiro *adj.* traître.
traidor *s.m.* traître.
traidora *s.f.* traîtresse.
trair *v.t.* trahir; *v.pron.* se trahir; (*fam.*) montrer le bout de l'oreille.
trajar *v.t.* habiller; — *de maneira ridícula* accoutrer.
traje *s.m.* habillement, tenue *f.*, toilette *f.*; — *de cerimônia* tenue de soirée; — *de passeio* tenue de ville; — *ridículo* accoutrement; *em* —*s menores* dans le plus simple appareil.
trajeto *s.m.* trajet.
trajetória *s.f.* trajectoire.
tralha *s.f.* **1.** (*rede*) traîne; **2.** *pl.* (*pertences*) saint-frusquin *m.*
trama *s.f.* trame.
tramar *v.t.* ourdir, tramer, manigancer; (*fig.*) mijoter.
trambolhão *s.m.* culbute *f.*; *aos trambolhões* en dégringolant.
trambolho *s.m.* obstacle, empêchement.
tramela *s.f.* loquet *m.*
tramitar *v.int.* passer par la procédure administrative.
trâmites *s.m.pl.* procédure *f.* administrative.
tramoia *s.f.* menée; cabale.
tramontana *s.f.* tramontane; *perder a* — perdre la tramontane.
trampolim *s.m.* tremplin.
trampolinagem *s.f.* fourberie, tricherie.
trampolineiro *s.m.* carotteur, tricheur.
tranca *s.f.* bâcle.
trança *s.f.* natte, tresse.
trancafiar *v.t.* claquemurer.
trancar *v.t.* bâcler.
trançar *v.t.* tresser.
tranco *s.m.* bond, *heurt; à coup; *aos* —*s e barrancos* cahin-caha.
tranquilidade *s.f.* tranquillité.
tranquilizante *adj.*; *s.m.* tranquillisant.
tranquilizar *v.t.* tranquilliser, rassurer; *pron.* se tranquilliser, se rassurer.

tranquilo *adj.* tranquille.
transação *s.f.* transaction.
transacional *adj.* transactionnel.
transalpino *adj.* transalpin.
transatlântico *adj.*; *s.m.* transatlantique.
transbordar *v.int.* déborder; *v.t.* répandre; transborder.
transbordo *s.m.* transbordement.
transcendência *s.f.* transcendance.
transcendental *adj.* transcendantal.
transcendente *adj.* transcendant.
transcender *v.t.* transcender.
transcontinental *adj.* transcontinental.
transcrever *v.t.* transcrire.
transcrição *s.f.* transcription.
transe *s.m.* transe *f.*; *a todo o* — à outrance.
transeunte *s.m.* passant; *s.f.* passante.
transferência *s.f.* transfert *m.*; (*de fundos*) virement.
transferidor *s.m.* rapporteur.
transferir *v.t.* transférer; (*fundos*) virer; (*de uma conta para outra*) transporter.
transfiguração *s.f.* transfiguration.
transfigurar *v.t.* transfigurer; *v.pron.* se transfigurer.
transformação *s.f.* transformation.
transformador *s.m.* transformateur.
transformar *v.t.* transformer; *v.pron.* se transformer; (*completamente*) faire peau neuve.
trânsfuga *s.m.* transfuge.
transfundir *v.t.* transfuser.
transfusão *s.f.* transfusion.
transgredir *v.t.* transgresser.
transgressão *s.f.* transgression.
transição *s.f.* transition.
transido *adj.* transi.
transigir *v.int.* transiger, composer.
Transilvânia *s.f.* Transylvanie.
transilvano *adj.*; *s.pátr.* transylvanien.
transistor *s.m.* transistor.
transitar *v.int.* e *t.* transiter.
transitável *adj.* carrossable.
transitivo *adj.* transitif.
trânsito *s.m.* transit, passage.
transitório *adj.* transitoire.
translação *s.f.* translation.
translato *adj.* figuré.
transliteração *s.f.* translittération.
transliterar *v.t.* translittérer.
translucidez *s.f.* translucidité.
translúcido *adj.* translucide.
transmigração *s.f.* transmigration.
transmigrar *v.t.* transmigrer.

transmissão *s.f.* transmission.
transmissibilidade *s.f.* transmissibilité.
transmissível *adj.* transmissible.
transmissor *s.m.* transmetteur.
transmitir *v.t.* transmettre.
transmudar *v.t.* o mesmo que *transmutar*.
transmutação *s.f.* transmutation.
transmutar *v.t.* transmuer.
transoceânico *adj.* transocéanique.
transparecer *v.int.* transparaître.
transparência *s.f.* transparence.
transparente *adj.* transparent.
transpiração *s.f.* transpiration.
transpirar *v.int.* 1. transpirer, suer; 2. transpirer, se répandre.
transplantação *s.f.* transplantation, repiquage *m.*
transplantar *s.f.* transplanter, repiquer.
transplantável *adj.* transplantable.
transplante *s.m.* transplantation.
transpor *v.t.* 1. transposer; 2. franchir, surmonter.
transportação *s.f.* transportation.
transportador *s.m.* transporteur.
transportadora *s.f.* messagerie.
transportar *v.t.* transporter, mener.
transporte *s.m.* 1. transport; 2. (*em contabilidade*) report.
transposição *s.f.* transposition.
transtornar *v.t.* bouleverser.
transtorno *s.m.* dérangement, bouleversement, contretemps.
transvasamento *s.m.* transvasement.
transvasar *v.t.* transvaser.
transversal *adj.* transversal; flauta — V. *flauta*.
trapaça *s.f.* tricherie, finasserie, supercherie; passe-passe *m.*
trapacear *v.t.* tricher.
trapaceiro *s.m.* tricheur.
trapalhada *s.f.* imbroglio *m.*; (*fam.*) méli--mélo *m.*; (*vulg.*) merdier *m.*
trapalhão *adj.* brouillon; *s.m.* faiseur.
trapézio *s.m.* trapèze.
trapezista *s.* trapéziste.
trapiche *s.m.* entrepôt, *hangar.
trapista *adj.*; *s.m.* trappiste.
trapo *s.m.* chiffon, lambeau; *pl.* *hardes *f.*
traque *s.m.* 1. espèce de pétard; 2. pétarade *f.*
traqueia *s.f.* trachée.
traqueíte *s.f.* trachéite.
traquejo *s.m.* pratique *f.*, routine *f.*
traqueotomia *s.f.* trachéotomie.
traquinar *v.int.* faire des espiègleries.
traquinas *adj.* espiègle.
traquinice *s.f.* espièglerie.
trás *adv. para* — (en) arrière; à la renverse; *por* — *de* à l'insu de.
trasanteontem *adv.* il y a trois jours.
traseiro *s.m.* derrière; (*fam.*) postérieur; fessier.
trasgo *s.m.* lutin.
trasladação *s.f.* 1. (*de um cadáver*) translation; 2. transport *m.*; 3. traduction.
trasladar *v.t.* 1. transporter; 2. traduire.
traslado *s.m.* copie *f.*, transcription *f.*
traspassar *v.t.* 1. transpercer; 2. traduire; *v.int.* trépasser.
traspasse *s.m.* trépas.
traste *s.m.* 1. vieux meuble; vieille baderne *f.*; 2. *pl.* saint-frusquin, bataclan; 3. vaurien.
tratado *s.m.* traité.
tratamento *s.m.* traitement.
tratantada *s.f.* fourberie; friponnerie.
tratante *s.m.* gredin.
tratar *v.t.* 1. traiter; (*doente*) soigner; 2. — *de* tacher de; *v.pron.* se traiter, se soigner; *impess.* *tratar-se de* il s'agit de; *não se trata de* il n'est pas question de; *de que se trata* de quoi il retourne.
tratável *adj.* traitable.
trato *s.m.* 1. traitement; *de fino* — aux bonnes manières; 2. commerce, rapports sociaux *pl.*; 3. *pl.* torture *f.*; *dar* —*s à bola* se creuser la tête.
trator *s.m.* tracteur.
trauma *s.m.* trauma.
traumático *adj.* traumatique.
traumatismo *s.m.* traumatisme.
traumatizar *v.t.* traumatiser.
traumatologia *s.f.* traumatologie.
trautear *v.t.* fredonner.
travar *v.t.* enrayer; nouer.
trave *s.f.* poutre, solive.
através *s.m.* travers; *de* — de travers.
travessa *s.f.* traverse.
travessão *s.f.* tiret.
travesseiro *s.m.* oreiller.
travessia *s.f.* traversée.
travesso *adj.* espiègle.
travessura *s.f.* frasque, espièglerie.
travesti *s.m.* travesti.
travo *s.m.* arrière-goût.
trazer *v.t.* 1. porter; 2. apporter, amener.
trecho *s.m.* 1. morceau; —*s seletos* morceaux choisis; point; 2. tronçon.

trêfego *adj.* remuant, pétulant.
trefilação *s.f.* tréfilation.
trefilar *v.t.* tréfiler.
trefilaria *s.f.* tréfilerie.
trégua *s.f.* trêve.
treinador *s.m.* entraîneur.
treinamento *s.m.* dressage, entraînement.
treinar *v.t.* entraîner; *v.pron.* s'entraîner.
treino *s.m.* entrainement.
trejeito *s.m.* moue *f.*; minauderie *f.*; simagrées *f.pl.*; *fazer —s* minauder.
trela *s.f.* laisse.
treliça *s.f.* treillis *m.*
trem *s.m.* **1.** train; *— parador* train omnibus; **2.** *— de aterrissagem* train d'atterrissage; **3.** (*fam.*) affaire *f.*, chose *f.*, machin.
trema *s.m.* tréma.
tremedeira *s.f.* tremblement *m.*
tremelicar *v.int.* trembloter.
tremeluzir *v.int.* trembloter.
tremendo *adj.* terrible.
tremente *adj.* tremblant.
tremer *v.int.* trembler.
tremó *s.m.* trumeau.
tremonha *s.f.* trémie.
tremor *s.m.* tremblement; *— de terra* tremblement de terre.
trempe *s.m.* trépied.
tremular *v.int.* **1.** trembloter; **2.** flotter.
trêmulo *adj.* tremblant.
trena *s.f.* mètre *m.* à ruban.
trenó *s.m.* traîneau.
trepadeira *s.f.* plante grimpante.
trepanação *s.f.* trépanation.
trepanar *v.t.* trépaner.
trépano *s.m.* trépan.
trepar *v.int.* grimper; (*chulo*) baiser.
trepidação *s.f.* trépidation.
trepidante *adj.* trépidant.
trepidar *v.int.* trépider.
tréplica *s.f.* réponse à une réplique.
três *num.* trois; trois fois; *a — por dois* fréquemment.
trescalar *v.t.* e *int.* fleurer.
tresvariar *v.int.* délirer, extravaguer; (*fam.*) déménager.
treval *s.m.* trèflière.
trevas *s.f.pl.* ténèbres.
trevo *s.m.* **1.** trèfle; **2.** (*entroncamento de vias de circulação*) bretelle *f.*
treze *num.* treize.
trezentos *num.* trois cent(s).
tríade *s.f.* triade.

triagem *s.f.* triage *m.*
triangulação *s.f.* triangulation.
triangular¹ *adj.* triangulaire.
triangular² *v.t.* trianguler.
triângulo *s.m.* triangle.
tribal *adj.* tribal.
tribo *s.f.* tribu, peuplade.
tribulação *s.f.* tribulation.
tribuna *s.f.* tribune.
tribunal *s.m.* tribunal, cour *f.* *— de contas* cour des comptes; *— do júri* cour *f.* d'assises; *submeter o caso a um —* saisir un tribunal de l'affaire.
tribuno *s.m.* tribun.
tributar *v.t.* taxer; (*fig.*) payer, rendre.
tributário *adj.* tributaire.
tributável *adj.* imposable.
tributo *s.m.* tribut.
tricentenário *s.m.* tricentenaire.
triciclo *s.m.* tricycle; *— de carga* triporteur.
tricô *s.m.* tricot.
tricolor *adj.* tricolore.
tricórnio *s.m.* tricorne.
tricotar *v.t.* tricoter.
tricromia *s.f.* trichromie.
tridente *s.m.* trident.
triedro *s.m.* trièdre.
trienal *adj.* triennal.
triênio *s.m.* espace de trois ans.
trigal *s.m.* champ de blé.
trigêmeo *adj.* trijumeau.
trigésimo *num.* trentième.
trigo *s.m.* blé, froment; *—-mouro ou sarraceno* sarrasin.
trigonometria *s.f.* trigonométrie.
trigonométrico *adj.* trigonométrique.
trigueiro *adj.* basané; bis.
trilar *v.int.* triller.
trilateral *adj.* trilatéral.
trilha *s.f.* **1.** sentier *m.*; **2.** piste; *— sonora* piste sonore.
trilhão *s.m.* billion.
trilhar *v.int.* **1.** battre, broyer; **2.** suivre, parcourir.
trilho *s.m.* rail; *— de cortina* tringle *f.*
trilíngue *adj.* trilingue.
trilogia *s.f.* trilogie.
trimestral *adj.* trimestriel.
trimestre *s.m.* trimestre.
trimotor *s.m.* trimoteur.
trinado *s.m.* roulade *f.*
trinar *v.int.* triller.
trinca *s.f.* (*no jogo de cartas*) brelan *m.*

trincar *v.t.* croquer, gruger.
trinchante *s.m.* tranchoir.
trincheira *s.f.* tranchée.
trindade *s.f.* trinité.
trinômio *s.m.* trinôme.
trinta *num.* trente.
trintena *s.f.* trentaine.
trio *s.m.* trio.
tripa *s.f.* boyau *m.*; (*preparado para comida*) tripe; *fazer das —s coração* prendre son courage à deux mains; faire contre mauvaise fortune bon cœur.
tripé *s.m.* trépied.
tripeça *s.f.* trépied.
tripeiro *s.m.* tripier.
triplicar *v.t.* tripler.
tríplice *adj.* triple.
triplo *s.m.* triple.
trípode *s.m.* trépied.
tríptico *s.m.* triptyque.
tripulação *s.f.* équipage *m.*
triquinose *s.f.* trichinose.
trirreme *s.m.* trirème.
trisavó *s.f.* trisaïeule.
trisavô *s.m.* trisaïeul.
trismo *s.m.* trisme.
trissar *v.int.* trisser.
trissecção *s.f.* trisection.
triste *adj.* triste.
tristeza *s.f.* tristesse; (*pop.*) cafard *m.*
tristonho *adj.* mélancolique.
triticultura *s.f.* culture du blé.
trituração *s.f.* trituration.
triturar *v.t.* triturer.
triunfador *s.m.* triomphateur.
triunfal *adj.* triomphal.
triunfante *adj.* triomphant.
triunfar *v.int.* triompher.
triunfo *s.m.* triomphe.
triúnviro *s.m.* triumvir.
trivial *adj.* trivial; *s.m.* ordinaire.
trivialidade *s.f.* trivialité.
triz *s.m. por um —* pour un peu.
troar *v.int.* gronder.
troca *s.f.* échange *m.*; *— de óleo* vidange; *— direta* troc *m.*
troça *s.f.* moquerie, persiflage *m.*
trocadilho *s.m.* calembour, jeu de mots.
trocado *s.m.* monnaie *f.*
trocador *s.m.* (*aprox.*) receveur.
trocar *v.t.* 1. échanger; 2. (*diretamente*) troquer; (*mercadorias*) reprendre; 3. (*dinheiro*) faire de la monnaie.
troçar *v.int. — de* se moquer de.

troca-tintas *s.m.* (*fam.*) rapin.
trocável *adj.* interchangeable.
trocista *s.m.* railleur; *adj.* goguenard.
troco *s.m.* monnaie *f.*; *dar o —* (*fig.*) répondre du tac au tac, rendre la monnaie de sa pièce à.
troço[1] *s.m.* (*fam.*) chose *f.*, machin, truc.
troço[2] *s.m.* (*trecho*) tronçon.
troféu *s.m.* trophée; *—s expostos de um caçador* tableau de chasse.
troglodita *s.* troglodyte.
trole *s.m.* trolley.
trolha *s.f.* truelle.
trom *s.m.* grondement.
tromba[1] *s.f.* trompe.
tromba[2] *s.f.* trombe; *— -d'água* trombe d'eau.
trombada *s.f.* *heurt *m.*, collision.
trombadinha *s.f.* (*pop.*) jeune voleur à l'esbroufe.
trombeta *s.f.* trompette.
trombetear *v.t.* trompetter.
trombetista *s.* trompettiste.
trombone *s.m.* trombone.
trombose *s.f.* thrombose.
trombudo *adj.* renfrogné, maussade.
trompa *s.f.* cor *m.*
trompaço *s.m.* coup de trompe, soufflet.
tronar *v.int.* trôner.
tronco *s.m.* tronc; (*de uma linhagem*) souche *f.*
trono *s.m.* trône.
tropa *s.f.* troupe; *— de mantimentos* train *m.* des équipages; *soldado dessa —* tringlot.
tropeçar *v.int.* buter, trébucher.
tropeço *s.m.* achoppement.
trôpego *adj.* éclopé.
tropeiro *s.m.* vacher.
tropel *s.m.* 1. trépignement; 2. cohue *f.*
tropelia *s.f.* 1. remuement *m.*; 2. espièglerie.
tropical *adj.* tropical.
trópico *adj.*; *s.m.* tropique.
tropo *s.m.* trope.
trotar *v.int.* trotter.
trote[1] *s.m.* trot; *a —* au trot.
trote[2] *s.m.* 1. (*mistificação*) galéjade *f.*; 2. (*maus tratos infligidos aos calouros numa escola*) brimades *f.pl.*
trouxa *s.f.* 1. paquet *m.*, baluchon *m.*, *hardes *pl.*; *arrumar a —* faire son paquet, plier bagage; 2. (*fig.* e *fam.*) dupe, poire, jobard *m.*

trova *s.f.* chanson, quatrain *m*.
trovador *s.m.* troubadour.
trovão *s.m.* tonnerre.
trovejar *v.int.* tonner.
trovoada *s.f.* tempête, tonnerre *m*.
trucar *v.t.* leurrer.
trucidar *v.t.* trucider, massacrer.
truculência *s.f.* truculence.
truculento *adj.* truculent.
trufa *s.f.* truffe.
trufar *v.t.* truffer.
truísmo *s.m.* truisme, lapalissade *m*.
truncar *v.t.* tronquer.
trunfo *s.m.* atout.
truque *s.m.* truc.
truste *s.m.* trust.
truta *s.f.* truite.
truz *s.m.* coup; *de —* excellent, de haute qualité.
tu *pron.* tu, toi.
tua *adj.poss.* ta; *pl.* tes; *pron.poss.* (la) tienne; *pl.* (les) tiennes.
tuba *s.f.* tuba.
tubagem *s.f.* tubage *m*.
tubarão *s.m.* requin.
túbera *s.f.* truffe.
tuberculina *s.f.* tuberculine.
tubérculo *s.m.* tubercule.
tuberculose *s.f.* tuberculose.
tuberculoso *adj.* tuberculeux; (*fam.*) tubard.
tuberosa *s.f.* tubéreuse.
tuberoso *adj.* tubéreux.
tubo *s.m.* tube: tuvau; *os —s* (*gír.*) beaucoup d'argent.
tubulação *s.f.* tuyauterie; *entrar pela —* (*gír.*) échouer.
tubular *adj.* tubulaire.
tubulatura *s.f.* tubulure.
tubuloso *adj.* tubuleux.
tucano *s.m.* toucam.
tucum *s.m.* (*ave*) toucou.
tudo *pron.* tout.
tufão *s.m.* typhon.
tufar *v.t.* gonfler.
tufo *s.m.* (*calcário poroso*) tuf.
tugir *v.int.* parler bas; *sem — nem mugir* sans mot dire.
tugúrio *s.m.* *hutte *f*., chaumière *f*.
tuia *s.f.* thuya *m*.
tule *s.m.* tulle.
tulha *s.f.* grenier.
tulipa *s.f.* 1. tulipe; 2. verre *m*. à bière.
tumba *s.f.* tombe.

tumefação *s.f.* tuméfaction.
tumefazer *v.t.* tuméfier.
tumescência *s.f.* tumescence.
tumescente *adj.* tumescent.
tumor *s.m.* tumeur.
túmulo *s.m.* tombeau.
tumulto *s.m.* (*de vozes*) brouhaha, charivari, vacarme; (*de rua*) bagarre *f.*; *pl.* troubles; (en classe) chahut *m*.
tumultuar *v.t.* 1. émeuter; 2. déranger.
tumultuoso *adj.* tumultueux.
tundra *s.f.* toundra.
túnel *s.m.* tunnel.
túnica *s.f.* tunique.
Tunísia *s.f.* Tunisie.
tunisiano *adj.*; *s.pátr.* tunisien.
tupi *adj.*; *s.pátr.* tupi.
tupinambo *s.m.* topinambour.
turaniano *adj.*; *s.pátr.* touranien.
turbamulta *s.f.* charivari *m.*; 2. attroupement *m*.
turbante *s.m.* turban.
turbilhão *s.m.* tourbillon.
turbilhonar *v.int.* tourbillonner.
turbina *s.f.* tourbine.
turbulência *s.f.* turbulence.
turbulento *adj.* turbulent.
turca *adj.*; *s.f.pátr.* turque.
turco *adj.*; *s.pátr.* turc.
turfa *s.f.* tourbe.
turfe *s.m.* turf.
turfeira *s.f.* tourbière.
turfista *adj.*; *s.m.* turfiste, sportsman.
turfoso *adj.* tourbeux.
turgescência *s.f.* turgescence.
turgescente *adj.* turgescent.
túrgido *adj.* turgide.
turíbulo *s.m.* encensoir.
turiferário *s.m.* thuriféraire.
turismo *s.m.* tourisme.
turista *s.* touriste.
turístico *adj.* touristique.
turma *s.f.* 1. bande; équipe; 2. classe.
turmalina *s.f.* tourmaline.
turnedô *s.m.* tournedos.
turno *s.m.* tour; *por seu —* à son tour.
Turquia *s.f.* Turquie.
turquesa *s.f.* turquoise.
turra *s.f.* coup *m*. de tête; querelle; *andar às —s* se quereller.
turuna *adj.* (*pop.*) fort, vigoureux.
turvar *v.t.* troubler.
turvo *adj.* trouble.
tutano *s.m.* moelle *f.*; (*fam.*) intelligence *f*.

tutear *v.t.* tutoyer.
tutela *s.f.* tutelle.
tutelar[1] *v.t.* protéger, maintenir en tutelle; (*fig.*) tenir en lisières.
tutelar[2] *adj.* tutélaire.
tutor *s.m.* tuteur.

tutu *m.* — *de feijão* purée *f.* de *haricots et de mamoc.
tzar *s.m.* tsar.
tzaréviche *s.m.* tsarévitch.
tzarina *s.f.* tsarine.
tzarismo *s.m.* tsarisme.

U

uai *interj.* ouais.
úbere[1] *s.m.* pis, tétine *f.*
úbere[2] *adj.* fertile.
ubiquidade *s.f.* ubiquité.
ubíquo *adj.* ubiquiste, omniprésent.
uçá *s.m.* espèce de crabe.
ucasse *s.m.* ukase.
Ucrânia *s.f.* Ukraine.
ucraniano *adj.*; *s.pátr.* ukrainien.
ufa! *interj.* ouf!
ufanar-se *v.pron.* se glorifier.
ufanismo *s.m.* (*aprox.*) chauvinisme.
Uganda *s.f.* Ouganda *m.*
ugandense *adj.*; *s.pátr.* ougandais.
uísque *s.m.* whisky.
uíste *s.m.* whist.
uivar *v.int.* *hurler.
uivo *s.m.* *hurlement.
úlcera *s.f.* ulcére *m.*
ulcerado *adj.* ulceré.
ulcerar *v.t.* ulcérer.
ulceroso *adj.* ulcéreux.
ulterior *adj.* ultérieur.
ulteriormente *adv.* ultérieurement, après coup.
ultimamente *adv.* ces derniers temps.
ultimar *v.t.* achever; mettre la dernière main sur.
últimas *s.f.pl.* misère noire, dénouement *m.*
ultimato *s.m.* ultimatum.
último *adj.* dernier.
ultra *s.m.* ultra.
ultrajar *v.t.* outrager.
ultraje *s.m.* outrage.
ultramar *s.m.* outremer.
ultramarino *adj.* d'outremer.
ultramoderno *adj.* ultramoderne.
ultrapassagem *s.f.* dépassement.
ultrapassar *v.t.* surpasser, outrepasser; (*veículo*) doubler; devancer, distancer.
ultrarreacionário *adj.* ultra-réactionnaire.
ultrassensível *adj.* ultra-sensible; (*criança*) douillet.
ultravioleta *adj.* ultraviolet.
ultravírus *s.m.* ultravirus.
ululação *s.f.* *hululement.
ulular *v.t.* *hululer.
um *num.*; *art.* un.
uma *num.*; *art.* une.
umbigo *s.m.* nombril.
umbilical *adj.* ombilical.
umbral *s.m.* 1. jambage; 2. seuil.
umectar *v.t.* umecter.
umedecer *v.t.* mouiller; umidifier.
umidade *s.f.* humidité; moiteur.
úmido *adj.* humide, moite.
unânime *adj.* unanime.
unanimidade *s.f.* unanimité; *por* — à l'unanimité.
unção *s.f.* onction.
undécimo *num.* onzième.
ungir *v.t.* oindre.
unguento *s.m.* onguent.
ungulado *adj.* ongulé.
unha *s.f.* ongle *m.*; *cortar as* —*s a* faire les ongles à; *defender com* —*s e dentes a sua opinião* soutenir mordicus son opinion.
unha de fome *adj.*; *s.* pingre.
união *s.f.* 1. union; 2. raccord *m.*
União Soviética *s.f.* (*antiga*) Union Soviétique.
único *adj.* unique.
unicórnio *s.m.* unicorne.
unidade *s.f.* unité.
unido *adj.* uni.
unificação *s.f.* unification.
unificador *adj.*; *s.m.* unificateur.
unificar *v.t.* unifier.
uniforme *adj.*; *s.m.* uniforme.

uniformemente *adv.* uniformément.
uniformidade *s.f.* uniformité.
uniformização *s.f.* uniformisation.
uniformizar *v.t.* uniformiser.
unilateral *adj.* unilatéral.
unionismo *s.m.* unionisme.
unionista *adj.*; *s.* unioniste.
unir *v.t.* unir, fondre; *v.pron.* s'unir.
uníssono *s.m.* unisson; *em* — à l'unisson.
unitário *adj.* unitaire.
univalve *adj.* univalve.
universal *adj.* universel.
universalidade *s.f.* universalité.
universalismo *s.m.* universalisme.
universalizar *v.t.* universaliser.
universidade *s.f.* université.
universitário *adj.*; *s.m.* universitaire.
universo *s.m.* univers.
unívoco *adj.* univoque.
uno *adj.* un, seul, unique.
untar *v.t.* enduire, oindre.
untuoso *adj.* onctueux.
upa! *interj.* hop!, houp!
Ural *s.m.* Unral.
urânio *s.m.* uranium.
urbanidade *s.f.* urbanité, savoir-vivre *m.*
urbanismo *s.m.* urbanisme.
urbanista *s.* urbaniste.
urbanização *s.f.* urbanisation; aménagement *m.*
urbanizar *v.t.* urbaniser; aménager.
urbe *s.f.* ville, cité.
urdir *v.t.* ourdir; tisser.
ureia *s.f.* urée.
uremia *s.f.* urémie.
urêmico *adj.* urémique.
ureter *s.m.* uretère.
uretra *s.f.* urètre.
uretral *adj.* uretral.
urgência *s.f.* urgence.
urgente *adj.* urgent, pressant, pressé; *ser* — presser.
úrico *adj.* urique.
urina *s.f.* urine.
urinar *v.int.* uriner; (*fam.*) pisser.
urinário *adj.* urinaire.
urna *s.f.* urne.
urologia *s.f.* urologie.
urologista *s.* urologiste.
uropígio *s.m.* croupion, sot-l'y-laisse.
urrar *v.int.* e *t.* *hurler.
urro *s.m.* *hurlement.
ursa *s.f.* ourse.
ursada *s.f.* trahison.
urso *s.m.* ours.
URSS *s.f.* (*antiga*) URSS.
urticária *s.f.* urticaire.
urtiga *s.f.* ortie.
urubu *s.m.* urubu.
Uruguai *s.m.* Uruguay.
uruguaiano *adj.*; *s.pátr.* uruguayen.
urucubaca *s.f.* déveine.
urupê *s.m.* (*fungo*) polypore.
urupema *s.f.* tamis *m.* de fibre végétale.
urutu *s.m.* espèce de crotale *f.*
urze *s.f.* bruyère.
usado *adj.* d'occasion, usé.
usagre *s.m.* gourme *f.*
usar *v.t.* user; (*roupa*) porter.
usável *adj.* **1.** mettable; **2.** portatif.
useiro *adj.* accoutumé; *ser* — *e vezeiro em* avoir l'habitude de.
usina *s.f.* **1.** usine; **2.** plantation de canne à sucre; — *metalúrgica* forge.
usineiro *s.m.* planteur de canne à sucre.
uso *s.m.* usage; (*ant.*) us.
usual *adj.* usuel.
usuário *s.m.* usager.
usufruto *s.m.* usufruit.
usura *s.f.* usure.
usurário *s.m.* usurier.
usurpação *s.f.* usurpation.
usurpar *v.t.* usurper; s'arroger; empiéter sur.
ut *s.m.* (*nota de música*) ut, do.
utensílio *s.m.* ustensile, outil.
uterino *adj.* utérin.
útero *s.m.* utérus.
útil *adj.* utile; (*dia*) ouvrable.
utilidade *s.f.* utilité.
utilitário *adj.* utilitaire.
utilitarismo *s.m.* utilitarisme.
utilitarista *adj.*; *s.m.* utilitariste.
utilização *s.f.* utilisation.
utilizado *adj.* utilisé; *não* — oiseux.
utilizador *s.m.* utilisateur.
utilizar *v.t.* utiliser, faire usage de.
utilizável *adj.* utilisable.
utopia *s.f.* utopie.
utópico *s.* utopique.
utopista *s.* utopiste.
uva *s.f.* raisin; — -*passa* raisin sec.
úvea *s.f.* uvée.
úvula *s.f.* uvule.
uxoricida *s.m.* meurtrier de sa femme.
uxoricídio *s.m.* meurtre de l'épouse.

V

vã *adj. f.* vaine.
vaca *s.f.* vache; — *leiteira* vache à lait; *voltemos à — fria* revenons à nos moutons.
vacância *s.f.* vacance.
vacante *adj.* vacant.
vacaria *s.f.* vacherie.
vacilação *s.f.* vacillation.
vacilante *adj.* vacillant.
vacilar *v.int.* vaciller; (*fam.*) vasouiller.
vacina[1] *s.f.* (*doença do gado*) vaccine.
vacina[2] *s.f.* (*remédio*) vaccin *m.*
vacinação *s.f.* vaccination.
vacinar *v.t.* vacciner.
vacinoterapia *s.f.* vaccinothérapie.
vacuidade *s.f.* vacuité.
vácuo *s.m.* vacuum; vide.
vacúolo *s.m.* vacuole.
vadear *v.t.* passer à gué.
vadeável *v.t.* guéable.
vade-mécum *s.m.* vade-mecum.
vadiação *s.f.* vagabondage *m.*, fainéantise.
vadiagem *s.f.* o mesmo que *vadiação*.
vadiar *v.int.* vagabonder, fainéanter, lanterner.
vadio *adj.*; *s.m.* vagabond, fainéant; (*fam.*) feignant; clochard; rôdeur.
vaga[1] *s.f.* vague, lame, flot *m.*
vaga[2] *s.f.* vacance.
vagabunda *adj.*; *s.f.* vagabonde; truande.
vagabundagem *s.f.* vagabondage.
vagabundear *v.int.* vagabonder.
vagabundo *adj.*; *s.m.* vagabond; chenapan; truand.
vagação *s.f.* vacance.
vagalhão *s.m.* vague; *pl.* *houle.
vaga-lume *s.m.* 1. ver luisant; 2. (*no teatro*) ouvreuse.
vagância *s.f.* o mesmo que *vagação*.

vagão *s.m.* wagon; — *-leito* wagon-lit; — *-restaurante* wagon-restaurant.
vagar[1] *v.int.* errer à l'aventure.
vagar[2] *v.int.* être vacant.
vagar[3] *s.m.* lenteur *f.*
vagaroso *adj.* lent; traînant.
vagem *s.f.* 1. cosse, gousse; 2. *haricot *m.* vert.
vagido *s.m.* vagissement.
vagina *s.f.* vagin *m.*
vaginal *adj.* vaginal.
vagir *v.int.* vagir.
vago[1] *adj.* vague, imprécis, confus.
vago[2] *adj.* vide.
vagomestre *s.m.* vaguemestre.
vagonete *s.m.* benne *f.*
vaguear *v.int.* vaguer, errer, rôder.
vaiar *v.t.* conspuer, *huer, siffler.
vaias *s.f.pl.* *huées.
vaidade *s.f.* vanité.
vaidoso *adj.* vaniteux, vain.
vai não vai *s.m.* vacillation.
vaivém *s.m.* va-et-vient.
vala *s.f.* fosse, fossé *m.*; — *comum* fosse commune.
valado *s.m.* fosse *f.*, clôture *f.*
valão *adj.*; *s.pátr.* wallon.
valdevinos *s.m.* vagabond, vaurien.
vale[1] *s.f.* vallée, val *m.*
vale[2] *s.m.* 1. bon; 2. (*postal*) mandat-poste.
valência *s.f.* valence.
valentão *s.m.* fanfaron, crâneur.
valente *adj.* vaillant; (*fam.*) crâne; *bancar o — * crâner.
valentia *s.f.* vaillance.
valer *v.int.* valoir; *para —* pour de bon; *v.pron.* s'autoriser.
valeriana *s.f.* valeriane.
valerianela *s.f.* mâche.
valeta *s.f.* douve.

valete *s.m.* (*carta de jogar*) valet.
valetudinário *adj.* valétudinaire; cacochyme.
valhacouto *s.m.* repaire.
valia *s.f.* **1.** o mesmo que *valor*; **2.** V. *mais-valia*.
validação *s.f.* validation.
validade *s.f.* validité.
validar *v.t.* valider.
validez *s.f.* o mesmo que *validade*.
valido *adj.* favori.
válido *adj.* **1.** valide, sain; **2.** valide, valable.
valimento *s.m.* influence *f.*, prestige.
valioso *adj.* précieux.
valise *s.f.* valise.
Valônia *s.f.* Wallonie.
valor *s.m.* valeur *f.*; *pl.f.* valeurs, titres; *não dar — à* faire bon marché de.
valorização *s.f.* valorisation, mise en valeur.
valorizar *v.t.* valoriser, mettre en valeur, faire valoir; faire un sort à.
valoroso *adj.* valeureux.
valquíria *s.f.* walkyrie.
valsa *s.f.* valse.
valsar *v.int.* valser.
valsista *s.m.* valseur; *s.f.* valseuse.
valva *s.f.* valve; écaille.
válvula *s.f.* valvule, soupape.
vampe *s.f.* vamp.
vampirismo *s.m.* vampirisme.
vampiro *s.m.* vampire.
vanádio *s.m.* vanadium.
vandalismo *s.m.* vandalisme.
vândalo *adj.*; *s.pátr.* vandale; (*fig.*) vandale.
vangloriar-se *v.pron.* se vanter, se glorifier.
vanguarda *s.f.* avant-garde.
vantagem *s.f.* avantage *m.*; *conceder uma — a* (*em jogo*) rendre des points à; *levar — a* avoir raison de.
vantajoso *adj.* avantageux.
vão[1] *adj.* vain; *em — loc.adv.* en vain, vainement; *você fala em —* vous avez beau parler.
vão[2] *s.m.* (*de janela*) embrasure *f.*; baie *f.*
vapor *s.m.* vapeur *f.*; *— úmido* buée *f.*
vaporizador *s.m.* vaporisateur.
vaporizar *v.t.* vaporiser.
vaporoso *adj.* vaporeux; flou.
vaqueiro *s.m.* vacher.
vaqueta *s.f.* vachette.
vaquinha *s.f.* association de personnes pour jouer ensemble a un jeu d'argent.

vara[1] *s.f.* gaule, perche, verge; *— de pescar* canne à pêche; *pescar de —* pêcher à la ligne.
vara[2] *s.f.* juridiction.
varal *s.m.* **1.** brancard; **2.** (*de cortina*) tringle *f.*
varanda *s.f.* balcon *m.*; véranda.
varão[1] *s.m.* mâle, homme; homme d'une grande autorité morale.
varão[2] *s.m.* barreau.
varapau *s.m.* **1.** long bâton; **2.** (*fig.*) grand escogriffe, échalas.
varar *v.t.* **1.** percer; **2.** traverser.
varejamento *s.m.* perquisition *f.*
varejar *v.t.* perquisitionner.
varejista *adj.*; *s.* détaillant.
varejo *s.m.* commerce de détail, vente *f.* au détail.
vareta *s.f.* **1.** baguette; **2.** (*de guarda-chuva*) baleine.
variabilidade *s.f.* variabilité.
variação *s.f.* variation.
variado *adj.* varié; *pl.* assortis.
variante *s.f.* variante.
variar *v.t.* e *int.* varier.
variável *adj.* variable.
varicela *s.f.* varicelle.
varicoso *adj.* variqueux.
variedade *s.f.* variété.
variegado *adj.* bariolé, bigarré.
varinha *s.f.* baguette; *— de condão* baguette de fée.
vário *adj.* varié, divers.
varíola *s.f.* variole, petite vérole.
varioloso *adj.* varioleux.
variz *s.f.* varice.
varrão *s.m.* verrat.
varredor *s.m.* balayeur.
varredura *s.f.* **1.** coup *m.* de balai; **2.** balayures *f.pl.*; balayage *m.*
varrer *v.t.* e *int.* balayer.
varrido *adj.* **1.** balayé; **2.** *louco —* fou à lier.
várzea *s.f.* **1.** plaine fertile; **2.** vallée.
vasa *s.f.* vase, limon *m.*
vasca *s.f.* convulsion, râle *m.*
vascolejar *v.t.* agiter, remuer.
vasconço *s.m.* langue *f.* basque.
vascular *adj.* vasculaire.
vasculhar *v.t.* fouiller.
vaselina *s.f.* vaseline.
vasilha *s.f.* bidon *m.*
vaso[1] *s.m.* (*objeto côncavo*) vase.
vaso[2] *s.m.* (*tubo orgânico*) vaisseau.
vaso[3] *s.m.* (*nau*) navire, vaisseau; *— de guerra* vaisseau de guerre.

vasqueiro *adj.* difficile à trouver, rare.
vassalagem *s.f.* vasselage *m.*, vassalite.
vassalo *adj.*; *s.* vassal.
vassoura *s.f.* balai *s.m.*
vassourada *s.f.* coup *m.* de balai.
vassoureiro *s.m.* fabricant de balais.
vastidão *s.f.* amplitude.
vasto *adj.* vaste.
vatapá *s.m.* plat brésilien très épicé, fait de poisson et de noix de coco.
vate *s.m.* poète.
Vaticano *s.m.* Vatican.
vaticinação *s.f.* vaticination, prophétie.
vaticinador *s.m.* vaticinateur.
vaticinar *v.t.* e *int.* vaticiner.
vaticínio *s.m.* prophétie *f.*
vau *s.m.* gué.
vaza *s.f.* (*em jogo de cartas*) levée.
vazadouro *s.m.* dépotoir.
vazamento *s.m.* fuite *f.*, écoulement.
vazante *s.f.* jusant *m.*
vazão *s.m.* **1.** écoulement; **2.** débit; *dar — a* expédier.
vazar *v.int.* fuir.
vazio *adj.* vide, vacant.
veadinho *s.m.* faon.
veado *s.m.* **1.** cerf; **2.** (*fig.*) homosexuel, pédéraste, tante *f.*
vector, vetor *adj.*; *s.m.* vecteur.
vectorial *adj.* vectoriel.
veda *s.m.* véda.
vedação *s.f.* clôture.
vedar *v.t.* **1.** interdire; **2.** étancher.
vedeta *s.f.* **1.** (*sentinela*) vedette; **2.** (*artista famoso*) vedette.
védico *adj.* védique.
vedor *s.m.* sourcier.
veemência *s.f.* véhémence.
veemente *adj.* véhément.
veementemente *adv.* véhémentement.
vegetação *s.f.* végétation.
vegetal *adj.*; *s.m.* végétal.
vegetar *v.int.* végéter; vivoter.
vegetarianismo *s.m.* végétarianisme.
vegetariano *adj.*; *s.* végétarien.
vegetativo *adj.* végétatif.
veia *s.f.* **1.** veine; **2.** penchant *m.*, disposition.
veicular *v.t.* véhiculer.
veículo *s.m.* véhicule.
veio *s.m.* veine, filon *m.*
veiro *adj.* vair.
vela[1] *s.f.* voile; *fazer-se a —* mettre à la voile.
vela[2] *s.f.* chandelle, bougie.

velador *s.m.* veilleur.
velame *s.m.* voilure *f.*
velar[1] *v.t.* veiller.
velar[2] *v.t.* couvrir d'un voile, cacher.
velar[3] *adj.* vélaire.
veleidade *s.f.* velléité.
veleiro *s.m.* voilier.
velejar *v.int.* cingler, faire voile.
velha *adj.*; *s.f.* vieille.
velhacaria *s.f.* scélératesse.
velhaco *adj.* scélérat, fourbe; *para —, — e meio* à trompeur, trompeur et demi.
velharia *s.f.* vieillerie.
velhice *s.f.* vieillesse.
velho *adj.*; *s.m.* vieux; âgé; (*gír.*) vioque; *mais —* aîné.
velhote *s.m.* bonhomme.
velhusco *adj.* vieillot.
velino *s.m.* vélin.
velocidade *s.f.* velocité; *reduzir a —* ralentir.
velocímetro *s.m.* tachymètre, compte-tours.
velocípede *s.m.* vélocipède.
velódromo *s.m.* vélodrome.
velório *s.m.* veillée *f.* funèbre.
veloso *adj.* velu.
velosolex *s.m.* cyclomoteur.
veloz *adj.* véloce, rapide.
veludo *s.m.* velours.
veludoso *adj.* velouté.
venal *adj.* vénal.
venalidade *s.f.* vénalité.
vencedor *s.m.* vainqueur.
vencer *v.t.* **1.** vaincre, l'emporter sur, avoir raison de; *v.int.* vaincre, avoir le dessus; *— na vida* parvenir, réussir; **2.** (*prazo*) échoir.
vencimento *s.m.* **1.** échéance *f.*, terme; **2.** émoluments *pl.*, traitement.
venda[1] *s.f.* **1.** vente; débit *m.*; *— a varejo* vente au détail; *— avulsa* vente du número; *— por atacado* vente en gros; *à —* en vente; **2.** épicerie; **3.** bar, bistro.
venda[2] *s.f.* bandeau *m.*
vendar *v.t.* bander.
vendaval *s.m.* bourrasque *f.*; coup de vent.
vendável *adj.* vendable.
vendedor *s.m.* vendeur; débitant; *— (ambulante) de frutas e legumes* marchand des quatre saisons; *— de roupas velhas* fripier.
vendedora *s.f.* vendeuse; *— de roupas velhas* marchande à la toilette.
vendeiro *s.m.* **1.** épicier; **2.** bistro.

vender *v.t.* vendre; — *a varejo* vendre au détail, détailler; — *por atacado* vendre en gros; — *até acabar* écouler; *v.pron.* se vendre.
vendeta *s.f.* vendetta.
vendido *adj.* vendu; *não* — invendu.
vendilhão *s.m.* vendeur.
vendível *adj.* vendable.
veneno *s.m.* venin, poison; — *para ratos* mort-aux-rats *f.*
venenosidade *s.f.* venimosité.
venenoso *adj.* vénéneux, venimeux.
venera *s.f.* décoration.
veneração *s.f.* vénération.
venerando *adj.* o mesmo que *venerável*.
venerar *v.t.* vénérer.
venerável *adj.* vénérable.
venéreo *adj.* vénérien.
veneta *s.f.* accès *m.* de folie; *dar na* — venir à l'idée; *faz tudo que lhe dá na* — il fait ses quatre volontés.
Veneza *s.f.* Venise.
veneziano *adj.*; *s.pátr.* vénitien.
Venezuela *s.f.* Vénézuela *m.*
venezuelano *adj.* vénézuélien.
vênia *s.f.* permission, pardon *m.*
venial *adj.* véniel.
venta *s.f.* naseau *m.*
ventania *s.f.* rafale.
ventar *v.int.* venter.
ventilação *s.f.* ventilation.
ventilador *s.m.* ventilateur.
ventilar *v.t.* 1. ventiler, aérer; 2. éventer; 3. (*fig.*) agiter.
vento *s.m.* vent; — *norte* bise *f.*; *andar de* — *em popa* avoir le vent dans les voiles; *espalhar aos* —*s* carrillonner, crier sur les toits; *sopra o* — il vente.
ventoinha *s.f.* girouette.
ventosa *s.f.* ventouse.
ventosidade *s.f.* vesse.
ventoso *adj.* venteux.
ventral *adj.* ventral.
ventre *s.m.* ventre; (*pop.*) bide.
ventricular *adj.* ventriculaire.
ventrículo *s.m.* ventricule.
ventriloquia *s.f.* ventriloquie.
ventríloquo *adj.* ventriloque.
ventripotente *adj.* (*fam.*) ventripotent.
ventrudo *adj.* (*fam.*) ventru.
ventura *s.f.* 1. sorte, destin; 2. chance; 3. risque *m.*
venturoso *adj.* 1. heureux; 2. risqué.
ver *v.t.* voir; apercevoir; visiter; *não* — *nada de ruim em* ne pas entendre malice à; *não tem que* — *com* n'a rien à voir avec; *v.int.* voir; *v.pron.* se voir, se trouver; *s.m.* avis; *a meu* — à mon avis.
veracidade *s.f.* véracité.
veranear *v.int.* être en villégiature.
veraneio *s.f.* villégiature.
veranista *s.m.* estivant; *s.f.* estivante.
verão *s.m.* été.
verba *s.f.* 1. article *m.* de contrat; 2. somme (affectée à un usage déterminé), montant *m.*
verbal *adj.* verbal.
verbalismo *s.m.* verbalisme.
verbena *s.f.* verveine.
verberar *v.t.* fustiger, stigmatiser.
verbete *s.m.* article; entrée *f.*
verbo *s.m.* verbe.
verbosidade *adj.* verbosité.
verboso *adj.* verbeux.
verdade *s.f.* vérité; *dizer algumas* —*s na cara de* dire ses quatre vérités à; dire son fait à; *na* — en vérité, vraiment; *para dizer a* — à la vérité.
verdadeiro *adj.* véritable, vrai.
verde *adj.* vert; *tornar* — verdir; (*fig.*) *plantar* — *para colher maduro* (*aprox.*) tirer les vers du nez de.
verdejante *adj.* verdoyant.
verdejar *v.int.* verdoyer.
verdelhão *s.m.* (*ave*) ortolan.
verdor *s.m.* verdeur *f.*
verdugo *s.m.* tortionnaire.
verdura *s.f.* verdure; légume *m.*
vereador *s.m.* conseiller municipal.
vereança *s.f.* mandat *m.* ou charge de conseiller.
vereda *s.f.* sentier *m.*
veredicto *s.m.* verdict.
verga *s.f.* 1. verge; 2. vergue.
vergalhão *s.m.* barre *f.* de fer.
vergar *v.t.* plier, ployer; *v.pron.* se plier, se ployer.
vergasta *s.f.* verge; fouet *m.*
vergastada *s.f.* coup *m.* de fouet.
vergastar *v.t.* fouetter.
vergel *s.m.* verger.
vergonha *s.f.* *honte.
vergonhoso *adj.* *honteux.
vergôntea *s.f.* surgeon *m.*
veridicidade *s.f.* véridicité.
verídico *adj.* véridique.
verificação *s.f.* vérification.
verificar *v.t.* vérifier, constater.

verificável *adj.* vérifiable.
verme *s.m.* ver; *pl.* vermine *f.*
vermelhão *s.m.* vermillon.
vermelhidão *s.f.* rougeur.
vermelho *adj.*; *s.m.* rouge; — *vivo* vermeil.
vermicida *adj.*; *s.m.* vermicide.
vermicular *adj.* vermiculaire.
vermífugo *adj.*; *s.m.* vermifuge.
verminose *s.f.* affection vermineuse.
vermute *s.m.* vermouth.
vernacular *adj.* vernaculaire.
vernáculo *s.m.* langue *f.* nationale; langue pure, châtiée.
verniz *s.m.* vernis.
verossímil *adj.* vraisemblable.
verossimilhança *s.f.* vraisemblance.
verruga *s.f.* verrue.
verruma *s.f.* foret *m.*, vrille, taraud *m.*
verrumar *v.t.* vriller, tarauder.
versado *adj.* versé, expérimenté.
versal *s.f.* (*Tip.*) capitale *f.*
versalete *s.f.* (*Tip.*) petite capitale *f.*
versão *s.f.* 1. thème *m.*, traduction; 2. variante; 3. interprétation.
versar *v.t.* 1. compulser, consulter, étudier; 2. avoir trait à; se rapporter à.
versátil *adj.* versatile.
versatilidade *s.f.* versatilité.
versejador *s.m.* rimeur, versificateur.
versejar *v.t.* e *int.* versifier.
versicolor *adj.* bariolé, bigarré.
versículo *s.m.* verset.
versificação *s.f.* versification.
versificar *v.t.* e *int.* versifier.
verso[1] *s.m.* (*o oposto da prosa*) vers.
verso[2] *s.m.* (*da medalha*) verso, face *f.*; (*da página*) verso, revers, dos.
versta *s.f.* verste.
vértebra *s.f.* vertèbre.
vertebrado *adj.*; *s.m.* vertébré.
vertebral *adj.* vertebral.
vertedor *s.m.* verseur.
verter *v.t.* 1. verser; 2. traduire.
vertical *adj.* vertical.
verticalidade *s.f.* verticalité.
vértice *s.m.* sommet.
vertigem *s.f.* vertige *m.*
vertiginoso *adj.* vertigineux.
verve *s.f.* verve; *cheio de* — verveux.
vesânia *s.f.* vésanie.
vesgo *adj.* louche; *ser* — loucher.
vesical *adj.* vésical.
vesicatório *adj.*; *s.m.* vésicatoire.
vesícula *s.f.* vésicule.
vesicular *adj.* vésiculaire.
vespa *s.f.* guêpe.
vespão *s.m.* frelon.
vespeiro *s.m.* guêpier.
véspera *s.f.* veille.
vesperal *adj.* vesperal; *s.f.* matinée.
vespertino *s.m.* journal du soir.
vestal *s.f.* vestale.
veste *s.f.* vêtement *m.*, habit *m.*
véstia *s.f.* veste.
vestiário *s.m.* vestiaire.
vestibular *adj.* vestibulaire; *s.m.* examen d'admission à une faculté.
vestíbulo *s.m.* vestibule; salle *f.* des pas perdus.
vestido *s.m.* robe *f.*
vestígio *s.m.* vestige, trace *f.*
vestir *v.t.* vêtir, habiller; (*roupa*) mettre, endosser; (*fam.*) nipper; — *de novo* rhabiller; *não ter o que* — n'avoir rien à se mettre; *v.pron.* se vêtir; (*pop.*) se saper.
vestuário *s.m.* vêtement, habillement.
vetar *v.t.* interdire.
veterano *adj.*; *s.m.* vétéran; grognard; (*grosseirão*) soudard.
veterinária *s.f.* vétérinaire.
veterinário *s.m.* (médecin) vétérinaire.
veto *s.m.* veto.
vetor *adj.*; *sm.* vecteur.
vetustez *s.f.* vétusté.
vetusto *adj.* vétuste.
véu *s.m.* voile; *lançar um* — *sobre* tirer le rideau sur.
vexame *s.m.* déconvenue *f.*, *honte *f.*, outrage.
vexante *adj.* vexant.
vexar *v.t.* vexer, humilier.
vexatório *adj.* vexatoire.
vez *s.f.* fois; tour *m.*, coup *m.*; *a maioria das* —*es* le plus souvent; *às* —*es* parfois, quelquefois; *cada um por sua* — chacun à tour de rôle; *cada* — *mais* de plus belle; *cada* — *mais caro* de plus en plus cher; *desta* — cette fois; du coup; *de* — une fois pour tout; *de* — *em quando* de temps en temps; *duas* —*es* deux fois, bis; *em* — *de* au lieu de; *fazer as* —*es de* tenir lieu de; *mais uma* — encore (un coup); *muitas* —*es* bien des fois, souvent; *outra* — encore; *por diversas* —*es* à plusieurs reprises; *por sua* — à son tour; *três* —*es* trois fois, ter.
via *s.f.* 1. voie, chemin *m.*; — -*láctea* voie lactée; *por* — *das dúvidas* à tout *hasard; 2. moyen; *por* — *de regra* habituellement;

3. copie; *segunda* — duplicata *m.*; 4. *—s de fato* voies de fait.
viação *s.f.* 1. voirie; 2. compagnie de transports en commun.
viaduto *s.m.* viaduc.
viagem *s.f.* voyage *m.*; — *de núpcias* voyage de noces; — *de recreio* voyage d'agrément.
viajado *adj.* qui a beaucoup voyagé, qui a vu du pays.
viajante *adj.*; *s.m.* voyageur; *f.* voyageuse.
viajar *v.int.* voyager; — *bastante* voir du pays.
viandante *s.* voyageur, passant.
viático *s.m.* viatique.
viatura *s.f.* véhicule *m.*
viável *adj.* viable.
víbora *s.f.* vipère.
vibração *s.f.* vibration.
vibrador *s.m.* vibreur.
vibrafone *s.m.* vibraphone.
vibrante *adj.* vibrant.
vibrar *v.int.* vibrer; *v.t.* lancer, décocher.
vibratório *adj.* vibratoire.
vibrião *s.m.* vibrion.
vicariato *s.m.* vicariat.
vice-cônsul *s.m.* vice-consul.
vicejar *v.int.* verdoyer.
vice-presidência *s.f.* vice-présidence.
vice-presidente *s.m.* vice-président.
vice-rei *s.m.* vice-roi.
vice-versa *adv.* vice versa.
viciar *v.t.* vicier.
vicinal *adj.* vicinal.
vício *s.m.* vice.
vicioso *adj.* vicieux.
vicissitude *s.f.* vicissitude.
viço *s.m.* fraîcheur *f.*, sève *f.*, vigueur *f.*
viçoso *adj.* frais, vigoureux.
vicunha *s.f.* vigogne.
vida *s.f.* vie; — *social* vie mondaine; *cair na* — faire la vie; *em* — de son vivant; *gozar a* — se donner du bon temps; *mulher da* — prostituée; *toda a* — toujours dans la même direction; tout droit; *trate de sua* — occupez-vous de vos oignons; mêlez-vous de vos affaires.
videira *s.f.* vigne.
vidência *s.f.* voyance; seconde vue.
vidente *s.m.* voyant; *s.f.* voyante.
vídeo *s.m.f.* vidéo *f.*; 2. télévision.
videotape *s.m.* magnétoscope.
vidraça *s.f.* vitre; carreau *m.*
vidraçaria *s.f.* vitrerie.

vidraceiro *s.m.* vitrier.
vidrado *adj.* 1. vitreux; 2. (*gír.*) épris.
vidrilhos *s.m.pl.* verroterie *f.*
vidro *s.m.* 1. verre; — *de aumento* verre grossissant; 2. vitre *f.*, carreau; — *traseiro* (*de automóvel*) lunette *f.*; 3. flacon.
vieira *s.f.* coquille Saint-Jacques.
viela[1] *s.f.* vielle.
viela[2] *s.f.* ruelle, venelle.
Viena *s.f.* (*top.*) Vienne.
vienense *adj.*; *s.pátr.* viennois.
viés *s.m.* biais; *de* — de biais.
Vietname *s.m.* Viet-nam.
vietnamita *adj.*; *s.pátr.* vietnamien.
viga *s.f.* poutre, solive.
vigarice *s.f.* escroquerie.
vigário *s.m.* vicaire.
vigarista *s.* escroc, faiseur, faisan.
vigente *adj.* envigueur.
vigésimo *adj.num.* vingtième.
vigia[1] *s.f.* vigie, garde; *s.m.* vigie; veilleur de nuit; surveillant.
vigia[2] *s.f.* (*janelinha de camarote*) *hublot *m.*; (*abertura*) regard.
vigiar *v.t.* garder, surveiller; (*de perto*) marquer.
vigilância *s.f.* vigilance.
vigilante *adj.* vigilant.
vigília *s.f.* veille, veillée; vigile.
vigor *s.m.* vigueur *f*; mordant.
vigoroso *adj.* vigoureux, vert.
vil *adj.* vil.
vila[1] *s.f.* villa.
vila[2] *s.f.* village *m.*, bourg *m.*
vila[3] *s.f.* o mesmo que *avenida*.
vilania, **vileza** *s.f.* vilenie.
vilão *adj.*; *s.m.* rustre; goujat; *adj.* grossier, ignoble, abject.
vilarejo *s.m.* petit village.
vilegiatura *s.f.* villégiature.
vilipendiar *v.t.* vilipender.
vilosidade *s.f.* villosité.
vime *s.m.* osier.
vimeiro *s.m.* 1. osier; 2. oseraie *f.*
vinagre *s.m.* vinaigre.
vincar *v.t.* plisser; empreindre.
vinco *s.m.* pli; empreinte *f.*
vincular *v.t.* lier, obliger, grever.
vínculo *s.m.* lien.
vinda *s.f.* venue.
vindima *s.f.* vendange.
vindimador *s.m.* vendageur.
vindimar *v.t.* vendanger.
vindo *adj.* venu, arrivé.

vindouro *adj.* futur, à venir.
vingador *adj.*; *s.m.* vengeur.
vingadora *adj.*; *s.f.* vengeresse.
vingança *s.f.* vengeance.
vingar *v.t.* **1.** venger; **2.** atteindre, surmonter; *v.int.* réussir, grandir; *v.pron.* se venger.
vingativo *adj.* vindicatif.
vinha *s.f.* vigne.
vinhaça *s.f.* vinasse.
vinha-d'alhos *s.f.* marinade.
vinhateiro *s.m.* vigneron.
vinhedo *s.m.* cru, vignoble.
vinheta *s.f.* vignette.
vinho *s.m.* vin; — *branco* vin blanc; — *espumante* mousseux; — *licoroso* vin de liqueur; — *tinto* vin rouge; *não pôr água no* — boire sec; *pôr água no* — couper son vin; *(pop.)* pinard.
vinícola *adj.* vinicole.
vinicultura *s.f.* viticulture.
vinil *s.m.* vinyle.
vinoso *adj.* vineux.
vinte *num.adj.* vingt.
vintém *s.m.* ancienne monnaie brésilienne.
vintena *s.f.* vingtaine.
viola *s.f.* alto.
violação *s.m.* violation, viol *m.*
violáceo *adj.* violacé.
violão *s.m.* guitare *f.*
violar *v.t.* violer.
violeiro *s.m.* guitariste.
violência *s.f.* violence.
violentar *v.t.* violenter.
violento *adj.* violent, âpre.
violeta[1] *s.f.* violette.
violeta[2] *adj.* violet.
violinista *s.* violoniste.
violino *s.m.* violon.
violoncelista *s.m.* violoncelliste.
violoncelo *s.m.* violoncelle.
violonista *s.m.* guitariste.
viperino *adj.* vipérin.
vir *v.int.* venir, arriver; — *abaixo* s'écrouler; — *a saber* apprendre; — *a ser* devenir; — *de* venir de.
virabrequim *s.m.* vilebrequin.
viração *s.f.* brise.
vira-casaca *s.m.* girouette *f.*, pantin.
virada *s.f.* virage *m.*
virago *s.f.* virago.
vira-lata *s.m.* chien bâtard, chien matiné.
virar *v.t.* **1.** virer, tourner, retourner; **2.** *(garrafa)* vider; *v.int.* **1.** devenir; **2.** capoter; **3.** se transformer; *v.pron.* se tourner, se retourner.
virgem *adj.* vierge; *s.f.* vierge, pucelle.
virginal *adj.* virginal.
virgindade *s.f.* virginité; pucelage *m.*
vírgula *s.f.* virgule.
virilha *s.f.* aine.
viril *adj.* viril.
virilidade *s.f.* virilité.
virola *s.f.* virole.
virose *s.f.* virose.
virtual *adj.* virtuel.
virtualidade *s.f.* virtualité.
virtude *s.f.* vertu; *em — de* en vertu de.
virtuoso[1] *adj.* vertueux.
virtuoso[2] *adj.*; *s.m.* virtuose.
virulência *s.f.* virulence.
virulento *adj.* virulent.
vírus *s.m.* virus.
visagem *s.f.* **1.** grimace; **2.** fantôme *m.*, revenant *m.*
visão *s.f.* **1.** vision; **2.** vue; *ter ampla —* voir large.
visar[1] *v.t.* e *int.* viser, avoir en vue.
visar[2] *v.t.* viser; — *um cheque* barrer un chèque.
víscera *s.f.* viscère *m.*
visceral *adj.* viscéral.
visco *s.m.* **1.** glu; **2.** gui.
visconde *s.m.* vicomte.
viscondessa *s.f.* vicomtesse.
viscosidade *s.f.* viscosité.
viscoso *adj.* visqueux, gluant.
viseira *s.f.* visière, garde-vue *m.*
visgo *s.m.* glu.
visguento *adj.* gluant.
visibilidade *s.f.* visibilité.
visigodo *adj.*; *s.pátr.* visigoth.
visionário *s.m.* visionnaire.
visita *s.f.* visite; *estar com — em casa* avoir du monde; *pl.* compliments, amitiés.
visitação *s.f.* visitation.
visitante *s.m.* visiteur; *f.* visiteuse.
visitar *v.t* visiter; *(pop.)* faire.
visível *adj.* visible.
vislumbrar *v.t.* entrevoir.
vislumbre *s.m.* lueur *f.*; conjecture *f.*
viso *s.m.* aspect, physionomie *f.*
visor *s.m.* viseur.
víspora *s.f.* loto *m.*
vista *s.f.* **1.** vue; **2.** œil; *à primeira —* à première vue, de prime abord; *atè a — (fam.)* à la prochaine; *à —* au comptant; *com — a* en vue de; *dar — sobre* ouvrir sur.

visto¹ *adj.* vu.
visto² *s.m.* visa.
visto³ *prep.* attendu; — *como loc.conj.* vu que.
vistoria *s.f.* expertise; visite, descente.
vistoriar *v.t.* expertiser, inspecter.
vistoso *adj.* voyant.
visual *adj.* visuel.
vital *adj.* vital.
vitalício *adj.* viager.
vitalidade *s.f.* vitalité.
vitamina *s.f.* vitamine.
vitela *s.f.* 1. génisse; 2. (*carne*) veau.
vitelo *s.m.* veau.
vitícola *adj.* viticole.
viticultor *s.m.* viticulteur.
viticultura *s.f.* viticulture.
vítima *s.f.* victime.
vitimar *v.t.* faire une victime de, sacrifier.
vitória *s.f.* victoire.
vitória-régia *s.f.* victoria.
vitorioso *adj.* victorieux.
vitral *s.m.* vitrail.
vítreo *adj.* vitreux.
vitrificar *v.t.* vitrifier.
vitrina *s.f.* vitrine, montre, devanture, étalage *m.*
vitrinista *s.* étalagiste.
vitriolizar *v.t.* vitrioler.
vitríolo *s.m.* vitriol.
vitrola *s.f.* phonographe *m.* (*fam.*) phono *m.*
vitualhas *s.f.pl.* victuailles.
vituperação *s.f.* vitupération.
vituperar *v.t.* vitupérer.
vitupério *s.m.* blâme.
viúva *adj.*; *s.f.* veuve.
viúva-alegre *s.f.* (*pop.*) panier *m.* à salade.
viuvez *s.f.* veuvage *m.*
viúvo *adj.*; *s.m.* veuf.
vivacidade *s.f.* vivacité, entrain *m.*, éclat *m.*, mordant.
vivandeira *s.f.* vivandière.
vivaz *adj.* vivace.
viveiro *s.m.* 1. vivier; 2. volière *f.*; 3. pépinière *f.*
vivenda *s.f.* demeure, résidence.
vivente *s.m.* être vivant, *pl.* gens.
viver *v.int.* vivre; — *à larga* mener la vie à grandes guides.
víveres *s.m.pl.* vivres.
vivificar *v.t.* vivifier.
vivissecção *s.f.* vivisection.
vivo *adj.* 1. vivant; 2. vif; 3. (*fam.*) éveillé, dégourdi.

vizinha *adj.*; *s.f.* voisine.
vizinhança *s.f.* voisinage *m.*
vizinho *s.m.* voisin.
voador *adj.* volant; *s.m.* trotteur.
voar *v.int.* voler; s'envoler.
vocabular *adj.* de vocabulaire.
vocabulário *s.m.* vocabulaire.
vocábulo *s.m.* vocable.
vocação *s.f.* vocation.
vocal *adj.* vocal.
vocálico *adj.* vocalique.
vocalise *s.m.* vocalise *f.*
vocalizar *v.t.* vocaliser.
vocativo *s.m.* vocatif.
você *pron.* vous; tu, toi.
vociferar *v.int.* vociférer.
vodca *s.f.* vodka.
voga *s.f.* vogue.
vogal *s.f.* voyelle.
vogar *v.int.* voguer.
volante *adj.*; *s.m.* volant.
volátil *adj.m.* volatil.
volatilidade *s.f.* volatilité.
volatilização *s.f.* volatilisation.
volatilizar *v.t.* volatiliser.
vôlei ou voleibol *s.m.* volley-ball.
volição *s.f.* volition.
volovã *s.m.* vol-au-vent.
volt *s.m.* volt.
volta *s.f.* 1. (*circunferência*) tour *m.*; *a — ao mundo* le tour du monde; *meia- —* demi-tour *m.*; *dar meia- —* faire demi-tour; *estàr aí às —s com* être aux prises avec; *por — de loc.adv.* vers; 2. (*retorno*) retour *m.*; 3. (*tira branca na parte superior da batina*) rabat *m.*
voltagem *s.f.* voltage *m.*; *aumentar excessivamente a —* survolter.
voltar *v.int.* revenir, retourner; — *a* (+ *infinitivo*) recommencer à; — *a chover* repleuvoir; — *a dar* redonner; — *a falar* reparler; — *a fechar* refermer, rabattre; — *a integrar* réintégrer; — *a partir* repartir; — *para casa* rentrer; — *para trás* rebrousser chemin; (*pop.*) rappliquer; *v.t.* tourner, rendre.
voltear *v.int.* voltiger, tournoyer.
volubilidade *s.f.* volubilité.
volume *s.m.* 1. (*tomo de livro*) volume; 2. (*quantidade, intensidade*) volume; 3. paquet.
volumétrico *adj.* volumétrique.
voluminoso, volumoso *adj.* volumineux.
voluntariado *s.m.* volontariat.

voluntário *adj.*; *s.m.* volontaire.
voluntarioso *adj.* capricieux, entêté.
volúpia *s.f.* volupte.
voluptuoso *adj.* voluptueux.
voluta *s.f.* volute.
volúvel *adj.* volage, volubile.
volver *v.t.* 1. tourner; 2. remuer; 3. diriger; 4. répondre; *v.int.* retourne; *v.pron.* se retourner.
vômer *s.m.* (*Anat.*) vomer.
vômico *adj.* vomique.
vomitar *v.t.* e *int.* vomir; (*fam.*) dégobiller; — *ameaças* se répandre en menaces.
vomitivo *adj.*; *s.m.* vomitif.
vômito *s.m.* vomissement; vomissure *f.*
vomitório *s.m.* vomitif.
vontade *s.f.* 1. volonté; *contra a* — à son corps défendant; à regret; *contra a minha* — malgré moi; *de boa* — de bon gré; *má* — mauvaise volonté, mauvaise grâce; *mostrar boa* — y mettre du sien; 2. envie; 3. aise; *à* — *1.* à loisir; *2.* en déshabillé; *esteja à* — faites comme chez vous; *não estar à* — ne pas être dans son assiette (ordinaire); *pouco à* — gêné, mal à l'aise; *sentir-se pouco à* — être gêné aux entournures.
voo *s.m.* vol, volée *f.*; *em* — *rápido* à tire d'aile; *levantar* — prendre son vol, s'envoler.
voracidade *s.f.* voracité.
voragem *s.f.* gouffre *m.*, abîme *m.*
voraz *adj.* vorace.
vos *pron.* vous.
vós *pron.* vous.

vosmecê, vossemecê *pron.* vous.
vossa *adj.poss.* votre, *pl.* vos; *pron.poss.* (la) nôtre, *pl.* (les) nôtres.
vosso *adj.poss.* votre, *pl.* vos; *pron.poss.* (le) vôtre, *pl.* (les) vôtres.
votação *s.f.* votation.
votante *adj.*; *s.* votant.
votar *v.int.* voter; *v.t.* vouer.
votivo *adj.* votif.
voto *s.m.* 1. vote, voix *f.*; 2. vœu, souhait.
vovó *s.f.* grand-maman, bonne-maman, mémé, mémère.
vovô *s.m.* grand-papa, bon-papa, pépé, pépère.
voz *s.f.* voix; *a meia-* — à mi-voix; *de viva* — de vive voix.
vulcânico *adj.* vulcanique.
vulcanização *s.f.* vulcanisation.
vulcanizar *v.t.* vulcaniser.
vulcão *s.m.* volcan.
vulgar *adj.* vulgaire; (*depr.*) populacier.
vulgaridade *s.f.* vulgarité.
vulgarização *s.f.* vulgarisation.
vulgarizar *v.t.* vulgariser.
vulgo *s.m.* vulgaire, plèbe *f.*
vulnerabilidade *s.f.* vulnérabilité.
vulnerar *v.t.* blesser.
vulnerário *adj.* vulnéraire.
vulnerável *adj.* vulnérable.
vulto *s.m.* 1. visage; 2. corps, silhouette *f.*; 3. grandeur *f.*, importance *f.*; 4. personnalité *f.*
vultoso *adj.* volumineux.
vulva *s.f.* vulve.
vulvar *adj.* vulvaire.

W

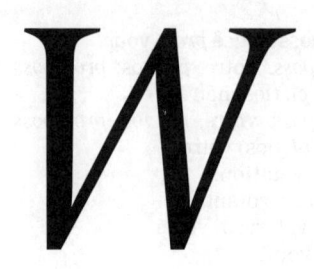

watt *s.m.* watt.

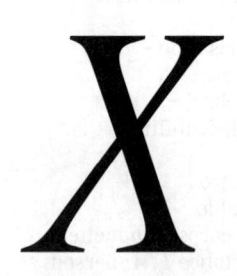

X

xá *s.m.* shah.
xadrez *s.m.* **1.** (*jogo*) échecs *pl.*; *jogar —* jouer aux échecs; **2.** (*tecido*) (tissu) écossais; **3.** (*prisão*) (*fam.*) violon.
xaile *s.m.* châle, écharpe *f.*, foulard.
xale *s.m.* o mesmo que *xaile*.
xalma *s.f.* ridelle.
xampu *s.m.* champoing.
Xangai *s.m.* Chang-haï.
xará *s.m.* (*aprox.*) homonyme; porteur du même prénom qu'une autre personne.
xarope *s.m.* sirop.
xaxim *s.m.* tronc fibreux de certaines fougères (*samambaias*).
xelim *s.m.* shilling.
xenofilia *s.f.* xénophilie.
xenófilo *adj.* xénophile.
xenofobia *s.f.* xénophobie.
xenófobo *adj.* xénophobe.
xepa *s.f.* **1.** fricot *m.*, ordinaire *m.*; **2.** arlequins *m.pl.*
xeque[1] *s.m.* échec; *— -mate* échec et mat; *dar — -mate* mater, faire mat.
xeque[2] *s.m.* cheik.
xeres *s.m.* xérès.
xereta *adj.*; *s.* cancanier, fouinard.
xerife *s.m.* shérif.
xerocar *v.t.* reproduire par xérographie.
xerografia *s.f.* xérographie.
xérox *s.m.* xérox.
xícara *s.f.* tasse.
xilindró *s.m.* (*pop.*) tôle.
xilofone *s.m.* xylophone.
xilografia *s.f.* xylographie.
xilográfico *adj.* xylographique.
xilógrafo *s.m.* xylographe.

xilogravura *s.f.* gravure sur bois.
xingação *s.f.* (*pop.*) engueulade.
xingar *v.t.* (*pop.*) engueuler.
xiquexique *s.m.* opuntia.
xis *s.m.* (*nome da letra x*) iks.
xisto *s.m.* schiste.
xistoso *adj.* schisteux.
xixi *s.m.* pipi.
xodó *s.m.* (*pop.*) béguin.
xuá *s.m.* (*pop.*) spectacle, merveille *f.*
xucro *adj.* 1. non dompté; 2. non-trainé, ignorant.

Z

zagal *s.m.* berger.
zagueiro *s.m.* arrière.
zaino *adj.* zain.
Zâmbia *s.f.* Zambie.
zambiense *adj.*; *s.pátr.* zambien.
zambo *adj.* cagneux.
zanga *s.f.* brouille, fâcherie.
zangado *adj.* fâché; *estar — com* en avoir à, en vouloir à.
zangão *s.m.* 1. bourdon; 2. (*fig.*) placier.
zangar *v.t.* irriter, courroucer; *v.pron.* s'irriter, s'emporter, se courroucer.
zanzar *v.int.* muser, tourniquer; musarder, battre le pavé.
zarabatana *s.f.* sarbacane.
zarcão *s.m.* minium, oxyde de plomb.
zarolho *adj.* borgne; *tornar —* éborgner.
zarza *s.f.* salsepareille.
zás *interj.* vlan!, pan!, patatras!, patapouf!
zebra *s.f.* 1. zèbre; 2. (*fig.*) résultat inattendu, contraire aux pronostics (en football, ou à la loterie).
zebrar *v.t.* zébrer.
zebrura *s.f.* zébrure.
zebu *s.m.* zébu.
zefir *s.m.* zéphyr.
zelador *s.m.* concierge.
zelar *v.int. — por* prendre garde de, avoir soin de.
zelo *s.m.* zèle, empressement; *demonstrar — excessivo* faire du zèle.
zeloso *adj.* zélé.
zênite *s.m.* zénith.
zé-povinho *s.m.* bas peuple, menu peuple.
zero *s.m.* zéro.
zesto *s.m.* zest.
zigue-zague *s.m.* zigzag.
ziguezaguear *v.int.* zigzaguer.
zimbório *s.m.* dôme.
zimbro *s.m.* genièvre *f.*, genévrier.
zincar *v.t.* zinguer.
zinco *s.m.* zinc.
zincografia *s.f.* zincographie.
zincogravure *s.f.* zincogravure.
zíngaro *s.m.* musicien tsigane.
zinha *s.f.* (*gír.*) poule.
zínia *s.f.* zinnia *m.*
zíper *s.m.* fermeture *f.* éclair.
zircão *s.m.* zircon.
zoada *s.f.* bourdonnement.

zodíaco *s.m.* zodiaque.
zombar *v.int.* — *de* railler, persifler; se moquer de; (*fam.*) se ficher de, faire la nique à; (*vulg.*) se foutre de.
zombaria *s.f.* raillerie, gouaillerie, persiflage *m.*
zombeteiro *adj.* moqueur, gouailleur, narquois.
zona *s.f.* **1.** zone; **2.** quartier de la prostitution.
zonzeira *s.f.* vertige *m.*
zonzo *adj.* étourdi, hébété.
zoologia *s.f.* zoologie.
zoológico *adj.* zoologique; *s.m.* jardin zoologique, zoo.
zoologista *s.m.* zoologiste, naturaliste.
zootecnia *s.f.* zootechnie.
zuarte *s.m.* toile *f.* de coton bleu.
zumbi *s.m.* zombi.
zumbido *s.m.* bourdonnement; vrombissement.
zumbir *v.int.* bourdonner, vrombir.
zunido *s.m.* bruissement.
zunir *v.int.* bruire.
zum-zum *s.m.* **1.** bruit; **2.** cancan.
Zurique *s.m.* Zurich.

Este livro foi impresso no em Cajamar, SP em maio de 2018, pela
Oceano Indústria Gráfica e Editora para a Lexikon Editora.
As fontes usadas são: a Meta Bold para a entrada
e a Nimrod no corpo dos verbetes, em corpo 8/10.
O papel do miolo é offset 63g/m² e o da capa é cartão 250g/m².